中国2007环保执法年鉴

LAW ENFORCEMENT YEARBOOK OF CHINA ENVIROMENT PROTECTION

中国环保执法年鉴编委会 编

PROTECTION

新华出版社

图书在版编目（CIP）数据

中国环保执法年鉴：2007/《中国环保执法年鉴》编委会编.—北京：新华出版社，2008.6

ISBN 978-7-5011-8397-5

Ⅰ.中… Ⅱ.中… Ⅲ.环境保护—行政执法—中国—2007—年鉴 Ⅳ.D922.684-54

中国版本图书馆CIP数据核字（2008）第082635号

中国环保执法年鉴

责任编辑：梁秋克
装帧设计：武　亿
出版发行：新华出版社
地　　址：北京石景山区京原路8号
网　　址：http：//press.xinhuanet.com　　http：//www.xinhuapub.com
邮　　编：100040
经　　销：新华书店
印　　刷：北京佳信达艺术印刷有限公司
开　　本：889×1194mm　1/16
印　　张：40印张
彩色插页：5印张
字　　数：900千字
版　　次：2008年6月第一版
印　　次：2008年6月北京第一次印刷
书　　号：ISBN 978-7-5011-8397-5
定　　价：260.00元
本社购书热线：（010）63077122

编辑说明

一、《中国环保执法年鉴》由国家环保总局政策法规司主办，由国家有关部门共同参与编纂的反映我国环保事业及环保执法现状的综合性文献，于2005年创刊，尔后逐年出版，国内外公开发行。本卷编录内容涉及2006年至2007年。

二、《中国环保执法年鉴》编写目的：为认真贯彻落实《国务院关于落实科学发展观加强环境保护的决定》，总结三十年来我国环境保护事业的成就与经验，促进整个环保事业的健康、快速发展，从根本上改观我国环保面貌。

三、《中国环保执法年鉴》的宗旨：以邓小平理论和“三个代表”重要思想为指导，认真贯彻党的十六届五中全会精神，按照全面落实科学发展观、构建社会主义和谐社会的要求，坚持环境保护基本国策，在发展中解决环境问题。全面、客观、准确地载录我国环保所走过的辉煌历程和取得的成就。总结经验，开拓未来，加强环保区域间的交流与合作，全面贯彻落实国家环保政策。

四、《中国环保执法年鉴》首卷共设十篇（文献资料篇；综述篇；行业篇；区域篇；统计资料篇；政策法规篇；2008北京奥运环保工作篇；青少年环保教育篇；环境保护大事记），其中青少年环保部分稿件由共青团中央学校部提供。

五、各省、自治区、直辖市环境保护局（厅）、各重点城市市政府、各级自然保护区、风景名胜区管委会、各优美乡镇、绿色学校负责各栏目的编撰工作，并经编委会终审收录。

甘肃电投张掖发电有限责任公司

张掖电厂位于河西走廊中部、张掖市甘州区城北16公里处。是国家能源和甘肃省“十五”重点建设项目。总规划装机容量为1800MW，分两期建设：一期工程设计容量为2×300MW燃煤发电机组，二期工程规划设计容量为2×600MW燃煤发电机组。项目业主甘肃电投张掖发电有限责任公司成立于2003年10月18日，注册资金50000万元。一期工程2×300MW燃煤机组项目于2003年5月13日经国务院正式批准立项，总投资28.6亿元人民币，由甘肃省电力投资集团公司出资55%、国投电力公司出资45%共同开发建设。2005年11月25日#1机组投产发电，#2机组于2006年7月17日高质量一次通过168小时试运行。首台机组的建设仅用时19个月，被誉为甘肃“深圳速度”，创造了电力建设的甘肃“电投速度”。一期工程建成后，年发电量将达33亿千瓦时，对于壮大甘肃电源实力，改善甘肃电网网架结构、加快甘肃小康社会建设步伐将起到重要作用。

#1脱硫塔

作为西北第一个以城市污水处理后的中水作为循环冷却水的节水型发电厂，西北第一个将烟气脱硫工程与机组建设同步实施的环保型电厂，甘肃省第一个省内资金控股建设的大型电厂项目，甘肃省第一个一开始就严格按照现代企业制度组建的现代化火力发电企业，甘肃电投张掖发电有限责任公司一期工程建设的总体目标是：建设优质工程，确保“飞天奖”，勇夺“鲁班奖”。

化学废水处理系统

#2脱硫岛

兖矿集团有限公司

发展循环经济　建设资源节约型和环境友好型企业

董事局主席、党委书记 耿加怀

董事局副主席、总经理 王信

兖矿集团有限公司是以煤炭、煤化工、煤电铝及机电设备制造为主导产业的国有特大型企业。2006年末资产总额达519亿元，在册职工10万人，完成销售收入313亿元，实现利税总额73亿元。企业相继获得全国优秀企业（金马奖）、国家科技进步特等奖、全国质量效益型先进企业特别奖、全国“五一”劳动奖状等。“兖矿煤”入选首届中国品牌500强名列68位，“峄山牌”尿素被评为“中国名牌产品”。

控股子公司兖州煤业股份有限公司是我国煤炭行业第一个同时在境内外发行股票并成功上市的企业，是全行业首家入选第二届CCTV2004年度中国最具价值的十大上市公司之一，连续多年名列我国上市公司50强，荣获全国质量管理奖和中国质量奖，2006年获亚太国际质量管理奖。

兖矿集团坚持走质量效益发展之路，大力推行质量、环境、职业安全管理体系贯标认证工作，企业管理水平持续显著提高。截至2006年底，集团公司所属44家单位先后通过ISO9001质量管理体系认证，20家单位通过ISO14001环境管理体系认证，17家单位通过OHSMS18000职业安全健康管理体系认证和8家测量管理体系认证。2003年集团公司、兖州煤业股份公司整合质量、环境管理体系分别通过认证。

历年来，兖矿集团认真贯彻环境保护、资源节约两大基本国策，坚持“资源开发与节约并举，把节约放在首位”和“环境保护工作同经济建设和社会发展相协调”的方针，以节能减排为重点，以技术进步为依托，以发展循环经济为主线，围绕创新循环经济发展模式和建设资源节约型、环境友好型企业两大目标，不断优化产业产品结构，积极开展资源节约、环境保护和综合利用工作，科学延长煤炭资源循环利用产业链，取得了良好的经济、社会和环境效益。奠定了以煤炭生产、煤化工、煤电铝及机械制造为主业；以发电为龙头，热电汽联供，污水处理、建材为一体资源节约与综合利用产业格局，形成以循环经济建设为基础的特大型企业集团。2006年，集团公司工业产值综合能耗、工业产值取水量、原煤生产综合能耗、原煤生产综合电耗和主要产品单耗达到国内同类型煤炭生产企业先进水平。

兖矿煤业

一、发展循环经济，延伸产业链

坚持“高起点、大联合、多联产”思路和“大项目－产业链－产业基地”的发展方向，把发展循环经济放在了突出的战略位置，在发展煤炭主业的基础上，大力延长和拓宽产业链，培植了两个主导产业：煤化工循环产业；煤－电－铝－铝深加工产品循环产业，已初步建成具有循环经济特征的工业体系。

*1.以先进适用技术高效开采煤炭资源，做强做大煤炭主业。*兖矿集团以高效综放开采为主，探索发展普通综放开采、分层开采、条带式开采、薄煤层机械化开采等多种方式，加强对薄煤层、边角煤和“三下煤”开采工艺的研究，提高了煤炭回收率，被国土资源部命名为首批“全国矿产资源合理开发利用先进矿山企业”。与矿井生产能力配套建设6座选煤厂，实现了煤炭全部加工洗选和洁净利用。充分发挥技术、管理、品牌、资金等优势，积极推进山西、陕西、菏泽煤炭资源开发。大力实施“走出去”战略，成功收购年产350万吨的澳大利亚澳思达煤矿，成为我国第一家开发海外煤炭资源的企业。

兖矿煤化工

*2.以大项目建设为载体，大力发展煤化工产业。*充分利用兖矿及周边地区的高硫煤资源，按照“大项目－多联产－产业基地”的发展思路，规划建设以煤气化及多联产为主线的鲁南化工园区，以煤炭焦化及下游产品加工为主线的兖州化工园区，以坑口高硫煤洁净利用为主线的邹城化工园区，形成鲁南煤化工基地。2006年，兖矿煤化工产业完成销售收入44.36亿元，实现资源循环利用、清洁高效生产。

*3.以低热值燃料发电和综合利用为龙头，发展煤电铝产业。*按照“以消化全部低热值燃料为目的，热电联产，自发自用，多余上网”的电力建设思路，建设了装机总容量527兆瓦的9座煤泥、煤矸石等低热值电厂，形成以发电为龙头，热、电、汽联供，电、铝联产的产业链，煤电铝一体化优势初步显现，各项生产经济指标均达到或接近国内同行业先进水平。

4.科学编制循环经济发展规划，进一步调整发展战略，实现资源优化配置。

依照经济发展规律和工业生态学原理，为全面改变经济增长方式，实现能源资源的集约利用，实现经济、社会和环境协调发展，编制完成了《兖矿集团有限公司循环经济建设规划》，并通过了由中科院、工程院院士组成的专家组的评审。

兖矿铝业

二、构建环保节能工作管理体系，加强节能减排

积极探索新形势下节能减排工作机制，完善三个体系，扎实开展两项基础工作，实施三个纳入，形成全员、全方位、全过程促进环保节能工作的良好局面。

*1.完善三个体系。一是完善组织管理体系。*成立集团公司环保节能领导小组，建立第一责任人

综合利用电厂

责任制度，形成集团公司、专业公司、基层单位三级环保节能管理体系。二是完善目标责任体系。把节能减排作为考核各级领导干部政绩的重要内容，纳入年度目标管理，与各级领导班子效益年薪挂钩。经科学测算，确定7项节能控制指标、8种重点产品能耗定额和7项污染减排指标，以年度《环保节能目标责任书》的形式将目标指标逐级分解落实到各矿处（厂）、车间（区队、科室）。三是完善考核监督体系。实行经常性监督检查与季度考核相结合，强化季度检查、半年评审、年终综合考核，严格奖惩兑现。对没有完成年度节能量和主要污染物减排指标的单位，实行一票否决。

2.扎实开展两项基础工作。一是开展能源计量与环保节能统计工作，严格计量统计管理制度。主要用能厂点和设施单独安装计量器具，单独计量。二是扎实开展清洁生产审核与能源审计工作。2007年已完成20家基层矿处（厂）的清洁生产审核。对所属重点用能单位进行能源审计，编制成《兖矿集团有限公司能源审计报告》和《兖矿集团有限公司节能规划》。

3.实施三个纳入。一是纳入精细化管理。制定下发《关于加强环保节能工作的意见》、《关于加强中水回用工作的意见》、《环保节能工作考核办法》等规章制度，明确水、电、煤、油、气等资源综合利用指标，逐级分解落实，形成环保节能工作的目标责任体系和管理考核体系。二是纳入标准化管理。坚持用国际先进的管理标准和模式，探索建立环保节能工作的长效机制。已取得44张质量管理体系、20张环境管理体系、17张职业安全健康管理体系和8张测量管理体系认证证书。三是纳入企业文化建设。利用世界环境日、全国节能宣传周、世界水日等时机，开展多种形式的宣传教育活动，引导干部职工树立"保护环境、人人有责"、"节约光荣、浪费可耻"的观念。深入开展"绿色社区"、"绿色学校"、"温馨家园"创建工作，倡导绿色生产生活方式，使环保节能成为每名职工的良好习惯和自觉行动。

矿井水处理

生活污水处理

三、落实科学发展观，强化污染治理

1.实施煤矿固体废物综合利用工程。在已有5家煤矸石建筑材料厂的基础上，正在建设3座煤矸石制砖厂，设计规模年产2.4亿标块矸石砖，建成后可年消耗煤矸石100万吨。利用煤矸石修筑公路、充填塌陷地、生产水泥建材。实施矸石山造景工程，积极探索矸石山表面复土种植技术，有效防止了矸石自燃和环境污染，实现了废物无害化、资源化处理利用。

2.实施污水回收综合利用工程，实现污染物达标排放。2006年投资2.27亿元，改扩建各类污水处理站17个，实施深度处理工程10项，其他工程5项，具备了年处理矿井水2544万吨、生活污水2100万吨的能力，全年减少地下取水306万立方米。选煤厂洗煤废水实现一级闭路循环。部分矿井采取利用采空区沉淀澄清，使矿井开采过程的涌水实现井下闭路循环利用，既节约了水资源，又节约了因排井下水所产生的费用。废气污染物达标排放。无噪声扰民现象发生。

3.实施土地塌陷综合治理工程。"十五"以来，投资6500万元，采用煤矸石充填复垦工艺，综合治理塌陷区，用于农林种植或水面养殖，有效利用和节约土地资源。近年来每年治理面积均在400公顷左右，1996年以来累计充填治理塌陷区2100公顷，取得了良好的经济、社会和生态效益。"兖州矿区开采沉陷控制与治理技术"获第三届全国安全生产科技成果一等奖。

"十一五"期间，兖矿集团将全面落实科学发展观，积极探索循环经济发展模式，积极创建国家级资源节约型、环境友好型企业，为我国煤炭工业又好又快发展做出新贡献。

矸石山绿化

塌陷地治理

获奖荣誉

全国煤炭建设工程质量奖

（太阳杯）

中国质量鼎

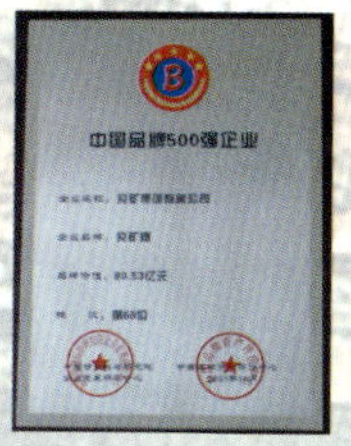

兖矿煤

金马奖

全国质量管理奖

鲁班金像奖

国家级科学进步特等奖

上海广电 NEC 液晶显示器有限公司

SHANGHAI SVA NEC LIQUID CRYSTAL DISPLAY CO.,LTD

上海广电NEC液晶显示器有限公司成立于2003年11月3日，由上海广电（集团）有限公司（SVA）其下上海广电光电子有限公司、日本电气株式会社（NEC）日电（中国）有限公司、大和证券SMBC株式会社四方投资，专业从事液晶显示屏及模块的设计、开发、制造、销售及售后服务。项目总投资1586亿日元，生产用于液晶显示器、笔记本电脑、液晶电视等多种型号的显示屏及模块。

公司位于上海市闵行区莘庄工业区内，总面积为20.16万m^2，厂区绿化面积达到7.5万m^2，绿化率达37.2%。总投资约104.55亿元，其中环保设备及工程投资约2.29亿元，约占项目总投资的2.19%。

2006年3月52K项目通过国家环保验收；2007年6月新增33K项目通过环保验收专家组的现场验收。

公司领导非常重视环境保护工作，在2005年8月取得ISO9001质量管理体系证书的情况下，2005年10月起相继启动了ISO14001环境管理体系与OHSAS18001职业健康安全管理体系认证工作，2006年3月通过了BSI（英标管理体系认证（北京）有限公司上海分公司）的审核认证。体系的实施有效地贯彻了污染预防，持续改进的原则，强化了环境的日常管理。

本公司在项目的设计和设备选型时，就充分考虑了节能减排工作，体现在冷冻机热回收装置、干燥器节能装置（节约再生气量，减少电能的消耗）、有机排气处理装置（利用有机废气自燃，减少天然气的使用）、在工艺设备选型中充分考虑了水的循环利用、纯水系统采用高产水率设备等；经过一段时间生产实践后又对SS排水的回用和延长重力过滤器反洗频次（节约反洗水），节约用水38.7万吨/年，即增加了纯水的回收率，也减少了废水的排放量，获得了可观的经济效益和环境效益。

习近平到公司视察

曾培炎到公司视察

胡启立到公司视察

《中国环保执法年鉴》编辑委员会

李啸云　云南省盈江星云有限公司总经理
李雨春　遵化市春雨环保设备研究所总经理
李玉华　浙江东发环保工程有限公司总经理
李智广　广东省环境保护监测中心站站长
林南魁　深圳天诚家具有限公司董事长
刘明哲　宣化钢铁集团有限责任公司董事长
刘文章　云南红磷化工有限责任公司董事长
刘贻兴　重庆永荣矿业有限公司发电厂厂长
龙云泽　北京纺织控股公司总经理
卢　亮　重庆拉法基水泥有限公司总经理
濮雪华　嘉兴华帛绒毯有限公司董事长
曲振尧　华电滕州新源热电有限公司总经理
任庆春　北京紫光益天环境工程技术有限公司总经理
时玉林　安徽华阳汽车制造有限公司总经理
王宝沪　浙江新柴动力有限公司总经理
王德明　湖北衡德环保设备制造有限公司总经理
王武树　东莞市长城环保服务有限公司总经理
吴国兴　重庆天雄锰业有限公司总经理
吴　勇　吉林省兴环环境技术服务有限公司总经理
徐光煜　江苏常熟发电有限公司副总经理
徐海珠　豫北黄河故道湿地鸟类国家级自然保护区管理处处长
徐明杰　广州市地下铁道设计研究院院长
许红星　中国石油化工股份有限公司天津分公司经理
闫继玲　摩托罗拉（中国）电子有限公司健康安全部经理
阴福才　山西一一煤焦集团有限公司副总经理
张国林　济南庚辰钢铁有限公司董事长
张惠荣　国家海洋局北海分局党委书记、常务副总队长
张惠滋　陕西延长石油（集团）有限责任公司榆林炼油厂厂长
张文江　神华宁夏煤业集团有限公司董事长
张志武　保定市东升卫生用品有限公司总经理
赵国义　山西晋中市燕京碧澄环保技术工程有限公司总经理
周大兵　国电大渡河流域水电开发有限公司总经理

中国环保执法年鉴工作人员

主　　编： 杨朝飞

执行主编： 郑晓晨

工作统筹： 李漪涟

编　　辑：（按姓氏笔画排序）

于福军　于金东　王　帅　王春猛　王冬菊
王宏伟　王卫平　赵爱美　朱红艳　左世明
刘　东　乔治宏　徐光辉　李　晓　李冬至
周　娟　李洪云　李　庚　李巧宁　张　政
李卓伟　汪　洋　张　浩　张学中　郎静凯
杨志峰　赵海波　葛　霞　郭　伟　胡岳峰
姚建国　高　军　高晓军　崔广明　韩　征
谢志广　谢海明

特约编辑： 张春梅　共青团中央学校部
孟祥龙　人民政协报
解立虎　河北省环保局
王惠彦　辽宁省环保局
翟玮楠　新疆维吾尔自治区环保局

责任编辑： 梁秋克

责任印制： 杨　斌

广告总监： 武学军

彩色设计： 禹　航

封面设计： 任用良　林利勇

中国环保执法年鉴成员单位及拟稿单位、供稿单位、理事单位与资料提供单位

编委成员单位及拟稿单位：

各省、自治区、直辖市环境保护局（厅）

各省会城市、计划单列市及其他中心城市环境保护局、重点城市市政府

国家环保总局相关司局

供稿单位：

各省会城市、计划单列市环境保护局（厅）

共青团中央学校部

各级自然保护区、风景区管理处

各优美乡镇、绿色学校

理事成员单位：

华能平凉发电有限责任公司

山东鲁抗医药股份有限公司

西藏天园矿业资源开发有限公司

塑黄铁路发展有限责任公司

一汽丰田汽车销售有限公司

上海瑞华（集团）有限公司

西藏玉龙铜业股份有限公司

神华黄骅港务有限责任公司

黑龙江奥宇石墨集团

陕西延长石油（集团）有限责任公司延安炼油厂

山东海化金星化工有限公司

开平松本绿色板业有限公司

湖南湘达环保工程有限公司

利乐中国

资料提供单位：（排名不分先后）

兖矿集团有限公司
京东方科技集团股份有限公司
云南煤化工集团有限公司
华润电力湖南有限公司
西藏玉龙铜业股份有限公司
重庆永荣矿业有限公司发电厂
山东金岭化工股份有限公司
甘肃电投张掖发电有限责任公司
新乡市振新水泥厂
山西三维集团股份有限公司
浙江钱清发电有限责任公司
华润水泥（平南）有限公司
伊川电力集团总公司
徐州华苏集团冶金铸锻有限公司
上海广电 NEC 液晶显示器有限公司
广州市旺隆热电有限公司
广东新明珠陶瓷集团
广东省佛山市华昊化工有限公司
芬兰芬欧汇川集团北京代表处
三门峡神火炭素有限责任公司
青海碱业有限公司
石家庄强大泵业集团有限责任公司
河北国华沧东发电有限责任公司
北京健峰绿色科技有限公司
江苏澳洋科技股份有限公司
浙江新和成股份有限公司
佛山华丰纸业有限公司
杭州横滨轮胎有限公司
上海申欣环保实业有限公司
德清三龙催化剂有限公司
浙江永利热电有限公司
山东禹城中农润田化工有限公司

广西容县万力造纸有限公司
广东格兰仕集团有限公司
德州晶华集团大坝有限公司
江苏澳洋实业（集团）有限公司
上海英科实业有限公司
华电滕州新源热电有限公司
海南美兰国际机场股份有限公司
河南省孟津县化肥厂
陕西铜川铝业有限公司
昆明大远节能炉灶有限公司
江苏常隆化工有限公司
江苏宝灵化工股份有限公司
广西鱼峰水泥股份有限公司
延长油田股份有限公司定边采油厂
平顶山平临高速公路有限责任公司
中芯国际集成电路制造有限公司
云南冶金集团总公司

鸣谢单位：（排名不分先后）

广东韶钢松山股份有限公司
七海（广东）织染厂有限公司
辽宁五环化工有限公司
河北大唐国际唐山热电有限责任公司
贵溪市三元冶炼化工有限责任公司

目 录
Contents

文献资料篇

领导重要讲话 …………………………………………… (3)
发展不能以牺牲生态环境和人命为代价 …………… (3)
把节约能源资源放在更突出的战略位置
加快建设资源节约型、环境友好型社会 ………… (3)
加强舆论监督　推动节能减排 ……………………… (4)
全面落实科学发展观　加快建设环境友好型
社会 …………………………………………………… (5)
高度重视　狠抓落实进一步加强节能减排工作 …… (9)
把太湖、巢湖、滇池治理摆在更突出位置………… (12)
全面贯彻落实科学发展观　开创环境保护工作
新局面 ……………………………………………… (13)
在国务院新闻办公室新闻发布会上的讲话 ……… (16)
加快推进历史性转变　努力开创环境保护工作
新局面 ……………………………………………… (19)
实施科技兴环保战略　努力开创环境科技工作
新局面 ……………………………………………… (31)
全面加强环境政策法制工作　努力推进环境保护
历史性转变 ………………………………………… (37)
落实科学发展观的又一重要举措 ………………… (44)
加大工作力度为全面实现第一阶段履约目标而
努力奋斗 …………………………………………… (47)
国家环境保护总局副局长祝光耀在中国论坛
开幕式上的致辞 …………………………………… (49)
祝光耀副局长在首届“环保　发展　青年”
论坛上的讲话 ……………………………………… (50)
经济发展与环境保护 ……………………………… (51)
张力军副局长在廊坊市国家环境保护模范城市
授牌仪式上的讲话 ………………………………… (53)
吴晓青在全国环保科技大会闭幕会上的总结
讲话 ………………………………………………… (55)
加强生态环境保护，促进生态旅游健康发展 …… (59)
吴晓青副局长在马鞍山市国家环境保护模范城市
授牌仪式上的讲话 ………………………………… (64)
加强国际合作，大力推进生物多样性保护 ……… (67)
发展循环经济要解决机制问题 …………………… (68)
中国能源环境战略与对策 ………………………… (70)
王玉庆副局长在全国环境保护政务信息工作会上
的讲话 ……………………………………………… (73)
重要文献摘录…………………………………………… (76)
中华人民共和国国民经济和社会发展第十一个
五年规划纲要（摘录）…………………………… (76)
国务院总理温家宝在第十届全国人民代表大会
第四次全会上的政府工作报告（摘要）………… (84)
《国务院关于落实科学发展观加强环境保护的
决定》（摘要） …………………………………… (92)
中国的环境保护（1996—2005）………………… (92)
中国水生生物资源养护行动纲要 ……………… (104)
全国环境统计公报（2006 年） ………………… (110)
2006 年中国环境状况公报（摘录） …………… (114)
2006 年中国国土绿化状况公报 ………………… (115)

综述篇

污染防治 …… (121)
松花江流域水污染防治“十一五”规划编制工作基本完成 …… (121)
国家投入4.6亿元启动齐齐哈尔市水污染防治工程 …… (122)
治理水污染等成“十一五”环保重点 …… (122)
环保总局通报淮河流域水污染防治目标责任书执行情况 …… (122)
“水体污染控制与治理”科技重大专项启动 …… (124)
总局与各地签订削减目标责任书 …… (124)
国家鼓励发展小排量汽车，解限的前提是节能与环保 …… (125)
我国将深入开展城市大气环境综合防治 …… (125)
环保总局开始对进口废物实施新环控标准 …… (126)
化学品登记中心逐步建立网络安全结构体系 …… (126)
全国危险废物产废企业与经营企业环境管理培训会议在京召开 …… (127)
有毒化学品进出口登记网上申报系统培训班举办成功 …… (127)
遏制有机污染蔓延，中国示范项目启动 …… (127)
全国土壤污染状况调查及污染防治专项工作视频会议在北京召开 …… (128)
环保总局确定主要污染物削减目标考核原则 …… (129)
三省市铁腕整治“锰三角”污染 …… (130)
自然生态保护与城市环境治理 …… (131)
我国新增22处国家级自然保护区 …… (131)
国家林业局高度评价可可西里生态保护工作 …… (132)
中俄边境珍宝岛湿地列入国家级自然保护区 …… (132)
我国正式发布自然保护区区徽 …… (132)
环保总局等四部门要求严格监管自然保护区等区域内影视演艺活动 …… (133)
“农村小康环保行动计划”试点启动 …… (133)
国家环保总局正式发布《国家农村小康环保行动计划》 …… (133)
环保总局发布《国家重点生态功能保护区规划纲要》 …… (134)
国务院发布《关于加强农村环境保护工作的意见》 …… (135)
我国成立兰科植物种质资源保护中心 …… (136)
中国将建立生物物种资源预警监测机制和体系 …… (137)
云南野象谷景区的亚洲野象跟踪保护小组成立 …… (137)
中国最大面积连片野生稻得到妥善保护 …… (137)
中国生物多样性保护远景规划启动 …… (138)
环保总局发布《全国生物物种资源保护与利用规划纲要》 …… (138)
“城考”出台新考核指标 …… (139)
我国首个城市总体规划战略环评通过专家评审 …… (139)
环保总局公布2005年度我国城市环境综合整治定量考核结果 …… (140)
环保总局发布《2006年国家城市环境管理和综合整治年度报告》 …… (142)
环境监察 …… (144)
我国首次发布生态工业园区标准 …… (144)
湘江镉含量实现全天自动监控 …… (144)
我国水土保持取得新成效 …… (145)
我国首套近地面沙尘暴监测系统建成 …… (145)
青藏高原建立生态地质环境遥感监测信息系统 …… (145)
建设项目县级环保审批情况监察 …… (146)
国土资源情况监察 …… (146)
青藏铁路环保投资监察 …… (147)
矿产资源开发环境保护监察 …… (147)
煤炭行业环境保护监察 …… (147)
国家环保总局组建国家辐射环境监测网络 …… (148)
环保执法专项行动 …… (149)
环保总局全面排查新建石化项目 …… (149)
环保总局通报青藏铁路环保工作情况 …… (150)
国务院七部门联合召开2006年全国环保专项行动电视电话会议 …… (151)
全国饮用水源保护专项执法检查现场会召开 …… (152)
七部门联合督察全国环保专项行动开展情况 …… (153)
环保总局通报环保专项行动贵州、吉林、黑龙江检查结果 …… (154)

环保总局通报首次摩托车环保生产一致性抽查结果 …………………………（155）
严厉打击违法排污行为 …………………………（156）
环保总局、监察部对2007年上半年环保专项行动进展情况进行调度 …………………………（157）
环境事件处理与事故防范 …………………………（159）
环保总局公布各大水域环境风险排查结果 ………（159）
环保总局通报典型突发环境事件 ………………（161）
牡丹江污染事件肇事者查明 ……………………（162）
环保总局通报白洋淀死鱼事件处理情况 …………（162）
环保总局通报《无极》剧组破坏环境的调查情况 …………………………（163）
环保总局通报湖南省岳阳县饮用水源砷含量超标事件 …………………………（163）
甘肃徽县群众血铅超标事件肇事污染源查明 …………………………（164）
环保总局通报贵州遵义钛厂氯气泄漏事故情况 …………………………（165）
环保总局通报8个违反“三同时”建设项目处理情况 …………………………（165）
环保总局通报青海鑫飞公司污染隐患事件处理情况 …………………………（167）
环保总局通报投资1123亿元的82个严重环境违法项目 …………………………（167）
环保行政处罚与行政复议 …………………………（169）
环保总局出台贯彻实施《全面推进依法行政实施纲要》五年规划 …………………………（169）
环保总局责令甘肃省环境科学研究院限期整改 …………………………（169）
杭州三星纸业有限公司环境违法行为限期改正通知书 …………………………（170）
杭州众意纸业有限公司环境违法行为限期改正通知书 …………………………（170）
浙江孙氏纸业集团有限公司环境违法行为限期改正通知书 …………………………（171）
富阳市八一城市综合污水处理有限公司环境违法行为限期改正通知书 …………………………（171）
杭州通达纸业有限公司环境违法行为限期改正通知书 …………………………（171）
浙江华远纸业有限公司环境违法行为限期改正通知书 …………………………（172）
孔祥仁等82人的行政复议受理通知书……………（172）
孔祥仁等82人的行政复议决定书…………………（172）
对浙江省环境保护局的行政复议答辩通知书 ……（177）
刘金才等5人行政复议受理通知书 ………………（178）
刘金才等5人行政复议答辩通知书 ………………（178）
王彩芬等45人的行政复议决定书…………………（178）
环保总局公布六里屯垃圾焚烧发电项目行政复议决定 …………………………（183）
环保执法释疑 …………………………（184）
关于转发《最高人民法院关于审理环境污染刑事案件具体应用法律若干问题的解释》和《最高人民检察院关于渎职侵权犯罪案件立案标准的规定》（节选）的通知…………………………（184）
关于规划环境影响评价有关问题的复函 …………（187）
关于加强环保用和可能造成环境危害微生物进出口环境安全及卫生检疫管理问题的复函 ……（187）
关于界定城市污水集中处理设施的复函 …………（188）
关于危险废物跨省转移管理有关问题的复函 ……（188）
关于明确《放射性同位素与射线装置安全许可管理办法》有关问题的通知 ……………………（189）
关于废纸和废塑料适用进口可用作原料的固体废物环境保护控制标准问题的复函 ………………（190）
关于火电厂实施烟气脱硫后执行标准的复函 ……（190）
关于征收污水排污费有关问题的复函 ……………（190）
关于实施行政处罚时听取陈述申辩时限问题的复函 …………………………（191）
关于确认220KV输变电工程环境影响评价文件审批权限的复函 …………………………（191）
关于餐饮行业产生的废弃食用油脂是否属于生活垃圾的复函 …………………………（192）
关于城市污水集中处理设施进水执行标准有关问题的复函 …………………………（192）
关于企业试生产期间违法行为行政处罚意见的复函 …………………………（192）
环保执法机构与执法队伍建设 ………………（194）
《全国环保系统环境宣传教育机构规范化建设标准》发布 …………………………（194）

监察部环保总局联合培养人才 …………………… (194)
全国地市级环保局长岗位培训班在北戴河举行 …………………… (195)
国家环保总局发布《关于加强年轻干部培养锻炼工作的意见》 …………………… (195)
第三十六期环境管理培训班赴美国培训 ………… (195)
环保总局西北环境保护督查中心揭牌 ………… (196)
环保总局西南环保督查中心揭牌 …………………… (196)
环保总局东北环保督查中心挂牌 …………………… (196)
"第一期中日技术合作促进循环经济发展：政策、战略与实践培训班"在京举办 ………… (197)

行业篇

建设领域环境保护工作 …………………… (201)
农业领域环境保护工作 …………………… (202)
林业领域环境保护工作 …………………… (205)
气象领域环境保护工作 …………………… (207)
海洋环境保护工作 …………………… (210)
石油和化工行业环境保护工作 …………………… (213)

区域篇

北京市 …………………… (219)
天津市 …………………… (221)
上海市 …………………… (224)
重庆市 …………………… (227)
安徽省 …………………… (229)
河北省 …………………… (231)
广东省 …………………… (233)
湖南省 …………………… (236)
辽宁省 …………………… (239)
山东省 …………………… (242)
四川省 …………………… (246)
云南省 …………………… (249)
广西壮族自治区 …………………… (251)
河南省 …………………… (253)
吉林省 …………………… (255)
内蒙古自治区 …………………… (257)
山西省 …………………… (260)
浙江省 …………………… (263)
福建省 …………………… (265)
贵州省 …………………… (268)
黑龙江省 …………………… (270)
江苏省 …………………… (273)
宁夏回族自治区 …………………… (278)
陕西省 …………………… (280)
西藏自治区 …………………… (283)
甘肃省 …………………… (284)
海南省 …………………… (287)
湖北省 …………………… (290)
江西省 …………………… (292)
青海省 …………………… (294)
新疆维吾尔自治区 …………………… (296)

统计资料篇

各地区主要污染物排放情况（一） ………… (301)
各地区主要污染物排放情况（二） ………… (302)
各地区主要污染物排放情况（三） ………… (303)
各地区主要污染物排放情况（四） ………… (304)
各地区工业废水排放及处理情况（一） ………… (305)
各地区工业废水排放及处理情况（二） ………… (306)
各地区工业废水排放及处理情况（三） ………… (307)
各地区工业废水排放及处理情况（四） ………… (308)
各地区工业废水排放及处理情况（五） ………… (309)
各地区工业废气排放及处理情况（一） ………… (310)
各地区工业废气排放及处理情况（二） ………… (311)
各地区工业废气排放及处理情况（三） ………… (312)
各地区工业废气排放及处理情况（四） ………… (313)
各地区工业废气排放及处理情况（五） ………… (314)
各地区工业固体废物产生及处置利用情况（一） …………………… (315)
各地区工业固体废物产生及处置利用情况（一）（续表） …………………… (316)
各地区工业固体废物产生及处置利用情况（三） …………………… (317)

各地区工业固体废物产生及处置利用情况（四） …………………………………… (318)
各地区工业固体废物产生及处置利用情况（五） …………………………………… (319)
各地区工业污染治理项目建设情况（一） ……… (320)
各地区工业污染治理项目建设情况（二） ……… (321)
各地区工业污染治理项目建设情况（三） ……… (322)
各地区工业污染治理项目建设情况（四） ……… (323)
各地区工业污染治理项目建设情况（五） ……… (324)
各地区工业企业“三废”治理效率（一） ……… (325)
各地区工业企业“三废”治理效率（二） ……… (326)
各地区危险废物集中处置情况（一） …………… (327)
各地区危险废物集中处置情况（二） …………… (328)
各地区城市污水处理情况（一） ………………… (329)
各地区城市污水处理情况（二） ………………… (330)
各地区城市污水处理情况（三） ………………… (331)
各地区生活及其他污染情况（一） ……………… (332)
各地区生活及其他污染情况（二） ……………… (333)
各地区主要污染物排放强度（一） ……………… (334)
各地区主要污染物排放强度（二） ……………… (335)
各地区环境污染治理投资情况 …………………… (336)
各地区城市环境基础设施建设投资情况 ………… (337)
按行业分重点调查工业废水排放及处理情况（一） ……………………………………… (338)
按行业分重点调查工业废水排放及处理情况（二） ……………………………………… (339)
按行业分重点调查工业废水排放及处理情况（三） ……………………………………… (340)
按行业分重点调查工业废水排放及处理情况（四） ……………………………………… (341)
按行业分重点调查工业废气排放及处理情况（一） ……………………………………… (342)
按行业分重点调查工业废气排放及处理情况（二） ……………………………………… (343)
按行业分重点调查工业废气排放及处理情况（三） ……………………………………… (344)
按行业分重点调查工业废气排放及处理情况（四） ……………………………………… (345)
按行业分重点调查工业固体废物产生及处置利用情况（一） ………………………… (346)
按行业分重点调查工业固体废物产生及处置利用情况（二） ………………………… (347)
按行业分重点调查工业固体废物产生及处置利用情况（三） ………………………… (348)
按行业分重点调查工业汇总情况（一） ………… (349)
按行业分重点调查工业汇总情况（二） ………… (350)
按行业分重点调查工业“三废”治理效率 ……… (351)
各地区火电行业工业废气排放及处理情况（一） ……………………………………… (352)
各地区火电行业工业废气排放及处理情况（二） ……………………………………… (353)
各地区建设项目环境影响评价执行情况（一） … (354)
各地区建设项目环境影响评价执行情况（二） … (355)
各地区建设项目“三同时”执行情况（一） …… (356)
各地区建设项目“三同时”执行情况（二） …… (357)
各地区排污费征收情况 …………………………… (358)
各地区环境污染控制与管理情况（一） ………… (359)
各地区环境污染控制与管理情况（二） ………… (360)
各地区环境污染与破坏事故情况（一） ………… (361)
各地区环境污染与破坏事故情况（二） ………… (362)
各地区环境污染与破坏事故情况（三） ………… (363)
各地区环境污染与破坏事故情况（四） ………… (364)
各地区自然生态保护情况（一） ………………… (365)
各地区自然生态保护情况（二） ………………… (366)
各地区农业面源污染及治理情况（一） ………… (367)
各地区农业面源污染及治理情况（二） ………… (368)

政策法规篇

法律及法律性文件 …………………………………… (371)
中华人民共和国农产品质量安全法（摘录） …… (371)
全国人民代表大会常务委员会关于加入《乏燃料管理安全和放射性废物管理安全联合公约》的决定 …………………………………… (371)
全国人民代表大会常务委员会关于批准《〈防止倾倒废物及其他物质污染海洋的公约〉1996 年议定书》的决定 ………………………………… (372)
中华人民共和国城乡规划法（摘录） …………… (372)

行政法规及法规性文件 ……………………………（373）
国家突发环境事件应急预案 ……………………………（373）
风景名胜区条例 ……………………………（381）
防治海洋工程建设项目污染损害海洋环境管理条例 ……………………………（386）
国务院关于松花江流域水污染防治规划（2006—2010年）的批复 ……………………………（392）
国务院关于开展第一次全国污染源普查的通知 ……………………………（393）
国务院办公厅关于发布山西五鹿山等22处新建国家级自然保护区名单的通知 ……………………………（394）
国务院办公厅关于印发第一次全国污染源普查方案的通知 ……………………………（395）
国务院关于印发国家环境保护“十一五”规划的通知 ……………………………（399）
全国污染源普查条例 ……………………………（412）
部门规章及规范性文件 ……………………………（416）
放射性同位素与射线装置安全许可管理办法 ……（416）
财政部　国土资源部　环保总局关于逐步建立矿山环境治理和生态恢复责任机制的指导意见 ……（422）
关于印发《环境影响评价公众参与暂行办法》的通知 ……………………………（423）
关于学习和贯彻实施《环境保护违法违纪行为处分暂行规定》的通知 ……………………………（428）
关于严格控制新（扩）建项目使用四氯化碳的补充通知 ……………………………（431）
关于进一步做好涉及饮用水源环境事件防控工作的紧急通知 ……………………………（432）
关于开展国家生态县、生态市考核验收工作的通知 ……………………………（432）
关于简化已进行规划环评的钢铁企业建设项目环境影响评价工作的通知 ……………………………（434）
关于推进铁合金行业加快结构调整的通知 ………（434）
关于印发加快煤炭行业结构调整、应对产能过剩的指导意见的通知 ……………………………（437）
关于加快铝工业结构调整指导意见的通知 ………（440）
印发关于加快水泥工业结构调整的若干意见的通知 ……………………………（444）
关于加快电石行业结构调整有关意见的通知 ……（446）
关于加快纺织行业结构调整促进产业升级若干意见的通知 ……………………………（448）
关于印发《ISO14000国家示范区管理办法》的通知 ……………………………（451）
关于废止、修改部分规章和规范性文件的决定 ……………………………（454）
关于钢铁工业控制总量淘汰落后加快结构调整的通知 ……………………………（455）
环境信访办法 ……………………………（459）
环境监测质量管理规定 ……………………………（464）
关于防范尾矿库垮塌引发突发环境事件的通知 ……………………………（466）
关于规范铅锌行业投资行为加快结构调整指导意见的通知 ……………………………（467）
财政部　环保总局关于环境标志产品政府采购实施的意见 ……………………………（470）
国家级自然保护区监督检查办法 ……………………………（471）
环境统计管理办法 ……………………………（474）
印发关于促进平板玻璃工业结构调整的若干意见的通知 ……………………………（478）
国家发展改革委办公厅、国家环保总局办公厅关于开展废旧轮胎土法炼油整治工作的紧急通知 ……………………………（481）
关于发布《国家环境咨询委员会章程》和《国家环境保护总局科学技术委员会章程》的通知 ……………………………（481）
环境行政复议与行政应诉办法 ……………………………（483）
关于印发《国家环境保护总局工作规则》的通知 ……………………………（487）
关于印发《国家环保科普基地申报与评审暂行办法》的通知 ……………………………（494）
关于印发《国家环境保护总局公文处理办法》的通知 ……………………………（496）
关于进一步加强生态保护工作的意见 ……………（503）
环境监测管理办法 ……………………………（506）
排污费征收工作稽查办法 ……………………………（508）
国家环保总局重要公告及通报 ……………………（511）
关于发布《环境标志产品技术要求节能灯》等10项国家环境保护行业标准的公告 ……………（511）

关于发布符合环境保护规定的电解铝生产企业名单（第一批）的公告 …………………………（512）
关于发布《医疗废物化学消毒集中处理工程技术规范（试行）》等两项国家环境保护行业标准的公告 ……………………………………………（513）
关于发布2006年进口废五金电器、废电线电缆和废电机定点加工利用单位名单的公告 ……………………………………………（513）
关于发布《建设项目竣工环境保护验收技术规范 电解铝》等三项国家环境保护行业标准的公告 ……………………………………………（522）
关于发布《环境保护产品技术要求 电解法二氧化氯协同消毒剂发生器》等8项国家环境保护行业标准的公告 ……………………………（522）
关于发布《环境保护产品技术要求 污泥脱水用带式压榨过滤机》等12项国家环境保护行业标准的公告 ……………………………………（523）
关于发布《城镇污水处理厂污染物排放标准》（GB18918—2002）修改单的公告 ……………（524）
关于发布射线装置分类办法的公告 ………………（524）
关于发布《行业类生态工业园区标准（试行）》等3项国家环境保护行业标准的公告 …………（525）
关于发布《清洁生产标准 啤酒制造业》等八项国家环境保护行业标准的公告 …………………（525）
关于实行甲级建设项目环境影响评价机构评价范围分级管理的公告 ……………………………（526）
关于发布《环境保护产品技术要求 刮泥机》等20项国家环境保护行业标准的公告 ……………（526）
关于发布火电项目环境影响报告书受理条件的公告 ……………………………………………（527）
关于发布《清洁生产标准汽车制造业（涂装）》等两项国家环境保护行业标准的公告 …………（528）
关于发布《国家环境保护标准制修订工作管理办法》的公告 ……………………………………（529）
关于发布《环境标志产品技术要求 卫生陶瓷》等两项国家环境保护行业标准的公告 …………（537）
关于发布《煤炭工业污染物排放标准》的公告 ……………………………………………（537）
关于停止收取环境影响报告书（表）技术评估费用的通知 ……………………………………（538）
关于发布国家环境保护行业标准《环境保护档案管理规范环境监察》的公告 ……………………（538）
关于发布《环境标志产品技术要求 房间空气调节器》等10项国家环境保护行业标准的公告 ……………………………………………（538）
关于发布《食用农产品产地环境质量评价标准》等两项国家环境保护行业标准的公告 ……………………………………………（539）
关于修订中国严格限制进出口有毒化学品目录的公告 ……………………………………………（540）
关于湖北省汉川市环保局排污费收缴工作违规问题的通报 ……………………………………（540）

2008北京奥运环保工作篇

北京生态环境改善明显，正向“绿色奥运”迈进 ……………………………………………（545）
北京节水成效显著 申奥承诺逐步实现 …………（545）
北京制定奥运空气质量保障方案 …………………（546）
北京奥运绿化成绩喜人 ……………………………（546）
京津冀辽鲁首次联防美国白蛾确保“绿色奥运” ……………………………………………（547）
2008位环保少年植树2008棵，献礼2008年绿色奥运 ……………………………………………（547）
环保厕所“中标”北京奥运 ………………………（547）
践行“绿色奥运”，青岛从垃圾分类做起…………（548）
北京奥组委荣获《蒙特利尔议定书》公共意识奖 ……………………………………………（548）
人工湿地将为奥林匹克森林公园提供净水资源 ……………………………………………（549）
联合国环境署称北京奥运会符合绿色奥运标准 ……………………………………………（549）
17万市民参与“创优质空气迎奥运来宾”活动 ……………………………………………（550）
“绿色奥运绿色中国——北京2008绿色行动”启动 ……………………………………………（550）
我国全力推进奥运空气质量保障工作 ……………（551）
“绿色奥运”筹备成绩显著，北京获大气污染治理特别奖 ……………………………………（551）

北京2008年将投入2766辆环保公交车配合绿色奥运 …… (552)

青少年环保教育篇

青少年环保教育主要活动 …… (555)
江西开展四大活动，加强青少年环保教育 …… (555)
上海建青学校举行“飞利浦青少年环保节能教育活动” …… (555)
长沙市蓉园社区党员服务中心开展青少年环保教育活动 …… (556)
植树助学公益活动之绿色助学行动正式启动 …… (556)
北京学生在天安门广场拾垃圾，为“绿色奥运”添绿 …… (556)
“青少年生态环保志愿服务队进百村活动”启动 …… (557)
浙江省桐乡市组织开展青少年绿色环保主题活动 …… (557)
北京举行“庆祝五四青年节、迎绿色奥运、建生态使者团誓师大会” …… (557)
黑龙江启动“百万青少年营建万亩共青林”活动 …… (558)
辽宁沈阳、葫芦岛等地青少年积极开展植绿护绿活动 …… (558)
湖南青少年积极开展生态环保活动 …… (559)
建设生态文明，校园广播先行——永康市少先队结合十七大精神，开展青少年环保教育 …… (559)
青少年环保教育基地建设 …… (560)
北京市青少年生态环保教育基地在怀柔喇叭沟门满族乡揭牌成立 …… (560)
内蒙古最大青少年生态环保教育基地成立 …… (560)
石家庄首家青少年环保教育基地开放 …… (561)
湖北兴山县建立青少年生态环保教育基地 …… (561)
许昌市青少年环保教育基地揭牌 …… (561)
亲近自然、欣赏自然、保护自然——广州瀛洲生态公园建设环保教育基地 …… (562)
荆州青少年生态环境保护教育基地成立 …… (562)
辽河源国家森林公园成为辽宁省青少年生态环境教育基地 …… (563)
青少年环保教育经验交流 …… (563)
爱护环境，保护我们的家园 …… 林绮嫦 (563)
保护环境　刻不容缓 …… 林良友 (564)
创建绿色校园　让绿美化心灵 …… 李群棠 (565)
创建绿色学校　促可持续发展 …… 陈得光 (567)
创建绿色学校，为学生营造一个良好的学习环境 …… (571)
这里，时时处处充满“绿” …… 程琴妹 (573)
德育与环境教育 …… 杨良会 (575)
环保执法在学校教育中的推广与普及 …… 张庆红 (577)
立足课堂多点渗透 …… 袁爱红 (578)
论环境执法的社会基础 …… 路玉中 (580)
浅谈初中生物课堂教学中的环保教育 …… 刘万华 (585)
浅谈在素质教育中如何进行环保教育 …… 肖燕颜 (587)
让绿色种子在幼小的心灵发芽长叶 …… 李超英 (588)
万紫千红总是春 …… 郑云风 (591)
加强环保意识，构建和谐校园 …… (593)
绿色化学与微型化学实验 …… 张锦松 (596)
创“绿色学校”，让环境育人 …… (598)

环境保护大事记

2006年1月 …… (607)
2006年2月 …… (607)
2006年3月 …… (609)
2006年4月 …… (610)
2006年5月 …… (611)
2006年6月 …… (613)
2006年7月 …… (614)
2006年8月 …… (615)
2006年9月 …… (617)
2006年10月 …… (618)
2006年11月 …… (620)
2006年12月 …… (622)

2007

LAW ENFORCEMENT YEARBOOK
OF CHINA ENVIROMENT PROTECTION

中 国 环 保 执 法 年 鉴

文献资料篇

领导重要讲话

发展不能以牺牲生态环境和人命为代价

——胡锦涛总书记在主持中央政治局第三十次集体学习时的讲话（摘录）
（2006年3月27日）

胡锦涛在主持学习时发表了讲话。他指出，安全生产关系人民群众生命财产安全，关系改革发展稳定的大局。党的十六届五中全会明确提出，要坚持节约发展、清洁发展、安全发展，把安全发展作为一个重要理念纳入我国社会主义现代化建设的总体战略。这是我们对科学发展观认识的深化。党和政府历来高度重视安全生产工作，为促进安全生产、保障人民群众生命财产安全和健康进行了长期努力，做了大量工作。

胡锦涛强调，人的生命是最宝贵的。我国是社会主义国家，我们的发展不能以牺牲精神文明为代价，不能以牺牲生态环境为代价，更不能以牺牲人的生命为代价。重特大安全事故给人民群众生命财产造成了重大损害。我们一定要痛定思痛，深刻吸取血的教训，切实加大安全生产工作的力度，坚决遏制住重特大安全事故频发的势头。

把节约能源资源放在更突出的战略位置　加快建设资源节约型、环境友好型社会

——胡锦涛总书记在主持中央政治局第三十七次集体学习时的讲话（摘录）
（2006年12月25日）

胡锦涛在主持学习时发表了讲话。他指出，能源资源是人类社会生存和发展的重要物质基础，也是我们全面建设小康社会、加快推进社会主义现代化的重要物质基础。坚持节约资源的基本国策，加快建设资源节约型、环境友好型社会，促进经济发展与人口、资源、环境相协调，是贯彻落实科学发展观、走新型工业化道路的必然要求，是实现可持续发展、保障经济安全和国家安全的必然要求。我们必须以对国家和人民高度负责、对子孙后代高度负责的精神，把节约能源资源工作放在更加突出的战略位置，切实做到节约发展、清洁发展、安全发展、可持续发展，坚定不移地走生产发展、生活富裕、生态良好的文明发展道路。

胡锦涛强调，“十一五”是我国全面建设小康社会、加快推进社会主义现代化的关键时期，也是加快建设资源节约型社会的重要时期。要坚持开发与节约并举、节约优先的方针，紧紧围绕实

现经济增长方式的根本性转变，以提高能源资源利用效率为核心，以节能、节水、节地、节材、能源资源综合利用和发展循环经济为重点，把节约能源资源工作贯穿于生产、流通、消费各个环节和经济社会发展各个领域，加快形成节约型生产方式和消费方式，提高全社会能源资源利用水平，力争在较短的时间内取得明显进展。

胡锦涛指出，要把节约能源资源作为转变经济增长方式的主攻方向，大力推进产业结构优化升级，大力发展集约化农业和生态农业，大力发展服务业，积极发展高技术产业，加快用高新技术和先进适用技术改造传统产业，坚决淘汰严重耗费能源资源和污染环境的落后生产能力，加大循环经济试点力度，努力提高生产活动的循环化、生态化水平。要提高全民族的节约意识，在全社会倡导节俭、文明、适度、合理的消费理念，倡导绿色消费等现代消费方式，提高消费质量和效益。要加快构建节约能源资源的技术支撑体系，加强能源资源节约和循环利用技术的攻关和产业化，培育节能服务体系。要抓紧制定和修订与社会主义市场经济体制相适应的促进能源资源节约和有效利用的法律法规，注重运用价格、财税、金融等手段促进能源资源节约和有效利用，加快建立科学的节能减排指标体系、考核体系、监测体系，依法加大执法和监督检查力度，堵塞能源资源浪费漏洞。

胡锦涛指出，建设资源节约型社会既是长期的战略任务，也是当前的紧迫工作，关键是要加强领导、抓好落实。各级党委和政府要把加快建设资源节约型社会作为重要内容列入经济社会发展总体规划和各类专项规划，加大工作力度，加强监督检查，及时解决存在的问题，务求取得实效。各类企业都要进一步加强管理，加快技术改造，推行清洁生产，充分发挥节约能源资源的主力军作用。各地区和重点企业要抓好落实，确保完成节能降耗和污染减排的任务。各级党政机关和全体党员、干部都要厉行节约、反对浪费，在建设资源节约型社会中发挥带头作用。要深入开展节约能源资源和环境保护的宣传教育，让节约能源资源深入人心，使节约能源资源成为全社会的自觉行动。

加强舆论监督　推动节能减排

——吴邦国委员长在会见中华环保世纪行代表和记者时的讲话（摘录）

（2007年4月27日）

……吴邦国说，全国人大及其常委会历来高度重视节约资源和保护环境工作，制定了一系列相关法律，不断加大监督力度，监督实效明显增强。吴邦国还对中华环保世纪行活动发挥的积极作用给予充分肯定，对新闻媒体和新闻工作者为此付出的辛勤劳动表示感谢。

吴邦国在讲话中就进一步搞好中华环保世纪行活动提了三点希望：一要广泛宣传和普及节约资源和保护环境的法律法规，提高全社会资源环境意识，让节能环保家喻户晓、深入人心，成为全社会的自觉行动。二要紧紧围绕节能减排目标，抓住社会普遍关注、人民群众反映强烈的问题开展活动，进一步增强活动的针对性和实效性。三要充分发挥舆论监督和群众监督的作用，注重采访报道的深度，宣传成功经验、弘扬先进典型，揭露违法案件、鞭挞不良行为，为节约资源和保护环境创造良好的社会舆论氛围。

吴邦国最后指出，建设资源节约型和环境友好型社会是一项紧迫而长期的任务。各地区、各部门要从贯彻落实科学发展观、构建社会主义和谐社会、实现可持续发展的高度，充分认识节约资源和保护环境的重要性，切实转变发展思路、创新发展模式、提高发展质量，着力转变增长方式，加快调整经济结构，大力开展以节能降耗和保护环境为中心的技术改造，积极发展循环经济，努力推动自主创新，使经济社会发展切实转入科学发展的轨道。

全面落实科学发展观　加快建设环境友好型社会

——温家宝总理在第六次全国环境保护大会上的讲话（摘录）

（2006 年 4 月 17 日）

这次全国环境保护大会，是实施“十一五”规划开始时召开的一次重要会议。会议的主要任务是，认真贯彻党的十六届五中全会和十届全国人大四次会议精神，落实国务院关于加强环境保护的决定，总结“十五”期间的环保工作，部署今后五年的环保任务，进一步开创我国环境保护工作的新局面。

一、必须把环境保护摆在更加重要的战略位置

保护环境关系到我国现代化建设的全局和长远发展，是造福当代、惠及子孙的事业。党中央、国务院历来重视环境保护工作，把保护环境作为一项基本国策，把可持续发展作为一项重大战略。党的十六大以后，我们提出树立科学发展观、构建社会主义和谐社会的重要思想，提出建设资源节约型、环境友好型社会的奋斗目标。这是我们党对社会主义现代化建设规律认识的新飞跃，也是加强环境保护工作的根本指导方针。

“十五”期间，我们在推进经济发展的同时，采取一系列措施加强环境保护，取得积极进展。在资源消耗和污染物产生量大幅度增加的情况下，环境污染和生态破坏加剧的趋势减缓，部分流域区域污染治理取得初步成效，部分城市和地区环境质量有所改善，工业产品的污染排放强度有所下降。对于环境保护工作的成绩应予充分肯定。

同时，必须清醒地看到，我国环境形势依然十分严峻。长期积累的环境问题尚未解决，新的环境问题又在不断产生，一些地区环境污染和生态恶化已经到了相当严重的程度。主要污染物排放量超过环境承载能力，水、大气、土壤等污染日益严重，固体废物、汽车尾气、持久性有机物等污染持续增加。流经城市的河段普遍遭到污染，1/5 的城市空气污染严重，1/3 的国土面积受到酸雨影响。全国水土流失面积 356 万平方公里，沙化土地面积 174 万平方公里，90％以上的天然草原退化，生物多样性减少。发达国家上百年工业化过程中分阶段出现的环境问题，在我国已经集中出现。生态破坏和环境污染，造成了巨大的经济损失，给人民生活和健康带来严重威胁，必须引起我们高度警醒。

“十五”时期，我国经济发展的各项指标大多超额完成，但环境保护的指标没有完成，主要是两个指标：一个是二氧化硫排放量；一个是化学需氧量。2005 年全国二氧化硫排放量比 2000 年增加了 27％，化学需氧量仅减少了 2％，均未完成削减 10％的控制目标。环境污染严重，主要是三个原因：

一是对环境保护重视不够。主要是没有正确认识和处理好经济发展与环境保护的关系，当前与长远的关系，局部与全局的关系。一些地方重经济发展、轻环境保护，甚至不惜以牺牲环境为代价换取经济增长；只顾当前，不计长远，考虑局部利益多，考虑全局和整体利益少。由于重视不够，投入不足，环保欠账过多，不少地方环境治理明显滞后于经济发展，该治理的不治理，边治理边破坏。环境保护已成为经济社会发展中的一个薄弱环节。

二是产业结构不合理，经济增长方式粗放。新中国成立以来，特别是改革开放以来，我国经济建设取得了巨大成就，经济总量已经位居世界前列。但是，我们还是一个发展中国家，产业水平总体上比较低，能源资源消耗比较高，在加快发展的过程中付出了比较大的环境代价。长期以来经济增长方式粗放，高投入、高消耗、高排放。特别是一些地方上了不少小钢铁、小水泥、小化工、小造纸、小皮革等项目，加剧了环境污染。

这几年我国煤炭消费高速增长，导致二氧化硫排放总量大幅度增加。2005年全国煤炭消耗量达到21.4亿吨，比2000年增加了8.2亿吨。燃煤电厂是二氧化硫排放的主要来源，而燃煤电厂脱硫设施建设严重滞后。不加快调整产业结构，不转变经济增长方式，环境污染的问题就难以从根本上解决。

三是环境保护执法不严，监管不力。近些年来，我们重视环境法制建设，加强了环境管理。但是，环境保护中有法不依、执法不严、违法不究的现象还比较普遍，对环境违法处罚力度不够，违法成本低、守法成本高。一些地方对环境保护监管不力，甚至存在地方保护主义。有的地方不执行环境标准，违法违规批准严重污染环境的建设项目；有的地方对应该关闭的污染企业下不了决心，动不了手，甚至视而不见，放任自流；还有的地方环境执法受到阻碍，使一些园区和企业环境监管处于失控状态。这种状况不改变，环境污染就不可能得到根本治理。

我们必须充分认识我国环境形势的严峻性和复杂性，充分认识加强环境保护工作的重要性和紧迫性，切实把环境保护放在更加重要的战略位置。

贯彻落实科学发展观，促进人与自然和谐发展，必须加强环境保护。我国在发展中面临着两大矛盾：一个是不发达的经济与人们日益增长的物质文化需求的矛盾，这将是长期的主要矛盾，解决这个矛盾要靠发展。另一个是经济社会发展与人口资源环境压力加大的矛盾，这个矛盾越来越突出，解决这个矛盾要靠科学发展。我国已进入工业化、城镇化加快发展的阶段，这个阶段往往也是资源环境矛盾凸显的时期。靠过量消耗资源和牺牲环境维持经济增长是不可持续的。必须转变发展观念，创新发展模式，提高发展质量，把经济社会发展切实转入科学发展的轨道。

实现全面建设小康社会的目标，必须加强环境保护。全面建设小康社会，不仅包括经济建设、政治建设、文化建设、社会建设，还包括生态环境建设，使整个社会走上生产发展、生活富裕、生态良好的文明发展道路。现在看来，全面小康的经济目标，经过努力完全可以达到，而要达到小康社会对环境的要求难度很大。今后，随着经济总量不断扩大和人口继续增加，污染物产生量还会不断增多，生态压力还会进一步加大，环境问题会更加突出。如果到那时，经济发展了，生活富裕了，但人居环境恶化了，那就不能说全面建成了小康社会。因此，我们必须更加重视环境保护工作，在实现国内生产总值翻两番的同时，把单位资源消耗和污染物排放明显降下来，在环境污染治理和生态建设方面取得明显成效。

提高人民群众的生活质量和健康水平，必须加强环境保护。生态环境的好坏，直接关系到人民群众的生活质量和身心健康。近年来，一些地方空气质量下降，水源受到污染，直接影响到人民群众的生活。一些地方环境事故频发，老百姓反映比较强烈，有关环境问题的投诉和纠纷明显增多。一些地方发生的重大环境污染事件，严重损害了人民群众的利益，甚至影响社会和谐稳定。随着人民生活水平的提高，广大群众对环境质量的要求越来越高。我们必须把保护环境这件事关人民群众切身利益的大事抓紧做好，让人们喝上干净的水，呼吸清新的空气，吃上放心的食品，有一个良好的生产生活环境。

为中华民族的生存和长远发展着想，必须加强环境保护。人类文明的发展和延续，与生态环境密切相关。生态环境的恶化不仅会破坏人们的生存条件，甚至会导致人类文明的消亡。恩格斯在《自然辩证法》一书中说过一段精辟的话："我们不要过分陶醉于对自然界的胜利。对于每一次这样的胜利，自然界都报复了我们。美索不达米亚、希腊、小亚细亚以及其他各地的居民，为了想得到耕地，把森林都砍完了，但是他们梦想不到，这些地方今天竟因此成为荒芜不毛之地。"我国也有不少地区历史上曾经山清水秀、林草丰茂，由于植被破坏和水土流失，如今土地荒漠化、石漠化日益严重。面对历史的沧桑巨变，我们更加感受到环境对生存与发展的价值和意义。我国许多地方生态脆弱，环境承载力很低。目前，一些地区已经出现了“有河皆干、有水皆污、土地退化、沙漠碰头”等现象。如果再不重视保护环境，今后治理的成本会更高，付出的代价会更大，环境将更难以恢复，我们就可能犯难以改正的历史性错误。保护环境，就是保护我们赖以生存的家园，就是保护中华民族发展的根基。我们绝不能做“吃祖宗饭、断子孙路”的蠢事。

总之，我们一定要深刻认识加强环境保护的重大意义，增强忧患意识，增强紧迫感和责任感，以对国家、对民族、对子孙后代高度负责的精神，切实做好环境保护工作，推动经济社会全面协调可持续发展。

二、今后五年环境保护的目标和主要任务

“十一五”时期是全面建设小康社会的关键时期，也是加强环境保护、改善环境状况的关键时期。“十一五”经济社会发展规划明确提出了今后五年环境保护的主要目标：到2010年，在保持国民经济平稳较快增长的同时，使重点地区和城市的环境质量得到改善，生态环境恶化趋势基本遏制。单位国内生产总值能源消耗比“十五”期末降低20%左右；主要污染物排放总量减少10%；森林覆盖率由18.2%提高到20%。这些目标，体现了防治环境污染和保护自然生态的要求，体现了人民群众的愿望和国家长远利益的要求。尽管实现的难度很大，但必须下定决心确保完成。

实现“十一五”环境保护的目标，必须进一步明确环保工作的指导思想。这就是以邓小平理论和“三个代表”重要思想为指导，全面落实科学发展观，坚持保护环境的基本国策，深入实施可持续发展战略；坚持预防为主、综合治理，全面推进、重点突破，着力解决危害人民群众健康的突出环境问题；坚持创新体制机制，依靠科技进步，强化环境法治，发挥社会各方面的积极性。经过长期不懈的努力，使生态环境得到改善，资源利用效率显著提高，可持续发展能力不断增强，人与自然和谐相处，建设环境友好型社会。

做好新形势下的环保工作，关键是要加快实现三个转变：一是从重经济增长轻环境保护转变为保护环境与经济增长并重，把加强环境保护作为调整经济结构、转变经济增长方式的重要手段，在保护环境中求发展。二是从环境保护滞后于经济发展转变为环境保护和经济发展同步，做到不欠新账，多还旧账，改变先污染后治理、边治理边破坏的状况。三是从主要用行政办法保护环境转变为综合运用法律、经济、技术和必要的行政办法解决环境问题，自觉遵循经济规律和自然规律，提高环境保护工作水平。

当前和今后一个时期，需要着力做好以下几方面工作。

（一）加大污染治理力度，切实解决突出的环境问题。加强环境保护，当务之急是解决水和空气等污染加剧的问题。要加强水污染治理。我国本来就是一个缺水的国家，有限的水资源又被严重污染。保障饮水安全直接关系人民群众的生命和健康，要切实保护饮用水水源地。我国化工企业多数布局在江河沿岸，一旦发生事故，就可能造成严重后果。要加大重点流域水污染防治力度，消除环境安全隐患，防止发生重大环境污染事件。要加强大气污染防治，不断改善重点城市空气质量。积极开展土壤污染防治，减少农村面源污染。加强危险化学品管理，妥善处置危险废物和医疗废物，保障核与辐射环境安全。

（二）加强自然生态保护，努力扭转生态恶化趋势。维护生态系统平衡，既是环境保护的重要任务，也是扩大环境容量、提高环境承载能力的基本前提。一方面，要坚持保护优先、开发有序的原则，控制不合理的资源开发活动，注重发挥生态系统的自然修复功能，保护好天然植被和生物的多样性。另一方面，要坚持不懈地开展生态工程建设，继续实施天然林保护、退耕还林等林业重点工程，退牧还草工程，京津风沙源治理等防沙治沙工程，加强西南地区石漠化治理，遏制土地沙化、退化、荒漠化趋势。

（三）加快经济结构调整，从源头上减少对环境的破坏。要大力推动产业结构优化升级，加快发展先进制造业、高新技术产业和服务业，形成一个有利于资源节约和环境保护的产业体系。严

格执行产业政策和环保标准，下决心淘汰那些高消耗、高排放、低效益的落后生产能力，严禁新上那些浪费资源、污染环境的建设项目。要大力发展循环经济，缓解资源供给不足的矛盾，减少污染物的排放。要推进节能、节水、节地、节材和资源综合利用、循环利用，推行清洁生产，努力实现增产减污。

（四）大力发展环境科技和环保产业，提高环境保护的水平。加强环境保护，必须依靠科技创新。国家中长期科学和技术发展规划，已经把环境保护相关技术列入优先领域。要把自主创新和引进消化吸收结合起来，集中力量组织攻关，力争在环保关键技术、共性技术方面取得突破，切实提高我国环境保护的科技含量。加强环境保护，必须发展环保产业。要积极发展环保装备制造业，加快发展环保服务业，支持各类所有制企业参与污染治理和环保产业发展，培育一批有实力、有竞争力的环保企业和企业集团，促进环保产业成为具有良好经济效益和社会效益的新兴支柱产业。

三、真抓实干，努力开创环境保护工作新局面

中央关于环境保护的大政方针和目标任务已经明确，各地区、各部门要把思想真正统一到科学发展观的要求上来，统一到中央加强环境保护的方针政策和工作部署上来，增强保护环境的自觉性，切实加强领导，采取有效措施，把环境保护的各项任务落到实处。

（一）落实环境保护责任制。保护环境是加强社会管理和公共服务的重要方面，是政府义不容辞的职责。地方政府要对环境质量负总责，把环境保护摆上重要议事日程。要建立环境保护目标管理责任制，并将环保目标纳入经济社会发展评价范围和干部政绩考核。从今年开始，每半年公布一次各地区和主要行业的能源消耗、污染排放情况，让社会和群众监督。保护环境，守土有责，要建立环保工作问责制。对于因决策失误、监管不力造成重大环境污染事故的，要严肃追究责任。

（二）实行污染物排放总量控制制度。这是减少环境污染的“总闸门”。各地都要按照国家环保总体目标要求，制定污染物排放总量控制计划，并将控制指标层层分解，落实到基层和重点排污单位。任何地方、任何单位都要严格执行，不得突破。要全面推行排污许可证制度，加强重点排污企业在线监控，禁止无证或违章排污。

（三）加强对建设项目的环境影响评价。这是防止新增污染的重要关口，要作为市场准入的一项重要制度。今后凡是不符合国家环保法律法规和标准的建设项目，不得审批或核准立项，不得批准用地，不得给予贷款。同时要开展规划环境影响评价，建立规划环评专家审查机制，从决策源头上防止环境污染和生态破坏。

（四）制定区域开发和保护政策。国家“十一五”规划纲要已经明确提出，根据不同地区的资源环境承载能力，把国土空间划分为优化开发、重点开发、限制开发和禁止开发四类主体功能区域。这是优化经济布局、促进区域协调发展的战略举措，也是保护生态环境的一项重要措施。要加快制定相应的政策和评价指标，明确各类功能区的范围，规范国土空间开发秩序，把这项措施落到实处。

（五）加大环境执法力度。强化法治是治理污染、保护生态最有效的手段，要把环境保护真正纳入法制化轨道。加强环境立法，健全和完善环境法律体系。建立完备的环境执法监督体系，坚决做到有法必依、执法必严、违法必究，严厉查处环境违法行为和案件。深入开展整治违法排污企业、保障群众健康专项行动，决不允许违法排污的行为长期进行下去，决不允许严重危害群众利益的环境违法者逍遥法外。

（六）用改革的办法解决环境问题。注重运用市场机制促进环境保护。发挥价格杠杆的作用，建立能够反映污染治理成本的排污价格和收费机制，全面实施城镇污水处理和生活垃圾处理的收费政策。逐步提高工业企业排污收费标准，建立企业保护环境的激励机制和减少污染排放的约束机制。按照“谁开发谁保护、谁破坏谁恢复、谁

受益谁补偿、谁排污谁付费”的原则，完善生态补偿政策，建立生态补偿机制。

（七）进一步增加环保投入。污染治理的钱迟早要花，早治理早主动，晚治理就被动。要把环境保护投入作为公共财政支出的重点，各级财政都要调整支出结构，加大对环境保护的支持，保证环保投入增长幅度高于经济增长速度。国家基本建设投资，要继续向环境保护倾斜。加强污染防治和生态保护项目、环境公共设施建设。实施一批国家环保重点工程。对有偿还能力的环境基础设施建设项目和污染治理项目，银行应给予贷款扶持。要拓宽环保投融资渠道，鼓励企业增加环保投入，积极引导外资和社会资金参加环保建设，形成多元化的环保投入格局。

（八）不断加强环保监管能力建设。要建立先进的环境监测预警体系，全面反映环境质量状况和趋势，准确预警各类环境突发事件。各级政府和有关企业都要制定应急预案，切实提高突发环境事件的处置能力。要加强环保队伍建设，建设一支政治素质好、业务水平高、奉献精神强的环保队伍。从事环保工作的同志要坚持原则、忠于职守、敢于碰硬，做保护环境的忠诚卫士。各级环保部门要发挥环境综合管理职能，抓好环境规划、执法监督和信息发布工作。各有关部门要认真履行职责，密切协作配合，形成环保工作的合力。

保护环境是全民族的共同事业，必须紧紧依靠广大人民群众，动员全社会的力量共同参与。各级机关要带头节约资源、保护环境，为全社会做出表率。各类企业都要自觉遵守环境法规，主动承担社会责任。每个公民、每个家庭、每个单位、每个社区都要从自我做起，从力所能及的事情做起，自觉参加环保活动。要大力开展环境宣传教育，增强全民环保意识，弘扬环境文化，在全社会形成保护环境的良好氛围。

做好环境保护工作，任务光荣而艰巨。让我们紧密团结在以胡锦涛同志为总书记的党中央周围，高举邓小平理论和“三个代表”重要思想伟大旗帜，全面贯彻落实科学发展观，坚定信心，真抓实干，不断开创环境保护工作新局面，为全面建设小康社会作出更大的贡献！

高度重视　狠抓落实
进一步加强节能减排工作

——温家宝总理在全国节能减排工作电视电话会议上的讲话

（2007年4月27日）

今天电视电话会议的主要任务，就是动员和部署加强节能减排工作。总的要求是：统一认识，明确任务，加强领导，狠抓落实，以更大的决心、更大的气力、更有力的措施，确保国家“十一五”节能减排目标的实现，促进国民经济又好又快发展。下面，我讲几点意见。

一、充分认识节能减排工作的重要性和紧迫性

“十一五”以来，全国上下加强了节能减排工作，国务院发布了加强节能工作的决定，制定了促进节能减排的一系列政策措施，各地区也相继作出了节能减排工作部署，加强了重点行业、重点企业和重点工程的节能工作，积极推进循环经济试点，加大重点流域和区域水污染防治力度，节能减排工作取得了积极进展。

必须清醒地看到，全国节能减排面临的形势仍然相当严峻。去年，全国没有实现年初确定的节能降耗和污染减排的目标，加大了“十一五”后四年节能减排工作的难度。我在十届全国人大五次会议上作的《政府工作报告》中郑重提出：“‘十一五’规划提出这两个约束性指标是一件十分严肃的事情，不能改变，必须坚定不移地去实现。”完成“十一五”规划目标任务，今年是关键。今年的节能减排任务完成得好，可以为今后几年的工作打下坚实的基础；今年的节能减排任

务完成得不好，就会增加以后三年的工作压力。从一季度看，工业特别是高耗能高污染行业增长过快，占全国工业能耗和二氧化硫排放近70%的电力、钢铁、有色、建材、石油加工、化工等6大行业增长20.6%，同比加快6.6个百分点。同时，节能减排工作中存在认识不到位、责任不明确、措施不配套、政策不完善、投入不落实、协调不得力等问题。这种状况如果不及时扭转，今年节能减排难以取得明显进展，“十一五”规划目标也难以实现。

近几年，我国经济快速增长，各项建设取得巨大成就，但也付出了很大的资源和环境代价，经济发展与资源环境的矛盾日趋尖锐，群众对环境污染问题反映强烈。这种状况与经济结构不合理、增长方式粗放直接相关。不加快调整结构、转变增长方式，资源支撑不住，环境容纳不下，社会承受不起，经济发展难以为继。在这个问题上，我们没有任何别的选择，只有坚持节约发展、清洁发展、安全发展，才是实现经济又好又快发展的正确道路。

进一步加强节能减排工作，也是应对全球气候变化的迫切需要。温室气体排放引起的全球气候变化，备受国际社会广泛关注。我国是以煤炭为主的能源生产大国和消费大国，减少污染排放，是我们应该承担的责任。

我们要把节能减排作为当前加强宏观调控的重点，作为调整经济结构、转变增长方式的突破口和重要抓手，作为贯彻科学发展观和构建和谐社会的重要举措，进一步增强紧迫感和责任感，下大力气、下真功夫，实现“十一五”规划确定的节能减排目标，履行政府向人民的庄严承诺。

二、重点工作和主要措施

（一）有效控制高耗能高污染行业过快增长。电力、钢铁、有色、建材、石油加工、化工等行业，占了全社会能源消耗和污染排放的大头。遏制这些高耗能高污染行业过快增长，是推进节能减排工作的当务之急，也是当前宏观调控的紧迫任务。要按照管住增量、调整存量、上大压小、扶优汰劣的思路，加大调控力度。一要严格控制新建高耗能项目。严把土地、信贷两个闸门，提高节能环保市场准入门槛。严格执行新建项目节能评估审查、环境影响评价制度和项目核准程序，建立相应的项目审批问责制。二要落实限制高耗能高污染产品出口的各项政策。继续运用调整出口退税、加征出口关税、削减出口配额、将部分产品列入加工贸易禁止类目录等措施，控制高耗能高污染产品出口。三要加大差别电价政策实施力度。全面落实差别电价政策，提高高耗能产品差别电价标准。鼓励地方在国家政策的基础上进一步提高差别电价标准，扩大实施范围。四要清理和纠正各地在电价、地价、税费等方面对高耗能高污染行业的优惠政策，严肃查处违反国家规定和政策的行为。

（二）加快淘汰落后生产能力。落后生产能力是资源能源浪费、环境污染的源头。淘汰落后产能是实现节能减排目标的重要手段。要大力淘汰电力、钢铁、建材、电解铝、铁合金、电石、焦炭、化工、煤炭、造纸、食品等行业落后产能。抓紧制定淘汰落后产能分地区、分年度的具体工作方案，并认真组织实施。国务院有关部门每年向社会公布淘汰落后产能企业的名单和各地执行情况，接受社会监督。要建立落后产能退出机制，有条件的地方要安排资金支持淘汰落后产能。中央财政通过增加转移支付，对经济欠发达地区给予适当支持。

（三）全面实施节能减排重点工程。着力抓好节约和替代石油、燃煤锅炉改造、热电联产、电机节能、余热利用、能量系统优化、建筑节能、绿色照明、政府机构节能以及节能监测和服务体系建设等十项重点节能工程，“十一五”期间形成2.4亿吨标准煤的节能能力，其中今年形成5000万吨节能能力。认真实施燃煤电厂二氧化硫治理、城市污水处理厂及配套管网建设和改造、重点流域水污染治理等七项重点污染防治工程。同时，要加大其他重点领域的节能减排工作。交通领域要优先发展城市公共交通系统，控制高耗油、高污染机动车发展，严格实施机动车尾气排放标准。

消费领域要推广应用高效节能产品，今年推广高效照明产品5000万支，中央国家机关率先更换节能灯。农村地区要大力发展户用沼气工程。要努力优化能源结构，大力搞好煤炭洗选等能源清洁利用工作，积极发展核电等清洁能源，加快开发利用水能、风能、太阳能、生物质能等可再生能源。

（四）突出搞好重点企业节能减排。国家已确定千家企业作为节能减排工作的重点，五年实现节能1亿吨标准煤，今年实现节能2000万吨。各级政府要加大对重点企业节能减排工作的检查和指导，今年要启动重点企业与国际国内同行业能耗先进水平对标活动，推动企业加大结构调整和技术改造力度，提高节能减排管理水平。

（五）推进节能减排科技进步。要组织实施节能减排科技专项行动，组建一批国家工程实验室和国家重点实验室，攻克一批节能减排关键和共性技术。积极推动以企业为主体、产学研相结合的节能减排技术创新与成果转化体系建设，增强企业自主创新能力。在电力、钢铁和有色冶炼等重点行业，推广一批潜力大、应用面广的重大节能减排技术。制定政策措施，鼓励和支持企业进行节能减排的技术改造，采用节能环保新设备、新工艺、新技术。

（六）大力发展循环经济。推进矿产资源综合利用、固体废物综合利用、再生资源循环利用，以及水资源的循环利用。深化国家循环经济试点，建成一批循环经济典型地区、典型企业、再生资源产业园区、生态工业示范园区，总结经验，逐步推广。全面推行清洁生产，制定和发布重点行业清洁生产标准和评价指标体系。积极推进垃圾资源化利用。

（七）完善体制和政策体系。要深化改革，消除制约节能减排工作的体制性机制性障碍，建立有效的激励约束机制。充分发挥市场机制作用，有效运用价格、收费、税收、财政、金融等经济杠杆，促进能源节约和环境保护。适时推进天然气、水、热力等资源性产品价格改革方案。按照补偿治理成本的原则，提高排污收费标准。健全矿产资源有偿使用制度，建立生态环境补偿机制，制定和完善鼓励节能减排的税收政策。

（八）加大节能减排的投入。建立政府引导、企业为主和社会参与的节能减排投入机制。各级政府要加大对节能减排投入，引导社会资金投资节能减排项目。鼓励和引导金融机构加大对循环经济、环境保护及节能减排技术改造项目的信贷支持。解决节能减排的资金问题，主要采用市场机制的办法，按照“谁污染、谁治理，谁投资、谁受益”的原则，促使企业开展污染治理、生态恢复和环境保护。

（九）切实加强节能减排法制建设。加快完善节能减排法律法规体系，提高处罚标准，切实解决“违法成本低、守法成本高”的问题。要制定和执行主要高耗能产品能耗环保限额强制性国家标准。要加大节能减排执法力度。中央和地方政府每年都要开展节能环保专项执法检查，坚持有法必依、执法必严、违法必究，严厉查处各类违法行为。近期，要严肃处理一批严重违反国家能源管理和环境保护法律法规的典型案件，追究有关人员和领导者的责任。

（十）强化节能减排监督管理。首先要建立和完善节能减排指标体系、监测体系和考核体系，确保统计数据真实。要认真解决管理松懈，监督不力的问题。一些地方污水处理厂建成后长期不能正常运行，一些企业的污染减排设备只是应付检查，这种状况必须迅速扭转。各地方、各部门、各单位在近期内都要认真开展资源使用、污染排放情况的检查，找出存在问题和薄弱环节，认真整改，建立健全并严格执行各项规章制度。对重点用能单位和污染源要加强经常监督，对恶意排污行为实行重罚，严重的要追究刑事责任。

三、加强领导，狠抓落实

节能减排既是一项现实紧迫的工作，又是一项长期艰巨的任务。实现节能减排的目标任务和政策措施，关键在于加强领导，狠抓落实。不抓落实，再完善的方案也是一纸空文，再明确的目标也难以实现，再好的政策也难以发挥作用。为此，必须做到：

第一，统一思想认识。各地区、各部门、各单位一定要真正把思想和行动统一到科学发展观上来，统一到经济又好又快发展的要求上来，统一到中央关于节能减排的决策和部署上来。要正确处理经济增长速度和节能减排的关系，真正把节能减排作为硬任务，使经济增长建立在节约能源资源和保护环境的基础上。

第二，加强组织领导。为进一步加强对节能减排工作的组织领导，国务院决定成立节能减排工作领导小组，由我任组长、培炎同志任副组长。领导小组的主要任务是，部署监督节能减排工作情况，审议年度节能减排工作安排，协调解决工作中的重大问题。地方各级政府也要加强对本地区节能减排工作的组织领导。

第三，全面落实责任。要建立健全节能减排工作责任制和问责制，把节能减排各项工作目标和任务逐级分解到各地和重点企业。加强对节能减排工作进展情况的考核和监督，国务院有关部门定期公布各地节能减排指标完成情况。要把节能减排指标完成情况纳入各地经济社会发展综合评价体系，作为政府领导干部综合考核评价和企业负责人业绩考核的重要内容。省级政府每年要向国务院报告节能减排目标责任的履行情况。国务院每年要向全国人大报告节能减排的进展情况，在“十一五”期末报告五年两个指标的总体完成情况。

第四，搞好协调配合。各部门都要切实履行职责，并要密切协调配合，形成工作合力。发展改革委、环保部门要抓好各项目标任务的分解落实和组织实施，加强指导监督，及时研究解决存在的问题。其他有关部门要尽快制定有关具体政策措施和贯彻落实意见。各地区、各中央企业要按照国务院的部署和要求，结合实际，抓紧制定贯彻落实的具体方案。

第五，广泛宣传动员。建设资源节约型、环境友好型社会是全社会共同的责任，需要动员全社会的力量积极参与。要让全体人民懂得，我国人口多、底子薄，节约能源资源、保护环境是一项长期而艰巨的任务，要在全社会形成节约资源、保护环境的良好风尚，每一个人都要负起责任，养成自觉节约资源、保护环境的意识。要进一步加强节约资源能源和环境保护的宣传舆论工作，宣传国家节能减排的方针政策，充分发挥舆论监督作用。

同志们，在迈向全面建设小康社会的进程中，节能减排任务艰巨，进一步做好节能减排工作意义重大。我们要在以胡锦涛同志为总书记的党中央领导下，以邓小平理论和“三个代表”重要思想为指导，坚定决心，知难而进，全面加强节能减排工作，为实现国家“十一五”节能减排的目标，促进经济社会全面协调可持续发展而努力奋斗。

把太湖、巢湖、滇池治理摆在更突出位置

——温家宝总理在太湖、巢湖、滇池治理工作座谈会上的讲话（摘录）

（2007 年 6 月 30 日）

温家宝指出，太湖、巢湖、滇池是长江水系的三颗明珠，周边地区都是风景胜地，历史文化悠久，城乡经济繁荣，但一个时期以来“三湖”污染日益加剧，水环境继续恶化，必须引起高度警惕。要认真贯彻落实科学发展观，实行“远近结合、标本兼治、分类指导、因地制宜、科学规划、综合治理，加强领导、狠抓落实”的指导方针，通过全面、系统、科学、严格的综合治理，经过坚持不懈的努力，使“三湖”湖体富营养化加重趋势得到遏制，水质有所改善，逐步恢复“三湖”地区的自然风貌，努力形成流域生态良性循环、人与自然和谐相处的宜居环境。他提出十点要求：第一，当务之急是采取有效措施，切实预防蓝藻再次大规模暴发，确保城乡居民饮水

用水安全。第二，强化工业污染源的全面达标排放管理，禁止新上向“三湖”排放含氮、磷污染物的项目，从源头上减少污染。第三，加强污染处理设施建设并确保正常运行。加快污水处理厂、垃圾处理场和配套管网建设，提高污水集中处理率。第四，严格控制农业面源污染。第五，积极推进生态治理工程。实施湿地保护和恢复工程，建立生态湖滨带，做好调水引流工作。第六，加大污染治理投入，建立政府引导、企业为主和社会参与的污染治理投入机制。第七，科学论证，制定各个湖泊的综合治理措施和技术解决方案。第八，加强各方协调配合，太湖流域治理要建立高层次的组织协调机制，抓紧编制综合治理方案。第九，强化环境执法监督，加快制定太湖、巢湖、滇池等管理条例。第十，落实防污治污责任制，把各项目标、任务落实到基层、企业和个人。

全面贯彻落实科学发展观
开创环境保护工作新局面

国务院副总理　曾培炎

（2006 年 2 月 22 日）

保护环境是强国富民安天下的大事，功在当代、利在千秋。党中央、国务院高度重视环境保护工作，把环境保护作为全面建设小康社会、加快推进社会主义现代化的重大历史任务，摆在十分重要的战略位置。为加快发展环保事业，国务院颁发了《关于落实科学发展观加强环境保护的决定》。《决定》在认真总结国内外环境保护经验教训、深刻认识环境与发展规律的基础上，对今后五年和十五年我国环境保护的目标、方针和任务进行了规划，体现了时代的要求，反映了人民的愿望，是新时期环保工作的重要指南，标志着环境保护进入了新的发展阶段。

一、环境保护事关现代化建设全局

改革开放以来，我国经济社会发展取得了举世瞩目的成就，环境保护事业取得积极进展。同时应当清醒地看到，经济建设和环境保护还存在不少困难和问题。我们所面临的主要矛盾，仍然是人民日益增长的物质文化需要与落后的社会生产之间的矛盾。与此同时，经济社会不断发展与资源环境约束加大的矛盾也日益突出。在全面建设小康社会和实现现代化的过程中，必须正确处理经济建设与环境保护的关系，切实把可持续发展作为长期实施的重大战略，把环境保护作为国家发展的基本政策，把实现人与自然和谐相处作为现代化建设的重要目标。加强环境保护，遏制生态环境恶化的趋势，对于缓解资源环境对发展的瓶颈制约，促进全面协调可持续发展，具有重要意义。

加强环境保护，是全面建设小康社会的内在要求。全面建设惠及十几亿人口的更高水平的小康社会，要在促进经济发展、加快社会进步的同时，不断增强可持续发展能力，明显改善生态环境，显著提高资源利用效率，推动整个社会走上生产发展、生活富裕、生态良好的文明发展道路。随着我国人均国内生产总值超过 1000 美元，居民消费结构快速升级，工业化、城镇化进程明显加快，经济社会发展对资源的需求迅速增加，环境压力越来越大。目前，我国环境形势十分严峻，主要污染物排放量超过环境承载能力，一些地方水、空气、土壤和固体废弃物等污染相当严重，生态恶化的趋势尚未得到扭转。而环境一旦遭到破坏，往往难以治理，甚至不可逆转，给社会发展和人民生活带来严重后果。因此，必须大力加强环境保护，切实解决好生态环境这一关系全面发展的重大问题。

加强环境保护，是全面落实科学发展观的重要举措。科学发展观强调以人为本、统筹兼顾和人与自然和谐发展，反映了经济社会发展的客观规律，是解决当前经济社会生活中突出矛盾的重要指导思想。长期以来，我国经济增长方式相当粗放，在环境方面付出了很大的代价。目前，流经城市的河段90%左右受到污染，二氧化硫排放量居世界首位，近1/3的国土面临水土流失，环境问题已经到了必须下决心解决的时候了。贯彻落实科学发展观，要加快转变经济增长方式，积极调整经济结构，进一步实施可持续发展战略，落实节约资源、保护环境的基本国策，实现经济效益、社会效益、环境效益相统一。

加强环境保护，是构建社会主义和谐社会的重要内容。人与自然保持和谐，是和谐社会的重要特征之一。对自然资源的过度索取，对生态环境的过分影响，必然导致人与自然之间关系的紧张，带来环境的污染、生态的退化，并引发人与社会、人与人之间的矛盾。近年来，环境已经成为社会各方面关注的问题和影响群众健康、损害群众利益的重要因素，一些地方发生的重大污染事件给我们敲响了警钟。随着人民生活水平的提高，老百姓的环境意识越来越强，对环境质量的要求越来越高。环境问题如果处理不好，就会影响经济可持续发展，影响社会稳定。构建社会主义和谐社会，必须大力加强环境保护，依法保障人民群众的利益，妥善化解环境问题带来的社会矛盾，以环境友好促进社会和谐。

加强环境保护，是促进全球可持续发展的重要任务。保护全球环境，已经成为人类社会的共识。中国是世界上最大的发展中国家，解决好中国的环境和发展问题，既符合中国的自身利益，是13亿人民的福祉所在；也符合人类的共同利益，是对全球可持续发展的重大贡献。我们将认真借鉴环境保护的国际经验，切实改变“先污染后治理”的状况，努力走出一条资源消耗低、环境污染少的新型工业化道路。实现全球可持续发展，需要世界各国共同努力。中国是一个负责任的大国，已经成为国际环境合作中的一支重要力量。我们将一如既往地积极参与国际环境事务，履行国际环境公约，扩大国际环境合作与交流，为解决人类共同面临的环境与发展问题作出更大的贡献。

二、我国环保事业进入了加快发展的新阶段

当前和今后一段时期，是全面建设小康社会的关键时期，也是加强环境保护的重要时期。在新的形势下，推进环保事业发展，要以邓小平理论和“三个代表”重要思想为指导，认真贯彻党的十六届五中全会精神，以科学发展观统领环境保护工作，积极推进经济结构调整和经济增长方式转变，依靠科技进步，发展循环经济，倡导生态文明，强化环境法治，完善监管体制，建立长效机制，加快建设资源节约型和环境友好型社会，努力让人民群众喝上干净的水、呼吸清洁的空气、吃上放心的食品，在良好的环境中生产生活。

做好新时期的环保工作，要按照落实科学发展观和构建社会主义和谐社会的要求，把握好以下四个要点：一是坚持以人为本。把维护人民群众根本利益作为工作出发点，把解决关系人民群众切身利益的环境问题作为治理的重点，依靠人民群众加快发展环保事业，确保国家环境安全。二是坚持统筹兼顾。将环保工作融入经济社会发展全局，统筹经济社会发展与环境保护，统筹城乡和区域环境保护，努力实现经济、社会、环境的协调发展。三是坚持实事求是。综合考虑各方面因素，合理确定环境保护的目标和任务，兼顾需要与可能，尽力而为、量力而行，长短结合、标本兼治，务求取得实效。四是坚持改革创新。把握新时期环境保护工作的特点，注重从体制上化解环境矛盾，注重运用市场机制治理污染，注重把环境保护纳入宏观调控的目标和任务，注重依靠科技创新促进环境保护，在发展中解决环境问题。要进一步明确环境保护的方针，从以下几个方面推进环保工作。

坚持经济建设与环境建设相互协调、相互促进，以科学发展推进环境保护。我国正处于并将长期处于社会主义初级阶段，环境保护应当与经济社会发展水平相适应。国内外经验都表明，环保工作早起步，早主动。优良的环境正在成为新的竞争优势，保护环境就是保护生产力，改善环境就是发展生产力。环境保护不仅对发达地区十

分重要，对欠发达地区也不可或缺。无论是什么地区，保住绿水青山，就有了“金山银山”。在经济社会发展中，要将环境容量作为经济建设的重要依据，将环境准入作为经济调节的重要手段，将环境管理作为经济增长方式转变的重要措施，将环境保护作为经济结构调整的重要任务。在产业结构调整和优化中，要依法淘汰落后的工艺技术和生产能力，关闭污染严重的企业。在新农村建设中，要治理农业面源污染，防止工业污染转移，实现村容整洁。在科技发展中，要大力推动环境技术自主创新，积极促进环保产业发展。在区域布局中，要充分考虑资源环境承载能力，明确不同区域的功能定位，形成各具特色的发展格局。

坚持生产、流通、消费、建设相结合，构建资源节约和环境友好的经济社会体系。环境保护涉及经济社会生活的方方面面，需要通盘考虑，从各个环节加大工作力度。要推进产业结构优化升级，大力发展服务业和高新技术产业，加快改造传统产业，广泛推行清洁生产，鼓励节能降耗，防范和应对污染事故，构建低消耗、少污染的现代生产体系。要实行有利于环境保护的流通方式，积极治理铁路、水运等运输污染，保障危险化学品运输和储存安全，限制高污染产品贸易，完善资源再生回收利用，建立清洁、安全的现代物流体系。要大力倡导环境友好的消费方式，实行环境标识、环境认证、绿色采购和生产者责任延伸等制度，推行垃圾分类和消费品回收，建立绿色、节约的消费体系。还要加强投资和建设领域的环境保护。

坚持预防为主、综合治理，努力做到不欠新账、多还旧账。预防是前提，只有建立起覆盖经济社会发展的防控体系，才能控制住环境恶化的趋势；治理是关键，只有加大污染治理和生态建设的力度，才能逐步改善环境质量。预防为主，不欠新账，要严格执行建设项目环评制度，依法开展规划环评工作，积极探索重大决策环评方法，所有建设项目必须符合环保要求，做到增产不增污，努力实现增产减污。综合治理，多还旧账，要采取工程、生态、技术等多种措施，加快实施危险废物处置、污水处理、垃圾无害化处理、燃煤电厂脱硫等国家环保重点工程，积极解决历史遗留的环境问题。在实际工作中，要把污染物排放总量控制的任务落实到各个主要方面。包括：在重点行业发展中，依靠淘汰落后生产能力腾出总量；在重点区域治理中，依靠环保工程减排总量；在重点城市管理中，依靠优化发展降低总量；在重点企业经营中，依靠清洁生产削减总量；在重点项目建设中，依靠“以新带老”消化总量。

坚持全面推进、重点突破，切实解决危害人民群众利益的突出环境问题。我国正处于环境污染压力较大的时期，要扭转环境恶化的趋势，需要全面推进环保工作。“十一五”时期，要积极实施水污染防治、大气污染防治、城市环境保护、农村环境保护、生态保护、核与辐射环境安全、国家环保工程等任务。同时要看到，我国环境问题是长期积累形成的，具有复合型、压缩型、结构型的特点，解决起来要有一个过程，必须抓住主要矛盾，努力实现重点突破。当前，要发挥社会主义集中力量办大事的优越性，突出解决人民群众最关心、最直接、最现实的环境问题。要把水、空气、土壤污染防治作为环境治理的重中之重。落实重点流域区域污染防治任务，加快治理进度；提高城市污水、垃圾处理能力，控制汽车尾气排放，着力解决扰民严重的噪声、餐饮业污染问题，严格控制危害群众健康的颗粒物污染；严格执行新建电厂脱硫设施建设的规定，加快老电厂脱硫改造步伐。要把保障饮水安全作为环境治理的首要任务。坚决取缔水源保护区内的直接排污口，禁止有毒有害物质进入饮用水源保护区，强化水污染事故的预防和应急处理。

坚持强化法治、深化改革，建立健全环境保护的长效机制。加强环境法制建设，是做好环境保护工作的基本依据。要加快环境立法步伐，健全环境法规和标准体系，加大对违法行为的处罚力度，重点解决“违法成本低、守法成本高”的问题。要强化环境执法，继续开展整治违法排污企业、保障群众健康环保的专项行动，加强对环境高危企业的安全检查，严肃查处环境违法行为。同时，要充分利用司法手段，支持和加强环保工作。改革是环境治理的重要保障。要推进体制创新，健全环境管理体制，加强环境监管制度，完善环境保护投入机制，推行有利于环境保护的经济政策，运用市场机制推进污染治理，健全社会监督机制。要建立能够反映资源稀缺程度和环境治理成本的价格形成机制，全面实施城市污水、垃圾处理收费政策。要通过建立长效机制，促进社会各方面采取有利于环境保护的决策和行动。

三、环境保护是全民族的宏伟事业

把祖国建设成经济繁荣、环境优美、生态良好的美好家园，是亿万人民的共同愿望，也是每一个公民义不容辞的责任。我们的目标是，到2010年，人均国内生产总值比2000年翻一番时，全国基本遏制生态环境恶化趋势；到2020年，国内生产总值比2000年翻两番时，生态环境状况明显改善。实现这个目标，时间紧迫，任务艰巨。我们必须以更大的决心，下更大的力气，坚持不懈地推进环境保护事业。

人民群众是环保事业的力量源泉。保护环境是为了保障人民群众的根本利益，人民群众的参与和支持是环保事业发展壮大的重要前提。要充分发挥广大人民群众关心环境、珍惜环境、保护环境的积极性主动性创造性。每个公民、每个家庭、每个社区、每个单位都要从一点一滴做起，从身边力所能及的事做起，推广使用环保产品，积极开展环保公益活动，自觉培养健康文明的消费方式，将保护环境的热情转化为保护环境的实际行动。广大环境工作者、宣传工作者、文艺工作者要积极行动起来，弘扬环境文化，倡导生态文明，加强环境教育，在全社会形成保护环境的良好氛围。

环境友好是现代企业的发展方向。企业特别是生产企业既创造了大量的社会财富，也产生了一定的环境污染。随着时代的进步，绿色生产已成为企业竞争力的一个重要标志。每一个企业，都应当本着对人类和环境高度负责的精神，加大环保投入，完善环保设施，生产绿色产品。要积极开发应用有利于环境保护、循环经济发展的技术和产品，加快节能降耗技术改造，严格执行环境法律法规和污染排放标准，完善和落实突发环境事件的应急预案，努力建设资源节约型和环境友好型企业。

政府管理是环保事业的重要保证。综观世界各国，政府如果不运用强有力的法律手段、经济手段、行政手段，就难以建立良好的环境秩序。在我国，各级政府是辖区环境质量的责任者，也是环境保护工作的组织者。各级领导干部要不断提高环境安全意识，切实做到责任到位、措施到位、投入到位，实实在在地解决环保工作面临的问题和困难。各级人民政府要实行环境保护目标责任制，狠抓环保任务的落实。各级环保部门要建立先进的环境监测预警体系和完备的执法监督体系，提高环境管理的能力。有关部门要密切配合，相互协调，形成合力，共同推进环境保护事业。

加强环境保护，建设资源节约型、环境友好型社会，意义重大，使命光荣。我们要紧密团结在以胡锦涛同志为总书记的党中央周围，以邓小平理论和“三个代表”重要思想为指导，全面落实科学发展观，抓住机遇，开拓创新，扎实工作，努力开创环境保护的新局面。

在国务院新闻办公室新闻发布会上的讲话

国家环境保护总局局长　周生贤

（2006年1月24日）

女士们、先生们：

上午好！很高兴参加今天的新闻发布会，感谢新闻界的朋友们对环境保护工作的关心和支持！

下面，我向大家通报松花江水污染防控工作最新进展情况。

一、实施“三步走”战略部署，有效应对松花江水污染

2005年11月13日，中石油吉化双苯厂爆炸导致松花江发生重大环境污染事件，形成的硝基苯污染带流经吉林、黑龙江两省，在我国境内历时42天，12月25日进入俄罗斯境内。截至12月25日2时，我国在松花江、黑龙江设置的所有监测断面监测数据表明，硝基苯和苯浓度低于我国国家地表水标准。根据专家预测，污染带前锋将于本月月底以前到达俄罗斯阿穆尔河入海口。

松花江污染事件发生以后，党中央、国务院高度重视，胡锦涛总书记在会见俄罗斯第一副总理梅德韦杰夫时表示，中国政府本着对两国和两国人民高度负责的态度，已经并将继续采取一切必要和有效措施，尽量减少给俄方造成损害。温家宝总理亲赴防控一线，并提出7点重要指示，要求沿江地方政府和有关部门高度重视，周密细致地做好工作。在党中央、国务院的直接领导下，实行了分三步走的战略部署，有效应对松花江水污染事件。

第一步是加强环境监测防控，确保沿江人民饮水安全。环保、水利等部门密切合作，来自全国各地的百余位环境监测专家汇集松花江，布设了50多个监测断面，有效监控污染带行程及特征状况，为沿江群众饮水安全工程的实施提供决策依据。这是新中国成立以来环保工作者最大规模的集结。环境监测人员在天寒地冻的恶劣环境下，不分昼夜战斗在防控一线，保证监测数据的准确及时，展现了良好的精神风貌，涌现出许多可歌可泣的感人事迹。应俄方要求，中俄双方进行了联合监测，及时交换信息。实施了抚远水道导流堰工程，保证了俄罗斯哈巴罗夫斯克市的饮用水安全。从减轻松花江流域污染负荷、加大放流稀释污染物、加强和完善应急处置措施、减少取水量控制地下水污染、实施禁渔管理5个重点环节上确保人民群众饮水和食品安全。这一工作卓有成效，已经达到了预期目的，沿江两岸没有出现因误饮受污染的江水引起的人畜中毒事件。

第二步是及时开展松花江水污染生态环境影响评估。按照国务院领导指示和松花江流域水污染事件处置工作协调小组的要求，我局会同水利、农业、建设、科技、中科院等有关部门和吉林、黑龙江两省于2005年12月13日启动了“松花江水污染事件生态环境影响评估与对策”项目。这个项目的主要目的是评估松花江水污染事件的生态环境影响和长期水生态污染风险，提出对策措施，其中包括污染物的人体健康风险评估、污染对水产品食用安全及农副产品质量的影响评估等15个专项，项目进度分为应急和中期两部分，应急部分计划在今年3月底完成，中长期计划在10月底完成。今天发布的就是生态评估项目阶段性成果，回答群众最为关心的解冻期与生产生活关系密切的有关问题，为他们解疑释惑，排忧解难。我们已经印制了宣传画，以通俗易懂的方式向沿江群众宣传专家们的科研成果。

第三步是全面启动松花江水污染防治中长期规划。1月6～7日，环保总局在哈尔滨主持召开了松花江流域水污染防治“十一五”规划征求意见会，进一步征求有关部门、地方和专家们的意见，按照《国务院关于落实科学发展观加强环境保护的决定》精神，认真吸取松花江水污染事件的教训，以解决松花江沿江人民实际问题为出发点和落脚点，用系统论观点和“以人为本”的理念指导规划编制工作。目前规划编制工作已基本完成。规划呈现出四个特点，一是把松花江水污染防治纳入全国流域水污染治理重点，持之以恒，抓出成效；二是坚持以人为本，把让群众喝上放心水作为工作重点；三是把环境监测体系和执法能力建设列入议事日程；四是明确责任，实行规划到省、任务到省、目标到省、资金到省、责任到省的“五到省”责任制。这个规划将在近期报请国务院审批后实施。

二、松花江水污染生态环境影响评估取得阶段性成果

经过相关部门科研院所，清华大学、吉林大学、东北农业大学等大专院校以及吉、黑两省的

科研单位几百名科研人员艰苦奋战，松花江水污染生态环境影响评估工作已取得了一些重要的阶段性研究成果。现将大家重点关注的几个问题的研究结果通报如下：

一是关于冻入冰中和沉入底泥的硝基苯是否造成二次污染问题。就目前取得的研究成果来看，冻入冰中的硝基苯较少。另外，由于松花江底泥以沙质为主，沉入底泥的硝基苯有限，加上春天开江时水量较大，因此，今年春天冰体融化和底泥释放不会导致松花江水质超标。个别滞水区和缓冲区的底泥可能造成局部水域硝基苯浓度升高，环保部门将密切关注，加强对重点江段的监测。

二是关于水产品食用安全性问题。评估项目组在松花江采集了数百尾鱼类样品，检测分析了不同江段、不同习性、不同种类的鱼类样品，以及松花江沿岸2公里以内养鱼池塘的鱼类硝基苯残留量，进行了鱼类硝基苯富集和释放实验。研究表明，在污染带通过25～30天后，松花江鱼类中硝基苯含量很快降至食用安全含量下。目前，松花江中的鱼和沿岸鱼塘养殖的鱼硝基苯含量符合安全含量指标，可以食用。

三是关于沿江两岸地下水饮用安全性问题。评估项目组对松花江沿江两岸饮用水水源和分散式饮用水水源地进行了调查和评估，对地下水进行了严密监测。结果表明，沿江两岸48眼监测井中，除了个别地区监测井检出低于我国饮用水水源地标准的微量硝基苯之外，其他均未检出。因此，地下水饮用安全是有保障的。

四是关于沿江两岸农畜产品食用安全性问题。评估项目组对松花江沿岸10公里范围内可能受影响的农灌区及畜产品养殖基地进行了调查，检测分析了数百份乳、蛋、肉样品的硝基苯残留量，开展了含硝基苯废水对典型农产品影响的模拟试验。研究结果表明，松花江沿岸乳、蛋、肉样品中均未检出硝基苯，沿江两岸的农畜产品可放心食用。对大豆、玉米、水稻、小麦和蔬菜等5种作物的模拟试验结果表明：当江水符合国家地表水标准时，未发现对试验作物种子发芽和幼苗生长产生不利影响。因此，今年春季使用松花江水进行灌溉不会对农作物生长产生影响。

五是关于城市安全供水问题。评估项目组进行了多种试验，结果表明粉末活性炭对水中硝基苯的去除效果很好，并获得较多技术依据。此项技术成果，可用于今后一旦发生水源地硝基苯等污染物少量超标时的城市安全供水。

三、全面推进松花江水污染治理工作

第一，继续加强环境监测，确保沿江人民饮用水安全。

一是继续加强松花江、黑龙江水环境监测工作。在松花江干流事故发生点下游至黑龙江抚远段共设16个监测断面监测地表水；二是加强沿江城镇集中式饮用水源和地下水饮用水源水质监测；三是继续开展松花江底泥、冰及水生生物监测工作；四是继续开展中俄界河联合监测。

第二，深入开展松花江水污染生态环境影响评估研究。

继续开展污染事故对生态环境影响的科学研究，科学指导今春化冰期及以后的污染防治工作。进行更加深入细致的研究，按期在3月份提交下一阶段研究报告。要以此为契机，拿出高水平的研究报告。要通过生态评估工作，有所发现，产生一批科研成果。

第三，组织实施松花江水污染防治中长期规划。

目前，松花江流域水污染防治“十一五”规划的编制工作基本完成，要以促进松花江流域社会经济与生态环境协调发展为出发点，优先保护大中城市集中式生活饮用水水源地，重点改善流域内对生产生活及生态环境影响大的水域水质，通过进行产业结构调整、开展清洁生产、实施污染物总量控制等减少污染物的产生和排放，进一步改善松花江水环境质量。

第四，继续做好流域污染防治工作。

组织吉林和黑龙江两省环保部门严密监控沿江污染源情况，做好入春前沿江巡查防控工作。加强城市供水安全管理，特别是保证沿江取水口取水安全。密切关注水质对鱼类的影响，加强水产品安全监测工作。做好爆炸现场残余物的处置工作，防止新的环境污染。

第五，建立健全环境应急长效机制。

加大投入，切实加强环境应急工作。用2～3年时间基本建成环境安全应急防控体系，从组织机构、应急专业队伍建设、装备配置、法制建设、技术标准、科技进步、应急信息平台和应急综合指挥协调系统等各方面入手，充分发挥各职能部门在环保方面的主要作用，全面加强应急能力建设，构建国家、省、市和县四级环境预警监控网络、环境监测网络和环境监察执法网络，提高环境应急工作预警、预测、监测、处置、后期评估和修复等方面能力与水平。

加快推进历史性转变　努力开创环境保护工作新局面

——在2006年全国环保厅局长会议上的讲话

国家环境保护总局局长　周生贤

（2006年4月18日）

同志们：

党中央、国务院历来高度重视环境保护。胡锦涛总书记在参加今年义务植树活动时强调："要从全面落实科学发展观的高度，持之以恒地抓好生态环境保护和建设工作，着力解决生态环境保护和建设方面存在的突出问题，切实为人民群众创造良好的生产生活环境。要通过全社会长期不懈的努力，使我们的祖国天更蓝、地更绿、水更清、空气更洁净，人与自然的关系更和谐。"胡总书记的讲话高瞻远瞩，从中华民族长远发展的高度出发，为环境保护事业发展指明了奋斗方向。温家宝总理在第六次全国环保大会上的重要讲话，全面分析了环境保护面临的形势，深刻阐述了加强环境保护的重大意义，强调做好新形势下的环保工作，关键是要加快实现"三个转变"，明确了"十一五"环境保护的指导思想和目标，部署了今后一个时期的环保工作。曾培炎副总理在总结讲话中，对贯彻落实第六次全国环保大会精神和国务院《决定》，从编制规划、强化措施、完善机制、严格执法、加强领导等方面，作出了明确指示。

第六次全国环保大会刚刚结束，我们紧接着召开全国环保厅局长会议，主要是研究如何更好更快地贯彻落实第六次全国环保大会精神和《国务院关于落实科学发展观加强环境保护的决定》；在认真总结松花江重大水环境污染事件经验教训的基础上，统一思想，明确当前和今后一个时期环保工作的总体思路；总结2005年全国环保工作，部署2006年工作。下面，我讲四点意见。

一、2005年环保工作

2005年是我国环保史上不平凡的一年。党中央、国务院进一步加强对环保工作的领导，为解决环境问题、促进环保事业发展作出了一系列重大决策。胡锦涛总书记主持中央政治局常委会专题研究环保工作；温家宝总理两次主持国务院常务会议，审议"十一五"环保工作思路；国务院发布了关于加强环境保护的决定，确定今后一个时期，特别是"十一五"环保目标、任务和措施；吴官正同志到总局专题调研并发表重要讲话；曾培炎同志为总局党组中心学习组上党课；华建敏同志到总局现场办公。充分体现了党中央、国务院对环境保护的高度重视。

一年来，在党中央、国务院的正确领导下，在各地各部门的大力支持下，经过各级环保部门的共同努力，环保工作取得积极进展。一是重点流域区域城市海域污染防治工作进一步加强，污染治理工程建设进度加快。二是深入开展了整治违法排污企业保障群众健康环保专项行动。查处环境违法案件近3万件，取缔关闭污染企业2600多家，处理责任人300多人。重点整治了晋陕蒙宁交界地区能源"黑三角"污染、湘黔渝交界地区"锰三角"污染。三是开展了建设项目环评和

“三同时”制度执行情况大检查。对全国5.5万个在建和拟建项目进行了全面清查，查出不符合环保要求的建设项目1190项。叫停了30项违法开工的大型建设项目；为处理圆明园防渗工程违反环评法问题举行了首次听证会。四是开展了全国环境安全大检查。共出动环境执法人员11.2万人次，检查企业4.3万多家，查出环境安全问题和隐患2万多处。五是开展了国家环境保护“十一五”规划编制工作，完成了全国生态功能区划，编制了《全国重点生态功能保护区建设规划》。六是开展了生态省建设，创建了一批环保模范城市、生态示范区、环境优美乡镇。七是妥善解决了核电设施重大质量问题，保障了核与辐射环境安全。

2005年，全国环保系统经历了一次特殊考验。11月13日发生的松花江重大水环境污染事件，给沿岸人民群众生产生活带来严重影响。在党中央、国务院直接领导下，国务院有关部门、两省政府和驻军、武警部队共同配合，积极开展污染防控工作。总局机关、直属单位以及11个省市环保部门的300多名干部和专家，在40多个日日夜夜中，冒严寒、踏冰雪，战斗在松花江污染防控第一线。我们与有关地方和部门联合行动，及时监测和预测污染迁移变化情况；我们坦诚相见，增信释疑，与俄方专家积极协作，联合开展水质监测，及时向国际社会发布信息，主动加强与有关国际组织的交流，展示了我负责任的大国形象；我们指导沿江各地严格控制污染物排放，重点保护好饮用水源地，制定并实施科学的用水方案。经过扎实有效的工作，确保了松花江沿岸居民的饮用水安全，实现了温家宝总理“绝不让一个人喝不上水，也绝不让一个人喝上污水”的谆谆嘱托；在生态环境影响评估的基础上，印发了“告别污染，快乐过年”宣传年画，以通俗易懂的“安民告示”，让沿岸群众消除了顾虑，过了一个安全祥和的春节。2006年3月29日，国务院常务会议审议并原则通过《松花江流域水污染防治规划》，“十一五”松花江流域水污染防治工作即将全面展开。

这一事件的妥善处置，充分显示了以胡锦涛同志为总书记的党中央驾驭国内外复杂形势的能力，体现了社会主义集中力量办大事的优越性。水利、农业、建设、科技、外交、宣传等部门与环保部门密切配合，地方和中央步调一致，为成功应对突发环境事件创造了先决条件。通过宣传中央决策，正确把握舆论导向，避免了社会震动，坚定了群众对政府处理危机的信心。在规模空前的环保工作者大集结中，展示了“忠于职守、造福人民，科学严谨、求实创新，不畏艰难、无私奉献，团结协作、众志成城”的中国环保精神。松花江水污染防控工作积累的经验，是有效应对突发环境事件的一笔宝贵财富。

前车之覆，后车之鉴；不知戒，后必有。松花江水污染事件是一面镜子，其教训是深刻的。为避免重蹈覆辙，我们必须痛定思痛，深刻汲取教训。

第一，要坚持污染防治这个重点不动摇。我国工业化、城市化正处于快速发展阶段，环境污染的压力持续加大，突发环境事件频发，群体性环境事件呈上升趋势。保障人民群众身体健康，有效防范和及时应对突发环境事件是环保工作的重要职责。因此，必须重点抓好污染防治，有效防范和及时应对工业污染事故，确保环境安全。

第二，要严格履行执法监督基本职责不削弱。执法监督是法律赋予环保部门的神圣职责，是党和人民的重托。我国的环境法律法规虽然不少，但是难以适应形势发展和实际工作需要，难以有效约束环境违法行为，加上地方保护主义的干扰，落实执法监督职责的困难很大。这就更需要我们把主要精力放在加强执法监督上，以更大的决心、下更大的力气破解执法难题，依法强化管理，切实提高执法监督水平。

第三，要抓紧环境保护能力建设不放松。工作任务与工作能力必须相互匹配，否则，再好的愿望也会化为乌有；如果环境监测跟不上，就无法准确判断环境形势，工作方向就难免出现偏差，有限的环保资源就难以用在刀刃上；预警监测严重滞后，就可能丧失控制突发事件的最好时机；应急方案不落实，事故来了就难免手忙脚乱，应对起来就会无的放矢；污染隐患在哪里都搞不清楚，防范和应对突发环境事件必然疲于奔命，防控工作只能穷于应付；基层能力跟不上，环境管理的大厦就不稳固，环境执法监督就失去了根基。因此，越是任务繁重，越要加强能力建设。

第四，要狠抓机关作风不懈怠。政治路线确定之后，干部就是决定因素。环保工作肩负着保障群众健康、促进科学发展、维护社会稳定的重任，如果环保队伍思想不过硬、作风不踏实、业务不精通，工作就会浮在面上，任务就落实不了。"没有规矩无以成方圆"。完成工作任务必须有好的制度作保障。华而不实的制度只能挂在墙上，碰到重大问题就会不攻自破。有了制度关键在落实，只有把制度落到实处，工作起来才能政令畅通，应对难题才能泰然自若，在大风大浪面前才能经得起考验，才能不辜负人民的厚望和国家的重托。

马克思主义认识论告诉我们，只有实践了的东西，才能深刻认识它、熟练掌握它、有效利用它。正是汲取了松花江水污染事件的经验教训，在之后发生的广东北江镉污染等8起重大突发环境事件中，我们周密部署、科学指挥，有效抑制了污染扩散，及时控制了事态发展。

二、加快推进历史性转变

温家宝总理强调：做好新形势下的环保工作，关键是要加快实现三个转变：一是从重经济增长轻环境保护转变为保护环境与经济增长并重，把加强环境保护作为调整经济结构、转变经济增长方式的重要手段，在保护环境中求发展。二是从环境保护滞后于经济发展转变为环境保护和经济发展同步，做到不欠新账，多还旧账，改变先污染后治理、边治理边破坏的状况。三是从主要用行政办法保护环境转变为综合运用法律、经济、技术和必要的行政办法解决环境问题，自觉遵循经济规律和自然规律，提高环境保护工作水平。

温家宝总理强调的"三个转变"，突出了"并重"、"同步"、"综合"，这是针对环境保护已成为经济社会发展中的一个薄弱环节，作出的重大战略判断。温家宝总理在分析"十五"环境保护指标没有完成时指出，一些地方重经济发展、轻环境保护，甚至不惜以牺牲环境为代价换取经济增长；在加快发展的过程中付出了比较大的环境代价。总理强调，靠过量消耗资源和牺牲环境维持经济增长是不可持续的。不加快调整产业结构，不转变经济增长方式，环境污染的问题就难以从根本上解决。曾副总理要求我们尤其要深化对经济发展与环境保护关系的认识，在工业化、城镇化的进程中，我们不能再走一些国家走过的先污染后治理的老路，也不能允许边治理边破坏的状况继续下去。必须加快实现从粗放型增长向集约型增长的转变，摈弃以牺牲环境换取经济增长的做法，坚持以保护环境优化经济增长，促进环境与发展相协调。

从温家宝总理和曾培炎副总理语重心长的谆谆教诲中，我们不难看出，环境保护滞后于经济发展的实质在于以牺牲环境换取经济增长。因此，第一个转变：从重经济增长轻环境保护转变为保护环境与经济增长并重，就是要从指导思想上把环境保护摆上更加突出的战略位置，把加强环境保护作为调整经济结构、转变经济增长方式的重要手段，在提高经济发展的质量和效益中减少污染。第二个转变：从环境保护滞后于经济发展转变为环境保护和经济发展同步，就是要改变被动、事后、补救、消极环保的状况，形成主动、事前、预防、积极环保的格局。第三个转变：从主要用行政办法保护环境转变为综合运用法律、经济、技术和必要的行政办法解决环境问题，就是要适应新形势，加快体制机制创新，用改革的办法解决发展中的环境问题。

从"三个转变"的关系来看，轻环境保护重经济增长，环境与经济的关系必然是以牺牲环境换取经济增长，环保工作必然处于被动、事后、补救、消极的状态，环境保护必然滞后于经济发展；只有保护环境与经济增长并重，环境保护才能成为优化经济增长的手段，环保工作才能形成主动、事前、预防、积极的格局，环境保护与经济发展才能实现同步。环境保护主要借助于行政手段，环境管理的力量就会相对较弱，以环境换取经济增长的状况就难以改变，环境保护必然滞后于经济发展。综合运用法律、经济、技术和必要的行政办法保护环境，环境管理的力量必然得到壮大，保护环境优化经济增长的局面才能形成，环境保护和经济发展同步推进才能真正得以实现。“三个转变”相互依存、相互促进、相得益彰，共同构成战略性、方向性、历史性的转变。实现历史性转变，必须坚决摒弃以牺牲环境换取经济增长的做法，坚持走以保护环境优化经济增长的路子，从根本上解决环境保护与经济发展的矛盾，实现同步推进。

十六大以来，中央提出了树立和落实科学发展观、构建社会主义和谐社会的重大战略思想；提出建设资源节约型、环境友好型社会，加快转变经济增长方式，大力发展循环经济；要求明确不同区域的功能定位，形成各具特色的区域发展格局。中央的一系列战略决策表明，我国环境与发展的关系正在发生重大变化。环境保护成为现代化建设的一项重大任务，环境容量成为区域布局的重要依据，环境管理成为结构调整的重要手段，环境标准成为市场准入的重要条件，环境成本成为价格形成机制的重要因素。这些重大变化，标志着我国环保工作进入了以保护环境优化经济增长的新阶段。随着综合国力的增强和环保事业的发展，实行历史性转变的基本条件已经具备，推进历史性转变已经成为时代进步的迫切要求。同时，历史性转变的提出孕育着一个环保新战略的诞生。

第一，实行历史性转变，是全面落实科学发展观的重大措施。科学发展观是指导发展的世界观和方法论的集中体现。落实科学发展观，必须坚持以人为本，转变发展观念、创新发展模式、提高发展质量。我国人口基数大，人均资源相对不足，生态环境脆弱。粗放型经济增长方式不仅使经济发展质量难以提高，资源环境也不堪重负。我国单位资源产出水平仅相当于美国的1/10、日本的1/20，单位GDP二氧化硫和氮氧化物排放量是发达国家的8～9倍。加快转变经济增长方式已经成为我们面临的重大战略任务。国内外经验表明，加强环境保护，是优化经济结构、转变经济增长方式的重要手段。从20世纪70年代开始，日本通过执行严格的环境政策，促进了经济结构的调整，仅用了十几年时间，就基本解决了产业污染问题，经济质量也迅速提高。我国太湖的五里湖污染治理，投入了25亿元改善环境，带来的土地增值可以产生50亿元以上的直接经济效益，既美化了群众的生活环境，又拉动了经济增长。

第二，实行历史性转变，是全面建设小康社会的根本要求。本世纪头20年，是我国全面建设小康社会的重要时期。要在国民经济保持平稳较快增长的同时，使重点地区和城市环境质量得到改善，生态环境恶化趋势基本遏制。这是难度很大但又必须实现的目标。“十五”计划确定的环保指标没有完成，进一步增加了“十一五”环保工作的难度。《国民经济和社会发展第十一个五年规划纲要》明确要求，到2010年，在GDP年均增长7.5%的同时，单位GDP能源消耗降低20%，主要污染物排放总量减少10%。这是约束性的指标，是必须实现的目标，具有明确的政策导向。如果继续沿袭以牺牲环境换取经济增长的老路，不仅环保目标难以实现，还将影响经济社会发展全局。我们必须加快推动历史性转变，确保全面建设小康社会目标的顺利实现。

第三，实行历史性转变，是构建社会主义和谐社会的重要保障。人与自然和谐发展，是和谐社会的重要组成部分。人与自然的矛盾越尖锐，环境保护在构建和谐社会中的地位越重要。近年来，因环境问题引发的群体性事件以年均29%的速度递增，严重影响社会稳定。2005年，全国发生环境污染纠纷5.1万起。自松花江水污染事件发生以来，全国发生各类突发环境事件76起，平均每两天就发生一起。如果环境保护继续被动适应经济增长，这种状况将难以遏制，甚至有愈演愈烈之势。因此，环保工作必须加快推动历史性转变，下大力气解决涉及人民群众利益的突出环境问题，有效化解各类环境矛盾和纠纷，维护社会和谐稳定。

第四，实行历史性转变，是推动环保事业蓬勃发展的强大动力。经过30多年的努力，我国环保事业取得重要进展。随着经济规模的不断扩大，环境压力持续增加。当前和今后一个时期，我国环境问题日益严重与增长方式转变缓慢的矛盾突出，协调经济与环境关系的难度越来越大；人民群众改善环境的迫切性与环境治理长期性的矛盾突出，环境问题成为引发社会矛盾的“焦点”问题；污染形势日益严峻与国际环保要求越来越高的矛盾突出，环境与发展空间受到挑战。我们必须以更高的层次、更宽的视野看待环境问题，把环境保护放到经济社会发展的全局中准确判断环境形势，放到全面建设小康社会的目标中看待群众环境需求，放到再生产的全过程中全面防控环境污染，加快推动历史性转变。

我们正在推动的历史性转变，是一个具有中国特色、基于中国国情、符合发展实际、融入发展全局的转变，是承上与启下相连、希望与困难同在、机遇与挑战并存时期的转变，是蝉蜕时期的痛苦与希望，是一个嬗变过程。我们必须以更大的决心和勇气，全力推动历史性转变。

三、当前和今后一个时期环保工作总体思路

当前和今后一个时期，全国环保系统要以科学发展观为指导，围绕国务院《决定》确定的七项重点任务，举全局之力，全面推进重点突破，下决心切实解决突出的环境问题。具体要求是：突出一个重点；办好两件大事；落实三项制度；强化四项工作；加强“五大建设”；处理好六个关系。

确定这样的思路，主要基于三个方面的考虑。一是基于贯彻国务院领导同志的明确指示。温家宝总理在2006年的政府工作报告中，对当前环境形势作出重大判断，强调“环境污染加剧”是“十五”时期经济社会发展中的一个突出问题；在记者招待会上指出：“环境污染已经成为当前中国发展中的一个重大问题，这个问题至今没有得到很好的解决。”强调“特别是对重要的水体、空气和土地的面源污染，要有计划、有步骤的治理。”曾培炎副总理2月23日在人民日报发表的署名文章中指出：“要坚持全面推进、重点突破，切实解决危害人民群众利益的突出环境问题。”“要建立先进的环境监测预警体系和完备的执法监督体系，提高环境管理的能力。”二是基于落实国务院《决定》的各项要求。《决定》确定的各项任务和措施，是各地各部门和全社会的共同任务。环保部门必须从自身的职责出发，理清思路，明确重点。污染防治是环保部门最基本的职能，《决定》确定的七项重点任务有五项是污染防治。污染防治任务不落实，落实《决定》就无从谈起。三是基于各方面的意见和建议。2006年1～3月份，总局召开了一系列座谈会。先后在济南、成都、北京召开了东部、中西部、四个直辖市环保局长座谈会，听取省、市、县三级环保局长对全国环保工作和环保总局的意见和建议；征求了环境领域著名专家、学者的意见和建议；走访了中央、国务院24个部门；同时也分别听取了总局一些老同志、年轻同志、科技人员的意见。大家从总结经验教训出发，结合切身体会，普遍认为，把污染防治摆上突出位置，切实加强执法监督和环境监测，全面增强基层能力建设，是环保事业加快发展的客观要求。

这个思路的具体内容是：

第一，突出一个重点。国务院《决定》提出的七项重点任务是：以饮水安全和重点流域治理为重点，加强水污染防治；以强化污染防治为重点，加强城市环境保护；以降低二氧化硫排放总量为重点，推进大气污染防治；以土壤污染防治为重点，加强农村环境保护；以促进人与自然和谐为重点，强化生态保护；以核设施和放射源监管为重点，确保核与辐射环境安全；以实施国家环保工程为重点，推动解决当前突出的环境问题。

这七项重点任务的重中之重是污染防治，而保障饮水安全又是重中之重的首要任务。之所以确定这样的原则，一是污染治理任务相当艰巨。全国流经城市的河段普遍受到污染。“三河三湖”虽然经过多年治理，但除太湖外，其他流域水质至今没有根本好转，长江三峡库区及上游、黄河小浪底水库及上游、松花江又因污染问题突出相

继被列为治理重点。在大城市空气环境质量有所好转的同时，一些中小城市污染有加重趋势。以煤为主的能源结构长期难以改变，燃煤量快速增长与脱硫设施建设进展缓慢的矛盾日益突出，二氧化硫治理面临巨大压力。工业污染尚未得到有效控制。还有相当多的工业污染物没有纳入治理范围，因企业管理不善造成的污染依然严重，由生产事故引发的环境污染事件相当突出。二是污染造成的危害大。近年来发生的突发环境事件，基本上是由于环境污染造成的，而且频率逐渐增加，范围不断扩大，有的甚至造成严重后果。据初步统计，2005年发生的环境事故中，有97.1%属于污染事故，其中水污染事故占50.6%，大气污染事故占39.8%，造成的直接经济损失高达1.05亿元。因环境污染引发的群体性事件逐年增多，而且多发于经济发达地区，对抗程度明显高于其他群体性事件。三是社会对污染问题反映强烈。近年来，群众的环境投诉以每年30%的速度上升。群众来信中95%反映的是污染问题，群众来访中93%的诉求是摆脱污染困扰。“两会”期间代表、委员的提案和议案，反映的环境问题绝大多数都是污染问题。四是污染压力持续加大。未来十五年，我国工业化、城市化进程加快，消费转型，汽车、房地产、基础设施的快速发展将对能源原材料工业产生巨大需求，污染产生量也将随之增长。据专家测算，按现在的资源消耗和污染控制水平，2020年污染负荷将比2000年增加4～5倍。因此，污染问题在今后相当长的时期仍然是环保工作的主要矛盾，必须树立长期奋斗的思想。

“民以食为天，民以水为本”。把保障饮水安全作为首要任务，是因为饮水问题关系到人民群众的基本生存需求。胡锦涛总书记多次对群众饮水问题作出重要批示，明确指示“要增强紧迫感，深入调研，科学论证，提出解决方案，认真加以解决，使群众喝上‘放心水’”。当前，全国有近3亿农村人口饮用不合格的水，保障农村饮水安全的任务相当繁重。同时，城市饮用水源也潜伏着危险。目前，我国饮用水源地水质评价标准中有机物指标偏少，一些饮用水源水质状况调查结果表明，有相当一部分水源地检出挥发性和半挥发性有机污染物以及有机氯、有机磷农药。让群众喝上干净的水，是党和政府赋予环保部门维护群众环境权益的重要职责。如果不能有效解决饮水安全问题，我们将愧对人民群众，愧对环保事业。因此，要把饮用水源保护作为民心工程、德政工程，切实抓紧抓好。

强调污染防治绝不是回到“三废”治理的原点，而是环保工作的战略重组，是做强做大环保工作的重大举措，是污染防治工作质的飞跃。同时，抓重点并非只谋重点，不顾全面，而是要以重点带动全局。全面推进重点突破是两点论和重点论的统一。要在全面推进七项重点任务的同时，着力抓好“重中之重”和“首要任务”的攻坚克难。

加强污染防治，必须坚持“预防为主、综合治理”，强化从源头预防污染，以大工程带动快治理。要坚持污染防治与生态保护相结合，把生态治理作为污染防治的战略措施，围绕饮用水源地保护和流域污染防治，做好生态保护工作，以生态修复扩大环境容量，以生态措施治理环境污染；加强自然保护区管理，保护生物多样性。

第二，办好两件大事环保部门的权威来自于执法监督，执法监督的基础在于环境监测。环境监测预警体系和环境执法监督体系是做好环保工作的根本保证，也是各级环保部门的立足之本。如果我们没有科学的手段，决策和管理就没有依据；如果我们的执法队伍软弱无力，我们的监督管理就会严重失控。办好这两件大事，是全国环保工作的当务之急。

1. 建设先进的环境监测预警体系要按照数据准确、代表性强、方法科学、传输及时的要求，建设先进的环境监测预警体系，做到全面反映环境质量状况和变化趋势，及时跟踪污染源变化情况，准确预警各类环境突发事件，满足环境管理需要。这个体系主要包括：一要建立和完善全国环境质量监测和污染源监督性监测网络，形成科学的网络运行机制和信息发布机制；二要设置科学的环境监测管理系统，理顺环境监测的机制和体制；三要具备达到标准的常规监测能力和应急监测能力；四要建立和完善科学的环境监测技术系统、先进的技术装备系统、实用的质量管理系统；五是建立高素质的人才队伍和完善的后勤保障系统。需要强调的是，人才问题是实现既定目标的重要保证。只有各类人才全面发展，形成一支具有强大战斗力的监测队伍，才能适应未来环保事业的繁荣和发展。

2. 建设完备的环境执法监督体系“立法是依据，执法是关键，监督是保证。”这是我国法制工作的经验总结，也是建设完备的环境执法监督体系的基本要求。完备的环境执法监督体系必须达到权责明确、行为规范、监督有力、高效运转的要求。在执法活动中，首先，要有健全的环境行政执法责任制。将行政执法权力与执法责任有机结合，健全责任追究制度，完善环保系统内部稽查机制。二要依法界定执法职责，科学设定执法岗位，明确执法程序，公布执法结果。三要有健全的执法机构、强有力的执法队伍和先进的执法装备。四要建立内部监督、层级监督和外部监督相结合的监督机制，完善环境违法举报制度。五要建立污染受害者法律援助机制、环境民事和公诉制度，完善环境犯罪案件移送程序。

第三，落实三项制度环境影响评价制度、污染物排放总量控制制度、环境目标责任制，是参与环境与发展综合决策的切入点，是实施环境保护综合管理的重要保障。我们要以环境目标责任制为龙头、以总量控制和环境影响评价为调控手段，全面提升环境管理水平。

1. 强化环境影响评价制度。环境影响评价是把住环境污染和生态破坏的重要关口、保障科学发展的一把“利剑”，也是环保部门最大的权力。如果我们把不好这道关口，今天的新项目，就是明天的老污染。一定要珍惜人民赋予我们的权力，用好这个“杀手锏”，决不能向未来犯罪。要把规划环评作为环保部门参与综合决策的主渠道，在试点的基础上，全面推行各类规划的环境影响评价，建立完善规划环评专家审查机制，提高实施规划环评和决策环评的能力，从源头上防止环境污染和生态破坏，使保护环境的着力点从微观层面进入宏观层面。通过严格环境准入抑制粗放型经济增长。要用改革的办法解决环评工作中存在的问题，切实提高环评质量，使之真正成为宏观经济管理的“调节器”，防止环境污染和生态破坏的“控制闸”，预警宏观经济发展趋势的“晴雨表”。

当前，强化环评制度重在落实。必须尽快扭转重审批轻监管、未审批就开工、不审批也建设的局面，切实做到环评提出的污染防治、生态保护措施与建设项目主体工程同时设计、同时施工、同时投产使用。

2. 推行污染物排放总量控制制度。总量控制是环境管理的核心，是环境管理的技术手段，也是减少环境污染的“总闸门”。要通过控制污染“增量”，削减污染“存量”，使污染“总量”保持在环境容量允许的范围内。总量控制的关键是要有科学的污染物总量测算方法和合理的指标分配方法。要根据各地的环境容量、经济社会发展水平、产业结构及排污状况等综合因素，科学确定总量控制指标。要做到“五落实”：把总量控制指标落实到重点行业的结构调整中，依靠淘汰落后生产能力腾出总量；落实到重点流域区域城市海域的污染治理中，依靠环保工程减排总量；落实到城市群的建设规划中，依靠优化发展降低总量；落实到重点企业的发展中，依靠清洁生产削减总量；落实到建设项目环评审批中，依靠“以新带老”消化总量。要通过强化限期治理、排污收费、排污许可证等管理措施削减总量。要科学合理地利用环境容量优化产业布局，在满足环境容量、实现环境目标的同时，为经济建设提供发展空间。

3. 实行环境目标责任制。环保目标考核和责任追究制度，是落实政府环保责任的制度保障，是各部门依法履行环保职责的约束机制。要确保各项环保任务落到实处，必须明确责任，通过科学、有效的政绩考核，引导各级领导落实科学发展观，克服急功近利的短期行为，切实加强环境保护。一是将环境质量、污染物排放总量、重点环保工程等各项目标和任务分解到各级政府，一级抓一级，层层抓落实，确保认识到位、责任到位、措施到位、投入到位。二是对主要污染物的削减目标完成情况进行严格考核，做到每半年公布一次，年终检查一次，五年全面验收一次。最近，中组部在体现科学发展观的地方党政领导班子和领导干部综合评价体系中，已将环保指标列入干部实绩分析评价要点。这是干部任用制度的重要改革，也是落实领导干部环保责任的重大举措。要以此为契机，推动环境目标责任制的全面落实。三是实行严格的环境保护问责和奖惩制。2006年初，监察部和总局联合发布了《环境保护违法违纪处分暂行规定》。要结合落实这个规定，对完成任务好的表彰奖励；对没完成任务、环境质量恶化、发生重大污染事故的追究责任。四是要把各省、自治区、直辖市环保目标考核结果向党中央、全国人大、国务院报告，向社会公布。

第四，强化四项工作。做好环保工作，关键在法治，基础在宣传，支撑在科技，出路在创新。只有切实加强环境政策法制、宣传教育、科技、国际合作，才能做到基础扎实，保障有力，从根本上提高环保工作的水平。

1. 加强环境法制，完善环境政策体系。加强立法是依法保护环境的根本保障。环境法制建设要注重源头控制、维护群众环境权益、履行国际公约。抓紧修改和完善现行法规标准，填补法律空白。同时，各地要积极争取人大、政府的支持，抓紧完善地方性法规，力争通过5～10年的努力，形成覆盖环境保护各个领域、门类齐全、功能完备、措施有力的环境法规标准体系，从根本上解决“违法成本低、守法成本高”的问题，切实把环境保护纳入法制化轨道。

要积极配合有关部门完善环境政策体系。外部性、社会性、公共性是环境保护的内在特点。一是从外部性出发，完善有利于环境保护的价格、税收等政策，积极促进污染外部成本内部化；二是从社会性出发，坚持“污染者付费”，推动落实城市污水和垃圾处理收费政策；三是从公共性出发，充分发挥市场机制在污染治理中的作用，努力提高污染治理水平和资金使用效率；四是扩大环境信息公开范围，健全社会监督机制，鼓励公众参与。

2. 加强环境科技创新，提高环境管理水平，必须依靠技术进步；解决结构型、复合型和压缩型环境问题，必须依靠自主创新。要从环境战略、环境应用技术和环境标准研究等方面入手，选择具有一定基础优势、关系可持续发展全局和环境安全的关键领域，作为环境科技的突破口。要大力提升原始创新能力，突破长期制约环境保护的技术“瓶颈”；加强环境政策和管理技术的研究，集成现有科研成果和先进管理模式，建立环境技术管理体系，加强科技试点示范，使之真正转化为保护环境的现实生产力；要争取将环境科技项目列入国家和地方攻关课题，依靠社会科研力量，全面推动环境科学事业的发展。

3. 加强环境宣传教育，保护环境是全民族的事业。建设环境友好型社会需要每个公民身体力行。只有全社会形成崇尚节约、保护环境的良好氛围，人人为之尽责出力，环保事业才有希望。要协同配合有关部门和新闻媒体，坚持不懈地开展环境政策法规宣传，不断提高全社会的环境法制观念；要加强对领导干部、重点企业负责人的环保培训，提高依法行政和守法经营意识；要争取将环境保护列入素质教育的重要内容，强化学校环境基础教育，开展全民环保科普宣传；要倡导环境文化和生态文明，提升全民环境伦理道德水准，自觉约束自身环境行为；要及时报道和表彰环境保护的先进典型，公开揭露和批评污染环境、破坏生态的违法行为。要树立社会主义“八荣八耻”荣辱观，在全系统形成知荣辱、树新风、促和谐的文明风尚。大力弘扬中国环保精神，提高环保系统的凝聚力和战斗力。

4. 加强国际环境合作与交流，保护环境是人类共同的事业。当前，环境问题已经成为国际关系、国际贸易的重要内容和影响国家对外形象的重要因素，也是国际合作中最活跃的领域之一。要积极参与国际环境公约和议定书的谈判，认真履行国际环境公约，树立负责任的大国形象。要加强与周边及广大发展中国家的环境合作，维护我国和其他发展中国家环境权益，努力消除“中国环境威胁论”的不良影响。同时，要积极引进国外先进的管理技术和经验，促进我国环境管理水平的提高。

第五，加强“五大建设”。推动环保事业的发展，必须把队伍能力建设摆上更加突出的位置。要按照“工作高效率、服务高质量、对自己高标准”的“三高要求”，全面开展思想、作风、组织、业务、制度“五大建设”。“五大建设”的重点是思想建设。思想建设的重点是严格遵守政治纪律，坚决与党中央保持一致；作风建设的重点是要下功夫抓落实；组织建设的重点是检查《党政领导干部选拔任用工作条例》的执行情况；业务建设主要是端正业务思想，提高业务水平；制度建设就是要在建立和完善先进性教育长效机制的基础上，继续向前推进。努力形成既有民主又有集中、既有自由又有纪律、既有统一意志又有个人心情舒畅的“六有”局面。

第六，处理好六个关系。环境保护涉及方方面面、各个领域，各种矛盾和冲突不可避免。如果处理得好，环保工作就会沿着正确的方向健康发展；处理不好，就会相互掣肘，彼此阻碍。环保部门必须坚持以科学发展观统领全局，在继承中创新，在改革中发展，主动处理好六个关系。

1. 正确处理经济发展、社会进步与环境保护的关系。环境保护说到底是处理环境与发展的关系，处理人类对物质产品需求与环境需求的关系。我国正处于并将长期处于社会主义初级阶段，我们既不能脱离社会主义初级阶段搞环保，也不能以社会主义初级阶段为借口宽容污染。处理好经济发展、社会进步与环境保护的关系，关键是要加快推动历史性转变。

2. 正确处理当前与长远的关系。环境保护的基础性、战略性，环境形势的严峻性、复杂性，环保工作的长期性、艰巨性，要求我们既要集中力量解决与人民群众利益最直接、最现实的环境问题，又要把事关中华民族长远发展的环境问题摆上议程统筹规划；既要抓住一些短期能够见效的环境问题，集中力量攻坚克难，尽快改变现状，又要稳扎稳打，步步为营，逐步解决长期影响群众利益的难点问题；既要尽力而为、积极进取，又要量力而行、稳步推进。环境保护的目标一旦确定，就要一步一个脚印地向着目标迈进，在实际工作中绝不能出现偏移，更不能逆向操作。

3. 正确处理政府主导和市场推进的关系。“市场失灵”是环境保护领域的突出特点，“政府主导”是环境保护的必然要求。政府的作用主要体现在：一是制定环境政策法规，加强环境执法，规范环境行为；二是对具有公共和准公共产品性质的环保领域进行投资；三是完善机制，制定有利于环境保护的经济政策，促进企业和社会投入，建立全国统一的环保产业大市场。政府履行环保职责，必须完善环保部门统一监管与有关部门分工负责的协调机制。要按照相互理解、加强沟通、合作共事、共谋发展的原则，主动与各有关部门密切合作，形成管理环境的合力。市场在污染治理中发挥着配置资源的基础性作用。要通过推行污染治理市场化，吸引社会资金。通过排污交易试点，提高环境治理效益和资金使用效率。在实际工作中，该由市场发挥作用的领域政府不能包办代替，该由政府承担的责任绝不能“缺位”，该由市场配置的资源政府绝不能垄断。

4. 正确处理中央与地方的关系。我国实行地方政府对辖区环境质量负责和分级管理的体制。做好环保工作，必须充分发挥中央和地方两个积极性。国家在确定环境目标、制定环境政策法规和环境规划时，既要维护全国环保工作的整体性，又要考虑区域自然环境与经济发展的差异性，为地方环保工作的自主性留下一定空间。在保持全国环保工作统一性的同时，鼓励有条件的地区先行一步。各地必须自觉服从国家环境目标和总体部署，自觉服从国家对区域环境保护的统一协调，自觉加强与周边地区、特别是流域下游地区和下风向地区的协调。要因地制宜地落实政策，创造性地开展工作。地方环保部门既要对当地政府负责，又要对上级环保部门负责，要力戒地方保护主义，坚决杜绝“上有政策，下有对策”的错误倾向，保证环保系统步调一致，令行禁止。

5. 正确处理城市与农村环保工作的关系。长期以来，城市是环保工作的主战场。近年来，城乡环境保护“二元结构”的问题日益突出。要注重城乡发展的系统性、互补性和协同性，按照“以城带乡、以乡促城、城乡联动、总体推进”的原则，引导农民采用有利于环境保护的生产生活方式，增强农村防治污染的能力，扶持生态农业的发展。要采取严格措施，有效防止工业污染向农村转移，城市污染向郊县转移。特别要加大整治乡镇工业和规模化养殖业污染，解决农民饮用水源污染问题。与城市污染相对集中的特点相比，农村污染呈高度分散的状态。要努力把握农村环境保护的规律，积极探索尊重农民意愿、符合农村特点的环境管理模式，协同有关部门共同加强农村环保工作。

6. 正确处理区域之间环境保护的关系。我国地形复杂、生态类型多样、区域发展不平衡，环境管理必须实行分类指导。国家提出要根据资源环境承载能力和发展潜力，对不同区域实行优化开发、重点开发、限制开发和禁止开发。这是实行分类指导的基础。要依此确定不同区域的环境“准入门槛”，设置不同区域的产业淘汰和污染治理政策。要建立区域协调机制，共同采取措施，坚决防止落后生产技术、设备和已经关闭的企业由东部向中西部转移。健全补偿机制，积极协助有关部门完善生态补偿政策，让那些为流域环境安全作出贡献的上游地区，从财政转移支付中得到补助，从受益地区获取补偿；上游省份排污对下游省份造成污染事故的，上游也要承担赔付责任。健全扶持机制，加大国家对欠发达地区环境执法监督和监测预警能力建设的支持力度。健全互助机制，加强东中西部地区的合作交流与对口支援，推动环境管理水平共同提高。

四、2006年主要工作任务

2006年是实施“十一五”规划的开局之年，也是贯彻落实第六次全国环保大会精神和国务院《决定》的起步之年。现在已经过去3个多月了，时间紧，任务重，我们必须牢牢抓住关系“十一五”规划全局的关键环节，突出重点，狠抓落实，务求实效。

（一）全面贯彻落实第六次全国环保大会精神

第六次全国环保大会是深入贯彻党的十六届五中全会精神和国务院《决定》，全面部署“十一五”环保工作的动员大会，也是一次强化措施、完善机制、改革创新的大会。全国环保系统一定要认真学习温家宝总理、曾培炎副总理的重要讲话，深刻领会会议的精神实质，统一思想，明确任务，坚定信心，扎扎实实地落实好会议提出的各项任务。具体要做到：开一个会议，发一个文件。会后要立即向同级党委和政府作一次全面汇报，争取以政府名义召开一次全省（区、市）环保大会，发布一个关于加强环境保护工作的文件，力争解决一些实际问题。

当前，我国环保工作进入了以保护环境优化经济增长的新阶段，主要目标是建设环境友好型社会，主要任务是加快推动历史性转变，总体思路是全面推进重点突破，主要措施是抓落实、抓实干、抓细节、抓基层。贯彻这次大会精神和国务院《决定》，关键要在抓落实上下功夫。各级环保部门首先要统一思想，把握全局，在目标任务上抓落实。要把认识统一到这次大会精神和《决定》的要求上来，牢固树立和落实科学发展观，思想上一心一意不动摇，工作上锲而不舍不放松，作风上真抓实干不争论。二要集中全力，强化措施，在重点工作上抓落实。加快改革创新，完善政策措施，把力量集中到重点工作上来，务求实效，一抓到底。三要认真调研，精心安排，在工作部署上抓落实。深入基层，深入实际，了解新情况，研究新问题，不断提高工作水平。要关心基层、支持基层、加强基层，切实增强基层环保部门的工作能力。四要从严要求，真抓实干，在转变作风上抓落实。完善管理制度，提高干部素质。在抓落实上看能力，在抓实干上看素质，在抓细节上看水平，努力完成2006年的各项工作任务。

（二）依法强化污染防治

各级环保部门要切实加强环境执法，挺直腰杆，敢于碰硬，坚决查处环境违法行为，不管涉及到谁，都要一查到底，决不手软；环保干部要学会用法、科学用法、善于用法，严厉打击违法行为；上级环保部门要理解、关心、支持下级环保部门的工作，为他们严格环境执法撑腰；要通过上上下下的共同努力，在全系统形成勇于执法、敢于执法、善于执法的良好氛围。要下决心啃硬骨头，坚决打好“十一五”环境执法第一仗。2006年，环境执法的重点主要集中在三个方面。

一是切实加强饮用水源保护工作。重点检查集中式饮用水源，对水源保护区内所有排污单位要逐一核查，查找污染隐患，并采取坚决措施予以消除。对水源保护区内的污染企业，该迁的迁，该关的关，绝不姑息迁就。要坚决取缔关闭一批危及农民饮水安全的污染企业。要配合全国人大常委会做好水污染防治法执法检查。要加强与水利、农业、建设、国土资源等部门的协调配合，共同解决一批群众饮水难的问题。要严肃查处一批危害群众饮水安全的违法排污行为，将处理结果向人大、政府报告，并向社会公布。营造“污染水源、人人喊打”的社会氛围，动员广大人民群众自觉行动起来，共同保护我们赖以生存的饮用水源水质安全。

二是抓住解决部分行业产能过剩的有利时机，强化工业污染防治。要以关闭产能过剩的污染企业为重点，继续开展整治违法排污企业保障群众健康环保专项行动，坚决淘汰一批落后的生产工艺和设备，关闭一批污染严重的企业。要以整治开发区环境污染为突破口，严肃查处违反环境影响评价和“三同时”制度的建设项目，坚决控制新污染源，将开发区环境管理纳入正常轨道，防止工业园演变成“污染园”。

三是继续开展环境安全大检查，加强污染事故防范和应急工作。重点排查江河沿岸和人口密集区的石油、化工和冶炼企业，努力消除环境隐患。对违反产业政策、违法建设、超标排污、环保设施不正常运转、存在环境风险的，要分别采取淘汰关停、限期治理、建设事故应急处理设施等措施。要进一步完善全国环境突发事件应急体系，明确应急管理体制、机制，强化事故报告制度，逐步解决必要的装备问题。同时，要抓好重点企业和重点部位的预案建设，让应急管理进入每一个排污单位，将环境风险控制在最低的范围内。

土壤污染问题直接关系到农产品安全，是人民群众关心的热点问题。防治土壤污染是工业和农业污染防治工作的有机结合点，也是环保部门大有作为的领域。要结合社会主义新农村建设，抓紧全国土壤污染现状调查，全面启动土壤污染防治专项工作。实施“农村小康环保行动计划”，推动农业和农村环境保护。

（三）坚决落实环境目标责任制和责任追究制

要按照培炎副总理的指示，抓紧完成“十一五”各项规划编制工作。各地都要加快编制本地的环保规划。要认真总结“十五”环保计划编制的经验教训，针对实施过程中存在的突出问题，改进编制工作。要做好与国民经济与社会发展规划的衔接，提高规划的可操作性。要强化规划实施的保障措施，做到责任有主体、投入有渠道、任务有保障。

“十一五”期间化学需氧量和二氧化硫削减10%，是一条不可逾越的红线。2006年总量控制工作的重点是摸清底数、分解到位、明确责任，力争在开局之年实现削减2%的任务。要召开水污染防治和大气污染防治两个工作会议，重点研究部署化学需氧量和二氧化硫排放总量控制工作。两个指标的分解是当务之急，我们将尽快下达到各省、自治区、直辖市，各地要力争在6月底以前，通过综合平衡，把指标层层分解到市、县，落实到污染源，采取有力措施努力完成削减任务。

落实总量削减任务的主要责任在各级人民政府。2006年重点是明确考核要求、制定考核方案、建立社会公布制度，营造落实责任的良好氛围。要把各地完成指标的情况向社会公布，接受全社会的监督。对没有完成任务的要给予通报批评，责令限期整改。要配合组织部门搞准搞实列入干部实绩分析评价要点的环保指标，防止环保政绩考核流于形式。要切实贯彻《环境保护违法违纪处分暂行规定》，坚决查处一批国家行政机关工作人员环境违法违纪行为。要让那些不重视污染防治工作的领导干部，没有完成年度任务地方的领导干部，得不到提拔重用；让那些漠视环境法律法规的领导干部付出应有的代价。

（四）切实加强能力建设

目前，“211环境保护”支出科目体系已正式建立，标志着环境保护在财政支出中第一次有了“户头”，这是政府环保投入的重大突破，也是环保能力建设的重要保障。各级环保部门要积极与发展改革、财政部门协调，真正使环保资金“有渠有水”，切实保障环境保护事业发展的各项资金需求，为全面提高环境保护能力打下坚实基础。

2006年，全国五个督查中心的组建工作将全面启动，并初步形成协调和监督能力。要理顺督查中心与地方环保部门的关系，形成执法合力。稳步实施设区城市垂直管理体制，加强环境监察机构标准化建设。

我们正在和国家发改委衔接《国家环境监管能力建设“十一五”规划》。这项规划提出了三项主要任务：一是建设先进的环境监测预警体系；二是建设完备的执法监督体系；三是改善环境基础设施和条件。

在先进的环境监测预警体系建设方面，“十一五”期间要进一步完善国家环境质量监测网络，建成地级以上城市空气质量自动监测网络，基本建成大江大河等重点流域国控和省界水质自动监测网络，基本建成沙尘暴、酸沉降、近岸海域等国家自动环境监测网络，初步建成生态环境监测网络、核与辐射环境安全监测网络。提高污染源监督性监测能力，基本掌握占全国污染负荷65%以上的近8000家重点污染源排污状况。建设国家应急监测网络，各省级环保部门配备水、气环境突发事件应急监测车及仪器设备，地级市配备必要的应急监测设备和防护装备。

在完备的环境执法监督体系建设方面，要以加强中西部和县级执法能力建设为重点，加快建设污染源自动监控系统，将占全国工业污染负荷65%的废水、废气重点源纳入远程连续监控体系，及时掌握全国重点企业排污变化情况。

在改善环境管理基础设施和条件方面，主要是抓紧环境科研重点实验室和工程技术转化实验室建设、环境宣传教育标准化建设、环境信息化能力建设等。

我们要通过五年的规划实施，基本建成国家环境质量监测网络，初步形成较为完备的执法监督体系，使环境管理支撑能力和核安全监管能力明显加强。2006年是实施这个规划的第一年，我们一定要努力做好基础工作。能力建设要由中央和地方共同努力，在积极争取中央财政支持的同时，各地要千方百计争取地方财政提供更多的配套资金。

队伍建设是环保事业蓬勃发展的基本保障。要切实把全国环保系统广大干部职工的思想统一到科学发展观上来，统一到历史性转变上来，统一到“全面推进重点突破”的工作思路上来。要进一步巩固先进性教育成果，加强反腐倡廉，推动全系统精神文明建设，提高队伍综合素质。会后，总局将用两个月时间整顿机关作风，加强机关建设，围绕总结松花江事件经验教训，广泛征求各方面的意见，找出薄弱环节，制定整改措施，坚持服务基层，改进工作作风，提高办事效率，努力把环保总局建设成为勤政、廉洁、务实的政府机关，建设成为法制机关、责任机关、服务机关和人民满意的机关，建设成为能够带领新时期全国环保事业快速发展的“火车头”。

最后我要特别强调，核与辐射环境管理是关系人民生命财产安全的重大问题，决不能有丝毫麻痹大意。当前，我国正处在核电快速发展时期，核安全管理面临巨大压力，必须全神贯注地抓好每一个环节的安全措施。进一步健全放射源国家、省、市三级安全监管体系，规范放射源和放射性废物安全管理，确保万无一失。

同志们，我国环保工作正进入一个关键时期。让我们紧密团结在以胡锦涛同志为总书记的党中央周围，高举邓小平理论和“三个代表”重要思想的伟大旗帜，以科学发展观统领环保工作，站在新的历史起点上，紧紧抓住大好机遇，以崭新的精神面貌、务实的思想作风、高昂的工作热情投身到环保事业发展中，开拓创新，真抓实干，努力开创环境保护工作新局面。

谢谢大家！

实施科技兴环保战略　努力开创环境科技工作新局面

——在全国环保科技大会上的讲话

国家环境保护总局局长　周生贤

（2006 年 8 月 18 日）

同志们：

党中央、国务院高度重视环境科技工作。胡锦涛总书记在 2005 年中央人口资源环境工作座谈会上强调："突破能源资源对经济发展的瓶颈制约，改善生态环境，缓解经济社会发展与人口资源环境的矛盾，必须依靠科技进步和创新。要根据我国自然资源和环境禀赋条件，加强关键技术攻关和高新技术研发，力争在生态环境建设和资源高效利用技术等方面取得重大突破。"胡总书记的讲话高屋建瓴，从国家经济社会长远发展的战略高度，深刻阐明了加强环境科技研发的重大意义，为环境科技工作指明了方向。温家宝总理在第六次全国环保大会上明确指出："加强环境保护，必须依靠科技创新。国家中长期科学和技术发展规划，已经把环境保护相关技术列入优先领域。要把自主创新和引进消化吸收结合起来，集中力量组织攻关，力争在环保关键技术、共性技术方面取得突破，切实提高我国环境保护的科技含量。"

这次会议是我国环保事业 30 多年发展史上召开的第一次全国环保科技大会。这次不仅仅是环保行业的会议，召开这次大会旨在形成最广泛的环保"统一战线"，调动全社会的力量参与环境保护，解决环境问题才有希望。从这个意义来讲，环保总局扮演的是组织者和推动者的角色。今天下午还将召开国家环境咨询委员会和总局科学技术委员会成立大会。曾培炎副总理在百忙中为大会发来贺信，对广大环境科技工作者表示亲切问候，对环保科技工作取得的成绩给予充分肯定，要求依靠科技进步，把科技创新放在突出位置，切实提高环境保护的科技含量，认真实施国家环境科技工程，把自主创新和引进消化吸收结合起来，力争在环保关键技术、共性技术方面早日取得突破，加快推广应用环境科研成果，加大环保技术装备研发力度，提升国产化水平，降低治理成本，提高环保工作的成效。希望广大环境科技工作者，扎根实践、甘于奉献、勇于创新，为把祖国建设成为经济繁荣、环境优美、生态良好的美好家园作出更大的贡献。全国人大顾秀莲副委员长、全国政协张榕明副主席出席会议、接见代表，并向咨询委和科技委的委员颁发了聘书。科技部刘燕华同志作了重要讲话。在这里，我代表国家环保总局向党中央、国务院、全国人大、全国政协以及各有关部门、向"两委"委员和各界朋友们多年来对环保工作的关心、支持和参与表示衷心感谢，向为环境科技事业发展作出突出贡献的各位院士、专家和广大科技工作者致以崇高的敬意！

这次会议的主要任务是：落实全国科技大会和第六次全国环保大会精神，分析形势，明确任务，实施科技兴环保战略，增强环境科技的自主创新能力，动员、团结有志于环境保护的科技工作者，形成最广泛的环境保护"统一战线"，共同推进中国环境科技事业的大发展。下面，我讲三点意见。

一、深刻认识加强环境科技创新工作的重要性

今年年初召开的全国科技大会，提出用 15 年时间使我国进入创新型国家行列，把建设资源节约型、环境友好型社会作为重大任务，将环境保护作为国家科技发展的 5 个战略重点和 16 个重大专项之一，为环境科技事业大发展带来了前所未有的大好机遇，标志着我国环境科技工作进入了一个蓬勃发展的新时期。

当今世界，科学技术是综合国力竞争的决定性因素，自主创新是支撑一个国家崛起的筋骨。

纵览世界经济社会发展的历史，科技创新是生产力发展和人类社会进步的重要动力。发端于 18 世纪后半叶，以蒸汽机发明为标志的第一次技术革命，成就了英国世界头号经济霸主地位；1870 年到 1940 年，以电力技术革命为代表的第二次技术革命，美国、德国抓住机遇成功崛起；第二次世界大战后期，以原子能开发和电子计算机发明为标志的第三次技术革命，日本抓住机遇跨入世界最富国家行列；20 世纪 90 年代以来，以信息技术为代表，包括生物、新材料、新能源、空间、海洋开发和航天等技术的新技术革命，在全球范围内掀起了一股势不可挡的狂潮，美国重新成为新技术革命的领跑者。

工业革命在创造了无与伦比的物质财富的同时，也付出了沉痛的环境代价，先后爆发了八大环境公害，向人类社会敲响了保护环境的警钟。从上世纪 60 年代末开始，英国、美国、德国抓住第三次技术革命的历史机遇，通过科技创新，实现了经济结构的转型；通过严格环境管理，促进了产业结构的升级；通过环境技术进步，加快了环境污染治理。英国用了 20 多年时间集中整治泰晤士河，在百年治理的基础上实现了大跨越，使河水水质有了明显改善。美国、德国用了 20 多年时间，开展污染综合防治，使整体环境有了很大改观。日本发挥后发优势，用了十几年时间，基本解决了产业污染问题，实现了历史性转变。上世纪 90 年代以来，在新技术革命推动下，德国、日本又在推动节能降耗、发展循环经济方面实现新的突破，在综合国力竞争中努力占据更加有利的战略地位。历史的经验告诉我们，谁抢占了技术创新的制高点，谁就在环境保护的历史性转变中掌握了主动权。

从国内发展来看，我国错失了前两次技术革命的机遇，在经济发展中落伍了。在第三次科技革命中，党中央、国务院正带领全国人民坚持走中国特色的自主创新道路，努力实现全面建设小康社会、加快推进社会主义现代化建设的宏伟目标。通向未来的康庄大道并非一路平坦，资源和环境正成为发展的瓶颈制约。我国能源资源人均占有量低，生态环境脆弱，资源浪费和环境污染严重，对经济社会发展的承载能力严重不足。严峻的现实告诉我们，那种依靠高投入、高消耗、高污染的老路绝不能再走下去了。面对人与自然的尖锐矛盾，如果在思想认识上麻木不仁、在环境管理上因循守旧、在环境技术上无所作为，必然付出沉痛的环境代价，甚至造成无可挽回的损失；如果在认识上迅速觉醒、管理上不断创新、技术上勇于突破，就一定能迎来人与自然和谐发展的曙光。党中央把发展能源、水资源和环境保护技术放在我国中长期科技发展的优先位置，这是以技术创新带动资源节约和环境保护的重大举措，是在发展中突破资源环境对经济社会发展瓶颈制约的重要途径，是建设资源节约型、环境友好型社会的必然选择，是实现生产发展、生活富裕、生态良好文明发展的必由之路。

从环境保护来看，重大环境科技的突破，总会带来环境保护某一领域的跨越发展。上世纪 60 年代初，曝气复氧技术的利用，在英国泰晤士河污染治理工程中发挥了巨大作用。上世纪 70 年代，日本实行了世界上最严格的二氧化硫排放标准，通过脱硫技术的研发，二氧化硫排放量大幅削减。从上世纪 90 年代末开始，我国分阶段提高了机动车排放标准，通过引进消化再创新，汽车发动机和尾气处理技术不断突破，有力地提高了机动车尾气治理水平。环境治理需要技术进步，环境管理需要科技支撑，解决结构型、复合型和压缩型环境问题更离不开科技创新。我国面临着生产生活污染叠加，点、线、面源污染共存，新旧污染物交织，水气土污染相互影响的复杂态势，这是发达国家工业化过程中从未遇到的环境难题，我们必须通过原始创新、集成创新，在引进先进技术基础上的消化吸收再创新，不断提高科学技术对环境保护的支撑能力，努力解决这些环境难题。

我国 30 多年环境保护事业发展的历程，也是环境科技不断进步的历程。上世纪 70 年代，围绕着工业污染源治理，综合治理技术取得较大突破，环境保护事业开始起步；80 年代，组织全国环境科技工作者开展了环境背景值、环境容量和环境影响评价研究，奠定了环境管理的基础；90 年代，通过开展酸雨防治、湖泊富营养化防治、清洁生产及污染治理新技术等研究，提高了重点流域区域城市海域环境治理和工业污染防治的科技含量；进入新世纪，开展了持久性有机污染物、污染物迁移转化等基础研究，科学揭示了某些污染物的环境行为和污染规律；研发了脱硫除尘、有机污染物去除、水体生态修复等一大批关键技术，缩小了与国际先进水平的差距；组织实施了国家环境管理的关键支撑技术研究，为完善国家法规标准、强化宏观环境管理、加强国际环境合作做出了积极贡献。

30 多年来，几代环境科技工作者前赴后继、锐意进取，环境科技不断取得丰硕成果；在重大环境事件面前，广大环境科技工作者临危不惧，把国家利益放在首位，把个人安危置之度外，在事故处置过程中发挥了中流砥柱的作用。松花江水污染事件发生后，来自大江南北的科技工作者积极响应党中央、国务院的号召，紧急投身到污染事件的处置和环境影响评估工作中。他们踏冰雪、冒严寒，奋战在白雪皑皑、寒风刺骨的松花江上，共同进行水质监测、科学实验，共同研究治理方案，谱写了一曲曲可歌可泣的动人篇章。“忠于职守、造福人民，科学严谨、求实创新，不畏艰难、无私奉献，团结协作、众志成城”的中国环保精神，在他们身上得到了充分体现。

在看到成绩的同时，我们更要看到，当前环境科技的现状和能力与国家环保要求还很不适应，突出表现在：一是环境管理与决策缺乏依靠科技的工作机制，许多重大环保决策未经前期研究和充分论证，就匆忙出台，影响了决策的质量。二是近年来环保系统科技工作大幅度下滑，重大研究和调查项目较少，基础数据严重缺乏，部分成果与管理脱节，更有甚者，有的数据失真，不能真实反映环境状况和真实情况，凡此种种，难以满足解决复杂环境问题的种种需要。三是污染防治技术储备严重不足，科技成果转化率较低，难以形成产业化，企业污染治理技术水平普遍不高、达标不稳定。核与辐射安全研究水平较低。环境监测和执法的技术支撑不足，监测预警和执法的基础能力薄弱。环保标准体系亟待完善。四是科技队伍素质有待进一步提高，优秀的中青年科技人才偏少，部分科研院所热衷于搞经营，长期不做科研，游离于环保科技主战场之外。五是科技投入严重不足，没有形成稳定的环境科技投入机制，科研基础条件落后。这种状况必须尽快改变。

二、准确把握环境科技创新的指导思想、目标和任务

实施科技兴环保战略是环保系统贯彻落实全国科技大会和第六次全国环保大会精神的一项重大行动，是为适应历史性转变作出的一项重大决策。实施科技兴环保战略，就是要紧紧抓住世界新技术革命带来的难得机遇，以绿色技术改造传统产业；就是要通过切实加强环境科技创新和技术进步，使我国在世界环境科技中占有一席之地；就是要通过实施国家环境科技工程，全面提高科学技术对环境保护的支撑能力；就是要通过发挥环境科技的平台作用，构建最广泛的环保“统一战线”，促进环保事业更好更快地发展。

实施科技兴环保战略，必须坚持科技创新。新时期环境科技创新的指导思想是：以邓小平理论和“三个代表”重要思想为指导，全面落实科学发展观，坚持“自主创新、重点跨越、支撑发展、引领未来”的指导方针，以科技创新促进历史性转变，以科技进步带动环保事业跨越式发展。

环境科技创新的总体目标是：到 2010 年，通过实施环境科技创新、环境标准体系建设和环境技术管理体系建设三大工程，在环境科技创新的关键领域取得重大突破，环境技术法规和标准基本满足环境管理需要，环境技术管理体系初步建立，使科技引领和支撑环保事业发展的能力有较大提高。到 2020 年，建立层次清晰、分工明确、运行高效、支撑有力的国家环境科技支撑体系。

未来 5 到 15 年，环境科技要在以下 4 个方面持续加大自主创新的力度：

第一，以科技重大专项为龙头，全面实施环

境科技创新工程

科技创新工程是提升自主创新能力、积累智力资本的重要途径。实施科技创新工程，就是以解决重大环境问题为出发点，实施科技重大专项和一系列重大科技项目，突破环保事业发展的技术瓶颈；以环境管理制度创新研究为先导，创新环保理念，引领环保事业发展方向；以环境监测预警技术创新为手段，加强监测方法和技术研究，为建立先进的环境监测预警体系提供技术保障；以加强环境与健康的调查研究为基础，切实维护广大人民群众的环境利益；以实施《国家环境保护"十一五"科技发展规划》为内容，全面提升环境科技创新能力。

科技创新工程的重点是重大专项。重大专项是为了实现国家目标，通过核心技术突破和资源集成，在一定时限内完成的重大战略产品、关键共性技术和重大工程，是我国科技发展的重中之重。《国家中长期科学和技术发展规划纲要》确定了16个重大专项，其中有4个与环境保护有关，充分显示了环境科技在我国科技创新中的重要地位。按照国务院统一安排，环保总局牵头组织实施"水体污染控制与治理"科技重大专项，参与组织实施"大型先进压水堆及高温气冷堆核电站"、"转基因生物新品种培育"、"高分辨率对地观测系统"等3个科技重大专项。目前，"水体污染控制与治理"科技重大专项领导小组已经成立，环保总局为组长单位，科技部、发改委、财政部、建设部、水利部、农业部、教育部、中科院、工程院等9个单位为成员单位。这个专项国家和地方财政投入将达数十亿元之多，是有史以来资金投入总量最大的环境科研项目。对于其他3个重大专项，我局也在积极配合有关部门组织制定实施方案。

我们将十分珍视党中央、国务院对环保事业的关心和支持，抓住机遇，精心组织，切实把重大专项组织好、实施好。"水专项"要突出3个重点，一是饮用水安全，二是流域性环境治理，三是城市水污染治理。要围绕国家环保目标，通过研究，提出解决我国水环境问题的战略思路和技术措施，为改善我国水环境质量、确保饮用水安全提供技术支撑。要通过实施重大专项，实现科技发展的局部跃升和突破，带动相关领域技术水平的整体提升和环境治理的跨越式发展。要搞清水污染对经济、社会发展的主要制约因素，基本阐明我国区域性、流域性重大水环境问题形成的机理和机制，以解决关键技术为核心，攻克一批具有全局性、带动性的饮用水安全保障技术、水污染治理关键共性技术，并通过开展工业废水治理技术研发与示范，开展区域、流域水污染治理技术集成与示范，全面推进水污染防治工作。

"高分辨率对地观测系统"重大专项将为我国环境小卫星系统建设和运行提供强大的技术支撑。在国家发改委、国防科工委、科技部等部门的大力支持下，我国将于2007年发射3颗环境小卫星，建立起我国自主的环境卫星监测系统。不久的将来，环境小卫星将增加到8颗。这将大幅度提高我国环境监测预警能力。"大型先进压水堆及高温气冷堆核电站"、"转基因生物新品种培育"两个专项对于缓解我国能源紧张状况、提升核安全水平、保障我国生物安全具有十分重要的意义。

重大专项以其显著的战略地位、巨大的经费支持、迫切的科技需求、严密的组织协作，必将在环保史上成为具有里程碑意义的科技工程。要实施这项宏大的科技工程，必须充分调动全国各方面的科技力量，形成广泛的科技协作网络，实现优势互补，强强联合，共同攻坚。在这里，我代表环保总局诚挚地欢迎国内外一切有实力的科研院所，欢迎在座的院士、专家和广大科技工作者参与到重大专项中来，形成千帆竞渡、百舸争流的局面。

第二，以基础理论和技术创新为支撑，全面实施环境标准体系建设工程

环境标准是环境管理的重要手段和环境执法的重要依据。建立科学完善的环境标准体系是我国环境科技的重要目标之一，也是环境标准工作的主要任务。

一要科学确定我国的环境基准。环境基准是制定环境标准的基础。基准不准，标准就无法真

实反映客观规律，环境保护就难以达到理想效果。确定环境基准，必须依靠科学研究。总局“一院两所”要发挥各自优势，与中科院、高校等紧密合作，争取在基准研究方面实现大的突破。要以保护人体健康和生态安全为目的，开展饮用水源优先控制污染物筛选研究，开展必要的基准试验研究，充分借鉴国外相应基准，科学确定我国的环境基准。

二要不断完善环境标准体系。认真落实《“十一五”国家环境保护标准规划》，建立健全环境质量标准和污染物排放标准。同时，加快制定适用于环境影响评价、污染物排放总量核算与控制、清洁生产审核、生态保护、环境工程建设管理、环境标志与环境保护产品认证、环境信息与档案管理、环境污染健康损害判定、循环经济与生态工业等工作的技术规范和标准。

三要严格执行环境标准。环境质量标准是对客观规律的真实反映，污染物排放标准是实现环境保护目标的重要手段。环境保护目标是根据经济社会发展水平确定的阶段性环保要求。要使环保目标与环境标准相衔接，首先要学标准、懂标准，严格执行现行的污染物排放标准，同时要根据经济技术发展不断严格排放标准，提高环境准入门槛，改善环境质量，优化经济发展，使我们的环境保护目标最终与环境质量标准要求相衔接。

第三，以提高环境管理和污染防治技术支撑为目标，全面实施环境技术管理体系建设工程

当前，无技术可用、有技术不用、技术含量不高、污染治理设施低水平重复建设、企业排污不稳定达标等问题较为突出，究其原因，从环境技术管理来看，与技术评估混乱、推广不力、管理缺失密切相关。要改变这种状况，必须建立符合市场经济和环保工作规律，以技术政策、技术指南、技术规范、技术评估和技术推广示范为主要内容的国家环境技术管理体系，引导环保产业，推动循环经济发展。

一要建立健全环境技术体系。要抓紧制定发布重点行业污染防治技术政策、污染控制技术要求和工程技术规范，公布环境技术发展白皮书，筛选污染控制最佳可行技术，发布相关技术指南，发布国家鼓励和限制发展的环境技术、装备目录，为污染治理提供切实可行的技术支持。大力加强环保设施运营资质审核、注册环保工程师管理工作，实行动态跟踪考核，为建立健全环境技术体系提供保障。

二要加大环保科技推广示范力度。要有针对性地遴选先进成熟的环境科技成果和实用技术，在环境治理工程中推广示范，加快科技成果转化，努力提高工程科技水平和建设质量。加强环保科技成果推广和环保科普工作，鼓励环保科研院所、企业、各类高校和环境科学学会、环保产业协会等，参与科技推广和成果转化，广泛开展环境科技成果推广活动。要通过各种途径建设一批国家和地方环保科普基地，推广环境科技，提高公民环保素质。

三要大力推进循环经济和环保产业发展。发展循环经济是从源头和全过程控制污染的重要途径。各级环保部门要按照“减量化、再利用、资源化”的原则，积极推动发展循环经济。通过开展规划环评，引导资源开发统筹规划，大力提高资源回采率；提高环保准入“门槛”，强化污染预防和全过程控制，引导重点行业企业在生产过程中加强能耗、水耗和物耗管理，提高资源有效利用率；指导建设生态工业园区，推动不同行业合理延长产业链，推进企业废物“零排放”和废物循环利用；加大环保宣传教育力度，大力倡导有利于环境保护的消费方式，鼓励使用环境友好产品。加强环境保护，必须依靠科技创新，发展环保产业。各级环保部门要积极配合有关部门完善鼓励环保产业发展政策，大力推进国产化、标准化、现代化的环保产业体系建设。优先发展具有自主知识产权的环保装备制造业，培育一批有品牌、有实力、有市场的优势环保企业和企业集团。推进环境咨询服务市场化，加快发展环保服务业，促进环保产业成为国民经济的新兴支柱产业。

第四，以引导企业开展环保科技自主创新为途径，全面提升污染防治水平

在污染治理与技术创新方面，企业是“四位

一体”：污染防治的主体、研发投入的主体、技术创新的主体和成果应用的主体。要引导企业开展自主创新，提高污染治理水平，推动污染治理市场化。

一要创建各类企业公平竞争的环境。进一步消除各种体制机制性障碍，加大知识产权保护力度，坚决打破行业和市场垄断，实行全民搞环保。国家环境科技计划和重大环境工程项目要向企业开放，特别是在具有市场应用前景的领域，要建立由企业牵头实施国家重大环境科技项目的机制。国家环保重点实验室、工程中心和公共科技成果，要向企业开放。既要充分发挥大型环保企业在技术创新中的重要作用，又要积极培育和扶持中小型环保企业的技术研发。

二要健全科技中介服务体系。支持企业建立研发机构，鼓励企业与环保科研部门联合共建工程实验室、共性技术研发和工程化平台；鼓励外资企业在我国设立环保技术研发中心，为各类企业的创新活动提供社会化、市场化服务。

三要引导企业有针对性地进行污染防治技术和装备的研发。通过环境技术管理体系，引导企业重点研发火电厂脱硫脱硝成套技术、城市污水处理及中水回用技术、高浓度难降解工业废水处理技术、高效除尘与细微粉尘控制技术、大型垃圾焚烧及烟气处理技术、危险废物处理技术、垃圾填埋场渗滤液处理技术、清洁燃料技术、生态保护及修复技术、环境监测新技术等，为实现“十一五”环保目标提供技术支持和物质保障。

三、认真落实各项措施，努力开创环境科技工作新局面

当前，我国环境科技已经进入历史上最好的发展时期。为了全面加强环境科技工作，需要从落实责任、深化改革、加大投入、人才培养等方面，加大工作力度，采取切实措施。

（一）切实加强组织领导。各级环保部门要把环境科技工作摆上重要议事日程，切实加强领导。一把手要亲自抓第一生产力，亲自过问、组织研究环境科技问题，帮助解决实际困难。要高度重视科学技术对重大决策的支撑作用，坚决做到“三个不决策”：未经调查研究的不决策、未经专家论证的不决策、未经集体讨论的不决策。要大力营造学科学、用科学的工作氛围，把崇尚科学、尊重知识、尊重人才的观念融入到思想意识里，体现在工作安排上，落实到实际行动中。

（二）进一步深化环保科技体制改革。新阶段国家深化科技体制改革的目标是建立和完善中国特色国家创新体系，要以明确定位、优化结构、完善机制、提升能力为重点，加强科技宏观管理与协调，完善科技政策法规体系，建立新型运行机制，促进各类创新主体的协调互动，提高科技资源配置和运行效率，为促进自主创新提供制度保障。科技体制改革是发展环境科技事业和增强自主创新能力的动力和源泉。环保系统科技体制改革的目的是建立一支精干、高效、高水平的科技队伍，建立与之相适应的环境科技管理体制，为环境管理和环保事业发展服务。改革的重点是国家和省级科研院所。要逐步形成以环保总局“一院两所”为主体，以环境保护重点实验室和工程中心为紧密层，主动联合中科院、高校及地方环保骨干院所，构建较为完善的环保系统科研体系。对于面向市场的应用技术研发类科研机构，要支持它们进入市场或向企业化转制；对于从事环境基础研究、前沿技术研究和社会公益研究的科研机构，要加快建立适应我国环保工作需要的现代院所管理模式。同时，要充分发挥各类环保产业协会、环境科学学会的作用。

（三）加大环境科技投入力度。科技投资是战略性投资，要舍得在科技上花钱。近年来，财政部、科技部在环境科技、环境标准等方面给予我局大力支持。最近，财政部和总局已决定在中央环保专项资金中对环保新技术、新工艺推广示范项目给予支持。江苏、山东、上海等省市每年都拿出专门的资金用于环境科研。各级环保部门要积极争取地方政府增加环境科技投入，主动争取财政、发展改革、科技部门对科学研究、高技术开发和推广示范等方面的支持；引导企业加大环保科技投入，鼓励企业为公益性环保科研项目提

供资金支持。同时，要积极拓展外资投入渠道。

要加强同科技、发展改革等部门的沟通和对接，争取建设国家实验室、野外观测台站和重点实验室等大型科技基础项目，为科学研究、技术创新和野外实验提供物质基础。各省、自治区、直辖市环保部门要抓好1～2个为环境管理服务的公益性科研单位建设，建立省级环境科研重点实验室和工程技术中心。

（四）加强创新型环保科技人才队伍建设。“功以才成，业由才广。”发展环境科技，关键在人才，尤其是创新型科技人才。要努力营造公开、公平、公正的竞争环境，形成人才辈出、人尽其才、才尽其用的良好氛围，坚持在创新实践中识别人才，在创新活动中培育人才，在创新事业中凝聚人才，努力造就一批德才兼备、国际一流的环境科技创新人才，着力培养一批创新能力强的高水平学科带头人，形成一支高素质的优秀创新人才群体和创新团队。要建立符合科技人才规律的多元化考核评价体系，对科学研究、科研管理、技术支持、行政管理等各类人员实行分类管理，建立不同领域、不同类型人才的评价体系。要创新人才选拔机制，打破论资排辈、求全责备的陈腐观念，讲台阶而不抠台阶、论资历而不唯资历。要完善环境科技人才使用、引进的激励和保障政策，坚持用事业凝聚人才，用感情留住人才，用待遇吸引人才，促进人才交流，从项目、经费、工作条件、生活待遇等方面完善相关措施和办法，采取多种形式，吸引、留住和用好优秀环境科技人才。

（五）以成立“两委”为契机，建立最广泛的环境保护“统一战线”。保护环境是全民族的崇高事业。“众人拾柴火焰高”，我们要将一切关心环保、支持环保、从事环保的部门、单位和个人团结起来，共同投入到保护环境的伟大洪流中。“两委”的成立，标志着建立最广泛环保“统一战线”的构想正在实施。两委委员在各自领域具有很深的造诣和广泛的社会影响，相信你们的加盟必将在总局科学决策、民主决策中发挥重大作用，必将对中国环保事业的发展产生重要影响。今后凡是涉及战略性、全局性、方向性的工作，都要充分听取两委委员的意见。在这里，我代表环保总局党组，诚挚地欢迎各位委员对环保决策发表真知灼见，勇于提出不同意见。环保部门的同志们要以大海一样宽广的胸怀，树立全国环保一盘棋的思想，团结一切可以团结的力量，共同为环保事业添砖加瓦。

（六）不断加强环境科技国际合作。保护环境是全人类的共同事业。要积极参与全球及区域性的深度环境科技合作，为解决人类社会共同面临的环境难题作出贡献。要强化与世界知名环境科研机构、大学、跨国公司的合作，密切跟踪国际环境科技前沿。积极引进国外环境保护先进技术和管理经验，并在消化吸收的基础上强化自主创新，扩展拥有自主知识产权的环境科技成果，提升我国环境科技的竞争力和国际地位。

同志们，“长风破浪会有时，直挂云帆济沧海”。让我们高举邓小平理论和“三个代表”重要思想伟大旗帜，以科学发展观统领环保工作全局，全面落实中共中央、国务院关于加强科技和环保工作的决定，大力提高环保科技自主创新能力，为建设资源节约型、环境友好型社会，实现全面建设小康社会的宏伟目标而努力奋斗！

全面加强环境政策法制工作
努力推进环境保护历史性转变

——国家环保总局局长周生贤在第一次全国环境政策法制工作会议上的讲话

（2006年12月12日）

同志们：

环境政策法制是推进历史性转变的重要保障。当前，我国的环境保护正处于历史性转变的关键时期，加强这项工作尤为重要。今天召开全国环境政策法制工作会议，针对当前存在的突出问题，特别是前一阶段总局组织的专题调研中各地反映的问题，研究提出对策措施，具有重要意义。下面，我讲三点意见。

一、充分认识加强环境政策法制工作的重要意义

早在1948年，毛泽东同志就强调，“政策和策略是党的生命，各级领导同志务必充分注意，万万不可粗心大意。”邓小平同志指出，“搞四个现代化一定要有两手，只有一手是不行的，所谓两手，即一手抓建设，一手抓法制。”他十分重视环境法制建设，1978年就提出环境保护也要立法。江泽民同志在党的十五大上提出“依法治国，建设社会主义法治国家”的治国方略，并在第四次全国环境保护会议和中央人口资源环境工作座谈会上明确指出，要“加强环境法制建设”、“完善社会主义市场经济体制下的环境保护法律体系”，要求各级领导干部“带头遵守环境保护法律法规，并为环保部门严格执法撑腰”。胡锦涛同志强调，改革发展稳定的任务越是繁重，越要增强依法治国、依法执政的自觉性和坚定性，越要注重维护法制的统一和尊严。在2004年中央人口资源环境工作座谈会上强调，要“坚持发挥政策的杠杆作用，加强对重要资源供求的宏观调控”，“坚持依法办事，把人口资源环境工作纳入法制轨道”。温家宝总理在第六次全国环保大会上强调，“强化法治是治理污染、保护生态最有效的手段，要把环境保护真正纳入法制化轨道。加强环境立法，健全和完善环境法律体系。建立完备的环境执法监督体系，坚决做到有法必依、执法必严、违法必究，严厉查处环境违法行为和案件”，“决不允许违法排污的行为长期进行下去，决不允许严重危害群众利益的环境违法者逍遥法外。”这些重要指示为加强环境政策法制建设指明了方向。

我们必须充分认识加强环境政策法制工作的重要性和紧迫性，切实把这项工作摆上更加重要的战略位置。

第一，加强环境政策法制工作，是全面贯彻落实科学发展观、构建和谐社会的必然要求。在传统的经济发展模式下，经济增长在很大程度上是靠牺牲环境换取的，这样的发展必然是难以持续的；贯彻落实科学发展观，必须坚持以保护环境优化经济增长，这是实现国民经济又好又快发展的重要保障。20世纪70年代，美国和日本在实施限制汽车尾气排放的法规方面，采取了两种截然不同的态度。美国以尾气排放管制损失大于效益为借口，暂缓执行了1970年通过的“马斯基法”。日本果断实行了限制汽车尾气排放的政策，不仅促进了环境技术的重大突破，而且迅速提高了日本汽车在全球市场的竞争力。这是环境政策法规优化经济增长的真实写照。国内外的实践反复证明，加强环境政策法制工作，能够促进经济结构优化升级，推进产业布局合理有序，推动科学技术不断创新。

和谐社会是中国特色社会主义的本质属性。和谐社会既包括人与人、人与社会的和谐，也包括人与自然的和谐。随着环境成为经济社会发展的“瓶颈”制约，人与自然的矛盾日益突出，直接危及人与人、人与社会的和谐。近年来，群众的环境投诉和因环境问题引发的群体性事件以每年30%左右的速度上升。一些地方污染问题已经成为影响社会稳定的重要因素。当前，我国已经进入改革发展的关键时期，经济体制深刻变革，社会结构深刻变动，利益格局深刻调整，思想观念深刻变化。面对新形势下环境纠纷日益增多的趋势，如果不能依法及时妥善处理，个别问题就可能演变为普遍问题，局部问题就可能演变为整体问题，环境问题就可能演变为政治问题，影响社会和谐稳定。今年9月，科特迪瓦由于毒垃圾事件引发大批群众抗议和游行示威，过渡政府被迫集体辞职。这一事件再次说明正确处理环境问题的极端重要性，也为我们敲响了警钟。党的十六届六中全会《中共中央关于构建社会主义和谐社会若干重大问题的决定》提出，要完善法律制度，夯实社会和谐的法治基础。环境法制建设是社会主义法制建设的重要组成部分。加强环境法制建设，既是解决环境问题的有力武器，又是妥善处理环境纠纷、促进社会和谐的重要保障。

第二，加强环境政策法制工作，是推进历史性转变的重要保障。历史性转变是对经济发展与环境保护关系的根本性调整，是环境保护方式的根本性变化，是环保事业发展中实施的一项开创性的伟大工程。国外的经验表明，重大战略的调整、重要政策的出台、重要法规的诞生，是历史性转变启动的重要标志，也是推动历史性转变的重要力量。20 世纪 60 年代末和 70 年代初，美国以《国家环境政策法》、《清洁空气法》、《清洁水法》、《安全饮用水法》为标志，告别了唯经济发展的时代，开启了历史性转变的先河。日本 1970 年召开的 64 届国会，确立了环境优先的原则，并体现在《公害对策基本法》中，从此启动了日本环境保护的历史性变革。实践证明，从根本上调整经济发展与环境保护的关系，必须以环境政策为先导、以环境法制为保障，充分利用法律手段和经济手段，进一步加大环境管理的力度。

第三，加强环境政策法制工作，是贯彻“全面推进重点突破”总体思路的客观需要。今年 4 月召开的第六次全国环保大会，确定了当前和今后一个时期环保工作的总体思路：以科学发展观为指导，围绕《国务院关于落实科学发展观加强环境保护的决定》提出的七项重点任务，举全局之力，全面推进重点突破，下决心切实解决突出的环境问题。具体要求是：突出一个重点，办好两件大事，落实三项制度，强化四项工作，加强“五大建设”，处理好六个关系。其中，加强环境政策法制工作就是四项工作之一。这一总体思路和工作部署，在党的十六届六中全会上得到了中央的充分肯定，对环保系统是一个极大的鼓舞。当前，各级环保部门在贯彻落实这一总体思路的实践中，遇到的最突出的问题就是环境政策法制不完善。这次大调研中地方反映的七个方面 153 个问题，环境法制方面有 33 个，环境管理制度方面有 23 个，超过总数的 1/3。“全面推进重点突破”是一个不可分割的有机整体，每一个环节的加强都是对整体工作的贡献。环境政策法制工作是贯彻总体思路中的薄弱环节，加强这项工作，对于贯彻总体思路至关重要。

第四，加强环境政策法制工作，是顺应世界环境管理潮流的重要举措。20 世纪 70 年代以来，发达国家环境管理不断创新，面对严重的环境问题和公众的激烈情绪，着力强化法律手段，规范环境行为，重拳化解环境危机。进入 20 世纪 80 年代，随着企业环境守法意识的增强，提高环境保护效率、调整社会环境行为成为重要任务，环境经济政策的地位显著增强，借助经济杠杆保护环境，成为环境政策法规创新的重要方向。20 世纪 80、90 年代的新自由主义经济学取代了凯恩斯主义，赢得了思想“霸权”的强势地位，也为污染治理的市场化改革提供了广阔舞台。20 世纪 90 年代中期以来，发达国家的环境意识显著增强，企业的环境行为成为市场竞争的重要因素，与政府建立伙伴关系，自觉改进环保工作，塑造良好的环境形象，成为企业经营决策的重要选择。提高环境信息的透明度、鼓励公众更广泛的参与，成为制定和完善环境政策法规的重要选择。回顾世界环境保护 30 多年的历程，环境政策法规创新的过程，与经济社会发展和人们的环境意识同步前进。总的趋势是综合运用各种手段保护环境。工业化进程和消费结构升级加快，是我国经济发展的重要特点，发达国家上百年出现、分阶段解决的环境问题，在我国快速发展的近 30 年中集中出现。破解结构型、复合型、压缩型的环境问题，必须借鉴发达国家的成功经验。当前，从我国的实际出发，环境管理正处于严格法制的阶段，同时也需要经济手段和必要的行政手段，其中法制是基础，经济政策是先导。没有严格的法治手段，其他措施也就失去了存在的前提；没有适宜的经济政策，就难以调动群众广泛参与环境保护的积极性。综合运用各种手段保护环境，是我国环保事业快速发展的必然选择。

“十五”以来，我国环境政策法制工作取得重要进展。全国人大常委会先后制定或修订了《大气污染防治法》、《环境影响评价法》、《清洁生产促进法》、《放射性污染防治法》、《固体废物污染环境防治法》等 5 部环境法律，制定或修订了 10 多部与环境保护密切相关的重要法律。国务院制定了《排污费征收使用管理条例》、《危险废物经营许可证管理办法》、《医疗废物管理条例》、《国务院关于落实科学发展观加强环境保护的决定》等10多部行政法规和法规性文件。最高人民法院发布了《关于审理环境污染刑事案件具体应用法律若干问题的解释》，最高人民检察院发布了《关于渎职侵权犯罪案件立案标准的规定》，分别对污染环境犯罪的定罪量刑标准和环境监管失职罪的立案标准作出了明确规定，为打击环境犯罪提供了有力的法律武器。环保总局发布了《环境影响评价公众参与办法》等20多个部门规章和规范性文件，并与有关部门联合发布了《环境保护违法违纪行为处分暂行规定》等规章。组织开展了国家环境安全战略研究。配合有关部门出台了城市污水、垃圾处理收费，脱硫成本计入电价等环境经济政策，有力地促进了污染治理设施建设和运营。

地方立法更加突出地方特色，更加注重针对性和可操作性。福建、广东、吉林等地创设了查封、暂扣违法物品等行政强制手段，深圳市将违法行为的处罚金额提高到100万元，实现了环境立法的重大突破。

迄今为止，我国已经制定了9部环境保护法律、15部自然资源法律，制定颁布了环境保护行政法规50余项，部门规章和规范性文件近200件，军队环保法规和规章10余件，国家环境标准800多项，批准和签署多边国际环境条约51项，各地方人大和政府制定的地方性环境法规和地方政府规章共1600余件，初步建立了符合我国国情的环境保护法律体系。

但是，我们也清醒地看到，环境政策法制工作还很不适应环保工作的要求，主要表现为：一是经济、技术政策偏少，实用的政策偏少，政策间缺乏协调；二是现有环境法律法规偏软，可操作性不强，对违法企业的处罚额度过低，环保部门缺乏强制执行权；三是地方保护主义严重干扰环境执法，有法不依、执法不严、违法不究的现象还比较普遍，一些地方监管不力的问题还很突出；四是执法监督工作薄弱，内部监督制约措施不健全，层级监督不完善，社会监督不落实。我们必须采取更加有力的措施，努力改变这种状况。

总之，我们一定要深刻认识加强环境政策法制工作的重大意义，增强紧迫感和责任感，以对环境保护事业高度负责的精神，切实做好环境政策法制工作，推动环境保护的历史性转变。

二、突出重点，切实加强环境政策法制工作

要坚持以邓小平理论和“三个代表”重要思想为指导，全面落实科学发展观，贯彻十六届五中、六中全会精神，落实《国务院关于落实科学发展观加强环境保护的决定》和第六次全国环保大会的工作部署，以推进历史性转变为主要任务，加强环境战略和政策研究，完善环境立法，提高立法质量，加大执法力度，强化执法监督，用10年的时间，形成覆盖环境保护各个领域、门类齐全、功能完备、措施有力的环境政策法制体系，切实把环境保护纳入法制化轨道。

当前和今后一段时间，要着力抓好以下五项工作：

（一）切实加强环境立法

“盛世修法”。要抓住当前的有利时机，以提高立法质量为目标，以加大对违法行为处罚力度为突破口，以增强立法可操作性为关键，以规范政府环境责任为保障，抓紧制定修订一批当前急需的环境法律法规。

一要集中力量修改好《环境保护法》。《环境保护法》颁布已经10多年了。这些年来，我国经济社会发展日新月异，环境保护突飞猛进，《环境保护法》中的很多规定已经远远不能适应形势发展的需要。环境法是环境保护的根本大法，也是正确处理经济发展、社会进步与环境保护关系的根本大法。要通过修改环境法，将历史性转变以法律形式凝固下来，并体现在环境与发展综合决策和环境管理的各个方面；要通过修改环境法，力争突破长期困扰环境执法的“老大难”问题，特别是地方保护主义的问题；要通过修改环境法，将新兴的管理制度通过立法形式固

定下来，特别要强化体现环境与发展综合决策的宏观制度。

环境法是环境保护的生命线，要举全局之力抓好这项工作。各级环保部门的法制工作机构，要齐心协力、密切配合，组织高层次的专家学者、富有实践经验的环保工作者和执法一线的同志们，全面评估，科学论证，集思广益，拿出有水平、有分量、有说服力的论证报告，为环境法的修改工作奠定坚实基础。

二是抓紧修订现有不适应历史性转变的法律法规，重点解决“违法成本低、执法成本高、守法成本高”的突出问题，着力解决饮用水安全、饮食娱乐服务业污染扰民、城市噪声污染等严重影响群众切身利益的环境问题。同时，围绕国务院确定的环境保护工作重点，修订、完善、创新环境管理制度和措施。

三是尽快填补一些法律空白，为地方立法与执法提供法律保障。《规划环境影响评价条例（草案）》已上报国务院审查，要积极配合国务院法制办进行论证，切实将规划环评落到实处。尽快将《放射性物质运输管理条例（草案）》报国务院审查。抓紧制定《转基因生物安全法》，研究论证起草有关土壤污染、化学物质污染、臭氧层保护、畜禽养殖污染防治和环境监测等方面的法律法规。

四是要抓好环境法律法规实施的配套立法。要尽快起草法律明确授权的饮用水源环境管理条例（草案）等法规规章。要把实践中探索的一些行之有效的措施尽快制度化、规范化，尽快颁布《环境保护目标责任考核办法》。各地要结合实际，用足用好现有法规的授权，抓紧制定地方性的实施法规。

五是全面清理环境法律法规。这是环保总局法制工作机构的一项重要任务，也是环境法制建设的一项基础性工作。要本着积极、稳妥、创新、实用、简洁的原则，全面清理那些不适应历史性转变、不便于基层执法、不能有效惩治环境违法行为、可操作性差的环境法律、行政法规和部门规章，并提出“立、改、废”的建议。

（二）从国家战略层面开展环境战略和政策研究

“不谋全局者，不足以谋一域，不谋万世者，不足以谋一时”。战略研究是“谋全局”、“谋万世”的大事。纵观世界，环境保护的历史就是一部正确处理经济发展与环境保护的关系史。在工业化、城市化加速发展的进程中，更需要从国家战略的层面解决环境问题。

国务院已批准开展第一次全国污染源普查，曾培炎副总理亲自担任领导小组组长。这项工作将于2008年初开始启动，计划用3年左右的时间，准确了解全国污染物的排放情况。这是我国环境保护一项史无前例的基础性宏大工程，是我国环境管理实现腾飞的重要根基。

与此同时，我们将组织两委委员和有关科学家、专家，用两年左右的时间开展中国可持续发展环境宏观战略研究，谋划中国环境保护与可持续发展的宏伟蓝图。这是一项事关国家长远发展、事关人民根本利益、事关环境保护前途命运的宏大工程。两大工程的胜利会师，必将形成波涛汹涌的滚滚洪流，从而推动中国环保事业揭开新篇章，踏上新征程。

政策是先导。研究和制定环境政策，既要将国家的大政方针转化为环境保护的基本要求，又要将地方丰富多彩的实践活动提炼升华为国家环境政策，同时还要盯住世界环境政策的发展潮流，汲取人类保护环境的一切营养。要突破环境政策研究的传统束缚，将环境保护的要求体现在产业政策、货币政策、价格政策、财税政策、贸易政策之中，形成保护环境的宏观政策体系；要拓展环境政策的覆盖范围，将环境保护的规定从生产领域延伸到流通、分配、消费的各个环节，构建全方位保护环境的政策体系。要优化配置各种环境政策，既要研究制定环境管理政策、环境技术政策、环保产业政策，又要研究制定环境经济政策、国际环境合作政策和涉贸环境政策，形成优势互补、合理配置的环境政策体系。

加强环境经济政策研究和制定是一项重要而紧迫的任务。当前，要重点突破三方面的环境经济政策：一是制定高污染、高环境风险产品名录，并纳入出口退税、加征关税、限制或禁止进出口等政策中，遏制高污染产品的生产和贸易；二是联合金融部门制定有利于环境保护的信贷政策。我们已经与人民银行合作，将企业环境违法信息纳入企业信用系统。下一步在总结山西、辽宁、江苏等地经验的基础上，根据企业环境保护情况，实施不同的信贷政策，严格控制重污染、不守法企业的资金来源；三是与有关部门协调，推进有利于环境保护的生态补偿、工商登记、土地使用以及绿色消费等政策的制定。

（三）进一步加大环境执法力度

古人云："法令行则国治，法令弛则国乱。"严格执法，是难度最大，也是最有效的环境保护手段，必须贯穿环境管理工作的全过程。

一是严格执行各项环境管理法律制度，切实强化现场环境执法检查。重点查处不执行环境影响评价、违反"三同时"制度、不正常运转治污设施、超标排污等污染环境的违法行为，重点查处在自然保护区内违法开发、开展旅游、违规采矿等破坏生态的违法行为。加大对饮用水源保护区和各类工业开发区的环境监管力度。

二是依法处罚各类环境违法行为。对未履行环评审批程序擅自开工建设或擅自投产的，要依法责令停建停产，补办环评手续，并严肃追究有关人员的责任；对不能稳定达标或超总量排污的单位，要依法实行限期治理，治理期间必须限产、限排，决不允许建设增加排污总量的项目；对逾期未完成治理任务的，必须实行停产整治；对偷排、漏排、超标排污的，要依法严肃惩处。

三是提高执法质量，加强基础工作。环境行政许可、审批、收费、处罚等具体执法行为，必须做到事实查证清楚、证据调查确凿、法律适用准确、程序运用适当，做到严格执法、依法执法和文明执法，切实提高执法效能。要加快推进排污口规范化整治和污染源在线监测，建立企业环境行为信息库，推行执法案卷、执法文书规范化，加强环境法制信息、统计工作，努力做到科学执法。

（四）全面强化环境法律监督

不受监督的权力，必定是被滥用的权力。要从三个方面加强环境法律监督：

一是强化机关内部监督。要建立执法依据公开、职责明确、时限严格、分工合理、相互制约、照章办事、严格要求的工作格局，确保执法人员严格遵守法定的现场检查、行政处罚、行政许可、行政强制等执法监督程序，保证公民、法人的合法权益。建立和实施环境执法责任制和过错追究制度，将行政执法权力与执法责任有机结合，完善环保系统内部的督查机制，对执法不作为、乱作为的，要及时自查自纠，主动改正错误，对拒不改正的，要严肃处理，树立良好形象。

二是加强环保系统行政复议工作。行政复议是解决行政争议、化解社会矛盾的重要法律制度和法定程序，涵盖了利益协调机制、诉求表达机制、矛盾调处机制、权益保障机制等方面的内容，是加快建设法治政府、构建和谐社会的重要环节。要坚持"以人为本、复议为民"，坚决维护人民群众的合法权益。要建章立制，完善行政复议的具体制度和程序，使环境行政复议工作有法可依；要建立行政复议与信访的衔接和协作机制，进一步畅通行政争议的解决渠道；要改革行政复议的审查方式，深入实地调查、广泛听取意见，积极探索协调结案，为老百姓解决实际问题；要建立复议建议制度，对复议审查中发现的下级环保部门存在的问题，要有针对性地提出复议建议，督促其依法行政。要通过行政复议引导人民群众以理性合法的方式表达环境利益诉求，把解决环境纠纷的过程作为环境法制教育的过程，努力做到"办结一案，教育一片"。

三是重视人大、政协和社会监督。重视人大代表、政协委员建议、提案、议案的办理工作，自觉接受监督；加强政府环保信息公开，定期公布执法结果；完善行政许可、处罚和其他重大事项的听证制度；推动建立环境民事和公诉制度；完善群众举报违法行为制度和新闻舆论监督制度。

（五）深入开展环境普法教育

普法工作既是提高法制工作水平的重要环节，也是提高全社会法制意识的当务之急。从中央“五五”普法阶段开始，要切实把环境保护法律法规宣传纳入整个社会普法宣传体系，进一步提高全民环境法制意识。

一是积极争取宣传、司法等部门的支持，把环保法宣传纳入普法教育的年度实施计划，做到年年有内容、年年有重点、年年有进展；二是依靠党校、行政学院加强各级领导干部的环境法制宣传教育，提高领导干部的法治意识；三是有计划地组织开展重点企事业单位法人和管理者的法制培训，提高其守法自觉性；四是运用各种媒体开展形式多样的法制宣传活动，将环境法律及相关知识送到机关，送到企业，送到农村，送到社区，形成浓厚的环境法治的社会氛围；五是切实加强环保系统干部职工的法制宣传教育工作，进一步提高依法行政能力和水平。建立环保系统执法人员法制培训和持证上岗制度，国家和省市环保部门对有关行政管理人员进行法制培训和考核，取得统一执法证，获得上岗资质。

三、加强领导，努力开创环境政策法制工作新局面

温家宝总理指出：“要使环保政策和执行力像钢铁一样坚硬，而不是像豆腐一样软弱。”这充分体现了党中央、国务院对环境政策法制工作的殷切希望。各级环保部门要不断强化依法行政意识，把政策法制工作摆上更加重要的战略地位，全面履行法律法规赋予环保部门的神圣职责。

（一）切实加强对环境政策法制工作的领导

环境政策法制工作涉及面广、综合性强、社会影响大，各级环保部门的领导班子特别是主要负责人必须高度重视、身体力行，带头做学法、守法、用法的模范。要及时听取工作汇报，帮助解决实际困难，特别是机构、人员、经费方面的困难，为政策法制工作创造良好条件。在作出重大决策、处理重大案件或者实施重大执法行为前，要充分听取法制部门和法律专家的意见，真正做到科学决策、民主决策、依法决策。

（二）加强政策法制工作能力建设

能力建设是做好政策法制工作的重要基础。要以强化法制机构为重点，抓好四个方面的工作：一是明确环保部门法制工作机构的定位和职责。要发挥法制工作机构在依法行政方面的骨干、参谋和助手作用；二是建立和完善机构。各级环保部门要建立独立的法制工作机构，配备事业心强、业务精通、善于运用法律手段解决问题的专业人员。要主动向当地党政领导和有关部门汇报，争取支持，尽早解决机构和人员问题；三是加强政策法制工作人员的培训。总局将对西部地区的政策法制干部培训给予支持，各省、自治区、直辖市也要积极创造条件，支持基层法制人员培训，提高他们的业务水平；四是增加投入。环境政策法制工作技术性强、工作要求高、资金需求大。各级环保部门要舍得在政策法制工作上花钱，在资源配置上给予必要的倾斜，确保把政策研究和环境立法工作做深做透。

（三）转变工作作风

作风问题事关人心向背、事业成败。要牢固树立科学决策、民主决策的意识，在拟定政策法规的过程中，要从转变政府职能、保护公民合法权益、解决实际问题、提高行政效率的大局出发，克服部门利益、局部利益、眼前利益，深入基层，充分听取一线执法人员的意见，听取管理相对人的意见，听取公众特别是利害关系人的意见，听取专业技术人员和专家的意见，从程序上切实保证环境决策的民主性、科学性。要牢固树立严格执法的程序意识，在具体实施环境行政审批、行政处罚、行政收费、行政强制、行政复议等行政行为时，要严格执行法定程序、法定文书格式、法定时限要求，绝不能疏忽大意、草率行事，更不能随心所欲、超越程序办事，坚决杜绝程序违法的问题发生，避免环境监督管理处于被动局面。要牢固树立有错必究的监督意识，对违法的行政行为坚决撤销，对不合理不适当的行政行为坚决变更，充分发挥行政复议层级监督的作用，将环境行政争议解决在环保系统内部，促进

依法行政。

（四）加强环境政策法制的科学研究

要深入开展基础性研究，加强政策法律的基本理论研究和前瞻性研究，加强重大政策和法律法规执行成本和效益研究；要积极开展应用性研究，对党委和政府领导批示的、列入人大和政府立法工作计划的、环保实际工作迫切需要的立法和政策研究项目，要开展专题研究，做到早出成果、快出成果、出好成果；要开展国际环境政策法律研究，及时跟踪国际先进经验和做法；要抓紧建立环境政策法规研究成果的信息库，充分利用各方面的资源提高研究水平。

明年的环保工作有三个重点：一是以解决危害人民群众健康和影响可持续发展的问题为重点，着力解决一批突出的环境问题。这是党的十六届六中全会为我们确定的任务。二是深入开展“加强地方环保工作年”活动。主要是推动市县两级环保部门将环保工作部署落到实处。国家和省两级环保部门要齐心协力支持基层环保部门加强自身能力建设；环保总局带头解决“文山会海”问题，减少各种评比检查，让基层环保部门集中精力抓好重点工作的落实。三是加强思想、组织、作风、业务和制度“五大建设”，全面提升机关干部职工推进历史性转变的能力和水平。政策法制工作要紧紧围绕上述三个重点安排好明年的工作。

同志们，“骐骥之跼躅，不如驽马之安步”。环境政策法制工作者肩负着推进历史性转变的重任，我们一定要以对事业高度负责的态度，以饱满的工作热情和无私的奉献精神，投身到历史性转变的伟大洪流中，不断完善环境政策，健全环境法制，为推动环境保护事业发展作出更大的贡献！

谢谢大家！

落实科学发展观的又一重要举措

——国家环保总局副局长祝光耀在《环境保护违法违纪行为处分暂行规定》新闻发布会上的讲话

（2006年2月22日）

《环境保护违法违纪行为处分暂行规定》发布实施，是促进我国环境保护和落实科学发展观的又一重要举措。

一、充分认识“暂行规定”的重大意义

“暂行规定”是落实科学发展观，建设资源节约型、环境友好型社会的有力保障。经过多年努力，我国环境保护工作取得了积极进展。但是发达国家上百年工业化过程中分阶段出现的环境问题，集中反映在我国20多年来的发展历程中，结构型、复合型、压缩型的污染特征十分明显。未来15年，我国人口将继续增加，经济总量将再翻两番，如果按照现在的资源消耗和污染控制水平，我国环境污染负荷将增加4～5倍。面临如此严峻的环境形势，要落实科学发展观，实现“十六大”确定的全面建设小康社会的宏伟目标，必须切实把环境保护摆上更加重要的战略位置，痛下决心解决好环境保护过程中有法不依、有纪不依的问题。“暂行规定”的发布实施，就是从追究违法违纪责任的角度，促使各级政府、部门及有关公职人员认真执行国家环境保护的法律法规，促进各项环境保护法律法规的进一步贯彻执行，为全面落实科学发展观、坚持可持续发展方针、实现小康社会的宏伟目标，提供了有力的法制保障。

“暂行规定”是严肃法纪、强化环境执法的锐利武器。近年来，随着经济快速增长和对资源开

发利用强度的加大，许多地方重经济发展、轻环境保护的现象时有发生，执法不严、违法不究的问题仍然突出，已经严重影响到环境保护工作的开展。党中央、国务院对此十分重视，强调要依法加强环境保护监督管理，严厉惩处环境行政不作为和乱作为的行为。2005 年中纪委五次全会对严肃查处环境违法行为作出部署，并要求尽快建立环境行政责任追究制。前不久国务院颁布的《关于落实科学发展观加强环境保护的决定》又明确提出，要建立问责制，切实解决地方保护主义干扰环境执法的问题，对严重干扰正常环境执法的领导干部和公职人员，要依法追究责任。“暂行规定”的发布实施，将成为强化环境执法的一个转折点，对于扭转当前有法不依、执法不严、违法不究的被动局面，保证各项环境保护法律法规的贯彻执行，具有积极的促进作用，是严肃法纪、打击环境违法违纪行为的锐利武器。

“暂行规定”是规范环境执法行为、推进环境保护依法行政的重大举措。按照中央加强对执法活动的监督，推进依法行政的基本要求，“暂行规定”明确规定，国家行政机关及其工作人员不按照法定条件、违反法定程序实施环境审批、许可、处罚或者行政强制措施的，发生重大环境污染、生态破坏事故后不按规定报告，或者在报告中弄虚作假，或者不依法采取必要措施，拖延、推诿，致使事故扩大或延误事故处理的，对依法应当移送有关机关处理的环境违法违纪案件而不移送，致使违法违纪人员逃脱处分、行政处罚或者刑事处理的，以及其他违反环境保护法律法规行为的，对其直接主管人员和其他直接责任人员都分别作出了明确的处分规定。这是落实依法行政实施纲要基本要求的具体措施，特别是对环境监督管理部门进一步完善环境执法程序，规范执法行为，建立和推行行政执法责任制，督促环境执法工作人员依法依规行使监管权力、履行监管职责、全面提高依法行政水平具有重要的推进作用，是环境保护工作依法行政的一项重大举措。

二、深入学习、广泛宣传，准确把握其精神实质

“暂行规定”是追究环境违法违纪责任的一部重要规章。要贯彻执行好“暂行规定”，首先要学习好、领会好“暂行规定”。各级国家行政机关及其工作人员、企业负责人都要深入学习、准确理解、全面把握其精神实质。环保部门是贯彻实施环境保护法律法规的主要部门，承担着重要的环境监督管理职责。因此，各级环保部门一定要站在依法行政的高度，联合监察部门，认真做好对“暂行规定”的学习培训和宣传教育工作。

一是抓学习培训。各级环保部门要把学习“暂行规定”列入本部门的学法计划，积极开展多种形式的学习活动。国家环保总局计划今年内将重点培训 3000 多名现场执法监察人员。各级环保部门在今年各类培训活动中都应安排“暂行规定”的宣讲学习内容，分级抓好培训工作。尤其是领导干部要带头学习、带头宣讲，在全国掀起新一轮学法、懂法、守法、用法、严格依法办事的热潮。要结合“暂行规定”的学习，系统了解相关的环境保护法律、法规、规章和标准，全面掌握环境保护法律法规的主要规定并领会其精神实质，做到准确理解、举一反三、融会贯通、正确执行。

各级环保部门要联合监察部门有组织、有计划地开展专门培训工作。培训的重点是负有环保行政监督管理职责的工作人员，包括环境影响评价审批和“三同时”验收人员、各项环境保护许可证件审批核发人员、排污收费监督管理人员、现场监督检查人员、污染事故应急人员以及环保行政处罚人员等。培训工作应分层推进、逐级展开。监察部、国家环保总局负责培训省一级的执法人员，各省、自治区、直辖市监察、环保部门负责培训市一级的执法人员，地级市监察、环保部门负责培训县一级的执法人员。通过逐级培训，使环境执法人员熟练掌握和运用“暂行规定”和其他环境保护法律法规，全面提升环保依法行政的能力和水平。

二是抓宣传推动。“暂行规定”涉及国家行政机关及其工作人员、企业中由国家行政机关任命的人员。各级环保部门要联合监察等有关部门，面向社会，充分利用报纸、杂志、电视、电台、网络等媒体，通过专题讲座、研讨等多种形式，大力宣传“暂行规定”，使社会各界及时知晓发布实施“暂行规定”的重要意义，了解“暂行规定”的主要精神，为推动“暂行规定”的贯彻执行打下良好的社会基础；要使所有依法具有环境管理职权的部门、单位，包括各级政府和相关部门，及时了解并正确理解“暂行规定”的主要内容和要求，自觉带头学法、知法、守法；要使广大人民群众了解和掌握“暂行规定”的基本内容，以这一“暂行规定”为武器，为人人关心环境执法、监督环境执法、检举环境违法违纪行为、推动严格执法打下群众基础。

三是抓典型教育。要以“暂行规定”发布施行为契机，结合贯彻落实《国务院关于落实科学发展观加强环境保护的决定》，近期国家环保总局将与监察部联合查处一批环境保护违法违纪典型案件，严肃追究违法违纪人员的责任，并通过新闻媒体在全社会曝光，教育广大干部群众，特别是环境监管人员规范执法、严格执法，充分发挥“暂行规定”的威慑作用，树立“暂行规定”的权威。地方各级环保部门要联合监察部门，按照国家环保总局和监察部的联合部署，严肃查处环境保护的违法违纪行为，并结合环境执法实际，及时开展警示教育。要精选一批典型案例，深入剖析，以案说法，以案学法，以案普法，从典型案例中汲取教训、总结经验，利用身边的事，教育周边的人，做到“查处一案，教育一片”，教育和指导环境执法人员依法履行监督管理职责，并善于利用法律武器克服不当干预。

三、加强组织领导，密切协调配合，切实抓紧抓好“暂行规定”的贯彻落实

第一，要明确责任，搞好协调配合。按照相关法律规定，地方人民政府和有关部门对本行政区域和本部门的环保工作负责。各级政府领导、各有关部门和企业的负责人，对“暂行规定”的贯彻落实负有直接的责任。国家行政机关及其工作人员及相关领域的公职人员，都必须站在党和国家大局的高度，以对党和人民负责的态度，切实把“暂行规定”贯彻好、执行好。各级环保部门要把贯彻执行“暂行规定”作为环境执法的一项重要工作，积极协调，主动配合，充分发挥各部门的职能作用，在当地党委、政府领导下，和监察部门一起，坚决纠正当前环境执法中存在的有法不依、执法不严、违法不究等问题。

第二，要狠抓大案要案的查处。执行“暂行规定”要先从大案要案的查处抓起。各级环保部门要主动加强与监察部门和其他有关部门的协调配合，严肃查处各种环境违法违纪行为。前不久，国家环保总局已向社会曝光了10个违反环境影响评价和“三同时”制度、污染治理设施未建成或未经依法验收即投入生产的建设项目，对11家存在严重环境安全隐患和污染严重的企业实施挂牌督办。今天新闻发布会后，环保总局、监察部近期将再次通报一批挂牌督办案件，并由监察部、国家环保总局直接联合督办。结合各地实际，从现在开始，各级环保部门都要配合当地监察机关对本行政区内的典型案件进行一次全面清理，挂牌督办，按“暂行规定”严肃查处，推动一批老大难问题的解决。

第三，结合环保专项行动，切实抓好“暂行规定”的组织实施。今年全国将继续开展打击违法排污企业、保障群众健康的环保专项行动。对专项行动中发现的违反环境保护法律法规的错误政策、措施拒不纠正的，在处理环境违法案件时瞒案不报、压案不办、处理不力的和玩忽职守充当违法排污企业保护伞、损害群众环境权益的责任单位及责任人，以及企业违法排污等违反环境保护法律法规的行为，不论涉及到什么单位、什么部门、什么人，都要一查到底、决不姑息，在环保专项行动中抓好“暂行规定”的贯彻执行。

第四，进一步规范和完善有关环境管理制度和执法程序。“暂行规定”为环境保护依法行政提

供了依据，同时也对环境管理提出了新的要求。为确保“暂行规定”的全面贯彻执行，必须规范完善有关环境管理制度和执法程序，尤其是环境保护规范性文件备案、重大环境执法行为听证、突发环境事件报告、环境执法文书备案等制度，以及环境保护审批许可、环境行政收费、环境行政处罚及现场监督检查等程序，要进一步规范、完善。通过强化制度建设，为“暂行规定”贯彻执行打好基础，预防和纠正环境执法中的不作为、乱作为和不当执法行为，维护国家环境利益和人民群众的环境权益，维护国家环境安全。

在贯彻实施“暂行规定”过程中，国家环保总局将继续与监察部及其他有关部门一起，共同做好环境保护工作，促进我国可持续发展。让我们在以胡锦涛为总书记的党中央领导下，努力贯彻“三个代表”重要思想，认真履行环境保护监督管理职责，依法行政，严格执法，努力使我国环境保护工作取得新的、更大的进展。

加大工作力度为全面实现第一阶段履约目标而努力奋斗

国家环保总局副局长　祝光耀

（2006年9月18日）

今天上午，我们隆重召开了国际臭氧日纪念大会，回顾了中国15年来履行蒙特利尔议定书所取得的进展和成果，总结交流了“创建臭氧友好省市”活动经验，表彰了先进，安排部署了下一阶段工作。从现在起，我们已进入第一阶段淘汰ODS的攻坚阶段，各级环保部门如何加强领导，克服困难，消除风险，努力做好各项淘汰工作，兑现中国政府对国际社会的承诺，下面我再谈几点意见：

一、充分认识实现国家履约目标的重要性

（一）保护臭氧层，履行国际公约，是环保部门义不容辞的责任。履行国际环境公约是中国政府做出的庄重承诺，如有闪失，将直接影响到中国的外交形象和国家的国际形象。因此，我们必须担负起保护臭氧层事业的历史责任和国际义务。其次，中国在履行蒙特利尔议定书过程中处于特殊地位。中国ODS生产量和消费量占发展中国家的60%，中国履约的成败对整个公约的履行至关重要，备受国际社会关注。

（二）保护臭氧层，履行国际公约，是落实国务院《关于落实科学发展观加强环境保护的决定》的必然要求，也是落实“十一五”规划《纲要》的具体体现。《决定》明确指出，要抓紧拟订关于臭氧层保护方面的法律法规，加快消耗臭氧层物质的淘汰进程。履行蒙特利尔议定书，加强国际合作与交流，引进国外先进技术和资金，是落实“十一五”环保规划《纲要》和国务院《决定》的具体行动和实际需要。

（三）履行国际公约，全面淘汰消耗臭氧层物质符合加快推动环境保护“三个历史性转变”的基本要求。在今年4月召开的第六次全国环保大会上，温家宝总理提出，做好新形势下的环保工作，要加快实现“三个转变”。全面履行国际环境公约相对于国内环境保护工作而言具有一定的超前性，符合经济发展与环境保护并重和同步，在保护环境中求发展的基本要求。十几年的履约实践表明，在国家淘汰ODS行动的统一部署实施下，国内许多企业放弃了原有落后的生产工艺或技术路线，进行了新技术改造，加快了产业结构调整的步伐，在冰箱、汽车空调等行业实现了跳跃式发展，缩短了与发达国家在技术方面的差距。

（四）履行国际环境公约，保护臭氧层，是人与自然和谐，构建和谐社会、和谐世界的必然要求。保护臭氧层就是保护人类共同家园——地球。随着人民生活水平的提高，老百姓的环境意识越来越强，对环境质量的要求越来越高。保护臭氧层是与人们的身体健康密切相关的环境问题。保护臭氧层既符合中华民族的自身利益，也符合人类的共同利益；是对全球可持续发展的重大贡献，也是以环境友好促进社会和谐、世界和谐的具体

行动。

二、充分认识完成国家履约任务的艰巨性

经过十几年的努力，我国ODS淘汰工作取得重要进展，但是要全面履约，目前的环境监管能力、队伍状况等还存在诸多的不适应。主要表现在：

（一）法规制度不全

目前，尚无国家层次的操作性强的保护臭氧层法律法规保障。保护臭氧层工作开展十几年来，我国发布近百条部门规章，但这些规章法律层次较低，处罚力度不强，不足以对破坏臭氧层的环境犯罪行为产生震慑作用，环保部门在执法工作中的性质、地位、作用、职责、分工等缺乏明确的法律规定，环境执法职责、程序等尚无法规条例上的界定。

（二）职能部门能力不强

环境执法队伍、人员素质、技术水平和装备等综合能力严重缺乏，环境执法监管支撑能力不足以全面履行国际公约所要求的综合监督管理职责。业务能力、人员素质和执法水平等方面的欠缺制约了履约所需要的环境管理执法水平的提升。

（三）经费保障不足

长期以来，环保系统环境执法监管的经费保障方式和程度存在很大差异，财政全额拨款、财政差额补助、自收自支等多种模式并存，总体上存在经费渠道不畅、业务经费短缺等问题，导致环境执法队伍难以全面开展执法活动，存在有法难依、执法不严的现象，直接影响到保护臭氧层执法的效能和权威性。

三、加大工作力度，切实组织好第一阶段履约攻关

（一）加强组织领导

淘汰ODS是我国政府对国际社会的承诺，也是各级政府和主管部门的职责。必须树立“早淘汰早主动，迟淘汰就被动，不淘汰负有法律责任”的强烈责任意识。各省要尽快成立由政府牵头、各相关部门参加的保护臭氧层领导组织协调机构，切实加强对保护臭氧层工作的统一指导。环保部门要发挥协调作用，推动当地政府和综合部门制定并发布ODS淘汰的有关政策、法规和制度，包括有关生产、消费和销售的禁令，维修回收管理政策；在项目建设中不使用CFCS和哈龙，政府采购中不采购含CFCS的产品和生产过程中使用了CFCS的产品等。要将涉及ODS淘汰工作的各行政部门充分动员起来，形成联动机制，将工作目标层层分解，逐级细化，淘汰责任要落实到单位、落实到人。

（二）抓好宣传动员

公众广泛参与和支持是做好履约工作的重要前提，各地要利用多种媒体加大ODS淘汰的宣传力度。要充分发挥广大群众关心环境、珍惜环境、保护环境的积极性、主动性，引导和组织群众广泛参与ODS淘汰的监督举报，增长对推广使用不含消耗臭氧层物质环保产品的知识，积极开展环保公益活动，自觉培养健康文明的消费方式，将保护环境的热情转化为保护环境的实际行动。

（三）制定完善工作方案

要深入开展CFCS和哈龙生产、销售和消费的调查工作，在摸清底数的基础上，结合各地实际情况，抓住重点区域、重点行业、重点企业和重点市场，排查生产、使用CFCS和哈龙的场所，并建立完备的信息系统。在此基础上，制定淘汰工作方案，分区域、分行业制定淘汰的具体时间表，明确淘汰措施，并与各重点单位签订淘汰目标责任书。

（四）严格执法监督

各地要充分发挥环境监察队伍的作用，在规定的淘汰时限内，要针对重点行业、企业开展检查和重点抽查，推动使用ODS的企业限期整改，并做好行业的后续监督工作。各地环保部门要联合工商行政管理部门，针对市场流通环节开展检查；联合交通管理部门和相关行业协会对制冷维修行业ODS消费状况开展检查。要切实加大对ODS非法行为的打击力度，对屡查屡犯，顶风作案者，必须重拳出击，决不手软。

（五）加强长效工作机制建设

履行国际环境公约不是一朝一夕的工作，结合环保工作实际，各地应探索并建立淘汰消耗臭氧层物质的长效管理机制。通过ISO14000环境管理体系认证、产业政策制定、深化环境影响评价等措施，有效避免ODS生产和消费的回潮。通过建立必要用途的ODS申报登记、销售记录和消费备案登记制度，防止ODS从必要用途到一般用途的流失。建立CFCS和哈龙的回收体系，有效减少ODS的排放。

淘汰消耗臭氧层物质、履行国际公约，对各地来说是一项比较新的工作，总局将在以下方面给予力所能及的支持：一是培训。利用总局履约办公室业已建立起来的培训能力和手段，为各地提供国际公约基本知识、ODS淘汰法规等方面的培训工作。二是资金支持。总局履约办将充分利用议定书淘汰ODS项目的节余资金，协商有关国际执行机构，在资金允许的范围内，给予各地资金支持。

历史经验表明，环保队伍是一支能打恶仗、善打恶仗的队伍。全面淘汰CFCS和哈龙，时间紧、任务重。希望环保部门统一认识，以科学发展观为指导，以全面贯彻落实国务院《决定》为动力，抓住机遇，创新工作机制，扎实工作，为实现明年的履约目标共同努力，作出新的贡献！

（本文为作者9月15日在第十二个国际臭氧日纪念大会上的讲话）

国家环境保护总局副局长祝光耀在中国论坛开幕式上的致辞

（2006年10月18日）

尊敬的各位贵宾，女士们、先生们：

下午好！

十月的北京，秋高气爽，景色怡人。在这美好的时节，保护海洋环境防止陆源污染中国论坛隆重开幕。首先，请允许我代表国家环保总局，向各位来宾表示热烈的欢迎，向多年来热忱关心、支持中国海洋环境保护事业发展的各位同仁、各位朋友表示衷心的感谢！

值此保护海洋环境防止陆源污染第二届政府间审查会召开之际，中国国家环保总局在这里举办中国论坛，报告和展示中国各部门和地方人民政府在海洋环境保护方面所做的工作和取得的成效，交流各自在保护海洋环境免受陆源污染工作方面的经验。同时，联合国环境署、有关区域海组织也将介绍保护海洋环境的成功经验。本次论坛为国内外关心和从事海洋环境保护事业的人士提供了一个交流平台，对促进我国的海洋环境保护工作，推进“保护海洋环境免受陆源污染全球行动计划”的实施和国际交流有着重要意义。

中国是个海洋大国，海域辽阔，拥有18000多公里的大陆岸线和6500多个沿海岛屿，海岸带长、海洋资源丰富。中国沿海地区人口最为集中，经济最为发达，海岸带和海洋环境保护压力也最大。保护中国海洋环境免受陆上活动的影响，促进沿海地区经济社会的可持续发展是中国政府的一项重要任务，也是对国际海洋环境保护事业的贡献。

中国在保护海洋环境免受陆源污染方面进行了积极探索，做了大量工作：坚持陆海兼顾和河海统筹的原则，先后制定了《渤海碧海行动计划》、《辽河水污染防治计划》、《海河水污染防治计划》、《淮河水污染防治计划》等，将河流污染防治和海域污染防治结合起来；制定了《中国生物多样性保护行动计划》和《全国生态环境保护纲要》，加强陆地生态系统保护，加强海岸带及海洋生态系统保护；积极推进经济增长方式转变，大力发展循环经济、推行清洁生产，加强工业污染防治。在城市污水处理方面，推动城市污水处理厂建设，提高城市污水处理率。同时，不断完善环保法律、法规、制度建设，严格环保依法行政。

作为国际社会一员，中国在致力于保护本国

沿海和海洋环境的同时，积极参与海洋环境保护的国际合作，认真履行所承担的国际义务，努力推进国际海洋环境保护事业发展。所有这些，充分反映了中国政府和人民保护全球海洋环境的诚意和决心。

海洋是人类共同拥有的财富，保护海洋环境是全球共同的责任。希望今天的论坛，大家能围绕主题，畅所欲言，深入交流，为共同保护全球海洋环境出谋划策，共创海洋环境的美好未来。

最后，预祝论坛取得圆满成功！

谢谢大家！

祝光耀副局长在首届“环保发展　青年”论坛上的讲话

（2006 年 12 月 1 日）

青年朋友们，同志们：

今天，我们欢聚一堂，这里处处洋溢着青春的光彩。

刚才观看了各团队的表演和演讲，感触很深，也获得了很多启迪。大家以“体验基层　感悟环保”为主题，讲述对基层环保工作的认识，感悟环保工作的内涵和价值，思考环保青年的角色与责任，充分展示了我局直属机关青年的较高素质和靓丽风采。这次活动是我局建局以来格局最完整、参与面最广的一次青年活动，也是直属机关团委积极推动思想作风整顿工作的深入开展，主动配合总局专题调研工作的重要举措和认真贯彻落实总局党组《关于加强年轻干部培养锻炼的意见》的实际行动，充分体现了我局直属机关青年的蓬勃朝气和青年工作的创造力。这里，我代表总局党组，代表周生贤局长，也代表我们总局直属机关青年工作领导小组的全体同志，对本届论坛的成功举办，对获奖的青年团队、青年同志，表示热烈的祝贺！

过去的一年，是我国环保事业蓬勃发展的一年，也是广大环保青年勤奋工作、再创佳绩的一年。青年同志们在这不平凡的一年中，学习成才，刻苦工作，勇于奉献，在各自的岗位上承担了大量、繁重的日常工作，完成了多项重大的工作任务，成为一支最活跃的力量，发挥了生力军的作用，做出了不可替代的贡献。需要特别强调的是，总局直属机关团委团结带领各级共青团和青年组织，在工作基础薄弱、人员匮乏的情况下，结合我局青年工作的特点，围绕环保中心工作，拓宽思路，锐意进取，开展了形式多样、内容丰富的主题实践活动，发挥了共青团的突击队作用和联系广大青年的桥梁作用，产生了广泛影响。在此，我代表总局党组，代表周生贤局长，向广大青年和团干部表示衷心的感谢和亲切的慰问！也借此机会，向关心和支持我局青年工作的团中央王立健副部长、中央国家机关团工委刘涛书记表示感谢！

目前，我国环保事业已进入新的历史性转折时期。新阶段、新形势、新任务，为环保青年施展才华、建功立业提供了广阔的舞台，也提出了更高的要求。青年环保工作者肩负着新的使命，我们的环保事业也寄希望于全局、全系统以及全国的广大青年同志。在此，我提四点希望，与青年朋友们共勉。

一、知荣明耻，以德为先。要做事，先做人。树立正确的荣辱观，培养高尚的道德情操，对于青年的成长至关重要。一个人能否获得成功，不仅取决于智力因素，也取决于非智力因素。坚韧不拔的意志品格，高尚的道德品质，崇高的精神追求，这些都是成功的基础。青年人要有不怕挫折的勇气和克服困难的信心，自立自强，乐观进取；要充分认识自己肩负的历史责任，坚定理想信念，树立和落实科学发展观，不断探索，勇于实践；要自觉实践社会主义荣辱观，率先垂范，勿以恶小而为之，勿以善小而不为。从我做起，从小事做起，多做当荣之事，不为有辱之行。青年人一定要注重个人修养，淡泊名利，清清白白做事，堂堂正正做人。

二、发愤学习，开拓创新。未来属于青年，

更属于有知识的青年。青年要把理想变为现实，把希望化作辉煌，就需要掌握过硬的本领。古今中外，一切有作为、有成就的人，无不得益于勤奋学习；当今世界，科技进步日新月异，知识更新不断加快，学习就显得尤为重要和紧迫。青年正处在学习的关键时期，也是思维最活跃、求新愿望最强烈的群体。广大青年一定要珍惜大好时光，紧跟时代步伐，发愤学习、刻苦钻研，培养科学精神，打牢人生成长进步的根基；要不断增强创新意识，开掘创新潜能，迎难而上，敢为人先，勇于超越，始终保持锐意进取的精神状态；要树立终身学习的观念，不断完善知识结构，增长胆识和才干，努力把自己培养成为复合型、创新型青年。

三、立足本职，甘于奉献。胡锦涛同志指出："奉献是崇高的精神境界，是美好的人生追求，也是成就事业的前提。只有立志为国家、为民族、为人民奉献智慧力量，才能创造亮丽的青春年华。"立身于大有可为的时代，环保青年一定要认清形势，抓住机遇，把个人的理想追求与国家的前途命运紧紧联系在一起，自觉服务祖国，无私奉献社会；要有建功立业的豪情壮志，艰苦奋斗，不懈进取，投身实践，努力在平凡的岗位上创造出不平凡的业绩。

四、展现活力，激扬青春。青年时期应该是活力四射、青春飞扬的时期，青年人的生活应该是丰富多彩、富有创意的生活。青春对于每个人来讲只有一次，大家应珍惜大好年华，努力让生活色彩绚烂，让青春无怨无悔。一是要充满自信。注意培养良好的心理素质，敢于肯定自己、信任自己、表现自己；二是要常存感激之情。无论是对父母、对师长、对朋友，还是对工作和生活环境，我们都应心存感激，要以诚处事，以信待人，少一些抱怨、隔阂，多一份友善、宽容；三是要热情关心困难群众，关注弱势群体，更好地承担起自己的职业角色和社会责任；四是要精心编织生活。要科学、合理地安排工作和生活，丰富生活方式，充实生活内容，展现健康、多彩的生活追求。

青年代表着希望，代表着未来。我们党始终高度重视青年成长和青年工作，视为关系国家发展、民族振兴的伟业。总局党组对青年工作也十分重视，今后将一如既往地关心青年成长、支持青年工作。总局青年工作领导小组全体成员、直属机关各级党组织和党政领导干部要站在环保事业薪火相传、后继有人的战略高度，增强做好青年工作的责任感和使命感，要认真总结先进性教育和思想作风整顿中的成功做法和经验，切实加强对青年工作的领导，关心青年同志的成长，重视青年干部的培养，努力营造青年成长成才的良好环境，形成人尽其才、人才辈出的良好局面，为环保事业的发展提供人才保证。

青年同志们，新的一年即将到来，希望你们志高存远，脚踏实地，自我加压，甘于奉献，在推进明年环保三项重点工作中当好模范，在"创建和谐机关（单位），争当人民满意公务员（工作人员）"活动中做好表率，为落实科学发展观，在推进资源节约型和环境友好型社会建设中做出应有的贡献；也希望各单位团员青年工作在各级党组织的具体领导下，百尺竿头，更上一层楼。

谢谢大家！

经济发展与环境保护

国家环保总局副局长　潘　岳

（2006 年 12 月 20 日）

中国环境问题已经不是单纯的环境和经济的关系，实际上已经上升为政治、社会、文化问题。但我今天只讲环境和经济的关系。

中国改革开放以来创造了许多奇迹，创造了许多世界第一。一方面，经济增速第一、外汇储备第一、外国直接投资引入第一、主要工业品产量第一；与此同时，中国是建材消费第一、能源消耗第一、空气污染物排放第一、水污染物排放第一。江河水系 70%受到污染，流经城市 90%以上的河段严重污染，城市垃圾处理率不足20%，农村有1.5亿吨垃圾露天存放，3亿多农民喝不到干净的水，4亿多城市居民呼吸不到新鲜空气。

中国实在没有能力和办法向外国转移生态和环境成本。燃烧自己与进口的能源以后，只能把污染留在自己的土地上，当然也留下了GDP。现在的GDP有很大一部分是环境资源成本。我是绿色GDP课题小组组长，“绿色”包含了矿产、森林、土地、水、动物五大自然资源耗减成本及污染损失、生态破坏两大环境退化成本，一共是7项。基于现有技术力量，我们只能算其中一项，就是环境污染损失，即使在这一项中，我们也只算出了一半多，而地下水污染、土壤污染都没有算进去，仅仅这一点已占2004年GDP的3.05%。今年年底我们将公布2005年的污染成本，还会把其他项类尽可能多算些。至今年年底，污染成本比例没有降下来，反而反弹。“十五”计划中的GDP指标都超额完成，但环保指标没有完成，这并不是一件奇怪的事，因为拉动中国GDP增长的几乎都是高耗能高污染产业。例如中国的大气污染，90%以上来自于重化工业，其中70%的空气污染来源于火电，火电投资每年以50%的速度递增。这当然会拉动煤炭需求，今年是24亿吨，2010年可能是30亿吨，这将导致产生大量二氧化硫。脱硫政策已经出台，但如今95%的火电厂没有安装或没有使用脱硫设施，我们管不住，这就是体制问题。中国二氧化硫的容量是1200万吨，但2005年排放量是2500万吨，现在是2700万吨，2010年预计达到3200万吨。如果中国不改变85%的燃煤结构，不改变这种传统工业生产和消费方式，即传统发展模式，环境严峻期将提前来到，会带来严重的社会问题。

2005年中国发生5.1万起环境纠纷，40万人次投诉和上访，而且以30%的速度在递增。生态和土地拆迁问题搅在一起，会成为社会新的不稳定因素。污染严重影响人体健康，早已引起人民群众的强烈不满。环境不公平也正在加重着社会不公平。

除了社会问题，还带来了巨大国际压力。发达国家最关心气候变化问题，认为中国至今还没有调整能源结构。他们一方面指责和批评中国，一方面提高本国环保标准，大量向中国转移高耗能、高污染产业；一方面他们没有完全履行在环保技术资金方面对发展中国家的承诺，一方面设置绿色贸易壁垒来制约中国。今年欧盟又要出台两项更加严厉的环保禁令，我国出口损失将会越来越大。外国从来没有相信中国能够和平崛起，他们认为中国只要每人一台车，这些用油需求必然会牵动全球油价，必然涉及国际金融，中国为保护石油通道安全，必然会增加国防力量，必然会参与地缘政治。这一系列的推演就成了中国威胁论产生的原因之一。西方工业文明产生有很多原因，宗教改革、文艺复兴、科技革命、商业革命等等，但其发展过程中最重要的一点是发现新大陆，开拓了海外殖民地，转移了一系列社会矛盾、政治矛盾、经济矛盾。几十年前，他们终于发现，什么矛盾都能转移，唯有污染转不出去。谁让大家不幸生在一个地球？他们只能一边选择生态工业文明，一边有限帮助、无限督促发展中国家走生态工业道路。

发达国家可以先发展后治理，发展好了谈环保，但中国确实走不了先污染后治理的道路。理由有三：

第一，当中国开始工业化和城市化时，西方发达国家早已完成原始积累，并通过100多年的不断争夺，划分确定了一系列有利于他们的国际规则，中国污染成本肯定转不出去。

第二，中国人口资源环境结构很不合理，不可能学习西方，到人均8000美元以上再谈环保。中国在人均2000多美元的时候，环境严峻期可能会提前来到。经济危机可以通过宏观调控解决，如果生态发生危机，灾难无法逆转。有人经常批评我们为什么老用发达国家的标准来衡量发展中国家，但既然已意识到自己仍是发展中国家，为什么还用发达国家的消费标准去吃豪餐、住豪宅、开豪车？为什么还要建那么多中看不中用的形象工程？难道忘了我们还有70%的农村人口？

第三，中国走的是社会主义道路，中国传统

文化是和谐文化。我们不能搞生态殖民主义。我们只能走可持续发展道路，即绿色和平崛起道路。内容有8条：低消耗的生产体系；适度消费的生活体系；稳定高效的经济体系；持续循环的环境资源体系；不断创新的科学技术体系；更加开放的金融贸易体系；注重公平的分配体系；开明进步的民主体系。

对政府而言，应做4件事：

第一，更加确定和追求社会主义本质。社会主义制度和资本主义制度比较，当然不是比谁最能斗争，比的也不仅仅是生产力，还要比共同富裕，还要比谁更公平正义，还要比人的全面发展，还要比道德文化。

第二，应该重新制订国家可持续发展战略，例如国土整治规划，应打破行政区划，根据不同区域人口、资源、环境、经济的总量去制订不同区域的发展目标，再依此制订不同的考核体系与政策体系。再例如新的产业发展规划等等。

第三，应推行行政体制改革，其核心是政府职能转变。政府由主抓企业主抓经济向主抓公共服务过渡，如环境保护。同时还要理顺政府与市场、与企业的新型关系。

第四，要制订一系列经济环境政策。我们必须要算清一笔账，如果中国人均收入在2000美元，要走新能源循环经济道路，我们的发展速度会降多少？我们要承担多大成本？整个财税政策体系是否支撑得了？这笔账如果能够算出来，一系列政策才能出台，经济才能够出现真正转型。

对企业而言，千万不要被一年一度的财富评选弄昏了头，要敏锐地感觉到中国政治上的变化，已开始越来越强调公平和责任问题，越来越强调诚信道德和儒商文化。今后企业要考虑的是如何去获得科学发展观的名和利。这是一个名利观的大转型。25年前，人大、政协企业代表选的是看谁最革命，今年以前的人大、政协企业代表选的是谁交的利税最多，谁最有钱，明年以后，将比的是谁最有社会责任、谁最公益慈善、谁最有文化道德。

今后环保部门是成为各大企业新型工业化的合作者，还是成为粗放型增长的拦路虎，就需要和你们这些企业家们坐下来好好商量了。

（本文系作者在“21世纪中国经济年会”上的演讲，根据记录整理，未经本人审阅。）

张力军副局长在廊坊市国家环境保护模范城市授牌仪式上的讲话

（2006年10月23日）

同志们：

根据廊坊市人民政府的申请，经过严格的考核、验收、公示和审查，国家环保总局已正式命名廊坊市为“国家环境保护模范城市”（环发[2006] 11号）。在此，我代表国家环保总局，向廊坊市各级领导和全市人民表示热烈的祝贺，祝贺你们通过辛勤工作和不懈努力，取得了目前我国城市环境保护的最高荣誉。同时也借此机会，对你们为我国的环境保护事业做出的突出贡献表示衷心地感谢。

廊坊位于环渤海经济圈、京津都市圈中心地带，素有“京津走廊上的明珠”之称。廊坊市以建设“园林式、生态型、现代化”为目标，按照“把森林引入城市，把城市建在林中”的建设理念，全力打造绿色城市，在调整产业结构、优化城市布局、创新环境管理手段、城市环境基础设施建设、城市绿化美化等方面取得了显著成就，城市环境质量和环境面貌明显改善，社会经济走上了健康协调发展之路。廊坊市的创模为实现城市可持续发展、构建社会主义和谐社会做了有益的尝试。我认为廊坊市的创模工作主要有以下几个特点：

第一，政府高度重视，工作扎实有效。

廊坊市市委、市政府高度重视环境保护工作。自2002年提出创建国家环保模范城市以来，以科学发展观为指导，规划先行，将创模工作纳入城市发展战略中，以创建最佳人居环境为目标，坚持以人为本，将创模的着眼点和着力点定位在最大限度地提高人民群众赖以生存的环境质量上，实实在在地为人民群众办实事。

在创模过程中，廊坊市建立了有效的创模组织体系和工作机制，坚持做到目标、责任、任务、人员、考核五到位，组织、措施、时间、投入、奖惩五落实，逐步推进廊坊市的环境保护工作从污染防治为主向污染防治与生态保护并举的转变、从城市环境保护为主向城乡一体化环境综合整治的转变、从工业污染点源防治为主向工业污染和生活、农业、养殖业等面源污染综合防治的转变。

第二，加强源头控制，优化经济增长。

廊坊市在经济社会发展中坚持保护环境就是保护生产力的理念，严格执行环保第一审批权，严把建设项目关，多还旧账，不欠新账；在创模期间，廊坊市共拒绝了50多个、总投资达30多亿元的大型化工、冶炼等项目，换来了1100多家高科技企业落户，其中包括世界500强14家，有效地突破了“先污染、后治理”的传统发展模式；与此同时，廊坊市还通过采取优化城市空间布局、调整产业结构、加强工业污染源监管，提升污染控制水平等措施，择优淘劣、以大代小，关闭、搬迁、改造了一批物耗、能耗、水耗高，污染严重的企业，使得工业结构趋于合理，体现了以环境优化经济增长。

第三，开展综合整治，改善城市环境。

廊坊市的创模工作全面带动了城市环境基础设施建设的加快、城市环境质量的改善和环保能力建设的增强。近年来，廊坊市累计投入30亿元用于环境基础设施工程，先后建设了日处理能力650吨的垃圾无害化处理场，日处理8万吨的污水处理厂，开展了全面的城市环境综合整治，对城市中心地带的排污河进行综合整治，全方位开展绿化、美化工程，对城市广场、公园、街道景观和城乡接合部环境进行大范围的改造。这些工程的建成，削减了污染排放总量，减轻了城市环境压力，大大改善了城市面貌。廊坊市在国内生产总值持续快速增长的情况下，城市环境质量持续改善，城市环境综合整治定量考核始终名列河北省前茅。

第四，创新环境管理，促进长效管理。

廊坊市在全国率先建立了全市的ISO14000环境管理体系，是全国第一个通过ISO14001环境管理体系认证的中等城市和首家全市ISO14000国家示范区。廊坊市以创新的机制夯实创模基础，健全了环境管理网络体系，使环境保护工作向全市各个层面延伸，做到了创模工作的全覆盖。创新的环境管理机制促进了城市的长效管理，取得了明显成效。1999～2004年廊坊市环境保护工作连续6年获得全省第一，廊坊市的经济、社会、环境步入了和谐发展的良性轨道。

廊坊是河北省第一个国家环保模范城市，其创模的经验，对于河北省其他城市有较好的示范作用。廊坊市的创模成功，不仅对廊坊市各项事业的发展起到了积极推动作用，而且对保障京津冀地区的环境安全具有重要的作用。

国家环保总局的创建。国家环境保护模范城市活动始于1997年，迄今为止，全国661个城市中已有63个城市和5个直辖市的城区获得“国家环境保护模范城市”的荣誉称号，其中：直辖市1个，省会城市7个、副省级城市10个、地级市29个、县级市23个，直辖市的城区5个。国家环境保护模范城市是当今我国城市环境保护工作的最高荣誉。实践证明：创建国家环境保护模范城市是“坚持以人为本，执政为民，全面落实科学发展观，构建社会主义和谐社会”的重要载体，是各地城市政府切实抓好环保工作，促进经济、社会、环境协调发展的重要抓手。“创模”为我国推动环境优化经济增长树立了典范，提供了很好的实践经验。所有获此荣誉的城市都获得了一笔巨大的“无形资产”，将在我国城市发展的竞争中占得明显的优势地位。

国家环境保护模范城市不是终身荣誉。国家环保模范城市的考核指标每隔几年就要调整一次，国家环保总局每3年对已获得模范城市称号的城市按照现行标准进行一次复查。已获得“模范城市”荣誉称号的城市政府，要始终保持先进性。廊坊市在创建国家环境保护模范城市的过程中，走出了一条属于自己的可持续发展之路。获得国家环境保护模范城市称号，对廊坊的环境保护工作来说，又是一个新的起点，也更多了一份责任。

廊坊市要坚守并彰显自己的特色，深入巩固创模成果，成为贯彻落实国务院《关于落实科学发展观加强环境保护的决定》和全国第六次环保大会精神的模范，成为严格执行各项国家环境保护和生态保护法律法规的模范，成为建设资源节约型、环境友好型社会的模范。为此，我对廊坊市再提几点希望：

1. 加快推进资源节约型、环境友好型社会的建设。以建设环境友好型社会为总体目标，在全社会积极推进有利于环境可持续发展的生产方式、生活方式和消费方式。进一步加大环保宣传力度，引导市民形成科学的、环境友好的生活习惯和消费行为，人人都从我做起，从小事做起，爱护环境，保护环境，营造全社会崇尚环境友好的氛围。

2. 大力发展循环经济。把节约资源、降低消耗摆在更加突出的位置，大力发展无污染、少污染的高新技术产业和第三产业，合理地调整产业结构和布局，加强对所辖县市的工业污染源的监督管理，推进经济结构的战略性转变，建立严格的检查和考核制度，进一步落实二氧化硫和化学需氧量排放总量控制任务。

3. 继续加大城市环境综合整治的力度。按照新颁布的“十一五”国家环境保护模范城市考核指标要求，巩固深化“创模”成果，持续改进。要采取更加严厉的措施控制扬尘、机动车尾气和噪声等群众关心的热点和难点环境问题，不断提高城市环境基础设施建设的能力和水平，并将市场化机制引入到城市环境基础设施建设和运营中，拓宽投资渠道，完善收费机制，保障环境基础设施的稳定运行。

4. 坚持城乡环境统筹发展。要将“创模”过程中形成的先进的管理经验和手段向所辖县乡延伸扩展，发挥模范城市的辐射和带动作用，加强城乡结合部环境综合整治和农村环境保护工作，构筑更强的区域优势，在发展县域经济中要选择适合本地区资源优势和环境容量的特色产业，防止污染向农村转移。要全面启动生态市创建工作，积极推进社会主义新农村建设，妥善处理生活垃圾和污水，解决农村突出的环境问题。

我们相信，在廊坊市委、市政府的正确领导下、在廊坊市人民的共同努力下，通过不懈的努力，廊坊市一定能够率先实现生产发展、生活富裕、生态良好的宏伟目标，为廊坊市更快更好地发展提供更加广阔的空间。廊坊的未来一定会更加和谐美好！

谢谢大家！

吴晓青在全国环保科技大会闭幕会上的总结讲话

国家环保总局副局长　吴晓青

（2006年8月19日）

同志们：

经过一天半紧张而富有成效的工作，在与会代表和同志们的共同努力下，全国环保科技大会圆满地完成了各项议程，即将闭幕。根据大会安排，我就这次大会作一简要总结。

一、关于大会的概况

这次大会是在“十一五”开局之年，全国上下齐心协力建设创新型国家，环境保护工作加快实现历史性转变的关键时期召开的一次历史性盛会，是全面贯彻全国科学技术大会和第六次全国环保大会精神的一次重要会议。这次会议有三个特点：

一是会议规格高、规模大。曾培炎副总理给大会发来贺信，顾秀莲、张榕明等领导出席会议。中央和国务院近30个部门领导，国家环境保护咨询委员会和环保总局科学技术委员会委员，总局全体在家的局领导出席了会议。各省（自治区、直辖市）环保局局长、科技处处长和环科院院长，总局各直属单位和派出机构负责人，环保科技进步奖获奖单位代表，总局机关各部门负责人以及重点实验室和工程技术中心、中科院、林科院、农科院、水科院等重点科研院所、清华、北大等高校、部分环保企业和国家生态工业园区试点单位、新闻媒体的代表等近500人参加了会议。会议隆重热烈，代表们深受鼓舞。

二是准备充分，内容丰富。为配合大会的召开，总局先后发布了《关于增强环境科技创新能力的若干意见》、《国家环境保护“十一五”科技发展规划》、《“十一五”国家环境保护标准规划》等一系列重要文件，为这次会议的召开奠定了坚实的基础。会议期间，顾秀莲副委员长、张榕明副主席向国家环境咨询委员会和科学技术委员会的委员颁发了聘书，向2005年度环保科技进步奖获得者颁发了证书，周局长作了《实施科技兴环保战略，努力开创环境科技工作新局面》的工作报告，科技部刘燕华副部长代表科技部作了重要讲话，刚才上海、天津等7个单位的代表作了典型发言，同时，昨天下午还召开了国家环境咨询委员会和科技委员会成立大会。这次会议的内容是丰富的，也是充实的。与会代表认真学习了曾副总理的贺信和周局长的工作报告，并进行了坦诚热烈的讨论。与会代表们说，曾副总理的贺信高度评价了环境科技工作者取得的成绩，高屋建瓴地指明了环境科技创新的紧迫性，对广大环境科技工作者寄予了殷切希望，充分表明党中央、国务院对环境科技工作的高度重视，使与会代表进一步增强了工作的信心和决心。在讨论周局长的报告时，代表们说，报告气势恢弘，立意高远，分析客观，思路清晰，部署明确，令人振奋。有的组代表反映，周局长的重要讲话，吹响了全国环境科技大进军的号角，宣告了环境科技春天的到来。

三是主题明确，影响广泛。这次大会主题十分鲜明，即“创新、发展、合作”。无论是从出席领导的规格上，从与会代表的广泛性上，从主题报告的丰富内容上，从成立两委的重要性上，大会的方方面面都反映了“创新、发展、合作”这一鲜明主题。大家一致认为，增强创新能力是当前环境科技的重要任务，服务经济和环保事业发展是环境科技的光荣使命，团结合作是环境科技大发展的动力和源泉。另外，中央各大主流媒体的记者朋友们，围绕会议主题在会前、会中对会议进行了广泛、深入的报道，在社会上产生了良好的影响。

总之，在与会代表和同志们的共同努力下，大会达到了预期目的，取得了圆满成功。

二、关于这次大会的主要收获

这次会议主要在以下方面取得了成效：

（一）进一步提高了认识。与会代表通过认真学习周局长报告和总局《关于增强环境科技创新能力的若干意见》，通过充分的讨论和交流，使大家主要在以下几个方面提高了认识：一是提高了一把手抓第一生产力的主动性。总局全体班子成员、各省区市环保厅局一把手、总局机关各司局一把手全程出席会议，本身充分体现了各级领导对环境科技工作的重视，进一步增强了抓科技工作的主动性。总局为地方局作出了榜样，而决不是流于形式。二是增强了大环境、大科技、大联合的观念。出席这次大会的不仅有环保系统的代表，还有来自部门、科研单位、高校、企业等方面的代表。与会代表一致认为，这次大会使各方面的同志进一步加深了对环境科技工作的了解，充分感受到环保总局广交朋友、广纳贤才的诚意，进一步明确了将环保科技融入全国科技工作之中的思路，为今后环境科技工作的大发展奠定了良好的基础。三是进一步增强了广大环境科技工作者的信心和决心。这次大会是环保事业30多年发展历史上首次召开的规模最大、规格最高的环保科技大会，充分体现了总局党组对科技工作的高度重视，体现了党组实施科技兴环保战略的决心和意志。可以说环境科技的春风扑面而来，使广大环境科技工作者进一步增强了攀登科技高峰的自豪感和使命感。

（二）进一步明确了环境科技的定位和工作思

路。在大会讨论和交流中，大家对建立最广泛的环保“统一战线”表示了强烈的认同，对环境科技在构建“统一战线”中的地位和作用有了更加清晰的认识，对环境科技的定位初步达成了共识。代表们认为，环保事业是全民族的共同事业，环境科技工作特别是环保系统的科技工作应该海纳百川，充分发挥桥梁和纽带作用，构建最广泛的环保“统一战线”。通过学习周局长的工作报告，大家进一步理解了科技兴环保战略的丰富内涵，进一步明确了新时期环境科技的指导思想、奋斗目标、工作重点和保障措施。周局长提出的科技创新的四项重点任务和六项保障措施具有非常强的政策性和针对性。四项任务和六项措施一共十条意见，是对《若干意见》的提炼和深化，是新时期环境科技工作的重要内容。科技创新的四项任务就是以科技重大专项为龙头，全面实施环境科技创新工程；以基础理论和技术创新为支撑，全面实施环境标准体系建设工程；以提高环境管理和污染防治技术支撑为目标，全面实施环境技术管理体系建设工程；以引导企业开展环保科技自主创新为途径，全面提升污染防治水平。落实六项措施就是要切实加强组织领导、进一步深化环保科技体制改革、加大环境科技投入力度、加强创新型环保科技人才队伍建设、以成立“两委”为契机，建立最广泛的环保“统一战线”、不断加强环境科技国际合作。

通过大会经验交流，有7个单位向大家作了经验介绍。这些单位有的环保科研和体制改革很有特色、有的制定标准和技术推广比较突出、有的推动环保产业和循环经济发展比较得力，他们鲜活的经验和做法，使大家受到了很大启发，拓宽了工作思路。

（三）成立“两委”是这次大会的标志性成果。昨天下午，总局召开了“两委”成立大会，通过了“两委”章程，部分委员作了发言，为全国环保工作提出了很多建设性的意见和建议，周局长即席作了重要讲话，与各位委员再次学习领会了全国科技大会和第六次全国环保大会精神，深刻阐述了成立“两委”的重要意义和环境保护实现历史性转变的内涵，并对今后的工作提出了明确的要求。总局领导、机关各司局的领导和委员们一起见证了这一具有重大历史意义的事件。成立“两委”是中国环保历史上的一件大事，是落实科学发展观、提高科学决策水平、推进历史性转变的重大举措，是环保总局广交朋友、广纳贤才的实际行动，标志着最广泛的环保“统一战线”的构想开始实施，必将对我国环保事业的发展带来长远影响。成立“两委”作为这次环保科技大会的标志性成果必将载入中国环保史册，留下浓墨重彩的一笔。

代表们在讨论中也普遍反映，当前环境科技在面临着历史性发展机遇的同时，也面临着前所未有的挑战。环境科技投入不足是大家普遍比较关注的一个问题。代表们反映，对科研工作缺乏资金支持，地方环保部门也很难突破；代表们表示总局的一些项目和工作只有名分，没有投入，常常是“轰轰烈烈办喜事、冷冷清清过日子”，影响了科研人员的积极性。谈到人才队伍时，一些代表非常动情地说，前些年为生存日子过得很艰难，走了不少弯路，一路打拼过来，钱袋子鼓起来了，但是科研水平掉下去了，专心做科研的人才流失了，这些问题必须引起我们的高度重视。特别是现在面对环境科技的新形势和新任务，大家普遍感到压力很大。有的代表提出，关键不仅在于科学为决策服务，而是要改革科学决策机制，加强前期研究，综合考虑技术、经济、社会等因素，提出研究报告，再供专家咨询讨论、评估。这些意见和建议我们将在今后的工作中认真加以吸纳。

三、关于这次大会精神的贯彻落实

这次环保科技大会意义重大、影响深远，希望各地、各部门认清形势，抓住机遇，乘势而上，努力开创环境科技工作新局面。在贯彻落实中注意把握以下几个环节：

（一）要切实加强对环境科技工作的领导。周局长在报告中明确要求：一把手要亲自抓第一生产力，亲自过问、组织研究环境科技问题，帮助解决实际困难。希望各部门、各单位的一把手至少每年要听取一次科技专题汇报，研究部署科技工作。要保障环境科技工作“机构、人员、经费、措施”四个到位。

（二）要建立科学决策机制。各部门、各单位充分认识和高度重视科学技术对重大决策的支撑作用。要大力营造学科学、用科学的工作氛围，真正做到崇尚科学、尊重知识、尊重人才，把实施科技兴环保战略提到重要议事日程。各省、区、市环保局要建立健全决策咨询机制，网络科技人才，提高科学决策水平。

（三）要切实增加科技投入。目前，对科技的投入是前所未有的：第一，科技重大专项即将组织实施，国家和地方配套会有数十亿的资金投入。第二，财政部和科技部已恢复部门科技专项，这方面也会有比较大的资金支持。第三，总局和财政部已明确在中央环保专项资金中拿出钱来搞环保新技术、新工艺推广示范。各地环保局除了争取国家支持外，还要积极争取地方政府加大科技投入。各地一定要紧紧抓住中央出台的这一系列资金支持政策有利时机，抓紧研究出台地方的支持环保科技的资金投入保障措施。同时，要建立自我投入机制，对科技工作要舍得花钱，在重大专项、部门专项和环保技术推广示范等方面加大投入，建立比较稳定的科技投入渠道。

（四）各地要出台加强环境科技工作的文件。总局已经发布了《关于增强环境科技创新能力的若干意见》，提出了实施三大国家环境科技工程和能力建设、资金投入、队伍建设等方面的保障措施。这是指导全国环境科技事业的纲领性文件。各地环保部门要结合本地特点，将文件的精神和要求，将这次大会的重要部署转化成为结合当地实际指导本地、本部门环境科技工作的具体部署，制订并出台相应的政策和文件。

（五）加强对地方环境科技工作的指导。针对代表们提出的突出问题，总局将结合明年工作的总体部署，加强对地方环保科技工作的指导，在科研项目、体制改革、人才培养、能力建设、资金投入等方面想方设法为地方环保部门提供支持和服务。总局将深入调研，了解基层实情，加强对地方环境科技工作的指导，努力实现工作有抓手、投入有渠道、项目有平台、人才有保障的“四有”工作局面。同时，各级环保部门及所属的科研单位、科技人员既要在练好内功、提高本领上下功夫，也要善于调动方方面面的积极性，形成工作合力。要埋头苦干，用过硬的工作争取各级政府的支持；放下架子，用诚恳的态度争得相关部门的理解；热情服务，用良好的作风赢得社会各界的认可。我们也希望环保系统外的广大科技工作者把环保事业当成自己的事业，积极参与并支持环保工作，大家一起为环保大厦添砖加瓦。

四、关于几项具体工作的安排

（一）环境科研工作

当前，环境科研工作的重点：一是以科技重大专项为龙头，全面实施环境科技创新工程；二是加强环保科技基础能力建设，增强环保科研机构的持续创新能力；三是深化科技体制改革，建立创新型环境科技队伍。

各地环保部门要做好以下工作：一是要明确本地的科技需求，做好科技发展规划和年度工作计划，搞好项目库的贮备工作；二是按照国家关于重大科技专项的总体部署，配合总局共同努力争取国家科技计划的支持；三是组织推荐一批高水平的科研和技术开发成果，组织申报环境保护科技奖；四是组织推荐申报国家环境保护重点实验室和工程技术中心。

（二）环境标准工作

总局环境标准工作的重点：一是完善国家环境质量标准体系，建立科学合理的环境质量评价技术规范体系；二是加大制定行业型污染物排放标准工作的力度，增加行业型排放标准覆盖面，逐步缩小通用型污染物排放标准适用范围；三是全面开展环境保护管理和执法技术规范制定工作。

地方环保标准工作的重点：一是要严格按照法律的规定开展地方环境保护标准制修订工作，

建立地方环保部门组织编制、省级人民政府审批的制度。二是省级环保部门要积极创造条件，支持开展地方环保标准制修订和研究工作，解决投入不足、基础薄弱的问题，培育和扶持地方环保标准事业发展壮大。三是严格执行环境标准，努力使当地环保目标与环境标准相衔接。

（三）环境技术管理工作

各地环保部门的工作重点：一是建立环境技术评估机制，开展环保技术筛选、示范和推广。二是认真执行工程技术规范和相关标准，积极参与污染控制最佳可行技术指南、环境工程技术规范、环保产品标准等的制定工作，组织宣贯环保工程技术规范和产品标准。三是推动环境污染治理市场化，加强环保设施运营资质的查验和监督，将环保设施社会化建设与运营作为环境管理的重要组成部分，纳入环境管理的各个环节。

（四）推动循环经济和环保产业发展工作

各级环保部门是推动循环经济、促进环保产业发展的重要力量，更是推进以环境优化经济增长的历史性转变的中坚力量。今后的工作重点：一是从环境保护的角度，加强促进循环经济的法规、政策和标准制定工作，包括参加《循环经济法》立法工作，制定和完善促进循环经济发展的环境标准体系和环境技术政策。二是扩大和深化循环经济试点和示范，按照循环经济的理念，积极推进现有工业园区的生态化改造，推动生态工业园区创建工作。三是组织循环经济的科学研究和技术创新，建立循环经济信息系统和技术咨询服务体系，开展信息咨询、技术推广、宣传培训等工作。四是积极推动政府绿色采购工作，引导全社会可持续消费和可持续生产。

（五）环境与健康工作

环境与健康问题随着经济社会的发展日益成为社会关注的焦点，也是环保工作积极开拓的新领域。总局在环境健康方面近期将开展以下工作：一是开展重点地区环境污染与健康调研。今明两年将在重点地区开展重金属污染对健康的影响、癌症高发与环境污染的关系等问题的调查。二是制定环境健康标准和技术规范。三是建立环境健康协作机制，主要是环保和卫生等部门的协作。四是推进国家环境健康行动计划，加强国际交流与合作。各地可根据自己的实际情况开展相应的工作。

关于环境监测工作，总局正在研究建立先进的环境监测预警体系的总体思路，在适当时候还要召开监测会议专门进行部署，在这里就不多说了。

同志们，全国环保科技大会就要胜利闭幕了，一个环境科技事业蓬勃发展的时期已然到来。毛主席曾说过：“多少事，从来急；天地转，光阴迫。一万年太久，只争朝夕。”让我们团结起来，在以胡锦涛同志为总书记的党中央领导下，高举邓小平理论和“三个代表”重要思想的伟大旗帜，以只争朝夕的工作状态，全面落实科学发展观，大力实施科技兴环保战略，为推动环保历史性转变，全面实现建设小康社会的宏伟目标而努力奋斗！

加强生态环境保护，促进生态旅游健康发展

——国家环境保护总局副局长吴晓青在“全国生态旅游现场会”上的讲话

（2006年8月29日）

同志们：

这次全国生态旅游现场会，是“十一五”开局之年国家旅游局、国家环保总局和建设部联合召开的一次重要的会议。加强生态环境保护，促进生态旅游健康发展是我们共同的责任。在旅游产业开发和生态环境保护方面，旅游、环保和建设主管部门做了大量的工作，提供了很多很好的做法。希望通过这次会议，达到交流经验、查找差距、形成共识、加强引导、促

进发展的目的。

近年来，随着人民生活水平的提高，旅游已经成为人们的日常消费活动。生态旅游由于其回归自然、亲近自然、感受自然的魅力，更具吸引力和感召力。生态旅游的内涵不断丰富，生态旅游市场也不断扩大。如何促进生态旅游健康协调发展，是摆在我们面前的一项新的课题。下面，我就保护生态环境、促进生态旅游健康发展谈几点意见，与大家共同交流。

一、生态环境保护促进了生态旅游的快速发展

良好的生态环境是生态旅游发展的基础和前提，也是国家生态安全的重要保障。发展生态旅游必须依赖一定的生态环境，保护好生态环境就能促进生态旅游的发展。比如，福建武夷山国家级自然保护区通过严格保护和管理，使森林覆盖率达到96.3%，生态环境保持优良，成为中亚热带唯一的森林生态定位研究观测站，世界人与生物圈保护区，世界自然与文化遗产，由此促进了生态旅游快速有序发展，获得“全国青少年科技教育基地”、“全国科普教育基地”等称号。当地居民旅游收入不断增加，生活条件不断改善，生态环境保护意识不断提高。如果生态条件很差，不能吸引旅游者关注，不具备开发旅游的条件，也就不可能开展生态旅游。反过来，旅游开发活动也会对生态环境产生这样或那样的影响，不合理、不科学的开发活动还会产生环境污染和生态破坏，进而影响生态旅游的蓬勃发展。因此，保护好生态环境，就是保护生态旅游发展的根基，而发展生态旅游是为了更好地保护生态环境，是促进发展和保护的“双赢”。近年来，我国生态保护工作取得了积极进展，部分生态良好区域得到积极有效的保护，生态保护监管工作不断加强，为生态旅游发展创造了条件。

（一）生态良好区的生态保护工作得到加强，为生态旅游提供了基础条件。党和国家历来高度重视生态保护工作，采取了一系列积极有效的政策措施。制定发布了一系列资源保护和利用的专门法律法规，如《森林法》、《水法》、《野生动物保护法》、《自然保护区条例》等。2000年，国务院发布了《全国生态环境保护纲要》，这是一个综合的生态保护纲领性文件。纲要提出了重要生态功能区、资源开发区和生态良好区的三区生态保护战略。去年12月，国务院发布了《关于落实科学发展观加强环境保护的决定》，今年4月国务院又召开了第六次全国环境保护大会，进一步明确了环境保护在国家经济社会发展中的地位，提出了环境保护要加快实现“三个转变”和以环境优化经济增长的指导方针。这一系列重大战略部署为新时期我国生态保护工作指明了方向，确立了近期生态环境保护的基本目标，就是要在“十一五”末基本遏制生态环境恶化趋势，为实现全面建设小康社会目标提供生态安全保障。党和国家的这些重大战略举措毫无疑问是我们加强生态环境保护的政策基础。

近年来，我国生态良好区的保护取得积极进展。在全国生态功能区划的基础上，国家正在编制《重点生态功能保护区规划》，划定对维护国家生态安全具有重要意义的生态功能保护区，采取措施进行管理和保护。“十一五”期间，将优先建立一批国家级生态功能保护区。此外，自然保护区、风景名胜区、森林公园、地质公园发展迅速。目前，我国共建立各级各类自然保护区2349个，总面积占陆地国土面积15%。其中，国家级自然保护区265个。国家级风景名胜区187个，占国土面积1%。国家森林公园627个，占国土面积1%。国家地质公园138个。各类保护区网络的建立，使全国90%的陆地生态系统类型、85%的野生动物物种、65%的高等植物群落以及300多种重点保护的野生动物和130多种重点保护的野生植物栖息地得到了有效保护。这些国家重点保护的区域，生态系统保存相对完好、生物多样性丰富、植被和地貌景观多样，是维持我国重要生态系统功能的主要组成部分，基本构筑了我国陆地生态安全支撑体系框架，也是维护未来我国国家生态安全的重要屏障。一些地方还同时是自然和历史遗迹相融的区域，自然成为发展生态旅游的

理想去处。目前，风景名胜区、森林公园和地质公园都开展了旅游活动，大部分的自然保护区也开展或部分开展了生态旅游活动。这类生态良好区域是生态旅游的目的地，成为全国生态旅游市场开发活动的主战场。

（二）旅游生态保护管理工作力度进一步加大，为规范生态旅游市场提供了保障。随着我国生态旅游的快速发展，开发不当引发的环境问题也逐步显现，生态保护监管更显迫切。为此，国家环保总局、国家旅游局等有关部门已开展了相关工作。

第一，发布文件，加强监管。2004年，国家环保总局印发了《关于加强资源开发生态环境保护监管工作的意见》，对旅游资源开发和监管提出了明确的要求。2005年6月，国家环保总局与国家旅游局共同下发了《关于进一步加强旅游生态环境保护工作的通知》，对旅游开发规划、建设、经营、服务和消费等各个环节的环境管理提出更加具体的要求，尤其是对各级环保和旅游主管部门在旅游活动中如何做好监督管理工作提出了具体要求，对促进旅游生态保护起到了积极的作用。国家环保总局还专门配发了新闻通稿，在《人民日报》、《中国青年报》等24家媒体进行了宣传，社会反响较好。

第二，科学规划，严把环评关。2003年开始实施的《中华人民共和国环境影响评价法》是国家加强宏观调控，防止各类开发活动造成环境污染和生态破坏的一部重要法律，对各类旅游发展规划必须进行环境影响评价作出了明确的规定。各级环境保护部门积极会同有关部门履行监督检查职责，将预防关口前移，防止开发不当造成环境和生态破坏。据不完全统计，从2002年至今，经国家环保总局批复的省及以下政府编制的"旅游发展规划"环境影响评价报告书和旅游开发项目规划环境影响评价报告书有30多个。各地环保部门也加大了对中小旅游开发项目的环境影响评价管理，从源头上控制了不符合国家法律法规要求的旅游开发项目立项、开工建设。

第三，介入典型案例，加大监管力度。近年来，随着生态旅游热的升温，一些地方无视法律规定，不顾条件、不讲科学、不尊重自然规律，在自然保护区和风景名胜区等生态良好区域，开发所谓的生态旅游项目，对自然生态系统造成不可逆的影响，不但影响景观和谐，降低旅游品味，妨碍游客观瞻，而且破坏了当地的生物多样性，危害了旅游区的可持续发展。凡此种种，已经引起公众和媒体的强烈关注。2005年春天曝光处理的"圆明园湖底防渗工程"就是典型的例子。造成事件发生的根本原因是没有依法履行环境影响评价手续，对项目区的生态环境造成了负面影响和破坏。国家环保总局依照法律规定进行了及时处理，达到了惩治违法行为，教育公众的目的。类似的不经环境影响评价在生态敏感区域进行项目建设的事件还有很多，应当引起我们足够的重视。

（三）公众的生态保护意识逐步提高，生态旅游的影响逐步扩大。同10年前相比，广大群众的环境保护意识，尤其是生态环境保护意识有了很大提高。在建设人与自然和谐社会的今天，生态保护更成为一项重要内容。据统计，2002年到2005年，全国环保系统接到群众来信从24.8万件增加到60.8万件。一方面说明各类环境问题不断增加，另一方面也说明公众的环境保护意识大大提高，对环境污染和生态破坏有了更多的关注，对自身生存发展与生态环境的关系更加关心。公众生态保护意识的提高意味着对自身生活水平有了更高的品质追求，不仅局限于吃饱穿暖，还有对环境质量的更高要求。这与国家倡导的人与自然和谐及全面建设小康社会的目标要求也是相一致的。

上世纪90年代，生态旅游概念引入我国。10多年来，生态旅游在国内获得了快速的发展，返朴归真、亲近自然成为生态旅游重要内容。特别是1999年开始推出的"黄金周"制度，对旅游业特别是生态旅游的发展起到了重要的推动作用。

当然，我们也要看到，由于我国生态保护的

法律法规尚不健全，生态保护监管能力有待加强，生态旅游发展中的诸多生态保护问题还没有得到根本解决，生态旅游的可持续发展受到威胁。主要表现在：

（一）生态旅游开发缺乏系统规划、监管缺位。由于对生态旅游的概念有不同的理解，没有统一标准可循，造成发展生态旅游的形式多种多样，因而引发各种问题。其根本原因是没有科学的生态旅游规划。一些地方的生态旅游规划缺乏科学理念、不遵循自然规律，导致在自然区域内大兴土木，建造了破坏景观和生态系统的人造景点，从根本上违背了生态旅游的初衷；一些地方根本不按规划建设，一切按领导意志行事，开发出的生态旅游不伦不类，不但破坏了环境，而且难以吸引游客，无法获得预期的经济效益。出现这些问题的原因，一方面是因为某些生态旅游开发没有依法规划和建设，另一方面是因为环境保护部门的监管缺位。首先，生态旅游开发规划和旅游区内的建设项目环境影响评价率不高，其次是环保部门缺少对旅游区内经常性的环境监测和管理。2005年，国家环保总局遵照国务院要求对自然保护区进行了执法检查，在检查的226个国家级自然保护区中，有82个存在违规开发活动，占36.3%，有25个自然保护区核心区和缓冲区有旅游开发活动。

（二）一些生态旅游区开发不当造成环境破坏。目前来看，在生态旅游区内因开发活动不当造成的环境破坏有以下几种：一是违规建设，破坏自然景观。一些单位在法律禁止开发的自然保护区域内进行楼堂馆所和旅游基础设施建设，对自然景观造成严重破坏，有些是无法挽回的损坏，使有些区域永久地丧失了景观的连续性和生态系统的完整性。一些单位在生态旅游区大造人工景点，完全冲淡了生态旅游的主题，降低了旅游品味。二是景区内饭店和宾馆产生的污染。生活污水和垃圾得不到及时有效处理，造成环境污染。三是生态旅游路线开发不科学，造成对生态环境的负面影响。由于旅游线路设计不合理，再加上为方便游人的索道、公路、便道建设，过多地伸入自然保护区域，在破坏景观的同时，还会影响野生动物的活动，使其栖息地破碎化，损害生态系统功能，破坏生物多样性。

（三）生态旅游宣传错位，旅游者的生态保护意识亟待提高。一些媒体把生态旅游宣传成衣食住行都舒适安全的大众游，对公众形成误导。一些媒体把不是生态旅游的休闲度假形式宣传为生态旅游，使消费者产生概念上的混淆，影响正常选择。一些开发经营单位为迎合游客的口味，在景区内违规建设宾馆、饭店等设施，景观破坏和环境破坏在所难免。一些旅游区在宣传上不能科学解释自然景观和自然现象，普及基本的科学知识，宣传生态文化，而是过多地以杜撰的传说或神话解释自然现象，降低了生态旅游的品味。此外，一些旅游者生态保护意识不高，对如何亲近自然、回归自然、与自然和谐相处认识不清，客观上形成了对生态旅游的不当需求，强化了旅游开发经营者的错误认识和选择。

二、正确引导，强化管理，积极推动生态旅游发展

由于缺乏相应的法律法规和标准，我国的生态旅游市场还不成熟，面对巨大的市场需求，各种以生态为招牌的旅游开发活动大行其道，有些难免造成环境污染和生态破坏。需要我们加强引导和管理，推动生态旅游健康发展。具体应在以下几方面加强引导。

（一）必须正确理解生态旅游的本质和内涵。“生态旅游”概念在20世纪80年代初提出之后，世界上很多组织和研究者都从不同的角度对生态旅游进行了界定，至今尚未有一个统一认可的定义，对生态旅游的内涵也众说纷纭。但是，关于生态旅游的目标却得到了基本的认同：生态旅游应该保护自然资源和生物的多样性、维持资源利用的可持续性，实现旅游业的可持续发展。为更好地实现这一目标，生态旅游应该促进地方经济的发展，唯有经济发展之后才能切实地重视和保护自然生态环境。同时，生态旅游还应该突出对旅游者的环境教育意义。正如世界旅游组织秘书

长弗朗加利在2002年世界生态旅游峰会的致词中指出的"生态旅游及其可持续发展肩负着三个方面的迫在眉睫的使命：经济方面要刺激经济活力、减少贫困；社会方面要为最弱势人群创造就业岗位；环境方面要为保护自然和文化资源提供必要的财力。生态旅游的所有参与者都必须为这三个重要的目标齐心协力的工作。"由此可见，对于生态旅游在以下几点是有共识的：第一，生态旅游是一种特殊的旅游形式，不同于大众旅游；第二，生态旅游是一种有目的的旅游活动，即目的地是自然区域或具有某些特点的文化区域；第三，生态旅游的目标是欣赏和研究自然景观和人文景观，了解学习当地的环境与自然及历史知识；第四，生态旅游的基本原则是不破坏生态系统的完整性，保护当地资源并使当地居民在经济上受益。因此，有人形象地把生态旅游描述为游客"只留下脚印和只带走照片"的旅游活动。

在弄清概念之后，还必须明确参与生态旅游活动各方的地位和相互关系。在建设社会主义市场经济的今天，生态旅游作为一种商品出现，必须遵循市场规律，必然有其开发、经营和消费的过程。因此，必须处理好开发经营者、消费者、管理者、专家以及媒体等各个方面的利益和相互关系。作为经营者和消费者自然用市场规律调解双方的供求关系和利益分配。但是作为政府和管理者，必须在把握生态旅游本质属性的基础上，通过法律法规和标准来规范市场行为，引导正确的市场开发和旅游消费。而专家则应该通过研究自然生态规律，市场供求规律，给政府和管理者提供科学的决策建议。新闻媒体要通过宣传自然，宣传科学，传播生态保护知识，弘扬普及生态文化，教育和引导大众树立正确的生态旅游观念。

（二）发展生态旅游，必须以科学发展观为指导。科学发展观是指导发展的科学理论。当前，发展生态旅游，要以科学发展观为指导，同国家发展大局相结合，同国家"十一五"规划纲要相结合，同社会主义市场经济建设相结合，同社会主义新农村建设相结合，同现阶段我国生态保护政策和旅游发展政策相结合。在生态旅游发展规划、开发建设、经营管理和社区发展过程中严格执行国家大政方针，制定切实可行的规划和制度，并认真落到实处。

（三）发展生态旅游，必须同弘扬生态文化相结合。生态旅游是欣赏和体会自然景观及生态系统变化的感官活动，也是陶冶性情、愉悦身心的精神享受。发展生态旅游，必须与社会主义两个文明建设相结合，必须与弘扬传统文化、民族文化相结合。必须注重挖掘和吸收民族文化中质朴的生态保护理念，宣传和弘扬生态文化。必须与教育和普及自然和科学知识相结合，肩负起教育公众，提高生态保护意识，传播生态保护知识的神圣职责。

九寨沟国家级自然保护区开发生态旅游20多年来，坚持生态保护优先，坚持科学发展，以良好的生态环境为基础，以保护弘扬民族文化，发展民族地区经济为依托，不断挖掘生态旅游内涵，以生态保护促进了生态旅游发展，以发展生态旅游支撑了生态保护，初步实现了保护和发展的"双赢"，成为我国开展生态旅游的典范。

2005年，国家环保总局同国家旅游局共同下发了《关于进一步加强旅游生态环境保护工作的通知》，各级环保和旅游部门应按照通知要求，加强对生态旅游活动全过程的监督管理。

一要抓环评，严把准入关。各级环保和旅游管理部门要认真履行管理职责。要对各类旅游开发规划明确环境影响评价的形式和内容；要根据国家和地方对不同区域的生态功能定位，对生态旅游开发规划进行环境影响评价；要对旅游区内开发建设项目进行环境影响评价；要对旅游线路设计进行环境影响评价。防止规划和项目设计不当造成环境污染和生态破坏。

二要抓监测，严格监督检查。各级环境保护部门要加强对旅游区的生态环境监测，加强对旅游区开发活动的生态影响监察，及时掌握旅游区生态环境变化，发布生态环境信息，指导生态旅游活动开展。对造成生态环境影响的开发活动要及时制止、纠正，并依法进行处罚。

三、加强合作，完善法制，为生态旅游健康发展服务

生态旅游在我国正呈现蓬勃发展的势头，成为旅游产业发展的重要支柱之一。保障生态旅游的健康发展是我们的共同责任，环保、旅游和建设等管理部门肩负着重要的使命。我们应该相互沟通，加强合作，打牢基础，推动生态旅游健康发展。为此，我提五点建议：

第一，加强生态旅游规划工作。各级、各类生态旅游开发和经营活动必须编制生态旅游规划，要积极支持旅游主管部门抓好生态旅游发展规划，这是基础和前提。并将规划目标纳入当地国民经济和社会发展规划。各级环保部门要加强对规划编制的指导，同时要依据环评法等相关法规要求，做好规划的环境影响评价等工作。

第二，加快相关法规建设，依法规范生态旅游活动。有关各方应当联合起来，制定并颁布生态旅游管理的相关法规。便于各级管理部门对生态旅游开发活动进行监督管理，逐步规范生态旅游市场。要联合颁布标准，开展生态旅游认证。由于目前对生态旅游的理解认识不同，生态旅游形式多种多样，开发活动多种多样，一定程度上造成了生态旅游市场混乱。因此，应当联合制定颁布相应的标准，对生态旅游形式和内容进行规范。再通过试点示范，推广生态旅游认证，推动生态旅游逐步走上健康发展的轨道。

第三，加强环境监管和监测力度。各级环保部门要依照法律、法规对旅游区建设、施工、经营中与环境相关事项进行检查、监督，严格审查把关，同时督促有关环境影响评价和监测机构积极主动为生态旅游开发建设提供服务。要对生态敏感的旅游区进行生态环境监测，及时评估旅游生态环境状况，发布相关信息。

第四，加强宣传，正确引导生态旅游消费。要通过媒体广泛宣传生态旅游理念，弘扬生态文化。各旅游区应高度重视生态旅游宣传，用通俗、科学的语言解释自然现象，减少迷信和传奇色彩。要通过各方专家对生态旅游区的宣传材料进行科学设计、编写，以适合不同层次、不同年龄、不同国家的游客需求。要加强对导游的管理和知识培训，提高从业人员的生态保护、传统文化、民族文化和生态文化素质，正确影响和带动广大旅游者。

第五，加强合作，共同推动生态旅游健康发展。生态旅游涉及多方面、多领域，需要加强部门间的沟通、协调与合作。这次我们三部局联合召开现场会就是一个协调、合作的范例。各地应当建立生态旅游联合管理和执法检查的长效机制，积极推动有关法律、法规、制度的落实。各级环境保护部门要主动做好服务，联合旅游、建设、林业、文物以及国土资源、水利、农业等部门，争取发改、财政等综合部门的支持，在各自职责范围内，共同推进生态旅游发展。

同志们，生态环境是我们赖以生存的基础，是我们可持续发展的保障，保护好生态环境就是保护中华民族生存发展的根基。大力发展生态旅游不仅能推动地区经济快速发展，弘扬生态文化，又能有力促进生态环境保护。让我们以科学发展观为指导，以推动环境保护历史性转变为契机，树立以环境优化经济发展的观念，保护生态环境，发展生态旅游。团结协作，开拓进取，为生态旅游健康发展，构建社会主义和谐社会贡献力量。

谢谢大家。

吴晓青副局长在马鞍山市国家环境保护模范城市授牌仪式上的讲话

（2006年9月15日）

同志们：

根据马鞍山市人民政府的申请，经过严格的考核、验收、公示和审查，国家环保总局已正式

命名马鞍山市为“国家环境保护模范城市”（环发[2006] 13号）。在此，我代表国家环保总局，向马鞍山市各级领导和全市人民表示热烈的祝贺，祝贺你们通过辛勤工作和不懈努力，赢得了目前我国城市环境保护的最高荣誉。同时也借此机会，对你们为我国的环境保护事业做出的突出贡献表示衷心感谢。

自2002年开展“创模”工作以来，马鞍山市委、市政府认真贯彻落实科学发展观，通过采取调整产业结构、优化城市功能布局、狠抓工业污染治理、强化环境基础设施、扩大公众参与等多项措施，稳步推进“创模”工作。4年来，全市国民经济稳步增长，城市综合实力迅速提升，城市基础设施日趋完善，环境质量显著改善，城市面貌发生了可喜的变化，把一度曾经污染严重的钢铁工业城市，逐步引向经济效益、社会效益和环境效益互惠共赢、人民生活环境不断改善的良性发展轨道，为构建社会主义和谐社会作出了有益的尝试。

总体来说，马鞍山市的“创模”工作有以下几个显著特点：

第一，领导高度重视，“创模”管理机制高效运行。

马鞍山市是一座以钢铁行业为主导产业的重工业城市，历史原因导致马鞍山市资源消耗高、污染物排放量大、环境欠账多。应该说，“创模”任务重、难度大。马鞍山市委、市政府坚持环境与发展综合决策，把保护和改善生态环境作为城市发展的基本战略之一，把“创模”工作纳入到了国民经济和社会发展规划。在“创模”过程中，建立了完善的“创模”工作机制和监督考核机制，做到4个到位，即：目标明确到位，责任落实到位，组织领导到位，工作制度到位。并在全省率先进行县区党政正职环保实绩考核，形成了“党委政府统一部署，环保部门统一监督，有关部门密切协作，全社会广泛参与”的良好工作机制，各部门密切配合，形成了强大的合力，为实现“创模”目标提供了坚实的保障。

第二，走新型工业化道路，资源利用效率明显提高。

马鞍山市以“创模”为契机，大力发展循环经济，鼓励企业实施清洁生产，狠抓资源综合利用和节能降耗工作。出台了《关于促进中小企业发展的若干意见》，实施了近200个清洁生产方案，有效降低工业结构性污染。利用经济杠杆调节水资源配置，先后完成了中水回用、工业废弃物焚烧发电、工艺尾气发电、污水处理沼气回收发电等重大工程项目，使资源能源的综合利用效率得到明显提高。作为马鞍山市最大的工业企业——马钢公司，在“创模”中，全力加强工业污染治理，进行工序节能和设备改造，加快产品结构调整，建设能源回收、工业尾矿、冶炼废渣、粉煤灰综合利用等工程，并实现了部分负能炼钢，实现了增产不增水目标。吨钢能耗和新水耗量的指标达到了行业先进水平，在全国大型钢铁企业中位于前列。

第三，夯实城市基础设施建设，城市环境承载力大幅跃升。

马鞍山市的“创模”工作全面带动了城市环境基础设施的建设。“创模”以来，市政府投入17.65亿元，组织实施了生活垃圾无害化填埋场、医疗垃圾集中焚烧设施、污水处理厂、推广使用机动车清洁燃料等160多个重点项目；投入5.76亿元，全方位开展了以雨山湖为重点的水环境综合整治，既改善了水质，又增添了景观，美化了市区环境。通过实施“绿水工程、蓝天工程、宁静工程、洁净工程”，使城市环境质量和环境面貌得到了明显的改善。马鞍山市的城市环境综合整治定量考核工作连续多年在全省名列前茅。

第四，广泛发动群众参与，市民对环境满意率不断提高

马鞍山市把开展环境宣传教育，增强公众环境意识，扩大公众参与放到重要位置。利用报纸、电视、网络、板报等多种媒体，构建全方位、立体化、多层次的“创模”宣传网络，通过开展“绿色社区”、“绿色学校”创建、发放“环保扑克”、张贴宣传画、小区循环放环保电影等多种形式，广泛传播环境法律和环境科学知识，公众的

环保意识大大增强，形成了全市人民积极拥护、主动参与的“创模”氛围。在强化宣传、引导公众参与的同时，马鞍山市委、市政府高度重视解决群众关心的环境热点和难点问题，先后开展了建成区炉窑烟尘整治、“城中厂”搬迁、夜间施工噪声扰民集中整治、绿色护考、“整治违法排污企业专项行动”等系列活动，开展了城市环境集中整治，解决了一大批影响群众生产生活的环境问题，公众对环境满意率不断提高。

马鞍山市在我国中部6省（湖南、湖北、河南、山西、安徽、江西）率先创成国家环保模范城市，无疑是在我国“创模”史上添上了浓重的一笔，对于推动我国中部地区的城市环境保护工作和城市的可持续发展具有重大意义，同时也为重工业城市调整结构、改善城市环境质量树立很好的典范。

国家环保总局的创建国家环境保护模范城市活动始于1997年，迄今为止，全国661个城市中已有56个城市和5个直辖市的城区获得“国家环境保护模范城市”的荣誉称号，其中：直辖市1个，省会城市7个、副省级城市10个、地级市25个、县级市20个，直辖市的城区5个。国家环境保护模范城市是当今我国城市环境保护工作的最高荣誉，实践证明：创建国家环境保护模范城市是“坚持以人为本，执政为民，全面落实科学发展观，构建社会主义和谐社会”的重要载体，是各地城市政府切实抓好环保工作，促进经济、社会、环境协调发展的重要抓手。“创模”为我国推动环境优化经济增长树立了典范，提供了很好的实践经验。所有获此荣誉的城市都获得了一笔巨大的“无形资产”，将在我国城市发展的竞争中占得明显的优势地位。

国家环境保护模范城市不是终身荣誉。国家环保模范城市的考核指标每隔几年就要调整一次，国家环保总局每3年对已获得模范城市称号的城市按照现行标准进行一次复查。已获得“模范城市”荣誉称号的城市政府，要始终保持先进性，继续以环境维权促进社会公平，以生态平衡推进社会和谐，以环境文化丰富精神文明，实现城市环境不断改善，推进城市经济的健康发展，推进城市生态文明建设。

马鞍山市在创建国家环境保护模范城市的过程中，走出了一条属于自己的可持续发展之路。获得国家环境保护模范城市称号，对马鞍山的环境保护工作来说，又是一个新的起点，也更多了一份责任。马鞍山市要坚守并彰显自己的特色，深入巩固创模成果，成为贯彻落实国务院《关于落实科学发展观加强环境保护的决定》和全国第六次环保大会精神的模范，成为严格执行各项国家环境保护和生态保护法律法规的模范，成为建设资源节约型、环境友好型社会的模范，在落实科学发展观、消弭环境与发展的冲突、追求环境保护与经济发展和社会进步的互惠共赢、构建社会主义和谐社会等方面作出示范和表率。为此，我对马鞍山市提几点希望：

1. 加快推进资源节约型、环境友好型社会的建设。以建设环境友好型社会为总体目标，在全社会树立建设环境友好型社会的伦理价值观念，积极推进有利于环境可持续发展的生产方式、生活方式、消费方式，落实国家有关环境保护和资源节约的财税、信贷、价格、政府采购、能效、环保标志等政策措施，大力发展循环经济，积极推广绿色消费理念，引导市民形成科学、环境友好的生活习惯和消费行为，营造全社会崇尚环境友好的氛围。

2. 加快实现经济结构战略性调整。继续把节约资源、降低消耗和污染物排放总量控制摆在更加突出的位置，大力发展无污染、少污染的高新技术产业和第三产业，推进产业优化升级。将二氧化硫和化学需氧量排放总量控制的目标责任，分解落实到重点排污单位，并严格检查和考核。大力推进清洁生产，持续降低单位产值的能耗和物耗，提高产品竞争力；要在产业结构调整上下功夫，科学地延伸产业链，大力发展非钢产业，加快实现经济增长方式转变，推进城市的可持续发展。

3. 继续加大城市环境综合整治的力度。要按照新颁布的“十一五”国家环境保护模范城市考核指标要求，巩固深化“创模”成果，持续改进。

继续深入开展工业污染防治、水环境综合整治和生态环境保护，解决好群众关心的重点、热点和难点的环境问题。要将市场化机制引入到城市环境基础设施建设和运营中，拓宽投资渠道，完善收费机制。要继续加强环境保护能力建设，不断提高环境管理水平，提高应对环境污染突发事件的能力。

4. 坚持城乡环境统筹发展。要将“创模”过程中形成的先进的管理经验和手段向所辖县乡延伸扩展，发挥模范城市的辐射和带动作用，加强城乡接合部环境综合整治和农村环境保护工作，构筑更强的区域优势，在发展县域经济中要选择适合本地区资源优势和环境容量的特色产业，防止污染向农村转移。要积极推进社会主义新农村建设，妥善处理生活垃圾和污水，解决农村环境“脏、乱、差”问题。要全面启动生态市创建工作，加快生态市创建进程，率先实现生产发展、生活富裕、生态良好的宏伟目标，为马鞍山更好更快地发展提供广阔的空间。

我们相信，在马鞍山市委、市政府的正确领导下、在马鞍山市人民的共同努力下，马鞍山市的未来一定会更加和谐美好！

谢谢大家！

加强国际合作，大力推进生物多样性保护

——吴晓青副局长在中欧生物多样性战略研讨会上的讲话

（2006 年 10 月 26 日）

今天，我们在北京召开中欧生物多样性战略研讨会，来自中国和欧盟的专家、管理人员围绕生物多样性这一主题进行讨论交流，这对于我们增进理解，加强合作，共同探寻生物多样性保护的科学管理模式和发展战略，促进中国乃至全球履行《生物多样性公约》进程，具有十分重要的意义。首先，我谨代表中国国家环保总局并以我个人的名义，向各位出席会议的来宾表示热烈的欢迎，向各位专家和朋友们致以良好的祝愿。

近年来，中欧双方在环境领域，特别是在生物多样性领域开展了密切而广泛的合作。在 2005 年 6 月举行的第二届中欧环境政策部长级对话会上，生物多样性被确定为中欧环境合作的 4 个优先领域之一。在中欧双方的共同努力下，2005 年 11 月双方签署了“中国—欧盟生物多样性项目”协议，该项目已于今年 5 月正式启动，示范项目正在紧张有序地进行，已经取得了阶段性成果。这次召开的中欧生物多样性战略研讨会是中欧生物多样性领域合作的一个重要内容，是做好中欧生物多样性项目的具体行动。

生物多样性保护是环境与资源保护的重要内容，是保障生态安全的重要举措，是经济可持续发展和社会进步的重要方面。中国是世界上生物多样性最为丰富的国家之一，仅次于巴西和哥伦比亚，居世界第三位。中国自 1992 年加入《生物多样性公约》以来，为保护生物多样性、履行国际公约做了大量的工作。通过制定法律、法规和规划，实施就地和迁地保护，开展科学研究和宣传教育等手段，中国的生物多样性得到了有效保护、生态环境恶化的趋势得到了有效遏制。

中国先后颁布了《环境保护法》、《野生动物保护法》、《森林法》以及《自然保护区条例》、《野生植物保护条例》等一系列法律法规，形成了较为完善的法律管理体系；建立了生物多样性履约协调机制和生物物种资源保护管理部际联席会议制度；制定实施了《中国生物多样性保护行动计划》、《全国生态环境保护规划纲要》以及农业七大体系建设、林业六大工程以及种质资源保存等重大行动。截止到 2005 年底，全国共建立各级各类自然保护区 2349 处，面积 150 万平方公里，约占国土面积的 15%，初步形成了类型比较齐全、布局比较合理、功能比较健全的全国自然保护区网络。

在新世纪新阶段，中国政府确立了坚持科学发展观、构建社会主义和谐社会，实现人与自然协调的指导方针，确立了建立资源节约型、环境友好型社会的基本方略。中国已经明确把生物多样性保护纳入了国民经济和社会发展“十一五”计划，国务院发布实施的《关于加强环境保护工作的决定》，对有效保护生物多样性提出了明确要求；今年召开的第六次全国环保大会，明确提出在新的时期，中国的环境保护工作要实现三大历史性转变。明天，将召开中国自然保护区发展 50 周年纪念大会，中国国务院领导将出席纪念大会，参加纪念大会的还有各有关部门领导和地方代表。这次纪念大会将对我国自然保护区工作 50 年来所取得的经验进行总结。所有这些，为我们进一步做好环境保护工作，推动生物多样性保护与可持续利用指明了方向。

当前，中国的环境保护工作正处在关键时期，实现新时期环境保护工作历史性转变，完成国家确定的环境保护目标和任务，明确发展战略、加强能力建设至关重要。作为发展中的大国家，推行大规模的环保战略和行动，需要加强国际合作，学习其他国家先进的环保理念、经验和技术。

中国政府高度重视与欧盟的合作。中欧生物多样性项目的启动就是双方深化合作、共同保护生物多样性的重要里程碑。双边合作，重要的是构建稳固的合作平台，建立灵活的合作机制。双方应本着平等、互信、共赢的原则，以合作机制为桥梁，以合作项目为平台、通过经验交流、人员培训以及项目援助等方式，让中国充分积累经验、克服现有困难，实现生物多样性保护工作的大突破，促进、推动双方生物多样性保护工作的开展。目前，我们希望与欧盟在生物多样性领域的三个方面加强合作与交流。一是生物多样性保护监督体系，即生物多样保护的法律体系、管理体系和政策制定等；二是生物多样性监测与评价体系，即生物多样性监测网络建设，生物多样性评价方法和生物多样性信息交换机制等；三是生物多样性保护融资，即生物多样性保护国际融资渠道、国内财政机制等。通过这三个方面的合作，在自然保护区建设、生物物种资源保护和生态功能区规划等领域加强合作的广度与深度。以此充分有效的保护中国的生物多样性，建立完善的生物多样性保护能力保障体系。

保护生物多样性，功在当代，利在千秋，是为子孙后代谋利益的大事。缤纷世界的美丽，是因为她没有分开每种色彩；人类文化的浩瀚无穷，正是因为她包含了每一种文化形态；人类的长远幸福，存在于与我们共同生活在这个世界上的每一个生命之中。让我们携起手来，共同保护人类赖以生存的生物多样性。

最后，我代表中国国家环保总局对欧盟近年来在环境保护领域对中国的支持表示衷心的感谢。预祝本次会议取得圆满成功，预祝中欧生物多样性项目实施取得圆满成功！

发展循环经济要解决机制问题

国家环保总局副局长　王玉庆

（2006 年 1 月 6 日）

党的十六届五中全会提出，要大力发展循环经济，建设资源节约型和环境友好型社会。胡锦涛总书记在去年中央人口资源环境工作座谈会上讲话也指出，要大力宣传循环经济理念，加快制定循环经济促进法，加强循环经济试点工作，全方位、多层次推广适应建立资源节约型、环境友好型社会要求的生产生活方式。中国环境科学学会创办的首届中国绿色财富论坛暨构建资源节约型与环境友好型社会高峰会，恰逢其时。

从中国资源情况看，发展循环经济有其必然性；从中国所处的发展阶段和战略目标看，发展循环经济具有重大现实意义。对于这一点，越来越多的人有了共识。在此，我想提出一些思考性的问题，与各位共同研讨。

循环经济是一种新生事物，即使在国际上这一概念的使用也不多见。在我国发展循环经济除了开展宣传、普及相关知识、阐述其重要意义和进行研究探讨之外，很重要的是要解决机制、体制和法制的问题。这里我仅就建立有利于循环经济发展的机制说点看法，因为它是促进循环经济发展的内在动力。

顾名思义循环经济从更大的范畴看它是一种经济活动，既然是经济活动就有投入、产出或者经营成本和效益问题。

循环经济通常提到的3R原则，即减量化、再使用和循环利用。不管是哪一种活动从资源环境角度看，可达到节约、高效利用资源和对环境的危害尽可能小的效果。但是从活动效率看，比如说某一企业从事循环经济活动，如进行成本效益分析，并不一定站得住，即经济上不一定有利。当然这不排除通过技术进步和加强管理，许多资源节约及综合利用项目有很好的经济效益。

如何使企业在发展循环经济方面有内在的动力，即经济上有利而不仅是出于企业家自觉的环保理念和来自于政府的压力。

（一）是价格问题。我国许多重要的自然资源价格偏低、形成机制不合理，没有真实地反映资源的市场供求关系、稀缺程度和开展利用的环境成本，对投资者和消费都缺乏应该有的激励和约束机制。这也是造成资源浪费、低效的重要原因。经济学在一定意义上就是研究社会如何管理稀缺资源的学问。

问题许多人都看到了，但如何解决？绝不是简单提价就可以办到的。首先，大多数资源性企业由于种种原因多为垄断行业或其产品是属公共物品。对于垄断性行业放开价格管制绝非明智之举，对于公共物品政府又要考虑社会的承受能力；其次，资源价格构成不完整，其环境成本和机会成本科学计算有相当的难度，形成机制也不完善；再有资源作为产品大多为上游产品，它涨价会带来下游一系列产品的价格变化，影响很大。因此深化资源价格体系改革的研究，建立在政府宏观调控下，充分发挥市场在资源价格体系形成中的作用，建立全面反映应有各种成本的资源价格体系是推进循环经济的根本性措施之一。

（二）是财税政策问题。这是调节收入分配和调控企业经济行为最有效的措施。比如，适当提高资源税和改进计征办法，使国家作为资源所有者获得应有的收益；比如对一些严重污染环境的物品开征环境税，提高排污收费标准或将费改税，从严征收，使环境成本内部化；比如扩大综合利用“三废”税收减免的范围，对节约和综合利用资源减免税收；比如加强对资源性产品和开发生产过程中高污染的产品进口关税或出口退税的调节力度，等等。总之，通过有增、有减的税收调节，起到限制和鼓励某种经济活动的作用，也是促进循环经济发展的根本性措施之一。

国家财政支出在向公共财政转变，应更多地关注环境和资源保护的投入，更加注意促进循环经济发展的科技投入，更加注意资源价格改革中弱势群体的保护，这也是建立资源节约型、环境友好型社会的重要措施。

此外，还有金融政策、完善的市场体系等，都是需要我们研究的促进循环经济发展的机制性问题。

我讲这些也仅仅是出了些题目，希望有志者能深入研究，提出可供国家采纳的多种方案建议。

最后我想强调一点。可持续发展已成为国际社会的共识，中国作为世界上最大的发展中国家，20多年来改革开放，经济取得了巨大增长，举世瞩目。但是我们还没有从根本上解决可持续发展的问题。如果通过发展循环经济，构建资源节约型、环境友好型社会，使我国走上可持续发展道路，不但造福中国人民并福荫子孙，也将是对国际社会最有价值的贡献，必将成为人类发展史上光彩夺目的一页。我想这也就是“绿色财富论坛”的主题。

（本文系作者在“2005首届中国绿色财富论坛暨构建资源节约型与环境友好型社会高峰会”上的讲话，标题为编辑所加）

中国能源环境战略与对策

——在“建设节约型社会与交通节能—国际柴油发展论坛”的发言

国家环保总局副局长　王玉庆

（2006年4月14日）

主席先生：

女士们、先生们：大家好！

很高兴应邀出席这个论坛。近年来，随着中国经济持续快速增长，人民生活水平不断提高，能源与环境问题成为中国政府和社会各界普遍关注的热点问题。提高能源利用效率，控制污染物排放，改善环境质量是建设资源节约型和环境友好型社会的重要内容。下面谈两点看法。

一、中国的能源和环境问题

中国是能源生产和消费大国，能源生产总量和能源消费总量分别居世界第三位和第二位。对于一个人口众多、经济基础薄弱、正在发展中的国家，经济增长对能源消费需求有着很强的依赖关系。“十五”期间，中国能源消费总量持续快速增长，从2001年的13.5亿吨标准煤增加到2005年的22.2亿吨标准煤，增长了64.4%，同期GDP增长约66%。

中国2005年的煤炭消费量为21.4亿吨，占到能源消费总量的68.9%，这种以煤为主的能源结构使得煤烟型污染成为中国大气污染的特征。据估算，全国烟尘排放量的70%、二氧化硫排放量的90%、氮氧化物排放的67%、二氧化碳排放量的70%都来自于煤炭燃烧。燃煤电厂排放的二氧化硫和氮氧化物是造成酸雨污染的主要原因。

在传统的燃煤污染尚未解决的同时，伴随着经济发展和城市化水平的提高，机动车污染问题日益显现出来。目前全国民用机动车保有量已经超过4300万辆，专家预计到2020年，中国机动车保有量将增至1.3亿辆。随着机动车保有量增加，机动车尾气已经成为大城市空气污染的重要来源。据测算，2003年全国机动车碳氢化合物（HC）、一氧化碳（CO）和氮氧化物（NO_x）排放量已分别达到836.1万吨、3639.8万吨和549.2万吨，分别比1995年增加了2.5、2.1和3.0倍。在北京和广州，80%以上的一氧化碳、40%以上的氮氧化物来自于汽车的排放。从浓度分担率分析，机动车排放上述污染物所占比重更高。

科研成果表明，近10年北京等一些特大城市出现了光化学烟雾的迹象，机动车尾气排放已成为该类污染的主要来源。一些城市空气污染已经由煤烟型向与氮氧化物的混合型转变，少数城市已向氮氧化物污染型转变。随着城市能源结构的转变，天然气、电等清洁能源的使用，重工业逐渐退出市区，这种状况将变得更为明显。

能源生产和消费产生的环境问题日趋严峻。2005年监测的319个城市中，仍有近45%的城市大气环境质量达不到二级标准（主要污染物为二氧化硫和颗粒物），暴露于未达标空气中的城市人口超过统计城市人口的60%。全国527个市（县）中，出现酸雨的城市有298个，占统计城市的56.5%，有些地区的酸雨频率达到100%。空气污染对居民的生产生活和身体健康都带来了不利影响。上个世纪末世界银行的一项研究表明，中国由于大气污染，每年约有17.8万人过早死亡，大气污染致病造成的工作日损失达740万人年。据估算，大气污染造成的经济损失已经占到GDP的2%～3%，中国的大气污染的形势不容乐观。

中国政府高度重视能源带来的环境问题，制定了一系列的法律、法规、政策和标准来减少能源生产和消费活动对环境造成的不利影响。《环境保护法》、《大气污染防治法》、《清洁生产促进法》等都对能源生产和消费提出了相应的环境要求，新的、更严格的火电厂大气污染物排放标准和机动车尾气排放标准也在有力约束污染源的排放行为。国家划定了酸雨控制区和二氧化硫控制区，制定了加快削减二氧化硫排放的政策、限期关闭高耗能高污染的15种小企业政策、火电厂脱硫电价计入成本和排污收费政策等，都对限制能源开发利用带来的环境影响起到了积极的作用。在国民经济快速增长、人民群众消费水平显著提高的情况下，许多城市的大气质量得到了改善。

近期颁布的《国民经济和社会发展第十一个五年规划纲要》（以下简称"规划纲要"），明确提出到2010年单位国内生产总值能源消耗比"十五"期末降低20%、二氧化硫排放总量削减10%的目标，任务非常艰巨。完成这一任务需要各级政府和有关部门，特别是能源生产与消费部门认真地思考，采取有力地措施，走一条能源和环境协调发展的道路。

二、解决中国能源环境问题的战略和对策

环境保护是经济社会可持续发展的重要组成部分，在环境要求不断提高、环境保护压力逐年加大情况下，应当从环境保护的角度来审视中国能源发展的战略。作为发展中国家，未来能源需求仍将会有较大幅度的增长。如何结合中国能源结构的实际，加强能源环境的综合决策，改善能源生产和消费行为，最大程度地降低其带来的环境成本，实现能源发展与环境保护的双赢，是经济社会可持续发展所面临的、必须解决的重大课题。

（一）从能源发展战略来看，要着力调整能源结构，改变能源利用方式，提高能源利用的效率。

调整能源结构：首先，要大力发展可再生能源和清洁能源，扩大其在能源构成中的比重。在保护生态环境和移民权益的基础上适度发展水电，特别是一些贫困和缺乏能源地区的小水电；加快发展风力发电、生物质能发电、太阳能利用和发电，使可再生能源发电装机到2020年占全国发电总装机的30%以上。其次，有条件的地区适当增加天然气发电的比重；在确保安全前提下，积极发展核电，争取到2020年核电装机占电力总装机比重达到4%。再有，扩大电煤在煤炭消耗中的比重，扩大电能在能源终端消费中的比重，中国电煤在煤炭总消耗中的比重从2000年的43.9%增加到2005年的46.7%。从2001年到2005年新增煤炭消耗近9亿吨，约48%用于发电。

改变能源利用方式：首先，要大力推广清洁煤的使用，扩大煤炭洗选的比重，严格依法要求煤炭开采企业建设洗选设施。其次，优质煤优先供城市和民用，高硫煤可用于脱硫电厂；城市鼓励使用天然气、液化气、电能；禁止原煤散烧，依法在城市划定禁用高污染燃料的区域；压缩和调整中小锅炉，鼓励发展热电联产和集中供热。再有，综合考虑大城市交通系统，坚持以人为本，坚定的推行公交优先的政策，大力发展轨道交通，严格控制特大城市规划区和建成区规模。

提高能源利用效率：中国能源利用效率比先进国家约差10个百分点，提高的空间很大。首先，推进能源结构的战略性调整，要努力实现"规划纲要"提出的促进经济增长由主要依靠工业带动和数量扩张带动，向第三产业协同带动和结构优化升级带动转变，大力发展第三产业。其次，坚决淘汰高耗能、重污染的企业，利用现在钢铁、铝制品、铁合金等行业，产能过剩的时机，下决心关停一批不符合产业政策、超标排污的中小企业，提高这些行业的集中度和技术水平。再有，重要的是抓好节能工作。要落实"规划纲要"提出的要实现结构节能、技术节能和管理节能。加强耗能大户的节能技术改造，特别是各种锅炉、大型电机的改造和钢铁、有色、化工、建材行业的节能技改和余热的综合利用。大力推行建筑节能，包括使用节能灯等各种节能器具。

（二）为实现上述能源发展战略，从对策措施看主要有以下几点：

1. 确定明确的战略目标。"规划纲要"已明确把单位国内生产总值能源消耗降低20%、主要污染物排放总量降低10%作为国家能源环境的宏观战略目标，并把他们作为整个"规划纲要"中仅有的8项约束性指标中的两项，从节能和环保两方面加以约束，说明中国政府对能源环境问题

的高度重视。

2. 制定可行的发展规划。解决能源环境问题是个复杂、庞大的系统工程，涉及到生产、消费等经济社会的各个领域，应该有一个统一的规划。通过规划围绕国家确定能源环境的宏观目标，明确任务，提出重大项目，制定可行的政策措施，以统一各方面的认识，协调各方面的利益，集中各方面的力量办大事。国家已经制定了可再生能源的发展规划、电力发展规划、核电发展规划、二氧化硫控制和削减规划、两控区污染防治规划等各单项规划，应该及早制定一个总的能源发展大气环境保护的规划。

3. 完善法规政策，加强监督执法。国家已经制定了大气污染防治法、可再生能源法、节能法、煤炭法及一系列国务院的法规和部门规章。这些法规应该得到认真执行，确定的各项制度要落实，并根据新的环境形势及时修订。各类工业企业燃煤排放污染物依然是影响中国大气环境质量的主要因素，各级环保部门必须加大监管办度，确保企业稳定达标排放。电力行业是中国未来20年能源领域发展最快的行业，其中火电仍然占大头。要下决心抓好燃煤电厂脱硫工程，实施严格的电力行业排放标准，新建电厂原则上都要脱硫，老电厂要逐步还清欠账。环保总局正与国家各大电力公司商议确定“十一五”削减二氧化硫的指标，到2010年全国电厂脱硫机组容量将达到3.26亿千瓦。

4. 综合运用各种经济手段。要从经济奖励和惩罚两个方面建立一种机制，促使企事业单位和每个公民采取有利于资源节约和环境友好的生产和消费方式，这是能否实现能源环境目标最重要措施之一。要理顺各类能源的价格体系，完善价格形成机制，逐步实现能源价格反映其在生产、消耗、环境污染三部分的全部成本，以更好的发挥市场在配置资源中的基础性作用。完善能源的税收政策，原油、天然气、煤炭征收资源税，要体现其稀缺性，促进其科学合理开采。通过不同的税负来鼓励企业使用节能、对环境友好的技术，生产节能、对环境友好的产品；惩罚企业生产高耗能、重污染的产品。要加大对企业排污收费和超标排污罚款的力度。为了以最小的成本换取最大的环境效益，有条件的地方可开展二氧化硫排污交易的试点。财政金融政策也应体现节能和环保目标，一切不符合节能和环保政策要求的项目，金融机构应拒绝给予贷款支持。

5. 高度重视科学技术的作用。国家要组织和鼓励节能和环保新技术的引进和自主研发。促使科研单位与企业的结合，发挥企业在技术研发中主力军作用。国家通过制定能源和环保的生产、消费技术政策、技术规范和各种标准，指导和带动企业的技术进步和社会的合理消费。大到建筑物、小到各类家电产品都应有相应的环保和能耗标准。环保总局已经颁布了轻型车污染物排放执行欧Ⅲ、欧Ⅳ的标准，就应有相应的油品标准，使机动车排放标准得以实施。技术规范和标准工作是依法行政和科学管理的基础，必须大大加强。

6. 建立节能专项基金。基金可用于支持新能源、节能、环保技术的研发和推广，用于化解高新技术开发的风险；奖励在这方面作出突出贡献的单位和个人；加强对相关活动的监控、监测手段；用于必要的宣传普及工作，等等。

7. 建立统一高效的管理机构。国务院应设立专门的能源行政主管部门，以便统一规划、协调各类能源的生产和消费活动，监督国家相关法规政策的实施。各级环保部门也应成为政府的组成部门，以更多的参与政府调控经济的重要决策，使环境保护成为优化经济增长的重要因素。

主席先生，这次研讨会是以交通节能，特别是介绍国际先进的柴油车技术为主题。我们非常关注这一主题，并积极支持在中国开展先进柴油轿车的技术和经济政策研究，从专家发言和会议资料中获得了许多有价值的信息，有利于我们制定科学的机动车污染控制政策和开展相应的监管活动。

王玉庆副局长在全国环境保护政务信息工作会上的讲话

（2006年5月17日）

全国环保系统的政务信息工作会已经有4年没有开了。这次会议的主要目的是总结过去几年的工作，交流各地的工作经验，表彰先进，研究和部署下一步工作。政务信息工作必须扣紧当前形势，因此政务信息工作者对全国环境保护宏观形势的把握很重要，要加强学习。下面，我谈一下我对《国务院关于落实科学发展观加强环境保护的决定》（以下简称“国务院《决定》”）和第六次全国环保大会精神的认识和体会。

第一部分（略）

第二部分

当前和今后一个时期，全国环境保护政务信息工作就是要围绕贯彻落实国务院《决定》和六次大会精神，为加快推进历史性转变提供更加优质高效的信息服务。下面，谈一下我对环境保护政务信息工作的一些想法和意见。

近年来，在中办、国办和各级党委、政府的关心指导下，环境保护政务信息工作取得很大进展。仅2005年，党中央、国务院领导同志即对总局报送的31篇信息作出重要批示，为服务领导决策，解决重大环境问题，推动全国环保工作发挥了重要作用。总局连续第六年被中办、国办评为信息报送先进单位。各地环保政务信息部门也是一样，在各级环保局领导的关心和重视下，配备了人员和设备，建立了规章，形成了网络，信息工作水平逐年提高。很多地方环保部门都是当地党委、政府的信息报送先进单位。但是，我们也应该清醒地看到，环保系统政务信息工作与党中央、国务院、各级党委和政府的要求，与环保工作需要相比还有很大差距。我们要进一步提高对政务信息工作重要性的认识，不断提高工作水平。

一、充分认识信息工作在环境保护中的重要作用

党中央、国务院高度重视信息工作。2005年，总局共收到党中央、国务院领导同志批示290多件，其中超过35%是批示在各类信息刊物上的；国务院领导同志每年对国办编报信息的批示有1100多件。目前，中办、国办都制订了信息报送的管理规章，建立了覆盖全国的信息报送网络，办有多种各具特色的信息刊物，服务党中央、国务院领导同志。信息在国家决策中发挥着越来越重要的作用。多年来，我一直主管办公厅工作，政务信息和电子政务已成为办公厅工作的两个亮点。总局的电子政务综合平台在国务院70多个部委中被评为第一名，政府网站在70多个部委中被评为第三名。这是很不简单的。

首先，政务信息是各级领导和各级政府机关了解工作的重要渠道。信息能够帮助领导快捷地了解情况、把握形势，使领导决策建立在及时、准确、可靠的信息支持基础上，有效避免盲目决策。目前，领导获取政务信息主要有三种方式：一是在参加会议时听到各种意见，二是在调研中获得各种信息，三是从政务信息刊物上获得信息。目前，政务信息日益成为各级领导和政府机关了解工作的重要渠道。我体会，政务信息有以下几个特点：一是非常快捷，不管哪一位领导，都不会天天去开会，天天去调研，而信息刊物是每天都能看到的。二是短小精悍，领导不用很多精力就可以了解比较全面的情况。三是面比较宽。目前，总局的信息刊物有多种类型，有关于环保问题的，也有关于政治、经济方面的参考信息，对于领导了解全面情况十分有益。四是信息具有敏感的特点。很多都是从大量信息中捕捉出的新鲜的、有苗头性的内容，而且政务信息往往可以抓住一点，写得鲜明而有特点。政务信息的这些特点，决定了他在新时期各级党委、政府机关工作中发挥了越来越重要的决策参考作用。

其次，政务信息是各级环保部门传达各项政策，反映工作动态、交流工作经验的重要渠道。

通过信息刊物，可以把各地贯彻党和国家各项方针政策中一些好的经验和做法传递到各地、各部门，相互借鉴，达到指导和推动工作的目的。近年来，环保系统很多先进经验和做法，都是通过信息交流在全国推广开来的。各地存在的一些突出环境问题，也是通过环保信息渠道真实地反映上来并得到解决的。政务信息在帮助各级环保部门了解全国环保工作形势，改进和推动本部门工作发挥着重要作用。

第三，政务信息工作能够促进机关工作效率的提高。加强信息工作是使各级政府机关从“文山会海”中解脱出来的有效途径。信息网络覆盖面广，渠道多，触角长，基层出现的一些问题也可以通过信息渠道直接向上反映，使上级部门和领导迅速掌握第一手材料。信息工作者将每天收集到的信息进行精选、提炼，编写成各种类型的信息刊物，领导只需通过看一些精短的材料，就可以了解一个部门或一个系统发生的重大事情或工作中出现的主要问题可以节省很多时间。比传统的文件、报告有更及时、更敏锐、更简短的特点。因此，信息工作做得好坏，提供的信息是否及时、准确、全面，在一定程度上关系到机关工作的质量和效率。充分发挥信息的快速反应能力，做到能通过信息反映的情况尽量不发文件、不开会，可以大大减少文件和会议数量，从而实现工作质量与工作效率的有机统一。

二、正确认识和处理当前政务信息工作中存在的问题

近年来，经过各级环保部门的共同努力，全国环保系统的信息工作已步入制度化、规范化管理轨道；建立了覆盖全国的信息网络，信息的数量和质量逐年提高。但是，各地、各部门政务信息工作发展还很不平衡，部分同志对信息工作重要性还缺乏足够的认识，在一定程度上影响了信息工作的水平。

首先，要充分认识政务信息在当前政府机关工作中的地位和作用。党中央、国务院高度重视环保问题。去年，中央政治局专题听取环保工作汇报，国务院常务会议多次研究环保工作，这是过去少有的。当前，领导非常需要环保方面有价值的信息。报送信息又是各级机关的一项基本职能和具体工作任务，中办、国办在这方面都有明确的规定，也建立了相应的规章制度。基层工作中的很多问题也都是通过信息渠道反映上去，引起重视，得到解决的。但是，一些部门和单位领导同志对政务信息工作重要性还认识不够。他们了解情况、分析问题仍然是通过看文件、听汇报，不善于利用信息，也没有把信息工作摆正位置。这种观念必须转变，要充分认识信息工作既是各级政府机关的重要工作手段，也是一项基本职能。不能把它当成额外负担，也不能以文件报告代替信息。各级环保部门的办公室，必须担负起信息工作任务，为单位领导及上级部门提供高效、优质、全面的信息服务。认真做好信息工作的组织、协调、编辑加工；把信息工作任务落实到各业务处室，列入部门工作目标责任制考核内容；建立完善的信息报送机制，形成全面系统的信息网络。

其次，正确处理“报喜”与“报忧”的关系。当前，信息工作报喜不报忧的现象仍比较严重。一些部门和单位的领导对报成绩津津乐道，而反映问题却顾虑重重。甚至把向上级反映问题看成是给本部门和本地区的工作抹黑。兼听则明，偏听则暗。在上报信息中，报忧与报喜同等重要。在许多情况下，报忧比报喜更重要。报忧，是党的实事求是思想路线的具体体现，也是解决问题的前提条件。报忧不是把问题说得一团黑，而是指明问题在哪，把问题分析、提炼出来，提出建议，供领导决策参考。我理解各单位、各地区工作经验和成绩多在各种媒体、会议和工作报告中反映的比较充分，大多作为内部资料或简报上反映的信息，领导同志更多的希望看到一些工作中的问题或不足的地方。因此，各级环保部门要切实做到喜忧兼报，把真实情况报上去。让领导知道问题的所在，推动问题的解决。

第三，要不断提高信息工作深度。当前信息工作的另一个突出问题是守株待兔被动“等”信息的情况多，主动深入实际，搜集、提供有价值

的信息少；报送的信息情况反映简单、问题轻描淡写、建议空洞无物的多，真正有情况、有分析、有分量的建议信息少。正如基层信息工作者总结的，是“五多五少”，即“动态现象信息多，综合分析信息少；经验成绩信息多，问题建议信息少；零碎肤浅信息多，全局系统信息少；就事论事信息多，深入调研信息少；时效滞后信息多，及时反馈信息少”。这些问题的存在，使本来非常重要的信息失去了应有的价值。今后报送信息一定要围绕党中央、国务院的战略部署，紧密结合实际，抓住环境保护中的热点问题，进行深层次的分析；信息内容要准确、客观、真实，要全方位、多领域、多角度地提供信息。

三、努力提高政务信息工作水平

当前我国环境形势依然严峻，环境保护工作正经历着历史性的转变。各级环保部门要努力使信息工作适应形势发展的需要，不断提高信息服务水平。

一是要把信息工作纳入日常工作内容，切实加强对信息工作的领导。各级领导要高度关注这方面工作，把大家的主动性和创造性发挥出来，建立一套有效的考核和奖惩机制，各地、各部门都要有一名领导同志负责信息工作，组织落实报送信息的具体任务。要经常给信息工作者提要求、交任务、出题目，支持他们积极收集、如实反映工作进展情况和问题；允许他们参加有关会议，阅读相关文件，了解各方面情况，为他们做好信息工作提供各种便利条件。

二是要围绕工作重点开展信息工作，促进信息与业务工作的有机结合。我认为，从大的方面讲，信息取材可集中于以下几个方面：一是各地的环境状况，特别是新的变化；二是环保工作进展，特别是在重点领域取得的突出进展；三是对解决环境问题一些新的看法和建议；四是政策落实中遇到的困难和问题。当前，信息工作的一个重点应集中在贯彻落实国务院《决定》和六次大会精神上，对各地在落实中好的经验和做法、好的政策建议，甚至一些不同观点和看法等，都可以反映上来。信息工作一定要有深度。我想，一篇信息要有深度，关键是要有特点，选题要选好，切入点要选好，不必面面俱到，但一定要有新东西。

三是要培养一支高素质的信息工作队伍，为信息工作提供有力的组织保障。要按照思想好、懂业务、工作勤奋、思路敏捷的要求，抓好信息队伍建设。各地、各部门要对信息工作者进行业务培训，提高其政治和业务素质，改进思想和工作作风，不断提高工作质量和效率。把信息工作者培养成政策理论水平高、业务功底深、文笔好、有强烈的责任心和敬业精神的优秀信息工作者。在一个单位，信息队伍要保持相对的稳定，要加强对队伍的培养。一个岗位是否好关键是看能否锻炼人。政务信息工作是一个非常能锻炼人的岗位，若在这个岗位上锻炼几年，能够极大地促进个人的成长和能力的提高。

四是要不断提高信息处理能力，为信息工作提供技术保障。实现办公自动化是信息化发展的客观需要。要为信息处室提供必要的经费支持，配备必要的现代化办公设备和技术力量，实现信息处理、管理、传输的电子化、网络化。部分地方信息工作条件还比较差，但大家不要怨天尤人，要想办法克服困难，去努力把工作做好，以争取领导的支持。

五是要不断拓宽信息渠道。互联网的应用使信息来源呈现多元化趋势。网络信息内容丰富、覆盖面广、反应灵、更新快，有条件的地方和部门可以安排一定力量收集、编辑网络信息，为各级领导决策提供参考。但是需要注意的一个问题是，网上信息自由、宽泛，往往是鱼龙混杂，要注意去伪存真，去粗取精，从中筛选、整理出需要的信息，有些重要的信息要进行调查核实。有些重点课题可以自己组织调研，要善于借助外力，包括办公室及局外科研所、高校、社会单位的力量，使多方面的资源为我所用。

重要文献摘录

中华人民共和国国民经济和社会发展第十一个五年规划纲要（摘录）

（2006年3月14日第十届全国人民代表大会第四次会议批准）

中华人民共和国国民经济和社会发展第十一个五年（2006～2010年）规划纲要根据《中共中央关于制定国民经济和社会发展第十一个五年规划的建议》编制，主要阐明国家战略意图，明确政府工作重点，引导市场主体行为，是未来五年我国经济社会发展的宏伟蓝图，是全国各族人民共同的行动纲领，是政府履行经济调节、市场监管、社会管理和公共服务职责的重要依据。

第一篇　指导原则和发展目标

第二章　全面贯彻落实科学发展观

“十一五”时期促进国民经济持续快速协调健康发展和社会全面进步，要以邓小平理论和“三个代表”重要思想为指导，以科学发展观统领经济社会发展全局。坚持发展是硬道理，坚持抓好发展这个党执政兴国的第一要务，坚持以经济建设为中心，坚持用发展和改革的办法解决前进中的问题。发展必须是科学发展，要坚持以人为本，转变发展观念、创新发展模式、提高发展质量，落实“五个统筹”，把经济社会发展切实转入全面协调可持续发展的轨道。要坚持以下原则：

——必须保持经济平稳较快发展。要进一步扩大国内需求，调整投资和消费的关系，合理控制投资规模，增强消费对经济增长的拉动作用。正确把握经济发展趋势的变化，保持社会供求总量基本平衡，避免经济大起大落，实现又快又好发展。

——必须加快转变经济增长方式。要把节约资源作为基本国策，发展循环经济，保护生态环境，加快建设资源节约型、环境友好型社会，促进经济发展与人口、资源、环境相协调。推进国民经济和社会信息化，切实走新型工业化道路，坚持节约发展、清洁发展、安全发展，实现可持续发展。

——必须提高自主创新能力。要深入实施科教兴国战略和人才强国战略，把增强自主创新能力作为科学技术发展的战略基点和调整产业结构、转变增长方式的中心环节，大力提高原始创新能力、集成创新能力和引进消化吸收再创新能力。

——必须促进城乡区域协调发展。要从社会主义现代化建设全局出发，统筹城乡区域发展。坚持把解决好“三农”问题作为重中之重，实行工业反哺农业、城市支持农村，推进社会主义新农村建设，促进城镇化健康发展。落实区域发展总体战略，形成东中西优势互补、良性互动的区域协调发展机制。

——必须加强和谐社会建设。要按照以人为本的要求，从解决关系人民群众切身利益的现实问题入手，更加注重经济社会协调发展，千方百计扩大就业，加快发展社会事业，促进人的全面发展；更加注重社会公平，使全体人民共享改革发展成果；更加注重民主法制建设，正确处理改革发展稳定的关系，保持社会安定团结。

——必须不断深化改革开放。要坚持社会主义市场经济的改革方向，完善现代企业制度和现代产权制度，建立反映市场供求状况和资源稀缺程度的价格形成机制，更大程度地发挥市场在资源配置中的基础性作用，提高资源配置效率，切实转变政府职能，健全国家宏观调控体系。统筹国内发展和对外开放，不断提高对外开放水平，增强在扩大开放条件下促进发展的能力。

根据上述指导思想和原则，针对发展中的突出矛盾和问题，要进一步调整推动发展的思路，转变推动发展的方式，明确推动发展的政策导向。

——立足扩大国内需求推动发展，把扩大国内需求特别是消费需求作为基本立足点，促使经济增长由主要依靠投资和出口拉动向消费与投资、内需与外需协调拉动转变。

——立足优化产业结构推动发展，把调整经济结构作为主线，促使经济增长由主要依靠工业带动和数量扩张带动向三次产业协同带动和结构优化升级带动转变。

——立足节约资源保护环境推动发展，把促进经济增长方式根本转变作为着力点，促使经济增长由主要依靠增加资源投入带动向主要依靠提高资源利用效率带动转变。

——立足增强自主创新能力推动发展，把增强自主创新能力作为国家战略，促使经济增长由主要依靠资金和物质要素投入带动向主要依靠科技进步和人力资本带动转变。

——立足深化改革开放推动发展，把改革开放作为动力，促使经济增长由某些领域相当程度上依靠行政干预推动向在国家宏观调控下更大程度发挥市场配置资源基础性作用转变。

——立足以人为本推动发展，把提高人民生活水平作为根本出发点和落脚点，促使发展由偏重于增加物质财富向更加注重促进人的全面发展和经济社会的协调发展转变。

第三章　经济社会发展的主要目标

根据全面建设小康社会的总体要求，“十一五”时期要努力实现以下经济社会发展的主要目标：

——宏观经济平稳运行。国内生产总值年均增长7.5%，实现人均国内生产总值比2000年翻一番。城镇新增就业和转移农业劳动力各4500万人，城镇登记失业率控制在5%。价格总水平基本稳定。国际收支基本平衡。

——产业结构优化升级。产业、产品和企业组织结构更趋合理，服务业增加值占国内生产总值比重和就业人员占全社会就业人员比重分别提高3个和4个百分点。自主创新能力增强，研究与试验发展经费支出占国内生产总值比重增加到2%，形成一批拥有自主知识产权和知名品牌、国际竞争力较强的优势企业。

——资源利用效率显著提高。单位国内生产总值能源消耗降低20%左右，单位工业增加值用水量降低30%，农业灌溉用水有效利用系数提高到0.5，工业固体废物综合利用率提高到60%。

——城乡区域发展趋向协调。社会主义新农村建设取得明显成效，城镇化率提高到47%。各具特色的区域发展格局初步形成，城乡、区域间公共服务、人均收入和生活水平差距扩大的趋势得到遏制。

——基本公共服务明显加强。国民平均受教育年限增加到9年。公共卫生和医疗服务体系比较健全。社会保障覆盖面扩大，城镇基本养老保险覆盖人数达到2.23亿人，新型农村合作医疗覆盖率提高到80%以上。贫困人口继续减少。防灾减灾能力增强，社会治安和安全生产状况进一步好转。

——可持续发展能力增强。全国总人口控制在136000万人。耕地保有量保持1.2亿公顷，淡水、能源和重要矿产资源保障水平提高。生态环境恶化趋势基本遏制，主要污染物排放总量减少

10%，森林覆盖率达到20%，控制温室气体排放取得成效。

——市场经济体制比较完善。行政管理、国有企业、财税、金融、科技、教育、文化、卫生等领域的改革和制度建设取得突破，市场监管能力和社会管理水平明显提高。对外开放与国内发展更加协调，开放型经济达到新水平。

——人民生活水平继续提高。城镇居民人均可支配收入和农村居民人均纯收入分别年均增长5%，城乡居民生活质量普遍提高，居住、交通、教育、文化、卫生和环境等方面的条件有较大改善。

——民主法制建设和精神文明建设取得新进展。法制建设全面推进，形成中国特色社会主义法律体系。思想道德建设进一步加强，构建和谐社会取得新进步。

第二篇　建设社会主义新农村

第六章　改善农村面貌

统筹规划、分步实施，政府引导、群众自愿，因地制宜、注重实效，改善农民生产生活条件。

第一节　加强农村基础设施建设

着力加强农民最急需的生产生活设施建设。加快实施农村饮水安全工程。加强农村公路建设，基本实现全国所有乡镇通油（水泥）路，东中部地区所有具备条件的建制村通油（水泥）路，西部地区具备条件的建制村通公路，健全农村公路管护体系。积极发展农村沼气、秸秆发电、小水电、太阳能、风能等可再生能源，完善农村电网。建立电信普遍服务基金，加强农村信息网络建设，发展农村邮政和电信，基本实现村村通电话、乡乡能上网。按照节约土地、设施配套、节能环保、突出特色的原则，做好乡村建设规划，引导农民合理建设住宅，保护有特色的农村建筑风貌。

第二节　加强农村环境保护

开展全国土壤污染现状调查，综合治理土壤污染。防治农药、化肥和农膜等面源污染，加强规模化养殖场污染治理。推进农村生活垃圾和污水处理，改善环境卫生和村容村貌。禁止工业固体废物、危险废物、城镇垃圾及其他污染物向农村转移。

第三篇　推进工业结构优化升级

按照走新型工业化道路要求，坚持以市场为导向、企业为主体，把增强自主创新能力作为中心环节，继续发挥劳动密集型产业的竞争优势，调整优化产品结构、企业组织结构和产业布局，提升整体技术水平和综合竞争力，促进工业由大变强。

第十章　加快发展高技术产业

第二节　培育生物产业

发挥我国特有的生物资源优势和技术优势，面向健康、农业、环保、能源和材料等领域的重大需求，重点发展生物医药、生物农业、生物能源、生物制造。实施生物产业专项工程，努力实现生物产业关键技术和重要产品研制的新突破。健全市场准入制度，保护特有生物资源，保障生物安全。

第十二章　优化发展能源工业

坚持节约优先、立足国内、煤为基础、多元发展，优化生产和消费结构，构筑稳定、经济、清洁、安全的能源供应体系。

第一节　有序发展煤炭

加强煤炭资源勘探，统筹规划，合理开发，提高回采率，减少煤炭开采对生态环境的影响。建设大型煤炭基地，鼓励煤炭企业联合重组，引导形成若干产能亿吨级的企业。鼓励有优势的煤炭企业实行煤电联营或煤电运一体化经营。调整改造重组中小煤矿，依法关闭不具备安全生产条件、破坏资源和环境的煤矿。

加强煤矿瓦斯综合治理，加快煤层气开发利

用。加强煤炭清洁生产和利用，鼓励发展煤炭洗选及低热值煤、煤矸石发电等综合利用，开发推广高效洁净燃烧、烟气脱硫等技术。发展煤化工，开发煤基液体燃料，有序推进煤炭液化示范工程建设，促进煤炭深度加工转化。

第二节 积极发展电力

以大型高效环保机组为重点优化发展火电。建设大型超超临界电站和大型空冷电站。推进洁净煤发电，建设单机 60 万千瓦级循环流化床电站，启动整体煤气化燃气—蒸汽联合循环电站工程。鼓励发展坑口电站，建设大型煤电基地。适度发展天然气发电。加快淘汰落后的小火电机组。

在保护生态基础上有序开发水电。统筹做好移民安置、环境治理、防洪和航运。建设金沙江、雅砻江、澜沧江、黄河上游等水电基地和溪洛渡、向家坝等大型水电站。适当建设抽水蓄能电站。

积极推进核电建设。重点建设百万千瓦级核电站，逐步实现先进压水堆核电站的设计、制造、建设和运营自主化。加强核燃料资源勘查、开采、加工工艺改造以及核电关键技术开发和核电人才培养。

加强电网建设。建设西电东送三大输电通道和跨区域输变电工程，扩大西电东送规模，继续推进西电东送、南北互济、全国联网。加强区域、省级电网建设，同步发展输配电网络，加强城乡电网建设和改造，完善城乡配电网络，扩大供电范围，确保供电安全。

第四节 大力发展可再生能源

实行优惠的财税、投资政策和强制性市场份额政策，鼓励生产与消费可再生能源，提高在一次能源消费中的比重。大力开发风能，建成 30 个 10 万千瓦级以上的大型风电项目，在内蒙古、河北、江苏、甘肃等地区形成百万千瓦风电基地。加快开发生物质能，支持发展秸秆、垃圾焚烧和垃圾填埋气发电，建设一批秸秆和林木质电站，扩大生物质固体成型燃料、燃料乙醇和生物柴油生产能力。并网风电装机、生物质发电装机分别达到 500 万千瓦和 550 万千瓦。积极开发利用太阳能、地热能和海洋能。

第五篇 促进区域协调发展

根据资源环境承载能力、发展基础和潜力，按照发挥比较优势、加强薄弱环节、享受均等化基本公共服务的要求，逐步形成主体功能定位清晰，东中西良性互动，公共服务和人民生活水平差距趋向缩小的区域协调发展格局。

第十九章 实施区域发展总体战略

坚持实施推进西部大开发，振兴东北地区等老工业基地，促进中部地区崛起，鼓励东部地区率先发展的区域发展总体战略，健全区域协调互动机制，形成合理的区域发展格局。

第一节 推进西部大开发

西部地区要加快改革开放步伐，通过国家支持、自身努力和区域合作，增强自我发展能力。坚持以线串点，以点带面，依托中心城市和交通干线，实行重点开发。加强基础设施建设，建设出境、跨区铁路和西煤东运新通道，建成“五纵七横”西部路段和八条省际公路，建设电源基地和西电东送工程。巩固和发展退耕还林成果，继续推进退牧还草、天然林保护等生态工程，加强植被保护，加大荒漠化和石漠化治理力度，加强重点区域水污染防治。加强青藏高原生态安全屏障保护和建设。支持资源优势转化为产业优势，大力发展特色产业，加强清洁能源、优势矿产资源开发及加工，支持发展先进制造业、高技术产业及其他有优势的产业。加强和改善公共服务，优先发展义务教育和职业教育，改善农村医疗卫生条件，推进人才开发和科技创新。建设和完善边境口岸设施，加强与毗邻国家的经济技术合作，发展边境贸易。落实和深化西部大开发政策，加大政策扶持和财政转移支付力度，推动建立长期稳定的西部开发资金渠道。

第二节 振兴东北地区等老工业基地

东北地区要加快产业结构调整和国有企业改

革改组改造，在改革开放中实现振兴。发展现代农业，强化粮食基地建设，推进农业规模化、标准化、机械化和产业化经营，提高商品率和附加值。建设先进装备、精品钢材、石化、汽车、船舶和农副产品深加工基地，发展高技术产业。建立资源开发补偿机制和衰退产业援助机制，抓好阜新、大庆、伊春和辽源等资源枯竭型城市经济转型试点，搞好棚户区改造和采煤沉陷区治理。加强东北东部铁路通道和跨省区公路运输通道等基础设施建设，加快市场体系建设，促进区域经济一体化。扩大与毗邻国家的经济技术合作。加强黑土地水土流失和东北西部荒漠化综合治理。支持其他地区老工业基地的振兴。

第三节　促进中部地区崛起

中部地区要依托现有基础，提升产业层次，推进工业化和城镇化，在发挥承东启西和产业发展优势中崛起。加强现代农业特别是粮食主产区建设，加大农业基础设施建设投入，增强粮食等大宗农产品生产能力，促进农产品加工转化增值。支持山西、河南、安徽加强大型煤炭基地建设，发展坑口电站和煤电联营。加快钢铁、化工、有色、建材等优势产业的结构调整，形成精品原材料基地。支持发展矿山机械、汽车、农业机械、机车车辆、输变电设备等装备制造业以及软件、光电子、新材料、生物工程等高技术产业。构建综合交通运输体系，重点建设干线铁路和公路、内河港口、区域性机场。加强物流中心等基础设施建设，完善市场体系。

第四节　鼓励东部地区率先发展

东部地区要率先提高自主创新能力，率先实现经济结构优化升级和增长方式转变，率先完善社会主义市场经济体制，在率先发展和改革中带动帮助中西部地区发展。加快形成一批自主知识产权、核心技术和知名品牌，提高产业素质和竞争力。优先发展先进制造业、高技术产业和服务业，着力发展精加工和高端产品。促进加工贸易升级，积极承接高技术产业和现代服务业转移，提高外向型经济水平，增强国际竞争力。加强耕地保护，发展现代农业。提高资源特别是土地、能源利用效率，加强生态环境保护，增强可持续发展能力。继续发挥经济特区、上海浦东新区的作用，推进天津滨海新区开发开放，支持海峡西岸和其他台商投资相对集中地区的经济发展，带动区域经济发展。

第五节　支持革命老区、民族地区和边疆地区发展

加大财政转移支付力度和财政性投资力度，支持革命老区、民族地区和边疆地区加快发展。保护自然生态，改善基础设施条件。发展学前教育，加快普及义务教育，办好中心城市的民族初中班和高中班，加强民族大学建设和民族地区高等教育。建设少数民族民间传统文化社区，扶持少数民族出版事业，建立双语教学示范区。加强少数民族人才队伍建设，稳定民族地区人才队伍。支持发展民族特色产业、民族特需商品、民族医药产业和其他有优势的产业。优先解决特困少数民族贫困问题，扶持人口较少民族的经济社会发展，推进兴边富民行动。继续实行支持西藏、新疆及新疆生产建设兵团发展的政策。

第六节　健全区域协调互动机制

健全市场机制，打破行政区划的局限，促进生产要素在区域间自由流动，引导产业转移。健全合作机制，鼓励和支持各地区开展多种形式的区域经济协作和技术、人才合作，形成以东带西、东中西共同发展的格局。健全互助机制，发达地区要采取对口支援、社会捐助等方式帮扶欠发达地区。健全扶持机制，按照公共服务均等化原则，加大国家对欠发达地区的支持力度。国家继续在经济政策、资金投入和产业发展等方面，加大对中西部地区的支持。

第二十章　推进形成主体功能区

根据资源环境承载能力、现有开发密度和发展潜力，统筹考虑未来我国人口分布、经济布局、国土利用和城镇化格局，将国土空间划分为优化

开发、重点开发、限制开发和禁止开发四类主体功能区，按照主体功能定位调整完善区域政策和绩效评价，规范空间开发秩序，形成合理的空间开发结构。

第一节　优化开发区域的发展方向

优化开发区域是指国土开发密度已经较高、资源环境承载能力开始减弱的区域。要改变依靠大量占用土地、大量消耗资源和大量排放污染实现经济较快增长的模式，把提高增长质量和效益放在首位，提升参与全球分工与竞争的层次，继续成为带动全国经济社会发展的龙头和我国参与经济全球化的主体区域。

第二节　重点开发区域的发展方向

重点开发区域是指资源环境承载能力较强、经济和人口集聚条件较好的区域。要充实基础设施，改善投资创业环境，促进产业集群发展，壮大经济规模，加快工业化和城镇化，承接优化开发区域的产业转移，承接限制开发区域和禁止开发区域的人口转移，逐步成为支撑全国经济发展和人口集聚的重要载体。

第三节　限制开发区域的发展方向

限制开发区域是指资源环境承载能力较弱、大规模集聚经济和人口条件不够好并关系到全国或较大区域范围生态安全的区域。要坚持保护优先、适度开发、点状发展，因地制宜发展资源环境可承载的特色产业，加强生态修复和环境保护，引导超载人口逐步有序转移，逐步成为全国或区域性的重要生态功能区。

第四节　禁止开发区域的发展方向

禁止开发区域是指依法设立的各类自然保护区域。要依据法律法规规定和相关规划实行强制性保护，控制人为因素对自然生态的干扰，严禁不符合主体功能定位的开发活动。

第五节　实行分类管理的区域政策

财政政策，要增加对限制开发区域、禁止开发区域用于公共服务和生态环境补偿的财政转移支付，逐步使当地居民享有均等化的基本公共服务。投资政策，要重点支持限制开发区域、禁止开发区域公共服务设施建设和生态环境保护，支持重点开发区域基础设施建设。产业政策，要引导优化开发区域转移占地多、消耗高的加工业和劳动密集型产业，提升产业结构层次；引导重点开发区域加强产业配套能力建设；引导限制开发区域发展特色产业，限制不符合主体功能定位的产业扩张。土地政策，要对优化开发区域实行更严格的建设用地增量控制，在保证基本农田不减少的前提下适当扩大重点开发区域建设用地供给，对限制开发区域和禁止开发区域实行严格的土地用途管制，严禁生态用地改变用途。人口管理政策，要鼓励在优化开发区域、重点开发区域有稳定就业和住所的外来人口定居落户，引导限制开发区域和禁止开发区域的人口逐步自愿平稳有序转移。绩效评价和政绩考核，对优化开发区域，要强化经济结构、资源消耗、自主创新等的评价，弱化经济增长的评价；对重点开发区域，要综合评价经济增长、质量效益、工业化和城镇化水平等；对限制开发区域，要突出生态环境保护等的评价，弱化经济增长、工业化和城镇化水平的评价；对禁止开发区域，主要评价生态环境保护。

第六篇　建设资源节约型、环境友好型社会

落实节约资源和保护环境基本国策，建设低投入、高产出，低消耗、少排放，能循环、可持续的国民经济体系和资源节约型、环境友好型社会。

第二十二章　发展循环经济

坚持开发节约并重、节约优先，按照减量化、再利用、资源化的原则，在资源开采、生产消耗、废物产生、消费等环节，逐步建立全社会的资源循环利用体系。

第一节　节约能源

强化能源节约和高效利用的政策导向，加大

节能力度。通过优化产业结构特别是降低高耗能产业比重，实现结构节能；通过开发推广节能技术，实现技术节能；通过加强能源生产、运输、消费各环节的制度建设和监管，实现管理节能。突出抓好钢铁、有色、煤炭、电力、化工、建材等行业和耗能大户的节能工作。加大汽车燃油经济性标准实施力度，加快淘汰老旧运输设备。制定替代液体燃料标准，积极发展石油替代产品。鼓励生产使用高效节能产品。

第二节　节约用水

发展农业节水，推进雨水集蓄，建设节水灌溉饲草基地，提高水的利用效率，基本实现灌溉用水总量零增长。重点推进火电、冶金等高耗水。

行业节水技术改造。抓好城市节水工作，强制推广使用节水设备和器具，扩大再生水利用。加强公共建筑和住宅节水设施建设。积极开展海水淡化、海水直接利用和矿井水利用。

第三节　节约土地

落实保护耕地基本国策。管住总量、严控增量、盘活存量，控制农用地转为建设用地的规模。建立健全用地定额标准，推行多层标准厂房。开展农村土地整理，调整居民点布局，控制农村居民点占地，推进废弃土地复垦。控制城市大广场建设，发展节能省地型公共建筑和住宅。到2010年实现所有城市禁用实心黏土砖。

第四节　节约材料

推行产品生态设计，推广节约材料的技术工艺，鼓励采用小型、轻型和再生材料。提高建筑物质量，延长使用寿命，提倡简约实用的建筑装修。推进木材、金属材料、水泥等的节约代用。禁止过度包装。规范并减少一次性用品生产和使用。

第五节　加强资源综合利用

抓好煤炭、黑色和有色金属共伴生矿产资源综合利用。推进粉煤灰、煤矸石、冶金和化工废渣及尾矿等工业废物利用。推进秸秆、农膜、禽畜粪便等循环利用。建立生产者责任延伸制度，推进废纸、废旧金属、废旧轮胎和废弃电子产品等回收利用。加强生活垃圾和污泥资源化利用。

推动钢铁、有色、煤炭、电力、化工、建材、制糖等行业实施循环经济改造，形成一批循环经济示范企业。在重点行业、领域、产业园区和城市开展循环经济试点。发展黄河三角洲、三峡库区等高效生态经济。

第六节　强化促进节约的政策措施

加快循环经济立法。实行单位能耗目标责任和考核制度。完善重点行业能耗和水耗准入标准、主要用能产品和建筑物能效标准、重点行业节能设计规范和取水定额标准。严格执行设计、施工、生产等技术标准和材料消耗核算制度。实行强制淘汰高耗能高耗水落后工艺、技术和设备的制度。推行强制性能效标识制度和节能产品认证制度。加强电力需求侧管理、政府节能采购、合同能源管理。实行有利于资源节约、综合利用和石油替代产品开发的财税、价格、投资政策。增强全社会的资源忧患意识和节约意识。

第二十三章　保护修复自然生态

生态保护和建设的重点要从事后治理向事前保护转变，从人工建设为主向自然恢复为主转变，从源头上扭转生态恶化趋势。

在天然林保护区、重要水源涵养区等限制开发区域建立重要生态功能区，促进自然生态恢复。健全法制、落实主体、分清责任，加强对自然保护区的监管。有效保护生物多样性，防止外来有害物种对我国生态系统的侵害。按照谁开发谁保护、谁受益谁补偿的原则，建立生态补偿机制。

第二十四章　加大环境保护力度

坚持预防为主、综合治理，强化从源头防治污染，坚决改变先污染后治理、边治理边污染的状况。以解决影响经济社会发展特别是严重危害人民健康的突出问题为重点，有效控制污染物排放，尽快改善重点流域、重点区域和重点城市的环境质量。

第一节　加强水污染防治

加大“三河三湖”等重点流域和区域水污染防治力度。科学划定饮用水源保护区，强化对主要河流和湖泊排污的管制，坚决取缔饮用水源地的直接排污口，严禁向江河湖海排放超标污水。加强城市污水处理设施建设，全面开征污水处理费，到2010年城市污水处理率不低于70%。

第二节　加强大气污染防治

加大重点城市大气污染防治力度。加快现有燃煤电厂脱硫设施建设，新建燃煤电厂必须根据排放标准安装脱硫装置，推进钢铁、有色、化工、建材等行业二氧化硫综合治理。在大中城市及其近郊，严格控制新（扩）建除热电联产外的燃煤电厂，禁止新（扩）建钢铁、冶炼等高耗能企业。加大城市烟尘、粉尘、细颗粒物和汽车尾气治理力度。

第三节　加强固体废物污染防治

加快危险废物处理设施建设，妥善处置危险废物和医疗废物。强化对危险化学品的监管，加强重金属污染治理，推进堆存铬渣无害化处置。加强核设施和放射源安全监管，确保核与辐射环境安全。加强城市垃圾处理设施建设，加大城市垃圾处理费征收力度，到2010年城市生活垃圾无害化处理率不低于60%。

第四节　实行强有力的环保措施

各地区要切实承担对所辖地区环境质量的责任，实行严格的环保绩效考核、环境执法责任制和责任追究制。各级政府要将环保投入作为本级财政支出的重点并逐年增加。健全环境监管体制，提高监管能力，加大环保执法力度。实施排放总量控制、排放许可和环境影响评价制度。实行清洁生产审核、环境标识和环境认证制度，严格执行强制淘汰和限期治理制度，建立跨省界河流断面水质考核制度。实行环境质量公告和企业环保信息公开制度，鼓励社会公众参与并监督环保。大力发展环保产业，建立社会化多元化环保投融资机制，运用经济手段加快污染治理市场化进程。积极参与全球环境与发展事务，认真履行环境国际公约。

第二十五章　强化资源管理

实行有限开发、有序开发、有偿开发，加强对各种自然资源的保护和管理。

第一节　加强水资源管理

顺应自然规律，调整治水思路，从单纯的洪水控制向洪水管理、雨洪资源科学利用转变，从注重水资源开发利用向水资源节约、保护和优化配置转变。加强水资源统一管理，统筹生活、生产、生态用水，做好上下游、地表地下水调配，控制地下水开采。完善取水许可和水资源有偿使用制度，实行用水总量控制与定额管理相结合的制度，健全流域管理与区域管理相结合的水资源管理体制，建立国家初始水权分配制度和水权转让制度。完成南水北调东线和中线一期工程，合理规划建设其他水资源调配工程。

第二节　加强土地资源管理

实行最严格的土地管理制度。严格执行法定权限审批土地和占用耕地补偿制度，禁止非法压低地价招商。严格土地利用总体规划、城市总体规划、村庄和集镇规划修编的管理。加强土地利用计划管理、用途管制和项目用地预审管理。加强村镇建设用地管理，改革和完善宅基地审批制度。完善耕地保护责任考核体系，实行土地管理责任追究制。加强土地产权登记和土地资产管理。

第三节　加强矿产资源管理

加强矿产资源勘查开发统一规划管理，严格矿产资源开发准入条件，强化资格认证和许可管理，严格按照法律法规和规划开发。完善矿产资源开发管理体制，依法设置探矿权、采矿权，建立矿业权交易制度，健全矿产资源有偿占用制度和矿山环境恢复补偿机制。完善重要资源储备制度，加强国家重要矿产品储备，调整储备结构和布局。实行国家储备与用户储备相结合，对资源消耗大户实行强制性储备。

第二十六章　合理利用海洋和气候资源

第一节　保护和开发海洋资源

强化海洋意识，维护海洋权益，保护海洋生态，开发海洋资源，实施海洋综合管理，促进海洋经济发展。综合治理重点海域环境，遏制渤海、长江口和珠江口等近岸海域生态恶化趋势。恢复近海海洋生态功能，保护红树林、海滨湿地和珊瑚礁等海洋、海岸带生态系统，加强海岛保护和海洋自然保护区管理。完善海洋功能区划，规范海域使用秩序，严格限制开采海砂。有重点地勘探开发专属经济区、大陆架和国际海底资源。

第二节　开发利用气候资源

加强空中水资源、太阳能、风能等的合理开发利用。发展气象事业，加强气象卫星应用、天气雷达等综合监测，建立先进的气象服务业务系统。增强灾害性天气预警预报能力，提高预报准确率和时效性。增强气象为农业等行业服务的能力。加强人工影响天气、大气成分和气候变化监测、预测、评估工作。

国务院总理温家宝在第十届全国人民代表大会第四次全会上的政府工作报告（摘要）

（2006 年 3 月 5 日）

一、去年工作回顾

……

（二）积极推进经济结构调整和增长方式转变。

……

在产业结构调整方面，制定和实施了能源、重要原材料和装备制造等行业发展规划和产业政策，提出了促进流通业发展的政策措施，引导和支持重点行业健康发展；淘汰了一批高耗能、高污染和不符合安全生产条件的落后生产能力。

为推进经济增长方式转变，突出抓了能源资源节约和环境保护，提出了建设资源节约型社会、发展循环经济的任务和政策措施，启动了 178 项节能、节水和资源综合利用等重大项目。加强了矿产开发、土地利用和城乡规划管理。去年投入国债资金 152 亿元，主要用于淮河、太湖等重点流域污染防治和天然林保护、退耕还林还草、防沙治沙等重点生态工程。深入开展环保专项治理，解决了一些危害群众健康的环境问题。

二、今年主要任务

2006 年是实施“十一五”规划的第一年，改革发展稳定的任务十分繁重。做好政府工作的基本思路是：以邓小平理论和“三个代表”重要思想为指导，认真贯彻党的十六大和十六届三中、四中、五中全会精神，全面落实科学发展观，坚持加快改革开放和自主创新，坚持推进经济结构调整和增长方式转变，坚持把解决涉及人民群众切身利益问题放在突出位置，全面加强社会主义经济建设、政治建设、文化建设与和谐社会建设，为“十一五”开好局、起好步。

综合考虑各种因素，2006 年国民经济和社会发展的主要预期目标是：国内生产总值增长 8%左右，单位国内生产总值能耗降低 4%左右；居民消费价格总水平涨幅控制在 3%；城镇新增就业 900 万人，城镇登记失业率控制在 4.6%；国际收支基本平衡。

通观全局，做好今年政府工作必须把握好以下原则：一是稳定政策，适度微调。继续搞好宏观调控，保持宏观经济政策的连续性和稳定性，正确把握宏观调控的方向和力度，注重区别对待、分类指导，有针对性地解决经济发展中的突出矛盾。二是把握大局，抓好重点。正确处理改革发展稳定的关系，以改革开放为动力推动各项工作，着力解决事关全局的重大问题，促进经济社会全面发展。三是统筹兼顾，关注民生。坚持以人为本，搞好“五个统筹”，更加注重城乡、区域协调发展，更加注重社会事业建设，更加注重社会公平和社会稳定，让全体人民共享改革发展成果。四是立足当前，着眼长远。把做好今年工作和实现“十一五”规划目标结合起来，积极进取，量力而行，注重实效。

今年要着力做好以下几方面的工作。

（一）继续保持经济平稳较快发展

从当前国际环境和国内形势看，今年经济发展的有利条件很多，但制约发展的矛盾也不少，还有一些不确定因素，需要采取正确的应对之策，防止经济出现大的起落。

稳定宏观经济政策，主要是继续实施稳健的财政政策和稳健的货币政策。鉴于当前经济增长势头较好，社会投资活跃，今年要继续适当减少长期建设国债发行规模和财政赤字。拟发行长期建设国债600亿元，比上年减少200亿元，同时增加中央预算内经常性建设投资100亿元；拟安排中央财政赤字2950亿元，比上年预算减少50亿元。长期建设国债资金和预算内投资，主要用于农林水利、科教文卫、生态建设、环境保护和西部开发等方面，保证重点续建项目，适当开工建设关系发展全局的重大项目。从今年开始，参照国际通行做法，采取国债余额管理方式管理国债发行。大力推进依法治税，切实加强税收征管，规范非税收入管理。财政支出要统筹兼顾、量入为出、确保重点、厉行节约。加强财政监管，控制行政经费增长。要保持货币信贷适度增长，优化信贷结构，创新金融产品，加大对“三农”、中小企业、就业、助学的信贷支持，合理控制中长期贷款。健全利率形成和传导机制。完善有管理的浮动汇率制度，保持人民币汇率在合理、均衡水平上的基本稳定。

坚持扩大内需的战略方针，重点是扩大消费需求，增强消费对经济发展的拉动作用。一是努力增加城乡居民收入。要调整收入分配关系，规范收入分配秩序，增加中低收入者的收入。坚持“多予少取放活”，特别要在“多予”上采取更多措施，增加农民收入。各地都要合理调整和严格执行最低工资制度，制定和推行最低小时工资标准。逐步解决农民工工资偏低的问题。建立并完善防止工资拖欠的法规和机制。认真实施修改后的个人所得税法，减轻中低收入者的税负。今年国家将适当提高企业离退休人员基本养老金标准、优抚对象抚恤补助标准、城市居民最低生活保障补助标准。改革公务员工资制度，在清理规范津贴补贴的基础上，建立国家统一的职务与级别相结合的工资制度和工资正常增长机制，完善艰苦边远地区津贴制度。同时，推进事业单位收入分配制度改革。二是稳定居民支出预期，扩大即期消费。通过加快完善社会保障体系和解决教育、医疗卫生、住房等领域的突出问题，减轻居民增加消费的后顾之忧。三是大力开拓农村消费市场。加强农村流通体系和市场建设，充分发挥农村现有流通网络的作用，支持城市流通企业经营网络向农村延伸，为农民增加消费提供便利。四是完善消费环境和政策。改善居民住、行条件，积极发展旅游、文化、健身等服务性消费。切实保障消费者合法权益。合理调整消费税，规范和发展消费信贷，抓紧清理、修订现行抑制消费的不合理规定和政策，促进居民消费结构升级。

保持固定资产投资适当规模，坚持有保有压，优化投资结构，防止投资过快增长。继续把好土地、信贷两个闸门，坚持实行最严格的土地管理制度，坚持按照贷款条件和市场准入标准发放贷款。从严控制新开工项目。同时，进一步加强经济社会发展薄弱环节和重点领域的建设。继续解决部分城市房地产投资规模过大和房价上涨过快的问题。要着力调整住房供应结构，严格控制高档房地产开发，重点发展普通商品房和经济适用房。建立健全廉租房制度和住房租赁制度。整顿规范房地产和建筑市场秩序，基本完成建设领域清理拖欠工程款任务，促进房地产业和建筑业健康发展。

（二）扎实推进社会主义新农村建设

建设社会主义新农村，是党的十六届五中全会提出的重大历史任务，事关全面建设小康社会和现代化建设全局。要贯彻工业反哺农业、城市支持农村的方针，加大对“三农”的支持力度，推进农村体制改革和制度创新，尽快使广大农村面貌有比较明显的变化。

建设社会主义新农村，首先要发展现代农业，促进粮食生产稳定发展和农民持续增收。稳定、完善和强化对农业的扶持政策。进一步增加对农民的种粮直接补贴、良种补贴、农机具补贴，增加对产粮大县和财政困难县的转移支付。坚持和完善重点粮食品种最低收购价政策，抑制农业生产资料价格上涨。今年中央财政用于“三农”的支出达到3397亿元，比上年增加422亿元。要切实保护耕地特别是基本农田，稳定粮食播种面积，不断提高粮食综合生产能力。增强农业科技创新和转化能力，加强农业技术推广和服务。加快兽医管理体制改革和动物疫病防控体系建设。继续调整农业结构，积极发展畜牧业，推进农业产业化，大力发展农村二、三产业特别是农产品加工业，壮大县域经济，推进农村劳动力向非农产业和城镇有序转移，多渠道增加农民收入。

建设社会主义新农村，必须加强农村基础设施建设。要下决心调整投资方向，把国家对基础设施建设投入的重点转向农村，这是一个重大转变。主要是加强以小型水利设施为重点的农田基本建设，加强防汛抗旱和减灾体系建设，加强农村道路、饮水、沼气、电网、通信等基础设施和人居环境建设，加强教育、卫生、文化等农村公共事业建设。主要措施是：逐年加大国家财政投资和信贷资金对农业、农村的投入；整合各种渠道的支农资金，提高资金使用效益；积极引导农民对直接受益的公益设施建设投资投劳；鼓励和引导社会各类资金投向农村建设，逐步建立合理、稳定和有效的资金投入机制。通过坚持不懈努力，使农村基础设施有一个大的改善。

建设社会主义新农村，必须全面推进农村综合改革。今年在全国彻底取消农业税，标志着在我国实行了长达2600年的这个古老税种从此退出历史舞台，这是具有划时代意义的重大变革。农村税费改革不仅取消了原先336亿元的农业税赋，而且取消了700多亿元的“三提五统”和农村教育集资等，还取消了各种不合理收费，农民得到了很大的实惠。为保证基层政权正常运转和农村义务教育的需要，从今年起，国家财政将每年安排支出1030多亿元，其中中央财政转移支付每年将达到780多亿元，地方财政每年将安排支出250多亿元。需要指出，全部取消农业税后，巩固和发展农村税费改革成果的任务仍然十分艰巨，关键是要全面推进农村综合改革，包括深化乡镇机构、农村义务教育和县乡财政管理体制等改革。这些改革，既涉及农村生产关系调整，也直接触及农村上层建筑变革，意义更深刻，工作更艰难，一定要坚定不移地推进。

建设社会主义新农村是一项长期而艰巨的任务。要坚持从实际出发，因地制宜，分类指导，搞好规划；要尊重农民意愿，不能搞形式主义和强迫命令，防止一哄而起；要发扬自力更生、艰苦奋斗精神，求真务实，真抓实干。

（三）加大产业结构调整、资源节约和环境保护力度

推进产业结构调整和优化升级，是转变经济增长方式、提高经济增长质量的重要途径和迫切任务。一要着力提升产业层次和技术水平。要加快发展先进制造业、高新技术产业和现代服务业，继续加强交通、能源、水利等基础产业和基础设施建设，推进国民经济和社会信息化。提高产业技术水平，关键是要全面增强自主创新能力。要在一些重要产业尽快掌握核心技术和提高系统集成能力，形成一批拥有自主知识产权的技术、产品和标准。主要措施是：强化企业在自主创新中的主体地位，建立以市场为导向、产学研相结合的技术创新体系；大力实施品牌战略，鼓励开发具有自主知识产权的知名品牌；健全知识产权保护体系，加大知识产权保护的执法力度；完善自主创新的激励机制，实行支持企业创新的财税、金融和政府采购等政策；改善市场环境，发展创业风险投资，支持中小企业提升自主创新能力。二要推进部分产能过剩行业调整。进行这项调整，

要综合运用经济、法律和必要的行政手段，充分发挥市场机制的作用。主要措施是：认真贯彻国家产业政策，严格市场准入标准，控制新增产能；推动企业并购、重组、联合，支持优势企业做强做大，提高产业集中度；依法关闭那些破坏资源、污染环境和不符合安全生产条件的企业，淘汰落后生产能力；通过调整投资结构、扩大消费需求等措施，合理利用和消化一些已经形成的生产能力。这项工作涉及面广，政策性强，要积极而有序地进行。

抓好资源节约工作。一要综合运用各种手段，特别是价格、税收等经济手段，促进资源合理开发和节约使用。二要抓紧制定和完善各行业节能、节水、节地、节材标准，推进节能降耗重点项目建设，促进土地集约利用。鼓励发展节能降耗产品和节能省地型建筑。三要大力推动以节能降耗为重点的设备更新和技术改造，加快淘汰高耗能、高耗水、高耗材的工艺、设备和产品。四要大力发展循环经济。在重点行业、产业园区、城市和农村实施一批循环经济试点。完善资源综合利用和再生资源回收的税收优惠政策，推进废物综合利用和废旧资源回收利用。五要全面加强管理，把节能降耗纳入经济社会发展的统计、评价考核体系，建立信息发布制度。从今年开始，每年都要公布各地区和主要行业的单位产值能源消耗情况。六要在全社会广泛持久地开展资源节约活动，使建设资源节约型社会深入人心，蔚成风气。

加快建设环境友好型社会。加强对水源、土地、森林、草原、海洋等自然资源的生态保护。重点搞好“三河三湖”（淮河海河辽河、太湖巢湖滇池）、南水北调水源及沿线、三峡库区、松花江等流域污染防治。大力推行清洁生产，加强工业废水治理工程建设。抓好大气污染防治和重点城市污水处理、生活垃圾无害化处理。综合防治农业面源污染和畜禽养殖污染。继续实施自然生态保护工程。抓紧建立生态补偿机制。强化环境和生态保护执法检查，健全环境保护的监测体系、评价考核和责任追究制度。

（四）继续推动区域协调发展

进一步推进西部大开发。着力支持重点地带、重点城市和重点产业加快发展。确保青藏铁路、三峡三期工程等一批重点工程建成投产，新开工一批重大建设项目。巩固和发展退耕还林、退牧还草成果，抓紧研究制定后续相关政策。继续实施天然林保护、风沙源和石漠化治理等生态工程。支持发展优势产业和建设特色资源加工基地。加快科技、教育发展。加大政策扶持和财政转移支付力度，加快建立长期稳定的西部开发资金渠道。

继续实施东北地区等老工业基地振兴战略。重点加强大型粮食基地建设，推进重点行业改革重组和技术改造。搞好资源枯竭型城市经济转型和采煤沉陷区治理、棚户区改造，抓紧研究建立资源开发补偿机制、衰退产业援助机制。做好部分城市和国有企业厂办大集体改革试点工作。认真落实扩大对外开放的政策措施，在加快改革开放中走出振兴的新路子。

积极促进中部地区崛起。充分发挥中部区位、资源、产业和人才优势，重点加强现代农业特别是粮食主产区商品粮基地建设，加强能源和重要原材料基地建设，加强现代综合交通运输体系、现代流通体系和现代市场体系建设。支持老工业基地振兴和资源型城市转型，建设现代装备制造基地和高技术产业基地。增强中心城市辐射功能，带动周边地区发展。

鼓励东部地区率先发展。着力增强自主创新能力，推进产业结构优化升级，增强国际竞争力和可持续发展能力，更加注重节约利用土地、水、能源等资源和环境保护，实现既快又好发展，在科学发展道路上走在全国前面。继续发挥经济特区、上海浦东新区的作用，推进天津滨海新区开发开放。

进一步支持革命老区、少数民族地区、边疆地区和贫困地区加快经济社会发展。加大对人口较少民族的扶持力度，推进兴边富民行动。发达地区要采取多种方式帮助和带动欠发达地区。

（五）实施科教兴国战略和人才强国战略，加强文化建设

……

（六）进一步推进改革开放

……

（七）高度重视解决涉及群众切身利益的问题

我们要牢记执政为民的宗旨，坚持一切为了人民。要抓紧解决广大群众最关心、最直接、最现实的利益问题，尤其要切实做好就业、社保、医疗、安全生产等工作。

继续实施积极的就业政策，千方百计扩大就业。进一步解决体制转轨遗留的下岗失业人员再就业问题和重组改制、关闭破产企业的职工安置问题。国有企业下岗失业人员再就业扶持政策再延长三年，并根据各地实际将适用范围逐步扩大到城镇集体企业下岗职工。加大对军工、森工等困难行业下岗职工再就业的支持力度。中央财政今年安排再就业补助资金 251 亿元，比上年增加 42 亿元。地方财政也要增加这方面的投入。重视做好高等学校毕业生就业、退役军人的安置工作，搞好城镇新增劳动力和进城农民工就业工作。加强职业培训和就业服务体系建设。切实维护劳动者的合法权益。

加快推进社会保障体系建设。切实保证各项社会保险金的及时支付。完善城镇职工基本养老保险制度，搞好做实个人账户试点工作，扩大试点范围；改革养老金计发办法，建立参保缴费的激励约束机制。提高各类所有制企业的参保率，统一城镇个体工商户和灵活就业人员的参保办法，扩大社会保险覆盖范围。加大社会保险费征缴和基金监管力度，多渠道筹集社会保障基金。同时，加强城镇职工基本医疗保险和失业、工伤、生育保险制度建设。继续完善城市低保制度。研究制定机关事业单位养老保险制度改革方案。研究适合农民工特点的社会保障办法。完善农村“五保户”供养、特困户救助、灾民救济等制度，增加资金支持并适当提高救助标准。有条件的地方要探索建立农村居民最低生活保障制度。各地都要加快城乡特殊困难群众社会救助体系建设。加强防灾减灾救灾工作。加大扶贫投入和工作力度，进一步减少贫困人口。落实军烈属优抚政策。积极发展社会福利事业和慈善事业，开展多种形式的捐助和帮扶活动。要使失去父母的儿童、没有生活来源的老人和残疾人，得到更多的关爱和帮助，让他们感受到社会主义大家庭的温暖。

突出抓好医疗卫生工作。着眼于逐步解决群众看病难、看病贵问题，主要抓好三个方面：一是加快农村医疗卫生服务体系建设。启动《农村卫生服务体系建设与发展规划》，健全县、乡、村三级医疗卫生服务体系和网络；五年内国家财政将投入 200 多亿元，对乡镇卫生院和部分县医院房屋和设备进行改造。加快推进新型农村合作医疗制度建设，今年把试点范围扩大到全国 40％的县，中央和地方财政对参加合作医疗农民的补助标准由 20 元提高到 40 元，中央财政为此将增加支出 42 亿元。到 2008 年，要在全国农村基本建立新型合作医疗制度和医疗救助制度。实行城市医疗卫生人员定期到农村服务的制度。二是大力发展城市社区卫生服务。要通过调整城市医疗卫生资源、加大政府投入、加强人才培养、完善服务功能、推进机制创新等措施，加快构建以社区为基础的新型城市医疗卫生服务体系。将符合条件的社区卫生服务机构纳入城镇基本医疗保险定点范围，实行社区首诊制度试点，逐步实现小病不出社区、大病才上医院。探索建立城市医疗救助制度。三是深化医疗卫生体制改革，深入整顿和规范医疗服务、药品生产流通秩序。加强对药品、医疗服务的价格监管。规范医院、医生的医疗和用药行为，加强医德医风建设，提高医疗服务质量，控制医药费用。要支持中医药事业发展，充分发挥中医药在防病治病中的重要作用。加强严重危害人民群众健康的重大疾病预防工作，认真落实艾滋病、结核病、血吸虫病等重大传染病防治措施。高度重视防控人感染高致病性禽流感工作。

稳定现行生育政策和低生育水平，提高出生人口质量，有效治理出生人口性别比偏高的问题。扩大农村计划生育家庭奖励扶助制度的覆盖面和西部地区“少生快富工程”的实施范围。重视做好老龄工作。保障妇女儿童权益。积极发展残疾人事业。

切实加强安全生产工作。安全生产责任重于泰山，经济发展必须建立在安全生产的基础上。近几年，我们在安全生产方面采取了一系列措施，取得了一定成效。但是，问题还很突出。主要原因是：安全措施没有真正落实，企业安全主体责任不到位，生产安全设施设备落后；煤炭需求过旺，生产和运输绷得过紧；企业基础工作薄弱，管理松弛，有的严重违法违规生产。一些地方领导干部和工作人员严重失职渎职，甚至徇私舞弊。

加强安全生产必须标本兼治、重在治本。第一，各级政府要把安全生产摆在更加重要的位置，主要领导亲自抓、负总责，强化企业安全生产主体责任，层层落实安全生产责任制。第二，实行有利于安全生产的经济政策。健全激励和约束机制，促进企业重视安全生产。第三，加快煤炭等行业改革重组步伐。加强大型煤炭基地建设，鼓励大型煤炭企业集团兼并改造中小煤矿。第四，加大安全生产投入。国家今年再安排 30 亿元国债资金，重点支持煤矿瓦斯综合治理和利用的科技攻关试点工程。地方和企业也要加大这方面的投入。第五，深入开展安全生产专项整治。继续打好煤矿瓦斯治理和矿山整顿两个攻坚战。同时，要抓好其他矿山、危险化学品、烟花爆竹、道路和水上交通、建筑施工、消防安全等专项整治。第六，强化企业管理。加强企业安全生产基础工作，完善安全生产技术规范和质量工作标准。加强安全技术人才培养和职工安全技能培训。充分发挥职工群众对安全生产的参与和监督作用。第七，加强安全生产法制建设。尤其要严格执法和监管。加大安全生产事故责任追究和处罚力度。严肃查处安全生产领域的失职渎职和腐败问题。通过采取综合措施，坚决遏制重特大事故频发的势头。

（八）加强民主政治建设和维护社会稳定

……

三、关于《国民经济和社会发展第十一个五年规划纲要（草案）》的说明

党的十六届五中全会通过的《中共中央关于制定国民经济和社会发展第十一个五年规划的建议》，提出了未来五年国民经济和社会发展的奋斗目标、指导方针和主要任务。根据《建议》精神，国务院制定了《国民经济和社会发展第十一个五年规划纲要（草案）》，已提请大会审查。下面，我就几个问题作简要说明。

（一）“十一五”规划《纲要（草案）》的编制过程和主要特点

……

（二）“十五”时期国民经济和社会发展主要情况

过去五年，是我国发展进程中很不平凡的五年，是继往开来、与时俱进的五年。我们摆脱了亚洲金融危机带来的冲击，战胜了非典疫情和重大自然灾害，不失时机地推进改革开放，进一步发挥市场配置资源的基础性作用，加强和改善宏观调控，保持了经济平稳较快发展。我国工业化、城镇化、市场化、国际化进程明显加快，社会生产力、综合国力和人民生活水平都跃上一个新台阶，城乡面貌发生了很大变化。

五年来，我国经济实力显著增强。2005 年与 2000 年相比，国内生产总值增长 57.3%，年均增长 9.5%；财政收入增长 1.36 倍，年均增加 3647 亿元。农业特别是粮食生产出现重要转机，主要工业产品产量大幅度增长，高技术产业快速发展，基础产业和基础设施建设成就斐然，在水利、能源、交通、通信等领域建成或新开工一大批重大工程。经济社会信息化程度迅速提高。

五年来，改革开放成果丰硕。农村、国有企业、金融、财税、投资等改革和市场体系、社会保障体系建设都取得重大进展。我国加入世界贸易组织，对外开放进入新的阶段。五年间，进出口贸易总额增长两倍，实际利用外商直接投资累计 2740.8 亿美元。一批有竞争力的企业走向世界。

五年来，人民生活明显改善。城镇居民人均可支配收入和农村居民人均纯收入，分别实际增长 58.3% 和 29.2%。城镇新增就业 4200 万人。住房、通信、汽车和服务消费大幅度增加。科技、

教育、文化、卫生、体育等社会事业加快发展。

五年来，社会主义政治建设、文化建设、社会建设取得新进展。

这些辉煌成就，极大地增强了全国各族人民沿着中国特色社会主义道路奋勇前进的信心。

“十五”时期经济社会发展中也存在不少矛盾和问题。主要是：经济结构不合理，自主创新能力不强，经济增长方式转变缓慢，能源资源消耗过大，环境污染加剧；就业矛盾比较突出；投资和消费的关系不协调；城乡、区域发展差距和部分社会成员之间收入差距继续扩大；社会事业发展仍然滞后。这些问题都需要我们努力加以解决。

（三）“十一五”时期经济社会发展的指导原则和主要目标

“十一五”时期是全面建设小康社会的关键时期。综合分析各种因素，未来五年国际环境总体上对我国发展有利，但不稳定不确定因素比较多；国内有许多有利条件，同时存在不少制约因素和困难。我们要抓住机遇，趋利避害，增强忧患意识，做好克服各种困难、应对各种风险和挑战的充分准备，奋力把改革开放和现代化事业推向前进。

《纲要（草案）》全面贯彻落实科学发展观，体现了中央《建议》提出的重要原则，这就是：必须保持经济平稳较快发展，必须加快转变经济增长方式，必须提高自主创新能力，必须促进城乡区域协调发展，必须加强和谐社会建设，必须不断深化改革开放。贯彻这些原则，就要转变发展观念、创新发展模式、提高发展质量，切实把经济社会发展转入以人为本、全面协调可持续发展的轨道。

根据中央《建议》确定的指导思想和原则，《纲要（草案）》提出了“十一五”时期经济社会发展的主要目标。这些目标既与全面建设小康社会的目标相衔接，又反映了经济社会发展的阶段性特征和客观要求。这里，我仅就其中两个方面的重要目标作简要说明。

一是关于经济增长速度问题。《纲要（草案）》提出，今后五年国内生产总值年均增长 7.5%，这是综合考虑各方面因素，根据需要和可能提出的。按照新近公布的第一次全国经济普查数据和 2005 年经济增长实际结果，“十五”期间国内生产总值增长速度比原来预计的高一些，“十一五”年均增长 7.5%，将会超过中央《建议》提出的 2010 年人均国内生产总值比 2000 年翻一番的要求。这个目标是积极的，经过努力是可以实现的。还需要指出，这个目标是建立在优化结构、提高效益和降低消耗基础上的。在实际执行中，各地要处理好速度和结构、效益的关系，不要片面追求和盲目攀比速度。历史经验和现实情况表明，保持经济平稳较快发展至关重要。

二是关于节能和环保问题。《纲要（草案）》提出了“十一五”期间单位国内生产总值能源消耗降低 20%左右、主要污染物排放总量减少 10%等目标。这是针对资源环境压力日益加大的突出问题提出来的，体现了建设资源节约型、环境友好型社会的要求，是现实和长远利益的需要，具有明确的政策导向。尽管实现这一目标的难度很大，但我们有信心、有决心完成。

（四）“十一五”时期的战略重点和主要任务

《纲要（草案）》对“十一五”时期的经济建设、社会发展、改革开放等方面，都作出了全面部署，提出了明确的任务和政策措施。

一是建设社会主义新农村。《纲要（草案）》把解决“三农”问题放在各项战略任务的首位。强调坚持统筹城乡经济社会发展，按照生产发展、生活宽裕、乡风文明、村容整洁、管理民主的要求，扎实稳步地推进社会主义新农村建设。要进一步提高农业综合生产能力，推进农业结构调整，加强农村基础设施建设，增加农民收入。着力抓好大型粮棉油生产基地、优质粮食产业、农田水利、饮水安全、公路、沼气和农村教育、文化、卫生建设等重点工程。全面推进农村综合改革，基本完成乡镇机构、农村义务教育和县乡财政管理体制等改革任务。培养造就有文化、懂技术、会经营的新型农民。各地方、各部门必须在经济工作思路和重点上有一个大的转变。建设资金要更多地向“三农”倾斜，公共服务要更大范围地覆盖农村，全社会都要大力支持农村发展。

二是加快推进经济结构调整和增长方式转变。我国当前经济发展中诸多问题的症结，在于结构不合理和增长方式粗放。必须按照走新型工业化道路的要求，从优化产业结构中求发展，从节约资源、保护环境中求发展。《纲要（草案）》提出，要推进工业结构优化升级，促进工业由大变强。这是针对我国工业规模已经不小，但总体素质不高、竞争力不强的现状，而提出的一个重大任务。《纲要（草案）》对推进信息化、发展高技术产业、振兴装备制造业、发展能源原材料工业等方面的主要任务和建设布局作了部署，规划了一批重大建设项目。提出要加快发展服务业特别是信息、金融、保险、物流、旅游和社区服务业，不断提高服务业的比重和水平。

《纲要（草案）》把建设资源节约型、环境友好型社会摆在突出位置，提出了明确任务和措施，规划了一批节能重点工程、循环经济示范试点工程、生态保护和环境治理重点工程。认真落实这些任务和措施，将会明显提高资源利用效率，基本遏制生态环境恶化的趋势。我们一定要坚持不懈地努力，为人民群众创造清洁、良好的生活和工作环境，为子孙后代留下蓝天绿地、碧水青山。

三是促进区域协调发展。《纲要（草案）》分别提出了不同区域发展的重点任务，要求健全协调互动的市场机制、合作机制、互助机制和扶持机制。《纲要（草案）》根据各个区域资源、环境承载能力和发展潜力，将国土空间划分为优化开发、重点开发、限制开发和禁止开发四类主体功能区，实施不同的区域政策。同时，强调积极稳妥地推进城镇化，发挥城市群的带动和辐射作用。

四是着力增强自主创新能力。这是《纲要（草案）》的一个特点。要按照自主创新、重点跨越、支撑发展、引领未来的方针，加快建设创新型国家，全面提高原始创新能力、集成创新能力和引进消化吸收再创新能力。《纲要（草案）》提出，适应国家战略需求，启动一批重大科技专项，涉及信息、生物等战略产业领域，能源、资源、环境和人民健康等重大紧迫问题，以及军民两用技术。实施好这些重大专项，对于整合有限的科技资源、加快攻克事关全局和长远的科技难关，带动相关领域技术水平的整体提升，具有重大的现实意义和深远的战略意义。提高自主创新能力，最根本的是加快科技教育发展和人才队伍建设，《纲要（草案）》对此也作了全面部署。

五是深化改革和扩大开放。过去二十多年，我国经济社会发展取得的一切成就，都是同坚定地推进改革开放分不开的。要完成新阶段的发展任务，也必须坚定不移地全面深化改革和扩大开放。《纲要（草案）》提出，要加快完善社会主义市场经济体制，形成有利于转变经济增长方式、促进全面协调可持续发展的体制机制。要加强对改革的总体指导和统筹协调，在推进经济体制改革的同时，继续推进政治体制改革、文化体制改革和社会管理体制改革。正确处理改革发展稳定的关系。要按照统筹国内发展和对外开放的要求，实施互利共赢的开放战略，以开放促改革促发展。在扩大开放中重视维护国家经济安全。

六是努力建设和谐社会。这是推进经济社会发展的重要目标和保障。《纲要（草案）》提出，要做好人口工作，扩大就业，健全社会保障体系，不断提高人民生活水平和健康水平，加强公共安全建设，加强社会主义民主政治建设和文化建设，完善社会管理体制。经过今后五年的努力，使我们的社会更加和谐，让人民群众生活得更加美好！

各位代表！

全面完成今年和“十一五”期间的任务，对各级政府提出了更高的要求。必须大力加强政府自身改革和建设。

我们要加快推进行政管理体制改革，进一步转变政府职能。继续推进政企分开，减少和规范行政许可和行政审批。坚决把不该由政府管理的事交给市场、企业、社会组织和中介机构。切实转变政府管理经济方式，加强社会管理和公共服务职能。大力推行政务公开，完善政府新闻发布制度和信息公布制度，提高工作透明度和办事效率。建立健全行政问责制，提高政府执行力和公信力。

我们要深入开展廉政建设和反腐败斗争。认真落实惩治和预防腐败的各项任务和措施。今年要集中开展治理商业贿赂专项工作，重点治理工程建设、土地出让、产权交易、医药购销和政府采购等领域的商业贿赂问题，坚决纠正不正当交易行为，依法查处商业贿赂案件。要继续纠正损害群众利益的不正之风，着力解决教育乱收费、医疗高收费等突出问题。

我们要认真贯彻实施公务员法，加强对公务员的教育、管理和监督。坚持从严治政，赏罚分明。各级政府工作人员特别是领导干部要忠于职守，勤勉尽责，全心全意为人民服务；要顾全大局，加强纪律性，做到令行禁止，不折不扣地执行国家的法律法规、方针政策；要艰苦奋斗，勤俭节约，反对铺张浪费；要求真务实，力戒空谈，克服官僚主义、形式主义、弄虚作假和浮夸作风，把各项任务和部署真正落到实处。

各位代表！

我们国家正站在新的历史起点上，朝着全面建设小康社会的目标阔步前进。我们要更加紧密地团结在以胡锦涛同志为总书记的党中央周围，高举邓小平理论和“三个代表”重要思想伟大旗帜，凝聚13亿人民的智慧和力量，坚定信心，奋发图强，努力把“十一五”规划的宏伟蓝图变为美好现实，谱写社会主义现代化事业的新篇章。任何艰难险阻都挡不住我们前进的步伐。我们的目标一定要达到！我们的目标一定能够达到！

《国务院关于落实科学发展观加强环境保护的决定》(摘要)

（2006年4月28日）

大力发展循环经济。各地区、各部门要把发展循环经济作为编制各项发展规划的重要指导原则，制订和实施循环经济推进计划，加快制定促进发展循环经济的政策、相关标准和评价体系，加强技术开发和创新体系建设。要按照“减量化、再利用、资源化”的原则，根据生态环境的要求，进行产品和工业区的设计与改造，促进循环经济的发展。在生产环节，要严格排放强度准入，鼓励节能降耗，实行清洁生产并依法强制审核；在废物产生环节，要强化污染预防和全过程控制，实行生产者责任延伸，合理延长产业链，强化对各类废物的循环利用；在消费环节，要大力倡导环境友好的消费方式，实行环境标识、环境认证和政府绿色采购制度，完善再生资源回收利用体系。大力推行建筑节能，发展绿色建筑。推进污水再生利用和垃圾处理与资源化回收，建设节水型城市。推动生态省（市、县）、环境保护模范城市、环境友好企业和绿色社区、绿色学校等创建活动。

中国的环境保护(1996—2005)

（2006年6月7日发布中华人民共和国国务院新闻办公室）

前　言

中国是世界上人口最多的发展中国家。20世纪70年代末期以来，随着中国经济持续快速发展，发达国家上百年工业化过程中分阶段出现的环境问题在中国集中出现，环境与发展的矛盾日益突出。资源相对短缺、生态环境脆弱、环境容量不足，逐渐成为中国发展中的重大问题。

中国政府高度重视保护环境，认为保护环境关系到国家现代化建设的全局和长远发展，是造福当代、惠及子孙的事业。多年来，中国政府将环境保护确立为一项基本国策，把可持续发展作为一项重大战略，坚持走新型工业化道路，在推进经济发展的同时，采取一系列措施加强环境保护。特别是近年来，中国政府坚持以科学发展观统领环境保护事业，坚持预防为主、综合治理，全面推进、重点突破，着力解决危害人民群众健康的突出环境问题；坚持创新体制机制，依靠科技进步，强化环境法治，发挥社会各方面的积极性。经过努力，在资源消耗和污染物产生量大幅度增加的情况下，环境污染和生态破坏加剧的趋势减缓，部分流域污染治理初见成效，部分城市和地区环境质量有所改善，工业产品的污染排放强度有所下降，全社会环境保护意识进一步增强。

值此世界环境日之际，为使世人更全面地了解中国的环境保护情况，这里对过去十年间中国为保护环境而进行的不懈努力作一系统介绍。

一、环境保护法制和体制

中国宪法明确规定："国家保护和改善生活环境和生态环境，防治污染和其他公害。"自1949年新中国成立以来，全国人民代表大会及其常务委员会制定了环境保护法律9部、自然资源保护法律15部。1996年以来，国家制定或修订了包括水污染防治、海洋环境保护、大气污染防治、环境噪声污染防治、固体废物污染环境防治、环境影响评价、放射性污染防治等环境保护法律，以及水、清洁生产、可再生能源、农业、草原和畜牧等与环境保护关系密切的法律；国务院制定或修订了《建设项目环境保护管理条例》、《水污染防治法实施细则》、《危险化学品安全管理条例》、《排污费征收使用管理条例》、《危险废物经营许可证管理办法》、《野生植物保护条例》、《农业转基因生物安全管理条例》等50余项行政法规；发布了《关于落实科学发展观加强环境保护的决定》、《关于加快发展循环经济的若干意见》、《关于做好建设资源节约型社会近期工作的通知》等法规性文件。国务院有关部门、地方人民代表大会和地方人民政府依照职权，为实施国家环境保护法律和行政法规，制定和颁布了规章和地方法规660余件。

中国已建立国家和地方环境保护标准体系。国家环境保护标准包括国家环境质量标准、国家污染物排放（控制）标准、国家环境标准样品标准及其他国家环境保护标准；地方环境保护标准包括地方环境质量标准和地方污染物排放标准。截至2005年底，国家颁布了800余项国家环境保护标准，北京、上海、山东、河南等省（市）共制定了30余项环境保护地方标准。

中国不断加强环境执法检查和行政执法。近年来，国家连续对环境保护、大气污染防治、水污染防治、固体废物污染环境防治等法律实施情况进行检查，推动重点地区污染治理。中国刑法还对破坏环境资源罪有专门规定。国家颁布《环境保护违法违纪行为处分暂行规定》，建立起环境保护行政执法责任制度，并连续三年开展整治违法排污企业、保障公民健康环保专项行动，依法查处7.5万多起环境违法案件，取缔关闭违法排污企业1.6万家，对1万多个环境污染问题实行挂牌督办。国家还开展矿山生态环境保护和海洋环境保护专项执法检查，依法处理多起违法行为。

中国实行各级政府对当地环境质量负责，环境保护行政主管部门统一监督管理，各有关部门依照法律规定实施监督管理的环境管理体制。1998年中国政府将原国家环境保护局升格为国家环境保护总局（正部级），作为国务院主管环境保护工作的直属机构，负责对中国环境保护工作实施统一监管。国家建立了全国环境保护部际联席会议制度，并建立了区域环境督查派出机构，以加强部门和地区间的协调与合作。各省（自治区、直辖市）、市、县级政府设置了环境保护议事协调机构。目前，全国有各级环保行政主管部门3226个，从事环境行政管理、监测、科学研究、宣传教育等工作的总人数达16.7万人；有各级环境监察执法机构3854个，总人数达5万多人。各级政府综合部门和资源管理部门以及多数大中型企业也设有环保机构，负责本部门和企业的环境保护工作，目前从业人员达30多万。

二、工业污染防治

工业污染防治是中国环境保护工作的重点。与过去相比，中国工业污染防治战略目前正在发生重大变化，逐步从末端治理向源头和全过程控制转变，从浓度控制向总量和浓度控制相结合转变，从点源治理向流域和区域综合治理转变，从简单的企业治理向调整产业结构、清洁生产和发展循环经济转变。与1995年相比，2004年全国单位国内生产总值（GDP）工业废水、工业化学需氧量、工业二氧化硫、工业烟尘和工业粉尘排放量分别下降了58%、72%、42%、55%和39%。与1990年相比，2004年全国每万元人民币GDP能耗下降45%，累计节约和少用能源7亿吨标准煤；火电供电煤耗、吨钢可比能耗、水泥综合能耗分别降低11.2%、29.6%和21.9%。

——淘汰和关闭一批技术落后、污染严重、浪费资源的企业。“九五”（1996～2000年）期间，国家关闭8.4万家严重浪费资源、污染环境的小企业。2001～2004年，连续三次发布淘汰落后生产能力、工艺和产品的目录，淘汰3万多家浪费资源、污染严重的企业，并对资源消耗大、环境污染重的钢铁、水泥、电解铝、铁合金、电石、炼焦、皂素、铬盐等八个重污染行业进行集中整顿，停建、缓建项目1900多个。2005年，关停污染严重、不符合产业政策的钢铁、水泥、铁合金、炼焦、造纸、纺织印染等企业2600多家，并对水泥、电力、钢铁、造纸、化工等重污染行业积极开展综合治理和技术改造，使这些行业在产量逐年增加的情况下，主要污染物排放强度呈持续下降趋势。

——开展循环经济实践。一是实行清洁生产，在企业生产的源头和全过程充分利用资源，使废物最小化、资源化、无害化，逐步建立生产者责任延伸制度，促进产品生态设计。目前，化工、轻工、电力、煤炭、机械、建材等行业5000多家企业通过了清洁生产审核，全国已有12000多家企业获得了ISO14000环境管理体系认证，800多个企业、18000多种规格型号产品获得环境标志认证，年产值约600亿元人民币。二是在工业集中地区积极发展生态工业，使上游企业的废物成为下游企业的原料，延长生产链条，做到废物产生量最小，实现“零排放”，并建设生态工业区，实现区域或企业群的资源最有效利用。目前，中国已建立了17个不同类型的生态工业园。三是统筹规划工业与农业、生产与消费、城市与农村的发展，大力发展资源循环利用产业，实行可持续生产和消费。国家在重点行业、重点领域、产业园区和有关省市选择82家单位开展第一批循环经济试点工作。在北京、上海等24个城市开展了再生资源回收体系建设试点工作。海南、吉林、黑龙江等9省积极开展生态省建设，全国150个县市开展了生态县（市）创建工作。

——积极防范突发环境事件。2005年中国政府制定了《国家突发环境事件应急预案》，对突发环境事件信息接收、报告、处理、统计分析，以及预警信息监控、信息发布等提出明确要求。国家制定和完善了涉及重点流域敏感水域水环境应急预案、大气环境应急预案、危险化学品（废弃化学品）应急预案、核与辐射应急预案等九个相关环境应急预案，以及《黄河流域敏感河段水环境应急预案》、《处置化学恐怖袭击事件应急预案》、《处置核与辐射恐怖袭击事件应急预案》、《农业环境污染突发事件应急预案》、《农业重大有害生物及外来生物入侵突发事件应急预案》等突发环境事件应急预案。近年来，中国对127个分布在全国江河湖海沿岸、人口稠密区、自然保护区等环境敏感区附近的重点化工石化类项目进行了环境风险排查；对近5万家重点企业进行了全面、拉网式检查。

——对工业危险废物实行全过程管理制度。2003年，国家开始实施《全国危险废物和医疗废物处置设施建设规划》，强化了工业危险废物转移联单、经营许可证等各项制度。2005年，工业危险废物处置量由1998年的131万吨增至339万吨。全国31个省、自治区、直辖市建立了固体废物管理中心。

——实行严格的核与辐射环境安全管理。中国共有运行的核电厂5座（9台核电机组）、研究堆18座；在建的核电厂2座（4台核电机组）、研究堆1座，没有出现重大核安全问题，实现了“保护工作人员、公众和环境不遭受超过国家规定限值的辐射照射和污染”的目标。中国严格遵守国际原子能机构发布的《放射源安全与保安行为准则》，实行许可证制度，规定放射源进出口必须依法履行审批等有关手续。

三、重点地区污染治理

近年来，中国政府把“三河”（淮河、辽河、海河）、“三湖”（太湖、滇池、巢湖）、国家重点工程（三峡工程、南水北调工程）、“两控区”（二氧化硫控制区和酸雨控制区）、“一市”（北京市）、“一海”（渤海）作为全国污染防治的重点地区，取得明显成效。

——重点流域水污染防治。“三河”、“三湖”流域面积达 81 万平方公里，跨越全国 14 个省（市），居住人口 3.6 亿。国家制定并实施重点流域“九五”、“十五”（2001～2005 年）水污染防治计划，实行污染物总量控制制度，将总量削减指标落实到排污单位，逐步完善排污许可证管理方式，并建设了一批重点治理工程项目。截至 2005 年底，列入重点流域水污染防治“十五”计划的 2130 个项目中，已完成 1378 项，占项目总数的 65%。“三河”、“三湖”流域已经建成和正在建设的污水处理厂达 416 个，日处理能力 2093 万吨；流域内的 5000 多家重点污染企业，已有 80% 以上实现了达标排放。目前，流域水污染物大幅度削减，水环境恶化趋势基本得到控制，一些河段和湖体水质有明显的改善。国家投入 181.67 亿元人民币在三峡库区及其上游建设了一批城镇污水、垃圾处理设施，清理了库底固体废物，确保库区水质安全。

——“两控区”污染防治。1998 年中国政府批准划定了酸雨控制区和二氧化硫控制区，涉及 27 个省、自治区、直辖市的 175 个城市、地区，总面积约为 109 万平方公里。国家在“两控区”内进行能源结构调整，推广清洁燃料和低硫煤，大中城市禁止民用炉灶燃用散煤。与 1998 年相比，2005 年二氧化硫控制区内二氧化硫年均浓度达标城市比例由 32.8%增加到 45.2%；2005 年酸雨控制区内二氧化硫年均浓度超过国家三级标准的城市比例由 15.7%下降到 4.5%。

——北京市大气污染治理。自 1998 年以来，北京市连续实施了大气污染控制措施。天然气、电采暖、地源热泵、建筑节能等清洁能源利用技术和节能技术进一步推广，到 2005 年，北京市天然气用量达到 32 亿立方米，城市热网集中供热面积超过 1 亿平方米；严格机动车排放管理，对在用机动车实施了环保标志管理，对高排放黄标车采取限行措施，并淘汰老旧机动车 30 多万辆，发展天然气公交车 2800 辆，2005 年提前实施了国家第三阶段排放标准（相当于欧洲三号标准）；修订完善了施工现场环境保护标准，加大建筑工地管理，加强对道路机械清扫、冲刷和喷雾压尘工作的监督检查，并对市区 100 多家污染企业实施关停搬迁，全市水泥立窑生产线全部关停。经过积极治理，北京市大气环境质量二级和好于二级的天数从 1998 年的 100 天增加到 2005 年的 234 天，各种大气污染物浓度普遍下降，空气质量明显改善。

——渤海污染治理。2001 年中国政府批复《渤海碧海行动计划》。截至 2005 年底，已完成各类渤海污染治理环境保护工程项目 166 个，在建项目 70 个，投资达 175 亿元人民币，其中新建城市污水处理厂 44 个，形成污水日处理能力 355.3 万吨，新建城市垃圾处理场 18 个，形成垃圾日处理能力 7000 多吨，新建生态农业、生态养殖项目 89 个，新建船舶港口和溢油反应项目 9 项，初步遏制了渤海海域环境继续恶化的趋势。

四、城市环境保护

中国城市化率已从 1995 年的 29.04%提高到 2004 年的 41.76%。针对城市化快速发展中的环境问题，中国政府采取一系列综合措施，使城市环境逐步改善，部分城市环境质量有明显改善。与 1996 年相比，2005 年空气质量达到国家二级标准的城市比例增加了 31 个百分点，空气质量劣于国家三级标准的城市比例下降了 39 个百分点。

从城市环境容量和资源保证能力出发，中国的许多城市制定和实施城市总体规划和城市环境质量按功能区全面达标规划，测算大气和水环境容量，合理确定城市规模和发展方向，调整城市产业结构和空间布局，逐步优化城市的功能分区。许多大中城市在城区发展中实行“退二进三”的策略，即退出第二产业进入第三产业，关闭了一批污染严重的企业，利用地价杠杆把一些污染企业迁出城区，按照“工业入园、集中治污染”的原则，实行技术改造和污染集中控制。一些城市把旧城改造与调整城市布局相结合，解决老城区脏乱差的问题，改善居民生活环境；大力调整城市能源结构，积极推广清洁能源和集中供热，减轻燃煤污染。在城市建设工程中推行使用预拌混凝土，对直辖市、省辖市、部分大中城市、旅游城市禁止在城市城区现场搅拌混凝土，减少建筑工地的粉尘污染。

中国各级政府把城市环境基础设施建设作为财政投资的重点，促进了城市污水、垃圾处理设施建设。截至2004年底，城市污水处理率达46%，城市生活垃圾无害化处理率达52%，城区清洁能源使用率达40%。近年来，机动车排放标准从国家第Ⅰ阶段标准提高到国家第Ⅱ阶段标准，并制定了国家第Ⅲ阶段标准。一些城市开展清洁汽车行动，积极推行低污染的天然气、液化石油气清洁燃料汽车。自2000年7月起，全国停止销售、使用含铅汽油，每年可减少排铅1500吨。

全国500多个城市开展城市环境综合整治定量考核，对城市环境质量、污染防治工作和城市环境基础设施建设情况进行量化，综合评价城市政府的环保工作。从1997年起，按照经济发展、社会进步、设施完善、环境改善的要求，开展创建环境保护模范城市活动。目前，全国共有100多个城市（区）在创建环保模范城市，其中56个城市和直辖市的5个城区已创建成功。国家环境保护模范城市空气质量达到二级或好于二级的天数均大于80%，城市生活污水处理率大于70%，生活垃圾无害化处理率大于80%，城市绿化覆盖率大于35%，都高于全国平均水平，“蓝天、碧水、绿地、宁静、和谐”已成为环境保护模范城市环境的重要标志。

近年来，国家大力开展城市园林绿化工作，建设国家园林城市，改善人居环境。到2004年底，全国城市绿化覆盖率为31.66%，绿地率为27.72%，人均公共绿地面积为7.39平方米，分别比2000年增长3.51%、4.05%和3.7平方米，其中人均公共绿地面积翻了一番。目前，全国已命名国家园林城市83个、园林城区4个，国家园林县城10个，并有12个城市获得了“中国人居环境范例奖”。

五、农村环境保护

中国是一个农业大国，农村人口占绝大多数。防治农业环境污染、改善农村环境是中国环境保护的重要任务。

——农村环境综合整治。近年来，中国政府在广大农村地区开展环境优美乡镇、生态文明村等创建活动，推动农村环境综合整治。目前，全国有178个乡镇获得“全国环境优美乡镇”称号。国家重点在“三湖”地区和长江三角洲、珠江三角洲、黄河三角洲地区，开展畜禽渔养殖污染、面源污染的综合防治示范。一些省市加大村庄环境整治力度，完善农村基础设施，在农村生活污水、垃圾和农业面源污染治理方面取得了一定进展。近年来，国家兴建各类农村饮水工程80多万处，解决了6700多万农村人口的饮水困难和不安全问题。开展全国土壤污染调查和污染防治示范，建立农产品安全检测和监管体系；加强农药和化肥环境安全管理，推广高效、低毒和低残留化学农药，禁止在蔬菜、水果、粮食、茶叶和中药材生产中使用高毒、高残留农药；防止不合理使用化肥、农药、农膜和污灌带来的面源污染，保证农产品安全；开发生产新型安全优质高效饲料，提高饲料吸收利用率，减少养殖产品药物残留和有害物质的排放；推广畜禽粪便综合利用和处理技术，鼓励建设养殖业和种植业紧密结合的生态农业工程。

——生态农业和生态示范区建设。中国政府把生态农业建设作为促进农村经济和生态环境全面协调发展的重要举措。目前，全国生态农业建设县达到400多个，开展示范区建设县市达500多个，其中国家级生态农业县102个，国家级生态示范区233个。近年来，有机食品相关的管理和发展机制不断完善，出台了《有机食品认证管理办法》、《有机食品国家标准》；出台了良好农业规范国家标准和认证实施规则，开展源头治理；开展国家有机食品生产基地创建工作，已命名43个国家级有机食品生产基地，推动有机食品的产业化发展。全国有机认证面积超过300万公顷。

——发展旱作节水农业。截至2005年，国家投入7亿多元人民币，在水资源匮乏的干旱区、半干旱区建设了460多个旱作节水农业示范基地，综合运用农艺、生物和工程措施及旱作农业技术，充分利用天然降水，提高水资源利用效率和农业生产能力，控制水土流失。国家积极推广保护性耕作，启动了以秸秆覆盖、免耕播种、深松和除草技术为主要内容的保护性耕作项目，重点在环京津区和西北风沙源头区建立了两条保护性耕作带。截至2005年底，共建立示范县100个。

——农村新能源建设。开发与推广农村新能源是保护和改善农村生态环境的重要手段。"十五"期间，国家先后投入35亿元人民币，重点推广以沼气建设为纽带的能源生态模式。到2005年底，全国沼气用户已达1700多万户，年生产沼气65亿立方米。国家大力发展畜禽养殖废弃物沼气工程，已建成2200多处，年处理畜禽粪便6000多万吨；建成生活污水净化沼气池13.7万处，秸秆气化集中供气工程500多处；推广省柴灶1.89亿户，太阳能热水器2850万平方米。同时，还积极推广使用太阳灶、风能、地热等可再生能源。

六、生态保护与建设

经过长期不懈努力，中国一些地区生态环境开始得到改善。

——造林绿化。中国政府确立以生态建设为主的林业发展指导方针，开展大规模植树造林，加强森林资源管理，启动森林生态效益补偿制度，营造林面积自2002年以来连续四年超过667万公顷。近年来，森林面积和森林蓄积量迅速增加，林龄结构、林相结构趋于合理，森林质量趋于提高，实现了由持续下降到逐步上升的历史性转折。目前，全国森林面积达1.75亿公顷，森林覆盖率达18.21%，森林蓄积量达124.56亿立方米。国家重视林业生态工程建设。从1998年起，中国开展了天然林资源保护工程、退耕还林工程、"三北"（东北、华北、西北）及长江流域等防护林体系建设工程、京津风沙源治理工程、野生动植物保护及自然保护区建设工程和重点地区速生丰产用材林基地建设工程等。"十五"期间，天然林资源保护工程共营造生态公益林800万公顷，9333万公顷森林资源得到休养生息；退耕还林工程共完成造林2133万公顷，其中生态退耕538万公顷，荒山荒地造林1200万公顷，封山育林133万公顷；京津风沙源治理工程共完成各项治理任务达667万公顷；"三北"和长江流域等重点防护林工程造林341万公顷，新封山育林346万公顷。

——草原保护。为加强草原的生态建设和规划管理，草原工作战略重点实现由经济目标为主向"生态、经济、社会目标并重，生态优先"的转变，草原植被得到有效恢复，草原生态环境逐步好转。国家对草原保护建设的投入持续增加，2000～2005年中央财政共投入资金90多亿元人民币，实施了天然草原植被恢复与建设、草原围栏、牧草种子基地、退牧还草、京津风沙源治理工程草原生态建设等项目，取得了良好的生态、经济和社会效益。截至2005年底，全国人工种草累计保留面积达到1300万公顷，草原改良面积1400万公顷，草原围栏3300万公顷，有20%的可利用草原实施了禁牧、休牧和划区轮牧。

——土地保护、开发与整治。中国政府把保护耕地作为一项基本国策，实行严格的耕地保护政策。国家划定基本农田保护区，为确保粮食安全提供重要基础。同时，建立土地用途管制制度，严格控制建设用地总量和结构，使乱占耕地现象得到抑制。2004年各项建设占用耕地较上年下降37%，总体实现数量上的占补平衡。国家还加大土地开发整理力度，建立土地开发整理项目管理制度，组织实施国家投资土地开发整理项目，保持耕地总量动态平衡，改善生态环境。“十五”期间，通过对农村及城镇土地、灾毁土地、工矿区废弃土地等进行科学的土地开发，整理复垦，复垦土地7.6万公顷，建成了一批布局规整、生态环境良好的新农村，部分资源枯竭型城市和重点矿区生态环境得到进一步的治理和恢复。

——水土保持。国家实施京津风沙源治理、首都水资源可持续利用水土保持、黄土高原地区水土保持淤地坝、东北黑土区和珠江上游南北盘江石灰岩地区水土流失综合防治等多个专项工程，水土流失重点防治范围由长江、黄河上中游拓展到东北黑土区、珠江上游和环京津等地区。国家开展示范区和示范工程建设，已建成面积在200平方公里以上的水土保持工程300多个，水土保持生态建设示范县190个，示范小流域1398条，并开始实施第一批62个面积不少于300平方公里的示范区和50多个水土保持科技示范园建设。在全国188个县开展水土保持生态修复试点工程，所有国家水土保持重点工程区全面实施封育保护，封育保护面积达12.6万平方公里，并在“三江源区”实施水土保持预防保护工程。目前，已有25个省（自治区、直辖市）980个县全部或部分实施了封山禁牧，封禁范围60多万平方公里，封禁区内的植被得到了较快的恢复。“十五”期间，全国综合治理水土流失面积24.02万平方公里，综合整治小流域11500多条，建设基本农田406万公顷，营造水土保持林、经果林和水源涵养林1533万公顷，建设拦沙坝、坡面水系等小型水土保持工程350多万座（处），淤地坝7000座。

——防沙治沙。中国政府将防止土地荒漠化、沙化作为改善生态环境，拓展生存和发展空间，促进经济社会协调和可持续发展的战略举措，颁布实施了《防沙治沙法》，批复了《全国防沙治沙规划（2005～2010年）》，颁发了《关于进一步加强防沙治沙工作的决定》，实施一批防沙治沙重点工程，使荒漠化和沙化土地面积同时出现净减少。截至2004年底，全国荒漠化土地为263.62万平方公里，沙化土地面积为173.97万平方公里，与1999年相比，五年间全国荒漠化土地面积净减少37924平方公里，沙化土地面积净减少6416平方公里；土地荒漠化和沙化程度有所减轻，重、极重度荒漠化面积减少24.59万平方公里。荒漠化和沙化整体扩展的趋势得到初步抑制。

——海洋环境保护。中国已经基本形成了海洋环境保护的法律体系和行政执法体系，构建了海洋环境监测网络，制定和实施了海洋功能区划、近岸海域环境功能区划，合理开发和保护海洋资源，防止海洋污染和生态破坏，促进海洋经济可持续发展。中国政府积极实施主要入海河流的污染防治计划和重点海域的环境保护计划，继渤海之后，中国政府于2005年启动了长江口及毗邻海域、珠江口及毗邻海域的污染治理工作，在长江口和珠江口及其毗邻海域开展了河海统筹、陆海兼顾的陆域、海域同步的环境监测和调查工作。中国政府严格执行海洋工程和海上倾废的审批制度，强化对倾倒活动的执法监视，加强海洋环境监测。国家批准了《赤潮灾害应急预案》和《海洋石油勘探开发重大溢油应急计划》，并纳入国家灾害应急管理体系，初步建立了海洋灾害应急机制。加强了船舶污染防治和危险品运输管理，积极推进海上船舶溢油应急体系建设。截至2004年底，中国已建立各级海洋自然保护区120个，一批海洋珍稀物种得到保护，珊瑚礁、红树林及海草床等重要生境得以保护。通过采取控制渔业捕捞强度、压缩捕捞渔船、完善休渔制度、建立渔业资源保护区、实施海洋捕捞产量“零增长”等措施，保护和恢复海洋渔业资源。

——自然保护区、生态功能保护区、风景名胜区建设。中国政府把建立自然保护区作为保护生态环境的重要措施。截至2005年底，全国共建立各级各类自然保护区2349处，面积达150万平方公里，约占陆地国土面积的15%，初步形成了类型比较齐全、布局比较合理的全国自然保护区网络；全国85%的陆地生态系统类型，85%的野生动物种群和65%的天然植物群落类型都得到保护。国家在江河源头区、重要水源涵养区、江河洪水调蓄区、防风固沙区以及其他具有重要生态功能的区域开展生态功能保护区建设，在东江源、洞庭湖、秦岭山地等18个典型区域开展国家级生态功能保护区试点。内蒙古、黑龙江、江西、湖北、湖南、甘肃、青海等省（自治区）开展了地方级生态功能保护区建设。目前，经中国政府审定命名的风景名胜区有677个，其中国家重点风景名胜区187个。泰山、黄山、峨眉山—乐山、武夷山、庐山、武陵源、九寨沟、黄龙、青城山—都江堰、三江并流等国家重点风景名胜区和一批自然保护区，分别列入联合国教科文组织《世界遗产名录》或《国际人与生物圈保护区网络》、《国际重要湿地名录》。全国建有各类森林公园数量超过1900处，其中国家森林公园627处。全国共有85个国家地质公园，其中安徽黄山、江西庐山、河南云台山、云南石林、广东丹霞山、湖南张家界、黑龙江五大连池和河南嵩山等八家地质公园首批进入世界地质公园网络名录。

——生物多样性保护。中国是一个生物多样性非常丰富的国家，国家制定了《中国生物多样性保护行动计划》，编写了《中国生物多样性国情研究报告》，编制了《生物物种资源保护与利用规划》。目前，全国共建立野生动物拯救繁殖基地250处，野生植物种质资源保育或基因保存中心400多处，使200多种珍稀濒危野生动物、上千种野生植物建立了稳定的人工种群。同时，开展了国家重点保护野生植物资源的调查和抢救性收集，建立了67个农业野生植物原生境保护区。开展了全国外来入侵物种调查，针对危害较大的主要外来入侵生物开展了“十省百县”灭毒除害行动，提高了公众防止外来入侵生物的意识和能力。全国野生植物资源调查的189种野生植物中有71%的野外种群达到稳定生存发展的标准；全国野生动物调查的252种野生动物中有55.7%的种群稳中有升，扬子鳄、朱鹮等珍稀濒危野生动物种群成倍增加，野生大熊猫数量达到1596只，人工圈养数量达到183只。一些物种的分布区逐步扩展，黑嘴鸥、黑脸琵鹭等物种的新记录、新繁殖地或越冬地被不断发现。一百多年未见踪迹、已被国际自然保护联盟宣布为世界级危物种崖柏被重新发现。

——湿地保护。中国政府颁布了《中国湿地保护行动计划》，编制实施《全国湿地保护工程规划（2002～2030年）》、《全国湿地保护工程实施规划（2005～2010年）》。目前，全国共有湿地自然保护区473处，总面积达4346万公顷。全国纳入自然保护区得到有效保护的自然湿地近45%，洞庭湖、鄱阳湖、扎龙等30块湿地列入国际重要湿地名录，面积达346万公顷。一批重要湿地面积得到稳定和扩展，生态功能得到恢复和改善，湿地面积快速减少的趋势得到有效遏制。城市湿地资源保护得到重视和加强，国家批准了10个城市湿地公园。

七、环境经济政策和投入

近十年是中国环保投入增幅最大的时期，经过努力，已初步建立起以政府为主导的多元环保投融资体制。

——加大环境保护财政投入。“十五”期间，中央财政安排环境保护资金1119亿元人民币，其中，国债资金安排1083亿元人民币，主要用于京津风沙源治理、天然林保护工程、退耕还林（草）工程、三峡库区及其上游地区水污染治理、“三河三湖”污染治理、污水、垃圾产业化及中水回用工程等。1998年以来，国家把环境基础设施建设作为国债投资的重点，带动了大量社会资金投入环保。1996～2004年，中国环境污染治理投入达到9522.7亿元人民币，占同期GDP的1.0%。2006年，环境保护支出科目被正式纳入国家财政预算。

——完善环境收费政策。加强排污费征收和管理，排污费的征收使用严格实行“收支两条线”管理，排污费收入专项用于环境污染防治。扩大二氧化硫排污费征收范围，即对所有排放二氧化硫的企、事业单位和个体经营者均征收二氧化硫排污费，并提高二氧化硫排污费标准，由每公斤二氧化硫0.2元人民币提高到0.63元人民币。实行城市污水、垃圾、危险废物处理收费政策，引导社会资金以多种方式投入环保设施建设和运营，积极推动污染治理市场化、产业化进程。建立并推行城市污水、垃圾处理特许经营制度。一些地方对已有污水处理厂和垃圾处理等政府建设设施，通过招投标，以合同方式交给企业运营，加强了政府监管，提高了环保资金投入的效益。

——制定有利于环保的价格税收政策。建立可再生能源费用分摊机制。可再生能源发电项目上网电价高于当地脱硫燃煤机组标杆上网电价的部分，国家投资或补贴建设的公共可再生能源独立电力系统运行维护费用高于当地省级电网平均销售电价的部分，以及可再生能源发电项目接网费用等，通过向电力用户征收电价附加的方式解决。分批调低和取消钢铁、电解铝、铁合金等产品的出口退税政策。制定有利于汽车产业升级、减轻汽车污染的税收政策，对提前达到低污染排放标准的汽车生产企业减征30%的消费税。对再生资源回收及资源综合利用，生产环保产业设备的企业，利用废水、废气、废渣等废弃物为主要原料进行生产的企业，给予减免税收的优惠政策。严格执行耕地占用税政策，合理利用土地资源，加强土地管理，保护农用耕地。陆续提高煤炭、原油、天然气等矿产品的资源税税额标准，进一步保护矿产资源，促进资源的合理开发利用。

八、环境影响评价制度

环境影响评价制度是从源头控制环境污染和生态破坏的法律手段。1998年，中国政府颁布实施《建设项目环境保护管理条例》，明确提出环境影响评价制度，以及建设项目环境保护设施同时设计、同时施工、同时投产使用的“三同时”制度。2003年开始实施的《中华人民共和国环境影响评价法》，将环境影响评价制度从建设项目扩展到各类开发建设规划。国家实行环境影响评价工程师职业资格制度，建立了由专业技术人员组成的评估队伍。

全国共有146万多个建设项目执行了环境影响评价制度，63万多个新建项目执行了“三同时”制度，环评执行和“三同时”执行率分别达到99.3%和96.4%，“三同时”合格率达到95.7%。1996年以来，全国建设项目投资总额为269980亿元人民币，环保投资总额达12306亿元人民币，并呈逐年上升趋势。通过执行环境影响评价制度，工业类项目实现了“增产不增污”或“增产减污”；涉及重要环境敏感问题生态类项目，通过调整选址、选线和工程方案等，有效避免了新的生态破坏。2005年公开叫停30个总投资额达1179.4亿元人民币的违法建设项目。2006年2月，对10个投资约290亿元人民币的违反“三同时”制度的建设项目进行了查处。

国家环保部门将内蒙古、新疆、广西及大连市、武汉市等五个行政区，铁路和石油化工行业，以及宁夏宁东煤炭化工基地规划和上海市城市轨道交通网络规划列为首批规划环境影响评价试点；完成了《全国林纸一体化工程建设专项规划》环境影响评价工作；开展了塔里木河流域、澜沧江中下游、四川大渡河、雅砻江上游、沅水流域等流域开发利用规划的环境影响评价。其中，怒江流域水电开发规划环境影响评价比较了不同梯级开发方案在开发布局、规模、方式和开发时序等方面的环境影响程度，为该规划的实施提出了预防和减缓环境影响的措施；大渡河流域水电梯级开发规划的环境影响评价充分考虑了环境与发展协调性，提出了流域资源开发环境保护整体性安排，减少梯度淹没39公里，减少耕地淹没1867公顷，减少淹没县城2座，减少移民人口8.5万人。国家积极推动水电建设的有序发展，将能源发展战略和电力发展方针由积极开发水电调整为在保护生态基础上有序开发水电。

九、环保科技、产业和公众参与

中国重视并不断提高科技对环境保护的支撑能力，积极推动环保产业化进程，并采取各种措施促进公众对环境保护的参与。

——环境保护科学研究。“十五”期间，组织实施了国家重大科技专项“水污染控制技术与治理工程”，开展了湖泊污染治理与生态修复、城市水环境质量改善、饮用水安全保障、新型废水处理等水污染控制技术的研发与示范，为中国水污染防治提供了切实可行的技术方案与配套技术体系。研制了一批环境监测技术与设备，多种技术与设备实现了业务化应用。开展了机动车排气净化、燃煤锅炉烟气脱硫、固体废弃物处理、重点行业清洁生产等关键技术研发与工程示范，开发了一批具有自主知识产权的高新技术与设备。在国家科技攻关计划中设立“重大环境问题对策与关键支撑技术研究”项目，在环境保护战略和技术政策、循环经济理论与生态工业技术、化学品控制技术、污染场地修复技术等方面开展研究，初步建立了中国绿色GDP核算体系框架。组织了西部生态系统综合评估、生态功能区划、脆弱生态区恢复与重建等研究，形成了多种西部生态脆弱区治理技术模式，实现了规模化示范推广。完成了全国外来入侵物种调查，建立起中国生物多样性数据库。制定了《国家环境与健康行动计划》，开展部分重点地区环境健康调查工作。积极开展全球环境变化研究工作，组织编制了《气候变化国家评估报告》，为国家制定应对全球环境变化政策和参加有关国际公约谈判提供了科学依据。

——环保产业。经过多年实践，中国已形成产业门类基本齐全，具有一定经济规模的环境保护产业体系，环境保护产品生产领域和服务业取得较大进展，资源综合利用和洁净技术产品领域快速发展。到2004年底，全国有环保产业年销售（经营）收入达200万元人民币规模以上的从业单位11623家，从业人员有159.5万人，全行业年收入达4572.1亿元人民币，实现利润393.9亿元人民币。

——公众参与。中国政府努力创造条件，鼓励公众参与环境保护工作。环境影响评价法对公众参与作出制度性规定，要求对可能造成不良影响的规划或建设项目，应通过举行论证会、听证会或采取其他形式，征求有关单位、专家和公众对环境影响评价报告书的意见。2006年2月，国家环保部门颁布了《环境影响评价公众参与暂行办法》，详细规定公众参与环境影响评价的范围、程序、组织形式等内容。民间组织和环保志愿者是环境保护公众参与的重要力量，中国目前有非政府环保组织1000余家。

——宣传教育。为加强环保宣传教育，国家制定《全国环境宣传教育行动纲要（1996—2010年）》和《2001—2005年全国环境宣传教育工作纲要》。2001年开始实施的第四个五年普法规划，把环境保护法律法规的宣传教育作为全民法制宣传教育的重要内容，并把环境保护法律法规纳入年度法制教育计划。在一年一度的“6·5”世界环境日开展全国性环境宣传教育活动。开展了绿色社区、绿色学校、绿色家庭创建活动，目前全国有2348个社区参加了绿色社区创建活动，25000多所中小学校、中等职业学校及幼儿园参加了绿色学校创建活动，100个绿色家庭受到表彰；通过“保护母亲河”、“绿色承诺”、“天天环保”、“生态监护”等实践活动，对广大青少年进行生态环境道德教育，增强他们的环境保护意识；举办绿色中国论坛、中国环境文化节等活动，进行环境知识培训，引导公众参与讨论环境问题，形成“人人参与、共创绿色家园”的社会氛围。

——环境信息公开。到2005年底，全国所有地级以上城市实现了城市空气质量自动监测，并发布空气质量日报；组织开展重点流域水质监测，发布十大流域水质月报和水质自动监测周报；定期开展南水北调东线水质监测工作；113个环保重点城市开展集中式饮用水源地水质监测月报；建立环境质量季度分析制度，及时发布环境质量信息。各级政府和环保部门通过定期或不定期召开新闻发布会，及时通报环境状况、重要政策措施、突发环境事件、违法违规案例等，保障社会各界对环境保护的知情权，促进公众对环境保护的参与。

——公众环境权益维护。截至2005年底，全国有4个直辖市、312个地级市、374个县级市、677个县开通了环保举报投诉热线电话，覆盖了全国69.4%的县级以上行政区。2003年以来，全国各级环保部门通过环保热线共受理环境污染投诉114.8万件，结案率在97%左右，主要城市环境投诉满意率在80%左右。随着公众环境意识和对环境质量的要求不断提高，反映环境权益被侵害的来信来访数量逐年增加。2001～2005年，各级政府环保部门共受理群众来信253万余封，群众来访43万余批次、59.7万余人次，受理全国人大代表建议673件，全国政协委员提案521件。

十、国际环境保护合作

中国重视环境保护领域里的国际合作，积极参与联合国等国际组织开展的环境事务。多年来，中国派高级代表团参与联合国可持续发展委员会历次会议、可持续发展世界首脑会议及其系列筹备活动。中国与联合国环境规划署在荒漠化防治、生物多样性保护、臭氧层保护、清洁生产、循环经济、环境教育和培训、长江中上游洪水防治、区域海行动计划和防止陆源污染保护海洋全球行动计划等领域开展了卓有成效的合作。中国与联合国开发计划署、世界银行、亚洲开发银行等国际组织建立了有效的合作模式。中国积极参与亚太经合组织框架下的各项环境保护和可持续发展活动，出席历次亚太经合组织环境部长会议。中国在环境保护领域的努力得到国际社会的承认和赞誉。联合国环境规划署、世界银行、全球环境基金先后将“联合国环境规划署笹川环境奖”、“绿色环境特别奖”、“全球环境领导奖”授予中国环保部门负责人，联合国环境规划署还将“地球卫士奖”授予中华青年联合会负责人。截至2005年底，中国共有22个单位和6名个人被联合国环境规划署授予“全球500佳”称号。

中国参加了《联合国气候变化框架公约》及其《京都议定书》、《关于消耗臭氧层物质的蒙特利尔议定书》、《关于在国际贸易中对某些危险化学品和农药采用事先知情同意程序的鹿特丹公约》、《关于持久性有机污染物的斯德哥尔摩公约》、《生物多样性公约》、《生物多样性公约〈卡塔赫纳生物安全议定书〉》和《联合国防治荒漠化公约》等50多项涉及环境保护的国际条约，并积极履行这些条约规定的义务。

中国政府编写了《中华人民共和国可持续发展国家报告》，编制了《中国21世纪可持续发展行动纲要》，确定了21世纪初中国可持续发展的重点领域和行动计划。中国政府批准了《中国逐步淘汰消耗臭氧层物质的国家方案》，相继颁布了100多项有关保护臭氧层的政策和措施，建立了消耗臭氧层物质替代品和其他环保相关产品的开发和生产基地，顺利完成了《蒙特利尔议定书》规定的阶段性削减指标。据世界银行估计，中国淘汰消耗臭氧层物质占所有发展中国家淘汰总量的50%。中国政府在北京举办了《保护臭氧层维也纳公约》缔约方大会第五次会议和《蒙特利尔议定书》缔约方大会第十一次会议，通过了《北京宣言》和《北京修正案》。

中国加强和推动与周边国家或相关地区的合作，积极参与区域合作机制化建设。建立中日韩三国环境部长会议机制，定期进行政策交流，讨论共同关心的环境问题。大湄公河次区域环境合作机制开始启动，并于2005年成功举办第一届大湄公河次区域环境部长会议，提出了次区域生物多样性保护走廊计划等合作项目。东盟与中国（10+1）和东盟与中日韩（10+3）机制下的环境合作开始起步。在中国政府的倡议下，2002年召开了第一届亚欧环境部长会议，通过了《亚欧环境部长会议主席声明》，就开展亚欧环境合作的基础、潜力及合作原则等方面达成基本共识，确定了亚欧环境合作的关键领域和重点。近年来，建立了中欧环境政策部长级对话机制和中欧环境联络员会议机制，并于2006年2月召开了中国——阿拉伯国家首次环境合作会议。

中国积极开展环境保护领域的双边合作，先后与美国、日本、加拿大、俄罗斯等42个国家签署双边环境保护合作协议或谅解备忘录，与11个国家签署核安全合作双边协定或谅解备忘录。在环境政策法规、污染防治、生物多样性保护、气候变化、可持续生产与消费、能力建设、示范工程、环境技术和环保产业等方面广泛进行交流与合作，取得一批重要成果。中国还与欧盟、日本、德国、加拿大等13个国家和国际组织在双边无偿援助项下开展了多项环保领域的合作。中国积极开展与发展中国家的环境合作与交流。为配合中非合作论坛的后续行动，中国举办“面向非洲的中国环保”主题活动，推动中非在环保领域的交流与合作。2005年中国与联合国环境规划署共同举办了中非环保合作会议。中国政府还举办了“非洲国家水污染和水资源管理研修班”，帮助非洲国家开展环境培训。

结束语

中国政府和中国人民为保护环境付出了巨大努力。但是，中国政府清醒地看到，由于中国正处于工业化和城市化加速发展的阶段，也正处于经济增长和环境保护矛盾十分突出的时期，环境形势依然十分严峻。一些地区环境污染和生态恶化还相当严重，主要污染物排放量超过环境承载能力，水、土地、土壤等污染严重，固体废物、汽车尾气、持久性有机物等污染增加。新世纪头二十年，中国人口将继续增加，经济总量将比2000年再翻两番，经济社会发展对资源的需求不断增加，环境保护面临的压力越来越大。

针对资源环境压力日益增大的突出问题，中国政府明确提出以科学发展观统领经济社会发展全局，加快建设资源节约型、环境友好型社会，促进人与自然和谐发展。在制定发展目标时，中国政府把能源节约和环境保护摆上了重要战略位置。中国“十一五”经济社会发展规划明确提出了今后五年环境保护的主要目标：到2010年，在保持国民经济平稳较快增长的同时，使重点地区和城市的环境质量得到改善，生态环境恶化趋势基本遏制。单位国内生产总值能源消耗比“十五”期末降低20%左右；主要污染物排放总量减少10%；森林覆盖率由18.2%提高到20%。

实现这一目标，中国政府将切实落实水污染和大气污染防治任务，加强城市、农村和生态环境保护，确保核与辐射环境安全，以及实施国家环保工程等重点任务，全面推进环保工作。中国政府将集中力量解决严重危害人民群众健康的污染问题，把保障人民群众的饮水安全作为污染防治的首要任务，采取最为严格的措施，有效化解危害饮用水水源水质的污染隐患。

实现这一目标，中国政府将积极加快实现“三个转变”：一是从重经济增长轻环境保护转变为保护环境与经济增长并重；二是从环境保护滞后于经济发展转变为环境保护和经济发展同步；三是从主要用行政办法保护环境转变为综合运用法律、经济、技术和必要的行政办法解决环境问题。建立经济稳定增长、环境资源代价最小、环境意识较高的经济、社会、文化体系；在空间布局上，将经济发展与环境承载能力相统一，形成各具特色的发展格局。按照优化开发、重点开发、限制开发和禁止开发的不同要求，明确不同区域的功能定位，制定不同的发展方向和环保目标。中国政府将在发展中落实保护，在保护中促进发展，坚持节约发展、安全发展、清洁发展，实现可持续发展。

实现这一目标，中国政府将坚持全面推进重点突破方针，坚持预防为主、综合治理的原则，继续完善环境保护的政策法规，并严格监督执行，依法加强环境管理，强化地方政府对环境质量负责的法律责任；严格环境准入，加强规划和重大决策的环境影响评价，从源头防治环境污染和生态破坏；加大重点流域水域城市海域专项整治，切实改善环境质量；完善政府、企业、社会多元化环保投融资机制，加大环保投入；推动公众参与环境保护，加强社会监督；建立先进的环境监测预警体系和完备的环境执法监督体系，切实提高对突发性环境事件的预警能力，全面提高环境监管能力。

保护全球环境，已经成为人类社会的共识。作为一个负责任的发展中大国，解决好环境问题，符合中国发展目标，是13亿中国人民的福祉所在，也是人类共同利益的重要体现。中国政府和人民将与世界各国政府和人民一道，共同保护美丽的地球家园。

中国水生生物资源养护行动纲要

（国发〔2006〕9号）

我国海域辽阔，江河湖泊众多，为水生生物提供了良好的繁衍空间和生存条件。受独特的气候、地理及历史等因素的影响，我国水生生物具有特有程度高、孑遗物种数量大、生态系统类型齐全等特点。我国现有水生生物2万多种，在世界生物多样性中占有重要地位。以水生生物为主体的水生生态系统，在维系自然界物质循环、净化环境、缓解温室效应等方面发挥着重要作用。丰富的水生生物是人类重要的食物蛋白来源和渔业发展的物质基础。养护和合理利用水生生物资源对促进渔业可持续发展、维护国家生态安全具有重要意义。为全面贯彻落实科学发展观，切实加强国家生态建设，依法保护和合理利用水生生物资源，实施可持续发展战略，根据新阶段、新时期和市场经济条件下水生生物资源养护管理工作的要求，制定本纲要。

第一部分　水生生物资源养护现状及存在的问题

一、现状

多年来，在党中央、国务院的领导下，经过各地区、各有关部门的共同努力，我国水生生物资源养护工作取得了一定成效。

（一）制定并实施了一系列养护管理制度和措施。渔业行政主管部门相继制定并组织实施了海洋伏季休渔、长江禁渔期、海洋捕捞渔船控制等保护管理制度，开展了水生生物资源增殖放流活动，加强了水生生物自然保护区建设和濒危水生野生动物救护工作；环保、海洋、水利、交通等部门也积极采取了重点水域污染防治、自然保护区建设、水土流失治理、水功能区划等有利于水生生物资源养护的措施。

（二）建立了较为完整的养护执法和监管体系。全国渔业行政及执法管理队伍按照统一领导、分级管理的原则，依法履行渔业行业管理、保护渔业资源、渔业水域生态环境和水生野生动植物、专属经济区渔业管理以及维护国家海洋渔业权益等职能。环保、海洋、水利、交通等部门也根据各自职责设立了相关机构，加强了执法监管工作，为水生生物资源养护工作提供了有效的组织保障。

（三）初步形成了与养护工作相适应的科研、技术推广和服务体系。全国从事水生生物资源养护方面研究和开发的科技人员有13000多人。建立了全国渔业生态环境监测网和五个海区、流域级渔业资源监测网，对我国渔业资源和渔业水域生态环境状况进行监测和评估，为水生生物资源养护工作提供了坚实的技术支撑。

二、存在的主要问题

随着我国经济社会发展和人口不断增长，水产品市场需求与资源不足的矛盾日益突出。受诸多因素影响，目前我国水生生物资源严重衰退，水域生态环境不断恶化，部分水域呈现生态荒漠化趋势，外来物种入侵危害也日益严重。养护和合理利用水生生物资源已经成为一项重要而紧迫的任务。

（一）水域污染导致水域生态环境不断恶化。近年来，我国废水排放量呈逐年增加趋势，主要江河湖泊均遭受不同程度污染，近岸海域有机物和无机磷浓度明显上升，无机氮普遍超标，赤潮等自然灾害频发，渔业水域污染事故不断增加，水生生物的主要产卵场和索饵育肥场功能明显退化，水域生产力急剧下降。

（二）过度捕捞造成渔业资源严重衰退。我国是世界上捕捞渔船和渔民数量最多的国家，由于长期采取粗放型、掠夺式的捕捞方式，造成传统优质渔业品种资源衰退程度加剧，渔获物的低龄化、小型化、低值化现象严重，捕捞生产效率和经济效益明显下降。

（三）人类活动致使大量水生生物栖息地遭到破坏。水利水电、交通航运和海洋海岸工程建设等人类活动，在创造巨大经济效益和社会效益的同时，对水域生态也造成了不利影响，水生生物的生存条件不断恶化，珍稀水生野生动植物濒危程度加剧。

第二部分　水生生物资源养护的指导思想、原则和目标

一、指导思想

以邓小平理论和“三个代表”重要思想为指导，认真贯彻党的十六大和十六届五中全会精神，全面落实科学发展观，坚持科技创新，完善管理制度，强化保护措施，养护和合理利用水生生物资源，全面提升水生生物资源养护管理水平，改善水域生态环境，实现渔业可持续发展，促进人与自然和谐，维护水生生物多样性。

二、基本原则

（一）坚持统筹协调的原则，处理好资源养护与经济社会发展的关系。科学养护要与合理利用相结合，既服从和服务于国家建设发展的大局，又通过经济社会发展不断增强水生生物资源养护能力，做到保护中开发，开发中保护。科学调度、配置和保护水资源，强化节约资源、循环利用的生产和消费意识，在尽可能减少资源消耗和破坏环境的前提下，把保护水生生物资源与转变渔业增长方式、优化渔业产业结构结合起来，提高资源利用效率，在实现渔业经济持续、健康发展的同时，促进经济增长、社会发展和资源保护相统一。

（二）坚持整体保护的原则，处理好全面保护与重点保护的关系。将水生生物资源养护工作纳入国家生态建设的总体部署，对水生生物资源和水域生态环境进行整体性保护。同时，针对水生生物资源在水生生态系统中的主体地位和不同水生生物的特点，以资源养护为重点，实行多目标管理；在养护措施上，立足当前，着眼长远，分阶段、有步骤地加以实施。

（三）坚持因地制宜的原则，处理好系统保护与突出区域特色的关系。根据资源的区域分布特征和养护工作面临的任务，分区确定水生生物资源保护和合理利用的方向与措施：近海海域以完善海洋伏季休渔、捕捞许可管理等渔业资源管理制度为重点，保护和合理利用海洋生物资源；浅海滩涂以资源增殖、生态养殖及水域生态保护为重点，促进海水养殖增长方式转变；内陆水域以资源增殖、自然保护区建设、水域污染防治及工程建设资源与生态补偿为重点，保护水生生物多样性和水域生态的完整性。

（四）坚持务实开放的原则，处理好立足国情与履行国际义务的关系。在实际工作中，要充分考虑我国经济社会的发展阶段，立足于我国人口多、渔民多、渔船多、资源承载重的特点，结合现有工作基础，制定切实可行的保护管理措施。同时，要负责任地履行我国政府签署或参加的有关国际公约和规定的相应义务，并学习借鉴国外先进保护管理经验。

（五）坚持执法为民的原则，处理好强化管理与维护渔民权益的关系。在制订各项保护管理措施时，既要考虑符合广大渔民的长远利益，也要考虑渔民的现实承受能力，兼顾各方面利益，妥善解决好渔民的生产发展和生活出路问题，依法维护广大渔民的合法权益。要积极采取各种增殖修复手段，增加水域生产力，提高渔业经济效益，促进渔民增收。

（六）坚持共同参与的原则，处理好政府主导与动员社会力量参与的关系。水生生物资源养护是一项社会公益事业，从水生生物资源的流动性和共有性特点考虑，必须充分发挥政府保护公共资源的主导作用，建立有关部门间各司其职、加强沟通、密切配合的水生生物资源养护管理体制。同时要加强宣传教育，提高全民保护意识，充分调动各方面的积极性，形成全社会广泛动员和积极参与的良好氛围，并通过建立多元化的投融资机制，为水生生物资源养护工作提供必要的资金保障。

三、奋斗目标

（一）近期目标。到 2010 年，水域生态环境恶化、渔业资源衰退、濒危物种数目增加的趋势得到初步缓解，过大的捕捞能力得到压减，捕捞生产效率和经济效益有所提高。全国海洋捕捞机动渔船数量、功率和国内海洋捕捞产量，分别由 2002 年底的 22.2 万艘、1270 万千瓦和 1306 万吨压减到 19.2 万艘、1143 万千瓦和 1200 万吨左右，每年增殖重要渔业资源品种的苗种数量达到 200 亿尾（粒）以上；省级以上水生生物自然保护区数量达到 100 个以上；渔业水域污染事故调查处理率达到 60%以上。

（二）中期目标。到 2020 年，水域生态环境逐步得到修复，渔业资源衰退和濒危物种数目增加的趋势得到基本遏制，捕捞能力和捕捞产量与渔业资源可承受能力大体相适应。全国海洋捕捞机动渔船数量、功率和国内海洋捕捞产量分别压减到 16 万艘、1000 万千瓦和 1000 万吨左右；每年增殖重要渔业资源品种的苗种数量达到 400 亿尾（粒）以上；省级以上水生生物自然保护区数量达到 200 个以上；渔业水域污染事故调查处理率达到 80%以上。

（三）远景展望。经过长期不懈努力，到本世纪中叶，水域生态环境明显改善，水生生物资源实现良性、高效循环利用，濒危水生野生动植物和水生生物多样性得到有效保护，水生生态系统处于整体良好状态。基本实现水生生物资源丰富、水域生态环境优美的奋斗目标。

第三部分　渔业资源保护与增殖行动

渔业资源是水生生物资源的重要组成部分，是渔业发展的物质基础。针对目前捕捞强度居高不下、渔业资源严重衰退、捕捞生产效益下降、渔民收入增长缓慢的严峻形势，为有效保护和积极恢复渔业资源，促进我国渔业持续健康发展，根据《中华人民共和国渔业法》、农业部《关于 2003—2010 年海洋捕捞渔船控制制度实施意见》等有关规定，参照联合国粮农组织《负责任渔业守则》的要求，实施本行动。

本行动包括重点渔业资源保护、渔业资源增殖、负责任捕捞管理三项措施：通过建立禁渔区和禁渔期制度、水产种质资源保护区等措施，对重要渔业资源实行重点保护；通过综合运用各种增殖手段，积极主动恢复渔业资源，改变渔业生产方式，提高资源利用效率，为渔民致富创造新的途径和空间；通过强化捕捞配额制度、捕捞许可证制度等各项资源保护管理制度，规范捕捞行为，维护作业秩序，保障渔业安全；通过减船和转产转业等措施，压缩捕捞能力，促进渔业产业结构调整，妥善解决捕捞渔民生产生活问题。

一、重点渔业资源保护

（一）坚持并不断完善禁渔区和禁渔期制度。针对重要渔业资源品种的产卵场、索饵场、越冬场、洄游通道等主要栖息繁衍场所及繁殖期和幼鱼生长期等关键生长阶段，设立禁渔区和禁渔期，对其产卵群体和补充群体实行重点保护。继续完善海洋伏季休渔、长江禁渔期等现有禁渔区和禁渔期制度，并在珠江、黑龙江、黄河等主要流域及重要湖泊逐步推行此项制度。

（二）加强目录和标准化管理。修订重点保护渔业资源品种名录和重要渔业资源品种最小可捕标准，推行最小网目尺寸制度和幼鱼比例检查制度。制定捕捞渔具准用目录，取缔禁用渔具，研制和推广选择性渔具。调整捕捞作业结构，压缩作业方式对资源破坏较大的渔船和渔具数量。

（三）保护水产种质资源。在具有较高经济价值和遗传育种价值的水产种质资源主要生长繁育区域建立水产种质资源保护区，并制定相应的管理办法，强化和规范保护区管理。建立水产种质资源基因库，加强对水产遗传种质资源、特别是珍稀水产遗传种质资源的保护，强化相关技术研究，促进水产种质资源可持续利用。采取综合性措施，改善渔场环境，对已遭破坏的重要渔场、重要渔业资源品种的产卵场制定并实施重建计划。

二、渔业资源增殖

（一）统筹规划、合理布局。合理确定适用于渔业资源增殖的水域滩涂，重点针对已经衰退的重要渔业资源品种和生态荒漠化严重水域，采取各种增殖方式，加大增殖力度，不断扩大增殖品种、数量和范围。合理布局增殖苗种生产基地，确保增殖苗种供应。

（二）建设人工鱼礁（巢）。制定国家和地方的沿海人工鱼礁和内陆水域人工鱼巢建设规划，科学确定人工鱼礁（巢）的建设布局、类型和数量，注重发挥人工鱼礁（巢）的规模生态效应。建立多元化投入机制，加大人工鱼礁（巢）建设力度，结合减船工作，充分利用报废渔船等废旧物资，降低建设成本。

（三）发展增养殖业。积极推进以海洋牧场建设为主要形式的区域性综合开发，建立海洋牧场示范区，以人工鱼礁为载体，底播增殖为手段，增殖放流为补充，积极发展增养殖业，并带动休闲渔业及其他产业发展，增加渔民就业机会，提高渔民收入，繁荣渔区经济。

（四）规范渔业资源增殖管理。制定增殖技术标准、规程和统计指标体系，建立增殖计划申报审批、增殖苗种检验检疫和放流过程监理制度，强化日常监管和增殖效果评价工作。大规模的增殖放流活动，要进行生态安全风险评估；人工鱼礁建设实行许可管理，大型人工鱼礁建设项目要进行可行性论证。

三、负责任捕捞管理

（一）实行捕捞限额制度。根据捕捞量低于资源增长量的原则，确定渔业资源的总可捕捞量，逐步实行捕捞限额制度。建立健全渔业资源调查和评估体系、捕捞限额分配体系和监督管理体系，公平、公正、公开地分配限额指标，积极探索配额转让的有效机制和途径。

（二）继续完善捕捞许可证制度。严格执行捕捞许可管理有关规定，按照国家下达的船网工具指标以及捕捞限额指标，严格控制制造、更新改造、购置和进口捕捞渔船以及捕捞许可证发放数量，加强对渔船、渔具等主要捕捞生产要素的有效监管，强化渔船检验和报废制度，加强渔船安全管理。

（三）强化和规范职务船员持证上岗制度。加强渔业船员法律法规和专业技能培训，逐步实行捕捞从业人员资格准入，严格控制捕捞从业人员数量。

（四）推进捕捞渔民转产转业工作。根据国家下达的船网工具控制指标及减船计划，加快渔业产业结构调整，积极引导捕捞渔民向增养殖业、水产加工流通业、休闲渔业及其他产业转移。地方各级人民政府要加大投入，落实各项配套措施，确保减船工作顺利实施。建立健全转产转业渔民服务体系，加强对转产转业渔民的专业技能培训，为其提供相关的技术和信息服务。对因实施渔业资源养护措施造成生活困难的部分渔民，当地政府要统筹考虑采取适当方式给予救助，妥善安排好他们的生活。

第四部分　生物多样性与濒危物种保护行动

生物多样性程度是衡量生态系统状态的重要标志。近年来，我国水生生物遗传多样性缺失严重，水生野生动植物物种濒危程度加剧、灭绝速度加快，外来物种入侵危害不断加大。依据《中华人民共和国野生动物保护法》、《中华人民共和国渔业法》及《生物多样性公约》和《濒危野生动植物种国际贸易公约》等有关规定，为有效保护水生生物多样性，拯救珍稀濒危水生野生动植物，并履行相关国际义务，实施本行动。

本行动通过采取自然保护区建设、濒危物种专项救护、濒危物种驯养繁殖、经营利用管理以及外来物种监管等措施，建立水生生物多样性和濒危物种保护体系，全面提高保护工作能力和水平，有效保护水生生物多样性及濒危物种，防止外来物种入侵。

一、自然保护区建设

加强水生野生动植物物种资源调查，在充分论证的基础上，结合当地实际，统筹规划，逐步建立布局合理、类型齐全、层次清晰、重点突出、面积适宜的各类水生生物自然保护区体系。建立水生野生动植物自然保护区，保护白鳍豚、中华鲟等濒危水生野生动植物以及土著、特有鱼类资源的栖息地；建立水域生态类型自然保护区，对珊瑚礁、海草床等进行重点保护。加强保护区管理能力建设，配套完善保护区管理设施，加强保护区人员业务知识和技能培训，强化各项监管措施，促进保护区的规范化、科学化管理。

二、濒危物种专项救护

建立救护快速反应体系，对误捕、受伤、搁浅、罚没的水生野生动物及时进行救治、暂养和放生。根据各种水生野生动物濒危程度和生物学特点，对白鳍豚、白鲟、水獭等亟待拯救的濒危物种，制定重点保护计划，采取特殊保护措施，实施专项救护行动。对栖息场所或生存环境受到严重破坏的珍稀濒危物种，采取迁地保护措施。

三、濒危物种驯养繁殖

对中华鲟、大鲵、海龟和淡水龟鳖类等国家重点保护的水生野生动物，建立遗传资源基因库，加强种质资源保护与利用技术研究，强化对水生野生动植物遗传资源的利用和保护。建设濒危水生野生动植物驯养繁殖基地，进行珍稀濒危物种驯养繁育核心技术攻关。建立水生野生动物人工放流制度，制订相关规划、技术规范和标准，对放流效果进行跟踪和评价。

四、经营利用管理

调整和完善国家重点保护水生野生动植物名录。建立健全水生野生动植物经营利用管理制度，对捕捉、驯养繁殖、运输、经营利用、进出口等各环节进行规范管理，严厉打击非法经营利用水生野生动植物行为。根据有关法律法规规定，完善水生野生动植物进出口审批管理制度，严格规范水生野生动植物进出口贸易活动。加强水生野生动植物物种识别和产品鉴定工作，为水生野生动植物保护管理提供技术支持。

五、外来物种监管

加强水生动植物外来物种管理，完善生态安全风险评价制度和鉴定检疫控制体系，建立外来物种监控和预警机制，在重点地区和重点水域建设外来物种监控中心和监控点，防范和治理外来物种对水域生态造成的危害。

第五部分　水域生态保护与修复行动

水域生态环境是水生生物赖以生存的物质条件，水生生物及水域生态环境共同构成了水生生态系统。针对目前水生生物生存空间被大量挤占，水域生态环境不断恶化，水域生态荒漠化趋势日益明显等问题，为有效保护和修复水域生态，维护水域生态平衡，促进经济社会发展与生态环境保护相协调，依据《中华人民共和国渔业法》、《中华人民共和国环境保护法》、《中华人民共和国水法》、《中华人民共和国水污染防治法》、《中华人民共和国海洋环境保护法》和《中华人民共和国环境影响评价法》等有关法律法规，实施本行动。

本行动通过采取水域污染与生态灾害防治、工程建设资源与生态补偿、水域生态修复和发展生态养殖等措施，强化水域生态保护管理，逐步减少人类活动和自然生态灾害对水域生态造成的破坏和损失。同时，积极采取各种生物、工程和技术措施，对已遭到破坏的水域生态进行修复和重建。

一、水域污染与生态灾害防治

各地区、各有关部门要建立污染减量排放和达标排放制度，严格控制污染物向水体排放。健全水域污染事故调查处理制度，建立突发性水域污染事故调查处理快速反应机制，规范应急处理程序，提高应急处理能力，强化污染水域环境应急监测和水产品质量安全检测工作，通过实施工程、生物、技术措施，减少污染损害，通过暂停养殖纳水、严控受污染的水产品上市等应急措施，尽量降低突发事故造成的渔业损失，保障人民群众食用安全。处置突发性水域污染事故所需财政经费，按财政部《突发事件财政应急保障预案》执行。渔业行政主管部门要加强渔业水域污染事故调查处理资质管理，及时确认污染主体，科学评估渔业资源和渔业生产者损失，依法对渔业水域污染事故进行调查处理，并督促落实。完善水域生态灾害的防灾减灾体系，开展防灾减灾技术研究，提高水域生态灾害预警预报能力，积极采取综合治理措施，减轻对渔业生产、水产品质量安全和水域生态环境造成的影响。

二、工程建设资源与生态补偿

完善工程建设项目环境影响评价制度，建立工程建设项目资源与生态补偿机制，减少工程建设的负面影响，确保遭受破坏的资源和生态得到相应补偿和修复。对水利水电、围垦、海洋海岸工程、海洋倾废区等建设工程，环保或海洋部门在批准或核准相关环境影响报告书之前，应征求渔业行政主管部门意见；对水生生物资源及水域生态环境造成破坏的，建设单位应当按照有关法律规定，制订补偿方案或补救措施，并落实补偿项目和资金。相关保护设施必须与建设项目的主体工程同时设计、同时施工、同时投入使用。

三、水域生态修复

加强水域生态修复技术研究，制定综合评价和整治修复方案。通过科学调度、优化配置水资源和采取必要的工程措施，修复因水域污染、工程建设、河道（航道）整治、采砂等人为活动遭到破坏或退化的江河鱼类产卵场等重要水域生态功能区；通过采取闸口改造、建设过鱼设施和实施灌江纳苗等措施，恢复江湖鱼类生态联系，维护江湖水域生态的完整性；通过采取湖泊生物控制、放养滤食鱼类、底栖生物移植和植被修复等措施，对富营养化严重的湖泊、潮间带、河口等水域进行综合治理；通过保护红树林、珊瑚礁、海草床等，改善沿岸及近海水域生态环境；通过合理发展海水贝藻类养殖，改善海洋碳循环，缓解温室效应。

四、推进科学养殖

制定和完善水产养殖环境方面的技术标准，强化水产养殖环境监督管理。根据环境容量，合理调整养殖布局，科学确定养殖密度，优化养殖生产结构。实施养殖水质监测、环境监控、渔用药物生产审批和投入品使用管理等各项制度，加强水产苗种监督管理，实施科学投饵、施肥和合理用药，保障水产品质量安全。积极探索传统与现代相结合的生态养殖模式，建立健康养殖和生态养殖示范区，积极推广健康和生态养殖技术，减少水产养殖造成的污染。

第六部分　保障措施

一、建立健全协调高效的管理机制

水生生物资源养护是一项“功在当代、利在千秋”的伟大事业，地方各级人民政府要增强责任感和使命感，切实加强领导，将水生生物资源养护工作列入议事日程，作为一项重点工作和日常性工作来抓。根据本纲要确定的指导思想、原则和目标，结合本地实际，组织有关部门确保各项养护措施的落实和行动目标的实现。各有关部门各司其职，加强沟通，密切配合。要不断完善以渔业行政主管部门为主体，各相关部门和单位共同参与的水生生物资源养护管理体系。财政、发展改革、科技等部门要加大支持力度，渔业行政主管部门要认真组织落实，切实加强水生生物资源养护的相关工作，环保、海洋、水利、交通等部门要加强水域污染控制、生态环境保护等工作。

二、探索建立和完善多元化投入机制

水生生物资源养护工作是一项社会公益性事业，各级财政要在加大投入的同时，整合有关生物资源养护经费，统筹使用。同时，要积极改革和探索在市场经济条件下的政府投入、银行贷款、企业资金、个人捐助、国外投资、国际援助等多元化投入机制，为水生生物资源养护提供资金保障。建立健全水生生物资源有偿使用制度，完善资源与生态补偿机制。按照

谁开发谁保护、谁受益谁补偿、谁损害谁修复的原则，开发利用者应依法交纳资源增殖保护费用，专项用于水生生物资源养护工作；对资源及生态造成损害的，应进行赔偿或补偿，并采取必要的修复措施。

三、大力加强法制和执法队伍建设

针对目前水生生物资源养护管理工作存在的主要问题，要抓紧制定渔业生态环境保护等方面的配套法规，形成更为完善的水生生物资源养护法律法规体系。不断建立健全各项养护管理制度，为本纲要的顺利实施提供法制保障。各地区要按照国务院有关规定，强化渔业行政执法队伍建设，开展执法人员业务培训，加强执法装备建设，增强执法能力，规范执法行为，保障执法管理经费，实行“收支两条线”管理，努力建设一支高效、廉洁的水生生物资源养护管理执法队伍。

四、积极营造全社会参与的良好氛围

水生生物资源养护是一项社会性的系统工程，需要社会各界的广泛支持和共同努力。要通过各种形式和途径，加大相关法律法规及基本知识的宣传教育力度，树立生态文明的发展观、道德观、价值观，增强国民生态保护意识，提高保护水生生物资源的自觉性和主动性。要充分发挥各类水生生物自然保护机构、水族展示与科研教育单位和新闻媒体的作用，多渠道、多形式地开展科普宣传活动，广泛普及水生生物资源养护知识，提高社会各界的认知程度，增进人们对水生生物的关注和关爱，倡导健康文明的饮食观念，自觉拒食受保护的水生野生动物，为保护工作创造良好的社会氛围。

五、努力提升科技和国际化水平

加大水生生物资源养护方面的科研投入，加强基础设施建设，整合现有科研教学资源，发挥各自技术优势。对水生生物资源养护的核心和关键技术进行多学科联合攻关，大力推广相关适用技术。加强全国水生生物资源和水域生态环境监测网络建设，对水生生物资源和水域生态环境进行调查和监测。建立水生生物资源管理信息系统，为加强水生生物资源养护工作提供参考依据。扩大水生生物资源养护的国际交流与合作，与有关国际组织、外国政府、非政府组织和民间团体等在人员、技术、资金、管理等方面建立广泛的联系和沟通。加强人才培养与交流，学习借鉴国外先进的保护管理经验，拓宽视野，创新理念，把握趋势，不断提升我国水生生物资源养护水平。

全国环境统计公报(2006年)

(2007 年 9 月 24 日)

2006 年，在党中央、国务院的正确领导下，各地各部门认真贯彻落实中央关于新时期环保工作的部署，不断加大工作力度，全国环保工作取得积极进展。国务院发布《关于落实科学发展观加强环境保护的决定》，第六次全国环保大会精神深入人心，各项工作稳步推进，污染减排工作取得积极进展，环境监管明显加强，突发环境事件得到妥善处置，最广泛的环保“统一战线”正在形成，历史性转变迈出坚实步伐，呈现出领导高度重视、部门认真落实、社会广泛参与、成效初步显现的喜人局面，环保事业焕发出空前的生机与活力。

虽然环保工作取得了积极进展，但环境形势依然严峻，不断发生的污染事件给群众生产生活带来严重的影响，环境压力持续加大。

2006 年，全国废水排放总量为 536.8 亿吨，比上年增加 2.3%。其中，工业废水排放量 240.2 亿吨，占废水排放总量的 44.7%，比上年减少 1.1%；城镇生活污水排放量 296.6 亿吨，占废水排放总量的 55.3%，比上年增加 5.8%。废水中化学需氧量排放量 1428.2 万吨，比上年增加 1.0%。其中，工业废水中化学需氧量排放量 541.5 万吨，占化学需氧量排放总量的 37.9%，比上年减少 2.4%；城镇生活污水中化学需氧量排放量886.7万吨，占化学需氧量排放总量的62.1%，比上年增加3.2%。废水中氨氮排放量141.3万吨，比上年减少5.7%。其中，工业氨氮排放量42.5万吨，占氨氮排放量的30.0%，比上年减少19.0%；生活氨氮排放量98.8万吨，占氨氮排放量的70.0%，比上年增加1.6%。工业废水排放达标率92.1%，比上年下降0.5个百分点，工业用水重复利用率80.6%，比上年提高4.5个百分点。

2006年，全国废气中二氧化硫排放量2588.8万吨，比上年增加1.5%。其中，工业二氧化硫排放量为2234.8万吨，占二氧化硫排放总量的86.4%，比上年增加3.1%；生活二氧化硫排放量354.0万吨，占二氧化硫排放总量的13.6%，比上年减少7.1%。烟尘排放量1088.8万吨，比上年减少7.9%。其中，工业烟尘排放量864.5万吨，占烟尘排放总量的79.5%，比上年减少8.9%；生活烟尘排放量224.3万吨，占烟尘排放总量的20.5%，比上年减少4.0%。工业粉尘排放量808.4万吨，比上年减少11.3%。工业燃料燃烧二氧化硫排放达标率和工业生产工艺二氧化硫排放达标率分别为82.3%和81.0%，分别比上年增加1.4%和10.0%。全国工业固体废物产生量15.2亿吨，比上年增加12.7%；工业固体废物综合利用率为59.6%，比上年提高6.7个百分点；工业固体废物排放量1302.1万吨，比上年减少21.3%。

截至2006年底，我国已建各种类型、不同级别的自然保护区2395个，总面积15153.5万公顷，约占国土面积的15.8%。

2006年，全国环境污染治理投资为2567.8亿元，比上年增长7.5%，占当年GDP的1.23%，达到历史新高。其中，工业污染源污染治理投资485.7亿元，比上年增长6.0%；建设项目“三同时”环保投资767.2亿元，比上年增加19.1%；城市环境基础设施建设投资1314.9亿元，比上年增长1.9%。

一、废水排放及治理

1. 废水排放总量（亿吨）	536.8
其中：工业废水排放量	240.2
城镇生活污水排放量	296.6
2. 化学需氧量排放总量（万吨）	1428.2
其中：工业化学需氧量排放量	541.5
城镇生活化学需氧量排放量	886.7
3. 氨氮排放总量（万吨）	141.3
其中：工业氨氮排放量	42.5
城镇生活氨氮排放量	98.8
4. 工业废水排放达标率（%）	92.1
5. 工业用水重复利用率（%）	80.6
6. 城市污水处理率（%）	57.1
其中：城市生活污水处理率（%）	43.8

二、废气排放及其治理

1. 二氧化硫排放总量（万吨）	2588.8
其中：工业二氧化硫排放量	2234.8
生活二氧化硫排放量	354.0
2. 烟尘排放总量（万吨）	1088.8
其中：工业烟尘排放量	864.5
生活烟尘排放量	224.3
3. 工业粉尘排放量（万吨）	808.4
4. 工业燃料燃烧 SO_2 排放达标率（%）	82.3
5. 工业生产工艺 SO_2 排放达标率（%）	81.0

三、工业固体废物

1. 工业固体废物产生量（万吨）	151541.4
2. 工业固体废物综合利用量（万吨）	92601.0
3. 工业固体废物综合利用率（%）	59.6
4. 工业固体废物贮存量（万吨）	22398.1
5. 工业固体废物处置量（万吨）	42883.0
6. 工业固体废物排放量（万吨）	1302.1
7. “三废”综合利用产品产值（亿元）	1026.8

四、环境污染治理投资

1. 污染治理项目投资总额（亿元）	2567.8
其中：工业污染治理项目投资额	485.7

"三同时"项目环保工程投资额 767.2
城市环境基础设施建设投资额 1314.9
2. 环境污染治理投资占当年 GDP（%） 1.23

五、工业污染治理

1. 当年施工污染治理项目数（个） 13101
2. 污染治理项目当年完成投资额（亿元） 483.9
其中：治理废水 151.1
治理废气 231.3
治理固体废物 18.2
治理噪声 3.0
治理其他 78.3

六、自然生态保护

1. 自然保护区数（个） 2395
其中：国家级 265
省级 793
市级 422
县级 915
2. 自然保护区面积（万公顷） 15153.5
3. 保护区面积占国土面积比（%） 15.8
4. 珍稀濒危动物繁殖场数（个） 164
5. 珍稀植物引种栽培场数（个） 77
6. 生态示范区试点地区和单位数（个） 528
7. 已命名国家级生态示范区数（个） 233
8. 已命名全国环境优美乡镇数（个） 178

七、环境管理

（一）环境法制
1. 当年制定环境保护部门规章数（件） 7
2. 当年颁布环境保护地方性法规数（件） 38
3. 当年颁布环境保护地方性政府规章数（件） 41
4. 当年实施的环境行政处罚案件数（起） 92404
5. 当年受理的环境行政复议案件数（起） 208
6. 当年结案的环境行政诉讼案件数（起） 353
7. 当年发生的环境行政赔偿案件数（起） 15
8. 当年结案的环境犯罪案件数（起） 4
（二）排污收费
1. 交纳排污费单位数（万个） 67.1
2. 排污费征收总额（亿元） 144.1
（三）建设项目环境影响评价
1. 当年办理设立的建设项目数（个） 364779
2. 向环保部门履行申报手续项目数（个） 12922
3. 环境影响评价制度执行率（%） 99.7
（四）"三同时"执行
1. 当年应执行"三同时"项目数（个） 81988
2. 实际执行"三同时"项目数（个） 81480
3. "三同时"合格项目数（个） 74842
4. "三同时"执行合格率（%） 91.3
5. "三同时"项目投资总额（亿元） 76463.7
其中：环保工程实际投资 767.2
（五）限期治理
1. 当年完成限期治理项目数（项） 20578
2. 完成限期治理项目投资额（亿元） 237.9
3. 关停并转企业数（个） 10030
（六）城市环境治理
1. 烟尘控制区数（个/平方公里） 3512/41195.1
2. 环境噪声达标区（个/平方公里） 4037/28875.5
（七）环境科技

1. 当年设立的科研课题数（项）	3466
2. 当年获科学技术奖励数（项）	101
其中：国家级	2
省（部）级一等	7
省（部）级二等	34
省（部）级三等	58
3. 国家环保总局当年制定环境保护标准数（项）	118
累积制定各类环境保护标准数（项）	1007
4. 当年颁布地方环境标准数（项）	24

（八）来信来访

1. 本年来信总数（封）	616122
2. 当年已处理来信数（封）	576151
3. 本年来访批次（批）	71287
4. 当年已处理来访批次（批）	62166
5. 各级人大、政协环保议案、提案数	10295
6. 已办理人大、政协环保议案、提案数	10253

（九）污染与破坏事故

1. 环境污染与破坏事故次数（次）	842
其中：水污染	482
大气污染	232
海洋污染	10
固体废物污染	45
噪声与振动危害	6
其他	67
2. 污染与破坏事故直接经济损失（万元）	13471.1

八、环保系统能力建设

1. 各级环保系统机构数（个）	11321
其中：国家级	41
省级	352
地市级	2005
县级	7680
乡镇	1243
2. 各级环境监测站数（个）	2322
其中：国家级	1
省级	39
地市级	396
县级	1886
3. 各级环境监察机构数（个）	2803
其中：国家级	1
省级	32
地市级	404
县级	2366
4. 各级环境科研所数（个）	260
其中：国家级	3
省级	30
地市级	227
5. 各级环保系统实有人数（人）	170290
其中：国家级	2065
省级	10911
地市级	43084
县级	109839
乡镇	4391
6. 各级环境监测人员数（人）	47689
其中：国家级	108
省级	2825
地市级	16143
县级	28613
7. 各级环境监察机构人员数（人）	52845
其中：国家级	45
省级	772
地市级	9169
县级	42859

说明：各项统计数据未包括香港和澳门特别行政区以及台湾省。

2006年中国环境状况公报（摘录）

（国家环境保护总局
2007年6月4日公布）

党中央、国务院高度重视环境保护工作。胡锦涛总书记主持中央政治局常委会专门研究了新时期环保工作的思路，并就加强环境保护工作多次做出重要指示。2006年4月1日，胡锦涛总书记与首都各界群众代表一起参加义务植树活动，强调各级党委、政府要从全面落实科学发展观的高度，持之以恒地抓好生态环境保护和建设工作，着力解决生态环境保护和建设方面存在的突出问题，切实为人民群众创造良好的生产生活环境。要通过全社会长期不懈的努力，使祖国天更蓝、地更绿、水更清、空气更洁净，人与自然的关系更和谐。国务院发布了《国务院关于落实科学发展观加强环境保护的决定》（以下简称《决定》），召开了第六次全国环境保护大会。温家宝总理、曾培炎副总理出席会议并发表重要讲话。温家宝总理强调，做好新形势下的环保工作，关键是要加快实现三个转变：一是从重经济增长轻环境保护转变为保护环境与经济增长并重；二是从环境保护滞后于经济发展转变为环境保护和经济发展同步；三是从主要用行政办法保护环境转变为综合运用法律、经济、技术和必要的行政办法解决环境问题。这三个转变是方向性、战略性、历史性的转变，标志着中国环境保护工作进入了以保护环境优化经济增长的新阶段，主要目标是建设环境友好型社会，主要任务是推进历史性转变，总体思路是全面推进重点突破，主要措施是抓落实、抓实干、抓细节、抓基层。

十届人大四次会议批准的《国民经济和社会发展第十一个五年规划纲要》，将单位国内生产总值能源消耗降低20%左右，主要污染物排放总量减少10%，确定为“十一五”经济社会发展的约束性指标，把节能减排摆上了十分突出的战略位置。

一年来，各地各部门以科学发展观为统领，认真贯彻落实党中央关于新时期环境保护工作的部署，不断加大工作力度。全国共有29个省（自治区、直辖市）召开了环境保护大会，26个（自治区、直辖市）出台了贯彻落实国务院《决定》的文件，国务院《决定》和第六次环保大会精神正在得到深入贯彻和落实。受国务院委托，国家环保总局与各省级人民政府和华能等六家电力集团公司签订了减排目标责任书，层层分解污染减排指标；国务院批准召开了全国大气污染防治工作会议和水污染防治工作电视电话会议，污染防治工作稳步推进，建成并投运的燃煤电厂脱硫装机容量1.04亿千瓦，超过前10年4600万千瓦的两倍多，实现了历史性突破。认真执行环境影响评价和“三同时”制度，对新开工的固定资产投资项目进行了全面清理，淘汰了一批落后生产工艺、设备和生产能力；继续开展整治违法排污企业保障群众健康环保专项行动，严厉查处了一批危害群众利益的环境违法行为；吉林牤牛河水污染事件、湖南岳阳新墙河砷污染事件、甘肃徽县铅中毒事件等一批群众反映强烈、社会高度关注的突发环境事件得到了妥善处置；生态保护、核与辐射安全监管、国际环境合作进一步深化；环保系统思想、组织、作风、业务和制度“五大建设”深入推进，环境保护基础保障能力和队伍建设得到加强，成功召开了全国环保科技大会，团结各方面的力量，调动各方面的积极性，形成了共同推进环境保护的新局面。

2006年，在国内生产总值比上年增长10.7%、能源消费总量比上年增长9.3%的形势下，全国环境质量状况总体保持稳定。珠江、长江水质良好，松花江、黄河、淮河为中度污染，辽河、海河为重度污染；重点城市集中式饮用水源地总体水质良好；南海、黄海近岸海域水质良好，渤海、东海近岸海域分别为轻度和中度污染，远海海域水质良好；全国城市空气质量总体较上年有所改善，重点城市空气质量保持稳定。酸雨分布区域保持稳定，主要集中在长江以南，四川、云南以东的区域；全国城市声环境质量较好，辐射环境质量状况良好。

2006年中国国土绿化状况公报

（2007年3月7日全国绿化委员会办公室发布）

2006年是我国开展全民义务植树运动25周年，也是“十一五”规划的开局之年。在党中央、国务院的正确领导下，各地、各部门以邓小平理论、“三个代表”重要思想为指导，坚持科学发展观，认真贯彻落实胡锦涛总书记在参加首都义务植树时的重要指示和全国造林绿化表彰动员大会精神，紧紧围绕构建社会主义和谐社会和建设社会主义新农村的目标，按照“十一五”时期国土绿化确定的总体思路，科学规划，精心部署，绿化事业在新的起点上继续快速推进，为促进国土绿化又好又快发展奠定了坚实基础。

造林绿化任务全面完成，生态建设取得重要进展。全年完成营造林面积7800多万亩。阔叶林、混交林、乡土树种造林比例明显增加。造林绿化空间得到拓展，广西实施了全球首个碳汇造林项目。北京、湖南、河北、广东、上海等省市城市林业发展引人注目。森林抚育得到加强，森林结构进一步优化，林分质量有所提高。造林社会化程度进一步提高，江西、海南等省非公有制造林比重超过80%。

林业重点工程在巩固中发展，机制、政策不断完善。天然林保护工程有效保护森林14.3亿亩，营造公益林1300多万亩。退耕还林工程稳步推进，完成营造林1700多万亩，制定实施了工程质量评价办法，后续政策完善工作取得进展。京津风沙源治理工程完成林业建设任务560多万亩，实施了质量达标升级、林沙产业富民行动。三北及长江等防护林工程完成营造林840多万亩，启动了100个农田防护林更新改造试点。野生动植物保护及自然保护区建设工程，实施了《全国林业自然保护区发展规划》，开展了示范保护区建设，新建自然保护区38处，新增保护面积1734万亩，建设重点转向了提高质量和效益。速生丰产林基地建设工程完成造林100万亩。湿地保护、林业血防等工程正式启动。各地还启动了一批地方林业工程。广东实施了林分改造等工程，北京实施了奥运绿化工程，山西实施了矿区绿化等工程，受到群众广泛欢迎。

全民义务植树运动深入推进。胡锦涛总书记等党和国家领导同志率先垂范，带头履行植树义务。胡锦涛总书记在参加首都义务植树时指示：“各级党委、政府要从全面落实科学发展观的高度，持之以恒地抓好生态环境保护和建设工作，着力解决生态环境保护和建设方面存在的突出问题，切实为人民群众创造良好的生产生活环境。要通过全社会长期不懈的努力，使我们的祖国天更蓝、地更绿、水更清、空气更洁净，人与自然的关系更和谐。”全国人大，全国政协领导，共和国部长、百名将军义务植树，以及地方各级党政军领导义务植树活动有力地促进了全民义务植树运动的开展。“军民共建林”、“三八绿色林”、“结婚纪念林”等植纪念树、造纪念林活动蔚然成风。绿地树木认建认养、管护古树名木、大学生绿化环保万里行等义务植树实现形式方兴未艾。据统计，全年参加义务植树人数5.5亿人次，完成义务植树21.6亿株，新建义务植树基地1.1万个，新增基地面积481.6万亩。义务植树尽责率为55%，比上年提高10个百分点。

部门绿化进一步加强。各部门按照职责分工，扎实推进各项绿化工作。全国妇联在全国23个省（区、市）建立了29个“三八绿色工程”示范基地，目前，示范基地已达20多万个，总面积超过1亿亩。共青团中央全年完成营造林5万余亩。解放军、武警部队营区植树3300多万株、种草坪510多万平方米，新建成园林化、人文化“绿色营区”180个，参加和支援国家及驻地防沙治沙、流域治理、绿色通道等重点工程投入兵力200多万人次，绿化造林100多万亩。石油、石化、农垦、冶金等部门（系统）大力开展了厂区、矿山和生活区绿化。国土绿化继续保持良好的发展势头。

绿色通道建设成绩显著。铁道、交通部门将绿化纳入铁路、公路基本建设内容，与道路建设同步规划、同步设计、同步施工、同步验收。水利部门认真开展江河湖渠水源涵养林建设，绿色通道建设的投入加大，规划科学，重点突出。全年全国铁路沿线栽植乔木1139.8万株，灌木3792.7万株，绿化4935公里，截止到2006年底，累计实现铁路绿化达标2万公里，占宜林铁路的57.1%。交通系统完成公路绿化里程8090公里，已累计实现绿化里程123万公里，占公路可绿化里程的60%。水利系统江河沿岸绿化4870公里，湖泊、水库绿化面积5.5万亩。

城市绿化步伐进一步加快。许多城市把城市森林建设和大环境绿化作为一项市政基础工程，坚持以人为本的规划设计理念，突出生态效果，积极创建全国绿化模范城市、国家森林城市、国家园林城市。为城乡群众创造环境优美、生态良好、居住舒适的生活环境，实现天更蓝、地更绿、水更清、空气更清洁、人与自然更和谐，成为各城市建设共同追求的目标。城乡绿化建设呈现出一体化发展的新趋势。北京市怀柔区、河北省廊坊市、吉林省吉林市、上海市松江区、江苏省张家港市、浙江省杭州市、江西省宜春市、山东省威海市、湖北省襄樊市、湖南省娄底市、广东省东莞市、广西壮族自治区南宁市、重庆市北碚区等13个城市（区）成为第二批“全国绿化模范城市”。湖南省长沙市被命名为“国家森林城市”，四川省成都市等14个城市被命名为“国家园林城市”。目前，全国城市建成区绿化覆盖率32.54%，绿地率28.51%，人均公共绿地7.89平方米。

农村绿化建设全面推动。各地紧紧围绕中央提出的“生产发展、生活宽裕、乡风文明、村容整洁、管理民主”的社会主义新农村建设奋斗目标，以促进新农村建设为着力点，因地制宜，科学规划，突出特色，注重实效，全面推进农村绿化工作，取得了明显成效。在一些地区已初步实现了农村环境园林化，农家庭院花果化，道路河渠林荫化，形成了“村在林中、房在树中、人在景中”的绿色生态人居环境。“创绿色家园、建富裕新村”活动在全国各地扎实推进，建设了一批高标准的绿化生态示范村屯和绿化示范乡镇。

草原建设取得新的成效。2006年是草原生态工程实施以来安排任务最多的一年。工程项目的实施进一步推动了草原制度建设，草原植被状况进一步好转。目前，全国人工种草累计保留面积达到3.8亿亩，草原围栏面积6.6亿亩，禁牧休牧轮牧草原面积12亿亩，3000多万头牲畜从依赖天然草原放牧转变为舍饲半舍饲圈养，有效保护了草原植被和生态环境。《草原法》得到深入地贯彻实施，全国共查处破坏草原案件7000多起，对保护草原起到了重要作用。草原监测和防灾减灾工作得到加强，据检测，全国草原生产力状况好于去年，工程项目区植被明显好转。全年完成草原灾害防治面积8500万亩，虫害防治面积5700万亩，鼠虫害扩展趋势得到初步遏制；草原火灾发生为近年来较低水平，全国共发生草原火灾300多起，其中重特大草原火灾3起，没有造成人员伤亡。

林业产业迈出新步伐。全年林业产业总产值超过9000亿元，木材产量7802万立方米，人造板产量6380万立方米，干鲜果品产量9000多万吨，野生动植物繁育利用产值达到2000亿元，森林旅游综合产值达到1000亿元，林产品贸易额突破470亿美元。林业生物柴油、生物酒精和生物发电等生物质能源发展已开始进入产业化阶段。木基复合、竹纤维等生物材料已初步实现规模化生产。林产工业、野生动植物繁育利用、森林干鲜果品和木本粮油、竹产业、森林药材、森林旅游等已成为一些地区经济发展的支柱。森林的潜力得到较好挖掘。

森林和林地资源管护得到加强。出台了林地用途管理制度，强化了林地林权管理。荒漠植被保护更受重视，全面实行了沙区“三禁”制度，启动了全国防沙治沙综合示范区建设，完成了第一次石漠化监测。湿地、野生动植物、古树名木保护得到社会各界的普遍关注和大力支持。在组织开展的“绿盾行动”等执法专项行动和林区禁毒工作中，全国共查处各类林业案件 40.1 万起，挽回经济损失 40.9 亿元。森林火灾等重大突发事件的应急处置工作取得明显成效，成功扑灭了春夏之交发生在黑龙江、内蒙古的 3 起特大雷击森林火灾，创造了短时间内主要依靠人力扑灭特大林火的佳绩。森林火灾综合防控能力大幅度提升，全国森林火灾次数和因灾死亡人数分别比前 3 年平均值下降了 31%和 59.3%。林业有害生物防治取得新进展，强化了美国白蛾、松材线虫等重点病虫害的防控工作。

2006 年，我国的国土绿化虽然取得了很大成绩，但是，我国仍是世界上缺林少绿、水土流失和荒漠化最严重的国家之一，生态环境形势依然严峻。一些地方和部门对绿化工作和生态建设事业还未予以高度重视，乱批乱占林地、湿地、绿地，超限额采伐、无证采伐树木以及买卖古树名木现象仍然严重。许多城市绿量小、树木少，广大市民、群众享受不到绿化成果，不能体现科学发展观提出的以人为本的要求。与此同时，义务植树的空间还很大，全社会的绿化意识和生态意识有待进一步提高。国土绿化任务仍然十分艰巨。

（备注：公报中涉及的全国性统计数据，均未包括香港特别行政区、澳门特别行政区和台湾省。）

2007

LAW ENFORCEMENT YEARBOOK OF CHINA ENVIROMENT PROTECTION

中国环保执法年鉴

综述篇

污染防治

松花江流域水污染防治“十一五”规划编制工作基本完成

环保总局松花江流域水污染防治“十一五”规划征求意见会2006年1月6日至7日在哈尔滨召开。国家环保总局局长周生贤出席会议并发表重要讲话。他指出，松花江水污染防治“十一五”规划的编制工作已经基本完成，松花江将和“三河三湖”一样，列为流域水污染治理的重点。这标志着松花江总体治理工作进入全面推进、重点突破的崭新阶段。

周生贤说，松花江水污染事件发生以后，党中央、国务院非常重视，采取了一系列重大举措，实行了分三步走的工作部署：第一步是加强监测，确保沿江人民饮水安全。这一步工作卓有成效，已经达到了预期的目的，取得阶段性成果，受到国内外一致肯定。第二步是全面展开松花江水污染生态环境影响评价。参与环评的科研单位要争取有所发现、有所发明，有所创新。既要解决当前群众最关心的问题，也要解决长远问题；既要利用好已知的规律，还要总结新规律。目前这一工作正在紧张有序地进行。第三步是搞好松花江水污染治理总体规划。松花江是东北人民的母亲河，我们要认真吸取松花江水污染事件的教训，并按照国务院《关于落实科学发展观加强环境保护的决定》的精神，加大工作力度，充分考虑当前的最新情况，对松花江水污染防治规划进行调整和完善。

周生贤说，我们要以解决松花江沿江人民实际问题为出发点和落脚点，用系统论观点和“以人为本”的理念来指导松花江水污染防治规划的编制工作。规划充分征求采纳了有关部门、地方政府及专家们的意见，呈以下四方面的特点：一是把松花江水污染治理放在与“三河三湖”同等重要的地位，列为国家流域水污染防治的重点；二是在整个治理过程当中，突出重点，把让人民喝上干净的水作为这次规划的重中之重；三是规划中把监测体系和执法能力建设列入议事日程；四是明确责任，实行规划到省、任务到省、目标到省、资金到省、责任到省的“五到省”责任制。

周生贤说，松花江水污染防治是一个系统工程，要充分认识松花江水污染治理的重要性和紧迫性。各部门要发扬团结协作、主动负责、以我为主的精神，集思广益，分工负责，实事求是地做好规划的编制工作。要精心组织防治工作，合理利用治污资金，提高对突发重大生态环境事件的应对能力。要在抓落实上看能力，在抓实干上看素质，在抓细节上看水平。想群众之所想，急群众之所急，帮群众之所需，扎实有效地推进松花江水污染防治的各项工作。

国家投入4.6亿元启动齐齐哈尔市水污染防治工程

在国务院批复的《松花江流域水污染防治规划（2006—2010)》中，齐齐哈尔市有嫩江流域污染治理的重点工业企业、污水处理及再生利用和重点区域污染防治共计12个项目纳入规划当中，预计国家投入达4.6亿元左右。

齐齐哈尔市列入其中的项目包括：重点治理的工业企业为齐齐哈尔斯达造纸有限公司污水综合治理工程、齐齐哈尔造纸厂废水处理工程、黑龙江黑化集团生化污水处理站改造工程、一重集团芦化液废水处理工程、华安工业公司含油废水综合处理工程、红光糖厂废水处理工程、克山金鼎亚麻纺织公司污水处理工程；污水处理及再生利用项目为齐齐哈尔城区污水治理及管网改扩建工程、中心城区污水厂二期工程、富拉尔基区污水处理工程、讷河市污水处理工程；重点区域污染防治项目有：浏园及齐齐哈尔市地下水源地污染治理工程。

这些项目总投资为9.85亿元，其中，国家预计投入4.6亿元。

治理水污染等成“十一五”环保重点

2006年4月17日，第六次全国环境保护工作电视电话会议召开，部署“十一五”时期环境保护任务。

会议指出，当前和今后一段时期我国环保工作的重要任务是：一、加大环境污染治理力度，切实解决突出问题，尤其是水、空气污染问题；二、加强自然生态保护，努力扭转生态恶化趋势；三、加快经济结构调整，从源头上减少对环境的破坏；四、大力发展环境科技和环保产业，提高环境保护水平。

环保总局通报淮河流域水污染防治目标责任书执行情况

国家环保总局有关负责人2006年5月24日向媒体通报淮河流域水污染防治工作目标责任书2005年度执行情况。他说，评估显示，江苏、安徽、河南、山东四省人民政府总体上完成了《目标责任书》2005年度的工作任务。其中江苏省完成情况较好。与2004年相比，2005年淮河流域总体水环境质量呈好转趋势，淮河干流未发生大的污染事故，沿岸群众饮水安全基本得到保障。

他说，根据《淮河流域水污染防治工作目标责任书执行情况评估办法》（以下简称《评估办法》)，环保总局会同监察部、建设部、水利部、农业部等部门组成2个核查组，于1月17日至23日对《目标责任书》2005年度执行情况进行了核查和评估。总体上看，淮河现场会后，江苏、安徽、河南、山东四省政府认真贯彻淮河现场会精神，按照《国务院办公厅关于加强淮河流域水污染防治工作的通知》（以下简称《通知》）和《淮河流域水污染防治工作目标责任书（2005—2010年)》（以下简称《目标责任书》）要求，进一步理清了思路，明确了目标，采取了有效措施，产业结构调整、治污工程建设等各项工作步伐加快，污水处理设施市场化建设、运行机制不断完善，环境法制建设得到加强，执法监管力度不断加大，环保意识进一步提高，淮河治污工作取得了新的进展。江苏省大力推进工业企业清洁生产审核和循环经济试点，推行城镇污水处理市场化；安徽省将水环境保护目标考核纳入领导干部政绩考核体系，落实水环境保护责任制；河南省突出重点，狠抓洪汝河、新密造纸群等8个区域水污染防治综合整治；山东省制定造纸等地方性污染物排放标准，促进重点污染行业水污染治理。列入《淮河流域水污染防治“十五”计划》（以下简称“十五”计划）的488项治污工程，已完成342项，与淮河现场会前相比，增加202项；25个跨省界考核断面中，22个断面水质达标，增加5个。

他说，《目标责任书》中具体指标的完成情况四省进展不平衡。一是跨省界断面水质情况。2005年全流域25个跨省界断面水质达标率88%，比2004年提高20个百分点。经核查，江苏2个出省界断面水质均达标，达标率100%；安徽4个出省界断面中，3个达标，另1个断面扣除入境水质影响后也达标，达标率100%；河南10个出省界断面中，9个达标，达标率90%；山东9个出省界断面中，8个达标，达标率89%。

二是污染物总量控制情况。与2004年相比，全流域COD入河量下降23%。根据监测结果和统计测算，江苏、安徽、山东、河南四省COD入河量分别为21.3、9.7、6.6和15.4万吨，氨氮入河量分别为1.4、4.1、0.5和2.9万吨，均达到《目标责任书》要求。

三是投资及治污工程项目情况。“十五”期间，淮河治污工程项目累计投入约146.5亿元，占计划投资的57%，与淮河现场会前相比，增加投入50多亿元。四省完成投资比例分别为：安徽65%、山东57%、江苏55%、河南47%。经核查，山东、江苏、安徽三省治污工程项目完成率分别为81%、64%、63%，均达到《目标责任书》要求；河南省治污工程项目完成率为56%，未达到《目标责任书》要求。“十五”计划要求建设城镇污水处理项目161个，计划投资148.9亿元。到2005年底，国家已安排城镇污水处理设施项目140个，项目总投资128.6亿元，已建成62个，形成处理能力410万吨/日。

四是综合整治工作情况。经核查，四省不符合产业政策的359家企业或生产线已基本关停到位；江苏、山东和河南三省城镇污水处理厂负荷率超过75%，安徽为71%；四省污水处理收费标准均已提高到0.8元/吨或以上，并制定了污水处理费使用管理办法，但自备水源污水处理费的征收管理与《目标责任书》要求尚有较大差距；四省污水处理单位改制情况也不平衡，安徽省已投运的城市污水处理单位全部进行了改制，江苏、山东和河南三省污水处理单位改制完成率分别为86%、84%和50%。

五是环境监管情况。经资料审核和现场检查，四省水污染防治工作组织领导、治污工作考核制度建立和执行、水环境信息发布等项工作情况较好；重点污染源在线监控装置安装及运行情况不平衡，安徽、江苏、河南和山东四省重点污染源在线监控装置率分别为82%、70%、63%和13%；河南省在线监控网络正在调试，其他三省在线监控网络尚未建成。

他说，虽然淮河治污取得了新的进展，但总体上看淮河水质还属于中度污染，仍有一些跨省界断面水质不能达标，部分二、三级支流仍为劣五类水体，水体中氨氮浓度很高。目前，主要存在以下四个方面的问题：一是环保投入不足，部分治污工程进展较慢。“十五”期间，淮河治污资金投入虽较“九五”有了较大增长，但资金缺口仍较大，近45%的计划投资尚未落实。一些重点工程项目进展较慢，如安徽、河南两省分别有52%和35%的污水处理工程尚未开工。

二是结构性污染问题仍较突出，企业超标排污时有发生。四省虽然在产业结构调整方面做了大量工作，但结构性污染问题依然突出。山东省辖淮河流域造纸、酿造、淀粉等低附加值、污染严重行业的COD排放量约占全省工业企业COD排放总量的一半，仍是工业污染治理的重点和难点。另外，少数企业片面追求经济效益，加上基层环保执法监管力量不足，存在偷排漏排和超标排污现象。

三是配套措施不完善，政策执行不到位。总量控制和排污许可证制度缺乏具体的操作规定，监测监控手段滞后，难以实施有效监管。一些已出台的配套政策措施未能得到很好落实，如各省虽已调整污水处理收费标准，但一些地级市及多数县没有执行到位，城镇污水和垃圾处理费的使用管理缺乏有效监督。

四是城镇污水处理厂市场化机制有待进一步完善。城镇污水处理单位改制情况总体还不理想，部分单位虽已改制，仍存在企业单位事业化管理、人员混编等问题。一些地方政府在推进污水处理市场化过程中，注重引资，忽视管理，注重投入，忽视效率，在项目引资、工程招投标等方面存在不规范的问题。

他说，通过对《目标责任书》2005年度执行情况的核查和评估，四省政府进一步增强了淮河治污的紧迫感和责任感。环保总局将进一步加强淮河流域水污染防治工作。

“水体污染控制与治理”科技重大专项启动

我国资金投入总量最大的环境科研项目——“水体污染控制与治理”科技重大专项领导小组于2006年8月成立，并全面启动相关工作。

“水体污染控制与治理”科技重大专项由环保总局牵头组织实施，环保总局为组长单位，科技部、发改委、财政部、建设部、水利部、农业部、教育部、中科院、工程院等九个单位为成员单位，国家将投入一定数量的资金予以支持。

国家环保总局局长周生贤表示，“水体污染控制与治理”科技重大专项要突出三个重点，一是饮用水安全，二是流域性环境治理，三是城市水污染治理。要围绕国家环保目标，通过研究，提出解决我国水环境问题的战略思路和技术措施，为改善我国水环境质量、确保饮用水安全提供技术支撑。要通过实施重大专项，实现科技发展的局部跃升和突破，带动相关领域技术水平的整体提升和环境治理的跨越式发展。要搞清水污染对经济、社会发展的主要制约因素，基本阐明我国区域性、流域性重大水环境问题形成的机理和机制，以解决关键技术为核心，攻克一批具有全局性、带动性的饮用水安全保障技术、水污染治理关键共性技术，并通过开展工业废水治理技术研发与示范，开展区域、流域水污染治理技术集成与示范，全面推进水污染防治工作。

《国家中长期科学和技术发展规划纲要》确定了16个重大专题，其中有4个与环境保护有关。按照国务院统一安排，环保总局牵头组织实施“水体污染控制与治理”科技重大专项，参与组织实施“大型先进压水堆及高温气冷堆核电站”、“转基因生物新品种培育”、“高分辨率对地观测系统”等三个科技重大专项。

总局与各地签订削减目标责任书

国家环保总局2006年陆续与各省、自治区、直辖市签订“十一五”水污染物总量削减目标责任书和“十一五”二氧化硫总量削减目标责任书，对“十一五”期间各地二氧化硫和化学需氧量减排目标提出明确要求。

内蒙古自治区副主席郝益东与国家环保总局签订内蒙古“十一五”二氧化硫和化学需氧量总量削减目标责任书，承诺2010年二氧化硫排放总量在2005年的基础上削减3.8%，控制在140万吨以内，其中火电行业二氧化硫排放量不超过68.7万吨；到2010年底，COD排放量总量目标控制在27.7万吨，在2005年的基础上削减2.0万吨，削减率6.7%。

据了解，为落实削减目标，内蒙古自治区已起草了自治区人民政府与各盟市政府的“十一五”二氧化硫和化学需氧量总量削减目标责任书，定于2006年8月底召开全区污染防治工作会议，会上自治区人民政府将与各盟市签订责任书。

吉林省副省长李斌代表吉林省政府与国家环保总局签订了“十一五”二氧化硫和水污染物总量削减目标责任书。依照责任书要求，到2010年底，吉林省二氧化硫排放总量在2005年的基础上削减4.7%；COD排放总量在2005年的基础上削减4.2万吨。

据了解，吉林省“十一五”二氧化硫和水污染物总量削减目标责任书规定，到2010年底，全省二氧化硫总量控制在36.4万吨以内，其中火电行业二氧化硫排放量不超过18.2万吨。全省COD排放总量目标控制在36.5万吨，其中松花江流域COD排放量控制在22.5万吨，在2005年基础上削减3.8万吨；辽河流域COD排放量控制在4.1万吨，在2005年基础上削减0.5万吨。

海南省副省长于迅代表海南省政府与国家环保总局签订了海南省“十一五”水污染物和二氧化硫总量削减目标责任书。承诺海南在“十一五”期间将把COD排放总量目标控制在9.5万吨，二氧化硫排放总量努力控制在2.2万吨。海南省明确表示，凡是水污染物不能达标的企业将一律实行停产治理。

根据责任书要求，到2010年底，海南省COD排放总量目标将在2005年的基础上保持不变。省政府对省辖流域水污染防治工作负总责，确保COD总量控制目标的完成；海南全省到2010年火电行业二氧化硫排放量不超过1.6万吨。

青海省副省长马建堂代表省政府与国家环保总局签订的“十一五”二氧化硫和水污染物总量削减目标责任书明确提出，全省2010年二氧化硫排放量控制在12.4万吨（最大允许排放总量不得超过国家环保总局核定的排放量），其中火电行业二氧化硫排放量不超过6.2万吨。到2010年底，青海省COD排放总量控制在7.2万吨（最大允许排放总量不超过国家环保总局核定的排放量）。其中，黄河流域COD排放量控制在6.6万吨，在2005年基础上削减0.4万吨，削减率5.7%。

………

国家鼓励发展小排量汽车，解限的前提是节能与环保

2006年新年后的第一个工作日，国务院办公厅转发了国家发改委、国家环保总局等6部门联合发出的《关于鼓励发展节能环保型小排量汽车的意见》（以下简称“意见”）。社会上争论许久的小排量汽车解除限制问题终于画上句号。

“意见”指出，要按照国家《产业结构调整指导目录》，积极鼓励低油耗、低排放、小排量、小型化、高动力性汽车的生产和投资。鼓励开发、生产柴油轿车和微型车，以及使用醇醚燃料、天然气、混合燃料、氢燃料等新型燃料的汽车。积极推动《乘用车燃料消耗量限值》国家标准的实施，从源头上控制高耗油汽车的发展。

“意见”明确提出了“解限”的时间表。今年3月底前，各地区、各有关部门必须将针对节能环保型小排量汽车的各种限制清理完毕。“意见”特别强调，不得以缓解交通拥堵等为由，专门对节能环保型小排量汽车采取交通管理限制措施；更新出租汽车车辆时，要在满足乘用功能的基础上，积极鼓励选用节能环保型小排量汽车，不得出台专门限制小排量汽车的规定，不得采取任何形式的地方保护措施。

我国将深入开展城市大气环境综合防治

改善城市大气环境质量，是大气污染防治的重要领域。国家环保总局局长周生贤2006年5月30日表示，“十一五”期间我国将通过以下四项措施来开展城市大气环境综合防治：

——改善能源结构，治理面源污染。要积极

推动集中供热、热电联产、供气，改变燃烧方式和燃料结构。积极推进清洁能源的使用，各城市要按照《大气污染防治法》的要求，划定高污染燃料禁燃区，制定销售、使用、转运、存放高污染燃料的管理办法。加强餐饮业污染治理，积极解决油烟扰民问题。

——强化对城市二次扬尘的防治。对建筑、拆迁、市政施工、道路和运输扬尘污染要加强管理，将“四堆”（煤堆、渣堆、料堆、灰堆）扬尘量控制在最低限度。各城市要利用电子眼、降尘罐或可吸入颗粒物连续监测设备，建立直接或间接控制工地可吸入颗粒物排放的监测监控网络，并将有关数据用于日常管理，定期向社会公布一批管理差、扬尘重的施工场地和单位名单。

——完善城市环境容量测算方法。目前，113个重点城市大气环境容量测算已初步完成。但受各方面条件限制，不少城市测算的环境容量误差很大。要进一步规范环境容量测算工作，确定科学的测算方法，并逐步加以完善，力争在“十一五”期末完成城市环境容量测算工作。

——实行空气环境质量公告制度。定期发布城市空气质量状况评价等信息，及时发布污染事故信息。环保总局将每年公布空气环境质量不达标的城市，积极探索投资环境风险预警机制。

环保总局开始对进口废物实施新环控标准

由国家质检总局和环保总局联合颁布的《进口可用作原料的固体废物环境保护控制标准》已于2006年2月开始实施，该标准的实施将进一步规范可用做原料固体废物的进口管理工作，防止进口废物原料带来的环境污染。

新标准是在1996年原标准的基础上结合当前的经济与社会形势修改发布的，具有强制执行的效力，与原标准相比新标准在进口废物原料的禁有物、严格控制物、夹杂物和放射性检测方面都做出更加严格的限制。

新标准在原标准只对废金属进行放射性检测的基础上规定对所有进口废物原料都要进行放射性检测；废纸的一般限制夹杂物控制比例由原来的不超过2.5%加严到不超过1.5%，严格限制夹杂物控制比例由原来的不超过0.03%加严到不超过0.01%；同时在“控制标准和要求”中专门增加了“进口废五金电器可回收利用的材料应不低于废五金电器总重量的80%，其中可利用金属的含量应不低于废五金电器总重量的60%”等。

化学品登记中心逐步建立网络安全结构体系

为加强化学品登记中心网络安全管理，国家环保总局化学品登记中心内部局域网与中国环境科学研究院局域网之间于2006年7月采用了硬件防火墙、地址翻译等技术手段实现了安全隔离，屏蔽了内部网络地址和结构，在防止恶意攻击、病毒攻击等方面做到防患于未然。

目前化学品登记中心内部局域网已经完全独立运行，并且所有网络交换信息都有专用的监控软件进行24小时监控。

同时，化学品登记中心制定了网络安全管理应急预案，使网络的安全运行有了制度保障。

化学品登记中心网络逐步建立了完整、规划全面的基本安全结构体系，解决了内部网络系统可能的安全隐患和漏洞。

全国危险废物产废企业与经营企业环境管理培训会议在京召开

2006年11月22～24日，国家环境保护总局固体废物管理中心和危险废物管理培训与技术转让中心在北京共同组织召开了“全国危险废物产废企业与经营企业环境管理培训会议”，就固体废物管理面临的形势与任务、危险废物出口环境管理、危险废物经营许可证申请、后期监管等方面内容对产废与经营企业约200人进行了培训。

有毒化学品进出口登记网上申报系统培训班举办成功

为进一步提高工作效率和对企业的服务水平，2005年10月国家环保总局与海关总署成功实现数据联网后，有毒化学品进出口登记中心将于2007年全面推出网上申报。为最终实现电子申报，取消纸件打好基础，2006年12月14～16日，化学品登记中心在海南三亚成功举办了第一期有毒化学品进出口登记网上申报系统培训班，系统地讲授了有毒化学品进出口登记管理现状及发展、登记程序及要求、有关化学品的国际公约以及重点培训了进出口登记网上申报系统的使用。

遏制有机污染蔓延，中国示范项目启动

2006年1月5日上午，旨在治理我国有机污染物污染的“中国多氯联苯管理与处置示范项目启动会”在国家环保总局召开。环保总局，财政部、电监会、世界银行、国网公司、浙江、辽宁的代表以及相关的学者专家出席了该项目的开启仪式。国家环保总局副局长张力军在仪式上致辞，感谢相关部门、机构为该项目的推进所做的大量准备工作，同时希望“通过这个示范项目，能探索出危险化学品和固体废物的管理思路，并促进管理水平的提高”。

该项目由国家环保总局牵头，会同财政部、电监会等部门与世界银行合作，在浙江开展中国多氯联苯管理与处置的项目，主要是进行废弃多氯联苯电力设备存储点及其污染物的环境无害化处置，示范在用含多氯联苯电力设备的脱氯技术，并在此基础上制定我国多氯联苯管理与处置的全国推广规划。整个示范项目为期四年，至2009年结束。中国已获得全球环境基金（GEF）1800万美元的资助，用于开展该项目的运作。

中国多氯联苯管理与处置示范项目源于2004年11月11日，我国正式加入《关于持久性有机污染物（POPs）的斯德哥尔摩公约》，这是对我国具有强制性减排要求的国际环境公约，是国际社会对有毒化学品采取优先控制行动的重要步骤。2005年5月，国务院批准成立了由国家环保总局牵头，发改委、外交部等11个部门参加的公约协调组，同时也是中国履约联络点，主要负责审议国家POPs管理和控制的方针政策等。在开启仪式上，履约办副主任庄国泰通报了履约进展情况，指出全面履行POPs公约“难度大、压力大、责任大”，因此做好这项工作“任重而道远”。而中国多氯联苯管理与处置示范项目是我国第一个履

约示范项目，它的启动将为组织开展涉及各 POPs 领域的 12 个履约示范项目奠定基础。

全国土壤污染状况调查及污染防治专项工作视频会议在北京召开

2006 年 7 月 18 日，全国土壤污染状况调查及污染防治专项工作视频会议在北京召开，国家环保总局局长周生贤出席会议并发表讲话。他指出，加强土壤污染防治，既是党和人民赋予环保部门的重要职责，也是贯彻全面推进重点突破总体思路的一项实际行动。做好土壤污染防治工作，必须以改善土壤环境质量和保障农产品安全为目的，以土壤污染状况调查与监测为基础，以控制生产和生活污染源为重点，以依法监督管理为手段，加强宣传教育与国际合作，开展污染土壤修复与综合治理试点示范，保障土壤环境安全和人体健康。

周生贤指出，由于方方面面的原因，一些地区的土壤受到不同程度的污染，对生态环境、食品安全和农业可持续发展构成威胁，土壤污染的总体形势相当严峻。一是土壤污染程度加剧。据不完全调查，目前全国受污染的耕地约有 1.5 亿亩，污水灌溉污染耕地 3250 万亩，固体废弃物堆存占地和毁田 200 万亩，合计约占耕地总面积的 1/10 以上，其中多数集中在经济较发达的地区。二是土壤污染危害巨大。据估算，全国每年因重金属污染的粮食达 1200 万吨，造成的直接经济损失超过 200 亿元。土壤污染造成有害物质在农作物中积累，并通过食物链进入人体，引发各种疾病，最终危害人体健康。土壤污染直接影响土壤生态系统的结构和功能，最终将对生态安全构成威胁。三是土壤污染防治基础薄弱。目前，全国土壤污染的面积、分布和程度不清，导致防治措施缺乏针对性。防治土壤污染的法律还是空白，土壤环境标准体系也未形成。资金投入有限，土壤科学研究难以深入进行。有相当部分的干部群众和企业界对土壤污染的严重性和危害性缺乏认识，土壤污染日趋严重。

周生贤强调，土壤污染防治工作任务很多，当务之急是摸清土壤污染的状况，这是做好工作的基本前提。这次全国土壤污染状况调查时间紧、任务重、范围广，涉及部门多、技术要求高。各级环保部门要把这次调查作为一项重要任务，采取有效措施，集中力量，抓好落实，务求实效。

一要加强组织领导。为确保土壤污染状况调查各项工作的顺利进行，各省、自治区、直辖市都要成立专门的领导小组和工作班子，负责统一部署和组织协调辖区内的调查工作。各省级环保部门一把手要亲自过问，亲自听取汇报，带头研究问题，帮助解决工作中的实际困难。

二要形成工作合力。“积力之举无不胜，众智之为无不成”。既要做好牵头组织工作，又要充分发挥基层环保部门的能动性，形成上下合力；既要发挥管理部门的积极性，又要调动监测和科研等单位的积极性，形成业务合力；既要立足于环保系统现有力量和工作基础，又要依靠中科院、高校等土壤学界的人才和力量，形成技术合力；既要与国土部门密切配合，做到优势互补、资源共享，又要协调好与财政、农业部门的关系，争取支持，形成部门合力。

三要强化质量管理。质量是调查的生命。质量管理的好坏事关调查工作的成败。加强质量管理，必须做到组织落实、人员落实、经费落实。要本着科学的态度和严谨的作风，既要将质量管理贯穿于调查的全过程，又要突出抓好布点采样、实验室分析等重点环节，确保点位和样品的代表性、数据和结果的准确性。

四要严格资金使用。要按照专项资金使用管理办法的要求，管理好、使用好专项资金，切实发挥资金使用的效益。严格执行国家有关财务制度，加强财务管理和会计核算，严格控制开支范围，自觉接受财政、审计、监察等部门的监督检查。同时，要积极争取同级财政的支持。

国家环境保护总局副局长吴晓青对全国土壤污染状况调查工作进行部署。他指出，目前，全国土壤污染状况调查的各项准备工作已经就绪。我们要精心组织，科学调查，确保质量，扎实推进。具体要求是，明确一个责任、抓好两个环节、做到三个统一、强化四项工作、处理好五个关系。明确一个责任，即全国土壤污染状况调查是国务院确定的一项重要任务。搞好这次调查，是各级环保部门的共同责任。抓好两个环节，即布点采样和成果集成这两个关键环节。做到三个统一，即统一调查的技术要求，统一调查的时间进度，统一调查成果发布。强化四项工作，即加强统一领导，注重沟通协调；加强技术创新，注重形成能力；加强质量保证和质量控制，注重全过程管理；加强经费管理，注重绩效考核。处理好五个关系，即处理好全面展开与突出重点的关系，处理好速度与质量的关系，处理好依靠自身力量与调动社会力量的关系，处理好完成国家任务与满足地方需求的关系，处理好主要依靠中央财政资金与争取地方资金配套的关系。今年的主要任务有全面启动调查的室外布点采样工作；长三角、珠三角、辽中南城市群 3 个典型区的土壤污染状况调查；在典型地区启动污染土壤修复与综合治理试点；建立健全基于风险评估的土壤环境质量标准体系。一定要开好头，起好步，坚决完成各项工作任务。

全国土壤现状调查及污染防治项目由环保总局和国土资源部共同承担，包括八个专题，总经费预算约为 10 亿元。计划用三年半左右的时间完成，分三个阶段进行。第一个阶段是 2005 年 4 月到今年 6 月的准备阶段，主要任务包括调查方案的拟定与论证，制定调查技术规范，落实调查经费等。第二个阶段是 2006 年 7 月到 2007 年底的实施阶段，主要任务是完成调查工作的野外采样和室内的数据分析工作。第三个阶段是 2008 年的总结阶段，主要任务是编制调查总报告和各专题报告，全面总结和集成调查成果。

环保总局确定主要污染物削减目标考核原则

在 2006 年 8 月 14 日召开的国家环保总局落实主要污染物总量削减目标责任书视频会议上，针对上半年全国主要污染物排放总量不降反升的状况，环保总局确定了主要污染物削减目标责任书考核原则，并将会同有关部门尽快制定出台目标责任制考核办法，确保实现削减目标。

主要污染物削减目标考核原则是：以排污总量控制、治污项目进度、环境质量改善为重点，实行逐级考核，考核工作要坚持“三结合”，将地方自查和国家检查、抽查相结合，管理部门考核与专家核准相结合，将年度考核、中期考核和验收考核相结合，并将结果纳入干部政绩考核体系。考核结果要坚持“三挂钩”，与建设项目审批挂钩，对没有完成责任书要求的地方，暂停该地区增加相关污染物排放项目的审批；与限期治理挂钩，对没有按期完成治理任务的企业，要实行限期治理，治理期间限产限排，对电厂还要全额追缴脱硫优惠资金；与个人奖罚挂钩，对瞒报、谎报治污情况的单位和个人，要按照有关规定严肃处理。对因工作不力没有按期完成任务的，要按照《环境保护违法违纪处分暂行规定》，严肃查处有关责任人。

国家环保总局局长周生贤指出，分解落实主要污染物削减目标，是 2006 年下半年工作的重中之重。要尽快将指标分解落实到市（地）、县，落实到排污单位，做到目标到位、任务到位、责任到位。在这里，重点强调考核问题。考核是落实目标责任制的重要保障。各级环保部门要充分把握好当前的有利时机，创造性地开展工作。在工作中要有敢为人先的闯劲，要有坚韧不拔的钻劲，要有百折不挠的韧劲，为“十一五”环保工作开好头、起好步。

为实现“十一五”规划确定的主要污染物削

减目标，2006年5月份，国务院授权环保总局与各省（自治区、直辖市）政府和华能等6家电力集团公司，签订了“十一五”二氧化硫总量削减目标责任书。7月份，召开了全国水污染防治电视电话会议，国务院授权环保总局与各省（自治区、直辖市）政府签订了“十一五”水污染物总量削减目标责任书。至此，“十一五”规划中主要污染物削减工作全面启动。

三省市铁腕整治“锰三角”污染

2005年，湖南、贵州、重庆3省（市）交界地区锰行业污染问题群众反映强烈，引起党中央、国务院的高度关注。按照中央指示，国家环保总局在现场调查的基础上迅速会同3省（市）交界地区地方政府共同研究制定了《湖南、重庆、贵州三省（市）交界地区锰污染整治方案》。

为进一步推动整治工作，2006年3月，环保总局和监察部将这一区域污染整治列为2006年首批挂牌督办案件。期间，环保总局派出近40人次先后5次联合3省（市）政府进行现场督察，对违法排污企业进行通报；3次在京组织召开3省（市）交界地区电解锰企业污染整治工作专题会议。为进一步促进电解锰行业的良性发展，国家环保总局提请发改委制定了电解锰行业的产业政策，确定了限期关停落后生产能力、工艺，并对3省（市）交界地区的重点电解锰企业开展了清洁生产审核工作。

湖南、重庆、贵州3省（市）党委、政府认真贯彻落实中央的要求，主要领导都提出了明确的工作要求。3省（市）环保局就整治方案的制定、实施及环保治理资金的筹措、整治验收，多次到各县指导和督察。3省（市）监察厅密切关注锰污染整治动态，加大行政监察力度。3地（州、县）成立了领导小组，制定了整治工作方案。花垣县、松桃县、秀山县政府与部门、乡镇、企业负责人签订了目标责任书，层层落实责任，并建立了县级领导与电解锰企业一对一管理的监督机制。经过一年多的集中整治，3地41家电解锰企业中，1家污染严重、整治无望的企业被取缔，30家企业被停产治理，10家企业被限期治理，补缴排污费达4972万元，3县电解锰企业的污染整治共投入治理资金21913万元。

通过整治，3省（市）交界地区的区域环境质量得到明显提高。2006年11月，湖南花垣县和贵州铜仁地区环保部门提供的监测数据显示，清水江水质已明显改善，翠翠岛和虎渡口电站断面的总锰、氨氮、六价铬浓度均达到地表水环境质量Ⅲ级标准。重庆市环保局提供的监测数据显示，秀山县境内主要河流断面六价铬、总锰、氨氮等主要污染物指标明显降低，均满足地表水Ⅲ类水域功能。

在整治工作中，3省（市）还初步建立起了跨区域污染问题的长效监管机制。3省（市）交界地区的政府及环保部门加强协调工作，在基础差、水平低的情况下创造性地开展工作，摸索出环境监管的有效措施与方法。湖南将花垣县列为全省污染源自动监控试点县，采取省财政专项补贴的方式，以第三方运营的社会化管理模式对自动监控系统进行运营、维护、管理，确保了管理自动化和科学化。重庆为对各电解锰企业进行及时有效的监管，安装了远程视频实时监控系统，通过红外线摄像镜头对全县电解锰企业的环保设备、设施运行情况和排污口状况进行不间断实时监控，并实行驻厂监督员制度，增强了企业守法的自觉性。贵州省在极短时间内解决环保专项资金1110万元，用于松桃县锰污染治理和企业的污染源自动监控系统建设，将监控系统与现场监督检查有机结合起来，加大了监督管理的力度。

自然生态保护与城市环境治理

我国新增22处国家级自然保护区

国家环保总局有关负责人2006年2月23日宣布，经国务院批准，我国在山西、内蒙古等17个省、自治区新建了22处国家级自然保护区。至此，我国的国家级自然保护区已达265个，总面积9185.1万公顷，约占我国陆地国土面积的9.6%。

这位负责人说，新建的22处国家级自然保护区涵盖了森林、湿地、荒漠生态系统、野生动物及古生物遗迹五种类型，在我国生物多样性保护中具有稀有性、代表性和典型性特点，在保持水土、防风固沙、水源涵养、调节气候和维持生态平衡等方面发挥着重要的生态功能。其中，山西五鹿山自然保护区是我国特有珍稀雉类褐马鸡自然分布最南端的集中分布区；安徽铜陵淡水豚自然保护区所处江段是白鳍豚分布最为集中的水域，对于保护“水中大熊猫”——白鳍豚具有重要意义；山东滨州贝壳堤岛与湿地自然保护区为世界三大贝壳堤岛之一，新老贝壳堤并存，是珍贵的海洋自然遗产；四川米仓山自然保护区是目前世界上水青冈属植物原始林保持面积最大、种类分布最集中的地区；云南永德大雪山自然保护区地处澜沧江、怒江两大水系，保存着我国仅存的豚鹿种群以及黑冠长臂猿的最大种群。

这位负责人表示，有关地区和部门要严格按照《中华人民共和国自然保护区条例》等有关规定，加强领导和监督，健全机构加大投入，高标准建设国家级自然保护区，不得在保护区的核心区和缓冲区开展旅游活动和建设任何生产设施，实验区进行的建设项目必须进行环境影响评价。

他说，建立自然保护区是保护生态环境、自然资源和生物多样性最重要和最有效的措施，同时也是维护生态安全，促进生态文明，实现社会经济可持续发展的重要保障。今后环保总局将进一步公布国家级自然保护区的范围、面积和功能分区，使其管理更加规范；实行动态管理制度，加强对国家级自然保护区的监督管理；对已建的国家级自然保护区进行管理评估，大力提高保护区的管理水平。

附：国务院新建的22处国家级自然保护区：

山西五鹿山国家级自然保护区
内蒙古额尔古纳国家级自然保护区
辽宁努鲁儿虎山国家级自然保护区
黑龙江凤凰山国家级自然保护区
江苏泗洪洪泽湖湿地国家级自然保护区
安徽铜陵淡水豚国家级自然保护区
福建闽江源国家级自然保护区
山东滨州贝壳堤岛与湿地国家级自然保护区
河南小秦岭国家级自然保护区
湖南乌云界国家级自然保护区
湖南鹰嘴界国家级自然保护区
广西千家洞国家级自然保护区
四川米仓山国家级自然保护区
四川雪宝顶国家级自然保护区
云南会泽黑颈鹤国家级自然保护区
云南永德大雪山国家级自然保护区
陕西子午岭国家级自然保护区

甘肃小陇山国家级自然保护区

甘肃盐池湾国家级自然保护区

甘肃安南坝野骆驼国家级自然保护区

宁夏哈巴湖国家级自然保护区

新疆塔里木胡杨国家级自然保护区

国家林业局高度评价可可西里生态保护工作

2006年8月14日，国家林业局考察团到可可西里国家级自然保护区调研，对可可西里国家级自然保护区在可可西里原始生态环境，特别是藏羚羊等野生动物保护中做出的工作给予了高度评价。

14日清晨，考察团深入保护区不冻泉、索南达杰、五道梁三个保护站调研。考察团成员在各保护站详细询问了工作人员的工作、生活、学习情况及每个保护站的发展史，参观了可可西里野生动物救护中心和保护站展厅，对可可西里野生动物救护工作赞不绝口。在保护区内，当考察团成员们看到一群群藏羚羊悠闲自得地带着新生的小藏羚羊觅食、返迁的壮观景象后，纷纷拿出摄像机、照相机和手机拍摄。

考察团对可可西里国家级自然保护区管理局多年来开展的生态宣传工作给予了高度赞扬。

中俄边境珍宝岛湿地列入国家级自然保护区

珍宝岛湿地于2006年11月列入国家级自然保护区。

珍宝岛湿地位于乌苏里江沿岸，与俄罗斯远东地区隔江相望。保护区主要保护对象为各种类型的湿地生态系统以及在此栖息的珍稀、濒危野生动植物，其中包括国家一级保护鸟类3种，国家一级保护兽类东北虎、原麝。

珍宝岛湿地保护区内的植物、鱼类、鸟类不仅品种多，数量大，而且形成了一个相对独立的自我循环立体生态链系统，是一个天然物种基因库。珍宝岛湿地保持的完整原始生态系统，和乌苏里江一起，构成了一幅自然、和谐、完美的图画。

我国正式发布自然保护区区徽

2006年10月27日，我国正式发布自然保护区区徽。我国自然保护区建设已走过50年发展历程，目前，我国自然保护区数量达2349个，约占陆地国土面积的15%，超过世界平均水平。发布统一的自然保护区标志性区徽，有助于更好地保护我国丰富独特的自然环境和宝贵的自然遗产，规范自然保护区的建设和管理，使其在社会上产生更广泛的积极影响。

自然保护区区徽的主体前景是一双手，背景是地球的图形。通过相互交握的手，利用明暗以及色彩的差异，勾勒出一条由远及近奔腾不息的河流。远处的蓝天一望无际，近处的绿地欣欣向荣，体现了自然环境的优美和谐。双手体现出保护的含义，既是对自然保护区的保护，又是对地球环境的保护，同时表达了自然保护需要人人参与的深层含义。标识周边是自然保护区的中英文名称，底纹用中国传统图案云水纹作为装饰，强调了地域性和唯一性。

自然保护区标志性区徽在国际上普遍使用，通常用在自然保护区管理人员的制服、保护区构筑物以及宣传纪念品等方面，起到象征、标识、警示和宣传的作用。国家环保总局、国家林业局、国土资源部和农业部于2002年公开向社会征集中国自然保护区区徽。征集活动得到公众广泛参与，共收到近400件作品。在公众征集的基础上，评委会办公室委托专业设计部门又进行了设计，并从中选择6幅作品进行公众网上投票，得票最多的方案，确定为中国自然保护区区徽。

环保总局等四部门要求严格监管自然保护区等区域内影视演艺活动

2007年2月，国家环保总局、建设部、文化部、国家文物局联合发布了《关于加强涉及自然保护区、风景名胜区、文物保护单位等环境敏感区影视拍摄和大型实景演艺活动管理的通知》（以下简称《通知》），要求各相关部门加强监管，在自然保护区核心区和缓冲区、风景名胜区核心景区，禁止进行影视拍摄和大型实景演艺活动。

《通知》要求，在各类影视拍摄和大型实景演艺活动中，应积极倡导资源节约和环境友好的理念，对由于认识不够、管理不力、措施不当所造成影视拍摄、大型实景演艺活动破坏自然生态和人文资源的危害性予以足够重视。各级环保、建设、文化、文物主管部门要在各自职责范围内，依法加强对影视拍摄和大型实景演艺活动的监督管理。

《通知》要求，在自然保护区核心区和缓冲区、风景名胜区核心景区内，禁止进行影视拍摄和大型实景演艺活动。在自然保护区实验区、风景名胜区核心景区以外范围、各级文物保护单位保护范围内，严格限制影视拍摄和大型实景演艺活动。确需进行上述活动的，影视制作单位和演出举办单位必须严格按照《环境影响评价法》、《自然保护区条例》、《风景名胜区条例》、《文物法》等有关法律法规的规定，履行环保、城建、文物部门的报批和验收手续。涉及自然保护区实验区、风景名胜区核心景区以外范围、文物保护单位保护范围内的影视拍摄和大型实景演艺活动经批准后方可实施。影视制作和演出举办单位在实施过程中，必须认真落实各项保护措施和要求，拍摄和演出活动结束后，应当及时拆除临时搭建和设置的布景棚、营地、舞台等构筑物，对生态环境进行恢复，并由所在地主管部门负责组织验收。

《通知》要求，地方各级环保、建设、文物主管部门要加强对涉及自然保护区、风景名胜区、文物保护单位的影视拍摄和大型实景演艺活动的现场检查，积极倡导资源节约和环境友好的理念，督促责任单位落实各项污染防治和保护措施。对未经许可，擅自在上述敏感区域内进行影视拍摄和大型实景演艺活动的，要依法予以制止，限期恢复原状或采取其他补救措施，并处以罚款。对造成破坏情节严重的，要依法追究有关单位和人员的责任。

“农村小康环保行动计划”试点启动

国家环保总局有关负责人2006年3月3日向媒体通报，旨在解决农村突出环境问题、推进农村全面建设小康社会进程的“农村小康环保行动计划”已在全国各地陆续启动。江苏省、吉林省、宁夏回族自治区、四川省成都市、湖南省常德市、安徽省绩溪县等已不同程度开展了示范试点工作。

“农村小康环保行动计划”是“十一五”期间开展农村环境综合整治、解决农村“脏、乱、差”、改善农村环境的一项重大举措。该“计划”将围绕全面建设小康社会的总体目标，坚持服务“三农”的基本思想，以改善农村生产、生活环境，培育农村生态文明，促进农村经济、社会、环境全面、协调、可持续发展为目的，有重点、有步骤、有层次地逐步推进。

国家环保总局正式发布《国家农村小康环保行动计划》

2006年10月26日，国家环保总局发布《国家农村小康环保行动计划》（以下简称《行动计划》）。环保总局有关负责人说，随着农村经济的快速发展，农村生活污水、垃圾、农业生产及畜禽养殖废弃物排放量增大，农村地区环境状况日益恶化，农村环境质量明显下降，直接威胁着广大农民群众的生存环境与身体健康，制约了农村经济的健康发展，农村环境状况令人担忧。《国家农村小康环保行动计划》围绕全面建设小康社会的总体目标，以试点示范为先导，切实解决农村环境“脏、乱、差”问题，为全面建设小康社会提供环境安全保障。

《行动计划》的总体目标是，到 2020 年，有效控制农村地区环境污染的趋势，基本解决农村“脏、乱、差”问题，农村生活与生产环境得到切实改善，为建设“清洁水源、清洁家园、清洁田园”的社会主义新农村和全面建设小康社会提供环境安全保障。

《行动计划》确定了“十一五”目标：到 2010 年，初步解决农村环境“脏、乱、差”问题，农村地区工业企业污染防治取得阶段性成效，农村饮用水环境得到改善，规模化畜禽养殖污染得到基本控制，新增一批有机食品生产基地，生态示范创建活动全面展开，农村环境监管能力得到加强，公众环保意识进一步提高，农村环境得到初步改善。建设 500 个工业企业污染治理示范工程；基本完成全国 1 万个行政村的农村生活垃圾收运—处理系统、生活污水处理设施示范建设，东、中、西部分别完成 4000 个、3500 个、2500 个示范工程建设；建设 500 个规模化畜禽养殖污染防治示范工程；建设 10 处土壤污染防治与修复示范工程；建设 600 处农村饮用水源地污染治理示范工程；建设 300 个有机食品生产基地；创建 2000 个环境优美乡镇，1 万个生态村；加强 200 个县的环境监测、监管和宣教基本设施建设。

环保总局发布《国家重点生态功能保护区规划纲要》

生态功能保护区建设是统筹人与自然和谐发展，改善和提高生态环境质量的一项重大举措和有效途径，是有效管理限制开发主体功能区的重要手段，是符合我国现阶段国情的有效生态保护形式。依据国务院《全国生态环境保护纲要》、《关于落实科学发展观加强环境保护的决定》和《关于编制全国主体功能区规划的意见》有关精神，2006 年 10 月，国家环境保护总局正式发布了《国家重点生态功能保护区规划纲要》（以下简称《纲要》）。《纲要》是我国生态功能区保护的首部规范性文件，对指导我国生态功能保护区建设具有重要意义。

《纲要》指出，生态功能保护区是指在涵养水源、保持水土、调蓄洪水、防风固沙、维系生物多样性等方面具有重要作用的重要生态功能区内，有选择地划定一定面积予以重点保护和限制开发建设的区域。建立生态功能保护区，保护区域重要生态功能，对于防止和减轻自然灾害，协调流域及区域生态保护与经济社会发展，保障国家和地方生态安全具有重要意义。国家重点生态功能保护区是指对保障国家生态安全具有重要意义，需要国家和地方共同保护和管理的生态功能保护区。

《纲要》强调，《国家重点生态功能保护区规划纲要》是根据党中央、国务院对建立生态功能保护区的要求编制的。胡锦涛总书记在 2004 年中央人口资源环境工作座谈会上强调：“做好生态功能区划和生态保护规划，加大重要生态功能保护区、自然保护区建设力度，提高保护质量”。国务院《全国生态环境保护纲要》、《关于落实科学发展观加强环境保护的决定》均明确提出，要通过建立生态功能保护区，实施保护措施，防止生态环境的破坏和生态功能的退化。《中华人民共和国国民经济和社会发展第十一个五年规划纲要》将重要生态功能区建设作为推进形成主体功能区，构建资源节约型、环境友好型社会的重要任务之一。

《纲要》强调，生态功能保护区属于限制开发区，应坚持保护优先、限制开发、点状发展的原则，因地制宜地制定生态功能保护区的财政、产业、投资、人口和绩效考核等社会经济政策，强化生态环境保护执法监督，加强生态功能保护和恢复，引导资源环境可承载的特色产业发展，限制损害主导生态功能的产业扩张，走生态经济型的发展道路。

《纲要》要求，生态功能保护区要处理好与自然保护区、世界文化自然遗产、风景名胜区、森林公园、地质公园等各类特别保护区间的关系。在空间范围上，生态功能保护区不包含这些特别保护区域；在建设内容上，避免重复，互相补充；在管理机制上，各类特别保护区域的隶属关系和管理方式不变。

《纲要》提出，要以《中华人民共和国国民经济和社会发展第十一个五年规划纲要》明确的国家限制开发区为重点，合理布局国家重点生态功能保护区，形成较完善的生态功能保护区建设体系，建立较完备的生态功能保护区相关政策、法规、标准和技术规范体系，使我国重要生态功能区的生态恶化趋势得到遏制，主要生态功能得到有效恢复和完善，限制开发区有关政策得到有效落实。

《纲要》明确，在生态功能保护区重点开展以下三方面工作：一是合理引导产业发展。依据资源禀赋的差异，积极发展生态农业、生态林业、生态旅游业；在中药材资源丰富的地区，建设药材基地，推动生物资源的开发；在畜牧业为主的区域，建立稳定、优质、高产的人工饲草基地，推行舍饲圈养；在重要防风固沙区，合理发展沙产业；在蓄滞洪区，发展避洪经济；在海洋生态功能保护区，发展海洋生态养殖、生态旅游等海洋生态产业。同时限制高污染、高能耗、高物耗产业的发展。要依法淘汰严重污染环境、严重破坏区域生态、严重浪费资源能源的产业，要依法关闭破坏资源、污染环境和损害生态系统功能的企业。同时，积极推广沼气、风能、小水电、太阳能、地热能及其他清洁能源，解决农村能源需求，减少对自然生态系统的破坏。二是保护和恢复生态功能。遵循先急后缓、突出重点，保护优先、积极治理，因地制宜、因害设防的原则，结合已实施或规划实施的生态治理工程，加大区域自然生态系统的保护和恢复力度，目的是提高水源涵养能力、恢复水土保持功能、增强防风固沙功能、提高调洪蓄洪能力，改善和提高区域环境质量。三是强化生态环境监管。通过加强法律法规和监管能力建设，提高环境执法能力，避免边建设、边破坏；通过强化监测和科研，提高区内生态环境监测、预报、预警水平，及时准确掌握区内主导生态功能的动态变化情况，为生态功能保护区的建设和管理提供决策依据；通过强化宣传教育，增强区内广大群众对区域生态功能重要性的认识，自觉维护区域和流域生态安全。

《纲要》要求，各级环境保护部门要加强部门协调。建立综合决策机制，应积极与其他相关部门开展联合执法检查，严厉查处生态功能保护区内各种破坏生态环境、损害生态功能的行为。要科学规划。制定重点生态功能保护区实施规划，并将实施规划的主要内容纳入各级政府国民经济和社会发展规划。要建立多渠道的投资体系。研究制定生态功能保护区投融资、税收等优惠政策，逐步建立和完善生态环境补偿机制。要加强科技创新。加强资源综合利用、生态重建与恢复等方面的科技攻关，减少资源消耗，控制环境污染，促进生态恢复。要增强公众参与意识。充分利用广播、电视、报刊等媒体，广泛深入地宣传生态功能保护区建设的重要作用和意义，动员公众参与生态功能保护区建设。

国务院发布《关于加强农村环境保护工作的意见》

2007年11月13日，国务院办公厅转发了环保总局、发展改革委、农业部、建设部、卫生部、水利部、国土资源部、林业局《关于加强农村环境保护工作的意见》（国办发〔2007〕63号）（以下简称《意见》）。《意见》是深入贯彻党的十七大精神，落实科学发展观，构建社会主义和谐社会，指导我国农村经济、社会与环境协调发展的一份纲领性文件。

2007年12月6日，国家环保总局吴晓青副局长接受媒体记者采访时表示：

党的十七大报告明确提出，要建设生态文明，统筹城乡发展，推进社会主义新农村建设。要建设生态文明，推进社会主义新农村建设，就必须重视农村环境保护。当前，我国农村环境的现状与建设社会主义新农村、构建和谐社会的要求还不相适应，已成为农村经济社会可持续发展的制约因素。一些地区由于环境污染引发的各类疾病明显上升，已严重威胁到广大农民群众的身体健康；一些地区农田污水灌溉、过量施用农药、化肥，导致农作物品质下降、减产甚至绝收，影响农民增收；一些地区农村环保信访量不断增加，由于环境污染引发的群体性事件也呈上升之势，影响农村社会的稳定。这些环境问题如不能及时得到解决，必将影响社会主义新农村建设和全面建设小康社会总体目标的实现。

农村环境问题引起了党中央、国务院及社会各界的高度重视和广泛关注。近年来，中央领导同志就加强农村环境保护多次做出重要批示，要求切实加大农村环境保护工作力度。近几年，每年的全国人大和政协会议，都有几十个人大建议和政协提案针对农村环境问题。做好农村环境保护工作必须要有一个行动纲领，明确总体部署。为此，今年上半年，国家环保总局联合农业部、建设部、卫生部等部门开展了农村环境保护调研，在广泛、深入调研的基础上，国家环保总局会同发展改革委、农业部等部门起草了《意见》，报请国务院同意并转发。

《意见》是在深刻分析我国农村环境保护的形势和任务基础上做出的重要决策，充分体现了党中央、国务院对农村环境保护工作的高度重视。《意见》的发布对于切实加强农村环境保护，推动各地将农村环保工作摆到更加突出和重要的位置，建设农村生态文明，广泛调动全社会力量促进社会主义新农村建设将产生巨大的推动作用。

我国成立兰科植物种质资源保护中心

兰科植物是全球珍稀濒危野生植物保护的重点对象，一直备受国际社会的广泛关注。作为世界上兰科植物资源最丰富的国家之一，我国为保护好这些“植物大熊猫”，2006年1月10日正式在深圳成立了兰科植物种质资源保护中心。

兰科植物全科都是国际公约保护植物，占保护植物总数的90%以上，属于国际公约保护植物的重中之重。中国是全球兰科植物资源最丰富的国家之一，有兰科植物148属1300多种，有着极高的学术地位和生态、经济价值。为保护好这些濒危植物，中国在2001年专门将兰科植物列入15大重点保护物种之一。

10日成立的中国兰科植物种质资源保护中心，位于深圳市梧桐山苗圃场，占地200多亩，收集保存了400多种兰科植物，属国际一级保护的95种，其余均为国际二级保护品种，收集保存的物种种类和数量在中国乃至世界均处于领先地位。

该中心的建设目标是成为具有国际先进水平的兰科植物种质资源保护研究机构，开展濒危兰科植物人工繁育、野外恢复和保育生物学研究，提出中国主要濒危兰科物种保护及繁殖利用综合技术，使中国兰科植物保护技术达到国际先进水平。

兰科植物种质资源保护中心的成立，将进一步促进中国兰科植物种质资源收集保存工作，提高保护种质资源、防止物种灭绝的能力。

中国将建立生物物种资源预警监测机制和体系

国家环保总局副局长吴晓青在2006年12月召开的生物物种资源保护部际联席会上表示，为预防生物物种资源的流失和外来有害物种的侵害，中国将着手建立生物物种资源监测预警体系，及时掌握重要生物物种资源的动态变化，为管理决策提供依据。

近几年，中国目前已初步建立了国家生物物种资源数据库。中国生物物种资源保护部际联席会各成员单位也采取多种措施，开展外来有害入侵物种防治和管理工作。

但是，中国生物物种资源保护形势仍然十分严峻，物种资源流失现象还没有得到有效遏制。

与此同时，外来物种入侵有增无减。2006年前10个月，中国出入境检验检疫机构共截获有害生物2471种10.4万次，截获次数比2005年同期增加了30%。国家环境保护总局副局长吴晓青说，中国建立生物物种资源监测预警体系，将从源头预防、监测预警和控制治理三个环节入手，研究建立外来入侵物种防治法规体系，促进依法监督管理外来有害物种的引入、生产、经营、使用。

吴晓青指出，目前，基本情况掌握不足的问题已经严重制约了生物物种资源保护工作。

他表示，今后几年，中国还将继续开展生物物种资源调查，争取在今后五年内基本摸清中国生物物种资源的家底。

云南野象谷景区的亚洲野象跟踪保护小组成立

为了配合亚洲象的研究和保护工作，2007年初，云南西双版纳野象谷景区的亚洲野象跟踪保护小组正式成立。

2006年6月景区成立了一个野象跟踪临时观测小组，负责对野象出没的跟踪、观察和记录工作。

除了成立野象跟踪小组之外，景区还准备在2007年建立亚洲象繁育基地。

中国云南省西双版纳傣族自治州境内有亚洲象250头左右，是中国300余头亚洲象分布最集中的区域。

中国最大面积连片野生稻得到妥善保护

2007年2月，广西玉林市一片20.18公顷的野生稻被专家认定“集中了几乎一切理想农作物的优良品质”，这片中国面积最大的连片野生稻正在得到精心保护。

野生水稻属国家二级珍稀保护植物，研究、开发、利用价值极高，长期以来，世界一流的杂交水稻育种专家都在苦苦寻觅具有抗病、抗涝等特征的种质资源，以便在杂交后选育出更为优良的稻种。而玉林的野生稻是普通野生稻，也是目前杂交水稻广泛应用的一个野生品种，正好具有抗寒、抗涝、抗病、抗虫等优势。

中国农科院专家称之为“集中了几乎一切理想农作物的优良品质”。国家农业部随后筹资建设了玉林市福绵野生稻原位保护区，20.18公顷核心保护区之外另设了16.7公顷缓冲区。放牧的农民被隔离在铁丝网之外，当地还花10多万元人民币对造纸厂的排污系统进行了改造。

中国1978年至1982年野生稻资源普查资料显示，137个县市中有野生稻分布，其中仅广西就占了47个。据广西科技情报所的检索结果，福绵野生稻保护区也是目前有报道的世界连片面积最大的野生稻原位保护区。

中国生物多样性保护远景规划启动

由国家环保总局和美国大自然保护协会（TNC）合作推出的中国生物多样性保护远景规划的第一阶段——长江上游生物多样性远景规划试点项目2006年11月在北京正式启动。合作伙伴还包括有关政府部门以及国际野生生物保护学会、保护国际等国际组织。

中国生物多样性保护远景规划项目将运用“保护系统工程”的理念和方法，按自然地理区域对中国的生物多样性及其所面临的威胁进行分析评估，确定需要优先保护的区域和需要优先采取的保护行动，并制定相应的保护策略，切实有效地保护中国的生物多样性。项目的成果将纳入中国生物多样性保护战略，为政府履行《生物多样性公约》、制定可持续发展战略决策提供科学依据。

项目预计用3年时间（2006～2008年）、分两个阶段完成。第一阶段拟在长江上游地区开展为期18个月的试点项目。试点项目将对项目区内的生物多样性进行分析评估，就有效地保护其丰富的生物多样性提出一系列建议和策略。同时，将对参与项目的专家和技术人员进行规划方法的系统培训，并对这些方法加以改进和完善，使之适用于当地的情况。试点项目还将探索有效的项目协调和管理机制，为第二阶段在全国范围内开展项目积累经验。

中国是一个生物多样性非常丰富的国家，其丰富的动植物资源、独特的生态系统以及多样的气候格局，对中国社会和文化的演变有着重要的影响。人口的高速增长和经济的快速发展正日益对生物多样性造成严重威胁。中国作为《生物多样性公约》的缔约国，庄严承诺对具有全国和全球意义的生物多样性地区进行保护，并制定了国家生物多样性战略和行动计划。但是，目前中国仍缺少一个全国性的生物多样性保护远景规划。

TNC在多年保护实践的基础上，开发了一套科学地分析生物多样性优先地区保护规划的方法，并自1998年开始与云南省政府合作，将这种规划方法应用于中国的实践。成功的合作引起了中央政府对推广这种方法的兴趣，TNC应邀与中国科学家和政策专家一起，着手制订这个全国性的生物多样性保护远景规划。TNC和中国政府有关部门将以伙伴合作的方式，共同建立中国生物多样性保护数据库，规划中国生物多样性优先保护的区域，并为其制定相应的保护策略。

TNC是一个致力于全球生物多样性保护的非政府国际组织。自1951年在美国创立以来，迄今已在美国各州和全球32个国家开展保护工作。在半个多世纪的保护实践中，TNC发展出一套行之有效的生物多样性保护方法和手段，并成功地将其应用于协会在各国的保护工作中。经过几年的努力，TNC与美国政府合作即将完成全美生态区规划，其成果将为TNC及其合作伙伴在美国的生物多样性保护工作奠定坚实的基础。

环保总局发布《全国生物物种资源保护与利用规划纲要》

为加强生物物种资源保护，防范生物物种资源流失和丧失，持续利用生物物种资源，根据国务院办公厅《关于加强生物物种资源保护和管理的通知》（国办发［2004］25号）要求和生物物种资源保护部际联席会议精神，国家环保总局联合生物物种资源保护部际联席会议16个成员单位历经两年时间，共同编制完成了《全国生物物种资源保护与利用规划纲要》（以下简称《规划纲要》）。2007年10月，经国务院同意，由国家环保总局正式发布。

《规划纲要》符合国家中长期发展战略的要求，是我国生物物种资源保护领域首部重要的纲领性文件。对于发展和开拓我国新时期、新阶段生物物种资源保护工作具有重要的意义。《规划纲要》的实施，将推进我国丰富的生物物种资源得到有效保护，减少生物物种及其遗传资源的丧失和流失，保证生物物种及其遗传资源的永续生存和潜在利用，保障国家生态安全，使生物物种资源惠益子孙后代。同时也体现出我国认真履行国际公约和积极参与国际合作的态度。

《规划纲要》提出了生物物种资源保护和利用的战略思想和战略任务。首先，《规划纲要》确定了保护和利用物种资源的五大原则：国家主权原则、科学性原则、优先保护原则、保护与利用相协调原则和各方参与原则。五大原则的确立对于我国参与国际谈判，争取国家利益，更好地解决保护与利用的关系具有重大的意义。第二，《规划纲要》提出了今后15年生物物种资源保护与利用的总体目标，并划分了3个五年规划阶段来实施。到2010年，基本遏制住目前生物物种资源急剧减少的趋势；到2015年，基本控制生物物种资源的丧失与流失；到2020年，生物物种资源得到有效保护。这些目标体现了国家可持续发展的战略方向，经过努力是可以达到的。第三，《规划纲要》根据物种资源的范畴和保护需求，确定了12个重点领域的近期和中长期规划任务。12个重点领域涵盖了动物、植物、微生物领域，以及传统知识和物种出入境管理等各个方面。12个重点领域的任务分解，对于下一步制定各领域规划具有明确的指导意义。第四，《规划纲要》提出了"十一五"期间生物物种资源保护和利用的10项优先行动和55个优先项目。优先行动和优先项目的确定为解决当前突出问题，明确财政资金的投入指明了方向。

"城考"出台新考核指标

2006年4月，国家环保总局发布《"十一五"城市环境综合整治定量考核指标实施细则》，对"十五"期间的考核指标做出调整。同时下发《国家城市环境综合整治定量考核工作要求》，进一步加强"城考"的制度化、规范化。

"十一五"城考指标由"十五"期间的20项调整为16项。考核指标针对城市环境的主要问题，以城市环境质量、城市环境基础设施、污染防治和环境管理等4类指标为重点，力求简单、易懂、易于操作，与国家环境统计一致。重点增加了"公众对城市环境保护的满意率"和"万元GDP主要工业污染物排放强度"两项指标，使"城考"指标与老百姓的日常生活更加贴近，更好地体现建设环境友好型社会的要求。

目前，我国城市环境仍然面临着十分严峻的形势。中小城市、县级市环境基础设施建设相当滞后，垃圾围城、噪声扰民、机动车尾气、餐饮业等污染问题仍然突出，很多城市的环境质量已难以满足群众日益增长的要求。国家环保总局在"十一五"期间继续推行"城考"工作，目的就是要通过"城考"工作，切实将改善城市环境质量的责任落实到城市政府主要责任人身上，提高城市环境管理水平，提高公众对城市环境保护的满意率，促进城市的可持续发展。

我国首个城市总体规划战略环评通过专家评审

我国首个城市总体规划战略环评——武汉市国民经济和社会发展第十一个五年总体规划纲要战略环评2006年8月前在北京通过专家评审。环评报告认为，武汉市"十一五"规划与国家"十一五"期间的总体发展战略相协调，规划的实施整体上有利于武汉市向资源节约型、环境友好型城市转变。

按照规划，武汉市将在未来的城市发展中大作"水文章"，开展城市水生态修复工程和"六湖连通"、"引江济湖"工程，突出两江交汇、三镇鼎立、滨江滨湖的独特城市风貌；实行"多中心+外围多组团式"、"三环六楔"的空间布局和产业组群式聚集发展，以改善中心城区生态环境质量和集中控制污染物，确定生态城市建设基本格局；推行“优二进三”的产业结构调整和优化升级策略，加快重污染企业迁出中心城区步伐，大力发展循环经济和清洁生产，结构性污染问题得到缓解；遏制填占湖泊，加强长江、汉江武汉段等主要河流的生态环境保护，保护特有的大面积江滩资源，建设沿江、沿河林带，形成连接城区腹地的生态廊道，在各中心、组团之间布置防护绿地和生态保护用地，到2010年，建成区绿地率达到35%，绿化覆盖率达到40%；“十一五”时期，万元地区生产总值能耗比“十五”末期降低20%，工业废水达标排放率达到95%以上，城市污水集中处理率达到70%。

据介绍，武汉市委、市政府积极响应国家环保总局关于在全国开展规划环评试点工作的要求，成为首批规划环评试点城市之一。战略环评由武汉市政府委托南开大学战略环评研究中心完成。国家环保总局主持评审会。环保总局环评司负责人称，这是我国环评史上一项开创性、示范性的工作，武汉市的成功尝试为国家环评法制建设及管理提供了模式。

环保总局公布2005年度我国城市环境综合整治定量考核结果

2006年9月4日，国家环保总局公布2005年度全国城市环境综合整治定量考核（以下简称“城考”）结果，同时发布《2005年国家城市环境管理和综合整治年度报告》（以下简称《年度报告》）。对全国509个城市的考核结果显示，全国城市环境质量优于二级的城市比例增加了12.6个百分点，劣于三级的城市比例减少了9.9个百分点，城市饮用水源水质达标率比上年提高了0.95个百分点，城市环境管理与综合整治总体上取得了较好的成绩。成都、富阳、宝鸡、桂林、胶南、莱西、日照、蓬莱、潍坊等9个城市获得了国家环境保护模范城市称号。但内蒙乌海、云南昭通、广西河池、甘肃陇南、江西萍乡、陕西商洛等6个城市有5项以上“城考”指标在全国地级城市中排名居后，被列为全国城市环境综合整治工作较差的城市。

《年度报告》显示，在城市经济持续高速增长的情况下，城市环境保护工作受到了多数城市政府的重视，环保投入进一步增加，城市环境基础设施建设水平进一步提高。城市产业结构和能源结构进一步优化，城市综合防治污染的能力进一步提高。全国城市水环境质量和声环境质量总体上有所改善，一些城市的空气环境质量得到不同程度的改善。

全国城市水域功能区水质达标率比上年提高了3.70个百分点；工业固体废物处置利用率比上年提高了3.21个百分点；城市生活污水集中处理率大于60%的城市数比上年提高了11.4个百分点，生活污水集中处理率为0的城市数比上年减少了16个；全国生活垃圾无害化处理率比上年提高了2.36个百分点，生活垃圾无害化处理率大于80%的城市数比上年提高了3.34个百分点，垃圾无害化处理率为0的城市比上年减少了30个；山东、江苏等省的城市基本消除了污水处理率为0和垃圾处理率为0的现象。

《年度报告》显示，全国509个“城考”城市中，国家环保重点城市“城考”得分大多在省内排序位列前茅。2005年，国家环保重点城市环境保护投资指数平均为2.21%，危险废物集中处理率、城市生活污水集中处理率和生活垃圾无害化处理率平均分别达到85.32%、52.33%和81.16%，与2004年相比分别提高了13.65个百分点、5.81个百分点和2.38个百分点。

2005年国家环保重点城市中可吸入颗粒物年日均值浓度最低（质量最好）的10个城市分别是：桂林、海口、珠海、北海、汕头、日照、烟台、厦门、深圳和克拉玛依；二氧化硫年日均值浓度年日均值浓度最低（质量最好）的10个城市分别是北海、海口、齐齐哈尔、福州、芜湖、合肥、珠海、汕头、日照和深圳；与上一年相比，锦州、本溪、抚顺、株洲、攀枝花、长治、宜昌、洛阳、济南等城市可吸入颗粒物浓度明显降低；

金昌、宜宾、宜昌、三门峡、阳泉、大同、焦作、临汾、洛阳等城市二氧化硫浓度明显降低；城市生活污水集中处理率明显提高的城市有：德阳、马鞍山、锦州等；生活垃圾无害化处理率明显提高的城市有泸州、渭南、西宁等；危险废物集中处理水平提高较快的城市有常德、邯郸、柳州等。

《年度报告》同时显示，目前全国城市的环境问题仍然相当突出。

一是全国城市的空气污染问题突出。44.9%的城市环境空气质量超过国家二级标准，其中有43个城市环境空气质量劣于国家三级标准（名单见附件1）。山西、宁夏、陕西等省区城市空气质量超标的城市较多，国家环保重点城市中空气质量劣于三级的7个城市是：山西大同、阳泉、临汾；四川宜宾；甘肃兰州、金昌；新疆乌鲁木齐。

二是全国城市的环境基础设施建设问题突出。全国城市生活污水集中处理率平均为29.44%，城市生活污水集中处理率为0的城市有178个，占“城考”城市总数34.84%；生活垃圾无害化处理率平均为59.71%（实际真正符合无害化处理要求的不足20%），生活垃圾无害化处理率为0的城市有130个，占“城考”城市总数25.59%；地级以上城市（含）危险废物集中处理率（特指建成医疗废物集中处置装置）为0的城市有80个。

三是一些城市工业企业废水排放达标率、主要工业物排放达标率还很低。全国部分“城考”单项指标最低的城市名单见附件2。

国家环保总局有关负责人指出，从2005年全国“城考”结果看，要实现“十一五”国家城市环境保护工作目标即“全国设市城市污水处理率不低于70%，生活垃圾无害化处理率不低于60%，城市的环境质量得到改善”仍有相当大的难度。国家环保总局将继续在更大范围深入推行“城考”制度，进一步强调城市政府对环境质量负责，发挥政府的主导作用，建立起“城市政府领导，各部门分工负责，环保部门统一监督管理，公众积极参与”的“城考”管理体制；要将“城考”与地方政府环境目标责任制和责任追究制度紧密结合起来，纳入党政一把手政绩考核；要加强“城考”的制度化建设，规范基础性工作，严禁弄虚作假；要将“城考”结果在媒体上公示，增加市民对“城考”工作的知情权和参与程度。“抓两头，带中间”是“十一五”我国城市环境管理工作的基本原则。对“城考”特别落后的城市每年都要进行媒体曝光，确保用好“城考”这个抓手，从不同角度、不同层次，促进全国城市环境管理工作再上新台阶。

他强调，为确保实现国务院确定的“十一五”城市环境保护工作目标，各城市政府要增加环保投入，加快城市污水处理设施建设步伐，加强和完善污水处理配套管网系统，提高城市污水处理率和污水再生利用率；要加快城市生活垃圾和危险废物集中处置设施建设步伐，加强对城市污水厂污泥、垃圾场渗滤液的处理，提高综合利用率和危险废物安全处置率；要积极推进市场化运行机制，提高城市环境基础设施建设和运营水平，提高污染物处理达标率；要加大对城市环境基础设施的环境监管力度，确保城市环境基础设施的正常运行。同时要认真解决与群众日常生活关系密切、群众反映集中的城市环境问题如噪声、扬尘、机动车尾气、餐饮业等污染，提高群众对城市环境的满意度。

附件1：全国43个城市空气质量劣于三级的城市名单（不含县）

省区市	城市名称
河北	邢台市、张家口市、承德市
山西	古交市、大同市、阳泉市、晋城市、高平市、朔州市、晋中市、介休市、运城市、永济市、忻州市、临汾市、侯马市、霍州市、吕梁市、孝义市
内蒙古	乌海市、巴彦淖尔市
湖北	恩施土家族苗族自治州
广西	河池市
四川	眉山市、宜宾市
贵州	凯里市、都匀市
云南	昭通市
陕西	兴平市、韩城市
甘肃	兰州市、金昌市、白银市、合作市
青海	格尔木市
宁夏	吴忠市、固原市、中卫市
新疆	乌鲁木齐市、吐鲁番市、阿图什市、喀什市、和田市

其中：城市空气质量劣于三级的国家环保重点城市有7个：大同、阳泉、临汾、宜宾、兰州、金昌、乌鲁木齐。

附件2 部分“城考”单项指标最低的城市名单

一些城市主要工业物排放达标率很低。全国509个城考城市中，工业企业废水排放达标率最低的城市有：二连浩特（内蒙古）、拉萨（西藏）、喀什（新疆）、米泉（新疆）、陇南（甘肃）、阿克苏（新疆）、巴彦淖尔（内蒙古）、南阳（河南）、阿勒泰（新疆）、阜康（新疆）；

工业二氧化硫排放达标率最低的城市有：北安（黑龙江）、二连浩特（内蒙古）、华阴（陕西）、陇南（甘肃）、潞西（云南）、瑞丽（云南）、图们（吉林）、达州（四川）、榆林（陕西）、乌海（内蒙古）；

工业烟尘排放达标率最低的城市有：二连浩特（内蒙古）、陇南（甘肃）、铜仁（贵州）、兴义（贵州）、和田（新疆）、商洛（陕西）、都匀（贵州）、博乐（新疆）、乌海（内蒙古）、开远（云南）；工业粉尘排放达标率为0的城市有26个。

全国城市生活污水集中处理率为0的城市有178个，生活垃圾无害化处理率为0的城市有130个，地级以上城市（含）危险废物集中处理率（特指建成医疗废物集中处置装置）为0的城市有80个。其中国家环保重点城市中环境基础设施较差的城市有：

金昌、曲靖、宜宾、九江、牡丹江、芜湖、北海等7个城市生活污水集中处理率为0。

本溪、抚顺、阳泉、临汾、大同、延安等6个城市的生活垃圾无害化处理率为0。

赤峰、金昌、锦州、南充、曲靖、渭南、宜宾、延安、枣庄等9个城市的危险废物集中处理率（特指建成医疗废物集中处置装置）为0。

环保总局发布《2006年国家城市环境管理和综合整治年度报告》

国家环保总局2007年7月12日发布《2006年国家城市环境管理和综合整治年度报告》（以下简称《年度报告》），公布2006年度全国城市环境综合整治定量考核（以下简称“城考”）最新结果。

2006年参加全国“城考”的城市595个，比上年增加86个，覆盖范围进一步扩大。多数城市已建立起“城市政府领导，各部门分工负责，环保部门统一监管，公众积极参与”的“城考”工作机制，加大污染控制和环保基础设施建设投入，城市环境管理与综合整治工作总体取得较大进展。

城市环境质量总体有所改善，国家环保重点城市得分高。

城考结果显示，与上年相比，全国环境质量优于二级的城市比例增加4.7%，劣于三级的城市比例减少了2.1%；城市空气质量总体有所改善，其中芜湖、张家界等城市可吸入颗粒物浓度较明显降低，安阳、铜川等城市二氧化硫浓度明显降低；全国城市生活污水集中处理率大于60%的城市有260个；全国生活垃圾无害化处理率大于80%的城市数达319个。山东、江苏两省的所有城市消除了污水处理率为0、垃圾处理率为0、医疗废物集中处置率为0的现象，城市环境基础设施建设水平全国领先。

《年度报告》显示，2006年全国城市环境质量总体上有所改善。其中，2006年国家环保重点城市中，可吸入颗粒物年日均值浓度最低（质量最好）的10个城市分别是：桂林、海口、北海、珠海、湛江、日照、烟台、柳州、克拉玛依和拉萨；二氧化硫年日均值浓度最低（质量最好）的10个城市是：北海、拉萨、克拉玛依、海口、日照、湛江、吉林、马鞍山、福州、珠海；城市生活污水集中处理率明显提高（上升幅度超过50个百分点）的有九江、曲靖、济宁、长治、宜昌、咸阳6个城市；生活垃圾无害化处理率明显提高（上升幅度超过30个百分点）的城市有大连、锦州、太原、延安、济宁5个城市；医疗废物集中处理水平提高较快（上升幅度超过30个百分点）的城市有延安、赤峰、渭南、枣庄、遵义、玉溪和长春7个城市。同时，去年涌现出一批新的环保模范城市，天津、廊坊等12个城市（区）获得了国家环境保护模范城市（区）称号。

《年度报告》同时显示，全国595个“城考”城市中，国家环保重点城市和国家环保模范城市“城考”得分大多在省内排序位列前茅。国家环保重点城市医疗废物集中处理率、城市生活污水集中处理率和生活垃圾无害化处理率平均分别达到82.23%、60.69%和81.19%，其中，生活污水集中处理率与上年相比提高了8.61个百分点。

城市基础设施建设滞后、工业污染控制水平低等问题仍然相当突出。

根据《年度报告》，目前全国城市的环境问题仍然相当突出。主要表现在三个方面：

一是全国城市的空气污染问题突出。只有37.6%的城市环境空气质量好于国家二级标准，有39个城市环境空气质量劣于国家三级标准（名单见附件1）。辽宁、山西、新疆等省区空气质量超标的城市较多。

二是全国城市环境基础设施建设问题突出。全国城市生活污水集中处理率平均为42.55%，200个城市生活污水集中处理率为0，占“城考”城市总数的33.61%，全国城市水域功能区水质达标率不升反降（比上年下降7.24%），城市水环境污染形势仍然十分严峻；城市生活垃圾无害化处理率平均为59.48%，187个城市生活垃圾无害化处理率为0，占“城考”城市总数31.42%；155个城市医疗废物集中处置率为0，占“城考”城市总数的26.05%。其中，广西、黑龙江、吉林、贵州、辽宁、江西、海南7省（自治区）50%以上“城考”城市的生活污水集中处理率为0；山西、辽宁、河南、安徽、新疆、云南、海南7省（自治区）50%以上“城考”城市的生活垃圾无害化处理率为0；甘肃、云南、河南、贵州、新疆、陕西、河北、辽宁8省（自治区）50%以上的城市医疗废物的集中处置率为0。

三是一些城市工业污染控制水平低，重点工业企业主要污染物排放达标率不足20%，工业污染控制任务十分艰巨。其中，甘肃陇南、甘肃白银、内蒙古乌兰察布、贵州六盘水、陕西安康、湖南吉首和黑龙江黑河7城市环境综合整治工作较差，有5项以上“城考”指标在全国排名居后，同时在所在省、自治区“城考”排名也居后。

环境监察

我国首次发布生态工业园区标准

国家环保总局2006年8月首次发布生态工业园区标准。从2006年9月1日起，我国生态工业园区将依照三项标准进行建设、管理和验收。

这三项标准是《综合类生态工业园区标准（试行）》、《行业类生态工业园区标准（试行）》和《静脉产业类生态工业园区标准（试行）》。《综合类生态工业园区标准（试行）》规定了国家级和省级综合类生态工业园区验收的基本条件和指标，由经济发展、物质减量与循环、污染控制和园区管理四部分组成，共21个指标。《行业类生态工业园区标准（试行）》规定了行业类生态工业园区验收的基本条件和指标，由经济发展、物质减量与循环、污染控制和园区管理四部分组成，共19个指标。《静脉产业类生态工业园区标准（试行）》规定了静脉产业类生态工业园区验收的基本条件和指标，由经济发展、资源循环与利用、污染控制和园区管理四部分组成，共20个指标。

这三项标准对生态工业园区提出了基本要求：一是国家和地方有关法律、法规、制度及各项政策要得到有效贯彻执行，近三年内未发生重大污染事故或重大生态破坏事件；二是环境质量达到国家或地方规定的环境功能区环境质量标准，园区内企业污染物达标排放，污染物排放总量不超过总量控制指标；三是《生态工业园区建设规划》已通过国家环保总局组织的论证，并由当地人民政府或人大批准实施。

2001年8月，我国第一个国家级生态工业示范园区——广西贵港国家生态工业（制糖）示范园区由国家环保总局授牌建设。之后，辽宁、江苏、山东、天津、新疆、内蒙古、浙江、广东等省市自治区分别开展了生态工业园区建设的试点，试点不仅覆盖制糖、造纸、化工、水泥、冶金等传统行业，也有电子、环保、汽车、生物化工等高科技行业。截至2006年8月，国家环保总局已论证通过了19个国家生态工业示范园区建设规划。通过试点工作，我国在生态工业园区建设和管理上积累了一定经验，这三项标准的发布实施，将进一步推动现有工业园区向生态化方向转型，不断提升园区的生态化水平，从总体上加速我国新型工业化进程。

湘江镉含量实现全天自动监控

湖南省环保部门2006年9月在湘江建成了6个水质自动监测站，自动在线监测网络框架初步形成。其中，湘江长沙段猴子石自动站还安装了重金属镉在线监测仪器，时刻监控湘江水质的镉含量。

根据环保部门的要求，湖南力合科技发展有

限公司在猴子石桥下以及湘江株洲段和湘潭段安装了重金属镉在线监测仪器，该设备每 4 小时对湘江水质的镉含量进行一次分析。其分析数据将通过内部通信系统自动反馈给环保部门，以便环保部门对相关突发事件迅速做出反应。

9 月召开的湖南省环境监测工作会议提出，到 2010 年，全省环境监测系统要实现组织网络化、人员专业化、装备现代化、质量保证系统化，初步建立先进的环境监测预警体系，逐步在市州交界断面和主要饮用水源保护区增设地表水水质自动监测站，实现监测自动化。

我国水土保持取得新成效

2006 年，我国水土保持取得新成效，共治理水土流失面积 4.17 万平方公里，封育保护 6.15 万平方公里。

2006 年，长江上游、黄河中游、东北黑土地和西南石漠化地区等国家水土保持重点工程建设力度进一步加大，云贵鄂渝水土保持世行贷款项目开始实施，黄土高原新建淤地坝 1163 座。在 30 个省（区、市）的 81 条小流域开展生态清洁型小流域建设试点，在 78 个县开展了第二批生态修复试点。截至 2006 年底，全国累计有 25 个省（区、市）的 1100 个县全部或部分实施了封山禁牧，封育保护面积达到 67 万平方公里。

国家进一步加大了开发建设项目水土保持监管力度。2006 年，全国有 445 个国家项目实施水土保持方案，建设单位投入水土流失防治资金累计达 280 亿元，恢复和治理项目责任范围 4600 平方公里，减少水土流失 1 亿吨。

我国首套近地面沙尘暴监测系统建成

我国首套近地面沙尘暴综合观测系统 2006 年在甘肃省民勤县建成。该系统可通过对收集、传输的数据进行处理分析，掌握沙尘暴运动的基本规律，是目前探求防治沙尘暴、减少沙尘灾害最有效的综合观测系统。

该观测系统包括一个国家气象地面标准站、3 个从绿洲到沙漠地带水平梯度自动气象站以及 3 座 50 米垂直梯度的沙尘监测塔。每座观测塔上安装有 17 层风速风向传感器和自主研发的沙尘干收集仪、湿收集仪，塔周围安装有 3 种不同类型的地表集沙仪，率先实现了主要观测设备的在线实时监控和数据无线传输。

青藏高原建立生态地质环境遥感监测信息系统

2006 年，中国地质调查局通过组织开展青藏高原生态地质环境遥感监测项目，成功建立了青藏高原生态地质环境遥感监测信息系统，实现了遥感监测全覆盖。

从 2003 年开始，中国地质调查局组织开展了青藏高原生态地质环境遥感监测项目。4 年来，在科技人员努力下，取得了大量可靠的第一手资料和重要的阶段性成果。通过项目实施，成功建立了青藏高原生态地质环境遥感监测信息系统，实现了遥感监测全覆盖，取得了多因子、多期次、综合性监测数据，为青藏高原生态地质环境长期、动态、快速遥感调查与监测以及成果的社会化服务工作奠定了基础。

通过这一遥感系统，系统地查明了青藏高原

冰川、雪线、湖泊、湿地等的变化趋势，全面调查了青藏高原的环境演化规律，重点监测了青藏高原的地质灾害发育现状和变化特征。

建设项目县级环保审批情况监察

国家环保总局有关负责人2006年2月14日在接受记者采访时透露，我国县级环保部门在建设项目环保审批中执法不严现象较为严重，其中一个重要原因是地方行政干预。

我国环保部门一年办理环保审批手续的建设项目大概有几十万个，其中，县级办理的项目可占到60％至70％；从项目投资额看，县级环保部门审批项目投资额占建设项目总投资的50％。

但是，县级环保主管部门在建设项目管理中，却存在着较为严重的执法不严现象。主要表现为，许多违规建设项目，该处罚的有时只是要求其补办手续，该从重处罚的只是轻微处罚了事。

这位负责人说，除了执法不严外，依法该管的项目漏管也较为普遍。这些漏管项目主要是个体经营、民营以及股份建设项目，这些建设项目往往不按规定履行环境影响评价和“三同时”管理制度，擅自建设或治理设施不完备甚至没有污染治理设施。

环保总局负责人认为，造成这些问题的原因之一是地方行政干预依然严重。各级环保部门由于受到行政隶属关系等条件的制约，统一监管的能力不足，特别是某些部门和领导的环保意识不强、片面追求经济发展，环保部门很难真正参与综合决策；政府有关职能部门对国家产业政策和环保规定不执行，甚至对已经淘汰的工艺、技术、设备和产品也予以批准建设，造成了严重的环境污染；一些地方政府领导为了出政绩，要么将建设项目由小报大，要么将建设项目由大报小；有些领导干部直接对环保部门的审批提出要求，使一些环境管理要求和工程措施得不到落实。这些问题在县级部门表现得尤其突出。

环保总局已着手进行研究解决，并将加大对县级环保主管部门在建设项目环境管理中的指导。

国土资源情况监察

国土资源部2006年4月公布的《2005年中国国土资源公报》显示，2005年，我国耕地继续减少，矿产量增长迅速，海洋总体污染状况仍未好转，城市地下水水质基本保持稳定。

公报显示，与2004年相比，去年我国耕地面积减少0.30％，园地面积增加2.31％，林地面积增加0.30％，牧草地面积减少0.21％。

矿产资源方面，2005年，我国地质调查和矿产资源勘察新发现大中型矿产地169处。同时，我国矿产品产量快速上升。西部石油天然气产量持续增长，煤层气大规模开发利用展开。

公报中说，去年我国主要海洋产业总产值达到16987亿元，按可比价格计算，比上年增长12.2％。海洋区域经济持续快速发展，但全海域未达到清洁海域水质标准的面积为13.9万平方公里，海域总体污染状况仍未好转。

另据国土资源部对全国158个城市地下水水质进行监测的结果，与2004年相比，去年全国污染趋势加重的城市有21个，水质或污染程度基本稳定的城市有123个。对全国160个城市的地下水水位监测表明，与2004年相比，水位总体呈上升趋势的城市有38个，水位保持基本稳定的城市有96个，水位总体呈下降趋势的城市有26个。

国土资源部有关负责人表示，2005年国土资源部继续开展主要城市和平原区地下水监测，重点推进北京、济南、乌鲁木齐3个国家级地下水监测示范区建设，监测网点质量和自动化监测水平明显提高。过去7年间，国土资源部查明我国地下水可开采资源多年平均为3527亿立方米，但污染问题十分严重，浅层地下水资源污染比较普遍，全国浅层地下水约有半数地区遭到一定程度污染。

青藏铁路环保投资监察

国家审计署2006年3月30日发布公告，公布了青藏铁路环境保护资金使用情况审计调查结果。调查结果表明，各有关单位在青藏铁路建设中严格执行环境保护法律法规，强化环境管理、宣传教育和监督检查，按照财务制度的要求管理和使用环境保护建设资金，全面有效落实各项环境保护任务，基本实现了施工期环境保护目标。

公告指出，各有关单位在青藏铁路建设中认真贯彻“环评成果指导设计、施工和环境管理”的理念，青藏铁路建设环境保护工作达到了“环评报告”的要求，取得了突出成绩，为我国重大建设项目工程建设与环境保护协调开展积累了宝贵经验。

矿产资源开发环境保护监察

国家环保总局2006年4月下发通知，要求切实做好2006年整顿和规范矿产资源开发秩序工作。

通知要求着力查处矿产资源开发中的环境违法行为。地方各级环保部门要在当地政府的统一领导下，认真履行环境监管职责，加大对矿产资源开发的环境监管力度，2006年年底完成矿山环境整治任务。在此之前，各省级环保部门要对本地区所有矿山开展一次全面排查，严肃查处环境违法行为，依法关闭、取缔并查处在禁采区内采矿的矿山企业，情节严重的，追究相关人员责任。同时，要依法制定并实施生态恢复措施，淘汰采用落后生产能力和生产工艺装备的矿山企业。要认真查处违反环境影响评价的矿山企业，查处破坏生态、污染环境的矿山企业，排查整改矿山环境安全问题。

通知指出，各地要落实责任，规范矿产资源开发环境管理。地方各级环保部门要依照相关法律法规，强化源头管理，严把矿山新建项目准入关。对不符合国家产业发展规划和政策及技术规范的，一律不予批准；未制定矿山生态恢复方案的，一律补做；存在环境风险的矿山建设项目，必须进行环境风险评价。要加强施工建设期间的环境监察，严把建设项目竣工验收关。加强日常监管，及时查处环境违法违规行为，监督废弃矿山和老矿山的生态环境恢复与治理进程。

煤炭行业环境保护监察

国家发改委、国家环保总局、国家安监总局等7部委2006年5月联合下发《加快煤炭行业结构调整、应对产能过剩的指导意见》，明确提出在“十一五”期间，将通过完善规划、严格审批等措施推进煤炭行业结构调整，加强环境保护，实现煤炭开采与生态环境协调发展。

国家发改委相关负责人在接受记者采访时指出，我国煤炭行业长期积累的结构不合理、资源浪费严重和环境污染治理滞后等问题突出，与可持续发展的要求不相适应。一是煤矿规模结构不合理。2005年全国31家产量在千万吨以上的煤炭企业市场占有率仅为43%；小煤矿占全国煤矿总数的88.3%。二是生产技术总体水平落后。目前全国采煤机械化程度仅为42%，众多小煤矿仍沿用传统落后的开采方式。全国煤矿平均资源回采率仅为35%左右。煤炭在开采、加工和运输过程中给矿区造成了严重的环境污染和生态破坏。

“十一五”期间，国家将从完善规划指导、规范开发秩序、提高准入门槛、淘汰落后能力和加强环境保护等入手，大力推进结构调整，明确提出了“十一五”煤炭行业结构调整意见。

“指导意见”要求，进一步修订和完善煤炭工业发展规划，要按照稳定东部生产规模、加大中部开发强度、适度加快西部后备区资源开发的原则，搞好开发布局，建设大型煤炭基地；各地煤炭经营监管部门要按照保障供给、加强环境保护等要求，制订煤炭经营企业合理布局和总量调控规划。

按照可持续发展要求，提高新建煤矿准入门槛。在环境保护上，要有煤矸石、煤泥处置及综合利用、矿区生态恢复的规划和计划，具备环境影响评价文件的批复和环境保护措施“三同时”验收合格文件。

各地环保部门要加强对煤矿建设和生产过程中的环境监督管理。新建煤矿必须依法开展环境影响评价，充分考虑煤炭开采对生态环境带来的影响，采取积极的保护措施。煤炭富集地区的开采强度，要与生态环境承受能力相适应。严格执行环保“三同时”制度；建立生态补偿机制，用于生态补偿和恢复。

各地对已经形成的老矿区生态环境污染和破坏，要按照“谁开发、谁保护，谁污染、谁治理，谁破坏、谁恢复，谁治理、谁受益”的原则，积极开展生态环境和水资源的保护，加强对废弃物和采煤沉陷区的治理。煤矸石等废物贮存设施停止使用后，应进行封场和生态恢复。对国有重点煤矿历史上形成的采煤沉陷等环境治理问题，中央将继续给予必要的资金支持，地方政府和煤炭企业按规定安排配套资金。“十一五”期间，矿区生态环境恶化趋势得到控制。煤矸石和煤泥利用率达到75%以上，煤矿瓦斯抽放利用率达到50%以上，矿井水利用率达到60%以上，采煤沉陷区治理取得明显成效。

各地对现有在建项目，要集中开展一次全面清理。对于违规建设的，要立即停建并给予处罚。凡不符合产业政策和发展规划的，要坚决下马；凡未全部取得划定矿区范围、开办煤矿、采矿许可、安全设施设计以及环境影响评价审批等相关手续的，要重新报批。

国家环保总局组建国家辐射环境监测网络

全国辐射环境监测第一次工作会议2007年3月在天津召开。会议指出，国家环保总局组建国家辐射环境监测网络，从2007年开始，国家财政设立专项资金支持这一网络运行与维护。通过项目实施，国家辐射环境监测网络体系将得到进一步完善，能够及时掌握区域内辐射环境的动态水平及其变化，能够预警辐射污染事故。

“十一五”期间，全国将加大辐射环境监测投资力度，强化监测组织与网络体系管理，进一步健全机构，规范监测工作，保证信息通畅，实现应急及时响应，力争到2020年，国家辐射环境监测网将做到与国际完全接轨，全面掌握区域内辐射环境的动态水平及其变化，预警辐射事故，第一时间发现污染，及时进行响应。

环保执法专项行动

环保总局全面排查新建石化项目

国家环保总局副局长潘岳2006年2月7日向新闻界通报，为了迅速遏制环境安全事件多发势头，有效消除或减少环境安全隐患，避免类似松花江水污染事件的重大突发环境事件再度发生，环保总局将从即日起对127个分布在全国江河湖海沿岸、人口稠密区、自然保护区等环境敏感区附近的投资约4500亿元重点化工石化类项目进行环境风险排查；对11家布设在江河水边的问题严重企业实施挂牌督办；对10个投资约290亿元的违反“三同时”的建设项目进行查处。

潘岳说，最近一段时间，以松花江水污染事件为代表的一系列严重的突发环境事件，对公众健康、社会稳定、经济发展甚至外交局势造成重大损失。反思这些事故，已不仅仅是某个企业是否有过失的问题，而是我国产业布局不合理、产业结构不平衡的整体问题。随着我国经济持续的高速增长，在今后相当长的一段时期内，布局性的环境隐患和结构性的环境风险，将取代个体的污染，成为我国环境安全的头号威胁。预防应对环境风险，保护公众环境安全，是环保部门在新时期的首要任务。

潘岳说，松花江水污染事件发生后，根据国务院领导的批示精神与环保总局党组的最新决定，环保总局已启动了全国环境安全大检查。检查结果显示，化工石化行业存在较明显的布局性、结构性环境隐患。在环保总局直接抽查的78家化工石化企业中，有30家规划布局不合理；甚至一些高污染、高危险的建设项目布设在人口集中居住区域、江河湖海沿岸的饮用水水源地上游，一旦发生突发性污染事故，后果将非常严重。另外，近年来高速公路建设的飞速发展，也造成了噪声污染、生态破坏等严重问题。环保总局决定即日起开展针对化工石化等行业的整顿行动。

第一，对全国127个分布在江河湖海沿岸、人口稠密区、自然保护区等环境敏感区附近的重点化工、石化项目进行环境风险评价和应急预案排查。这127个重点排查的项目涉及25个省、自治区、直辖市，投资总额近4500亿元。其中，布设在江河湖海沿岸的87个，占68.5%；布设于城市附近或人口稠密区的60个，占总数的42.7%；布设于生活（产）水源取水口或自然保护区、重要渔业水域和珍稀水生物栖息地的37个，占29.1%。对排查中发现存在重大环境风险隐患的化工石化集中工业园区、基地和建设项目以及其他存在有毒有害物质的建设项目，将针对环境风险事故防范和应急预案，重新制定、完善、落实环境风险评价管理的有关措施。为了保障公众的环境知情权和方便公众监督，环保总局将把127家企业的排查信息全部向社会公开。

第二，国家环保总局决定对布设在江河岸边的河北省邢台钢铁有限责任公司等11家环境问题突出的企业实行限期整改、挂牌督办。还分别对整改内容、整改期限提出具体要求，责成相关各省环保部门立即下达限期整改任务，一个月内提交整改方案并报国家环保总局审定后实施。环保总局将对这11家企业的整改情况进行逐一督查督办，对于没有按照期限整改到位的，将依据《国务院关于落实科学发展观加强环境保护的决定》，对其实施下达停产整治决定和经济处罚，并联合监察部依照即将于3月1日正式生效的《环境保护违法违纪行为处分暂行规定》，对有关责任单位和责任人进行行政追究，其结果全部向社会公开。

第三，对投资总额达290亿元的10个违反“三同时”规定的化工、交通等建设项目进行查处。其中，要求河南汝阳县富达金属有限公司年产200吨氧化钼加工等4个项目实施限期改正，逾期不改正的，将责令停止其试生产；要求广湛高速公路阳江至茂名段工程等6个项目实施限期改正，逾期不改正的，将进一步处罚。

第四，用制度从源头上防范环境风险。一是全力推进规划环评，对未开展规划环境影响评价的化工石化集中工业园区、基地以及其他存在有毒有害物质建设项目的园区、基地，各级环保部门原则上不得受理其范围内建设项目环境影响评价文件；二是对新建化工石化类建设项目与存在有毒有害物质的建设项目进行环境风险评价，其结论要作为建设项目环评审批的主要依据之一，评价内容不完善或存在重大环境风险隐患的，其环境影响评价文件不予审批；三是在建设项目环保“三同时”验收时，凡是环境风险应急预案与事故防范措施未落实的项目，一律不予验收；四是对排查中发现存在重大环境风险隐患的化工石化集中工业园区、基地和项目，开展环境风险后评价；五是健全公众参与管理办法，完善环境信息披露制度，近期发布的中国公众环保民生指数，将进一步唤醒全社会的环境风险意识。

潘岳要求，各级环保部门一定要按照落实科学发展观，构建和谐社会的要求，全力防范我国目前布局性、结构性的环境风险，全力查处那些江河岸边屡查屡犯的污染大户，以高度负责的精神守卫好公众的环境安全，决不让松花江事件悲剧重演。

环保总局通报青藏铁路环保工作情况

国家环保总局环境影响评价司司长祝兴祥2006年6月29日对外通报青藏铁路环保工作情况。他说，中国政府高度重视青藏铁路的环境保护工作，采取了大量措施，努力减轻和降低工程建设对生态环境的影响，青藏铁路成为我国铁路建设史上第一个在建设施工期开展工程环境监理试点，并建立了工程环境监理制度的项目。

祝兴祥说，青藏铁路建设项目立项以来，国家环保总局一直将其作为重点工作之一，从环境影响评价到施工期的各个阶段加强监督管理。青藏铁路开工以来，环保总局每年都组织有关部门对青藏铁路的环境保护工作进行现场检查，同时加强青藏铁路沿线青海、西藏两省区环境保护工作的指导，并部署了青藏铁路试运行前的环境保护监督检查和竣工环境保护验收的各项准备工作。

他说，青藏铁路环境影响评价是我国铁路史上最特殊、要求最高、工作内容最复杂的一次环境影响评价。青藏线格尔木至拉萨段环境影响评价工作体现了预防为主、保护优先，开发与保护并重及环评指导设计、施工、环境管理的原则。在进行环境影响评价过程中，对穿过可可西里、楚玛尔河、索加等自然保护区的线路区段进行了多方案比选，尽量减少对自然保护区的干扰。在桥隧的设计中充分考虑了野生动物穿越铁路的需要，共设了33处野生动物通道。为保证藏羚羊等野生动物顺利通过青藏铁路，环保总局加强与青藏铁路领导小组办公室、国家林业局、铁道部等部门的联系，加强藏羚羊通过青藏铁路可可西里野生动物通道的跟踪管理，及时研究完善和改进措施。为保护湿地，要求选线、取弃土（渣）场的选择尽量避开湿地，必须通过湖泊、湿地时，首选以桥代路方案；工程设计中充分考虑线路对地表径流的切割影响，采用桥涵措施保证地表径流对湿地水资源的补充。

他说，青藏铁路环评还分析了工程的环境风险和次生环境影响，并提出防范措施；分析了异地生物入侵的风险及其入侵原因，从生物安全角度提出控制外来物种入侵的综合防治对策；分析了施工期和运营期危险品等事故对生态环境产生的风险，从设计、施工、运营三方面提出防范措施；分析了工程建设、运营后，因交通环境的改变，沿线人口布局、工农业结构、资源和能源利用、城乡分布等的变化情况，以及上述变化对当地环境产生的有利和不利影响，提出了避免或减少次生环境影响的应对措施和建议。

他说，青藏铁路的设计和施工过程中严格限定施工活动范围，尽量减少施工活动的生态影响。环保总局要求合理规划施工便道、施工场地和施工营地，尽量减少地表植被破坏；严格指定取弃土场所，保持冻土层稳定。环保总局与铁道部还共同编制了《青藏铁路施工期施工人员环保手册》和《青藏铁路施工期管理人员环保手册》，发给各参建单位，对施工和管理人员进行环境保护宣传教育。

他说，青藏铁路通车后，将做好青藏铁路运营后环保工作的监督检查，对铁路运营后可能带来的新的环境问题及时采取应对措施。对青藏铁路通车后的旅游开发规划开展规划环评，严禁在沿线自然保护区的核心区、缓冲区内开展旅游。在青藏铁路正式投入运营3年到5年后，还将组织开展环境影响后评价，进一步完善、改进生态保护措施。

国务院七部门联合召开2006年全国环保专项行动电视电话会议

2006年5月31日，环保总局、发展改革委、监察部、司法部、工商总局、安全监管总局、电监会在北京联合召开“全国整治违法排污企业保障群众健康环保专项行动”电视电话会议，贯彻落实国务院《关于落实科学发展观加强环境保护的决定》和第六次全国环保大会精神，全面启动2006年全国环保专项行动。

会议由国家环保总局张力军副局长主持，国家环保总局局长周生贤代表国务院七部门对深入开展环保专项行动进行了动员和部署。

周生贤局长传达了温家宝总理在《2005年整治违法排污企业保障群众健康环保专项行动的报告》上对专项行动的重要批示。

周局长指出，根据国务院领导指示，环保专项行动已经连续开展了三年，每年针对最突出的环境问题，确定工作重点，联合行动，严厉打击了环境违法行为。解决了一批群众反映强烈的突出环境问题，一些地区的环境质量得到改善，赢得了广大人民群众的拥护。深入开展环保专项行动，是全面落实科学发展观的重要措施，是构建社会主义和谐社会的重要举措，是实现全面建设小康社会宏伟目标的重要保障。

周局长指出，深入开展环保专项行动，是保障人民群众根本利益的实际行动。近年来，环境投诉以每年30%的速度上升，污染纠纷不断增加，2005年，全国发生污染纠纷5.1万起。因环境问题引发的群体性事件以年均29%的速度递增，严重影响了社会稳定。深入开展环保专项行动，就是要把人民群众的根本利益放在首位，实实在在地为人民群众排忧解难，维护社会和谐稳定。

深入开展环保专项行动，是实现“十一五”环保目标的重要保障。今后五年环境保护的主要目标是：到2010年，重点地区和城市的环境质量得到改善，生态环境恶化趋势基本遏制。主要污染物排放总量减少10%。这是党中央、国务院向全国人民作出的庄严承诺，是难度很大但又必须完成的目标，是各级政府义不容辞的责任。

深入开展环保专项行动，是促进产业结构优化升级的重大措施。开展环保专项行动，就是要为那些科技含量高、经济效益好、资源消耗低、环境污染少的企业争取市场空间，为那些低能耗、低污染、高效益的建设项目腾出环境容量，迫使那些传统的污染产业进行技术改造，大力发展清洁生产和循环经济，努力实现环境与经济“双赢”。

周局长强调，要坚决打好“十一五”环境执法第一仗。集中整治威胁饮用水源安全的污染和隐患。对饮用水地表水源一级保护区内的环境违法问题进行集中整治，取缔保护区内所有污水排放口，对直接导致饮用水源地水质超标的排污企业，要立即责令停产整顿。集中整治工业园区的环境违法问题。工业园不能成为环境执法的“飞地”，实行特殊保护，“针插不进、水泼不进”，甚至成了新的污染源，成了社会矛盾的“集中点”。坚决纠正降低环境准入门槛、阻挠环保现场执法、违规减免或取消排污费等一系列环境违法行为。对园区内的违法企业，该治的治、该停的停、该关的关，绝不能姑息迁就，心慈手软。集中整治建设项目环境违法问题。对2003年《环境影响评价法》实施以来的化工、冶炼、造纸、印染、公路等重点行业的建设项目，要进行重点检查。对未经环保审批违法上马的建设项目，要依法查处；对以试生产为由拖延“三同时”验收的企业，一律停产整治，坚决遏制新的环境污染和生态破坏。

发展改革委、监察部、工商总局、司法部、安全监管总局、电监会的领导分别对本系统深入开展环保专项行动提出了具体要求。

全国饮用水源保护专项执法检查现场会召开

为落实国务院七部门关于开展环保专项行动的部署，推动饮用水源保护区专项执法检查工作，2006年7月25～26日，国家环保总局在江苏省南京市召开全国饮用水源保护专项执法检查现场会。与会的全国31个省、自治区、直辖市和15个重点城市的100余位环保厅局长、环境监察机构负责人及总局相关业务司负责人，分组汇报了各地开展饮用水源地保护专项执法检查情况，现场考察了南京市大胜关水源保护区的环境保护工作，听取了江苏省环境保护厅、广东省环境保护局、南京市人民政府关于饮用水源地保护工作的经验交流报告。

江苏省政府仇和副省长到会致词，国家环保总局张力军副局长作了题为“全面部署、深入整治、着力保障饮用水源环境安全”报告，环保总局环境监察局陆新元局长主持会议并作总结。

张力军副局长指出，党中央、国务院领导高度重视饮用水安全，多次做出重要指示，最近温家宝总理再次批示：“饮水安全涉及群众利益，要高度重视饮用水源地污染防治工作。”近几年，地方各级政府和环保部门按照党中央、国务院的要求，坚持把饮用水源保护作为环境保护重中之重的首要任务，做了大量工作。但是，目前全国饮用水源地环境问题仍然突出，饮用水安全面临突发性环境事件、产业生产布局不合理等多种因素的困扰，管理上存在认识不到位、统筹规划不到位、饮用水源环境管理责任落实不到位和污染源整治不到位等问题。饮用水源的环境污染已经或正在威胁人民群众身体健康，影响社会和谐稳定，形势不容乐观。

张力军强调，饮用水源保护专项执法检查工作，是国务院七部门联合组织开展环保专项行动的重要内容，今年要落实好五方面任务：一是彻底摸清辖区内集中式饮用水源地的基本情况，二是查清威胁饮用水源安全的污染问题和隐患。三是限期清理整顿饮用水源保护区内的污染源和排污口。四是突出重点，挂牌督办，确保整改到位。五是制订饮用水源地突发性环境事件应急预案。他要求各级环保部门要切实做到整治到位、处理到位、保护措施到位、严厉追究影响饮用水源环境安全环境违法行为的责任到位，全面、深入推进饮用水源保护专项执法检查工作，着力保障饮用水源环境安全。一要扎实推进《饮用水水源地环境保护规划》的有序展开。二要坚定不移地把专项整治行动向纵深推进。三要下大力解决一批突出环境问题。四要抓紧建立一套环境应急机制。五要认真履行职责，加大监督管理力度。

国家环保总局环境监察局陆新元局长在总结讲话中指出，总局就饮用水环境执法工作召开全国性的专题会议这是第一次，足以表明总局党组对饮用水源环境保护工作的高度重视。各级环保部门要将深入开展环保专项行动作为当前工作的重中之重，采取有力措施，掀起工作高潮，坚决完成饮用水源保护专项执法检查工作。一要尽快彻底摸清饮用水源环境保护情况并及时上报；二要明确职责与任务，确保整治到位；三要加强饮用水环境保护的政策宣传和社会监督；四是加强日常监管，防范饮用水源的环境安全隐患。

七部门联合督察全国环保专项行动开展情况

2006年9月，国家环保总局有关负责人在包括国家发展改革委、监察部、工商总局、司法部、安全监管总局、电监会和环保总局在内的国务院七部门联合督察组记者通气会上通报了全国环保专项行动进展情况。他说，针对近期环境污染事件频发，一些地区因环境污染问题引发群体性事件，敏感地区、交界区域环境污染不断以及上半年主要污染物总量不降反升等问题，国务院七部门将联合派出督察组，对全国环保专项行动开展情况进行督察。

他指出，自2006年5月下旬“全国整治违法排污企业保障群众健康环保专项行动”电视电话会议召开以来，在各级人民政府的共同努力下，2006年环保专项行动取得积极进展。截至8月底，全国已经出动执法人员66万人次，检查企业29万余家，查处环境违法企业1.2万余家。全国共挂牌督办各类典型环境案件5116起，其中省级以上挂牌督办445件，市县挂牌督办4671件。

他强调，从整体上看，环保专项行动的深入开展使违法排污上升的势头得到一定遏制，但“靠攫取资源赚钱，靠污染环境致富”、“少数人受益，多数人受害，全社会买单”的社会现象依然突出，边整顿边反弹现象也比较普遍。一些企业违法排污手段更趋隐蔽性，大企业偷排偷放、小企业联片污染反弹等损害群众环境利益的事件在一些地方还相当突出。环境保护的形势依然严峻，距离人民群众的现实需求仍有相当大的距离，整治工作任务还相当艰巨。

他说，七部门将组织督察组，由相关业务司局领导带队，对部分省（区、市）环保专项行动开展情况和重点环境问题整治情况进行督察。此次督察将采取明查与暗访相结合的方式，重点督察地方环保专项行动三个重点方面的开展情况，同时对重点案件进行现场督办，切实推进地方环保专项行动的深入开展。此次督察行动邀请了多家新闻媒体参加，对于督察中发现的典型环境违法行为，将公开曝光。督察结束后，专项行动部际联席会议办公室将继续公布一批典型环境违法案件，由国务院七部门联合挂牌督办。

他指出，2006年的环保专项行动明确了集中整治饮用水源保护区污染问题、工业园区集中污染问题、建设项目环境违法问题三项重点，都是与群众健康密切相关的突出问题。在各地专项行动向纵深发展的过程中，一些地方相继发生环境污染事故，对人民群众的生产生活造成极大的危害，特别是环保总局处理的甘肃徽县血铅超标事件和湖南岳阳砷超标事件，集中反映出地方政府和环保部门执法不严、监管不到位。在处理事件中，环保总局和监察部已明确要求两省政府坚决处理当地政府和环保部门的相关责任人。各级环保部门都要以此为鉴，深入扎实地开展排查行动，对辖区内重点排污企业进行严格的监督检查，按照环保专项行动的三个重点要求，进行深入排查，切实保障饮用水源的安全，严厉打击影响群众健康的环境违法行为。不仅要严厉打击违法排污的企业，也要严厉打击违法排污企业背后的保护伞和各种有法不依，执法不严，违法不究的违法违纪行为，切实维护群众的环境权益。

环保总局通报环保专项行动贵州、吉林、黑龙江检查结果

2006年10月13日，国家环保总局有关负责人向媒体通报2006年国务院七部门环保专项行动对贵州、吉林、黑龙江三省的检查结果。

这位负责人通报贵州省检查情况时说，督察组共实地抽查了贵州省贵阳、安顺、六盘水、黔南和铜仁等5个地、州、市的15家企业、2个饮用水源保护区、2个工业园区的环境保护情况。从检查情况看，贵州省委、省政府认真组织开展环保专项整治行动，工作进展顺利，取得了明显成效。截至9月中旬，全省共出动环境现场执法检查2.15万人次，检查企业8274家，查处环境违法案件287个，省级挂牌督办重点环境问题23个。督察组抽查的5个地、州、市均成立了由政府主管领导牵头的领导小组，组织开展了饮用水源保护区、工业园区专项检查，各市也分批次公布了一批挂牌督办重点环境违法案件。但也发现，仍有一些地方对环保专项整治行动认识不足，存在消极应付，甚至弄虚作假现象，一些企业，特别是电力企业违法上马问题突出。

这位负责人说，六盘水市政府在工作汇报会上，政府主要领导公开否认该市存在煤化工企业、否认饮水安全存在隐患。经调查，督察组发现煤化工是六盘水市重点发展产业，目前有焦化行业32项，这些企业的污染防治工作存在严重问题。督察组对六盘水市政府在工作汇报中的隐瞒该市煤化工企业污染、否认饮水安全存在隐患等事实提出了严厉批评。野马寨电厂、安顺电厂、清镇电厂也都存在严重问题。其中，野马寨电厂总装机600MW，3台机组分别于2005年8月、10月和2006年1月投产，但均没有经过国家发改委核准，环评报告也没有得到国家环保总局批准，属于典型的未批先建违法建设项目。安顺电厂脱硫设施建设严重滞后，难以在省环保局规定期限内完成脱硫设施建设。清镇电厂两套60MW机组按照国家产业政策均应关停，但至今仍在生产。

督察组还发现，部分地区还存在地方保护主义和限制环境执法现象。铜仁地委、铜仁地区行署于2005年7月12日出台的《关于招商引资优惠政策的若干规定》要求“地县执法部门在对企业执行例行检查前，需通报企业的挂牌保护单位或联系人”。部分地方的饮用水源保护区管理工作存在漏洞，多数地区没有按照规定定期向社会公布饮水水质公告，安顺市饮用水源保护区内还有数百个养殖箱。

这位负责人通报吉林省检查情况时说，督察组实地抽查了吉林省吉林、松原2市4个工业园区、26家企业的环境保护情况（吉林1个工业园区、14家企业；松原3个工业园区、12家企业）。检查发现，吉林省委、省政府认真组织开展环保专项整治行动，工作进展顺利，取得了阶段性成效。但从现场检查情况看，吉林、松原两市环保专项行动还存在经济技术开发区（工业园区）环评滞后、环保部门整改要求落实不到位等问题。

督察组在两市抽查了4个经济技术开发区，除松原经济开发区环评制度执行较好外，其他开发区环保准入门槛底、“先上车后买票”现象普遍。松原市宁江区雅达虹工业园区21家企业中仅3家履行了环评手续。吉林市永吉经济开发区选址不合理，地处吉林市饮用水源江段上游，所有企业竟都未批先建（部分企业已补办手续）。

督察组发现，部分企业一味追求经济效益，置环保部门下达的停产、整改要求于不顾。松原市吉安生化有限公司因超标排污、治污设施未建成擅自投入试生产，被松原市政府责令停产整改，现场检查其生产记录发现，企业并未落实停产整改要求，所有生产线均正常生产。吉林市经纬钢

铁有限公司因冷却水循环利用率低被限期治理，经现场核实，企业通过管道将大量冷却水偷排至厂区外农田内（水温近40℃）。吉林市鑫鹏工业炉窑建筑有限公司新建碳素制品建设项目因不符合国家产业政策，未办理用地、环评手续先行开工，被吉林市船营区政府责令停止建设，事实上，该项目仍在紧张施工建设。

这位负责人通报黑龙江省检查情况时说，督察组认为，环保专项行动在黑龙江省政府领导下已取得初步效果。特别是《松花江流域集中整治违法排污企业确保饮用水源安全工作方案》下发后，在各级政府和相关部门的共同努力下，影响松花江污染源的底数基本摸清，为下一步工作奠定了基础。截至9月中旬，全省已出动检查人员14439万人次，检查企业6363家，查处违法企业426家，其中淘汰关闭39家，限期治理262家。但在督察中也发现，个别地区地方政府在专项行动中缺乏力度，一些企业对地方政府及环保部门的决定阳奉阴违，明目张胆违法生产。

督察组还发现，哈尔滨依兰中太化工有限公司，大庆市林甸县天圜日月星蛋白有限公司、大庆市庆馨纸业股份有限公司、大庆市北星冶炼厂、大庆市顺昌粉煤灰厂，大庆妙士乳业有限公司、杜尔伯特馋神食品有限公司、大庆碧港淀粉有限公司等都没有严格执行“三同时”制度，长期违法生产。大庆市肇源皮革工业园区、齐齐哈尔黑龙江斯达纸业有限公司、黑龙江飞鹤乳业有限公司等污染物排放长期超标。

这位负责人说，各地相关部门要继续认真贯彻国务院七部门环保专项整治行动的要求，全面落实科学发展观和正确政绩观，切实加大环境执法力度，强化责任追究。要高度重视电厂脱硫任务，明确各地各厂二氧化硫减排目标，加快污染源在线监控建设进程。要加大经济技术开发区（工业园区）环评执行情况的监督检查，加快污染源在线监控建设进程。要加强饮用水源保护区管理，彻底取缔一级保护区内一切排污口。政府、部门、企业要通力协作，认真落实环境责任，严格执行《环境保护违法违纪行为处分暂行规定》。

环保总局通报首次摩托车环保生产一致性抽查结果

2006年10月25日，国家环保总局有关负责人向媒体通报首次摩托车环保生产一致性检查结果。他说，在抽查的10个企业生产的10种产品中，仅有3家摩托车生产企业的抽样车辆检测和排放关键部件环保生产一致性检查合格，情况令人担忧。环保总局已责令不合格的生产企业进行整改。

这位负责人说，在抽查企业生产的产品中，只有广州市大阳摩托车有限公司、广州天马集团天马摩托车有限公司和江苏新世纪机车科技有限公司等3家摩托车生产企业的抽样车辆检测和排放关键部件环保生产一致性检查合格；江苏宝雕机动车有限公司、重庆航天巴山摩托车制造有限公司等2家摩托车生产企业的抽样车辆检测不合格，没有安装任何污染控制装置；新大洲本田摩托有限公司、江苏众星摩托集团有限公司、广州三雅摩托车有限公司、常州福莱特摩托车有限公司和江门市大长江集团有限公司等5家摩托车生产企业检测合格但排放控制关键部件一致性不合格。

这位负责人说，这是我国首次针对摩托车生产一致性进行监督性检查，并采用了市场随机购买样车的抽样方式。选取重庆、广东、江苏、浙江、上海等地的中型企业为主，兼顾部分大企业和小企业，具有一定的代表性。环保总局依据《摩托车排气污染物排放限值及测量方法（工况法）GB 14622—2002》、《摩托车和轻便摩托车排气污染物排放限值及测量方法（怠速法）14621—2002》、《摩托车和轻便摩托车加速行驶噪声限值及测量方法 GB 16169—2005》的有关规定，进行排放检测和排放关键部件一致性核查，排放检测包括怠速法排气污染物、工况法排气污染物和曲轴箱排放的检测。

这位负责人表示，“十一五”期间，国家环保总局将重点加强环保一致性检查和监管力度，要求摩托车稳定达标排放，努力促进营造一个健康、规范的摩托车市场。与此同时，环保总局已实施环保生产一致性免检制度，对严格按照标准确定环保生产一致性要求组织生产，并保证稳定达标的摩托车企业实施免检三年。通过必要的奖罚手段，推动我国摩托车企业逐步建立环保生产一致性制度，从源头控制污染，确保摩托车行业的健康发展。

严厉打击违法排污行为

2007年4月2日，2007年全国环境执法暨生态环境监察试点工作总结会议在北京召开。国家环保总局副局长张力军出席会议并指出，必须按照全面推进、重点突破的总体要求，严格环境执法，推进污染物减排工作取得扎扎实实的成效。

张力军说，2006年各级环保部门积极落实各项措施，环境执法工作扎实推进。一是以环保专项行动为抓手，集中解决突出环境问题。全面开展了饮用水源保护区的专项检查，排查了污染和影响饮用水源的污染源和环境隐患，并重点检查了化工、冶炼、造纸、印染等行业的建设项目执行环保法律法规情况。同时各级环保部门不断强化日常环境执法。二是发现和排除了一大批环境安全隐患，加强了环境应急基础性工作，妥善处置了一大批突发环境事件，维护了环境安全与社会稳定。三是生态监察取得重要进展，强化了生态环境保护。生态环境监察试点地区在工作机制、执法体系、建章立制和能力建设等方面取得不同程度的突破，初步构建起“立足监督、联合执法、各负其责”的生态环境监察新模式。四是执法能力建设迈上新台阶。环境监察标准化建设取得新进展，执法队伍培训工作成效明显，环境监管体制和执法机构建设取得突破，制度化建设快速推进。五是环境执法效能明显提高。排污收费实现较大幅度增长；与银行建立企业违法情况通报制度，扩大违法处罚效果；污染源自动监控工作取得明显进展。

张力军指出，一年来的环境执法工作让我们得到了一些成功的方法和经验，归纳起来主要包括：解决突出环境问题必须强化现场执法；提高环境执法效果必须营造良好社会氛围；落实环境保护责任必须加强责任追究；因地制宜把握重点才能做到环境执法更大作为。

张力军说，环境监察工作处在环境保护的第一线，是加强环境执法、促进污染物减排的主力军，正处于可以大有作为的重要战略机遇期。环保法律法规的修订与完善工作提速，困扰环境执法多年的法制障碍可望逐步得到解决；资金投入力度不断加大，环境执法能力建设的投入可望明显增强；环境执法队伍建设取得突破，环境执法力量不断壮大。但环境执法工作也面临很多挑战，责任重大、任务艰巨。严峻的环境形势和艰巨的减排任务给环境执法工作提出了更高要求，执法不严、监管不力仍是环境污染严重的主要原因，有些环境监管人员在执法时流于形式，执法行为不规范，有些环保部门不重视环境执法工作，这些都是我们亟待克服的问题与应对的挑战。

张力军指出，2007年是实现“十一五”环保目标的关键年，我们要振奋精神、克难攻坚，扎实推进环境执法工作，促进主要污染物减排。一要全力以赴，打好环保专项行动攻坚战。切实加大查处力度，注重解决当地突出环境问题，探索建立长效监管机制，加强对专项行动的督促指导。二要强化日常监管，及时发现并纠正环境违法行为。各地要突出重点，做到“有件必查、查必有果”；要增强实效，在“查、处、究”上狠下工夫。三要切实发挥职能作用，促进主要污染物减排工作。加强环境执法是推动减排工作的重要手段，各级环保部门一定要以高度的政治责任感，加强对已建成的污染治理设施的日常监管，确保稳定达标排放；加强对重点减排工程建设的日常监管，加快建设进度，尽快形成污染治理能力；

运用环保手段加速淘汰落后生产工艺、产品和设备，关停严重污染企业；认真做好减排核查工作。四要始终保持高度警觉，积极应对突发环境事件。要妥善处理好每一起突发环境事件，继续做好各种环境安全隐患的排查，加快环境应急能力基础建设。五要加强排污费征收稽查，促进排污收费再上新台阶。在排污费征收工作中要强化排污量的核定，注意收得清楚，排污单位缴得明白，加强排污费征收稽查。六要扩大试点，丰富内容，积极推进生态环境监察工作。2007 年将按照“评估、总结、表彰、扩点”的要求，扩大试点范围，充实试点内容，继续深化生态环境监察试点工作。七要加快构建完备的环境执法监督体系，提升环境执法效能。大力加强环境执法队伍建设，着力提高环境执法能力建设，积极创新环境监管机制，充分发挥好督察中心的作用。

环保总局、监察部对2007年上半年环保专项行动进展情况进行调度

2007 年 7 月，国家环保总局与监察部就 2007 年上半年环保专项行动进展情况进行了调度，对主要工作措施落实情况、责任追究情况进行了分析。环保专项行动信息调度系统数据显示，截至 2007 年 6 月 30 日，全国共出动各类执法人员 50 余万人次，检查企业 22 万余家，立案查处违法企业 8000 多家，共对近 1600 余家典型违法案件挂牌督办，追究相关责任人 170 人。各地围绕环保专项行动工作重点，结合当地实际，全面部署、精心组织、严肃查处，环保专项行动正向纵深开展。

7 月初，国家环保总局对 6 市、2 县、5 个园区进行了“流域限批”，同时对 38 家企业（含 6 家污水处理厂）进行了“挂牌督办”。此次行动是针对一些地区水污染形势严峻，流域环境隐患突出，饮用水安全受到严重威胁，而传统的污染治理、管理方式已经不能有效解决积累的环境问题情况下的一项有益探索，将有助于流域整体环境污染问题的解决。为督促基层政府树立正确的发展观和政绩观，督促企业自觉守法，强化监督检查，加大责任追究力度，切实保障“流域限批”等行政手段的落实，国家环保总局与监察部决定，对国家环保总局已经公布的 5 个经济开发区、工业园区、工业集中区和 4 家企业由两部门重点督办，进一步加大执法力度，严肃追究相关责任人的行政责任。联合挂牌督办的案件分别是：芜湖海螺水泥有限公司不执行环评、“三同时”案，巢湖鑫泰钢铁股份有限公司和安徽含山县皓天铸业有限公司不符合国家产业政策案，河北省沧州市河北小洋人乳品有限公司不执行环评、“三同时”、违法排污案，河南濮阳经济开发区、邯郸经济技术开发区、兰州高新技术产业开发区、山东省莘县工业园区、临汾市襄汾县邓庄镇和景毛镇的工业相对集中区不执行环评、“三同时”案（存在问题和督办要求附后）。

环保总局要求相关省环保部门督促地方政府立即采取行动，取缔关闭不符合国家产业政策、严重污染当地环境的应淘汰落后工艺，责令当地环保部门对未履行环评审批和不履行环保“三同时”验收的企业立即停产整治，依法处以罚款、全面、足额征收排污费。

监察部要求相关省监察机关要对地方政府及监管部门履行职责情况进行全面调查，坚持实事求是、查清事实、分清责任，依照《环境保护违法违纪行为处分暂行规定》等相关规定客观公正地进行责任追究。

环保总局强调，针对企业违法成本低，行政处罚难以执行，整改要求得不到落实等问题，各地要进一步强化行政措施的执行力，对行政处罚的执行情况进行督察督办，特别是对企业实施停产整治的，上级环保部门要加大对下级政府、环保部门的督察督办力度，对不采取切实措施督促企业停产，整改不到位继续违法排污的，要采取“区域限批”和挂牌督办的措施。

监察部强调，对重污染地区及典型违法行为的“流域限批”和挂牌督办，是环保专项行动的一项重要举措，各级监察机关要积极支持、协助当地环保部门抓好这两项措施的落实，督促被限批地区的政府及相关部门，按照环保总局提出的整改要求，逐项按期完成。对违法违纪的地方政府及相关部门责任人要严肃追究责任。

附件：2007年环保专项行动环保总局与监察部第二批挂牌督办名单

1. 芜湖海螺水泥有限公司不执行环评、“三同时”案

存在问题：芜湖海螺水泥有限公司正在建设的余热发电项目未经环评审批，擅自开工建设；两个水泥生产项目未按环评审批要求安装烟气连续监测装置，未完成生活污水处理系统工程建设，未向环保部门申请“试生产”，擅自投入生产；未依法缴纳排污费。

督办要求：请安徽省环保局责令芜湖海螺水泥有限公司余热发电项目立即停止建设；责令两个水泥生产项目停产整治，经环保部门验收合格后，方可恢复生产；督促芜湖市政府责令市环保局依法追缴排污费。请安徽省监察厅会同有关部门对地方政府及监管部门履行职责情况进行调查处理，并将处理意见报两部局同意。

2. 巢湖鑫泰钢铁股份有限公司和含山县皓天钢业有限公司不符合国家产业政策案

存在问题：巢湖鑫泰钢铁股份有限公司自2004年至今违反国家产业政策，生产“地条钢”；含山县皓天钢业有限公司炼铁高炉容积不足100M3，属国家明令禁止的淘汰设备。

督办要求：请安徽省环保局督促巢湖市政府限期依法取缔不符合国家产业政策的工艺、设备。请安徽省监察厅会同有关部门对地方政府及监管部门履行职责情况进行调查处理，并将处理意见报两部局同意。

3. 河北省沧州市河北小洋人生物乳业有限公司不执行环评、“三同时”、违法排污案

存在问题：沧州市河北小洋人生物乳业有限公司2002年的迁建和2004年以来的两次扩建，均未履行环评审批手续；生产废水排入厂区外的两个渗坑，现场监测其总排口COD为478mg/L，严重超标。

督办要求：请河北省环保局督促沧州市政府责令河北小洋人生物乳业有限公司立即停产整治，限期补办环评审批手续，经环保部门验收合格后，方可恢复生产。请河北省监察厅会同有关部门对地方政府及监管部门履行职责情况进行调查处理，并将处理意见报两部局同意。

4. 河南濮阳经济开发区不执行环评、“三同时”案

存在问题：河南濮阳经济开发区现有生产企业61家，有34家企业未履行环评审批手续；开发区内企业存在擅自停运污染治理设施、超标排污等问题；在环评审批中存在降低环评等级问题。

督办要求：请河南省环保局督促濮阳市政府责令濮阳经济开发区限期完成规划环评；责成濮阳市环保局责令未办理环评审批手续和环保“三同时”验收的企业停产整治，经环保部门验收合格后，方可恢复生产，依法全面征收排污费。请河南省监察厅会同有关部门对地方政府及监管部门履行职责情况进行调查处理，并将处理意见报两部局同意。

5. 邯郸经济技术开发区不执行“三同时”案

存在问题：邯郸经济技术开发区现有企业71家，有58家未经环保“三同时”验收。开发区管委会经济发展局未正常履行对企业环境监管职责。

督办要求：请河北省环保局督促邯郸市政府责令邯郸经济技术开发区限期完成规划环评工作；责成邯郸市环保局责令未办理环评审批手续和环保“三同时”验收的企业停产整治，依法全面征收排污费。请河北省监察厅会同有关部门对地方政府及监管部门履行职责情况进行调查处理，并将处理意见报两部局同意。

6. 兰州高新技术产业开发区不执行环评、“三同时”案

存在问题：兰州高新技术产业开发区的24个建设项目中，有16个未履行环评审批手续；且环保“三同时”执行率低。

督办要求：请甘肃省环保局督促兰州市政府责令兰州高新技术产业开发区限期完成规划环评工作；责成兰州市环保局责令未办理环评审批手续和环保“三同时”验收的企业停产整治，经环保部门验收合格后，方可恢复生产。依法全面征收排污费。请甘肃省监察厅会同有关部门对地方政府及监管部门履行职责情况进行调查处理，并将处理意见报两部局同意。

7. 山东省莘县工业园区不执行环评、“三同时”案

存在问题：山东省莘县工业园区共有建设项目30个，有19个未履行环评手续，有11个未经环保“三同时”验收。

督办要求：请山东省环保局督促聊城市政府责令莘县工业园区限期完成规划环评工作；责成聊城市环保局对园区所有建设项目进行清理，责令未办理环评审批手续和环保“三同时”验收的企业停产整治，经环保部门验收合格后，方可恢复生产，依法全面征收排污费。请山东省监察厅会同有关部门对地方政府及监管部门履行职责情况进行调查处理，并将处理意见报两部局同意。

8. 临汾市襄汾县邓庄镇和景毛镇的工业相对集中区不执行环评、“三同时”案

存在问题：襄汾县邓庄镇和景毛镇的工业相对集中区共有63家企业，有53家企业未履行环评审批手续，只有2家执行环保“三同时”，有7家企业未经办理环评手续，当地给予验收。

督办要求：请山西省环保局督促临汾市政府责成临汾市环保局依法责令未办理环评审批手续和环保“三同时”验收的企业停产整治，经环保部门验收合格后，方可恢复生产，依法全面征收排污费。请山西省监察厅会同有关部门对地方政府及监管部门履行职责情况进行调查处理，并将处理意见报两部局同意。

环境事件处理与事故防范

环保总局公布各大水域环境风险排查结果

国家环保总局副局长潘岳2006年4月5日向新闻界通报，环保总局对各大水域价值4500亿元的化工石化项目进行的环境风险排查已经取得中期结果。结果显示，我国各大水域的化工石化行业均存在较大的布局性环境风险，相应的防范机制却存在明显缺陷。只有实施规划环评，才能从源头上防范环境风险，真正维护公众的环境安全。

为吸取松花江水污染事件教训，消除化工石化行业环境风险隐患突出的问题，环保总局从2月7日组织全国环保部门对2003年9月1日《环境影响评价法》实施以后批准的、位于环境敏感区附近总投资4500亿元的127个化工石化类建设项目进行了风险排查。127个项目中有20个由环保总局直接排查，并于2006年4月5日公布结果；另外107个委托地方环保部门排查，结果将于5月20日前公布。

潘岳说，环保总局之所以选出20个大项目直接排查，主要是由于它们所处位置非常敏感，存在重大环境隐患。其中涉及长江水系的有11个

（包括三峡库区的1个和滇池下游、长江支流螳螂川的2个），涉及黄河水系的1个，位于大连湾的2个，位于大窑湾、胶州湾、杭州湾的各1个，位于南海岸边的1个。这些项目既有新建项目，又有扩建项目，既有炼油、乙烯等重大石化项目，又有甲醇、聚碳酸酯等热门化工项目，在建设类型、产品结构、生产工艺上相当程度地代表了我国新一轮经济增长的特征。

潘岳表示，环保总局已对环境风险排查所发现的问题提出了立即整改、限期整改、研究整改三种不同要求：对措施不力而又具有重大环境风险隐患的，要立即采取措施整改；对环境风险评价内容、应急预案、应急监测体系和风险防范措施不完善的，要在限定期限内补充完善；对由于历史原因形成的布局不合理的园区、企业，要研究提出一套新的风险防范体系。环保总局将负责督办直接排查的20个项目的环境风险隐患的整改，其余107个建设项目的整改由各省级环保部门负责督办。据统计，国家环保总局排查的20个项目总投资605.7亿元，排查后新增加了环境安全投资16.18亿元，截至今天，已落实新增环境安全投资5.89亿元。

潘岳指出，中期结果显示，我国各大水域石化化工行业的环境安全问题突出：一是布局不合理的“先天性”环境风险隐患突出。一些化工石化区和大型企业布设在城市水源上游或紧邻居民集中区，对社会生产和群众生活安全构成威胁；二是布局不合理的“后天性”环境风险问题还在发展。一些地方不顾资源环境条件，争相加速新建、扩建化工石化区，个别地方重要江河沿岸密布着大大小小的石化化工区和危险化学品码头、港区；三是规划间不衔接而造成环境责任不清晰。由于各类规划未能统筹衔接，使得部分化工石化园区、企业与居民区交错布置，普遍缺乏统一的区域性环境风险应急预案、监测体系和风险防范措施；四是环境风险意识淡薄与防范制度不健全。大部分项目环境风险的评价深度不够、内容不全，应急预案和风险防范措施缺乏规范。这些都充分说明化工石化行业在开始布局时考虑经济发展多，考虑环境保护少，尤其是在规划决策阶段未能从区域、流域整体考虑产业布局的环境风险。

潘岳说，这种布局性的环境风险一旦形成，短期内无法解决，因为搬迁的各种成本太大，只能采取一些被动的补救措施。防范布局性环境风险的首要之举就是以最快的速度、最大的力度对今后新上的各类大项目推行规划环评，使环境保护提前介入宏观决策，从消极被动变为积极主动，从事后补救走向事前预防，按《国务院关于落实科学发展观加强环境保护的决定》的要求，对区域和化工石化行业的有关规划进行环境影响评价。而对过去数十年中因产业布局不合理而造成的环境风险隐患，只能尽最大努力加强安全防范措施，通过调整产业结构逐步予以解决。

潘岳强调，必须清醒地看到，《环评法》中虽然提出了规划环评的原则，但并未说明实施方法与操作细则。因此推行规划环评就必须克服体制性障碍。目前，规划与项目的审批机制错位，一些重大规划由地方政府审批，而规划中的项目却由国家部门审批、核准，宏观规划和微观项目在审批机制上倒挂，使得规划环评具有的优化生产力布局、指导项目环评的作用难以充分发挥。

潘岳介绍说，自2005年松花江事件后，至2006年4月全国已发生与水相关的环境污染事故76起，超过2005年的总和。为坚决贯彻中央的科学发展观，保障公众安全，环保总局在2006年一季度就因选址敏感等原因，决定停止审批与暂缓审批各类建设项目44个，投资金额1494.71亿元。其中，仅因不符合3月18日开始实施的《环评公众参与办法》中相关要求而被退回的项目就有16个，主要以化工、火电、煤炭为主，投资金额达399.91亿元。

潘岳强调，政府部门的强势排查只能是“一时之功”，要想维持江河湖海水域环境的长期安全，就必须依靠长期有效的法律机制与广泛有序的公众监督。随着我国行政体制改革的不断进展，信息披露与政务公开已经成为越来越多政府部门的共识，也成为环保总局在新时期维护公众环境安全的根本思路之一。此次排查过程和结果的全部信息将对公众公开，希望公众对企业、对地方政府、对环保总局与地方环保部门的整改工作进行全过程监督。

环保总局通报典型突发环境事件

国家环保总局有关负责人2006年5月通报，全国各类事故造成的突发环境污染事件数量急剧上升，从2006年1～5月，环保总局接到各类突发环境事件49起，涉及22个省、自治区和直辖市。

污染事件中，按污染大小分，重大事件4起，较大的13起，一般的32起；按污染的诱因分，由安全生产事故引发的环境事件22起，由企业违法排污造成的突发环境事件12起，由交通事故引发的突发环境事件11起，第三者责任引发的环境事件和气象条件改变引发的环境事件4起；按污染结果分，造成大气环境污染的15起，造成水污染的32起，造成水气综合污染的2起。污染事件发生后，环保总局立即指导有关省区环保局采取处置措施，并对其中12起事件派出人员41人赴现场协助开展污染防控工作。

这位负责人还通报了其中两起案件的查处情况。这位负责人介绍，4月10日晚，内蒙古自治区巴彦淖尔市遭遇强风暴袭击，乌拉特前旗污水暂存池内严重超标的1050万吨造纸及城市生活污水直接冲击黄河防洪大堤。当地政府下令掘堤泄污保护黄河大堤，泄污造成附近1000亩耕地淹没，57户村民受灾。经调查，乌拉特前旗塞外星华章造纸公司、美利北辰造纸集团两家企业长期超标排污，未按国家达标排污规定和污水暂存池设计及环评进水要求，而将严重超标的造纸废水直排污水暂存池，是造成污水暂存池水质严重超标的直接原因。同时，乌拉特前旗政府擅自改变设计与环评审批要求减少污水暂存池库容，对上级政府和环保等有关部门提出的整改要求落实不力，是造成本次自然风浪袭击黄河大堤发生溃坝险情的主要原因。调查组要求污水暂存池要按设计和环评审批重新建设、施工，堵死向黄河防洪堤内泄污的导流闸门，污水在暂存期间内要进行安全达标处置，已停产的两家造纸企业未经自治区环保局验收合格不得恢复生产，要全面开展对污染区域及周边地下水和土壤的监测工作，确定污染范围和污染程度，并追究有关责任人的法律责任。

这位负责人介绍，针对淮河流域在枯水期污染较为严重的情况，环保总局环监局派出2个检查组，先后赴安徽、河南两省的6市11县对涡河流域和沙颍河流域的水质情况、重点排污企业进行了检查，共检查排污企业50家，河流34条，采集河流断面和排污口水样120个。检查的50家企业中36家企业超标排放；现场解剖的15家企业中6家存在偷排偷放行为，3家企业未执行“三同时”制度擅自违法生产，6家属于国家明令取缔的“十五小”中的小造纸企业。检查中发现，随着环保部门执法力度的加大，企业反查能力越来越强，偷排手段越加隐蔽。以华皖碳纤维集团有限公司等为例，长期存在偷排行为，性质极其恶劣。针对检查中发现的问题，环保总局已下发监察通知书，要求安徽、河南两省对此次检查发现的问题逐一核查，依法处理，并彻查流域内的超标排污和环境违法行为，遏制污染反弹，预防水污染事故的发生。

这位负责人说，通过对上述事件的查处，反映出个别企业为追求经济利益最大化，不择手段违法排污问题。各级环保部门要加大环境执法力度，对污染严重、无废水处理设施的企业要责令停产治理，对超标排污的企业要责令限期治理，对偷排偷放的企业要进行处罚和通报，对治理无望的企业建议政府予以关停。各级环保部门要切实履行环境应急管理工作职责，认真落实突发环境事件应急预案，严格执行重特大环境污染事件报告制度，认真开展各类重点污染源违法排污问题及危险化学品环境污染隐患的全面排查工作，严厉打击违法排污行为，坚决遏制重特大环境污染事故多发势头。

牡丹江污染事件肇事者查明

国家环保总局环境监察局局长陆新元2006年2月29日称，2月19日发生在牡丹江的水栉霉污染事件的主要肇事者是黑龙江省海林雪原酒业公司等企业。

陆新元通报说，海林雪原酒业公司在未依法办理环评审批手续的情况下，擅自扩建酒精生产项目，没有配套治污设施。酒精生产过程中高浓度污水直排海浪河（牡丹江的一条支流）。海林市环保局于2005年12月提请海林市政府责令该公司停产，但市政府未下达停产决定，导致海林雪原酒业公司长期违法排污。该企业和当地的海林雪源啤酒有限公司、海林市食品公司等企业污水超标排放最终酿成牡丹江水栉霉污染事件。

环保总局通报白洋淀死鱼事件处理情况

国家环保总局有关负责人2006年4月6日向新闻媒体通报白洋淀死鱼事件处理情况。2006年2月份和3月份，白洋淀相继发生大面积死鱼事件，引起社会各界广泛关注，国家环保总局和农业部专家及河北省政府迅速组成调查组赶赴现场对死鱼事件进行调查。调查结果显示，水体污染较重，水中溶解氧过低，造成鱼类窒息是此次死鱼事件的主要原因。

造成水体污染主要有4个原因。一是保定地区污水处理厂建设严重滞后，大量未经处理的工业和生活污水进入白洋淀。保定市区每天产生生活和工业污水约25万吨，现只有日处理16万吨污水的能力，每天约有9万吨未经处理的污水通过府河进入白洋淀。白洋淀上游的其他12个县（市）也均未建城镇污水处理厂。

二是满城县造纸工业污水排放量明显增加。近两年，满城县特别是大册营镇造纸工业区造纸业发展失控，全县有156家造纸厂，污水排放量增至每天8万吨，除大册营镇污水处理厂日处理3万吨，其余5万吨只经过简单处理后即排入漕河。

三是白洋淀水位常年偏低，且2006年补水较晚。由于2005年补水量只有4251万立方米，入冬以来持续干旱，导致淀区污染物浓度升高，水质恶化。

四是部分企业环保意识淡薄，存在偷排偷放问题。由于当地环保部门监控手段落后，执法能力不足，监管不到位，一些企业受经济利益驱动，擅自停运治污设施，偷排偷放污水。调查组在排查中发现，保定市银定庄和满城大册营镇污水处理厂不正常运行，特别是保定市新市区所辖28家造纸企业有27家外排污水不能稳定达标。

保定市政府为了减少生活和工业污水对淀区的污染，已于3月19日将府河污水截留，暂时排入唐河污水库。对218家不稳定达标排放企业实行了关停和限产限排，对11家违法排污企业进行了处罚。迅速启动补水措施，分别从安格庄、王快水库紧急调水补入白洋淀，入淀水量预计可达到5000万立方米。同时，为了解决渔民生活和生产困难，保定市制定了补偿方案，筹措落实赔偿资金。

保定市监察部门对履行职责不力、环境监管不到位、执法不严等问题进行了调查处理。给予新市区主管区长行政警告处分、环保局长行政记过处分，并责令其引咎辞职（两年内不得安排相当职务）、两名主管污染治理和主管稽查的副局长行政记大过处分，免去行政职务。给予满城县政府副县长行政记过处分，免去职务；给予满城县大册营镇镇长（党委副书记）行政记大过处分，免去职务；给予满城县大册营镇副镇长行政降级处分，免去职务；给予满城县环保局局长行政降级处分，责令其引咎辞职。

环保总局通报《无极》剧组破坏环境的调查情况

国家环保总局有关负责人2006年5月16日向媒体通报了电影《无极》剧组破坏云南香格里拉碧沽天池生态环境的调查情况。他指出，《无极》剧组拍摄活动中违背了环境影响评价法的有关规定，造成了一定程度的生态破坏，已责成云南省环境保护局依法对剧组进行处罚，限期恢复拍摄地生态植被。

他说，环保总局高度重视《无极》剧组破坏环境事件，潘岳副局长4月21日就在一份批示中责成有关部门进行调查处理。5月10日，云南省环保局将此事电话报告环保总局，环保总局要求云南省环保局调查督办。5月11～14日，云南省环保局组成调查组赴现场进行了调查。

他说，调查发现，2004年5～6月，电影《无极》剧组进入云南省香格里拉县碧沽天池进行外景拍摄。该地位于风景名胜区千湖山片区，属于“三江并流”世界自然遗产地。剧组在此搭建了3个临时工棚、1座取名“海棠精舍”的钢筋水泥建筑物，铺设了一条长100米、宽4米的沙石路，1座长约100米、宽2.7米的木桥，1条长约20米、宽4米的栈道。为修建沙石道路、栈道及“海棠精舍”，剧组共毁坏并占用高山草甸及灌木林地500平方米。2004年6月14日，该剧组完成拍摄，撤离碧沽天池。2005年8月，剧组委托地方有关部门进行场地清理和拆除恢复工作，但因种种原因，直到2006年4月底，清理工作因环保部门介入和媒体曝光后才开始进行。

他指出，《无极》剧组进入碧沽天池置景未向当地环保部门申报，拍摄活动对当地自然生态造成了一定程度的破坏。剧组修建的道路、房舍属于建设项目，应按照《中华人民共和国环境影响评价法》和《建设项目环境保护管理条例》进行环境影响评价。根据《建设项目环境保护分类管理名录》(环保总局第14号令)，该项目应提交建设项目环境影响报告表，报送云南省环境保护局实施环境管理。

他说，截至目前，拍摄现场进行了部分清理和恢复，垃圾遍地的问题已基本解决，简易木桥、栈道、3个临时工棚和“海棠精舍”已拆除。但是，100米长的沙石路尚未清除，因建设破坏的500平方米草甸、杜鹃等植被一时难以恢复。环保总局已责成云南省环保局根据国务院《建设项目环境保护管理条例》第25条规定，对剧组为拍摄活动修建的道路和建筑物造成生态破坏的行为进行处罚，限期责任单位恢复拍摄地的生态植被，强化环境管理，并及时向社会通报情况。

环保总局通报湖南省岳阳县饮用水源砷含量超标事件

国家环保总局有关负责人2006年9月11日向媒体通报，湖南省岳阳县发生一起饮用水源受到砷化合物污染事件。9月8日15时，岳阳市环境监测中心站在对岳阳县城饮用水源新墙河水质进行例行监测时，发现砷超标10倍左右。新墙河是岳阳县城8万多居民的自来水取水口。

事件发生后，国务院领导高度重视，湖南省政府领导报告及时，还就污染防控工作进行了具体部署。湖南省环保局立即启动了环境应急预案，当地政府及时成立了应急指挥部，确保了各项防控工作顺利展开；国家环保总局迅速派出工作组赶赴现场协助地方政府实施污染防控工作。

污染事件发现后，岳阳市、县两级党委、政府迅速通过电视、广播，及时向8万多群众滚动发布公告，通知群众不要饮用自来水，并安排18台消防车向居民提供饮用水。同时有效实施了一系列防控措施。一是于9日凌晨1时起，上游铁山水库加大放水，稀释河水中的污染物浓度，加快了污水团下泄流速；二是组织新墙河沿线环保部门全力查找污染源；三是开启城关地区地下水源，日供1500吨清洁饮用水，同时动员县直行政事业单位自行组织供水。[illegible]夜排查，发现污染源为上游50公里处的临湘市一[illegible]厂废水池发生的泄漏，致使大量高浓度含砷废水流入新墙河。

湖南省环境监测中心站9月11日6时监测数据表明，新墙河水源取水口砷浓度在0.162～0.267mg/L范围，超标2.2～4.3倍；新墙河入洞庭湖点位砷浓度0.014mg/L、洞庭湖入长江口砷浓度为0.015mg/L，均未超标（国家标准为0.05mg/L），长江入口处砷含量仍处于正常范围水平，长江水质不会受到影响，该事件不会影响到长江下游城市的饮用水安全。

事发不久，肇事企业被急令关停，通过各种技术手段，污染源被彻底切断，肇事企业主要责任人已被刑拘，并将依法追究刑事责任。

三氧化二砷，俗称砒霜。属无臭无味的白色粉末，高毒，为致癌物。主要影响神经系统和毛细血管通透性，对皮肤和黏膜有刺激作用。中毒后会出现恶心，呕吐，腹痛，四肢痛性痉挛，最后会昏迷、抽搐，呼吸麻痹而死亡。如果是慢性中毒，也会导致肝肾损害与多发性周围神经炎，最终可致肺癌、皮肤癌。

甘肃徽县群众血铅超标事件肇事污染源查明

2006年9月12日，国家环保总局有关负责人就甘肃徽县水阳乡群众血铅超标事件最新调查处理情况向媒体进行通报。这位负责人说，事件发生后，国家环保总局现场工作组对徽县主要涉铅工业企业的排污情况进行了深入调查。肇事污染源已查明，并已被彻底取缔，受害群众正在得到科学、有序诊断和治疗。

通报说，经环保部门查明，徽县有色金属冶炼公司1996年建成投产以来，环保设施一直未按环评要求落实。该公司的环评报告中未对企业渣场和废气无组织排放问题进行论证，且所用气象资料不符合建厂条件；1996年该公司建成投产以来，环保设施一直未按环评要求落实；2003年企业由3000吨/年扩建为5000吨/年时，也没有办理评价手续。由于该公司污染防治设施根本不能满足企业生产需要，铅尘、二氧化硫得不到有效处理，从1996年投产以来，长期存在超标排污的问题，该公司400米范围内的土壤已受到不同程度的污染。

通报说，按照环保总局现场工作组的要求，徽县政府向徽县有色金属冶炼公司下达了关停落后生产线的通知，并于9日上午12时采取强制措施，断掉了生产用电。截至10日18时，全部8台土烧结锅组成的生产线被切割，烧结锅落地。

通报说，环保总局已要求陇南市、徽县环保部门要在查清企业违法事实的基础上，依法对徽县有色金属冶炼公司进行处罚；并将责成甘肃省环保部门按照《环境保护违法违纪行为处分暂行规定》追究监管失职者的责任。同时，为准确掌握污染现状，环保总局现场工作组进一步确定了徽县有色金属冶炼公司周围环境的监测方案，计划从9月11日开始，对土壤、水、农作物、河道底泥、降尘、环境空气等9个因子进行全面监测，对所有涉铅企业污染物排放情况进行彻底排查，坚决整治超标和违法排污行为。

通报介绍，根据已有的初步检测结果，目前，徽县水阳乡新寺村共有368人血铅含量超标。为得出能够进一步反映该地区人群血铅真实水平的数据，卫生部将根据环保总局环境监测专家组初步制定的环境监测范围，锁定重点人群，开展血铅普查工作。目前，卫生部派出的专家根据技术方案，正在对血铅浓度超过100μg/L的部分儿童进行静脉取血，并将静脉血样送中国疾控中心化验。

通报介绍，现有资料表明，我国的铅污染主要来自铅锌等矿的采矿和冶炼，铅的工业应用、含铅汽油的使用（我国已于2000年全面禁止使用含铅汽油）等。近十年来，乡镇个体企业发展和土法冶炼所致环境铅污染较突出，其特点是点多面广，遍及城乡。从国家环保总局多年开展的典型地区研究情况看，辽宁沈阳市、湖北枝江、贵州赫章、安徽贵池等地区均受过或存在铅污染状况。

通报指出，根据世界卫生组织的研究结果，环境中的铅是对人体健康特别是儿童健康威胁最大的有害元素之一，目前无论是在发达国家还是在我国，铅中毒已成为危害儿童健康的主要原因。世界卫生组织儿童卫生合作中心2004年对我国15个城市1.7万名0～6岁儿童铅中毒情况进行调查表明，儿童铅中毒率为10.45%。一旦发现危害群众健康的环境污染事件，环保总局将及时向社会发布相关信息。

通报说，国家环保总局高度关注环境污染对健康的危害问题，已经在部分地区开展了铅污染对健康危害的调查和研究，并着手制订铅的环境健康损害判定标准。

环保总局通报贵州遵义钛厂氯气泄漏事故情况

国家环保总局有关负责人2006年9月13日就贵州遵义钛厂氯气泄漏事故向媒体通报相关情况。2006年9月12日，贵州省遵义市南部工业区内的遵义钛厂有刺激性气体泄漏，导致周围158名群众先后出现流泪、头晕、呕吐、胸闷等症状，被分送到遵义市各医疗机构救治。9月12日下午起，废气排放已达标，事故隐患基本消除，中毒群众没有生命危险，101人继续留院观察，其余人员已陆续出院。

这位负责人说，事故发生后，贵州省环保局派出监察、监测人员赶赴现场，对遵义钛业有限公司展开现场调查，同时对南部工业区各敏感区布点19个（次）进行监测。监测结果显示，遵义钛业有限公司精制车间外12日9：00～11：00空气中氯气浓度最高19.4mg/m^3，超标18.4倍，最低4.12mg/m^3，超标3.12倍，并呈现出随时间逐步降低的趋势；环境空气中氯气浓度也呈现出多点超标的现象。

调查发现，遵义钛业有限公司四氯化钛反映釜的铜丝在12日早被击穿，造成大量四氯化钛挥发泄漏，并形成白烟；其精制车间浓密机严重老化，现场检查时仍有暴料现象，无组织排放较为严重；其氯化工段生产工况不正常，从11日晚到12日早先后排氯渣两次，表明其反应不完全，监测结果表明氯化工段尾气排放不正常，含氯气体外排，氯化氢排放浓度超标。根据遵义市气象局提供的资料，南部工业区主要为静风到风速小于1m/s的小风，污染物难以扩散导致了此次轻度中毒事件的发生。

这位负责人说，事件发生后，该公司氯化工段一号炉和精制工序已被责令停炉，立即组织进行整改，确保工况正常运行、环保设施正常运行，污染物排放达标后方可恢复生产。环保总局已要求地方环保部门严肃依法查处违法排污企业，并组织人力重点防控。

环保总局通报8个违反“三同时”建设项目处理情况

2006年10月12日，国家环保总局有关负责人向媒体通报了对“十五”期间由环保总局审批建设项目第一批核查结果，公布了对8个违反“三同时”建设项目的处理情况。

这位负责人说，为落实国务院《关于落实科学发展观加强环境保护的决定》，加大环境违法的查处力度，从源头防止环境污染及生态破坏，环保总局将对“十五”期间由环保总局审批的2453个建设项目的建设进展及执行“三同时”情况逐一进行核查。在进行第一阶段检查时发现，有8个项目存在违规问题：山西吕梁焦化厂年产60万吨机焦项目（一期工程）未申请环保验收，该企业二期工程的两台机焦炉未经环评审批已基本建成；山东沾化电厂热电联产扩建工程至今未申请环保验收，脱硫设施未与主体设备同步建成投运；四川江油电厂2×300MW扩建工程脱硫装置与主体发电设施未能同步建成；山东海化股份有限公司2.4万吨/年三聚氰胺工程未经环保验收擅自投运，自备电厂锅炉二氧化硫排放浓度严重超标；唐山发电厂技术改造项目（1×300MW）和二期改造项目（1×300MW）工程、浙江甬金公路工程、青岛一银川公路冀鲁界至石家庄段工程至今未申请环保验收；上海市外环线一、二期工程未落实总局下达的整改要求，沿线声环境敏感点未采取隔声降噪措施。环保总局根据相关法律法规，对以上违规项目分别给予停止试生产和限期整改等处罚。(详见附件)

这位负责人说，近几年，一些能耗高、污染严重的项目盲目扩张的势头强劲，未批先建、不执行“三同时”管理制度的问题十分突出，污染了环境，破坏了生态，影响了群众的生活，危害群众的身体健康，有悖科学发展观的要求。分析其原因，仍是一些地方政府重经济增长轻环境保护，为追求短期政绩搞地方保护主义，不支持甚至阻碍环境审批，以及有关部门监管不力造成的。

这位负责人说，建设项目竣工环境保护验收，是我国现阶段控制新污染源、防治环境污染、减少生态破坏、落实“三同时”制度的重要措施，环保总局将严格执行。2006年底，将向社会公布“十五”期间由总局审批的2453个建设项目执行“三同时”情况的全面核查结果。

附件：查处项目的基本情况及处理决定

一、以下4个项目责令停止试生产，限期改正，逾期达不到要求的，进一步处罚。

山西吕梁焦化厂年产60万吨机焦项目（一期工程）：两台焦炉分别于2003年10月和2004年4月投运，至今未申请环保验收；焦化废水处理站未建成，焦化废水经稀释后排放到三川河，最终排入黄河；煤气净化系统和地面除尘站未建成；该企业二期工程的两台机焦炉未经环评审批已基本建成。

山东沾化电厂热电联产扩建工程：2×150MW机组分别于2005年7月和10月投运，至今未申请环保验收；脱硫设施未与主体设备同步建成投运，未按环评要求建设全封闭煤场和安装烟气在线监测装置。

四川江油电厂2×300MW扩建工程：2×300MW机组分别于2005年11月和2006年2月投入试生产，向四川省环保局申请试生产，未获准；该工程脱硫装置与主体发电设施未能同步建成；未落实同步完成对2×330MW老机组进行脱硫和对4×50MW老机组实施关停的环评批复要求。

山东海化股份有限公司2.4万吨/年三聚氰胺工程：该工程分二期建设，一、二期工程分别于2003年6月和2004年8月投料试车，未经环保验收擅自投运；自备电厂锅炉二氧化硫排放浓度严重超标；污水处理站处理效果差，造成氨无组织排放严重，潍坊市环保局多次接到该项目环境污染投诉。

二、以下4个项目责令限期改正，逾期达不到要求的，进一步处罚。

唐山发电厂技术改造项目（1×300MW）、唐山发电厂二期改造项目（1×300MW）工程：一、二期工程2×300MW供热机组分别于2004年1月和9月投入试生产，至今未申请环保验收，未落实环评批复中“以大代小”淘汰5×50MW供热机组的要求。

上海市外环线一、二期工程：2004年7月，一期工程曾因噪声扰民问题被总局下达过限期改正，至今未落实整改要求，沿线声环境敏感点未采取隔声降噪措施；二期工程于2003年初建成，至今未申请环保验收，仍有部分敏感点未按环评批复要求落实噪声防治措施。

甬金公路（宁波K42+437至嵊州K89+400段）、(嵊州K89+954至金华K183+974段)：于2005年12月全线通车，至今未申请环保验收；全线未对声环境敏感点采取隔声降噪措施；公路沿线跨越东阳江、绿溪江等水体，未按环评批复要求落实桥面排水收集系统。

青岛—银川公路冀鲁界至石家庄段工程：2006年3月全线通车，至今未申请环保验收；沿线声敏感点未按环评要求建设隔声屏障。

环保总局通报青海鑫飞公司污染隐患事件处理情况

2007年1月9日，国家环保总局有关负责人向新闻媒体通报了对青海省湟中县鑫飞化工有限责任公司（以下简称“鑫飞公司”）污染隐患事件的处理情况。这位负责人指出，鑫飞公司借消除污染隐患之名，企图全面启动被政府责令停产的生产线，是一起典型的环境违法事件。

这位负责人介绍，鑫飞公司为铬盐生产企业，规模小，污染严重，群众反映强烈，引起了党中央和国务院领导高度重视。2005年底，当地政府责令鑫飞公司于2006年1月底前对年产2000吨红矾钠生产线停产整顿。然而，鑫飞公司却未按常规消纳完中间产品即全面停产，导致生产装置及中间储罐内遗留含铬的碱性和酸性等中间产品和危险废液，形成环境污染隐患。随后，鑫飞公司谎报遗留含铬硫酸氢钠为200吨，不及时处理将造成大污染隐患，并邀请个别专家论证后称，只有全线启动被政府责令停产的2000吨红矾钠生产线方可实现安全处置。

这位负责人说，2006年7月，国家环保总局组织专家会同青海省、西宁市环保局专程赴鑫飞公司进行了现场调查，排除各种阻力，逐一核实其遗留物料的化学成分和数量，发现实际遗留合格硫酸氢钠不足10吨。据此，环保部门作出禁止全线启动2000吨红矾钠生产线的决定，责令鑫飞公司于2006年9月底前，彻底消除污染隐患。在环保总局和青海省督办、当地环保局和政府的监管下，鑫飞公司于2006年9月10日将遗留物料全部进行了安全处置。

这位负责人指出，鑫飞公司借污染隐患之名，企图全面启动生产线、违反停产决定的事件，是一起典型的企业公然挑战环境执法的事件。当前，一些违法排污企业知法犯法，打着各种旗号进行违法排污生产活动，不配合环保部门的执法工作，埋下重大环境隐患，危害环境安全和人民群众身体健康。各级环保部门要切实履行执法监督职责，坚决查处环境违法行为，全面提高环境监管能力，确保人民群众的环境权益。

环保总局通报投资1123亿元的82个严重环境违法项目

国家环保总局副局长潘岳2007年1月10日向媒体通报了投资1123亿元的82个严重违反环评和“三同时”制度的钢铁、电力、冶金等项目，并表示将首次启动“区域限批”政策来遏制高污染高耗能产业的迅速扩张趋势，以落实宏观调控政策、确保国民经济又好又快发展。

这82个项目是在环保总局“三同时”核查和新开工建设项目环评审批专项清查工作中发现的。其中23个严重违反“三同时”环保验收制度，59个严重违反环评制度。这些项目涉及全国22个省市的钢铁、冶金、电力、化工等12个行业，其中最严重的是北京周边的河北省唐山市和山西省吕梁市。

潘岳说，中央经济工作会议强调，又好又快发展是全面落实科学发展观的本质要求；环境保护和资源节约是调整经济结构和转变增长方式的重要抓手。然而，一些地方和行业仍然无视国家宏观调控政策，在地方利益和部门利益的驱动下，不顾当地的环境资源限制和国家的产业政策，以违法手段盲目发展钢铁、冶金、电力、化工等高耗能高污染产业，为经济结构进一步调整带来更大成本与极大困难。

潘岳说，宏观调控是落实科学发展观的先行手段，环评制度又是宏观调控的重要抓手。为了维护中央宏观调控的权威，遏制高耗能高污染行业的盲目扩张，根据《国务院关于落实科学发展观加强环境保护的决定》的第十三条和第二十一条，环保总局首次动用“区域限批”政策来惩罚严重违规的行政区域、行业和大型企业，即停止审批其境内或所属的除循环经济类项目外的所有项目，直到它们的违规项目彻底整改为止。这是环保部门成立近 30 年来首次启用这一行政惩罚手段。

潘岳说，此次“区域限批”的行政区域包括河北省唐山市、山西省吕梁市、贵州省六盘水市、山东省莱芜市；企业集团包括大唐国际、华能、华电、国电等四大电力集团。这些地区大多本身已无环境容量却仍然盲目发展高耗能高污染产业，比如唐山市，在没有环境容量的情况下，全市依然建设了 70 家钢铁企业，且 80%没有经过环评，近几年钢产量已达到全国 1/10，但钢铁企业的平均产量仅在 65 万吨以下，规模小且布局分散，造成大气和水的严重污染。

潘岳说：“以往环保行动中被叫停的项目往往补办手续先过关，然后用各种手法拖延或拒绝兑现环保承诺，使一次次声势浩大的环评执法效果有限。采用‘区域限批’，就是针锋相对的措施。”具体内容是：在大唐国际所属的唐山发电厂落实关停 5×50MW 小机组整改要求前，环保总局停批大唐国际所有建设项目，环保总局和河北省环保局停批唐山市所有建设项目；在山西吕梁焦化厂一期工程完成各项环保措施整改要求前，环保总局和山西省环保局停批吕梁市所有建设项目；在贵州省六盘水发耳电厂、野马寨电厂落实停止建设、停止生产、办理环保手续等整改要求前，环保总局和贵州省环保局停批六盘水市的所有建设项目；在莱芜钢铁集团有限公司冷轧薄板一期工程落实停止建设、办理环评审批手续整改要求前，环保总局和山东省环保局停批莱芜市所有建设项目；在华电集团所属四川攀枝花发电公司落实关停 3×50MW 小机组整改要求前，环保总局停批华电集团所有建设项目；在华能集团所属乌拉山电厂落实关停 2×75MW 机组和一台 100MW 机组脱硫整改要求前，环保总局停批华能集团所有建设项目；在国电集团所属濮阳热电公司落实 2×50MW 小机组脱硫整改要求前，环保总局停批国电集团的所有建设项目。

潘岳说，这 82 个违法违规项目集中反映出三个问题：一是钢铁、冶金行业不符合产业政策、未批先建和越权审批现象严重，违规项目高达 30 个，占违规项目总数的 37%。二是火电项目“三同时”违规现象严重。环保审批虽严，但跟踪监管能力不到位，导致许多项目正式投产后都未兑现当初的环保承诺，在当地政府庇护下使环保“三同时”制度流于形式。三是部分违法项目毫不理睬环保总局责令停止建设和限期改正的要求，继续建设和运行。

为此，对 23 个“三同时”违规项目，环保总局将责令其限期办理验收手续、限期改正或停止试生产。依据《建设项目环境保护管理条例》，对改建铁路新乡至日照线菏泽至日照段增建第二线工程等 5 个久拖不验违规项目，责令限期办理环保验收手续，逾期不办，将责令停止试生产并罚款；对内蒙古鄂尔多斯电力冶金有限责任公司 4×330MW 发电机组等 18 个“三同时”违规项目，下达限期改正通知书，逾期不按要求完成整改，将责令停止试生产并处以罚款，对其中的铁路、港口项目逾期未完成整改要求的处以罚款。

对于 59 个未批先建违规项目，环保总局将责令其停止建设或生产。依据《环境影响评价法》，对山西振兴集团 2×200MW 火电机组等 51 个未批先建违规项目，责令停止建设，已建成投产的，责令停止生产，由具有审批权的环保部门下达限期补办环评审批手续，逾期不补办，将处以罚款；对河北唐山滦南华瑞钢铁有限公司钢铁项目等 8 个未批先建且不符合国家产业政策和环保准入条件的违规项目，责令停止建设，已建成投产的，责令停止生产。

潘岳介绍说，2006 年是中国环境形势最为严峻的一年。全年发生严重环境污染事故 161 起，平均每两天一起；环境投诉已达 60 万人次，比 2005 年增加 30%；国务院年初提出的能耗降低 4%、污染物排放降低 2%的目标并没有实现，环境问题已经成为制约中国经济社会发展的主要瓶颈。仅此一年，环保总局在环评这道关口就停批缓批对环境有影响的项目163个，投资额达7700多亿元，其中50%以上是钢铁、火电、石化等高耗能、高污染项目。

潘岳表示，环保总局一定要跟踪督办这次执法行动全部查处结果，在三个月内分阶段向社会公布整改情况，并同时依据《环境保护违法违纪行为处分暂行规定》，通报并建议监察部门对相关人员追究行政责任。

环保行政处罚与行政复议

环保总局出台贯彻实施《全面推进依法行政实施纲要》五年规划

国家环保总局2006年初发布了《关于在环境保护系统贯彻实施〈全面推进依法行政实施纲要〉的五年规划》（以下简称《规划》），明确环保系统全面推进依法行政、促进法治政府建设的指导思想、工作目标、主要任务、工作步骤和保障措施。

《规划》提出，2005～2009年的5年间，将进一步完善环境保护法律体系。为了完成这个目标，环保系统将建立并完善环境立法专家咨询论证制度和环境立法的公众参与制度。起草环境保护法律、法规、规章、标准及其他规范性文件草案将实行立法工作者、实际工作者和专家学者三结合，按照法定的程序征求意见，组织专家进行论证，召开立法听证会、座谈会或者在有关网站、环境报刊上公布环境立法草案，充分听取公众意见。要积极探索建立对听取和采纳意见的情况说明制度，从制度上保证听取专家、第一线环境管理人员、管理相对人和利害关系人的意见。

同时，《规划》确立了环境保护规章和其他规范性文件的定期评估和定期清理制度。《规划》明确，环境保护规章和其他规范性文件及其确立的环境管理制度实施之后，实施机关应当定期对其实施效果进行评估，将评估意见报告制定机关。制定机关要定期清理环境保护规章和规范性文件，根据实施情况和实施机关的评估建议及时地按照法定程序予以修改或者废止。

《规划》要求，到2009年，初步建立科学化、民主化、规范化的环境保护决策机制和制度体系。环境保护部门公布环境信息要做到全面、准确、及时、权威，保障社会公众依法参与环境保护决策，环境行政管理要做到公开、公平、公正、便民、高效、诚信。

环保总局责令甘肃省环境科学研究院限期整改

国家环保总局有关负责人2006年5月16日通报，甘肃省环境科学研究院因编制环境影响评价报告书质量较差而被国家环保总局责令限期整改。

这位负责人说，国家环保总局在审批过程中发现甘肃省环境科学研究院编制的《甘肃华亭中煦煤化工有限责任公司60万吨/年煤制甲醇项目环境影响报告书》未根据拟建厂址纳污河流下游规划水库的功能及下游水源的分布情况论证项目选址的环境可行性；对拟选渣场选址可行结论不当；未按相关要求明确甲醇等有毒有害物质对环境空气、居民和河流的影响以及相应的环境污染消除措施，风险防范措施和应急方案缺乏可操作性；未针对厂址区域地下水埋藏浅的特征，对生产装置区、甲醇和污水输送管道、污水处理站、储罐区及危险废物贮存区等提出防治地下水污染的具体措施；未分析评价该项目取水工程对下游生态、饮用水源的影响，未提出平、丰水期下泄量不低于平均流量的10%以及枯水期下泄水量不低于平均流量的20%的保证措施；热电站锅炉风冷机组等噪声污染源数据有误，预测厂界噪声达标的结论不可信；未对污染气象资料、环境空气质量现状和环境影响预测结果的代表性进行分析。

这位负责人说，因甘肃省环境科学研究院编制的报告书质量较差，不足以支持工程建设的环境可行性，根据《建设项目环境影响评价资质管理办法》（国家环境保护总局令第26号）第三十八条的有关规定，国家环保总局责令该院进行3个月限期整改，整改期自5月8日至8月7日。整改期间，不得承担环境影响评价工作，并于整改期满后提交整改情况报告。

杭州三星纸业有限公司环境违法行为限期改正通知书

（环法〔2006〕19号）

杭州三星纸业有限公司：

经调查，你公司蒸汽余热发电项目未向环保部门依法申报环境影响评价文件，即擅自开工建设，违反了《中华人民共和国环境保护法》第十三条、《中华人民共和国环境影响评价法》第二十二条、第二十五条和《建设项目环境保护管理条例》第十条的规定。

现根据《中华人民共和国环境影响评价法》第三十一条的规定，责令你公司于2006年10月30日前补办环境影响评价手续。

二〇〇六年十月九日

主题词：环保　违法　限期改正　通知

抄送：浙江省环保局，杭州市、富阳市环保局

杭州众意纸业有限公司环境违法行为限期改正通知书

（环法〔2006〕23号）

杭州众意纸业有限公司：

经调查，你公司为造纸生产配套建设的蒸汽余热发电项目未向环保部门依法申报环境影响评价文件，即擅自开工建设，违反了《中华人民共和国环境保护法》第十三条、《中华人民共和国环境影响评价法》第二十二条、第二十五条和《建设项目环境保护管理条例》第十条的规定。

现根据《中华人民共和国环境影响评价法》第三十一条的规定，责令你公司停止建设，于2006年10月30日前补办环境影响评价手续。

二〇〇六年十月九日

主题词：环保　违法　限期改正　通知

抄送：浙江省环保局，杭州市、富阳市环保局。

浙江孙氏纸业集团有限公司环境违法行为限期改正通知书

（环法〔2006〕25号）

浙江孙氏纸业集团有限公司：

经调查，你公司为造纸生产配套建设的蒸汽余热发电项目未向环保部门依法申报环境影响评价文件，即擅自开工建设，违反了《中华人民共和国环境保护法》第十三条、《中华人民共和国环境影响评价法》第二十二条、第二十五条和《建设项目环境保护管理条例》第十条的规定。

现根据《中华人民共和国环境影响评价法》第三十一条的规定，责令你公司停止建设，于2006年10月30日前补办环境影响评价手续。

二〇〇六年十月九日

主题词：环保　违法　限期改正　通知

抄送：浙江省环保局，杭州市、富阳市环保局。

富阳市八一城市综合污水处理有限公司环境违法行为限期改正通知书

（环法〔2006〕28号）

富阳市八一城市综合污水处理有限公司：

经调查，你公司两台循环流化床锅炉和蒸汽余热发电项目未向环保部门依法申报环境影响评价文件，即擅自开工建设，违反了《中华人民共和国环境保护法》第十三条、《中华人民共和国环境影响评价法》第二十二条、第二十五条和《建设项目环境保护管理条例》第十条的规定。

现根据《中华人民共和国环境影响评价法》第三十一条的规定，责令你公司于2006年10月30日前补办环境影响评价手续。

二〇〇六年十月九日

主题词：环保　违法　限期改正　通知

抄送：浙江省环保局，杭州市、富阳市环保局。

杭州通达纸业有限公司环境违法行为限期改正通知书

（环法〔2006〕31号）

杭州通达纸业有限公司：

经调查，你公司为造纸生产配套建设的蒸汽余热发电项目未向环保部门依法申报环境影响评价文件，即擅自开工建设，违反了《中华人民共和国环境保护法》第十三条、《中华人民共和国环境影响评价法》第二十二条、第二十五条和《建设项目环境保护管理条例》第十条的规定。

现根据《中华人民共和国环境影响评价法》第三十一条的规定，责令你公司停止建设，于2006年10月30日前补办环境影响评价手续。

二〇〇六年十月九日

主题词：环保　违法　限期改正　通知

抄送：浙江省环保局，杭州市、富阳市环保局。

浙江华远纸业有限公司环境违法行为限期改正通知书

（环法〔2006〕32号）

浙江华远纸业有限公司：

经调查，你公司蒸汽余热发电项目未向环保部门依法申报环境影响评价文件，即擅自开工建设，违反了《中华人民共和国环境保护法》第十三条、《中华人民共和国环境影响评价法》第二十二条、第二十五条和《建设项目环境保护管理条例》第十条的规定。

现根据《中华人民共和国环境影响评价法》第三十一条的规定，责令你公司于2006年10月30日前补办环境影响评价手续。

二〇〇六年十月九日

主题词：环保　违法　限期改正　通知

抄送：浙江省环保局，杭州市、富阳市环保局。

孔祥仁等82人的行政复议受理通知书

（2006年6月16日）

孔祥仁等82人：

我局《不予受理行政复议申请决定书》（环法〔2005〕27号）已经北京市第一中级人民法院作出判决予以撤销。

为此，我局对你们要求我局责令浙江省环境保护局限期对温州市经济技术开发区环境保护违法行为依法作出处理决定的行政复议申请书，重新进行了审查。

经审查，你们的复议申请符合法定条件。根据《中华人民共和国行政复议法》第十七条的规定，我局决定受理。

特此通知。

二〇〇六年六月十六日

主题词：环保　复议　受理　通知

抄送：浙江省环境保护局。

孔祥仁等82人的行政复议决定书

（环法〔2006〕38号）

孔祥仁等82人：

申请人：孔祥仁等82人

住址：浙江省温州市龙湾区

委托代理人：袁裕来，浙江之星律师事务所律师

住址：浙江省宁波市中兴路655号梅柏公寓四楼

被申请人：浙江省环境保护局

住址：浙江省杭州市文一路306号

法定代表人：戴备军，局长

孔祥仁等82人（以下简称“申请人”）向我局申请行政复议，要求我局责令浙江省环境保护局（以下简称“被申请人”）限期对温州市经济技术开发区环保违法行为依法作出处理决定。我局于2006年6月16日已予受理。

受理复议申请后，我局通知被申请人提交了复议答辩书，并将复议答辩书发送申请人提出意见。我局派员赴浙江省分别听取了申请人和被申请人的陈述，实地踏勘了申请人养殖池塘和温州经济技术开发区污水处理厂。

我局对行政复议申请书、行政复议答辩书、

申请人对行政复议答辩书的意见依法进行了审查，现已审理终结。

一、复议申请人提出的复议请求

申请人称，2003年下半年至2004年3月，其承包的养殖池塘发生特大污染事件，水产品死亡现象十分严重。温州市人民政府曾进行过调查处理，但当地环保部门没有对污染事件作出相应的处理决定。在事情处理过程中申请人了解到，早在2001年4月10日，被申请人在《关于温州经济技术开发区滨海新区环境影响报告书审查意见的复函》中，就对温州市经济技术开发区环境保护措施提出过严格的要求。但这些环保措施并未落实，申请人认为特大污染事件就是因此造成。

2005年6月15日，申请人向被申请人提出投诉，要求对温州市经济技术开发区没有落实环境保护措施，以及滨海园区项目投入使用之前环境保护设施没有经过验收等违法行为进行处理。被申请人收到投诉书后，批转温州市环境监察支队办理。7月4日，温州市环境监察支队经过认定，温州市经济技术开发区滨海园区重点污染企业排放的污水和温州市龙湾区的企业排放的污水，“都流经养殖场进水口处，对水产养殖造成较大的影响”。而且，《建设项目环境保护管理条例》第二十八条的规定，建设项目需要配套建设的环境保护设施未经验收，主体工程就投入生产或者使用的，由审批该环评文件的环保部门责令停止生产或者使用，可以处10万元以下的罚款。对该园区存在未经验收投入使用的问题，申请人建议被申请人作出处理。但是，被申请人至今未作出处理决定，“其行为已构成不履行法定期限”。因此，申请人提出行政复议申请，请求国家环保总局责令被申请人限期对温州市经济技术开发区环保违法行为依法作出处理决定。

二、被申请人的主要答辩意见

被申请人辩称，温州经济技术开发区滨海园区于2000年4月经省政府批准设立，2001年4月被申请人作出《关于温州经济技术开发区滨海新区环境影响报告书审查意见的复函》（浙环项建〔2001〕65号），对该区的环保措施提出了明确要求。2003年下半年至2004年3月，发生养殖水产品大量死亡事件，滨海新区所在地的龙湾区人民政府和温州市人民政府进行了调查处理。

2005年6月17日，被申请人收到孔祥仁等82户养殖户的来信投诉，按照信访程序，委托温州市环保局进行调查处理。温州市环境监察支队执法人员赴现场进行了调查，并于7月4日根据举报人地址向举报人做了书面反馈，同时也向被申请人做了信访回复。

2005年8月19日，被申请人明确将龙湾滩涂养殖污染情况列入海洋环境保护执法专项检查重点。9月1日，被申请人等六厅局组成海洋环境保护执法联合检查组，对温州经济技术开发区滨海园区进行了检查。针对养殖户对滨海园区投诉不断的情况，检查组要求当地政府及有关部门要在确保养殖户合法权益的前提下，考虑对该区域水环境功能区划进行调整，以彻底解决工业园区与水产养殖之间的矛盾。2005年11月14日，国家六部委专项督察组会同被申请人等部门到滨海园区进行专项检查。

2006年3～6月，被申请人多次到滨海园区进行现场调研和检查，组织开展环境监测等工作，并对温州市经济技术开发区管委会提出了明确的核查意见：（一）进一步加强对现有污水处理厂运行管理，加快二期污水处理、中水回用工程、危险固废临时堆场等园区基础设施建设进度。（二）温州市环保局要会同温州经济技术开发区管委会进一步梳理入园企业环保审批情况，强化建设项目“三同时”和环境监管。（三）严格按照园区产业规划控制要求引进项目，强化对入园项目的环境监管，温州市环保局、温州市经济技术开发区市政环保局要进一步加强对园区内企业的环境监管力度，严肃查处违法企业。（四）积极推行园区内企业清洁生产和ISO14000环境管理体系的认证。（五）建议温州市政府尽快作好滨海园区相邻海域的海水养殖功能的调整，协调污水排海管网建设工作。

被申请人认为，环保部门应按照各自职责，依法加强对开发区内建设项目和企业的环境监管，对建设项目和企业的环境违法行为进行查处。对滨海园区内的具体建设项目，应由环保部门依法按照各自职责，进行环境影响评价文件审查和建设项目环境保护竣工验收，并对环境违法行为依法作出处理。在申请人申请复议后，各级环保部门仍将依法对滨海园区内具体建设项目按照各自职责进行管理，并对一些环境违法行为依法进行查处。被申请人将进一步加大对滨海园区的环境监管力度，对所有已建、在建项目全面进行排查，强化项目“三同时”监管，对发现的环境违法行为依法严厉查处。

《关于温州经济技术开发区滨海新区环境影响报告书审查意见的复函》是在法律、法规和规章没有明确要求的情况下，为加强滨海园区环境保护，被申请人对区域环评开展的探索性实践。该文对滨海新区环境影响评价文件提出审查意见，是为了使区域开发与区域环境保护相协调，总体上看是符合园区环境保护的原则与实际的。但是，该文提出的“滨海新区建成后我局将组织环保验收”的意见，缺乏法律、法规和规章依据及验收标准和规范。被申请人于 2006 年 6 月 30 日发文决定依法撤销这一意见。

三、申请人对被申请人行政复议答辩书的意见

针对被申请人提出的答辩意见，申请人着重对开发区是否属于建设项目，并应按建设项目环境保护的要求进行管理提出了不同意见。

申请人认为，法律、法规，尤其是国家环保局颁布的规范性文件，一直都将开发区建设作为建设项目对待。如 1986 年《建设项目环境保护管理办法》第二条、1987 年《建设项目环境保护设计规定》第三条、1990 年《建设项目环境保护管理程序》第一条、2002 年《建设项目环境保护分类管理名录》、2003 年《浙江省建设项目环境保护管理办法》第三条。因此，在被申请人审批滨海园区环境影响报告书时，开发区建设应该属于“建设项目”。

北京市第一中级人民法院（2006）一中行初字第 374 号行政判决已经清楚地表明，养殖户向被申请人的投诉符合法律规定，被申请人具有对于养殖户投诉的事项进行查处的法定职责。也正是基于这一理由，法院才会判决国家环保总局受理养殖户的复议申请。

因此，被申请人在《关于温州经济技术开发区滨海新区环境影响报告书审查意见的复函》中明确，新区建成后将组织环保验收。温州市环保局也建议被申请人对于滨海园区未经验收即投入使用行为进行查处。被申请人在《行政复议答辩书》新提出来的理由，不能成立。

四、我局认定的事实、理由和证据

经审理查明：

温州经济技术开发区滨海园区于 2000 年 4 月经浙江省人民政府批准设立。同年温州市龙湾区永兴围垦养殖示范园区建立。2001 年 4 月 10 日，被申请人对温州经济技术开发区滨海新区的环境影响报告书提出了审查意见，明确提出，滨海园区相邻海域的海水养殖等功能，建议作相应的调整，请温州市政府作相应的协调。

2003 年下半年至 2004 年 3 月，申请人承包的养殖池塘发生水产品大量死亡事件，温州市和龙湾区人民政府进行了调查和处理，但养殖纠纷问题没彻底解决。

2005 年 6 月 15 日，申请人向被申请人投诉，反映温州市经济技术开发区滨海园区没有落实环评报告书和被申请人审查意见中提出的环保措施，请求被申请人依法进行查处。6 月 17 日，被申请人收到投诉书后，按信访办理程序交温州市环保局调查处理。温州市环境监察支队对温州市经济技术开发区进行了调查，并于 2005 年 7 月 4 日书面答复申请人。

2005 年 9 月，申请人以前述复议请求向我局提出复议申请，我局未予受理。申请人诉至北京市第一中级人民法院。经北京市第一中级人民法院审理后判决撤销了我局作出的《不予受理行政复议申请决定书》。我局重新审查并于 2006 年 6 月 16 日重新受理了申请人的复议申请。

因案情复杂，争议的焦点涉及对国务院发布的行政法规的理解问题，因此在审理过程中我局按照《行政复议法》第三十一条的规定予以了延期，并根据《行政复议法》第二十七条的规定，将申请人请求被申请人作出具体行政行为所依据的规章中有关开发区环境管理的规定，与《建设项目环境保护管理条例》第三十一条的规定是否一致等有关材料转送国务院法制办公室审查处理。2006 年 10 月 30 日，我局收到国务院法制办公室的复函。

在本案进行行政诉讼和复议审查期间，被申请人多次对温州经济技术开发区滨海园区的环保工作进行了监督检查。

2006 年 4 月 26 日，温州经济技术开发区市政环保局对温州经济技术开发区滨海园区污水处理厂一期 2 万吨/日污水处理工程进行了环境保护竣工验收。

2006 年 6 月 30 日，被申请人撤销了《关于温州经济技术开发区滨海新区环境影响报告书审查意见的复函》中“滨海园区建成后我局将组织环保验收”的内容。

我局认为：

（一）被申请人负有依法对温州经济技术开发区进行环境监督管理的职责。被申请人已对滨海园区的环境影响评价文件进行了审查，并委托当地环保部门对温州经济技术开发区建设过程中的环境保护实施了监管。

温州经济技术开发区城管市政环保局委托温州市环境监测中心对滨海园区地表水、周边河道的水质进行了监测；温州经济技术开发区市政环保局、温州市环保局对进入开发区内的建设项目依法要求其履行环境影响评价审批程序和环境保护设施竣工验收程序；温州经济技术开发区市政环保局、温州市环保局按照权限对环保违法行为责令限期整改、实施行政处罚、报告政府限期治理等。

在申请人投诉后，被申请人也先后多次对温州经济技术开发区滨海园区进行了监督、检查和指导。针对温州经济技术开发区滨海园区的基础设施，如污水处理厂，未按审查意见的要求完成；滨海园区相邻海域的海水养殖功能也未得到相应调整等问题，被申请人 2006 年 4 月 2 日提出了明确核查意见，要求有关方面采取改进措施，认真落实各项环保要求。

按照《环境影响评价法》第二十八条的要求，被申请人应当对其批准环评文件的建设项目投入生产或者使用后所产生的环境影响进行跟踪检查，对造成严重环境污染的，应当查清原因、查明责任，依法处理。

（二）开发区建设与建设项目的环境管理要求并不相同，《环境影响评价法》、《建设项目环境保护管理条例》及我局有关开发区环境管理的规范性文件，都未提出对开发区进行环境保护设施验收的要求。对开发区的监督管理，要落实到开发区内的建设项目上。国务院法制办公室《对国家环境保护总局〈关于如何理解和适用〈建设项目环境保护管理条例〉第三十一条规定的函〉的复函》（国法函〔2006〕365 号）明确答复，“对于建设项目，依照国务院《建设项目环境保护管理条例》的规定，建设前要求进行环境影响评价；建设中要求执行‘三同时’制度；建设后要求其配套建设的环保设施必须经环境保护主管部门验收合格，该建设项目方可正式投入生产或者使用。对于流域开发、开发区建设、城市新区建设和旧区改建等区域性开发，依照《建设项目环境保护管理条例》第三十一条的规定，仅要求在编制建设规划时进行环境影响评价。”该复函还明确指出：“有关规章或者规范性文件与《建设项目环境保护管理条例》规定不一致的，应当依照《建设项目环境保护管理条例》的规定执行。”

经查，北京市第一中级人民法院判决书并未对被申请人是否负有对温州经济技术开发区进行环保验收的法定职责作出认定，也未对被申请人是否负有查处温州经济技术开发区“未经验收即投入使用”行为的法定职责作出认定。申请人所依据的《建设项目环境保护管理办法》已于 1999 年被废止。

因此，申请人要求被申请人依据《建设项目环境保护管理条例》第二十八条处罚温州经济技术开发区的请求，缺乏法律依据，不予支持。

（三）针对申请人2005年6月17日在《投诉书》中要求被申请人履行法定职责，对滨海园区进行环保验收，并对开发区“未经验收即投入使用”的行为进行查处的投诉请求，被申请人在收到投诉书后应明确告知投诉人，自己并不具有投诉人要求其履行的职责。但是，被申请人并没有以自己的名义答复投诉人，而是由温州市环境监察支队答复投诉人，这是不当的，应当改正。

（四）关于污染赔偿问题，申请人依法可请求当地环保部门或者其他部门调解处理，调解不成的，可向人民法院提起民事诉讼。申请人依法也可直接向人民法院提起民事诉讼。

以上认定，有以下证据为证：

1.《关于建设温州经济技术开发区滨海新区的复函》（浙政办发〔2000〕51号）

2.《温州市人民政府办公室关于温州经济技术开发区滨海产业园区总体规划的批复》（温政办〔2002〕200号）

3.《关于温州经济技术开发区滨海新区环境影响报告书审查意见的复函》（浙环项建〔2001〕65号）

4.2005年6月15日，孔祥仁等养殖户的《投诉书》

5.《浙江省环境违法行为举报受理中心信访件交办单》（信访编号050617001）

6.《浙江省环境信访系统反馈单》（信访编号050617001）

7.2005年7月4日，温州市环境监察支队致孔祥仁等养殖户的反馈意见

8. 被申请人2005年8月24日《通知》

9. 浙江省环境污染整治工作领导小组办公室2005年10月14日《关于海洋环境保护专项执法检查的反馈意见》（浙环治办函〔2006〕18号）

10. 被申请人2006年4月6日《关于印发〈温州经济技术开发区滨海园区环境保护核查意见〉的通知》（浙环函〔2006〕99号）

11. 被申请人2006年6月30日《关于撤销浙环项建〔2001〕65号文部分内容的函》（浙环函〔2006〕170号）

12. 滨海园区已验收建设项目监管情况汇总表

13. 温州经济技术开发区市政环保局2006年1月19日《关于温州经济技术开发区滨海园区污水处理厂一期2万吨/日污水处理工程建设项目环境影响报告书的审批意见》（温开环建〔2006〕006号）

14. 温州经济技术开发区市政环保局2005年12月31日《关于温州庆中环保科技有限公司滨海园区起步区污水处理厂（一期）调试报告的批复》（温开环〔2005〕24号）

15. 温州经济技术开发区市政环保局2006年4月26日《关于温州经济技术开发区滨海园区2万吨/日污水处理工程竣工环境保护验收意见》（温开环验〔2006〕006号）

16. 温州经济技术开发区市政环保局对具体项目污水收集系统工程的专项验收意见：2005年12月31日，温州经济技术开发区市政环保局《关于温州市恒东皮业有限公司厂区污水收集系统工程的专项验收意见》（温开环〔2005〕第15号）等

17. 温州经济技术开发区市政环保局对建设项目竣工环保验收的意见：2005年1月26日《关于天开五金器械包装有限公司年产60000万套塑胶五金制品项目竣工环境保护验收意见的函》（温开环验〔2005〕1号）等

18. 温州经济技术开发区市政环保局发出的限期整改通知：2005年4月13日《关于温州日胜树脂有限公司废水治理设施限期整改的通知》（温开环监〔2005〕第04号）等

19. 温州经济技术开发区管理委员会《限期治理决定书》：2005年3月31日温开环通〔2005〕003号等

20. 温州经济技术开发区城管市政环保局行政处罚决定书：2004年6月29日温开环行罚决字〔2004〕第8号等

21. 温州市环保局行政处罚决定书：2005年3月15日温环罚字〔2005〕101号等

22. 温州经济技术开发区城管市政环保局委托温州市环境监测中心对污水处理厂及河道的监测结果（2004年7月15日、2004年9月16日、

2004年9月28日、2004年10月14日、2005年1月19日、2005年2月8日）

23. 温州经济技术开发区城管市政环保局委托温州市环境监测中心对滨海园区地表水的监测结果（2005年5月8日、2005年5月19日、2005年6月27日、2005年7月14日、2005年7月26日、2005年8月16日）

24. 温州庆中环保科技有限公司委托温州市环境监测中心对滨海园区污水处理厂一期三同时验收水质分析报告单（2006年4月6日）

25. 国务院法制办公室2006年10月19日《对国家环境保护总局〈关于如何理解和适用〈建设项目环境保护管理条例〉第三十一条规定的函〉的复函》（国法函〔2006〕365号）

26. 国家环保总局1999年7月12日《环境保护部门规章和规范性文件修正案》（总局令第6号）

27. 国家环保总局2002年12月6日《关于加强开发区区域环境影响评价有关问题的通知》（环发〔2002〕174号）

五、复议决定

根据《行政复议法》第二十八条的规定，我局作出复议决定如下：

（一）责令被申请人于收到本复议决定书之日起60日内，对温州经济技术开发区落实《关于温州经济技术开发区滨海新区环境影响报告书审查意见的复函》所提环保要求的情况再次进行监督检查，将检查结果向社会公开，并对申请人2005年6月17日《投诉书》作出书面答复；

（二）责令被申请人对其负责审批的环境影响评价文件的建设项目环保措施的落实情况进行跟踪检查，对发现的违法行为依法予以查处；同时进一步加强对温州经济技术开发区环境保护工作的监督检查，督促其落实有关环境保护措施和要求；

（三）申请人要求被申请人依据《建设项目环境保护管理条例》第二十八条规定对温州经济技术开发区未经验收即投入使用进行处罚的请求，缺乏法律依据，不予支持。

对温州经济技术开发区滨海园区相邻海域水环境功能区划存在的问题和养殖户的纠纷问题，请被申请人向浙江省人民政府报告，并建议浙江省人民政府督促温州市人民政府及温州市有关部门，对该区域水环境功能区划进行调整，彻底解决工业园区与水产养殖间的矛盾。

如对本复议决定不服，孔祥仁等82人可以自收到本复议决定书之日起15日内，向人民法院提起行政诉讼。

二〇〇六年十一月十五日

主题词：环保　行政复议　决定

抄送：浙江省环保局，温州市、龙湾区环保局。

对浙江省环境保护局的行政复议答辩通知书

（环法〔2006〕7号）

浙江省环境保护局：

孔祥仁等82人向我局申请行政复议，要求我局责令你局限期对温州市经济技术开发区环境保护违法行为依法作出处理决定，我局已依法受理。

依照《中华人民共和国行政复议法》第二十三条的规定，现将行政复议申请书副本发送你局，请你局自收到行政复议申请书副本之日起10日内，对该行政复议申请提出书面答辩，并提交证据、依据和其他有关材料。

特此通知。

附件：行政复议申请书

二〇〇六年六月十六日

主题词：环保　复议　答辩　通知

抄送：孔祥仁等82人。

刘金才等5人行政复议受理通知书

（环法〔2006〕10号）

刘金才等5人：

你们请求我局要求北京市环境保护局立即履行责令华北电网有限公司北京电力公司依法限期补办“定福庄—西大望路”220KV高压输电线工程和“李遂—王四营”220KV高压输电线工程环境影响评价手续的法定职责的复议申请收悉。经审查，你们的复议申请符合法定条件。根据《中华人民共和国行政复议法》第十七条的规定，我局决定受理。

特此通知。

二〇〇六年八月十六日

主题词：环保　复议　受理　通知

刘金才等5人行政复议答辩通知书

（环法〔2006〕11号）

北京市环境保护局：

刘金才等5人向我局提出行政复议申请，请求我局要求你局立即履行责令华北电网有限公司北京电力公司依法限期补办“定福庄—西大望路”220KV高压输电线工程和“李遂—王四营”220KV高压输电线工程环境影响评价手续的法定职责，我局已依法予以受理。

依照《中华人民共和国行政复议法》第二十三条的规定，现将刘金才等5人的行政复议申请书副本发送你局。请你局自收到申请书副本之日起10日内，向我局提出对该行政复议申请的书面答辩，并提交有关证据、依据和其他有关材料。

特此通知。

二〇〇六年八月十六日

主题词：环保　复议　答辩　通知

王彩芬等45人的行政复议决定书

（环法〔2006〕35号）

王彩芬等45人：

申请人：王彩芬等45人

住址：辽宁省锦州市太和区新民乡北壕村

被申请人：辽宁省环境保护局

住址：辽宁省沈阳市于洪区崇山东路34号

法定代表人：王秉杰局长

王彩芬等45人（以下简称“申请人”）向我局申请行政复议，请求我局责令辽宁省环境保护局（以下简称“辽宁省环保局”）依法履行法定职责对江山化工有限公司的化工残渣、废气、排污造成的地下水和农田土地污染案件进行认真调查取证处理，我局已依法予以受理。

受理复议申请后，我局通知辽宁省环保局提交了复议答复书，并将复议答复书发送申请人征求了意见。我局对行政复议申请书、行政复议答复书、申请人对行政复议答复书的意见依法进行了审查，现已审理终结。

一、申请人提出的复议请求和理由

申请人提出行政复议申请，请求国家环保总局责令辽宁省环保局依法履行法定职责对江山化工有限公司的化工残渣、废气、排污、造成的地下水和农田土地污染案件进行认真调查取证处理。

理由如下：

（一）江山化工有限公司的化工残渣、废气、废水造成地下水和农田污染。

江山化工有限公司位于辽宁省锦州市太和区新民乡北壕村的村内居民区，生产经营范围是：无铁硅酸钠、油墨制造、甲苯、异丙醇、溶剂油销售、复合膜黏合剂制造。该企业将大量的废旧化工原料和废水残渣排放在村里、路边、农田、造成地下水被严重污染。

王彩芬家井水漂着厚厚的一层油类物质，并有刺鼻的气味，她母亲饮用后双眼朦胧、全身不适。地下水浇灌菜地后致使蔬菜大面积腐烂，去年几乎全部绝产。因农田被污染不能种植，今年损失4万多元。村里其他村民家中的蔬菜也遭受了同样的损失。

附近居民经常在夜间睡觉时被刺鼻的浓烟呛醒，有时灰尘飘落到窗前还带着火星。江山化工有限公司的废水排在工厂院内的大坑中，其他固体废物倒在露天垃圾场和野外。

（二）申请人已经向当地区、市、省环保局举报，但结果不了了之。2006年5月8日，申请人向国家环境保护总局举报了江山化工有限公司严重污染环境的行为，要求调查其排放的废气、废水、废物、垃圾对土地的污染，并要求对井水、地下水、农田、人身进行检测，要求工厂搬迁。国家环保总局受理后转交辽宁省环保局办理。但三个月过去了，辽宁省环保局并没有履行法定职责，经多次催办至今既不调查也不书面答复。

综上，申请人认为：辽宁省环保局不履行法定职责，其不作为行为侵害了申请人的合法权益。根据《水污染防治法实施细则》、《固体废物污染环境防治法》和《行政复议法》等法律规定，特向国家环保总局申请行政复议，请求复议机关责令辽宁省环保局履行法定职责，对复议申请人的合法请求依法调查取证处理。

二、辽宁省环保局的主要答辩意见和理由

针对申请人提出的复议请求，辽宁省环保局认为已经严格依法对来信来访所反映的锦州市江山化工有限公司的环境污染问题进行了调查处理，程序合法、证据确凿，申请人有关该局行政不作为的复议请求不当，举证不实，请予以驳回。理由如下：

（一）辽宁省环保局未曾接待过王彩芬等45名村民的集体信访，不存在对群访案件不作为问题。

2006年3月8日，辽宁省环保局接到王素华的来信，要求查处江山化工厂油污染地下水及影响蔬菜大棚中西红柿生产问题。2006年4月12日，王素华等2人来辽宁省环保局走访，要求查处江山化工厂污染地下水及农田问题。2006年5月30日，国家环保总局转来环访交字〔2006〕4号信访事项交办单，告知王彩芬等3人于5月18日到环保总局走访，要求查处江山化工有限公司排放的污染物造成空气、地下水、农作物污染及人身伤害问题。除前述来信、来访外，从未发生举报江山化工有限公司的超过5人走访或联名举报的群访案件，因此，辽宁省环保局不存在对45名村民联名的群访案件的不作为问题。

（二）辽宁省环保局已依法对信访投诉的江山化工有限公司污染问题进行了查处，不存在不作为问题。

1. 已依法要求锦州市环保局调查处理了信访案件。

2006年3月8日，王素华以信函形式向辽宁省环保局投诉，称锦州市江山化工有限公司向厂内渗坑倾倒刷油罐的废水，造成其家井水污染，无法饮用，并致使农作物减产，无法种植其他农作物，要求查处。

按照《信访条例》及《环境信访办法》规定的“属地管理、分级负责”原则，辽宁省环保局立即将此信访事项转交锦州市环保局查处。锦州市环保局于2006年3月28日就此事的查处情况向辽宁省环保局作了报告，并随信附锦州市太和区环保局对此信访事项做出的《信访事项处理意见书》、锦州市环保局做出的《信访事项复查意见书》和锦州市环境监测中心站做出的《监测报告》（锦环监技〔2006〕8号）各一份。

据报告，2005年9月7日，王素华、李文成夫妇到锦州市太和区环保局上访后，太和区环保

局两次到江山化工公司突击检查，两次到信访人家中了解情况，并在2005年11月21日提出《信访事项处理意见》：在信访人家的井水中未发现异常情况，建议信访人将井水送到卫生防疫部门检测，并要求江山化工公司在生产过程中要严格执行国家标准；同时告知信访人如不服本处理意见，可在30日内向锦州市环保局提出复查。

2006年1月9日，王素华到锦州市环保局申请复查，虽然信访人提出的复查要求已经超出《信访条例》规定的30日的期限，但本着为信访人负责的态度，锦州市环保局同意进行重新调查，四次到企业调查取证，取样监测，同时两次到信访人及其邻居家进行现场勘察，发现信访人家的大棚根本没有种植任何作物，故无法确定农作物是否受到污染；2006年2月5日，锦州市环保局给信访人出具了《信访事项复查意见书》，在复查意见书中，明确说明，通过监测，信访人反映的江山化工公司排放的各种污染物均符合国家和地方的排放标准；对信访人提出的赔偿农作物经济损失要求，因无直接证据，建议信访人通过司法程序解决，并告知信访人如不服该复查意见，可在30日内向辽宁省环保局提出复核。王素华在3月8日的来信中并未提出复核要求并依法提供《信访事项复查意见书》，不能认定为申请复核，辽宁省环保局已按正常信访案件转交锦州市环保局办理。2006年4月12日，王素华等二人到辽宁省环保局走访，要求辽宁省环保局进行复核，并提供了《锦州市疾病预防控制中心检测评价报告》（锦环水〔2005〕第070号），辽宁省环保局当即告知信访人，由于锦州市环保局在2006年2月5日出具的信访事项复查意见中，要求信访人在30日内向辽宁省环保局提出复核申请，但信访人未在规定的日期内提出复核要求，因此，辽宁省环保局对其复核要求不予受理。

2. 辽宁省环保局直接核实了污染问题。

2006年5月30日，辽宁省环保局接到国家环保总局转办的王彩芬反映锦州市江山化工有限公司生产废水、废气、废渣污染问题的信访事项转办单。

2006年6月2日，辽宁省环保局环境监察局工作人员到锦州市江山化工有限公司进行了调查取证，制作了询问笔录；还在现场通过电话向信访人了解了该公司的生产情况，并告知信访人，按照为信访人保密的要求，不能在现场与其见面，信访人表示同意。因该厂当日未生产、未能对排污口进行检测；但本着对信访人负责的态度，为排查环境隐患，省环境监测中心站对该公司生产车间内残留的生产废水、厂区内堆放的废渣进行了取样分析，未发现总局转来信访件中反映的甲苯、异丙醇等特征污染物。另外，锦州市环保局已在2006年1月20日对江山化工有限公司的排污口进行检测，证明挥发酚达标排放。通过对江山化工有限公司生产产品、工艺等情况的了解，认为该公司的生产不足以造成锦州市疾控中心2005年在井水检测中发现的挥发酚、浑浊度超标问题。辽宁省环保局在检查过程中，发现该公司存在其他环境违法行为：生产过程中产生的废渣直接堆放在厂院内，生产冷却水直接排放等，对此，辽宁省环保局当场要求该公司立即停产整顿，不经当地环保部门批准，不得恢复生产。2006年6月19日，辽宁省环保局将有关调查结果向国家环保总局进行报告。

同时，辽宁省环保局给信访人出具了《关于锦州市江山化工有限公司污染问题的答复书》，并于2006年6月12日、6月26日、8月23日，分别三次告知信访人其反映的江山化工公司污染情况与事实不符，并要求其到省环保局领取答复书（证据见辽宁省环保局工作人员与王素华通话话单）。关于经济赔偿问题，因无直接证据，建议其通过司法程序解决。信访人至今也未到我局领取此答复书；由于信访人不告知详细通讯地址，无法邮寄送达。近期我局还将与相关部门沟通，设法再次送达答复书。

（三）关于申请人提出的事实理由及证据等情况的说明。

经查，锦州市江山化工有限公司1996年5月建厂，相关环保手续齐全，企业主要产品为无铁硅酸钠，在生产过程中无废水、废气产生，只有少量生活污水和车间冲洗水外排；2003年4月，该公司拟对锦州市攀钢集团锦州钛业有限公司产生的氯化废盐进行处理和综合利用，但因生产废盐的原料供应不正常，生产不稳定，于2004年11月全面停产；该公司的产品中不存在有机类物质，其产生的废渣为无机盐类，不属危险废物，在该公司自己的渣场存放。2006年6月2日，在辽宁省环保局的检查过程中，因存在与信访人反映问题无直接关系的其他环境违法问题，被现场要求停产整顿。

信访人提出的其自家井水中有厚厚一层油类物质，并有刺鼻气味，经市、区两级环保部门现场检查，未发现有上述异常现象，由信访人提供的《锦州市疾病预防控制中心检测评价报告》（锦环水〔2005〕第070号）也表明：在对井水进行的十六项检测项目中，只有浑浊度和挥发酚类不符合《生活饮用水卫生标准》GB5749－85、《辽宁省城镇生活饮用水卫生管理办法》实施细则的规定，其中，挥发酚类检测结果为0.003mg/L（标准为0.002mg/L）；而经辽宁省锦州市环境监测中心站2006年1月20日监测，江山化工有限公司的生水废水中挥发酚达标排放，因此该公司的排污不足以造成井水中挥发酚超标。

信访人提出的其母亲在饮用井水后，双眼朦胧，全身不适及村民李文章因被该企业污染，患毒性神经性皮炎等症状，经调查，北壕村中没有叫李文章的村民，信访人也未提供有效证据证明上述村民是否有此类疾病，同时也无有效证据证明此类疾病是因该企业污染所致；关于信访人所述的农作物被污染腐烂，造成经济损失问题，信访人同样未能提供有效证据证明农作物因污染受到损失及损失额度。为此，锦州市环保局已告知信访人通过司法程序进行裁决。

辽宁省环保局自2006年3月8日接到信访人投诉后，一直高度重视此事，积极进行相关调查取证工作，及时将工作结果告知信访人，并以书面形式报告了国家环保总局，因此不存在信访人所述的辽宁省环保局不调查处理的情况。

三、我局认定事实、理由和证据

经审理查明：

2003年4月，锦州市环保局审查批准了江山化工有限公司废盐综合利用项目环境影响报告表，同意该项目建设。同时要求：“必须按环评报告表的要求，认真落实污染防治措施”；“运回的废渣要集中存放在储池（罐）内，并采取有效措施，防止二次污染”；“烘干后的沉淀废渣与过滤产生的废渣要置于密闭库房内”。

2005年9月7日，王素华、李文成到锦州市太和区环保局上访，反映江山化工公司污染问题。11月21日，锦州市太和区环保局出具了《信访事项处理意见》：经查看信访人家的井水未发现异常情况，建议信访人将井水送到卫生防疫部门检测，并要求江山化工厂严禁废液外倒、在生产过程中要严格执行国家标准。同时告知信访人如对处理意见不服，请在30日内向锦州市环保局提出复查。

2006年1月9日，王素华申请复查。2月5日，锦州市环保局给王素华出具了《信访事项复查意见书》，提出了如下复查意见：（1）经采样监测，江山化工有限公司排放污染物均符合国家和地方规定的排放标准；（2）对信访人提出的赔偿棚菜经济损失要求，因无直接证据，建议信访人通过司法程序解决；（3）要求太和区环保局认真做好环境信访工作，加强对江山化工有限公司的环境监管。同时，告知信访人如不服本复查意见，请在30日内向辽宁省环保局提出复核。

2006年3月8日，王素华致函辽宁省环保局，反映江山化工厂污染防治设施没有同时设计、同时施工、同时投入使用，造成自家井水污染和农作物减产。同日，辽宁省环保局将信访材料转交锦州市环保局调查处理。3月28日，锦州市环保局以《关于“江山化工有限公司”环境信访调查处理情况的报告》反馈辽宁省环境监察局。

2006年4月1日，王素华致函辽宁省环保局，反映江山化工厂刷油罐废水污染自家井水、造成农作物减产损失的问题。

2006年5月18日，王彩芬等3人到国家环保总局上访，反映江山化工有限公司排放的废气、废水污染空气和地下水，造成农作物腐烂的经济损失。5月22日，国家环保总局将信访材料转交辽宁省环保局调查处理，并要求于 2006 年 6 月 30 日前将处理结果报国家环保总局。

2006 年 6 月 2 日，辽宁省环保局派员到锦州市江山化工有限公司进行了调查取证，并于 2006 年 6 月 6 日委托辽宁省环境监测中心站对其生产工艺排水、废渣进行了监测。调查和检测结果显示，该公司生产废水中石油类物质和 COD 超标、废渣浸出液的 pH 值超标，未检出申请人所反映的甲苯、异丙醇。同时发现，该公司生产废渣未经处理直接堆放、冷却水直接外排、泄漏的机油未经处理直接排放。针对发现的问题，辽宁省环保局提出了下一步工作意见：该公司立即停产整顿；要求锦州市、区两级环保部门加强对该公司的监管力度，确保污染物达标排放。2006 年 9 月 12 日，辽宁省环保局将《关于锦州市江山化工有限公司污染问题的答复书》送达王素华，遭到拒绝签收。

以上事实，有以下证据为证，可以认定：

1. 2003 年 4 月锦州市江山化工有限公司废盐综合利用项目建设项目环境影响报告表及锦州市环保局批复意见

2. 锦州市太和区环保局 2005 年 11 月 21 日《信访事项处理意见书》

3. 锦州市环境监测中心站 2006 年 1 月 20 日《监测报告》(锦环监技〔2006〕8 号)

4. 锦州市环保局 2006 年 2 月 5 日《信访事项复查意见书》(锦环信查字〔2006〕001 号)

5. 王素华 2006 年 3 月 8 日致辽宁省环保局函

6. 辽宁省环保局 2006 年 3 月 8 日环境信访事项呈报单（省环〔2006 年 52 号〕)

7. 辽宁省环境保护局 2006 年 3 月 8 日信访转办单（辽环信〔2006052〕号)

8. 锦州市环保局 2006 年 3 月 28 日《关于“江山化工有限公司”环境信访调查处理情况的报告》

9. 王素华 2006 年 4 月 1 日致辽宁省环保局函

10. 辽宁省环保局 2006 年 4 月 12 日环境信访事项登记表（省环〔2006 年 71 号〕)

11. 王彩芬等 45 人 2006 年 5 月 18 日致国家环保总局函（《关于要求国家环保总局依法履行法定职责查处江山化工有限公司严重环境污染案件的申诉举报材料》)

12. 国家环保总局 2006 年 5 月 22 日《信访事项交办单》(环访交字〔2006〕4 号)

13. 辽宁省环保局 2006 年 6 月 2 日《调查询问笔录》

14. 辽宁省环境监测中心站 2006 年 6 月 8 日《分析结果报告单》(辽环监（临）字 2006 第 029 号)

15. 辽宁省环保局 2006 年 6 月 9 日致王素华《关于锦州市江山化工有限公司污染问题的答复书》

16. 辽宁省环保局 2006 年 6 月 19 日《关于辽宁省锦州市江山化工有限公司污染问题的查处报告》

17. 辽宁省环保局 2006 年 9 月 12 日《文书送达回执》

我局认为：

（一）根据《水污染防治法》、《大气污染防治法》及《固体废物污染环境防治法》等法律的有关规定，对造成废气、废水、废渣等污染的违法行为的处罚主要是由县级以上地方环保部门负责。据此，辽宁省环保局依法负有对申请人所反映的废气、废水、废渣污染问题进行调查处理的职责。

（二）辽宁省环保局已经对申请人所反映的江山化工有限公司废气、废水、废渣污染问题进行了调查和监测。但没有证据表明辽宁省环保局对调查中发现的江山化工有限公司的生产废渣未经处理直接堆放、冷却水直接外排、泄漏的机油未经处理直接排放的违法行为作出了书面处理决定，也没有证据表明辽宁省环保局将案件材料移交当地市、区环保部门予以处理。

（三）依据《建设项目环境保护管理条例》第二十三条的规定，江山化工有限公司废盐综合利用项目的主体工程投入生产使用前，其配套环保设施必须经原审批环境影响评价文件的环保部门验收同意。目前，尚无证据表明该项目配套环保设施已经原审批环境影响评价文件的环保部门验收，有关情况需进一步调查核实。

（四）依照《信访条例》第三十二条规定，辽宁省环保局在调查核实后应依法将处理结果书面答复信访人。辽宁省环保局虽然于 2006 年 6 月 9 日制作了致王素华的《关于锦州市江山化工有限公司污染问题的答复书》，但在申请人提出行政复议申请前并未送达当事人。根据《信访条例》第四十三条的规定，应当改正。鉴于辽宁省环保局于2006年9月12日已自行改正，将信访处理答复书送达当事人，可以认定。

（五）关于污染赔偿问题，申请人依法可请求当地环保部门调解处理，调解不成的，可向人民法院提起民事诉讼。申请人依法也可直接向人民法院提起民事诉讼。

四、复议决定

根据《行政复议法》第二十八条的规定，我局作出复议决定如下：

（一）责令辽宁省环保局依据《固体废物污染环境防治法》第六十八条、《水污染防治法》第四十六条、《水污染防治法实施细则》第三十九条等法律规定，对调查中发现的违法行为作出书面处理决定，或者书面移交当地市、区环保部门予以处理；

（二）责令辽宁省环保局督促锦州市环保局对江山化工有限公司执行“三同时”制度的情况进行监督检查，并对发现的违法行为依法进行处理。

如对本复议决定不服，王彩芬等45人可以自收到本复议决定书之日起15日内，依法向人民法院提起行政诉讼。

二〇〇六年十月十九日

主题词：环保　复议　决定
抄送：辽宁省环保局。

环保总局公布六里屯垃圾焚烧发电项目行政复议决定

国家环保总局2007年6月12日公布了关于北京海淀区六里屯垃圾焚烧发电项目的行政复议决定（以下简称“复议决定”）。复议决定指出，该项目在进一步论证前应予缓建，并全面公开论证过程，扩大征求公众意见范围。论证和征求公众意见的结果必须报送北京市环保局核准并发布公告，然后报国家环保总局备案。在公告和备案之前，该项目不得开工建设。

2007年2月和3月，钱左生、李惠兰等人分别向环保总局申请行政复议，请求撤销《北京市环境保护局关于海淀区垃圾焚烧发电和综合处理项目环境影响报告书的批复》，主要理由包括项目选址不当和公众参与程序未遵守《环境影响评价法》等。

在选址问题上，复议决定指出，国家环保总局、国家发改委于2006年6月1日发布了《关于加强生物质发电项目环境影响评价管理工作的通知》，对生活垃圾焚烧发电类项目做出了新的限制性规定，例如：在“可能造成敏感区环境保护目标不能达到相应标准要求的区域”，“一般不得新建生活垃圾焚烧发电类项目”等。然而，根据《立法法》第84条关于法律、法规和规章“不溯及既往”的基本规则，2006年发布的《关于加强生物质发电项目环境影响评价管理工作的通知》对2005年批复的项目没有追溯效力，北京市环保局依据2005年的法律、法规、国家标准及产业政策批复该项目环评报告书的行为符合法定权限和程序，并无不当。按照依法行政原则，环保总局对该批复予以维持。

但是，由于垃圾填埋场所在地政府并未落实北京市环保局1995年对该项目依托的垃圾填埋场环评审批时提出的“填埋场界外500米之内不宜兴建永久居住设施、现有设施应予搬迁”的要求，致使厂址周围的人口数量不断增加，环境功能实际上发生了较大变化，导致目前在六里屯垃圾填埋场旁新建垃圾焚烧发电项目，可能加重该区域居民的环境风险。在这种情况下，建议项目所在地政府和有关部门参照《关于加强生物质发电项目环境影响评价管理工作的通知》的有关技术规范，对该项目的卫生防护距离是否准确、周边环境容量能否满足需求、工程地质是否符合条件、二噁英排放是否会污染京密引水渠、周边环境敏感点的环境风险防范措施是否有效等关键问题上，组织专家进一步论证。在完成科学论证之前，该项目应予缓建。

在公众参与问题上，申请人认为该项目环评公众参与人数较少，不具有广泛性、代表性，因此违反了《环评法》。复议决定指出，根据六里屯垃圾焚烧发电和综合处理项目环境影响评价报告书“公众参与”一章的内容，该项目建设单位组织了公示会、举行了专家论证会、向附近居民发放了调查表、在环评报告书中编写了公众参与篇章。由于《环评法》中对“公众参与”仅有原则性规定，没有关于方式、范围、程度的具体规定，所以，该项目的环评在程序上并未违反《环评法》的要求。

但是，环保总局在审理过程中发现，近两年来该项目周围入住居民增多，导致可能受项目潜在环境风险影响的人数增加，公众已经通过群众来信、集体上访等不同方式，对该项目可能产生的环境影响表示了强烈关注。鉴此，为了充分反映民意，环保总局建议建设单位和有关部门在该项目开工建设之前，应当全面公开论证过程，同时在更大范围内客观、全面、公开地征求公众意见，并将论证和征求公众意见的结果报送北京市环保局核准；北京市环保局核准后应当向社会公告，并报环保总局备案。未经北京市环保局核准、公告并报环保总局备案，该项目不得开工建设。

环保执法释疑

关于转发《最高人民法院关于审理环境污染刑事案件具体应用法律若干问题的解释》和《最高人民检察院关于渎职侵权犯罪案件立案标准的规定》（节选）的通知

（环函〔2006〕322号）

各省、自治区、直辖市环境保护局（厅），各直属单位，各派出机构：

为依法惩治环境污染和环境监管失职犯罪行为，2006年7月21日，最高人民法院发布了《最高人民法院关于审理环境污染刑事案件具体应用法律若干问题的解释》，2006年7月26日，最高人民检察院发布了《最高人民检察院关于渎职侵权犯罪案件立案标准的规定》。上述两个司法解释的发布施行，对于贯彻实施刑法中有关惩治环境污染和环境监管失职犯罪行为的规定，震慑环境违法犯罪行为，规范环保行政执法，促进环保法律法规的贯彻执行，落实科学发展观、建设资源节约型和环境友好型社会，具有重要意义。

各级环保部门要认真学习、贯彻落实上述两个司法解释，强化依法行政意识，严格执行环保法律法规，认真履行环境监督管理职责，加大环境执法力度。在依法查处环境违法行为过程中，发现环境违法事实涉及的金额、情节或造成的后果等涉嫌构成犯罪，依法需要追究刑事责任的，必须依照国务院《行政执法机关移送涉嫌犯罪案件的规定》（国务院令第310号）向公安机关移送，不能以行政处罚代替移送；发现环境监管失职违法行为，涉嫌构成犯罪的，应当及时将案件移送人民检察院。

现将《最高人民法院关于审理环境污染刑事案件具体应用法律若干问题的解释》和《最高人

民检察院关于渎职侵权犯罪案件立案标准的规定》（节选）转发你们，请认真贯彻执行。在执行中发现问题或遇到困难，应及时向总局报告。

附件：1. 最高人民法院关于审理环境污染刑事案件具体应用法律若干问题的解释

2. 最高人民检察院关于渎职侵权犯罪案件立案标准的规定（节选）

二〇〇六年八月十五日

附件一：

中华人民共和国最高人民法院公告

《最高人民法院关于审理环境污染刑事案件具体应用法律若干问题的解释》已于2006年6月26日由最高人民法院审判委员会第1391次会议通过，现予公布，自2006年7月28日起施行。

二〇〇六年七月二十一日

最高人民法院关于审理环境污染刑事案件具体应用法律若干问题的解释

（2006年6月26日由最高人民法院审判委员会第1391次会议通过）（法释〔2006〕4号）

为依法惩治有关环境污染犯罪行为，根据刑法有关规定，现就审理这类刑事案件具体应用法律的若干问题解释如下：

第一条 具有下列情形之一的，属于刑法第三百三十八条、第三百三十九条和第四百零八条规定的“公私财产遭受重大损失”：

（一）致使公私财产损失三十万元以上的；

（二）致使基本农田、防护林地、特种用途林地五亩以上，其他农用地十亩以上，其他土地二十亩以上基本功能丧失或者遭受永久性破坏的；

（三）致使森林或者其他林木死亡五十立方米以上，或者幼树死亡二千五百株以上的。

第二条 具有下列情形之一的，属于刑法第三百三十八条、第三百三十九条和第四百零八条规定的“人身伤亡的严重后果”或者“严重危害人体健康”：

（一）致使一人以上死亡、三人以上重伤、十人以上轻伤，或者一人以上重伤并且五人以上轻伤的；

（二）致使传染病发生、流行或者人员中毒达到《国家突发公共卫生事件应急预案》中突发公共卫生事件分级Ⅲ级情形，严重危害人体健康的；

（三）其他致使“人身伤亡的严重后果”或者“严重危害人体健康”的情形。

第三条 具有下列情形之一的，属于刑法第三百三十八条、第三百三十九条规定的“后果特别严重”：

（一）致使公私财产损失一百万元以上的；

（二）致使水源污染、人员疏散转移达到《国家突发环境事件应急预案》中突发环境事件分级Ⅱ级以上情形的；

（三）致使基本农田、防护林地、特种用途林地十五亩以上，其他农用地三十亩以上，其他土地六十亩以上基本功能丧失或者遭受永久性破坏的；

（四）致使森林或者其他林木死亡一百五十立方米以上，或者幼树死亡七千五百株以上的；

（五）致使三人以上死亡、十人以上重伤、三十人以上轻伤，或者三人以上重伤并十人以上轻伤的；

（六）致使传染病发生、流行达到《国家突发公共卫生事件应急预案》中突发公共卫生事件分级Ⅱ级以上情形的；

（七）其他后果特别严重的情形。

第四条 本解释所称“公私财产损失”，包括污染环境行为直接造成的财产损毁、减少的实际价值，为防止污染扩大以及消除污染而采取的必要的、合理的措施而发生的费用。

第五条 单位犯刑法第三百三十八条、第三百三十九条规定之罪的，定罪量刑标准依照刑法和本解释的有关规定执行。

附件二：

中华人民共和国最高人民检察院公告

《最高人民检察院关于渎职侵权犯罪案件立案标准的规定》已于2005年12月29日由最高人民检察院第十届检察委员会第四十九次会议通过，现予公布，自公布之日起施行。

最高人民检察院

二〇〇六年七月二十六日

中华人民共和国最高人民检察院司法解释

（高检发释〔2006〕2号）

根据《中华人民共和国刑法》、《中华人民共和国刑事诉讼法》和其他法律的有关规定，对国家机关工作人员渎职和利用职权实施的侵犯公民人身权利、民主权利犯罪案件的立案标准规定如下：

一、渎职犯罪案件

……（略）

（十九）环境监管失职案（第四百零八条）

环境监管失职罪是指负有环境保护监督管理职责的国家机关工作人员严重不负责任，不履行或者不认真履行环境保护监管职责导致发生重大环境污染事故，致使公私财产遭受重大损失或者造成人身伤亡的严重后果的行为。

涉嫌下列情形之一的，应予立案：

1. 造成死亡1人以上，或者重伤3人以上，或者重伤2人、轻伤4人以上，或者重伤1人、轻伤7人以上，或者轻伤10人以上的；

2. 导致30人以上严重中毒的；

3. 造成个人财产直接经济损失15万元以上，或者直接经济损失不满15万元，但间接经济损失75万元以上的；

4. 造成公共财产、法人或者其他组织财产直接经济损失30万元以上，或者直接经济损失不满30万元，但间接经济损失150万元以上的；

5. 虽未达到3、4两项数额标准，但3、4两项合计直接经济损失30万元以上，或者合计直接经济损失不满30万元，但合计间接经济损失150万元以上的；

6. 造成基本农田或者防护林地、特种用途林地10亩以上，或者基本农田以外的耕地50亩以上，或者其他土地70亩以上被严重毁坏的；

7. 造成生活饮用水地表水源和地下水源严重污染的；

8. 其他致使公私财产遭受重大损失或者造成人身伤亡严重后果的情形。

……

三、附则

（一）本规定中每个罪案名称后所注明的法律条款系《中华人民共和国刑法》的有关条款。

（二）本规定所称“以上”包括本数；有关犯罪数额“不满”，是指已达到该数额百分之八十以上的。

（三）本规定中的“国家机关工作人员”，是指在国家机关中从事公务的人员，包括在各级国家权力机关、行政机关、司法机关和军事机关中从事公务的人员。在依照法律、法规规定行使国家行政管理职权的组织中从事公务的人员，或者在受国家机关委托代表国家行使职权的组织中从事公务的人员，或者虽未列入国家机关人员编制但在国家机关中从事公务的人员，在代表国家机关行使职权时，视为国家机关工作人员。在乡（镇）以上中国共产党机关、人民政协机关中从事公务的人员，视为国家机关工作人员。

（四）本规定中的“直接经济损失”，是指与行为有直接因果关系而造成的财产损毁、减少的实际价值；“间接经济损失”，是指由直接经济损失引起和牵连的其他损失，包括失去的在正常情况下可以获得的利益和为恢复正常的管理活动或者挽回所造成的损失所支付的各种开支、费用等。

有下列情形之一的，虽然有债权存在，但已无法实现债权的，可以认定为已经造成了经济损失：（1）债务人已经法定程序被宣告破产，且无法清偿债务；（2）债务人潜逃，去向不明；（3）因行为人责任，致使超过诉讼时效；（4）有证据证明债权无法实现的其他情况。

直接经济损失和间接经济损失，是指立案时确已造成的经济损失。移送审查起诉前，犯罪嫌疑人及其亲友自行挽回的经济损失，以及由司法机关或者犯罪嫌疑人所在单位及其上级主管部门挽回的经济损失，不予扣减，但可作为对犯罪嫌疑人从轻处理的情节考虑。

（五）本规定中的“徇私舞弊”，是指国家机关工作人员为徇私情、私利，故意违背事实和法律，伪造材料，隐瞒情况，弄虚作假的行为。

（六）本规定自公布之日起施行。本规定发布前有关人民检察院直接受理立案侦查的国家机关工作人员渎职和利用职权实施的侵犯公民人身权利、民主权利犯罪案件的立案标准，与本规定有重复或者不一致的，适用本规定。

对于本规定施行前发生的国家机关工作人员渎职和利用职权实施的侵犯公民人身权利、民主权利犯罪案件，按照《最高人民法院、最高人民检察院关于适用刑事司法解释时间效力问题的规定》办理。

关于规划环境影响评价有关问题的复函

（环函〔2006〕230号）

天津市环境保护局：

你局《关于规划环评有关问题的请示》（津环保管〔2006〕81号）收悉。经研究，函复如下：

一、《国务院关于落实科学发展观加强环境保护的决定》（国发〔2005〕39号）规定：“必须依照国家规定对各类开发建设规划进行环境影响评价”，“各级环保部门负责召集有关部门专家和代表提出开发建设规划环境影响评价的审查意见”。因此，国务院及各省、自治区、直辖市人民政府批准设立的经济技术开发区、高新技术产业开发区、保税区、旅游度假区、边境经济合作区，以及有关地方人民政府批准设立的各类工业园区，其区域开发规划应当进行环境影响评价，编制环境影响报告书，并应由批准设立开发区或工业园区的人民政府所属环保行政主管部门召集有关部门专家和代表提出审查意见，作为审批规划的重要依据。

二、应当编制环境影响篇章或说明的规划，也应由环保部门召集有关部门专家和代表提出审查意见。对于召集审查的具体方式，地方有规定的，暂按地方规定执行；地方没有规定的，可参照《专项规划环境影响报告书审查办法》（国家环境保护总局令第18号）执行。

三、对于国务院有关部门、设区的市级以上地方人民政府及其有关部门负责组织编制的“十一五”有关规划，凡属于《关于印发〈编制环境影响报告书的规划的具体范围（试行）〉和〈编制环境影响篇章或说明的规划的具体范围（试行）〉的通知》（环发〔2004〕98号）规定范围内的，应按有关规定进行环境影响评价。

二○○六年六月十四日

关于加强环保用和可能造成环境危害微生物进出口环境安全及卫生检疫管理问题的复函

（环函〔2006〕89号）

北京市环境保护局：

你局《关于加强环保用和可能造成环境危害微生物进出口环境安全及卫生检疫管理工作有关问题的请示》（京环文〔2006〕1号）收悉。经研究，函复如下：

一、环保部门根据环境安全评价单位的评价结果出具环境安全证明。此证明是针对微生物菌剂的环境安全问题，属于环境安全技术性证明，不属于行政许可范畴。

二、我局将委托中科院微生物所作为环境安全评价单位，并由该所出具环境安全评价报告。我局将扩大环境安全评价单位的范围；同时，我局正在组织制定环境安全评价相关标准规范，待批准后，向社会公布。

三、你局应按照《关于加强环保用和可能造成环境危害的微生物进出口环境安全及卫生检疫管理的通知》（环发〔2005〕123号）要求，与辖区直属检验检疫机构共同加强监管，严防环境安全事故发生。

1. 加强初审工作。环保用微生物环境安全的初审工作主要包括：对申请进出口微生物菌剂的企事业单位登记备案并对其从业资格进行审查；对通过资格审查的企事业单位发放《环境相关微生物菌剂进出口安全评价报告书》。自收到申请材料起，应在10天内办结初审事项。

2. 加强监管。对辖区内涉及环境相关微生物菌剂使用及生产的企事业单位（以下简称“涉业企事业单位”）的生产使用过程、场所以及产生的废水、废气及危险废物的污染防治情况进行监督检查。发现有违法行为及环境安全隐患的，应责令其限期整改。记录检查情况和处理结果，由检查人员签字后归档并反馈被检查单位。对辖区内涉业企事业单位的现场检查，每半年不得少于一次。

3. 加强风险防范。督促涉业企事业单位落实环境安全应急预案；一旦发生环境安全事故，应当按照国家环境安全事故应急预案的程序启动应急工作。

二〇〇六年三月六日

关于界定城市污水集中处理设施的复函

（环函〔2006〕125号）

吉林省环境保护局：

你局《关于征收排污费问题的请示》（吉环文〔2006〕33号）收悉，现函复如下：

《排污费征收标准管理办法》（原国家计委、财政部、环保总局、经贸委第31号令）规定：“对向城市污水集中处理设施排放污水，按规定缴纳污水处理费的，不再征收污水排污费。”

根据《国家环境保护模范城市考核指标》的要求，城市污水集中处理设施应为实施二级处理的城市污水处理厂。你省长春市北郊污水处理厂现为一级处理，二级处理部分尚未建成。因此，你省长春市北郊污水处理厂不适用于上述规定。

二〇〇六年四月三日

关于危险废物跨省转移管理有关问题的复函

（2006年4月12日）

黑龙江省环保局：

你局《关于危险废物跨省转移管理有关问题的请示》（黑环办〔2005〕121号）收悉。经研究，现函复如下：

《中华人民共和国固体废物污染环境防治法》第五十九条规定：“转移危险废物的，必须按照国家有关规定填写危险废物转移联单，并向危险废物移出地设区的市级以上地方人民政府环境保护行政主管部门提出申请。移出地设区的市级以上地方人民政府环境保护行政主管部门应当商经接受地设区的市级以上地方人民政府环境保护行政主管部门同意后，方可批准转移该危险废物。未经批准的，不得转移。”

根据上述规定，跨省转移危险废物的，必须向危险废物移出地省级人民政府环境保护行政主管部门提出申请。

二〇〇六年四月十二日

关于明确《放射性同位素与射线装置安全许可管理办法》有关问题的通知

（函〔2006〕224号）

各省、自治区、直辖市环境保护局（厅）：

依据《放射性同位素与射线装置安全和防护条例》（国务院令第449号），我局颁布了《放射性同位素与射线装置安全许可管理办法》（国家环保总局令第31号，以下简称《办法》），自2006年3月1日起施行。在《办法》实施过程中，一些地方环保部门对《办法》部分条款的理解存在差异。为避免因理解上的不同而影响《办法》执行，现将委托颁发许可证、环境影响评价文件编制单位的资质和审批权限、放射性同位素与射线装置的豁免认可等问题明确如下，请遵照执行。

一、关于国家环保总局委托省级环保部门颁发许可证的问题

（一）委托内容

在申请辐射安全许可证前需编制环境影响报告书的单位的许可证由总局负责审批颁发，其他单位的辐射安全许可证委托省级环保局颁发。

委托省级环保局颁发的辐射安全许可证上加盖受委托的省级环保局印章。

（二）受委托的省级环保部门应具备以下基本条件

1. 具有专门负责核与辐射安全监督管理的处室或经合法授权的监管机构。

具有能完成辐射环境监测、辐射安全监督检查和辐射事故应急等工作的技术支持单位。

2. 有5名以上核物理、核医学、放射化学、辐射防护等相关专业本科以上学历的技术人员，或从事辐射安全管理、监测工作10年以上的人员。这些人员须经总局培训或认可的机构培训，考试合格，其中具有高级职称的不少于2名。

3. 技术支持单位应通过相关的辐射检测计量认证，或有合格的监测质量控制机构、管理制度；并拥有满足监测需求的仪器设备、防护用品及专职监测人员。

（三）委托程序

由各省级环保局以书面形式自愿申请，总局按照基本条件进行审核，符合条件的由总局以文件形式予以委托，委托期限5年。

二、关于环境影响评价文件编制单位资质和审批权限的问题

环境影响评价文件由具有乙级以上（含乙级）评价资质、业务范围的单位（包括辐射专业）编制。

由总局负责颁发辐射安全许可证单位的环境影响评价文件由总局负责审批，由省级环保局负责颁发辐射安全许可证单位的环境影响评价文件由省级环保局负责审批。

三、关于放射性同位素与射线装置豁免管理的认可问题

各省级环保局负责辖区内放射性同位素与射线装置豁免管理的认可，出具豁免管理证明文件。

二〇〇六年六月七日

关于废纸和废塑料适用进口可用作原料的固体废物环境保护控制标准问题的复函

（环函〔2006〕248号）

国家质量监督检验检疫总局：

你局《关于征求对〈进口可用作原料的固体废物环境保护控制标准〉有关条款解释意见的函》（质检检函〔2006〕32号）收悉。根据我局国家环保标准解释工作有关规定，经研究，现函复如下：

一、墙（壁）纸、涂蜡纸、浸蜡纸、复写纸作为整批货物申报进口，不适用《进口可用作原料的固体废物环境保护控制标准一废纸或纸板》（GB16487.4—2005）。

二、涂有金属层的塑料薄膜或者塑料制品作为整批货物申报进口，不适用《进口可用作原料的固体废物环境保护控制标准一废塑料》（GB16487.12—2005）。

特此函复。

二〇〇六年六月二十二日

关于火电厂实施烟气脱硫后执行标准的复函

（环函〔2006〕251号）

上海市环境保护局：

你局《关于电厂实施烟气脱硫后执行排放标准的请示》（沪环保科〔2006〕129号）收悉。经研究，函复如下：

国家现行《火电厂大气污染物排放标准》（GB13223—2003）对第1、2时段火电厂建设项目排放二氧化硫、烟尘，分两个阶段规定了排放浓度限值，即2005年1月1日至2009年12月31日和2010年1月1日以后分别执行不同的限值；对氮氧化物只规定了2005年1月1日起应达到的排放浓度限值。

若采取治理措施，使第1、2时段的火电厂建设项目达到第二阶段污染物排放浓度限值，可不按扩建、改建项目要求，但应按《火电厂大气污染物排放标准》（GB13223—2003）控制二氧化硫、烟尘，氮氧化物排放浓度限值仍按原时段的要求执行。

若要求第1、2时段的火电厂建设项目提前达到第二阶段污染物排放浓度限值或达到更加严格的污染物排放控制要求，则与执行国家现行《火电厂大气污染物排放标准》（GB13223—2003）无关，可通过制定地方污染物排放标准或执行国家或地方总量控制指标，明确提出具体要求。

二〇〇六年六月二十三日

关于征收污水排污费有关问题的复函

（环函〔2006〕256号）

湖北省环境保护局：

你局《关于征收污水排污费有关问题的请示》（鄂环保文〔2006〕69号）收悉。经研究，现函复如下：

《水污染防治法》第十九条第三款规定：“城市污水集中处理设施按照国家规定向排污者提供污水处理的有偿服务，收取污水处理费用，以保证污水集中处理设施的正常运行。”

原国家发展计划委员会、建设部、国家环境保护总局《关于印发推进城市污水、垃圾处理产业化发展意见的通知》（计投资〔2002〕1591号）中明确规定："征收的城市污水和垃圾处理费应专项用于城市污水、垃圾集中处理设施的运营、维护和项目建设。尚未建设污水、垃圾集中处理设施的城市所征收的污水、垃圾处理费用，可用于城市污水、垃圾处理工程的前期工作和相关配套项目的投入，但在三年内必须建成污水、垃圾集中处理设施，并投入运行。"

《排污费征收使用管理条例》（国务院令第369号）第二条规定："直接向环境排放污染物的单位和个体工商户，应当依照本条例的规定缴纳排污费。"国务院法制办公室在《对〈关于征收超标准排污费有关问题的请示〉的复函》（国法秘函〔2005〕141号）中明确规定："排污者向城市排水管网排放污水，进入城市污水处理厂的，按规定缴纳污水处理费用；未进入城市污水处理厂的，应当依法缴纳排污费或者超标准排污费。"

根据上述规定，凡开征污水处理费的城市，超过三年未建成污水处理厂，没有为缴纳污水处理费的排污单位提供污水处理的有偿服务，当地环保部门对直接向环境排放污水的单位，应当按国家规定的标准征收其污水排污费或者污水超标准排污费。

二〇〇六年六月二十七日

关于实施行政处罚时听取陈述申辩时限问题的复函

（环函〔2006〕262号）

新疆维吾尔自治区环境保护局：

你局《关于〈行政处罚事先告知书〉中时限设定问题的请示》（新环科字〔2006〕144号）收悉。经研究，现函复如下：

《中华人民共和国行政处罚法》第三十一条规定："行政机关在作出行政处罚决定之前，应当告知当事人作出行政处罚决定的事实、理由及依据，并告知当事人依法享有的权利。"该法第三十二条规定："行政机关必须充分听取当事人的意见，对当事人提出的事实、理由和证据，应当进行复核；当事人提出的事实、理由或者证据成立的，行政机关应当采纳。"该法第四十一条还规定："行政机关及其执法人员在作出行政处罚决定之前，不依照本法第三十一条、第三十二条的规定向当事人告知给予行政处罚的事实、理由和依据，或者拒绝听取当事人的陈述和申辩，行政处罚决定不能成立。"

但《中华人民共和国行政处罚法》并未规定统一的陈述和申辩时限。为了规范环保部门的行政处罚行为，保障行政处罚相对人的合法权利和环保部门的行政效率，我局制定了《环境保护行政处罚常用法律文书格式》，将当事人陈述和申辩的时限规定为自接到事先告知书之日起七日。在法律、法规和部门规章没有明确规定当事人陈述和申辩时限的情况下，可按此规定执行。

二〇〇六年七月五日

关于确认220KV输变电工程环境影响评价文件审批权限的复函

（环函〔2006〕277号）

浙江省环境保护局：

你局《关于要求确认220KV庆丰输变电工程环评审批权限的请示》（浙环〔2006〕26号）收悉。经研究，现函复如下：

《中华人民共和国环境影响评价法》第二十三条和《建设项目环境保护管理条例》第十一条对建设项目的审批权限作了原则规定。为适应国家建设项目投资体制改革的需要，我局于2002年11月1

日发布了《建设项目环境影响评价文件分级审批规定》（国家环境保护总局令第15号），进一步规范和细化了环境影响评价文件的分级审批管理。

根据《建设项目环境影响评价文件分级审批规定》，非政府财政性投资项目总投资在2亿元及以上的330千伏及以上输变电工程，其环境影响评价文件应当由我局负责审批。从你局反映的情况看，220千伏庆丰输变电工程的电压等级为220千伏，不能同时满足非政府财政性投资项目总投资2亿元及以上和电压等级为330千伏及以上两个条件，因此该工程环境影响评价文件不属我局审批范围。

特此函复。

二〇〇六年七月十四日

关于餐饮行业产生的废弃食用油脂是否属于生活垃圾的复函

（环函〔2006〕395号）

天津市环保局：

你局《关于餐饮行业产生的废弃食用油脂是否属于生活垃圾的请示》（津环保固〔2006〕196号）收悉。经研究，现函复如下：

根据《中华人民共和国固体废物污染环境防治法》第八十八条第三项关于“生活垃圾，是指在日常生活中或者为日常生活提供服务的活动中产生的固体废物以及法律、行政法规规定视为生活垃圾的固体废物”的规定，宾馆、饭店、企（事）业单位食堂等餐饮行业的活动属于为日常生活提供服务的活动，其产生的餐厨垃圾，包括废弃食用油脂属于生活垃圾范畴；其处理处置必须符合环境保护有关要求，防止对环境的污染。

二〇〇六年十月十三日

关于城市污水集中处理设施进水执行标准有关问题的复函

（环函〔2006〕430号）

福建省环境保护局：

你局《关于转报厦门市环保局在环境管理中对城市污水集中处理设施进水执行标准的请示》（闽环保科〔2006〕24号）收悉。经研究，函复如下：

一、工业企业等排污者向城市污水集中处理设施排放污水应执行水污染物排放标准，有地方水污染物排放标准的应优先执行。

二、《排污费征收标准管理办法》（国家发改委等4部门令第31号）第三条中“对城市污水集中处理设施接纳符合国家规定标准的污水”的“国家规定标准”是指《污水排入城市下水道水质标准》（CJ3082—1999），城市污水集中处理设施进水应按此标准执行。

三、城市污水集中处理设施处理后的出水应按《城镇污水处理厂污染物排放标准》（GB18918—2002）执行。

二〇〇六年十一月六日

关于企业试生产期间违法行为行政处罚意见的复函

（环函〔2007〕112号）

河南省环境保护局：

你局《关于企业试生产期间有关法律问题的请示》（豫环文〔2007〕33号）收悉。经研究，函复如下：

一、有关法规对企业试生产提出了严格要求

根据《建设项目环境保护管理条例》（以下简称《条例》）第十八条、第十九条和第二十条第二款的规定，需要进行试生产的建设项目，其配套建设的环保设施必须与主体工程同时投入试运行，并在投入试生产之日起3个月内申请竣工验收；建设项目试生产期间，建设单位应当对环保设施运行情况和建设项目对环境的影响进行监测。

根据《建设项目竣工环境保护验收管理办法》（环保总局令第13号）（以下简称《办法》）第七条和第八条的规定：建设项目试生产前，建设单位应提出试生产申请。试生产申请经环保部门同意后，建设单位方可进行试生产。

《办法》第十条规定：对试生产3个月确不具备环保验收条件的建设项目，建设单位应当在试生产的3个月内，向环保部门提出该建设项目环保延期验收申请，说明延期验收的理由及拟进行验收的时间。经批准后建设单位方可继续进行试生产。试生产的期限最长不超过1年。核设施建设项目试生产的期限最长不超过2年。

二、对企业试生产期间的环境违法行为，有关法律法规设定了相应的行政处罚，环保部门应视不同情况分别实施行政处罚

（一）对建设项目配套环保设施未与主体工程同时投入试运行的，应依据《条例》第二十六条的规定，责令其限期改正；逾期不改正的，责令停止试生产，可以处5万元以下的罚款。

（二）对建设项目投入试生产超过3个月未申请环保设施竣工验收的，应依据《条例》第二十七条的规定，责令限期办理环保设施竣工验收手续；逾期未办理的，责令停止试生产，可以处5万元以下的罚款。

（三）对试生产期间企业未经环保部门同意擅自拆除或者闲置污染防治设施，排污超标的，应分别依据《水污染防治法》第四十八条、《大气污染防治法》第四十六条、《环境噪声污染防治法》第五十条、《固体废物污染环境防治法》第六十八条和第七十五条的规定予以处罚。

（四）对试生产期间造成环境污染事故的，应分别依据《水污染防治法》第五十三条、《大气污染防治法》第六十一条、《固体废物污染环境防治法》第八十二条的规定予以处罚。

（五）对试生产超过1年（核设施建设项目为2年）仍未申请环保设施竣工验收的，可认定为试生产结束投入正式生产，应依据《环境保护法》第三十六条和《条例》第二十八条的规定，责令停止生产或使用，可处10万元以下的罚款。

二〇〇七年三月二十九日

环保执法机构与执法队伍建设

《全国环保系统环境宣传教育机构规范化建设标准》发布

（国发〔2006〕9号）

国家环保总局2006年3月发布《全国环保系统环境宣传教育机构规范化建设标准》，对省、市、县3个级别环境宣传教育机构人员编制与构成标准、经费标准、设备配置标准及业务用房标准等做出明确规定，并建议有条件的省、市建设环境教育馆。

“标准”要求，环保系统环境宣传教育机构和人员构成应包括行政与事业两部分，各省、自治区、直辖市及副省级城市，省辖市与地区的行政、事业机构及人员应分别独立设置；25人以上的环保宣教事业单位，高级技术职称人员应不少于5人，中级技术职称人员应不少于10人，初级技术职称人员应不少于10人。

“标准”要求，根据财政部、国家环保总局《关于加强排污费征收使用管理的通知》，财政部、国家环保总局《关于印发〈关于环保部门实行收支两条线管理后经费安排的实施办法〉的通知》规定，环境宣传教育机构经费以定额补助和定项补助相结合的办法纳入同级财政经费，人员经费、日常公用经费按照同级财政预算定员定额标准核定；对开展专项活动所需经费，按照具体工作内容给予定项补助，并逐年有所增加。对于不同地区的省、自治区、直辖市、副省级城市、省辖市和地区及县级市和县的年度专项经费额，“标准”都做出了明确规定。

对于县级市和县环境教育宣传机构的设备配置标准，“标准”明确要求，应以配备电脑和摄像器材为主，强化信息网络沟通，实现快速联系。

“标准”强调，这一标准为基本标准，地方环境宣传教育机构规范化建设标准高于这一标准的，应执行地方标准。

监察部环保总局联合培养人才

为提高惩处环境保护违法违纪行为的能力，促进环境保护法律法规的贯彻实施，监察部、国家环保总局于2006年6月联合举办学习贯彻《环境保护违法违纪行为处分暂行规定》培训班，来自各省（市、自治区）纪检、监察、环保系统的92名学员参加了为期7天的培训。

监察部、国家环保总局领导对本次培训十分重视，分别作了专门批示。监察部执法监察室副主任孙怀新、法规室监察法规处处长谭焕民、驻国家环保总局监察局副局长谷茂宽和国家环保总局政策法规司司长杨朝飞、副司长王凤理及环境影响评价司巡视员牟广丰、环境监察局副主任陈善荣各讲授了一课。学员一致反映，每课都回答和解决了某一领域的具体问题，七堂课共同搭建起了环境执法的理论和实践体系。培训过程中还举办了两次讨论交流，大家结合各自的岗位特点和工作实际，交流经验信息，达到了集思广益、共同提高的目的。

全国地市级环保局长岗位培训班在北戴河举行

2006年7月4日上午，国家环保总局（以下简称总局）在北戴河举行2006年第一期（总第61期）全国地市级环保局长岗位培训班开学典礼，来自全国21个省、自治区、直辖市的58名学员参加了本次培训。

出席典礼的领导有中日友好环保中心（总局环境发展中心）陈燕平主任、总局宣教中心焦志延主任、总局宣教中心干训室洪少贤主任、总局北戴河技术交流中心龙任钦主任等。典礼由焦志延主任主持。

陈燕平主任在致辞中指出，今年是实施“十一五”环境保护规划的开局之年，是贯彻落实第六次全国环保大会精神和国务院《决定》起步之年，也是总局作出新的工作部署和加快推进环保历史性转变的关键之年。举办这次培训班，时机好，意义深。大力加强干部教育培训工作，建设一支思想好、作风正、懂业务、会管理的高素质的环保干部队伍是做好新时期环境保护工作的重要前提。

龙任钦主任在致辞中表示，北戴河技术交流中心全体员工将竭尽全力做好后勤服务工作，确保培训班的顺利进行。

天津市大港区环保局刘恩林局长代表全体学员发言，他表示一定珍惜这次难得的学习机会，完成好培训任务。

2006年第一期全国地市级环保局长岗位培训班在完成全部教学任务后，于7月14日下午举行结业式，58名学员获得了由国家环保总局颁发的岗位培训证书。

此后，环保总局又相继举办了三期培训班。

国家环保总局发布《关于加强年轻干部培养锻炼工作的意见》

为了培养和造就一支高素质年轻干部队伍，加快推进历史性转变，顺利实现国家“十一五”环境保护目标，促进全面建设小康社会，国家环保总局于2006年7月5日发布《关于加强年轻干部培养锻炼工作的意见》。

《意见》要求各单位、各部门要切实加强对培养锻炼年轻干部工作的领导，把这项工作列入重要议事日程，定期进行研究，及时解决存在的问题。要根据实际情况制订年轻干部培养计划并认真组织实施，确保目标和任务的落实。要落实工作责任制，把年轻干部培养锻炼工作情况作为各单位、各部门领导班子成员考核的一项重要内容。各单位、各部门要充分认识加强年轻干部培养锻炼工作的重要性和紧迫性，加大工作力度，认真按照党组的要求，把这项关系大局、关系长远的工作抓紧抓好，抓出成效。

第三十六期环境管理培训班赴美国培训

2006年9月8日至9月28日，由国家环境保护总局宣传教育中心组团的第三十六期环境管理培训班赴美国进行了为期21天的出国培训。23位学员是分别来自北京、天津、辽宁、河北、上海、内蒙古、山西、新疆、江西、福建等地的环保局长及主管环保工作的行政领导。通过培训，团员们了解了美国的环境管理概况，参观了先进的环保设施，开阔了眼界，也认识到了差距，为今后的工作创新奠定了基础。

环保总局西北环境保护督查中心揭牌

2006年10月25日国家环保总局在陕西省西安市组织举行西北环境保护督查中心揭牌仪式，国家环保总局副局长张力军和陕西省代省长袁纯清为西北环境保护督查中心揭牌。陕西、甘肃、宁夏、青海、新疆5省（自治区）和新疆生产建设兵团环保局主管局长和环境监察机构负责人参加了揭牌仪式。

张力军在揭牌仪式上指出，组织建立区域环境保护督查中心，是落实党中央、国务院关于加强环境保护的决定，实现三个历史性转变，完善“国家监察，地方监管，单位负责”环境保护管理体制，建立完备环境执法监督体系的重要举措。在我国面临污染物排放总量居高不下，突发性环境事件及群体性事件进入高发期，人民群众对环境质量的期望和关注度越来越高，环境执法工作体制、机制与能力建设存在问题多，环境执法外部干扰多等“三高两多”严峻形势下，建立区域环境保护督查中心更具有十分重要的现实意义，这是我国环保事业发展中的一件大事，在我国环保史上具有开创性意义。

张力军希望西北督查中心按照总局党组的要求，建设一支高素质的环境保护督查队伍，尽快形成能力，切实履行总局已经明确的9项基本职能，既要做好督促检查，又要做好协调服务，要与西北地区的各级环境保护部门形成执法合力，为改善我国西北地区的环境质量，促进西北地区环境与社会经济的协调发展作出贡献。

环保总局西南环保督查中心揭牌

2006年12月5日，国家环保总局西南环境保护督查中心和环保总局四川核与辐射安全监督站在四川省成都市同时揭牌。国家环保总局副局长张力军出席揭牌仪式并讲话。四川省委副书记甘道明出席揭牌仪式。

张力军指出，未来15年是我国加快城市化进程、基本实现工业化的重要时期，是全面建设小康社会的关键时期，也是环境压力最大的时期。当前污染物排放总量居高不下；环境风险不断增大，突发性环境事故及由此引发的群体性事件进入高发期；群众对环境质量的期望越来越高；环境执法外部干扰多；环境执法工作自身问题比较多。建立适应社会主义市场经济的环境监管体制、建立完备的执法监督体系是确保环境保护目标落实的重要措施。

环保总局东北环保督查中心挂牌

国家环保总局东北环境保护督查中心2006年12月22日在辽宁省沈阳市正式挂牌成立。辽宁省、吉林省、黑龙江省人民政府发来了贺信。辽宁省长张文岳、副省长李佳应邀出席挂牌仪式，国家环保总局副局长张力军出席挂牌仪式并讲话。

张力军指出，东北三省属于国家的老工业基地，以燃煤为主的能源结构一时难以改变，两大水系松花江和辽河均呈不同程度的污染，经济发展与环境承载力的矛盾尤其突出。设立环境保护督查中心，就是要努力扭转局面，破解执法难题，强化执法监督，保证“十一五”环境保护任务完成。

"第一期中日技术合作促进循环经济发展：政策、战略与实践培训班"在京举办

2006年12月2～8日，由中日友好环境保护中心和日本国际协力机构（JICA）主办、国家环保总局宣教中心和国家环保总局经济与政策研究中心共同承办的"第一期中日技术合作促进循环经济发展：政策、战略与实践培训班"在京举办。来自全国环保系统、科研单位的48名代表参加了培训。

此次培训班邀请了总局科技司、总局经济与政策研究中心、总局固体废物管理中心、总局宣教中心、中国政法大学等单位的专家，讲授"中国特色的循环经济"、"中国循环经济的内涵、模式和政策体系"、"中国固体废物管理体系"、"循环经济立法情况"、"政府、NGO在建设环境友好型社会发挥的作用"等内容；邀请了中日友好环境保护中心JICA专家组、日本北九州市环境局、京都大学等机构专家，讲授"日本为建设循环型社会所采取的措施"、"北九州市建设循环型社会开展的工作"、"市民参与建设循环社会"等内容；邀请了青岛市环保局的有关领导介绍青岛推进循环经济的经验，并组织赴天津开发区的考察。培训期间，代表们进行了广泛的交流和讨论。

中日友好环境保护中心陈燕平主任、JICA北京事务所渡边雅人副所长出席了开幕式并致辞。中日友好环境保护中心夏光副主任和JICA北京事务所所长助理长安美惠女士出席了结业式并向参加培训的代表颁发了结业证书。

培训期间，适逢日本环境大臣若林正俊来中心参观访问。若林先生特意看望了培训班全体代表。

"中日技术合作促进循环经济发展：政策、战略与实践培训"项目为期3年，计划于2006～2008年在中国培训400名从事循环经济工作的人才。此次培训为该培训项目中举办的第一次培训班。

2007

LAW ENFORCEMENT YEARBOOK OF CHINA ENVIROMENT PROTECTION

中国环保执法年鉴

行业篇

建设领域环境保护工作

【城市市政公用设施投资建设】 2006年，各级政府继续落实中央关于加强和改善宏观调控的政策措施，着眼于解决城镇建设投资规模过大，与市政公用设施特别是环境治理和资源节约设施投资不足的矛盾，推进市政公用事业改革，调整投资结构，加强薄弱环节，促进城市承载能力的提高，城市市政公用设施固定资产投资平稳增长。全年完成城市市政公用设施固定资产投资5765亿元，占同期全社会固定资产投资总额的5.25%，占同期城镇固定资产投资总额的6.17%，道路桥梁、公共交通、园林绿化分别占城市市政公用设施总投资的52.1%、10.5%和7.4%。

全年城市市政公用设施新增固定资产2954亿元，固定资产投资交付使用率为51.25%。各主要设施的新增生产能力或效益是：供水日综合生产能力509万立方米，天然气储气能力1706万立方米，蒸汽集中供热能力4283吨/小时，热水集中供热能力1.09万兆瓦，城市道路长度1.11万千米，公共交通车辆3.18万辆，轨道交通运营线路长度160千米，排水管道长度1.16万千米，城市污水日处理能力549万立方米，城市生活垃圾日处理能力1.65万吨。

【城市供水与节水】 2006年，城市供水总量502.6亿立方米，全年生产运营用水量222.1亿立方米，公共服务用水量63.8亿立方米，居民家庭用水量159.8亿立方米。用水人口3.23亿人，用水普及率达83.4%，人均日生活用水量189.8升。2006年，全国城市节约用水量48.2亿立方米，工业用水重复利用率达82.2%。

【城市排水与污水处理】 2006年末，全国共有城市污水处理厂814座，污水日处理能力6310万立方米，排水管道长度26.1万千米。城市污水处理年总量201亿立方米，城市污水处理率为57.0%，其中污水处理厂集中处理率为44.1%。

【城市园林绿化和国家级风景名胜区保护】 2006年末，城市建成区绿化覆盖面积118.1万公顷，建成区绿化覆盖率为34.38%。全国拥有城市公园绿地面积30.7万公顷，人均公园绿地7.94平方米。

到2006年末，全国共有187处国家级风景名胜区，根据对其中185处统计，风景名胜区面积为8.4万平方千米，供游览面积3.3万平方千米，国家投入17.9亿元用于名胜区的建设和维护，全年接待游人量3.73亿人次。

【城市市容环境卫生】 2006年末，城市道路清扫保洁面积32.6亿平方米，其中机械清扫面积7.6亿平方米，机械清扫率为23.4%。全年清运生活垃圾、粪便1.69亿吨，大中城市垃圾粪便基本日产日清。

【县城市政公用设施投资建设】 2006年，全国县城重点加强薄弱环节建设，促进县城市政公用设施对周边村镇的辐射能力的提高，完成市政公用设施固定资产投资729亿元，占同期全社会固定资产投资总额的0.66%，占同期城镇固定资产投资总额的0. 78%。道路桥梁、排水、园林绿化分别占县城市政公用设施总投资的43.80%、9.69%和6.34%。

全年县城市政公用设施新增固定资产472亿元，固定资产投资交付使用率为64.79%。各主要设施的新增生产能力或效益是：供水日综合生产能力425万立方米，天然气储气能力218万立方米，蒸汽集中供热能力582吨/小时，热水集中供热能力0.18万兆瓦，道路长度0.48万千米，公共交通车辆0.3万辆，排水管道长度0.35万千米，污水日处理能力104万立方米，生活垃圾日处理能力0.27万吨。

【县城供水与节水】 2006年，县城供水总量74. 6亿立方米，全年生产运营用水量22. 6亿立方米，公共服务用水量7.8亿立方米，居民家庭用水量32.8亿立方米。用水人口0. 91亿人，用水普及率达76. 3%。人均日生活用水量122.65升。2006年，全国县城节约用水量2.17

亿立方米，工业用水重复利用率为38.6%。

【县城排水与污水处理设施】 2006年末，全国县城排水管道长度6.86万千米。县城污水处理年总量7. 95亿立方米，县城污水处理率为13.56%，其中污水处理厂集中处理率为9.98%。

【县城园林绿化】 2006年末，县城建成区绿化覆盖面积24. 74万公顷，建成区绿化覆盖率18. 7%。全国拥有县城公园绿地面积5.91万公顷，人均公园绿地5.4平方米。

【县城市容环境卫生】 2006年末，县城道路清扫保洁面积10.86亿平方米，其中机械清扫面积0. 58亿平方米，机械清扫率为5.3%。全年清运生活垃圾、粪便0. 70亿吨，垃圾粪便基本日产日清。

【村镇房屋建设和公用设施建设】 2006年，全国村镇房屋竣工建筑面积10. 6亿平方米，其中住宅6.95亿平方米、公共建筑面积1.33亿平方米、生产性建筑面积2.32亿平方米。2006年末，全国村镇实有房屋建筑面积301亿平方米，其中住宅251.2亿平方米，占83.5%；公共建筑面积22.9亿平方米，占7.6%；生产性建筑26.9亿平方米，占8.9%。

2006年末，全国村镇人均住宅建筑面积28.3平方米。其中建制镇建成区人均住宅建筑面积28.1平方米，乡建成区人均住宅建筑面积26.3平方米，村庄人均住宅建筑面积28.6平方米。2006年末，全国自来水受益人口达到4.44亿人，用水普及率达50%。全国有公用供水的村庄比例为14.8%。全国村镇年末实有道路面积208.2亿平方米。

2006年末，建制镇建成区排水管道密度3.8千米/平方千米，燃气普及率达43.9%，人均公园绿地面积2.4平方米，绿地率为7.7%；乡建成区排水管道密度2千米/平方千米，燃气普及率为17%，人均公园绿地面积0.9平方米，绿地率为4.8%。在建制镇和乡的建成区内，已铺设排水管道13.7万千米，实有桥梁9.4万座，配有环卫机械5.7万辆，公共厕所12.4万座。2006年，全国40.5%的行政村通了公交车或客运班车，11%的村庄对生活垃圾进行了集中收集。

农业领域环境保护工作

【法规与规划】 2006年10月17日，为配合《农产品质量安全法》出台，农业部颁布了《农产品产地安全管理办法》等配套规章，自2006年11月1日起实施。该办法出台，将引导各地建立健全农产品产地安全调查、监测和评价制度，及时开展农产品禁止生产区划分和调整，加强产地污染修复和治理，并促进各地制定农产品产地污染防治与保护规划，建立农产品产地安全信息统计和发布制度，健全农产品产地安全监测档案。

2006年，农业部制定出台了《草种管理办法》和《草原征占用审核审批管理办法》，并配套发布了《草种生产许可证》、《草种经营许可证》、《草种经营许可申请表》、《草原征占用申请表》和《草原征用使用审核同意书》等规章。组织编制了《全国草原保护建设利用总体规划》（以下简称《规划》），经国务院批准下发。《规划》阐明了草原的战略地位和重要作用，明确了草原保护建设及利用的目标任务，提出了加强退牧还草、沙化草原治理、西南岩溶地区草地治理、草业良种、草原防灾减灾、草原自然保护区建设、游牧民人草畜三配套、农区草地开发利用和牧区水利等草原保护建设九大工程。

2006年2月14日，国务院印发了《中国水生生物资源养护行动纲要》（以下简称《纲要》）。《纲要》提出了我国水生生物资源养护工作的指导思想、基本原则、奋斗目标以及需要开展的重大行动和保障措施。5月16日，农业部印发《关于贯彻实施〈纲要〉做好当前渔业重点工作的意见》，要求各级渔业行政主管部门切实履行水生生物资源养护职责，围绕《纲要》确定的目标和任务，抓紧做好当前重点工作。

【农业生态环境保护】 2006年，农业部在湖南、四川、重庆、安徽等11个省市组织开展了乡村清洁工程示范建设，以自然村为单位，推进农村畜禽粪便、农作物秸秆、生活垃圾和污水（三废）向肥料、燃料、饲料（三料）的资源转化，探索建立以村为基本单位、农户为基本服务对象、物业服务技术员为基本队伍的物业化服务体系。截至2006年底，已经建成了251个乡村清洁工程示范村，示范村农作物秸秆资源化利用率达到90%以上，生活垃圾处理利用率达到90%以上，生活污水资源化处理利用率达90%以上，基本实现垃圾不出村、污水不出户。

2006年，农业部重点选择华北地区的北京、天津、河北、河南、山东、辽宁等6个省市，在大中城市郊区和温室大棚生产区域设置监测点1200余个，对蔬菜、果树、花卉生产基地不同井深的地下水进行调查、取样与监测，分析华北地区地下水污染现状及其影响因素，摸清了污染状况和主要原因，初步掌握了污染的发展趋势。

2006年，农业部继续在全国开展测土配方施肥行动。主要围绕"测土、配方、配肥、供肥、施肥指导"5个核心环节内容开展工作，引导各地转变施肥观念，改善施肥结构、减少化肥不合理施用，减轻环境污染。中央投资5亿元，覆盖了31个省、自治区、直辖市和4个中央垦区的600个县（市、农场），免费为4000多万农户提供测土配方施肥服务，推广面积0.17亿公顷，减少不合理用肥50万吨（折纯）左右，产生了显著成效。

2006年，农业部积极推广旱作节水农业。中央投资补贴资金2000万元，在东北、华北、西北、西南20个省、市、区46个项目县建立了一批旱作节水项目核心示范区，示范区面积6029公顷。重点组织推广膜下滴灌技术，因水调整种植业结构、蔬菜设施水肥一体化高效节水技术集成等旱作节水技术，抗旱保苗节灌技术，坡地生物篱和缓坡地等高种植技术，集雨蓄水节灌技术等。同时组织编写了《节水农业技术模式效益观测和评价方法》，建立了旱作节水技术标准和规范。

2006年，全国渔业生态环境监测网对黄渤海区、东海区、南海区、黑龙江流域、黄河流域、长江流域、珠江流域等96个重要渔业水域进行了监测，监测面积2058万公顷。结果表明：2006年，我国渔业生态环境总体保持稳定，局部渔业水域污染仍比较严重，主要污染物为氮、磷、石油类和铜。在监测工作的基础上，农业部渔业生态环境监测中心编制完成《中国渔业生态环境状况公报（2006)》。

2006年，全国共发生渔业水域污染事故1463次，造成直接经济损失约2.43亿元（不包括长岛海域油污染经济损失）。其中，海洋渔业水域污染事故87次，污染面积约4.9万公顷，造成直接经济损失约1.38亿元；内陆水域渔业污染事故1376次，污染面积约4. 5万公顷，造成直接经济损失约1.16亿元。因环境污染造成可测算天然渔业资源经济损失36.43亿元，其中内陆水域天然渔业资源经济损失为8.55亿元，海洋天然渔业资源经济损失为27.88亿元。

2006年，渔业行政主管部门先后在浙江、山西举办渔业水域污染事故调查鉴定上岗培训班。经过考核、评审，237名渔业生态环境监测和管理人员取得渔业污染事故调查鉴定上岗证。

【农业物种资源保护】 2006年，农业部组织开展了野生稻、野生大豆和小麦野生近缘植物的收集和异位保护工作。重点收集野生稻的种质资源180份（次）、野大豆资源296份（次）、小麦野生近缘植物137份（次）。同时加强了农业野生植物研究和利用，创建了野生大豆核心种质库，对全国20多个野大豆保护区的野大豆性状进行了鉴定，为开发利用奠定了基础。

农业部组织云南、江西、湖南、安徽等10多个省、自治区、直辖市开展了农业野生植物资源调查，调查野生植物1700多种（次），基本摸清了这些农业野生植物资源在各地的地理分布状况，采集鉴定并制作植物标本2200多份，拍摄影视资料3000余幅，并补充完善了农业重点野生植物基础数据库。构建了野生大豆、野生稻和小麦近缘野生植物数据库，其中包括6708份野生大豆、4113份小麦近缘野生植物、7324份野生稻，实现了系统用户注册管理，野生植物生境的空间分布展示与查询定位、信息维护等功能。

2006年，农业部共安排中央预算内投资3266万元，地方配套投资245万元，在全国14个省市新建32个野生植物原生境保护点，保护对象涉及野生大豆、野生稻、野生柑橘、野生莲等13种国家重点保护野生植物。

农业部继续组织开展了全国水生生物资源增殖行动。据不完全统计，全国共举行各类水生生物资源增殖活动606次，其中农业部和省级人民政府共同主办活动4次，省级渔业行政主管部门主办活动62次。全国共增殖水生生物90多个品种，增殖苗种数量达到163.9亿尾（粒），比2005年增加了85.8%，其中增殖海洋苗种38.8亿尾（粒），增殖淡水苗种125.1亿尾（粒）；全国投入增殖资金约2.4亿元，比2005年增加84.6%，其中海洋增殖资金约1.1亿元，淡水增殖资金约1.3亿元。海洋—近海海域增殖海水鱼类3.27亿尾，对虾类21.65亿尾，贝类4.97亿粒，蟹类1.64亿只，海蜇6.92亿只。内陆—增殖种类以“四大家鱼”及鲤、鲫、鳊、鳜鱼为主，同时包括中华绒螯蟹、滩头雅罗鱼、鲑科鱼类、青海湖裸鲤、中华鲟、鲶鱼类、大马哈鱼、黄颡鱼和翘嘴红鲌等增殖种类。

【草原保护与建设】 2006年，农业部组织研究并出版了《中国草业可持续发展战略》和《中国草业可持续发展战略地方篇》。副总理回良玉在国务院主持召开了中国草业可持续发展战略研究成果汇报会。会后，国务院办公厅全文印发了副总理回良玉在中国草业可持续发展战略研究成果汇报会上的重要讲话和《中国草业可持续发展总体战略研究》。

为推动基本草原保护工作的开展，根据《草原法》的有关规定，农业部于2006年下达《关于开展基本草原划定试点工作的通知》，内蒙古、新疆、青海等22个省区已确定了75个县开展基本草原划定试点工作。

2006年，全国累计种草保留面积达到0.27亿公顷，草原围栏面积0.52亿公顷，禁牧休牧轮牧草原面积0.87亿公顷，3000多万头牲畜从天然草原放牧转变为舍饲圈养。落实草原承包面积2.3亿公顷，超过可利用草原的70%。

2006年，农业部提早部署、加强宣传、开展培训、加强监督，使草原鼠虫害和草原火灾情况有所减轻。共完成草原鼠害防治面积573万公顷，虫害防治面积380万公顷。全国全年共发生草原火灾350起，其中重特大草原火灾3起，为近年来较低水平，没有人员伤亡。

2006年，农业部加大了草原执法工作力度，全国共查处草原违法案件发案总数5924起，其中大案327起，构成犯罪移送司法机关处理的案件31起。

【水产资源保护与管理】 2006年，我国继续组织实施海洋伏季休渔制度，休渔海域覆盖我国管辖的全部4个海区，涉及沿海11个省（自治区、直辖市）以及香港、澳门特别行政区的港澳流动渔船，休渔渔船约12万艘。农业部印发了《关于切实加强2006年海洋伏季休渔管理工作的通知》，对部分海域的休渔作业类型及休渔时间做适当调整：从2006年起，将桁杆拖虾作业休渔时间从1个月延长到2个月，即从6月16日12时至7月16日12时调整为6月16日12时至8月16日12时。休渔期间，有关渔业行政主管部门开展休渔专项执法行动，共查处违规渔船301艘，有力维护了伏季休渔秩序。

2006年，长江禁渔期制度继续得到贯彻执行。农业部印发了《关于加强2006年长江禁渔期管理工作的通知》，对2006年长江禁渔工作进行总体部署和安排，并要求各地强化领导责任制和目标管理责任制，进一步加大宣传教育力度，不断加强禁渔期间的监督管理工作，妥善解决禁渔期间困难渔民的生产生活问题，积极开展长江渔业资源增殖放流，切实做好2006年长江禁渔管理的各项工作。据统计，禁渔期间各地共出动8717艘次船艇（含租用船艇），查处违规渔船2276艘，比2005年的2665艘减少了389艘，同比下降了约14.6%。

2006年，辽宁、山东和广东等沿海省及吉林、内蒙古等内陆地区共建设各种类型的人工鱼礁（巢）36处，建设总体积约48.1万立方米。

2006年，全国新建各类渔业自然保护区20个，保护对象包括渔业种质资源、珍稀濒危物种、红树林和海草床及重要水生生态系统、湿地等。

【农村能源生态建设】 2006年，农业部继续加大农村沼气建设力度，利用中央国债项目资金25亿元，大力推进以沼气为纽带，结合改厨、改厕、改圈，建设"猪沼果"（养猪、沼气、果树等以沼气为纽带的种养业相结合）和"四位一体"等各类能源生态模式。截至2006年底，全国已累计建成农村户用沼气2260万户，占总农户的9.2%，占适宜农户的15.3%，年产沼气87.0亿立方米，使7500多万农民受益，直接为农民增收约180亿元。同时，全国还建成养殖场沼气工程3556处，建设秸秆集中供气站539处，太阳能集热器保有量7500万平方米，太阳灶正常使用保有量60万台，小风机装机12421千瓦，微水电装机容量212652千瓦，累计推广省柴节煤灶1.9亿户，节能炕2000万铺。

【外来入侵生物防治】 2006年，农业部继续开展外来入侵生物防治行动。选择北京、河北、云南、贵州、四川、重庆、湖北、辽宁、安徽、湖南等10个省市实施了灭毒除害行动，组织专家赴实地进行技术指导，广泛宣传，发动群众，采取人工灭除、化学灭除、替代控制的多种措施，铲除紫茎泽兰3.3万公顷、水花生2万公顷、加拿大一枝黄花0.3万公顷、豚草80万公顷、黄顶菊1.6万公顷、少花蒺藜草5.3万公顷、福寿螺0.23万公顷，使重点区域灭除率达到60%以上。

农业部初步完成了中国农业重大有害生物及外来入侵物种信息与数据库建设，开展了30多种入侵物种的风险评估与早期预警研究，建立了30种外来有害生物快速检测技术，研究提出了一批防控技术，为外来生物入侵防治提供了技术和人才保障。

林业领域环境保护工作

【六大林业重点工程建设有新进展】 2006年，六大林业重点工程共完成造林面积（人工和飞播造林）179.07万公顷，占全国总造林面积的65.89%，新封山育林面积131.62万公顷。林业领域环境保护工作天然林资源保护工程共完成各项公益林建设95.17万公顷，其中人工造林6.82万公顷，飞播造林15.6万公顷，完成新封山育林72.75万公顷；森林管护面积达到9837.72万公顷。

退耕还林工程　共完成退耕还林任务120.43万公顷（含京津风沙源治理工程退耕还林8.96万公顷），其中人工造林104.85万公顷，包括退耕地造林26.89万公顷，宜林荒山荒地造林77.96万公顷；新封山育林15.58万公顷。

京津风沙源治理工程　共完成治理面积86.33万公顷，其中完成营造林任务41.6万公顷，包括人工造林13.59万公顷，飞播造林8.38万公顷，新封山育林19.63万公顷；完成草地治理面积30.65万公顷；小流域综合治理面积14.09万公顷。建设水利配套设施1.4万处，生态移民人数达到2.85万人，涉及到5063户。

三北及长江流域等防护林体系建设工程　共完成营造林任务61.54万公顷，其中人工造林34.34万公顷，飞播造林1.73万公顷，新封山育林25.47万公顷；另外还完成低产低效防护林改造1.83万公顷。

野生动植物保护及自然保护区建设工程　至2006年底，全国林业系统建立和管理的自然保护区已达到1740处，面积1.21亿公顷，占国土面积的12.6%。

重点地区速生丰产用材林基地建设工程　共完成速生丰产用材林造林面积1.37万公顷，其中荒山荒地造林0.91万公顷，迹地造林面积0.11万公顷；另外改培面积达到1.93万公顷。

【出台天然林资源保护有关政策】 2006年，天然林保护工程政策取得4项突破。一是国家林业局与财政部联合下发了《关于做好天然林保护工程区森工企业职工"四险"补助和混岗职工安置等工作的通知》。天然林保护工程森工企业医疗、失业、工伤、生育4项基本保险，以及混岗职工和进入再就业中心协议期满下岗职工的安置政策得到落实，2006～2010年将补助经费78.84亿元。二是中国银监会、国家林业局联合发文，出台了第二批森工企业金融债务免除单位，免除额8.24亿元，解决了森工企业后续债务问题。三是国家林业局、财政部、中国银监会联合出台下发了《关于做好天然林保护工程区木材加工等企业关闭破产工作的通知》，为进一步解决木材加工等企业依法破产及相关债务问题打下基础。四是财政部修订了《天然林保护工程财政资金管理规定》，解决了天然林保护工程项目经费之间不能进行调整产生资金沉淀问题，有利于资金统筹安排使用，提高资金使用效果。

【野生动植物保护】 1. 物种情况

中国疆域辽阔，地形、气候复杂，南北跨越寒、温、热三带，高原、山地占80%，生态环境多样，孕育了丰富的野生动植物资源。除鱼类外，中国约有脊椎动物2619种，大熊猫、朱鹮、金丝猴、华南虎、普氏原羚、黄腹角雉、扬子鳄等数百种珍稀濒危野生动植物为我国所特有。此外，我国有高等植物3万多种，仅次于世界植物最丰富的马来西亚和巴西，居世界第三位。其中水杉、银杉、百山祖冷杉、香果树等1.7万多种植物为我国所特有。

2. 濒危物种保护

2006年，一批濒危野生动物物种得到有效保护，国家重点保护野生动物数量总体呈上升态势。大熊猫人工繁育创历史新高，全年繁育幼崽34只，成活30只，全国圈养大熊猫种群数量已达到215只；朱鹮数量同比增长22%，已突破1000只；东北虎野外活动更加频繁，栖息范围有所扩展，野外种群数量已发展到约20只。濒危物种放归自然工作稳步推进，野马已经能在野外繁育后代，试点放归自然扬子鳄建立了自己的活动领域，濒危野生动物保护拯救进入回归自然的新阶段。

同时，依据全国重点保护野生植物资源调查结果，我国有针对性地开展了野生植物就地保护、迁地保护、种质资源收集保存以及野外种群重建等一系列工作，部分野生植物种群数量稳中有升，栖息环境逐渐改善。截至2006年底，已收集保存了珍稀兰科植物500多种，对五唇兰、杏黄兜兰和麻栗坡兜兰等我国特有的濒危兰科植物开展了回归自然的试验，并取得了阶段性进展。

3. 自然保护区建设

截至2006年底，全国林业系统自然保护区已达1740处，总面积1.21亿公顷，占国土面积的12.6%。在林业系统已建立的1740个自然保护区中，野生动植物类型保护区357个，森林生态类型1120个，湿地类型233处，荒漠类型30个。全国有27处自然保护区被列入“国际重要湿地名录”，18处自然保护区被列为世界自然遗产地。

野生动植物保护及自然保护区建设工程实施后，国家加大了对自然保护区的投入，截至2006年底，国家共安排自然保护区基本建设投资和预算内资金15亿元左右，主要用于自然保护区的基础工程项目、保护工程、科研监测工程、宣传教育工程等工程建设。

【湿地多样性与湿地保护】 我国是世界上湿地类型齐全、数量丰富的国家之一。按照《湿地公约》分类系统，全世界湿地可以分为32类天然湿地和10类人工湿地，我国除苔原湿地之外，其余类型均有分布。

我国湿地主要有28种类型。首次全国湿地资源调查（1995～2002年）统计面积在100公顷以上的28类湿地，总面积为3848万公顷。我国现存自然或半自然湿地仅占国土面积的3.77%，而全球湿地约占陆地总面积的6%。我国湿地生态系统及其资源的保护和可持续利用显得尤为重要。

2005年，国家林业局会同湿地保护有关部门共同制定了《全国湿地保护工程实施规划（2005～2010年）》，得到了国务院的批准，并于2006年正式启动。

与此同时，湿地保护条例的制定已经列入国务院2006年立法工作计划，并在积极开展相关工作。

国家林业局下发了《湿地公园发展建设工作的通知》，对促进和规范湿地公园的发展起到了积极作用。

气象领域环境保护工作

【2006年我国主要气象灾害】 1. 台风登陆时间集中、强度强、灾情重

2006年有6个台风（包括热带风暴、强热带风暴、强台风和超强台风）在我国登陆，登陆个数较常年略偏少。2006年，登陆我国的台风具有来得早、登陆时间集中，且强度大、损失重的特点。受登陆台风的影响，全国共有1266人死亡，384人失踪，是近10年来台风造成人员死亡最严重的年份；直接经济损失764亿元。造成人员死亡和经济损失均居各种灾害之首。

2. 全国干旱范围较前两年明显偏大

春季，华北、西北东北部及云南等地出现不同程度干旱。华北地区2005年10月至2006年4月的降水量普遍较常年同期偏少五至八成，其区域平均降水量为1951年以来同期次少值，春旱明显。3～4月，宁夏和甘肃出现大范围春旱，春播受阻，人畜饮水受到严重威胁。云南省1～4月降水偏少，气温偏高，旱情为近20年来同期最重。

3. 全国暴雨洪涝面积较常年偏小

2006年，我国没有发生大范围严重暴雨洪涝灾害，暴雨洪涝受灾面积较常年偏小，直接经济损失较常年偏轻。但部分地区暴雨洪涝或局地暴雨引发的滑坡、泥石流等灾害严重。

4. 强沙尘暴频袭我国北方

春季，我国北方地区出现了18次沙尘天气过程，其中强沙尘暴过程5次，沙尘暴过程6次，扬沙过程7次。

5. 我国部分地区出现了较重的低温冷冻灾害或雪灾

冬春季，我国北方部分地区出现了较重的低温冻害或雪灾。全国低温冷冻灾害和雪灾范围较常年偏大，损失较重。

6. 降雹次数比常年偏多

2006年，我国大风、冰雹、龙卷风等局地强对流天气频繁。据统计，全国有1200多个县（市）出现冰雹或龙卷风，降雹次数比常年偏多，风雹造成的经济损失较常年偏重。

【2006年我国十大天气气候事件】 1. 2006年是我国1951年以来最暖的一年

随着全球气候变暖，2006年我国气温继续升高。全国年平均气温9.9℃，较常年偏高1.1℃，是1951年以来最暖的一年。

2. 百年一遇超强台风“桑美”登陆我国

超强台风“桑美”（SAOMAI）2006年8月10日在浙江省苍南沿海登陆，登陆时中心附近最大风力达17级（60米/秒），中心气压为920百帕，为百年一遇，是建国以来登陆我国大陆最强的台风。

3. 强热带风暴“碧利斯”横扫我国南方7省（区）

强热带风暴“碧利斯”（BILIS）2006年7月14日在福建霞浦登陆，之后深入内陆历时5天，滞留时间之长为历史罕见。受“碧利斯”及其减弱的低气压的影响，7月13～18日，福建、浙江、上海、广东等沿海部分地区出现10～11级、阵风12级以上的大风。福建、江西、湖南、广东、广西、贵州、云南7省（区）出现大范围持续性强降水天气，部分地区出现了大暴雨到特大暴雨。

4. 重庆、四川遭遇历史罕见高温伏旱

夏季，重庆、四川持续高温少雨，两省（市）夏季平均降水量为345.9毫米，只有常年同期的67%，为1951年以来历史同期最少值。同时，重庆、四川盛夏（7～8月）平均气温之高也创1951年以来同期之最，重庆最高气温达44.5℃。重庆遭遇百年一遇特大伏旱，四川出现1951年以来最严重伏旱。

5. 春季森林火险等级高，雷击引发大兴安岭特大森林火灾

2006年春季，我国北方少雨干旱，森林火险等级高。尤其5月，东北地区西部和内蒙古东部月降水量不足10毫米，比常年同期偏少50%～80%；东北大部月平均气温较常年同期偏高1℃～2℃，黑龙江的黑河、佳木斯等地偏高2℃～4℃。温高雨少导致内蒙古东部、东北北部的森林火险

一直维持在极高级别。5月21日～6月2日，黑龙江省黑河市、内蒙古自治区鄂伦春旗、牙克石市林区因雷击，相继引发特大森林火灾。据卫星资料估算，过火总面积约为3820平方千米，是1987年以来大兴安岭地区最严重的一次森林火灾。

6. 强沙尘暴频袭我国北方，北京一夜降尘33万吨

2006年春季，我国出现18次沙尘天气过程，春季，我国北方地区沙尘天气过程的强度偏强，共出现沙尘暴过程6次，强沙尘暴过程5次。

4月9～11日，出现2006年范围最大、强度最强的一次强沙尘暴天气过程。影响范围包括西北地区大部、华北大部及辽宁南部和河南西北部等13个省（市、区），其中，新疆、甘肃、宁夏和内蒙古的部分地区出现了能见度低于500米的强沙尘暴，共造成9人死亡；新疆吐鲁番地区遭遇了22年来最强的沙尘暴，途经的T70次列车遇特大沙尘暴袭击，列车一侧窗户玻璃全部被毁。

4月16～18日，北方地区又出现一次强沙尘暴天气过程，影响范围约120万平方千米；16～17日，北京地区一夜降下了大量的沙尘，据估算，总降尘量约33万吨。2006年，中央气象台共发布沙尘暴灾害性天气警报22次。

7. 暴雪封阻旅客春节返乡

2006年1月17～20日，我国中南部出现了大范围雨雪天气。西北地区东部、华北西部、黄淮西部和南部出现了降雪，其中山西南部、陕西中部、河南、安徽北部、湖北北部降了大到暴雪，过程降水量一般有10～25毫米、局部达到30～40毫米。时至春运高峰，大范围雨雪天气对铁路、公路、航空等交通运输产生了严重影响。河南省公路、民航、铁路因大雪全面受阻。京广、陇海等铁路列车无法正常运行，途经郑州的火车绝大部分晚点，高峰时有近6万名乘客滞留郑州火车站，加上民航和长途汽车站滞留人数，仅郑州一地滞留人数就达10多万人，为历史上罕见。1月18日，河南全省高速公路关闭，18～19日107国道新郑段发生严重堵车，交通受阻达30多个小时。另外，19日北京西站开出的20多列客车延误，造成10多万名乘客滞留车站。

8. 夏季暴雨洪涝导致福建高考延期

2006年6月上旬，华南、江南、西南地区东部出现持续强降雨天气过程。6月2～10日，长江以南大部地区降水量普遍有50～100毫米。由于降水持续时间长、强度强，导致浙江、福建、江西、湖南、广东、广西、贵州等省（区）部分地区发生了较严重暴雨洪涝灾害。农作物受灾面积72万公顷，因灾死亡87人，直接经济损失100多亿元。其中以福建省灾情最重，建瓯市城区被淹，交通受阻，造成4681名考生高考延考，这是近半个世纪以来规模最大的一次高考延期。

9. 北方出现近14年来最严重的酸雨

据北方酸雨污染相对比较严重的7省市（北京、天津、河北、河南、山东、陕西、山西）14年的监测资料显示：北方的酸雨污染自2003年明显加重以来，2006年更是出现了14年以来最严重的酸雨危害，降水酸度显著增强，酸雨频率及强酸雨频率明显增多。7省市16个监测点的年均降水pH值为4.5，酸雨频率为44%，强酸雨频率为23%。这是自有酸雨监测以来监测到的最严重的酸雨，尤其河南省酸雨污染恶化趋势最为明显。

10. 12月太阳连续强烈暴发

2006年12月5～16日，太阳连续发生强烈暴发事件，这是1957年以来太阳活动低年中太阳活动最剧烈的一次。在太阳活动的低年出现如此剧烈的太阳暴发事件和如此强的太阳质子事件，尤其是如此强的相对论太阳高能粒子事件是非常罕见的。

【积极开展生态气象监测评估，为生态建设和保护提供服务】 各省（区、市）气象局在2005年普遍开展区域生态质量气象评价的基础上，2006年加强了产品质量的真实性检验工作并根据检验情况进一步完善了监测评价方法，中国气象局也加强了这项工作的管理，纳入了目标管理。另外，2006年中国气象局还下发分生态系统类型气象监测评价指标体系，各省（区、市）气象局也开展分生态系统类型的气象监测评价试运行工作。

生态与农业气象试验站网试点建设工作取得较快进展，生态观测数据正式开始上传，资料应用工作也取得重要进展。组织开展了生态与农业气象试验站建设试点阶段检查工作，并就检查工作情况进行了通报，有力地促进各项工作的落实和试点建设效益的发挥。

【人工影响天气工作】 针对2006年出现的干旱、高温、冰雹等灾害，全国大部分省（区、市）组织开展了人影作业。北京、天津、河北、内蒙古、山西、辽宁、吉林、黑龙江、安徽、山东、河南、湖北、广东、广西、四川、贵州、陕西、甘肃、青海、宁夏、新疆等21个省（区、市）的气象部门，在空军和民航等部门的大力支持下，租用增雨飞机36架，组织开展了飞机人工增雨作业飞行590架次、1615.7小时；上述地区和江苏、浙江、福建、江西、湖南、海南、重庆、云南、西藏、大连、青岛、宁波、厦门等省（区、市）和计划单列市以及新疆生产建设兵团的气象部门还组织了地面火箭、高炮等多种形式的增雨作业21776次，发射新型火箭29105枚，炮弹15万余发，增雨作业面积达320余万平方千米，据初步测算，增加降水418亿立方米，防雹影响区面积约47万平方千米。

2006年6月以来，重庆、四川东部等地遭罕见高温热浪袭击，分别出现百年一遇和1951年以来最严重伏旱，极大地影响了两地农业生产和人畜饮水安全。中国气象局先后于8月10日和9月3日两次派出工作组，赴重庆、四川旱区指导当地气象服务工作和人工增雨作业；同时部署国家气象中心制作并提供专门针对西南旱区的FY—2C卫星云物理反演产品和人工增雨数值模式产品，每天组织专题会商，编写旱区人工增雨作业条件分析和预报服务材料；中国气象科学研究院制作提供了两地人工增雨作业技术方案，指导四川、重庆等省开展人影作业；同时调动四川、贵州支援重庆火箭增雨作业设备、人员及雷达观测。重庆市气象局在9月4～6日组织了大规模人工增雨作业，33个区县共发射高炮弹4593发，火箭弹340枚，结束了重庆市长达两个月的高温天气，全市气温普遍下降10℃以上，极大地缓解了持续已久的高温干旱天气。6月～9月8日，重庆共实施人工增雨作业800余次，发射火箭1690余枚，发射高炮炮弹2.8万余发，作业区面积2.8万平方千米，为增加降水、缓解干旱、降低持续高温起到了积极作用。从8月12日进入应急服务以来到9月5日初步解除旱情，四川省气象局组织地面高炮火箭增雨作业1424次，用炮弹11593发，火箭弹2333枚，受益面积约10万平方千米。

人工增雨预防、扑灭森林火灾、火险的有黑龙江、内蒙古、四川、西藏、江西、山东等地。2006年5月以来，由于连续的干旱天气，大兴安岭一直处于高火险等级的危险状态。内蒙古、黑龙江境内的大兴安岭部分地区相继发生大火，火灾灾情十分严重。国家气象中心每小时一次赶制林区卫星反演作业条件和中尺度人工增雨云系模式预报等专项服务产品，电话连线两地火区人工增雨外场指挥中心了解情况，进行相关技术指导。

【组织城市水资源紧缺地区水源地及其上游地区人工增雨作业】 2006年，京、津、冀三地气象部门联合在官厅、密云和潘家口等水库上游张家口地区、承德地区实施了飞机和高炮、火箭相结合的人工增雨作业。据初步评估，5～8月，增加官厅、密云等水库入水1725万立方米。此外，中国气象局与青海省政府签署了建设“三江源”人工增雨体系的合作协议，组织专家帮助青海制定了业务作业技术方案。2006年3月，以格尔木机场为基地实施了“三江源”飞机人工增雨作业，共增加黄河径流量1.98亿立方米，在增加黄河径流及改善黄河上游生态环境方面具有积极意义。

【气候应用服务】 2006年，各省（区、市）气象局在全国统一的《风能资源评级技术规定》指导下，共整理了2390个气象站的数据资料，形成了测点基本信息、气压、气温、水汽压、风向风速、风速（向）频率、有效小时数、风功率密度等共计4种气象要素、6类风能资源参数等22个资料序列，建立全国风能资源数据库。在处理上述数据的基础上，估算出全国和各省（区、市）的风能资源总储量、技术可开发量，绘制出全国和分省风能资源分布图900多幅，完成全国和各省（区、市）风能资源评估分析报告，为开发利用新能源提供科学依据。

风能资源。为开发利用新能源提供科学依据，中国气象局利用全球数值模式或再分析资料提供的边界条件，驱动区域中尺度空气动力学模式嵌套的多尺度风能资源评估与预报系统，提供1～3千米分辨率的中尺度风场和100～200米分辨率的微尺度风场，实现对风电场风能资源跟踪监测、预报和评估。

建立中国气象局风能资源综合模拟系统，模拟全国高分辨率风能资源图谱，并以江苏省、海南省为例模拟多层次高分辨率风能资源图谱。

太阳能资源。中国气象局回顾了近几十年来太阳能资源计算方法、中国太阳能资源分布及特征、太阳能资源区划方法及中国太阳能资源区划研究进展，并利用1971～2000年资料重新计算了我国总辐射年总量。分析认为，前30年（1961～1990年）与后30年（1971～2000年）我国总辐射年总量总的分布趋势大致不变，但东部总辐射年总量有所减弱，尤其是长江中下游、江南、华南大部以及东北地区，我国西部地区近30年总辐射值略有增加。

【中国气象局风能太阳能资源中心正式运行】 为支持和促进我国可再生能源事业发展，2006年6月14日，中国气象局风能太阳能资源评估中心在北京成立，全国人大环境与资源保护委员会主任委员毛如柏、中国气象局局长秦大河、全国政协人口资源环境委员会副主任温克刚、国家能源领导小组办公室副主任、国家发改委能源局局长徐锭明出席会议，并为风能太阳能资源评估中心揭牌，启动风能资源精细化评估数值模式系统。该中心将致力于开展风能、太阳能资源的多层次普查和评估，为制订和修订风能、太阳能资源开发利用规划提供科学依据，为大型风电场和太阳能电站勘察、选址提供技术支持，为风电场、太阳能电站的建设、运行、调度提供实时气象监测和预报服务等。

【第二次全国风电场前期工作会议】 国家发展和改革委员会于2006年5月16～17日在新疆乌鲁木齐市主持召开了第二次全国风电建设前期工作会议。会议的主要议题是：总结2003年在北京香山召开的第一次全国风电建设前期工作会议以来的各项工作，研究和落实2010年前全国风电规划发展的总目标和具体实施要求，动员进一步加快风电建设前期工作，研究和制定加快风电前期工作管理和确保风电前期工作质量的相关办法。

【地质灾害气象预报预警】 2006年，地质灾害气象预报服务业务运行正常，全年地质灾害主要分布在我国东南部的广东、福建、浙江，中西部的湖南、广西、四川、贵州、重庆、甘肃等省（区、市）。2006年，通过地质灾害监测预警、地质灾害气象预报，全国各地共成功避让各类地质灾害478起，共安全转移20566人；避免财产损失2.39亿元。4月18日，国土资源部召开全国地质灾害防治工作电视电话会议，中国气象局副局长许小峰到会并讲话。

【森林灭火气象服务】 2006年春季，我国东北、内蒙古林区大部地区降水偏少、气温偏高、森林火险等级高。5月21日～6月2日，黑龙江省、内蒙古自治区境内发生了严重的森林火灾。中国气象局通过卫星监测到上述两地区出现强火点，立即报告党中央、国务院并通报国家林业局等有关单位。在整个扑火过程中，气象部门密切配合，严密监视火情和天气变化，及时做好火场气象预报服务。

海洋环境保护工作

【海洋环境保护管理工作】 环保立法 海洋工程条例已经国务院148次常务会议审议通过，2006年11月1日起实施。

环保规划编制 ①制定了海洋监测和观测预报中长期发展规划。围绕“建立一流的海洋环境监测预报体系”的发展目标，组织编制了《全国海洋环境监测体系中长期发展规划（纲要）》，并印发执行；编制完成了“海洋观测预报中长期发展规划”初稿。②编制了海洋环保规划。编制完成了《重点海域环境保护规划》文本及相关材料，完成了规划编制各项规定程序。根据国家发改委《渤海环境保护总体规划》的统一部署，组织完成了国家海洋局两项专题规划，国家海洋局渤海环境保护能力建设项目和若干重要的海洋环保项目有望全面纳入总体规划，同时编制完成了国家海洋局《渤海环境治理评估报告》，督促指导环渤海三省一市地方海洋厅局将海洋部门规划项目纳入本地区渤海规划。

加大对陆源入海排污口的监督管理力度　排污口监测频率加大，平均两月一次。监测项目增加了难降解类有机物质（多氯联苯、多环芳烃、有机氯农药）、环境内分泌干扰物以及剧毒类重金属（铊、铍、锑等）有毒有害物质监测。以《海洋专报》、专题汇报等形式向国务院、全国人大等报告排污口监测评价结果，引起高度重视。

海洋应急管理　圆满完成了对长岛油污染事件的污染排查工作。编制完成海洋石油勘探开发重大溢油应急程序和二、三级应急响应预案。组织完成渤海石油平台油指纹库建设。

沿海11个省（自治区、直辖市）、3个计划单列市和7个地级市制定了海洋灾害应急预案。在河北省开展海洋灾害评估试点工作。按国务院应急办要求，修订完善风暴潮、海浪、海啸和海冰灾害应急预案。对2006年9次台风风暴潮和其他各类海洋灾害，特别是对超强台风桑美引发的风暴潮做出了及时预报。对全年发生的近百次赤潮过程做到了及时发现、跟踪和通报，并编发近70期《国家海洋局值班信息》，向国务院应急办及时报告赤潮发生发展动态。会同国务院有关部门和福建、广东、广西、海南4省区人民政府成功实施泛太平洋——中国海啸演习。

环境监测和公报发布　组织全国沿海省（区、市）海洋部门和各分局圆满完成了全海域以及600多个陆源入海排污口、19个赤潮监控区、18个生态监控区、22个海水浴场等20余项监测任务。

2006年年初，以新闻发布会形式发布了2005年《中国海洋环境质量公报》和《中国海洋灾害公报》。地方公报发布工作进展较大，11个省（自治区、直辖市）、5个计划单列市均已发布公报；河北、山东、江苏、浙江、福建和广西所辖全部地级市以及广东13个地级市也发布了公报；部分沿海县也已开始发布公报。

建立完善的观测、监测系统业务化机制　制定海洋监测和观测预报年度工作方案，按照国家海洋局总体部署，各分局及其所属中心海洋站强化了监管，开展仪器备份、质量控制等各类保障工作，确保了观测系统的正常运行，完成方案提出的监测和观测预报任务。

海洋标准化管理　制定完成并与国家标准委、国家发改委等部门发布了国家《海水淡化标准化发展规划》、《资源节约与综合标准发展规划》、《海洋能标准发展规划》和《海洋标准化“十一五”发展规划》，包含了200多项海洋标准并启动编制工作。制定印发了全国海洋标准化技术委员会章程和工作细则，建立海洋标准审查专家库，申请筹建“滨海湿地标准化分技术委员会”。制定上报23项、发布8项、启动59项海洋急需标准的编制工作。

海洋石油勘探开发环境保护管理　组织工作进行全面总结，对“十一五”工作进行了研究部署，印发实施“关于进一步加强海洋石油勘探开发环境保护工作的意见”等系列文件。

按照“科学论证、从严审批”的原则，严格执行海洋石油勘探开发环境影响报告书审批制度。截至2006年10月底，共对10余项海上石油开发工程进行了审查。贯彻落实“三同时”和竣工验收制度，组织完成了11个油田环保设施的“三同时”检查和两个油田环保设施的竣工验收工作。

海洋环境执法　依据《中华人民共和国海洋环境保护法》和《中华人民共和国海洋倾废管理条例》、《中华人民共和国海洋石油勘探开发环境保护管理条例》、《防治海洋工程建设项目污染损害海洋环境管理条例》等法律、法规，中国海监各级机构积极组织开展海洋工程项目、海洋倾废和海洋生态保护等海洋环境执法工作，全年共检查各类项目1382个，累计检查7671次，发现违法行为648起，作出行政处罚389件。

海洋工程建设项目行政执法重点检查了渤海、东海、南海北部、莺歌海和北部湾海域的海洋石油勘探开发工程及其他海洋工程建设项目。全年共检查各类海洋工程项目357个，累计检查1649次，发现违法行为52起；作出行政处罚9件。

海洋倾废行政执法以渤海沿岸海域、长江口附近海域、南海广东近岸海域为重点区域，加强了对倾倒区的监视力度，提高了倾倒船登检频次，重点对倾倒作业单位持证倾倒和按证倾倒情况实施监督检查，共检查项目607个；累计检查2146次，发现违法行为192起，作出行政处罚139件。

海洋生态保护行政执法以海洋自然保护区和海洋特别保护区为重点，组织开展了国家级海洋自然保护区专项执法行动。海洋生态保护全年共检查项目418个；累计检查3876次，发现违法行为404起，作出行政处罚241件。

【2006年中国海洋环境质量】 全海域环境质量状况海水环境质量。2006年，我国海域总体污染形势依然严峻。近岸海域污染状况仍未得到改善；近海大部分水域水质良好；远海海域水质持续保持良好状态。

全海域未达到清洁海域水质标准的面积约14.9万平方千米，比2005年增加约1.0万平方千米，其中较清洁海域、轻度污染海域、中度污染海域和严重污染海域面积分别约为5.1万、5.2万、1.7万和2.9万平方千米。Ⅰ、Ⅱ、Ⅲ、Ⅳ和劣Ⅳ类水质的站位数占全部监测站位数的比例分别为 37.5%、11.7%、23.5%、10.7%和16.6%。严重污染海域依然主要分布在辽东湾、渤海湾、长江口、杭州湾、江苏近岸、珠江口和部分大中城市近岸局部水域。海水中的主要污染物是无机氮、活性磷酸盐和石油类。

入海排污口及邻近海域环境质量状况监测结果显示，2006年实施监测的入海排污口中，约81.4%的排污口超标排放污染物，主要超标污染物（或指标）为化学需氧量（CODcr）、磷酸盐、氨氮、石油类和粪大肠菌群等。设置在海水增养殖区、旅游区、海洋自然保护区、港口航运区和其他功能区的排污口中，超标排放率分别为80.3%、91.2%、87.5%、79.1%和79.1%。

2006年监测的入海排污口污水排海总量（含部分入海排污河径流，下同）约387亿吨。其中，排入渤海、黄海、东海和南海的分别占总量的12.5%、51.1%、9.1%和27.3%。

2006年，首次开展了部分入海排污口的特征污染物监测。监测项目包括对海洋生态环境和人类健康威胁较大的持久性有机污染物、环境内分泌干扰物质、国际公约禁排物质及剧毒重金属等。结果显示，排海污水中多环芳烃、有机氯农药、多氯联苯类等持久性有机污染物以及铊、铍、锑等剧毒类重金属普遍检出。

排污口邻近海域生态环境监测与评价结果显示，由于工业和生活污水的大量排海，特别是部分排污口的连续超标排放，致使排污口邻近海域生态环境持续恶化，超过60%的排污口邻近海域生态环境质量处于极差状态；海水污染程度加重，80%以上的监测区域海水质量为Ⅳ类和劣Ⅳ类，43%的排污口邻近海域全部为劣Ⅳ类水质；底栖环境恶劣，沉积物质量大都劣于Ⅲ类国家标准，底栖生物群落结构退化，耐污种增多，大部分排污口邻近海域底栖经济贝类难以生存，甚至出现了30多平方千米的无底栖生物区。

主要河流污染物入海量2006年，全国实施污染物入海总量监测的主要河流30余条，其入海径流量约占全国河流入海径流总量的81.5%。监测结果表明，通过长江、珠江、黄河和闽江等主要河流入海的污染物总量显著增加，由其携带入海的COD、油类、氨氮、磷酸盐、砷和重金属（铜、铅、锌、镉、汞）等主要污染物的入海量约为1382万吨。

【国务院召开渤海环境保护工作现场会】 2006年8月4日，国务院召开渤海环境保护工作现场会，中共中央政治局委员、国务院副总理曾培炎出席并讲话。曾培炎副总理指出，加强渤海环境保护与治理是当前环保的一项重要任务，各有关方面要按照科学发展观的要求，增强责任感、使命感，切实做到认识到位、措施到位、监管到位，严格控制污染物排放总量，早日实现“十一五”渤海污染防治目标。

曾培炎副总理实地察看了渤海海洋环境现状，渤海原油污染清理情况，考察了海上石油平台、养殖区、废物倾倒区，观摩了中国海监飞机执法人员对秦皇岛32—6石油平台的登检执法工作，慰问了在石油平台上的海洋石油工作者。

在航行中，曾培炎副总理主持召开了渤海环境保护工作现场会，听取了国家海洋局局长孙志辉关于渤海环保工作情况的汇报，以及国家环保总局、国家发改委等部门和环渤海省市、有关中央企业负责人的汇报，并不时提出问题。

汇报结束后，曾培炎副总理作了重要讲话。他说，进入新世纪以来，国家加大了对渤海环境保护的力度，但是随着沿海地区经济迅速发展，海洋开发和海洋运输日益活跃，污染物入海总量居高不下，渤海污染面积扩大，赤潮灾害频繁出现，重大污染事故时有发生。当前，渤海污染防治必须坚持预防为主、防治结合，不欠新账、多还旧账，突出重点、综合治理，加大环渤海地区产业结构调整力度，加快建设资源节约型、环境友好型社会，努力实现人与海洋的和谐相处。

石油和化工行业环境保护工作

【召开石油和化工行业循环经济现场交流会】 为了进一步贯彻落实《国务院关于加快发展循环经济的若干意见》，指导推动石油和化工行业循环经济工作的开展，2006年5月，中国石油和化学工业协会（以下简称石化协会）在贵阳与国家发改委共同召开了“全国化工行业循环经济现场交流会”。国家发改委副主任姜伟新和石化协会会长李勇武到会并作了重要讲话，总结了化工行业实施循环经济的经验，对下步工作提出了要求。国务院有关部门、有关省市发展改革委（经贸委）的负责同志，化工行业重点企业、科研院所的代表等300余人参加了会议。

对化工行业发展循环经济作出了安排：

（1）加强循环经济宣传贯彻工作。利用《中国化工报》、《中国石油和化工》、《中国石油和化工经济分析》、《化工经济技术》、《化工环保》等报刊和各种会议，在全行业大力宣传贯彻全国化工行业循环经济现场交流会会议精神，提高广大职工和干部对实施循环经济工作的认识，推动化工行业循环经济工作的全面开展。

开展循环经济培训工作。一是请中国工程院院士、清华大学金涌教授在化工协会机关及40多个专业协会进行循环经济理念及知识培训；二是举办化工地方行业机构、化工企业循环经济培训班，大力宣传循环经济理念。

（2）组织编制了《化工行业循环经济发展规划》。在分析化工行业发展循环经济现状的基础上，提出行业发展循环经济的目标（重点是节能、降耗、减污指标）和措施建议。在循环经济总体规划下编写节能、节水及氮肥、磷肥、氯碱、纯碱、农药、染料、黄磷、电石、铬盐、橡胶加工等重点行业循环经济规划。

（3）抓好与循环经济相关的重点工作。一是召开全行业节能工作会议，对“十五”的节能工作进行总结和表彰，对“十一五”全行业节能工作进行部署，对重点行业和产品提出具体节能指标要求。二是协助政府抓好列入国家1000家耗能大户名单中340家石油和化工企业的节能工作。三是组织制订氯碱、氮肥、黄磷、纯碱、电石等行业能耗标准。四是组织专家对重点耗能大户进行诊断服务，推广先进的节能技术。五是配合国家发改委抓好列入国家第一批循环经济试点单位中12家化工企业和5个化工园区的循环经济工作。六是抓好磷石膏渣、电石渣、纯碱渣、硫铁矿渣等固体废物的综合利用、回收工作。七是认真抓好废旧橡胶的利用工作。八是开展废农药包装的定点回收示范研究工作。九是抓好重点行业循环经济支撑技术推广工作。

（4）抓好重点行业发展循环经济工作。氮肥、磷肥、氯碱、纯碱、农药、黄磷、电石、橡胶等行业是化工行业实施循环经济的重点行业，也是行业全面推进循环经济工作的突破点。为此，在上述行业全面推进循环经济工作。一是分别召开上述行业推进循环经济工作会议，2006年先召开磷肥、硫酸、氯碱、农药、电石行业推进循环经济工作会议。推广行业循环经济典型经验和行业成熟可靠的循环经济支撑技术，研究行业发展循环经济的现状及措施。分析行业发展循环经济在政策、税收、管理等方面存在的问题，提出相应的对策建议为国家发改委制订有关政策提供依据。

（5）抓好循环经济支撑技术推广工作。对行业内推出的循环经济技术进行评选，确定成熟、可靠，具备推广条件的技术。重点推广湿法磷酸精制、硫酸余热利用技术、氮肥污水零排放技术、氮肥吨氨节电200度节能技术、氯碱行业电石渣制水泥、上清液回用等项技术。通过技术推广，建立一批有行业代表性的示范企业。同时组织力量征集、编纂第二批化工循环经济支撑技术。

（6）建立循环经济信息系统和技术咨询服务系统。一是建立循环经济信息系统信息库，提供循环经济技术信息、试点单位进展情况、技术开展情况等。二是开展循环经济统计工作，对资源消耗进行统计。三是建立循环经济专家队伍，为企业实施循环经济提供咨询和技术服务。

（7）开展政策研究工作。重点研究废旧橡胶的利用政策问题、废渣的利用政策问题、农药包装回收问题扶持政策、化工行业实施循环经济的政策研究等问题。

（8）召开中日等国际化工循环经济技术研讨会。经中日化工第四次官民对话会议商洽，邀请日方来华介绍节能环保方面的技术与经验。

【召开循环经济工作会】 1.2006年7月，中国石油和化学工业协会、中国磷肥工业协会、中国硫酸工业协会、中国化工防治污染技术协会共同组织的“磷肥、硫酸行业推进循环经济工作会议”在辽宁省沈阳市召开。来自磷肥、硫酸行业企业的80余名代表参加了此次会议。

国务院第一批循环经济试点单位贵阳开磷集团公司、贵州宏福实业有限公司、山东鲁北企业集团公司在会上介绍了经验。

在会上还对磷石膏渣的处置问题和磷肥、硫酸行业清洁生产指标体系进行了专题讨论、研究。

2. 2006年8月，中国石油和化学工业协会、中国氯碱工业协会、中国化工防治污染技术协会共同组织的“氯碱行业推进循环经济工作会议”在宁夏回族自治区银川市召开。来自国家有关部委、协会、氯碱行业的100余名代表参加了此次会议。

会议主要内容是宣传贯彻“全国化工行业循环经济现场交流会”精神，研究氯碱行业发展循环经济的思路和措施；进行经验交流和循环经济支撑技术交流，研究氯碱生产节能方案与措施。

（3）2006年8月底，中国橡胶工业协会与中国石油和化学工业协会在北京举办了“全国废旧橡胶循环利用科技创新论坛”。

会上发布了“关于废旧橡胶综合利用和环境保护情况的调研报告”，对中国废旧橡胶综合利用的情况、废旧橡胶综合利用中存在的问题、废旧橡胶综合利用的发展方向及政策建议作了全面阐述，并提出相应的政策及市场导向性意见。

有关专家和企业代表在会上就废旧橡胶循环利用新技术、新工艺、新材料、新设备的应用和新产品的研制开发，废旧橡胶（含废旧轮胎）热能利用、低温裂解的国际市场现状和发展前景、再生橡胶、胶粉深加工研发和应用情况，高效节能性橡胶机械与环保技术、设备研发和应用等进行了经验介绍与交流。来自中国橡胶工业协会废旧橡胶综合利用分会、轮胎分会、技术经济委员会、助剂专业委员会和营销专业委员会的相关企业和专家以及“两岸三地”从事废旧橡胶循环利用的专家等150多名代表参加了会议。

（4）2006年12月初，农药协会就农药核准及环评问题召开农药环保座谈会，中国石油和化学工业协会环保办公室主任周献慧到会传达“全国化工行业循环经济现场交流会”精神及下一步工作安排，分析农药行业面临的严峻环保形势及拟采取的对策。

【制定《关于石油和化学工业加快发展循环经济的若干意见》】 2006年，石化协会为认真贯彻落实国务院关于建设资源节约型和环境友好型社会的要求，在石油化工行业全面实施循环经济，按照“减量化、再利用、资源化”的原则提高能源、资源利用率，减少污染物的产生和排放，以尽可能少的资源消耗和尽可能小的环境代价，取得最大的经济产出和最少的废物排放，促进石油和化学工业的可持续发展，根据《国务院关于加快发展循环经济的若干意见》精神，结合石油化工行业实际，提出《关于石油和化学工业加快发展循环经济的若干意见》（以下简称《意见》）。《意见》中明确了石油化工行业发展循环经济的指导思想、总体目标及发展循环经济的重点工作和石油化工行业发展循环经济的主要措施等。

【开展化工行业清洁生产指标体系的编制工作】 2006年，为贯彻实施《中华人民共和国清洁生产促进法》，受国家发改委环资司委托，中国石油、化学工业协会和中国化工防治污染技术协会会同中国磷肥工业协会、中国硫酸工业协会、中国橡胶工业协会、中国纯碱工业协会组织有关单位编制了《磷肥行业清洁生产评价指标体系》、《硫酸行业清洁生产评价指标体系》、《轮胎行业清洁生产评价指标体系》和《纯碱行业清洁生产评价指标体系》等4个行业清洁生产评价指标体系，于2006年10月15日上报国家发改委环资司进行审定发布。

【开展质量/环境/职业健康安全管理体系标准的咨询认证工作】 一是依据有关标准完成了江苏华昌股份有限公司的环境/职业健康安全管理体系换版的认证咨询工作；二是依据GB/T28001：2001、GB/T24001：2004标准为甘肃民乐化工有限责任公司建立环境/职业健康安全管理体系咨询工作，并完成了初访培训工作；三是按照依据GB/T28001：2001、GB/T24001：2004标准，完成了江苏华昌药业股份有限公司体系换版认证咨询培训工作。

【协助政府部门做好化工行业环境保护的管理工作】 1. 参与环保标准、管理规划的制订、修订工作。对《资源综合利用专项规划》（征求意见稿）、《危险废物经营单位制订应急预案导则》（征求意见稿）、《建设项目环境保护分类管理名录》、《禁止进口固体废物目录》、《自动许可进口类可用作原料的固体目录》和《限制进口类可用作原料的固体废物目录》（征求意见稿）、《国家危险废物名录》、《四类主体功能区重点行业开发建设环保准入原则》、《建设项目环境风险评价技术导则》及国家环保标准制修订计划执行情况提出了征求修订意见。

2. 配合国家环保总局开展化工环境风险防范工作。自吉化公司松花江水污染事件发生后，石化协会为消除化工污染隐患，提高行业环境安全水平开展了大量工作，一是召开氯碱、铬盐等重点行业环境安全工作座谈会，通报有关情况，提出要求，在全行业防范污染事故的发生；二是提供全国化工企业、化工园区名单及分布情况、产品种类及危害情况等材料，配合国家环保总局环境监察局、污控司、评估中心等部门开展编制应急预案和环境安全大检查方案工作；三是组织本行业的专家参加国家环保总局组织的环境安全检查工作，为环境安全检查工作提供咨询和服务。

3. 参加了国家环保总局组织的多个化工建设项目环境影响技术评估工作；协助国家环保总局开展创建国家环境友好企业活动。

区域篇

北京市

【对生态环境保护有重大影响项目审批前须公示】 北京市发改委2006年3月27日在其官方网站发布《北京市发展改革委政府投资建设重大项目公示试行办法》。根据这一办法，纳入公示的政府投资建设重大项目包括3类，即对经济和社会发展全局有重大影响；对生态环境保护、资源开发利用有重大影响；与社会公众利益密切相关，社会关注程度较高的项目。

公示内容包括项目名称、申报单位名称及建设单位名称、项目建设地点、建设规模及内容、建设目标及项目功能、建设实施方式、总投资及资金来源等。

对需要进行公示的项目，一般在审批项目建议书前进行公示。对项目建议书和可行性研究报告合并审批的公示项目，在审批项目建议书（代可行性研究报告）前进行公示。北京市发改委在公示结束之日起10个工作日内，对征集到的意见和建议进行汇总、归纳，形成主要意见和建议，在市发展改革委政府网站进行公布。

这一办法还规定，北京市发改委在批复项目建议书（代可行性研究报告）以后，应当将征集到的主要意见和建议的采纳情况和未予采纳的理由在政府网站公布。

【重点行业执行清洁生产标准】 2006年，根据《北京工业实施循环经济行动方案》要求，北京全面推进企业清洁生产，大力推广节能、节水、环保、资源再生技术和先进设备。同时，制定再生资源回收行业的管理办法和清洁生产重点行业的实行标准，并规定再制造和再生资源加工利用企业将享受地方财税的优惠政策。

北京市工业促进局有关负责人表示，8年之内，北京将对电力、热水、建材、冶金、石油化工5大高耗能行业进行内部产业结构调整；今后企业入驻开发区之前，将考核其清洁生产是否符合强制性标准。今后，北京市将建设工业废弃物再生产业、包装废弃物再生产业和家电、汽车、电子类废弃物再生产业3大基地。至2010年，北京将初步建立循环经济发展模式，30%～50%的中小企业将开展清洁生产，建成2～3个生态工业示范园，建成6～7个规模化再生资源产业基地。

【密云水库出台污染事件应急预案】 密云水库水污染事件紧急举报电话（010—9013300）2006年4月开通，如果水库上游发生污染事件，群众24小时都可拨打，密云水库将随时启动水污染事件应急预案。密云水库管理处成立了两个应急抢险梯队，随时准备处理密云水库周边出现的污染事件。密云水库应急抢险梯队第一梯队由30名专业人员组成，第二梯队也有80名队员，他们装备了水质化验等设备和30多吨活性炭。

【北京南护城河补再生水50万立方米】 从2006年6月23日起，利用一个多月时间，北京华新源再生水公司（原市自来水集团中水分公司）向南护城河补充再生水50万立方米。此次补充再生水的目的是对护城河河道景观用水进行试验。

南护城河这次补充的再生水以高碑店污水处理厂的二级排放水为原水，进行混凝、沉淀、消毒和过滤等多道深度处理工艺，进一步提高了水质，使出厂水水质指标达到景观用水标准。

补充到南护城河的再生水从广安门流经右安门、再从右安门流向左安门，最后从东便门流向通惠河。此次向南护城河补充再生水主要是为了进行护城河河道景观用水试验。待南护城河补水试验合格后，届时每天将向南护城河补水8000立方米左右，由此节约下的清洁水源，可供北京市近42000个三口之家用上一年。

【圆明园防渗工程通过环评验收】 2005年备受关注的圆明园防渗膜事件画上了句号。圆明园公园管理处于2006年7月12日收到了北京市环保局验收合格的通知。

圆明园的环评审批权在国家环保总局，北京市环保局是应环保总局委托对其进行验收。2005年3月底，兰州大学客座教授张正春发现圆明园的管理部门为了防止湖水下渗，正在给湖底铺防渗膜。经媒体报道后，圆明园防渗膜工程被叫停。

国家环保总局于当年4月召开“圆明园防渗膜事件”公众听证会。随后，圆明园向环保总局提交了清华大学为其所做的环境影响评价报告。环保总局对圆明园防渗工程的环评报告作出了《圆明园东部湖底防渗工程环境影响报告书的批复》，要求圆明园按照该批复和环评报告对相关防渗工程进行整改，《批复》要求北京市环保局进行项目验收。

2006年6月底到7月初，按照《批复》中的要求，北京市环保局组织了相关专家对整改后的工程进行了逐条验收，并听取了相关专家的意见。验收结果表明，圆明园对批复中所提要求均做出了整改，大部分的防渗膜已经拆除，少部分没有拆除的防渗膜也按照要求覆盖上了土。市环保局还对其水质进行了监测，监测显示，湖水水质已经达到了景观用水和相应功能区的要求。

【启动大气污染综合观测】 研究北京及周边区域大气环境的“区域污染大型综合观测”项目2006年正式启动，作为我国迄今为止覆盖区域最广、参加单位和研究人员最多的大气环境观测项目，通过研究华北区域污染物对北京空气质量的影响，将为2008年北京奥运期间的空气质量保证方案制订提供科技支撑。

“区域污染大型综合观测”项目是北京市环保局承担的《北京与周边地区大气污染物输送、转化及北京市空气质量目标研究》项目的一个子课题，由北京大学作为技术牵头单位实施，共有来自国内外20多家科研单位的上百名研究人员参与，将于2007年底结束。该课题旨在获取北京及周边地区大气一次、二次污染物输送及二次污染物形成的三维观测数据，进而分析控制区域输送和转化的重要物理化学过程，并量化区域污染物输送对北京空气质量的影响。

【严查饮用水源安全隐患】 北京市环保局2006年8月发出通知，从8月29日起至2007年9月底，环保部门将在全市范围内开展为期一年多的饮用水源地保护专项执法检查。

这次饮用水源保护专项执法检查将针对市级、区（县）级集中式地表饮用水源地和地下饮用水源地开展。除了对集中式饮用水源地的数量、地理位置、所属水系、面积、水质本底、取水规模等情况进行检查外，还将查清地表饮用水源一、二、三级保护区和地下饮用水源防护区范围内的工业污染源、加油站、医院，保护区外对饮用水源地可能构成威胁的重点污染源和全市正规生活垃圾填埋场垃圾渗滤液的处理、排放状况，以及影响地表集中式饮用水源地的农业面源、生活污染源和水面流动污染源。

2000年以来审批的位于集中式饮用水源地保护区内的建设项目也被列入这次专项检查之中，其中地表水源一、二级保护区内的工业企业及无市政排水条件直接向水体排水的单位更成为检查的重中之重。

北京市环保局有关负责人表示，通过这次专项检查，对严重影响饮用水源水质的污染源和威胁饮用水源安全的环境安全隐患，将实行挂牌督办。对违反环境法律法规的部门和单位，将按照《环境保护违法违纪行为处分暂行规定》，追究相关人员的行政责任，并严肃处理直接责任人。

【2006年办结三件绿化实事】 3件绿化实事包括：新建、改建城市绿地672公顷，建成30处集中绿地；新建、改建100条园林景观特色道路和绿色社区、单位庭院173个，绿化面积210公顷。全年新增林地1.2万公顷，并对4.6万名生态林管护人员开展了全员培训。对80个“城中村”实施了整治，腾退土地138公顷，实施绿化70公顷。

【“十一五”时期将退出高污染劣势产业】 2006年12月7日，北京市发改委发布了《北京市“十一五”时期产业发展与空间布局调整规划》，首次明确提出，将根据首都城市功能定位的要求，退出不符合首都发展定位的产业，退出现有的高能耗、高物耗、高污染、低附加值以及破坏人文生态环境的行业。

除坚决退出劣势产业外，规划还提出，要严格控制并逐步淘汰资源开采型产业。将加快汽车工业重组，重点发展轿车、商用车和越野车产品。“十一五”期间要注重引进节能、环保、小排量的经济车型，重点推进北京奔驰汽车项目、吉普搬迁项目、北京现代第二工厂项目的建设。

【“十一五”期间将重点防治道路交通噪声污染】 根据2006年新制定的《北京市“十一五”时期环境保护和生态建设规划》，北京市将加强对新建道路（轻轨）建设的规划管理，合理规划道路和敏感建筑物集中区之间的防护距离，将交通噪声影响评估纳入建设项目规划方案，对控制噪声污染措施投资纳入工程预算，在道路（轻轨）建设的同时同步实施噪声治理。同时，对五环路以内地区开展交通噪声污染状况调查及治理工作，对城市中心区规划道路进行噪声影响评估，政府每年安排专项补助资金，通过推广低噪声路面、采取微地形绿化和道路绿化复层结构降噪以及设置隔声屏障、更换隔声窗等措施，使道路（轻轨）两侧居住区域声环境质量得到改善。

“十一五”期间，北京市除防治道路交通、铁路、飞机噪声外，还将防治社会生活噪声、建筑施工噪声、工业噪声，制定环境噪声污染防治地方法规，开展民用建筑隔声质量验收管理，并建立环境噪声控制实验室，对各类交通噪声的发生机理、传播方式、控制方法和控制目标进行研究，提出针对性控制对策。到2010年前，建立全市声环境自动监测系统，配备移动式自动监测设备，编制可查询的城市噪声地图。

【确定2007年15项整治项目】 2006年9月12日，北京市08环境建设指挥部召开了2007年环境建设主要工作项目摸排动员会。会上确定了包括老旧小区整治、架空线整治、建筑物外立面整治等15项明年的重点工作。

这15项明年的整治项目包括：拆除违法建设项目、“城中村”项目、重点大街（区域）整治、建筑物外立面整治项目、“平改坡”项目、航空走廊整治项目、城市边角地项目、铁路沿线环境整治项目、老旧小区整治项目、户外广告牌匾整治项目、架空线整治项目、烂尾楼整治项目、立交桥整治项目、征而未拆（建、管）项目和通讯、广播电视等发射、接收设施整治项目。

其中，对于建筑物外立面的整治工作将分层次进行。其中，二环、三环、四环、五环路（东、北五环路）、西单南北大街及延长线、平安大街及延长线、两广路、前三门大街等作为此次整治的二类地区，有关部门将对沿街建筑物拆除外窗防盗栏杆、首层更换为内置式防盗窗。

2008年上半年，建筑物外立面整治任务将完成。

建筑物外立面分不同地区按不同标准进行整治，共分三类。其中，一类地区和二类地区都将进行粉饰，并更换沿线建筑外窗，拆除外窗防盗栏杆、首层更换为内置式防盗窗。一类地区除上述整治内容外，还将对沿街建筑物的空调移机。

一类地区包括长安街、东西北二环、北四环（四海桥至京承高速）、两个主会场周边（五棵松及奥林匹克中心）。二类地区主要涉及“2468”范围，包括道路117条、313公里，是通往90%奥运场馆、80%奥运签约饭店的重要连接线，是全市环境建设的骨架。

【首都博物馆新馆等13所建筑获国家绿色建筑创新奖】 北京大学国政楼、首都博物馆新馆等13所建筑在2007年北京第三届国际智能、绿色建筑与建筑节能大会暨新技术与产品博览会上获得国家绿色建筑创新奖。

由建设部启动、美国标准集团独家赞助的这一奖项，开始于2005年，每两年评选一次，旨在表彰中国的杰出绿色建筑。

天津市

【天津市创模成功】 国家环保总局负责人2006年2月21日宣布，天津市成为我国首个获得国家环保模范城市称号的直辖市。天津创模的成功，为我国8年来国家环保模范城市的创建活动翻开了辉煌的一页，上了一个新台阶。

天津市自2001年提出创模目标以来，克服城市规模大、历史欠账多、受资源环境制约强等众多困难，实施工业东移战略，实行新一轮产业结构调整，加快节约型城市建设，全力解决群众关注的环境问题，全方位提升城市的载体功能，在发展循环经济、中水回用、危险废物处理处置、工业固废利用、生态工业园区建设以及城区绿化等多个方面，建设了若干在全国具有示范意义的环境基础设施精品或样板工程。

【确定“十一五”资源综合利用发展方向】 2006年，天津市确定了“十一五”资源综合利用发展方向。“十一五”期间，天津将紧密围绕构建循环经济发展模式，在大幅度拓展工作领域的同时，促进资源综合利用工作向“科学化、深度化、产业化、系统化”的方向发展。未来5年，全市在资源综合利用工作上将从3个方面着手实施：营造有利于开展资源综合利用的外部环境、提升资源综合利用的整体技术水平、全面促进资源综合利用的科学实施。

“十五”期间，天津市通过加强调控引导、实施科学管理、落实激励政策、推广先进技术、支持重大项目等措施，资源利用整体水平显著提高，同时，工业废水（废液）回收利用、工业固体废弃物回收利用、城市污水（污泥）再生利用、城市垃圾资源再生以及新能源利用等方面都走在我国的前列，循环经济试点建设也取得进展。但是激励机制不够完善，多数企业融资困难，整体技术、装备水平与发达国家还有一段距离，以及公众对资源综合利用认识亟待提高等问题制约了全市资源综合利用整体步伐。

针对“十一五”期间经济发展趋势、资源和环境形势以及目前资源综合利用工作中存在的主要问题，天津市将逐步建立和完善资源综合利用法规保障体系、监督管理体系、计量统计体系、相关标准体系和政策导向体系，形成政府大力推进、市场有效驱动、公众自觉参与的资源综合利用管理和运行机制；开辟投融资渠道，吸纳社会资金；建设资源信息交流和咨询服务平台，为全面、深入地推进资源综合利用工作创造良好外部条件。与此同时，进一步提升全市资源综合利用的整体技术水平。结合发展环保产业，重点发展一批前瞻性强、技术含量高、具有国际水平的资源综合利用关键技术；迅速开发一批、推广一批、引进一批先进适用的综合利用新技术、新装备，形成较强的外部支撑；并结合提高企业自主创新能力，鼓励企业加大投入开展科技攻关和进行技术转化。另外，要全面促进资源综合利用的科学实施，遵循“减量化、资源化、无害化”依次进行，系统地实现能流和物流的梯级使用、分质使用、循环利用、再生利用以及原材料的节约代用。鼓励园区内企业废弃物的集中处理、规模利用，推进资源综合利用方式的系统优化；实施废弃物集中处理和分散就地再生相结合。提高综合利用企业回收、分类、加工、利用一体化水平，加快废旧资源综合利用的产业化进程。

预计到“十一五”末期，天津市工业固体废弃物综合利用率要达到99%，工业循环水浓缩倍数达到4，工业用水的重复利用率达到94%，二次能源的余热回收率达到80%。同时，通过实施海水淡化、再生水回用工程，形成替代和少用淡水4.9亿立方米的能力。利用太阳能、风能发电实现替代和少用电量14亿千瓦时，滨海新区建设10万千瓦风力发电场。城市生活垃圾综合利用率达到50%以上，建立和完善再生资源回收体系，再生资源综合利用生产能力达到1500万吨/年。普及生物质能利用技术，建成农村各类户用沼气模式1.5万户，秸秆气化集中供气工程100处。

【天津志愿者走进自然感受生态】 为做好生态环保宣教工作，天津市环保局宣教中心2006年4月联合天津移动通信有限责任公司，开展了“感受生态环境天津环保行”活动。

来自天津市高校环保联盟的部分环保志愿者和移动公司员工参加了此次活动。他们深入国家级自然保护区八仙山、蓟县中上元古界地质公园和黄崖关长城等地，体会自然、文化遗产魅力，激发环保热情。

天津市高校环保联盟由南开大学、天津大学、天津城建学院等10多所高校的环保社团组成。天津市环保局宣教中心相关负责人表示，在绿色学校创建等工作中，深入与学生环保社团和社会企业交流合作，开展形式多样的社会性环保活动，有助于提高公众参与环保的积极性。

【确定环保科技发展重点任务】 天津市环保局2006年9月召开会议，贯彻《国务院关于落实科学发展观加强环境保护的决定》、全国科技大会、第六次全国环保大会特别是全国环保科技大会的精神，审议并通过了《天津市环保局关于加强环保科技工作增强自主创新能力的决定》（以下简称“决定”）。

“决定”确定天津环保科技发展的主要目标：到2010年，基本建立适应国际化港口城市、北方经济中心、生态城市建设需要的环保科技创新体系，环保科技整体水平达到全国领先。一是全面推进“1112323”人才队伍建设，即天津市环保系统培养或引进1名院士、10名国务院特贴专家或天津市授衔专家、10名规划建设系统授衔专家、20名环保系统首席专家，全市环保系统正高工和高工分别达到30人、200人，博士人数达到30人。二是建设环保科技创新基地。三是多渠道、多元化加大科技投入。四是提高环保科技管理水平，实施4项科技创新工程。到2020年，建成完备的环保科技创新体系，环保科技整体水平保持全国领先，重点领域科技水平达到国际先进。

“决定”还明确规定了环保科技发展的重点任务：一是加强环境保护战略、政策、法规、标准、规划、监测、信息和环境问题等持续性基础性研究，为环境管理与决策科学化提供技术支撑；二是开发生态修复技术和城市景观生态系统建设技术，提高生态城市建设水平；三是开展产业污染控制和区域污染综合控制技术研究，全面提高环境污染控制技术水平；四是推行清洁生产和资源循环利用新技术，促进循环经济和环保产业的发展。

【市第九次环保大会召开】 天津市2006年9月28日召开了第九次环境保护大会，国家环保总局副局长祝光耀在会上强调，天津要进一步巩固创模成果，全面提高环境质量，要自我加压，在国家环境保护模范城市称号的新起点上继续前进。要大力推进环保历史性转变，全面提升天津市环境与发展水平。天津市长戴相龙出席会议并讲话。他指出，要按照国家环保总局的要求，从落实科学发展观的高度来认识环境优化经济增长的战略意义。会议下发了天津市政府《关于加强环境保护优化经济增长的决定》。会上，天津市各区县政府主要负责人和相关部门负责人向天津市长戴相龙递交了《“十一五”二氧化硫和化学需氧量总量削减目标责任书》。

天津市长戴相龙要求，要认真贯彻落实国务院《决定》和第六次全国环保大会精神，开创全市经济社会环境全面协调可持续发展的新局面。各部门必须从落实科学发展观的高度来认识环境优化经济增长的战略意义。

戴相龙强调，天津各有关部门和各区县政府要采取有力措施，确保“十一五”期间环境保护任务的完成。要严格环保目标责任制和责任追究制，严格环境准入，提高环境监管能力，同时，增加环境保护投入，加大环保宣传力度。围绕全市环保目标，要完成6项主要任务：坚决落实主要污染物总量削减目标；进一步改善城市环境质量；在滨海新区率先建立环境优化经济增长发展模式；加快生态城市建设步伐；大力发展循环经济；着力解决突出的环境问题。各部门、各单位要认真学习、深刻领会会议精神，坚决贯彻执行。

【天津市委组织部将环保指标纳入考核体系】 中共天津市委组织部2006年11月制定下发的《体现科学发展观要求的区县领导班子换届综合考核评价实施办法》和《天津市区县党政领导班子工作指标评估实施细则》中将环保指标纳入考核体系，并在2006年各区（县）领导班子换届考核中实施。天津市环保局具体负责指标评估工作的组织协调、相关资料的统计、评估报告的撰写和报送等工作。

天津各区（县）党政领导班子绩效考核指标包括4类，分别是经济发展、社会进步、发展潜力与资源环境和党的建设（政府工作），共42个单项指标。环保指标列在“发展潜力与资源环境”一类中，分3个单项指标（权重为9），包括环境保护投资指数（权重为3）、主要污染物排放控制率（权重为3）以及空气、水、噪声环境质量指数（权重为3）。

按照天津市委组织部的要求，天津市环保局成立了“区县党政领导班子环境保护指标评估工作领导小组”，已经分区（县）列出 2002 年～2006 年（上半年）环境保护 3 项评估指标的相关数据，并根据各区（县）环境保护工作的指标数据，分析环境保护工作的基础、现状、变化情况和发展趋势，全面分析党政领导班子抓环境保护的工作思路、工作投入和工作成效，全方位地反映区（县）党政领导班子和领导干部的环保实绩。

同时，评估工作将做到 7 个相结合，即与区（县）的区位特点和功能定位相结合；与区（县）的资源环境特点相结合；与各区（县）的工作基础相结合；与国家环境保护指标体系和标准相结合；与其他区（县）的工作指标分析相结合；与领导班子和领导干部的执政行为相结合；与本地区环境保护发展趋势预测相结合。

【兴建北方最大再生资源综合利用示范区】 2006年，天津市政府决定，“十一五”期间，天津市将规划 30 平方公里，集中三个区域，发展新能源新材料及环保产业。在新技术产业园区及华苑二期，发展绿色电池及燃料电池等；在津南环保产业园，发展污水处理等环保设备；在静海子牙环保产业园，发展国家七类废物拆借和以此为基础的有色金属深加工，建成中国北方最大的再生资源综合利用示范区。到“十一五”末，新能源、新材料及环保产业工业总产值将达到 210 亿元，年均增长 33%，占全市总量的 1.5%。

“十一五”期间，规划投资 104 亿元。重点是锂电子电池扩能改造、电池配套零配件产业化以及国家级锂电池研发中心电源检测中心建设、燃料电池产业化；多晶硅太阳能电池、30MW 柔性非晶硅太阳能电池、特种功能电池用正负极材料产业化升级；锅炉烟气脱硫设备、中水回用设备、尾气净化催化剂等环保设备生产；风力发电设备、有害废弃物焚烧装置项目；混凝土砌块、页岩粉煤烧结砖、废旧轮胎制造精细胶粉、再生资源利用等综合利用项目。“十一五”末，锂离子电池产量达到 5 亿只、镍氢电池达到 5 亿只、光伏电池 110MW、燃料电池（含金属空气电池）11 万 kVAh、电池正负极材料 1 万吨、专用高档隔膜材料 1800 万平方米、电解质 200 吨、建材化太阳能热水板 30 万平方米、风力发电设备 800MW。

在自主创新上，建设国家级企业技术中心 3 家、市级企业技术中心 20 家。新型电池及材料技术、膜技术开发及产业化技术达到国际先进水平，纳米技术及应用研究开发、环保成套工艺及关键技术达到国内领先水平。支持开发超高比能量锂离子动力电池、薄膜太阳能电池大面积制备关键设备。大力发展海水淡化利用装置、潜水泵和地源热泵等地热回收利用装备、风力发电关键设备制造技术、纳米级高强度抗菌 PVC 材料、重组合异种骨、高抗污染膜、反渗透膜，先进的城市生活垃圾处理技术和成套装备，废家电（电脑）回收处理和报废汽车拆解技术等技术和产品。在资源节约与综合利用上，推动废旧铅酸电池及失效电池再生修复技术和废旧轮胎、玻璃回收利用技术产业化、废旧电子产品回收利用技术产业化。

上海市

【完成首次南迁越冬水鸟同步调查】 上海市野生动物保护管理站等单位 2006 年初共同完成了该市首次南迁及越冬水鸟同步调查。从 2005 年 9 月起至 12 月，调查累计观察到水鸟 94 种 127751 只。记录数量最多的 5 种水鸟为：斑嘴鸭、黑腹滨鹬、绿翅鸭、白鹭和环颈。据悉，本次调查意在了解长江口沿岸及上海其他海岸带迁徙、越冬水鸟的栖息及种群现状，提出水鸟及其栖息地的保护措施，并为制订湿地保护和管理的地方性法规提供科学依据。

【城市绿化成效显著】 “十一五”期间是上海绿化全面协调发展机遇期，该市绿化将增加科技含量，不仅拥有绿地递增“数量”，同时拥有更高“质量”的绿化，由绿地建设为主向绿地、林地、湿地融合提升转变，由重数量、重指标为主向重质量、重功能转变，实现集约化发展，重心向郊区推进，特别加大郊区的林业发展。到 2010

年，中心城区人均公共绿地面积再新增2平方米，达到13平方米，绿化覆盖率为38%，全市森林覆盖率14%，自然湿地保有率30%，自然保护区覆盖率达到13%。

已建成的奉贤区海湾国家森林公园和自然植物茂盛的滨江森林公园一期、46公顷的炮台湾湿地森林公园2006年建成开园并向市民开放。2006年该市绿化建设将重点推进“一环二区一岛”生态绿化建设，“一环”即外环生态建设专项；“二区”即中心城区、世博园区绿化；“一岛”即崇明生态岛，推进326平方公里的崇明东滩国际重要湿地项目建设，将建成24平方公里的开放式湿地公园。

“十一五”期间，上海绿化总投资将达588亿元左右，将建成绿地18000公顷。该市2006年全年新建绿地1000万平方米，其中公共绿地500万平方米，另500万平方米是居住区、河道、公路等专用绿化，全年完成造林3万亩。启动建设180公顷面积更大的滨江森林公园二期；完成辰山植物园前期动拆迁，并开工建设，利用辰山植物丰富资源，与中科院合作，建立辰山植物研究中心；启动青浦区青西地区湿地公园项目，并筹备在郊区建成一座郊野新型公园。2006年该市绿化管理以迎接世博市容环境综合整治为重头戏，增加科技投入，完成80万平方米街道绿地升级改造、内环线内10万株行道树及其配套设施更新改造，基本实现内环线内“黄土不露天”。

【落实节能目标，耗能大户立节能“军令状”】 宝钢等11户列入国家《千家企业节能行动方案》的重点用能企业，2006年与上海市经委签订节能目标责任书。

国家有关部门2006年将全国1000余家年综合能源消费量在18万吨标准煤以上的企业列为“十一五”期间国家用能和节能重点企业，上海共有11户企业“入围”，分别是：宝山钢铁股份有限公司、上海三钢有限责任公司、中国石化上海石油化工股份有限公司、中国石油化工股份有限公司上海高桥分公司、中国石化上海高桥石油化工公司、上海焦化有限公司、上海氯碱化工股份有限公司、上海吴泾化工有限公司、上海电力股份有限公司、上海卡博特化工有限公司、上海中远化工有限公司。这11户企业2005年综合能源消费总量约2600万吨标准煤，占全市能源消费总量的36%和工业能源消费总量的58%。

11户企业承诺将坚持节能优先方针，明确节能工作责任，落实节能任务目标，推广节能技术，加大节能宣传教育，确保上海实现“十一五”全市GDP增加值能耗下降20%、全市工业增加值能耗下降30%的节能目标。

【市环保局通报15吨危险废物倾倒案案情】 2006年7月26日，在“打击不法排污行为，保障群众健康暨‘6·08’危险废物倾倒案专题会”上，上海市环保局通报了“6·08”危险废物倾倒案案情。

2006年6月8日23时，上海市环保局接110来电称，有居民反映，当晚22时许，在嘉定区星火村140号附近，有人将装有不明物质的桶随意遗弃在路边，桶内不明液体向外渗出并伴有刺激性气体，吸入后即感不适。

接报后，市环保局立即启动环境污染事故应急预案，并在当夜赶至现场应急调查处理。经查，事故现场位于距离星火村西北角约100米处的一未完工道路终端。

据现场市民反映，6月8日晚，有人趁夜黑周边无人，将2辆卡车共52桶含有深褐色的化学品废渣恶意倾倒在未完工的道路边，废渣重约15吨。而事发现场只留下被丢弃的废物，肇事者已驾车逃跑。

市环保局执法人员从废渣中挥发出的气体中监测其含氯化氢和氟化氢，含量分别超标150倍和550倍。执法人员初步判断，桶内的固体物质为含氟酸性工业危险废物。据此，调查人员断定，这是一起典型的违法倾倒危险废物案。氯化氢和氟化氢均有较强的腐蚀性，散发出的气体对人体呼吸道能造成强烈的刺激。

随后，市环保局、嘉定区环保局会同嘉定公安分局等进行侦查。6月10日，相关部门查明，一个自称肖健的人，私刻公章伪造文件，并假冒上海巨浪工贸有限公司业务员身份，与上海富诺林精细化工有限公司签订危险废物焚烧处置协议，然后将危险废物在深夜运到郊区无人处随意倾倒，骗取危险废物处置费用。

6月15日，当自称肖健的人来到上海富诺林精化工有限公司领取处置费用支票时，被守候在该公司的公安人员抓获。

经审讯，该犯罪嫌疑人真实姓名叫肖苍旺，系外地来沪人员。临时居住在嘉定江桥地区。肖苍旺对6月8日晚在嘉定江桥星火村倾倒危险废物的事实供认不讳。此外，肖苍旺还供认，此前还倾倒过危险废物三次，分别发生在江桥镇建华村附近的不同地方。

在各方妥善处置下，此次危险废物倾倒未对环境造成严重污染，但据不完全统计，该案已造成直接经济损失21.28万元，是2006年发生的较大一次危险废物倾倒案。

上海每年产生危险废物40多万吨，主要产生危险废物的企业有近千家，占全市危险废物总量的95%，2006年危险废物倾倒案发生四五起。

【全面开展创建国家环保模范城市活动】 2006年6月4日，上海市政府组织召开市环保推进委第14次会议暨创建国家环保模范城市动员大会。会议提出到2009年底，上海要力争全面完成创建国家环保模范城市的各项指标要求，使城市环境和城市面貌得到明显改善，更好地体现和实践“城市，让生活更美好”的世博会主题。

市委副书记、市长韩正在会上强调，环境保护工作是全面落实科学发展观、加快构建社会主义和谐社会、实现经济社会又好又快发展的重要内容。要以创建国家环保模范城市为契机，加快推进环保三年行动计划，全面提升上海环境保护各项工作水平。

【实施环境空气质量分区日报制度】 为了让广大市民更好地了解全市各区域环境空气质量状况，上海市环保部门从2006年6月5日“世界环境日”起，在原有发布全市空气质量信息的基础上，通过环保局政府网站、室外噪声屏和公共媒体等对外发布19个区县的环境空气质量分区日报，内容包括各区县的空气污染指数（Air pollution Index，简称API）、污染等级以及可吸入颗粒物、二氧化硫、氮氧化物等三种污染物的分指数情况。

分区API的数据来源是各区县的共40多个监测站的监测数据，代表了上海19个区县各自的空气质量水平；相比于原有的9个国控监测站点所代表的全市环境空气污染指数，从空间上来说更为详实、更具针对性，对市民了解自己所在区域的空气质量更有实际意义。

【启动实施第三轮环保三年行动计划】 上海市第三轮环保三年行动计划（2006～2008年）于2006年8月全面启动实施。计划主要任务围绕三个重点，按六大领域推进，实现四方面目标。三个重点是环境基础设施建设、重点领域污染治理和管理体制机制完善。环境基础设施建设计划实施占项目总数的一半以上，其中生活污水治理设施项目占35%，工业区环境基础设施项目占31%，绿地林地建设项目占17%。重点领域污染治理计划实施项目占项目总数的21%。其中燃煤电厂烟气脱硫项目占20%，吴泾工业区环境综合整治项目占29%，农业和农村污染治理项目占24%。管理体制机制完善计划实施项目中污染控制项目占59%，水源和生态保护项目占9%，政策法规和能力建设项目占32%。

六大领域中，水环境治理与保护领域重点加强中心城区竹园和白龙港污水处理厂升级改造、苏州河整治三期、污水三期、郊区城镇污水处理厂和收集管网建设、以截污治污为中心的郊区河道整治。大气环境治理与保护领域重点加强电厂脱硫、机动车污染控制、扬尘和烟尘控制区建设，新车从2007年起全面实施“国三”标准。固体废物利用与处置领域重点加强生活垃圾处置设施建设、工业固废和放射性废物处置设施建设以及推进重点行业固体废物减量化。工业污染治理与清洁生产和循环经济领域重点加强80个保留工业区环境基础设施建设、吴泾工业区环境综合整治、重点污染源治理与监督以及推进工业企业清洁生产和循环经济试点示范。农业污染治理与农村环境保护领域重点加强农业生产污染防治和农村环境整治。生态保护与崇明环境基础设施建设领域重点加快世博园区生态建设、崇明生态环境建设、国家环保模范城区与生态建设先进区创建、绿地林地建设，加强自然生态和湿地保护。

【市环保局接受国家环保总局环境监察标准化建设验收】 2006年9月，国家环保总局组织验收委员会对上海市环保局环境监察标准化建设进行了考核验收。

验收委员会由国家环保总局、14个省、自治区、直辖市及3个副省级城市环保局及环境监察机构负责人共27人组成，由国家环保总局环监局陆新元局长任验收委员会主任委员。

验收委员会听取了上海市环境监察总队《上海市环保局环境监察标准化建设的工作报告》和《上海市环保局环境监察标准化建设技术报告》，查阅了有关文件及档案材料，察看了执法装备，听取了有关方面意见。根据国家环保总局《环境监察标准化建设达标验收暂行办法》，参照《全国环境监察标准化建设标准（东部地区）》一级标准进行考核，验收委员会经充分讨论，一致通过了上海市环保局环境监察标准化建设验收。

【长宁区环保局加大环境现场监管力度】 2006年以来，上海市长宁区环保局坚持把“无燃煤街道”等各类绿色创建活动与抓环保政风行风、提升污染源头控制率、动态监管力、执法威慑力、整治餐饮油烟污染、扬尘污染、噪音污染等与群众生活密切相关的环境问题放到重中之重，实施环境网格化管理，强化污染源重点单位监管、做到日常监管和每月一次专项执法检查结合。

7、8月，长宁环保局领导分别带队，冒酷暑、顶烈日，深入社区走访全区10个街镇176个居委会，采取重点走访、召开座谈会等形式，听取社区居民对环境等方面的意见共104个，所有问题已落实整改。

9月下旬，长宁区环保局坚持对2006年创建“无燃煤街道”的周桥街道进行燃煤设施检查，抽查了纺织机械总厂以及天霞浴室。检查发现，纺织机械总厂原先的三台燃煤锅炉已经全部拆除，新的电炉已经安装到位，开始使用；天霞浴室的一台燃煤锅炉也已停用，正准备拆除。

长宁环保局还加大动态监管，领导分别带队兵分两路，白天加晚上对华阳、仙霞和新华、天山等街道30余家餐饮业进行突击执法检查，虽然大部分餐饮业环保设施运转情况正常，并定期保养维护。但还是发现仙霞路上等少数几家餐饮业环保设施不全或不能正常运转；新华路上个别餐饮店甚至没有环保设施，油烟直排。执法人员当场对这些餐饮业负责人发出“约见通知书”，将责令其整改，切实解决好餐饮油烟废气扰民问题；9月底，区环保局根据前一阶段违法排污企业排摸情况，又对工业园区违法排污企业进行了专项执法行动，并着重筛选了6家环境问题突出的单位作为此次监管对象。

重庆市

【重庆明确未来五年库区环保目标】 2006年7月召开的重庆市委二届九次全委会审议通过了《中共重庆市委关于加快库区产业发展着力解决移民就业促进库区繁荣稳定的决定》。“决定”提出，将加大对库区财政税收支持力度、强化库区金融支持，推进库区产业发展，加强库区生态环境保护与建设。将重点实施“碧水行动”和“绿地行动”，启动三峡库岸生态屏障工程建设，到2007年基本完成三峡水库周边绿化带建设。继续推进退耕还林工程，防止水土流失；启动消落带综合整治工程。严格库区水环境保护与治理，全面推进库区城镇生活污水、垃圾处理设施及配套管网运输系统建设。用好国家对库区污水处理厂运行费适当补助的政策，逐步提高污水、垃圾处理收费标准，确保污水和垃圾处理设施正常运行。同时，完成库区三期地质灾害防治工程，建立和完善覆盖库区的地质灾害监测预警体系，积极开展在特色工业园区进行循环经济试点等，确保库区生态环境质量明显提升。

【市第九次环境保护大会召开】 重庆市第九

次环境保护大会2006年7月30日在渝州宾馆召开。市长王鸿举在会上强调，要始终把环境保护作为一项最重要、最紧迫的战略任务摆在突出位置，按照建设资源节约型、环境友好型社会的要求来考量、部署和安排重庆市的环境保护工作，奋力打好“十一五”环境保护攻坚战。

会议提出，重庆市“十一五”环境保护的主要目标是：到2010年，单位地区生产总值能耗比“十五”期末降低20%，主城污染物排放总量减少10%以上；主城区空气质量满足Ⅱ级以上标准的天数达到290天；三峡库区长江干流水质达到Ⅱ—Ⅲ类标准，主城区饮用水源地水质达标率达到100%，其他区县（自治县、市）达到95%以上；森林覆盖率达到36%；环境噪声满足功能区要求；辐射环境质量控制在正常水平范围内。

会上，市政府与各区县（自治县、市）政府签订了“十一五”污染物排放总量削减目标责任书。会议对“十五”期间重庆市的环境保护先进集体和先进个人进行了表彰。

【启动“绿地行动”改善三峡库区生态】 重庆市政府2006年6月出台了“绿地行动”实施方案，将在5年内实施九大工程，确保三峡库区生态环境和人居环境得到明显改善。

“绿地行动”包括三峡库区生态功能保护区建设、农村小康环保行动、生物多样性保护、生态示范创建、生态人居优化、生态监管能力建设、人居生态安全、资源开发和基础设施建设的生态维护以及生态文明工程九大工程。

通过实施“绿地行动”，重庆市将在未来5年内全面改善生态环境质量，建立生态环境统一监督管理体系，到2008年建成国家园林城市，森林覆盖率达到36%，城市建成区绿化覆盖率达到36%，新建3个国家级生态示范区、10个生态环保示范景区、15个环境优美小城镇和240个无公害产品基地。

【七大环境违法案件被公开曝光并进行挂牌督办】 重庆市环保专项行动领导小组2006年7月6日向社会公布了2006年7大环境违法案件，并对案件进行重点挂牌督办，要求这些环境违法企业关闭取缔或限期停业整改。

此次重点挂牌督办的7个重大环境违法案件是：重庆永光电镀厂环境污染，重庆市石龙电镀责任有限公司环境污染，重庆市璧山县福里树机械电镀有限公司环境污染，大足县龙水工业园区电镀小区环境污染，重庆市富源化工股份有限公司建设项目违法案件，九龙坡区石板镇水库饮用水源污染，四川天然气化工研究院永川研究所环境安全问题。

2006年6月初，重庆市环保、监察、经委、安监、工商等部门开展了严查企业违法排污行为保障群众健康环保专项行动，重点整治饮用水源保护区污染及工业园区污染、环境违法建设项目和涉及群众切身利益的突出环境问题，检查企业1500多家，查处了一批违法排污企业和不符合要求的污染源。

【全市主要集中式饮用水源水质达标率100%】 2006年12月20日，重庆市环保局通报该市碧水行动进展情况时称，这是该市主要集中式饮用水源水质近年来的最好水平。

2005年开始实施的碧水行动包括饮用水源保障、城镇生活污染整治、工业污染防治、农村面源污染防治、船舶污染防治、次级河流综合整治等方面，整个行动实施期限为5年。

为加强饮用水源保护，2006年该市把饮用水源保护列入了“民心工程”。通过开展全市饮用水源保护区污染源清理整治，该市关闭了一批水质不达标的自备生活水厂，并逐步建立了饮用水源环境应急机制。完成了全市40个区县（自治县）乡镇集中式饮用水源保护区划定、调整、搬迁、整改生活污水排污口18个，取缔网箱养鱼37个（口），搬迁养殖厂3个，新建生活污水处理站2个。

为减少生活污水、垃圾和次级河流对水源的影响，该市2006年还建成大渡口、万盛、铜梁、大足等4座污水处理厂，永川等12座垃圾处理场也已开工建设。主城区的桃花溪、清水溪污染综合治理进入二期工程建设，桃花溪流域污水已开始接入主城排水系统。

截至2006年底，该市饮用水源一级保护区的工业排污口已基本取缔，二级区内的污染源实现了达标排放。

【六区县共治小安溪河】 属于长江流域嘉陵江水系的小安溪流经重庆市渝西地区6个县(市)，河流长度111公里。过去，流域沿线因工业废物、生活垃圾、网箱养鱼等原因，水体受到不同程度的污染，沿线各区（市）县虽然实施了治理，但各自为战的分散治理均未能治本。为了彻底改善水质和人居环境，还小安溪河靓丽的本色，2006年底，在重庆市人民政府的组织下，决定由铜梁县、双桥区、永川市、合川市、大足县、潼南县6区县联合整治小安溪河。

整治工作将主要以小城镇生活垃圾清理整治和工业污染为重点。涉及到的沿线乡镇都将建起垃圾中转站，将收集到的场镇居民生活垃圾统一运送到垃圾填埋场处理。对工业企业废水实行限期治理达标排放，到期不达标者予以关闭。

【“宁静行动”获通过】 国家环保总局2006年9月在渝主持召开了《重庆市“宁静行动”实施方案》（2006～2010）评审会，对方案予以通过。

这一方案的实施范围为重庆主城9区和其他31个区县（自治县、市）城市建成区，计划2006年～2010年使各功能区基本达到国家标准规定限值，各种噪声污染得到有效控制，城市声环境质量有所改善。“宁静行动”实施方案还制定了年度工作目标并分解落实了具体的牵头单位和责任单位。根据方案，重庆市将重点对170个噪声污染项目进行限期治理或搬迁。

来自中国科学院、中国建筑科学研究院、北京市劳动保护研究所、重庆大学、西南大学等单位的专家对这一方案进行了评审。

【永川特聘“环保侦探”暗访监督】 2006年初，10名“环保侦探”在重庆永川市悄悄地走马上任。他们由该市环保部门特聘，即日起将采取积极稳妥的方式开展对污染企业的“全天候”暗访监督，一旦掌握污染事件证据，将在第一时间向环保部门举报。

首批获聘的10人由环保部门颁发聘书，聘期1年，每人每月可领取由财政划拨的专项补贴100元。同时，环保部门也对“环保侦探”进行量化考核，全年没有提供一条污染信息者将予以解聘。为防止被监督者对“环保侦探”实施拉拢贿赂、打击报复等不法手段，环保部门将对监督员的个人资料实行严格保密。据介绍，首批获聘的10人是从20余名候选人中经过严格遴选产生，都是来自社会各界的环保热心人士，熟悉当地情况，具有较高的素质和较强的责任心。

安徽省

【含山县发现保护最完整的原始湿地】 2006年1月，安徽省巢湖市含山县陶厂镇大鱼滩附近发现了一处沿长江地区迄今为止规模最大、保护最完整的原始圩口湿地。有关部门已向国家环保总局申报大鱼滩湿地生态保护项目。大鱼滩圩口湿地面积约2000亩，由于远离村庄，位置偏僻，其中的植被保存完好，处于原始状态。在这一地区，野莲藕、野菱角、芦苇等30多种野生植物连成一片，还有十几种罕见的飞鸟和野生鱼类栖息。

【安徽环保世纪行重点监督水污染】 由安徽省人大统一组织的2006年“江淮环保世纪行”活动，2006年9月在安徽省委宣传部、省环保局等13个部门的密切配合下，主要对城市水污染防治和饮用水安全问题进行了监督。

活动中，新华社、人民日报、中国环境报等24家中央驻皖及省内新闻单位，兵分三路对淮南、阜阳等9个城市的水污染防治和饮用水安全情况进行明察暗访和深入报道。

针对这次活动，安徽省人大常委会副主任朱先发强调，安徽省环境问题尤其是饮水安全问题仍相当严重，要从落实科学发展观的高度，切实增强保护环境的忧患意识。要切实推动各级政府及相关部门对突出问题及时做出处理和尽快解决。要明察暗访，把群众反映强烈的“热点”、“难点”作为问题的突破口，使“江淮环保世纪行”活动在全社会产生强大的说服力、感染力和推动力，把以农村为重点的饮水安全工作进一步推向深入。

【工业园区环境违法现象严重】 安徽省环保局在2006年9月的环保专项执法检查中发现，省内各地工业园区环境违法现象严重：全省98个工业园区中，40%没有进行环境影响评价；园区4600家企业，60%没有进行环评。

检查中发现，部分工业园区没有专职环保机构和人员，导致园区企业环境监管长期处于真空状态。一些工业园区负责人环境意识淡薄，把工业园变成了违法的集中排污区，一些企业借着“试运行”的名义长期违法生产和超标排污。有些环评报告书（表）存在越级、降格审批现象，个别工业园区违规审批工业项目。一些地方政府没有将整治违法排污企业列入议事日程，不敢“动真格”，使得一些环境违法行为得不到及时纠正。

【违法排污企业被严惩】 截至2006年9月，安徽省环保局在开展的专项行动中，对79家企业进行了挂牌督办，对465家企业采取了停产治理、限期整改、经济处罚等措施，依法关闭“十五小”、“新五小”企业两家，督促企业安装在线监测装置51台套（已累计完成141台套）。

在专项行动中，安徽省环保局依法责令治污设施未正常运行引发环境污染事故的现代牧业股份有限公司、超标排污的潜山县华业化工有限公司等企业进行限期整改并予以经济处罚。

【马鞍山成为国家环保模范城市】 2006年1月18日，国家环保总局正式批准授予马鞍山市国家环保模范城市称号。至此，马鞍山市正式成为安徽省第一个国家环保模范城市。

马鞍山市委书记丁海中在创模授牌表彰会上表示，要以此为起点，按照建设资源节约型、环境友好型社会的要求，向建设生态马鞍山的目标迈进，把马鞍山建设成为一个“人民生活富裕、生态环境良好、人居环境舒适、人与自然和谐相处、经济发展步入良性循环、社会文明进步”的生态型城市。

马鞍山市长姚玉舟在授牌仪式上介绍了马鞍山创建生态城市的目标任务。一是在创模领导机制的基础上，进一步完善生态市建设的领导机制，加强组织领导，建立工作推进机制、投入保障机制、考核奖惩机制及公众参与机制；二是大力发展生态产业，重点是加快发展生态工业，加大对现有主导产业的政策扶持和技术改造力度，积极发展高新技术产业，加快建设马钢、马鞍山经济开发区、慈湖经济开发区三大循环经济区，同时加快发展生态农业、生态旅游业；三是强化对生态环境的修复和保护；四是进一步改善人居生态环境，繁荣环境文化。

【安徽省第六次环保大会召开】 安徽省政府2006年9月召开全省第六次环境保护大会，省长王金山在会上强调，全面落实科学发展观，认真贯彻国务院《决定》，把加强环境保护摆上更重要的战略位置，抓住关键环节，把握工作重点，坚持标本兼治，下决心解决好影响生态环境的突出问题，落实领导责任，严格考核体系，坚持管理创新，全面加快环境友好型安徽的建设步伐。

王金山指出，“十一五”期间安徽环境保护总的目标是，到2010年，全省主要污染物排放总量达到国家提出的削减要求；万元生产总值综合能耗减少20%，万元工业增加值用水量减少30%；淮河、巢湖水质达到水环境功能区目标；省辖市集中式饮用水源地水质达标率95%以上，城镇空气质量达到二级标准的天数为315天，酸雨强度和频率有所降低，森林覆盖率达到28%以上，力争实现经济持续发展、污染持续下降、生态持续改善。

王金山强调，要抓住关键环节，把握工作重点，坚持标本兼治，下决心解决好影响生态环境的突出问题。着力抓好扎实推进重点流域和区域的污染防治、深入开展城市和农村环境综合治理、进一步加强自然生态保护、着力在转变经济增长方式中保护生态环境、努力强化环境保护的技术支撑、加快培育环境文化等6个方面的具体工作。

会上，安徽省副省长田唯谦代表省政府与17个市人民政府有关负责人签订了环保目标责任书。

【数举齐发，确保“十一五”单位能耗5年降

20%】 2006年9月22日召开的安徽省节能工作会议指出，全省“十一五”节能降耗指标已经明确，每万元GDP能耗将由2005年的1.21吨标准煤下降到2010年的0.97吨标准煤，5年下降20%，年均节能率为4.4%。按环比法计算，5年将累计节能约1500万吨标准煤。

为达此目标，安徽省政府将把能耗指标纳入各市经济社会发展综合评价和年度考核体系，作为地方政府领导班子和领导干部任期内贯彻落实科学发展观的重要考核内容，作为国有大中型企业负责人经营业绩的重要考核内容。

“十一五”时期，安徽省的节能降耗工作面临着严峻的局势。安徽省能源消费以工业为主，占能源消费总量的80%以上，规模以上工业万元增加值能耗比全国平均水平高20%以上。全省工业又是以电力、冶金、水泥、化工、煤炭、石油加工等重化工业为主，“十一五”期间还将加快发展，工业能耗总量必然快速上升。

“十一五”期间，安徽省将加快建立和完善以《安徽省节约能源条例》为核心的节能法规体系，加快清洁生产、发展新型墙体材料等条例的起草，并制定安徽省主要耗能产品能耗限额及管理办法，用地方法规的形式明确节约用能、节能保障、节能监督的法律责任。安徽省还将建立全省能源消耗统计制度和GDP能耗指标公报制度，省统计局和省经委将每年向社会公布分地区GDP能耗等指标；每半年向社会公布分地区GDP电耗、工业增加值能耗等指标。

此外，安徽省还将加快经济结构调整步伐，构建节能型产业体系，有效开发利用新能源和可再生能源，促进资源综合利用。

河北省

【省长要求各级政府必须实现“十一五”环境目标】 在2006年4月召开的河北省生态省建设工作电视电话会上，省长季允石提出，今后5年，河北省单位生产总值能源消耗要比“十五”末降低20%左右，主要污染物排放总量减少15%。这些都是约束性指标，各级政府要通过合理配置公共资源和有效运用行政力量，确保实现。

季允石指出，当前和今后一个时期，要把推动“三个转变”作为主攻方向，实施重点突破。当务之急是解决水和空气等污染加剧的问题。污染不治，百姓难安；污染不治，社会不稳。要以饮用水安全为重点，下最大决心，花最大力气，解决好饮用水污染问题。要集中力量解决滏阳河、洋河和南水北调沿线等重点流域水环境问题，抓好造纸、印染、制革、化工、医药、电镀等重点行业的污染控制。要紧紧控制住污染物排放总量这个“总闸门”，从源头上减少环境污染。按照减量化、再利用、资源化的原则，加快产业结构调整，积极发展先进制造业、高新技术产业和服务业，形成一个有利于资源节约和环保的产业体系。同时，要把环境保护真正纳入到法制化轨道。

按照部署，河北省从2006年起将深化环保目标管理责任制，并将环保目标纳入经济社会发展评价范围和干部政绩考核，定期公布各地和主要行业的能源消耗、污染物排放情况，让社会和群众监督。对因决策失误、监管不力造成重大环境污染事故的，要严肃追究责任。

【省政府与11市签订污染物削减目标责任书】 在2006年8月召开的河北省第七次环保大会上，副省长柳宝全代表省政府与11个市政府分别签订了《“十一五”主要污染物总量削减目标责任书》。

2006年8月，国家环保总局代表国务院与河北省分别签订了《河北省“十一五”水污染物总量削减目标责任书》和《河北省“十一五”二氧化硫总量削减目标责任书》。按照国家主要污染物削减目标责任书的要求，到2010年河北省化学需氧量排放总量目标控制在56.2万吨，在2005年基础上削减9.9万吨，削减率为15%；全省2010年二氧化硫排放总量在2005年的基础上削减15%，控制在127.1万吨以内，其中火电行业二氧化硫排放量不超过48.1万吨。

为确保完成国家确定的化学需氧量排放总量

削减目标，在省政府与各市政府签订的责任书中，实行了区域排污总量和重点河流出省出市断面水质目标双重控制。把国家分配给河北省的9.9万吨化学需氧量的排放总量削减任务，以严于国家下达的削减率的要求，分解到11个设区市。其中子牙河水系的石家庄、邯郸、邢台、沧州、衡水等5市和白洋淀流域的保定市化学需氧量排放总量削减比例为18%，唐山市为17%，引滦入津和保障京津饮用水源的重点流域的承德、张家口为16%，廊坊、秦皇岛两市为16%，全省平均为17.3%。

为确保完成国家确定的二氧化硫排放总量削减目标，河北省严格按照国家要求的火电行业二氧化硫排放绩效系数进行了测算，并参考了各市空气二氧化硫达标情况和城市大气环境容量。全省二氧化硫排放总量削减率为16.5%。

责任书提出了完成目标的主要措施：

2006年底前，各市人民政府将化学需氧量和二氧化硫排放总量指标分解到县（市、区）人民政府，削减任务落实到企业和工程项目。

加强饮用水源地保护。2006年年底前，依法取缔所有饮用水水源一级保护区内工业企业排污口，2007年年底前关闭所有饮用水水源二级保护区内的直接排污口。

加大城市污水处理厂建设和监管力度。到2010年，省辖市污水处理率不低于70%，沿海三市（秦皇岛、唐山、沧州）不低于85%。2006年底前，所有城市、建设污水处理厂的县（市）必须征收污水处理费，地级以上城市污水处理费不低于0.8元/吨，建设污水处理厂的县（市）不低于0.6元/吨。2007年底前，将所有城镇污水处理单位改制成独立法人。

建立先进的环境监测预警体系。完成主要河流跨省跨市断面水质自动监测站建设。2008年底前，要求50%重点排污企业在指定位置安装自动监控装置，所有城镇污水处理厂在厂区污水入口和出口安装自动监控装置，并与环保部门联网。2010年底前，80%重点排污企业在指定位置安装自动监控装置，并与环保部门联网。

实行排污许可证制度。依法按流域总量控制要求发放排污许可证，把总量控制指标分解落实到排污单位。2007年底前，对重点排污企业和投运的城镇污水处理厂发放排污许可证。2008年底前，完成所有排污单位排污许可证发放工作。自2009年起，所有排污单位实行持证排污。

积极调整产业结构，提高清洁能源使用率，加大对钢铁、焦化、化工和水泥等行业的污染治理力度，确保二氧化硫稳定达标排放。

列入国家发改委关停小火电名录和核准新建项目要求关停的小火电机组，必须按期关闭。

新（扩）建燃煤机组必须按规定同步建设脱硫设施或采取其他降低二氧化硫排放量的措施。

所有火电厂必须安装烟气污染物在线监测装置，确保正常运行，并与环境保护部门联网。

省政府每年对本责任书的执行情况进行考核，考核结果向社会公布，并将考核结果作为干部选拔任用和奖惩的依据之一，评先创优实行环保一票否决。

【倾力治理白洋淀】 为深化白洋淀污染治理，2006年4月河北省出台6项措施，力图从源头上杜绝白洋淀污染事故发生，确保淀区水环境安全。

河北省明确建立白洋淀环境保护协调工作机制。由省政府办公厅牵头，保定市、沧州市、省农业厅、省水利厅、省环保局、省水产局参加，成立白洋淀环境保护协调工作领导小组，协调解决白洋淀重大环境保护问题；加强淀区水质监测，加紧制订白洋淀生态环境保护规划。科学评估淀区生态环境现状，明确目标任务，确定具体措施和工程项目，指导淀区经济社会发展，促进白洋淀生态环境全面改善；提高环境监管能力。保定市环保局已制定具体计划，对白洋淀流域主要断面和点位进行加密加频监测，以便及时掌握污染状况，加强动态管理。同时，加快建立先进的环境监测预警体系和完备的执法监督体系，实现对排污企业和入淀河流断面的全方位、全天候监控，更好地解决企业偷排问题；加快保定市区城市污水处理厂二期工程和配套管网建设进度，确保年底投入运行。同时要求白洋淀上游有关县市加快污水处理厂建设，尽快形成处理能力，减少对下游和淀区的污染负荷；针对近年来白洋淀水量、水质变化规律，科学制订白洋淀补水计划，落实补水资金，建立补水长效保障机制；根据白洋淀水环境功能区划的要求，制订合理的养殖方案。

【子牙河水系污染治理全面启动】 河北省2006年10月召开了子牙河水系污染综合治理工作会议，副省长柳宝全强调，对完不成总量削减任务、跨界河流断面水质超过目标要求的地区，要暂停审批地区新增污水排放总量的建设项目。对领导不力、工作不实、进展缓慢的地方和部门，要进行舆论监督。对典型违法行为，要坚决予以曝光。

会议提出，子牙河水系污染综合治理要重点开展三大战役，突出抓好7项重点工作。要开展企业违法排污集中整治战役。今年底前，结合环保专项行动，严惩企业违法排污、违法建设，力促企业排污稳定达标；开展重点污染源治理攻坚战役。到2008年底，对流域内所有排污企业实行严格的污染物总量控制，使子牙河水系污染物排放总量大幅度减少；开展跨界断面水质全面达标战役。从2009年开始到2010年底，在污染源达标排放基础上，确保子牙河水系各主要河流跨界断面达到《海河流域水污染防治“十一五”规划》目标要求。

子牙河水系是海河流域七大水系之一，多项污染物浓度指标均为全省最高值，2005年，因子牙河水污染问题引发的各类信访案件高达691件。

【石家庄市召开全市环保动员大会】 石家庄市2006年9月14日召开致力环境保护共建美好家园全民动员大会。石家庄市委书记吴显国在会上强调，抓紧编制并组织实施“十一五”环境保护规划和生态市建设规划，宁可GDP增长速度慢一点，也要强化环保规划的刚性约束和执行力度，切实做到环保工作责任有主体、投入有保障、任务有落实。

在动员大会上，吴显国宣布了市政府与河北省政府签订的“十一五”主要污染物总量削减责任书的主要目标：到2010年，主要污染物排放总量削减18%，单位生产总量能耗降低20%，城市空气质量二级以上天数稳定在300天以上，争创国家环保模范城等。吴显国说，实现上述目标，任务相当艰巨。全市必须以更大的决心、下更大的力气，充分调动上下的积极性，动员方方面面的力量，努力形成政府负责、部门联动、企业自律、公众参与的环保工作新格局。

在动员大会上，石家庄市政府与全市332家重点污染企业的代表签订了责任状。政府代表、企业代表在会上表达了加强环境保护的决心。动员会上，小学生代表发出了不要再污染家园的呼吁，发出了从自己做起、从身边做起，建设美好家园的倡议。

【邯郸依托重点工程确保减排】 为确保“十一五”期间全市主要污染物总量削减任务如期实现，河北省邯郸市政府实施总量分配，以重点治理工程为依托，2006年12月制订下发了全市“十一五”主要污染物总量削减计划，削减量高于省政府要求。

邯郸市“十一五”期间总量削减任务目标为：2010年二氧化硫总量在2005年基础上削减25.6%，削减量为5.3万吨，比省要求多削减2.1万吨；化学需氧量排放总量在2005年基础上削减24.8%，削减量为1.2万吨，比省要求多0.3万吨。

为确保削减任务的实现，邯郸市要求大力开展重点企业污染治理，推行清洁生产，以一批重点治理工程项目为依托，促进产业结构调整。对二氧化硫指标，全市共安排37个企业，治理工程54项；对化学需氧量指标，全市共安排44个企业，治理工程45项，污水处理厂16个。

广东省

【饮用水源地建事故隐患档案】 广东省环保局2006年初派出检查组，分赴各主要江河和有关市进行饮用水源环境安全大检查。重点检查对本辖区饮用水源地以及下游和相关地区饮用水源地有可能造成污染的重点污染源。建立事故隐患档案，加强防范以及监督管理，建立健全事故应急预案。

在加大检查力度的基础上，各市针对基层环保部门力量薄弱、企业分散的特点，加强基层党委、政府的环保责任。惠州市博罗县重点抓责任制的落实。在认真排查的基础上，将污染企业和东江支流以及部分受到不同程度污染的河涌的整治任务层层分解到镇、部门，责任到人，具体到厂、到河段。如果完不成任务，将予以严肃查处追究。揭阳市政府与各县（市、区）、（管委会）和市直有关单位签订2005～2007年环保责任书，把环境保护落实到县（市、区）和有关市直单位，每季度检查落实情况。同时，把环保责任制和追究制落实到镇乡（街道），明确各乡镇党委书记、镇长为抓好环保工作的第一责任人，并把环境保护纳入党政领导干部绩效考核工作目标。

【新增项目严把环保审核关】 2006年上半年，广东省环保局审批环节否定了26个新上高耗能、高耗水、高污染项目，占审理建设项目总数的近10%。2002～2005年，全省各级环保部门共否定了不符合环保要求和产业政策的项目7135个，占审批项目总数的2.74%。

近年来，广东省规定投资项目必须按照环保优先的原则，经过严格的环评关，严格执行“五不批”政策，即对不符合产业政策、不符合有关规划、不符合重要生态功能区要求、不符合清洁生产要求、达不到排放标准和总量控制目标的项目，一律不予批准建设。同时，坚持以规划为龙头，将环保关口前移到规划和决策阶段。省人大审议通过的《广东省环境保护规划》、《珠江三角洲环境保护规划》，根据不同区域经济社会发展水平和资源环境条件的差异，以及生态环境保护的要求，实行分类指导、分区控制。全省加快发展污染少的先进制造业、高新技术产业和服务业，由资源依赖型向资源效益型经济过渡。近年来，全省先后淘汰关闭污染重的小水泥厂和小火电机组等20类小型工业企业1600多家，关闭小火电机组共80.7万千瓦。

严把环保准入关，从源头上最大限度地控制污染物的产生量和排放量，带动经济结构优化。据统计，纺织服装、食品饮料、建筑材料等污染较重的行业的增加值占全省工业的比重，由2000年的20.4%下降到2005年的15.9%。

【环保专项自动取得成效】 广东2006年环保专项行动取得显著成效，北江镉污染、福安印染偷排、龙川环保局越权审批等七大环境违法案件被严厉查处，严肃追究了有关责任人的环境违法责任，4名责任人涉嫌犯罪被刑事拘留，两名责任人被判处有期徒刑，22名责任人受到党纪政纪处分。

在2006年环保专项行动中，广东对环境执法进行了大胆创新，没有把单个企业列为挂牌督办案件，而是把东莞造纸、揭阳电镀、韶关小冶炼、三水化工、增城新塘印染等十大重点环境问题列为挂牌重点。同时，广东专项行动进一步加强了部门联动，11个省直部门联合组成6个检查组下基层、进企业、到车间现场检查，形成强大合力和高压态势。

通过专项行动，十大环境问题整治已经取得了阶段性成效，韶关对31家无证经营危险废物的企业实施关闭。增城新塘76家漂染厂有48家已搬到新塘环保工业园区，每年可减少约20万吨废水排放量。四会南江工业园也处理了储存在北江边的30多万立方米超标电镀废水，消除了北江饮用水安全隐患。省环保局还对2800多家存在安全隐患的重污染企业建立了档案。

【各地市立下“十一五”减排“军令状”】 广东省政府2006年9月在东莞市沙角A电厂举行签订全省“十一五”主要污染物排放总量控制目标责任书暨环保执法用车派发仪式，全面启动“十一五”化学需氧量和二氧化硫排放量削减工作。省委副书记、省长黄华华及副省长谢强华出席并讲话。

仪式上，省环保局长李清代表省政府与各地级以上市政府签订二氧化硫和化学需氧量等主要污染物总量控制目标责任书；黄华华、谢强华等向汕头等14个市派发了环保执法用车，为广州等7个市下达环保执法用车定编证，并共同启动沙角A电厂3号、4号机组脱硫装置投入运行。

谢强华在仪式上指出，签订目标责任书标志着化学需氧量和二氧化硫排放量两项主要污染物总量控制目标分解到市、责任到市，削减工作全面启动。实现“十一五”污染物削减目标是一条不可逾越的“红线”，要突出抓好5项工作：一要分解任务，落实责任；二要加强环保基础设施建设，切实削减污染负荷；三要优化产业结构，淘汰落后生产工艺；四要强化环境监管，严格环保执法；五要加大环保投入，完善配套政策措施。

【突发环境事件应急预案出台】 广东省环保局2006年出台《突发环境事件应急预案》（下称《预案》），三类突发性事故——突发环境污染事件、生物物种安全环境事件和辐射环境污染事件等被纳入预案范围。

根据《预案》，在突发环境事件应急工作中发生渎职行为的国家公务员和国家行政机关任命的其他人员将给予行政处分，构成犯罪的，由司法机关依法追究刑事责任。

渎职行为包括：不认真履行环保法律、法规，而引发环境事件；不按照规定制定突发环境事件应急预案，拒绝承担突发环境事件应急准备义务；不按规定报告、通报突发环境事件真实情况；拒不执行突发环境事件应急预案，不服从命令和指挥，或者在事件应急响应时临阵脱逃；盗窃、贪污、挪用环境事件应急工作资金、装备和物资等。

【广州提前实行机动车“国Ⅲ”排放标准】 从2006年9月6日开始，广州市区第一批10家加油站如期供应符合“国Ⅲ”标准车用汽油，到10月底，广州供应“国Ⅲ”标准的油站将增至40座。至此，从机动车登记到燃油供应，广州提前执行机动车“国Ⅲ”排放标准，比全国期限提早了10个月。

近年来广州市机动车增长速度太快，年增幅已超过12%，机动车排气污染对广州市环境空气质量造成极大压力。提前实施“国Ⅲ”标准，缓解环境压力的同时，也是为更多市民拥有新车腾出了环境空间。

【广州市相关部门联合加强环境执法】 2006年4月以来，广州市环保部门联合水利、市政、环卫、海事等有关部门加强环境执法，从4月19日起，对沙河涌、新河浦涌、车陂涌、文涌、乌涌、花地河、大沙河、猎德涌、黄埔涌和新市涌10条河涌开展了“绿剑行动”（打击非法排污综合执法行动）。市、区环保局总共出动800多人次，对386家企业从环保审批手续、生产设备及污染治理设施运行情况和达标排放三个方面进行了检查。仅5月份就查处32家违法排污企业。

其中，百姓酒家、聚源美食、春林苑饮食店、味味香美食店、皇鹏烧鹅仔明月分店因未安装有效的污染净化设备或净化设备未符合有关要求，被责令限期整改。广州世庆电子有限公司、广州怡德电子有限公司均未办理环保审批手续，环保部门责令其补办环保审批手续。

同时，猎德污水处理厂、员村热电公司、鹰金钱公司、虎头电池集团公司、澳联玻璃公司、南方面粉厂、昊天化工公司、浪奇股份有限公司、油制气厂、珠江啤酒厂、广州肉联厂、香肠先生食品公司、新中国造船厂、华侨糖厂、广盛电力公司、大坦沙污水处理厂、广州发电厂、金珠江化工公司、广东制药厂、广州造船厂、广州水泥厂（生产部）、广州生力啤酒有限公司、广州钢铁股份有限公司等23家重点水污染排放企业成为此次监控的重点对象。

为提高和改善上游来水水质，广州环保局积极协调佛山、清远两市的环保部门对珠江进行跨河段综合治理，做好改善珠江广州河段前航道水质工作。

【深圳出台建筑节能法规】 《深圳经济特区建筑节能条例》2006年11月1日起在深圳实施，条例从源头把关，将有效抑制建筑能耗。

《深圳经济特区建筑节能条例》要求建筑项目在设计时就按照有关建筑节能的法规、强制性标准和技术规范进行节能设计，否则不能开工建设。这部条例明确规定，政府部门应当根据建筑物的类别、使用功能和规模等，制定民用建筑用电定额标准，用电超过定额标准的，将征收用电超额附加费；具备太阳能集热条件的新建12层以下的住宅建筑，建设单位应当为全体住户配置太阳能热水系统，不具备太阳能集热条件的，建设单位应当在报建时向市主管部门申请认定，未经认定不配置太阳能热水系统的，不予通过建筑节能专项验收。

这部条例还规定，建筑面积在1万平方米以上的新建、改建、扩建的公共建筑，应当设计安装空调废热回收装置，否则不予通过建筑节能专项验收。条例同时要求房地产开发商在销售房屋时，应当向买房者明示所售房屋的建筑节能设计及保护要求，并在使用说明书中予以载明。

【《深圳经济特区建设项目环境保护条例》颁布】 历经8年锤炼的《深圳经济特区建设项目环境保护条例》（以下简称“条例”）2006年11月正式颁布实施。“条例”明确规定，建设单位未编制环境影响评价文件或评价文件未经审批，擅自开工建设或投入生产、经营、使用的，最高可处以100万元罚款。深圳市环保局负责人指出，“条例”设定了严厉的违法处罚，为环保工作走出“执法成本高、守法成本高、违法成本低”的困局提供了有力的法律武器；此外，“条例”创新了八大制度，为环保工作由被动、事后、补救、消极方式向主动、事前、预防、积极方式转变提供了科学的法律制度体系，有利于推进环境保护的历史性转变。

“条例”确立的8项制度为建设项目环保准入制度、环境影响技术评估制度、审批决策专家咨询制度、业主延伸环保责任制度、环境工程技术方案评估备案制度、建设项目工程环境监理制度、污染物强制委托处理制度及回顾性评价制度。

湖南省

【省第六次环保大会召开】 湖南省第六次环境保护大会2006年9月13日在长沙召开。会议下发了《湖南省人民政府关于落实科学发展观切实加强环境保护的决定》。湖南省委副书记、省长周伯华在会上强调，到2010年，全省化学需氧量、二氧化硫排放量要各削减10%，镉、砷排放量各削减25%；万元GDP综合能耗降低20%；全省环境质量和生态状况得到明显改善。

会上，湖南省副省长徐宪平和14市、州政府的市、州长签署了主要污染物削减目标责任书；省环保局长蒋益民和22个重点企业负责人签署了主要污染物削减目标责任书。

【省政府追究岳阳砷超标责任人】 岳阳县饮用水源污染事件引起湖南各级政府和环保部门高度重视。国务院副总理曾培炎，国家环保总局局长周生贤，湖南省委书记张春贤、省长周伯华和副省长徐宪平先后做出加强污染处置、确保饮用水安全、严惩肇事者的批示。在由省、市、县联合组成的水污染突发事件应急指挥部的现场指挥下，在国家环保总局专家的指导下，经过环保监测人员和监察人员的努力，新墙河水质从2006年9月12日开始好转，并于当晚8时起饮水水质达标后恢复正常供水，居民生活恢复正常。

【整治洞庭湖纸厂】 湖南省政府2006年12月下达了《洞庭湖区造纸企业污染整治工作实施方案》。方案指出，年底前，洞庭湖区内凡无有效的污染防治设施或长期超标排污的化学制浆造纸企业一律停止生产，同时公布了第一阶段8家停止生产的造纸企业名单。

按省政府批准的方案，战役分4个阶段进行。2006年12月31日前，凡无有效的污染防治设施或长期超标排污的化学制浆造纸企业一律停止生产，由省政府下达停止生产企业名单，由企业所在地市政府责令停止生产。2007年3月31日前，凡无碱回收装置或虽有碱回收装置但污染物排放不能稳定达标的化学制浆造纸企业和无有效的环保设施或污染物排放不能稳定达标的废纸造纸企业一律停止生产，由所在地市政府下达停止生产企业名单，责令停止生产。2007年12月31日前，关闭年生产能力1万吨以下（不含1万吨）的废纸造纸企业；对年生产能力在5万吨以上（含5

万吨)、碱回收装置等污染防治设施齐全(含污染源在线监控系统)且能稳定达标排放的化学制浆造纸企业，以及年生产能力1万吨以上(含1万吨)、废水处理设施齐全(含污染源在线监控系统)且实施清洁生产和污染物达标排放的废纸造纸企业，经省、市、县三级环保部门验收合格后，方准恢复生产。

【成立环境执法直属支队】 从2007年1月1日起，湖南省长沙、株洲、湘潭3个城市不仅受当地环保部门的监控，湖南省环境监督执法总队将同时正式成立一个直属支队，专门负责长株潭地区环境问题的执法，切实解决3市环境保护中一直存在的执法难问题。

【68家企业被查处】 2006年，在打击违法排污企业行为保障群众健康专项行动中，湖南省环保局7月对重点污染区域常宁市水口山镇、衡南县松江镇的污染企业进行了全面排查和整治，并对区域内68家化工、冶炼企业分别实施关闭取缔、责令停止建设与生产以及停产整顿。

有百年老矿之称的湖南衡阳水口山有色金属公司是我国重点铅锌冶炼企业，利用其丰富的废渣，在其周边的水口山镇、柏坊镇、松江镇衍生了大小70多家化工和冶炼企业，并逐步成为当地县(市)的经济支柱。尽管这些企业大都粗放经营、污染严重，但受到当地政府的支持和保护，有的甚至对违法排污企业实施了挂牌保护，使水口山和松江地区成为湖南省污染最严重的地区，其排放的重金属直接危害湘江水质。湘江河段底泥中镉、砷等大幅度超标。

在2006年的环保专项行动中，湖南省环保局组织相关部门和市县，对衡阳水口山、松江地区的化工冶炼企业进行拉网式清查，并对区域内68家企业分别提出不同处理意见：对未经审批擅自上马的24家企业实施关闭取缔；对未按环保“三同时”审批和建设的14家企业，责令停止建设和生产，限期补办环评手续；对30家排放不达标的企业，责令停产整顿，限期达标验收。

【长沙曝光拒缴排污费单位】 长沙市环保局2006年12月向媒体曝光长沙毛巾集团、湘江宾馆等10家单位拒绝缴纳排污费的单位，并对其进行重罚。其中，湖南鑫都大酒店因拒缴2005年10月至2006年3月排污费67578元，已申请法院强制执行到位排污费和滞纳金合计9万元。

按照国务院和湖南省政府有关规定，直接向环境排放污染物的单位和个体工商户，应当依法缴纳排污费或者超标排污费。长沙市环保局向媒体出示的“黑名单”中，长沙毛巾集团下属的3家单位今年拒缴的排污费金额高达14.5万元，其他拒绝缴纳排污费的单位还包括：长沙新兴发展有限公司、湘江宾馆、长沙帝都大酒店、湖南万代酒店、湖南海联贵宾楼大酒店、湖南鑫都大酒店有限公司等单位。另外，长沙市芙蓉区柒捌酒食美食城至2006年底仍拒绝进行2006年排污申报。

长沙市环保局表示，对逾期拒不缴纳排污费者，长沙市环保局除依法按其应缴金额加收每日2‰的滞纳金外，还将处以应缴金额3倍的罚款，并申请人民法院强制执行，情节严重的报市人民政府批准，责令停业整顿。对逾期不进行排污申报者，将视情节处以1万～5万元的罚款。

【冷水江市3家企业治污承诺报告遭人大代表投票反对】 2006年3月17日，湖南省冷水江市7家重点排污企业向市九届人大五次会议大会主席团报告2006～2007年治理污染承诺报告时，有3家企业的承诺报告因为决心不大、措施不力，未按环保三年行动计划承诺而被否决。其中，出席会议的33名主席团成员对湖南耀华冷水江耐火材料有限责任公司投出31张反对票，另有两人弃权，无一人赞成。

向市人大代表作治污承诺报告的锡矿山闪星锑业有限公司、冷水江钢铁总厂等7家大中型企业，在冷水江市工业经济中具有举足轻重的地位，其生产总值占全市规模以上工业企业生产总值的80%，排污总量也占全市排污总量的近60%。

近几年来，在市人大常委会和人大代表们的积极监督下，冷水江市治污力度明显加大，仅去年一年就投入治污资金5.32亿元，相当于前十几年资金投入的总和。完成重点治理项目12个，一举摘掉了省环保局“重点监控城市”的帽子。但是，作为一个以煤炭、冶金、电力、建材和化工为支柱的典型重化工工业城市，冷水江市的环境污染较为严重，历史欠账较多。随着社会经济的快速发展，企业规模迅速扩张，老百姓要求加强环境保护的呼声也越来越强烈。

为充分体现民意，市人代会近几年来对政府环境保护工作的监督力度逐年加强。2003 年，人大代表对城区的污染大户冷水江钢铁总厂负责人提出尖锐批评，市人大常委会立即督促政府对这家企业限期治理。2004 年市九届人大三次会议上，主席团召开环保专题会议，政府分管领导和环保局长到会作出承诺。谢堂章等代表联名提出的“加快城区环境污染治理的议案”，成为这次大会通过的唯一一件议案。2005 年，环保工作报告被列入大会议程。2006 年，在缩短会期、简化会议议程，对财政、计划与发展两个报告只作书面审查的情况下，大会主席团却专门听取和审查了环保工作报告，并交全体人大代表表决。7 家重点排污企业的法人代表首次被邀请列席会议，向主席团作治污承诺报告。这些新举措，在湖南全省县、市级人代会上从未有过。

3 月 18 日，市九届人大五次会议主席团重新听取并通过了 7 家重点排污企业《治理污染承诺报告》。会议要求市政府及环保部门对环保三年计划落实不到位的企业，严厉整治，并不给予任何优惠政策，不授予企业和单位负责人任何荣誉称号；对不符合国家产业政策的企业，要坚决予以关闭。对排污费征收，要坚决落实国务院、省政府制定的属地征收政策。会议要求，各企业要加大环保设施投入，加强环境污染防治，强化职工技能培训，建立环保考核机制，把环保工作落实到企业生产的各个环节。市人大常委会将把环保工作成效作为推荐各级人大代表的重要依据。会议还通过了代表联名提出的《关于抓紧实施环保三年行动计划的议案》，此议案成为大会通过的唯一议案。冷水江市长刘小龙表示，坚决拥护和支持人大对环保工作做出的决议，冷水江市将重拳出击、铁腕治污，依法行政，完成好省、市环保三年行动计划。

【花垣县锰污染治理成效明显】 2005 年，湖南、贵州、重庆 3 省市交界地区锰污染引起党中央、国务院高度重视。2005 年 9 月，国家环保总局牵头组织 3 省市锰污染整治联席会议，湖南省副省长郑茂清亲自到花垣县部署和指导锰污染整治工作，湖南省环保局就花垣县锰污染整治下发 10 个专门文件，并多次到花垣县指导防治方案的制订、资金的组织筹措及整治验收。湘西自治州成立了整治工作领导小组，提出全力治理、全面治理和彻底治理锰污染的要求，并将锰污染整治从单一的花垣县扩展到整个湘西自治州 49 家涉锰企业。花垣县成立了锰污染治理领导小组，建立了县领导与涉锰企业一对一管理的监督管理机制。

在锰污染整治过程中，花垣县投入资金 9000 多万元，重点抓了企业废水治理、废渣处理、厂区环境综合整治。通过整治，花垣全县所有涉锰企业对含铬废水购置处理设施，实现了稳定达标；安装了冷却塔，实现了冷却水闭路循环；其他废水实行稳定达标排放和循环利用；设置事故应急池，防止突发事故。废渣处理方面，对废渣场覆土后压实绿化，禁止水冲渣、水冲洗滤布，渣场设置导流渠和水质监测井，对含铬污泥进行无害化处理，对渣场渗滤液进行收集处理，达标排放或循环利用。

通过对花垣县涉锰企业的整治，实现了环境保护的两大突破，一是污染源头控管的突破，通过对工艺的改造，对生产过程中高浓度含锰、氨氮废水进行清污分流，实现了 10 家企业的含锰废水循环利用、含铬废水稳定再利用不外排；二是由于加强了对环境的管理，大幅度提高了排污费收缴水平，花垣县锰污染整治期间，共实现追缴排污费 1228 万元，为污染整治筹措了大量的治理资金。

在整治锰污染过程中，针对地域偏远、管理不便的特点，花垣县所有涉锰企业投入 45 万元，用于在线自动监控设施建设，采取第三方运营的社会管理模式，由省环保专项资金补贴，确保了在线自动监控设施正常运营和数据信息的真实可靠。

辽宁省

【省委书记强调从源头上防控污染】 2006年9月，辽宁省委书记、省人大主任李克强在辽宁省环保局调研时强调，要按照资源节约型、环境友好型社会建设的总体要求，牢固树立和落实科学发展观，以控制污染为主线，以改善生态环境质量为核心，在发展中解决环境问题，重点推进流域、区域污染治理，统筹城市和农村环境保护，让人民群众喝上干净水，呼吸新鲜空气，吃上放心食物，在良好的环境中生产生活。

李克强指出，当前，辽宁老工业基地已由调整改造进入全面振兴的新阶段。要实现到“十一五”期末全省人均GDP比2000年翻一番半的奋斗目标，不可能再走过去依靠投资拉动、粗放生产的老路，要考虑资源、环境等各方面的综合因素，必须实现经济增长的质量、速度和效益相统一。到2010年辽宁省要实现全省万元GDP能耗比“十五”期末降低20%，主要污染物排放总量减少5%这一目标，必须进一步转变发展观念，创新发展模式，提高发展质量，切实转变增长方式，着力推进产业结构实现战略性调整，把经济社会发展切实转入科学发展的轨道。

李克强说，实现辽宁老工业基地全面振兴的根本目的，就是要不断提高人民群众的生活质量和健康水平，让发展成果惠及全省人民。人民群众生活水平和生活质量提高在相当程度上依赖环境质量的改善。当前要紧紧抓住重点流域、重点区域、重点行业、重点企业的治理，抓紧解决当前存在的突出环境污染问题。结合产业结构调整和经济增长方式转变，努力从源头上防止和控制污染。要在整治现有污染源的同时，进一步调整产业结构，转变增长方式，坚决控制新污染源的产生。

李克强还对生态省建设和环保产业发展表示大力支持。

【限期推进在线监控】 为了加大对企业污染防治监管的力度，尤其对重点污染企业实施全天候监控，辽宁加快推进污染源在线监控工作。

辽宁省环保局要求，2006年年底前，全省化工企业要完成在线监控设备的安装，并与当地环保部门联网；2007年底前，全省造纸、印染等企业要完成在线监控设备的安装和联网；在“十一五”期间，全省80%以上的污染源都要建成污染物排放在线监控系统。

辽宁省环保局强调，未按要求安装自动监控设备的新改扩建项目，一律不得进行竣工验收；各污水处理厂也要统一安装在线监控设备，统一数据传输协议，实现实时监控，动态 管理。同时，对于故意不正常使用在线监控设备，或未经环保部门批准擅自拆除、闲置和破坏的，除责令其停止违法行为外，必须限期改正并予以处罚。

【下发紧急通知要求确保饮水安全】 辽宁省环保局在2006年9月下发的《关于加强全省饮用水源保护区环境监管的紧急通知》中，明确要求消除污染隐患，确保全省饮水安全，还对具体工作提出限时要求。

“紧急通知”限定：2006年年底前，要坚决依法取缔一级保护区内所有的直接排污口，在建的项目一律全部停建，已建成的要依法建议政府予以拆除或搬迁；对饮用水源二级保护区内的排污口，要在明年底前彻底取缔，对目前不能达标排放的要立即取缔；对饮用水源一、二级保护区内的生活污水设施实施改道工程，不允许直接将生活污水排入保护区内。

“紧急通知”要求，各地在2006年年底前完成饮用水源地环境质量、水质安全及环境管理的评价，2007年4月底前完成饮用水源保护区的划分和调整，尽快完成辖区内饮用水源地环保规划编制工作，为加强环境监管提供科学依据。各级环保部门要立即全面清查所辖饮用水源保护区及周边的污染源，对未依法进行环评和“三同时”验收的，一律依法责令停产。

“紧急通知”明确规定，各市应针对饮用水源地的实际情况，建立饮用水源污染应急预案，做到“一源一案”。同时，还要督促饮用水源保护区周边的工业企业和重点污染源，逐一制订环境应急预案，做到“一厂一案”。完善污染防范、预警和处置相结合的饮用水源应急机制，确保饮用水源的环境安全。辽宁省环保局将会同省监察厅对各市的工作进行监督检查。

【公布十家违法排污企业】 2006年10月，经辽宁省环保局和省监察厅研究确定，沈阳市康平纸业等10家存在严重环境违法行为企业为辽宁省2006年首批挂牌督办的重点环境违法企业，并对媒体及社会各界公布。

这10家违法企业包括沈阳市康平纸业有限责任公司、大连莲城食品有限公司、鞍山市台安博发造纸有限公司、本溪市辽宁北方曲轴有限公司、丹东市辽东双林地质矿业有限公司大金坑钼选矿厂、锦州金城造纸股份有限公司、阜新市彰武满堂红康途化工有限公司、辽阳市公路沥青拌合站、盘锦市辽滨金属制桶厂及葫芦岛锦化8万吨环氧丙烷配套渣场。

这10家企业或因环保设施不完善，或因无污染治理设施，或因未经环评，或因未执行“三同时”，或因未经环保部门验收而擅自建设和生产，最终导致污染物严重超标排放，甚至干脆直排，对饮用水源构成不同程度的威胁，引起当地受害群众多次投诉。辽宁省环保局和省监察厅对这10家违法企业的整改均有明确期限，除了锦州金城造纸股份有限公司和葫芦岛锦化8万吨环氧丙烷配套渣场被分别限定在2006年12月30日和12月20日外，其余8家均被限定在2006年11月30日完成整改。

这次由环保和监察两部门联合对10家违法排污企业实施挂牌督办，在辽宁环保史上尚属首次。

【全面启动农村小康环保行动计划】 作为被国家环保总局批准的全国两个实施农村小康环保行动计划试点省之一，辽宁为圆满完成任务，2006年专门制定了《辽宁省农村小康环保行动计划实施方案》，将重点完成4项任务：加强生态保护，首要是保护好农村饮用水源地；强化污染治理，首先是综合防治土壤污染、畜禽养殖业污染及乡村工业污染；开展村镇环境创优活动，引导和推动一批具有较好社会基础、较强经济实力、良好环境的村镇率先达到环境优美乡镇及村的标准；大力推进农村环境基础建设，强化农村环境监管。同时，还将实施如下八大重点工程：环境优美村镇创建工程，创建100个环境优美乡镇和1000个环境优美村；农村环保基础设施建设工程，建设100个资源转化与循环利用工程；农村饮用水源保护工程，建设100个农村饮用水源地保护、饮水安全和小流域综合治理示范工程；规模化畜禽养殖污染防治工程，建设100个畜禽养殖污染防治示范工程；乡村工业污染防治工程，建设100个乡村工业企业污染治理示范工程；土壤污染综合治理试点工程，建设10个土壤污染与土地退化修复示范工程；有机食品生产基地工程，建设50个有机食品生产基地示范工程；农村环保能力建设工程，完善44个县的环境监测和监管能力建设。

为确保辽宁农村小康环保行动计划的顺利实施，辽宁出台了一系列保障措施：在省新农村建设领导小组领导下，由环保等部门建立联席会议工作制度；所需资金采取政府补贴、部门支持、农民自筹、市场运作等方式多渠道筹措，还要统筹安排涉农的各项专项资金……此外，还有政策措施、科学支撑、宣传教育、监督检查与奖励等辅助措施。

【沈阳立法确立公众环保参与权】 从2006年1月1日开始实施的《沈阳市公众参与环境保护办法》明确规定：“市、区、县（市）环境保护行政主管部门每年应当向公众发布一次本行政区域的环境质量公报。”“在发生环境污染事故，对公众健康和环境可能造成威胁的紧急情况下，环境保护行政主管部门应迅速向可能受到影响的公众，发布一切能够帮助公众采取措施预防和减少损害的信息。”

市环保局相关负责人表示，沈阳市以立法的形式确立了市民参与环保的9项权利，走到了全国前列。

【沈阳银行贷款先看环保审批】 为从源头上防止环境污染和生态破坏，从2006年开始，沈阳市的银行贷款项目将遵守一定的环保准则。未经环保主管部门批准环境影响报告书或环境影响报告表的建设项目，银行将不予贷款。而没有办理环保手续就擅自开工建设的企业及超标排污的企业拖欠排污费的企业，银行对其贷款项目将不予贷款。

同时，贷款项目在建设过程中擅自改变工艺、路线及规模，或未按环保要求落实环保治理措施，银行将停止贷款，环保主管部门将责令其停止建设，并重新补办环保审批手续。

【大连召开全市第六次环保大会】 辽宁省大连市委、市政府2006年10月召开全市第六次环境保护大会。市委书记张成寅、市长夏德仁在讲话中强调，要全面贯彻落实科学发展观，正确处理好环境保护与经济发展的关系，坚持节约发展、安全发展、清洁发展，实现可持续发展，加快建设资源节约型、环境友好型社会，切实走出一条具有大连特色的生态文明之路。

会议提出，"十一五"期间，大连市环境保护工作要围绕振兴东北老工业基地和进一步扩大开放，走新型工业化道路，大力发展循环经济，转变经济增长方式，加快发展资源消耗少的高新技术产业，切实解决危害人民群众健康的突出问题，改善环境质量。

会上，大连市市长夏德仁代表市政府与各区、市、县政府签订了"十一五"环境保护目标责任书。同时，会议下发了《中共大连市委大连市人民政府关于落实科学发展观加强环境保护的决定》和《大连市生态环境保护"十一五"规划》。

【大连城市发展规划环评通过国家评审】 辽宁省大连市城市发展规划环境影响评价报告书2006年9月在京通过了国家环保总局组织的专家评审。

由清华大学完成的大连城市发展规划环评系统地研究了社会发展、产业升级与环境保护的关系，从城市定位、产业布局、发展规模、资源配置等方面提出了优化调整以及减缓不良环境影响的具体对策和措施，将环境因素系统地纳入大连市国民经济和社会发展的综合决策中，为大连的可持续发展提供了科学依据和保障。

评审专家组对报告书给予了高度评价，认为报告书建立了以产业单元和土地单元为基础的区域规划环评模型和技术方法，丰富了规划环评的技术方法体系，极具开创性和示范作用。

环评结论对大连城市发展规划提出了重要优化调整建议。在城市发展指标体系中，将增加土地开发利用强度、水资源和能源利用效率、主要污染物排放总量控制、近岸海域环境质量等方面指标，建立与资源环境承载能力相适应的人口和用地规模；进一步调整中心城市用地布局，从源头上避免用地性质改变对基本农田、饮用水源地、自然保护区、水土保持区等环境敏感区域产生的不利影响。

大连在今后的发展中将依据此次环评的成果，以节地、节水、节能为核心，在全国率先建成资源节约型、环境友好型社会；以自然岸线保护为核心，合理布局港口和工业岸线，严格控制围海填海规模，加速恢复海滨湿地，协调海滨旅游资源开发；以饮用水源地保护为核心，构筑北部绿色屏障，加大生态恢复和建设力度，确保饮用水安全。

【大连排查九座水源水库】 辽宁省大连市各级环保部门和水务部门2006年初联合行动，对全市9座水库饮用水源保护区内各类企业及畜牧业的排污及建设项目进行了全面排查，依法查处了违法企业58家，消除了水源污染隐患，确保百姓喝上干净的水。

大连市有关部门每年要对全市水源进行两次污染情况调查，这次行动重点检查市级饮用水源（即英那河、碧流河）周围区域及各区市县辖区内的饮用水源周围区域，共检查企业269家，其中发现违法排污企业53家，违法建设项目5个。对此，联合执法部门责令27家违法排污企业立即关停，4家企业限期整改，并对20家企业进行处罚，扫除了水源地污染隐患。

大连市每座水源水库都设有专职人员，每天

对库区巡视一次，发现放牧行为及时制止，发现新增污染源立即上报，保证及时解决。有关部门在所有水库周边设置警示标牌，并与当地政府和派出所联手，做好宣传，让当地居民都爱护、珍惜饮用水源地。由于保护措施及时到位，大连市9座水库的水质一直保持良好。

【辽阳以创模为契机，加大环保工作力度】 辽宁省辽阳市2006年11月召开全市环保会议，市长唐志国要求，全市要以创模为契机，加大环保工作力度，力争到2009年实现创模目标。此外，要对32家重污染企业进行强制治理，改善环境质量。

近年来，辽阳市投资4亿多元，先后建成日处理污水20万吨的城市中心区污水处理厂和生活垃圾无害化处理一期工程；建成两个热源中心，使城市中心区集中供热率达90%；建设了汤河二期水源工程，有效改善了城市中心区饮用水源水质；多年"老大难"的庆化公司污染治理问题被列入兵器总公司的总体规划，投资近3亿元的污水治理一期工程将于今年底完工；城市环境空气自动监测系统实现了空气质量日报。此外，经过3年环保专项行动，辽阳市依法关停了200多家"十五小"企业，取缔、关停了226家不合格的铁选矿企业。

山东省

【全面推进生态省建设】 在2006年初召开的山东省第十届人民代表大会第四次会议上，省长韩寓群在《政府工作报告》中提出，将加快建设资源节约型、环境友好型社会列为山东省本年度着重抓好的10项重点工作之一。

"十五"期间，山东省广泛开展创建节约型企业、园区和城市活动，推出了一批资源节约先进典型，制定完善资源节约标准，积极推进节约型社会建设，节能节水节地效果显著。全省连续3年保持了用水总量零增长，重点用能企业万元产值能耗由2002年的1.68吨标准煤下降为1.24吨标准煤。"点线面"相结合的循环经济综合试点全面展开，在造纸、纺织印染等10个行业推行了清洁生产。生态省建设第一阶段目标任务基本完成。

2006年是实施"十一五"规划开局之年，山东省将加快建设资源节约型、环境友好型社会，大力推进能源资源节约，坚定不移地走节约发展、清洁发展、高效发展、安全发展的可持续发展道路。实施严格的产品消耗标准，坚决限制高耗能、高耗材和高耗水行业发展，加大钢铁、水泥、造纸、电解铝等高耗能企业整合和技术改造力度，依法强制淘汰落后技术、工艺和产品；抓好重点行业和1000家重点耗能企业的节能降耗工作；建立用水"总量控制、定额管理、分类计价、累进加价"制度；加快发展循环经济，积极推行清洁生产，在重点行业、产业园区和城市开展循环经济试点，鼓励企业循环式生产，推动产业循环式组合；大力发展节能节地型住宅，大力开发利用太阳能、风能、生物质能等可再生能源和新能源，重视开发利用国外、省外能源，鼓励使用节约型产品，倡导节约型消费模式。从2006年开始，山东省将定期公布各地单位生产总值、单位工业增加值能耗及污染物排放情况。

【强化污水处理费征收】 山东省政府办公厅2006年3月出台《城市污水处理费征收使用管理办法》，明确指出任何部门、单位和个人均不得违规减免污水处理费。对拒缴、少缴污水处理费的用户，负责征收或者代征的部门（机构）可以依法向人民法院申请强制执行。

"办法"规定，未按照规定缴纳污水处理费的，由负责征收或者代征的部门（机构）责令限期缴纳；逾期仍不缴纳的，根据有关规定，按日加收应缴污水处理费2‰的滞纳金。企业缴纳的污水处理费可以计入生产成本或者管理费用。污水处理费应当专款用于城市污水处理厂、排污管网、排污泵站等相关设施的建设、运行和维护。污水处理企业应当按照规定用途使用污水处理费。发现违规排放超标污水的，污水处理企业可以拒绝接纳，并及时向当地环保行政主管部门报告。污水处理企业无正当理由擅自停止运行或者未能做到达标排放的，由有关部门责令整改、依法处罚，并相应停止拨付或者扣减污水处理费用；造成污染事故的，依法追究有关人员的责任。

【查处二十九个违规项目】 山东省人民政府2006年6月发文通报全省环境影响评价和“三同时”制度执行情况专项执法检查结果，对无棣县新星热电有限责任公司电石加工等29个违规建设项目给予依法关闭等严肃处理，追究泰安市高新技术开发区管委会等一批相关部门责任人的行政责任。要求各级政府和有关部门、单位认真吸取教训，把好环境影响评价关，坚决纠正建设项目未环评就开工、未批准就建设、未验收就投产和越权审批等违法行为。

滨州市无棣县新星热电有限责任公司电石加工项目未向环保行政主管部门报批环境影响评价文件，擅自在原有厂址内投资建设电石项目并投入生产。无棣县发展计划局2004年10月11日批复这一项目可行性研究报告。这一项目建设和县发展计划局批复均违反国家有关规定。山东省政府责成滨州市政府依法关闭无棣县新星热电有限责任公司电石加工项目；依法依纪追究无棣县政府分管发展计划局的负责人、县发展计划局主要负责人及无棣县新星热电有限责任公司法人的行政责任。

泰安市高新技术开发区管委会受泰安市环保局委托，对辖区内建设项目行使环境管理权，但开发区对建设项目环境监管不力，造成山东京卫制药有限公司京卫制药基地等15个总投资约28.49亿元的项目，环境影响评价文件未报批或未经批准擅自开工建设。山东省政府决定，对泰安市高新技术开发区管委会全省通报批评，并责成泰安市政府依法依纪追究泰安高新技术开发区管委会分管负责人及开发区管委会有关部门主要负责人的行政责任。

山东省政府责成济宁市政府查处济宁市环保局越权审批或违反国家产业政策审批问题。

山东省政府责成3市将落实情况于6月底前报省环保局、省监察厅汇总后报省政府。

【省政府通报批评七市县环保局】 山东省政府2006年11月通报了2006年度第三次环保专项行动的检查情况，对超标排污的滨州华纺股份有限公司等5家企业和监管不力的7个市县环保局进行通报批评，勒令违反环评和“三同时”制度的淄博宝塔焦化有限公司等企业及严重超标排污的山东中茂圣源纸浆有限公司等企业进行停产整顿并依法追究相关责任人的行政责任。

山东省2006年度第三次整治违法排污企业保障群众健康环保专项行动，共检查工业污染源211个、城市污水处理厂51座、河流断面38个、入河排污口9个。在取样监测的136个工业污染源中，达标排放的有123个，占取样监测总数的90.4%，比2006年第二次环保专项行动检查结果提高了5.8%；48座污水处理厂中，达标排放的有36座，占取样监测总数的75%，比2006年第二次环保专项行动检查结果提高了3.3%。但检查中也发现个别企业存在超标排污、建设项目未执行环境影响评价和“三同时”制度、挂牌督办环境问题整改不到位等现象，部分河流断面和入河排污口污染较为严重。

针对检查中发现的违法事实，山东省政府决定，依法对超标排污0.3～2倍的滨州华纺股份有限公司、济宁鲁抗医药股份有限公司、齐河山东瑞普生化有限公司、滨州安利果汁饮料有限公司、青州海化盛兴化工厂等5家企业通报批评，责令限期整改，逾期仍不能稳定达标的，停产整顿，加倍征收超标排污费并处以罚款；责令违反建设项目环境保护法律法规的淄博宝塔焦化有限公司、山东天风能源有限公司、临沂沂州焦化有限公司立即停止生产，限期完成治污设施建设，并由有关市政府依法追究相关责任人的行政责任。新泰正大焦化有限公司和华源焦化有限公司完成治污设施建设后由泰安市环保局进行验收。莱钢股份有限公司焦化厂要尽快淘汰1号、2号焦炉；鉴于德州陵县山东中茂圣源纸浆有限公司正处于试生产阶段，责令其加快治污设施调试，确保试生产期间不得外排超标污水；责令淄博市高青县东方印染有限公司停产整顿，完善治污设施，经省环保局验收合格后方可恢复生产。上述两家企业由有关市政府依法追究相关企业法人代表的行政责任，由有关市环保部门依法对其罚款和加倍征收超标排污费。

对污水处理厂进水水质严重超标的淄博市、烟台市、滨州市及胶南市、桓台县、高密市、在平县环保局给予通报批评，责成上述市县环保局迅速对排入污水处理厂的企业进行排查，列出影响污水处理厂进水水质的企业名单，并严肃处理，超标严重的坚决关停，11 月 30 日前将企业名单和处理情况上报省环保局。

对水质污染严重的河流断面和入河排污口，由当地政府尽快查找原因，提出整改措施，限期整改。

【专项资金扶持可再生能源】 从 2006 年开始，山东省财政增加专项资金用于扶持农村沼气等可再生能源建设，省级专项资金重点用于经济欠发达地区、重点水源区、面源污染重点治理区域和生态环境重点保护区。

山东省政府要求，力争到 2010 年，全省新建户用沼气 180 万户，总量达到 230 万户以上；新建大中型沼气工程 2000 处，总量达到 2110 处以上；年消化农作物秸秆和人畜排泄物 8600 万吨，年产沼气 14.4 亿立方米，使适宜地区 25%以上的农户用上沼气，另有 800 多个畜禽养殖场和农产品加工企业使用沼气能源。同时，在适宜地区积极开发利用风能、地热等可再生能源。

山东省政府强调，要增加农业综合开发、扶贫开发等支农资金用于农村沼气等可再生能源建设的投入。建设大中小型沼气工程，集中供气覆盖农户的，按照规模大小优先给予扶持。利用可再生能源发电的企业，应按照国家有关规定优先审批、上网，并给予补贴。对投资开发沼气等可再生能源的企业，在建设和运营过程中，按规定减免相关的行政事业性收费。

【济南召开第七次环保大会】 山东省济南市 2006 年 10 月召开第七次环境保护大会，市长鲍志强提出，要紧紧围绕“实现新跨越、建设新泉城”总目标，抓住生态建设、污染防治、资源合理利用等关键环节，着力强化环境执法监督，转变经济增长方式，推动循环经济发展，解决危害人民群众健康的突出问题，加快构建资源节约型和环境友好型社会。

会议确定到 2010 年，济南市在国内生产总值年均增长 13%的同时，环保投入占全市 GDP 比例达到 3%，单位生产总值能耗比 2005 年底降低 22%左右，主要污染物二氧化硫、COD 排放总量分别削减 12%和 18%，城市集中式饮用水源地水质达标率达到 98%，城区污水集中处理率达到 80%以上、回用率至少达到 30%，市区环境空气质量达到二级标准的天数占全年 90%以上，市区生活垃圾无害化处理率至少达到 90%，城市建成区绿化覆盖率达到 43%，全市森林覆盖率达到 28%以上。

济南市还对做好“十一五”环保工作提出了“三个优先”要求：一是优先落实环保发展规划，优先考虑生态环境的承载能力，从源头上杜绝环境污染与生态破坏；二是优先发展循环经济和清洁生产；三是优先增加政府环保投入，把环境保护作为公共财政支出重点。

会上，副市长邹世平代表济南市政府与平阴县、历下区、市经委、市政管理部门、济南钢铁集团总公司和黄台电厂等单位分别签订了“十一五”大气、水污染物总量削减目标责任书。

【济南推进建设节约型社会】 2006 年，山东省济南市完善建设节约型社会的框架，强化监督考核，市委、市政府把发展循环经济列为重点督察的工作内容，加快节约型社会建设步伐。

济南市从重点用能、用水单位入手，加强执法检查，依法推进节约型社会建设，开展了大型用电设备运行情况专项执法检查，对部分单位提出了整改意见；组织开展了煤炭供应质量专项检查；依法开展了能源利用状况监测。认真实施《济南市新型墙体材料发展应用与建筑节能管理条例》，严把设计质量审查关、工程验收关，加大对在建工程的执法检查力度，达不到节能建筑标准的一律不予批准施工。与济南大学探讨，率先在高校与政府之间开展节能自愿协议试点。

济南市委还把建设节约型机关列为考核市级

机关政绩的重要方面，各单位将资源节约工作纳入绩效管理。

【济南三成被查单位环境违法】 2006年12月7日召开的济南市水污染防治工作会议通报，省城第三次环保专项检查（11月29日～12月2日）结果不容乐观，101个被查单位有39个存在违法问题。12月6日，济南市政府对其中28家环境违法单位进行了通报批评。

其中，济南临港经济开发区、济南经济开发区、商河经济开发区、平阴工业园区、槐荫工业园区等5个工业园区未报批区域环境影响评价文件，未执行区域环境影响评价的有关规定。

济南庚辰钢铁有限公司2号烧结机和3号、4号高炉出铁场未完成挂牌督办（第一批）限期治理任务；重汽集团济南考格尔专用汽车有限公司在其环保配套设施未建成、未验收的情况下，违法生产；济南轻骑发动机厂外排污水中总磷浓度超标13.5倍；山东胜利股份有限公司外排废水中总磷浓度超标7.33倍；商河县中医院污水处理设施不完善，外排污水中粪便大肠菌群大于23800个/升，严重超标。

济南净雅大酒店、倪氏餐饮有限公司、鱼翅皇宫大酒店、百事春秋商务酒店、济南华联大酒店等5家酒店无废水处理设施，污水超标排放。济南铁路局南苑小区，济南房地产发展集团总公司泉星小区，济南市房屋建设综合开发集团世纪佳园，济南市房地产开发总公司卧龙花园，历城区东风街道办事处祝甸社区居委会旧村改造，济南四建集团房地产开发公司保温瓶厂地块开发项目等13个建设项目，均未配套建设污水处理和中水回用设施。

【青岛发布政府绿色采购清单】 山东省青岛市财政局和青岛市环保局2006年2月联合发文，发布了《青岛市绿色采购环保产品政府采购清单（第一批）》，并规定，今后政府采购中，在技术、服务等指标同等条件下，应当优先采购绿色环保清单所列产品，使青岛市成为全面实施政府绿色采购的城市。

青岛市指出，实行政府绿色采购是建设资源节约型、环境友好型社会的内在要求，是发挥政府采购导向以及环保产品为政府、社会、企业服务的作用，推动循环经济发展的具体措施，对促进青岛市循环经济和清洁生产的健康发展，倡导绿色消费，促进环境质量的改善具有重要的现实意义。

目前，经青岛市财政局、青岛市环保局筛选认可，列入第一批《绿色采购环保产品政府采购清单》的产品包括水性涂料、综合利用资源节约型产品、洁净煤燃烧设备等三大类30个品种。

【淄博实行环保第一责任人负责制】 山东省淄博市2006年成立了环境保护工作委员会，实行环境保护第一责任人负责制，坚持做到“四个优先”，实现了环保工作由部门化向综合决策的转变。

淄博市环境保护工作委员会由市长担任主任、常务副市长担任常务副主任；各分管副市长担任副主任，具体履行各自分管领域环境保护和污染治理职责；30多个市直部门的主要负责人担任委员。委员会下设办公室，作为常设机构，由分管市长担任办公室主任，市环保局主要负责人担任常务副主任，对环境保护实行综合决策。目前，淄博市环境保护工作委员会已召开会议20多次，解决重点环境问题30多个，取得了良好成效。

2006年7月，淄博市召开了由市五大班子领导、区（县）委书记、区（县）长、市环保工作委员会成员及部分重点企业主要负责人参加的全市环保工作座谈会，明确提出各区（县）委书记、区（县）长是辖区内环保工作的第一责任人和直接责任人，把污染治理作为各级政府、领导干部政绩考核的重要内容，对各区（县）政府、市直各部门、企事业单位在评先树优、年度考核等方面实施环境保护“一票否决”，把环保工作提升到讲政治的高度来抓，下决心推动全市环保创新发展。自2005年以来，淄博市已实行环保“一票否决”66次。

淄博市始终把环保工作放在经济社会发展重中之重的位置，坚持“四个优先”，即在确立地区发展战略时，优先考虑环保工作；在制定经济社会发展计划时，优先支持环保基础设施建设；在推动各项具体工作时，优先保证环保措施的落实；在考核监督领导班子和领导干部时，优先执行环保“一票否决”。

第一责任人制度带来了各级党委、政府领导对环保工作的高度重视和环保基础设施的大投入。近年来，淄博市累计投资20多亿元，新建污染治理设施450余台（套），先后开展了14座污水处理厂的新建和扩建。目前全市10座运行的污水处理厂已全部实现了市场化运营、达标排放，走在了全省的前列。

猪龙河是全市污染最严重的河流。实行第一责任人负责制后，张店区为彻底治理猪龙河污染，成立了领导小组，制定了详细的整治方案，组成联合执法组，制定了详细的整改方案，开展了猪龙河综合整治大会战。经过综合整治，猪龙河水质明显改善，消除了多年的环境顽疾。

第一责任人制度换来了全市环境质量的持续改善。2006年1～9月，空气环境质量好于二级的天数达到237天，主要环境空气质量指标平均值达到国家二级标准，为近10年来最优；全市主要水体基本变清，实现了人民群众30年的愿望；1～9月，全市实现地区生产总值1211.79亿元，增长16.8%，实现地方财政收入57.41亿元，增长25.79亿元；GDP综合能耗、规模以上工业万元增加值能耗分别下降4.5%和7.8%；全市COD、二氧化硫排放量分别下降2.2%、7.5%，开创了经济增长而能耗、主要污染物排放量下降的新局面。

四川省

【省政府重点督查热电企业】 2006年初，四川省副省长刘晓峰在省环保局长田维钊、副局长谷声文等陪同下，专门针对2005年237家限期治理企业未按期完成治理任务的四川嘉陵电力有限公司等企业进行督查调研。刘晓峰强调，嘉陵电力有限公司必须高度重视限期治理工作，必须增强污染治理的责任感、紧迫感，抓紧行动，按期完成治污，以牺牲环境为代价的发展决不允许。

四川省政府要求，嘉陵电力公司必须对2005年未按期完成治理任务写出书面检查；必须对治理前期工作包括科研、环评的编制和批复，烟尘治理方案的确定和批复，招投标的完成、投资准备等情况作详细汇报；必须在2006年4月30日前筹集到不低于1000万元的工程启动资金，实现开工；必须在2006年底全面完成治理任务，否则将严肃处理。

刘晓峰强调，成都东郊的嘉陵电力有限公司、国电成都热电厂、华能成都热电厂等企业，二氧化硫及烟尘排放量大，对成都市大气环境质量造成严重影响，成都作为国家级环保模范城市，不解决这几家电厂的污染治理，将会影响到下一步模范城的复查。

刘晓峰还要求不符合产业政策的国电成都热电厂5台2.5万千瓦机组必须在2006年4月30日前彻底关闭；华能成都热电厂20万千瓦火力发电机组的搬迁问题，市政府要尽快书面报告省政府，如果不搬迁，省政府将其纳入2006年限期治理范围。

【实现三江流域水质自动监测】 四川省嘉陵江流域水质自动监测系统于2006年2月建成。至此，四川省岷江、沱江、嘉陵江“三江”流域各市（州）交界断面水质自动监测与管理系统全面建成。这是我国中西部地区第一个流域水质自动监控网，也是技术含量和自动化程度最高的网络。

近年来，四川省境内岷江、沱江、嘉陵江等主要江河流域受到不同程度的污染。对此，四川省自2004年起，由省财政先后拨款3850万元，建成了岷江、沱江流域11个水质自动监测站，2005年又作为省政府重点项目，开始建设嘉陵江流域水质自动监测系统。嘉陵江流域水质自动监测系统包括9个水质自动监测子站，实现对河流交界断面（重要控制断面）水质指标的自动监测，定时或根据中心的指令传输数据。

【着力建设生态省】 2006年3月，四川省人民政府第84次常务会审议并原则通过了《四川生态省建设规划纲要》，确定全面启动生态省建设。这标志着四川成为全国第十个开展生态建设的省。

四川省政府通过的《四川生态省建设规划纲要》，明确了生态省建设工作的指导思想和基本原则，建立了符合国家规定和四川实际的指标评价体系，确定了生态四川建设的中长期目标和阶段性目标，到2020年，基本实现生态经济发达、生态环境良好、生态文化繁荣、生态社会和谐、人民生活质量提高的奋斗目标。

《纲要》还提出生态省建设实施分区分类推进，并根据全省自然基础条件、生态系统、资源分布、经济发展现状区域性特征，将全省分为7个建设区，即：成都平原区、盆地丘陵区、盆周山地区、川南山地丘陵区、攀西地区、川西高山高原区、川西北江河源区，对各个建设区详细明确了发展方向、优先（重点）发展的领域及产业、限制（禁止）发展的领域及产业。《纲要》明确生态省建设的基本体系由“生态经济体系、生态环境体系、生态文化体系、生态社会体系、能力支撑体系”五大体系组成；明确生态省建设的主攻方向为全面打造“生态四川、绿色天府”。

【泸州漏油污染长江事件责任人受处分】 2006年11月15日，四川省泸州市“川南发电有限责任公司泸州电厂”发生柴油泄漏污染长江事件，造成泸州市区自来水厂停止取水，并对重庆市部分地区造成影响，引起全国关注。国家环保总局认定，该事件为重大环境污染事件，要求按照有关法律法规严肃处理。

四川省环保局对泸州市人民政府开出了“环保罚单”：从2006年12月25日起至2007年5月15日，暂停对泸州市除污染治理项目以外新建项目的环评审批。如在此期间发生“未批先建”等违法违规行为，将依法从严处理。并对川南发电有限公司处以20万元人民币的经济处罚。

此外，企业相关责任人也被处以扣减奖金、撤销职务等处罚。对川南发电有限公司总经理史勋扣减半年绩效考核奖金并提请董事会给予警告处分；对该公司副总工程师苟发全扣减三个月绩效考核奖金并撤销副总工程师职务；对锅炉专业组副组长程忠飞扣减三个月绩效考核奖金并撤销副组长职务、解聘其锅炉专业工程师岗位等。

【川渝签订环保合作协定】 四川省环保局长田维钊和重庆市环保局长曹光辉2006年12月在成都签订了《川渝地区环境保护合作协定》，标志着川、渝两省（市）在联动处置跨流域（区域）环境污染、联手推进两省（市）环保工作方面迈出重要一步。

四川、重庆同处长江上游，面临着共同的环境问题，为此，双方在《川渝地区环境保护合作协定》中规定，要建立5项合作机制。一是建立川、渝环境信息互通机制，涉及跨流域（区域）的环境安全信息彼此可以通过环境监测站、信息中心等渠道定期或不定期地互相通报，涉及跨流域（区域）的重大环境安全信息，在报经本省（市）人民政府批准后，可以互通或联合向外公布。二是建立川、渝环保局定期会商机制，省际会商交流至少每半年一次，时间、地点、内容由双方协商确定。三是建立川、渝环境应急联动机制，如遇跨流域（区域）环境污染突发事件，两地应迅速启动应急预案，统一行动、共同处置，把环境风险降到最低程度。四是建立川、渝联合调查机制。对跨流域（区域）突发环境安全事件的调查处理，两地互相配合，可以成立联合调查组的方式进行。五是建立川、渝联合执法机制。对跨流域（区域）环境违法行为的查处实行省际联合行动，共同打击环境违法行为，确保有效解决跨流域环境执法难题，执法成果互相交流。

【成都开展现场督察，严管城市环境】 2006年4月，由市环保部门牵头组建的10个“成都市大气和水环境综合整治专项督察组”首度集体出征，对全市环境综合整治情况展开经常性督察。督察组在武侯区永丰乡太平村二组某拆迁工地发现工地无降尘设施，现场决定向施工责任单位——沙河综合整治工程项目管理有限公司发出全市第一份大气和水环境综合整治督察事项通知单，要求施工方及时进行整改，并于3月31日前将整改情况报送市综合整治办公室。

随后，督察组相继前往永丰乡太平村十组、

金色花园在建工地、铁佛新居工地、阳光雨鞋业、宇航家具有限公司等地督察，就发现的问题向武侯区政府发出“督察事项通知单”，要求责成相关单位采取措施及时整改。

“要用最严格的手段来管理城市环境。”成都市环保局长王文斌表示，各督察组将积极开展明察暗访，进一步加强环境综合整治督察力度，对于存在的一些实际问题，要发现一个解决一个，绝不姑息迁就。

【成都启动再生水回用工程】 据预测，2010年，成都市将缺水5.27亿立方米，与此同时，主城区每天又将产生217.4万立方米污水。鉴于此，成都市2006年启动再生水回用工程，到2020年，再生水将被广泛地回用到主城区的绿化用水、市政杂用水及城市河湖景观生态环境用水中。为此，成都市将斥资3550万元修建13公里长的再生水回用管道和3座污水提升泵站，规划在2020年前建成。同时，将6座污水处理厂再生水用于生态湿地及景观河道。

按照再生水回用管网布局规划，2010年以前，成都市将为每日出水30万吨的三瓦窑再生水厂一期增设再生水处理设施；建设江安河再生水厂一期，使该厂每日10万吨的出水达到一级A标准或再生水回用标准，并在西郊生态园区建设生态湿地，进一步削减再生水出水中的污染物质。2011～2020年的远期，将在三瓦窑污水处理厂三期再生水厂建设一座流量为35万吨/日建设再生水加压站，规划新世纪公园生态湿地，排入府河作为城市景观用水；建设高新西区污水厂再生水厂、江安河再生水厂二期、西江污水厂再生水厂、乌龟碑污水处理厂的再生水处理设施。

【成都市重点实施城乡环境综合整治】 四川省成都市委、市政府2006年12月正式出台《关于进一步加强环境保护工作的意见》。在全面推进经济、社会与环境协调可持续发展，加快构建和谐成都的基础上，突出引导公众参与，保障公众对环境的知情权、参与权、监督权。

“意见”强调以规划为龙头，结构调整为主线，环境保护“三个转变”为契机，坚持条块结合属地负责、谁主管谁负责、谁污染谁治理的原则，重点实施城乡环境综合整治，强力推进清洁生产，大力发展循环经济，不断改善环境质量。明确提出到2010年，主要污染物排放总量有效削减，重点行业污染物排放强度明显下降，重点区域、流域和城镇环境质量显著改善，资源环境承载力明显增强，环境安全保障有力，生态功能稳定良好，城乡发展持续健康。

“意见”大力倡导环境文化和生态文明，强调公众参与。不仅将环境教育纳入中小学义务教育的重要内容，还作为公民道德建设以及职工培训、党校（行政学院）干部培训的必修课程；大力开展环境普法和警示教育，全面建设绿色学校、绿色社区、安静小区、环境友好企业和环境教育基地等环境保护细胞工程；强调建立健全环境信息发布、环境质量公告、违法行为举报和污染事故通报等制度，涉及公众环境权益的规划、项目，须听取公众意见，保障公众对环境的知情权、参与权和监督权。

【成都两企业弄虚作假违法排污被罚款】 2006年底，位于成都市龙泉驿区的两家生产企业，因弄虚作假、违法排污，被成都市环保部门责令立即整改，并分别处以3万元和3.4万元的行政处罚。

成都宏明电子科大新材料有限责任公司，是一家新近竣工的试生产企业。2006年底，成都市环境监察支队执法人员在检查中发现，这家公司电镀废水处理站操作人员在污染治理设施运行记录上弄虚作假，企图逃避环境监管。同时，公司瓷料车间污染防治设施疏于管理，布袋除尘器粉尘流失严重，从而造成外部环境污染。此外，这家公司危险废物管理极不规范，其电镀污泥堆放无序，未按规定设置相应识别标志。据此，成都市环保部门在调查取证基础上，对其三项环境违法行为合并处理，罚款3万元。

2006年10月，成都市环境监察支队在例行巡查时发现，地处燃煤烟尘控制区的四川晶华化工有限责任公司，不仅未按成都市政府通告要求改烧清洁能源，而且还在炉膛内焚烧橡胶皮带、复合板等废弃物，致使当地大气环境遭受严重污染。此外，这家公司将高浓度的废酸液排入厂外的雨水沟，造成周边区域环境污染。成都市环保部门在责令其立即整改的同时，对其两项违法排污行为给予罚款3.4万元的行政处罚。

【宜宾县对年初下达的环保任务逐项督察】 四川省宜宾县2006年11月份3个组督察了全县党政“一把手”环保目标完成情况。督察组对照年初下达的党政“一把手”环境保护目标任务，针对工作进展缓慢的责任部门和乡镇发出了督办通知。

通知要求，县规划建设局增加措施，加大工作力度，确保宜宾县（天柏组团）污水处理厂主体工程年内开工建设；县城管办确保县城垃圾处理厂建设顺利推进，完成县城垃圾处理厂年度建设任务；县水利局和喜捷、泥南等乡镇组织督促天泉供水公司、乡镇供水企业务必在规定期限前完成集中式饮用水源保护标志牌、界桩的设置工作；八一二厂、黄桷桩电厂的取水点标牌、界桩设置和整治工作，由县水利局牵头，县环保局、柏溪镇参与，确保在11月15日前完成；在11月底前，观音镇取缔一级水源保护区内的生活污水排污口，永兴镇取缔饮用水源保护区上游的垃圾堆放场，王场乡取缔饮用水源地的围堰养鱼，责成一级保护区内的废塑料加工厂实施搬迁，安边镇清除取水井周围的生活垃圾堆，加大对向家坝分院废水治理的督办力度，高场、泥溪等饮用地表水的乡镇将饮用水源保护区的监管责任层层落实到村、组；县环保局、经商局、卫生局和泥南、凤仪等乡镇政府加大对限期治理项目的督察督办力度，完成任务的最后期限确定为11月底，届时对未完成限期治理工作任务的将实行“一票否决”；李场、复龙等乡镇加快乡镇生活污水集中处理设施建设，确保11月底前建成并投入使用。柳嘉、合什等乡镇抓紧完善去年修建的生活污水集中处理设施，确保11月底通过验收；合什、柳嘉等乡镇按省、市、县的统一安排部署，于每年4月、10月开展水葫芦打捞工作，缓解水葫芦对水体的污染。

云南省

【控制企业排污工商环保联动】 2006年，云南在全省实行环保、工商联动机制，环保不合格的企业工商不予年审；按照《云南省排污许可证管理条例》，建设了污染源自动监控系统，已完成省、州两级自动监控网络建设，并督促持有省级排污许可证的企业安装自动监控装置；积极推动电力、化工、造纸、钢铁、酿酒、制革等企业开展环境友好企业创建，云南铝业股份有限公司成为云南、西南、有色金属行业3个第一家获得“国家环境友好企业”称号的企业；陆续公布污染严重、排放有害有毒物质的企业名单；加强重大项目污染控制工作，严把准入关，对各地申报重大项目，组织专家评审，严格把好审批关；开展开远工业循环经济试点，《开远市循环经济建设规划大纲》和《开远市循环经济规划》均通过省级评审，部分试点项目已开工实施；开展环境综合整治，积极推进昆明市“单位GDP能耗”、“单位GDP用水量”控制及“城市水功能水质达标率”、“建成区绿化率”等工作。

【省委书记表示绝不因水电开发破坏生态环境】 中共云南省委书记白恩培2006年6月4日在接受国内及东盟国家部分新闻媒体专访时表示，云南绝不因水电开发破坏生态环境，绝不因水电开发给下游带来不必要的负面影响。

作为可再生能源，水电的开发利用日益受到各方关注。白恩培说，云南省近年加大了以水电为主的能源支柱产业的建设力度，5年来全省电力新增发电装机容量750万千瓦。他强调，在开发水电资源过程中，云南一直注意处理好生态保护与开发之间的关系，绝不因水电开发破坏生态，或给下游群众带来不必要的负面影响。

白恩培介绍，随着云南至周边国家电力通道逐渐畅通，云南水电为越南等周边国家经济建设注入了急需能源。2005年，云南电网向越南输送电量逾4亿千瓦时，今后随着电源建设加快“云电送越”规模将越来越大。

云南素有“亚洲水塔”之称，境内主要河流有180多条，多为入海河流的上游，分属于伊洛瓦底江、怒江、澜沧江、金沙江、红河和珠江六大水系，集水面积遍于全省。据调查统计，云南水能可开发装机容量达9800万千瓦，完全开发后年发电量可达4500亿千瓦时。

【加强水电开发等规划环评】 云南省副省长高峰在2006年8月召开的全省环境影响评价管理工作会议上强调，要结合云南实际，重点加强对云南流域水电开发、重点工业园区及城市新区建设等开展规划环评。

高峰要求，对实施建设项目审批制、核准制的项目，环评未批准前，各级政府和发改委、经委等审批部门不予审批、核准。对实施备案制的建设项目，环评未批准前不允许开工建设。凡是不符合国家和省产业政策、发展规划、环境标准以及清洁生产要求的项目，不得审批或核准立项，环保部门不得批准其环境影响评价文件。凡是按法律法规规定需经环保部门审批而未经审批同意的项目，有关部门不得批准建设、征地、贷款，不得发放营业执照。环保部门要强化对建设项目竣工的环保验收，加大建设项目环保审批后全过程跟踪监管力度，督促其按“三同时”要求建设；要建立健全建设项目环境保护公众参与制度和专家咨询制度。通过公开环境信息等方式，鼓励、支持公众参与环境保护和对环境管理的监督，切实保障人民群众对建设项目环境管理的知情权、参与权和监督权。同时成立由多学科专家组成的环境与发展科学咨询委员会，对经济社会重大决策、规划实施以及重大开发建设活动可能带来的环境影响进行充分研究。

高峰说，今后对有关规划编制机关不按规定组织环境影响评价和规划审批机关违法审批的，对主要负责的主管人员和直接责任人要给予行政处分；对建设单位未依法报批建设项目环境影响评价文件，或出现变化后未依法重新报批环境影响评价文件，擅自开工建设的；建设项目环境影响评价文件未经批准或未经原审批部门重新审核同意，建设单位擅自开工建设的；试生产建设项目配套建设的环保设施未与主体工程同时投入试运行的；建设项目需要配套建设的环保设施未建成、未经验收或验收不合格等环境违法行为必须严肃处罚。

【九大高原湖泊成为云南削减化学需氧量主战场】 云南省2006年将九大高原湖泊专项治理资金由5000万元增加到6000万元，未来5年，治理总投资预计将在“十五”期间40多亿元的基础上再增加30亿元。

在2006年9月召开的云南省九大高原湖泊水污染综合防治领导小组第七次会议上，省长徐荣凯要求，要把九湖治理作为考核干部政绩的重要指标，对污染防治任务完成得好、成效显著的，要给予重奖，对在治理工作方面严重失职渎职的，要给予重惩重罚；要创新思路，健全完善九湖保护长效机制，严格执行产业政策和环保标准，淘汰高消耗、高排放、低效益的落后生产工艺和设备，严禁新上浪费资源、污染环境的建设项目；要科学规划、加大投入，确保九湖治理重点项目顺利实施。对世界银行城市环境项目中的九湖治理项目，要加大协调力度，尽快推动开工建设；要加强监管，依法治湖。

未来5年，九大高原湖泊是实现国家下达云南省主要污染物化学需氧量削减4.9%目标的主战场。九大高原湖泊水污染防治规划项目共184个，总投资预计达70.19亿元。

【未来五年将建八大重点环境工程】 从2006年开始，未来5年云南将投资约210亿元，重点建设八大重点环境工程项目。

八大重点环境工程项目是：环境预警应急能力建设工程，工程总投资约3.3亿元；重点流域水污染综合治理工程，包括九大高原湖泊、金沙江、南盘江、跨境及跨界河流和城市集中式饮用水水源地保护等，投资约51亿元；医疗废物和危险废物处置工程，建设总规模13.3万吨/年，其中在昆明、红河及曲靖建设3个危废集中处置设施（含医疗废物），规模11万吨/年，在其他13州、市建13处医废处置设施，规模69.5吨/日，工程总投资6.5亿元；城市环境基础设施建设工程共投资约119亿元，其中垃圾处理31亿元、污水处理88亿元，建设重点区域包括环境保护重点城市、九大高原湖泊流域城市、珠江流域城市、金沙江流域城市、边境城市；重点工业污染源治理工程，包括燃煤电厂脱硫、工业废物综合利用、污染源监控等内容，工程总投资约5.6亿元；生态环境保护工程，主要包括重要生态功能区建设、农村环境综合整治、生态示范区建设、畜禽养殖废弃物处理示范等内容，估算总投资22亿元；核安全及辐射环境保护工程，包括建设放射源动态管理系统和配备辐射环境监管和应急处置装备等内容，总投资为0.25亿元；循环经济示范试点工程，总投资约2亿元。

【提前完成排污费征收任务】 截至2006年10月底，云南省排污费征收已达19882.2万元，提前2个月完成全年的排污费征收任务。

云南省2006年制定了“全省排污费要突破2亿元，力争达到2.2亿元”的排污费征收任务，为圆满完成任务，省环境监察总队采取全年征收计划按20%、30%、30%、20%的比例，每季度进行考核；到迪庆、临沧实地调研；对征收进度慢的迪庆、临沧、楚雄等州市实施专项督办；印发1.5万本《排污申报法律法规宣传手册》；组织确定污染行业排污系数；举办有170多人参加的全省《排污费征收管理系统》软件使用培训班；出台《云南省排污费征收管理工作考核奖励暂行办法》等7项措施，有效保证了排污费的顺利征收。

【昆明挂牌督办8家排污企业】 云南省昆明市2006年9月开展了“整治违法排污企业保障群众健康”环保专项行动，共立案查处25家违法排污企业，其中挂牌督办8家。

7月以来，昆明市对辖区范围内的工业企业进行了集中检查，共出动执法人员843人次，检查企业349家，立案处罚25家。其中，对寻甸县天浩锌业有限公司、龙润集团嵩明杨林肥酒有限公司等8家企业实施强制清洁生产审核，并将其列为挂牌督办企业；对嵩明县南西磷化工有限公司未报批环境影响评价手续擅自投入生产，做出了罚款3万元的行政处罚；对云南安宁复合肥原料厂、云南盐化股份有限公司天塑分公司等4家企业存在的超标排污行为提出限期整改的要求，并对整改情况进行跟踪督促检查；对云南中正化学工业有限公司等10家企业进行了重点突击检查，查处了1家违法排污企业，查处两家未办环保审批手续的违法建设项目，并对违规企业下发了现场处理决定书；对海口的昆明马龙化工有限公司、昆明市磷川矿业有限公司和云南磷化集团公司尖山磷矿存在超标排污行为，做出了相应的行政处罚。

【滇池水质“十五”期间总体稳定】 “十五”期间，昆明市实施了《滇池水污染防治“十五”计划》，确定了《滇池流域水环境功能阶段目标》，成立了滇池管理局及综合执法局，建立完善了滇池管理机构，实施目标责任制，滇池水质总体保持稳定。

截至2006年，《滇池水污染防治“十五”计划》中22项40个子项目，已完成了采莲河、盘龙江上段、明通河下段（大清河）截污整治工程及湖滨带生态恢复与建设、草海水生生态恢复、水土流失整治、企业污染物总量控制等31个子项目；在建主城区排水管网改造与建设，乌龙河、船房河、新运粮河、老运粮河截污工程，呈贡、晋宁农村固体废弃物处理场，滇池西岸生态恢复与建设，总量自动监控系统，滇池面山绿化等7项，项目开工率达95%。项目完成率为77.5%，达到了国家和省对滇池“十五”计划开工率在80%以上的要求。

广西壮族自治区

【199名厅级领导干部集体补上“生态课”】 2006年7月5～19日，广西199名厅级领导干部在南宁集中，开始专题学习“循环经济与生态省区建设”，这么多厅级领导干部集中补习“生态课”在广西尚属首次。

广西面临的资源环境形势相当严峻，一方面，广西生态环境总体上较为脆弱，境内山地丘陵和岩溶石山多，生态系统遭破坏后恢复困难，资源环境承载力较低；另一方面，由于广西经济增长方式仍较粗放，资源依赖型产业比重大，工艺技术水平较为落后，资源利用效率不高，结构性污染突出。

2005年6月，广西壮族自治区党委常委会在保持共产党先进性教育整改方案中要求把创建生态广西摆到事关广西全局、事关长远发展的突出位置来抓。为了使各级领导干部更多地了解“循环经济与生态省区建设”的有关知识，深刻认识建设生态广西的重大意义，自治区党委专门邀请了国家环保总局、中国科学院、北京大学等单位的领导、专家、教授，为厅级领导干部补上“生态课”。

【建设项目18起违法案件被查处】 广西壮族自治区从2006年5月起重点查处建设项目在执行环境影响评价制度、环保“三同时”制度以及竣工环保验收管理制度过程中的违法案件，5～7月共查处环境违法案件18起。查处情况表明，有5家制糖企业未经环保审批擅自开工建设，有3家企业未经环保审批擅自更改生产原料。这些企业被要求停止建设或补办环评手续。

【通报一起辐射事故】 广西壮族自治区环保局2006年9月向全区通报发生在广西龙滩水电站七局八局葛洲坝联营体的一起辐射事故，并要求各地以此为鉴，加强放射源安全管理，防止辐射事故发生。

据调查，事故发生的主要原因是安全管理措施落实不到位。这家单位的核子密度仪在工作过程中未按规定设置警戒区域或设立警示标志，工作人员对工作场地也疏于监管，导致事故发生。

【自治区主席要求抓好污染物排放总量控制】 广西壮族自治区主席陆兵2006年11月在自治区环保局、自治区发改委《关于报请批准〈“十一五”期间全区主要污染物排放总量控制计划〉的请示》文上做出重要批示，自治区必须走新型工业化道路，要提高环境准入门槛，处理好发展与保护的关系，做到发展重要，环保为先，既要金山银山，也要青山绿水、蓝天碧海。

陆兵指出，污染物排放总量控制工作非常重要，各级政府一定要统一思想，提高认识，要把这项工作作为落实科学发展观和推进社会主义和谐社会建设的重要任务，切实抓好。不能以牺牲生态环境为代价换取一时的经济繁荣。“先污染，后治理”的老路不能走，必须走新型工业化道路，要提高环境准入门槛，处理好发展与保护的关系，做到发展重要，环保为先。

按照要求，到2010年，广西壮族自治区二氧化硫、化学需氧量排放总量将分别削减9.9%和12.1%，双双降到百万吨以下。

从2006年开始，自治区环境保护局、发展改革委、统计局会同有关部门进行年度检查和考核，每半年向社会公布各地区化学需氧量和二氧化硫排放情况。对于重大环境违法问题，将实行“黑名单”制度，将环境违法企业向社会公布，接受社会监督。

【污排总量控制目标成为广西项目审批依据】 广西壮族自治区环保局长梁斌在2006年11月20日召开的全区节能暨污染防治工作会议上强调，要切实加强建设项目环境管理，今后对“六种情况”的项目，不予审批或核准，以便从源头上控制污染，削减污染排放总量。

梁斌强调，要切实加强建设项目环境管理，从源头控制排污总量。要将总量控制目标作为建设项目环保审批的重要依据，凡有以下情况的建设项目一律不予审批或核准：国家明令淘汰、禁止建设或不符合国家产业政策的项目；未纳入专项规划或虽纳入规划但规划未经环评的项目；对饮用水源保护区等环境敏感地区产生重大不利影响，群众反对意见强烈的项目；环境污染严重、污染物不能达标排放的项目；超排污总量的地区和企业，增加排污总量的项目；在环境质量不能满足环境功能区要求，无法通过区域平衡等替代措施削减污染负荷的项目。

他同时强调，各级环保部门要严格遵守建设项目分级管理规定，不得越权审批建设项目。同时，要强化建设项目环保“三同时”管理，加强对建设项目试运行和验收的环境管理工作，切实扭转重审批轻监管的局面。建设项目环境管理要实施区域污染物排放总量统一调配，对现有污染源削减量和建设项目新增量实施统一调度、分配、置换，建立新建项目污染物新增量的限值审批制度。新建项目必须符合污染物排放总量要求，扩、改建项目的污染物增量应在原有项目中消化。

【各市签订排污总量削减目标责任书】 广西2006年12月将“十一五”主要污染排放总量削减目标分解到14个市，并由自治区副主席穆虹与14个市长签订了排污总量削减目标责任书。为保证削减目标的实现，广西将强化污染物排放总量目标的考核。以排污总量控制、治污项目进度、环境质量改善为重点，实行逐级考核。考核中要坚持做到“三结合”，即将地方自查和国家、自治区检查、抽查相结合，管理部门考核与专家核准相结合，年度考核、中期考核和验收考核相结合。

在考核结果上做到坚持“三挂钩”，即与建设项目审批挂钩，对没有完成责任书要求的地方，暂停该地区增加相关污染物排放项目的审批；与限期治理挂钩，对没有按期完成治理任务的企业，要实行限期治理，治理期间限产限排；与个人奖罚挂钩。自治区环保局将会同有关部门制订目标责任制考核办法，各市也要制订适合本地实际的考核办法，加强考核工作，以保证主要污染物排放总量削减目标的实现。

【南宁创建市级环境友好企业】 广西壮族自治区南宁市环保局和市经委根据本地经济发展现状，2006年3月，制定创建南宁市市级环境友好企业指标体系，在全国率先开展创建市级环境友好企业活动。

南宁市创建市级环境友好企业指标的基本条件相对于国家环境友好企业在环境管理指标方面减少了20项考核内容，把目前企业普遍已达到的环境管理指标不作为考核内容，指标考核体系内容侧重于企业的节能降耗以及与周边群众关系(厂群关系)。

南宁市市级环境友好企业命名原则上每两年一次，列入首批创建活动的企业共有33家，主要以传统排放量大、治污相对困难的甘蔗制糖、糖蜜制酒精、蔗渣造纸企业为主。创建活动将在今年底评出第一批市级环境友好企业，这些企业可以享受被推荐参加省级以上环境友好企业评选、免费在市环保局网站上设立宣传网页等优惠政策。同时，企业自愿削减污染物或开展清洁生产时，将优先安排市级环保补助资金或市级技改资金。

河南省

【“双罚”强责任，环保攻坚助推经济健康发展】 2006年1月7日21时30分，河南省政府宣布：解除黄河污染预警。从发布预警到解除预警，总共不到60小时。伊洛河污染事故的处理，折射出河南各级党委、政府对环保的高度重视和对环保突发事件的应变能力。

1月5日10时，巩义市第二电厂储油罐发生泄漏事故，约6吨柴油进入黄河支流伊洛河。事故发生后，河南迅速采取措施，最大限度地控制了污染态势。

从2004年起，河南加大环保治理力度，推行环保责任目标管理，省政府与省辖市政府、省辖市政府与所辖县区政府分别签订责任书。2005年，河南建立对污染行为既罚单位也罚责任领导的“双罚”制度。2005年，河南环保部门纠正环境违法问题7200余起，查处环境违法案件3142起；全省监察机关参与查处环境违法案件689起，立案196起，结案178起，追究近百人的行政责任。

伴随环保力度不断加大，河南经济保持持续快速发展。2005年全省GDP突破1万亿元，同比增长14%左右；全部工业增加值达4500余亿元，其中规模以上工业企业实现利税1000亿元；全省地方财政一般预算收入达537.5亿元，增长30.9%。

【排查化工石化污染隐患】 为加强环境影响评价管理、防范环境风险，2006年1月，河南在全省范围内开始对已建成的化工石化集团工业园区、基地及其他存在有毒有害物质的建设项目园区、基地；2001年以来通过环评审批和验收的化工石化类建设项目、排放污水中含有第一类污染物的建设项目及其他存在有毒有害物质的建设项目进行排查。

此次排查要求，企业对生产规模、产品、工艺、事故应急预案、事故防范措施等进行自查；环评单位对2001年以来编制的环境影响评价文件中环境风险评价内容是否符合有关要求，是否需要补充或完善进行排查；监测机构对正在进行或已经完成“三同时”验收的建设项目环境风险应急预案和事故防范措施是否需要补充进行排查。

2月28日完成排查，取得了预期效果。

【分解污染物排放总量目标严于国家要求】 河南省副省长张大卫2006年9月与省辖市市长签订了“十一五”环保工作目标责任书，将主要污染物控制指标分解。目标要求到2010年主要污染物COD排放总量下降15.6%，二氧化硫排放总量下降17.4%，这两项主要污染物总量削减目标比国家的要求分别提高了4.8和3.4个百分点。省长李成玉强调，环保目标完成情况要作为各级政府和领导干部政绩考核的重要依据，同时还要与当地建设项目审批挂钩，对没有完成目标任务的地方，暂停审批增加相关污染物排放的项目。

【国务院严肃处理郑州市政府违法批租土地】 国务院总理温家宝2006年9月27日主持召开国务院常务会议，严肃处理郑州市违法批准征收占用土地建设龙子湖高校园区问题。

会议听取了国土资源部、监察部对郑州市违法批准征收占用土地建设龙子湖高校园区案件调查情况的汇报。2003～2006年，郑州市政府及有关部门违反土地利用总体规划和城市总体规划、违法批准征收集体土地14877亩，用于龙子湖高校园区建设。

2005年国土资源部对郑州市违法批准征收占用土地问题进行调查，并报经国务院同意，要求郑州市纠正土地违法行为。郑州市不但不进行整改，还公然扩大违法征占土地。

会议认为，这是一起严重违反土地利用总体规划、违法批准征收占用土地数量巨大的案件。河南省和郑州市政府及有关部门对这起案件负有责任：河南省政府对国家治理整顿土地市场秩序和严把土地供应“闸门”的决策执行不力，有关负责人明示或默许违法批准征收占用土地，省国土资源厅不依法履行监管职责。郑州市政府和郑东新区建设领导小组违法决定征收占用土地，郑东新区管委会违法实施征地，龙子湖建设指挥部违法组织实施征地拆迁。

为严肃法纪，维护国家和人民利益，维护土地利用总体规划的严肃性和权威性，会议决定，对河南省人民政府予以通报批评，责成其向国务院作出深刻检查，并对有关责任人员作出严肃处理。中央纪委常委会已决定，分别给予河南省委常委、政法委书记李新民（原任河南省副省长）和河南省委常委、郑州市委书记王文超（原任郑州市市长）党内严重警告处分。

【林州市将投3000万元对“红旗渠”进行大修】 河南省林州市政府从2006年起，计划投资3000万元，用五年时间对“红旗渠”进行大修。

“红旗渠”位于林州市境内，开凿于太行山腰，从1960年开始，林州人民逢山凿洞，遇沟架桥，前后历时约10年，修建了总长1500多公里的大型水利灌溉工程。

“红旗渠”的建成，不仅结束了林州“十年九旱、水贵如油”的苦难历史，从根本上改变了生活在这里人们的生存条件，而且还孕育形成了“自力更生、艰苦创业、团结协作、无私奉献”的“红旗渠精神”。红旗渠的建成在海内外产生了较大的影响，被誉为“人工天河”。

经过40多年运行，“红旗渠”总干渠及三条干渠部分渠道渗漏严重，一些地段甚至坍塌变形，每年渗漏水达1800万立方米。上世纪90年代虽然进行过一次技术改造，由于资金有限，仅对部分地段进行了处理。为充分利用“红旗渠”的综合价值，林州市提出续建配套及节水改造项目建议，整个技改工程投资3000万元，由水利部和地方政府共同负担，为不影响农田灌溉用水，拟用五年时间完成。

【洛阳挂牌督办落实到人】 从2006年起，洛阳市政府对全市突出的环境问题实行领导挂牌督办。被列入2006年洛阳市政府领导挂牌督办的9个环保项目分别是：新安电力集团有限公司所有火电机组烟气脱硫工程，伊川电力集团总公司所有火电机组烟气脱硫工程，大唐洛阳首阳山发电厂2×220MW和2×300MW火电机组烟气脱硫工程、明珠电力有限公司所有火电机组烟气脱硫工程、龙羽宜电（虹光）有限公司所有火电机组烟气脱硫工程、河南建华玻璃厂全厂搬迁、洛阳双源热电有限责任公司2×165MW火电机组烟气脱硫工程、洛阳玻璃股份公司搬迁、饮食服务业改用清洁能源。

上述9个环保重点治理项目分别由洛阳市委副书记、市长连维良，市委常委、常务副市长吴中阳、副市长陈海勤等市政府领导进行挂牌督办，并列出了具体责任单位、责任人和完成时限等。按要求，市政府领导将对列入挂牌督办的企业和项目，定期进行现场督察，限期完成污染治理任务。督办案件的解决结果将向社会公布，接受社会监督，并将纳入市政府环保责任目标考核范围。

【焦作市创新监管举措】 河南省焦作市2006年推出一项环境管理的重大创新之举：企业负责人参选人大代表、政协委员必须过环保资格审查关，凡是环保不过关的企业，其法人代表和相关领导不得提名为各级人大代表、政协委员人选。

目前，各级人大代表、政协委员中，企业负责人占有相当比重，为使这部分企业在环保工作中起到示范带头作用，焦作市经充分研究，决定今后企业负责人参选各级人大代表、政协委员时，必须进行环保资格把关。明确要求，凡是近年来发生重（较）大污染事故的，排污大幅度超标、屡查屡犯的，被环保部门列入“黑名单”的企业，其法人代表和相关领导不得提名为各级人大代表、政协委员人选。相关人士指出，这一举措符合有关法律法规的要求，符合人民群众的根本利益，对各级各类企业严格履行法律和社会责任、坚持走企业利益与社会利益相统一的和谐发展道路具有明显推动作用，也有助于提高人大代表、政协委员在人民群众中的公信力，不仅是环境管理的创新之举，而且也是各级人大、政协发挥法律、民主监督的创新之举。

吉林省

【确定松花江流域水污染防治项目】 吉林省政府2006年初在长春召开松花江水污染防治规划项目对接会，研究确定防治规划和建设项目。

吉林省副省长李斌在会上指出，各级政府要充分认识到松花江流域水污染防治工作的重要性和紧迫性，切实加强“十一五”期间水环境保护工作。

2006年，吉林以实现流域治理目标优先的原则，把城镇污水处理、水再生利用、环境监管能力建设、饮用水源保护、工业点源治理、重点河段整治以及环境事故应急体系建设等150余个项目纳入松花江流域水污染防治规划。针对污水处理，全流域33个市县在“十一五”期间建40余个污水处理厂。按照规划，“十一五”末期，松花江流域各市县出境水质要达到Ⅲ类或Ⅲ类以上水体标准。为具体落实规划目标和项目责任，吉林省实行任务到市县、目标到市县、资金到市县、责任到市县的“四到市县责任制”，做到层层有目标、层层有责任，并落实到位。对逾期未完成规划任务的市县，省政府将依据党政领导干部环保考核办法追究当地政府领导责任。

【要求建设项目量水而行】 吉林省政府2006年初出台“节水型社会建设规划纲要”，要求全省万元GDP取水量以每年3%～4%的速度递减，同时限制洗浴等高耗水服务业用水。

吉林省政府强调，要大力发展水资源能够得到充分、高效利用的循环型或清洁型产业，以高新技术改造传统用水工艺，使全省重点行业及产品单位耗水量达到国内先进水平。电力、煤炭等行业逐步实现废水零排放；积极培育耐旱的优质高效作物品种，扩大旱稻种植面积，采取生物节水、农艺节水、工程节水等相结合的综合节水措施，提高灌溉水利用效率。省内重大建设项目布局必须量水而行，提前进行科学的水资源论证。在水资源短缺地区，要控制建设耗水量大的工矿企业。严禁盲目扩大用于景观、娱乐的水域面积，限制洗浴、洗车等高耗水服务业用水，构建以人为本的现代化节水型服务业。到 2010 年，全省万元 GDP 取水量以每年 3%～4%的速度递减；农业灌溉水有效利用系数达到 0.5；工业用水重复利用率达到 70%。城市供水管网漏失率降低到 25%以下。节水器具安装普及率达到 85%以上。

吉林省是我国北方缺水省份之一，全省人均占有水资源量仅为全国人均占有水资源量的 2/3，有 32 座城市严重缺水。

【利税大户污染环境被叫停】 吉林省镇赉县新兴玻璃实业有限公司是 2003 年完成改制的民营企业，也是镇赉县（国家级贫困县）屈指可数的利税大户。但该企业的经济效益并未与环境效益成正比，自从 2004 年 9 月这家玻璃厂违规建起年生产能力为 18 万立方米煤气、15 万吨焦炭的焦炉后，四周的居民、菜农、企业便饱受污染之害。吉林省环保局 2006 年已责令其停产治理。

【全力发展生态效益经济】 为确保生态省建设指标落到实处，从 2006 年开始，吉林省政府对市州单位 GDP 能耗指标实施考核，市州对县（市、区）也要出台考核办法，层层落实责任。

吉林省 2006 年进入第二阶段生态省建设期，这一阶段将利用 10 年左右的时间，以扩大绿色产品市场占有率为重点，加快绿色品牌系列开发、产品创新和技术创新，形成以绿色产品加工制造技术、生物技术、清洁生产技术和其他高新技术为主的技术创新体系，建设系列化的绿色汽车、绿色化工、绿色食品等国家级生产基地；运用市场机制和法律手段，继续加大生态建设投入，实现人工定向培育优质资源的规模化、标准化和产业化；调整全省资源、产业、人口空间布局。加快长春吉林生态经济带建设，构筑吉林省中部生态经济城市圈，辐射带动全省经济的发展。

【整治排污企业，严把松花江治污关】 2006 年 9 月起，吉林省开展松花江流域违法排污企业集中整治，重点是松花江全流域的化工、焦化、造纸、食品加工、制药等重点行业以及城镇污水处理厂、涉及饮用水源保护地的企业。

9 月 27 日，吉林省列出时间表。2006 年年底前取缔饮用水源地一级保护区内所有的直接排污口，与水源保护无关的在建项目一律停止，并限期恢复原貌，已建成的要拆除或搬迁。2007 年年底前关闭饮用水源地二级保护区内所有的直接排污口，同时要求各地加强备用水源建设。

【长白山保护开发管委会揭牌】 2006 年 7 月 22 日上午，吉林省长白山保护开发管理委员会举行揭牌仪式。

吉林省委、省政府为加大对长白山区的保护力度，加快培育旅游优势产业，理顺各方面关系，实现长白山统一规划、统一保护、统一开发、统一管理，成立了吉林省长白山保护开发管理委员会。它是吉林省政府主管长白山资源保护和开发建设的直属机构，由省政府授权对相关区域按开发区模式进行管理。

【长春把节能经费列入财政预算】 《长春市节约能源条例》2006 年 11 月 1 日起正式实施，这标志着长春市推进节能降耗工作有了法律保障。

“条例”规定，市、县、区政府要设立节能资金，并在财政预算内安排节能专项资金，用于支持节能科研开发、节能技术推广和技术培训、节能监督和检测、宣传教育、表彰奖励等。

【桦甸禁止为非法建设和生产企业提供便利】 吉林省桦甸市政府 2006 年 7 月出台对违反环保法律法规企业依法实施行政处罚的若干规定。

规定要求，建设单位未办理环境影响评价手续或环境影响评价文件未经环保部门审查批准的，其他有关部门一律不予办理供地、供电、供水、贷款、工商登记注册、发放营业执照、采矿、安全许可证等相关手续。对未经环保部门审查批准，擅自开工建设或投入生产的，由环保部门依法责令停止建设或停产。对具备环评审批手续，但未执行“三同时”规定或未经环保部门验收擅自投产，以及经验收后不能稳定达标排放的，由环保部门责令限期整改，对现有超标排放污染物的企业，由市政府或市政府委托环保部门下达限期治理决定，对逾期未完成治理任务的，要依法责令关闭、停产或转产。相关部门一律不得为被责令关闭或停产的企业办理年检和延续手续，不得提供生产资料和能源。对那些为非法建设、非法生产提供便利的部门，由监察部门追究部门负责人和有关责任人的责任。

内蒙古自治区

【开展环境监测数据质量年活动，打造监测标准尺】 内蒙古自治区环境监测站长会议2006年1月召开，自治区环保局副局长永红强调，必须认真学习贯彻《国务院关于落实科学发展观加强环境保护的决定》，充分认识到环境监测在环保工作中的地位和作用。环境管理必须依靠环境监测，环境监测必须为环境管理服务，环境监测应成为环境管理的“千里眼”、“顺风耳”、“标准尺”，为政府环境管理部门决策提供服务。

会议决定，从2006年起，在全区开展环境监测数据质量年活动。为此，全区监测能力建设要达到仪器设备现代化、机构配置规范化、人员结构知识化、网络建设标准化。要不失时机地抓住加强监测工作的机遇，做好提高环境监测能力建设规划。规划不能只是简单地列出一份仪器设备清单，而应把队伍培训、监测实验室建设、标准体系制订，以及监测、评价、评估、核查、分析等方面能力的提高统筹考虑进去。

【浑善达克沙地五年治理成效明显】 内蒙古自治区锡林郭勒盟正蓝旗于2000年在浑善达克沙地启动综合治理工程，经过5年治理和改造，至2006年，沙地焕发了生机。

正蓝旗位于锡林郭勒盟南部，浑善达克沙地腹地，是距离北京最近的草原牧区，直线距离仅270公里，生态区位非常重要。全旗总土地面积10182平方公里，浑善达克沙地由西向东横穿其中，在正蓝旗境内面积达6820平方公里，占全旗总土地面积的67%。

2000～2005年，全旗累计完成沙源治理125.13万亩，其中浑善达克沙地南缘防护体系68万亩，占总治理面积的54%。位于207国道183公里处的沙地综合治理示范区，是沙地南缘防护体系建设工程以人工治理为主、辅助其他措施进行综合治理的典型。

项目区治理前，绝大部分地区风蚀沙化变成流动和半流动沙丘，草场沙化、退化十分严重，启动综合治理工程后，项目区2.59万亩全部围封禁牧，人工造林9424亩，治理风蚀沟78条，面积2800多亩，治理流动沙垄30多个，种植10多种树种，培育“平茬复壮”灌木柳林1000余亩。模拟飞播柠条、杨柴、沙打旺等灌木和多年生牧草4000多亩。灌木林的覆盖度由不足10%提高到60%，灌木柳已可以采条，每年可产优质种条80万斤。

项目区植被覆盖度由不足20%提高到80%以上，已有几种多年生牧草和灌木能够采种，牧草产量由亩产60斤提高到200斤。

【发布加强环境保护的决定】 内蒙古自治区党委、政府2006年3月发布《内蒙古自治区党委人民政府关于落实科学发展观加强环境保护的决定》（以下简称“决定”），确定到2010年，全区90%以上的重点城市集中饮用水源地水质达标，60%的重点城市空气质量好于二级标准的天数超过292天，重点城市污水处理率达到70%，城市生活垃圾无害化处理率达到70%；在2005年基础上，全区单位生产总值能耗降低25%左右，二氧化硫、化学需氧量排放总量分别降低3.8%和6.7%。

“决定”要求，要建立领导干部环境保护政绩考核制度，强化环境保护责任追究。各级党委、政府要牢固树立科学发展观和正确的政绩观，高度重视环境保护工作，切实把环境保护工作摆到重要议事日程。县以上各级人民政府对辖区环境质量负责，实行环境质量行政领导负责制，坚持“一把手”亲自抓、负总责，积极解决制约环境保护的难点问题和影响群众健康的重点问题。各部门要加大对环保工作的支持力度，从各自职能出发，认真履行环保职责，形成齐抓共管的管理机制和工作合力。

“决定”明确，要加强水污染防治确保饮用水安全、加强大气污染防治、加强固体废弃物和辐射环境管理、加强城市环境综合整治、加强农村牧区环境综合整治、强化生态保护、大力发展循环经济、加强环境科技创新、实施环境保护重点工程。加大环境监管力度，对超过污染物总量控制指标的地区实行“区域限批”。各地要合理划定优化开发、重点开发、限制开发和禁止开发区主体环境功能区，明确不同区域的功能定位和发展方向，规范开发秩序，促进产业的优化布局和环境资源的合理配置与可持续利用。

“决定”要求，到2010年，要基本建成机构健全、功能完善、运转高效、监管有力的环境监测预警体系、环境执法监督体系、环境事故应急体系，环境监管能力进一步提升，形成环境保护长效机制。

“决定”提出，成立自治区环境科技咨询委员会，对环保工作的全面性、战略性问题进行决策咨询。

【自治区环境监察总队分获2005年全国排污征收和申报核定工作两项大奖】 2006年5月16日～19日在湖南省长沙市召开的“2006年度全国排污申报核定与排污征收汇审工作会议”上，国家环保总局环境监察局表彰了2005年度全国排污申报核定与排污征收工作先进集体。内蒙古自治区环境监察总队分获“2005年排污征收工作先进集体一等奖”和“2005年排污申报核定工作先进集体二等奖”两项大奖。这是国家环保总局环境监察局对内蒙古自治区环境监察总队，在2005年度排污申报核定与排污征收工作中做出的突出成绩，给予的肯定和奖励。

【自治区人大执法检查组开展“三法”执行情况大检查】 从2006年5月11日开始，受全国人大委托，自治区人大常委会副主任陈瑞清带领自治区人大常委会执法检查组对全区贯彻落实《中华人民共和国固体废物污染环境防治法》、《中华人民共和国水污染防治法》、《中华人民共和国大气污染防治法》（简称“三法”）情况进行检查。执法检查组重点检查了呼和浩特市、包头市、巴彦淖尔市、乌海市贯彻执行“三法”的情况。

在包头市执法检查组对全市生活垃圾处理、医疗垃圾处置及稀土废矿渣处理情况进行了现场检查；在乌海市执法检查组检查了西水创业集团和西来峰高载能工业园区环境污染治理及黄河化工厂水污染防治情况。同时，检查组还先后实地检查了阿拉善乌斯太工业园区环境污染治理情况，巴彦淖尔市乌拉特前旗塞外星华章纸业和美利北晨纸浆集团水污染防治情况及呼和浩特市医疗垃圾处理情况。

通过检查，执法检查组认为，近年来全区各地在加快发展的同时，能认真贯彻落实国家有关规定，在环境保护方面严格按照“三法”的要求，切实加强了水、大气和固体废物的污染防治工作，有效改善了人民群众的生存环境和生活质量，全区污染防治工作取得了明显成效。

【自治区环保局参加全区2006年第十一届“科普宣传周”活动】 2006年5月20日，由内蒙古自治区科技厅、自治区党委宣传部、自治区科协组织的“2006年科技活动周暨全区第十一届科普宣传周”活动在呼和浩特市新华广场隆重举行，本次科普周主题是“携手建设创新型国家”。

内蒙古自治区环境保护宣传教育中心参加了此次活动，现场展出了50余块以“倡导绿色生活、共建美好家园”为主题的环境保护专题展板，旨在树立全面、协调、可持续的科学发展观，普及环境保护基本知识，唤起民众节约资源、保护环境、促进人与自然和谐相处的意识，提高全社会的环境意识和公众参与环境保护的积极性。

本展览吸引了众多的市民观看，取得了良好的社会效果。

【呼和浩特市强化建设项目环境保护管理】 为认真落实《建设项目环境保护管理条例》，进一步严格执行建设项目环境影响评价制度和环境保护设施与主体工程同时设计、同时施工、同时投产使用的“三同时”制度，内蒙古呼和浩特市环保局2006年制定九项措施，切实加强建设项目环境保护管理工作。

一是严格按照《建设项目环境保护分类管理名录》和《内蒙古自治区人民政府办公厅转发自治区环保局关于建设项目环境影响评价文件分级审批意见的通知》的规定进行环境影响评价管理。要求各旗、县、区、开发区环保主管部门不得以任何理由对负责审批的建设项目降低环境影响评价等级。

二是加强对用水量大的建设项目的环境管理，强化废水回用、节水等措施，严格控制耗水量大的建设项目。

三是各旗、县、区环保主管部门要加强对建设项目施工过程中环境保护设施建设和环境保护措施落实情况的日常监督，开展建设项目环境影响评价和“三同时”实施过程的环境执法监察，督促建设项目业主对建设项目的环境保护负责，并按批准的环境影响报告书（表）中的要求落实环境保护“三同时”制度。

四是严格执行建设项目环保设施竣工验收管理规定。建设项目投入试生产（试运行）后，必须按规定申请环境保护设施竣工验收，对未执行建设项目环境保护设施竣工验收并已投入生产或运行的建设项目，要依法限期补办验收手续。对逾期不办或拒不进行环保设施竣工验收的建设项目，要责令停止生产，并予以处罚。在建设项目环境保护竣工验收中，如发现工程性质、规模、地点或采用的生产工艺发生重大变化、与批准的环境影响报告书（表）不一致，由负责其环境保护设施竣工验收的环保行政主管部门责令其限期补办变更手续。

在补办变更手续未批准前，一律不得验收，超过期限未补办变更手续或变更手续未获批准的建设项目依法责令其停止试运行。

五是超业务范围编写的环境影响报告书（表），各旗、县、区环保主管部门不予审批。禁止借用或变相借用环境影响评价证书开展评价工作。建设项目环境影响评价工作由两个以上评价单位共同完成的，其评价主要技术负责单位承担的工作量不得小于60%；凡工作量达不到规定要求的主要技术负责单位，按变相借用评价证书处理。

六是各旗、县、区环境保护主管部门要建立环境影响报告书技术审查专家库，进入专家库的专家必须熟练掌握国家及地方有关环境保护法规、政策、标准，并熟悉相关专业的工艺技术。环境影响报告书（表）的技术审查均应由列入专家库的相关专业的技术人员负责并提供审查结论。

七是逐步实施建设项目环境影响评价审批和环境保护设施竣工验收工作程序公开、办事制度公开、审批和验收结果公开的办事制度，建立举报制度。定期公布建设项目环境影响审批和环境保护设施竣工验收结果，也定期公布本辖区内负责审批和验收的建设项目名单。

八是各旗、县、区环保主管部门要建立健全建设项目环境管理档案。要将负责审批的建设项目全部建立环境管理档案。针对项目的不同特点实行全过程管理，实现规范化、制度化。逐步采用数字化技术建立建设项目环境管理档案库，实现资源共享。

九是实行建设项目备案制度。凡根据权限审批的项目，必须向上一级环保部门备案；凡没有备案，并存在越权审批的，原则上不审批辖区内的其他项目。

【包头市整治大气污染出狠招】 2006年，内蒙古包头市环保局专门针对影响城区大气环境质量，不符合环保和全市总体规划要求的煤炭市场、砂石场、选矿厂，以及重点排污企业、重点地区环境问题、城区重点区域燃煤锅炉进行清理整顿。

此次环保整治的重点分为五个方面：一是对位于南绕城公路两侧、210国道两则、万水泉地区、沼潭地区的198家煤炭市场进行清理整顿。二是对城区重点区域主要干线两侧和景观广场周边200米范围内宾馆、酒店、餐饮、洗浴行业的燃煤锅炉进行清理整顿。三是强化对重点排污企业的日常监管，坚决遏制偷排、超排行为。四是加大对重点区域环境监管的力度，重点整治210

国道、110国道两侧，东出口、北出口、西出口周边的排污企业。五是要求全市各区，继续加强对城市周边高污染企业的清理整顿工作。

【锡林郭勒盟环境保护局开展放射源安全检查】 为了深入贯彻《中华人民共和国放射性污染防治法》和《放射性同位素与射线装置安全和防护条例》，切实加强放射源安全管理，保护环境安全和公众健康，锡林郭勒盟环境保护局2006年在全盟范围内开展了放射源安全检查专项行动。专项行动的主要内容有：一是深入到每一个涉源单位清点放射源数目，查阅档案资料，核实申报登记表填报内容是否属实。

二是督促涉源单位建立安全管理机构，制定安全管理制度和辐射事故应急预案，完善安全管理措施，建立放射源资料档案和登记台账，签订安全责任书，依法办理环保手续。三是对存在问题的涉源单位，要求限期整改，做到及时发现，及时消除事故安全隐患。四是全面掌握全盟放射源的数量、种类和分布情况。经查全盟有5家单位使用放射源，放射源总数26枚，比2005年增加了7枚。

【乌海执法剑指四大问题】 2006年，为切实解决全市存在的突出环境问题，内蒙古自治区乌海市环保、工商、公安等8部门联手，全面开展整治违法排污企业保障群众健康环保专项行动，并取得良好效果。

此次专项行动的重点包括4个方面：一是集中整治骆驼山沿山区域环境污染。对骆驼山沿线的露天开采煤矿、白灰窑、泡花碱、碎石厂等49家企业，没有环保审批手续的企业全部关停，有环保审批手续但没有落实环评有关要求和没有环保验收的，进行停产整顿。二是集中整治威胁饮用水源安全的污染和隐患。水源地内严禁建设有污染的项目，已审批立项的企业一律不得开工建设。三是集中整治工业园区的环境违法问题。重点整治煤焦化工、氯碱化工、冶炼、20万吨以上焦化等企业集中的工业园区的排污问题。四是集中整治建设项目环境违法问题。对重点行业进行严格审查，并对未按规定申请环保“三同时”验收、长期以试生产名义违法排污的企业，一律停产整治。

此外，在2006年的环保专项行动中，乌海市还全面加快淘汰落后生产能力步伐，限期关停、搬迁不符合国家产业政策、污染严重的白灰、泡花碱等小化工、小建材企业。

【通辽开展整治废弃危险化学品专项行动】 为防止废弃危险化学品污染环境，内蒙古自治区通辽市环保局于2006年初开展了为期5个月的废弃危化品专项排查行动，2000千克废弃危化品得到安全处置。

针对废弃危化品产生的特点，通辽市环保局将科研机构、学校、医药、化工等企事业单位作为重点排查对象。共查出存放废弃危化品责任单位25家，废弃危化品主要有氰化钠、三氧化二砷、氯化汞、红矾等剧毒化学品及普通化学品近200种，重约2000千克。在排查出的废弃危化品中有一部分标识不清、脱落，已无法辨认，给处置工作带来极大不便，经通辽市环保局多方协调，聘请内蒙古民族大学化学院两位化学专家现场勘验，取样分析，最终确认未知化学品的成分并登记备案。本着危废处置“资源化、减量化、无害化”原则，2006年6月1日在通辽市环保局协调督办下，将近百种、约1000千克还有使用价值的化学试剂移交给内蒙古民族大学化学学院。

通辽市环保局还会同安监、公安等部门召集危险化学品责任单位开会，落实处置废弃危化品事宜。会后各责任单位按照会议要求认真核定本部门废弃危险化学品数量、重量及种类，健全制度，加强管理，积极配合公安、环保部门将废弃危化品转移到国家环保总局指定的危险废物处置单位处置。

山西省

【资源环境进入山西新政绩指标】 山西省代省长于幼军2006年初在省十届人大四次会议上强调，“十一五”期间，山西省政绩考核将采用新的指标体系，力求充分体现科学发展观和构建社会主义和谐社会的基本要求。这一指标体系由资源环境等5个方面44项指标组成。

于幼军指出，山西省经济和社会生活中还存在着资源遭受破坏和生态环境恶化的趋势尚未得到有效遏制等九大难题，这些难题将考验本届政府。为此山西省政绩考核的指标将有很大改变。

"十一五"期间，山西省将摈弃过去长期使用几个主要经济指标指导评估的做法及模式，破除片面追求经济增长的发展思路和观念。政绩考核指标体系要符合山西经济社会发展实际，具有较强的导向性和可操作性。

在山西省新的政绩考核指标体系中，资源环境方面内容包括：城市建成区绿化覆盖率年均提高1个百分点以上，"十一五"期末达到60%；城市污水处理率超过70%；万元地区生产总值污染物排放总量年均下降10%，5年共下降50%左右；矿区煤炭资源回采率达60%以上；万元地区生产总值综合能耗年均下降5.6%，5年降低25%；万元地区生产总值平均耗水量年均下降8.3%，5年降低35%；5年内要使集中供热基本覆盖城区居民户，电厂、焦化厂、化工厂等排污严重企业全部安装脱硫除尘等设施，并强化监督保证各类环保设施全天候运营等。

根据《山西省国民经济和社会发展第十一个五年规划》，全省11个中心城市、高速公路和汾河干流沿线及十大景区的大气污染和水污染治理将成为生态治理和环境保护的重点。

城市规划区及周边一定范围将不准再上污染严重项目，同时限期改造或逐步关闭、搬迁已有的污染严重企业，确保三五年内重点区域的环境污染状况明显好转，11个中心城市建成区的大气质量明显改善。

根据"规划"，山西省还将在"十一五"期间整合煤焦资源。全省将按照"关小、改中、上大"的思路整合煤焦资源，依法关闭所有无证非法开采的煤矿及采矿点，关闭取缔所有改良焦、小机焦以及不具备化产回收能力和污染严重的焦化项目，强制淘汰主要产煤县年产9万吨以下的煤矿，使全省煤矿总数减少30%以上。同时，加快晋北、晋中、晋东三大煤炭基地建设，鼓励支持煤炭大企业兼并、收购、整合小煤矿资源。"十一五"期间，全省将不再审批新的焦炭项目，不再批准新上生产商品煤的煤矿。

【省政府限期关闭20台火电机组，处罚129台机组】 山西是我国大气污染较严重的省份，二氧化硫是山西大气中首要污染物，占污染物总量的57%。而电力行业是二氧化硫的排放大户，排放量占全省二氧化硫排放总量的50%。山西燃煤电厂脱硫工业相对滞后，现有的2000余万千瓦的火电装机中，安装脱硫设施的不到1/4。为此，省政府在2005年6月就限期83家燃煤电厂的246台机组于2005年底前完成烟气脱硫设施建设并安装烟气连续在线监测仪器，但至2006年8月仍有149台机组未完成治理任务。

为此，省政府决定，对已完成烟气脱硫设施建设但未安装烟气连续在线监测仪器的山西美锦热电有限公司等企业的58台机组，限期2006年10月底前完成安装；对烟气脱硫设施虽已开始建设但尚未完成的河津水鑫电力有限公司等企业的46台机组，依法处以罚款，延期至2006年12月底完成；对烟气脱硫设施尚未开工建设的中国电力投资集团公司永济热电厂等企业单机50MW及以上的5台机组处以罚款，延期至2007年6月底前完成。

同时，省政府明确规定，单机容量在50万千瓦以下的70台机组中，不承担供热任务的20台机组要在3个月内完成关闭任务；担负供热任务的北方铜业股份有限公司热电厂等企业的18台机组，延期至2007年3月底前完成治理任务；责令不担负供热任务的山西鑫升焦化有限公司发电厂等企业的32台机组停产治理，至2007年3月底前仍不能完成治理任务的，将依法予以关闭，在完成治理任务并经环保部门验收达标后方可恢复生产。

省政府表示，延期治理的燃煤电厂必须采取切实措施，加快治理进度，逾期仍不能完成的，除依法实施关停外，还将对辖区政府有关责任人员追究行政责任。

【山西省达不到环保标准的企业将不能向银行贷款】 从2006年11月16日起，今后山西省达不到环保标准的企业将不能向银行贷款。

严重浪费资源、污染环境、危害人体健康的生产企业，银行将一律停止发放各类贷款；贷款审查时，没有执行建设项目环境印象报告书审批制度的企业，或环境保护部门不予批准的项目，银行不再予以贷款；对主体工程已完工而环保项目还没有完工的建设项目，在投产运营时，银行将不再提供流动资金贷款。

另外，山西省各企业在环境保护方面获得的环境评价、行政处罚等信息要纳入企业信用信息基础数据库，银行在发放贷款时，将查询有关记录，并将查询结果作为审批贷款的必要条件。

【太原市环保局打造责任透明环保】 2006年以来，太原市环保局创新项目环保审批工作，严格建设项目环保审批，将其作为从源头上预防环境污染、生态破坏的重要手段和促进产业结构调整，遏制低水平、盲目重复建设的重要途径。

太原市将信息公开和公众参与制度化引入环境影响评价工作，在审批工作中，突出“高、广、快”3个特点，建立公众参与环保事务的长效机制。

“高”是指提高环保准入门槛。他们制定了《太原市发展绿色经济环境保护暂行规定》，围绕这条“绿色高压线”，切实落实“环评法”，严格建设项目的“三同时”管理。抓好新建项目总量控制。对不符合国家产业政策、环境标准、清洁生产要求以及太原市有关规定的项目一律不予审批。专门成立环保技术评估中心，负责公开、公正、独立地进行建设项目的技术评审、评估。

“广”是指扩大公众参与面。他们实行环境信息公开，强化公众对政府环保工作和企业行为的监督。太原市环保局对涉及公众环境权益的发展规划和建设项目，将通过听证会、论证会或媒体公示等形式，听取公众意见，强化社会监督。建立一套覆盖环保行政许可各领域、各层次的环境信息披露体系，努力使环保工作从“事后补救”向“事前预防”转换。

“快”是指进一步加强服务意识，建立“绿色通道”，提高审批效率。太原市环保局决定，对各类环保项目审批的程序、时限、内容均科学量化，简化流程、缩短时间，在严格执法的同时，做到快速、便捷、热情服务。

太原市环保局2006年共办理建设项目49项，“三同时”执行率达到100%。太原市环保局将进一步完善项目审批工作，努力打造真正的“责任环保”与“透明环保”。

【“十一五”期间太原提升污水处理率】 太原市环保部门2006年3月透露，“十一五”期间，随着工业废水和城市生活污水治理步伐的加快，饮用水水源保护区的建立，污水和中水回用示范工程等措施的实施，太原市城市生活污水处理率将由60%提升至80%，城市生活污水处理回用率将达到30%。

“十一五”期间，太原市将投资26.87亿元，优先开展24项重点企业综合治理工程，推动工业废水全面达标排放；依托清洁生产和循环经济，在太钢、太化等大型企业中推行中水回用示范工程，建成10家废水“零排放”企业；加快城市污水处理厂建设，新增生活污水处理能力35.5万吨/日，新增生活污水深度处理能力16万吨/日，新增生活污水回用能力23万吨/日。届时，太原市每年将减少工业及生活污水排放15172.88万吨。

【孝义环保局未制止违法项目被暂停审批权】 山西省环保局2006年因孝义市环保局对辖区内环境保护工作监督管理不力，对违法建设项目没有及时制止和上报，暂停孝义市建设项目环境保护审批权，这是山西省首次采取暂停环保项目审批的处罚措施。

从2000年起，按照环评标准，孝义市已不允许再上马焦化企业，但几年来，该市焦化项目从8个猛增到47个，且大多是违法建设项目。

停止孝义市环保局的环保审批权，意味着该市大大小小的新建项目，必须经上级行政部门批准，这对其他污染严重的市县具有警示作用。

【临汾扎实推进蓝天碧水工程】 2006年，山西第二经济大市临汾在经济以12%速度增长的同时，市区空气污染指数由2000年的11.61下降到现在的3.77，二级以上天数达到165天，比2005年同期增加13天。坚定不移地实施蓝天碧水工程，使临汾市呈现出经济又好又快发展、环境质量逐步改善的良好态势。

一、编制出台相关政策法规，把区域性环保纳入法制化轨道。临汾市先后制定了《关于加强污染治理、促进环境改善的意见》、《关于加强污染治理、改善环境质量的决定》和《临汾市“蓝天碧水工程”建设规划》等政策法规。配合这些政策法规的实施，启动了“临汾综合整治行动”、“全市空气质量全天候监控网络”，市政府与各县市区签订汇报目标责任书，形成强有力的约束。市委书记王国正多次强调指出，新建项目，凡环保不符合要求的一律不准上马；在建项目，凡环保设施未经验收合格的一律不准投产；已建项目，凡经限期治理和改造仍不达标的一律关闭。

二、加大环境投入，奠定环保与经济同步发展的基础。临汾市在建设“生态临汾”的过程中，本着不欠新账，多还旧账的原则，在加大环境执法力度的同时，大幅度增加环保投入。从2004年起连续每年拿出GDP的2%用于环保建设。2005年投资7.36亿元建设的市区环保十大工程，经过一年的建设，市区新敷设集中供热主管网12.3公里，完成城中村集中供热改造462户，到2006年10月底，可确保市区集中供热面积达800万平方米，热化率达到65%。集中供气新增居民燃气6000户，气化率达到85%。临汾环保局局长许锁子介绍，临汾污水处理能力、烟气脱硫等环保设施从无到有，由小到大。目前在已建2座生活污水处理厂日处理能力9万吨的基础上，在建的洪洞、襄汾等县市城市污水处理厂年内将投入运行，投资1800万元日处理600吨的临汾市区生活垃圾无害处理厂也将启运。

三、实施环境“分区控制”，优化产业布局，严防污染转移。为了保证在环保的同时优化经济增长，临汾市建立了环保退出机制，淘汰落后工艺技术，为经济发展腾出环境容量；加强建设项目环境评审，发展科技含量高、低耗少污产业，限制新上高能耗、高污染项目，从源头上控制污染的产生。同时对重点污染源实施在线监控。从2005年以来，全市共关闭末位淘汰企业92家，淘汰冶炼、建材等行业落后工艺和设施87处，并结合焦化行业专项清理整顿强制关闭焦炉9座，使高新技术产业增加值比重大幅度提高。

四、选准切入点，放大循环经济半径，逐步推进环保与地方经济的协调发展。由于环保历史欠账多，全面推进环保任务十分艰巨浩大，临汾以建设示范生态工业园区为切入点，逐步放大循环经济的半径，逐步由企业小循环向园区中循环扩展，再向县域大循环梯次推进。目前，古县基本形成了煤—焦—煤气—电等产业链，实现焦油、硫铵、粗苯、煤气等化工产品的全部回收；襄汾县推进清洁生产，利用焦炉余热、煤气和高炉煤气发电，既遏止了对空排放所造成的资源浪费，又为集团的炼焦、化工提供了电力保证；其他各县市全面利用炼铁高炉水渣生产矿渣硅酸盐水泥和墙材，利用发电废水进行铁厂洗渣和焦厂洗煤，初步形成了环境保护和经济发展的良性循环。

浙江省

【省政府任命地方首长为节能降耗“第一负责人”】 浙江省2006年任命下属的11位市长和58位县长担任本地区节能降耗的“第一负责人”。由浙江省人民政府下发的文件同时规定，各级政府和部门的目标责任制中要纳入节能降耗目标。

2005年浙江省人均GDP超过3400美元，根据世界银行的统计标准，已经进入上中等收入地区。但资源能源的短缺，仍然是以民营经济著称的浙江在发展进程中挥之不去的阴影。

经济大省浙江是一个资源小省，全省煤炭保有储量不到全国的万分之一，铁矿和铜矿基本依赖进口，95%的能源依靠外部调入。

因此，节能降耗成为浙江经济减轻能源压力

的重要路径。浙江作为全国三个试点省区，已将GDP能耗指标纳入干部考核综合指标。

除了加强对全社会的能源管理之外，政府内部也是节能降耗的重要领域。由于采用了大量的电气设备，加上一些公务人员节能意识淡漠，因此政府办公楼也是用电大户。据浙江省省级机关事务管理局在2005年的一项调查，浙江省行政中心2004年的人均日用电量是省会杭州市民的9倍。

浙江省行政中心为此采取了多项节能改造措施，包括全面采用节能灯，冬季供暖实行集中供热，夏季使用中央空调时室外最高气温不得低于32℃，等等。

【发布《关于落实科学发展观加强环境保护的若干意见》】 中共浙江省委、浙江省人民政府2006年7月发布《关于落实科学发展观加强环境保护的若干意见》要求，到2010年，全省基本形成现代化环境管理体系，化学需氧量排放总量比2005年下降15.1%，二氧化硫排放总量比2005年下降15%。到2020年全面建成生态省。

“意见”强调，浙江省要依据资源环境承载能力，合理确定区域功能定位和开发格局；加大现有污染源整治力度，加快削减污染物排放总量，严格从源头治理污染和生态破坏；继续抓好重点流域、重点区域、重点行业、重点企业环境污染整治，加快解决突出的环境污染问题。全面推进城乡环境污染防治、生态保护和建设，持续改善城乡环境质量；健全环境保护法规和标准体系，落实监管制度，完善监管手段，规范执法行为，提高执法水平。不断提高环境监管和污染防治能力；积极开展环境科学研究，大力推广应用先进适用技术。积极推进体制机制创新，着力形成环境保护与经济社会发展有机结合、社会各方面自觉保护环境的工作格局。

“意见”明确，要把生态建设和环境保护特别是环保法律法规执行情况、环境质量控制情况纳入地方党政领导班子和领导干部实绩分析指标体系，严格考核。对不执行环境保护法律法规和政策、不认真完成环境保护目标责任，造成严重后果的；因违反产业政策，违反区域或流域环境保护规划，在项目审批上决策失误以及行政干预导致环境恶化或生态破坏的；放任、包庇、纵容环境违法行为或对社会反映强烈的环境污染问题长期不解决或处理不当的，要依法依纪追究有关单位及有关责任人的责任。

【省环保局规定五类环境违法行为必须立案调查】 浙江省环境保护局2006年出台的《浙江省环境保护行政处罚实施规范》中规定，环保部门对通过检查发现或者接到举报、控告、移送、交办以及媒体等披露的符合下列条件的环境违法行为，要予以审查，并在7个工作日内立案。

这些条件包括：有违反环保法律法规规章的事实；有明确的违法嫌疑人；依法可能给予行政处罚的；属于环保部门管辖的；违法行为在二年内发现的或违法行为处于连续或继续状态的。

浙江省环境保护局指出，对需要及时制止环境污染的紧急情况或事后难以取证的违法行为，应立即组织调查取证，并补办立案登记。

【名牌产品认定，环保有权否决】 浙江省各市、县环保局2006年均收到省环保局转发浙江名牌产品认定委员会的通知，请各地环保局对申报2006年浙江名牌产品企业的环保情况进行审查和评价，汇总后将对各产品是否成“名”实行表决。

浙江省个别地方受重经济发展轻环境保护思想的影响，曾出现过一些企业一方面因污染严重受处罚、另一方面因利厚税多受表彰的不正常现象。浙江省在名牌产品评定中充分重视环境保护，请环保部门作为名牌认定委员中的一员，在对申报企业进行环保审查、评价后，和其他部门、社会团体、有关专家一起，共同对企业产品是否适宜被认定为浙江名牌进行表决。这一“环保票”，对企业在日常生产活动中自觉遵守环保法律、法规具有重要意义。

2006年对申报浙江名牌企业环保审查的重点是：申报企业是否遵守环保法律法规，近3年来是否有因环境违法行为受环保部门行政处罚的记录；现阶段生产中污染物是否达到国家和地方规定的排放标准；是否列入强制性清洁生产审核而未按期开展清洁生产审核等。各环保局还要根据辖区内申报企业的环境保护情况提出评价意见，对不宜被认定为浙江名牌产品的有关企业说明具体理由，如受过环保行政处罚的企业要注明处罚文件文号及主要内容。

【温州实施国内首部生态园保护管理地方法规】 国内首部生态园保护管理地方法规——《浙江省温州生态园保护管理条例》于2007年1月1日正式施行。

温州生态园位于温州大都市规划的中心，总面积为130余平方公里，由三垟湿地和大罗山地区组成，是目前东南沿海城市一块不可多得的最大绿地。但由于温州生态园的保护、建设和管理缺乏法律依据，致使生态园遭受破坏的现象时有发生。

为此，《条例》明确规定，生态园区域内的自然景物、人文景观，应当按照规划严格保护。任何单位和个人不得在生态园区域内擅自建造建筑物；擅自采伐、采挖林木等。违反条例规定，构成犯罪的，将依法追究其刑事责任。

【富阳市狠抓生态建设和环境治理】 在浙江省富阳市2006年4月召开的生态建设和环境保护工作会议上，富阳市市委书记佟桂莉结合当地生态建设和环境保护工作实际，提出要不折不扣地认真贯彻落实国务院《决定》，用铁的决心、铁的手腕，狠抓生态建设和环境治理，为人民群众提供优良的环境条件。

佟桂莉在开会前夕，曾先后组织市委办、市府办、环保局等部门，对全市3个重点区域、4个污水排放口和两家化工企业进行了实地暗访和调查。针对一些地方为了发展经济，不惜破坏生态环境，一些企业污水没有达标就排放，石矿开采混乱等情况给予了严厉的批评。

佟桂莉指出，优越的自然环境是今后发展的独特优势、战略资源和最大卖点。“十一五”时期，富阳市提出要打造“山水文化名城、现代产业新城、人居休闲胜地”的目标。针对当前存在的环境问题，佟桂莉要求，各级各部门和乡镇要狠抓生态建设和环境治理，坚持治标与治本相结合，阶段性任务与长期性目标相结合，突出重点，彻底治理。要突出加快环保基础设施建设；加大流域综合整治力度，确保流域水功能基本恢复功能区标准；大力发展循环经济，努力打造生态型农村，推进经济与环保持续协调发展。

【苍南县24名干部治污不力被查处】 2006年，苍南县在褪色污染整治中加大对党员干部的责任追究力度，全县共有24名镇、村干部因治污不力受到党纪政纪处分。

近年来，随着再生纺织业的发展，对废布角料需求大增，苍南一些村民纷纷用土法办起废布角料褪色加工点，到2004年整治前，全县11个乡镇130多个村居共建有褪色池4500多个，排放的废水严重污染了当地的环境，该县去年被列为全省环境治理准重点监管区。

2005年8月4日，该县下发《通知》明确规定：一个月在同一村发现有两处废布角料现褪、现染或褪、染后现晒，两次非法生产褪色水的，给予村党支部书记、党员村主任和驻村干部纪律处分或组织处理；相同时间内在同一辖区发现5次、10次上述行为的，给予该辖区党政领导纪律处分或组织处理。

云岩乡联友村是褪色污染的重灾区。云岩乡党委派乡禁毒办公室主任陈某到该村任驻村干部。2005年10月间，联友村村民在村里设置废布角料褪色加工池，被县里的督查组当场查获，县纪委给予了陈某党内警告处分。受到处分后，陈某吸取教训，深入村民家里做思想工作，并动员他们捣毁加工池，使村头巷尾恢复了清洁。

龙港镇湖前办事处水深村原来从事褪色业的村民众多。去年10月份，县里的督查组前往检查时发现，该村有6个池在做布角料褪色，该村书记和村委会主任受到了党内警告处分。

福建省

【省环境保护大会召开】 2006年6月20日福建省召开了环境保护大会，省长黄小晶出席会议并讲话。他强调，各级各部门必须站在执政为民的高度，切实把环境保护工作摆上更加重要的战略位置，全面落实科学发展观，着力解决事关人民群众切身利益的环境问题，建设海峡西岸经济区生态和谐的美好家园。

这次会议的主要任务是全面落实第六次全国环保大会和国务院《关于落实科学发展观加强环境保护的决定》精神，围绕建设海峡西岸经济区，部署我省“十一五”环保任务。

黄小晶首先充分肯定福建省环保工作取得的成绩。他说，“十五”期间，全省上下紧紧围绕省委省政府的决策部署，妥善处理经济发展与环境保护的关系，环保工作不断加强，生态环境质量位居全国前列，为促进经济社会与环境协调发展作出了重要贡献。他强调，落实科学发展观必须加强环境保护，建设海峡西岸经济区需要生态环境支撑，构建和谐社会要求实现人与自然协调发展，建设对人民负责的政府必须切实解决群众关注的环境问题，各级各部门必须切实增强保护环境的忧患意识和责任意识，把环境保护工作摆上更加重要的战略位置。

会议还表彰了落实2001～2005年度市长环保目标责任制先进单位、全国和全省环保系统先进集体和先进工作者。

【合理利用资源，“开海”与“护海”并举】 2006年，福建出台了《关于加快建设海洋经济强省的若干意见》和《福建省建设海洋经济强省暨海洋经济“十一五”发展专项规划》，提出构建“四大集聚区”和“五大基地”。即：构建环三都湾、闽江口、湄洲湾与泉州湾、厦门与漳州四个海洋经济集聚区；建成临港制造业基地、海水养殖加工基地、滨海旅游基地、海洋科技创新与教育基地、海峡两岸海洋经济合作示范基地。

福建突出合理、集约利用海洋资源，坚持按照海洋功能区划审批海域使用申请项目，凡不符合海洋功能区划的新用海项目都不予批准。同时，他们进一步规范了海域使用申请、受理、审查程序和时限要求，建立预审、海域使用论证、审核、批前公示和批后公告等制度。今年开始，福建推进重要港湾体制的实质性整合，保护好岸线资源。1月开始按新体制运行的新厦门港由厦门市行政区向漳州市行政区拓展，整合了原厦门港东渡、海沧、嵩屿、刘五店港区及和平客运港区等八大港区。新厦门港深水岸线将增加14公里，总长达40公里，可容纳万吨级以上深水泊位114个。

福建在全国率先出台海洋环境保护条例，对涉海建设项目实施严格的海洋影响评价制度，加强海洋生态保护和海洋环境污染治理。省、沿海六地市自2001年起向社会发布每年的省、市两级《海洋环境状况公报》。全省现已建立各类海洋自然保护区和特别保护区14个，保护面积18.87万公顷；初步形成了合理的海洋环境监测网络，赤潮发现率达100%。

【抓重点行业和区域污染防治】 在2006年召开的福建省设区市环保局长座谈会上，福建省环保局长马承佳说，服务，就是要立足于服务党委政府的中心工作、服务经济社会发展全局、服务广大人民群众，通过服务发展来解决环境问题，通过解决环境问题来促进节约发展、清洁发展、安全发展；履职，就是要紧紧抓住保障人民群众生产生活环境安全这个出发点和落脚点，不折不扣地履行法律赋予环保部门对环境保护实施统一监管的职能，履行环境保护执法主体职责；推进，就是要在党委政府的统一领导下，充分发挥环保部门在环境保护的综合管理和协调作用。要利用各种行之有效的手段，调动各方面积极因素，全面推进污染防治和生态保护，加快生态省建设的步伐。

根据会议部署，福建省突出抓好5项工作：以保障饮用水源安全为核心，切实加强重点流域环境综合整治；以控制和削减排污总量为主线，切实抓好重点行业和区域污染防治；以维护群众生产生活环境安全为目的，切实增强环境安全监管和处置能力；以服务和促进污水垃圾处理产业化为重点，切实推进城乡人居环境治理；以开展循环经济试点示范为载体，促进环境友好型社会建设。

【泉州投入12亿元治污】 一度污染严重的

福建省泉州湾近海区域，随着一批污染防治设施投入运营，2006年环境质量开始出现好转。

经专家多次论证，《泉州湾南岸近海水域污染专项整治实施方案》和《泉州市近海水域环境污染综合治理方案》2006年4月和9月先后出台。各沿海县（市、区）正依据市里统一部署安排，调整和完善各自辖区的整治方案，目标是到2010年，泉州市的近海水域环境质量有较大的改善。同时，市、县两级政府加大了资金投入，截至目前，全市共投入整治资金近12亿元，占2006年计划投资的80%。近海水域环境污染治理工作取得了阶段性成效。晋江市仙石污水处理厂一期工程（处理规模4万吨/日）已投入试运行。南安市污水处理厂配套主管网全线贯通，正进水调试。石狮市中心区污水处理厂一期主体工程土建已完成，近期投入试运行。惠安县城污水处理厂一期工程完成主体工程70%。晋江市引导市区重点污染企业向工业园区、污染集控区搬迁。石狮市对全市101家重点污染企业的污水排放量进行严格控制。泉州湾南岸汇水区域38家重污染企业，除了两家已停产外，36家重点企业已完成污泥脱水装置的安装。南安市大盈溪流域13家造纸厂完成在线监测设备安装，水头、石井分别建成1个石粉综合利用填埋场。惠安县崇武镇220家石材企业大部分实现了废水回收利用。

【珠海设定2006年为“生态建设年”】 2006年2月15日开幕的珠海市第六届人民代表大会第三次会议上，珠海市市长王顺生指出，珠海将把2006年作为“生态建设年”，全面实施《珠海生态市建设规划》，启动“国家生态园林城市”创建工作，进一步提升珠海整体环境质量。

珠海市2006年重点抓好十项环境工程，包括：主城区污水管网改造及排洪渠整治工程；前山河流域污水集中处理工程；南区污水处理厂工程；井岸生活污水处理厂工程；三灶污水处理工程；西坑尾垃圾填埋场及渗透液处理工程；西部地区生活垃圾填埋场工程；医疗废物和建筑垃圾处理工程；珠海发电厂1、2号机组脱硫工程和生态示范村创建工程。同时，加强环保能力建设，完善环境监测和预警体系，构建环境污染事故应急处置机制；加强近岸海域和海岛生态环境综合治理。

【珠海将用5年时间建标准生态文明村】 根据《珠海市创建生态文明村实施方案》的总体要求，珠海市创建生态文明村工作将以整治村容村貌为突破口，确保饮水、道路、住房、卫生、绿化以及文化基础设施等10项建设达标，重点抓好建设规划、生态产业和旅游开发。2006年先创建第一批12个生态文明村，在试点基础上，以点带面，全面推进创建活动。在创建生态文明村的5年时间内，珠海市、区、镇三级财政每年分别投入800万元、500万元和300万元作为生态文明村专项经费，专门用于生态文明村的基础设施建设。

【厦门编制工程规划，保护饮用水源地】 福建省厦门市环保局2006年启动“厦门市饮用水水源地环境保护规划”编制工作，所有编制工作计划于2007年3月底前全部完成。

“饮用水水源地环境保护工程规划”是本次规划的核心内容，它以饮用水水源地基础情况调查、评价及水源保护区划分为基础，通过水源地污染防治、生态恢复和建设等具体工程方案的制定和实施，加强污染源控制、生态环境保护，提升环境监督管理能力。厦门环保部门相关负责人介绍，规划中将结合各个专项工程方案的技术可行性、所需投资及环境效益分析，对投资—效益进行总体评估，分析工程的经济目标可达性和经济有效性。

【南平投资38亿元呵护绿水青山】 由福建省南平市环保局组织编写的《南平市“十一五”环境保护规划》，2006年12月1日通过了由市人大、市政协、市政府办、财政、发改、农、林、水、科技、经贸等市直机关部门专家的论证。

“十一五”期间，南平市在环境保护和生态建设等重点项目将投资38亿元。总体环境目标是：基本控制新的环境污染，初步遏制生态破坏的趋势，城市环境质量进一步改善，主要流域水质基本达到功能分区标准，重点生态功能保护区、自然保护区等生态基本稳定，环境管理与执法能力进一步加强，环境安全应急处理机制日趋完善。

“十一五”期间，各县（市）应建有一座污水集中处理厂，南平市区、邵武市、武夷山市、建阳市、建瓯市城市生活污水处理率达60%。顺昌、浦城、光泽、松溪、政和等县的污水处理率达50%，全市工业固废综合利用率达到90%以上，城市固体废物（含医疗废物）得到全面妥善处理，放射性废物安全收贮，实现资源化、减量化、无害化，企业危险废物处理量达标率达100%，各县（市）建有一座生活垃圾无害化处理场，南平市、邵武市、武夷山市、建阳市、建瓯市城市生活垃圾无害化处理率达90%以上，顺昌、浦城、光泽、松溪、政和县城生活垃圾无害化处理率达60%，南平、武夷山分别建成一座医疗废物处置场。水、大气主要污染物排放量控制在国家和省“十一五”要求以内，废水中COD量在2005年水平上削减5%，氨氮排放量削减3%；废气中二氧化碳、氮氧化物、粉尘、烟尘排放量控制在2005年水平。

贵州省

【全省环保工作会议召开】 2006年2月14日，贵州省召开全省环保工作会议，贵州省副省长肖永安对贵州省“十五”期间环保工作进行了总结，并明确了2006年环保工作的主要目标和任务。

“十五”期间，贵州省累计投入环保资金141.1亿元，不断加快污染治理步伐，加强生态环境保护，大力发展循环经济，强化环境执法，妥善处理加快发展与环境保护的关系，在经济快速增长的同时，全省环境质量总体保持稳定，二氧化硫等主要污染物排放总量得到有效控制，重点流域、区域环境质量有所改善，生态环境保护和建设得到加强，环境保护工作取得了较大进展。

会议肯定了贵州省环保工作取得显著成绩的同时，还针对贵州省实际情况制定了2006年环保工作的主要目标：全省二氧化硫排放量控制在132万吨，化学需氧量排放量控制在22.6万吨，氨氮排放量控制在2万吨，烟尘和工业粉尘排放量控制在2005年水平；工业固废综合利用率达到33.2%；废水中有毒有害污染物得到有效控制；乌江干流、赤水河干流和红枫湖、百花湖、夜郎湖水质按功能区要求基本达标，北盘江流域、三岔河流域和清水江流域的主要污染得到有效治理，北盘江流域和清水江流域的省界出境断面按功能区要求基本达标；贵阳、遵义、六盘水和安顺4个重点城市空气、地表水和声环境质量分别按功能区要求基本达标，酸控区酸雨发生的强度和频率有所降低，其他城市环境质量得到一定改善；“两土”破坏区和废弃矿区生态恢复工作继续推进，局部地区生态环境恶化得到减缓。

【省第六次环境保护大会召开】 贵州省人民政府2006年9月25日召开了全省第六次环境保护大会，要求到2010年，全省二氧化硫排放量要削减15%，控制在115.4万吨以内，全省城镇集中式饮用水源地水质要得到有效保护，重点流域的污染问题得到妥善解决。

会议要求，到2010年，贵州省现役火电机组和新建投产的燃煤电厂要全部建成脱硫设施并投入运行，燃煤电厂二氧化硫排放总量不超过35.8万吨。所有火电厂必须安装烟气污染物自动监测装置，确保正常运行；全省城镇集中式饮用水源地水质要得到有效保护。乌江、赤水河、红枫湖和百花湖水体水质按功能区要求达标，北盘江、三岔河和清水江水体的主要环境污染问题要得到妥善解决；贵阳、遵义、六盘水和安顺4个重点城市空气、地表水和声环境质量分别按功能区要求达标，其他城市环境质量得到进一步改善；重点工业污染源主要污染物排放要得到有效控制。全省主要污染物排放总量控制在国家下达的计划指标内；退耕还林还草和水土保持工作取得明显成效，初步建成“两江”上游重要生态屏障，森林覆盖率提高到40%以上，石漠化治理取得新进展，初步遏制水土流失和石漠化扩大的趋势。

会议要求，“十一五”期间贵州各地要重点抓好以下几方面工作：以保障饮用水水质安全和重点流域污染治理为重点，加强水污染防治；以削减二氧化硫排放总量为重点，扎实推进大气污染防治；以城市环境综合整治为重点，不断改善城市环境质量；以控制资源不合理开发活动为重点，强化生态环境保护和建设；以防治土壤污染和整脏治乱为重点，加强农村环境保护；以放射源监管为重点，确保辐射环境安全；以实施国家和省环保工程为重点，推动解决突出的环境问题。

会议表彰了贵州省环境保护先进集体、先进个人。

【部署清水江流域污染防治】 地处长江上游生态屏障区的清水江流域，因磷化工企业生产废水和城镇生活污水过量排放而遭受污染，为此，贵州省环保部门出台多项措施，力争到2007年底流域内主要工业污染源实现达标排放。

贵州省提出加强清水江流域水环境治理方案的主要内容有：制订“一厂一策”方案，以企业为单位研究治理对策，实现流域内主要工业污染源稳定达标排放；以限期治理为主要手段，下达限期治理任务；全面施行排污申报登记和排污许可证制度；开展重点企业环境监督员制度，并建立社会公众监督机制；逐步推进城镇生活、垃圾污染治理，开展农业面源污染整治等。

清水江是贵州省第二大江，是长江上游重要支流，流经我国重要的磷化工基地。监测结果显示，清水江流域水体中总磷、氟化物超标现象突出。

据调查，清水江流域水污染的主要来源是流域内的化工企业生产废水和城镇、工矿区生活污水。上游地区磷化工废水的大量排入是造成河流水体中总磷、氟化物超标的主要原因。清水江流域工业废水年排放总量为1053万吨，城镇生活污水年排放总量达4421万吨。工业废水主要来自于上游的福泉、都匀和凯里，3个县市工业废水排放量占全流域工业废水排放总量的94.31%。我国重要的磷化工企业贵州宏福实业开发总公司以及贵州川恒化工有限公司、都匀剑江化肥有限公司等企业成为主要排污企业。而沿江的小煤矿、铝土矿企业群排放的废水也在一定程度上造成了清水江水体污染。

【饮用水源红枫湖百花湖严格禁磷】 贵州省质监、环保、工商三部门2006年2月联合发出通知，为保护红枫湖、百花湖水资源环境，保障人民群众身体健康，经省政府同意，在两湖饮用水源保护区“禁止生产、销售和使用含磷洗涤剂”。

贵阳市和安顺市政府根据“禁磷”工作的统一领导，组织有关县（市）政府和环保、工商、质监等部门共同实施“禁磷”。环保部门负责对“禁磷”实施统一监督管理，工商部门负责对两湖饮用水源保护区销售洗涤剂的市场管理，质监部门负责对生产洗涤剂的产品质量进行监督检查。

通知要求，凡在红枫湖和百花湖两湖饮用水源保护区内销售的无磷洗涤剂，须经具备法定资质的检验机构检测合格并在产品包装的明显部位标注“无磷”字样；工商部门对市场销售的无磷洗涤剂进行抽查并将结果向社会公示；质监部门对企业生产洗涤剂进行质量检查，对弄虚作假、生产不合格洗涤剂的企业进行严肃处理并向社会公布；环保部门要联合有关部门加大宣传力度，促使两湖区域内的单位和个人自觉购买、使用无磷洗涤剂，对违法行为进行监督和举报。

【部门联动遏制环境违法行为】 2006年在查处各类污染事件中，贵州省环保部门和纪检、监察部门紧密联动，有效地推进了全省环保工作的开展。

在2006年全省环保专项行动中，全省各级环保部门会同纪检、监察部门对企业违法排污、违反环评法等行为开展联合执法检查，抓住群众反映强烈的热点问题重拳出击，务求实效。在行动中，环保、纪检、监察部门积极协调有关业务主管部门，履行好监督监察职责，并依靠当地纪检、监察机关对某些企业、部门和政府知法犯法、不作为和不依法行政等行为严肃查处，确保专项行动取得实效。据统计，在连续3年的环保专项行动中，贵州省共出动现场执法人员62293人次、检查企业29127家次、立案查处环境违法案件1803件，行政处罚713.73万元，企业环境违法行为得到有效遏制。

【土壤污染调查启动】 按照国家环保总局部

署要求，贵州省已于2006年9月全面启动全省土壤污染状况调查工作，旨在系统准确掌握全省土壤环境质量总体状况，提出土壤污染防治对策。

这次全省土壤污染调查和评价工作将通过分析土壤中重金属、农药残留、有机物污染等的含量及土壤理化性质，结合土地利用类型，评价土壤环境质量状况，为建立全省土壤环境质量监督管理体系、保护和合理利用土地资源、防治土壤污染提供基础数据和信息。

【严查高能耗企业】 贵州省2006年9月对部分符合要求的铁合金、电解锰、钢铁等高耗能企业实行汛期低谷差别电价政策。环保部门从严核查高能耗企业环保设施及达标情况，切实把好环保核查关。

贵州省各相关部门按照规模上档次、污染治理较好的原则，分批筛选并确定2006年贵州省享受汛期低谷优惠电价的铁合金、电解锰、电石、工业硅、钢铁等高能耗企业。为此，全省各级环保部门采取多项措施全面推进高能耗企业污染治理工作。针对企业环保设施完备的，环保部门督促其加强运行管理，确保外排污染物稳定达标；对企业环保设施存在问题、外排污染物不能稳定达标的企业，环保部门要求其立即采取措施加以完善；针对不正常运行环保设施或规定时间内仍未完善环保设施的企业，环保部门将依法严处企业违法行为并取消其享受优惠电价资格。

【贵阳市投入6亿元建设农村生态能源】 从2006年起到2008年，贵阳市将投入6亿多元资金，用于全市改厨、改圈、改厕、改路、建沼气池“四改一气”农村生态能源建设项目。

从2006年起，贵阳市预计将在3年内累计建成“四改一气”农村生态能源建设项目27万多套，覆盖全市总农户的57.97%，受益农民约100万人。

贵阳市的“四改一气”农村生态能源建设项目从2000年起步以来，已建成沼气池86300个，改厨43500口，建设后续服务网点109个，投入资金2.35亿元。这些项目的实施，促进了农民增收致富，调整了农村用能结构，改变了农民的生产生活方式。

为保证“四改一气”的后续管理工作顺利开展，贵阳市还将新建400个服务网点，新培训技工1000人。

【遵义磷肥厂违法排污被通报】 贵州省环保局环境新闻中心2006年向新闻媒体通报，贵州省遵义市磷肥厂长期违法排污，威胁着全市60万市民的饮水安全。

贵州省环保专项行动督察组在执法检查时发现，遵义市磷肥厂长期运行违法生产线，违法排污，生产排放的烟尘、污水影响着当地居民的身体健康。督察组检查发现，这个厂污水沉淀池紧靠着遵义市饮水源上游的洛江河岸，一下雨，沉淀池的污水就漫出来流入洛江河，威胁着洛江河两岸居民的饮水安全。

这家磷肥厂还存在严重的安全隐患。该厂两条硫酸生产线都属国家明令淘汰的落后生产线，其中一条硫酸生产线长期违法生产。磷肥厂硫酸生产工艺中的高位酸库、硫酸槽已被严重腐蚀，一旦出现酸库泄漏，上百吨浓硫酸将直接排入洛江河，可能导致恶性污染事故。

近两年来，各级环保部门曾立案查处该厂违法排污行为12起，罚款12.5万元，但该厂仍有部分罚款未缴。贵州省政府已将其列入贵州省挂牌督办企业名单，对其督促治理。

黑龙江省

【国家环保总局专家组调研黑龙江省“松花江流域水污染防治规划”项目】 为落实国务院领导指示，尽快完善规划，并组织报批，国家环保总局规划司刘启风副司长带领国家环境规划院、国家环境监测总站、国家开发行以及化工、造纸、食品酿造等领域专家共12人于2006年2月16日至23日，重点对黑龙江省拟列入《松花江流域水污染防治规划》中的工业污染源治理、城镇污水处理、饮用水源地保护、环境监管能力建设等项目的科学性、真实性、合理性等几方面进行了调研。其间，专家分两组，分别对哈尔滨市、齐齐哈尔市、牡丹江市、佳木斯市、大庆市的项目进行了实地考察，对其他6个城市的项目，部分专家依据上报材料进行了调查了解。有关专家在省环境监测站、省环境监察大队、省环境科学院、省环境信息中心等单位的协助下，明确了黑龙江省环境监管能力建设资金需求。

在实地调研过程中，专家组进一步了解了黑龙江省松花江流域的水污染现状。刘启风副司长明确指出：要高度重视松花江流域的水污染问题，明确重点治理区域，以佳木斯、黑河、同江、抚远为第一重点，以哈尔滨市为第二重点、以吉林为第三重点，以松花湖、四方台水源地为第四重点，以大庆、齐齐哈尔、牡丹江等城市为第五重点。同时要进一步完善有关项目的前期基础工作，并根据流域治理目标，应将各方面的防治任务和项目较为全面地纳入到《松花江流域水污染防治规划》中，而不应受到国家资金安排的影响。

根据国家有关部委研究决定，在此次调研的四类项目中，城镇污水处理工程将由建设部负责具体审核，饮用水源保护工程将由水利部负责具体审核，国家环保总局将依据调研结果及相关部委的审核意见，综合确定规划项目。国家总局专家组的此次调研也为今后黑龙江省顺利实施规划项目奠定了良好基础。

【省环境监察总队确定2006年工作要点】 一是加强环境监管，在环境现场监督检查上迈出新步伐。加强对重点流域、重点企业饮用水源地、建设单位执行环境影响评价和“三同时”制度和上级交办案件、群众举报案件、挂牌督办案件的现场监督检查；开展对公路项目的全过程生态现场监察；做好重大环境污染事故与纠纷的调查处理工作；做好对“十五小”、“新五小”及淘汰落后生产工艺和设备查处工作，强化现场监督检查。

二是解决群众实际问题，在环境违法行为查处上实现新进展。继续深入开展环保专项行动、“两考”期间环境噪声综合整治，严肃查处、公布、挂牌督办一批典型违法案件，制定《黑龙江省环境保护违纪违法案件移送暂行规定》；完善环境信访工作机制，认真办理群众信访案件、上级批转案件，切实维护好群众的环境权益。

三是树立环境执法权威，在环境稽查工作上取得新突破。以排污费稽查为基础，进一步完善稽查制度，建立稽查机制，拓展稽查领域，加大处罚力度，重点对2～3个市、5～10个县环境监察机构执法工作情况、重污染行业排污费缴纳情况、建设项目“环评”、“三同时”制度执行情况进行稽查，做好上级交办的案件、群众举报确需稽查的案件和下级环保部门请求协助处理案件的查处工作。

四是依法足额征收排污费，在排污收费额度上求得新提高。拓宽征收面，提高排污费征收率，做好对省本级电力企业二氧化硫排污费征收管理工作，全面征收“三产”小型排污者排污费，加强对全省排污费征收工作的指导，严格执行排污申报登记和排污收费工作报告制度，抽查部分地市和重点流域市县的排污申报与核定工作，做好省级排污费的对账工作。

五是抓好基础工作，在执法能力建设和基础工作上收到新成效。加强执法能力建设，抓好各项基础工作。做好2006年环境监察项目的编报工作；推进标准化建设进程，争取1～2个省辖城市监察机构通过一级标准验收、3～5个县（市）监察机构通过二级标准验收；加快使用环境监察信息系统，提升监察系统信息化水平；加强同省财政厅的协调，建立我省环境监察激励机制；加强行风与精神文明建设，加强政治理论、业务知识和法律知识的培训学习，举办全省环境监察人员培训班。

【开展建设项目大检查】 从2006年7月20日起至10月底，黑龙江省在全省范围内开展了一次建设项目大检查，集中整治了工业园区和建设项目环境违法问题。对检查中发现的未经环保审批违法上马的建设项目，依法停工限期整改。

此次行动检查范围为2003年以来全省所有地市级以上环保局审批的建设项目。其中，石化化工、冶炼、造纸、印染、公路、酿造、食品粮食加工、乳制品加工和矿山等重污染行业的建设项目，以及排污进入重要江河干流及其主要支流沿线，城镇集中式饮用水源地上游和城乡居民集中居住区周围的建设项目，均被纳入重点检查目标。

【集中整治和清理松花江流域污染源】 吉林省牤牛河水污染事件发生后，黑龙江省环保局迅速部署了专项整治工作，整治的重点是全省松花江流域（干流及支流）的化工、焦化、造纸等重点涉水污染源，及城镇污水处理厂、涉及饮用水源保护地的企业和涉水的新开工建设项目等。

在集中整治中，全省共排查重污染企业314家，依法淘汰关闭了39家污染企业，着力改造了33家技术装备差、污染排放强度大的企业，重点监管了164家水污染负荷大的企业，限期治理了262家不能达标排放和超总量控制的企业。全省还重点对今年新建的1419个项目进行了专项执法检查，其中对有违法行为的166个项目进行了查处。各地否决了一批选址不当、违反国家产业政策或污染严重的建设项目，并对已建成的项目进行了环保竣工验收。

据不完全统计，在黑龙江省对松花江流域违法排污企业进行集中整治1个多月的时间里，全省环境监察机构已派出驻厂监管人员100余人，共出动监察人员14439人次，检查企业6363家，查处违法企业426家。

【省政府批准“十一五”总量控制计划】 黑龙江省政府2006年11月批准了由省环保局、省发改委制定的《“十一五”期间黑龙江省主要污染物排放总量控制计划》，强调控制总量、限制增量、考核减量，总量控制和削减指标是约束性指标，要求各地、各单位必须采取有力措施，严格执行，不得突破。

“计划”要求，2010年全省化学需氧量排放总量目标控制在45.2万吨，在2005年基础上削减10.3%。全省二氧化硫排放总量控制在49.8万吨，在2005年基础上削减2.0%。除国家规定必须削减的以上两种主要污染物外，全省对氨氮、烟尘、工业粉尘也实行排放总量计划管理。“计划”强调，省政府与各行署、市政府、省农垦总局签订目标责任书，各地要将指标纳入本地区经济社会发展“十一五”规划，逐级分解到辖区各级政府，落实到排污单位，严格执行。各有关部门要依据各自的职能分工，加强业务指导、支持和监督。

黑龙江省环保局为实现计划目标，重新筛选确定了143家省控重点污染源企业，逐一建立省控重点污染源档案。全面实施排污许可证制度。对不能稳定达标和不能满足污染物总量控制指标要求的企业限期治理，加强对重点污染源的监管，并提出了6条具体要求。

【省级挂牌督办案件全部办结】 在深入开展整治违法排污企业保障群众健康环保专项行动中，黑龙江省确定了15个存在严重环境违法问题的企业作为2006年省级挂牌督办案件，全部在年底办结。

在省和地方环保部门的督办下，省级挂牌督办企业能够按要求进行治理和改造。经省和地方环保部门的现场检查，基本达到省环保局的督办要求。

在督办中，各级环保部门高度重视，深入现场，监督督办意见的落实情况，对于一些拒不履行督办要求的企业，地方环保部门联合有关部门，依法采取了断水、断电等措施，强制企业停产。省级环保部门也多次派出督察组对省级挂牌督办企业进行检查。

【哈尔滨市利用社保政策建立专职环保协管员队伍】 为延伸环境保护工作触角，强化基层环境管理，及时发现和解决各类扰民污染问题，哈尔滨市环保局充分利用哈市社保和再就业政策，在全市493个社区建立了一支专职的环保协管员队伍。环保协管员月工资为529元，其中市再就业资金承担479元，开发用人单位解决50元。环保协管员公益岗位的开发，既解决了部分下岗失业人员的再就业和基本生活保障问题，又推动了环保基层监管力量的强化，促进了人与自然之间的和谐。

从2006年上半年开始，哈尔滨市环保局就积极利用市委、市政府为4050下岗失业人员购买公益性岗位解决其再就业问题的政策，会同市劳动局积极开发环保协管员公益岗位，经过近半年的协调和准备，按照每个社区一名协管员的配置，共在全市7个区（不含呼兰区）招聘了493名社区环保协管员。目前环保协管员的报名、笔试、面试、审核、审批、《劳动合同书》签订、《劳动合同书》鉴证、环保相关业务培训等工作均已完成，各区协管员于11月1日起陆续上岗。这些社区环保协管员的主要职责是：协助环保部门开展污染源调查摸底，及时掌握辖区内业户污染动态；对居民区内的一般环境污染问题及时受理并进行调解；对突发性的环境污染事件及时向区环保部门进行汇报。同时，环保部门的信访窗口也将随之设到各个社区。随着环保协管力量的强化和基层环境管理工作的夯实，一大批扰民污染问题将有望消灭在萌芽，解决在基层。

【齐齐哈尔市大气污染治理取得成效】 2006年9月，国家环保总局公布2005年度全国城市环境综合整治定量考核（简称“城考”）结果，全国509个城市参加考核。考核结果显示，在全国二氧化硫年日均值最低（质量最好）的10个城市中，齐齐哈尔市排名仅次于北海和海口，位列第三名。

良好的空气质量得益于近几年齐齐哈尔环保局采取的各项措施。为了让人民群众呼吸清新的空气，齐齐哈尔市先后制定了《齐齐哈尔市大气污染防治条例》和《关于在中心城区建立原煤散烧控制区的通告》，为依法强化环境管理提供了强有力的法律依据。同时，每年在全市范围内开展治理低空大气污染专项行动，积极拆扒黑烟囱，推广更新型煤锅炉，加快安装改造锅炉湿式除尘设备，加大工业炉窑治理力度。“十五”期间，齐齐哈尔市累计拆扒黑烟囱815根，原煤散烧控制区内200个应更换型煤炉的浴池完成更换198个，更换率达到99%。

强力的措施带来的是城市环境空气质量的逐年提升。2004年，齐齐哈尔市环境空气质量的两项主要污染指标可吸入颗粒物（TSP）和二氧化硫（SO_2），分别在全国重点城市中排名第十二位和第十位。2005年，齐齐哈尔市环境空气质量进一步提高，迈入全国二氧化硫浓度年日均值最低的10个城市，位列“探花”。

【大兴安岭地区环保专项行动取得明显成效】 2006年在环保专项行动中，大兴安岭地区结合当地实际，把治理木材加工企业的污染问题列为整治的重点之一。木材加工企业污染环境问题，一直困扰着各县区政府，近两年来，在各级政府及相关部门辛勤努力下，以加大环境执法力度为手段，集中时间和力量，在全区开展了专项行动，现已经取得了明显效果。

一是加强环保治理设施运转使用情况的监督检查。木材加工厂的粉尘污染问题一直是群众关心的热点。今年我们利用这次专项行动督促各县区加强对各木材加工厂的环保治理设施运转情况的监督检查。松岭区劲松镇牙签厂安装了除尘器、工程处牙签厂自筹资金建了活动式粉尘房。为保污染治理设施的正常运转使用，松岭区环保局多次派人到各加工企业检查，从而有力地保证了治理设施的正常运转。大大减少了群众这方面的信访量。

二是加强距离居民区较近木材加工企业废水排放监督管理。

以前各县区距离居民区较近木材加工厂排放的废水污染附近地下水源，引起居民的强烈不满，针对这一情况，各县区环保部门加强对木材加工厂的管理，要求各厂家建设防渗污水池，并将生产废水用污水车抽出，排放到环保部门指定的远离居民和河流的排放地点。大大减少了对水源的污染，受到了居民的欢迎。

江苏省

【2006年投入45亿“治水”】 2006年江苏水利重点工程建设投入45亿元，其中农村水利建设将安排20.5亿元。

2006年是“十一五”发展的开局之年，江苏省水利建设突出水利的防洪保安能力、水资源保障能力、水环境保护能力和农业综合生产能力建设，为全省经济社会全面、协调、可持续发展和社会主义新农村建设提供良好的水利服务。

在南水北调工程方面，基本完成刘山、蔺家坝主体工程；加快实施江都站改造、骆马湖水资源控制工程；开工建设淮安二站改造、高水河整治工程；积极实施淮安、宿迁和江都市截污导流工程。

在治淮工程方面，重点实施东调南下二期新沂河工程，基本建成海口枢纽主体工程；在海堤达标建设上，主要实施连云港、盐城、南通等市重点堤段达标建设；在水库除险加固上，基本完成安峰山、云龙湖等大中型水库除险加固工程，并完成60座小型水库的除险加固建设。

在城市防洪工程方面，计划投资7.5亿元，继续安排13个省辖市城市防洪排涝的关键控制建筑物和骨干排水河道。在农村水利建设上，重点安排县乡河道和村庄河塘疏浚整治工程。在水资源和水环境保护工程建设上，主要实施梅梁湖生态清淤、边界地区等水环境综合整治工程等。

【确立南水北调103个治污工程】 为确保国家南水北调东线工程水质安全，江苏省2006年初确定了2006年南水北调东线的103个治污重点工程，总投资为59亿元。这些重点治污工程投入运行后，将确保到2007年调水源头的“清水通道”及出省水质稳定达到地表水三类标准。

为确保治污工程如期建成，江苏省吸纳各类资本投入治污工程建设。首先是全面推行城市污水处理收费制度，上调污水处理费的征收标准。将南水北调东线地区的污水处理费，调至0.80元/立方米以上。其次，积极安排好省财政专项资金，对南水北调东线城市污水收集管网建设给予贴息。省财政每年拿出3000万元和省建设厅、省环保厅各出资750万元，对南水北调东线污水处理厂已建、在建的管网给予补贴。在全省范围内筹集25亿元治污基金，全部用于治污工程建设。同时，还积极争取国债支持。

【省级财政2006年投入环保经费达到2亿元】 2006年，江苏省公共财政支出突出支持环保优先，省级财政安排污染治理防治资金等环保经费2亿元，重点支持水和大气污染治理、环境保护试点示范及其监管能力建设。到“十一五”期末，江苏省公共财政中的环保类支出将比2005年增长1.5倍。

全省各级财政部门2006年加快研究制定财政政策，支持建立有利于资源集约利用的产业结构和消费模式，鼓励开发和推广资源综合利用、资源节约、资源替代等先进技术，支持发展新能源，特别是要重点支持高耗能行业和年耗能5000吨标准煤以上企业节能降耗。

江苏省还建立“污染者付费，治污者赢利”机制，逐步提高排污收费水平，将环境要素成本化。同时，江苏省财政还将继续支持“绿色江苏”建设，把开展植树造林作为最大的生态工程，继续利用岗坡地、易洪易涝洼地、沿海滩涂等建设生态公益林，确保实现全省森林覆盖率提高一个百分点的目标。

【从化工行业入手确保“十一五”排污总量削减15%】 为确保“十一五”期间排污总量削减15%目标的实现，江苏省从全面提高化工行业达标排放“门槛”入手，积极编制出严于国家标准的排放标准，以全力压减全省化工行业的排污总量。

2006年6月，由江苏省质量技术监督局主持召开了《江苏省化工行业主要水污染物排放标准》审查会，通过了江苏省化工行业新的地方排放标准，并颁布实施。新的化工行业排放标准，以COD、氨氮、总磷3种主要污染物为重点控制对象，比现行排放标准提高排污限量20%。

《江苏省化工行业主要水污染物排放标准》以控制七大门类化工企业的COD、氨氮、总磷主要特征污染因子为重点，分别制定了严于国家《污水综合排放标准》的江苏化工行业地方标准，明确了江苏省七大门类化工企业的25种水污染物最高允许排放浓度。

这一标准还根据目前全省环境质量的状况，侧重提高了七大门类化工企业达标排放的“门槛”，以促使排污企业积极向一级排放标准靠拢，促进“关小扶大”。这一标准还根据“污水集中控制”的原则，明确了工业集中区水污染物排放限值，积极鼓励化工企业产生的污水进入集中式污水处理厂进行处理。经预测，新的地方标准实施后，到2010年，全省化工行业主要水污染物COD、氨氮、总磷排放总量将比2005年分别削减25%、24%、15%。

【抽查重污染项目转移情况】 江苏省环保厅、省发改委、省经贸委和生态环保有关专家2006年6月分赴徐州、淮安、盐城、连云港、宿迁5市，对苏北地区污染严重项目转移情况进行突击抽查，重点对2003年9月1日“环评法”实施以来批建的化工、印染、制革、电镀、酿造、造纸6类共57个项目进行了现场检查。

抽查结果显示，苏北各地基本能够执行产业政策和建设项目环境准入条件，同时加强对各类园区的规划指导、环境监督管理，推进园区环保基础设施建设，积极引导企业落户开发区及各类园区，按期淘汰落后的生产能力、工艺和产品。盐城市环保局还会同发改、经贸、安监部门，进一步细化了化工项目的准入条件。

但突击检查中也发现个别县、区存在抢批污染严重项目的情况。如某县在2003年9月1日以来共新上了6个化工项目，其中有3个项目是听到风声后，赶在省3部门下发的“新环境准入条件”实施前抢批的。

检查发现，在2006年1月1日以前审批的化工、印染、制革、电镀、酿造、造纸6类项目中，普遍存在着布点分散、规模偏小等现象，一些项目没有进驻工业园区或工业集中地内，许多项目虽位于所谓的工业集中地，但区域内环保基础设施建设普遍滞后，环保设施仍靠企业自行建设，难以满足长期、稳定达标排放的要求。还有不少企业自建燃煤小锅炉，也没有配套烟气脱硫治理设施。

检查结果显示，苏北一些县、区部分技改项目“以新带老”措施没有得到真正落实，不能做到“增产不增污”，反而导致“增产又增污”。一些污染企业作为地方的利税大户，在技改项目建成后，迟迟没有进行及时的环保竣工验收。此外，苏北5县、区普遍存在着对不符合条件的项目降低“环评”等级的现象。

针对上述问题，江苏省环保厅决定，尽快制订与省3部门下发的“建设项目环境准入条件”相配套的政策；对抽查中发现的越权审批行为，将依据有关规定严肃处理并进行通报。同时，加强对各级项目管理人员有关项目审批要求、程序、权限等规定的培训，确保环保分级审批等有关规定的落实。督促苏北各工业园区、集中地加快区域环评和环保规划编制工作。积极开展污水处理厂等配套环保基础设施建设，完善环境管理制度，引导企业进入园区。进一步加大监管力度，对于不在园区、布点分散、规模偏小的化工等6类项目，将作为监管重点，并强化风险防范要求，确保达到各项环保工作的要求。同时，责令未落实“以新带老”措施的企业，限期整改并完成竣工环保验收。

【大力实施一关两提高措施】 江苏省限期强制太湖流域所有印染企业执行严于国家标准的一级排放标准之后已取得阶段性成果。到2006年9月为止，太湖流域近千家印染企业完成了提标工作，其中列入省级限期治理的重点印染企业有256家，提标工作完成后，全流域印染行业主要污染物排放总量削减了将近40%。

针对太湖流域结构性污染比较突出的问题，江苏省全面加快印染、化工等重污染行业的结构调整步伐。对这些污染行业实施严格的“一关两提高”措施。一关，就是全面关闭和淘汰污染且不能稳定达标排放的企业，100多家污染严重且治理无望的造纸、印染、化工企业被关闭。同时，在这些重污染行业中，强行全面开展清洁生产审核和循环经济试点。在削减印染、化工行业10%左右排污总量的同时，全面提高工业企业污染防治能力。

“两提高”是指提高新建项目的投资准入与环保“门槛”和排污企业达标排放由二级标准向一级标准提升。江苏省环保厅、发改委、经贸委联合下发了对化工行业实行“四个不批”规定：新建化工项目的投资额在3000万元以下的不批，产生致癌、致畸、致突变和恶臭的化工项目不批，废水排放达不到功能区要求的项目不批，新建化工项目不进工业园区的不批。据统计，仅苏州市“十五”期间以来，就劝阻、否决污染严重和不符合产业政策的新建项目1250个，总投资额累计达到97亿元。同时，江苏省还对太湖流域年产3000吨以下的染料及染料中间体企业、年产1000吨以下农药及农药中间体企业、废水不达标及恶臭问题长期得不到解决的医药及医药中间体企业，以及近3年来一直不能稳定达标排放的化工企业坚决实施关停。目前，全流域已关停这类企业达160多家。

【查办十大区域污染案件】 江苏省环境保护委员会2006年9月公布了2006年省级挂牌督办的十大区域污染案件、挂牌督办措施和重点整治任务。

这十大区域污染案件包括溧水县晶桥镇观山化工园区污染、漕桥河污染、盛泽镇水污染、灌南县堆河港化工园区污染、蔷薇河饮用水源污染、淮阴区淮安市经济开发区污染、洪泽县工业园区污染、滨海县沿海化工集中区污染、丹阳市导墅镇化工废水污染和泰兴开发区化工污染案件。其中，化工园区占了6家。

江苏省环委会确定，由省环保厅领导挂钩督办，根据十大区域污染案件污染状况，对相关化工园区依法办理环保审批手续，对排污企业进行停产整改。同时，加快园区污水处理厂和污水收集管网建设，确保园区内企业污染物达标排放。采取综合整治措施，加强日常环境管理，严防超标偷排事件发生，严禁不符合国家法律法规和产业政策的企业入园。

【洪泽湖水上搜救中心成立】 洪泽湖水上搜救中心2006年2月在江苏淮安成立。它将根据水上各种险情、事故多发的特点，抓好重点水域、重点企业和重点船舶的安全监管，负责洪泽湖水域的人命救助、船舶防抗灾害性天气及防止船舶大面积污染的预防和应急反应工作，提高内河搜救的快速反应能力，做好与邻省（市）水上搜救的协调配合，最大限度地减少人员伤亡和事故损失。

【提标与整治双管齐下，为化工行业排污瘦身】 近2006年10月，江苏省政府通过了为期3年的《全省化工生产企业专项整治方案》，确立了“淘汰一批、关停一批、治理一批”的目标。

江苏省副省长仇和要求，各地要统筹考虑，科学规划，落实措施，引导化工企业向化工集中区集中。从2007年起，对经过重新确认的化工集中区，区域环评与环保规划必须经省环保厅批准。苏南苏中地区和苏北地区一次性固定资产投资额分别在3000万元和2000万元的新建化工企业不进园区，环保部门不予审批。同时，全省各地要围绕专项整治重点，选择一批影响较大的违法案件进行挂牌督办。据江苏省环保厅厅长史振华介绍，近年来，群众反映化工违法排污、超标排污、违法审批的来信来访逐年攀升。同时，江苏省已进入环境污染事故的高发期。其中，化工污染引发的事件所占比重最大，2006年仅1～9月就发生54起突发性事件，其中，因化工企业违规生产造成的突发性环境污染事件有32起。

为从整体上提升化工行业竞争力，消除安全生产和环境污染事故隐患，江苏省政府决定用3年左右时间在全省范围内开展化工生产企业专项整治。整治目标是：重点整治技术含量低、环境污染重、环境安全差的小型化工企业和危险化学品企业以及化工生产集中地区。通过实施提高生产经营标准、行业准入门槛等措施，首先用一年时间集中整顿、淘汰各类违法违规化工生产企业。用两年时间，引导分散的化工企业向化工集中区域集中。通过3年的努力，有效控制和治理化工环境污染，全面提升化工企业环境保护水平。

江苏省化工行业专项整治的主要任务是：从产业准入、安全生产、环境保护、技术质量、土地审批等方面，查清现有化工企业的现状和存在的问题。10～12月，相关部门暂停为任何企业补办安全生产、环境保护、土地、工商登记等手续。在此基础上，依法淘汰违法化工企业。同时，推动化工企业向通过区域环评且环境基础设施完善的化工集中区域集中。从产业政策、环境保护、地方标准、强制清洁生产审核等方面，严格化工企业市场准入条件。2008年和2009年，重点做好化工企业入园进区和改造提升工作。

【苏州市整治违法企业坚持四个不放过】 江苏省苏州市2006年9月组织联合执法的精兵强将，对苏州城区8家集中式污水处理厂进行了为期两天的专项执法检查。检查各类排污企业7292厂次，查处重点违法案件94件，确定挂牌督办重点违法企业83家。

在2006年环保专项行动中，苏州市确立了"五项集中整治"重点，把专项行动的主要精力放在集中整治威胁饮用水源安全的污染和隐患、工业园区环境违法行为、建设项目环境违法问题、城区沿河餐饮业违法排污和群众反响强烈的环境污染上。苏州市确定了83件市级挂牌督办的环境问题。市政府要求，对于挂牌督办的环境问题，要切实按照"四个不放过"的要求处理：违法企业没有查处到位的不放过，整改措施没有落实到位的不放过，对责任者没有处理到位的不放过，对主管单位没有移送的不放过，切实把这些环境问题整治到位。

为推进环保专项行动深入开展，苏州市政府专门对环保专项行动进行调度，首先加强对工业集中区内接管企业污水预处理的监督检查。重点排查集中区内各企业污水预处理执行情况。对需要依法关闭违反产业政策的重污染企业，加大整治力度，加快淘汰落后生产工艺和产品的进度。重视长期以试生产名义违法排污的企业，造成严重危害群众身体健康，侵害群众环境权益的企业，环保部门及时查处，监察部门予以支持，坚决实施停产整治。

【无锡把污控指标纳入"十一五"规划】 在2006年3月通过的《无锡市国民经济和社会发展第十一个五年规划纲要》中，江苏省无锡市将贯彻"环保优先"方针摆到了突出位置，主要污染物排放量和万元GDP能耗等刚性指标在全省率先列入市域"十一五"经济社会发展规划。

到2005年底，已在建设全面小康社会方面取得一定成效的无锡市，在建成国家环保模范城市后，又开展了大规模的环保"二次创业"，明确提出了创建国家生态市的奋斗目标。为在"十一五"期间实现这一目标，无锡市委、市政府首次把污染控制和生态建设主要指标列为刚性指标，并在江苏省13个省辖市中率先列入国民经济和社会发展第十一个五年规划纲要中。无锡市国民经济和社会发展"十一五"规划明确提出，计划到2010年，使全市主要污染物排放量和万元GDP能耗比2005年减少20%，城市生活污水集中处理率要达到90%，森林覆盖率达到27%，城市绿化覆盖率达到45%，环境质量综合指数达到90分，力争无锡市及所辖的江阴、宜兴等共同建成国家生态城市群，使全市的资源利用水平进一步提高，生态环境显著改善，可持续发展能力明显增强。

【淮安市自来水取水口禁航】 根据淮政发［（2006）63号］《淮安市人民政府关于加强市区饮用水水源保护区管理的通告》精神，为保障人民群众的饮用水安全和身体健康，淮安市决定在二河张福河船闸上游至二河闸段内禁止船舶通航，且不得设置码头、油库。

2006年9月11日上午，淮安市交通局、水利局、市地方海事局、市公安水上警察支队等单位共出动人员76人，淮安海事部、水警、航政、水政等部门出动船艇7艘，于9时起正式启动禁航区船舶清理工作。经过7个小时的强行清理，到下午4时，禁航区内18艘浮吊船和住家船全部被强制拖离，4艘报废船被限期拆解机械设备，禁航拦河钢索安装完毕。并在二河张福河上游约100米处两岸建设长350米，直径20毫米的拦河钢索作为禁航设施，实施永久性禁航。

【徐州提高环保准入门槛】 为落实环保优先，促进科学发展，2006年11月，江苏省徐州市委、市政府出台《关于落实环保优先促进科学发展的实施意见》明确规定，提高建设项目环保准入门槛，今后投资总额低于3000万元的化工项目将不予审批。

徐州市在提高建设项目环保准入门槛上，所有开发建设项目，都要求严格履行环境影响评价手续。化工、造纸、纺织、印染、酿造、水泥、铸造、金属冶炼等污染重的项目由市级及以上相关部门核准、备案和审批。对不符合环保法律法规和技术标准的建设项目，发改部门不得审批或核准立项，国土部门不得批准用地，金融部门不得给予贷款或以其他形式进行授信。

与此同时，还将深化环境价格改革，今年年底前，提高危险废物和垃圾处置收费标准；2008年前，污水处理费调整到1元/吨～1.20元/吨；实施烟气脱硫改造的统调燃煤机组，上网电价每千瓦时提高0.015元。执行脱硫电价的发电企业，必须确保脱硫设施正常运行，否则不得享受脱硫加价政策。

据了解，今后除对投资总额低于3000万元的化工项目不予审批外，还不得新建年产50万吨以下的水泥企业。对污染物或有毒有害物质排放超标的企业和单位，开展强制清洁生产审核，2007年底前全面完成重点工业企业清洁生产审核工作。

宁夏回族自治区

【25万公顷湿地生机盎然】 截至2006年8月，宁夏回族自治区的湿地面积达25.6万公顷，在构筑本地区生态安全体系、改善区域生态环境、促进地方经济和社会发展等方面具有重要的战略意义。

宁夏湿地分布在引黄灌区与南部山区各河流及湖泊、水库之中，具有类型丰富多样、集中连片等特点，其中有植物202种，野生动物180种，鸟类200多种。20世纪以来，部分湿地发展成工业、农业、居住用地，湿地面积不断下降，由于水污染和水源水量的减少，造成湿地质量持续下降。近年来，自治区先后制定并颁布了一系列法律法规，保护湿地和湿地生物多样性。2000年成立了银川市湖泊湿地保护办公室，对银川市的湿地资源行使管理权力，使湿地资源的保护得到了进一步加强。同时，自治区在保护野生动物特别是保护湿地鸟类资源方面，投入了大量人力、物力、财力。银川市在湿地保护与恢复工程基础设施建设项目中，先后对鸣翠湖、阅海等湿地进行退耕退塘还湖，面积达450多公顷，湖泊和水道清淤疏浚119万立方米。同时，还对全市的湿地实施了大范围的植被恢复工程，种植和恢复湿地植被面积800多公顷，芦苇截污区恢复面积509公顷，并完成了监测站、鸟环站等设施建设。

【区环境保护局向社会作出行风建设六项承诺】 为认真贯彻落实国家环保总局和国务院纠风办关于在全国环保系统开展民主评议环保行风活动的精神，进一步转变工作作风，规范执法行为，提高行政效能，增强服务意识，树立行业新风，全面加强行风建设，宁夏环境保护局2006年5月向社会作出行风建设六项承诺：

一、严格执行国家环保总局发布的《全国环保系统六项禁令》，自觉接受人大代表、政协委员、行风监督员、社会各界及广大群众的监督。

二、实行首问负责制，对前来环保部门办理和咨询有关事项者，首先接洽的工作人员必须热情接待、引导，帮助来人解决所要咨询和办理的有关事项。

三、进一步改革行政审批制度，简化办事程序，缩短审批时限，提高服务水平。公务处理做到能办即办，特事特办，急事快办，休假日预约办理，促进行风建设的好转。

四、坚持按原则办事，按政策办事，按程序办事，坚决杜绝吃、拿、卡、要等损害群众利益的问题发生。

五、认真办理人大、政协议案、提案和群众来信来访，切实解决群众关心和反映的环境问题。对环境污染投诉，及时调查处理，限时答复，尽最大努力让群众满意，切实维护群众的环境权益。

六、建立环保工作人员不良行为举报投诉制度，对群众反映的环保工作人员违规违纪行为，做到有报必查，查必有果。

【工业节水纳入法制化轨道】 2006年，全区工业废水污染防治重点环节有所突破，用水宏观管理逐步强化，工业用水行业相对集中。

从全区工业废水排放量分析，造纸和化学原料业是工业废水排放大户。全区结合“整治违法排污企业保障群众健康”环保专项活动，以提高黄河干流水质为主要内容，推进水污染防治工作，强化对重点行业和重点企业的监管。

对造纸行业，采取关停并转、提升规模、限期治理等措施，关闭了22家小型造纸企业，其他企业全部强制安装了污水在线监测仪器，制定了严格的检查制度；对化学原料企业，要求限期建设和完善污水处理系统。同时，增加工业废水治理基础设施投资，建成投运的设施设备具有日处理废水78万吨的能力。

在工业用水宏观管理方面，一是相继制定和出台了《取水许可制度实施细则》、《水资源费征收使用管理办法》等节水法规和政策，修订完善了《工业产品取水定额》逐步将工业节水纳入法制化轨道；二是推进产业结构和产品结构调整，淘汰关闭小造纸、小冶金、小发电机组和小化肥等高耗水生产能力，降低工业取用水的绝对量，提高单位产品、产值的用水效益；三是引入市场机制，实行阶梯水价，开展水权转换示范试点，增强工业企业的水资源、水商品意识。

在工业用水行业集中方面，全区工业用水主要集中在电力热力的生产和供应业、造纸及纸制品业、化学原料及化学制品制造业、冶金工业4个行业，取用新鲜水量超过了工业用水总量的70%，分别占25.32%、20.15%、17.64%和8.4%。

同时，宁夏工业取用水总量小。2000年以来，工业产值年均增长高达15%以上，但工业用水增长率保持在8%左右，工业用水重复率达到45%以上，以较小的取水量支撑了较快的工业增长。

【八部门联手开展环保专项行动】 宁夏回族自治区环保局、发改委、经委、监察厅、司法厅、工商局、安全生产监督管理局、电力局8厅局2006年联手开展2006年度整治违法排污企业、保障群众健康环保专项行动，其中：集中整治饮用水源地的污染和隐患，切实保证群众的饮水安全；集中整治工业园区环境违法问题，解决威胁群众健康的突出环境问题；集中整治建设项目环境违法问题，严格执行《环境影响评价法》和环保“三同时”制度，加强环境保护监督管理，成为今年环保专项行动主要监察的重点。

银川市下“重手”，取缔一类水源保护区内的所有污染排放口，对饮用水源构成污染事故隐患的排污企业，尤其是大中型危险化学品、造纸和高耗能企业进行不间断地集中排查和治理。对屡教不改的违法排污企业不予验收，限止开工生产。

【自治区召开环保大会】 宁夏回族自治区2006年9月召开第六次全区环境保护大会，自治区政府主席马启智在会上强调，要按照总量控制目标要求，尽快制订污染物排放总量控制计划，到2010年6月以前全部完成脱硫设施建设并投入运行；污染物排放总量削减指标要纳入经济社会综合评价和领导干部政绩考核的约束性指标。自治区环保局每半年要公布一次各地区和主要行业污染物排放情况，促进经济社会又好又快发展。

马启智要求，各级、各部门要把环境保护摆上更加重要的位置，切实加强领导，全面落实目标责任制。“十一五”期间，要以科学发展观为统领，坚持经济建设与生态建设一起抓、产业竞争力与环境竞争力一起提升、经济效益与环境效益一起考核、物质文明与生态文明一起发展，全面贯彻落实环保优先方针和“不欠新账，多还旧账”的原则，加快经济结构调整和经济增长方式转变，加快建立和完善环境保护长效机制，着力解决危害人民群众健康的突出环境问题。力争到2010年全区环境质量整体有所改善，重点城市、重点区域环境质量，主要流域水质进一步好转，主要湖泊水质达到景观水体要求，全区饮用水源地水质持续达标，主要污染物排放总量、单位生产总值能耗控制在国家计划指标以内；生态修复面积有所增加，矿山环境明显改善，重要生态功能区生态功能得到初步恢复，生态环境质量进一步得到好转；村镇环境质量有所改善，核与辐射环境安全继续保持良好水平，基本建成较为先进的突发性环境事件预警体系和较为完备的环境执法监督体系。

【银川市出台《饮用水源保护区污染防治管理

办法》】 宁夏《银川市饮用水源保护区污染防治管理办法》经银川市政府第77次常务会议审议通过，于2007年12月2日起实施。《办法》分5章32条，明确了饮用水水源保护区的划定部门和等级，对饮用水水源保护区的污染防治做了具体规定，明确了环保部门及其他相关行政主管部门的监管职责，以及违反《办法》应承担的法律责任和具体处罚措施。

【石嘴山市污染物减排工作取得成效】 2006年以来，宁夏石嘴山市落实措施，加大污染治理力度，使主要污染物排放总量得到有效控制，环境质量得到改善。截至8月底，全市环境空气质量二级或好于二级天数为188天，较去年同期增加12天，环境空气综合污染指数为2.66，比去年同期降低1.5%。一是采取措施，加大重点污染源治理力度。对国电大武口发电厂等24家重点污染企业的72个污染治理项目下达了限期治理任务。二是加大对落后工艺项目的淘汰取缔力度。拆除了石嘴山市平罗县恒达水泥有限责任公司30万吨水泥立窑生产线，关停了国电石嘴山第一发电有限公司2台机组，取缔了惠农区境内违法建设的3家土炼锌窑炉和倒焰窑。这些项目的关停取缔，每年可减少二氧化硫排放3071吨，烟（粉）尘6080吨。三是开展了电石、铁合金、焦炭行业的“回头看”整治，督促企业按照行业准入条件进一步完善了矿热炉粉尘、烟气的收集，割除了矿热炉主烟道，杜绝了偷排现象，加强了污染处理设施的维护。四是加大城市燃煤锅炉取缔力度。要求群众投诉较多、污染相对严重、具备对接天然气和城市集中供热管网条件的14家18台锅炉限期拆除或整治。

陕西省

【国家投资229亿元治理渭河】 《渭河流域近期重点治理规划》2006年初得到国家有关部门的批复，陕西省将获得155亿元的项目投资。

渭河是黄河的最大支流，流经甘肃、宁夏、陕西三省区，流域总面积13.5万平方公里。由于多种原因，渭河自上世纪以来防洪形势日趋严峻，水资源短缺，水污染加剧，严重制约着流域内各省区经济社会的可持续发展。经国家有关部委和陕甘宁三省区的共同努力，历经3年编制完成了《渭河流域近期重点治理规划》。

规划项目总投资229亿元，其中规划对陕西投资155亿元，涉及水利方面的投资133亿元。其主要内容：一是水资源配置与保护建设项目，主要包括灌区节水改造、污水回用、外流域调水、雨水利用与城乡供水水源和水资源保护等工程；二是防洪工程项目，主要包括降低潼关高程、北洛河改道直接入黄等减少渭河下游河道淤积措施等项目；三是水土保持项目，主要包括骨干坝与淤地坝建设，水土保持林、基本农田、人工种草、生态修复和预防监督监测网络建设。

陕西省通过重点治理，将用10年左右时间初步建成渭河流域防洪减淤体系，确保重点河段和地区的防洪安全，缓解水资源短缺状况，改善渭河干流及支流水质，遏制人为造成新的水土流失。

【全省彻查环境安全】 陕西省2006年2月在全省范围内开展环境安全大检查，对25家有环境安全隐患的企业由当地政府实施挂牌督办。检查结果显示，应急预案落实不力、公路运输威胁饮用水源地、放射性废物管理机构不健全成为突出的环境安全隐患。

检查发现，陕西省11个市（区）的突发环境事件应急预案大多都是前几年制定的，没有按照《陕西省突发环境事件应急预案》要求重新修订；绝大多数水源保护区、危险化学品单位、大型化工企业和重点放射源使用单位的突发环境事件应急预案没有制定或没有单独制定；缺乏突发环境事件的应急演练和处置突发环境事件的专家库。

抽查的19个城镇饮用水源保护区中，只有西安市黑河饮用水源保护区制定了《突发环境事件应急预案》。饮用水源保护区普遍存在标识牌和界桩不全或未设置警示标志的现象。

在放射源管理方面，全省除省环保局和汉中市环保局设立了辐射环境监督管理机构外，其余各市（区）均无放射源管理机构，辐射应急处置、救援能力较弱。同时，由于陕西省城市放射性废物库的库容已满，再无法进行收贮，导致许多涉源单位将废源长期自行存放，不能及时回收，存在较大的环境安全隐患。

针对以上情况，陕西省环保局决定抓紧编制全省应急能力建设计划，并要求各级政府在3月底前完成市（区）突发环境事件应急预案的制（修）订，尽快完善应急预案中响应、指挥、决策和专家支持系统；特别要把摸清企业主要污染底数和专家库建设作为重中之重，切实抓好这两项工作；坚决取缔城市饮用水源一级保护区内的直接排污口，对区内存在的污染企业，要制定和落实迁出计划，并向社会公示，接受公众监督。

【出台许可证控制渭河排污总量】 陕西省环保局2006年6月出台渭河排污许可证制度，严格控制渭河流域污染物排放总量。

这一制度规定，向渭河流域水体直接或间接排放水污染物的单位，必须领取排污许可证后方可排污。取得排污许可证必须符合3个条件：生产装置和工艺及污染治理设施符合环境保护法律法规和规定；排污口规范化整治达到国家的要求，并做到达标排放；根据环保行政主管部门要求，安装在线监测仪器、污水流量装置或者有安装计划。

符合国家产业政策，但达不到上述规定的，在限期治理期间，发给临时排污许可证。待限期治理完成并经验收合格后，发给排污许可证。

陕西省环保局规定，在排污许可证有效期限内，排污单位排放污染物的种类、总量、浓度拟发生重大变化的（超过原许可量10%或浓度变化超过20%），应当在发生重大变化30个工作日前向原发证机关提出变更申请，重新换发排污许可证。

【省人大通过环评法实施办法】 2006年12月，陕西省十届人大常委会第28次会议通过了《陕西省实施〈中华人民共和国环境影响评价法〉办法》（以下简称《办法》），并将于2007年4月1日起正式实施。其主要内容为：

建设项目未经环评，不得办理采矿证和用地手续。

《办法》规定，根据建设项目对环境的影响程度实行分类管理：可能造成重大环境影响的，编制环境影响报告书，对产生的环境影响进行全面评价；可能造成轻度环境影响的，编制环境影响报告表，对产生的环境影响进行分析或者专项评价；对环境影响小，不需要进行环境影响评价的，填报环境影响登记表。

建设项目环境影响评价文件未经批准，项目审批部门不得批准该项目建设，国土资源部门不得办理采矿许可证和建设用地审批手续，城市规划行政主管部门不得核发建设用地规划许可证。建设项目未进行环境影响评价或者建设项目环境影响评价文件未经批准的，建设单位不得开工建设。在项目建设过程中，建设单位应按照相关审批意见，实施环境污染防治和生态环境保护措施。

环境影响评价公众要参与。

规划编制单位、项目建设单位或其委托的环境影响评价机构在环境影响评价过程中，应当征求公众意见。征求公众意见，应综合考虑地域、职业、专业、知识背景等因素，合理选择被征求意见的公民或组织。应当征求公众意见的建设项目，环境影响报告书、环境影响报告表中没有公众参与篇章的，环境保护行政主管部门不得受理。

建设单位违反环评可罚10万元。

在项目建设过程中，建设单位应按照建设项目环境影响评价文件以及环境保护行政主管部门的审批意见，实施环境污染防治和生态环境保护的措施。违反规定的由审批该建设项目环境影响评价文件的环境保护行政主管部门责令限期整改，处2万元以上10万元以下的罚款，逾期不改正的，责令停止建设，造成生态环境破坏的，应当予以补偿。

【省环保局检查“十五”建设项目“三同时”执行情况】 为促进建设项目执行环境影响评价和“三同时”制度，强化建设项目环境保护中后期的监管力度，陕西省环保局2006年底在全省范围内开展“十五”期间由省环保局审批环评的建设项目“三同时”执行情况大检查。

此次检查的内容包括：项目建设进展情况，项目在建设过程中是否在选址、建设规模、生产工艺、主要环保设施等方面有重大变更或调整，如有变更或调整，是否向省环保局重新办理环评审批手续或备案手续；项目试生产是否经过省环保局或省环保局委托的市级环保部门现场检查和批准；项目主要环保设施是否与主体工程同时建成并投入运行；项目是否被省环保局或市环保局下达过限期整改和行政处罚；未申请验收擅自投产项目的投产时间及是否发生过环境污染事件并引起群众投诉。

检查结束后，陕西省环保局对检查中发现的未履行“三同时”手续的违规项目予以处罚：对环保设施未与主体工程同时投入试运行的，责令其限期整改；对试生产超过3个月未申请竣工环保验收的，责令其限期办理验收手续；对环保设施未建成、未经验收或验收不合格，主体工程正式投入生产的，责令其停止生产并限期改正；对有以上环境违法行为的项目通过新闻媒体予以曝光，逾期不改者，将暂停与该项目有关的新建项目的环境影响评价审批。

【西安攻坚大气污染】 陕西省西安市政府2006年6月出台《大气污染防治实施方案》，对两个污染项目和7个污染源实施重点监控，以进一步巩固城市大气污染治理成果，达到国家“十一五”创模新标准。

此次重点监控项目为可吸入颗粒物PM10、二氧化硫、二氧化氮。重点监控污染源为城区现有建筑施工工地、市政施工工地、拆迁工地和园林绿化工地扬尘污染；燃煤烟尘污染；市容保洁不当引发的二次扬尘和秸秆无组织焚烧等。

西安市政府向11个职能部门分解了任务，并提出针对性强的整治措施。城区实现无烟烧烤。城区范围内的所有饮食烧烤，必须使用清洁能源，使用无烟环保烧烤炉。严格管理建筑工地。建筑、市政施工工地必须设置环境保护监督栏；工地须设置规定高度的围墙或围挡；禁止敞开式作业。遇有4级以上（含4级）风力时，施工单位必须停止土方施工和拆除覆盖工作等。制定全市秸秆综合利用工作方案，确保秸秆综合利用率达到85%以上，秸秆综合利用机械设备数量比2005年增加5%。超过《陕西省城市用煤标准》中甲类区用煤质量技术要求的煤炭，不得销售和使用；对全市囤煤场所煤堆的覆盖情况进行监督管理，确保所有煤堆都设有围挡和覆盖，不得露天堆放。提高机动车尾气排放检测年检上线率，扩大路检机动车数量和范围，完善机动车排气污染监督管理体系。

【西安市环保局提出六大工作措施】 陕西省西安市环保局2006年12月召开领导干部会议，局党委书记、局长罗亚民要求以构建社会主义和谐社会为目标，确保完成环保工作目标任务，为构建和谐西安、生态西安作出新的贡献。

为此，西安市环保局提出六大工作措施，具体为：全力抓好关闭淘汰造纸企业工作，年底前关闭淘汰12家造纸企业；对现有的造纸企业实行处理设施建设和设施运行监管规范化管理。化学制浆造纸企业必须建设正规的黑液碱回收装置，废纸造纸企业必须实施“节水减排”和“零”排放工程；重点加强全市控制扬尘污染的监督检查工作，加强对存放煤堆、灰堆、料堆的扬尘污染控制；在采暖期重点加强对煤炭质量的监督管理，大幅度减轻二氧化硫污染；严把机动车安全检验废气排放关，积极控制机动车排气污染；严防秸秆焚烧，通过秸秆资源利用、产业结构调整等方面的工作，从根本上解决焚烧秸秆问题。

【西安市政府大力推进绿色文明示范工程】 为推动绿色社区、绿色学校等绿色文明示范工程创建工作，西安市政府2006年12月印发了《关于大力推进全市绿色文明示范工程创建工作的意见》（以下简称《意见》），要求全市以创建绿色社区、绿色村庄、绿色企业为重点，创新机制，加大力度，促进和谐西安建设。

2000年以来，中共西安市委宣传部、市环保局等7部门在全市联合开展了绿色文明示范工程创建活动，以中小学校、社区、企业、村庄为创建主体，并逐步向幼儿园、大学、医院、机关、饭店扩展。目前，全市已有689家单位获得了区县级以上绿色文明示范单位的命名。其中，市级以上178家，省级以上69家，两个社区、4所学校先后获国家级绿色文明示范单位命名。

根据《意见》提出的目标，“十一五”期间，西安市获省级以上命名的绿色文明示范单位的数量，要始终居全省领先水平；到2008年，各区、县、市属各开发区获区、县级以上命名的绿色文明示范单位的数量，必须达到国家环保模范城市的标准；到2010年，获区、县级以上命名的绿色学校（含绿色幼儿园、绿色大学、绿色社区）的比例，城6区、市属各开发区应达到30%以上，其他9区县要达到15%以上，获命名的绿色村庄、绿色企业的数量逐年递增；到2010年，形成覆盖全市各行各业的“创绿”格局。

《意见》还要求，“十一五”期间，全市要按照政府引导、自愿参与、以人为本、共建共享、注重实效、持续改进、不断提升的原则，使“创绿”工作实现3个突破。一是创建绿色村庄要有明显突破，即通过整合新农村建设、小城镇建设和创建生态示范村、创建文明村镇等活动，2008年使全市绿色村庄创建覆盖率达到30%以上，2010年达到50%以上；二是创建绿色社区要有明显突破，把绿色社区作为创建国家卫生城市、国家环保模范城市和建设资源节约型、环境友好型社会的“细胞工程”来抓，2008年城区绿色社区创建覆盖率不低于50%，到2010年不低于70%；三是创建绿色企业要有明显突破，即以推行循环经济、走新型工业化道路为目标，结合在企业推行清洁生产、开展ISO14000认证，到2010年全市创建绿色企业覆盖率达到70%以上。

为加强领导，《意见》决定建立市政府“创绿”联席会议制度，由市政府分管环保工作的副市长任总召集人，市委宣传部、市妇联和市环保局等10多个市级行政主管部门负责同志为组成人员，并在市环保局设立联席会议办公室。

此外，《意见》还要求严把绿色文明示范单位标准关，进一步加强规划和分类指导，建立完善的检查验收、督察复查制度等，对命名后工作明显下降、群众意见较大、多数指标和主要条件达不到“创绿”标准的单位，以及限期整改未见成效的单位，要取消命名。

西藏自治区

【区经济工作会议提出建设高原国家生态安全屏障】 西藏自治区2006年2月召开的全区经济工作会议强调，要根据国家区域功能划分的总体部署，针对西藏的资源环境承载能力和发展能力，按照优化开发、重点开发、限制开发和禁止开发的要求，抓好西藏的经济建设和环境保护。

会议指出，要牢固树立在发展中解决生态环境问题的新理念，积极倡导生态文明，把节约资源与发展循环经济有机结合起来，把加强生态环境保护和经济快速增长有机结合起来，全面推行清洁生产，实现由末端治理向污染预防和生态过程控制转变。保护好藏东南高原边缘森林生态功能区，实施藏北退牧还草生态保护工程，切实保护好羌塘高原荒漠生态功能区。

自治区主席向巴平措在会上指出，各部门要加强协调配合，抓紧制订和完善西藏高原国家生态安全屏障保护与建设规划，并以此为基础，组织大的生态环境保护与建设项目，做好与国家有关部委的衔接，争取项目早日立项建设。要积极推进重要生态功能区、重点资源开发区和生态良好区的生态保护与建设。开展生态环境状况调查监测，严格环境准入和环境执法，加强环境综合治理。切实抓好“一江四河”流域污染防治工作。抓紧启动农村小康环保行动计划。

向巴平措说，要通过实施燃料替代工程，大力推广使用太阳能灶及其他替代燃料，引导农牧民转变生活方式，保护好全区生态环境。

【区环保局推行执法责任制】 2006年4月，西藏自治区环保局结合实际，制定了《西藏自治区环境保护局推行行政执法责任制实施方案》，力求通过推行行政执法责任制，使执法方法有明显改进，执法水平有明显提高，行政机关作风有明显转变，人民群众的满意度有明显提升。

“实施方案”要求分3个方面开展工作：一是依法界定执法职责，明确执法依据。强调环境执法人员要对违反法律规定的不作为和乱作为行为承担相应的法律责任。环境执法机构应将其法定职权分解到具体执法岗位。二是建立健全行政执法评议考核机制。根据自治区政府的要求，制订环境行政执法评议考核的相关规定，明确环境行政执法评议考核的基本要求、考核的主体与内容、考核的方法等，切实做好环境行政执法评议考核工作。三是落实行政执法责任。根据制定的环境行政执法评议考核办法，对违法或不当执法的部门，根据造成后果的严重程度或影响范围等，给予限期改正、通报批评、取消评比先进的资格等处理，对违反规定的执法人员给予批评教育、离岗培训、调离执法岗位、取消执法资格等处理。同时，要建立健全行政执法奖励机制，形成有利于推动严格执法、公正执法、文明执法的良好环境。

【《西藏自治区“十一五”时期环境保护规划》出台】 《西藏自治区“十一五”环境保护规划》（以下简称“规划”）2006年8月经自治区政府常务会议研究批准实施。

“规划”提出的目标是：到2010年，全区城镇集中式饮用水水源地水质全面达标，基本解决农牧区安全饮水问题；工业企业污染源基本实现达标排放，城镇生活污染得到有效控制，危险废物处置率显著提高，重点城镇环境质量得到保持和改善；人为破坏生态环境的违法行为得到有效遏制，草地退化趋势有所控制，沙漠化防治、水土流失治理和生态修复面积有所增加，矿山环境明显改善，重要生态功能保护区的生态功能开始恢复，自然保护区和生态示范区的建设与管理水平有所提高；农村环境保护工作得到加强，村镇环境质量有所改善。

“规划”提出的主要任务是加强生态环境保护与建设，构建西藏高原国家生态安全屏障；发展循环经济，建设环境友好型社会；强化污染防治与辐射环境管理，保障环境安全；统筹城乡环境保护，改善人居环境；加强自身能力建设，提高环境监管水平。“规划”提出了四大环保重点工程，即全区环境保护能力建设工程、西藏高原国家生态安全屏障保护与建设工程、全区污染防治工程和农牧区小康环保行动工程。

为保障“规划”的实施，“规划”要求，要加强领导，深化改革，建立环境保护监管新机制；完善法规体系，加强执法监管；加大环保投入，建立完善有利于环境保护的市场机制；以人才建设为主线，提高环境管理水平和科技支撑能力；提高环境意识，完善公众参与环境保护的机制。

【拉萨市向国家环保总局提交“创模”报告】 2006年底，拉萨市政府正式向国家环境保护总局提交了《关于开展创建国家环境保护模范城市活动》的报告。报告中提出了拉萨市“创模”的战略优势及必要性。报告阐述了拉萨“创模”的详细规划以及市委、市政府的“创模”决心。

近年来，拉萨市城市环境综合整治步伐加快，硬件建设与环境保护差距缩小，城考成绩逐年提高。目前，拉萨市污染防治与环保一控双达标成效显著，环境管理与环境法制建设不断加强，环境宣传教育广泛深入，经济效益、社会效益、环境效益得到极大显现。

市委、市政府审议通过的《关于开展创建国家环境保护模范城市活动的决定》，将“创模”工作列为市政府工作目标，制定实施《拉萨市环境保护十一五总体规划纲要》及《拉萨市创建国家环境保护模范城市宣传教育行动计划》、《拉萨市创建国家环境保护模范城市社会经济、城市环境质量保护、自然生态保护与园林绿化行动》，为“创模”工作开展做好了充分准备。

甘肃省

【省第六次环保大会提出坚持环保优先】 2006年11月1日，甘肃省召开全省第六次环保大会，大会分析了甘肃省环保工作面临的形势，并对“十一五”时期的环保工作做了全面部署。

甘肃省委副书记、代省长徐守盛做了重要讲话。

徐守盛在讲话中指出，目前甘肃省的发展处在两难的境地：一方面严酷的自然条件严重制约了经济发展，欠发达的经济水平与人们日益增长的物质文化需求的矛盾相当突出；另一方面加快发展又受制于人口资源环境的约束，发展对环境的压力越来越大，人与自然的矛盾越来越突出。解决这些问题，一定要充分认识加强环保对于保持经济社会可持续发展、构建社会主义和谐社会的重要作用和意义，充分认识全省环境形势的艰巨性和做好环保工作的长期性，真正把环保放在更加重要的战略位置，切实抓紧抓好。

徐守盛指出，“十一五”时期是甘肃省加快发展的关键时期，也是加强生态建设、改善生态环境的关键时期。这一时期的主要任务，就是加快推动建设小康社会和构建社会主义和谐社会的进程。为此，省委、省政府确定了两项指标，一项是指导性的，就是要保持两位数字的增长速度；另一项是约束性的，就是要确保单位国内生产总值能耗降低20%以上，有效遏制生态环境恶化的趋势。这两个指标，体现了加快发展同保护生态环境相统一的要求，尽管实现的难度比较大，但必须确保完成。

徐守盛强调，做好新形势下的环保工作，必须全面贯彻落实科学发展观，转变发展观念，创新发展模式，提高发展质量，努力走出一条有利于恢复和优化生态环境的新发展路子，努力实现“三个转变”。他强调，要着重抓好5个方面的工作。一是加大环境污染治理力度，认真解决好突出的环境问题。要大力推进十大重点环保工程建设，切实解决当前突出的环境污染问题；二是加快经济结构调整，努力从源头上减少对环境的破坏。加大对资源型产业的技术改造力度，推行清洁生产，发展循环经济，不断延伸产业链；三是加强生态环境保护和建设，努力遏制生态环境恶化趋势。要坚持环保优先、开发有序的原则，注重发挥生态系统的自然恢复功能。要坚持不懈地开展生态工程建设；四是努力建设节约型社会，缓解人口与自然环境的矛盾。要依靠科技进步推进节能、节水、节地、节材和资源综合利用以及循环利用，不断提高资源的综合利用率；五是切实加强领导，把环境保护和建设的各项任务落到实处。各级党委、政府要把环境保护工作摆上更加重要的议事日程。及时研究解决环保工作面临的重大问题，建立健全和严格落实环境保护目标责任制，把环保目标纳入经济社会发展评价范围和干部政绩考核体系。

【查处“血铅”超标事件】 甘肃省政府2006年9月26日召开新闻发布会，对备受关注的徽县水阳乡群众血铅超标问题向社会进行了通报，徽县有色金属冶炼公司400米范围内的土壤已受到不同程度污染，甘肃省决定依法对违法排污企业采取关闭措施。

徽县水阳乡新寺村、牟坝村部分村民出现血铅超标问题后，甘肃省卫生厅组织专家赶赴现场，根据情况拟定了医疗处理方案、血铅样品采集方案和健康教育方案，规范和指导当地开展工作。

甘肃省环保局按照省委、省政府主要领导批示，立即采取紧急措施，召开专题会议，成立了环境事故核查小组，在积极配合省卫生厅做好相关工作的同时，派出监测人员，并与国家环保总局调查组5位专家一起抵达徽县进行调查处理。徽县政府已对违法企业依法采取强制淘汰措施，焊切有关生产设施，关闭生产企业，切断了污染源。甘肃省环保局联合调查组责成徽县政府进一步清理污染源。对排查中不符合国家产业政策的“十五小”企业，一律依法强制关停、取缔和淘汰；对环保设施运行不正常、污染物超标排放的企业，实行停产治理。

【出台石油勘探开发生态环境保护条例】 甘肃省十届人大常委会第二十次会议审议通过了《甘肃省石油勘探开发生态环境保护条例》，本“条例”于2006年3月1日起正式施行。

“条例”规定，油田新建、改建、扩建项目应当首先进行环境影响评价；油田生产单位须制订生态环境保护方案，落实生态环境保护措施，要坚持保护优先、防治结合的原则，谁开发谁保护、谁受益谁补偿、谁破坏谁恢复、谁污染谁治理。

"条例"还规定，油田生产单位应当按规定向所在地县级以上环境保护行政主管部门申报污染物排放的种类、数量、浓度，提供有关污染防治的技术资料，取得排污许可证，按许可的排放总量和标准排放污染物。超过排放总量和标准的，由市级以上人民政府责令限期治理。

【"十一五"期间将解决350万农民饮水安全】 2006年3月召开的甘肃省水利工作会议指出："十一五"期间，甘肃省水利部门将着力解决350万农村人口的饮水安全，使农村自来水普及率达到40%，1/3以上的饮水不安全人口不再饮用高氟水、高砷水、苦咸水和污染水；水功能区水质达标率达到75%，城市供水水源地水质达标率达到90%，农村饮用水水源地得到有效保护。

"十五"期间，甘肃省在18个县区建成农村自来水厂276座，总投资2.8亿元，为166万农村群众提供了安全卫生水。其中临夏县太子山水厂是目前全省最大的农村自来水厂，总投资近3000万元，为临夏的9个乡镇和政县的2个乡镇共计15万山区群众提供了自来水，使临夏的农村自来水率达到66%。

【斥资14亿元治黄河污水】 针对黄河甘肃段工业生产废水和生活污水排放强度较大的情况，甘肃省近年来狠抓污染防治，投入14亿元用于工业废水和城市生活污水处理工程。2006年基本实现了全河段按功能区达标的目标。

为使黄河甘肃段的刘家峡库区、兰州市和白银市饮用水源一级保护区达到Ⅱ类水质，其余河段达到Ⅲ类水质的目标，甘肃省制定实施了《黄河干流（甘肃段）水污染综合整治方案》和《关于加强黄河甘肃段水污染防治工作意见》，严格控制工业废水排放；关停了黄河兰州段污染大户兰州煤制气厂，消除了含酚废水对黄河甘肃段的污染隐患；建成中石油兰州石化公司含硫及催化剂污水治理工程、中石油兰州石化公司西区污水处理厂改造工程、中石油兰州石化公司陈官营污水缓冲池综合治理工程等一批工业废水治理项目；严禁使用国家禁止的高残留农药，鼓励使用农家肥，发展生态农业。

在经济社会快速发展的同时，黄河甘肃段水质保持稳定并逐年改善，黄河甘肃段8个监测断面中，刘家峡、扶河桥、新城桥、靖远桥、五佛寺断面连续5年水质达标，包兰桥、什川桥断面水质逐年好转，由"十五"初期的Ⅳ类提高到2005年的Ⅲ类，基本实现了全河段按功能区达标的目标。

【强化监测质量管理考核】 为提高环境监测数据的准确性和及时性，2006年，甘肃省建立和实施环境监测管理与考核机制，将数据修正和数据上报及时性进行量化管理，纳入综合考评；统一质控样品；建立年度抽查制度。

甘肃省环境监测中心站制定实施《全省环境监测质量控制考核管理办法》和监测数据修正管理有关规定，在量化分解中，按百分制对质控措施实施、数据上报及时性、数据修正进行分解，其中质控措施占60分，数据上报及时性占30分，数据修正占10分。

为确保监测质量，在省环保局领导的大力支持下，甘肃省环境监测中心站投资建立了质控样配置超净工作室。几年来，共研制开发了23个项目约2.5万个质控标样，以成本价向全省发放，全部用于全省各级监测站环境监测质量控制和污染源监测质量控制，为省内各市、州、地监测站及各类环境监测工作提供了物质保障。

同时，省环境监测中心站每年不定期对地以下级监测站进行现场监测期间的监督检查，及时发现监测数据中存在的问题，及时纠正，确保监测数据质量。全省建立监测质量控制简报制度，每季一期，对全省环境监测质控数据审核结果以简报形式综合反映考核成绩，下发至各地环境监测站及环保局。

根据量化管理的考评成绩，甘肃制定了相应的奖惩制度，数据修正的现象明显减少。据统计，2000年，全省13个市、州站有5个站不同程度地提出数据修正。2001年有2个站提出数据修正。2006年，全省已没有数据修正现象。

【全省自然保护区达59个】 2006年，随着甘肃省盐池湾、安南坝、小陇山三个自然保护区晋升为国家级自然保护区，该省自然保护区数量增至59个，总面积达988万公顷，约占全省国土面积的23%。

甘肃省地处黄土、蒙新、青藏三大高原交汇地带，分布有高等植物4000余种，46种被列入国家重点保护植物名录，约有90种被列入《濒危野生动植物物种国际贸易公约》；分布有野生陆栖脊椎动物822种和亚种，112种被列入国家重点保护野生动物名录，82种被列入《濒危野生动植物物种国际贸易公约》，135种列入《中国生物多样性保护行动计划》优先保护种类。甘肃省自1978年建立第一个自然保护区——白水江自然保护区以来，目前，已建成国家级自然保护区13个，面积6861230公顷；省级自然保护区42个，面积2902592公顷。这些保护区保护了甘肃省90%的珍稀野生动植物种群和80%的湿地生态环境，使大熊猫、金丝猴、野骆驼、白唇鹿、雪豹等珍稀濒危野生动物免于灭绝，并且种群数量稳步发展。

【兰州大气污染防治实施新法】 甘肃省人大批准了新修订的《兰州市实施大气污染防治法办法》。修订后的“办法”于2006年11月1日起实行。

这次修订在广泛听取各方面意见的基础上，经市人大常委会会议审议，对原“办法”从内容、结构到文字都做了较大修改。总的原则是既要贯彻《大气污染防治法》的精神，坚持与上位法不抵触的原则，又要结合兰州大气污染防治工作的实际，将近年来市人大常委会、市人民政府相继出台的一些治理大气污染的措施吸纳到法规中来，增强“办法”的可操作性和地方特色。

关于调整能源结构、推广清洁能源，“办法”明确规定：市、区（县）人民政府应当采取措施，调整能源结构，发展集中供热，推广清洁能源。市人民政府应当划定高污染燃料禁燃区并向社会公布，在高污染燃料禁燃区内禁止新建、扩建、改建燃用高污染燃料的设施。现有燃用高污染燃料的设施应当在规定期限内，改造使用清洁能源。

“办法”在修订中，吸纳了兰州市防治城区冬季大气污染特殊工程的内容，包括城区实行集中连片供热；城区居民不得使用烟煤，各煤炭加工销售单位和个人不准生产掺杂烟煤的型煤；根据需要对企业可做出停工、停产、限产的决定；改变城区道路的清扫方式等。

“办法”对大气污染事故的预防和处置做出明确规定：市、区（县）人民政府应当制订防止大气污染事故的应急预案。一旦发生有毒有害气体或放射性物质排放泄漏事故，造成或者可能造成大气污染、危害人体健康的，当地人民政府和事故单位必须立即启动应急预案，并发布公告，召开新闻通报会。

“办法”规定，城市饮食服务业、单位食堂的经营者，应当采取安装油烟净化装置、设置专用烟道等措施，做到达标排放。新建、改建产生油烟、废气、恶臭或其他损害人体健康气味的饮食服务项目，有关行政管理部门不得注册登记。

海南省

【“国土环境资源综合指标”成为经济和社会发展主要考核指标】 2006年初，海南省委、省政府为贯彻落实科学发展观，构建和谐社会，决定完善本省市县经济和社会发展主要考核指标，首次把“国土环境资源综合指标”列入《海南省市县经济和社会发展主要指标考核办法》，从2005年度考核开始执行。

“国土环境资源综合指标”包括“环境保护、耕地保护、矿山恢复治理”三方面分项系数。环境保护系数用于考察环境保护方面的工作成效，反映市县在污染治理和生态保护方面年度的努力程度和实际效果情况。其内容包括生态保护指数和污染防治指数。生态保护指数包括生态保护投资情况和生态环境执法情况，生态保护投资情况主要考察各市县对生态保护重视和投入的程度和效果，包括各级财政对各市县辖区内国家级、省级、市县级自然保护区和经省、市县政府划定的城镇集中饮用水源保护区的管护设施建设和管理经费的投入情况。生态环境执法情况主要考察生态环境执法效果。污染防治指数主要考核各市县污染排放强度和市县政府所在地（市区和县城）的生活污水和生活垃圾处理情况。

耕地保护系数主要考察耕地保护成效，反映辖区耕地年度数量和质量的主要保护情况。

矿区恢复治理系数考察各市县在矿区恢复治理方面的成效，反映在开发利用矿产资源过程中的生态恢复和建设的情况。

【大力发展生态经济】 2006年，海南大力发展生态经济。在发展无公害生态农业方面，海南省农业部门建立健全了无公害农业监测监控体系，建立了20个省、市县农药残留速测中心和99个乡镇农药残留速测站，形成了省、市县、乡镇三级检测网络。全省无公害瓜果菜检测合格率达到97%，比上年提升了6.1个百分点。新建无公害瓜果菜基地20万亩，全省无公害瓜果菜基地面积达到200万亩，累计有102家企业164个产品获得无公害农产品标志，29家企业52个产品获得绿色食品标志，无公害出岛销售量超过343万吨，产值72.7亿元，分别比上年增长17.4%和11.1%。在发展生态化海洋水产养殖业方面，省海洋与渔业部门开展了高位池养殖废水无害化处理和排放技术及监测监控的试点工作，鼓励发展深水抗风浪网箱、工厂化养殖等技术含量高、对环境影响较小的养殖业。在发展循环经济方面，组织完成了《海南省推进循环经济发展战略》课题研究，编制了“海南省推进循环经济发展实施方案”；省环保部门编制了循环经济示范项目实施方案，筛选了一批循环经济示范点项目；通过在水泥、新型墙体材料等建材企业推行循环经济，提高了粉煤灰、煤矸石等主要工业固体废弃物的利用率。在推广清洁能源方面，积极推进燃气汽车改造工程，建成了一座11万立方米CNG加气母站和12座加气子站，发展燃气汽车约3500辆；加快开发利用风能、太阳能，在文昌高隆湾白金海岸和海口万绿园等地建设了太阳能照明系统示范工程，总投资3亿元的太阳能研究开发中心已落户海南博士院士产业园，全省风力发电装机8755千瓦，年发电量1300万千瓦时，发展太阳能光伏发电30千瓦和太阳能热水器5万平方米。

【环保专项行动成效显著】 按照国务院七部门联合下发的《关于开展整治违法排污企业保障群众健康环保专项行动的通知》要求，海南省从2006年6月开始全面开展整治违法排污企业保障群众健康环保专项行动，在全省范围内开展了饮用水源保护专项执法检查、工业园区环境保护专项执法检查、建设项目专项执法检查和加油站（油库）环境违法问题等四项专项执法检查。在检查中，采取“市县全面普查，省重点抽查”的工作方法，对重点污染源全面排查，经过6个月来的专项整治行动，查处了一批环境违法排污企业，解决了群众反映强烈的难点、热点问题，取得了较好的成果。据统计，海南省环保专项行动期间共出动6977人次，检查排污企业2405家次，发现全省各类环境违法企业共330家，环保部门均立案进行查处，其中取缔关闭企业5家，拆除2家，经济处罚7家，责令停产治理或限期治理51家，限期补办环评237家，责令验收23家，其它措施处理5家。

【立法保护南渡江生态环境】 《海南省南渡江生态环境保护规定》（以下简称《规定》）2006年9月1日起正式实施。这标志着海南岛母亲河南渡江生态环境保护将有法可依。

流经7个市县的南渡江是海南岛第一大河，流域人口225.6万，约占全省人口的30%。近年来，南渡江上游水域垃圾乱倒、污水乱排、山林乱砍等问题日益严重，使南渡江上游水质受到严重威胁。据海南省国土环境资源厅检测，2005年海南全省Ⅰ类、Ⅱ类水质河段比2004年降低了9个百分点，仅南渡江流域内就有11家糖厂、30家橡胶厂、1家造纸厂等污染严重的企业，另外还有10个主要城镇的生活污水未经处理直接排放污染流域水体，每年排入南渡江的废水有1526吨。海南省环保人士王凯认为：“海南目前已进入一个新的发展阶段，各地加快发展的愿望和上项目的冲动都异常强烈，南渡江面临着污染压力会越来越大，各地能否解决好发展与保护的矛盾，使南渡江的生态环境尽量少受污染和破坏，这是南渡江的生态环境保护面临的一个非常现实的问题。”

对此，《规定》明确指出，政府应当逐年增加对南渡江生态环境保护的资金投入，要加快流域内城镇污水、垃圾处理设施等污染防治和生态环境保护项目的建设。同时规定，对流域内的主要水污染物实行排放总量控制，排放超出总量控制指标的市县，经限期整改仍未达标的，不得新建、扩建向流域内排放同类污染物的建设项目。禁止在规定区域内建设规模化畜禽养殖场，已建成的要限期搬迁或者关闭。《规定》禁止在南渡江的干流、支流投放饲料从事渔业养殖，同时禁止炸鱼、毒鱼、电鱼，以及在河床、河滩和江中洲建设建筑物等破坏生态环境的行为。《规定》还对违反规定的行为，制定了明确的处罚标准。

【出台规划保护红树林】　《海南省红树林保护规划（2006—2015）》于2006年编制完成，计划今后10年内整合海南省现有的红树林自然保护区，大面积恢复和营造红树林，绿化沿海95%以上的红树林宜林滩涂。

海南省的沿海红树林宜林滩涂很多，海口、文昌、东方、临高等沿海10个市县曾广泛分布着红树林群落。该省红树植物属东方类群，种群数相当丰富，主要为正红树、角果木等8个群系38个红树林群落类型，几乎包括了我国红树植物的全部种类。

海南省对红树林的保护非常重视。1980年建立了中国第一个东寨港省级红树林自然保护区，目前，全省已建成以红树林湿地为主要保护对象的自然保护区6个。

但是，从上个世纪60年代开展围海垦田活动以来，红树林屡遭大规模人为破坏，60%以上的红树林资源被过度开采和利用。红树林的大面积消失，使海南的红树林及湿地生态系统处于相对濒危状态，同时使许多生物失去栖息场所和繁殖地，也失去了防护海岸的生态功能。

海南省林业局组织的调查表明，全省现有红树林林地面积13539.7公顷，其中红树林有林地面积3930.3公顷。幸存的红树林质量相对高，群落保存较为完整，具有典型的热带性、古老性、多样性和珍稀性。全国红树林树高在10米以上的，基本分布在海南岛。

根据《规划》，红树林保护建设总体布局上分为环岛自然保护区和环岛其他海岸区。环岛自然保护区是将已建立的6个红树林自然保护区——东寨港、清澜港、彩桥、东场、新英、三亚——重新加以整合、完善，扩建并提高其保护级别。环岛其他海岸区，包含环岛的10个市县非自然保护区的红树林，建设重点主要是开展人工育苗和在宜林滩涂人工造林，扩大红树林面积，建立红树林保护管理站。通过实施海南红树林保护与发展规划，到2015年，全省红树林自然保护区将整合为一个，保护区总面积为17979.1公顷，绿化95%以上的红树林宜林滩涂，增加红树林面积，改善和提高红树林质量，改善生态环境，全面有效保护红树林生态系统。

【省政府与各市县签订总量控制责任书】　海南省国土环境资源厅厅长林诗銮2006年底代表省政府，与各市县政府负责人签订了海南省“十一五”主要污染物排放总量控制责任书。

根据海南省各市县政府与省国土环境资源厅签署的目标责任书，到2010年底，海南各市县COD和二氧化硫排放总量目标将在2005年的基础上保持不变。

林诗銮指出，各市县政府要将污染物排放指标纳入本地区经济社会发展“十一五”规划和年度计划，并且要分解落实到基层和重点项目排污单位，制订实施方案和管理办法，落实工程措施和资金；严格实行排污许可证管理，加强执法监督，严格执法，加大对各种违法排污行为的监督查处力度；同时，各地政府要引导企业切实转变经济增长方式，加强城市污水的管理控制，从源头上减少污染，确保总量控制目标的实现。

【中部山区生态补偿开展大规模实地调研】　由海南省环境科学研究院承担的加拿大国际开发署（CIDA）资助项目海南中部山区生态补偿机制与办法可行性研究，于2006年10月下旬与中国科学院生态环境研究中心专家共同开展了大规模实地调研工作。调研组组织了相关领域专家和在读博士、硕士生共20余人分3个小组，调查范围覆盖中部山区9市县40个乡镇，历时20天。调研组在每个市县政府和乡镇政府召开座谈会，听取当地官员和群众对生态补偿的意见和建议，收集历年社会、经济、政治等方面的大量数据，并分别对公务员、村民做抽样问卷调查，收集问卷近千份，对当地群众的补偿方式、补偿额度及环境保护意识等方面进行详尽了解，调研取得预期效果。

【昌江县环保专项整治行动取得显著成效】 海南昌江县结合实际，扎实开展整治违法排污企业保障群众健康环保专项行动，自2006年6月至11月15日，先后出动388人次，重点对昌江县饮用水水源保护区、重点行业、工业园区、建设项目等区域进行现场执法检查，对违法排污的行为进行了专项整治，特别对“三同时”制度执行情况进行严查，在全县相关部门的有力配合下，环保专项整治行动取得了显著成效。一是深入开展了县城集中式饮用水源地环境保护工作，确保了县城集中式饮用水源地水源水质。二是重源头治理，强化对工业园区的专项整治，严把环境影响评价关，从源头上防止了环境违法行为的发生。昌江鸿启事业有限公司叉河水泥分公司投资180万元完成窑烟气治理，通过环保竣工验收，完成限期治理。三是建立健全了重点工业企业环境保护管理制度，重点工业企业污染物稳定达标排放，全县共检查企业98家。立案处罚2家，挂牌督办3家。四是加大了生态环境监察力度，强化部门联动机制，遏制破坏生态环境行为。五是加大环保宣传报道和典型案件曝光力度，进一步增强了全民的环保意识和法律意识。

湖北省

【重新划定水资源费征收对象】 湖北省2006年2月公布了新的《湖北省水资源费征收管理办法》，并从3月1日起开始施行。此《办法》的出台，有利于全省加强水资源的有效保护和统一管理，促进节约用水，保障水资源的可持续利用。

《湖北省水资源费征收管理办法》中规定，在湖北省行政区域内直接从地下或者江河、湖泊及水工程拦蓄的江河、湖泊水域内取用水的单位和个人，必须按规定缴纳水资源费。省政府法制办有关部门负责人介绍，根据该《办法》规定，中央在鄂电厂也须缴纳水资源费，而此前这些电厂是免征此费的。

但以下两种情况可免征水资源费：一是家庭生活和零星散养、圈养畜禽饮用等年取用地表水水量在3000立方米以下、地下水水量在1500立方米以下的取水。二是农村集体经济组织及其成员使用本集体经济组织的水塘、水库中的水。

水资源费征收的主要使用范围是：重点水源工程建设项目；饮水安全、水资源保护建设项目；节水型社会建设项目；水资源规划、水资源费征收开支，以及特困企业及社会福利企业的水资源费返还等。

【循环经济试点工作正式启动】 2006年10月，湖北省循环经济第一批试点工作正式启动，确定了宜化集团等35家试点企业，宜昌三峡磷化工产业园、武汉青山区环保产业基地、荆门高新区3个生态工业园区和荆门市、谷城县2个示范市、县。

湖北省已形成武钢、大冶有色公司、荆门炼油厂、宜化集团、金洋公司等一批循环经济型企业。今年上半年，武钢每吨钢综合能耗已降至744公斤标煤，能耗总量增加远低于钢产量增幅，实现了增产不增能的节能目标，节能创效2.49亿元。

武汉市青山区环保产业基地以构建粉煤灰、钢渣产业链为重点，建成了国家利用粉煤灰最大的生产技术应用中心和中试基地，氧化铁皮、矿渣微晶玻璃及新型墙材等新产品形成了工业固体废物为核心资源的循环组合。

【多部门联查环境违法】 2006年，湖北省监察厅、省环保、监察、工商多个部门组成的全省环保专项行动联合检查组，对随州、十堰、襄樊等市、县环保专项行动中挂牌督办环境污染问题、饮用水源安全隐患问题和工业园区环境违法问题的整治情况进行了督察。

检查组对随州市弘大畜牧有限责任公司等9家2005年挂牌督办未落实的企业、十堰市方坤实业有限公司等12家2006年挂牌督办的企业、丹江口水库水源地等4个集中式饮用水源地、老河口市工业园区等4个工业园区及相关企业进行了重点抽查。督察组通过公开检查与暗访相结合的方式，同时还与当地政府或环保专项行动领导小组交换意见，力求检查取得实效，为后续工作的开展提供可靠依据。

抽查发现，随州、十堰、襄樊3市政府认真开展各阶段的工作，环保专项行动取得明显实效，各地集中式饮用水源地水质良好，区域突出的环境污染问题通过挂牌督办大部分得到了解决，工业园区环境违法问题也得到了有效遏制。

但检查中也发现，一些地方工业园区未开展规划环评，园区内工业企业环评滞后，存在“先上车后买票”的现象，环保“三同时”执行率低；个别挂牌督办的环境污染问题还没有按期完成整改；一些饮用水源地还没有按照规范科学划定保护区，没有按照规定定期向社会公布饮水水质公告，饮用水安全应急预案也有待进一步完善。

【修订农业生态环境保护条例】 新修订的《湖北省农业生态环境保护条例》经省人民代表大会常务委员会通过，于2006年12月1日正式施行。

修订后的《条例》明令禁止在蔬菜、瓜果、茶叶、中药材、粮食、油料等农产品生产过程中使用剧毒、高毒、高残留农药；禁止在饮用水水源一级保护区内投肥养殖；禁止向农田或者渔业水域排放不符合农田灌溉水质标准、渔业水质标准的工业废水；禁止向农田和农用水源附近倾倒、弃置、堆放固体废弃物或者其他有毒有害物质。

《条例》还规定，猎捕、出售、收购、运输青蛙或蛇等野生农业有益生物的行为，将被视为违法，并被处以实物价值1倍以上8倍以下的罚款。未经批准或者未经依法登记擅自引进农业生物物种的，以及非法采集、侵占、购销、破坏省级重点保护农业野生植物的行为将被没收实物和违法所得，可并处1000元以上1万元以下罚款；造成严重后果的，处1万元以上5万元以下罚款。

根据新《条例》，湖北省各级人民政府将建立健全农业生态环境保护体系，县级以上人民政府应当将农业生态环境保护经费纳入财政预算，并根据当地社会经济发展需要，增加对农业生态环境保护的投入。

【汉江流域水污染防治正式列入政府考核】 从2006年开始，湖北省正式实施《湖北省汉江流域水污染防治目标责任与考核办法》，将汉江流域水污染防治工作纳入县级以上人民政府的任期目标责任制，把辖区水环境质量作为考核和评价当地主要负责人政绩的重要指标。

考核工作由省政府组织，省环保局会同有关部门具体实施，以年度为考核周期。考核范围包括十堰市和汉江中下游干流市县的14个市县政府领导班子。每年1月，各市按本办法考核内容对上年度汉江流域水污染防治工作逐条自查，按规定格式填写自查表，经政府主要领导审查、签字后报省环保局。2月，省环保局会同有关部门组织考核小组对各市执行情况进行复查、审核上报材料、汇总考评结果并报省政府审定后予以公布。考核结果同时抄送组织、人事部门作为干部任用、奖惩的重要参考。对不履行职责、违反环保法律法规、造成重大环境污染与破坏事故的，按照有关规定追究相关人员的责任。对弄虚作假的市县以不合格论处，并追究相关负责人的责任。

【武汉化工新城规划环评通过审查】 国家环保总局环境影响评价管理司2006年9月2日在湖北省武汉市主持召开了《武汉化工新城总体规划环境影响报告书》审查会。审查小组认为，武汉化工新城总体规划符合国家发展战略和发展政策，与武汉市城市总体规划及交通、港口、防洪等专项规划相协调，补充修改后可以用于指导化工新城项目建设。

规划显示，武汉化工新城位于武汉市东侧洪山区，北邻长江，规划总用地面积89.1平方公里，其中建设用地规模46.1平方公里，绿化、林地、湖泊等占地约43平方公里。规划目标是：2005～2020年，建设生态型、科技型化工新城，使武汉市成为华中地区石油化工生产基地和产品供应基地。化工新城按照“一轴、两带、两组团”沿江带状布局。化工新城主要发展两大产业组团：北湖组团以80万吨/年乙烯项目为产业主导，以工程塑料和合成橡胶为发展重点；左岭组团拟对现有葛化集团公司升级改造，配合武汉城市规划，迁建城区内化工企业，促进武汉市化工产业结构的优化升级。

审查小组认为，该环评报告客观地反映了规划区域的资源、环境状况；采用的环境影响预测、分析方法正确。针对规划实施可能产生的生态环境影响、大气环境影响、水环境影响、固体废物影响等提出的预防和减缓措施原则上可行。

【武汉投入350亿元谋求四大突破】 湖北省武汉市委、市政府2006年11月做出《关于进一步加强环境保护工作的决定》。“决定”指出，环保指标考核结果将作为干部选拔任用和奖惩的重要依据；5年内，全市将投入350亿元用于环保工作；2009年创建成为国家环保模范城市。

武汉市长李宪生提出，未来5年内，将投入350亿元用于环境保护，努力实现四大突破：通过水污染防治、控制大气污染、控制污染物总量排放、保护农村环境，切实解决一些突出的环境问题；严格实施生态功能区域规划，加速环保基础设施建设，提高环境承载能力；通过循环经济、清洁生产等模式，转变经济增长方式，从源头减少污染；发展环保科技和环保产业，培育新的经济增长点。

李宪生指出，“十一五”末期，全市化学需氧量排放量将控制在14.97万吨/年以内，比2005年削减11.2%；二氧化硫排放量为12.78万吨/年，削减9.1%。

江西省

【审计退耕还林专项资金，纠正违规资金3.2亿元】 江西省自启动退耕还林工程审计以来，到2006年7月共审计退耕还林专项资金18.5亿元，审计纠正违规资金3.2亿元；查处违法违纪案件18起，9人受到党纪政纪处分，5人被判刑。

2005年下半年开始，江西省审计厅组织全省审计机关采取“上审下”的方式，对2001年～2004年全省退耕还林工程专项资金进行了审计。审计发现，少数地方和部门的退耕还林资金使用存在一些问题：粮食发放不实，差价收入被侵占、挪用；荒山代造款收取未与退耕农户充分协商，收取标准过高，变相挤占退耕户利益；巧立名目向退耕户收取劳务、技术服务、种苗补种等费用；擅自调整工程实施地点、数量等作业计划；以及部分县（市、区）造林管护不力，成活率、保存率低。

针对上述问题，江西省审计厅向有关部门提出了整改要求。整改后共追回被骗取、套取、挤占、挪用的退耕还林资金3089.01万元；收回财政的粮食差价款5740.97万元；对节余、滞留的资金已下拨4617.07万元；对违规收取的劳务、技术、补种押金等费用已向退耕户退回资金455.2万元。

【污染源信息管理平台建立】 为有效提高对江西全省重点危险源、风险源的现代化环境监管水平，江西省2006年1月建立“全省重点污染源综合信息管理平台”，主要内容包括：全省环境基础地理信息系统和重点污染源电子地图，重点污染源协同管理业务应急系统和重点污染源动态数据库，以及包括应急预案、危险化学品及应急处置、环境污染事故案例、法规标准和应急监测技术规范等信息在内的污染事故应急支持信息库。

“全省重点污染源综合信息管理平台”是江西省“十一五”期间重点建设的“全省环境监控与应急指挥中心”的一个重要组成部分和信息子系

统。这个平台将提供重点污染源信息的动态更新、快速定位、综合查询和多种统计报表功能，为环境管理部门及时掌握全省重点污染源动态变化情况、实施有效的环境协同监管、应对各类突发性环境污染事故的发生，提供翔实的数据信息和信息技术支持。

【两部门联合逐一检查水源一级保护区】 江西省环保局、省监察厅 2006 年 11 月组成联合督察组，对全省《水污染防治法》执法检查整改工作进行现场督察，旨在彻底查清全省各地饮用水水源保护区内排污口及其整改情况。

督察组对市、县城镇所有集中式饮用水水源保护区尤其是一级保护区内排污口整治落实情况逐一进行现场检查，对集中式饮用水取水口和保护区内排污口进行 GPS 定位和拍照存档，填写《饮用水水源保护区基本情况表》，并登记造册。同时督察各设区市和所属县（市、区）饮用水水源一级保护区内的排污口是否整改到位、是否开展饮用水水源保护区划定工作及挂牌督办企业是否按时完成治理任务等情况。

2006 年以来，江西省以贯彻落实《江西省生活饮用水水源污染防治办法》为契机，采取切实有效措施，重点组织开展了生活饮用水水源地污染集中整治专项行动，将饮用水水源地污染问题列为“整治违法排污企业保障群众健康”环保专项行动主要内容之一，连续进行专项整治，取得显著成效。同时，从今年 7 月开始，省环保局组织编制《全省饮用水水源地环境保护规划》，指导各地对城镇饮用水水源保护区进行详细划定，确定保护区红线图，采用全球地理信息系统定位技术，在电子地图上进行定位，对未来 15 年的饮用水水源地环境保护工作进行科学规划、合理安排。

【《江西风景名胜区条例》正式施行】 江西省 2006 年 12 月正式施行的《风景名胜区条例》规定，在风景名胜区进行开山、采石、开矿等破坏景观、植被、地形地貌活动的；在风景名胜区内修建储存爆炸性、易燃性、放射性、毒害性、腐蚀性物品设施的；在核心景区建设宾馆、招待所、培训中心、疗养院，以及与风景名胜资源保护无关的其他建筑物的，江西省风景名胜区管理机构将责令其停止违法行为、恢复原状或者限期拆除，并将其违法所得予以没收，处以 50 万元至 100 万元罚款。

在景物、设施上刻画、涂污或者在风景名胜区乱扔垃圾的，由风景名胜区管理机构责令恢复原状或者采取其他补救措施，处 50 元的罚款。风景名胜区管理机构不得从事以营利为目的的经营活动，不得将规划、管理和监督等行政管理职能委托给企业或者个人行使。

风景名胜区的管理，涉及许多部门，包括建设部门、水利部门、林业部门等，单靠旅游部门的力量是不够的。因此，今后江西旅游部门将联手其他部门共同经营管理好风景名胜区。

【南昌国企高管薪酬挂钩环保考核目标】 江西省南昌市国资委 2006 年 3 月与 6 家企业高管签订 2006 年度经营业绩责任书，首次把环保投入、科技投入等纳入考核目标。今后，这些企业高管的薪酬将与考核目标挂钩。

此次签订经营业绩责任书的江铃汽车集团、市政控股集团、市商业银行、市旅游集团等 6 家企业是南昌市国资委直接监管的企业，目的是为实现国有资产的保值增值，建立企业经营者激励与约束机制。经营业绩目标针对企业所处的行业特点制定。南昌市国资委有关人士表示，将实行年度考核和任期考核相结合、短期激励和中长期激励相配套的原则，完善经营业绩考核体系和薪酬分配制度，并优化考核指标，将国有资产保值增值、资源综合利用、环保投入、科技投入等统一纳入企业考核目标。

【江西萍乡加快环保基础设施建设】 2006 年 9 月 4 日国家环保总局《2005 年国家城市环境管理和综合整治年度报告》公布后，江西省萍乡市委、市政府高度重视，连夜召开紧急会议，认真排查问题，部署城市环境综合整治工作，环保、水务、城建等有关部门纷纷提出整改措施，以确保全市社会经济和环境保护工作更好地协调发展。

萍乡是一个以煤、水泥的资源开采和资源加工型为主的老工矿城市。近年来，因矿产资源枯竭，萍乡面临经济转型。该市通过大力调整产业结构，切实转变经济增长方式，走新型工业化道路，工业废弃物排放总体有所下降，但是局部地区的工业污染还比较严重。

青海省

【制定新的生态建设和环境治理重大规划】 青海省人大十届四次会议 2006 年 1 月 19 日落下帷幕。省委副书记、省长宋秀岩在所作的关于十一五规划纲要部署中的“加强生态保护和建设”报告，坚持统筹规划、突出重点，保护优先、综合治理，完善生态建设项目监管体系，建设祖国西部生态屏障的具体要求，将使青海到 2010 年治理水土流失面积 35 万公顷、草场退化面积 1300 万公顷，新增人工造林面积 16 万公顷，飞播造林、封山育林 43 万公顷。

青海省地处三江之源，有“中华水塔”“亚洲水塔”美誉，这里的生态质量不仅影响青海的可持续发展，还直接影响全国。为此，青海在十一五规划纲要中突出了资源保护与综合利用，突出了生态保护与建设。“十一五”期间，全省规划实施 7 大生态建设重点工程。即三江源自然保护区生态保护与建设工程，青海湖生态环境保护和综合治理工程，以及重点防护林工程、天然林保护工程、退牧还草工程（玉树、果洛两个藏族自治州 12 县实施围栏封育、草场补插等）、西宁市大南山生态园建设、建设祁连山山地（黑河上游）生态功能保护示范区。

为了实施以资源的减量化、高效利用和循环利用为核心，努力形成低消耗、少排放、高效率的经济增长模式，青海制定出 6 大环境治理重点工程。其中包含湟水流域水污染治理项目、危险废物和医疗废物处置项目、铬渣治理项目（含受污染土壤综合治理）、火电脱硫项目以及城市污水和垃圾处理项目。

为了切实实现重点地区的生态保护，青海特别提出在国家级自然保护区、风景名胜区内的三江源、可可西里、青海湖、玉树隆宝、循化孟达，在尖扎坎布拉、互助北山、大通河——鹞子沟、湟中群加、门源仙米等国家森林公园、地质公园区域，禁止和限制开发。

【为期 3 年的整治违法排污企业专项行动取得硕果】 由青海省环保局、监察厅等六部门共同组织开展的为期 3 年的整治违法排污企业保障群众健康环保专项行动 2006 年初结束。

为了保证专项行动各项工作的落实，青海省成立了以副省长苏森为组长的领导小组，制定了切实可行的实施方案，各部门密切配合，形成合力，齐抓共管，共同推进。

结合实际情况，青海省确定了西宁、海东、海西地区及湟水流域、国道沿线为重点整治区域；钢铁、水泥、铬盐、电解铝、铁合金为重点整治行业；将连片污染、“十五小”、“新五小”及人民群众关心的大气环境、水环境、城市噪声扰民和油烟污染等问题作为整治的重点。青海省环保局与省发改委、司法厅、监察厅、工商局等部门组成联合督察组，对西宁市、海东等重点地区的环保专项整治行动工作情况和部分排污企业进行督察，并深入青海黄河嘉酿、雪舟三绒集团毛纺织有限公司、湟中上五庄地区土法选金、互助县沙塘川小石膏加工群、109 国道乐都段小石灰加工群、民和县硅铁企业等企业进行了现场检查，对检查中发现的问题及时与当地政府交换意见，提出整改要求，对重大问题进行舆论曝光，促进了重大污染问题的有效解决。

针对群众反映强烈的环境热点问题，青海省开展了饮用水源地、连片污染问题、城市污水处理厂、自然保护区和重点污染行业等 5 个方面的专项检查。

在连续 3 年的环保专项行动中，青海省共检查排污企业 2010 家、查处违法企业 314 家。其中，取缔、关闭“十五小”企业 58 家，对 184 家违法排污企业实施停产治理或限期整改，挂牌督办 61 件。

通过开展环保专项行动，青海省违法排污企业普遍感受到前所未有的巨大压力，保护环境和治理污染的自觉性显著提高。今后，青海省将继续保持强大的执法力度、社会舆论和宣传教育力度，抓住重点，突破难点，让人民群众在良好的生态环境中生产生活。

【叫停3个违反五部委清理通知的新开工项目】 国家发改委、国土资源部、国家环保总局、国家安全生产监管总局、银监会5部委《关于印发新开工项目清理工作指导意见的通知》2006年8月1日联合下发后，青海省委、省政府高度重视，多次专题研究新开工项目清理工作，并开始对全省上半年新开工项目进行全面清理。

至8月31日，青海省已停建3个严重违反5部委《关于印发新开工项目清理工作指导意见的通知》的新开工项目。

分别是，平安特种硅制造项目在未办理任何核准、备案及土地、环保审批手续且不符合国家相关产业政策的情况下，擅自开工建设，属于违规项目，责令该项目立即停止建设；西旺生铁冶炼二期（青海昆仑钢铁公司生铁冶炼）项目未办理任何核准、备案和环保等手续，擅自开工建设，属于违规项目，责令该项目暂停建设，进行整改，按规定办理完善相关审核、审批手续，并报经有关部门同意后方可开工建设；青海雪舟三绒生产基地搬迁项目未办理环保审批手续，属于违规项目，责令该项目暂停建设，进行整改，按规定办理完善相关环保审批手续，并报经有关部门同意后方可开工建设。

【青海八地签订减排责任书】 青海省政府2006年9月授权青海省环保局，与西宁市、海东地区、海南藏族自治州、海北藏族自治州、海西蒙古族藏族自治州、黄南藏族自治州、果洛藏族自治州、玉树藏族自治州8个州、地、市政府分别签订了“十一五”全省大气污染物、水污染物排放总量控制目标责任书。

青海省副省长马建堂就认真落实防治污染和排放总量控制目标责任时强调，防治污染是全面落实科学发展观、保护生态环境的重大任务，也是当前加强宏观调控、优化经济结构的重要举措。责任书规定的指标是必须完成的约束性指标，各地区和各有关部门要充分认识全省大气和水污染防治的严峻形势，增强使命感和紧迫感，认真落实“十一五”大气和水污染防治目标，严格控制污染物排放总量，抓好重点地区、重点流域和重点企业环境治理，一级抓一级，层层抓落实，努力完成污染防治目标责任。省环保局要定期检查二氧化硫总量、水污染物总量控制目标责任书的实施情况，加强目标责任书的考核评估工作，并定期向社会公布。

【加强环境监测能力建设】 “十一五”期间，青海省将建成以省环境监测中心站为全省环境监测技术重点站，以西宁市、格尔木市为区域中心站，以海西州、海北州、海东地区、黄南州、青海省流动监测站、青海省生态监测中心为骨干站，以各三级站和专业站（自动站、生态定位站）为基础站的较为完备的监测网络体系，并根据各站工作性质和所处地域位置及特点，有针对性地开展监测能力建设，积极推进监测站标准化建设，加快西宁市、格尔木市、德令哈市、“三江源”区等重点区域空气质量自动监测系统和长江干流、黄河干流、湟水河、青海湖等重点流域的水质自动监测系统建设。

2006年，全省已投资80余万元对省站进行了实验室环境改造，在全省初步形成了常规和自动监控相结合的环境监管体系。

近几年来，青海省环境监测中心站、西宁市站、格尔木市站等重点站的实验室条件逐步改善，全省用于环境监测能力建设的国家和地方资金约为1000万元。

【查处63家违法建设企业】 2006年，青海省对辖区内2000年以来建设项目，重点对化工、冶炼、公路等行业的建设项目以及饮用水源地保护工作进行了检查，一批违法企业受到查处。

截至2006年底，青海省共检查建设项目360余家，查处违法企业63家。其中，未办理环评审批文件33家，未执行“三同时”制度14家，未申请环保竣工验收5家。

西宁市共检查了87家，查出违法建设项目24家。海东地区重点对32家硅铁冶炼和水泥企业进行了清理和检查，查处违法企业15家。海北州重点开展了针对矿山、砂石料场开采秩序的清理整顿。海南州要求青海湖药业有限责任公司中草药提取工程、贵德县碳化硅厂（扩建项目）等企业停止建设、限期补办环保手续，对海南州鑫源铁合金有限责任公司、共和县新华铁合金有限责任公司未落实“三同时”制度的行为，责令其停产治理。黄南州对三产项目进行了重点清理检查，对未执行“三同时”制度的5家企业下达了限期整改通知书。

目前，青海省水源保护区内基本无工业企业和规模以上畜禽养殖业，水质稳定，均达到Ⅱ类或Ⅱ类以上标准。全省饮用水源地环境保护状况总体良好，周边基本无环境污染问题。此次专项行动共检查集中式水源保护区53处，检查企业69家，基本解决了当地农村饮水安全问题。《海北化工厂六价铬污染治理方案》及《地下水治理可行性研究报告》已完成并纳入《青海省生态建设和环境保护“十一五”规划》。

【“111工程”培训启动】 青海省环保局2006年11月正式启动“111工程”培训工作，并于11月30日～12月7日在西宁市举办首批青海省环境保护局“111工程”培训班，对培训人员进行环境保护形势与任务、我国环境执法程序及案例、环境保护法体系及立法等11个专题的培训。

“111工程”是青海省农牧区一年1000名基层专业技术人才培训工程规划（2006～2010年）》的简称。从2006年起，每年资助1000名农牧区基层专业技术人员参加业务培训，力争到“十一五”期末，为农牧区每个乡（镇）培训10名专业技术人才。“十一五”期间，培训农牧业专业技术人才2000人、林业500人、教育500人、环保400人、卫生400人。

【“十一五”水污染防治目标确定】 青海省政府与国家环保总局于2006年底签订“十一五”水污染物总量削减目标责任书。责任书要求，到2010年年底，青海省COD（化学需氧量）排放总量控制在7.2万吨（最大允许排放总量不超过环保总局核定的排放量）。其中，黄河流域COD排放量控制在6.6万吨，在2005年基础上削减0.4万吨，削减率5.7%。

今后，该省将继续巩固工业污染源达标排放成果，凡是水污染物不能稳定达标的企业实行限期治理，治理期间应予限产、限排，逾期未完成治理任务的，责令其停产整治。2006年年底前，工业用水重复利用率不低于60%，并逐步提高。对化工、造纸、印染、酿造、石油等污染物总量负荷较高以及有严重污染隐患等类企业，依法实行强制清洁生产审核。自2007年起，对仍不能满足污染物排放总量控制要求的企业限产限排，实行排污许可证制度。自2009年起，所有排污单位实行持证排污。

还将加强对重点工业污染源的监管，2008年年底前，重点排污企业和城镇污水处理厂要在指定位置安装自动监控装置，并与环保部门联网。同时，污水处理设施建设要与污水再生利用统筹考虑，城镇污水处理厂和管网建设实行厂网并举，管理先行。2006年年底前，所有城市、建设污水处理厂的县（市）必须征收污水处理费，地级以上城市污水处理费不低于每吨0.7元，建设污水处理厂的县（市）污水处理费不低于每吨0.5元。2010年，初步实现规模化畜禽养殖企业的污水稳定达标排放和无害化处理，基本解决因水污染导致的农村地区人畜饮水问题。

新疆维吾尔自治区

【野生动植物保护开发利用全面起步】 近年来，新疆林业部门加强野生动植物资源保护、科学合理开发利用，积极促进发展，先后确定了以野生动物植物为原材料的产品深加工工业和发展扶持部分企业，加大野生动物植物园、湿地公园、城市动物园的建设力度，大力发展运动狩猎和特种旅游的规划，组织企业团体会员逐步开展实施。

至2006年，已建立重点野生动物养殖和产品开发企业30家，野生植物培植和产品加工企业7

家。新疆西部天德药材有限公司总投资1.2亿元人民币进行新疆独特的天然药材开发，进军民族医药市场潜力巨大，预计年交易额可达4亿元。新疆雪莲维药生物有限公司与加拿大UBA大学研究中心合作，研制出治疗风湿骨病“雪莲贴贴舒”高科技产品。

在养鹿方面全区鹿类驯养繁殖加工发展迅速，2006年，人工驯养繁殖马鹿5万头，同时，已建成盘羊、北山羊等主要狩猎对象的狩猎场21个，并且成立了国内狩猎公司。全区野生动植物，特种养殖业、种植业深加工、动植物园和国际狩猎业进入一个新的发展时期。

【自治区环保大会要求进一步落实环保目标责任制】 为贯彻第六次全国环保大会精神，新疆维吾尔自治区2006年8月召开电视电话会议和全区环境保护大会，自治区人民政府主席司马义·铁力瓦尔地、自治区党委副书记努尔·白克力、自治区副主席努尔兰·阿不都满金出席会议并发表讲话。

司马义·铁力瓦尔地指出，要坚持以科学发展观为统领，促进经济社会发展与环境保护相协调，必须加强领导、完善机制，不断提高环境保护管理水平，进一步落实环保目标责任制，确保责任到位、措施到位、投入到位。要健全政府主要领导负责、环保部门统一监管、各部门齐抓共管的环保工作机制；要加大环境保护投入，建立多元化的环境保护投资机制，各级政府要将环保投入列为本级财政支出的重要内容并逐年增加。重点加大对污染防治、生态保护、环保试点和环保监管能力的资金投入，确保环保行政管理、监察、监测、信息、宣教等行政和事业经费支出；要建立符合科学发展观要求的政绩综合评价考核体系，把环境保护和生态建设任务列入政府领导任期目标管理内容，把辖区内环境质量的改善情况、环境保护目标责任的完成情况作为考核政府主要领导政绩的重要内容。

努尔·白克力、努尔兰·阿不都满金在会上对当前和今后5年环保工作进行了安排和部署，指出要进一步加强行风建设，坚持严格执法、文明执法，努力建设一支“让党放心、为民办事、善打硬仗”的高素质环保执法队伍，树立环保队伍的良好形象。

【污染物排放总量成为自治区领导政绩考核的重要指标】 新疆维吾尔自治区政府2006年9月与国家环保总局签订了目标责任书，决定在2010年将二氧化硫排放总量控制在51.9万吨，污染物总量控制成功与否，也是自治区党政主管领导政绩考核的一项重要指标。

今后自治区将在重点行业杜绝重污染企业建设，通过淘汰生产能力落后的企业削减污染；在重点流域和城市污染治理中，大力推行环保工程削减污染总量；在城市建设规划中，通过优化布局和结构来减少污染物产生；在重点污染企业中，通过强制清洁生产和发展循环经济减少污染物排放；在建设项目审批中严格把关，凡污染严重的项目实行缓批、严批或不批。

自治区将对各地污染物总量的控制情况每半年进行一次公布，年终检查一次，凡是不能按要求完成任务的地州市，国家和自治区环保部门将会延期审批该地区的建设项目。

【自治区《加强环境保护工作的决定》出台】 为认真贯彻落实《国务院关于落实科学发展观加强环境保护的决定》和第六次全国环境保护大会精神，全面落实科学发展观，建设资源节约型和环境友好型社会，新疆维吾尔自治区人民政府于2006年12月出台了《关于落实科学发展观切实加强环境保护工作的决定》。

《决定》明确了“十一五”期间新疆环境保护目标：单位GDP能源消耗比“十五”期末降低20%左右，单位GDP主要污染物排放强度明显下降，主要污染物排放总量控制在国家下达的指标内；森林覆盖率达到3.2%，实施生态修复面积50万亩等。

《决定》强调，要解决当前新疆存在的突出环境问题，并把环境保护长效机制作为一项重要内容；建立、健全环境保护协调机制，理顺环境管理体制，加强环境监管，强化限期治理制度；对不能稳定达标或超总量的排污单位实行限期治理，治理期间实行限产、限排，并不得建设增加污染物排放总量的项目，逾期未完成治理任务的，责令其停产整治。

《决定》还要求，各地要严格执行环境法律法规。对不正常运转治理设施、超标排污、不遵守排污许可证规定、造成重大环境污染事故以及在自然保护区内违法开发建设、开展旅游或者违规采矿造成生态破坏等违法行为，予以重点查处。

《决定》首次把环境保护纳入地方和有关部门领导政绩考核的重要内容，并将考核情况作为干部选拔任用和奖惩的依据之一，定期考核，公布考核结果。并建立问责制，切实解决地方保护主义干预环境执法的问题。认真落实《环境保护违法违纪行为处分暂行规定》，对因决策失误或违反环保法律法规，造成重大环境污染和生态破坏事故的，要依法追究责任，情节严重的，移送司法机关依法处理。

自治区环保、监察等部门负责监督检查本决定的贯彻执行情况，每年向自治区人民政府专题报告。

【国家投入5亿元支持新疆退牧还草工程】 2006年，国家发改委、农业部先后两批下达天然草原退牧还草工程投资计划，对新疆维吾尔自治区共投入5.07亿元国债资金，安排2960万亩天然草原退牧还草任务，这是自2002年国家对西部实施退牧还草工程的重大决策以来投资力度最大的一年。

新疆维吾尔自治区有23个县实施了天然草原退牧还草工程，农牧民保护草原和合理利用草原资源的意识明显增强。新疆维吾尔自治区广大牧区通过围栏建设，实施禁牧、休牧、划区轮牧，其生产能力和生态功能得到了显著恢复和加强。一些高山夏牧场在划区轮牧后，山地草甸植被覆盖率平均增加5%，产草量每亩新增50～115公斤。

【阿克苏地区精心保护塔河上游湿地见成效】 塔里木河上游湿地位于塔克拉玛干沙漠北缘，总面积2568.4平方公里，由塔里木河流域内的自然沟、沼泽、湖泊、水库等组成，是绿洲和荒漠过渡地带，其湿地生态系统具有多样性、稀有性、濒危性和典型性。

该湿地保护区自2004年建立以来，充分发挥了保护湿地、保护野生动植物的职能。2006年底，保护区内湿地面积、野生动物种群及候鸟种类数量已明显增多。

2007

LAW ENFORCEMENT YEARBOOK OF CHINA ENVIROMENT PROTECTION

中国环保执法年鉴

统计资料篇

各地区主要污染物排放情况（一）
Discharge of Key Pollutants by Region (1)

（2006）

年份 地区	Year Region	废水排放总量（亿吨） Total Volume of Waste Water Discharged (100 million tons)	工业 Industrial	生活 Household	化学需氧量排放总量（万吨） Total Volume of COD Discharged (10000 tons)	工业 Industrial	生活 Household
	2000	415.2	194.2	220.9	1445.0	704.5	740.5
	2001	428.4	200.7	227.7	1406.5	607.5	799.0
	2002	439.5	207.2	232.3	1366.9	584.0	782.9
	2003	460.0	212.4	247.6	1333.6	511.9	821.7
	2004	482.4	221.1	261.3	1339.2	509.7	829.5
	2005	524.5	243.1	281.4	1414.2	554.7	859.5
	2006	536.8	240.2	296.6	1428.2	541.5	886.7
北京	Beijing	10.5	1.0	9.5	11.0	0.9	10.1
天津	Tianjin	5.9	2.3	3.6	14.3	3.7	10.6
河北	Hebei	22.2	13.0	9.2	68.8	35.8	33.0
山西	Shanxi	10.3	4.4	5.9	38.7	17.0	21.7
内蒙古	Inner Mongolia	6.2	2.8	3.4	29.8	13.6	16.2
辽宁	Liaoning	21.3	9.5	11.8	64.1	26.1	38.0
吉林	Jilin	9.7	3.9	5.8	41.7	16.8	24.9
黑龙江	Heilongjiang	11.6	4.5	7.1	49.8	14.2	35.6
上海	Shanghai	22.4	4.8	17.5	30.2	3.5	26.7
江苏	Jiangsu	51.6	28.7	22.8	93.7	29.6	64.2
浙江	Zhejiang	33.1	20.0	13.1	59.3	28.7	30.6
安徽	Anhui	16.6	7.0	9.6	45.6	14.2	31.4
福建	Fujian	21.6	12.8	8.8	39.5	9.4	30.1
江西	Jiangxi	13.5	6.4	7.0	47.4	11.6	35.8
山东	Shandong	30.3	14.4	15.8	75.8	33.6	42.2
河南	Henan	27.8	13.0	14.8	72.1	31.8	40.3
湖北	Hubei	24.0	9.1	14.9	62.6	17.0	45.6
湖南	Hunan	24.4	10.0	14.4	92.3	29.2	63.0
广东	Guangdong	65.4	23.5	42.0	104.9	29.4	75.5
广西	Guangxi	26.0	12.9	13.1	111.9	67.9	44.0
海南	Hainan	3.5	0.7	2.8	9.9	1.2	8.7
重庆	Chongqing	15.1	8.6	6.4	26.4	11.7	14.7
四川	Sichuan	25.2	11.5	13.7	80.6	30.2	50.4
贵州	Guizhou	5.5	1.4	4.1	22.9	1.8	21.1
云南	Yunnan	8.0	3.4	4.6	29.4	10.6	18.8
西藏	Tibet	0.3	0.1	0.2	1.5	0.1	1.4
陕西	Shaanxi	8.7	4.0	4.6	35.9	16.3	19.6
甘肃	Gansu	4.6	1.7	2.9	17.8	5.4	12.4
青海	Qinghai	1.9	0.7	1.2	7.5	3.5	3.9
宁夏	Ningxia	3.2	1.9	1.3	14.0	10.8	3.2
新疆	Xinjiang	6.5	2.1	4.5	28.8	16.6	12.1

各地区主要污染物排放情况（二）
Discharge of Key Pollutants by Region (2)

单位：万吨　　　　(2006)　　　　(10000 tons)

年份 地区	Year Region	氨氮排放总量 Total Volume of Ammonia Nitrogen Discharged	工业 Industrial	生活 Household	二氧化硫排放总量 Total Volume of Sulphur Dioxide Discharged	工业 Industrial	生活 Household
	2000	—	—	—	1995.1	1612.5	382.6
	2001	125.2	41.3	83.9	1947.8	1566.6	381.2
	2002	128.8	42.1	86.7	1926.6	1562.0	364.6
	2003	129.7	40.4	89.3	2158.7	1791.4	367.3
	2004	133.0	42.2	90.8	2254.9	1891.4	363.5
	2005	149.8	52.5	97.3	2549.4	2168.4	381.0
	2006	141.3	42.5	98.8	2588.8	2234.8	354.0
北京	Beijing	1.3	0.1	1.2	17.6	9.4	8.2
天津	Tianjin	1.5	0.4	1.1	25.5	23.2	2.2
河北	Hebei	6.8	3.2	3.6	154.5	132.6	22.0
山西	Shanxi	4.2	1.4	2.8	147.8	117.7	30.1
内蒙古	Inner Mongolia	3.8	0.7	3.1	155.7	138.4	17.3
辽宁	Liaoning	7.4	1.5	5.9	125.9	103.7	22.2
吉林	Jilin	3.6	0.7	2.9	40.9	33.6	7.3
黑龙江	Heilongjiang	5.3	1.0	4.3	51.8	44.0	7.8
上海	Shanghai	3.5	0.3	3.2	50.8	37.4	13.4
江苏	Jiangsu	8.3	2.3	6.0	132.3	126.6	5.8
浙江	Zhejiang	5.7	2.6	3.1	85.9	82.9	3.0
安徽	Anhui	5.9	2.2	3.7	58.4	51.9	6.5
福建	Fujian	4.9	0.8	4.1	46.9	44.6	2.2
江西	Jiangxi	3.5	0.8	2.7	63.4	57.0	6.4
山东	Shandong	8.3	2.5	5.8	196.2	168.7	27.5
河南	Henan	9.4	4.2	5.1	162.4	146.4	16.0
湖北	Hubei	7.4	2.2	5.2	76.0	65.4	10.7
湖南	Hunan	10.0	3.7	6.3	93.4	76.6	16.8
广东	Guangdong	9.3	0.7	8.6	126.7	124.7	2.1
广西	Guangxi	7.1	3.6	3.5	99.4	94.4	5.0
海南	Hainan	0.8	0.1	0.7	2.4	2.3	0.1
重庆	Chongqing	2.8	1.3	1.6	86.0	71.2	14.8
四川	Sichuan	6.6	2.0	4.6	128.1	112.1	16.0
贵州	Guizhou	1.8	0.2	1.6	146.5	104.0	42.5
云南	Yunnan	2.0	0.4	1.6	55.1	45.6	9.5
西藏	Tibet	0.1	0.0	0.1	0.2	0.1	0.1
陕西	Shaanxi	2.6	0.4	2.3	98.2	87.0	11.2
甘肃	Gansu	3.3	2.0	1.3	54.6	46.3	8.3
青海	Qinghai	0.7	0.1	0.6	13.0	12.1	0.9
宁夏	Ningxia	1.0	0.6	0.4	38.3	35.0	3.2
新疆	Xinjiang	2.3	0.5	1.9	54.9	42.9	12.0

各地区主要污染物排放情况（三）
Discharge of Key Pollutants by Region (3)

单位：万吨　　　　(2006)　　　　(10000 tons)

年份 地区	Year Region	烟尘排放总量 Total Volume of Soot Discharged	工业 Industrial	生活 Household	工业粉尘排放量 Total Volume of Industrial Dust Discharged
	2000	1165.4	953.3	212.1	1092.0
	2001	1059.1	841.2	217.9	990.6
	2002	1012.7	804.2	208.5	941.0
	2003	1048.7	846.2	202.5	1021.0
	2004	1095.0	886.5	208.5	904.8
	2005	1182.5	948.9	233.6	911.2
	2006	1088.8	864.5	224.3	808.4
北　京	Beijing	5.0	1.5	3.5	3.0
天　津	Tianjin	8.0	6.7	1.3	1.0
河　北	Hebei	72.3	55.3	17.0	64.6
山　西	Shanxi	106.1	84.5	21.6	64.3
内蒙古	Inner Mongolia	66.1	48.8	17.2	27.0
辽　宁	Liaoning	71.4	45.6	25.8	42.0
吉　林	Jilin	41.8	32.9	8.8	12.7
黑龙江	Heilongjiang	53.8	44.2	9.6	12.6
上　海	Shanghai	11.3	4.7	6.6	1.0
江　苏	Jiangsu	43.0	40.2	2.8	30.2
浙　江	Zhejiang	20.6	19.5	1.1	22.0
安　徽	Anhui	31.0	25.4	5.7	40.8
福　建	Fujian	14.5	10.9	3.7	17.6
江　西	Jiangxi	23.0	21.2	1.8	34.8
山　东	Shandong	58.4	41.8	16.6	32.3
河　南	Henan	79.7	72.5	7.1	56.4
湖　北	Hubei	30.7	26.9	3.8	32.6
湖　南	Hunan	49.1	41.6	7.5	73.4
广　东	Guangdong	28.2	27.2	0.9	27.8
广　西	Guangxi	45.7	44.6	1.1	46.2
海　南	Hainan	1.1	1.0	0.1	1.0
重　庆	Chongqing	21.3	13.1	8.2	20.1
四　川	Sichuan	61.3	47.5	13.8	32.8
贵　州	Guizhou	26.3	18.4	7.9	15.4
云　南	Yunnan	21.7	16.0	5.8	14.8
西　藏	Tibet		0.1	—	0.1
陕　西	Shaanxi	34.5	27.0	7.5	30.6
甘　肃	Gansu	15.9	11.4	4.5	16.1
青　海	Qinghai	7.2	5.2	2.0	8.9
宁　夏	Ningxia	11.4	9.7	1.7	8.8
新　疆	Xinjiang	28.2	18.8	9.3	17.5

各地区主要污染物排放情况（四）
Discharge of Key Pollutants by Region (4)

单位：万吨　　　　(2006)　　　　(10000 tons)

年份 地区	Year Region	氮氧化物排放总量 Total Volume of Nitrogen Oxide Discharged	工业 Industrial	生活 Household	工业固体废物排放量 Total Volume of Industrial Solid Waste Discharged
	2000	—	—	—	3186.1
	2001	—	—	—	2893.8
	2002	—	—	—	2635.2
	2003	—	—	—	1940.9
	2004	—	—	—	1762.0
	2005	—	—	—	1654.7
	2006	1523.8	1136.0	387.8	1302.1
北　京	Beijing	21.8	7.9	14.0	0.1
天　津	Tianjin	16.0	15.2	0.8	—
河　北	Hebei	118.2	99.2	19.0	42.0
山　西	Shanxi	66.3	53.4	13.0	435.7
内蒙古	Inner Mongolia	89.8	75.5	14.3	28.2
辽　宁	Liaoning	81.2	66.8	14.4	24.7
吉　林	Jilin	36.3	32.7	3.7	2.1
黑龙江	Heilongjiang	45.9	36.5	9.4	1.0
上　海	Shanghai	47.8	32.4	15.4	0.2
江　苏	Jiangsu	110.3	84.7	25.6	—
浙　江	Zhejiang	76.0	53.4	22.6	5.2
安　徽	Anhui	61.0	48.9	12.0	—
福　建	Fujian	30.4	17.5	12.9	3.4
江　西	Jiangxi	27.6	19.2	8.4	8.3
山　东	Shandong	124.7	96.6	28.1	0.4
河　南	Henan	104.3	79.9	24.4	3.2
湖　北	Hubei	55.4	42.9	12.5	11.5
湖　南	Hunan	39.7	30.8	8.9	38.7
广　东	Guangdong	115.8	74.5	41.3	13.6
广　西	Guangxi	23.2	14.9	8.3	22.7
海　南	Hainan	5.9	1.2	4.7	—
重　庆	Chongqing	22.3	15.6	6.6	122.2
四　川	Sichuan	35.8	29.2	6.6	84.9
贵　州	Guizhou	18.0	13.1	4.8	137.7
云　南	Yunnan	27.5	17.4	10.1	99.6
西　藏	Tibet				7.4
陕　西	Shaanxi	32.3	21.6	10.7	42.9
甘　肃	Gansu	22.7	18.0	4.7	33.7
青　海	Qinghai	7.5	5.1	2.5	0.3
宁　夏	Ningxia	16.2	8.1	8.1	6.0
新　疆	Xinjiang	43.9	23.8	20.1	126.3

各地区工业废水排放及处理情况（一）
Discharge and Treatment of Industrial Waste Water by Region (1)

单位：万吨　　(2006)　　(10 000 tons)

年份 地区	Year Region	工业废水排放量 Total Volume of Industrial Waste Water Discharged (10000 tons)	工业废水排放达标量 Industrial Waste Water Meeting Discharge Standards (10000 tons)	工业废水处理量 Industrial Waste Water treated (10000 tons)
	2000	1942405	1493277	—
	2001	2006906	1727185	—
	2002	2071885	1830394	—
	2003	2122527	1892891	—
	2004	2211424	2005680	—
	2005	2431121	2217093	—
	2006	2401946	2178461	4427385
北　京	Beijing	10170	10098	76118
天　津	Tianjin	22978	22925	87399
河　北	Hebei	130340	121750	430775
山　西	Shanxi	44091	30377	158657
内蒙古	Inner Mongolia	27823	21416	64292
辽　宁	Liaoning	94724	88007	185828
吉　林	Jilin	39321	32010	44432
黑龙江	Heilongjiang	44801	39344	95763
上　海	Shanghai	48336	47146	106629
江　苏	Jiangsu	287181	280457	486533
浙　江	Zhejiang	199593	172414	214138
安　徽	Anhui	70119	68097	188434
福　建	Fujian	127583	124960	206623
江　西	Jiangxi	64074	59739	104808
山　东	Shandong	144365	141540	311673
河　南	Henan	130158	121024	248787
湖　北	Hubei	91146	82930	222407
湖　南	Hunan	100024	91618	249964
广　东	Guangdong	234713	199215	114460
广　西	Guangxi	128932	119795	222474
海　南	Hainan	7351	6956	5226
重　庆	Chongqing	86496	81146	74532
四　川	Sichuan	115348	97456	178526
贵　州	Guizhou	13928	10006	88676
云　南	Yunnan	34286	30568	107930
西　藏	Tibet	790	223	223
陕　西	Shaanxi	40479	36118	83994
甘　肃	Gansu	16570	13103	18490
青　海	Qinghai	7168	3487	2080
宁　夏	Ningxia	18500	11980	25888
新　疆	Xinjiang	20558	12556	21626

各地区工业废水排放及处理情况（二）
Discharge and Treatment of Industrial Waste Water by Region (2)

(2006)

年份 地区	Year Region	废水治理设施数（套）Number of Facilities for Treatment of Waste Water (set)	废水治理设施治理能力（万吨/日）Capacity of Facilities for Treatment of Waste Water (10000 tons/day)	废水治理设施运行费用（万元）Annual Expenditure for Operation (10000 yuan)	废水污染物在线监测仪器套数（套）On—line Apparatus for Waste Water Mornitoring
	2000	64453	—	1325348.4	—
	2001	61226	14380	1958331.5	—
	2002	62939	13113	1810758.9	—
	2003	65128	14031	1965031.8	—
	2004	66252	16220	2445651.4	—
	2005	69231	16349	2766907.3	—
	2006	75830	19553	3885001.7	7749
北　京	Beijing	530	311	46879.5	49
天　津	Tianjin	897	187	56432.0	191
河　北	Hebei	3929	2002	146151.1	413
山　西	Shanxi	3760	695	185976.7	117
内蒙古	Inner Mongolia	776	286	42502.3	31
辽　宁	Liaoning	1960	713	217588.4	79
吉　林	Jilin	689	204	41011.2	23
黑龙江	Heilongjiang	1052	509	186151.6	58
上　海	Shanghai	1812	532	152435.5	261
江　苏	Jiangsu	6809	1268	431452.7	1116
浙　江	Zhejiang	6979	1114	387803.8	1418
安　徽	Anhui	1550	751	127866.1	334
福　建	Fujian	5933	884	109906.0	266
江　西	Jiangxi	1515	284	60898.1	60
山　东	Shandong	6350	2304	367523.9	510
河　南	Henan	3242	1168	128220.6	397
湖　北	Hubei	2050	859	101505.0	215
湖　南	Hunan	2916	779	72974.7	106
广　东	Guangdong	6486	924	339407.4	997
广　西	Guangxi	2249	1083	101540.6	82
海　南	Hainan	243	31	21262.6	34
重　庆	Chongqing	1400	166	42494.9	149
四　川	Sichuan	4824	774	214856.6	501
贵　州	Guizhou	2151	374	43197.3	61
云　南	Yunnan	1864	590	55103.7	103
西　藏	Tibet	12	1	200.0	—
陕　西	Shaanxi	1996	306	53628.2	46
甘　肃	Gansu	788	135	31568.5	39
青　海	Qinghai	144	23	5040.5	5
宁　夏	Ningxia	326	62	15616.3	44
新　疆	Xinjiang	598	234	97805.9	44

各地区工业废水排放及处理情况（三）
Discharge and Treatment of Industrial Waste Water by Region (3)

单位：吨 （2006） (ton)

年份 地区	Year Region	工业废水中污染物排放量 Amount of Pollutants Discharged in the Industrial Waste Water					
		汞 Mercury	镉 Cadmium	六价铬 Hexavalent Chrome	铅 Lead	砷 Arsenic	挥发酚 Volatile Hydroxy -benzene
	2000	10.115	138.505	119.692	655.212	578.724	4077.763
	2001	5.604	118.073	121.428	533.941	463.388	2445.737
	2002	4.813	105.640	111.088	484.795	369.125	2132.448
	2003	5.478	84.470	103.122	568.450	373.702	2245.563
	2004	3.006	56.343	150.781	366.161	306.057	1562.826
	2005	2.687	62.058	105.601	378.284	453.201	4166.060
	2006	2.638	49.352	96.447	339.121	245.214	3453.131
北京	Beijing	—	0.002	0.091	0.021	—	0.777
天津	Tianjin	—	—	0.156	0.232	—	13.302
河北	Hebei	0.065	0.018	3.502	0.463	2.115	13.769
山西	Shanxi	0.030	0.022	0.292	4.761	0.340	361.628
内蒙古	Inner Mongolia	0.006	0.036	0.319	3.016	1.194	201.294
辽宁	Liaoning	—	0.110	1.154	0.978	0.641	80.614
吉林	Jilin	—	0.014	0.932	1.261	5.979	21.583
黑龙江	Heilongjiang	—	0.003	0.089	0.105	0.132	2130.316
上海	Shanghai	0.007	0.001	4.149	0.211	0.630	14.714
江苏	Jiangsu	0.003	0.157	14.474	10.368	3.183	77.079
浙江	Zhejiang	0.009	0.128	18.584	2.389	0.266	12.190
安徽	Anhui	0.002	0.098	0.678	2.333	4.981	23.994
福建	Fujian	0.038	0.222	2.814	4.541	0.392	13.052
江西	Jiangxi	0.024	3.236	1.741	9.335	8.769	24.133
山东	Shandong	0.006	0.014	1.685	0.099	0.289	29.896
河南	Henan	0.075	0.254	4.487	3.992	1.582	23.305
湖北	Hubei	0.042	0.121	3.525	2.146	3.894	62.678
湖南	Hunan	1.324	18.532	13.890	77.113	80.500	120.168
广东	Guangdong	0.093	1.778	10.132	11.948	2.149	10.297
广西	Guangxi	0.052	4.294	1.555	25.217	18.535	46.362
海南	Hainan	—	—	—	0.044	—	0.025
重庆	Chongqing	—	0.003	3.501	2.969	0.280	3.643
四川	Sichuan	0.468	0.576	3.880	4.322	4.568	20.224
贵州	Guizhou	0.010	0.660	0.170	2.800	0.500	1.530
云南	Yunnan	0.006	1.867	0.054	34.370	6.639	8.208
西藏	Tibet	—	—	—	—	—	0.006
陕西	Shaanxi	0.001	0.234	0.885	2.161	0.651	13.774
甘肃	Gansu	0.314	15.272	1.961	74.205	94.560	13.325
青海	Qinghai	0.001	1.206	0.098	56.524	0.340	0.225
宁夏	Ningxia	—	0.007	0.047	0.008	1.512	71.679
新疆	XinJiang	0.062	0.484	1.603	1.189	0.593	39.341

各地区工业废水排放及处理情况（四）
Discharge and Treatment of Industrial Waste Water by Region (4)

单位：吨 (2006) (ton)

年份 地区	Year Region	工业废水中污染物排放量 Amount of Pollutants Discharged in the Industrial Waste Water			
		氰化物 Cyanid	化学需氧量 COD	石油类 Petroleum	氨氮 Ammonia Nitrogen
	2000	923.8	7045400.0	34243.9	—
	2001	899.5	6075000.0	28734.2	413057.8
	2002	772.9	5840438.2	25261.9	421222.4
	2003	638.6	5118062.8	24458.7	403600.8
	2004	629.8	5097004.0	24104.6	421817.9
	2005	573.8	5547333.1	23471.6	525064.9
	2006	457.1	5415114.4	19152.7	424616.8
北京	Beijing	0.1	9257.7	72.8	646.0
天津	Tianjin	4.8	36874.7	295.5	4021.4
河北	Hebei	11.5	358180.9	1582.9	31756.9
山西	Shanxi	38.1	169633.8	635.6	13911.4
内蒙古	Inner Mongolia	19.0	136113.8	161.2	6549.9
辽宁	Liaoning	51.4	260792.0	2872.2	14775.8
吉林	Jilin	4.2	167988.9	592.6	6850.4
黑龙江	Heilongjiang	7.7	141735.6	1359.2	10081.6
上海	Shanghai	7.9	35276.2	530.5	3020.7
江苏	Jiangsu	18.7	291761.5	2073.3	22760.6
浙江	Zhejiang	25.6	286532.2	595.7	26480.0
安徽	Anhui	20.3	141936.9	609.0	22236.3
福建	Fujian	5.2	94489.7	250.1	8180.9
江西	Jiangxi	25.6	115807.3	318.9	7948.7
山东	Shandong	7.9	336291.4	684.9	25010.4
河南	Henan	38.2	317937.4	855.2	42376.7
湖北	Hubei	32.8	169652.9	1293.9	21692.9
湖南	Hunan	54.0	292054.1	1027.7	37404.8
广东	Guangdong	10.4	293960.5	309.8	7309.5
广西	Guangxi	36.0	679464.4	317.2	36139.2
海南	Hainan	—	12492.5	35.6	677.0
重庆	Chongqing	3.2	116615.3	154.9	12704.2
四川	Sichuan	10.8	302031.9	465.2	20356.8
贵州	Guizhou	4.1	18331.8	107.8	1755.6
云南	Yunnan	9.4	105633.0	153.8	4035.6
西藏	Tibet	—	948.3	0.1	10.9
陕西	Shaanxi	2.3	148505.3	989.8	3915.3
甘肃	Gansu	2.7	54030.9	339.6	20048.2
青海	Qinghai	—	35318.8	59.3	1424.7
宁夏	Ningxia	0.3	108052.5	141.0	6001.0
新疆	Xinjiang	4.9	166412.0	267.4	4533.4

各地区工业废水排放及处理情况（五）
Discharge and Treatment of Industrial Waste Water by Region (5)

单位：吨　　(2006)　　(ton)

年份 地区	Year Region	工业废水中污染物去除量 Amount of Pollutants Removed from Industrial Waste Water					
		氰化物 Cyanide	化学需氧量 COD	新增设施去除的 Removed by new-added facilities of treatment	石油类 Petroleum	氨氮 Ammonia Nitrogen	挥发酚 Volatile Hydroxy-benzene
	2000	16316	8198079	—	328875	—	54826
	2001	14532	10457509	609663	271564	340712	50034
	2002	12939	16498543	472165	324854	387849	46931
	2003	14016	10080308	290479	283249	360390	55179
	2004	16332	10438648	389230	290823	466369	70090
	2005	17564	10882642	412286	271878	483370	73548
	2006	16060	10992651	564778	302388	552649	137743
北　京	Beijing	47	38933	421	1841	2042	882
天　津	Tianjin	4	89781	1337	2722	718	317
河　北	Hebei	940	600464	18251	3750	21991	5903
山　西	Shanxi	2475	110985	32452	2742	9426	65213
内蒙古	Inner Mongolia	1186	279090	18644	1448	10752	3419
辽　宁	Liaoning	480	307590	6315	11427	15177	4926
吉　林	Jilin	55	332331	14404	1393	4020	904
黑龙江	Heilongjiang	91	263264	2251	23842	3269	841
上　海	Shanghai	217	240285	11421	35630	6255	1582
江　苏	Jiangsu	584	845722	25467	53994	46162	4134
浙　江	Zhejiang	1520	1063360	33481	19901	52043	506
安　徽	Anhui	4806	388060	37621	20494	67165	20566
福　建	Fujian	137	492971	7149	2361	10613	132
江　西	Jiangxi	315	79753	1497	5518	10539	1390
山　东	Shandong	344	1685380	117667	34384	116057	7691
河　南	Henan	1048	1006280	48729	23830	39382	1843
湖　北	Hubei	183	258466	7140	5617	9402	1948
湖　南	Hunan	213	319590	6345	3650	19766	740
广　东	Guangdong	744	439693	10282	7486	15755	548
广　西	Guangxi	24	613906	49808	516	4948	415
海　南	Hainan	—	57877	4798	27	336	—
重　庆	Chongqing	9	92962	3231	862	4321	1313
四　川	Sichuan	195	597307	24646	2226	19843	2648
贵　州	Guizhou	254	64189	984	244	1538	337
云　南	Yunnan	47	319794	1263	16985	22820	7519
西　藏	Tibet	—	—	—	—	—	—
陕　西	Shaanxi	130	217251	70243	6355	19162	576
甘　肃	Gansu	—	30845	753	6550	3988	112
青　海	Qinghai	—	1557	—	—	306	—
宁　夏	Ningxia	1	87842	1456	1834	6004	118
新　疆	Xinjiang	11	67123	6725	4759	8849	1220

各地区工业废气排放及处理情况（一）
Discharge and Treatment of Industrial Waste Gas by Region (1)

(2006)

年份 地区 Year Region	煤炭消费量（万吨）Total Amount of Coal Consumed (10000 tons)	燃料煤 Coal Used as Fuel	原料煤 Coal Used as Material	燃料油消费量（万吨）Total Amount of Fuel Oil Consumed (10000 tons)	工业废气排放总量（亿标立米）Total Volume of Industrial Waste Gas Emission (100 millon cu. m)	燃料燃烧中排放的 from Process of Fuel Burning	生产工艺中排放的 from Process of Production
2000	119344	81188	38156	2890	138145	81970	56032
2001	121805	91234	30571	2646	160863	93526	67337
2002	133790	97265	36525	2773	175257	103776	71481
2003	153351	110729	42624	2624	198906	116447	82459
2004	175998	125972	50026	2734	237696	139726	97971
2005	204423	143627	60796	3447	268988	155238	113749
2006	230076	162089	67987	2666	330990	181636	149354
北　京 Beijing	2105	1479	625	78	4641	2772	1869
天　津 Tianjin	3263	2869	394	31	6512	4568	1945
河　北 Hebei	17045	11280	5769	36	39254	19251	20003
山　西 Shanxi	26548	10247	16297	9	18128	10424	7705
内蒙古 Inner Mongolia	14878	10687	4190	14	18415	12559	5856
辽　宁 Liaoning	11484	8431	3052	185	27195	10034	17161
吉　林 Jilin	4932	4244	688	45	5352	3380	1972
黑龙江 Heilongjiang	6491	4964	1528	39	5991	4748	1242
上　海 Shanghai	4723	3097	1626	173	9428	3326	6102
江　苏 Jiangsu	17483	14956	2528	175	24881	15319	9561
浙　江 Zhejiang	9571	8715	856	196	14702	9216	5486
安　徽 Anhui	6782	4385	2397	28	8677	4622	4056
福　建 Fujian	4304	3468	835	60	6884	3676	3207
江　西 Jiangxi	3804	2587	1217	170	5096	2552	2544
山　东 Shandong	19487	14564	4923	162	25751	15417	10334
河　南 Henan	13935	11158	2778	64	16770	9584	7186
湖　北 Hubei	6617	4308	2309	35	11015	4040	6974
湖　南 Hunan	4996	3398	1598	27	5986	2916	3070
广　东 Guangdong	9882	8484	1398	1015	13584	9725	3858
广　西 Guangxi	3939	2694	1245	17	8969	4087	4883
海　南 Hainan	343	288	55	4	860	565	294
重　庆 Chongqing	2489	1962	528	3	6757	3699	3058
四　川 Sichuan	7121	4933	2189	16	10553	5804	4749
贵　州 Guizhou	7517	4508	3009	26	8344	4328	4016
云　南 Yunnan	5272	3227	2046	25	6646	3510	3136
西　藏 Tibet	24	16	8	—	13	12	—
陕　西 Shaanxi	5445	3480	1965	6	5535	3102	2433
甘　肃 Gansu	2664	2056	608	16	4761	2850	1911
青　海 Qinghai	778	611	167	1	2099	452	1647
宁　夏 Ningxia	2685	2190	495	2	3140	1628	1512
新　疆 Xinjiang	3465	2803	661	9	5053	3470	1583

各地区工业废气排放及处理情况（二）
Discharge and Treatment of Industrial Waste Gas by Region (2)

单位：吨 （2006） （ton）

年份 地区	Year Region	工业二氧化硫排放量 Volume of Industrial Sulphur Dioxide Emission	燃料燃烧中排放的 from Process of Fuel Burning	生产工艺中排放的 from Process of Production	工业二氧化硫去除量 Volume of Industrial Sulphur Dioxide Removed	燃料燃烧中去除的 Removed in Process of Fuel Burning	生产工艺中去除的 Removed in Process of Production
	2000	16125100	14025509	2099594	5750600	1538631	4211969
	2001	15660000	12722373	2311973	5647472	1631201	4016271
	2002	15619821	13343443	2276378	6977124	2001245	4975879
	2003	17915620	15431434	2484186	7492125	2248647	5243478
	2004	18914041	16006330	2907711	8902444	3113000	5789444
	2005	21684245	18430775	3253470	10904393	4149311	6755083
	2006	22348175	18923608	3424567	14390241	6536083	7854007
北　京	Beijing	93755	91032	2723	68290	40676	27614
天　津	Tianjin	232282	225444	6838	176665	121857	54808
河　北	Hebei	1325680	1104297	221383	723439	532616	190676
山　西	Shanxi	1177348	898341	279007	588715	433248	155467
内蒙古	Inner Mongolia	1383589	1164235	219354	439174	246642	192532
辽　宁	Liaoning	1036915	802233	234682	903706	155566	748140
吉　林	Jilin	335822	295155	40667	87614	34391	53223
黑龙江	Heilongjiang	439958	389041	50917	24057	14025	10033
上　海	Shanghai	374327	361736	12591	94494	43953	50540
江　苏	Jiangsu	1241355	1154246	87109	1036810	668285	368525
浙　江	Zhejiang	829080	786778	42302	749013	438698	310315
安　徽	Anhui	519174	419826	99348	904727	57508	847219
福　建	Fujian	446108	376024	70084	146258	140269	5989
江　西	Jiangxi	569908	448073	121835	844539	76750	767789
山　东	Shandong	1686820	1549156	137664	1469037	1261671	207365
河　南	Henan	1464285	1298596	165689	709410	233500	475910
湖　北	Hubei	653611	501244	152367	620053	129763	490290
湖　南	Hunan	766025	551581	214444	551435	131759	419676
广　东	Guangdong	1246645	1154578	92067	687541	387603	299938
广　西	Guangxi	944095	737297	206798	476727	244407	232321
海　南	Hainan	23286	20617	2669	9640	8075	1565
重　庆	Chongqing	711537	604037	107500	419159	329927	89232
四　川	Sichuan	1120833	869621	251212	330634	265258	65376
贵　州	Guizhou	1039679	975007	64672	306921	268643	38275
云　南	Yunnan	456209	369574	86635	896992	98090	798903
西　藏	Tibet	773	751	22	—	—	—
陕　西	Shaanxi	845881	720727	125154	183105	53519	129586
甘　肃	Gansu	463000	263001	199999	892027	84031	807997
青　海	Qinghai	121204	93341	27863	—	—	—
宁　夏	Ningxia	350127	336789	13338	33805	24851	8954
新　疆	Xinjiang	428863	341229	87634	16255	10504	5751

各地区工业废气排放及处理情况（三）
Discharge and Treatment of Industrial Waste Gas by Region (3)

单位：吨 (2006) (tons)

年份 地区	Year Region	工业烟尘去除量 Volume of Industrial Soot Removed	工业烟尘排放量 Volume of Industrial Soot Emission	工业粉尘去除量 Volume of Industrial Dust Removed	工业粉尘排放量 Volume of Industrial Dust Emission	工业氮氧化物去除量 Volume of Industrial Nitrogen Oxide Removed	工业氮氧化物排放量 Volume of Industrial Nitrogen Oxide Emission
	2000	107173542	9533292	44795560	10920000	—	—
	2001	123170437	8520862	53216271	9906000	—	—
	2002	139984586	8042089	55697765	9410303	—	—
	2003	156493712	8460745	59949356	10213064	—	—
	2004	180747811	8865413	85285700	9047952	—	—
	2005	205870817	9489033	64538505	9111883	—	—
	2006	235645611	8644934	72799462	8084446	941567	11362582
北　京	Beijing	2331015	14648	2012864	30132	9101	78701
天　津	Tianjin	3033072	66919	432629	10280	69533	151759
河　北	Hebei	20337380	553067	8466119	645756	98681	991966
山　西	Shanxi	14149376	844910	3000265	642824	29926	533689
内蒙古	Inner Mongolia	14760420	488433	1592838	269791	1305	755119
辽　宁	Liaoning	12093680	456419	4708840	420457	37825	668122
吉　林	Jilin	6003323	329465	2814534	127317	16763	326666
黑龙江	Heilongjiang	8428403	442264	823731	125635	9424	364603
上　海	Shanghai	5205377	47255	1467975	9588	21357	324082
江　苏	Jiangsu	23291914	401686	3543557	302048	107357	846945
浙　江	Zhejiang	8629929	195483	5223539	220307	17367	533543
安　徽	Anhui	6378886	253507	2060223	407767	48454	489356
福　建	Fujian	3659628	108537	2296556	175741	18784	175013
江　西	Jiangxi	5214844	212036	3255931	348152	18112	192435
山　东	Shandong	22453053	418010	4638135	323177	268315	966224
河　南	Henan	19991393	725203	5739587	563895	6268	798791
湖　北	Hubei	7026597	269455	4162015	326072	3981	429158
湖　南	Hunan	5765068	416378	2358342	733549	12081	308451
广　东	Guangdong	8253031	272427	2379691	278221	18079	745458
广　西	Guangxi	4594898	445708	1896038	462282	32586	149195
海　南	Hainan	611869	10229	43704	10219	1945	12358
重　庆	Chongqing	2315363	131232	342953	201087	4916	156418
四　川	Sichuan	7199072	474805	2502064	328187	20992	291858
贵　州	Guizhou	6444003	184469	1582951	153554	16984	131308
云　南	Yunnan	2982654	159544	1583419	147785	26003	174369
西　藏	Tibet	—	1480	79	1132	—	—
陕　西	Shaanxi	7527414	269837	1824920	306080	17911	216342
甘　肃	Gansu	3264051	113904	664512	161229	5688	180326
青　海	Qinghai	738322	52398	453614	89052	—	50975
宁　夏	Ningxia	1169937	96856	357909	88291	627	80977
新　疆	Xinjiang	1791638	188369	569930	174839	1203	238378

各地区工业废气排放及处理情况（四）
Discharge and Treatment of Industrial Waste Gas by Region (4)

(2006)

年份 地区	Year Region	废气治理设施数（套） Facilities for Treatment of Waste Gas (set)	脱硫设施数 Desulfurization Facilities	废气治理设施处理能力（万标立方米/时） Capacity of Facilities for Treatment of Waste Gas (cu. m/hour)	脱硫设施脱硫能力（吨/时） Capacity of Desulfurization Facilities (ton/hour)
	2000	145534	—	—	—
	2001	134025	17444	—	17461
	2002	137668	18783	—	9821
	2003	137204	19660	—	7133
	2004	144973	21643	—	7404
	2005	145043	22648	—	12907
	2006	154557	24530	801085	16116
北京	Beijing	2376	866	8440	276
天津	Tianjin	2899	1341	8906	1084
河北	Hebei	12961	3157	43516	1247
山西	Shanxi	8648	2606	23153	3254
内蒙古	Inner Mongolia	4007	308	25998	203
辽宁	Liaoning	9272	2749	21550	2442
吉林	Jilin	2921	736	12992	60
黑龙江	Heilongjiang	4112	180	14449	719
上海	Shanghai	3332	366	13071	242
江苏	Jiangsu	9747	719	37511	917
浙江	Zhejiang	12932	1844	73095	324
安徽	Anhui	3566	184	13429	85
福建	Fujian	5704	221	15072	244
江西	Jiangxi	2748	262	10455	211
山东	Shandong	10594	2320	54034	750
河南	Henan	8644	711	28267	324
湖北	Hubei	4578	300	16314	749
湖南	Hunan	4722	691	13512	73
广东	Guangdong	9386	862	26833	190
广西	Guangxi	4887	500	189451	210
海南	Hainan	332	6	1186	292
重庆	Chongqing	2581	327	15828	238
四川	Sichuan	5798	535	73768	462
贵州	Guizhou	2559	610	12820	218
云南	Yunnan	4391	364	15874	402
西藏	Tibet	22	—	—	—
陕西	Shaanxi	3874	572	13539	284
甘肃	Gansu	2682	556	4919	225
青海	Qinghai	573	—	1996	—
宁夏	Ningxia	1312	294	4743	63
新疆	Xinjiang	2397	343	6364	331

各地区工业废气排放及处理情况（五）
Discharge and Treatment of Industrial Waste Gas by Region（5）

（2006）

年份 地区 Year Region	废气治理设施运行费用（万元）Annul Expenditure for Operation（10000 yuan）	脱硫设施运行费用（万元）Annul Expenditure for Operation（10000 yuan）	废气污染物在线监测仪器套数（套）On-line Appartus for Waste Gas Mornitoring
2000	937228.3	—	—
2001	1110776.7	—	—
2002	1470902.0	—	—
2003	1505873.6	—	—
2004	2138162.4	—	—
2005	2670764.6	—	—
2006	4643681.2	1323719.7	3028
北　京 Beijing	49399.3	12257.0	101
天　津 Tianjin	61583.1	13905.3	105
河　北 Hebei	475180.2	137739.9	253
山　西 Shanxi	355872.6	55828.4	236
内蒙古 Inner Mongolia	79178.7	15891.7	70
辽　宁 Liaoning	348493.6	50771.2	75
吉　林 Jilin	43117.7	9691.2	10
黑龙江 Heilongjiang	34039.6	3765.5	30
上　海 Shanghai	188656.4	82228.4	77
江　苏 Jiangsu	383154.9	157824.1	302
浙　江 Zhejiang	397742.5	78604.6	301
安　徽 Anhui	84933.5	29838.1	68
福　建 Fujian	75565.9	16046.3	50
江　西 Jiangxi	63269.0	25528.3	52
山　东 Shandong	494425.1	153126.9	288
河　南 Henan	194463.4	59687.4	198
湖　北 Hubei	110619.6	35735.5	51
湖　南 Hunan	87429.1	22760.0	74
广　东 Guangdong	381207.9	166838.8	228
广　西 Guangxi	59902.5	14895.2	38
海　南 Hainan	6474.1	2605.0	21
重　庆 Chongqing	105097.8	47100.6	77
四　川 Sichuan	147679.2	23365.0	75
贵　州 Guizhou	62653.3	20638.7	56
云　南 Yunnan	119025.0	36465.8	109
西　藏 Tibet	410.0	—	—
陕　西 Shaanxi	56478.8	17367.2	29
甘　肃 Gansu	53897.6	20170.3	12
青　海 Qinghai	16491.8	—	4
宁　夏 Ningxia	26599.5	5588.2	17
新　疆 Xinjiang	80639.5	7455.1	21

各地区工业固体废物产生及处置利用情况（一）
Generation and Utilization of Industrial Solid Wastes by Region (1—1)

单位：万吨 (2006) (10000 tons)

年份 地区	Year Region	工业固体废物产生量 Industrial Solid Wastes Generated	危险废物 Hazardous Wastes	冶炼废渣 Smelting Residue	粉煤灰 Coalburning Powder	炉渣 Slag
	2000	81608	830	8841	12653	9374
	2001	88840	952	9745	14121	8673
	2002	94509	1001	10784	15722	9491
	2003	100428	1170	12304	17529	10544
	2004	120030	995	14626	21391	12346
	2005	134449	1162	18199	23377	13722
	2006	151541	1084	20893	26602	15603
北　京	Beijing	1356	12	327	201	96
天　津	Tianjin	1292	15	321	294	386
河　北	Hebei	14229	32	3899	1767	1211
山　西	Shanxi	11817	4	1520	1761	1048
内蒙古	Inner Mongolia	8710	42	699	1716	507
辽　宁	Liaoning	13013	44	1831	1308	727
吉　林	Jilin	2802	35	324	638	658
黑龙江	Heilongjiang	3914	21	119	1154	422
上　海	Shanghai	2063	41	760	506	131
江　苏	Jiangsu	7195	99	1056	2248	1612
浙　江	Zhejiang	3096	44	93	1082	884
安　徽	Anhui	5028	6	653	974	442
福　建	Fujian	4238	8	171	403	359
江　西	Jiangxi	7393	5	488	630	274
山　东	Shandong	11011	121	1614	2551	1488
河　南	Henan	7464	15	832	1943	1036
湖　北	Hubei	4315	18	914	852	513
湖　南	Hunan	3688	41	886	623	444
广　东	Guangdong	3057	130	347	1147	442
广　西	Guangxi	3894	35	514	616	269
海　南	Hainan	147	1	1	54	11
重　庆	Chongqing	1764	16	129	259	372
四　川	Sichuan	7600	26	989	902	776
贵　州	Guizhou	5827	104	432	846	253
云　南	Yunnan	5972	57	1161	605	347
西　藏	Tibet	9	—	—	—	—
陕　西	Shaanxi	4794	8	127	600	252
甘　肃	Gansu	2591	16	446	288	159
青　海	Qinghai	882	76	76	93	48
宁　夏	Ningxia	799	—	58	275	257
新　疆	Xinjiang	1581	12	106	266	179

各地区工业固体废物产生及处置利用情况（一）（续表）
Generation and Utilization of Industrial Solid Wastes by Region（1—2）

单位：万吨　　　　（2006）　　　　（10000 tons）

年份 地区	Year Region	煤矸石 Coal Stone	尾矿 Cangue	放射性废物 Radioactive Wastes	脱硫石膏 Gypsum for Desulfurization	其他 Others
	2000	15214	26691	7.9	—	7995
	2001	12018	24125	22.9	—	12434
	2002	13035	26542	11.5	—	11471
	2003	12964	28980	30.7	—	9963
	2004	13679	32059	14.5	—	16719
	2005	16158	38519	19.6	—	13383
	2006	17693	42738	10.4	872.8	16559
北　京	Beijing	57	322	—	9.2	216
天　津	Tianjin	—	—	—	11.4	171
河　北	Hebei	411	4427	—	30.6	768
山　西	Shanxi	4548	1641	0.2	58.9	465
内蒙古	Inner Mongolia	2569	2397	2.7	49	252
辽　宁	Liaoning	405	7391	—	6.5	896
吉　林	Jilin	113	691	—	3.3	119
黑龙江	Heilongjiang	1391	328	—	1	177
上　海	Shanghai	2	—	—	3	427
江　苏	Jiangsu	218	285	—	82.7	1074
浙　江	Zhejiang	10	192	—	47.1	498
安　徽	Anhui	1227	1152	—	10.2	448
福　建	Fujian	171	2608	—	14.9	340
江　西	Jiangxi	265	5000	—	8.3	453
山　东	Shandong	1349	1556	—	66.7	1772
河　南	Henan	441	1810	—	28	688
湖　北	Hubei	52	984	—	5	736
湖　南	Hunan	247	908	—	19.2	243
广　东	Guangdong	14	304	7.3	34.9	359
广　西	Guangxi	67	1208	—	17.1	942
海　南	Hainan	—	27	—	1.7	43
重　庆	Chongqing	384	21	—	123.1	332
四　川	Sichuan	728	2379	—	45.3	936
贵　州	Guizhou	1561	1395	—	68.8	1169
云　南	Yunnan	211	1589	—	117.6	1400
西　藏	Tibet	—	8	—	—	—
陕　西	Shaanxi	897	1770	—	6.7	949
甘　肃	Gansu	143	1214	0.2	1.8	269
青　海	Qinghai	38	476	—	—	67
宁　夏	Ningxia	45	—	—	0.7	135
新　疆	Xinjiang	129	655	—	—	215

各地区工业固体废物产生及处置利用情况（三）
Generation and Utilization of Industrial Solid Wastes by Region (3)

单位：万吨　　(2006)　　(10000 tons)

年份 地区	Year Region	工业固体废物综合利用量 Industrial Solid Wastes Utilized	危险废物 Hazardous Wastes	冶炼废渣 Smelting Residue	粉煤灰 Coalburning Powder
	2000	37451	408	7565	8387
	2001	47290	442	7768	9576
	2002	50061	391	8920	10740
	2003	56040	427	10385	12204
	2004	67796	403	12855	14847
	2005	76993	496	16243	16916
	2006	92601	566	18588	20245
北　京	Beijing	1095	6	432	204
天　津	Tianjin	1271	13	321	294
河　北	Hebei	8850	28	3672	1523
山　西	Shanxi	5370	4	1312	480
内蒙古	Inner Mongolia	3891	11	445	753
辽　宁	Liaoning	4958	22	1780	725
吉　林	Jilin	1781	21	325	455
黑龙江	Heilongjiang	2851	9	96	749
上　海	Shanghai	1953	29	759	502
江　苏	Jiangsu	6966	74	1055	2378
浙　江	Zhejiang	2855	18	92	1067
安　徽	Anhui	4123	5	606	844
福　建	Fujian	3105	5	160	374
江　西	Jiangxi	2637	5	486	460
山　东	Shandong	10397	75	1533	2459
河　南	Henan	5268	14	785	1680
湖　北	Hubei	3150	16	871	799
湖　南	Hunan	2716	34	742	460
广　东	Guangdong	2878	91	334	1316
广　西	Guangxi	2293	14	431	425
海　南	Hainan	113	—	1	46
重　庆	Chongqing	1331	21	36	225
四　川	Sichuan	4187	20	842	615
贵　州	Guizhou	2108	11	238	288
云　南	Yunnan	2463	6	811	201
西　藏	Tibet	—	—	—	—
陕　西	Shaanxi	1825	2	121	386
甘　肃	Gansu	723	7	117	207
青　海	Qinghai	260	—	72	25
宁　夏	Ningxia	432	—	14	119
新　疆	Xinjiang	751	5	99	186

各地区工业固体废物产生及处置利用情况（四）
Generation and Utilization of Industrial Solid Wastes by Region（4）

单位：万吨　　　　（2006）　　　　（10000 tons）

年份 地区	Year Region	炉渣 Slag	煤矸石 Coal Stone	尾矿 Cangue	脱硫石膏 Gypsum for Desulfurization	其他 Others
	2000	6809	5395	3623	—	5266
	2001	7521	6641	3438	—	8539
	2002	8132	7020	4420	—	7321
	2003	9131	7641	5451	—	7129
	2004	10886	8336	7790	—	8349
	2005	12137	10911	7951	—	9599
	2006	14084	12161	8416	594	11640
北　京	Beijing	96	21	8	9	212
天　津	Tianjin	386	—	—	11	154
河　北	Hebei	1187	274	618	31	557
山　西	Shanxi	585	1966	289	41	315
内蒙古	Inner Mongolia	422	1762	141	15	154
辽　宁	Liaoning	653	480	266	4	831
吉　林	Jilin	533	80	78	2	94
黑龙江	Heilongjiang	409	1062	172	1	143
上　海	Shanghai	112	2	—	3	380
江　苏	Jiangsu	1604	248	87	79	934
浙　江	Zhejiang	877	10	95	45	431
安　徽	Anhui	474	1152	553	10	370
福　建	Fujian	348	112	1629	14	331
江　西	Jiangxi	236	245	687	8	330
山　东	Shandong	1450	1452	1184	66	1712
河　南	Henan	965	594	244	19	471
湖　北	Hubei	503	39	194	4	530
湖　南	Hunan	433	192	438	11	209
广　东	Guangdong	442	3	105	35	318
广　西	Guangxi	261	40	180	17	764
海　南	Hainan	8		17	2	33
重　庆	Chongqing	354	275	12	102	218
四　川	Sichuan	648	568	404	19	627
贵　州	Guizhou	129	617	441	37	348
云　南	Yunnan	272	179	274	6	471
西　藏	Tibet	—	—	—	—	—
陕　西	Shaanxi	214	622	64	3	326
甘　肃	Gansu	124	35	67	—	135
青　海	Qinghai	34	5	81	—	42
宁　夏	Ningxia	198	5	—	—	75
新　疆	Xinjiang	127	121	88	—	123

各地区工业固体废物产生及处置利用情况（五）
Generation and Utilization of Industrial Solid Wastes by Region (5)

单位：万吨 (2006) (10000 tons)

年份 地区	Year Region	工业固体废物贮存量 Stock of Industrial Solid Wastes	危险废物贮存量 Hazardous Wastes	工业固体废物处置量 Industrial Solid Wastes Disposed	危险废物处置量 Hazardous Wastes	工业固体废物排放量(吨) Industrial Solid Wastes Discharged (ton)	危险废物排放量 Hazardous Wastes
	2000	28921	275.52	9152	179.00	31862039	25707.85
	2001	30183	307.14	14491	228.97	28938045	20595.98
	2002	30040	382.76	16618	242.15	26352123	16972.35
	2003	27667	422.96	17751	375.44	19409096	2798.21
	2004	26012	343.26	26635	275.19	17619510	11469.59
	2005	27876	337.27	31259	339.00	16546848	5966.96
	2006	22398	266.81	42883	289.34	13020916	199663.10
北京	Beijing	63	0.42	632	5.56	1011	—
天津	Tianjin	—	—	20	1.92	—	—
河北	Hebei	2722	0.01	2850	3.76	419579	1.00
山西	Shanxi	992	0.12	5198	0.29	4357022	—
内蒙古	Inner Mongolia	2345	12.77	2578	20.92	282161	—
辽宁	Liaoning	2273	0.09	6048	24.72	246918	—
吉林	Jilin	974	0.08	53	18.40	20509	—
黑龙江	Heilongjiang	859	0.45	274	10.86	10269	—
上海	Shanghai	7	0.03	103	14.10	2414	—
江苏	Jiangsu	197	0.15	249	25.22	270	—
浙江	Zhejiang	90	2.29	162	24.87	51800	20.00
安徽	Anhui	419	0.14	509	1.24	468	—
福建	Fujian	73	0.06	1070	3.02	33707	—
江西	Jiangxi	560	0.20	4197	0.10	83022	—
山东	Shandong	578	42.89	343	16.72	4139	—
河南	Henan	704	0.05	1831	1.45	32217	—
湖北	Hubei	891	—	303	2.28	115310	—
湖南	Hunan	673	9.42	305	3.75	387231	812.00
广东	Guangdong	172	1.41	353	37.11	135771	0.15
广西	Guangxi	896	0.56	886	19.87	227434	23.00
海南	Hainan	34	1.14	—	0.04	200	—
重庆	Chongqing	235	1.02	124	2.06	1221841	3806.00
四川	Sichuan	1125	5.15	2226	1.19	848568	0.50
贵州	Guizhou	1096	46.67	2510	26.79	1376600	195000.00
云南	Yunnan	1535	52.21	2014	8.11	995583	0.45
西藏	Tibet	1	—	—	—	73860	—
陕西	Shaanxi	683	9.00	2260	2.96	429068	—
甘肃	Gansu	808	0.31	5469	8.99	337345	—
青海	Qinghai	623	75.60	1	0.02	3154	—
宁夏	Ningxia	156	—	226	0.04	60178	—
新疆	Xinjiang	615	4.59	90	2.98	1263270	—

各地区工业污染治理项目建设情况（一）
Treatment Projects for Industrial Pollution by Region (1)

单位：个　　(2006)　　(unit)

年份 地区	Year Region	汇总工业企业数 Number of Industrial Enterprises Collected	本年施工项目总数 Numer of Projects under Construction	治理废水 Treatment of Waste Water	治理废气 Treatment of Waste Gas	治理固体废物 Treatment of Solid Wastes	治理噪声 Treatment of Noise Pollution	治理其他 Treatment of Other Pollution
	2000	20459	27243	11894	12840	803	551	791
	2001	8805	11640	4705	5406	559	355	615
	2002	8634	11557	4679	4992	666	375	845
	2003	8515	11292	4573	4848	660	330	881
	2004	9519	12944	5373	5664	677	380	850
	2005	9871	13330	5545	5472	820	415	928
	2006	9605	13101	5717	5272	750	298	1064
北　京	Beijing	107	177	42	106	2	12	15
天　津	Tianjin	121	162	61	62	4	3	32
河　北	Hebei	294	446	123	280	6	7	30
山　西	Shanxi	497	813	237	469	43	6	58
内蒙古	Inner Mongolia	149	195	53	111	4	1	26
辽　宁	Liaoning	238	326	133	138	18	8	29
吉　林	Jilin	110	152	65	56	7	5	19
黑龙江	Heilongjiang	105	135	60	66	4	—	5
上　海	Shanghai	134	190	82	71	6	14	17
江　苏	Jiangsu	512	642	347	213	17	20	45
浙　江	Zhejiang	711	866	531	196	20	10	109
安　徽	Anhui	196	280	141	99	3	6	31
福　建	Fujian	543	690	308	249	88	8	37
江　西	Jiangxi	183	259	131	96	15	5	12
山　东	Shandong	945	1199	623	351	108	32	85
河　南	Henan	597	738	259	406	29	14	30
湖　北	Hubei	354	477	199	188	29	17	44
湖　南	Hunan	326	453	184	203	37	10	19
广　东	Guangdong	1091	1333	582	447	63	36	205
广　西	Guangxi	253	392	186	164	23	4	15
海　南	Hainan	36	43	32	6	1	—	4
重　庆	Chongqing	128	178	70	70	7	12	19
四　川	Sichuan	592	801	274	374	53	33	67
贵　州	Guizhou	324	723	537	134	26	7	19
云　南	Yunnan	390	542	140	325	35	12	30
西　藏	Tibet	1	1	1	—	—	—	0
陕　西	Shaanxi	244	301	129	108	29	11	24
甘　肃	Gansu	223	315	102	134	52	5	22
青　海	Qinghai	18	21	2	19	—	—	0
宁　夏	Ningxia	91	108	26	76	4	—	2
新　疆	Xinjiang	92	143	57	55	17	—	14

各地区工业污染治理项目建设情况（二）
Treatment Projects for Industrial Pollution by Region (2)

单位：个　　(2006)　　(unit)

年份 地区	Year Region	本年竣工项目数 Number of Projects Completed	治理废水 Treatment of Waste Water	治理废气 Treatment of Waste Gas	治理固体废物 Treatment of Solid Wastes	治理噪声 Treatment of Noise Pollution	治理其他 Treatment of Other Pollution
	2000	21070	8759	10552	622	454	683
	2001	10277	4076	4856	503	322	520
	2002	9733	3794	4300	583	328	728
	2003	9568	3827	4107	578	283	773
	2004	11290	4662	4923	610	346	749
	2005	11158	4710	4613	708	353	731
	2006	11822	5047	4843	679	274	979
北　京	Beijing	168	39	103	2	10	14
天　津	Tianjin	149	55	55	4	3	32
河　北	Hebei	399	107	247	7	6	32
山　西	Shanxi	725	203	420	37	3	62
内蒙古	Inner Mongolia	183	49	105	3	1	25
辽　宁	Liaoning	289	110	130	15	8	26
吉　林	Jilin	135	53	55	6	5	16
黑龙江	Heilongjiang	117	47	64	2	0	4
上　海	Shanghai	186	80	71	6	12	17
江　苏	Jiangsu	571	308	195	15	20	33
浙　江	Zhejiang	740	443	180	18	9	90
安　徽	Anhui	236	121	81	2	6	26
福　建	Fujian	583	247	212	80	9	35
江　西	Jiangxi	216	104	87	12	2	11
山　东	Shandong	1091	547	329	106	28	81
河　南	Henan	672	230	376	26	12	28
湖　北	Hubei	403	165	167	22	15	34
湖　南	Hunan	426	177	188	34	10	17
广　东	Guangdong	1223	520	420	59	35	189
广　西	Guangxi	352	168	148	20	3	13
海　南	Hainan	38	28	5	1	0	4
重　庆	Chongqing	167	66	66	5	12	18
四　川	Sichuan	718	242	338	48	29	61
贵　州	Guizhou	697	522	130	23	7	15
云　南	Yunnan	506	133	302	30	13	28
西　藏	Tibet	1	1	0	0	0	0
陕　西	Shaanxi	274	114	99	28	10	23
甘　肃	Gansu	301	95	129	49	5	23
青　海	Qinghai	21	2	19	0	0	0
宁　夏	Ningxia	103	24	73	4	0	2
新　疆	Xinjiang	132	51	51	16	1	13

各地区工业污染治理项目建设情况（三）

Treatment Projects for Industrial Pollution by Region (3)

单位：万元　　(2006)　　(10000 yuan)

年份 地区	Year Region	污染治理项目本年完成投资合计 Investment Completed in the Treatment of Industrial Pollution This Year (delete)	治理废水 Treatment of Waste Water	治理废气 Treatment of Waste Gas	治理固体废物 Treatment of Solid Wastes	治理噪声 Treatment of Noise Pollution	治理其他 Treatment of Other Pollution
	2000	2394390.8	1095897.4	909241.6	114673.0	60188.5	214390.3
	2001	1745280.0	729214.3	657940.4	186967.2	6424.4	164733.7
	2002	1883662.8	714935.1	697864.3	161287.3	10463.5	299112.6
	2003	2218281.0	873747.7	921222.4	161763.4	10139.2	251408.3
	2004	3081059.5	1055868.1	1427974.9	226464.8	13416.1	357335.6
	2005	4581908.7	1337146.9	2129571.3	274181.3	30613.3	810395.9
	2006	4839485.1	1511164.5	2332697.1	182630.5	30145.1	782847.9
北　京	Beijing	101397.3	8471.9	89533.8	1039.5	346.4	2005.7
天　津	Tianjin	149534.2	26537.3	68425.8	148.0	260.0	54163.1
河　北	Hebei	190689.4	38500.5	137799.6	303.0	3107.5	10978.8
山　西	Shanxi	367602.6	110036.4	216934.3	17793.1	229.7	22609.1
内蒙古	Inner Mongolia	177234.8	26040.4	144638.7	517.0	20.0	6018.7
辽　宁	Liaoning	520470.3	79661.0	78075.7	3026.0	675.0	359032.6
吉　林	Jilin	39810.3	33809.5	3513.2	757.5	16.2	1713.9
黑龙江	Heilongjiang	58189.4	43959.4	10390.3	736.1	—	3103.6
上　海	Shanghai	59269.0	7011.0	16856.3	31375.5	729.6	3296.6
江　苏	Jiangsu	280053.4	93372.5	171498.9	2320.8	1261.4	11599.8
浙　江	Zhejiang	250363.1	81717.3	124903.6	1694.0	274.4	41773.8
安　徽	Anhui	54555.4	40322.6	8071.6	2194.0	520.3	3446.9
福　建	Fujian	196034.8	84534.5	65458.6	13924.2	7045.7	25071.8
江　西	Jiangxi	68578.7	23929.6	32223.0	1131.1	6103.8	5191.2
山　东	Shandong	596643.1	244305.4	240339.6	20172.6	1434.4	90391.1
河　南	Henan	247334.6	94576.7	127750.0	16627.5	528.7	7851.7
湖　北	Hubei	148872.8	59631.7	65821.7	10240.6	202.5	12976.3
湖　南	Hunan	173309.0	48705.7	117441.3	4756.1	1396.5	1009.4
广　东	Guangdong	313708.3	95548.3	155113.9	11011.3	2661.3	49373.5
广　西	Guangxi	86604.2	43700.3	37012.3	1690.3	238.2	3963.1
海　南	Hainan	21389.2	16931.9	3398.1	187.2	—	872.0
重　庆	Chongqing	36742.1	18346.8	15463.3	833.0	638.0	1461.0
四　川	Sichuan	203008.4	50915.6	136481.0	3215.2	829.0	11567.6
贵　州	Guizhou	100771.0	23778.5	53678.5	10364.7	238.6	12710.7
云　南	Yunnan	94089.2	17961.7	52394.3	9944.2	442.2	13346.8
西　藏	Tibet	128.9	128.9	—	—	—	—
陕　西	Shaanxi	73746.5	31470.3	18176.9	3147.5	790.5	20161.3
甘　肃	Gansu	136467.9	20605.1	105493.1	7183.4	123.2	3063.1
青　海	Qinghai	7773.2	292.2	7481.0	—	—	—
宁　夏	Ningxia	39885.5	19485.4	16292.4	3715.0	—	392.7
新　疆	Xinjiang	45228.5	26876.1	12036.3	2582.1	32.0	3702.0

各地区工业污染治理项目建设情况（四）

Treatment Projects for Industrial Pollution by Region (4)

单位：万元 (2006) (10000 yuan)

年份 地区	Year Region	污染治理项目本年投资来源 Source of Current Investment in the Treatment of Industrial Pollution				
		合计 Total	排污费补助 Subsidy of Pollution emission Expenditure	政府其他补助 Other Funds	企业自筹 Self-financing	国内贷款 Domestic Loans
	2000	2394390.8	67051.1	331154.3	1996185.4	125532.3
	2001	1745280.0	83245.4	363456.9	1298577.7	671103.7
	2002	1883662.8	67893.3	419555.3	1396214.2	435504.5
	2003	2218281.0	123798.9	187521.3	1906960.8	250958.0
	2004	3081059.5	111312.7	137146.5	2832600.3	290189.4
	2005	4581908.7	206000.5	77765.8	4298142.4	389917.7
	2006	4839485.1	142810.8	155157.4	4541517.0	301030.0
北京	Beijing	101397.3	2960.0	20357.9	78079.4	12400.0
天津	Tianjin	149534.2	1627.8	4785.4	143121.0	16931.0
河北	Hebei	190689.4	10388.2	8230.0	172071.2	7461.0
山西	Shanxi	367602.6	30543.6	9530.1	327528.9	15729.8
内蒙古	Inner Mongolia	177234.8	2736.0	335.0	174163.8	3792.0
辽宁	Liaoning	520470.3	6456.5	11286.0	502727.8	6340.0
吉林	Jilin	39810.3	169.0	594.0	39047.3	1936.4
黑龙江	Heilongjiang	58189.4	534.7	963.8	56690.9	30.0
上海	Shanghai	59269.0	5.0	131.8	59132.2	167.3
江苏	Jiangsu	280053.4	9805.4	2372.0	267876.0	19638.0
浙江	Zhejiang	250363.1	5262.7	842.0	244258.4	11485.0
安徽	Anhui	54555.4	2798.6	3897.1	47859.7	3984.0
福建	Fujian	196034.8	1950.5	1478.5	192605.8	2154.0
江西	Jiangxi	68578.7	2751.0	528.0	65299.7	651.0
山东	Shandong	596643.1	7740.0	11303.0	577600.1	52380.9
河南	Henan	247334.6	5133.0	12343.8	229857.8	20147.0
湖北	Hubei	148872.8	2941.6	9039.5	136891.7	9574.0
湖南	Hunan	173309.0	8737.5	11705.0	152866.5	25821.0
广东	Guangdong	313708.3	2142.5	10422.6	301143.2	10242.0
广西	Guangxi	86604.2	3276.5	449.5	82878.2	4496.4
海南	Hainan	21389.2	64.0	20.0	21305.2	6774.0
重庆	Chongqing	36742.1	1480.0	4250.0	31012.1	835.0
四川	Sichuan	203008.4	7927.7	5474.8	189605.9	34266.7
贵州	Guizhou	100771.0	17268.1	430.0	83072.9	16449.1
云南	Yunnan	94089.2	1351.9	1873.0	90864.3	7583.1
西藏	Tibet	128.9	—	116.0	12.9	—
陕西	Shaanxi	73746.5	1530.0	743.0	71473.5	2278.3
甘肃	Gansu	136467.9	3865.0	18908.0	113694.9	3595.0
青海	Qinghai	7773.2	10.0	1315.0	6448.2	—
宁夏	Ningxia	39885.5	530.0	104.6	39250.9	833.0
新疆	Xinjiang	45228.5	824.0	1328.0	43076.5	3055.0

各地区工业污染治理项目建设情况（五）
Treatment Projects for Industrial Pollution by Region (5)

(2006)

年份 地区	Year Region	本年竣工项目新增设计处理能力 Capacity for Treament of Industrial Pollution New-added		
		治理废水（吨/日） Treatment of Waste Water (ton/day)	治理废气（万标立米/时） Treatment of Waste Gas (cu. m/hour)	治理固体废物（吨/日） Treatment of Solid Wastes (ton/day)
	2000	91145316	92986	30379168
	2001	26888923	35299	2737640
	2002	25209270	118010	1638711
	2003	10135724	15708	4960284
	2004	18106382	37205	2987559
	2005	25602344	25573	2769710
	2006	13490365	94949	15960737
北　京	Beijing	15823	2226	7
天　津	Tianjin	11522	50	0
河　北	Hebei	199886	1048	594
山　西	Shanxi	771235	766	50528
内蒙古	Inner Mongolia	597521	523	30068
辽　宁	Liaoning	102108	420	22142
吉　林	Jilin	124582	123	6400
黑龙江	Heilongjiang	1132825	158	—
上　海	Shanghai	12047	164	3865
江　苏	Jiangsu	589513	12027	271215
浙　江	Zhejiang	449414	1243	16128
安　徽	Anhui	277052	161	—
福　建	Fujian	261324	895	11513
江　西	Jiangxi	165250	486	3625
山　东	Shandong	3325124	6254	25420
河　南	Henan	648533	1079	2634
湖　北	Hubei	614280	54020	11708
湖　南	Hunan	1057248	708	1133668
广　东	Guangdong	625477	2027	13247
广　西	Guangxi	592420	302	3472
海　南	Hainan	34513	55	—
重　庆	Chongqing	164928	165	350
四　川	Sichuan	609156	7841	97728
贵　州	Guizhou	120318	560	14051476
云　南	Yunnan	314642	693	10923
西　藏	Tibet	—	—	—
陕　西	Shaanxi	124476	177	40104
甘　肃	Gansu	291428	339	128613
青　海	Qinghai	900	269	—
宁　夏	Ningxia	35413	132	234
新　疆	Xinjiang	221407	36	25075

各地区工业企业“三废”治理效率（一）
Effeciency of Industrial Pollution Treatment by Region (1)

单位：%　　(2006)　　(%)

年份 地区	Year Region	二氧化硫排放达标率 Ratio of Industrial Sulphur Dioxide Meeting Discharge Standards	烟尘排放达标率 Ratio of Industrial Soot Meeting Discharge Standares	工业粉尘排放达标率 Ratio of Industrial Dust Meeting Discharge Standards	工业氮氧化物排放达标率 Ratio of Industrial Nirogen Oxcide Meeting Discharge Standards
	2000	—	—	—	—
	2001	61.3	67.3	50.2	—
	2002	70.2	75.0	61.7	—
	2003	69.1	78.5	54.5	—
	2004	75.6	80.2	71.1	—
	2005	79.4	82.9	75.1	—
	2006	81.9	87.0	82.9	79.6
北　京	Beijing	100.0	99.9	100.0	96.9
天　津	Tianjin	99.3	100.0	100.0	84.4
河　北	Hebei	87.7	93.2	93.9	77.1
山　西	Shanxi	80.8	86.7	87.1	76.4
内蒙古	Inner Mongolia	79.2	70.4	74.8	76.6
辽　宁	Liaoning	88.7	92.3	87.0	70.5
吉　林	Jilin	70.9	84.1	55.9	69.0
黑龙江	Heilongjiang	91.8	92.1	75.7	83.0
上　海	Shanghai	95.6	95.7	99.7	98.2
江　苏	Jiangsu	98.3	98.1	97.7	98.3
浙　江	Zhejiang	94.7	92.8	97.7	94.6
安　徽	Anhui	91.4	97.2	94.3	83.1
福　建	Fujian	97.3	94.9	96.0	97.5
江　西	Jiangxi	82.3	93.1	89.6	73.7
山　东	Shandong	90.4	97.0	96.1	84.9
河　南	Henan	87.2	89.4	86.7	75.1
湖　北	Hubei	91.8	84.7	80.1	92.2
湖　南	Hunan	85.0	85.5	74.7	88.1
广　东	Guangdong	76.7	82.5	84.0	67.7
广　西	Guangxi	78.6	93.2	91.5	83.0
海　南	Hainan	35.7	82.9	91.2	88.7
重　庆	Chongqing	83.6	88.6	89.2	77.2
四　川	Sichuan	61.5	86.0	72.7	70.5
贵　州	Guizhou	62.3	50.4	33.4	77.5
云　南	Yunnan	67.8	80.5	84.8	66.6
西　藏	Tibet	—	—	—	—
陕　西	Shaanxi	66.3	89.4	90.1	66.2
甘　肃	Gansu	66.2	73.5	43.0	83.2
青　海	Qinghai	52.9	37.1	24.5	52.2
宁　夏	Ningxia	61.9	80.0	66.3	39.6
新　疆	Xinjiang	69.6	62.8	44.4	40.6

各地区工业企业“三废”治理效率（二）
Effeciency of Industrial Pollution Treatment by Region (2)

单位：%　　　　(2006)　　　　(%)

年份 地区	Year Region	工业废水排放达标率 Ratio of Industrial Waste Water Meeting Discharge Standards	工业用水重复利用率 Ratio of Recycled Water Used in Industry	工业固体废物 综合利用率 Ratio of Industrial Soild Wastes Uitlized	工业固体废物 处置率 Ratio of Industrial Soil Wastes Disposed
	2000	82.0	68.4	51.7	12.6
	2001	85.6	69.6	52.1	15.7
	2002	88.3	71.5	52.0	17.1
	2003	89.2	72.5	54.8	17.5
	2004	90.7	74.2	55.7	22.1
	2005	91.2	75.1	57.5	23.2
	2006	90.7	79.6	60.2	27.4
北　京	Beijing	99.3	96.1	74.6	37.7
天　津	Tianjin	99.8	95.2	98.4	1.6
河　北	Hebei	93.4	91.5	61.7	20.0
山　西	Shanxi	68.9	93.4	45.0	43.8
内蒙古	Inner Mongolia	77.0	95.9	44.0	29.6
辽　宁	Liaoning	92.9	90.1	38.0	46.0
吉　林	Jilin	81.4	84.5	63.5	1.9
黑龙江	Heilongjiang	87.8	79.6	71.5	7.0
上　海	Shanghai	97.5	61.7	94.7	5.0
江　苏	Jiangsu	97.7	78.3	94.1	3.5
浙　江	Zhejiang	86.4	48.4	91.8	5.2
安　徽	Anhui	97.1	84.3	81.6	10.1
福　建	Fujian	97.9	56.6	73.1	25.2
江　西	Jiangxi	93.2	64.2	35.6	56.8
山　东	Shandong	98.0	91.6	92.0	3.1
河　南	Henan	93.0	90.3	67.6	24.5
湖　北	Hubei	91.0	72.1	72.3	7.0
湖　南	Hunan	91.6	73.2	73.0	8.3
广　东	Guangdong	84.9	46.6	84.3	11.5
广　西	Guangxi	92.9	60.8	58.1	21.9
海　南	Hainan	94.6	91.6	77.1	0.1
重　庆	Chongqing	93.8	57.5	73.7	7.0
四　川	Sichuan	84.5	79.7	55.0	29.3
贵　州	Guizhou	71.8	92.4	36.0	43.1
云　南	Yunnan	89.2	87.8	41.0	33.2
西　藏	Tibet	28.2	2.3	—	—
陕　西	Shaanxi	89.2	87.9	38.0	47.1
甘　肃	Gansu	79.1	89.6	27.1	79.7
青　海	Qinghai	48.6	81.8	29.4	0.1
宁　夏	Ningxia	64.8	91.1	53.9	28.3
新　疆	Xinjiang	61.1	85.2	47.5	5.7

各地区危险废物集中处置情况（一）
Centralized Treatment of Hazardous Wastes by Region (1)

(2006)

年份 地区	Year Region	危险废物集中处置厂数（座） Number of Plants for Centralized Treatment of Hazardous Wastes (unit)	危险废物处置能力（吨/日） Capacity of Plants for Centralized Treatment of Hazardous Wastes (ton/day)	焚烧处置能力 Treatment by Burning	填埋处理能力 Treatment by Landfilling
	2000	—	—	—	—
	2001	92	3416	1694	1722
	2002	152	2983	2180	803
	2003	154	10627	8624	2003
	2004	177	4006	2261	995
	2005	189	5211	3290	1167
	2006	248	18052	3144	13314
北　京	Beijing	5	320	307	—
天　津	Tianjin	4	12117	77	12040
河　北	Hebei	6	33	28	5
山　西	Shanxi	7	72	68	4
内蒙古	Inner Mongolia	8	30	30	—
辽　宁	Liaoning	20	890	518	372
吉　林	Jilin	5	171	64	107
黑龙江	Heilongjiang	5	29	16	13
上　海	Shanghai	24	367	295	73
江　苏	Jiangsu	38	667	578	89
浙　江	Zhejiang	22	366	286	76
安　徽	Anhui	2	20	20	—
福　建	Fujian	7	131	53	78
江　西	Jiangxi	1	3	3	—
山　东	Shandong	11	273	122	—
河　南	Henan	1	2	2	—
湖　北	Hubei	6	74	56	18
湖　南	Hunan	4	17	16	1
广　东	Guangdong	41	2241	394	420
广　西	Guangxi	5	43	43	—
海　南	Hainan	2	7	7	—
重　庆	Chongqing	4	20	20	—
四　川	Sichuan	8	42	41	1
贵　州	Guizhou	2	30	25	5
陕　西	Shaanxi	2	30	25	5
甘　肃	Gansu	2	4	4	—
青　海	Qinghai	1	3	3	—
宁　夏	Ningxia	2	1	1	—
新　疆	Xinjiang	3	54	44	10

各地区危险废物集中处置情况（二）
Centralized Treatment of Hazardous Wastes by Region (2)

(2006)

年份 地区	Year Region	危险废物处置量（吨）Volume of Hazardous Wastes Disposed (ton)	焚烧量 Volume of Hazardous Wastes Burned	填埋量 Volume of Hazardous Wastes Landfilled	危险废物综合利用量（吨）Volume of Hazardous Wastes Utilized (ton)	本年运行费用（万元）Annual Expenditure for Operation (10000 yuan)
	2000	—	—	—	—	—
	2001	136065	99141	36924	73212	21168.8
	2002	199116	152842	46274	175706	15932.8
	2003	421362	330914	90448	216584	31365.5
	2004	416488	270917	141881	178447	46888.1
	2005	521978	316524	198839	214316	71496.0
	2006	885908	507979	352856	337338	110234.2
北　京	Beijing	41574	41524	—	2880	6744.7
天　津	Tianjin	80662	7973	72689	9304	3895.0
河　北	Hebei	4244	4094	150	160	551.9
山　西	Shanxi	10916	9658	1258	—	956.1
内蒙古	Inner Mongolia	1862	1862	—	13	264.6
辽　宁	Liaoning	119094	54114	64980	48044	8204.1
吉　林	Jilin	46853	8075	38778	—	1630.0
黑龙江	Heilongjiang	6591	4157	2434	—	711.6
上　海	Shanghai	80020	53549	26471	20039	9782.3
江　苏	Jiangsu	104352	92815	11537	4889	10234.9
浙　江	Zhejiang	55963	55303	109	14518	8699.6
安　徽	Anhui	6882	6882	—	—	741.6
福　建	Fujian	17926	9887	8039	1000	1113.0
江　西	Jiangxi	540	540	—	—	211.0
山　东	Shandong	19309	19124	101	85	4269.4
河　南	Henan	265	265	—	—	80.0
湖　北	Hubei	13143	12032	1111	459	2050.8
湖　南	Hunan	1909	1894	15	46	756.8
广　东	Guangdong	212721	69808	118526	222196	43438.6
广　西	Guangxi	7584	7584	—	—	836.0
海　南	Hainan	1966	1966	—	—	493.6
重　庆	Chongqing	4928	4928	—	724	1288.0
四　川	Sichuan	8578	8571	8	73	1004.9
贵　州	Guizhou	5719	5354	365	—	361.5
陕　西	Shaanxi	7508	7232	276	138	528.0
甘　肃	Gansu	3748	1388	2360	—	374.7
青　海	Qinghai	956	956	—	—	196.0
宁　夏	Ningxia	455	455	—	114.0	—
新　疆	Xinjiang	19641	15992	3649	12771	701.5

各地区城市污水处理情况（一）
Urban Waste Water treatment by Region (1)

(2006)

年份 地区	Year Region	城市污水处理厂数（座）Urban Waste Water Treatment Plants (unit)	污水处理厂设计处理能力（万吨/日）Treatment Capacity (10000 ton/day)	工业区废污水集中处理装置数（座）Industrilal Park Waste Water Treatment Plants (unit)	集中处理装置处理能力（吨/日）Treatment Capacity (ton/day)	本年运行费用（万元）Annul Expenditure for Operation (10000 yuan)
	2000	315	1659	—	—	161128.0
	2001	319	2022	14	326190	236977.5
	2002	418	2544	27	398290	313286.1
	2003	511	3231	26	425458	411549.4
	2004	637	4255	26	394121	583042.1
	2005	764	5220	46	742445	736514.5
	2006	939	6370	74	1627310	1016240.3
北京	Beijing	26	320	—	—	68262.2
天津	Tianjin	15	180	—	—	22284.8
河北	Hebei	41	287	1	20000	37860.3
山西	Shanxi	20	89	1	30000	12778.6
内蒙古	Inner Mongolia	19	90	8	111900	11070.7
辽宁	Liaoning	29	320	1	125000	33586.9
吉林	Jilin	9	103	—	—	11873.0
黑龙江	Heilongjiang	8	98	—	—	13665.0
上海	Shanghai	43	470	—	—	57573.2
江苏	Jiangsu	154	578	26	387170	109951.5
浙江	Zhejiang	58	510	16	533240	129083.5
安徽	Anhui	21	171	—	—	24858.1
福建	Fujian	27	190	8	258600	34334.7
江西	Jiangxi	4	52	—	—	7030.7
山东	Shandong	104	565	—	—	90986.7
河南	Henan	42	295	2	52000	30711.5
湖北	Hubei	28	255	2	30000	18221.4
湖南	Hunan	20	138	—	—	14415.7
广东	Guangdong	84	701	—	—	142886.0
广西	Guangxi	9	60	—	—	8380.7
海南	Hainan	4	39	—	—	3506.9
重庆	Chongqing	37	167	4	14300	22477.2
四川	Sichuan	37	230	—	—	47683.3
贵州	Guizhou	6	26	4	7100	3193.4
云南	Yunnan	31	113	—	—	12821.5
陕西	Shaanxi	11	79	—	—	13482.8
甘肃	Gansu	17	77	1	58000	15152.8
青海	Qinghai	1	8	—	—	1500.0
宁夏	Ningxia	8	43	—	—	6574.2
新疆	Xinjiang	26	115	—	—	10033.0

各地区城市污水处理情况（二）
Urban Waste Water Treatment by Region (2)

（2006）

年份 地区	Year Region	污水处理量（万吨） Quantity of Waste Water Treated (10000 ton)	处理生活污水量 Household Waste Water Treated	污水再生利用量（万吨） Waste Water Recycled (10000 ton)	化学需氧量去除量（吨） Quantity of COD Removed (ton)
	2000	438325	320667	18095	1074656
	2001	512295	417709	22183	1412362
	2002	632848	522483	30084	1972182
	2003	775041	646797	40935	2351537
	2004	1014404	857963	46172	3050905
	2005	1287059	1084444	55174	3745933
	2006	1631339	1304230	75062	4830318
北　京	Beijing	88395	84693	13069	355040
天　津	Tianjin	37226	26535	682	161727
河　北	Hebei	59336	45505	3831	255801
山　西	Shanxi	25493	24171	4896	107834
内蒙古	Inner Mongolia	20640	15676	984	91340
辽　宁	Liaoning	72721	60449	11271	176157
吉　林	Jilin	16823	9422	—	45819
黑龙江	Heilongjiang	20455	19887	605	53856
上　海	Shanghai	155726	135125	424	303254
江　苏	Jiangsu	153308	118234	1870	434693
浙　江	Zhejiang	137222	75320	4333	813778
安　徽	Anhui	35105	31697	1631	70555
福　建	Fujian	48513	36359	112	161428
江　西	Jiangxi	12963	11442	2	9370
山　东	Shandong	138422	103135	5385	514451
河　南	Henan	65580	53713	3441	206651
湖　北	Hubei	57599	53442	23	60773
湖　南	Hunan	30122	27216	558	70122
广　东	Guangdong	244147	179158	850	362851
广　西	Guangxi	12546	12256	105	20713
海　南	Hainan	10084	10084	26	19667
重　庆	Chongqing	27952	29918	126	68594
四　川	Sichuan	59220	52069	4144	174432
贵　州	Guizhou	7105	4383	112	9278
云　南	Yunnan	27616	27208	9576	56551
陕　西	Shaanxi	19328	15145	948	68595
甘　肃	Gansu	14380	9462	1318	35836
青　海	Qinghai	2600	2600	—	7826
宁　夏	Ningxia	9614	8872	178	29965
新　疆	Xinjiang	21098	19660	4562	83363

各地区城市污水处理情况（三）
Urban Waste Water Treatment by Region (3)

单位：吨　　（2006）　　(ton)

年份 地区	Year Region	氨氮去除量 Quantity of Ammonia Nitrogen Removed	总磷去除量 Quantity of TP Removed	污泥产生量 Quantity of Sludge Generated	污泥排放量 Quantity of Sludge Removed
	2000	—	—	—	—
	2001	67927	11662	5665435	172879
	2002	94960	13794	5046371	158876
	2003	117836	18267	17664878	215804
	2004	166162	26202	14022002	762239
	2005	214482	46972	11130226	85605
	2006	288951	48807	11038162	304155
北　京	Beijing	33870	3788	689118	—
天　津	Tianjin	9202	2063	109584	8367
河　北	Hebei	12602	2152	554112	1052
山　西	Shanxi	4754	1668	137518	23247
内蒙古	Inner Mongolia	4927	554	125179	4107
辽　宁	Liaoning	9888	1248	280499	30020
吉　林	Jilin	2765	292	60668	8
黑龙江	Heilongjiang	4398	285	174124	2135
上　海	Shanghai	10976	2676	1093825	—
江　苏	Jiangsu	28730	6292	1434519	8120
浙　江	Zhejiang	29227	5930	668561	81150
安　徽	Anhui	5744	732	1425542	221
福　建	Fujian	7030	1033	211309	1405
江　西	Jiangxi	927	143	20545	—
山　东	Shandong	30143	4728	660266	83335
河　南	Henan	12382	1628	387178	2000
湖　北	Hubei	3338	877	119326	15113
湖　南	Hunan	3347	1850	527556	208
广　东	Guangdong	38077	4780	703119	17
广　西	Guangxi	1726	291	24775	—
海　南	Hainan	506	268	12898	—
重　庆	Chongqing	4329	856	114133	—
四　川	Sichuan	12628	1608	252010	298
贵　州	Guizhou	626	65	25903	—
云　南	Yunnan	4420	1021	149766	92
陕　西	Shaanxi	4580	903	98196	60
甘　肃	Gansu	3025	225	130254	415
青　海	Qinghai	—	—	2817	2817
宁　夏	Ningxia	1722	387	26932	—
新　疆	Xinjiang	3063	464	817930	39968

各地区生活及其他污染情况（一）
Discharge of Household Pollutants by Region (1)

(2006)

年份 地区	Year Region	城镇生活污水排放量（万吨） Amount of Household Waste Water Discharged (10000 tons)	城镇生活污水中化学需氧量排放量（吨） Amount of Household COD Discharged (ton)	城镇生活污水中氨氧排放量（吨） Amount of Household Ammonia Nitrogen Discharged (ton)	城镇生活污水处理率（%） Ratio of Household Waste Water Treated (%)
	2000	2209152	7404562	—	14.5
	2001	2302341	7972518	838835	18.5
	2002	2323420	7829006	867071	22.3
	2003	2470115	8211402	892199	25.8
	2004	2612669	8294750	908071	32.3
	2005	2813968	8594387	972743	37.4
	2006	2966340	8867038	988656	43.8
北　京	Beijing	94824	100609	12426	89.3
天　津	Tianjin	35909	106125	10966	73.9
河　北	Hebei	91922	329665	36050	49.5
山　西	Shanxi	58765	217366	28493	41.1
内蒙古	Inner Mongolia	33686	161892	31160	46.5
辽　宁	Liaoning	118229	380285	59195	51.1
吉　林	Jilin	57845	248863	29226	16.3
黑龙江	Heilongjiang	70857	356267	42608	28.1
上　海	Shanghai	175419	266703	31513	77.0
江　苏	Jiangsu	228368	638486	60332	51.8
浙　江	Zhejiang	131101	306151	30861	57.5
安　徽	Anhui	96352	314269	36982	32.9
福　建	Fujian	88441	300579	41067	41.1
江　西	Jiangxi	70444	358476	27323	16.2
山　东	Shandong	158272	421810	58225	65.2
河　南	Henan	147864	403177	51250	36.3
湖　北	Hubei	148524	456260	52325	36.0
湖　南	Hunan	144110	630448	63049	18.9
广　东	Guangdong	419706	755246	85648	42.7
广　西	Guangxi	130789	439871	34907	9.4
海　南	Hainan	28006	86523	6887	36.0
重　庆	Chongqing	64117	147394	15553	46.7
四　川	Sichuan	137027	503798	45683	38.0
贵　州	Guizhou	41454	210823	16072	10.6
云　南	Yunnan	46192	188046	15555	58.9
西　藏	Tibet	2462	14364	1436	32.9
陕　西	Shaanxi	46086	206862	22541	32.5
甘　肃	Gansu	29151	124051	13359	21.2
青　海	Qinghai	12239	39482	5519	66.7
宁　夏	Ningxia	13296	31885	3925	44.0
新　疆	Xinjiang	44884	121262	18519	43.8

各地区生活及其他污染情况（二）
Discharge of Household Pollutants by Region（2）

（2006）

年份 地区	Year Region	生活及其他煤炭消费量（万吨） Amount of Household Coal Consumed（10000 tons）	生活及其他二氧化硫排放量（吨） Amount of Household Sulphur Dioxide Emission（ton）	生活及其他烟尘排放量（吨） Amount of Household Soot Emission（ton）	生活及其他氮氧化物排放量（吨） Amount of Household Nitrogen Oxcide Emission（ton）	公路交通氮氧化物排放量（吨） Amount of Road Traffic Nitrogen Oxcide Emission（ton）
	2000	18237	3825827	2121047	—	—
	2001	20412	3811833	2178736	—	—
	2002	19024	3645831	2084836	—	—
	2003	19078	3669379	2024527	—	—
	2004	19613	3635088	2084478	—	—
	2005	21741	3808817	2335820	—	—
	2006	20376	3515573	2226552	3877733	2843207
北　京	Beijing	537	81789	34946	139699	139699
天　津	Tianjin	191	22470	12593	8237	3756
河　北	Hebei	1376	219818	170117	190486	96544
山　西	Shanxi	2596	300677	216250	129625	71721
内蒙古	Inner Mongolia	1184	173461	172462	143044	71389
辽　宁	Liaoning	1370	222138	258064	143685	87121
吉　林	Jilin	831	73165	88113	36694	18020
黑龙江	Heilongjiang	1159	78073	95758	94137	59590
上　海	Shanghai	420	133673	65653	153790	148807
江　苏	Jiangsu	344	62404	27951	255623	218977
浙　江	Zhejiang	178	30267	10776	226183	170571
安　徽	Anhui	431	65288	56535	120336	80868
福　建	Fujian	142	22465	36888	128631	96385
江　西	Jiangxi	309	64137	18282	83841	65483
山　东	Shandong	1475	275013	166185	281000	220000
河　南	Henan	1181	160097	71480	244457	195630
湖　北	Hubei	505	106605	37944	125247	106241
湖　南	Hunan	620	167588	74971	88843	66370
广　东	Guangdong	103	20541	9188	412691	395855
广　西	Guangxi	191	49911	11023	82581	66447
海　南	Hainan	3	539	977	46662	5427
重　庆	Chongqing	343	147973	81945	66216	41834
四　川	Sichuan	775	160260	137820	66036	43479
贵　州	Guizhou	1169	425300	78603	48392	13010
云　南	Yunnan	623	94791	57733	101055	82856
西　藏	Tibet	6	1000	—	—	—
陕　西	Shaanxi	769	135517	75239	107074	54046
甘　肃	Gansu	389	83030	44920	46978	36148
青　海	Qinghai	108	8646	19756	24501	19361
宁　夏	Ningxia	263	32473	17330	81217	13901
新　疆	Xinjiang	789	120471	93421	200772	153671

各地区主要污染物排放强度（一）
Emission Density of Key Pollutants by Region (1)

单位：吨/万元 GDP　　(2006)　　(ton/10000 yuan GDP)

年份 地区	Year Region	废水 Waste Water	化学需氧量 COD	氨氮 Ammonia Nitrogen	工业固体废物 Solid Wastes
	2000	41.85	0.0146	—	0.0321
	2001	39.07	0.0128	0.0011	0.0264
	2002	36.52	0.0114	0.0011	0.0219
	2003	33.87	0.0098	0.0010	0.0143
	2004	30.17	0.0084	0.0008	0.0110
	2005	28.77	0.0078	0.0008	0.0091
	2006	25.46	0.0068	0.0007	0.0062
北　京	Beijing	13.60	0.0014	0.0002	—
天　津	Tianjin	13.58	0.0033	0.0003	—
河　北	Hebei	19.14	0.0059	0.0006	0.0036
山　西	Shanxi	21.67	0.0082	0.0009	0.0918
内蒙古	Inner Mongolia	12.84	0.0062	0.0008	0.0059
辽　宁	Liaoning	23.00	0.0069	0.0008	0.0027
吉　林	Jilin	22.87	0.0098	0.0008	0.0005
黑龙江	Heilongjiang	18.60	0.0080	0.0008	0.0002
上　海	Shanghai	21.73	0.0029	0.0003	—
江　苏	Jiangsu	23.93	0.0043	0.0004	—
浙　江	Zhejiang	21.13	0.0038	0.0004	0.0003
安　徽	Anhui	27.10	0.0074	0.0010	—
福　建	Fujian	28.80	0.0053	0.0007	0.0004
江　西	Jiangxi	29.12	0.0103	0.0008	0.0018
山　东	Shandong	13.85	0.0035	0.0004	—
河　南	Henan	22.31	0.0058	0.0008	0.0003
湖　北	Hubei	31.97	0.0083	0.0010	0.0015
湖　南	Hunan	32.58	0.0123	0.0013	0.0052
广　东	Guangdong	25.20	0.0040	0.0004	0.0005
广　西	Guangxi	54.09	0.0233	0.0015	0.0047
海　南	Hainan	33.60	0.0094	0.0007	—
重　庆	Chongqing	43.20	0.0076	0.0008	0.0350
四　川	Sichuan	29.22	0.0093	0.0008	0.0098
贵　州	Guizhou	24.43	0.0101	0.0008	0.0607
云　南	Yunnan	20.11	0.0073	0.0005	0.0249
西　藏	Tibet	11.21	0.0053	0.0005	0.0255
陕　西	Shaanxi	19.75	0.0081	0.0006	0.0098
甘　肃	Gansu	20.10	0.0078	0.0015	0.0148
青　海	Qinghai	30.27	0.0117	0.0011	0.0005
宁　夏	Ningxia	44.97	0.0198	0.0014	0.0085
新　疆	Xinjiang	21.68	0.0095	0.0008	0.0418

各地区主要污染物排放强度（二）
Emission Density of Key Pollutants by Region (2)

单位：吔/万元 GDP　　(2006)　　(ton/10000 yuan GDP)

年份 地区	Year Region	二氧化硫 Sulphur Dioxide	烟尘 Soot	工业粉尘 Dust	氮氧化物 NOx
	2000	0.0201	0.0117	0.0110	—
	2001	0.0178	0.0097	0.0090	—
	2002	0.0160	0.0084	0.0078	—
	2003	0.0159	0.0077	0.0075	—
	2004	0.0141	0.0068	0.0057	—
	2005	0.0140	0.0065	0.0050	—
	2006	0.0123	0.0052	0.0038	0.0089
北　京	Beijing	0.0023	0.0006	0.0004	0.0028
天　津	Tianjin	0.0059	0.0018	0.0002	0.0037
河　北	Hebei	0.0133	0.0062	0.0056	0.0102
山　西	Shanxi	0.0311	0.0224	0.0135	0.0140
内蒙古	Inner Mongolia	0.0325	0.0138	0.0056	0.0188
辽　宁	Liaoning	0.0136	0.0077	0.0045	0.0088
吉　林	Jilin	0.0096	0.0098	0.0030	0.0086
黑龙江	Heilongjiang	0.0083	0.0087	0.0020	0.0074
上　海	Shanghai	0.0049	0.0011	0.0001	0.0046
江　苏	Jiangsu	0.0061	0.0020	0.0014	0.0051
浙　江	Zhejiang	0.0055	0.0013	0.0014	0.0049
安　徽	Anhui	0.0095	0.0050	0.0066	0.0099
福　建	Fujian	0.0062	0.0019	0.0023	0.0040
江　西	Jiangxi	0.0137	0.0050	0.0075	0.0060
山　东	Shandong	0.0090	0.0027	0.0015	0.0220
河　南	Henan	0.0130	0.0064	0.0045	0.0084
湖　北	Hubei	0.0101	0.0041	0.0043	0.0074
湖　南	Hunan	0.0125	0.0066	0.0098	0.0053
广　东	Guangdong	0.0049	0.0011	0.0011	0.0045
广　西	Guangxi	0.0207	0.0095	0.0096	0.0048
海　南	Hainan	0.0023	0.0011	0.0010	0.0056
重　庆	Chongqing	0.0247	0.0061	0.0058	0.0064
四　川	Sichuan	0.0148	0.0071	0.0038	0.0041
贵　州	Guizhou	0.0646	0.0116	0.0068	0.0079
云　南	Yunnan	0.0138	0.0054	0.0037	0.0069
西　藏	Tibet	0.0006	0.0005	0.0004	0.0000
陕　西	Shaanxi	0.0224	0.0079	0.0070	0.0074
甘　肃	Gansu	0.0240	0.0070	0.0071	0.0100
青　海	Qinghai	0.0203	0.0113	0.0139	0.0118
宁　夏	Ningxia	0.0541	0.0162	0.0125	0.0229
新　疆	Xinjiang	0.0182	0.0093	0.0058	0.0145

各地区环境污染治理投资情况
Investment in the Treatment of Environmental Pollution by Region

(2006)

年份 地区	Year Region	环境污染治理投资总额（亿元） Total Investment in Treatment of Environmental Pollution (100 million yuan)	城市环境基础设施建设投资 Investment in Urban Environment Infrastructure Facilities	工业污染源治理投资 Investment in Treatment of Industrial Pollution Sources	建设项目"三同时"环保投资 Investments in Environment Components for New Construction Projects	环境污染治理投资总额占GDP比重(%) Percentage of Treatment Investment of Environmental Pollution in GDP
	2000	1060.7	561.3	239.4	260.0	1.07
	2001	1106.6	595.7	174.5	336.4	1.01
	2002	1367.2	789.1	188.4	389.7	1.14
	2003	1627.7	1072.4	221.8	333.5	1.20
	2004	1909.8	1141.2	308.1	460.5	1.19
	2005	2388.0	1289.7	458.2	640.1	1.31
	2006	2566.0	1314.9	483.9	767.2	1.22
国家级	State Level	164.6	—	—	164.6	—
北京	Beijing	165.5	126.7	10.1	28.7	2.14
天津	Tianjin	40.8	17.9	15.0	7.9	0.94
河北	Hebei	132.2	84.6	19.1	28.5	1.14
山西	Shanxi	63.2	13.7	36.8	12.7	1.33
内蒙古	Inner Mongolia	104.8	57.5	17.7	29.6	2.20
辽宁	Liaoning	145.8	77.3	52.0	16.5	1.58
吉林	Jilin	42.3	31.2	4.0	7.1	1.00
黑龙江	Heilongjiang	54.2	40.2	5.8	8.2	0.87
上海	Shanghai	94.3	50.6	5.9	37.8	0.92
江苏	Jiangsu	282.7	161.4	28.0	93.3	1.31
浙江	Zhejiang	140.3	57.9	25.0	57.4	0.90
安徽	Anhui	52.0	36.6	5.5	9.9	0.85
福建	Fujian	59.8	24.9	19.6	15.3	0.80
江西	Jiangxi	37.5	24.0	6.9	6.6	0.81
山东	Shandong	258.1	160.5	59.7	37.9	1.18
河南	Henan	95.1	47.4	24.7	23.0	0.76
湖北	Hubei	67.7	38.5	14.9	14.3	0.90
湖南	Hunan	54.0	28.7	17.3	8.0	0.72
广东	Guangdong	160.4	62.6	31.4	66.4	0.62
广西	Guangxi	41.2	25.6	8.7	6.9	0.82
海南	Hainan	8.3	3.5	2.1	2.7	0.81
重庆	Chongqing	60.1	32.7	3.7	23.7	1.73
四川	Sichuan	71.1	31.5	20.3	19.3	0.82
贵州	Guizhou	19.8	5.4	10.1	4.3	0.87
云南	Yunnan	29.0	10.1	9.4	9.5	0.73
西藏	Tibet	1.7	1.7	0.0	—	0.59
陕西	Shaanxi	41.0	21.2	7.4	12.4	0.94
甘肃	Gansu	27.8	11.2	13.6	3.0	1.22
青海	Qinghai	6.1	3.9	0.8	1.4	0.95
宁夏	Ningxia	21.3	13.5	4.0	3.8	3.07
新疆	Xinjiang	23.3	12.5	4.5	6.3	0.78

各地区城市环境基础设施建设投资情况
Investment in Urban Environment Infrastructure by Region

单位：亿元　　(2006)　　(100 million yuan)

年份 地区	Year Region	投资总额 Total Investment	燃气 Gas Supply	集中供热 Gerneral Heating	排水 Sewerage Projects	园林绿化 Gardening & Greening	市容环境卫生 Sanitation
	2000	421.52	58.42	59.65	129.60	119.61	54.24
	2001	595.73	75.48	81.98	224.46	163.24	50.56
	2002	789.13	88.42	121.43	274.99	239.47	64.81
	2003	1072.36	133.46	145.82	375.16	321.94	95.99
	2004	1141.22	148.32	173.35	352.28	359.46	107.80
	2005	1289.70	142.37	220.19	368.03	411.32	147.79
	2006	1314.92	155.05	223.59	331.52	429.01	175.75
北　京	Beijing	126.67	10.89	22.43	3.91	19.33	70.11
天　津	Tianjin	17.90	3.89	5.67	4.85	3.19	0.29
河　北	Hebei	84.63	12.27	23.97	17.46	24.45	6.47
山　西	Shanxi	13.70	1.24	7.01	1.44	2.89	1.12
内蒙古	Inner Mongolia	57.46	2.91	25.07	13.86	14.71	0.91
辽　宁	Liaoning	77.30	4.54	38.88	20.48	10.28	3.13
吉　林	Jilin	31.15	2.99	9.83	5.29	3.37	9.68
黑龙江	Heilongjiang	40.16	3.07	23.91	3.65	7.27	2.26
上　海	Shanghai	50.60	9.37	—	17.55	18.88	4.80
江　苏	Jiangsu	161.42	11.55	6.02	24.95	97.76	21.15
浙　江	Zhejiang	57.89	6.93	4.03	20.17	19.11	7.65
安　徽	Anhui	36.59	6.58	0.96	12.55	14.24	2.26
福　建	Fujian	24.94	2.29	—	5.78	11.09	5.78
江　西	Jiangxi	23.98	7.44	—	7.12	7.88	1.54
山　东	Shandong	160.50	19.64	34.26	38.67	60.19	7.75
河　南	Henan	47.43	6.09	6.37	16.87	15.95	2.16
湖　北	Hubei	38.53	7.50	0.07	14.44	11.71	4.80
湖　南	Hunan	28.71	5.38	—	9.58	9.34	4.41
广　东	Guangdong	62.56	10.72	—	31.54	13.28	7.03
广　西	Guangxi	25.55	2.56	—	12.55	8.36	2.08
海　南	Hainan	3.51	0.71	—	0.10	1.96	0.74
重　庆	Chongqing	32.75	2.64	—	19.85	9.17	1.10
四　川	Sichuan	31.47	3.30	—	8.40	16.41	3.36
贵　州	Guizhou	5.36	—	—	3.86	1.25	0.25
云　南	Yunnan	10.06	1.47	—	5.08	3.26	0.24
西　藏	Tibet	1.71	0.02	—	0.58	1.05	0.07
陕　西	Shaanxi	21.25	2.79	3.78	4.52	8.59	1.57
甘　肃	Gansu	11.20	1.18	2.16	3.12	3.35	1.39
青　海	Qinghai	3.87	0.00	—	1.05	2.20	0.62
宁　夏	Ningxia	13.51	1.92	5.09	1.08	5.04	0.38
新　疆	Xinjiang	12.55	3.16	4.08	1.17	3.48	0.65

按行业分重点调查工业废水排放及处理情况（一）

（2006）

行业名称	汇总工业企业数（个）	工业废水排放量（万吨）	直接排入海的	工业废水排放达标量（万吨）	废水治理设施数（套）	废水治理设施处理能力（万吨/日）	本年运行费用（万元）
行业总计	76185	2080440	131736	1917782	75830	19554	3885001.7
煤炭开采和洗选业	3108	54023	1243	48015	2961	1430	128050.8
石油和天然气开采业	205	11177	426	10700	642	447	177364.3
黑色金属矿采选业	747	15431	61	14236	2694	367	121533.7
有色金属矿采选业	1317	42296	481	37584	1759	315	64713.8
非金属矿采选业	556	9842	40	9064	502	72	7403.9
其他采矿业	84	851	2	710	52	3	993.1
农副食品加工业	3998	94414	2454	81110	3591	725	108689.0
食品制造业	2500	43113	333	38799	1781	154	78227.2
饮料制造业	2087	56049	694	48059	1676	242	69794.7
烟草制品业	159	2844		2518	129	9	2541.4
纺织业	6155	197934	3719	183053	5727	902	293085.5
纺织服装、鞋、帽制造业	1015	13685	353	13166	781	63	27142.7
皮革毛皮羽毛（绒）及其制品业	900	20340	202	18805	2955	99	71907.9
木材加工及木竹藤棕草制品业	790	5223	30	4818	579	19	5895.5
家具制造业	255	931	40	884	93	3	1166.3
造纸及纸制品业	4035	374407	6580	336213	4903	2002	315860.0
印刷业和记录媒介的复制	415	1199	35	1112	123	3	2711.7
文教体育用品制造业	193	883	23	828	91	2	740.2
石油加工、炼焦及核燃料加工业	1008	70281	24430	68377	1414	249	333941.4
化学原料及化学制品制造业	7651	335956	13614	308474	11042	3291	509640.3
医药制造业	2314	42988	139	40752	2043	290	104758.6
化学纤维制造业	247	49543	11152	47362	324	131	91899.7
橡胶制品业	605	5976	154	5867	318	39	6189.6
塑料制品业	814	3374	41	3022	271	18	4430.5
非金属矿物制品业	12432	43070	273	39870	6611	348	73951.5
黑色金属冶炼及压延加工业	2585	156727	402	152166	3967	5847	440375.0
有色金属冶炼及压延加工业	1785	32751	209	29029	1869	291	100037.0
金属制品业	4439	22448	640	21113	4611	115	220614.8
通用设备制造业	2347	12530	60	11815	1141	31	14434.6
专用设备制造业	1036	11506	35	11094	861	63	10934.6
交通运输设备制造业	1712	25708	1457	24794	2142	78	51055.8
电气机械及器材制造业	1046	8239	68	7893	793	28	14232.6
通信计算机及其他电子设备制造业	1185	23905	714	22731	1434	109	72272.0
仪器仪表及文化办公用机械制造业	499	7845	56	7686	546	32	23277.0
工艺品及其他制造业	418	2340	13	2282	544	9	4303.8
废弃资源和废旧材料回收加工业	124	430	—	424	94	2	481.7
电力、热力的生产和供应业	2648	217145	59811	210066	2960	1389	243695.9
燃气生产和供应业	69	3278	18	2965	72	12	4549.2
水的生产和供应业	149	19747	50	19222	101	63	19266.3
其他行业	2553	40010	1682	31107	1633	263	62238.1

按行业分重点调查工业废水排放及处理情况（二）

（2006）　　单位：吨

行业名称	工业废水中污染物排放量					
	汞	镉	六价铬	铅	砷	挥发酚
行业总计	2.640	49.352	96.447	339.122	245.212	3453.132
煤炭开采和洗选业	—	0.050	0.129	0.318	0.563	317.917
石油和天然气开采业	0.003	—	0.071	—	0.053	9.898
黑色金属矿采选业	0.043	0.233	0.445	5.216	0.550	0.232
有色金属矿采选业	0.155	13.095	3.018	182.372	26.567	3.808
非金属矿采选业	—	—	0.002	0.103	0.401	0.007
其他采矿业	—	—	0.001	0.752	0.045	—
农副食品加工业	0.016	0.015	0.166	0.071	0.031	12.421
食品制造业	—	—	0.026	—	0.081	1.074
饮料制造业	—	—	0.006	0.004	0.005	5.163
烟草制品业	—	—	—	—	—	0.055
纺织业	—	—	5.172	—	0.054	13.728
纺织服装、鞋、帽制造业	—	—	0.036	—	—	0.013
皮革毛皮羽毛（绒）及其制品业	—	0.311	12.102	0.002	—	0.013
木材加工及木竹藤棕草制品业	—	0.002	0.522	—	—	4.493
家具制造业	—	—	0.004	0.050	—	0.001
造纸及纸制品业	—	0.017	0.018	0.366	0.264	439.248
印刷业和记录媒介的复制	0.006	0.023	0.028	0.091	—	0.012
文教体育用品制造业	—	—	0.090	0.004	—	0.003
石油加工、炼焦及核燃料加工业	0.018	0.217	1.602	1.558	2.273	1328.012
化学原料及化学制品制造业	1.580	2.235	5.766	26.507	83.956	239.742
医药制造业	0.001	—	0.060	—	0.108	50.967
化学纤维制造业	—	—	—	—	5.566	9.066
橡胶制品业	—	0.001	0.092	0.003	—	0.065
塑料制品业	—	—	0.143	0.004	0.012	0.055
非金属矿物制品业	—	0.065	0.349	0.149	0.447	6.141
黑色金属冶炼及压延加工业	0.014	0.833	9.474	37.419	2.316	171.362
有色金属冶炼及压延加工业	0.627	30.630	9.090	72.960	120.558	11.810
金属制品业	—	0.900	33.463	2.575	0.037	0.362
通用设备制造业	—	0.063	3.376	0.390	0.213	1.900
专用设备制造业	0.005	0.269	2.505	1.501	0.008	1.771
交通运输设备制造业	0.012	0.059	1.854	0.345	0.662	0.327
电气机械及器材制造业	0.086	0.043	0.876	2.609	0.047	3.038
通信计算机及其他电子设备制造业	0.007	0.153	3.714	3.215	0.098	0.854
仪器仪表及文化办公用机械制造业	—	0.114	1.667	0.352	0.001	0.361
工艺品及其他制造业	—	0.006	0.235	0.030	0.001	0.106
废弃资源和废旧材料回收加工业	—	—	0.054	—	—	—
电力、热力的生产和供应业	—	—	0.004	0.007	0.170	5.938
燃气生产和供应业	—	—	—	—	—	777.209
水的生产和供应业	—	—	0.027	—	—	1.968
其他行业	0.068	0.019	0.259	0.153	0.127	33.992

按行业分重点调查工业废水排放及处理情况（三）

（2006） 单位：吨

行业名称	工业废水中污染物排放量			
	氰化物	化学需氧量	石油类	氨氮
行业总计	456.842	4625633.629	19152.763	375875.286
煤炭开采和洗选业	2.150	66750.529	262.222	3540.113
石油和天然气开采业	0.106	17589.375	1635.545	1798.748
黑色金属矿采选业	1.918	13868.711	6.311	289.750
有色金属矿采选业	30.299	51534.147	51.177	927.868
非金属矿采选业	0.033	10117.595	11.394	262.682
其他采矿业	0.050	504.027	0.100	18.092
农副食品加工业	16.024	591654.940	178.687	27329.332
食品制造业	0.022	124247.859	1736.424	13955.653
饮料制造业	0.887	222953.770	97.490	6596.176
烟草制品业	—	4176.072	9.462	134.580
纺织业	3.126	315451.605	220.432	16666.458
纺织服装、鞋、帽制造业	—	17482.653	9.587	1201.654
皮革毛皮羽毛（绒）及其制品业	0.022	71894.250	15.560	8647.512
木材加工及木竹藤棕草制品业	0.012	21600.425	5.571	587.679
家具制造业	—	1146.803	1.814	48.962
造纸及纸制品业	0.223	1553223.146	259.541	36441.353
印刷业和记录媒介的复制	0.015	1623.088	15.338	100.021
文教体育用品制造业	0.090	1163.362	1.764	55.821
石油加工、炼焦及核燃料加工业	36.722	74665.905	2850.243	11551.727
化学原料及化学制品制造业	205.686	542863.749	3822.162	166793.953
医药制造业	2.399	113529.799	363.833	7852.255
化学纤维制造业	4.054	114721.176	166.331	4454.752
橡胶制品业	0.015	6154.495	85.591	731.115
塑料制品业	0.001	7196.617	15.706	728.658
非金属矿物制品业	0.690	59270.648	243.246	3036.992
黑色金属冶炼及压延加工业	82.201	144114.374	3524.476	14094.569
有色金属冶炼及压延加工业	13.879	49369.349	485.242	5899.662
金属制品业	27.631	17571.025	251.578	722.666
通用设备制造业	0.585	23598.427	357.016	862.010
专用设备制造业	0.296	12417.734	255.988	1727.059
交通运输设备制造业	2.546	39050.663	790.778	3259.677
电气机械及器材制造业	4.790	10298.768	132.044	484.443
通信计算机及其他电子设备制造业	1.585	21579.408	159.410	1448.246
仪器仪表及文化办公用机械制造业	0.458	10125.128	47.773	488.838
工艺品及其他制造业	0.167	3450.241	9.407	377.360
废弃资源和废旧材料回收加工业	—	793.617	7.281	18.878
电力、热力的生产和供应业	0.851	77935.035	764.790	5105.513
燃气生产和供应业	10.913	14687.787	20.904	3570.946
水的生产和供应业	3.457	20645.800	40.028	2645.573
其他行业	2.933	174611.530	240.517	21417.940

按行业分重点调查工业废水排放及处理情况（四）

（2006）　　单位：吨

行业名称	工业废水中污染物去除量				
	挥发酚	氰化物	化学需氧量	石油类	氨氮
行业总计	137743.5	16059.2	10992650.7	30281.9	552647.2
煤炭开采和洗选业	165.4	17.8	332755.2	362.5	672.4
石油和天然气开采业	154.7	1.6	60557.6	46072.5	2355.1
黑色金属矿采选业	—	15.0	8067.3	1.3	120.0
有色金属矿采选业	3.6	624.8	100764.9	23.5	1320.3
非金属矿采选业	—	—	4738.5	9.9	156.9
其他采矿业	—	—	264.4	—	4.3
农副食品加工业	22.2	5.4	980775.3	225.3	11681.5
食品制造业	—	3.4	538874.9	161.9	26364.7
饮料制造业	2.7	1.6	993739.1	112.6	10348.6
烟草制品业	—	—	4792.8	6.7	175.6
纺织业	14.8	230.4	933088.8	125.5	14223.5
纺织服装、鞋、帽制造业	0.1	11.1	48001.4	1.0	1283.9
皮革毛皮羽毛（绒）及其制品业	—	1.5	236106.3	49.7	5311.0
木材加工及木竹藤棕草制品业	1.6	0.1	22484.2	7.0	293.5
家具制造业	—	—	2359.6	2.3	40.3
造纸及纸制品业	69.8	0.3	3801145.0	113.3	19558.2
印刷业和记录媒介的复制	0.1	0.2	7201.0	237.3	366.9
文教体育用品制造业	—	8.1	727.7	3.1	17.6
石油加工、炼焦及核燃料加工业	78825.0	2932.3	291253.7	143774.5	83627.9
化学原料及化学制品制造业	9457.6	3618.3	1020622.8	25206.2	238197.0
医药制造业	2364.0	309.8	481098.8	373.9	10450.3
化学纤维制造业	99.8	197.8	259325.9	903.5	4997.1
橡胶制品业	0.1	—	5768.8	93.8	157.6
塑料制品业	—	—	4217.9	12.5	254.0
非金属矿物制品业	59.0	1.1	49377.8	628.7	1237.2
黑色金属冶炼及压延加工业	41919.8	5785.6	262153.3	74687.1	83571.2
有色金属冶炼及压延加工业	705.1	132.5	65696.2	1379.9	12534.9
金属制品业	170.8	1789.3	32341.7	324.5	1930.2
通用设备制造业	1.2	3.2	21102.8	887.5	185.3
专用设备制造业	0.1	2.8	20915.5	148.9	1194.0
交通运输设备制造业	5.1	37.6	53486.7	2898.2	2039.8
电气机械及器材制造业	68.2	9.1	21149.9	82.8	3401.7
通信计算机及其他电子设备制造业	9.3	79.8	43181.7	281.3	1481.2
仪器仪表及文化办公用机械制造业	—	54.3	11162.0	224.9	308.6
工艺品及其他制造业	0.2	21.8	3774.4	37.2	89.2
废弃资源和废旧材料回收加工业	—	—	283.8	5.8	22.6
电力、热力的生产和供应业	440.7	—	94958.8	867.4	7333.5
燃气生产和供应业	1447.7	66.6	41549.8	160.7	786.9
水的生产和供应业	430.0	7.2	45947.2	1148.5	3094.2
其他行业	1304.7	88.8	86837.1	739.2	1458.3

按行业分重点调查工业废气排放及处理情况（一）

（2006）

行业名称	工业废气排放总量（亿标立米）	燃料燃烧废气排放量	生产工艺废气排放量	燃料煤消费量（万吨）	原料煤消费量（万吨）	燃料油消费量（万吨）
行业总计	330990	181637	149354	151709	63383	2666
煤炭开采和洗选业	2276	1903	374	1913	6554	1
石油和天然气开采业	1000	846	154	150	—	125
黑色金属矿采选业	1098	423	675	124	134	1
有色金属矿采选业	553	299	255	249	79	10
非金属矿采选业	1440	929	511	703	175	1
其他采矿业	16	14	3	14	1	—
农副食品加工业	2367	2097	270	1195	88	22
食品制造业	1009	986	24	692	3	13
饮料制造业	2250	2224	26	930	12	10
烟草制品业	406	201	204	107	—	6
纺织业	3843	3784	59	2397	13	50
纺织服装、鞋、帽制造业	211	205	5	152	—	7
皮革毛皮羽毛（绒）及其制品业	245	165	80	109	—	6
木材加工及木竹藤棕草制品业	881	484	397	250	14	1
家具制造业	287	53	234	20	5	1
造纸及纸制品业	5395	4878	516	3923	69	18
印刷业和记录媒介的复制	48	20	28	18	—	7
文教体育用品制造业	27	8	19	5	—	1
石油加工、炼焦及核燃料加工业	10234	4897	5337	1813	19493	278
化学原料及化学制品制造业	19258	10759	8499	7681	6153	202
医药制造业	885	785	100	632	7	7
化学纤维制造业	3313	1507	1806	884	4	112
橡胶制品业	676	470	207	358	—	13
塑料制品业	564	235	329	154	13	13
非金属矿物制品业	65132	13972	51161	5865	11500	537
黑色金属冶炼及压延加工业	73691	17339	56352	6104	16944	88
有色金属冶炼及压延加工业	16744	2728	14016	2270	511	68
金属制品业	1450	722	729	271	126	15
通用设备制造业	1160	588	572	355	39	10
专用设备制造业	633	369	264	275	81	25
交通运输设备制造业	2888	620	2268	456	5	18
电气机械及器材制造业	551	136	416	88	3	5
通信计算机及其他电子设备制造业	2072	207	1865	234	30	16
仪器仪表及文化办公用机械制造业	494	136	358	124	—	3
工艺品及其他制造业	230	29	200	25	35	6
废弃资源和废旧材料回收加工业	682	677	5	11	2	—
电力、热力的生产和供应业	101566	101340	225	107288	254	585
燃气生产和供应业	736	582	155	172	818	3
水的生产和供应业	32	32	—	26	—	9
其他行业	4645	3988	657	3673	217	370

按行业分重点调查工业废气排放及处理情况（二）

（2006）　　单位：吨

行业名称	二氧化硫去除量	燃料燃烧过程中去除的	生产工艺过程中去除的	二氧化硫排放量	燃料燃烧过程中排放的	生产工艺过程中排放的
行业总计	14511053	6656895	7854007	20417904	17279316	3132108
煤炭开采和洗选业	89001	84764	4237	144890	127945	16946
石油和天然气开采业	69578	5756	63822	30058	26977	3081
黑色金属矿采选业	11268	8115	3153	52929	27355	25574
有色金属矿采选业	78606	19070	59536	97760	32626	65135
非金属矿采选业	9374	8739	635	55593	44957	10636
其他采矿业	350	40	310	2908	1955	953
农副食品加工业	62605	59201	3404	167719	165426	2293
食品制造业	38311	30901	7410	105324	104576	620
饮料制造业	45874	45305	569	115829	115110	719
烟草制品业	12042	11957	85	14727	14719	8
纺织业	93073	92739	334	302728	301499	1209
纺织服装、鞋、帽制造业	7767	7765	2	21256	21190	66
皮革毛皮羽毛（绒）及其制品业	3470	3470	—	18166	17796	370
木材加工及木竹藤棕草制品业	7076	5730	1346	47087	44318	2769
家具制造业	269	268	1	2864	2864	—
造纸及纸制品业	202015	200825	1189	427746	424196	3550
印刷业和记录媒介的复制	412	412	—	2371	2291	81
文教体育用品制造业	544	539	5	777	772	4
石油加工、炼焦及核燃料加工业	1364020	98732	1265289	660828	223298	437531
化学原料及化学制品制造业	803086	449222	353717	1114840	865664	248034
医药制造业	27366	26716	650	72886	71999	867
化学纤维制造业	58327	48289	10039	131915	131184	732
橡胶制品业	31952	31714	238	46095	45648	447
塑料制品业	3093	2969	124	20038	20008	31
非金属矿物制品业	477351	134762	342589	1867273	941004	925837
黑色金属冶炼及压延加工业	412423	155196	257223	1493680	578461	910480
有色金属冶炼及压延加工业	5600320	182897	5417423	694552	273822	420730
金属制品业	14254	9242	5012	39768	30729	9038
通用设备制造业	40690	12777	27913	53581	49860	3721
专用设备制造业	15469	14833	636	22906	21221	1685
交通运输设备制造业	19422	19297	125	38902	38321	582
电气机械及器材制造业	1470	1404	66	10069	9368	701
通信计算机及其他电子设备制造业	11233	10217	1016	17787	14000	3786
仪器仪表及文化办公用机械制造业	906	900	6	15908	15836	72
工艺品及其他制造业	523	400	123	3614	3322	291
废弃资源和废旧材料回收加工业	225	201	24	1038	797	241
电力、热力的生产和供应业	4275424	4253546	21878	12041162	12037270	3892
燃气生产和供应业	884	4598	3686	21418	15625	5793
水的生产和供应业	1289	1269	20	4800	4800	—
其他行业	612291	612117	174	434111	410509	23602

按行业分重点调查工业废气排放及处理情况（三）

（2006）　　　　单位：吨

行业名称	氮氧化物去除量	氮氧化物排放量	烟尘去除量	烟尘排放量	粉尘去除量	粉尘排放量
行业总计	941567	10435061	235645615	7748621	72799462	7221719
煤炭开采和洗选业	1755	87093	922506	121758	78911	176485
石油和天然气开采业	449	29543	98936	9761	3865	3003
黑色金属矿采选业	91	8754	244205	16707	193210	36574
有色金属矿采选业	1699	16995	84358	21880	369861	19991
非金属矿采选业	109	42702	207161	52217	155128	80616
其他采矿业	46	1449	2556	3358	2183	1595
农副食品加工业	5939	101716	865387	160656	14198	7093
食品制造业	1677	43533	471236	49836	39558	2115
饮料制造业	3643	59489	504172	88429	6259	2112
烟草制品业	225	5735	24756	7055	21284	2116
纺织业	11656	152386	1314528	123542	10637	6104
纺织服装、鞋、帽制造业	405	10768	117910	10999	101	600
皮革毛皮羽毛（绒）及其制品业	226	8355	30448	9957	928	1513
木材加工及木竹藤棕草制品业	279	16428	128898	37494	135133	15466
家具制造业	16	1439	4487	3633	18454	1459
造纸及纸制品业	20688	232243	2552284	209027	18590	12074
印刷业和记录媒介的复制	20	1118	6326	1848	249	35
文教体育用品制造业	11	374	1323	579	150636	3733
石油加工、炼焦及核燃料加工业	30713	218832	2440410	368434	364218	181766
化学原料及化学制品制造业	85571	565243	6036958	511250	841582	174880
医药制造业	697	42024	424047	45201	4317	1856
化学纤维制造业	23542	91162	1044722	45882	19621	1874
橡胶制品业	2113	23858	462585	17530	3864	768
塑料制品业	376	9974	32542	6697	236	255
非金属矿物制品业	50044	835986	5552371	1224395	42681505	5067474
黑色金属冶炼及压延加工业	10311	742800	12334706	726875	22923602	1137227
有色金属冶炼及压延加工业	16095	137341	2684697	149926	3323547	141322
金属制品业	1167	16605	119478	22211	68226	12368
通用设备制造业	3214	25666	106228	28145	106886	36753
专用设备制造业	4411	14077	106700	18038	37813	2185
交通运输设备制造业	6349	54145	400665	34785	110418	25375
电气机械及器材制造业	64	6829	54361	6929	11188	1119
通信计算机及其他电子设备制造业	231	11661	55922	6426	55726	6784
仪器仪表及文化办公用机械制造业	35	12069	65319	5922	3530	204
工艺品及其他制造业	88	1032	5122	2411	4509	2707
废弃资源和废旧材料回收加工业	57	452	3232	1277	1108	1635
电力、热力的生产和供应业	638731	6622661	190477201	3466518	26161	13776
燃气生产和供应业	633	6588	319956	15348	2149	1544
水的生产和供应业	19	1194	6132	943	—	—
其他行业	18171	174741	5330783	114744	990067	37163

按行业分重点调查工业废气排放及处理情况（四）

（2006）

行业名称	废气治理设施数（套）	脱硫设施数	废气治理设施处理能力（万标立米/时）	脱硫设施脱硫能力（吨/时）	废气治理设施运行费用（万元）	脱硫设施运行费用
行业总计	154557	24530	801084.5	16115.8	4643681.2	1323719.7
煤炭开采和洗选业	5238	1059	4601.1	1792.8	30108.9	12134.9
石油和天然气开采业	526	145	503.4	13.5	13755.2	2687.8
黑色金属矿采选业	632	130	1597.2	2.8	13160.1	1220.1
有色金属矿采选业	772	135	923.4	30.6	15032.9	7134.7
非金属矿采选业	494	96	596.7	3.9	4218.2	1314.7
其他采矿业	69	12	46.3	1.5	101.7	8.7
农副食品加工业	3687	778	6735.0	147.3	34028.3	4266.6
食品制造业	2223	486	2371.6	128.7	11097.8	3109.7
饮料制造业	2221	741	2457.8	198.3	25459.6	6048.2
烟草制品业	776	105	880.2	7.2	9425.1	990.4
纺织业	7507	1772	56819.0	201.8	330196.2	81374.5
纺织服装、鞋、帽制造业	643	135	625.2	23.3	11382.2	997.8
皮革毛皮羽毛（绒）及其制品业	1265	174	510.7	54.6	4608.1	481.1
木材加工及木竹藤棕草制品业	1439	132	1556.1	46.6	13430.0	626.3
家具制造业	879	19	1313.8	2.7	2625.9	307.9
造纸及纸制品业	4910	1136	8214.8	483.9	66205.9	15641.6
印刷业和记录媒介的复制	222	36	125.1	1.2	988.8	133.9
文教体育用品制造业	171	19	115.8	0.3	765.3	143.7
石油加工、炼焦及核燃料加工业	1890	472	7711.6	1012.1	183018.5	82795.7
化学原料及化学制品制造业	13422	3045	29994.5	1187.1	275351.2	73510.7
医药制造业	2744	614	2964.5	314.5	17481.6	3172.9
化学纤维制造业	609	176	1859.9	7.3	38882.9	8119.5
橡胶制品业	1293	287	1198.4	51.1	10074.9	3460.8
塑料制品业	770	123	1039.7	24.0	7752.5	439.2
非金属矿物制品业	46399	2452	235860.4	617.6	574864.9	24627.8
黑色金属冶炼及压延加工业	12041	1086	125096.5	2478.8	995092.1	62675.0
有色金属冶炼及压延加工业	5448	1119	19343.9	931.0	462911.4	137640.8
金属制品业	3253	332	2255.2	93.7	16268.9	950.1
通用设备制造业	3288	565	9707.9	259.2	13688.2	1982.7
专用设备制造业	1762	332	2321.7	117.1	7826.8	1148.3
交通运输设备制造业	6496	707	8759.1	263.5	29433.5	2972.2
电气机械及器材制造业	2433	141	1259.5	79.7	7890.5	504.2
通信计算机及其他电子设备制造业	2856	129	4538.9	4.4	24447.7	952.4
仪器仪表及文化办公用机械制造业	707	54	709.9	12.7	6970.1	358.1
工艺品及其他制造业	332	57	286.7	0.9	808.3	84.3
废弃资源和废旧材料回收加工业	112	35	82.0	9.4	443.4	21.0
电力、热力的生产和供应业	11137	4737	248172.8	4942.8	1340589.4	764545.6
燃气生产和供应业	321	64	480.1	9.8	3826.2	929.7
水的生产和供应业	83	43	53.7	4.6	307.9	145.7
其他行业	3487	850	7394.3	553.7	39160.1	14060.4

按行业分重点调查工业固体废物产生及处置利用情况（一）

（2006） 单位：万吨

行业名称	工业固体废物产生量	危险废物	冶炼废渣	粉煤灰	炉渣	煤矸石	尾矿	放射性废物	脱硫石膏	其他废物
行业总计	142053	1084.73	20894	26599	15602	17692	42739	10	873	16559
煤炭开采和洗选业	19352	18.29	15	272	434	16324	1726	—	—	562
石油和天然气开采业	119	10.09	—	10	17	—	—	—	—	82
黑色金属矿采选业	13680	2.01	149	6	66	184	12856	—	—	417
有色金属矿采选业	18339	155.51	209	26	41	10	16893	8	—	997
非金属矿采选业	1170	75.21	42	31	100	15	784	—	—	123
其他采矿业	107	—	—	—	2	30	69	—	—	6
农副食品加工业	1450	0.01	—	112	254	—	—	—	—	1084
食品制造业	362	0.31	—	47	128	2	—	—	1	184
饮料制造业	811	0.01	—	45	206	—	—	—	1	560
烟草制品业	40	0.03	—	3	24	—	—	—	—	13
纺织业	679	9.70	1	105	459	2	1	—	—	102
纺织服装、鞋、帽制造业	64	1.80	—	8	32	—	—	—	—	22
皮革毛皮羽毛（绒）及其制品业	59	3.88	—	1	26	—	2	—	—	26
木材加工及木竹藤棕草制品业	134	0.02	—	11	55	—	1	—	—	66
家具制造业	33	0.05	—	4	9	—	—	—	—	20
造纸及纸制品业	1596	827	6	398	637	10	1	—	6	529
印刷业和记录媒介的复制	8	0.45	—	—	5	—	—	—	—	3
文教体育用品制造业	4	0.27	—	—	1	—	—	—	—	2
石油加工、炼焦及核燃料加工业	1779	90.53	39	305	153	519	137	—	3	533
化学原料及化学制品制造业	10152	350.10	529	911	2264	22	696	—	140	5242
医药制造业	258	24.20	—	32	139	—	—	—	—	63
化学纤维制造业	376	26.13	—	185	120	—	5	—	2	39
橡胶制品业	96	0.38	—	19	65	—	—	—	1	11
塑料制品业	47	0.80	—	2	38	—	—	—	—	6
非金属矿物制品业	4224	2.67	197	798	1270	130	221	—	27	1571
黑色金属冶炼及压延加工业	29149	45.75	17665	452	1450	83	6750	1	2	2700
有色金属冶炼及压延加工业	5544	89.83	1586	375	299	30	2583	1	10	570
金属制品业	227	13.45	104	8	55	—	—	—	—	47
通用设备制造业	205	5.61	37	8	78	—	—	—	5	72
专用设备制造业	138	2.14	12	21	62	—	—	—	—	41
交通运输设备制造业	572	8.28	7	39	89	—	—	—	—	428
电气机械及器材制造业	43	5.99	1	4	18	—	—	—	—	15
通信计算机及其他电子设备制造业	115	34.08	—	3	18	—	6	—	—	55
仪器仪表及文化办公用机械制造业	46	8.44	—	1	25	—	—	—	—	12
工艺品及其他制造业	9	0.45	—	—	6	—	—	—	—	2
废弃资源和废旧材料回收加工业	40	0.15	13	—	2	—	—	—	—	25
电力、热力的生产和供应业	29135	21.23	12	21619	6469	300	2	—	665	48
燃气生产和供应业	112	0.20	—	32	56	22	—	—	—	2
水的生产和供应业	14	0.05	—	1	7	—	—	—	—	7
其他行业	1763	68.34	270	707	425	9	6	—	011	272

按行业分重点调查工业固体废物产生及处置利用情况（二）

（2006）　　　　单位：万吨

行业名称	工业固体废物综合利用量	危险废物	冶炼废渣	粉煤灰	炉渣	煤矸石	尾矿	脱硫石膏	其他废物
行业总计	86304	565.57	18589	20256	14075	12159	8415	594	11640
煤炭开采和洗选业	12337	0.86	15	140	367	10679	861	—	269
石油和天然气开采业	60	2.92	—	10	14	—	—	—	34
黑色金属矿采选业	2313	—	140	6	44	179	1727	7	211
有色金属矿采选业	4829	15.92	160	18	27	—	4334	—	274
非金属矿采选业	653	0.01	40	25	95	39	407	—	48
其他采矿业	60	—	—	—	2	25	30	—	3
农副食品加工业	1403	0.01	—	114	241	—	—	—	1048
食品制造业	328	0.21	1	46	124	2	—	1	155
饮料制造业	778	—	—	42	199	—	—	—	537
烟草制品业	34	—	—	2	22	—	—	—	9
纺织业	634	5.99	1	103	453	1	—	—	69
纺织服装、鞋、帽制造业	61	0.72	—	8	31	—	—	—	20
皮革毛皮羽毛（绒）及其制品业	42	0.98	—	1	26	—	—	—	14
木材加工及木竹藤棕草制品业	128	0.01	—	11	54	—	1	—	62
家具制造业	32	—	—	4	8	—	—	—	20
造纸及纸制品业	1355	801	6	377	626	10	—	6	322
印刷业和记录媒介的复制	7	0.01	—	—	4	—	—	—	2
文教体育用品制造业	3	—	—	—	1	—	—	—	2
石油加工、炼焦及核燃料加工业	1529	66.63	23	246	131	443	113	2	503
化学原料及化学制品制造业	6676	216.99	331	816	2124	22	293	28	2845
医药制造业	240	20.76	—	31	136	—	—	—	52
化学纤维制造业	363	26.31	—	178	119	—	5	2	34
橡胶制品业	94	0.05	—	19	64	—	—	1	10
塑料制品业	45	0.19	—	2	38	—	—	—	4
非金属矿物制品业	4283	1.02	201	884	1245	335	159	25	1433
黑色金属冶炼及压延加工业	20829	37.79	16214	394	1375	77	206	1	2523
有色金属冶炼及压延加工业	1975	45.50	924	235	203	23	271	6	267
金属制品业	312	3.65	207	6	54	—	—	—	41
通用设备制造业	181	12.13	30	7	71	—	—	—	61
专用设备制造业	118	0.86	11	20	59	—	—	—	27
交通运输设备制造业	518	2.18	4	38	87	—	—	3	382
电气机械及器材制造业	37	3.08	1	4	17	—	—	—	12
通信计算机及其他电子设备制造业	84	16.37	—	3	17	—	6	—	43
仪器仪表及文化办公用机械制造业	41	5.94	—	1	25	—	—	—	10
工艺品及其他制造业	7	0.23	—	—	6	—	—	—	1
废弃资源和废旧材料回收加工业	37	0.11	13	—	2	—	—	—	22
电力、热力的生产和供应业	22153	5.01	10	15783	5522	288	2	502	29
燃气生产和供应业	74	0.32	1	5	48	19	—	—	1
水的生产和供应业	12	—	—	1	6	—	—	—	5
其他行业	1638	64.81	256	673	388	16	—	11	237

按行业分重点调查工业固体废物产生及处置利用情况（三）

（2006）　　单位：万吨

行业名称	工业固体废物贮存量	危险废物贮存量	工业固体废物处置量	危险废物处置量	工业固体废物排放量	危险废物排放量
行业总计	20698	266.81	41190	289.34	1200	20.20
煤炭开采和洗选业	1886	17.42	5700	0.01	374	—
石油和天然气开采业	6	2.09	43	6.44	11	—
黑色金属矿采选业	4362	—	6889	2.00	116	0.24
有色金属矿采选业	4176	94.55	9284	32.89	228	19.50
非金属矿采选业	274	75.20	234	—	23	—
其他采矿业	14	—	32	—	1	—
农副食品加工业	9	—	31	0.02	7	—
食品制造业	21	0.01	12	0.14	2	—
饮料制造业	—	—	27	0.11	7	—
烟草制品业	—	—	6	0.03	—	—
纺织业	—	0.05	42	4.28	3	—
纺织服装、鞋、帽制造业	—	0.01	3	1.08	1	—
皮革毛皮羽毛（绒）及其制品业	4	0.92	13	2.03	1	—
木材加工及木竹藤棕草制品业	2	—	3	0.06	—	—
家具制造业	—	—	—	0.04	—	—
造纸及纸制品业	37	0.08	213	0.65	7	—
印刷业和记录媒介的复制	—	—	1	0.44	—	—
文教体育用品制造业	—	—	1	0.27	—	—
石油加工、炼焦及核燃料加工业	51	0.92	187	23.65	37	—
化学原料及化学制品制造业	1854	63.47	1755	92.03	46	0.03
医药制造业	2	1.83	13	1.77	3	—
化学纤维制造业	8	0.04	7	1.52	2	—
橡胶制品业	—	—	1	0.36	—	—
塑料制品业	—	0.07	2	0.54	—	—
非金属矿物制品业	63	0.06	165	2.22	85	—
黑色金属冶炼及压延加工业	1524	0.36	6745	8.25	121	0.38
有色金属冶炼及压延加工业	1098	7.59	6644	42.40	35	—
金属制品业	2	1.04	18	8.89	1	—
通用设备制造业	4	0.01	15	2.34	14	—
专用设备制造业	1	—	15	1.25	3	0.05
交通运输设备制造业	9	0.09	41	6.59	5	—
电气机械及器材制造业	—	0.01	6	2.94	—	—
通信计算机及其他电子设备制造业	3	0.06	26	17.99	3	—
仪器仪表及文化办公用机械制造业	—	—	5	2.58	—	—
工艺品及其他制造业	—	0.01	2	0.25	—	—
废弃资源和废旧材料回收加工业	—	0.01	3	0.14	—	—
电力、热力的生产和供应业	5229	0.87	2905	15.37	55	—
燃气生产和供应业	27	—	11	0.07	—	—
水的生产和供应业	—	0.01	2	0.04	—	—
其他行业	33	0.01	88	7.65	9	—

按行业分重点调查工业汇总情况（一）

（2006）

行业名称	工业用水总量（万吨）			工业总产值（现价）（万元）	专职环保人员数（人）
		新鲜水量	重复用水量		
行业总计	32511694	6326617	26185092	1426003300.0	268477
煤炭开采和洗选业	158374	57285	101089	36047417.9	6608
石油和天然气开采业	153794	32361	121433	42958156.6	2089
黑色金属矿采选业	138085	30206	107879	8418887.9	2545
有色金属矿采选业	143884	53412	90471	10062241.4	10054
非金属矿采选业	64118	16668	47450	1797677.0	1144
其他采矿业	1635	684	951	235710.8	209
农副食品加工业	246627	114218	132409	43133585.6	8858
食品制造业	170927	57124	113802	21547637.4	8592
饮料制造业	177106	77083	100023	28741031.1	6856
烟草制品业	14719	4730	9989	30658240.9	327
纺织业	328092	233510	94582	58460198.7	34453
纺织服装、鞋、帽制造业	20237	16532	3704	8427972.4	2578
皮革毛皮羽毛（绒）及其制品业	28095	23892	4203	10278514.6	3027
木材加工及木竹藤棕草制品业	12833	7122	5711	4702796.1	1485
家具制造业	1242	1148	94	1603425.4	784
造纸及纸制品业	892355	440076	452279	28854041.6	15596
印刷业和记录媒介的复制	3501	1539	1961	2935440.9	1197
文教体育用品制造业	1391	1190	201	1913910.6	333
石油加工、炼焦及核燃料加工业	2061342	120765	1940578	128371384.9	5476
化学原料及化学制品制造业	4090966	493044	3597938	116305742.9	37577
医药制造业	245491	64128	181363	25309022.1	7045
化学纤维制造业	506974	62449	444525	17621805.0	2258
橡胶制品业	56519	8507	48012	13987470.8	1283
塑料制品业	13983	4745	9238	7363282.9	1315
非金属矿物制品业	254624	81429	173195	48816522.6	29352
黑色金属冶炼及压延加工业	5035708	386088	4649620	178340216.2	12113
有色金属冶炼及压延加工业	401863	72680	329183	68629217.0	6671
金属制品业	80257	27298	52960	41813185.2	11221
通用设备制造业	38321	16461	21860	57318889.1	4237
专用设备制造业	51964	14436	37527	26901185.5	1989
交通运输设备制造业	123903	34880	89023	106515624.7	6450
电气机械及器材制造业	24980	10870	14111	35259490.2	2157
通信计算机及其他电子设备制造业	119812	30977	88835	74191632.9	4053
仪器仪表及文化办公用机械制造业	36698	9989	26709	34362822.5	1465
工艺品及其他制造业	4255	2815	1439	3021055.1	807
废弃资源和废旧材料回收加工业	819	538	282	6573045.7	303
电力、热力的生产和供应业	16322718	3600374	12722344	72995105.5	15333
燃气生产和供应业	58132	5857	52274	1191425.2	295
水的生产和供应业	46621	43570	3050	774002.0	763
其他行业	378730	65937	312794	19564285.1	9579

按行业分重点调查工业汇总情况（二）

（2006）

行业名称	三废综合利用产品产值（万元）	工业锅炉		锅炉烟尘排放达标的		工业炉窑数（座）	
		台数	蒸吨数	台数	蒸吨数		烟尘排放达标的
行业总计	10267026.0	80366	1666539.7	73500	1617658.0	82814	64599
煤炭开采和洗选业	291524.3	4320	30937.1	3753	29439.3	413	204
石油和天然气开采业	98109.9	2218	17040.5	2146	16840.0	2776	2769
黑色金属矿采选业	74515.4	382	2032.2	364	1990.7	163	130
有色金属矿采选业	35504.6	476	1966.5	412	1442.5	274	213
非金属矿采选业	29264.4	222	2706.0	204	2664.5	566	277
其他采矿业	23606.6	70	213.0	59	181.0	60	35
农副食品加工业	374100.6	4664	37825.2	3985	35100.9	2199	123
食品制造业	126461.4	3194	15245.0	2860	14022.2	222	152
饮料制造业	163328.8	2664	17814.1	2294	16648.9	683	601
烟草制品业	3178.3	308	4971.4	298	3027.9	5	5
纺织业	88445.9	8740	47002.6	8294	42308.9	491	452
纺织服装、鞋、帽制造业	17360.3	954	5772.2	916	5629.8	40	35
皮革毛皮羽毛（绒）及其制品业	23332.5	1666	3176.3	1367	2810.3	45	44
木材加工及木竹藤棕草制品业	49599.8	2567	6099.4	2261	5408.4	259	84
家具制造业	8893.9	172	559.0	159	546.0	19	19
造纸及纸制品业	864692.5	5490	45605.6	5050	42829.3	192	157
印刷业和记录媒介的复制	16101.8	280	1356.1	251	786.1	21	20
文教体育用品制造业	6963.4	104	247.1	99	241.6	60	60
石油加工、炼焦及核燃料加工业	672102.7	1131	31946.0	1076	30328.6	4705	3763
化学原料及化学制品制造业	1089273.0	8841	85794.4	8162	81621.3	6429	5392
医药制造业	88632.3	2604	13182.8	2423	12289.1	108	98
化学纤维制造业	94033.8	463	14168.2	456	13891.2	238	237
橡胶制品业	31158.9	1006	6999.6	962	6773.7	94	87
塑料制品业	36770.4	780	4843.5	749	4772.8	57	55
非金属矿物制品业	2799413.9	2745	14834.6	2356	13102.1	31866	21901
黑色金属冶炼及压延加工业	1476290.0	1957	56767.6	1863	55885.8	9743	8825
有色金属冶炼及压延加工业	556061.0	1174	19571.0	1062	19189.8	10217	9108
金属制品业	66924.8	1537	3792.2	1407	3660.1	2118	1756
通用设备制造业	63151.7	1167	5983.7	1078	5678.9	3691	3326
专用设备制造业	28421.0	921	6494.4	882	6262.5	1433	1339
交通运输设备制造业	114790.5	1966	13592.0	1876	13316.8	1762	1629
电气机械及器材制造业	40724.8	573	2647.8	551	2570.9	344	330
通信计算机及其他电子设备制造业	124601.8	625	4918.9	600	4876.0	454	438
仪器仪表及文化办公用机械制造业	16928.8	276	1224.1	265	1181.6	67	65
工艺品及其他制造业	4868.5	200	498.5	191	485.0	110	108
废弃资源和废旧材料回收加工业	116555.1	32	93.7	30	73.7	67	67
电力、热力的生产和供应业	396257.5	9975	1080635.4	9202	1062987.3	53	49
燃气生产和供应业	10250.6	154	2575.3	148	2450.5	126	118
水的生产和供应业	316.2	245	1907.4	237	1743.4	—	—
其他行业	145414.3	3503	53499.3	3160	52599.5	644	528

按行业分重点调查工业“三废”治理效率

（2006）　　单位：%

行业名称	工业废水排放达标率	工业用水重复用水率	二氧化硫排放达标率	氮氧化物排放达标率	烟尘排放达标率	工业粉尘排放达标率	工业固体废物	
							综合利用率	处置率
行业总计	92.2	80.5	83.2	80.4	88.3	84.1	59.8	28.0
煤炭开采和洗选业	88.9	63.8	77.2	59.6	76.0	80.4	62.2	28.8
石油和天然气开采业	95.7	79.0	83.9	85.9	73.6	90.7	50.6	35.6
黑色金属矿采选业	92.3	78.1	87.2	83.5	92.3	75.9	16.9	50.4
有色金属矿采选业	88.9	62.9	42.2	50.6	88.1	74.7	26.3	50.2
非金属矿采选业	92.1	74.0	86.4	84.8	85.8	68.5	55.2	20.0
其他采矿业	83.4	58.2	49.0	23.9	84.5	97.6	56.4	30.3
农副食品加工业	85.9	53.7	76.3	46.5	88.9	79.6	96.8	2.1
食品制造业	90.0	66.6	77.7	71.8	84.6	53.2	90.5	3.2
饮料制造业	85.7	56.5	63.3	68.0	67.4	54.1	95.9	3.3
烟草制品业	88.5	67.9	77.0	64.9	93.1	93.2	84.2	15.0
纺织业	92.5	28.8	80.3	74.0	92.4	59.1	93.4	6.2
纺织服装、鞋、帽制造业	96.2	18.3	83.6	89.8	94.8	98.2	93.9	4.6
皮革毛皮羽毛（绒）及其制品业	92.5	15.0	75.1	66.7	56.9	95.3	70.6	21.2
木材加工及木竹藤棕草制品业	92.2	44.5	83.2	61.1	88.5	71.5	95.6	2.4
家具制造业	94.9	7.6	89.3	44.5	99.4	98.5	98.9	0.9
造纸及纸制品业	89.8	50.7	87.4	77.6	89.2	84.4	84.2	13.3
印刷业和记录媒介的复制	92.7	56.0	86.3	84.3	56.9	100.0	89.7	7.9
文教体育用品制造业	93.8	14.5	74.3	71.7	95.9	99.9	85.1	14.0
石油加工、炼焦及核燃料加工业	97.3	94.1	81.4	81.7	90.5	86.5	84.7	10.5
化学原料及化学制品制造业	91.8	87.9	84.2	74.5	88.2	73.3	65.3	17.1
医药制造业	94.8	73.9	81.1	70.5	82.0	90.4	93.1	5.0
化学纤维制造业	95.6	87.7	98.9	93.5	98.7	57.7	95.5	2.0
橡胶制品业	98.2	84.9	91.5	81.6	91.9	84.2	98.1	1.4
塑料制品业	89.6	66.1	83.8	79.2	93.7	85.0	95.5	4.1
非金属矿物制品业	92.6	68.0	77.7	70.7	79.6	85.1	95.7	3.9
黑色金属冶炼及压延加工业	97.1	92.3	90.0	77.5	91.0	83.3	71.3	23.1
有色金属冶炼及压延加工业	88.6	81.9	70.7	77.8	92.1	79.7	35.4	68.4
金属制品业	94.1	66.0	85.2	64.8	80.9	97.0	93.8	7.8
通用设备制造业	94.3	57.0	88.1	79.6	88.2	90.8	84.8	7.3
专用设备制造业	96.4	72.2	87.4	69.3	65.4	77.8	85.8	11.2
交通运输设备制造业	96.4	71.8	89.4	61.2	80.3	97.5	90.4	7.2
电气机械及器材制造业	95.8	56.5	83.6	78.2	91.7	92.0	84.8	14.4
通信计算机及其他电子设备制造业	95.1	74.1	88.2	49.9	91.2	87.1	73.1	22.7
仪器仪表及文化办公用机械制造业	98.0	72.8	97.2	55.3	98.6	99.7	89.5	10.4
工艺品及其他制造业	97.5	33.8	75.0	68.6	54.2	73.5	81.4	16.8
废弃资源和废旧材料回收加工业	98.7	34.4	59.8	49.9	99.4	99.9	91.9	8.1
电力、热力的生产和供应业	96.7	77.9	84.1	84.4	91.6	79.6	73.4	9.9
燃气生产和供应业	90.5	89.9	58.3	56.0	96.2	85.1	66.4	9.6
水的生产和供应业	97.3	6.5	70.7	83.6	89.2	—	84.0	12.3
其他行业	77.7	82.6	88.8	63.9	85.7	85.9	92.7	5.0

各地区火电行业工业废气排放及处理情况（一）

（2006）

地区名称	汇总工业企业数（个）	燃料煤消费量（万吨）	燃料油消费量（万吨）	废气治理设施数（套）	脱硫设施数	废气治理设施运行费用（万元）	脱硫设施运行费用
全　国	1571	102795.8	553.9	6192	2297	1908187.1	654488.6
北　京	6	408.9	13.9	33	8	6235.0	4471.0
天　津	11	1445.9	1.3	53	20	6997.6	4177.6
河　北	72	6702.7	2.1	285	122	44803.9	25776.3
山　西	73	5875.2	4.4	270	145	35835.5	23698.3
内蒙古	46	7555.5	2.4	199	41	26084.3	5747.3
辽　宁	63	5261.3	3.8	272	72	22084.9	3513.0
吉　林	87	3013.0	1.1	575	236	14793.9	1692.6
黑龙江	85	3567.9	2.6	650	41	14565.6	350.4
上　海	15	2168.2	22.7	53	5	14892.9	829.0
江　苏	206	10624.3	4.5	714	345	195826.4	127059.9
浙　江	137	6290.0	78.2	547	417	88830.2	58382.2
安　徽	37	3085.0	1.6	130	19	20279.0	9842.9
福　建	25	2314.2	5.4	91	28	21062.1	12613.5
江　西	16	1735.8	1.0	46	12	10816.3	6799.4
山　东	168	6596.7	3.7	623	332	921950.5	83018.1
河　南	130	7584.8	7.0	406	105	78436.6	42366.2
湖　北	31	2878.1	1.4	109	25	16654.6	7659.6
湖　南	20	2111.1	1.5	108	29	13397.0	7311.8
广　东	105	5928.7	373.4	207	88	178470.3	131305.2
广　西	12	1248.9	0.7	38	6	8206.7	4810.0
海　南	4	252.5	0.2	10	1	2085.0	1634.0
重　庆	30	1042.3	1.9	76	52	46534.4	34420.2
四　川	48	2256.3	2.0	149	48	26576.4	14943.0
贵　州	19	3984.1	12.0	84	18	31944.0	11964.9
云　南	14	1975.3	1.2	53	15	27139.2	16363.8
陕　西	51	2440.6	1.6	169	31	17597.0	9485.4
甘　肃	12	1290.9	0.7	39	5	5243.2	503.0
青　海	3	386.5	0.4	9	—	75.0	—
宁　夏	11	1529.3	0.8	48	11	7153.0	3735.0
新　疆	34	1241.8	0.4	146	20	3616.6	15.0

各地区火电行业工业废气排放及处理情况（二）

（2006）

单位：吨

地区名称	工业二氧化硫排放量	工业二氧化硫去除量	工业氮氧化物排放量	工业氮氧化物去除量	工业烟尘排放量	工业烟尘去除量
全　国	11551209	4065422	6306947	629418	3227110	185498743
北　京	16574	8928	15480	6567	933	296327
天　津	109016	49019	55076	19050	20453	2232614
河　北	685007	352099	660791	86716	161307	13482893
山　西	576272	253957	291151	15234	330198	11738068
内蒙古	800352	187664	541670	1245	153373	12959564
辽　宁	404288	48843	310035	7610	161714	9040080
吉　林	216383	4432	193225	7415	197794	5107813
黑龙江	290949	5140	223930	1108	269237	7389701
上　海	240647	1966	228154	—	25428	3480267
江　苏	691424	579326	498842	88026	182615	20790197
浙　江	517925	373190	324714	11861	92456	7649366
安　徽	287114	43874	240166	30305	121296	5609988
福　建	196166	115779	81805	15052	27523	3203406
江　西	292482	42290	120619	15697	60980	4695550
山　东	678907	492138	417759	242518	123489	14107341
河　南	933066	196144	516879	3977	380031	17431444
湖　北	321758	104574	244107	2772	99554	5997160
湖　南	270436	62529	201579	2694	113220	4639647
广　东	675754	262441	370422	2882	50469	6890581
广　西	298032	129787	31941	20998	48117	2761944
海　南	16370	3681	6940	—	5902	482375
重　庆	311183	268156	92028	113	57044	2001803
四　川	490069	153945	96065	9415	200181	4912256
贵　州	861571	168405	92801	8806	41655	5837565
云　南	226214	53487	73897	22998	64265	2270719
陕　西	532207	34730	122948	415	104530	5323995
甘　肃	163163	61338	86679	5313	32852	2734750
青　海	51981	—	29304	—	11599	623897
宁　夏	262963	5839	60382	204	42772	900216
新　疆	132936	1721	77558	427	46123	907216

各地区建设项目环境影响评价执行情况（一）

（2006）

地区名称	设立的建设项目数（个）	执行环境影响评价的项目数（个）				环评制度执行率（%）
			编制报告书	填报报告表	填报登记	
总　计	364779	363524	12922	120721	229881	99.7
国家项目	650	650	615	34	1	100.0
北　京	7558	7558	129	3120	4309	100.0
天　津	2112	2112	113	1245	754	100.0
河　北	12665	12644	604	5809	6231	99.8
山　西	2137	2127	378	889	860	99.5
内蒙古	4017	3455	353	2058	1044	86.0
辽　宁	11068	11068	709	4555	5804	100.0
吉　林	4174	4174	452	1983	1739	100.0
黑龙江	3756	3722	271	1275	2176	99.1
上　海	8829	8829	256	5843	2730	100.0
江　苏	83939	83882	1289	19042	63551	99.9
浙　江	35041	35041	1318	15085	18638	100.0
安　徽	5174	5024	347	1980	2697	97.1
福　建	16170	16152	462	9297	6393	99.9
江　西	2643	2610	243	1233	1134	98.8
山　东	20048	20045	652	7388	12005	100.0
河　南	8838	8832	211	2407	6214	99.9
湖　北	4495	4426	309	2387	1730	98.5
湖　南	5714	5659	350	1719	3590	99.0
广　东	86230	86177	975	20930	64272	99.9
广　西	7301	7279	431	1313	5535	99.7
海　南	791	777	136	534	107	98.2
四　川	4086	4086	481	1986	1619	100.0
重　庆	6927	6896	542	2243	4111	99.6
贵　州	4378	4364	187	1565	2612	99.7
云　南	4961	4921	421	1839	2661	99.2
西　藏	—	—	—	—	—	—
陕　西	4378	4375	206	1111	3058	99.9
甘　肃	1208	1204	120	279	805	99.7
青　海	670	670	76	270	324	100.0
宁　夏	652	648	66	213	369	99.4
新　疆	4169	4117	220	1089	2808	98.8

各地区建设项目环境影响评价执行情况（二）

（2006）

地区名称	申报项目投资总额（亿元）	新建	扩建	技改	申请项目环保投资总额（亿元）	新建	扩建	技改	环评经费总额（万元）
总　计	108383.3	89997.4	14597.4	3788.3	6607.7	5364.1	925.6	318.0	191000.7
国　家	24661.5	19800.2	4492.5	368.8	1208.6	799.7	389.0	19.9	13550.8
北　京	3045.6	2574.6	406.2	64.8	71.4	56.0	13.3	2.2	5160.9
天　津	1430.8	965.9	450.3	14.5	40.9	22.9	12.0	6.0	2006.3
河　北	4264.9	3701.3	401.7	161.9	138.9	101.9	23.0	13.9	9404.6
山　西	1199.9	550.3	470.1	179.5	156.2	84.5	57.0	14.7	2260.1
内蒙古	2397.2	2109.2	231.3	56.7	80.5	63.8	8.9	7.8	1530.6
辽　宁	9038.5	8678.2	293.2	67.1	566.4	547.4	10.1	8.9	3717.3
吉　林	1584.4	1225.9	334.3	24.1	69.7	42.9	24.2	2.6	4258.0
黑龙江	1231.5	1034.3	137.0	60.2	181.3	159.5	13.1	8.8	3260.3
上　海	3992.2	3344.1	521.6	126.6	161.4	78.7	57.7	25.0	6037.6
江　苏	12708.1	10393.1	1790.5	524.4	373.2	269.5	69.4	34.2	14585.2
浙　江	7921.7	6006.4	939.6	975.7	180.0	133.5	22.3	24.2	49229.5
安　徽	1505.5	1323.6	134.7	47.1	82.1	66.0	11.2	5.0	3411.1
福　建	3144.8	2874.7	214.7	55.3	76.9	68.4	5.9	2.7	5359.9
江　西	723.9	626.5	71.0	26.4	36.5	27.0	2.9	6.6	2591.9
山　东	6500.1	5630.1	633.0	237.0	299.4	214.2	44.0	41.2	11275.7
河　南	1785.2	1319.7	295.2	170.3	99.2	62.6	24.2	12.4	1073.8
湖　北	1503.2	1228.6	218.0	56.6	92.0	64.8	20.0	7.2	3784.2
湖　南	1870.1	1632.9	199.1	38.1	70.4	51.0	14.9	4.5	3630.5
广　东	8119.5	6832.4	1135.9	151.2	2116.4	2051.4	39.5	25.5	19564.0
广　西	985.5	965.0	15.5	5.0	25.3	23.9	1.1	0.3	1007.9
海　南	749.4	595.2	144.8	9.4	82.8	79.8	2.9	0.1	1309.0
重　庆	2113.7	1930.4	145.9	37.3	89.2	80.6	7.0	1.6	5237.8
四　川	1686.2	1381.9	190.1	114.3	71.1	52.5	6.9	11.6	4540.3
贵　州	524.8	419.2	87.7	17.8	45.7	30.0	8.9	6.7	2235.5
云　南	1121.9	822.4	249.6	49.7	62.3	44.5	13.9	3.9	2981.0
西　藏	—	—	—	—	—	—	—	—	—
陕　西	1046.7	841.8	117.2	87.7	43.2	30.8	5.4	7.0	3590.1
甘　肃	187.4	147.0	21.9	18.5	16.6	7.4	2.4	6.9	1150.8
青　海	260.9	184.7	69.0	7.2	12.6	9.5	2.0	1.0	859.9
宁　夏	378.4	315.9	51.0	11.5	18.7	15.0	2.1	1.6	758.4
新　疆	24661.5	541.9	134.8	23.4	38.7	24.5	10.1	4.0	1637.8

各地区建设项目“三同时”执行情况（一）

（2006）

地区名称	当年建成投产项目数（项）	应执行“三同时”项目数（项）	实际执行“三同时”项目数（项）				“三同时”合格项目数（项）	“三同时”合格率（%）	“三同时”执行合格率（%）
				新建	扩建	技改			
总　计	129004	81988	81480	73144	4304	4032	74842	91.9	91.3
国家项目	224	224	219	174	33	12	219	97.8	97.8
北　京	1393	1188	1188	801	89	298	1183	99.6	99.6
天　津	1073	1073	1073	965	94	14	1073	100.0	100.0
河　北	5108	4970	4964	4412	329	223	1862	97.9	97.8
山　西	711	733	726	625	50	51	598	82.4	81.6
内蒙古	2297	2276	2263	2190	44	29	1991	88.0	87.5
辽　宁	5575	5561	5548	4677	312	559	5537	99.8	99.6
吉　林	1135	1135	1135	1008	100	27	1015	89.4	89.4
黑龙江	2037	2037	2037	1834	178	25	2037	100.0	100.0
上　海	2814	2814	2814	2544	194	76	2814	100.0	100.0
江　苏	21894	12892	12862	11941	670	251	12862	100.0	99.7
浙　江	11448	8201	8199	6473	706	1020	8035	98.0	98.0
安　徽	1046	969	957	880	51	26	929	97.1	95.9
福　建	5462	4430	4392	4154	148	90	4373	99.6	98.7
江　西	1015	884	857	798	34	25	771	90.0	87.2
山　东	5768	4880	4870	4642	142	86	4822	99.0	98.8
河　南	3137	2107	2102	1953	63	86	1982	94.3	94.1
湖　北	1664	1577	1485	1253	142	90	1342	90.4	85.1
湖　南	2268	2102	2076	1753	24	299	1922	92.6	91.4
广　东	37350	6850	6746	6197	375	174	6469	95.9	94.4
广　西	3518	3437	3437	3325	56	56	3362	97.8	97.8
海　南	83	83	81	61	15	5	81	100.0	97.6
重　庆	2442	2417	2417	2250	69	98	2384	98.6	98.6
四　川	2985	2905	2905	2547	138	220	2822	97.1	97.1
贵　州	1183	1160	1098	1030	29	39	944	86.0	81.4
云　南	1113	951	907	774	97	36	907	99.0	95.4
西　藏	—	—	—	—	—	—	—	—	—
陕　西	2135	2112	2109	2013	28	68	568	26.9	26.9
甘　肃	620	557	557	529	8	20	544	97.7	97.7
青　海	286	286	286	254	24	8	286	100.0	100.0
宁　夏	223	221	221	184	32	5	215	97.3	97.3
新　疆	997	956	949	903	30	16	893	94.1	93.4

各地区建设项目“三同时”执行情况（二）

（2006）

单位：亿元

地区名称	实际执行“三同时”项目投资总额	新建	扩建	技改	实际执行“三同时”项目环保投资	新建	扩建	技改
总　计	76463.7	67332.8	3987.9	5142.7	767.2	584.9	91.8	90.5
国家项目	4709.8	3767.8	706.5	235.5	164.6	131.7	24.7	8.2
北　京	859.0	352.1	478.5	28.4	28.7	19.2	1.0	8.4
天　津	274.7	247.1	25.1	2.5	7.9	6.3	1.4	0.3
河　北	39920.9	39716.8	129.6	74.5	28.5	18.7	4.9	4.9
山　西	700.1	647.4	22.4	30.4	12.7	9.8	1.4	1.5
内蒙古	375.9	338.0	30.7	7.2	29.6	24.6	3.0	2.1
辽　宁	634.9	539.3	88.0	7.6	16.5	14.1	2.1	0.3
吉　林	223.8	200.8	11.6	11.5	7.1	5.7	1.2	0.2
黑龙江	293.8	187.7	83.5	22.6	8.2	5.4	2.1	0.7
上　海	931.2	813.7	77.5	39.9	37.8	34.1	2.8	0.9
江　苏	10110.2	6119.9	1702.8	2287.5	93.3	80.3	8.5	4.5
浙　江	3177.9	1073.7	147.2	1957.0	57.4	35.4	7.3	14.7
安　徽	358.6	340.1	6.6	11.9	9.9	8.2	0.4	1.3
福　建	419.6	386.2	13.1	20.3	15.3	12.7	0.9	1.7
江　西	108.9	84.1	6.7	18.1	6.6	5.1	0.4	1.1
山　东	802.6	720.1	46.4	36.1	37.9	31.3	3.9	2.8
河　南	235.1	155.1	34.2	45.8	23.0	14.0	4.2	4.8
湖　北	272.5	195.5	39.0	38.1	14.3	7.5	0.9	6.0
湖　南	1462.0	1431.6	16.2	14.2	8.0	6.2	0.9	0.9
广　东	1198.2	979.1	153.8	65.4	66.4	49.6	6.6	10.1
广　西	122.6	96.0	14.6	12.0	6.9	3.9	1.3	1.8
海　南	61.6	45.2	14.2	2.1	2.7	1.9	0.6	0.1
重　庆	673.8	607.8	25.1	40.9	23.7	19.6	1.2	2.9
四　川	7847.1	7780.6	19.0	47.5	19.3	12.4	2.7	4.2
贵　州	86.5	70.8	11.3	4.2	4.3	2.8	1.1	0.3
云　南	126.9	105.1	11.7	9.9	9.5	7.2	1.2	1.1
西　藏	—	—	—	—	—	—	—	—
陕　西	219.8	153.4	27.7	38.7	12.4	5.7	3.6	3.1
甘　肃	88.7	63.9	1.0	23.8	3.0	1.9	0.1	1.0
青　海	37.9	24.5	12.4	1.0	1.4	0.9	0.5	0.0
宁　夏	43.3	29.3	12.5	1.5	3.8	3.0	0.7	0.0
新　疆	85.6	60.1	18.8	6.6	6.3	5.4	0.4	0.5

各地区排污费征收情况

（2006）

地区名称	排污费收入总额（万元）		2006年比2005年		缴纳排污费单位（个）		2006年比2005年	
	2006年	2005年	增减额（万元）	增减率（%）	2006年	2005年	增减数（个）	增减率（%）
总　计	1441443.5	1231586.7	224856.9	18.3	671465	745859	－74394	－10.0
北　京	12490.0	16726.5	－4236.5	－25.3	2284	2327	－43	－1.8
天　津	24061.2	20176.7	3884.5	19.3	7973	8717	－744	－8.5
河　北	76033.5	64234.3	11799.2	18.4	33976	45155	－11179	－24.8
山　西	155917.5	119201.2	36716.4	30.8	12064	17353	－5289	－30.5
内蒙古	33184.3	25168.7	8015.6	31.8	17551	16700	851	5.1
辽　宁	87067.0	76625.2	10441.8	13.6	25383	30388	－5005	－16.5
吉　林	22635.1	21086.7	1548.5	7.3	25739	26466	－727	－2.7
黑龙江	28626.4	26228.4	2398.0	9.1	17953	18142	－189	－1.0
上　海	34692.6	29630.7	5061.9	17.1	6550	6098	452	7.4
江　苏	131238.4	116439.2	14799.2	12.7	48052	53218	－5166	－9.7
浙　江	106584.2	92880.5	13703.6	14.8	35078	47324	－12246	－25.9
安　徽	32175.3	27698.8	4476.4	16.2	18410	20256	－1846	－9.1
福　建	37804.3	31975.5	5828.8	18.2	24827	24508	319	1.3
江　西	24113.5	19785.8	4327.7	21.9	29497	30459	－962	－3.2
山　东	109404.8	90572.2	18832.6	20.8	30450	35553	－5103	－14.4
河　南	73390.6	60578.9	12811.7	21.1	27293	31629	－4336	－13.7
湖　北	33532.2	28041.0	5491.2	19.6	29753	27704	2049	7.4
湖　南	51514.0	37831.5	13682.5	36.2	35075	34827	248	0.7
广　西	108060.7	95907.0	12153.7	12.7	105040	113946	－8906	－7.8
广　东	28952.0	26124.4	2827.6	10.8	21252	23134	－1882	－8.1
海　南	3141.9	2581.5	560.3	21.7	2536	2684	－148	－5.5
重　庆	34796.3	29744.3	5052.0	17.0	11069	13062	－1993	－15.3
四　川	48507.0	40222.7	8284.3	20.6	17039	26683	－9644	－36.1
贵　州	41509.5	33962.3	7547.2	22.2	12947	14874	－1927	－13.0
云　南	26515.7	19415.4	7100.3	36.6	8974	9127	－153	－1.7
西　藏	797.8	577.3	220.5	38.2	6054	4148	1906	45.9
陕　西	33515.9	29735.8	3780.1	12.7	17421	15126	2295	15.2
甘　肃	19382.0	18915.1	466.9	2.5	13413	15345	－1932	－12.6
青　海	1799.3	1857.5	－58.2	－3.1	2002	2779	－777	－28.0
宁　夏	14249.9	8680.2	5569.7	64.2	3994	2256	1738	77.0
新　疆	20750.7	18981.6	1769.1	9.3	21816	25871	－4055	－15.7

各地区环境污染控制与管理情况（一）

（2006）

地区名称	已办排污申报的企业数（个）	已发放排污许可证的企业数（个）	已发放排污许可证数（份）	当年实际完成投资的限期治理项目		关停并转迁企业数（个）
				项目数（项）	完成投资额（万元）	
总　计	523472	191980	217276	20578	2379235.2	10030
北　京	15193	—	—	725	128885	34
天　津	11160	4	4	115	33069	62
河　北	18758	8032	8102	1311	171825.2	906
山　西	11957	3375	3377	1745	321843.8	741
内蒙古	14016	3728	5251	972	79421.1	507
辽　宁	27220	4156	5639	944	35160.6	145
吉　林	8474	1297	1448	925	27135	63
黑龙江	16861	5165	5165	647	53762.1	54
上　海	11020	3315	3315	50	1784.5	174
江　苏	65171	27533	27608	1729	84432	457
浙　江	49976	20282	22619	1252	98801.7	1038
安　徽	11004	678	566	156	20924.5	101
福　建	20103	9162	9162	357	17692.5	210
江　西	6886	623	711	443	20604.5	300
山　东	15825	3255	3254	987	390932.4	720
河　南	22294	2072	2072	1731	302166.4	2157
湖　北	11996	4018	4309	423	41194.4	230
湖　南	16799	4982	5403	540	56043.7	544
广　东	73076	42773	43869	1118	28142.6	524
广　西	18314	12266	12961	79	6330.3	60
海　南	1029	945	691	61	1575	8
重　庆	6189	4411	5014	436	20713.5	113
四　川	14206	4530	7692	1100	206843.6	277
贵　州	10053	8162	19384	899	41732.2	91
云　南	7829	4141	4173	611	40198.9	122
西　藏	1494	1316	1316	4	4	1
陕　西	8353	1400	1426	298	52739	149
甘　肃	10210	5255	7291	336	50202.9	65
青　海	923	54	53	94	5479.5	21
宁　夏	1182	108	108	87	29666.9	61
新　疆	15901	4942	5293	403	9928.4	95

各地区环境污染控制与管理情况（二）

（2006）

地区名称	建烟尘控制区		建噪声达标区		建成高污染燃料禁烧区		城区清洁能源使用量（标煤）（万吨）	城区用能总量（标煤）（万吨）
	总个数（个）	总面积（平方公里）	总个数（个）	总面积（平方公里）	总个数（个）	总面积（平方公里）		
总　计	3512	41195.1	4037	28875.5	628	16690.8	55039.0	112286.3
北　京	—	—	63	574.6	—	—	3147.0	5521.0
天　津	53	521.4	64	499.8	12	198.5	469.8	1363.9
河　北	92	1846.5	191	737.1	39	553.8	1464.9	4350.1
山　西	141	912.4	290	425.0	45	198.3	325.8	1004.2
内蒙古	138	1047.8	64	498.2	11	114.9	1077.6	7453.8
辽　宁	101	1600.3	125	1269.9	56	296.7	4944.3	11082.3
吉　林	228	922.5	221	2113.9	17	575.1	578.1	1699.0
黑龙江	285	1139.7	238	911.3	16	494.2	335.0	3827.6
上　海	173	3478.9	87	672.7	32	618.6	976.7	3379.7
江　苏	171	3493.2	193	2892.7	18	1079.7	6001.2	11680.5
浙　江	154	5491.6	147	1891.1	23	644.3	537.0	1105.9
安　徽	195	958.6	184	641.8	9	258.2	—	—
福　建	119	1057.5	95	573.3	3	149.9	—	—
江　西	59	1011.1	44	540.5	11	259.3	480.6	1588.1
山　东	228	3168.6	313	2418.7	129	1044.6	3863.4	8380.3
河　南	232	2322.5	257	1625.4	46	413.1	2290.1	4719.8
湖　北	170	1332.3	188	1353.7	17	197.9	873.5	2265.5
湖　南	180	1284.1	164	873.7	14	705.5	3021.8	4999.0
广　东	144	3602.2	235	1913.3	6	3200.0	10116.9	12984.0
广　西	86	1231.1	69	545.9	9	3812.1	426.1	1311.3
海　南	8	72.6	5	28.5	—	—	1.1	2.8
重　庆	32	626.9	30	343.9	11	474.7	1034.0	1217.9
四　川	152	1216.9	412	3711.4	74	811.5	1725.8	2862.0
贵　州	63	443.9	55	177.6	1	22.0	461.4	1240.3
云　南	22	386.5	33	263.46	64.6	5716.8	5848.8	—
西　藏	1	58.8	1	58.8	1	58.8	1.0	1.0
陕　西	91	719.3	99	450.7	17	147.5	603.4	1138.7
甘　肃	47	480.3	52	303.4	2	154.5	1120.3	3315.8
青　海	9	72.3	1	63.2	—	—	—	—
宁　夏	26	215.9	23	201.1	1	4.0	318.7	564.8
新　疆	112	479.4	94	300.9	2	138.5	3126.7	7378.2

各地区环境污染与破坏事故情况（一）

（2006）

地区名称	事故总数（次）	直接经济损失（万元）	按事故程度分							
			特大事故		重大事故		较大事故		一般事故	
			次数	经济损失（万元）	次数	经济损失（万元）	次数	经济损失（万元）	次数	经济损失（万元）
总　计	842	13471.1	4	1706.1	13	2741.6	48	422.2	777	8601.2
北　京	1								1	
天　津										
河　北	9	1458.8	1	1406.1			1	40.0	7	12.7
山　西	2	950.0			2	950.0				
内蒙古	1	784.0			1	784.0				
辽　宁	26	77.5							26	77.5
吉　林	3	22.2							3	22.2
黑龙江	2	50.6							2	50.6
上　海	36						1		35	
江　苏	18	502.2					2	4.7	16	497.5
浙　江	59	305.7							59	305.7
安　徽	21	452.9	1	300.0					20	152.9
福　建	12	126.2			2	103.8			10	22.4
江　西	35	54.7							35	54.7
山　东	14	731.7			2	712.7			12	19.0
河　南	7	109.7							7	109.7
湖　北	81	145.3					2	18.9	79	126.4
湖　南	145	519.5	1		2	139.0	14	55.1	128	325.4
广　东	20	83.5					2	55.0	18	28.5
广　西	89	535.1			2	27.1	7	17.8	80	490.2
海　南	3	1.3							3	1.3
重　庆	10	11.0							10	11.0
四　川	7	110.0			1				6	110.0
贵　州	23	38.4			1	25.0			22	13.4
云　南	101	6064.6					11	34.3	90	6030.3
西　藏										
陕　西	42	290.8					7	176.4	35	114.4
甘　肃	72	22.4	1						71	22.4
青　海	1	1.5							1	1.5
宁　夏										
新　疆	2	21.5					1	20.0	1	1.5

各地区环境污染与破坏事故情况（二）

（2006）　　　　单位：万元

地区名称	按事故类型分					
	水污染				大气污染	
	次数	经济损失	化学品污染		次数	经济损失
			次数	经济损失		
总 计	482	6590.8	57	2765.2	232	6553.3
北 京	1		1			
天 津						
河 北	6	1451.8	4	1449.1	3	7.0
山 西	2	950.0	2	950.0		
内蒙古	1	784.0				
辽 宁	8	29.0	1	15.0	8	24.0
吉 林	1		1		1	5.0
黑龙江	2	50.6				
上 海	3		2		15	
江 苏	15	491.7	3	2.5	2	3.5
浙 江	27	174.3	8	77.5	14	43.6
安 徽	15	413.8			4	29.1
福 建	12	126.2				
江 西	20	41.1	2	3.5	13	10.9
山 东	8	724.3			6	7.4
河 南	4	62.1			3	47.6
湖 北	55	71.4	4	10.8	24	50.5
湖 南	84	394.3	10	34.3	41	89.8
广 东	13	73.3			1	0.2
广 西	46	282.6	8	59.2	40	240.7
海 南	2	1.3				
重 庆	7	11.0			3	
四 川	5	110.0	1	110.0		
贵 州	16	10.3	2	2.1	6	3.1
云 南	56	95.6	5	40.3	42	5965.8
西 藏						
陕 西	28	211.7	3	10.9	3	24.2
甘 肃	43	8.9			3	0.9
青 海	1	1.5				
宁 夏						
新 疆	1	20.0				

各地区环境污染与破坏事故情况（三）

（2006）

单位：万元

地区名称	按事故类型分							
	海洋污染		固废污染		噪声污染		其他污染	
	次数	经济损失	次数	经济损失	次数	经济损失	次数	经济损失
总　计	10	66.1	8	47.6	45	139.1	6	10.5
北　京								
天　津								
河　北								
山　西								
内蒙古								
辽　宁	2	18.5			7	4.0		
吉　林					1	17.2		
黑龙江								
上　海	1		1		2			
江　苏					1	7.0		
浙　江	3	40.6	3	40.6				
安　徽							2	10.0
福　建								
江　西					2	2.7		
山　东								
河　南								
湖　北								
湖　南					4	13.3	4	0.5
广　东	4	7.0	4	7.0				
广　西					2	6.9		
海　南					1			
重　庆								
四　川								
贵　州					1	25.0		
云　南					3	3.2		
西　藏								
陕　西					1	50.0		
甘　肃					20	9.8		
青　海								
宁　夏								
新　疆								

各地区环境污染与破坏事故情况（四）

（2006）

地区名称	伤亡人数（人）		污染受害面积（平方米）			污染事故罚款总额（万元）	污染事故赔款总额（万元）
		死亡人数	农作物	鱼塘	自然保护区		
总　计	85	4	10524876	11748601	40000	1019.4	7396.5
北　京							
天　津							
河　北	1	1	934398	50000		0.2	20.0
山　西							
内蒙古			667000			20.0	72.0
辽　宁	5		600			38.7	2.5
吉　林			120000			15.0	17.2
黑龙江				10000000		10.0	
上　海	4	1					
江　苏	7		4281	491200		68.5	3.1
浙　江	8	2	7020	400	40000	24.2	37.9
安　徽			8000	348333		54.0	4.7
福　建			3133	43300		4.0	107.4
江　西			252379	18714		6.6	21.1
山　东			41623			2.0	10.5
河　南	1		103200	5280		15.0	12.8
湖　北	53		120317	32820		28.2	128.3
湖　南	6		2515649	641374		115.5	427.0
广　东			85835	3533		48.2	22.7
广　西			4448473	83922		30.1	486.3
海　南			13000				0.9
重　庆			13333			38.0	
四　川			198000			13.0	10.0
贵　州			26908			18.4	48.7
云　南			954645	29725		43.1	5947.6
西　藏							
陕　西			1197			340.9	9.0
甘　肃			4335			64.3	5.2
青　海			1500				1.5
宁　夏							
新　疆			50			21.5	0.1

各地区自然生态保护情况（一）

（2006）

地区名称	自然保护区数（个）					保护区面积（公顷）				
		国家级	省级	地市级	县级		国家级	省级	地市级	县级
总　计	2395	265	793	422	915	151535040	91697028	44418002	5224384	10195626
北　京	19	1	12	6		132308	4660	91498	36150	
天　津	9	3	6			164385	100949	63436		
河　北	35	8	20	2	5	597034	105802	457800	8806	24626
山　西	45	5	40			1128328	82936	1045392		
内蒙古	192	21	54	33	84	13489905	3489958	7435568	436311	2128068
辽　宁	89	11	28	33	17	2787937	1162126	838786	691373	95652
吉　林	33	9	15	4	5	2229929	679081	1523238	8779	18831
黑龙江	176	15	53	35	73	5421729	1709320	2427017	419367	866025
上　海	4	2	2			93821	66175	27646		
江　苏	38	3	10	8	17	692944	336211	111684	128832	116217
浙　江	52	9	8		35	264407	96724	125915		41768
安　徽	35	6	27		2	434642	164282	263652		6708
福　建	93	11	28	7	47	507503	187760	155845	75354	88544
江　西	134	5	25	1	103	920940	81536	346749	1560	491095
山　东	75	5	25	24	21	1097341	239674	471695	252850	133122
河　南	32	10	19	1	2	754435	378941	373931	163	1400
湖　北	63	7	17	21	18	1013956	166418	391514	312260	143764
湖　南	95	11	31		53	1105621	415925	433257		256439
广　东	299	9	49	106	135	3443126	175193	621383	369064	2277486
广　西	72	12	46	3	11	1425718	221062	944445	118947	141264
海　南	69	8	25	9	27	2812168	83637	2635511	16205	76815
重　庆	50	3	19		28	916508	195512	373362		347634
四　川	164	20	64	31	49	9068831	1593112	3969115	1453108	2053496
贵　州	128	7	4	22	95	949925	217308	70453	276344	385820
云　南	198	16	52	71	59	4226839	1431215	1888471	557307	349846
西　藏	38	9	6	1	22	40970783	37153065	3816144	70	1504
陕　西	50	7	36	4	3	1045944	266452	683356	61534	34602
甘　肃	57	13	40		4	9883775	6861230	2907645		114900
青　海	11	5	6			21759310	20252490	1506820		
宁　夏	13	6	7			506783	355208	151575		
新　疆	27	8	19			21688165	12943646	8744519		

各地区自然生态保护情况（二）

（2006）

地区名称	保护区面积占辖区面积比（%）	珍稀、濒危动物繁殖场（个）	珍稀植物引种栽培场（个）	生态示范区建设试点地区和单位个数（个）	国家级生态示范区个数（个）
总计	15.8	164	77	528	233
北京	7.9			7	4
天津	14.5			7	2
河北	3.2			37	5
山西	7.2		2	26	8
内蒙古	11.4			15	6
辽宁	10.9	1	1	21	16
吉林	12.3	2	3	10	7
黑龙江	11.9			23	15
上海	14.8			1	1
江苏	6.8			51	48
浙江	2.6	2	3	23	21
安徽	3.3	5	1	30	9
福建	3. 1			13	4
江西	5.5	4	5	33	6
山东	6.6			34	20
河南	4.5	1	2	24	18
湖北	5. 5	8	7	12	6
湖南	5.2	3	7	30	12
广东	4.6	37	8	13	5
广西	5.9	46	5	11	3
海南	5.3	17	1	1	1
重庆	11.1	2	1	2	2
四川	18.6			35	4
贵州	5.4	3	2	12	3
云南	10.7	23	21	21	2
西藏	34.1			1	
陕西	5.1	2	4	18	2
甘肃	21.7	8	4	4	
青海	30.2			2	
宁夏	9.8			3	1
新疆	13.6			8	2

各地区农业面源污染及治理情况（一）

（2006）

地区名称	化肥使用情况			
	氮肥使用总量（折纯吨）	氮肥使用水平（千克/亩）	磷肥使用总量（折 P_2O_5 吨）	磷肥使用水平（千克/亩）
北　京	73778	16.1	26991	6.9
天　津	77099	13.3	27665	5.7
河　北	1493096	25.2	679706	11.9
山　西	528525	18.1	373402	16.2
内蒙古	751300	14.4	411234	7.7
辽　宁	438494	5.8	106583	5.0
吉　林	368069	9.4	144193	3.9
黑龙江	835186	5.9	625558	2.4
上　海	63104	22.9	9907	5.1
江　苏	1708734	21.6	476251	7.2
浙　江	451986	16.6	129313	5.7
安　徽	1565706	25.3	638193	11.1
福　建	432444	18.3	163066	9.1
江　西	581830	17.1	300413	9.2
山　东	2209270	16.4	827496	7.3
河　南	1761785	21.0	1183639	14.9
湖　北	1344083	35.2	641513	20.9
湖　南	1347703	24.5	436046	9.3
广　东	853393	22.6	241101	6.8
广　西	624299	11.4	302288	6.4
海　南	157260	21.9	81883	15.9
重　庆	438600	14.1	165500	5.3
四　川	1719257	36.1	852612	19.7
贵　州	539471	16.8	269871	10.5
云　南	766033	17.1	443397	11.7
西　藏	31616		13109	
陕　西	864954	36.0	722557	36.6
甘　肃	499980	14.8	645.47	19.4
青　海	50759	10.8	24172	5.2
宁　夏	94283	9.4	42485	4.3
新　疆	594112	17.0	358982	10.3

各地区农业面源污染及治理情况（二）

（2006）

地区名称	秸秆禁烧情况			
	秸秆禁烧区面积（公顷）	禁烧区内秸秆产生量（吨）	禁烧区内秸秆综合利用量（吨）	禁烧区秸秆综合利用率（%）
北京	401630	1720198	1674732	97.40
天津	345075	739484	689146	93.19
河北	6371983	51872953	37269650	71.85
山西	4973720	15103589	8597549	56.92
内蒙古	3698160	28072689	22538760	80.29
辽宁	1166177	4433529	3176213	71.64
吉林	1392054	6011124	3842601	63.92
黑龙江	4807611	28036233	18721450	66.78
上海	69112	397500	362700	91.25
江苏	4398777	41787032	25421868	60.84
浙江	2042646	9186772	7364726	80.17
安徽	2468225	18844332	14057211	74.60
福建	596003	2455073	2073168	84.44
江西	1144322	7619422	5839525	76.64
山东	5115097	61882931	46437102	75.04
河南	9357850	94313635	87533418	92.81
湖北	1468945	20260867	12685953	62.61
湖南	2662084	17564322	14762322	84.05
广东	1590222	5475533	3755318	68.58
广西	3181256	10106321	8710936	86.19
海南	179291	555273	434960	78.33
重庆	579376	745000	634000	85.10
四川	2628362	15535212	8764125	56.41
贵州	586589	2344617	2050375	87.45
云南	492185	4972586	4172327	83.91
西藏				
陕西	1097060	25431232	5800282	22.81
甘肃	551597	3492896	3293044	94.28
青海	169989	153228	150655	98.32
宁夏	306862	6866010	5367393	78.17
新疆	796428	6798143	4289364	63.10

政策法规篇

法律及法律性文件

中华人民共和国农产品质量安全法（摘录）

（2006年4月29日第十届全国人民代表大会常务委员会第二十一次会议通过）

第十五条 县级以上地方人民政府农业行政主管部门按照保障农产品质量安全的要求，根据农产品品种特性和生产区域大气、土壤、水体中有毒有害物质状况等因素，认为不适宜特定农产品生产的，提出禁止生产的区域，报本级人民政府批准后公布。具体办法由国务院农业行政主管部门商国务院环境保护行政主管部门制定。

农产品禁止生产区域的调整，依照前款规定的程序办理。

第十八条 禁止违反法律、法规的规定向农产品产地排放或者倾倒废水、废气、固体废物或者其他有毒有害物质。

农业生产用水和用作肥料的固体废物，应当符合国家规定的标准。

第十九条 农产品生产者应当合理使用化肥、农药、兽药、农用薄膜等化工产品，防止对农产品产地造成污染。

第四十五条 违反法律、法规规定，向农产品产地排放或者倾倒废水、废气、固体废物或者其他有毒有害物质的，依照有关环境保护法律、法规的规定处罚；造成损害的，依法承担赔偿责任。

第五十六条 本法自2006年11月1日起施行。

全国人民代表大会常务委员会关于加入《乏燃料管理安全和放射性废物管理安全联合公约》的决定

（2006年4月29日第十届全国人民代表大会常务委员会第二十一次会议通过）

第十届全国人民代表大会常务委员会第二十一次会议决定：加入于1997年9月5日经国际原子能机构外交大会审议通过的《乏燃料管理安全和放射性废物管理安全联合公约》；同时声明：

一、中华人民共和国政府对第2条（u）项以及第27条提及的“超越国界运输”的理解是：作为抵达国的《乏燃料管理安全和放射性废物管理安全联合公约》任何缔约方在同意来自另一缔约方的国内实体的超越国界运输前，应当向该超越国界运输的启运国确认该超越国界运输已得到该启运国的批准。

二、在中华人民共和国政府另行通知前，《乏燃料管理安全和放射性废物管理安全联合公约》暂不适用于中华人民共和国澳门特别行政区。

全国人民代表大会常务委员会关于批准《〈防止倾倒废物及其他物质污染海洋的公约〉1996年议定书》的决定

（2006年6月29日第十届全国人民代表大会常务委员会第二十二次会议通过）

第十届全国人民代表大会常务委员会第二十二次会议决定：批准于1996年11月7日在《防止倾倒废物及其他物质污染海洋的公约》缔约国会议上通过的《〈防止倾倒废物及其他物质污染海洋的公约〉1996年议定书》（以下简称《议定书》）；同时声明：

一、对于《议定书》第16条第2款、第5款，如果中华人民共和国因为《议定书》的解释和适用（包括第3条第1款、第2款的解释和适用）而成为争端当事方，须经中华人民共和国政府书面同意，才能适用《议定书》附件Ⅲ所列仲裁程序。

二、在中华人民共和国政府另行通知前，《议定书》暂不适用于中华人民共和国澳门特别行政区。

中华人民共和国城乡规划法（摘录）

（2007年10月28日第十届全国人民代表大会常务委员会第三十次会议通过）

第四条 制定和实施城乡规划，应当遵循城乡统筹、合理布局、节约土地、集约发展和先规划后建设的原则，改善生态环境，促进资源、能源节约和综合利用，保护耕地等自然资源和历史文化遗产，保持地方特色、民族特色和传统风貌，防止污染和其他公害，并符合区域人口发展、国防建设、防灾减灾和公共卫生、公共安全的需要。

在规划区内进行建设活动，应当遵守土地管理、自然资源和环境保护等法律、法规的规定。

县级以上地方人民政府应当根据当地经济社会发展的实际，在城市总体规划、镇总体规划中合理确定城市、镇的发展规模、步骤和建设标准。

第十三条 省、自治区人民政府组织编制省域城镇体系规划，报国务院审批。

省域城镇体系规划的内容应当包括：城镇空间布局和规模控制，重大基础设施的布局，为保护生态环境、资源等需要严格控制的区域。

第十七条 城市总体规划、镇总体规划的内容应当包括：城市、镇的发展布局，功能分区，用地布局，综合交通体系，禁止、限制和适宜建设的地域范围，各类专项规划等。

规划区范围、规划区内建设用地规模、基础设施和公共服务设施用地、水源地和水系、基本农田和绿化用地、环境保护、自然与历史文化遗产保护以及防灾减灾等内容，应当作为城市总体规划、镇总体规划的强制性内容。

城市总体规划、镇总体规划的规划期限一般为二十年。城市总体规划还应当对城市更长远的发展作出预测性安排。

第三十条 城市新区的开发和建设，应当合理确定建设规模和时序，充分利用现有市政基础设施和公共服务设施，严格保护自然资源和生态环境，体现地方特色。

在城市总体规划、镇总体规划确定的建设用地范围以外，不得设立各类开发区和城市新区。

第三十四条 城市、县、镇人民政府应当根据城市总体规划、镇总体规划、土地利用总体规划和年度计划以及国民经济和社会发展规划，制定近期建设规划，报总体规划审批机关备案。

近期建设规划应当以重要基础设施、公共服务设施和中低收入居民住房建设以及生态环境保护为重点内容，明确近期建设的时序、发展方向和空间布局。近期建设规划的规划期限为五年。

第三十五条 城乡规划确定的铁路、公路、港口、机场、道路、绿地、输配电设施及输电线路走廊、通信设施、广播电视设施、管道设施、河道、水库、水源地、自然保护区、防汛通道、消防通道、核电站、垃圾填埋场及焚烧厂、污水处理厂和公共服务设施的用地以及其他需要依法保护的用地，禁止擅自改变用途。

第七十条 本法自2008年1月1日起施行。《中华人民共和国城市规划法》同时废止。

行政法规及法规性文件

国家突发环境事件应急预案

（国务院 2006年1月24日）

1 总则

1.1 编制目的

建立健全突发环境事件应急机制，提高政府应对涉及公共危机的突发环境事件的能力，维护社会稳定，保障公众生命健康和财产安全，保护环境，促进社会全面、协调、可持续发展。

1.2 编制依据

依据《中华人民共和国环境保护法》、《中华人民共和国海洋环境保护法》、《中华人民共和国安全生产法》和《国家突发公共事件总体应急预案》及相关的法律、行政法规，制定本预案。

1.3 事件分级

按照突发事件严重性和紧急程度，突发环境事件分为特别重大环境事件（Ⅰ级）、重大环境事件（Ⅱ级）、较大环境事件（Ⅲ级）和一般环境事件（Ⅳ级）四级。

1.3.1 特别重大环境事件（Ⅰ级）。

凡符合下列情形之一的，为特别重大环境事件：

（1）发生30人以上死亡，或中毒（重伤）100人以上；

（2）因环境事件需疏散、转移群众5万人以上，或直接经济损失1000万元以上；

（3）区域生态功能严重丧失或濒危物种生存环境遭到严重污染；

（4）因环境污染使当地正常的经济、社会活动受到严重影响；

（5）利用放射性物质进行人为破坏事件，或1、2类放射源失控造成大范围严重辐射污染后果；

（6）因环境污染造成重要城市主要水源地取水中断的污染事故；

（7）因危险化学品（含剧毒品）生产和贮运中发生泄漏，严重影响人民群众生产、生活的污染事故。

1.3.2 重大环境事件（Ⅱ级）。

凡符合下列情形之一的，为重大环境事件：

（1）发生10人以上、30人以下死亡，或中毒（重伤）50人以上、100人以下；

（2）区域生态功能部分丧失或濒危物种生存环境受到污染；

（3）因环境污染使当地经济、社会活动受到较大影响，疏散转移群众1万人以上、5万人以下的；

（4）1、2类放射源丢失、被盗或失控；

（5）因环境污染造成重要河流、湖泊、水库及沿海水域大面积污染，或县级以上城镇水源地取水中断的污染事件。

1.3.3　较大环境事件（Ⅲ级）。

凡符合下列情形之一的，为较大环境事件：

（1）发生3人以上、10人以下死亡，或中毒（重伤）50人以下；

（2）因环境污染造成跨地级行政区域纠纷，使当地经济、社会活动受到影响；

（3）3类放射源丢失、被盗或失控。

1.3.4　一般环境事件（Ⅳ级）。

凡符合下列情形之一的，为一般环境事件：

（1）发生3人以下死亡；

（2）因环境污染造成跨县级行政区域纠纷，引起一般群体性影响的；

（3）4、5类放射源丢失、被盗或失控。

1.4　适用范围

本预案适用于应对以下各类事件应急响应，核事故的应急响应遵照国家核应急协调委有关规定执行：

1.4.1　超出事件发生地省（区、市）人民政府突发环境事件处置能力的应对工作；

1.4.2　跨省（区、市）突发环境事件应对工作；

1.4.3　国务院或者全国环境保护部际联席会议需要协调、指导的突发环境事件或者其他突发事件次生、衍生的环境事件。

1.5　工作原则

以邓小平理论和“三个代表”重要思想为指导，坚持以人为本，树立全面、协调、可持续的科学发展观，提高政府社会管理水平和应对突发事件的能力。

（1）坚持以人为本，预防为主。加强对环境事件危险源的监测、监控并实施监督管理，建立环境事件风险防范体系，积极预防、及时控制、消除隐患，提高环境事件防范和处理能力，尽可能地避免或减少突发环境事件的发生，消除或减轻环境事件造成的中长期影响，最大程度地保障公众健康，保护人民群众生命财产安全。

（2）坚持统一领导，分类管理，属地为主，分级响应。在国务院的统一领导下，加强部门之间协同与合作，提高快速反应能力。针对不同污染源所造成的环境污染、生态污染、放射性污染的特点，实行分类管理，充分发挥部门专业优势，使采取的措施与突发环境事件造成的危害范围和社会影响相适应。充分发挥地方人民政府职能作用，坚持属地为主，实行分级响应。

（3）坚持平战结合，专兼结合，充分利用现有资源。积极做好应对突发环境事件的思想准备、物资准备、技术准备、工作准备，加强培训演练，充分利用现有专业环境应急救援力量，整合环境监测网络，引导、鼓励实现一专多能，发挥经过专门培训的环境应急救援力量的作用。

2　组织指挥与职责

2.1　组织体系

国家突发环境事件应急组织体系由应急领导机构、综合协调机构、有关类别环境事件专业指挥机构、应急支持保障部门、专家咨询机构、地方各级人民政府突发环境事件应急领导机构和应急救援队伍组成。

在国务院的统一领导下，全国环境保护部际联席会议负责统一协调突发环境事件的应对工作，各专业部门按照各自职责做好相关专业领域突发环境事件应对工作，各应急支持保障部门按照各自职责做好突发环境事件应急保障工作。

专家咨询机构为突发环境事件专家组。

地方各级人民政府的突发环境事件应急机构由地方人民政府确定。

突发环境事件国家应急救援队伍由各相关专业的应急救援队伍组成。环保总局应急救援队伍由环境应急与事故调查中心、中国环境监测总站、核安全中心组成。

2.2　综合协调机构

全国环境保护部际联席会议负责协调国家突发环境事件应对工作。贯彻执行党中央、国务院有关应急工作的方针、政策，认真落实国务院有关环境应急工作指示和要求；建立和完善环境应急预警机制，组织制定（修订）国家突发环境事件应急预案；统一协调重大、特别重大环境事件的应急救援工作；指导地方政府有关部门做好突发环境事件应急工作；部署国家环境应急工作的公众宣传和教育，统一发布环境污染应急信息；完成国务院下达的其他应急救援任务。

各有关成员部门负责各自专业领域的应急协调保障工作。

2.3　有关类别环境事件专业指挥机构

全国环境保护部际联席会议有关成员单位之间建立应急联系工作机制，保证信息通畅，做到信息共享；按照各自职责制定本部门的环境应急救援和保障方面的应急预案，并负责管理和实施；需要其他部门增援时，有关部门向全国环境保护部际联席会议提出增援请求。必要时，国务院组织协调特别重大突发环境事件应急工作。

2.4　地方人民政府突发环境事件应急领导机构

环境应急救援指挥坚持属地为主的原则，特别重大环境事件发生地的省（区、市）人民政府成立现场应急救援指挥部。所有参与应急救援的队伍和人员必须服从现场应急救援指挥部的指挥。现场应急救援指挥部为参与应急救援的队伍和人员提供工作条件。

2.5　专家组

全国环境保护部际联席会议设立突发环境事件专家组，聘请科研单位和军队有关专家组成。

主要工作为：参与突发环境事件应急工作；指导突发环境事件应急处置工作；为国务院或部际联席会议的决策提供科学依据。

3　预防和预警

3.1　信息监测

3.1.1　全国环境保护部际联席会议有关成员单位按照早发现、早报告、早处置的原则，开展对国内（外）环境信息、自然灾害预警信息、常规环境监测数据、辐射环境监测数据的综合分析、风险评估工作。

3.1.2　国务院有关部门和地方各级人民政府及其相关部门，负责突发环境事件信息接收、报告、处理、统计分析，以及预警信息监控。

（1）环境污染事件、生物物种安全事件、辐射事件信息接收、报告、处理、统计分析由环保部门负责；

（2）海上石油勘探开发溢油事件信息接收、报告、处理、统计分析由海洋部门负责；

（3）海上船舶、港口污染事件信息接收、报告、处理、统计分析由交通部门负责。

3.1.3　环境污染事件和生物物种安全预警信息监控由环保总局负责；海上石油勘探开发溢油事件预警信息监控由海洋局负责；海上船舶、港口污染事件信息监控由交通部负责；辐射环境污染事件预警信息监控由环保总局（核安全局）负责。特别重大环境事件预警信息经核实后，及时上报国务院。

3.2　预防工作

（1）开展污染源、放射源和生物物种资源调查。开展对产生、贮存、运输、销毁废弃化学品、放射源的普查，掌握全国环境污染源的产生、种类及地区分布情况。了解国内外的有关技术信息、进展情况和形势动态，提出相应的对策和意见。

（2）开展突发环境事件的假设、分析和风险评估工作，完善各类突发环境事件应急预案。

（3）加强环境应急科研和软件开发工作。研究开发并建立环境污染扩散数字模型，开发研制环境应急管理系统软件。

3.3　预警及措施

按照突发事件严重性、紧急程度和可能波及的范围，突发环境事件的预警分为四级，预警级别由低到高，颜色依次为蓝色、黄色、橙色、红色。根据事态的发展情况和采取措施的效果，预警颜色可以升级、降级或解除。

收集到的有关信息证明突发环境事件即将发生或者发生的可能性增大时，按照相关应急预案执行。

进入预警状态后，当地县级以上人民政府和政府有关部门应当采取以下措施：

（1）立即启动相关应急预案。

（2）发布预警公告。蓝色预警由县级人民政府负责发布。黄色预警由市（地）级人民政府负责发布。橙色预警由省级人民政府负责发布。红色预警由事件发生地省级人民政府根据国务院授权负责发布。

（3）转移、撤离或者疏散可能受到危害的人员，并进行妥善安置。

（4）指令各环境应急救援队伍进入应急状态，环境监测部门立即开展应急监测，随时掌握并报告事态进展情况。

（5）针对突发事件可能造成的危害，封闭、隔离或者限制使用有关场所，中止可能导致危害扩大的行为和活动。

（6）调集环境应急所需物资和设备，确保应急保障工作。

3.4　预警支持系统

3.4.1　建立环境安全预警系统。建立重点污染源排污状况实时监控信息系统、突发事件预警系统、区域环境安全评价科学预警系统、辐射事件预警信息系统；建设重大船舶污染事件应急设备库和海空一体化船舶污染快速反应系统；建立海洋环境监测系统。

3.4.2　建立环境应急资料库。建立突发环境事件应急处置数据库系统、生态安全数据库系统、突发事件专家决策支持系统、环境恢复周期检测反馈评估系统、辐射事件数据库系统。

3.4.3　建立应急指挥技术平台系统。根据需要，结合实际情况，建立有关类别环境事件专业协调指挥中心及通讯技术保障系统。

4　应急响应

4.1　分级响应机制

突发环境事件应急响应坚持属地为主的原则，地方各级人民政府按照有关规定全面负责突发环境事件应急处置工作，环保总局及国务院相关部门根据情况给予协调支援。

按突发环境事件的可控性、严重程度和影响范围，突发环境事件的应急响应分为特别重大（Ⅰ级响应）、重大（Ⅱ级响应）、较大（Ⅲ级响应）、一般（Ⅳ级响应）四级。超出本级应急处置能力时，应及时请求上一级应急救援指挥机构启动上一级应急预案。Ⅰ级应急响应由环保总局和国务院有关部门组织实施。

4.2　应急响应程序

4.2.1　Ⅰ级响应时，环保总局按下列程序和内容响应：

（1）开通与突发环境事件所在地省级环境应急指挥机构、现场应急指挥部、相关专业应急指挥机构的通信联系，随时掌握事件进展情况；

（2）立即向环保总局领导报告，必要时成立环境应急指挥部；

（3）及时向国务院报告突发环境事件基本情况和应急救援的进展情况；

（4）通知有关专家组成专家组，分析情况。根据专家的建议，通知相关应急救援力量随时待命，为地方或相关专业应急指挥机构提供技术支持；

（5）派出相关应急救援力量和专家赶赴现场参加、指导现场应急救援，必要时调集事发地周边地区专业应急力量实施增援。

4.2.2　有关类别环境事件专业指挥机构接到特别重大环境事件信息后，主要采取下列行动：

（1）启动并实施本部门应急预案，及时向国务院报告并通报环保总局；

（2）启动本部门应急指挥机构；

（3）协调组织应急救援力量开展应急救援工作；

（4）需要其他应急救援力量支援时，向国务院提出请求。

4.2.3　省级地方人民政府突发环境事件应急响应，可以参照Ⅰ级响应程序，结合本地区实际，自行确定应急响应行动。需要有关应急力量支援时，及时向环保总局及国务院有关部门提出请求。

4.3　信息报送与处理

4.3.1　突发环境事件报告时限和程序

突发环境事件责任单位和责任人以及负有监管责任的单位发现突发环境事件后，应在1小时内向所在地县级以上人民政府报告，同时向上一级相关专业主管部门报告，并立即组织进行现场调查。紧急情况下，可以越级上报。

负责确认环境事件的单位，在确认重大（Ⅱ级）环境事件后，1小时内报告省级相关专业主管部门，特别重大（Ⅰ级）环境事件立即报告国务院相关专业主管部门，并通报其他相关部门。

地方各级人民政府应当在接到报告后1小时内向上一级人民政府报告。省级人民政府在接到报告后1小时内，向国务院及国务院有关部门报告。

重大（Ⅱ级）、特别重大（Ⅰ级）突发环境事件，国务院有关部门应立即向国务院报告。

4.3.2　突发环境事件报告方式与内容

突发环境事件的报告分为初报、续报和处理结果报告三类。初报从发现事件后起1小时内上报；续报在查清有关基本情况后随时上报；处理结果报告在事件处理完毕后立即上报。

初报可用电话直接报告，主要内容包括：环境事件的类型、发生时间、地点、污染源、主要污染物质、人员受害情况、捕杀或砍伐国家重点保护的野生动植物的名称和数量、自然保护区受害面积及程度、事件潜在的危害程度、转化方式趋向等初步情况。

续报可通过网络或书面报告，在初报的基础上报告有关确切数据，事件发生的原因、过程、进展情况及采取的应急措施等基本情况。

处理结果报告采用书面报告，处理结果报告在初报和续报的基础上，报告处理事件的措施、过程和结果，事件潜在或间接的危害、社会影响、处理后的遗留问题，参加处理工作的有关部门和工作内容，出具有关危害与损失的证明文件等详细情况。

4.4　指挥和协调

4.4.1　指挥和协调机制

根据需要，国务院有关部门和部际联席会议成立环境应急指挥部，负责指导、协调突发环境事件的应对工作。

环境应急指挥部根据突发环境事件的情况通知有关部门及其应急机构、救援队伍和事件所在地毗邻省（区、市）人民政府应急救援指挥机构。各应急机构接到事件信息通报后，应立即派出有关人员和队伍赶赴事发现场，在现场救援指挥部统一指挥下，按照各自的预案和处置规程，相互协同，密切配合，共同实施环境应急和紧急处置行动。现场应急救援指挥部成立前，各应急救援专业队伍必须在当地政府和事发单位的协调指挥下坚决、迅速地实施先期处置，果断控制或切断污染源，全力控制事件态势，严防二次污染和次生、衍生事件发生。

应急状态时，专家组组织有关专家迅速对事件信息进行分析、评估，提出应急处置方案和建议，供指挥部领导决策参考。根据事件进展情况和形势动态，提出相应的对策和意见；对突发环境事件的危害范围、发展趋势作出科学预测，为环境应急领导机构的决策和指挥提供科学依据；参与污染程度、危害范围、事件等级的判定，对污染区域的隔离与解禁、人员撤离与返回等重大防护措施的决策提供技术依据；指导各应急分队进行应急处理与处置；指导环境应急工作的评价，进行事件的中长期环境影响评估。

发生环境事件的有关部门、单位要及时、主动向环境应急指挥部提供应急救援有关的基础资料，环保、海洋、交通、水利等有关部门提供事件发生前的有关监管检查资料，供环境应急指挥部研究救援和处置方案时参考。

4.4.2　指挥协调主要内容

环境应急指挥部指挥协调的主要内容包括：

（1）提出现场应急行动原则要求；

（2）派出有关专家和人员参与现场应急救援指挥部的应急指挥工作；

（3）协调各级、各专业应急力量实施应急支援行动；

（4）协调受威胁的周边地区危险源的监控工作；

（5）协调建立现场警戒区和交通管制区域，确定重点防护区域；

（6）根据现场监测结果，确定被转移、疏散群众返回时间；

（7）及时向国务院报告应急行动的进展情况。

4.5　应急监测

环保总局环境应急监测分队负责组织协调突发环境事件地区环境应急监测工作，并负责指导海洋环境监测机构、地方环境监测机构进行应急监测工作。

（1）根据突发环境事件污染物的扩散速度和事件发生地的气象和地域特点，确定污染物扩散范围。

（2）根据监测结果，综合分析突发环境事件污染变化趋势，并通过专家咨询和讨论的方式，预测并报告突发环境事件的发展情况和污染物的变化情况，作为突发环境事件应急决策的依据。

4.6　信息发布

全国环境保护部际联席会议负责突发环境事件信息对外统一发布工作。突发环境事件发生后，要及时发布准确、权威的信息，正确引导社会舆论。

4.7　安全防护

4.7.1　应急人员的安全防护

现场处置人员应根据不同类型环境事件的特点，配备相应的专业防护装备，采取安全防护措施，严格执行应急人员出入事发现场程序。

4.7.2　受灾群众的安全防护

现场应急救援指挥部负责组织群众的安全防护工作，主要工作内容如下：

（1）根据突发环境事件的性质、特点，告知群众应采取的安全防护措施；

（2）根据事发时当地的气象、地理环境、人员密集度等，确定群众疏散的方式，指定有关部门组织群众安全疏散撤离；

（3）在事发地安全边界以外，设立紧急避难场所。

4.8　应急终止

4.8.1　应急终止的条件

符合下列条件之一的，即满足应急终止条件：

（1）事件现场得到控制，事件条件已经消除；

（2）污染源的泄漏或释放已降至规定限值以内；

（3）事件所造成的危害已经被彻底消除，无继发可能；

（4）事件现场的各种专业应急处置行动已无继续的必要；

（5）采取了必要的防护措施以保护公众免受再次危害，并使事件可能引起的中长期影响趋于合理且尽量低的水平。

4.8.2　应急终止的程序

（1）现场救援指挥部确认终止时机，或事件责任单位提出，经现场救援指挥部批准；

（2）现场救援指挥部向所属各专业应急救援队伍下达应急终止命令；

（3）应急状态终止后，相关类别环境事件专业应急指挥部应根据国务院有关指示和实际情况，继续进行环境监测和评价工作，直至其他补救措施无需继续进行为止。

4.8.3　应急终止后的行动

（1）环境应急指挥部指导有关部门及突发环境事件单位查找事件原因，防止类似问题的重复出现。

（2）有关类别环境事件专业主管部门负责编制特别重大、重大环境事件总结报告，于应急终止后上报。

（3）应急过程评价。由环保总局组织有关专家，会同事发地省级人民政府组织实施。

（4）根据实践经验，有关类别环境事件专业主管部门负责组织对应急预案进行评估，并及时修订环境应急预案。

（5）参加应急行动的部门负责组织、指导环境应急队伍维护、保养应急仪器设备，使之始终保持良好的技术状态。

5　应急保障

5.1　资金保障

部际联席会议各成员单位根据突发环境事件应急需要，提出项目支出预算报财政部审批后执行。具体情况按照《财政应急保障预案》执行。

5.2　装备保障

各级环境应急相关专业部门及单位要充分发挥职能作用，在积极发挥现有检验、鉴定、监测力量的基础上，根据工作需要和职责要求，加强危险化学品检验、鉴定和监测设备建设。增加应急处置、快速机动和自身防护装备、物资的储备，不断提高应急监测，动态监控的能力，保证在发生环境事件时能有效防范对环境的污染和扩散。

5.3　通信保障

各级环境应急相关专业部门要建立和完善环境安全应急指挥系统、环境应急处置全国联动系统和环境安全科学预警系统。配备必要的有线、无线通信器材，确保本预案启动时环境应急指挥部和有关部门及现场各专业应急分队间的联络畅通。

5.4　人力资源保障

有关类别环境应急专业主管部门要建立突发环境事件应急救援队伍；各省（区、市）加强各级环境应急队伍的建设，提高其应对突发事件的素质和能力；在计划单列市、省会城市和环境保护重点城市培训一支常备不懈，熟悉环境应急知识，充分掌握各类突发环境事件处置措施的预备应急力量；对各地所属大中型化工等企业的消防、防化等应急分队进行组织和培训，形成由国家、省、市和相关企业组成的环境应急网络。保证在突发事件发生后，能迅速参与并完成抢救、排险、消毒、监测等现场处置工作。

5.5　技术保障

建立环境安全预警系统，组建专家组，确保在启动预警前、事件发生后相关环境专家能迅速到位，为指挥决策提供服务。建立环境应急数据库，建立健全各专业环境应急队伍，地区核安全监督站和地区专业技术机构随时投入应急的后续支援和提供技术支援。

5.6　宣传、培训与演练

5.6.1　各级环保部门应加强环境保护科普宣传教育工作，普及环境污染事件预防常识，编印、发放有毒有害物质污染公众防护“明白卡”，增强公众的防范意识和相关心理准备，提高公众的防范能力。

5.6.2　各级环保部门以及有关类别环境事件专业主管部门应加强环境事件专业技术人员日常培训和重要目标工作人员的培训和管理，培养一批训练有素的环境应急处置、检验、监测等专门人才。

5.6.3　各级环保部门以及有关类别环境事件专业主管部门，按照环境应急预案及相关单项预案，定期组织不同类型的环境应急实战演练，提高防范和处置突发环境事件的技能，增强实战能力。

5.7　应急能力评价

为保障环境应急体系始终处于良好的战备状态，并实现持续改进，对各级环境应急机构的设置情况、制度和工作程序的建立与执行情况、队伍的建设和人员培训与考核情况、应急装备和经费管理与使用情况等，在环境应急能力评价体系中实行自上而下的监督、检查和考核工作机制。

6　后期处置

6.1　善后处置

地方各级人民政府做好受灾人员的安置工作，组织有关专家对受灾范围进行科学评估，提出补偿和对遭受污染的生态环境进行恢复的建议。

6.2　保险

应建立突发环境事件社会保险机制。对环境应急工作人员办理意外伤害保险。可能引起环境污染的企业事业单位，要依法办理相关责任险或其他险种。

7　附则

7.1　名词术语定义

环境事件：是指由于违反环境保护法律法规的经济、社会活动与行为，以及意外因素的影响或不可抗拒的自然灾害等原因致使环境受到污染，人体健康受到危害，社会经济与人民群众财产受到损失，造成不良社会影响的突发性事件。

突发环境事件：指突然发生，造成或者可能造成重大人员伤亡、重大财产损失和对全国或者某一地区的经济社会稳定、政治安定构成重大威胁和损害，有重大社会影响的涉及公共安全的环境事件。

环境应急：针对可能或已发生的突发环境事件需要立即采取某些超出正常工作程序的行动，以避免事件发生或减轻事件后果的状态，也称为紧急状态；同时也泛指立即采取超出正常工作程序的行动。

预案分类：根据突发环境事件的发生过程、性质和机理，突发环境事件主要分为三类：突发环境污染事件、生物物种安全环境事件和辐射环境污染事件。突发环境污染事件包括重点流域、敏感水域水环境污染事件；重点城市光化学烟雾污染事件；危险化学品、废弃化学品污染事件；海上石油勘探开发溢油事件；突发船舶污染事件等。生物物种安全环境事件主要是指生物物种受到不当采集、猎杀、走私、非法携带出入境或合作交换、工程建设危害以及外来入侵物种对生物多样性造成损失和对生态环境造成威胁和危害事件；辐射环境污染事件包括放射性同位素、放射源、辐射装置、放射性废物辐射污染事件。

泄漏处理：泄漏处理是指对危险化学品、危险废物、放射性物质、有毒气体等污染源因事件发生泄漏时所采取的应急处置措施。泄漏处理要及时、得当，避免重大事件的发生。泄漏处理一般分为泄漏源控制和泄漏物处置两部分。

应急监测：环境应急情况下，为发现和查明环境污染情况和污染范围而进行的环境监测。包括定点监测和动态监测。

应急演习：为检验应急计划的有效性、应急准备的完善性、应急响应能力的适应性和应急人员的协同性而进行的一种模拟应急响应的实践活动，根据所涉及的内容和范围的不同，可分为单项演习（演练）、综合演习和指挥中心、现场应急组织联合进行的联合演习。

本预案有关数量的表述中，“以上”含本数，“以下”不含本数。

7.2　预案管理与更新

随着应急救援相关法律法规的制定、修改和完善，部门职责或应急资源发生变化，或者应急过程中发现存在的问题和出现新的情况，应及时修订完善本预案。

7.3　国际沟通与协作

建立与国际环境应急机构的联系，组织参与国际救援活动，开展与国际间的交流与合作。

7.4　奖励与责任追究

7.4.1　奖励

在突发环境事件应急救援工作中，有下列事迹之一的单位和个人，应依据有关规定给予奖励：

（1）出色完成突发环境事件应急处置任务，成绩显著的；

（2）对防止或挽救突发环境事件有功，使国家、集体、和人民群众的生命财产免受或者减少损失的；

（3）对事件应急准备与响应提出重大建议，实施效果显著的；

（4）有其他特殊贡献的。

7.4.2　责任追究

在突发环境事件应急工作中，有下列行为之一的，按照有关法律和规定，对有关责任人员视情节和危害后果，由其所在单位或者上级机关给予行政处分；其中，对国家公务员和国家行政机关任命的其他人员，分别由任免机关或者监察机关给予行政处分；构成犯罪的，由司法机关依法追究刑事责任：

（1）不认真履行环保法律、法规，而引发环境事件的；

（2）不按照规定制定突发环境事件应急预案，拒绝承担突发环境事件应急准备义务的；

（3）不按规定报告、通报突发环境事件真实情况的；

（4）拒不执行突发环境事件应急预案，不服从命令和指挥，或者在事件应急响应时临阵脱逃的；

（5）盗窃、贪污、挪用环境事件应急工作资金、装备和物资的；

（6）阻碍环境事件应急工作人员依法执行职务或者进行破坏活动的；

（7）散布谣言，扰乱社会秩序的；

（8）有其他对环境事件应急工作造成危害行为的。

7.5　预案实施时间

本预案自印发之日起实施。

风 景 名 胜 区 条 例

（中华人民共和国国务院令第474号）

第一章　总　则

第一条　为了加强对风景名胜区的管理，有效保护和合理利用风景名胜资源，制定本条例。

第二条　风景名胜区的设立、规划、保护、利用和管理，适用本条例。

本条例所称风景名胜区，是指具有观赏、文化或者科学价值，自然景观、人文景观比较集中，环境优美，可供人们游览或者进行科学、文化活动的区域。

第三条　国家对风景名胜区实行科学规划、统一管理、严格保护、永续利用的原则。

第四条　风景名胜区所在地县级以上地方人民政府设置的风景名胜区管理机构，负责风景名胜区的保护、利用和统一管理工作。

第五条　国务院建设主管部门负责全国风景名胜区的监督管理工作。国务院其他有关部门按照国务院规定的职责分工，负责风景名胜区的有关监督管理工作。

省、自治区人民政府建设主管部门和直辖市人民政府风景名胜区主管部门，负责本行政区域内风景名胜区的监督管理工作。省、自治区、直辖市人民政府其他有关部门按照规定的职责分工，负责风景名胜区的有关监督管理工作。

第六条　任何单位和个人都有保护风景名胜资源的义务，并有权制止、检举破坏风景名胜资源的行为。

第二章　设　立

第七条　设立风景名胜区，应当有利于保护和合理利用风景名胜资源。

新设立的风景名胜区与自然保护区不得重合或者交叉；已设立的风景名胜区与自然保护区重合或者交叉的，风景名胜区规划与自然保护区规划应当相协调。

第八条　风景名胜区划分为国家级风景名胜区和省级风景名胜区。

自然景观和人文景观能够反映重要自然变化过程和重大历史文化发展过程，基本处于自然状态或者保持历史原貌，具有国家代表性的，可以申请设立国家级风景名胜区；具有区域代表性的，可以申请设立省级风景名胜区。

第九条　申请设立风景名胜区应当提交包含下列内容的有关材料：

（一）风景名胜资源的基本状况；

（二）拟设立风景名胜区的范围以及核心景区的范围；

（三）拟设立风景名胜区的性质和保护目标；

（四）拟设立风景名胜区的游览条件；

（五）与拟设立风景名胜区内的土地、森林等自然资源和房屋等财产的所有权人、使用权人协商的内容和结果。

第十条　设立国家级风景名胜区，由省、自治区、直辖市人民政府提出申请，国务院建设主管部门会同国务院环境保护主管部门、林业主管部门、文物主管部门等有关部门组织论证，提出审查意见，报国务院批准公布。

设立省级风景名胜区，由县级人民政府提出申请，省、自治区人民政府建设主管部门或者直辖市人民政府风景名胜区主管部门，会同其他有关部门组织论证，提出审查意见，报省、自治区、直辖市人民政府批准公布。

第十一条　风景名胜区内的土地、森林等自然资源和房屋等财产的所有权人、使用权人的合法权益受法律保护。

申请设立风景名胜区的人民政府应当在报请

审批前，与风景名胜区内的土地、森林等自然资源和房屋等财产的所有权人、使用权人充分协商。

因设立风景名胜区对风景名胜区内的土地、森林等自然资源和房屋等财产的所有权人、使用权人造成损失的，应当依法给予补偿。

第三章　规　划

第十二条　风景名胜区规划分为总体规划和详细规划。

第十三条　风景名胜区总体规划的编制，应当体现人与自然和谐相处、区域协调发展和经济社会全面进步的要求，坚持保护优先、开发服从保护的原则，突出风景名胜资源的自然特性、文化内涵和地方特色。

风景名胜区总体规划应当包括下列内容：

（一）风景资源评价；

（二）生态资源保护措施、重大建设项目布局、开发利用强度；

（三）风景名胜区的功能结构和空间布局；

（四）禁止开发和限制开发的范围；

（五）风景名胜区的游客容量；

（六）有关专项规划。

第十四条　风景名胜区应当自设立之日起2年内编制完成总体规划。总体规划的规划期一般为20年。

第十五条　风景名胜区详细规划应当根据核心景区和其他景区的不同要求编制，确定基础设施、旅游设施、文化设施等建设项目的选址、布局与规模，并明确建设用地范围和规划设计条件。

风景名胜区详细规划，应当符合风景名胜区总体规划。

第十六条　国家级风景名胜区规划由省、自治区人民政府建设主管部门或者直辖市人民政府风景名胜区主管部门组织编制。

省级风景名胜区规划由县级人民政府组织编制。

第十七条　编制风景名胜区规划，应当采用招标等公平竞争的方式选择具有相应资质等级的单位承担。

风景名胜区规划应当按照经审定的风景名胜区范围、性质和保护目标，依照国家有关法律、法规和技术规范编制。

第十八条　编制风景名胜区规划，应当广泛征求有关部门、公众和专家的意见；必要时，应当进行听证。

风景名胜区规划报送审批的材料应当包括社会各界的意见以及意见采纳的情况和未予采纳的理由。

第十九条　国家级风景名胜区的总体规划，由省、自治区、直辖市人民政府审查后，报国务院审批。

国家级风景名胜区的详细规划，由省、自治区人民政府建设主管部门或者直辖市人民政府风景名胜区主管部门报国务院建设主管部门审批。

第二十条　省级风景名胜区的总体规划，由省、自治区、直辖市人民政府审批，报国务院建设主管部门备案。

省级风景名胜区的详细规划，由省、自治区人民政府建设主管部门或者直辖市人民政府风景名胜区主管部门审批。

第二十一条　风景名胜区规划经批准后，应当向社会公布，任何组织和个人有权查阅。

风景名胜区内的单位和个人应当遵守经批准的风景名胜区规划，服从规划管理。

风景名胜区规划未经批准的，不得在风景名胜区内进行各类建设活动。

第二十二条　经批准的风景名胜区规划不得擅自修改。确需对风景名胜区总体规划中的风景名胜区范围、性质、保护目标、生态资源保护措施、重大建设项目布局、开发利用强度以及风景名胜区的功能结构、空间布局、游客容量进行修改的，应当报原审批机关批准；对其他内容进行修改的，应当报原审批机关备案。

风景名胜区详细规划确需修改的，应当报原审批机关批准。

政府或者政府部门修改风景名胜区规划对公民、法人或者其他组织造成财产损失的，应当依法给予补偿。

第二十三条 风景名胜区总体规划的规划期届满前 2 年，规划的组织编制机关应当组织专家对规划进行评估，作出是否重新编制规划的决定。在新规划批准前，原规划继续有效。

第四章 保 护

第二十四条 风景名胜区内的景观和自然环境，应当根据可持续发展的原则，严格保护，不得破坏或者随意改变。

风景名胜区管理机构应当建立健全风景名胜资源保护的各项管理制度。

风景名胜区内的居民和游览者应当保护风景名胜区的景物、水体、林草植被、野生动物和各项设施。

第二十五条 风景名胜区管理机构应当对风景名胜区内的重要景观进行调查、鉴定，并制定相应的保护措施。

第二十六条 在风景名胜区内禁止进行下列活动：

（一）开山、采石、开矿、开荒、修坟立碑等破坏景观、植被和地形地貌的活动；

（二）修建储存爆炸性、易燃性、放射性、毒害性、腐蚀性物品的设施；

（三）在景物或者设施上刻划、涂污；

（四）乱扔垃圾。

第二十七条 禁止违反风景名胜区规划，在风景名胜区内设立各类开发区和在核心景区内建设宾馆、招待所、培训中心、疗养院以及与风景名胜资源保护无关的其他建筑物；已经建设的，应当按照风景名胜区规划，逐步迁出。

第二十八条 在风景名胜区内从事本条例第二十六条、第二十七条禁止范围以外的建设活动，应当经风景名胜区管理机构审核后，依照有关法律、法规的规定办理审批手续。

在国家级风景名胜区内修建缆车、索道等重大建设工程，项目的选址方案应当报国务院建设主管部门核准。

第二十九条 在风景名胜区内进行下列活动，应当经风景名胜区管理机构审核后，依照有关法律、法规的规定报有关主管部门批准：

（一）设置、张贴商业广告；

（二）举办大型游乐等活动；

（三）改变水资源、水环境自然状态的活动；

（四）其他影响生态和景观的活动。

第三十条 风景名胜区内的建设项目应当符合风景名胜区规划，并与景观相协调，不得破坏景观、污染环境、妨碍游览。

在风景名胜区内进行建设活动的，建设单位、施工单位应当制定污染防治和水土保持方案，并采取有效措施，保护好周围景物、水体、林草植被、野生动物资源和地形地貌。

第三十一条 国家建立风景名胜区管理信息系统，对风景名胜区规划实施和资源保护情况进行动态监测。

国家级风景名胜区所在地的风景名胜区管理机构应当每年向国务院建设主管部门报送风景名胜区规划实施和土地、森林等自然资源保护的情况；国务院建设主管部门应当将土地、森林等自然资源保护的情况，及时抄送国务院有关部门。

第五章 利用和管理

第三十二条 风景名胜区管理机构应当根据风景名胜区的特点，保护民族民间传统文化，开展健康有益的游览观光和文化娱乐活动，普及历史文化和科学知识。

第三十三条 风景名胜区管理机构应当根据风景名胜区规划，合理利用风景名胜资源，改善交通、服务设施和游览条件。

风景名胜区管理机构应当在风景名胜区内设置风景名胜区标志和路标、安全警示等标牌。

第三十四条 风景名胜区内宗教活动场所的管理，依照国家有关宗教活动场所管理的规定执行。

风景名胜区内涉及自然资源保护、利用、管理和文物保护以及自然保护区管理的，还应当执行国家有关法律、法规的规定。

第三十五条 国务院建设主管部门应当对国家级风景名胜区的规划实施情况、资源保护状况进行监督检查和评估。对发现的问题，应当及时纠正、处理。

第三十六条 风景名胜区管理机构应当建立健全安全保障制度，加强安全管理，保障游览安全，并督促风景名胜区内的经营单位接受有关部门依据法律、法规进行的监督检查。

禁止超过允许容量接纳游客和在没有安全保障的区域开展游览活动。

第三十七条 进入风景名胜区的门票，由风景名胜区管理机构负责出售。门票价格依照有关价格的法律、法规的规定执行。

风景名胜区内的交通、服务等项目，应当由风景名胜区管理机构依照有关法律、法规和风景名胜区规划，采用招标等公平竞争的方式确定经营者。

风景名胜区管理机构应当与经营者签订合同，依法确定各自的权利义务。经营者应当缴纳风景名胜资源有偿使用费。

第三十八条 风景名胜区的门票收入和风景名胜资源有偿使用费，实行收支两条线管理。

风景名胜区的门票收入和风景名胜资源有偿使用费应当专门用于风景名胜资源的保护和管理以及风景名胜区内财产的所有权人、使用权人损失的补偿。具体管理办法，由国务院财政部门、价格主管部门会同国务院建设主管部门等有关部门制定。

第三十九条 风景名胜区管理机构不得从事以营利为目的的经营活动，不得将规划、管理和监督等行政管理职能委托给企业或者个人行使。

风景名胜区管理机构的工作人员，不得在风景名胜区内的企业兼职。

第六章 法律责任

第四十条 违反本条例的规定，有下列行为之一的，由风景名胜区管理机构责令停止违法行为、恢复原状或者限期拆除，没收违法所得，并处50万元以上100万元以下的罚款：

（一）在风景名胜区内进行开山、采石、开矿等破坏景观、植被、地形地貌的活动的；

（二）在风景名胜区内修建储存爆炸性、易燃性、放射性、毒害性、腐蚀性物品的设施的；

（三）在核心景区内建设宾馆、招待所、培训中心、疗养院以及与风景名胜资源保护无关的其他建筑物的。

县级以上地方人民政府及其有关主管部门批准实施本条第一款规定的行为的，对直接负责的主管人员和其他直接责任人员依法给予降级或者撤职的处分；构成犯罪的，依法追究刑事责任。

第四十一条 违反本条例的规定，在风景名胜区内从事禁止范围以外的建设活动，未经风景名胜区管理机构审核的，由风景名胜区管理机构责令停止建设、限期拆除，对个人处2万元以上5万元以下的罚款，对单位处20万元以上50万元以下的罚款。

第四十二条 违反本条例的规定，在国家级风景名胜区内修建缆车、索道等重大建设工程，项目的选址方案未经国务院建设主管部门核准，县级以上地方人民政府有关部门核发选址意见书的，对直接负责的主管人员和其他直接责任人员依法给予处分；构成犯罪的，依法追究刑事责任。

第四十三条 违反本条例的规定，个人在风景名胜区内进行开荒、修坟立碑等破坏景观、植被、地形地貌的活动的，由风景名胜区管理机构责令停止违法行为、限期恢复原状或者采取其他补救措施，没收违法所得，并处1000元以上1万元以下的罚款。

第四十四条 违反本条例的规定，在景物、设施上刻划、涂污或者在风景名胜区内乱扔垃圾的，由风景名胜区管理机构责令恢复原状或者采取其他补救措施，处50元的罚款；刻划、涂污或者以其他方式故意损坏国家保护的文物、名胜古迹的，按照治安管理处罚法的有关规定予以处罚；构成犯罪的，依法追究刑事责任。

第四十五条 违反本条例的规定，未经风景名胜区管理机构审核，在风景名胜区内进行下列活动的，由风景名胜区管理机构责令停止违法行为、限期恢复原状或者采取其他补救措施，没收违法所得，并处5万元以上10万元以下的罚款；情节严重的，并处10万元以上20万元以下的罚款：

（一）设置、张贴商业广告的；

（二）举办大型游乐等活动的；

（三）改变水资源、水环境自然状态的活动的；

（四）其他影响生态和景观的活动。

第四十六条 违反本条例的规定，施工单位在施工过程中，对周围景物、水体、林草植被、野生动物资源和地形地貌造成破坏的，由风景名胜区管理机构责令停止违法行为、限期恢复原状或者采取其他补救措施，并处2万元以上10万元以下的罚款；逾期未恢复原状或者采取有效措施的，由风景名胜区管理机构责令停止施工。

第四十七条 违反本条例的规定，国务院建设主管部门、县级以上地方人民政府及其有关主管部门有下列行为之一的，对直接负责的主管人员和其他直接责任人员依法给予处分；构成犯罪的，依法追究刑事责任：

（一）违反风景名胜区规划在风景名胜区内设立各类开发区的；

（二）风景名胜区自设立之日起未在2年内编制完成风景名胜区总体规划的；

（三）选择不具有相应资质等级的单位编制风景名胜区规划的；

（四）风景名胜区规划批准前批准在风景名胜区内进行建设活动的；

（五）擅自修改风景名胜区规划的；

（六）不依法履行监督管理职责的其他行为。

第四十八条 违反本条例的规定，风景名胜区管理机构有下列行为之一的，由设立该风景名胜区管理机构的县级以上地方人民政府责令改正；情节严重的，对直接负责的主管人员和其他直接责任人员给予降级或者撤职的处分；构成犯罪的，依法追究刑事责任：

（一）超过允许容量接纳游客或者在没有安全保障的区域开展游览活动的；

（二）未设置风景名胜区标志和路标、安全警示等标牌的；

（三）从事以营利为目的的经营活动的；

（四）将规划、管理和监督等行政管理职能委托给企业或者个人行使的；

（五）允许风景名胜区管理机构的工作人员在风景名胜区内的企业兼职的；

（六）审核同意在风景名胜区内进行不符合风景名胜区规划的建设活动的；

（七）发现违法行为不予查处的。

第四十九条 本条例第四十条第一款、第四十一条、第四十三条、第四十四条、第四十五条、第四十六条规定的违法行为，依照有关法律、行政法规的规定，有关部门已经予以处罚的，风景名胜区管理机构不再处罚。

第五十条 本条例第四十条第一款、第四十一条、第四十三条、第四十四条、第四十五条、第四十六条规定的违法行为，侵害国家、集体或者个人的财产的，有关单位或者个人应当依法承担民事责任。

第五十一条 依照本条例的规定，责令限期拆除在风景名胜区内违法建设的建筑物、构筑物或者其他设施的，有关单位或者个人必须立即停止建设活动，自行拆除；对继续进行建设的，作出责令限期拆除决定的机关有权制止。有关单位或者个人对责令限期拆除决定不服的，可以在接到责令限期拆除决定之日起15日内，向人民法院起诉；期满不起诉又不自行拆除的，由作出责令限期拆除决定的机关依法申请人民法院强制执行，费用由违法者承担。

第七章　附　则

第五十二条 本条例自2006年12月1日起施行。1985年6月7日国务院发布的《风景名胜区管理暂行条例》同时废止。

防治海洋工程建设项目污染损害海洋环境管理条例

（中华人民共和国国务院令第475号）

第一章　总　则

第一条　为了防治和减轻海洋工程建设项目（以下简称海洋工程）污染损害海洋环境，维护海洋生态平衡，保护海洋资源，根据《中华人民共和国海洋环境保护法》，制定本条例。

第二条　在中华人民共和国管辖海域内从事海洋工程污染损害海洋环境防治活动，适用本条例。

第三条　本条例所称海洋工程，是指以开发、利用、保护、恢复海洋资源为目的，并且工程主体位于海岸线向海一侧的新建、改建、扩建工程。具体包括：

（一）围填海、海上堤坝工程；

（二）人工岛、海上和海底物资储藏设施、跨海桥梁、海底隧道工程；

（三）海底管道、海底电（光）缆工程；

（四）海洋矿产资源勘探开发及其附属工程；

（五）海上潮汐电站、波浪电站、温差电站等海洋能源开发利用工程；

（六）大型海水养殖场、人工鱼礁工程；

（七）盐田、海水淡化等海水综合利用工程；

（八）海上娱乐及运动、景观开发工程；

（九）国家海洋主管部门会同国务院环境保护主管部门规定的其他海洋工程。

第四条　国家海洋主管部门负责全国海洋工程环境保护工作的监督管理，并接受国务院环境保护主管部门的指导、协调和监督。沿海县级以上地方人民政府海洋主管部门负责本行政区域毗邻海域海洋工程环境保护工作的监督管理。

第五条　海洋工程的选址和建设应当符合海洋功能区划、海洋环境保护规划和国家有关环境保护标准，不得影响海洋功能区的环境质量或者损害相邻海域的功能。

第六条　国家海洋主管部门根据国家重点海域污染物排海总量控制指标，分配重点海域海洋工程污染物排海控制数量。

第七条　任何单位和个人对海洋工程污染损害海洋环境、破坏海洋生态等违法行为，都有权向海洋主管部门进行举报。

接到举报的海洋主管部门应当依法进行调查处理，并为举报人保密。

第二章　环境影响评价

第八条　国家实行海洋工程环境影响评价制度。

海洋工程的环境影响评价，应当以工程对海洋环境和海洋资源的影响为重点进行综合分析、预测和评估，并提出相应的生态保护措施，预防、控制或者减轻工程对海洋环境和海洋资源造成的影响和破坏。

海洋工程环境影响报告书应当依据海洋工程环境影响评价技术标准及其他相关环境保护标准编制。编制环境影响报告书应当使用符合国家海洋主管部门要求的调查、监测资料。

第九条　海洋工程环境影响报告书应当包括下列内容：

（一）工程概况；

（二）工程所在海域环境现状和相邻海域开发利用情况；

（三）工程对海洋环境和海洋资源可能造成影响的分析、预测和评估；

（四）工程对相邻海域功能和其他开发利用活动影响的分析及预测；

（五）工程对海洋环境影响的经济损益分析和环境风险分析；

（六）拟采取的环境保护措施及其经济、技术论证；

（七）公众参与情况；

（八）环境影响评价结论。海洋工程可能对海岸生态环境产生破坏的，其环境影响报告书中应当增加工程对近岸自然保护区等陆地生态系统影响的分析和评价。

第十条 新建、改建、扩建海洋工程的建设单位，应当委托具有相应环境影响评价资质的单位编制环境影响报告书，报有核准权的海洋主管部门核准。

海洋主管部门在核准海洋工程环境影响报告书前，应当征求海事、渔业主管部门和军队环境保护部门的意见；必要时，可以举行听证会。其中，围填海工程必须举行听证会。

海洋主管部门在核准海洋工程环境影响报告书后，应当将核准后的环境影响报告书报同级环境保护主管部门备案，接受环境保护主管部门的监督。

海洋工程建设单位在办理项目审批、核准、备案手续时，应当提交经海洋主管部门核准的海洋工程环境影响报告书。

第十一条 下列海洋工程的环境影响报告书，由国家海洋主管部门核准：

（一）涉及国家海洋权益、国防安全等特殊性质的工程；

（二）海洋矿产资源勘探开发及其附属工程；

（三）50公顷以上的填海工程，100公顷以上的围海工程；

（四）潮汐电站、波浪电站、温差电站等海洋能源开发利用工程；

（五）由国务院或者国务院有关部门审批的海洋工程。

前款规定以外的海洋工程的环境影响报告书，由沿海县级以上地方人民政府海洋主管部门根据沿海省、自治区、直辖市人民政府规定的权限核准。

海洋工程可能造成跨区域环境影响并且有关海洋主管部门对环境影响评价结论有争议的，该工程的环境影响报告书由其共同的上一级海洋主管部门核准。

第十二条 海洋主管部门应当自收到海洋工程环境影响报告书之日起60个工作日内，作出是否核准的决定，书面通知建设单位。

需要补充材料的，应当及时通知建设单位，核准期限从材料补齐之日起重新计算。

第十三条 海洋工程环境影响报告书核准后，工程的性质、规模、地点、生产工艺或者拟采取的环境保护措施等发生重大改变的，建设单位应当委托具有相应环境影响评价资质的单位重新编制环境影响报告书，报原核准该工程环境影响报告书的海洋主管部门核准；海洋工程自环境影响报告书核准之日起超过5年方开工建设的，应当在工程开工建设前，将该工程的环境影响报告书报原核准该工程环境影响报告书的海洋主管部门重新核准。

海洋主管部门在重新核准海洋工程环境影响报告书后，应当将重新核准后的环境影响报告书报同级环境保护主管部门备案。

第十四条 建设单位可以采取招标方式确定海洋工程的环境影响评价单位。其他任何单位和个人不得为海洋工程指定环境影响评价单位。

第十五条 从事海洋工程环境影响评价的单位和有关技术人员，应当按照国务院环境保护主管部门的规定，取得相应的资质证书和资格证书。

国务院环境保护主管部门在颁发海洋工程环境影响评价单位的资质证书前，应当征求国家海洋主管部门的意见。

第三章 海洋工程的污染防治

第十六条 海洋工程的环境保护设施应当与主体工程同时设计、同时施工、同时投产使用。

第十七条 海洋工程的初步设计，应当按照环境保护设计规范和经核准的环境影响报告书的要求，编制环境保护篇章，落实环境保护措施和环境保护投资概算。

第十八条 建设单位应当在海洋工程投入运行之日30个工作日前，向原核准该工程环境影响报告书的海洋主管部门申请环境保护设施的验收；海洋工程投入试运行的，应当自该工程投入试运行之日起60个工作日内，向原核准该工程环境影响报告书的海洋主管部门申请环境保护设施的验收。

分期建设、分期投入运行的海洋工程，其相应的环境保护设施应当分期验收。

第十九条 海洋主管部门应当自收到环境保护设施验收申请之日起30个工作日内完成验收；验收不合格的，应当限期整改。

海洋工程需要配套建设的环境保护设施未经海洋主管部门验收或者经验收不合格的，该工程不得投入运行。

建设单位不得擅自拆除或者闲置海洋工程的环境保护设施。

第二十条 海洋工程在建设、运行过程中产生不符合经核准的环境影响报告书的情形的，建设单位应当自该情形出现之日起20个工作日内组织环境影响的后评价，根据后评价结论采取改进措施，并将后评价结论和采取的改进措施报原核准该工程环境影响报告书的海洋主管部门备案；原核准该工程环境影响报告书的海洋主管部门也可以责成建设单位进行环境影响的后评价，采取改进措施。

第二十一条 严格控制围填海工程。禁止在经济生物的自然产卵场、繁殖场、索饵场和鸟类栖息地进行围填海活动。

围填海工程使用的填充材料应当符合有关环境保护标准。

第二十二条 建设海洋工程，不得造成领海基点及其周围环境的侵蚀、淤积和损害，危及领海基点的稳定。

进行海上堤坝、跨海桥梁、海上娱乐及运动、景观开发工程建设的，应当采取有效措施防止对海岸的侵蚀或者淤积。

第二十三条 污水离岸排放工程排污口的设置应当符合海洋功能区划和海洋环境保护规划，不得损害相邻海域的功能。

污水离岸排放不得超过国家或者地方规定的排放标准。在实行污染物排海总量控制的海域，不得超过污染物排海总量控制指标。

第二十四条 从事海水养殖的养殖者，应当采取科学的养殖方式，减少养殖饵料对海洋环境的污染。因养殖污染海域或者严重破坏海洋景观的，养殖者应当予以恢复和整治。

第二十五条 建设单位在海洋固体矿产资源勘探开发工程的建设、运行过程中，应当采取有效措施，防止污染物大范围悬浮扩散，破坏海洋环境。

第二十六条 海洋油气矿产资源勘探开发作业中应当配备油水分离设施、含油污水处理设备、排油监控装置、残油和废油回收设施、垃圾粉碎设备。

海洋油气矿产资源勘探开发作业中所使用的固定式平台、移动式平台、浮式储油装置、输油管线及其他辅助设施，应当符合防渗、防漏、防腐蚀的要求；作业单位应当经常检查，防止发生漏油事故。

前款所称固定式平台和移动式平台，是指海洋油气矿产资源勘探开发作业中所使用的钻井船、钻井平台、采油平台和其他平台。

第二十七条 海洋油气矿产资源勘探开发单位应当办理有关污染损害民事责任保险。

第二十八条 海洋工程建设过程中需要进行海上爆破作业的，建设单位应当在爆破作业前报告海洋主管部门，海洋主管部门应当及时通报海事、渔业等有关部门。

进行海上爆破作业，应当设置明显的标志、信号，并采取有效措施保护海洋资源。在重要渔业水域进行炸药爆破作业或者进行其他可能对渔业资源造成损害的作业活动的，应当避开主要经济类鱼虾的产卵期。

第二十九条 海洋工程需要拆除或者改作他用的，应当报原核准该工程环境影响报告书的海洋主管部门批准。拆除或者改变用途后可能产生重大环境影响的，应当进行环境影响评价。

海洋工程需要在海上弃置的，应当拆除可能造成海洋环境污染损害或者影响海洋资源开发利用的部分，并按照有关海洋倾倒废弃物管理的规定进行。

海洋工程拆除时，施工单位应当编制拆除的环境保护方案，采取必要的措施，防止对海洋环境造成污染和损害。

第四章　污染物排放管理

第三十条　海洋油气矿产资源勘探开发作业中产生的污染物的处置，应当遵守下列规定：

（一）含油污水不得直接或者经稀释排放入海，应当经处理符合国家有关排放标准后再排放；

（二）塑料制品、残油、废油、油基泥浆、含油垃圾和其他有毒有害残液残渣，不得直接排放或者弃置入海，应当集中储存在专门容器中，运回陆地处理。

第三十一条　严格控制向水基泥浆中添加油类，确需添加的，应当如实记录并向原核准该工程环境影响报告书的海洋主管部门报告添加油的种类和数量。禁止向海域排放含油量超过国家规定标准的水基泥浆和钻屑。

第三十二条　建设单位在海洋工程试运行或者正式投入运行后，应当如实记录污染物排放设施、处理设备的运转情况及其污染物的排放、处置情况，并按照国家海洋主管部门的规定，定期向原核准该工程环境影响报告书的海洋主管部门报告。

第三十三条　县级以上人民政府海洋主管部门，应当按照各自的权限核定海洋工程排放污染物的种类、数量，根据国务院价格主管部门和财政部门制定的收费标准确定排污者应当缴纳的排污费数额。

排污者应当到指定的商业银行缴纳排污费。

第三十四条　海洋油气矿产资源勘探开发作业中应当安装污染物流量自动监控仪器，对生产污水、机舱污水和生活污水的排放进行计量。

第三十五条　禁止向海域排放油类、酸液、碱液、剧毒废液和高、中水平放射性废水；严格限制向海域排放低水平放射性废水，确需排放的，应当符合国家放射性污染防治标准。

严格限制向大气排放含有毒物质的气体，确需排放的，应当经过净化处理，并不得超过国家或者地方规定的排放标准；向大气排放含放射性物质的气体，应当符合国家放射性污染防治标准。

严格控制向海域排放含有不易降解的有机物和重金属的废水；其他污染物的排放应当符合国家或者地方标准。

第三十六条　海洋工程排污费全额纳入财政预算，实行“收支两条线”管理，并全部专项用于海洋环境污染防治。具体办法由国务院财政部门会同国家海洋主管部门制定。

第五章　污染事故的预防和处理

第三十七条　建设单位应当在海洋工程正式投入运行前制定防治海洋工程污染损害海洋环境的应急预案，报原核准该工程环境影响报告书的海洋主管部门和有关主管部门备案。

第三十八条　防治海洋工程污染损害海洋环境的应急预案应当包括以下内容：

（一）工程及其相邻海域的环境、资源状况；

（二）污染事故风险分析；

（三）应急设施的配备；

（四）污染事故的处理方案。

第三十九条　海洋工程在建设、运行期间，由于发生事故或者其他突发性事件，造成或者可能造成海洋环境污染事故时，建设单位应当立即向可能受到污染的沿海县级以上地方人民政府海洋主管部门或者其他有关主管部门报告，并采取有效措施，减轻或者消除污染，同时通报可能受到危害的单位和个人。

沿海县级以上地方人民政府海洋主管部门或者其他有关主管部门接到报告后，应当按照污染事故分级规定及时向县级以上人民政府和上级有关主管部门报告。县级以上人民政府和有关主管部门应当按照各自的职责，立即派人赶赴现场，采取有效措施，消除或者减轻危害，对污染事故进行调查处理。

第四十条　在海洋自然保护区内进行海洋工程建设活动，应当按照国家有关海洋自然保护区的规定执行。

第六章　监督检查

第四十一条　县级以上人民政府海洋主管部门负责海洋工程污染损害海洋环境防治的监督检查，对违反海洋污染防治法律、法规的行为进行查处。

县级以上人民政府海洋主管部门的监督检查人员应当严格按照法律、法规规定的程序和权限进行监督检查。

第四十二条　县级以上人民政府海洋主管部门依法对海洋工程进行现场检查时，有权采取下列措施：

（一）要求被检查单位或者个人提供与环境保护有关的文件、证件、数据以及技术资料等，进行查阅或者复制；

（二）要求被检查单位负责人或者相关人员就有关问题作出说明；

（三）进入被检查单位的工作现场进行监测、勘查、取样检验、拍照、摄像；

（四）检查各项环境保护设施、设备和器材的安装、运行情况；

（五）责令违法者停止违法活动，接受调查处理；

（六）要求违法者采取有效措施，防止污染事态扩大。

第四十三条　县级以上人民政府海洋主管部门的监督检查人员进行现场执法检查时，应当出示规定的执法证件。用于执法检查、巡航监视的公务飞机、船舶和车辆应当有明显的执法标志。

第四十四条　被检查单位和个人应当如实提供材料，不得拒绝或者阻碍监督检查人员依法执行公务。

有关单位和个人对海洋主管部门的监督检查工作应当予以配合。

第四十五条　县级以上人民政府海洋主管部门对违反海洋污染防治法律、法规的行为，应当依法作出行政处理决定；有关海洋主管部门不依法作出行政处理决定的，上级海洋主管部门有权责令其依法作出行政处理决定或者直接作出行政处理决定。

第七章　法律责任

第四十六条　建设单位违反本条例规定，有下列行为之一的，由负责核准该工程环境影响报告书的海洋主管部门责令停止建设、运行，限期补办手续，并处5万元以上20万元以下的罚款：

（一）环境影响报告书未经核准，擅自开工建设的；

（二）海洋工程环境保护设施未申请验收或者经验收不合格即投入运行的。

第四十七条　建设单位违反本条例规定，有下列行为之一的，由原核准该工程环境影响报告书的海洋主管部门责令停止建设、运行，限期补办手续，并处5万元以上20万元以下的罚款：

（一）海洋工程的性质、规模、地点、生产工艺或者拟采取的环境保护措施发生重大改变，未重新编制环境影响报告书报原核准该工程环境影响报告书的海洋主管部门核准的；

（二）自环境影响报告书核准之日起超过5年，海洋工程方开工建设，其环境影响报告书未重新报原核准该工程环境影响报告书的海洋主管部门核准的；

（三）海洋工程需要拆除或者改作他用时，未报原核准该工程环境影响报告书的海洋主管部门批准或者未按要求进行环境影响评价的。

第四十八条　建设单位违反本条例规定，有下列行为之一的，由原核准该工程环境影响报告书的海洋主管部门责令限期改正；逾期不改正的，责令停止运行，并处1万元以上10万元以下的罚款：

（一）擅自拆除或者闲置环境保护设施的；

（二）未在规定时间内进行环境影响后评价或者未按要求采取整改措施的。

第四十九条　建设单位违反本条例规定，有下列行为之一的，由县级以上人民政府海洋主管部门责令停止建设、运行，限期恢复原状；逾期未恢复原状的，海洋主管部门可以指定具有相应资质的单位代为恢复原状，所需费用由建设单位承担，并处恢复原状所需费用1倍以上2倍以下的罚款：

（一）造成领海基点及其周围环境被侵蚀、淤积或者损害的；

（二）违反规定在海洋自然保护区内进行海洋工程建设活动的。

第五十条 建设单位违反本条例规定，在围填海工程中使用的填充材料不符合有关环境保护标准的，由县级以上人民政府海洋主管部门责令限期改正；逾期不改正的，责令停止建设、运行，并处5万元以上20万元以下的罚款；造成海洋环境污染事故，直接负责的主管人员和其他直接责任人员构成犯罪的，依法追究刑事责任。

第五十一条 建设单位违反本条例规定，有下列行为之一的，由原核准该工程环境影响报告书的海洋主管部门责令限期改正；逾期不改正的，处1万元以上5万元以下的罚款：

（一）未按规定报告污染物排放设施、处理设备的运转情况或者污染物的排放、处置情况的；

（二）未按规定报告其向水基泥浆中添加油的种类和数量的；

（三）未按规定将防治海洋工程污染损害海洋环境的应急预案备案的；

（四）在海上爆破作业前未按规定报告海洋主管部门的；

（五）进行海上爆破作业时，未按规定设置明显标志、信号的。

第五十二条 建设单位违反本条例规定，进行海上爆破作业时未采取有效措施保护海洋资源的，由县级以上人民政府海洋主管部门责令限期改正；逾期未改正的，处1万元以上10万元以下的罚款。

建设单位违反本条例规定，在重要渔业水域进行炸药爆破或者进行其他可能对渔业资源造成损害的作业，未避开主要经济类鱼虾产卵期的，由县级以上人民政府海洋主管部门予以警告、责令停止作业，并处5万元以上20万元以下的罚款。

第五十三条 海洋油气矿产资源勘探开发单位违反本条例规定向海洋排放含油污水，或者将塑料制品、残油、废油、油基泥浆、含油垃圾和其他有毒有害残液残渣直接排放或者弃置入海的，由国家海洋主管部门或者其派出机构责令限期清理，并处2万元以上20万元以下的罚款；逾期未清理的，国家海洋主管部门或者其派出机构可以指定有相应资质的单位代为清理，所需费用由海洋油气矿产资源勘探开发单位承担；造成海洋环境污染事故，直接负责的主管人员和其他直接责任人员构成犯罪的，依法追究刑事责任。

第五十四条 海水养殖者未按规定采取科学的养殖方式，对海洋环境造成污染或者严重影响海洋景观的，由县级以上人民政府海洋主管部门责令限期改正；逾期不改正的，责令停止养殖活动，并处清理污染或者恢复海洋景观所需费用1倍以上2倍以下的罚款。

第五十五条 建设单位未按本条例规定缴纳排污费的，由县级以上人民政府海洋主管部门责令限期缴纳；逾期拒不缴纳的，处应缴纳排污费数额2倍以上3倍以下的罚款。

第五十六条 违反本条例规定，造成海洋环境污染损害的，责任者应当排除危害，赔偿损失。完全由于第三者的故意或者过失造成海洋环境污染损害的，由第三者排除危害，承担赔偿责任。

违反本条例规定，造成海洋环境污染事故，直接负责的主管人员和其他直接责任人员构成犯罪的，依法追究刑事责任。

第五十七条 海洋主管部门的工作人员违反本条例规定，有下列情形之一的，依法给予行政处分；构成犯罪的，依法追究刑事责任：

（一）未按规定核准海洋工程环境影响报告书的；

（二）未按规定验收环境保护设施的；

（三）未按规定对海洋环境污染事故进行报告和调查处理的；

（四）未按规定征收排污费的；

（五）未按规定进行监督检查的。

第八章　附　则

第五十八条　船舶污染的防治按照国家有关法律、行政法规的规定执行。

第五十九条　本条例自2006年11月1日起施行。

国务院关于松花江流域水污染防治规划（2006—2010年）的批复

（2006年8月23日）

内蒙古自治区、吉林省、黑龙江省人民政府，发展改革委、财政部、建设部、水利部、环保总局、开发银行：

环保总局、发展改革委《关于请求批准〈松花江流域水污染防治规划（2006—2010年）〉的请示》（环发［2006］101号）收悉。现批复如下：

一、原则同意《松花江流域水污染防治规划（2006—2010年）》（以下简称《规划》），请你们认真组织实施。到2010年，要使松花江流域大中城市集中式饮用水水源地得到治理和保护，完成重点城市污水处理和重点工业污染源的治理任务，使重点污染隐患得到有效治理和监控，主要污染物排放总量得到有效控制，大中城市污染严重水域水质有所改善，流域水环境监管及水污染预警和应急处置能力显著增强；松花湖等48个城镇集中式饮用水水源地水质达到Ⅲ类，松花江、第二松花江、嫩江、牡丹江干流水质基本达到Ⅲ类，流域监测断面重金属等有毒污染物水质指标达到Ⅱ类；全流域主要污染物（化学需氧量）排放量比2005年削减12.6%，大中城市污水处理率不低于70%。

二、《规划》是松花江流域水污染防治工作的重要依据，松花江流域的经济建设活动必须符合《规划》的要求。内蒙古自治区、吉林省、黑龙江省（以下称三省区）人民政府和国务院有关部门要根据《规划》提出的目标、任务和要求，抓紧制订本行政区域和本部门的实施计划，纳入各级国民经济和社会发展年度计划，逐项落实，统筹实施。

三、三省区人民政府是《规划》实施的责任主体，要加强对《规划》实施的组织和领导，将松花江流域水污染防治工作目标、任务和措施纳入地方各级人民政府环境保护目标责任制，并分解落实到企业，实行年度目标管理，定期进行考核，考核结果向社会公布。要建立多元化投入机制，多方筹集规划项目建设资金；要加强项目建设和运营管理，加大环境执法和监管力度；要推进污水处理收费制度，把标准提高到合理水平，推进污水处理产业化，确保治理项目建成后正常运行。对地方配套资金和污水处理费收费不到位的地区，国家不安排中央补助资金。

四、国务院有关部门要根据各自的职能分工，加强对《规划》实施的指导、支持和监督检查。《规划》中提出的需要国家支持的项目，由发展改革委按程序审批并予以安排；有关饮用水水源地、重点工业污染源、区域环境污染防治和环保监管、执法工作由环保总局指导和监督；城镇污水处理工程（含再生水利用和污泥综合处理处置工程）的建设和运行工作由建设部指导和监督；《规划》中提出的优惠政策和奖惩措施由发展改革委、财政部、环保总局会同建设部等有关部门研究落实；《规划》实施情况的评估和考核由环保总局、发展改革委、建设部等相关部门负责，结果向国务院报告。

五、三省区人民政府和国务院有关部门要统一认识，密切协作，相互配合，认真落实保障《规划》实施的各项措施，确保松花江流域水污染防治目标如期实现，促进当地经济社会可持续发展。

国务院

二〇〇六年八月二十三日

国务院关于开展第一次全国污染源普查的通知

（国发［2006］36号）

各省、自治区、直辖市人民政府，国务院各部委、各直属机构：

为全面落实科学发展观，切实加强环境监督管理，提高科学决策水平，实现《国民经济和社会发展第十一个五年规划纲要》确定的主要污染物排放总量减少10%的目标，国务院决定于2008年初开展第一次全国污染源普查。现将有关事项通知如下：

一、普查的目的和意义

污染源数据是重要的基础环境数据。全国污染源普查是重大的国情调查，是全面掌握我国环境状况的重要手段。开展污染源普查是为了了解各类企事业单位与环境有关的基本信息，建立健全各类重点污染源档案和各级污染源信息数据库，为制定经济社会政策提供依据。搞好全国污染源普查，准确了解污染物的排放情况，有利于正确判断环境形势，科学制定环境保护政策和规划；有利于有效实施主要污染物排放总量控制计划，切实改善环境质量；有利于提高环境监管和执法水平，保障国家环境安全；有利于加强和改善宏观调控，促进经济结构调整，推进资源节约型、环境友好型社会建设。

二、普查的对象和内容

普查对象：凡在我国境内排放污染物的工业源、农业源、生活源单位均属普查对象。

普查内容：一是全部工业污染源（《国民经济行业分类（GB/T4754－2002）》中的采矿业，制造业，电力、燃气及水的生产和供应业）排放的污染物，包括污染源的基本情况、污染物的种类、数量和浓度、污染治理设施及其运行情况等指标；二是以规模化养殖场和农业面源为主的农业污染源排放的污染物，包括污染来源、主要污染物排放量、排放规律、污染治理设施及其运行情况等指标；三是城镇生活污染源排放的以污水、垃圾和医疗废物等为主的污染物，包括污染物排放量、污染治理设施及其运行情况等指标。

三、普查的时间安排

普查标准时点为2007年12月31日。2006年第四季度至2007年底，开展普查的前期准备工作，重点抓好普查方案、技术规范的编制和完善，开展普查工作试点以及培训和宣传等工作。从2008年初开始，各地组织开展普查和数据库建设，年底完成普查工作。2009年，环保总局组织对普查工作进行验收、数据汇总和结果发布。

四、普查的组织和实施

在全国范围内开展污染源普查，涉及范围广、参与部门多、普查任务重、技术要求高、工作难度大。各地区、各部门要按照“全国统一领导、部门分工协作、地方分级负责、各方共同参与”的原则，认真做好相关的宣传动员和组织实施工作。对普查工作中遇到的各种困难和问题，要及时采取措施，切实予以解决。

为了加强对此项工作的领导，国务院决定成立第一次全国污染源普查领导小组，负责普查的组织和实施工作。普查领导小组办公室设在环保总局，负责普查工作的业务指导和督促检查，并会同统计局负责数据统计和分析方面的工作。领导小组成员单位要按照各自职责协调落实相关事项。

地方各级人民政府要设立相应的普查领导小组及其办公室，根据污染源普查的特点和要求，认真组织实施本地区普查工作，做好调查员的培训，充分动员和组织社会各方面力量积极参与。要充分利用广播、电视、报刊等各种媒体，广泛深入地宣传全国污染源普查的重要意义和有关要求，为普查工作的顺利实施创造良好的社会氛围。

五、普查的经费

全国污染源普查所需经费由中央和地方各级人民政府共同负担，并列入相应年度的财政预算，按时拨付，确保到位。

六、普查资料的填报和管理

凡在我国境内污染源普查范围内的单位，都必须严格按照《中华人民共和国统计法》的有关规定和此次普查的具体要求，按时、如实地填报普查数据，确保基础数据真实可靠。任何地方、部门、单位和个人都不得虚报、瞒报、拒报、迟报，不得伪造、篡改普查资料。

各级普查机构及其工作人员，对普查对象的技术和商业秘密，必须履行保密义务。

附件：国务院第一次全国污染源普查领导小组人员名单

国务院
二〇〇六年十月十二日

附件：

国务院第一次全国污染源普查领导小组人员名单（略）

国务院办公厅关于发布山西五鹿山等22处新建国家级自然保护区名单的通知

（2006年2月11日）

各省、自治区、直辖市人民政府，国务院各部委、各直属机构：

环保总局提出的山西五鹿山等22处新建国家级自然保护区已经国务院审定，现将名单予以发布。新建国家级自然保护区的面积、范围和功能分区等由环保总局另行公布。

山西五鹿山等22处国家级自然保护区内生物多样性丰富，主要保护对象的典型性、稀有性、濒危性、代表性较强，在涵养水源、保持水土、调节气候、维持生态系统良性循环等方面具有重要作用。各有关地区和部门要严格按照《中华人民共和国自然保护区条例》等有关规定，切实加强领导和监督，健全高效精干的管理机构，加大资金投入力度，高标准建设国家级自然保护区。要按照批准的面积和范围组织勘界立标，落实保护区土地权属，予以公告。

要妥善处理好保护区与当地经济建设和居民生产生活的关系，不得在保护区的核心区和缓冲区内开展旅游活动及建设生产设施；在保护区的实验区内建设项目，必须进行环境影响评价并依法履行审批手续。

国务院办公厅
二〇〇六年二月十一日

新建国家级自然保护区名单（共计22处）
山西省
五鹿山国家级自然保护区
内蒙古自治区
额尔古纳国家级自然保护区
辽宁省
努鲁儿虎山国家级自然保护区
黑龙江省
凤凰山国家级自然保护区
江苏省
泗洪洪泽湖湿地国家级自然保护区
安徽省
铜陵淡水豚国家级自然保护区
福建省
闽江源国家级自然保护区
山东省
滨州贝壳堤岛与湿地国家级自然保护区
河南省
小秦岭国家级自然保护区
湖南省
乌云界国家级自然保护区
鹰嘴界国家级自然保护区
广西壮族自治区

千家洞国家级自然保护区
四川省
米仓山国家级自然保护区
雪宝顶国家级自然保护区
云南省
会泽黑颈鹤国家级自然保护区
永德大雪山国家级自然保护区
陕西省
子午岭国家级自然保护区
甘肃省
小陇山国家级自然保护区
盐池湾国家级自然保护区
安南坝野骆驼国家级自然保护区
宁夏回族自治区
哈巴湖国家级自然保护区
新疆维吾尔自治区
塔里木胡杨国家级自然保护区

国务院办公厅关于印发第一次全国污染源普查方案的通知

（国办发〔2007〕37 号）

各省、自治区、直辖市人民政府，国务院各部委、各直属机构：

《第一次全国污染源普查方案》已经国务院同意，现印发给你们，请认真组织实施。

国务院办公厅
二〇〇七年五月十七日

第一次全国污染源普查方案

根据《国务院关于开展第一次全国污染源普查的通知》（国发〔2006〕36 号，以下简称《通知》）精神，为指导开展第一次全国污染源普查工作，制订本方案。

一、普查工作目标

全面掌握各类污染源的数量、行业和地区分布，主要污染物及其排放量、排放去向、污染治理设施运行状况、污染治理水平和治理费用等情况，为污染治理和产业结构调整提供依据。建立国家与地方各类重点污染源档案和各级污染源信息数据库，促进污染源信息共享机制的建立，为污染源的管理奠定基础。掌握污染源的总体样本，为建立科学的环境统计制度、改革环境统计调查体系、提高统计数据质量创造条件；根据普查结果，建立新的“十二五”环境统计平台。提高各级环境保护主管部门，尤其是基层环保部门的管理能力，健全各级环境统计、监测、监督和执法体系。通过普查工作的宣传与实施，动员社会各界力量广泛参与污染源普查，提高全民环境保护意识。

二、普查时点、对象、范围和内容

（一）普查时点。

普查时点：2007 年 12 月 31 日。

时期资料：2007 年度。

（二）普查对象与范围。

污染源普查对象为中华人民共和国境内所有排放污染物的工业源、农业源、生活源和集中式污染治理设施。

1. 工业源。主要普查《国民经济行业分类》第二产业中除建筑业（含 4 个行业）外 39 个行业中的所有产业活动单位。工业源普查对象划分为重点污染源和一般污染源，分别进行详细调查和简要调查。

重点污染源范围是（1）有重金属、危险废物、放射性物质排放的所有产业活动单位；（2）11个重污染行业（造纸及纸制品业、农副食品加工业、化学原料及化学制品制造业、纺织业、黑色金属冶炼及压延加工业、食品制造业、电力/热力的生产和供应业、皮革毛皮羽毛（绒）及其制品业、石油加工/炼焦及核燃料加工业、非金属矿物制品业、有色金属冶炼及压延加工业）中的所有产业活动单位；（3）16个重点行业（饮料制造业、医药制造业、化学纤维制造业、交通运输设备制造业、煤炭开采和洗选业、有色金属矿采选业、木材加工及木竹藤棕草制品业、石油和天然气开采业、通用设备制造业、黑色金属矿采选业、非金属矿采选业、纺织服装/鞋/帽制造业、水的生产和供应业、金属制品业、专用设备制造业、计算机及其他电子设备制造业）中规模以上企业。

一般污染源是指工业源中除重点污染源以外的工业企业。

2. 农业源。主要普查第一产业中的农业、畜牧业和渔业。

农业源普查范围主要是结合优势农产品区划，针对谷物种植业、油料和豆类作物种植业、棉麻等种植业、蔬菜及花卉种植业、茶果类及中药材种植业的主要产区开展肥料、农药和农膜污染调查。

畜牧业和渔业源普查范围是人工饲养的规模化畜禽养殖场、养殖小区和养殖专业户、淡水及近海滩涂养殖场。

3. 生活源。主要普查第三产业中有污染物排放的单位和城镇居民生活污染。

第三产业普查范围主要是具有一定规模的住宿业、餐饮业、居民服务和其他服务业（包括洗染、理发及美容保健、洗浴、摄影扩印、汽车与摩托车维修与保养业）、医院、具有独立燃烧设施的机关事业单位、机动车、民用核技术利用和大型电磁辐射设施使用单位。

城镇居民生活污染普查以城市市区、县城、建制镇为单位（不包括村庄和集镇）进行生活能源消耗量和生活污水、生活垃圾排放量的调查。

4. 集中式污染治理设施。集中式污染治理设施普查范围是城镇污水处理厂、垃圾处理厂（场）和危险废物处置厂等。

（三）普查内容。

1. 工业源。

（1）企业的基本登记信息及其他相关情况，包括企业排污口情况、排水去向等；

（2）原材料消耗情况，包括水的使用和消耗量，能源（煤、油、电、气等）结构和消耗量，燃料含硫量，主要有毒有害原辅材料消耗量等；

（3）生产产品情况，包括该企业主要产品的种类、产量等；

（4）产生污染的设施情况，包括排放大气污染物的锅炉、窑炉等设施，产生废水、固体废物的设施，以及这些设施的种类、数量和规模；

（5）各类污染物产生、治理、排放、综合利用情况，各类污染治理设施建设、运行及投入情况等；

（6）污染物排放监测情况，包括监测点位、时间、频次，污染物种类和排放浓度、排放量等。

2. 农业源。

（1）样本的基本情况，包括经济规模及用水排水情况等；

（2）产、排污情况，包括肥料、农药施用情况，农膜使用和秸秆处理情况，饲料饵料投放情况，畜禽养殖粪便及其他主要污染物产生、残留和排放情况等；

（3）养殖业污染治理情况，各种污染治理设施的治理效率、污染物去除情况、投入和运行情况等。

3. 生活源。

（1）排污单位基本情况，包括第三产业单位注册的基本登记信息，各类污染物的产生、排放情况，污染治理情况等；

（2）以城市（地区）为单位的机动车排气污染情况等；

（3）城市（镇）生活能源结构及其消费量、污染物排放情况，生活供水量、排水量及污染物浓度等。

4. 集中式污染治理设施。

单位基本情况，污染治理设施情况和运行状况，污染物的处理处置量等情况，渗滤液、污泥、焚烧残渣的产生、处置及利用情况等。

（四）普查污染物种类。

按照全面普查、突出重点的原则，本次污染

源普查的污染物种类为对环境影响较大、对污染防治具有普遍意义的污染物。具体是：

1. 废水：化学需氧量（COD）、氨氮、石油类、挥发酚、汞、镉、铅、砷、六价铬、氰化物；造纸、农副食品加工、食品制造、饮料制造业废水中增加五日生化需氧量（BOD5）；城镇污水处理厂增加总磷、总氮、五日生化需氧量（BOD5）。

2. 废气：烟尘、工业粉尘、二氧化硫、氮氧化物；电解铝、水泥、陶瓷、磨砂玻璃行业废气中增加氟化物；机动车排气污染普查增加一氧化碳和碳氢化合物。

3. 工业固体废物：包括危险废物（按照国家危险废物名录分类调查）、冶炼废渣、粉煤灰、炉渣、煤矸石、尾矿、放射性废渣等类别。

4. 脱硫设施产生的石膏、污水处理厂产生的污泥和危险废物焚烧的残渣。

5. 伴生放射性矿物开发利用和民用核技术利用企业产生的放射性污染物，放射源。

6. 农业源中还包括：总磷、总氮、总铜、总锌及毒性高、用量大且难降解的农药和鱼药。

三、普查技术路线和步骤

（一）普查技术路线。

按照现场监测与物料衡算及排污系数计算相结合，技术手段与统计手段相结合，国家指导、地方调查和企业自报相结合的原则确定普查的技术路线。

1. 对工业源中占各省（区、市）污染物排放量65%的污染源、集中污染治理设施，同时采用现场监测和物料衡算与排污系数等方法，并按照规定程序核定污染源排放量。

对其他工业源，采用分类抽样监测的方式，核对物料衡算与排污系数测算的污染物排放量。对污染物排放量小、排放形式简单的，也可以用排污系数法直接计算排污量。

2. 对农业源，采取面上调查和分类抽样实地监测相结合的方式，结合全国农业普查结果和有关农业统计资料，测算全国的农业面源污染情况。

3. 对生活源，第三产业中的调查单位采取面上对基本情况进行调查，结合分类抽样监测与排污系数测算的方法核定污染物排放量。

居民生活污染调查根据统计人口、生活用水量、能源结构和消耗量，通过排污系数测算污染物的排放量。

（二）普查步骤。

本次污染源普查采取“先行试点、再全面普查”的方式，分三个阶段进行。

1. 准备试点阶段（2006.10～2007.12）：成立机构，落实经费，开展宣传，进行组织动员；制订普查方案和各类技术规范，编制普查表，开发相应的软件和数据库；组织普查试点；开展普查培训。

确定试点的原则：试点地区有条件和能力验证普查工作方案的操作性；试点地区有一定的区域分布代表性；试点地区有一定的产业结构和企业代表性。通过试点，验证排污系数和物料衡算方法，完善各项技术规范、普查表格及计算机软件。

2. 全面普查阶段（2008.1～2008.12）：对排污企业和单位进行清查，组织填报普查表，完成审核录入工作，建立污染源档案，省级进行审核验收等。2008年7月底前，省级普查领导小组办公室负责将本地区污染源普查数据汇总，报国务院第一次全国污染源普查领导小组办公室，下半年基本完成全国污染源普查数据的审核和汇总。

3. 总结发布阶段（2009.1～2009.7）：建立全国污染源数据库，上报和发布普查数据，开发利用普查成果，总结验收普查工作。

四、普查组织及实施

（一）基本原则。

全国统一领导，部门分工协作，地方分级负责，各方共同参与。

（二）组织机构。

国务院第一次全国污染源普查领导小组（以下简称国务院普查领导小组）负责普查的组织和实施工作。国务院普查领导小组办公室设在环保总局，负责普查工作的业务指导和督促检查，主要职责是：

1. 组织拟订全国污染源普查方案，经国务院普查领导小组审定后组织实施；

2. 拟订全国污染源普查行政法规，按程序报国务院批准公布施行；

3. 制订和组织实施全国污染源普查各阶段工作方案；

4. 组织开展全国污染源普查工作的宣传报道和培训；

5. 对各省（区、市）污染源普查工作进行业务指导、督促检查和验收；

6. 向国务院普查领导小组提交普查报告，根据国务院普查领导小组决定发布普查数据。

地方县级以上人民政府要设立行政区域污染源普查领导小组及其办公室，按照国务院普查领导小组及其办公室的统一规定和要求，负责组织实施本地区的污染源普查工作。

普查中，可在街道办事处、乡镇政府、居民委员会、有关教育单位临时聘用部分普查员。

（三）部门分工。

普查工作在国务院普查领导小组统一领导下，加强部门分工协作。环保总局牵头会同有关部门开展全国污染源普查工作，负责拟定全国污染源普查方案和不同阶段的工作方案，制订有关技术规范，组织普查工作试点和培训，负责污染源的监测，对普查数据进行汇总、分析和结果发布，组织普查工作的验收。领导小组其他成员单位参与编制和审议污染源普查方案及各阶段工作方案，并按照部门职责分工，负责指导和督促检查地方污染源普查工作，推动本系统参与污染源普查工作，协调落实相关事项：

宣传部门负责组织污染源普查的新闻宣传工作，配合办好新闻发布会及有关宣传活动；

发展改革部门（经贸部门）配合做好工业源的普查及污染源普查成果的分析、应用；

公安部门配合做好机动车排气污染的普查及相关普查成果的分析、应用；

财政部门负责普查经费预算审核、安排和拨付，并监督经费使用情况；

建设部门参与生活源普查，会同环保部门负责城镇污水处理厂和垃圾处理厂（场）普查；

农业部门、环保部门负责农业源的普查；

工商部门负责提供污染源企业的基本登记信息；

环保部门负责工业源、生活源和危险废物处置厂的普查；

统计部门负责审定污染源普查表，参与普查总体方案设计，协同环保部门做好数据统计和分析工作；

总后勤部负责按全国的统一要求组织军队、武警部队所属单位污染源和环保设施的普查。

（四）培训。

国家负责省、市（地）级普查领导小组办公室负责人和骨干以及各省级普查培训教师的培训。省、市（地）分级负责其余普查人员的培训。力争做到所有普查工作人员都经过培训。

培训内容主要是：污染源普查方案的内容，普查范围和主要污染物，普查技术路线，普查方法，各类普查表格和指标的解释、填报方法，普查数据录入软件的使用，数据库的管理和普查工作中应注意的问题等。

（五）质量保证。

国务院普查领导小组办公室制定专门的普查数据质量控制文件，确定普查工作评价的标准，指导全国普查质量控制工作。

地方各级污染源普查机构应当根据国家的统一规定，建立污染源普查数据质量控制责任制，设立专门的质量控制岗位，并对污染源普查实施中的每个环节实行质量控制和检查验收。

制定污染源普查各项技术规定，吸收相关行业或领域的专家参加，依托环保总局科技委员会和环境咨询委员会的专家，对污染源普查方案和重要技术规定进行评审和论证，确保污染源普查各项技术方案的科学性和可操作性。

国务院和各省（区、市）普查领导小组办公室统一组织污染源普查数据的质量核查工作，在各主要环节，按一定比例抽样，抽查结果作为评估全国及各地区污染源普查数据质量的依据。数据质量达不到规定要求的，必须重新调查。

（六）宣传动员。

各级普查领导小组办公室要按照《通知》要求，深入开展污染源普查的宣传工作，为污染源普查顺利实施创造良好的舆论氛围。要根据普查不同阶段宣传的重点，加强领导，明确责任，精心策划，落实经费，采取生动活泼的形式，确保宣传效果。要突出主流新闻媒体的作用，组织开展一些有影响力的宣传活动，把宣传动员工作贯彻污染源普查工作的始终。

广泛动员和组织社会各界力量积极参与并认真做好污染源普查工作。重点调查产业活动单位应当设立污染源普查机构，负责本产业活动单位污染源普查表的填报工作。其他各类法人单位应当指定相关人员负责本单位污染源普查表的填报。各有关单位应当积极推荐符合条件的人员担任普查员。

五、普查经费

普查所需经费由中央财政和地方财政共同负担。各级人民政府均应将污染源普查所需经费列入相应年度的财政预算，按时拨付，确保到位。

中央财政安排经费主要用于：全国污染源普查方案和技术文件的制订，普查表格编制与印刷，软件及信息系统开发建设，宣传与培训，全国数据的汇总、加工与建档，对中西部贫困地区给予适当补助等。

地方经费按任务分工由各级财政部门安排，用于：各地普查方案制订，组织动员、培训，入户调查与现场监测，设备购置，数据录入、校核、加工、检查验收、总结、表彰等。省级财政要对财政较困难的市（地）县所需普查经费给予支持。

各级普查领导小组办公室根据普查工作方案编制普查总体经费预算和分年度经费使用计划，经同级财政部门审核后，作为污染源普查专项经费纳入财政预算，分别列入各相关部门的部门预算中，分年度按时拨付。各级财政部门要加强对预算编制的指导和经费使用情况的监督。

六、普查资料的填报和管理

所有污染源普查对象都必须按时、如实填报普查数据，确保基础数据真实可靠，虚报、瞒报、拒报、迟报，或伪造、篡改普查资料的，应依据有关法律法规予以处罚。

此次普查得到的普查对象资料严格限定用于污染源普查目的，不与其完成“十一五”总量削减计划挂钩，不作为对普查对象实施处罚和收费的依据。

国务院关于印发国家环境保护“十一五”规划的通知

（国发〔2007〕37号）

各省、自治区、直辖市人民政府，国务院各部委、各直属机构：

国务院同意环保总局、发展改革委制定的《国家环境保护“十一五”规划》（以下简称《规划》），现印发给你们，请结合本地区、本部门实际，认真贯彻执行。

当前，我国经济社会发展与资源环境约束的矛盾日益突出，环境保护面临严峻的挑战。各地区、各部门必须深入贯彻科学发展观，转变经济发展方式，下大力气解决危害人民群众健康和影响经济社会可持续发展的突出环境问题，努力建设环境友好型社会。要紧紧围绕实现《规划》确定的主要污染物排放总量控制目标，把防治污染作为重中之重，加快结构调整，加大污染治理力度，确保到2010年二氧化硫、化学需氧量比2005年削减10%。同时，要加快淮河、海河、辽河、太湖、巢湖、滇池、松花江等重点流域污染治理，加快城市污水和垃圾处理，保障群众饮用水水源安全。

地方各级人民政府要把环境保护目标、任务、措施和重点工程项目纳入本地区经济和社会发展规划，做到责任到位、措施到位、投资到位、监管到位。国务院有关部门要根据各自的职能分工，切实加强对《规划》实施的指导和支持。要严格执法监督，督促企业履行保护环境的责任，动员全社会共同保护环境。要高度重视投资质量和效益，保证《规划》执行的严肃性和合理性。要建立评估考核机制，每半年公布一次各地区主要污染物排放情况、重点工程项目进展情况、重点流域与重点城市的环境质量变化情况。在2008年底和2010年底，分别对《规划》执行情况进行中期评估和终期考核，评估和考核结果要作为考核地方各级人民政府政绩的重要内容。

国务院

二〇〇七年十一月二十二日

国家环境保护"十一五"规划（摘要）

根据《国民经济和社会发展"十一五"规划纲要》和《国务院关于落实科学发展观加强环境保护的决定》（国发〔2005〕39号）编制本规划。本规划是国家"十一五"规划体系的重要组成部分，旨在阐明"十一五"期间国家在环境保护领域的目标、任务、投资重点和政策措施，重点明确各级人民政府及环境保护部门的责任和任务，同时引导企业、动员社会共同参与，努力建设环境友好型社会。

一、环境形势

（一）"十五"期间环境保护工作取得进展。

党中央、国务院高度重视环境保护，将改善环境质量作为落实科学发展观、构建社会主义和谐社会的重要内容，把环境保护作为宏观经济调控的重要手段，采取了一系列重大政策措施。各地区、各有关部门不断加大环境保护工作力度，淘汰了一批高消耗、高污染的落后生产能力，加快了污染治理和城市环境基础设施建设，重点地区、流域和城市的环境治理不断推进，生态保护和治理得到加强；采取了一系列应对气候变化的对策措施，市场化机制开始进入环境保护领域，全社会环境保护投资比"九五"时期翻了一番，占GDP的比例首次超过1%；环境管理能力有所提高，环境执法力度有所加强；全社会的环境意识和人民群众的参与程度明显提高，对我国环境保护规律性的认识不断深化。在经济快速发展，重化工业迅猛增长的情况下，部分主要污染物排放总量有所减少，环境污染和生态破坏加剧的趋势减缓，部分地区和城市环境质量有所改善，核与辐射安全得到保证。

（二）环境形势依然严峻。

我国环境保护虽然取得积极进展，但环境形势依然严峻。"十五"环境保护计划指标没有全部实现，二氧化硫排放量比2000年增加了27.8%，化学需氧量仅减少2.1%，未完成削减10%的控制目标。淮河、海河、辽河、太湖、巢湖、滇池（以下简称"三河三湖"）等重点流域和区域的治理任务只完成计划目标的60%左右。主要污染物排放量远远超过环境容量，环境污染严重。全国26%的地表水国控（国家重点监控）断面劣于水环境Ⅴ类标准，62%的断面达不到Ⅲ类标准；流经城市90%的河段受到不同程度污染，75%的湖泊出现富营养化；30%的重点城市饮用水源地水质达不到Ⅲ类标准；近岸海域环境质量不容乐观；46%的设区城市空气质量达不到二级标准，一些大中城市灰霾天数有所增加，酸雨污染程度没有减轻。

全国水力侵蚀面积161万平方公里，沙化土地174万平方公里，90%以上的天然草原退化；许多河流的水生态功能严重失调；生物多样性减少，外来物种入侵造成的经济损失严重；一些重要的生态功能区生态功能退化。农村环境问题突出，土壤污染日趋严重。危险废物、汽车尾气、持久性有机污染物等污染持续增加。应对气候变化形势严峻，任务艰巨。发达国家上百年工业化过程中分阶段出现的环境问题，在我国已经集中显现。我国已进入污染事故多发期和矛盾凸显期。

"十五"期间力图解决的一些深层次环境问题没有取得突破性进展，产业结构不合理、经济增长方式粗放的状况没有根本转变，环境保护滞后于经济发展的局面没有改变，体制不顺、机制不活、投入不足、能力不强的问题仍然突出，有法不依、违法难究、执法不严、监管不力的现象比较普遍。

"十一五"期间，我国人口在庞大的基数上还将增加4%，城市化进程将加快，经济总量将增长40%以上，经济社会发展与资源环境约束的矛盾越来越突出，国际环境保护压力也将加大，环境保护面临越来越严峻的挑战。

（三）环境保护工作进入新阶段。

党中央、国务院把环境保护摆上了更加重要的战略位置，落实科学发展观、构建社会主义和谐社会为做好环保工作提供了根本保证，环境保护面临前所未有的机遇。经济增长方式转变和经济结构调整步伐加快，将为解决结构性、区域性环境污染和生态破坏起到基础性作用。综合国力增强为环境保护提供了更有力的物质和技术支撑。经济体制和行政管理体制改革深化，为创新环保工作体制和机制提供了有利的条件。广大群众环境意识普遍提高，为环境保护提供了强大的动力。我国环境与发展的关系正在发生重大变化，环境保护成为现代化建设的一项重大任务，环境容量成为区域布局的重要依据，环境管理成为结构调整的重要手段，环境标准成为市场准入的重要条件，环境成本成为价格形成机制的重要因素。这些重大变化，标志着我国环保工作正进入以保护环境优化经济增长的新阶段，挑战与机遇同在，困难与希望并存。

二、指导思想、基本原则和规划目标

做好"十一五"环境保护工作，关键要加快实现历史性转变：一是从重经济增长轻环境保护转变为保护环境与经济增长并重，把加强环境保护作为调整经济结构、转变经济增长方式的重要手段，在保护环境中求发展。二是从环境保护滞后于经济发展转变为环境保护和经济发展同步，做到不欠新账，多还旧账，改变先污染后治理、边治理边破坏的状况。三是从主要用行政办法保护环境转变为综合运用法律、经济、技术和必要的行政办法解决环境问题，自觉遵循经济规律和自然规律，提高环境保护工作水平。

（一）指导思想。

以邓小平理论和"三个代表"重要思想为指导，全面落实科学发展观，坚持保护环境的基本国策，深入实施可持续发展战略；坚持预防为主、综合治理，全面推进、重点突破，着力解决危害人民群众健康的突出环境问题；坚持创新体制机制，依靠科技进步，强化环境法治，调动社会各方面的积极性。经过长期不懈的努力，使生态环境得到改善，资源利用效率显著提高，可持续发展能力不断增强，人与自然和谐相处，建设环境友好型社会。

（二）基本原则。

——协调发展，互惠共赢。正确处理环境保护与经济发展和社会进步的关系，在发展中落实保护，在保护中促进发展，坚持节约发展、安全发展、清洁发展，实现可持续的科学发展。

——强化法治，综合治理。坚持依法行政，不断完善环境法律法规，严格环境执法；坚持环境保护与发展综合决策，科学规划，突出预防为主的方针，从源头防治污染和生态破坏，综合运用法律、经济、技术和必要的行政办法解决环境问题。

——不欠新账、多还旧账。严格控制污染物排放总量；所有新建、扩建和改建项目必须符合环保要求，做到增产不增污，努力实现增产减污；积极解决历史遗留的环境问题。

——依靠科技，创新机制。大力发展环境科学技术，以技术创新促进环境问题的解决；建立政府、企业、社会多元化投入机制和部分污染治理设施市场化运营机制，完善环保制度，健全统一、协调、高效的环境监管体制。

——分类指导，突出重点。因地制宜，分区规划，统筹城乡发展，分阶段解决制约经济发展和群众反应强烈的环境问题，改善重点流域、区域、海域、城市的环境质量。

（三）规划目标。

到2010年，二氧化硫和化学需氧量排放得到控制，重点地区和城市的环境质量有所改善，生态环境恶化趋势基本遏制，确保核与辐射环境安全。

三、重点领域和主要任务

围绕实现“十一五”规划确定的主要污染物排放控制目标，把污染防治作为重中之重，把保障城乡人民饮水安全作为首要任务，全面推进、重点突破，切实解决危害人民群众健康和影响经济社会可持续发展的突出环境问题。

（一）削减化学需氧量排放量，改善水环境质量。

以实现化学需氧量减排10%为突破口，优先保护饮用水水源地，加快治理重点流域污染，全面推进水污染防治和水资源保护工作。

1. 确保实现化学需氧量减排目标。

加快城市污水处理与再生利用工程建设。到2010年，所有城市都要建设污水处理设施，城市污水处理率不低于70%，全国城市污水处理能力达到1亿吨/日。污水处理厂的建设要坚持集中和分散相结合，因地制宜，优化布局，大力推进技术进步和推广先进适用技术。污水处理设施建设要厂网并举、管网优先，并与供水、用水、节水和污水再生利用统筹考虑。切实重视污水处理厂的污泥处置，实现污泥稳定化、无害化。加强污水处理厂的监管，所有污水处理厂全部安装在线监测装置，实现对污水处理厂运行和排放的实时监控。不断提高城镇污水收集的能力和污水处理设施的运行效率，保证污水处理厂投入运行后的实际处理负荷，在一年内不低于设计能力的60%，三年内不低于设计能力的75%。

加强工业废水治理。严格执行水污染物排放标准和总量控制制度，加快推行排污许可证制度。重点抓好占工业化学需氧量排放量65%的国控重点企业的废水达标排放和总量削减。加快淘汰小造纸、小化工、小制革、小印染、小酿造等不符合产业政策的重污染企业。进一步强化工业节水工作，制定高耗水行业废水排放限额标准，提高工业用水重复利用率。以造纸、酿造、化工、纺织、印染行业为重点，加大污染治理和技术改造力度。在钢铁、电力、化工、煤炭等重点行业推广废水循环利用，努力实现废水少排放或零排放。严格按照有关标准监测排入城镇排水系统的工业废水水质和水量，保证污水处理厂安全运行。

2. 全力保障饮用水水源安全。

取缔饮用水水源一级保护区内的直接排污口。完成地表水饮用水水源保护区划定和调整工作，确定保护区等级和界限，设立警示标志，关闭二级保护区内的直接排污口。开展饮用水水源地环境状况普查，编制饮水安全保障规划和管理办法及饮用水水源地环境保护规划。加强饮用水水源保护区水土保持、水源涵养，控制面源污染。严格限制在饮用水水源保护区上游建设水污染严重的化工、造纸、印染等类企业。开展地下水污染状况调查，编制地下饮用水水源地保护规划，防治地下水污染。重视对水体中持久性有机污染物的研究和防范。

健全饮用水水源安全预警制度，制订突发污染事故的应急预案。完善饮用水水源地监测和管理体系，每年对集中式饮用水水源地至少进行一次水质全分析监测，并及时公布水环境状况。

3. 推进重点流域水污染防治。

坚持不懈地推进“三河三湖”、松花江水污染治理，抓好三峡库区及其上游、南水北调水源地及沿线、黄河小浪底库区及上游的水污染治理。加强长江中下游、珠江及重要界河的水污染防治。落实流域治理目标责任制和省界断面水质考核制度，加快建立生态补偿机制。多渠道增加投入，加快治理工程建设。统筹流域水资源开发利用和保护，统筹生活、生产和生态用水，保证江河必须的生态径流。按照军地结合原则，继续开展重点流域和区域中军队单位的污水、垃圾治理，改善营区环境质量。加强国际合作，做好黑龙江、鸭绿江、伊犁河等界河的水质监测与治理。

以沿江沿河的化工企业为重点，全面排查排放有毒有害物质的工业污染源，并建立水质监测定期报告制度，督促其完善治污设施和事故防范措施，杜绝污染隐患。

（二）削减二氧化硫排放量，防治大气污染。

以火电厂建设脱硫设施为重点，确保完成二氧化硫排放量减少10%的目标，遏制酸雨发展。以113个环保重点城市和城市群地区的大气污染综合防治为重点，努力改善城市和区域空气环境质量。

1. 确保实现二氧化硫减排目标。

实施燃煤电厂脱硫工程。实施酸雨和二氧化硫污染防治规划，重点控制高架源的二氧化硫和氮氧化物排放。超过国家二氧化硫排放标准或总量要求的燃煤电厂，必须安装烟气脱硫设施。"十一五"期间，加快现役火电机组脱硫设施的建设，使现役火电机组投入运行的脱硫装机容量达到2.13亿千瓦。新（扩）建燃煤电厂除国家规定的特低硫煤坑口电厂外，必须同步建设脱硫设施并预留脱硝场地。在大中城市及其近郊，严格控制新（扩）建除热电联产外的燃煤电厂。

2. 综合改善城市空气环境质量。

以颗粒物特别是可吸入颗粒物作为城市大气污染防治的重点，加快城区工业污染源调整搬迁，集中整治低矮排放污染源，重视解决油烟污染。加强建筑施工及道路运输环境管理，有效抑制扬尘。提高城市清洁能源比例和能源利用效率，大力开展节能活动。因地制宜地发展以热定电的热电联产和集中供热。在城区内划定高污染燃料禁燃区。

统筹规划长三角、珠三角、京津冀等城市群地区的区域性大气污染防治，有条件的城市要开展氮氧化物、有机污染物等复合污染问题以及灰霾天气的研究，逐步开展对臭氧和PM2.5（直径小于2.5微米的可吸入颗粒物）等指标的监测，建立光化学烟雾污染预警系统。

3. 加强工业废气污染防治。

以占工业二氧化硫排放量65%以上的国控重点污染源为重点，严格执行大气污染物排放标准和总量控制制度，加快推行排污许可证制度。促使工业废气污染源全面、稳定达标排放，实现增产不增污。工业炉窑要使用清洁燃烧技术，以细颗粒污染物为重点，严格控制烟（粉）尘和二氧化硫的排放。开展新一轮的除尘改造，推广使用高效的布袋除尘设施。继续抓好煤炭、钢铁、有色、石油化工和建材等行业的废气污染源控制，对重点工业废气污染源实行自动监控。大力推进煤炭洗选工程建设，推广煤炭清洁燃烧技术。继续开展氮氧化物控制研究，加快氮氧化物控制技术开发与示范，将氮氧化物纳入污染源监测和统计范围，为实施总量控制创造条件。

4. 强化机动车污染防治。

大型、特大型城市要把防治机动车尾气污染作为改善城市环境质量的重要内容。进一步提高机动车排放控制水平，规范在用机动车环保年检工作。改善油品质量，提高燃油的利用效率。大力开发和使用节能型和清洁燃料汽车，降低机动车污染物排放。

5. 加强噪声污染控制。

加强对建筑施工、工业生产和社会生活噪声的监管，及时解决噪声扰民问题。限制机动车在市区鸣笛，对敏感路段采取降噪措施，控制交通噪声。在大中城市创建安静小区。

6. 控制温室气体排放。

强化能源节约和高效利用的政策导向，加大依法实施节能管理的力度，加快节能技术开发、示范和推广，充分发挥以市场为基础的节能新机制，努力减缓温室气体排放。大力发展可再生能源，积极推进核电建设，加快煤层气开发利用，优化能源消费结构。强化冶金、建材、化工等产业政策，提高资源利用率，控制工业生产过程中的温室气体排放。加强农村沼气建设和城市垃圾填埋气回收利用，努力控制甲烷排放增长速度。继续实施植树造林、天然林资源保护等重点生态建设工程，提高森林资源覆盖率，增加碳汇和增强适应气候变化能力。加强温室气体排放的监测与统计分析。

（三）控制固体废物污染，推进其资源化和无害化。

以减量化、资源化、无害化为原则，把防治固体废物污染作为维护人民健康，保障环境安全和发展循环经济，建设资源节约型、环境友好型社会的重点领域。

1. 实施危险废物和医疗废物处置工程。

加快实施危险废物和医疗废物处置设施建设规划，完善危险废物集中处理收费标准和办法，建立危险废物和医疗废物收集、运输、处置的全过程环境监督管理体系，基本实现危险废物和医疗废物的安全处置。完成历史堆存铬渣无害化处置。

2. 实施生活垃圾无害化处置工程。

实施城市生活垃圾无害化处置设施建设规划，新增城市生活垃圾无害化处理能力 24 万吨/日，城市生活垃圾无害化处理率不低于 60%。推行垃圾分类，强化垃圾处置设施的环境监管。高度重视垃圾渗滤液的处理，逐步对现有的简易垃圾处理场进行污染治理与生态恢复，消除污染隐患。

3. 推进固体废物综合利用。

重点推进煤矸石、粉煤灰、冶金和化工废渣、尾矿等大宗工业固体废物的综合利用。到 2010 年，工业固体废物综合利用率达到 60%。推进建筑垃圾及秸秆、畜禽粪便等综合利用。建立生产者责任延伸制度，完善再生资源回收利用体系，实现废旧电子电器的规模化、无害化综合利用。对进口废物加工利用企业严格监管，防止产生二次污染，严厉打击废物非法进出口。

（四）保护生态环境，提高生态安全保障水平。

以促进人与自然和谐为目标，以生态功能区划分为基础，以控制不合理的资源开发活动为重点，坚持保护优先，自然修复为主，力争使生态环境恶化趋势得到基本遏制。

1. 编制全国生态功能区划。

在全国生态环境现状调查的基础上，依据生态环境敏感性和生态功能重要性编制全国生态功能区划，科学确定不同区域主导生态功能类型，划定对国家生态安全具有重要意义的重点生态功能保护区，指导生态保护工作，为实施环境保护分类管理提供科学依据，并与全国主体功能区划规划衔接协调。

2. 启动重点生态功能保护区工作。

明确重点生态功能保护区的范围、主导功能和发展方向，按照限制开发区的要求，探索建立生态功能保护区的评价指标体系、管理机制、绩效评估机制和生态补偿机制。提高重点生态功能保护区的管护能力。

3. 提高自然保护区的建设质量。

进一步完善自然保护区体系，基本建成类型齐全的自然保护区网络，使 95%以上的典型自然生态系统类型、国家重点保护野生动植物物种及重要自然遗迹划入自然保护区保护范围。实现自然保护区建设由重数量向重质量转变，提高自然保护区的管护能力与建设水平。制定自然保护区规范化建设标准，按照相关规划继续推进自然保护区建设。90%以上自然保护区有健全的管理机构。初步建成全国自然保护区监测网络和综合信息平台。

4. 加强物种资源保护和安全管理。

开展物种资源调查。建设物种资源的数据库、种质库和基因库。建设物种资源就地、迁地和离体保护设施。建立物种资源进出口查验制度，强化外来物种和转基因生物体的生态影响监控、安全防治和应急机制。开展物种资源保护的宣传教育，提高公民保护物种资源的意识。

5. 加强开发建设活动的环境监管。

坚持保护优先、开发有序的原则，抓好长江上游等流域的水利开发、黄土高原能源矿产开发、东北黑土地开发等重点开发规划和项目的环境影响评价，有效控制开发建设中的水土流失。加大生态保护执法力度，打击破坏生态的违法活动。

加快建立矿山环境恢复保证金制度。推进矿山环境治理，促进新老矿山及资源枯竭型城市的生态恢复。强化旅游开发活动的环境保护，加大对旅游区环境污染和生态破坏情况的检查力度，重点加强对生态敏感区域旅游开发项目的环境监管，开展生态旅游试点示范。

（五）整治农村环境，促进社会主义新农村建设。

按照“生产发展、生活宽裕、乡风文明、村容整洁、管理民主”的社会主义新农村建设要求，实施农村小康环保行动计划，开展农村环境综合整治，加强土壤污染防治，控制农业面源污染，发展生态农业，优化农业增长方式。

1. 重点防治土壤污染。

开展全国土壤污染现状调查，建立土壤环境质量评价和监测制度，开展污染土壤修复示范。搬迁企业必须做好原厂址土壤修复工作，对持久性有机污染物和重金属污染超标耕地实行综合治理；污染严重且难以修复的耕地应依法调整用途。严格控制主要粮食产地和菜篮子基地的污水灌溉，加大对菜篮子基地的环境管理。

2. 开展农村环境综合整治。

推动编制农村环境综合整治规划。开展农村改水、改厕工作，改善农村环境卫生条件；生活垃圾实现定点存放、统一收集、定时清理、集中处理；采取分散或相对集中、生物或土地等多种处理方式，因地制宜推进乡镇生活污水处理；结合旧村改造、新村建设，美化村庄环境，改善村容村貌。完成1万个行政村的环境综合整治，建设2000个环境优美乡镇。加大农村企业污染监管和治理力度，禁止工业固体废物、危险废物、城镇垃圾及其他污染物向农村转移。

3. 防治农村面源污染。

开展小流域综合治理，控制水土流失。开展农村面源污染综合治理的试点、示范。推广科学施用农药、化肥，提高农药、化肥利用效率。推动绿色食品和有机食品基地建设，大力发展节水农业和生态农业。推广农业资源节约和综合利用，大力发展农业循环经济。以沼气建设为纽带，合理利用秸秆资源，加强集中式畜禽养殖场污水、粪便综合利用和处理，提高农户沼气普及率。

（六）加强海洋环境保护，重点控制近岸海域污染和生态破坏。

以削减陆源污染物排放为重点，以重点海域污染治理为突破口，加强海洋生态保护，提高海洋环境灾害应急能力，改善海洋生态系统服务功能。

1. 努力削减陆源污染物入海量。

强化直接排海工业点源控制和管理，确保稳定达标排放。加快沿海城市污水处理厂和垃圾处理场的建设。强化对污泥和垃圾渗滤液的处置，防止产生二次污染，继续在沿海地区深入开展禁磷工作。

2. 加快重点海域污染治理。

深入开展渤海碧海行动，力争渤海水质有明显改善。加快编制并实施长江口及毗邻海域、珠江口及其海域污染治理规划。以重点海域污染治理带动海洋环境保护。

3. 防治港口和船舶污染。

制定并实施船舶污染治理技术政策和治理规划，针对各类船舶，分别提出安装污水处理设施和垃圾回收设施的技术要求和时限。到2010年，大中型海港都要建设船舶油类、化学品、垃圾、生活污水回收、转运设施。港口和船舶污水、垃圾处理设施建设要纳入城市污水、垃圾处理设施建设规划。加强对海洋倾废的监督管理。

4. 保护海洋生态环境。

以近岸海域为重点，加强海洋生态环境修复与保护。严格保护、合理利用岸线、滩涂资源，禁止不合理开发活动，防止滩涂及海水养殖造成的污染。推进海岸防护林建设，恢复和保护滨海湿地、红树林、珊瑚礁等典型海洋生态系统，建设一批海洋自然保护区。开展重点海域生物多样性普查，查清外来物种入侵现状，对引进外来海洋生物物种实行严格管理。

5. 防治海洋环境灾害。

建立跨部门的海上溢油监测与应急体系，提高海上溢油事故快速反应和处置能力。相关涉海部门和所有沿海城市、港口都要制订溢油应急预案。完善赤潮监测系统，提高早期预警能力，规范赤潮信息管理，建立赤潮灾害应急响应机制，尽可能减少赤潮造成的损失。

（七）严格监管，确保核与辐射环境安全。

以核设施和放射源的安全监管为重点，加强放射性废物的处理处置能力，全面加强核与辐射安全管理，确保核与辐射环境安全。

1. 提高核设施建造质量和运行安全水平。

开发新一代核电厂安全评价技术，改进安全监管方法，提高核电站改造和运行安全监管的有效性。健全民用核安全设备管理的立法，进一步加强对民用核安全设备设计、制造、安装等活动的管理，提高国产化设备质量。

2. 完善放射性同位素与射线装置的管理。

进一步加强放射性同位素与射线装置生产、使用、销售和进出口的安全许可和监督，完成辐射安全许可证的换发。建设对放射源实施全寿期跟踪的全国放射源管理信息系统。实现废弃放射源的安全收贮。

3. 加快治理放射性污染。

制定核设施安全退役政策。加快中低放废物近地表处置场建设。完成国家和省级放射性废物库建设。推进核工业遗留放射性废物治理。开展对铀矿冶和伴生放射性矿放射性污染现状调查、评价与污染防治的监督。

通过示范项目的实施，掌握高放废物处理技术，积极推进高放废液固化处理设施的建设。积极开展高放废物处置地质调查和勘探工作。开展高放废物处置长期安全研究，确定高放废物地质处置发展战略和总体安全目标。

4. 提高电磁辐射污染防治水平。

建立和完善防治电磁辐射污染的法规和标准，加强电磁辐射环境影响评价。优化电磁场的空间分布，合理布局场源建设，防止人口稠密区的电磁辐射污染。

（八）强化管理能力建设，提高执法监督水平。

按照目标与手段相匹配、任务与能力相适应的要求，以监测评估、及时预警、快速反应、科学管理为目标，以自动化、信息化为方向，以建设先进的环境监测预警体系和完备的环境执法监督体系为重点，实施环境监管能力建设规划，积极争取各级财政投入，努力提高环境管理能力。

1. 建设先进的环境监测预警体系。

按照队伍专业化、装备现代化要求，推进各级环境监测站标准化建设。到2010年，80%的县级环境监测站达到建设标准。

按照布局科学、数据准确、传输及时的要求，建设全国空气、地表水、近岸海域、辐射、生态环境等环境质量监测网络，科学、全面、及时地反映环境质量状况和变化趋势。

按照动态监控、及时预警、准确计量的要求，建设重点污染源监督性监测和自动监测系统，实时监控排污状况。优先建设燃煤电厂在线监测系统。

2. 建设完备的环境执法监督体系。

提高环保执法装备水平，重点支持中西部地区执法能力建设。到2010年，省、市、县环保执法队伍基本达到能力建设标准化要求。加强国家、省和市级核安全与辐射环境监管能力建设，提高安全监督水平。

3. 建设环境事故应急系统。

建成国家环境突发事故应急监测网络及指挥中心，各省、市要建立相应的环境应急指挥系统。国家、省、市以及流域分别配备水、气环境突发事故应急监测车及仪器设备，重点海港和内河港口配备应急监测船。

4. 提高环境综合评估能力。

开展全国污染源普查、饮用水水源地调查、地下水污染现状调查、土壤污染现状调查、持久性有机污染物调查、重点设施电磁辐射调查和伴生放射性矿物资源开发利用调查。

加强环境统计能力建设，改革环境统计方法，开展统计季报制度，全面、及时、准确提供环境综合信息。定期开展环境质量和生态变化评估以及环境经济核算。

5. 建设“金环工程”。

建设国家和地方环境保护信息系统。构建环境保护信息基础网络平台，建设国家环境数据信息库和环境管理决策支持体系，建立高效、便捷的环境污染事故应急指挥信息传输系统，构筑数字环保，完善信息发布制度，促进环境信息共享。

6. 增强环境科技创新的支撑能力。

建成一批国家环境重点实验室、国家环境工程技术中心和环境基准实验室。初步建成国家环境标准样品研发与生产基地。

7. 加强队伍建设和人才培养。

加大环保管理干部和技术人员培训力度，培

养高素质环保技术人才。实施资格认证制度，逐步扩大环保技术人员执业资格范围。加强环保队伍思想政治工作和廉政建设。

解决我国环境问题，必须以规划为依据，以项目为依托，以投资作保障，通过落实规划、落实资金、落实项目，把实现“十一五”环保目标落到实处。

（一）重点工程。

加快完成国家“十五”各项重点治理计划的结转项目，及时开工列入国家“十一五”规划的项目，研究论证一批新的工程项目。“十一五”期间，重点实施10项环境保护工程。要调动各种资源，开辟多元化投资渠道，集中力量和资金，重点建设。

（二）投资重点。

为实现“十一五”环境保护目标，全国环保投资约需占同期国内生产总值的1.35%。

1. 水污染治理。

为实现化学需氧量减少10%的目标，必须通过工程措施削减化学需氧量400万吨，其中：需新增城市污水处理能力4500万吨/日，形成化学需氧量削减能力300万吨；工业污水治理削减化学需氧量100万吨。水污染治理是投资的重中之重。

2. 大气污染治理。

为实现二氧化硫排放量减少10%的目标，在“十一五”新建燃煤电厂基本都安装脱硫设施的前提下，还必须通过工程措施削减现役火电机组二氧化硫490万吨，使现役火电机组投入运行的脱硫装机容量达到2.13亿千瓦，钢铁烧结机烟气脱硫等脱硫工程形成脱硫能力30万吨。推进其他工业废气治理、城市集中供热、集中供气等大气污染综合治理。

3. 固体废物治理。

继续实施危险废物和医疗废物处理设施建设规划，新增城市生活垃圾无害化处理能力24万吨/日，推进工业固体废物、废旧家电处置与综合利用等固体废物治理。

4. 核安全与放射性废物治理。

重点建设退役核设施与中低放射性废物处理处置、铀矿开采的污染防治等设施。

5. 农村污染治理与生态保护。

实施农村小康环保行动计划，启动农村环境治理，开展土壤污染调查与修复，强化重点生态功能保护区和自然保护区建设。

6. 能力建设。

建设先进的环境监测预警体系、完备的环境执法监督体系，增强环保科技与产业支撑能力。

（三）投资来源。

1. 政府投资。

环境基础设施建设、重点流域综合治理、核与辐射安全、农村污染治理、自然保护区和重要生态功能区建设、环境监管能力建设等，主要以地方各级人民政府投入为主，中央政府区别不同情况给予支持。

2. 企业投资。

工业污染治理按照“污染者负责”原则，由企业负责。其中现有污染源治理投资由企业利用自有资金或银行贷款解决。新扩改建项目环保投资，要纳入建设项目投资计划。

要积极利用市场机制，吸引社会投资，形成多元化的投入格局。“十一五”期间预计可征收排污费750亿元，用于污染治理，以补助或者贴息方式，吸引银行特别是政策性银行，积极支持环境保护项目。

四、保障措施

积极推进历史性转变，着力克服长期制约环境保护发展的制度性障碍，加大改革创新力度，完善体制，创新机制，加强法制，增加投入，提高环境保护工作水平。

（一）促进区域经济与环境协调发展。

实施区域发展总体战略，将国土空间划分为四类主体功能区，既是优化经济布局、促进区域协调发展的战略举措，更是保护生态环境的一项基础性、长远性的根本措施，也为强化国家在环境保护领域的宏观调控和分类指导提供了依据。

1. 加强地区分类指导。

在国家区域协调发展战略框架下，西部地区要强化生态保护，依据国家政策和规划，稳步实施生态退耕，继续推进各类生态建设工程，建设重点生态功能保护区，加大荒漠化和石漠化治理力度，加强资源开发活动的环境监管，控制和防止重化工业和资源开发过程中的污染和生态破坏，加强三峡库区及其上游、黄河中上游等重点流域水污染与水土流失防治；东北地区要加强黑土地水土流失和东北西部荒漠化综合治理，加大资源枯竭型城市和矿山的生态修复，推进松花江、辽河、鸭绿江等流域和界河的污染治理，加快生态省和循环经济试点省建设步伐；中部地区要加快环境基础设施建设，加大重点流域的水污染治理力度，有效维护区域资源环境承载能力，严格控制污染物排放总量；东部地区要率先推进历史性转变，率先还清旧账，加快产业结构优化升级，促进增长方式的转变，加大长三角、珠三角、京津冀等沿海城市群区域环境综合整治力度，大幅度削减主要污染物排放总量。

2. 逐步实行环境分类管理。

按照全国主体功能区划的要求，对四类主体功能区制定分类管理的环境政策和评价指标体系，逐步实行分类管理。

在优化开发区域，坚持环境优先，优化产业结构和布局，大力发展高新技术，加快传统产业技术升级，实行严格的建设项目环境准入制度，率先完成排污总量削减任务，做到增产减污，解决一批突出的环境问题，改善环境质量。

在重点开发区域，坚持环境与经济协调发展，科学合理利用环境承载力，推进工业化和城镇化，加快环保基础设施建设，严格控制污染物排放总量，做到增产不增污，基本遏制环境恶化趋势。

在限制开发区域，坚持保护为主，合理选择发展方向，发展特色优势产业，加快建设重点生态功能保护区，确保生态功能的恢复与保育，逐步恢复生态平衡。

在禁止开发区域，坚持强制性保护，依据法律法规和相关规划严格监管，严禁不符合主体功能定位的开发活动，控制人为因素对自然生态的干扰和破坏。

3. 重点支持西部地区环境保护。

按照西部大开发总体战略和政策，加大对西部地区环境保护支持力度。加强对西部地区的政策指导，严格控制污染向西部地区转移。优先在西部地区建立和实施生态补偿机制。国家主要污染物排放总量指标、污染治理资金和能力建设资金，尽可能向西部地区倾斜。按照自愿互利原则，提倡东中部地区帮助西部地区加强能力建设和人才培养。做好对口援助西藏工作。

（二）加快经济结构调整。

大力推动产业结构优化升级，促进清洁生产，发展循环经济，从源头减少污染，推进建设环境友好型社会。

1. 强化环境准入。

在确定钢铁、有色、建材、电力、轻工等重点行业准入条件时充分考虑环境保护要求，新建项目必须符合国家规定的准入条件和排放标准。已无环境容量的区域，禁止新建增加污染物排放量的项目。

依据国家产业政策和环保法规，加大淘汰污染严重的落后工艺、设备和企业的力度。把淘汰落后作为建设环境友好型社会的重要途径。

2. 加快推进循环经济。

根据发展循环经济的要求，制定相关配套法规，完善评价指标体系。实行有利于资源节约和循环经济发展的经济政策。推进重点行业、产业园区和省市循环经济试点工作，推广循环经济先进适用技术和典型经验，建设循环经济试点示范工程。加快制定重点行业清洁生产标准、评价指标体系和强制性清洁生产审核技术指南，建立推进清洁生产实施的技术支撑体系。进一步推动企业积极实施清洁生产方案。对污染物排放超过国家和地方标准或总量控制指标的企业，以及使用有毒有害原料或者排放有毒物质的企业，要依法实行强制性清洁生产审核。

3. 大力开展资源节约和综合利用。

按照低投入、高产出、低消耗、少排放、能

循环、可持续的原则，把节能节水节地与削减污染物排放总量有机结合起来，实行统筹规划，同步实施，以提高能源资源利用效率为重要措施，完成“十一五”主要污染物减排目标。

（三）完善体制，落实责任。

适应环境保护新形势，分清中央和地方事权，分清政府和企业职责，健全统一、协调、高效的环境监管体制。

1. 加强国家监察。

完善政策措施，加强对全国环境保护的评估、规划、宏观调控和指导监督。加快建立大区督察派出机构，加强区域、流域环保工作的协调和监督，查处突出的环境违法问题。

2. 加强地方监管。

坚持地方政府对行政区域环境质量负责，落实政府环境责任。建立环境保护目标责任制，加强评估和考核。

3. 落实单位负责。

综合运用约束机制和激励机制，促进企业和其他组织严格执行环境法规与标准，自觉治理污染，保护生态。建立企业环境信息公开制度，加强社会监督。建立企业环境监督员制度，实行职业资格管理。

4. 加强部门合作。

逐步理顺部门职责分工，增强环境监管的协调性、整体性。建立部门间信息共享和协调联动机制，充分发挥部际联席会议的作用。各有关部门依照各自职责，做好相关领域环保工作。环保部门要切实履行职责，统一环境规划，统一执法监督，统一发布环境信息，加强综合管理。

（四）创新机制，增加投入。

努力推进政策创新，把政府调控与市场机制有机结合、法规约束与政策激励有机结合，以政府投入带动社会投入，以经济政策调动市场资源，以宣传教育引导公众参与，进一步完善政府主导、市场推进、公众参与的环境保护新机制。

1. 加大政府投入。

把环境保护投入作为公共财政支出的重点并逐步增加。国家基本建设投资要继续向环境保护倾斜，对国家环保重点工程和列入国家环境治理规划的项目，区分不同情况给予支持。各级政府都要加大对污染防治、生态保护和环境公共设施建设的投资，把环保部门工作经费纳入各级财政支出预算，切实提高环保机构经费保障程度。加强排污费资金使用管理，加强资金使用效益的监督与评估。在合理划分中央和地方事权的基础上，中央政府加大对中西部地区环境保护支持力度。

2. 完善环境经济政策。

在资源税、消费税、进出口税改革中充分考虑环境保护要求，探索建立环境税收制度，运用税收杠杆促进资源节约型、环境友好型社会的建设。

发挥价格杠杆的作用，建立能够反映污染治理成本的排污价格和收费机制，有条件的地区和单位可实行二氧化硫等排污权交易。实现环境成本内部化，促进企业减少排污，提高环境污染治理效果。对可再生能源发电、脱硫电厂和垃圾焚烧发电厂实行优先上网或提高电价等优惠政策，实行脱硫电价的动态管理。

全面征收城市污水、生活垃圾、危险废物和医疗废物处理处置费及放射性废物收储费，保证治理设施和收储设施正常运行。加大排污费征收和稽查力度，进一步完善排污收费制度。加快市政公用事业改革，鼓励各类企业参与环保基础设施建设和运营，推进污染治理市场化。

完善信贷政策，鼓励银行特别是政策性银行对有偿还能力的环境基础设施建设项目和企业治污项目给予贷款支持。探索建立环境责任保险和环境风险投资。积极扩大利用外资渠道，继续争取国际组织和外国政府无偿援助和优惠贷款。

按照“谁开发谁保护、谁破坏谁恢复，谁受益谁补偿，谁排污谁付费”的原则，以三峡库区、南水北调水源区、重点能源开发区和国家级自然保护区为突破口，扩大试点，完善生态补偿政策，建立生态补偿机制。

（五）强化法治，严格监管。

强化法治既是防治污染、保护生态的关键，也是参与环境与发展综合决策，推动经济增长方式根本性转变的有效手段。采取有力措施，着力解决法规不健全、执法难度大、违法成本低、违法不究、执法不严的问题。

1. 完善法规标准体系。

抓紧修订和完善现行法规标准，填补法律空白。重点是配合做好《中华人民共和国环境保护法》、《中华人民共和国水污染防治法》的修订工作，拟订有关土壤污染、化学物质污染、生态保护、生物安全、遗传资源、臭氧层保护、核安全、循环经济、环境监测、环境损害赔偿等方面的法律法规草案。各地也要完善地方性法规。完善技术规范和环境标准体系，科学确定标准限值，鼓励各地制订更加严格的地方污染物排放标准。

积极配合司法部门，通过司法手段保障环境执法的权威和有效性。

2. 完善执法监督体系。

按照权责明确、行为规范、监督有力、高效运转的要求，明确执法责任和程序，提高执法效率，强化执法监督，坚决做到有法必依、执法必严、违法必究。

深入开展整治违法排污企业、保障群众健康专项行动，严厉查处环境违法行为和案件。持续开展环境安全检查，重点排查沿江沿河和人口密集区的石油、化工、冶炼等企业，努力消除环境隐患。加强危险化学品、危险废物、放射性废物监管，防范环境风险。各级政府和重点企业要制订应急方案，配备必要应急设施，提高突发环境事件的处置能力。

3. 着重落实三项环境管理制度。

落实污染物排放总量控制制度。把主要污染物排放总量控制计划指标层层分解，落实到基层和排污单位。加强污染物排放监测和统计。综合运用排污许可、排污收费、强制淘汰、限期治理和环境影响评价等各项环境管理制度和手段，实现总量控制目标。

强化环境影响评价和“三同时”（建设项目环保设施同时计划、同时施工、同时投产使用）制度。在加快试点的基础上推进各类发展和建设规划的环境影响评价，从源头上防止环境污染和生态破坏。严格建设项目环境影响评价和“三同时”管理，加强环评资格管理，提高环评质量，落实环评责任制。严格“三同时”验收，尽快扭转重审批轻监管、重事前评价轻事后评估和不审批就开工、不验收就投产的局面。

实行环境目标责任制。把“十一五”环保目标和任务分解到各级政府，层层抓落实。建立环境管理绩效考核机制，把环境保护纳入经济社会发展评价体系。制订科学的评价指标，纳入党政干部政绩综合评价体系。建立环境保护问责和奖惩制度，严格执行《环境保护违法违纪行为处分暂行规定》。

（六）依靠科技，发展产业。

以科技创新为动力，以产业发展为支撑，努力提高环境保护技术水平。

1. 大力促进科技创新。

为提高科技引领和支撑环境保护的能力，以国家中长期科学和技术发展规划纲要中的环境重点领域及其优先主题为龙头，全面实施科技创新工程；以基础理论和技术创新为支撑，全面实施环境标准体系建设工程；以提高环境管理和污染防治技术为目标，全面实施环境技术管理体系建设工程。加强气候变化领域的基础研究，进一步开发和完善研究分析方法。

深化环境科技体制改革，团结各方面力量，优化整合环境科技资源，培养环境科技人才，建设环境科技支撑体系，提升环境科技创新能力。努力提高环境决策的科学化和民主化。

2. 积极促进环保产业发展。

以环境保护重点工程为需求，以环保示范工程为依托，以标准化、系列化、国产化、现代化为导向，自主创新和引进消化吸收相结合，大力发展环保装备制造业。

以环境影响评价、环境工程服务、环境技术研发与咨询、环境风险投资为重点，以市场化为主体，积极发展环保服务业。

制定发展规划，推进技术进步，加强行业自律，规范市场行为，促进公平竞争，推动环保产业健康发展。

加大对外开放，实施引进来、走出去战略，支持各类所有制企业进入环保产业。培育一批具有自主品牌、核心技术能力强、市场占有率高、能够提供较多就业机会的优势企业和企业集团，使环保产业成为国民经济的新兴支柱产业。

（七）动员社会力量保护环境。

开展各类环境宣传教育活动，实行环境信息公开，动员社会各界力量参与环境保护。

1. 增强全社会生态文明意识。

不断增强各级干部和广大群众的环境意识和法制观念，重点加强对领导干部的环境教育和培训。充分发挥舆论引导和监督作用，大力宣传环境保护的方针政策和法律法规，公开曝光环境违法行为。抓好环保基础教育、专业教育、社会教育和岗位培训。全方位、多层次推广适应建立资源节约型、环境友好型社会要求的生产生活方式。

2. 扩大公众环境知情权。

推行政务公开，实行环境保护政策法规、项目审批、案件处理等政务公告公示制度。完善环境信息政府网站，公开发布环境质量、环境管理等环境信息。依法推进企业环境信息公开，开展上市公司的环境绩效评估和环境信息公告。

3. 完善公众参与环境保护机制。

大力普及环境科学知识，实施千乡万村环保科普行动计划。推广环境标志和环境认证，倡导绿色消费、绿色办公和绿色采购，广泛开展绿色社区、绿色学校、绿色家庭等群众性创建活动，充分发挥工会、共青团、妇联等群众组织、社区组织和各类环保社团及环保志愿者的作用。加强信访工作，充分发挥12369环保热线的作用，拓宽和畅通群众举报投诉渠道。开展环境公益诉讼研究，加强行政复议，推动行政诉讼，依法维护公民环境权益。完善公众参与的规则和程序，采用听证会、论证会、社会公示等形式，听取公众意见，接受群众监督，实行民主决策。

（八）积极开展环境保护国际合作。

把环境保护作为我国对外开放的重要领域，继续扩大对外开放，在国际环境事务中发挥更加积极的作用。

1. 积极参与全球环境保护。

坚持“共同但有区别的责任”原则，积极参与国际环境公约和世贸组织环境与贸易谈判，维护我国和广大发展中国家环境权益。履行相应国际义务，大力推进国内履约工作，加快消耗臭氧层物质的淘汰进程，努力控制温室气体排放。

2. 广泛开展国际环境合作。

巩固并深化与重要大国、大国集团、传统友好国家的环境合作，重点加强与周边国家的环境合作，扩大与发展中国家的环境合作，继续深化与联合国环境规划署、世界银行、全球环境基金等国际组织的合作。通过合作与交流，宣传我国环境保护政策和进展，维护我国及发展中国家的环境权益。

引进国外资金、技术和管理经验，提高我国环保技术和管理水平。推动我国环保设备和技术走向国际市场。加强自主创新能力，积极推进减少温室气体排放的国际合作与技术转让。

加强环境与贸易的协调。积极应对绿色贸易壁垒，完善对外贸易产品的环境标准，建立环境风险评估机制和进口货物的有害物质监控体系，既要合理引进可利用再生资源和物种资源，又要严格防范污染引进、废物非法进口、有害外来物种入侵和遗传资源流失。

五、规划实施与考核

实施本规划，是全社会共同的义务，更是各级人民政府的重要责任。各级人民政府都要切实履行职责，加大工作力度，确保环保投入，引导社会资源，做到责任有主体，投入有渠道，任务有保障，逐项落实本规划提出的各项任务和保证措施。

“十一五”主要污染物排放总量控制指标，是国家“十一五”规划纲要确定的约束性指标，已经下达到各省、自治区、直辖市。各省、自治区、直辖市要层层分解，落实到各地区，落实到重点行业和单位，确保完成。

要在本规划指导下，抓紧编制重点领域、流域和地区的环境保护专项规划并组织实施。要做好环境保护规划与经济社会发展相关规划的衔接协调，相互促进，同步实施。各地区也要做好本地区环境保护规划的编制，经批准后实施。

加强部门合作，共同推进规划实施。发展改革部门要制定有利于环境保护的产业、价格、投资政策，把重点环保工程纳入经济社会发展规划和计划。财税部门要研究制定有利于环境保护的财税政策，建立和完善生态补偿机制，支持环境监测预警体系、环境执法监督体系建设。建设部门要做好城市污水、垃圾处理、园林绿化等环境建设与管理。国土资源、交通、水利、农业、林业、旅游、海洋等有关部门也要依据各自职责，支持和推进环境保护。

环保部门要建立评估考核机制，加强对规划执行情况的督促和检查，加强环境统计和监测，每半年公布一次各地区主要污染物排放情况、重点工程项目进展情况、重点流域与重点城市的环境质量变化情况。

在2008年底和2010年底，分别对本规划执行情况进行中期评估和终期考核。

全国污染源普查条例

（中华人民共和国国务院令第508号）

第一章　总　则

第一条　为了科学、有效地组织实施全国污染源普查，保障污染源普查数据的准确性和及时性，根据《中华人民共和国统计法》和《中华人民共和国环境保护法》，制定本条例。

第二条　污染源普查的任务是，掌握各类污染源的数量、行业和地区分布情况，了解主要污染物的产生、排放和处理情况，建立健全重点污染源档案、污染源信息数据库和环境统计平台，为制定经济社会发展和环境保护政策、规划提供依据。

第三条　本条例所称污染源，是指因生产、生活和其他活动向环境排放污染物或者对环境产生不良影响的场所、设施、装置以及其他污染发生源。

第四条　污染源普查按照全国统一领导、部门分工协作、地方分级负责、各方共同参与的原则组织实施。

第五条　污染源普查所需经费，由中央和地方各级人民政府共同负担，并列入相应年度的财政预算，按时拨付，确保足额到位。

污染源普查经费应当统一管理，专款专用，严格控制支出。

第六条　全国污染源普查每10年进行1次，标准时点为普查年份的12月31日。

第七条　报刊、广播、电视和互联网等新闻媒体，应当及时开展污染源普查工作的宣传报道。

第二章　污染源普查的对象、范围、内容和方法

第八条　污染源普查的对象是中华人民共和国境内有污染源的单位和个体经营户。

第九条　污染源普查对象有义务接受污染源普查领导小组办公室、普查人员依法进行的调查，并如实反映情况，提供有关资料，按照要求填报污染源普查表。

污染源普查对象不得迟报、虚报、瞒报和拒报普查数据；不得推诿、拒绝和阻挠调查；不得转移、隐匿、篡改、毁弃原材料消耗记录、生产记录、污染物治理设施运行记录、污染物排放监测记录以及其他与污染物产生和排放有关的原始资料。

第十条　污染源普查范围包括：工业污染源，农业污染源，生活污染源，集中式污染治理设施和其他产生、排放污染物的设施。

第十一条　工业污染源普查的主要内容包括：

企业基本登记信息，原材料消耗情况，产品生产情况，产生污染的设施情况，各类污染物产生、治理、排放和综合利用情况，各类污染防治设施建设、运行情况等。

农业污染源普查的主要内容包括：农业生产规模，用水、排水情况，化肥、农药、饲料和饲料添加剂以及农用薄膜等农业投入品使用情况，秸秆等种植业剩余物处理情况以及养殖业污染物产生、治理情况等。

生活污染源普查的主要内容包括：从事第三产业的单位的基本情况和污染物的产生、排放、治理情况，机动车污染物排放情况，城镇生活能源结构和能源消费量，生活用水量、排水量以及污染物排放情况等。

集中式污染治理设施普查的主要内容包括：设施基本情况和运行状况，污染物的处理处置情况，渗滤液、污泥、焚烧残渣和废气的产生、处置以及利用情况等。

第十二条 每次污染源普查的具体范围和内容，由国务院批准的普查方案确定。

第十三条 污染源普查采用全面调查的方法，必要时可以采用抽样调查的方法。

污染源普查采用全国统一的标准和技术要求。

第三章 污染源普查的组织实施

第十四条 全国污染源普查领导小组负责领导和协调全国污染源普查工作。

全国污染源普查领导小组办公室设在国务院环境保护主管部门，负责全国污染源普查日常工作。

第十五条 县级以上地方人民政府污染源普查领导小组，按照全国污染源普查领导小组的统一规定和要求，领导和协调本行政区域的污染源普查工作。

县级以上地方人民政府污染源普查领导小组办公室设在同级环境保护主管部门，负责本行政区域的污染源普查日常工作。

乡（镇）人民政府、街道办事处和村（居）民委员会应当广泛动员和组织社会力量积极参与并认真做好污染源普查工作。

第十六条 县级以上人民政府环境保护主管部门和其他有关部门，按照职责分工和污染源普查领导小组的统一要求，做好污染源普查相关工作。

第十七条 全国污染源普查方案由全国污染源普查领导小组办公室拟订，经全国污染源普查领导小组审核同意，报国务院批准。

全国污染源普查方案应当包括：普查的具体范围和内容、普查的主要污染物、普查方法、普查的组织实施以及经费预算等。

拟订全国污染源普查方案，应当充分听取有关部门和专家的意见。

第十八条 全国污染源普查领导小组办公室根据全国污染源普查方案拟订污染源普查表，报国家统计局审定。

省、自治区、直辖市人民政府污染源普查领导小组办公室，可以根据需要增设本行政区域污染源普查附表，报全国污染源普查领导小组办公室批准后使用。

第十九条 在普查启动阶段，污染源普查领导小组办公室应当进行单位清查。

县级以上人民政府机构编制、民政、工商、质检以及其他具有设立审批、登记职能的部门，应当向同级污染源普查领导小组办公室提供其审批或者登记的单位资料，并协助做好单位清查工作。

污染源普查领导小组办公室应当以本行政区域现有的基本单位名录库为基础，按照全国污染源普查方案确定的污染源普查的具体范围，结合有关部门提供的单位资料，对污染源逐一核实清查，形成污染源普查单位名录。

第二十条 列入污染源普查范围的大、中型工业企业，应当明确相关机构负责本企业污染源普查表的填报工作，其他单位应当指定人员负责本单位污染源普查表的填报工作。

第二十一条 污染源普查领导小组办公室可以根据工作需要，聘用或者从有关单位借调人员从事污染源普查工作。

污染源普查领导小组办公室应当与聘用人员依法签订劳动合同，支付劳动报酬，并为其办理社会保险。借调人员的工资由原单位支付，其福利待遇保持不变。

第二十二条 普查人员应当坚持实事求是，恪守职业道德，具有执行普查任务所需要的专业知识。

污染源普查领导小组办公室应当对普查人员进行业务培训，对考核合格的颁发全国统一的普查员工作证。

第二十三条 普查人员依法独立行使调查、报告、监督和检查的职权，有权查阅普查对象的原材料消耗记录、生产记录、污染物治理设施运行记录、污染物排放监测记录以及其他与污染物产生和排放有关的原始资料，并有权要求普查对象改正其填报的污染源普查表中不真实、不完整的内容。

第二十四条 普查人员应当严格执行全国污染源普查方案，不得伪造、篡改普查资料，不得强令、授意普查对象提供虚假普查资料。

普查人员执行污染源调查任务，不得少于2人，并应当出示普查员工作证；未出示普查员工作证的，普查对象可以拒绝接受调查。

第二十五条 普查人员应当依法直接访问普查对象，指导普查对象填报污染源普查表。污染源普查表填写完成后，应当由普查对象签字或者盖章确认。普查对象应当对其签字或者盖章的普查资料的真实性负责。

污染源普查领导小组办公室对其登记、录入的普查资料与普查对象填报的普查资料的一致性负责，并对其加工、整理的普查资料的准确性负责。

污染源普查领导小组办公室在登记、录入、加工和整理普查资料过程中，对普查资料有疑义的，应当向普查对象核实，普查对象应当如实说明或者改正。

第二十六条 各地方、各部门、各单位的负责人不得擅自修改污染源普查领导小组办公室、普查人员依法取得的污染源普查资料；不得强令或者授意污染源普查领导小组办公室、普查人员伪造或者篡改普查资料；不得对拒绝、抵制伪造或者篡改普查资料的普查人员打击报复。

第四章 数据处理和质量控制

第二十七条 污染源普查领导小组办公室应当按照全国污染源普查方案和有关标准、技术要求进行数据处理，并按时上报普查数据。

第二十八条 污染源普查领导小组办公室应当做好污染源普查数据备份和数据入库工作，建立健全污染源信息数据库，并加强日常管理和维护更新。

第二十九条 污染源普查领导小组办公室应当按照全国污染源普查方案，建立污染源普查数据质量控制岗位责任制，并对普查中的每个环节进行质量控制和检查验收。

污染源普查数据不符合全国污染源普查方案或者有关标准、技术要求的，上一级污染源普查领导小组办公室可以要求下一级污染源普查领导小组办公室重新调查，确保普查数据的一致性、真实性和有效性。

第三十条 全国污染源普查领导小组办公室统一组织对污染源普查数据的质量核查。核查结果作为评估全国或者各省、自治区、直辖市污染源普查数据质量的重要依据。

污染源普查数据的质量达不到规定要求的，有关污染源普查领导小组办公室应当在全国污染源普查领导小组办公室规定的时间内重新进行污染源普查。

第五章 数据发布、资料管理和开发应用

第三十一条 全国污染源普查公报，根据全国污染源普查领导小组的决定发布。

地方污染源普查公报，经上一级污染源普查领导小组办公室核准发布。

第三十二条 普查对象提供的资料和污染源

普查领导小组办公室加工、整理的资料属于国家秘密的，应当注明秘密的等级，并按照国家有关保密规定处理。

污染源普查领导小组办公室、普查人员对在污染源普查中知悉的普查对象的商业秘密，负有保密义务。

第三十三条 污染源普查领导小组办公室应当建立污染源普查资料档案管理制度。污染源普查资料档案的保管、调用和移交应当遵守国家有关档案管理规定。

第三十四条 国家建立污染源普查资料信息共享制度。

污染源普查领导小组办公室应当在污染源信息数据库的基础上，建立污染源普查资料信息共享平台，促进普查成果的开发和应用。

第三十五条 污染源普查取得的单个普查对象的资料严格限定用于污染源普查目的，不得作为考核普查对象是否完成污染物总量削减计划的依据，不得作为依照其他法律、行政法规对普查对象实施行政处罚和征收排污费的依据。

第六章 表彰和处罚

第三十六条 对在污染源普查工作中做出突出贡献的集体和个人，应当给予表彰和奖励。

第三十七条 地方、部门、单位的负责人有下列行为之一的，依法给予处分，并由县级以上人民政府统计机构予以通报批评；构成犯罪的，依法追究刑事责任：

（一）擅自修改污染源普查资料的；

（二）强令、授意污染源普查领导小组办公室、普查人员伪造或者篡改普查资料的；

（三）对拒绝、抵制伪造或者篡改普查资料的普查人员打击报复的。

第三十八条 普查人员不执行普查方案，或者伪造、篡改普查资料，或者强令、授意普查对象提供虚假普查资料的，依法给予处分。

污染源普查领导小组办公室、普查人员泄露在普查中知悉的普查对象商业秘密的，对直接负责的主管人员和其他直接责任人员依法给予处分；对普查对象造成损害的，应当依法承担民事责任。

第三十九条 污染源普查对象有下列行为之一的，污染源普查领导小组办公室应当及时向同级人民政府统计机构通报有关情况，提出处理意见，由县级以上人民政府统计机构责令改正，予以通报批评；情节严重的，可以建议对直接负责的主管人员和其他直接责任人员依法给予处分：

（一）迟报、虚报、瞒报或者拒报污染源普查数据的；

（二）推诿、拒绝或者阻挠普查人员依法进行调查的；

（三）转移、隐匿、篡改、毁弃原材料消耗记录、生产记录、污染物治理设施运行记录、污染物排放监测记录以及其他与污染物产生和排放有关的原始资料的。

单位有本条第一款所列行为之一的，由县级以上人民政府统计机构予以警告，可以处5万元以下的罚款。

个体经营户有本条第一款所列行为之一的，由县级以上人民政府统计机构予以警告，可以处1万元以下的罚款。

第四十条 污染源普查领导小组办公室应当设立举报电话和信箱，接受社会各界对污染源普查工作的监督和对违法行为的检举，并对检举有功的人员依法给予奖励，对检举的违法行为，依法予以查处。

第七章 附 则

第四十一条 军队、武装警察部队的污染源普查工作，由中国人民解放军总后勤部按照国家统一规定和要求组织实施。

新疆生产建设兵团的污染源普查工作，由新疆生产建设兵团按照国家统一规定和要求组织实施。

第四十二条 本条例自公布之日起施行。

部门规章及规范性文件

放射性同位素与射线装置安全许可管理办法

（国家环境保护总局2006年1月18日发布）

第一章　总　则

第一条　为实施《放射性同位素与射线装置安全和防护条例》规定的辐射安全许可制度，制定本办法。

第二条　在中华人民共和国境内生产、销售、使用放射性同位素与射线装置的单位（以下简称“辐射工作单位”），应当依照本办法的规定，取得辐射安全许可证（以下简称“许可证”）。

进口、转让放射性同位素，进行放射性同位素野外示踪试验，应当依照本办法的规定报批。

出口放射性同位素，应当依照本办法的规定办理有关手续。

使用放射性同位素的单位将放射性同位素转移到外省、自治区、直辖市使用的，应当依照本办法的规定备案。

本办法所称放射性同位素包括放射源和非密封放射性物质。

第三条　根据放射源与射线装置对人体健康和环境的潜在危害程度，从高到低，将放射源分为Ⅰ类、Ⅱ类、Ⅲ类、Ⅳ类、Ⅴ类，将射线装置分为Ⅰ类、Ⅱ类、Ⅲ类。

第四条　生产放射性同位素、销售和使用Ⅰ类放射源、销售和使用Ⅰ类射线装置的辐射工作单位的许可证，由国务院环境保护主管部门审批颁发。

前款规定之外的辐射工作单位的许可证，由省、自治区、直辖市人民政府环境保护主管部门（以下简称“省级环境保护主管部门”）审批颁发。

一个辐射工作单位生产、销售、使用多类放射源、射线装置或者非密封放射性物质的，只需要申请一个许可证。

辐射工作单位需要同时分别向国务院环境保护主管部门和省级环境保护主管部门申请许可证的，其许可证由国务院环境保护主管部门审批颁发。

环境保护主管部门应当将审批颁发许可证的情况通报同级公安部门、卫生主管部门。

第五条　省级以上人民政府环境保护主管部门可以委托下一级人民政府环境保护主管部门审批颁发许可证。

第六条　国务院环境保护主管部门负责对列入限制进出口目录的放射性同位素的进口进行审批。

国务院环境保护主管部门依照我国有关法律和缔结或者参加的国际条约、协定的规定，办理列入限制进出口目录的放射性同位素出口的有关手续。

省级环境保护主管部门负责以下活动的审批或备案：

（一）转让放射性同位素；

（二）转移放射性同位素到外省、自治区、直辖市使用；

（三）放射性同位素野外示踪试验；但有可能造成跨省界环境影响的放射性同位素野外示踪试验，由国务院环境保护主管部门审批。

第二章 许可证的申请与颁发

第七条 辐射工作单位在申请领取许可证前，应当组织编制或者填报环境影响评价文件，并依照国家规定程序报环境保护主管部门审批。

环境影响评价文件中的环境影响报告书或者环境影响报告表，应当由具有相应环境影响评价资质的机构编制。

第八条 根据放射性同位素与射线装置的安全和防护要求及其对环境的影响程度，对环境影响评价文件实行分类管理。

转让放射性同位素和射线装置的活动不需要编制环境影响评价文件。

第九条 申请领取许可证的辐射工作单位从事下列活动的，应当组织编制环境影响报告书：

（一）生产放射性同位素的（制备 PET 用放射性药物的除外）；

（二）使用Ⅰ类放射源的（医疗使用的除外）；

（三）销售（含建造）、使用Ⅰ类射线装置的。

第十条 申请领取许可证的辐射工作单位从事下列活动的，应当组织编制环境影响报告表：

（一）制备 PET 用放射性药物的；

（二）销售Ⅰ类、Ⅱ类、Ⅲ类、Ⅳ类放射源的；

（三）医疗使用Ⅰ类放射源的；

（四）使用Ⅱ类、Ⅲ类、Ⅳ类放射源的；

（五）生产、销售、使用Ⅱ类射线装置的。

第十一条 申请领取许可证的辐射工作单位从事下列活动的，应当填报环境影响登记表：

（一）销售、使用Ⅴ类放射源的；

（二）生产、销售、使用Ⅲ类射线装置的。

第十二条 辐射工作单位组织编制或者填报环境影响评价文件时，应当按照其规划设计的放射性同位素与射线装置的生产、销售、使用规模进行评价。

前款所称的环境影响评价文件，除按照国家有关环境影响评价的要求编制或者填报外，还应当包括对辐射工作单位从事相应辐射活动的技术能力、辐射安全和防护措施进行评价的内容。

第十三条 生产放射性同位素的单位申请领取许可证，应当具备下列条件：

（一）设有专门的辐射安全与环境保护管理机构。

（二）有不少于 5 名核物理、放射化学、核医学和辐射防护等相关专业的技术人员，其中具有高级职称的不少于 1 名。

生产半衰期大于 60 天的放射性同位素的单位，前项所指的专业技术人员应当不少于 30 名，其中具有高级职称的不少于 6 名。

（三）从事辐射工作的人员必须通过辐射安全和防护专业知识及相关法律法规的培训和考核，其中辐射安全关键岗位应当由注册核安全工程师担任。

（四）有与设计生产规模相适应，满足辐射安全和防护、实体保卫要求的放射性同位素生产场所、生产设施、暂存库或暂存设备，并拥有生产场所和生产设施的所有权。

（五）具有符合国家相关规定要求的运输、贮存放射性同位素的包装容器。

（六）具有符合国家放射性同位素运输要求的运输工具，并配备有 5 年以上驾龄的专职司机。

（七）配备与辐射类型和辐射水平相适应的防护用品和监测仪器，包括个人剂量测量报警、固定式和便携式辐射监测、表面污染监测、流出物监测等设备。

（八）建立健全的操作规程、岗位职责、辐射防护制度、安全保卫制度、设备检修维护制度、人员培训制度、台账管理制度和监测方案。

（九）建立事故应急响应机构，制定应急响应预案和应急人员的培训演习制度，有必要的应急装备和物资准备，有与设计生产规模相适应的事故应急处理能力。

（十）具有确保放射性废气、废液、固体废物达标排放的处理能力或者可行的处理方案。

第十四条 销售放射性同位素的单位申请领取许可证，应当具备下列条件：

（一）设有专门的辐射安全与环境保护管理机构，或者至少有1名具有本科以上学历的技术人员专职负责辐射安全与环境保护管理工作。

（二）从事辐射工作的人员必须通过辐射安全和防护专业知识及相关法律法规的培训和考核。

（三）需要暂存放射性同位素的，有满足辐射安全和防护、实体保卫要求的暂存库或设备。

（四）需要安装调试放射性同位素的，有满足防止误操作、防止工作人员和公众受到意外照射要求的安装调试场所。

（五）具有符合国家相关规定要求的贮存、运输放射性同位素的包装容器。

（六）运输放射性同位素能使用符合国家放射性同位素运输要求的运输工具。

（七）配备与辐射类型和辐射水平相适应的防护用品和监测仪器，包括个人剂量测量报警、便携式辐射监测、表面污染监测等仪器。

（八）有健全的操作规程、岗位职责、安全保卫制度、辐射防护措施、台账管理制度、人员培训计划和监测方案。

（九）有完善的辐射事故应急措施。

第十五条 生产、销售射线装置的单位申请领取许可证，应当具备下列条件：

（一）设有专门的辐射安全与环境保护管理机构，或至少有1名具有本科以上学历的技术人员专职负责辐射安全与环境保护管理工作。

（二）从事辐射工作的人员必须通过辐射安全和防护专业知识及相关法律法规的培训和考核。

（三）射线装置生产、调试场所满足防止误操作、防止工作人员和公众受到意外照射的安全要求。

（四）配备必要的防护用品和监测仪器。

（五）有健全的操作规程、岗位职责、辐射防护措施、台账管理制度、培训计划和监测方案。

（六）有辐射事故应急措施。

第十六条 使用放射性同位素、射线装置的单位申请领取许可证，应当具备下列条件：

（一）使用Ⅰ类、Ⅱ类、Ⅲ类放射源，使用Ⅰ类、Ⅱ类射线装置的，应当设有专门的辐射安全与环境保护管理机构，或者至少有1名具有本科以上学历的技术人员专职负责辐射安全与环境保护管理工作；其他辐射工作单位应当有1名具有大专以上学历的技术人员专职或者兼职负责辐射安全与环境保护管理工作；依据辐射安全关键岗位名录，应当设立辐射安全关键岗位的，该岗位应当由注册核安全工程师担任。

（二）从事辐射工作的人员必须通过辐射安全和防护专业知识及相关法律法规的培训和考核。

（三）使用放射性同位素的单位应当有满足辐射防护和实体保卫要求的放射源暂存库或设备。

（四）放射性同位素与射线装置使用场所有防止误操作、防止工作人员和公众受到意外照射的安全措施。

（五）配备与辐射类型和辐射水平相适应的防护用品和监测仪器，包括个人剂量测量报警、辐射监测等仪器。使用非密封放射性物质的单位还应当有表面污染监测仪。

（六）有健全的操作规程、岗位职责、辐射防护和安全保卫制度、设备检修维护制度、放射性同位素使用登记制度、人员培训计划、监测方案等。

（七）有完善的辐射事故应急措施。

（八）产生放射性废气、废液、固体废物的，还应具有确保放射性废气、废液、固体废物达标排放的处理能力或者可行的处理方案。

使用放射性同位素和射线装置开展诊断和治疗的单位，还应当配备质量控制检测设备，制定相应的质量保证大纲和质量控制检测计划，至少有一名医用物理人员负责质量保证与质量控制检测工作。

第十七条 将购买的放射源装配在设备中销售的辐射工作单位，按照销售和使用放射性同位素申请领取许可证。

第十八条 申请领取许可证的辐射工作单位应当向有审批权的环境保护主管部门提交下列

材料：

（一）辐射安全许可证申请表（见附件一）；

（二）企业法人营业执照正、副本或者事业单位法人证书正、副本及法定代表人身份证原件及其复印件，审验后留存复印件；

（三）经审批的环境影响评价文件；

（四）满足本办法第十三条至第十六条相应规定的证明材料；

（五）单位现存的和拟新增加的放射源和射线装置明细表。

第十九条 环境保护主管部门在受理申请时，应当告知申请单位按照环境影响评价文件中描述的放射性同位素与射线装置的生产、销售、使用的规划设计规模申请许可证。

环境保护主管部门应当自受理申请之日起20个工作日内完成审查，符合条件的，颁发许可证，并予以公告；不符合条件的，书面通知申请单位并说明理由。

第二十条 许可证包括下列主要内容：

（一）单位的名称、地址、法定代表人；

（二）所从事活动的种类和范围；

（三）有效期限；

（四）发证日期和证书编号。

许可证中活动的种类分为生产、销售和使用三类；活动的范围是指辐射工作单位生产、销售、使用的所有放射性同位素的类别、总活度和射线装置的类别、数量。

许可证分为正本和副本（具体格式和内容见附件二），具有同等效力。

第二十一条 取得生产、销售、使用高类别放射性同位素与射线装置的许可证的辐射工作单位，从事低类别的放射性同位素与射线装置的生产、销售、使用活动，不需要另行申请低类别的放射性同位素与射线装置的许可证。

第二十二条 辐射工作单位变更单位名称、地址和法定代表人的，应当自变更登记之日起20日内，向原发证机关申请办理许可证变更手续，并提供以下有关材料：

（一）许可证变更申请报告；

（二）变更后的企业法人营业执照或事业单位法人证书正、副本复印件；

（三）许可证正、副本。

原发证机关审查同意后，换发许可证。

第二十三条 有下列情形之一的，持证单位应当按照本办法规定的许可证申请程序，重新申请领取许可证：

（一）改变许可证规定的活动的种类或者范围的；

（二）新建或者改建、扩建生产、销售、使用设施或者场所的。

第二十四条 许可证有效期为5年。有效期届满，需要延续的，应当于许可证有效期届满30日前向原发证机关提出延续申请，并提供下列材料：

（一）许可证延续申请报告；

（二）监测报告；

（三）许可证有效期内的辐射安全防护工作总结；

（四）许可证正、副本。

原发证机关应当自受理延续申请之日起，在许可证有效期届满前完成审查，符合条件的，予以延续，换发许可证，并使用原许可证的编号；不符合条件的，书面通知申请单位并说明理由。

第二十五条 辐射工作单位部分终止或者全部终止生产、销售、使用放射性同位素与射线装置活动的，应当向原发证机关提出部分变更或者注销许可证申请，由原发证机关核查合格后，予以变更或者注销许可证。

第二十六条 辐射工作单位因故遗失许可证的，应当及时到所在地省级报刊上刊登遗失公告，并于公告30日后的一个月内持公告到原发证机关申请补发。

第三章 进出口、转让、转移活动的审批与备案

第二十七条 进口列入限制进出口目录的放射性同位素的单位，应当在进口前报国务院环境

保护主管部门审批；获得批准后，由国务院对外贸易主管部门依据对外贸易的有关规定签发进口许可证。国务院环境保护主管部门在批准放射源进口申请时，给定放射源编码。

分批次进口非密封放射性物质的单位，应当每6个月报国务院环境保护主管部门审批一次。

第二十八条 申请进口列入限制进出口目录的放射性同位素的单位，应当向国务院环境保护主管部门提交放射性同位素进口审批表，并提交下列材料：

（一）进口单位许可证复印件；

（二）放射性同位素使用期满后的处理方案，其中，进口Ⅰ类、Ⅱ类、Ⅲ类放射源的，应当提供原出口方负责从最终用户回收放射源的承诺文件复印件；

（三）进口放射源的明确标号和必要的说明文件的影印件或者复印件，其中，Ⅰ类、Ⅱ类、Ⅲ类放射源的标号应当刻制在放射源本体或者密封包壳体上，Ⅳ类、Ⅴ类放射源的标号应当记录在相应说明文件中；

（四）进口单位与原出口方之间签订的有效协议复印件；

（五）将进口的放射性同位素销售给其他单位使用的，还应当提供与使用单位签订的有效协议复印件，以及使用单位许可证复印件。

放射性同位素进口审批表的具体格式和内容见附件三。

第二十九条 国务院环境保护主管部门应当自受理放射性同位素进口申请之日起10个工作日内完成审查，符合条件的，予以批准；不符合条件的，书面通知申请单位并说明理由。

进口单位和使用单位应当在进口活动完成之日起20日内，分别将批准的放射性同位素进口审批表报送各自所在地的省级环境保护主管部门。

第三十条 出口列入限制进出口目录的放射性同位素的单位，应当向国务院环境保护主管部门提交放射性同位素出口表，并提交下列材料：

（一）出口单位许可证复印件；

（二）国外进口方可以合法持有放射性同位素的中文或英文证明材料；

（三）出口单位与国外进口方签订的有效协议复印件。

放射性同位素出口表的具体格式和内容见附件四。

出口单位应当在出口活动完成之日起20日内，将放射性同位素出口表报送所在地的省级环境保护主管部门。

出口放射性同位素的单位应当遵守国家对外贸易的有关规定。

第三十一条 转让放射性同位素的，转入单位应当在每次转让前报所在地省级环境保护主管部门审查批准。

分批次转让非密封放射性物质的，转入单位可以每6个月报所在地省级环境保护主管部门审查批准。

放射性同位素只能在持有许可证的单位之间转让。禁止向无许可证或者超出许可证规定的种类和范围的单位转让放射性同位素。

未经批准不得转让放射性同位素。

第三十二条 转入放射性同位素的单位应当于转让前向所在地省级环境保护主管部门提交放射性同位素转让审批表，并提交下列材料：

（一）转出、转入单位的许可证；

（二）放射性同位素使用期满后的处理方案；

（三）转让双方签订的转让协议。

放射性同位素转让审批表的具体格式和内容见附件五。

环境保护主管部门应当自受理申请之日起15个工作日内完成审查，符合条件的，予以批准；不符合条件的，书面通知申请单位并说明理由。

第三十三条 转入、转出放射性同位素的单位应当在转让活动完成之日起20日内，分别将一份放射性同位素转让审批表报送各自所在地省级环境保护主管部门。

第三十四条 在野外进行放射性同位素示踪试验的单位，应当在每次试验前编制环境影响报告表，并经试验所在地省级环境保护主管部门商同级有关部门审查批准后方可进行。

放射性同位素野外示踪试验有可能造成跨省界环境影响的，其环境影响报告表应当报国务院环境保护主管部门商同级有关部门审查批准。

第三十五条　使用放射性同位素的单位需要将放射性同位素转移到外省、自治区、直辖市使用的，应当于活动实施前10日内持许可证复印件向使用地省级环境保护主管部门备案，书面报告移出地省级环境保护主管部门，并接受使用地环境保护主管部门的监督管理。

书面报告的内容应当包括该放射性同位素的核素、活度、转移时间和地点、辐射安全负责人和联系电话等内容；转移放射源的还应提供放射源标号和编码。

使用单位应当在活动结束后20日内到使用地省级环境保护主管部门办理备案注销手续，并书面告知移出地省级环境保护主管部门。

第四章　监督管理

第三十六条　辐射工作单位应当按照许可证的规定从事放射性同位素和射线装置的生产、销售、使用活动。

禁止无许可证或者不按照许可证规定的种类和范围从事放射性同位素和射线装置的生产、销售、使用活动。

第三十七条　生产放射性同位素与射线装置的单位，应当在放射性同位素的包装容器、含放射性同位素的设备和射线装置上设置明显的放射性标识和中文警示说明；放射源上能够设置放射性标识的，应当一并设置。

含放射源设备的说明书应当告知用户该设备含有放射源及其相关技术参数和结构特性，并告知放射源的潜在辐射危害及相应的安全防护措施。

第三十八条　生产、进口放射源的单位在销售Ⅰ类、Ⅱ类、Ⅲ类放射源时，应当与使用放射源的单位签订废旧放射源返回合同。

使用Ⅰ类、Ⅱ类、Ⅲ类放射源的单位应当按照废旧放射源返回合同规定，在放射源闲置或者废弃后3个月内将废旧放射源交回生产单位或者返回原出口方。确实无法交回生产单位或者返回原出口方的，送交有相应资质的放射性废物集中贮存单位贮存。

使用Ⅳ类、Ⅴ类放射源的单位应当按照国务院环境保护主管部门的规定，在放射源闲置或者废弃后3个月内将废旧放射源进行包装整备后送交有相应资质的放射性废物集中贮存单位贮存。

使用放射源的单位应当在废旧放射源交回、返回或者送交活动完成之日起20日内，向其所在地省级环境保护主管部门备案。

第三十九条　销售、使用放射源的单位在本办法实施前已经贮存的废旧放射源，应当自本办法实施之日起1年内交回放射源生产单位或者返回原出口方，或送交有相应资质的放射性废物集中贮存单位。

第四十条　生产放射性同位素的场所、产生放射性污染的放射性同位素销售和使用场所、产生放射性污染的射线装置及其场所，终结运行后应当依法实施退役。退役完成后，有关辐射工作单位方可申请办理许可证变更或注销手续。

第四十一条　辐射工作单位应当建立放射性同位素与射线装置台账，记载放射性同位素的核素名称、出厂时间和活度、标号、编码、来源和去向，及射线装置的名称、型号、射线种类、类别、用途、来源和去向等事项。

放射性同位素与射线装置台账、个人剂量档案和职业健康监护档案应当长期保存。

第四十二条　辐射工作单位应当编写放射性同位素与射线装置安全和防护状况年度评估报告，于每年1月31日前报原发证机关。

年度评估报告应当包括放射性同位素与射线装置台账、辐射安全和防护设施的运行与维护、辐射安全和防护制度及措施的建立和落实、事故和应急以及档案管理等方面的内容。

第四十三条　县级以上人民政府环境保护主管部门应当对辐射工作单位进行监督检查，对存在的问题，应当提出书面的现场检查意见和整改要求，由检查人员签字或检查单位盖章后交被检查单位，并由被检查单位存档备案。

第四十四条 省级环境保护主管部门应当编写辐射工作单位监督管理年度总结报告，于每年3月1日前报国务院环境保护主管部门。

报告内容应当包括辐射工作单位数量、放射源数量和类别、射线装置数量和类别、许可证颁发与注销情况、事故及其处理情况、监督检查与处罚情况等内容。

第五章 罚 则

第四十五条 辐射工作单位违反本办法的有关规定，有下列行为之一的，由县级以上人民政府环境保护主管部门责令停止违法行为，限期改正；逾期不改正的，处1万元以上3万元以下的罚款：

（一）未在含放射源设备的说明书中告知用户该设备含有放射源的；

（二）销售、使用放射源的单位未在本办法实施之日起1年内将其贮存的废旧放射源交回、返回或送交有关单位的。

辐射工作单位违反本办法的其他规定，按照《中华人民共和国放射性污染防治法》、《放射性同位素与射线装置安全和防护条例》及其他相关法律法规的规定进行处罚。

第六章 附 则

第四十六条 省级以上人民政府环境保护主管部门依据《电离辐射防护与辐射源安全基本标准》（GB18871—2002）及国家有关规定负责对放射性同位素与射线装置管理的豁免出具证明文件。

第四十七条 本办法自2006年3月1日起施行。

附件：（略）

财政部 国土资源部 环保总局关于逐步建立矿山环境治理和生态恢复责任机制的指导意见

（2006年2月10日）

各省、自治区、直辖市、计划单列市财政厅（局）、国土资源厅（局）、环境保护局（厅）：

为了加强矿山环境治理和生态恢复，促使矿山企业合理负担其资源与环境成本，理顺资源价格形成机制，根据《矿产资源法》、《环境保护法》中有关加强生态环境保护、防止环境污染的有关规定，贯彻落实《国务院关于全面整顿和规范矿产资源开发秩序的通知》（国发［2005］28号）的有关要求，财政部、国土资源部、环保总局就逐步建立矿山环境治理和生态恢复责任机制提出指导意见如下：

一、从2006年起要逐步建立矿山环境治理和生态恢复责任机制。各地可根据本地实际，选择煤炭等行业的矿山进行试点，在试点的基础上再全面推开。具备条件的地区可先行在所有矿山企业普遍推开。

二、地方环境保护、国土资源行政主管部门应当组织有资质的机构对试点矿山逐个进行评估，按照基本恢复矿山环境和生态功能的原则，提出矿山环境治理和生态恢复目标及要求。地方国土资源、环境保护行政主管部门应当督促新建和已投产矿山企业根据上述要求，制订矿山生态环境保护和综合治理方案，并提出达到矿山环境治理及生态恢复目标的具体措施。在此基础上，地方国土资源、环境保护行政主管部门要会同财政部门依据新矿山设计年限或已服役矿山的剩余寿命，以及环境治理和生态恢复所需要的费用等因素，确定按矿产品销售收入的一定比例，由矿山企业分年预提矿山环境治理恢复保证金，并列入成本。

三、各地要按照“企业所有、政府监管、专款专用”的原则，由企业在地方财政部门指定的银行开设保证金账户，并按规定使用资金。地方财政部门会同国土资源、环境保护行政主管部门对企业预提的矿山环境治理恢复保证金进行监管。具体办法由各地根据本地区企业实际情况和国家有关规定自行制定。

四、对本通知发布前的矿山环境治理问题，各级政府要制定矿区环境治理和生态恢复规划，按企业和政府共同负担的原则加大投入力度。对不属于企业职责或责任人已经灭失的矿山环境问题，以地方政府为主根据财力区分重点逐步解决。

五、各级财政、国土资源、环境保护行政主管部门要高度重视建立矿山环境治理和生态恢复责任机制的工作，切实负起责任，采取有效措施督促企业按规定提取矿山环境治理恢复保证金，确保资金专项用于矿山环境治理和生态恢复。财政部、国土资源部、环保总局将对各地工作进行指导和检查，并研究采取必要措施推动此项工作。

关于印发《环境影响评价公众参与暂行办法》的通知

（环发〔2006〕28号）

各省、自治区、直辖市环境保护局（厅），解放军环境保护局，新疆生产建设兵团环境保护局：

为推进和规范环境影响评价活动中的公众参与，根据《环境影响评价法》、《行政许可法》、《全面推进依法行政实施纲要》和《国务院关于落实科学发展观加强环境保护的决定》等法律和法规性文件有关公开环境信息和强化社会监督的规定，我局制定了《环境影响评价公众参与暂行办法》。现发布施行。

附件：环境影响评价公众参与暂行办法

二〇〇六年二月十四日

附件：

环境影响评价公众参与暂行办法

第一章　总　则

第一条　为推进和规范环境影响评价活动中的公众参与，根据《环境影响评价法》、《行政许可法》、《全面推进依法行政实施纲要》和《国务院关于落实科学发展观加强环境保护的决定》等法律和法规性文件有关公开环境信息和强化社会监督的规定，制定本办法。

第二条　本办法适用于下列建设项目环境影响评价的公众参与：

（一）对环境可能造成重大影响、应当编制环境影响报告书的建设项目；

（二）环境影响报告书经批准后，项目的性质、规模、地点、采用的生产工艺或者防治污染、防止生态破坏的措施发生重大变动，建设单位应当重新报批环境影响报告书的建设项目；

（三）环境影响报告书自批准之日起超过五年方决定开工建设，其环境影响报告书应当报原审批机关重新审核的建设项目。

第三条　环境保护行政主管部门在审批或者重新审核建设项目环境影响报告书过程中征求公众意见的活动，适用本办法。

第四条　国家鼓励公众参与环境影响评价活动。

公众参与实行公开、平等、广泛和便利的原则。

第五条　建设单位或者其委托的环境影响评价机构在编制环境影响报告书的过程中，环境保护行政主管部门在审批或者重新审核环境影响报告书的过程中，应当依照本办法的规定，公开有关环境影响评价的信息，征求公众意见。但国家规定需要保密的情形除外。

建设单位可以委托承担环境影响评价工作的环境影响评价机构进行征求公众意见的活动。

第六条 按照国家规定应当征求公众意见的建设项目，建设单位或者其委托的环境影响评价机构应当按照环境影响评价技术导则的有关规定，在建设项目环境影响报告书中，编制公众参与篇章。

按照国家规定应当征求公众意见的建设项目，其环境影响报告书中没有公众参与篇章的，环境保护行政主管部门不得受理。

第二章 公众参与的一般要求

第一节 公开环境信息

第七条 建设单位或者其委托的环境影响评价机构、环境保护行政主管部门应当按照本办法的规定，采用便于公众知悉的方式，向公众公开有关环境影响评价的信息。

第八条 在《建设项目环境分类管理名录》规定的环境敏感区建设的需要编制环境影响报告书的项目，建设单位应当在确定了承担环境影响评价工作的环境影响评价机构后7日内，向公众公告下列信息：

（一）建设项目的名称及概要；

（二）建设项目的建设单位的名称和联系方式；

（三）承担评价工作的环境影响评价机构的名称和联系方式；

（四）环境影响评价的工作程序和主要工作内容；

（五）征求公众意见的主要事项；

（六）公众提出意见的主要方式。

第九条 建设单位或者其委托的环境影响评价机构在编制环境影响报告书的过程中，应当在报送环境保护行政主管部门审批或者重新审核前，向公众公告如下内容：

（一）建设项目情况简述；

（二）建设项目对环境可能造成影响的概述；

（三）预防或者减轻不良环境影响的对策和措施的要点；

（四）环境影响报告书提出的环境影响评价结论的要点；

（五）公众查阅环境影响报告书简本的方式和期限，以及公众认为必要时向建设单位或者其委托的环境影响评价机构索取补充信息的方式和期限；

（六）征求公众意见的范围和主要事项；

（七）征求公众意见的具体形式；

（八）公众提出意见的起止时间。

第十条 建设单位或者其委托的环境影响评价机构，可以采取以下一种或者多种方式发布信息公告：

（一）在建设项目所在地的公共媒体上发布公告；

（二）公开免费发放包含有关公告信息的印刷品；

（三）其他便利公众知情的信息公告方式。

第十一条 建设单位或其委托的环境影响评价机构，可以采取以下一种或者多种方式，公开便于公众理解的环境影响评价报告书的简本：

（一）在特定场所提供环境影响报告书的简本；

（二）制作包含环境影响报告书的简本的专题网页；

（三）在公共网站或者专题网站上设置环境影响报告书的简本的链接；

（四）其他便于公众获取环境影响报告书的简本的方式。

第二节 征求公众意见

第十二条 建设单位或者其委托的环境影响评价机构应当在发布信息公告、公开环境影响报告书的简本后，采取调查公众意见、咨询专家意见、座谈会、论证会、听证会等形式，公开征求公众意见。

建设单位或者其委托的环境影响评价机构征求公众意见的期限不得少于10日，并确保其公开的有关信息在整个征求公众意见的期限之内均处于公开状态。

环境影响报告书报送环境保护行政主管部门审批或者重新审核前，建设单位或者其委托的环境影响评价机构可以通过适当方式，向提出意见的公众反馈意见处理情况。

第十三条 环境保护行政主管部门应当在受理建设项目环境影响报告书后，在其政府网站或者采用其他便利公众知悉的方式，公告环境影响报告书受理的有关信息。

环境保护行政主管部门公告的期限不得少于10日，并确保其公开的有关信息在整个审批期限之内均处于公开状态。

环境保护行政主管部门根据本条第一款规定的方式公开征求意见后，对公众意见较大的建设项目，可以采取调查公众意见、咨询专家意见、座谈会、论证会、听证会等形式再次公开征求公众意见。

环境保护行政主管部门在作出审批或者重新审核决定后，应当在政府网站公告审批或者审核结果。

第十四条 公众可以在有关信息公开后，以信函、传真、电子邮件或者按照有关公告要求的其他方式，向建设单位或者其委托的环境影响评价机构、负责审批或者重新审核环境影响报告书的环境保护行政主管部门，提交书面意见。

第十五条 建设单位或者其委托的环境影响评价机构、环境保护行政主管部门，应当综合考虑地域、职业、专业知识背景、表达能力、受影响程度等因素，合理选择被征求意见的公民、法人或者其他组织。

被征求意见的公众必须包括受建设项目影响的公民、法人或者其他组织的代表。

第十六条 建设单位或者其委托的环境影响评价机构、环境保护行政主管部门应当将所回收的反馈意见的原始资料存档备查。

第十七条 建设单位或者其委托的环境影响评价机构，应当认真考虑公众意见，并在环境影响报告书中附具对公众意见采纳或者不采纳的说明。

环境保护行政主管部门可以组织专家咨询委员会，由其对环境影响报告书中有关公众意见采纳情况的说明进行审议，判断其合理性并提出处理建议。

环境保护行政主管部门在作出审批决定时，应当认真考虑专家咨询委员会的处理建议。

第十八条 公众认为建设单位或者其委托的环境影响评价机构对公众意见未采纳且未附具说明的，或者对公众意见未采纳的理由说明不成立的，可以向负责审批或者重新审核的环境保护行政主管部门反映，并附具明确具体的书面意见。

负责审批或者重新审核的环境保护行政主管部门认为必要时，可以对公众意见进行核实。

第三章 公众参与的组织形式

第一节 调查公众意见和咨询专家意见

第十九条 建设单位或者其委托的环境影响评价机构调查公众意见可以采取问卷调查等方式，并应当在环境影响报告书的编制过程中完成。

采取问卷调查方式征求公众意见的，调查内容的设计应当简单、通俗、明确、易懂，避免设计可能对公众产生明显诱导的问题。

问卷的发放范围应当与建设项目的影响范围相一致。

问卷的发放数量应当根据建设项目的具体情况，综合考虑环境影响的范围和程度、社会关注程度、组织公众参与所需要的人力和物力资源以及其他相关因素确定。

第二十条 建设单位或者其委托的环境影响评价机构咨询专家意见可以采用书面或者其他形式。

咨询专家意见包括向有关专家进行个人咨询或者向有关单位的专家进行集体咨询。

接受咨询的专家个人和单位应当对咨询事项

提出明确意见，并以书面形式回复。对书面回复意见，个人应当签署姓名，单位应当加盖公章。

集体咨询专家时，有不同意见的，接受咨询的单位应当在咨询回复中载明。

第二节　座谈会和论证会

第二十一条　建设单位或者其委托的环境影响评价机构决定以座谈会或者论证会的方式征求公众意见的，应当根据环境影响的范围和程度、环境因素和评价因子等相关情况，合理确定座谈会或者论证会的主要议题。

第二十二条　建设单位或者其委托的环境影响评价机构应当在座谈会或者论证会召开7日前，将座谈会或者论证会的时间、地点、主要议题等事项，书面通知有关单位和个人。

第二十三条　建设单位或者其委托的环境影响评价机构应当在座谈会或者论证会结束后5日内，根据现场会议记录整理制作座谈会议纪要或者论证结论，并存档备查。

会议纪要或者论证结论应当如实记载不同意见。

第三节　听证会

第二十四条　建设单位或者其委托的环境影响评价机构（以下简称“听证会组织者”）决定举行听证会征求公众意见的，应当在举行听证会的10日前，在该建设项目可能影响范围内的公共媒体或者采用其他公众可知悉的方式，公告听证会的时间、地点、听证事项和报名办法。

第二十五条　希望参加听证会的公民、法人或者其他组织，应当按照听证会公告的要求和方式提出申请，并同时提出自己所持意见的要点。

听证会组织者应当按本办法第十五条的规定，在申请人中遴选参会代表，并在举行听证会的5日前通知已选定的参会代表。

听证会组织者选定的参加听证会的代表人数一般不得少于15人。

第二十六条　听证会组织者举行听证会，设听证主持人1名、记录员1名。

被选定参加听证会的组织的代表参加听证会时，应当出具该组织的证明，个人代表应当出具身份证明。

被选定参加听证会的代表因故不能如期参加听证会的，可以向听证会组织者提交经本人签名的书面意见。

第二十七条　参加听证会的人员应当如实反映对建设项目环境影响的意见，遵守听证会纪律，并保守有关技术秘密和业务秘密。

第二十八条　听证会必须公开举行。

个人或者组织可以凭有效证件按第二十四条所指公告的规定，向听证会组织者申请旁听公开举行的听证会。

准予旁听听证会的人数及人选由听证会组织者根据报名人数和报名顺序确定。准予旁听听证会的人数一般不得少于15人。

旁听人应当遵守听证会纪律。旁听者不享有听证会发言权，但可以在听证会结束后，向听证会主持人或者有关单位提交书面意见。

第二十九条　新闻单位采访听证会，应当事先向听证会组织者申请。

第三十条　听证会按下列程序进行：

（一）听证会主持人宣布听证事项和听证会纪律，介绍听证会参加人；

（二）建设单位的代表对建设项目概况作介绍和说明；

（三）环境影响评价机构的代表对建设项目环境影响报告书做说明；

（四）听证会公众代表对建设项目环境影响报告书提出问题和意见；

（五）建设单位或者其委托的环境影响评价机构的代表对公众代表提出的问题和意见进行解释和说明；

（六）听证会公众代表和建设单位或者其委托的环境影响评价机构的代表进行辩论；

（七）听证会公众代表做最后陈述；

（八）主持人宣布听证结束。

第三十一条　听证会组织者对听证会应当制作笔录。

听证笔录应当载明下列事项：

（一）听证会主要议题；

（二）听证主持人和记录人员的姓名、职务；

（三）听证参加人的基本情况；

（四）听证时间、地点；

（五）建设单位或者其委托的环境影响评价机构的代表对环境影响报告书所作的概要说明；

（六）听证会公众代表对建设项目环境影响报告书提出的问题和意见；

（七）建设单位或者其委托的环境影响评价机构代表对听证会公众代表就环境影响报告书提出问题和意见所作的解释和说明；

（八）听证主持人对听证活动中有关事项的处理情况；

（九）听证主持人认为应笔录的其他事项。

听证结束后，听证笔录应当交参加听证会的代表审核并签字。无正当理由拒绝签字的，应当记入听证笔录。

第三十二条 审批或者重新审核环境影响报告书的环境保护行政主管部门决定举行听证会的，适用《环境保护行政许可听证暂行办法》的规定。《环境保护行政许可听证暂行办法》未作规定的，适用本办法有关听证会的规定。

第四章 公众参与规划环境影响评价的规定

第三十三条 根据《环境影响评价法》第八条和第十一条的规定，工业、农业、畜牧业、林业、能源、水利、交通、城市建设、旅游、自然资源开发的有关专项规划（以下简称“专项规划”）的编制机关，对可能造成不良环境影响并直接涉及公众环境权益的规划，应当在该规划草案报送审批前，举行论证会、听证会，或者采取其他形式，征求有关单位、专家和公众对环境影响报告书草案的意见。

第三十四条 专项规划的编制机关应当认真考虑有关单位、专家和公众对环境影响报告书草案的意见，并应当在报送审查的环境影响报告书中附具对意见采纳或者不采纳的说明。

第三十五条 环境保护行政主管部门根据《环境影响评价法》第十一条和《国务院关于落实科学发展观加强环境保护的决定》的规定，在召集有关部门专家和代表对开发建设规划的环境影响报告书中有关公众参与的内容进行审查时，应当重点审查以下内容：

（一）专项规划的编制机关在该规划草案报送审批前，是否依法举行了论证会、听证会，或者采取其他形式，征求了有关单位、专家和公众对环境影响报告书草案的意见；

（二）专项规划的编制机关是否认真考虑了有关单位、专家和公众对环境影响报告书草案的意见，并在报送审查的环境影响报告书中附具了对意见采纳或者不采纳的说明。

第三十六条 环境保护行政主管部门组织对开发建设规划的环境影响报告书提出审查意见时，应当就公众参与内容的审查结果提出处理建议，报送审批机关。

审批机关在审批中应当充分考虑公众意见以及前款所指审查意见中关于公众参与内容审查结果的处理建议；未采纳审查意见中关于公众参与内容的处理建议的，应当作出说明，并存档备查。

第三十七条 土地利用的有关规划、区域、流域、海域的建设、开发利用规划的编制机关，应当根据《环境影响评价法》第七条和《国务院关于落实科学发展观加强环境保护的决定》的有关规定，在规划编制过程中组织进行环境影响评价，编写该规划有关环境影响的篇章或者说明。

土地利用的有关规划、区域、流域、海域的建设、开发利用规划的编制机关，在组织进行规划环境影响评价的过程中，可以参照本办法征求公众意见。

第五章 附 则

第三十八条 公众参与环境影响评价的技术性规范，由《环境影响评价技术导则——公众参与》规定。

第三十九条 本办法关于期限的规定是指工

作日，不含节假日。

第四十条　本办法自 2006 年 3 月 18 日起施行。

关于学习和贯彻实施《环境保护违法违纪行为处分暂行规定》的通知

（环办〔2006〕20 号）

各省、自治区、直辖市环境保护局（厅），计划单列市环境保护局，副省级城市环境保护局，各派出机构：

《环境保护违法违纪行为处分暂行规定》（以下简称《暂行规定》）于 2006 年 2 月 20 日由监察部和我局联合发布施行。该规定的颁布实施，对于规范环境保护行政执法、惩处环境保护违法违纪行为，全面推进依法行政，促进环境保护法律法规贯彻执行，保障落实科学发展观、建设资源节约型和环境友好型社会，具有十分重要的意义。各级环保部门必须高度重视，积极做好学习、宣传和贯彻落实工作。现将有关要求通知如下：

一、认真组织学习和培训。各级环保部门要把学习、贯彻落实《暂行规定》列入重要议事日程，积极开展各种形式的学习和培训活动，在全国环保系统掀起一轮新的学法、懂法、守法、用法、严格依法办事的热潮。领导班子要带头学习、带头宣传、带头落实。要有组织、有计划地开展培训工作。重点培训各级环保部门领导和负有环境行政执法职责的工作人员，如环境影响评价审批和“三同时”验收人员、各项环境保护许可证件审批核发人员、排污收费监督管理人员、现场监督检查人员、污染事故应急人员及环境行政处罚人员等。我局将会同监察部联合培训省级环保监察部门的有关人员。学习和培训的内容，主要是《暂行规定》和相关的环境法律法规，要系统地研究并掌握《暂行规定》及各项环境法律法规的具体规定和要求，深刻领会其精神实质，做到准确理解、融会贯通。通过学习和培训，提高广大环保工作者、特别是环保执法人员对贯彻执行《暂行规定》重要意义的认识，使环境执法人员熟练掌握和运用《暂行规定》和其他环境法律法规，提高环保部门依法行政的能力和水平。

二、大力开展宣传教育活动。各级环保部门要充分利用报纸、杂志、电视、电台、网络等媒体，通过举办专题讲座、研讨班等多种形式，介绍《暂行规定》的主要内容及要求，让公众及时了解《暂行规定》的主要内容和发布实施的重要意义，形成宣传、贯彻、执行《暂行规定》的社会氛围，提高守法、执法的自觉性。为便于学习理解《暂行规定》，我局和监察部将联合编写《〈环境保护违法违纪行为处分暂行规定〉读本》，供学习、培训和宣传时参考。

三、严肃查处环境保护违法违纪行为。结合五中全会精神和即将召开的全国第六次环保大会精神的贯彻落实，根据《暂行规定》，今年我局将与监察部联合查处一批环境保护违法违纪典型案件，并在新闻媒体予以曝光，接受公众监督，推动环境保护依法行政和社会、企业自觉守法。各级环保部门要严格按照《暂行规定》要求，根据我局和监察部的联合部署，严肃查处环境保护违法违纪行为；要选择典型案例，总结经验教训，以案说法，深入开展警示教育，发挥查处一案，教育一片的效果，指导环境执法人员依法履行职责，学会既要利用法律武器克服不当干预，又善于利用法律武器保护自己。

四、抓住贯彻落实《暂行规定》的有利时机，进一步规范和完善有关环境管理制度和执法程序，促进各项环境保护法律法规的贯彻执行。要重点完善有关环境保护规范性文件备案、重大环境执法行为听证、突发环境事件报告及环境执法文书备案等制度，进一步规范和完善有关环境保护审批许可、环境行政收费、环境行政处罚及现场监督检查等程序规定，在制度上和程序上预防和纠正不作为、乱作为和不当执法行为，从维护国家环境利益和人民群众环境权益大局出发，严厉惩处各种环境违法违纪行为，切实维护环境安全。

五、加强组织领导，密切协调配合，切实抓紧抓好《暂行规定》的贯彻执行。各级环保部门要在各地党委、政府的统一组织领导下，积极协调、主动配合，联合监察部门认真做好学习、宣传、培训和贯彻执行《暂行规定》的各项工作，切实提高环境法制观念和依法行政能力，坚决纠正当前环境执法中存在的有法不依、执法不严、违法不纠等问题。

各级环保部门要主动加强与监察机关和其他有关部门的协调配合，加强对环境保护违法违纪行为查处情况的监督检查，切实推动《暂行规定》的贯彻实施。严格按照监督管理权限对环境违法违纪案件进行查处。对环保系统有关人员的违法违纪行为，应按照《暂行规定》的要求和监督管理权限依法进行处理；对其他有关部门及其工作人员的环境保护违法违纪行为，要按照监察部和环保总局《关于监察机关和环境保护部门在查处环境保护违法违纪案件中加强配合的通知》要求，及时将案件移送监察机关处理；对涉嫌犯罪的，要依法移送司法机关处理。

对贯彻执行《暂行规定》工作中发现的问题，要及时研究并提出解决问题的建议，及时报告当地监察机关和上级环保部门，保证《暂行规定》得到顺利的贯彻执行。

附件：环境保护违法违纪行为处分暂行规定

二〇〇六年二月二十二日

附件：

环境保护违法违纪行为处分暂行规定

第一条 为了加强环境保护工作，惩处环境保护违法违纪行为，促进环境保护法律法规的贯彻实施，根据《中华人民共和国环境保护法》、《中华人民共和国行政监察法》及其他有关法律、法规，制定本规定。

第二条 国家行政机关及其工作人员、企业中由国家行政机关任命的人员有环境保护违法违纪行为，应当给予处分的，适用本规定。

法律、行政法规对环境保护违法违纪行为的处分作出规定的，依照其规定。

第三条 有环境保护违法违纪行为的国家行政机关，对其直接负责的主管人员和其他直接责任人员，以及对有环境保护违法违纪行为的国家行政机关工作人员（以下统称直接责任人员），由任免机关或者监察机关按照管理权限，依法给予行政处分。

企业有环境保护违法违纪行为的，对其直接负责的主管人员和其他直接责任人员中由国家行政机关任命的人员，由任免机关或者监察机关按照管理权限，依法给予纪律处分。

第四条 国家行政机关及其工作人员有下列行为之一的，对直接责任人员，给予警告、记过或者记大过处分；情节较重的，给予降级处分；情节严重的，给予撤职处分：

（一）拒不执行环境保护法律、法规以及人民政府关于环境保护的决定、命令的；

（二）制定或者采取与环境保护法律、法规、规章以及国家环境保护政策相抵触的规定或者措施，经指出仍不改正的；

（三）违反国家有关产业政策，造成环境污染或者生态破坏的；

（四）不按照国家规定淘汰严重污染环境的落后生产技术、工艺、设备或者产品的；

（五）对严重污染环境的企业事业单位不依法责令限期治理或者不按规定责令取缔、关闭、停产的；

（六）不按照国家规定制定环境污染与生态破坏突发事件应急预案的。

第五条 国家行政机关及其工作人员有下列行为之一的，对直接责任人员，给予警告、记过或者记大过处分；情节较重的，给予降级处分；情节严重的，给予撤职处分：

（一）在组织环境影响评价时弄虚作假或者有

失职行为，造成环境影响评价严重失实，或者对未依法编写环境影响篇章、说明或者未依法附送环境影响报告书的规划草案予以批准的；

（二）不按照法定条件或者违反法定程序审核、审批建设项目环境影响评价文件，或者在审批、审核建设项目环境影响评价文件时收取费用，情节严重的；

（三）对依法应当进行环境影响评价而未评价，或者环境影响评价文件未经批准，擅自批准该项目建设或者擅自为其办理征地、施工、注册登记、营业执照、生产（使用）许可证的；

（四）不按照规定核发排污许可证、危险废物经营许可证、医疗废物集中处置单位经营许可证、核与辐射安全许可证以及其他环境保护许可证，或者不按照规定办理环境保护审批文件的；

（五）违法批准减缴、免缴、缓缴排污费的；

（六）有其他违反环境保护的规定进行许可或者审批行为的。

第六条 国家行政机关及其工作人员有下列行为之一的，对直接责任人员，给予警告、记过或者记大过处分；情节较重的，给予降级处分；情节严重的，给予撤职处分：

（一）未经批准，擅自撤销自然保护区或者擅自调整、改变自然保护区的性质、范围、界线、功能区划的；

（二）未经批准，在自然保护区开展参观、旅游活动的；

（三）开设与自然保护区保护方向不一致的参观、旅游项目的；

（四）不按照批准的方案开展参观、旅游活动的。

第七条 依法具有环境保护监督管理职责的国家行政机关及其工作人员有下列行为之一的，对直接责任人员，给予警告、记过或者记大过处分；情节较重的，给予降级处分；情节严重的，给予撤职处分：

（一）不按照法定条件或者违反法定程序，对环境保护违法行为实施行政处罚的；

（二）擅自委托环境保护违法行为行政处罚权的；

（三）违法实施查封、扣押等环境保护强制措施，给公民人身或者财产造成损害或者给法人、其他组织造成损失的；

（四）有其他违反环境保护的规定进行行政处罚或者实施行政强制措施行为的。

第八条 依法具有环境保护监督管理职责的国家行政机关及其工作人员有下列行为之一的，对直接责任人员，给予警告、记过或者记大过处分；情节较重的，给予降级或者撤职处分；情节严重的，给予开除处分：

（一）发现环境保护违法行为或者接到对环境保护违法行为的举报后不及时予以查处的；

（二）对依法取得排污许可证、危险废物经营许可证、核与辐射安全许可证等环境保护许可证件或者批准文件的单位不履行监督管理职责，造成严重后果的；

（三）发生重大环境污染事故或者生态破坏事故，不按照规定报告或者在报告中弄虚作假，或者不依法采取必要措施或者拖延、推诿采取措施，致使事故扩大或者延误事故处理的；

（四）对依法应当移送有关机关处理的环境保护违法违纪案件不移送，致使违法违纪人员逃脱处分、行政处罚或者刑事处罚的；

（五）有其他不履行环境保护监督管理职责行为的。

第九条 国家行政机关及其工作人员有下列行为之一的，对直接责任人员，给予警告、记过或者记大过处分；情节较重的，给予降级或者撤职处分；情节严重的，给予开除处分：

（一）利用职务上的便利，侵吞、窃取、骗取或者以其他手段将收缴的罚款、排污费或者其他财物据为己有的；

（二）利用职务上的便利，索取他人财物，或者非法收受他人财物，为他人谋取利益的；

（三）截留、挤占环境保护专项资金或者将环境保护专项资金挪作他用的；

（四）擅自使用、调换、变卖或者毁损被依法查封、扣押的财物的；

（五）将罚款、没收的违法所得或者财物截留、私分或者变相私分的。

第十条 国家行政机关及其工作人员为被检查单位通风报信或者包庇、纵容环境保护违法违纪行为的，对直接责任人员，给予降级或者撤职处分；致使公民、法人或者其他组织的合法权益、公共利益遭受重大损害，或者导致发生群体性事件或者冲突，严重影响社会安定的，给予开除处分。

第十一条 企业有下列行为之一的，对其直接负责的主管人员和其他直接责任人员中由国家行政机关任命的人员给予降级处分；情节较重的，给予撤职或者留用察看处分；情节严重的，给予开除处分：

（一）未依法履行环境影响评价文件审批程序，擅自开工建设，或者经责令停止建设、限期补办环境影响评价审批手续而逾期不办的；

（二）与建设项目配套建设的环境保护设施未与主体工程同时设计、同时施工、同时投产使用的；

（三）擅自拆除、闲置或者不正常使用环境污染治理设施，或者不正常排污的；

（四）违反环境保护法律、法规，造成环境污染事故，情节较重的；

（五）不按照国家有关规定制定突发事件应急预案，或者在突发事件发生时，不及时采取有效控制措施导致严重后果的；

（六）被依法责令停业、关闭后仍继续生产的；

（七）阻止、妨碍环境执法人员依法执行公务的；

（八）有其他违反环境保护法律、法规进行建设、生产或者经营行为的。

第十二条 有环境保护违法违纪行为，涉嫌犯罪的，移送司法机关依法处理。

第十三条 环境保护行政主管部门和监察机关在查处环境保护违法违纪案件中，认为属于对方职责范围内的，应当及时移送。

监察机关认为应当给予有关责任人员处分的，应当依法作出监察决定或者提出给予处分的监察建议。

第十四条 法律、法规授权的具有管理公共事务职能的组织和国家行政机关依法委托的组织及其工作人员，以及其他事业单位中由国家行政机关任命的人员有环境保护违法违纪行为，应当给予处分的，参照本规定执行。

第十五条 本规定由监察部和国家环境保护总局负责解释。

第十六条 本规定自公布之日起施行。

关于严格控制新（扩）建项目使用四氯化碳的补充通知

（环办〔2006〕15号）

各省、自治区、直辖市环境保护局（厅），解放军环境保护局，新疆生产建设兵团环境保护局：

按照《关于消耗臭氧层物质的蒙特利尔议定书》的规定，我国承诺在2009年年底之前淘汰所有作为加工助剂的四氯化碳。为此，我局先后于2004年和2005年下发了《关于禁止新建使用消耗臭氧层物质作为加工助剂生产设施的公告》（环函〔2004〕410号）和《关于实施四氯化碳生产配额许可证、使用配额许可证及销售登记管理的通知》（环函〔2005〕289号），对四氯化碳的使用做了相应的规定。为确保履行国际公约规定控制目标如期实现，现就有关要求补充通知如下：

一、自本通知发布之日起，各地不得新建、扩建或改建任何使用四氯化碳作为加工助剂的生产装置（线）。

二、自本通知发布之日起，使用四氯化碳作为原料生产非消耗臭氧层物质的生产装置（线）建设项目，应先经我局核准并核发四氯化碳原料使用配额许可证后，各级环保部门方可受理该类项目环境影响评价报告书（表）。

三、违反上述规定建设的生产装置（线），由项目所在地地方环保部门报请同级人民政府责令其拆除，并依据《环境影响评价法》等有关法律给予处罚。

二〇〇六年二月十四日

关于进一步做好涉及饮用水源环境事件防控工作的紧急通知

（环办〔2006〕23号）

各省、自治区、直辖市环境保护局（厅）：

近来，一些地方相继发生涉及饮用水源地的突发环境污染事件，引起了党中央、国务院领导同志的高度重视，并在社会上引起广泛关注。与此同时，有关部门、一些新闻媒体也对影响人民群众生产生活的突发环境事件十分关注，通过各种渠道发布了环境污染事件信息，给环境应急工作带来不利影响。为进一步规范信息报送工作，提高环境污染事件的预警和防控能力，做好涉及饮用水源的环境事件防控工作，现提出如下要求：

一、高度重视饮用水源安全问题。各级环保部门要牢固树立以人为本的思想。要将防控饮用水安全事件放在十分重要的位置。要对可能影响到饮用水源安全的单位，继续加强排查，及时消除隐患。要有针对性地制定并完善应急预案，明确保障饮用水安全的各项措施。

二、要认真落实防控措施。发生涉及饮用水源的突发环境事件后，环保部门要按照应急预案要求，积极开展防控工作，针对污染物的种类、性质、数量，及时提出污染防控的建议，协助当地政府采取有效措施，减轻和消除污染危害。

三、要高度重视突发环境事件的信息报送工作，及时上报信息。凡影响或可能影响到城镇居民集中饮用水源的突发环境事件，不论事件等级大小，必须及时、准确上报总局值班室。上报的信息中，要对饮用水源地的分布情况、供水范围、级别、规模和受到或可能受到污染危害的情况进行综合分析，对事件的发展趋势及时做出判断。

四、对于不按时上报，或谎报、瞒报、漏报饮用水源受环境事件影响的行为，总局将依照《环境保护违法违纪行为处分暂行规定》，严肃追究有关责任人的责任。

二〇〇六年三月三日

关于开展国家生态县、生态市考核验收工作的通知

（环办〔2006〕28号）

各省、自治区、直辖市环境保护局（厅）：

按照《国务院关于落实科学发展观加强环境保护的决定》关于推动生态省、生态市、生态县、环境优美乡镇和文明生态村创建活动的要求，国家环保总局决定，在各地生态市、生态县创建工作基础上，开展国家生态市、生态县考核验收工作。现将有关事宜通知如下：

一、请各省、自治区、直辖市环境保护局（厅）按照《国家生态县、生态市考核验收程序》（见附件），组织对生态县、生态市创建工作开展申报和省级考核工作，省级考核意见要详实具体，资料完整，并将考核意见及时报送我局。

二、我局将根据各省的申报情况和考核意见，适时组织对申请考核验收的县、市进行技术核查和考核验收。

三、各级环保部门要注重引导，本着公开、公正、高效、节约的原则，扎扎实实地做好申报和考核验收工作。要加强监督和管理，坚持标准，严格把关，确保国家生态县、生态市创建质量。

附件：国家生态县、生态市考核验收程序

二〇〇六年三月十五日

附件：

国家生态县、生态市考核验收程序

一、考核验收依据

1.《关于印发〈生态县、生态市、生态省建设指标（试行）〉的通知》（环发〔2003〕91号）；

2.《关于调整〈生态县、生态市建设指标〉的通知》（环办〔2005〕121号）；

3.《全国生态县、生态市创建工作考核方案》（环办〔2005〕137号）。

二、考核验收程序

1. 申报和自检

已开展生态县、生态市建设的县、市人民政府，本着自愿的原则，以正式文件的形式，通过省级环保部门向国家环保总局提出国家生态县、生态市的考核验收申请。申请材料包括当地的社会、经济、环境现状，创建工作的组织领导和规划实施的进展情况，对照国家生态县、生态市有关建设指标进行自检后的达标情况等。

2. 省级环保部门考核

省级环保部门对辖区内创建生态县、生态市工作进行指导，并根据有关县、市的工作进展，组织进行省级考核。通过省级考核后，由省级环保部门向国家环保总局提交考核报告，并附上有关县、市人民政府的申请材料。

3. 国家环保总局组织技术核查

国家环保总局在省级环保部门考核和推荐的基础上，适时开展工作调研，指导生态县、生态市创建工作，适时组织进行技术核查。

技术核查的主要内容包括：

（1）听取创建工作技术报告；

（2）核查创建工作文件、档案；

（3）审核技术数据；

（4）现场考察；

（5）随机开展民意调查；

（6）设立举报电话，接受有关环境保护方面的投诉；

（7）提出整改意见。

4. 国家环保总局组织考核验收

由国家环保总局组织有关人员对生态县、生态市创建工作进行考核验收。

主要内容包括：

（1）听取创建工作报告；

（2）现场考察；

（3）检查对总局技术核查提出问题的整改情况；

（4）形成考核验收意见。

5. 审议

国家环保总局对经过考核验收的县、市，在局务会上进行审议。对通过审议的县、市，国家环保总局印发《关于授予××县（市）国家生态县（市）的决定》。

6. 公示

为体现公平、公正、公开的原则，对通过考核验收的县、市，国家环保总局在政府网站、《中国环境报》和地方主要报纸上进行公示，公示时间为10天，同时公开举报电话和信箱，接收来自公众的监督意见和反映的情况。

总局将公示期间收到的举报转交省级环保部门查实。省级环保部门将查处意见反馈国家环保总局。

7. 命名

拟请有关领导对命名的县、市进行授牌。

对生态县、生态市创建工作中的先进集体和个人进行表彰。

8. 复查

已命名的县、市每年应向省（自治区、直辖市）环保局提交年度工作报告，省级环保局每三年向国家环保总局提交生态县市的建设情况报告。

国家环保总局每三年对已命名的国家生态县、国家生态市进行一次复查。

针对复查情况对有关县、市提出下一步的工作意见。

关于简化已进行规划环评的钢铁企业建设项目环境影响评价工作的通知

（环办〔2006〕43号）

各省、自治区、直辖市环境保护局（厅）：

按照《钢铁产业发展政策》和加强规划环境影响评价工作的有关规定，全国年产500万吨钢以上的钢铁企业大部分已编制完成“十一五”规划环境影响报告书，并已经我局审批。

经研究，对于已编制完成“十一五”规划环境影响报告书，并已经我局批复同意的钢铁企业规划中各子项目实施时，如建设性质、规模、地点等未发生大的变化，其环境影响评价工作可简化。具体通知如下：

一、各子项目实施时，不需编制环境影响评价大纲，新增生产能力的炼铁、炼钢、轧钢项目应按照《建设项目分类管理名录》的有关要求编制环境影响评价文件报我局审批。

二、各子项目环境影响评价可视具体建设内容简化，主要针对子项目主体工程进行，重点评价分析子项目的环境影响及拟采取的环保措施可行性。

三、原则上可不再进行环境质量现状监测。

对于年产200万吨钢以上的钢铁企业，也应要求其尽快开展“十一五”规划环境影响评价工作，在规划环评批复同意后，其中子项目环境影响评价工作可参照以上内容简化。

二〇〇六年三月三十一日

关于推进铁合金行业加快结构调整的通知

（发改产业［2006］567号）

各省、自治区、直辖市、计划单列市及新疆生产建设兵团发展改革委、经委（经贸委）、财政厅（局）、国土资源厅、商务厅、环保局、人民银行上海总部、各分行、营业管理部、省会（首府）城市中心支行、电监会各派出机构：

为贯彻落实《国务院关于发布实施〈促进产业结构调整暂行规定〉的决定》（国发［2005］40号）和《国务院关于加快推进产能过剩行业结构调整的通知》（国发［2006］11号）精神，现将促进铁合金行业加快结构调整有关问题通知如下：

一、充分认识推进铁合金行业加快结构调整的必要性和紧迫性

“九五”末期以来，我国铁合金工业随着钢铁工业需求的快速增长迅猛发展，目前已成为世界第一铁合金生产、消费和出口大国，产量、消费量和出口量分别占世界的40%、30%和30%左右，但发展中始终伴随着生产能力过剩、工艺装备落后、环境污染严重、生产集中度低等问题。2004年《国务院办公厅转发发展改革委等部门关于对电石和铁合金行业进行清理整顿若干意见的通知》（国办发明电［2004］22号），国家发展改革委公布了《铁合金行业准入条件》（国家发展改革委公告2004年第76号）。两年多来，各有关方面贯彻宏观调控措施，铁合金行业结构调整取得了积极进展。一是铁合金行业投资规模大幅下降。2005年投资比上年下降近70%，在建和拟建项目生产能力均比上年同期下降40%左右。二是产量增幅大幅度回落，出口量明显下降。2005年铁合金产量虽然比2004年增长16%，但增幅下降

20.6个百分点，全年出口同比下降20.6%。三是淘汰了一批落后生产能力，工艺装备水平进一步提高。2000年以来，淘汰5000千伏安以下电炉生产能力111万吨。现有生产能力中，25000千伏安及以上特大型电炉比2000年增加1.36倍；5000千伏安及以上电炉生产能力占总电炉生产能力的81%，比2000年提高了42个百分点。

但目前结构不合理矛盾仍然非常突出：一是生产能力严重过剩。我国现有铁合金生产企业1570家，生产能力2213万吨，主要分布在贵州、内蒙古、广西、山西、甘肃、四川、湖南、宁夏、云南等煤炭、电力、锰矿等资源比较丰富的中西部地区。2004年，铁合金产量867万吨，出口219万吨，进口40万吨，国内消费量688万吨。2005年铁合金产量1067万吨，出口174万吨，进口37万吨，国内消费量930万吨。目前铁合金行业生产能力利用率仅48%，并且仍有在建项目161万吨，拟建项目123万吨。二是工艺装备技术落后，环境污染严重。现有电炉生产能力中，符合新建项目准入条件的25000千伏安及以上电炉生产能力仅占4.1%。按照产业政策规定，5000千伏安以下电炉生产能力中，应限期淘汰的生产能力约160万吨，占电炉总生产能力的8.1%。一些企业忽视环保设施建设，据初步统计，目前铁合金企业环保达标的仅占31%，污染限期治理整改任务非常繁重。三是产业集中度较低。近年来虽然企业规模有所扩大，但企业数量多、规模小的状况没有得到根本改变。目前，生产能力10万吨以上的企业28户，生产能力470万吨，分别占企业总数和总生产能力的1.8%和21.2%；生产能力1万吨以下的小企业多达787户，生产能力405万吨，分别占企业总数和总生产能力的50.1%和18.3%。

铁合金行业存在的结构不合理问题，特别是产能严重过剩，对行业健康发展产生了不利影响。2005年，国际市场中国产硅铁、硅锰铁成交价比上年降幅达25%～30%；国内市场硅锰合金、高碳锰铁、硅铁价格下降达20%～30%，有的产品价格已在成本线以下。由于产品价格下降，生产成本上升，导致企业效益大幅度下降，部分企业处于亏损或停产半停产状态。

当前铁合金行业产能过剩、结构不合理问题进一步发展，将会导致资源环境约束矛盾加剧，企业倒闭、职工失业增加，金融风险加大。然而产能过剩也为推进结构调整提供了难得的机遇。在生产能力远远大于市场需求的情况下，市场竞争加剧，企业才会有调整结构的意愿和压力，市场才有条件淘汰落后生产能力。当前国家已经明确了铁合金行业准入条件和结构调整的方向重点，也积累了电价、出口、环保、信贷、土地等政策手段与产业政策协调配合的经验。因此，紧紧抓住当前的有利时机，因势利导，化害为利，加快推进铁合金行业结构调整，既是促进铁合金行业健康发展的需要，更是贯彻落实科学发展观、转变经济增长方式，巩固宏观调控成果，保持经济平稳较快增长的需要。

二、铁合金行业结构调整的主要目标及工作重点

“十一五”期间，铁合金行业要按照走新型工业化道路的要求，严格行业准入管理，推广先进适用技术，加强节能降耗改造，加快产业结构升级，优化组织布局，加大污染治理力度，大力发展循环经济，满足国民经济发展需求。

（一）“十一五”期间铁合金行业结构调整的主要目标

1. 铁合金生产能力与市场需求基本相适应。2010年铁合金生产能力控制在1700万吨左右，比2005年减少25%。

2. 工艺装备水平进一步提高。25000千伏安以上电炉生产能力占电炉总生产能力10%，全部淘汰5000千伏安以下电炉（部分精炼电炉和特种铁合金产品电炉除外）和100立方米以下铁合金高炉。

3. 生产集中度进一步提高。10万吨以上大型企业生产能力占总生产能力40%以上。

4. 能耗、物耗进一步降低，环境污染得到改善。2010年，铁合金产品单位资源消耗比2005年

降低10%以上，主元素回收率比2005年提高10%以上，生产企业环境污染治理达标率达到100%。

5. 产品质量进一步提高。2010年，低磷、硫、铝、氮等优级品及其他新产品的产量比2005年增长1倍以上，产品综合合格率达到99.5%。

（二）“十一五”期间铁合金行业结构调整的重点

1. 严格行业准入管理，控制生产能力增长。严格执行《铁合金行业准入条件》，禁止新建25000千伏安以下，以及25000千伏安及以上但环境保护、资源消耗、能源消耗、工艺装备等达不到准入要求的铁合金矿热电炉项目，其中中西部具有独立运行的小火电和矿产资源优势的国家确定的重点贫困地区禁止新建12500千伏安以下的矿热电炉项目。禁止新建300立方米以下的锰铁高炉项目。现有铁合金生产企业要全面整改，限期达到《铁合金行业准入条件》规定的能源消耗、资源消耗、环境保护、安全生产等方面的要求。

2. 以节能降耗、污染治理、综合利用为重点，推广先进适用技术，加强技术改造，淘汰落后工艺设备，促进工艺装备升级。推进铁合金电炉大型化、密闭化、自动化，推广炉外精炼新工艺、原料精料入炉技术、矿热炉低压补偿技术、合理利用我国贫杂锰矿资源技术、硅微粉、锰、铬粉尘等回收和综合利用技术、煤气回收、冶炼炉渣回收及湿法冶炼废渣综合利用技术等。淘汰5000千伏安以下矿热电炉、3000千伏安以下半封闭直流还原电炉、3000千伏安以下精炼电炉（冶炼硅钙合金、金属锰、硅铝合金、硅钙钡铝、钨铁、钒铁等特殊品种电炉除外）、100立方米及以下的铁合金高炉等落后生产设备。研究开发硅钙合金、硅铝合金等特种铁合金产品大型电炉生产技术和装备，并在开发应用成功的基础上，淘汰3200千伏安及以下特种铁合金矿热炉生产装备。推广干法或湿法工艺净化处理铁合金电炉烟尘技术等环保及污染治理技术，加强铁合金企业污染治理。

3. 开发新产品，提高产品质量，满足钢铁、有色、化工、电子等行业需求。严格控制铁合金产品中主元素和碳含量的波动范围，降低磷、硫等杂质含量。开发氮化钒、高品位铌铁等我国具有资源优势的铁合金产品，金属镁复合剂，低铝、无铝复合脱氧剂，铝丝、稀土线等各种合金丝，硅铝钙、硅钙钡铝等包芯线产品，以及化学级、太阳级工业硅产品和其他特种铁合金产品等。

4. 发挥比较优势，提高产业集中度，优化产业组织和布局。按照市场原则，鼓励有实力的大型企业，以资产、资源、品牌和市场为纽带实施跨地区、跨行业的兼并重组，促进产业集中化、大型化、基地化发展。规范高载能工业园区的建设，加强污染集中治理。

5. 坚持实施“走出去”战略，充分利用国外资源。在合理开发利用国内铬矿、贫锰矿及其他矿产资源的情况下，鼓励有条件的企业到国外投资办矿。支持大型铁合金企业建立进口铬矿、锰矿联合体，避免互相抬价抢购，抑制矿价暴涨。鼓励进行境外铁合金投资。

三、推进铁合金行业加快结构调整的政策措施

推进铁合金行业结构调整要充分发挥市场配置资源的基础性作用，利用市场约束和资源约束增强的“倒逼”机制，综合运用经济、法律和必要的行政手段，坚持区别对待，分类指导，有保有压，促进扶优汰劣，实现总量平衡和结构优化。

（一）加强信贷、土地、环保、供电等政策与产业政策的协调配合，严格控制投资。加强《铁合金行业准入条件》贯彻落实情况的监督检查。对不符合行业准入条件的铁合金投资项目，投资管理部门不予审批、核准或备案，金融机构不得提供信贷支持，土地管理部门不予提供土地，电力企业不予供电，环保部门不予办理环保审批手续。按照《环境保护违法违纪行为处分暂行规定》，对违反国家产业政策审批铁合金项目的，要

追究有关部门责任人员的责任。对不符合能源消耗、资源消耗、环境保护、安全生产等方面准入要求的现有铁合金企业，要采取措施促使其退出铁合金行业；对超标排污企业要依法处罚并责令限期整改，逾期仍不能达到环保要求的企业，要坚决关闭。对符合行业准入条件和信贷原则的企业和项目合理的信贷资金需求，有关金融机构要加强和改进金融服务，进一步优化信贷结构，积极提供有效信贷支持。

（二）按照促进产业结构升级、节约合理用电的原则，调整铁合金生产用电政策。适时调整峰、谷、平时段比例和峰谷丰枯电价差，在现行的10千伏、35千伏、110千伏几个电压等级的基础上增加220千伏电压等级，并进一步拉大各电压等级的电价差，继续对铁合金生产企业实行差别电价，鼓励企业避峰用电，提高供电效率，鼓励能耗低、工艺先进的大型铁合金电炉生产，淘汰落后铁合金电炉。对5000千伏安以下电炉等需淘汰的落后设备，2005年1月1日以后新建25000千伏安以下电炉等不符合准入要求的设备，以及经检查认证2006年底前不符合行业准入要求的企业用电实行差别电价。

（三）进一步完善铁合金产品出口政策，控制铁合金产品过度出口，调控生产总量。铁合金行业能耗高、污染重，其产品应以满足国内需求为主，不鼓励出口。要综合运用各种经济手段，限制铁合金产品大量出口，同时要引导企业调整出口产品结构，提高出口效益。

（四）加强信息引导和行业自律，充分发挥行业协会的作用。中国铁合金工业协会要加强调查研究，做好国内外铁合金生产经营、市场价格、投资等信息的收集统计和发布工作；加强组织协调和行业自律，规范市场竞争行为，促进产需衔接，稳定市场；同时，要协助政府有关部门做好铁合金企业执行行业准入条件的监督检查工作。

各地区、各有关部门要增强全局观念，加强组织领导，密切协调配合，正确处理局部利益与整体利益、当前利益与长远利益、改革发展稳定的关系，结合本地区、本单位的实际情况，采取有效措施，积极推进铁合金行业结构调整。

国家发展和改革委员会
财　　政　　部
国　土　资　源　部
商　　务　　部
中　国　人　民　银　行
国家环境保护总局
国家电力监管委员会

二○○六年四月五日

关于印发加快煤炭行业结构调整、应对产能过剩的指导意见的通知

（发改运行［2006］593号）

各省、自治区、直辖市发展改革委、经委（经贸委、工业办）、煤炭局（行业办）、国土资源厅（局）、中国人民银行上海总部、各分行、营业管理部、省会（首府）城市中心支行、工商行政管理局、质量技术监督局、环境保护局（厅）、安全生产监督管理局、各省级煤矿安全监察机构，神华集团、中煤能源集团公司：

为认真贯彻《国务院关于加快推进产能过剩行业结构调整的通知》（国发［2006］11号），推动煤炭行业结构调整，有效应对潜在的产能过剩问题，促进煤炭工业健康发展，国家发展改革委、国土资源部、人民银行、工商总局、质检总局、环保总局、安监总局等7部门制定了《加快煤炭行业结构调整、应对产能过剩的指导意见》，现印发给你们，请结合各地实际，认真贯彻执行。在执行中出现什么问题，请及时反映和报告。

附：加快煤炭行业结构调整、应对产能过剩的指导意见

发展改革委
国土资源部
人民银行
工商总局
质检总局
环保总局
安监总局

二〇〇六年四月十日

附件：

加快煤炭行业结构调整应对产能过剩的指导意见

“十五”以来，煤炭行业认真贯彻中央关于加强宏观调控和促进煤炭工业发展改革的一系列政策措施，呈现出持续快速发展的良好态势，保障了国民经济快速发展的煤炭需求。但是，近几年来煤矿建设趋热，投资增长过快，产能过剩的矛盾日渐显现。同时，长期积累的结构不合理、生产技术水平低、安全生产事故多发、资源浪费严重和环境污染治理滞后等问题仍很突出。

为认真贯彻《国务院关于加快推进产能过剩行业结构调整的通知》，加快煤炭行业结构调整，有效应对潜在的产能过剩问题，促进煤炭工业健康发展，现提出以下指导意见：

一、结构调整的指导思想和目标

“十一五”期间，煤炭行业结构调整必须以科学发展观为指导，坚持总量调控、关小上大、有进有退、产能置换的原则，从完善规划指导、规范开发秩序、提高准入门槛、淘汰落后能力、改善安全状况、改革流通体制、加强环境保护等方面入手，大力推进结构调整，促进煤炭供需长期稳定、高质量的平衡，全面提升煤炭工业水平，为全面建设小康社会提供可靠的能源保障。

“十一五”期间煤炭行业结构调整的目标为：

——实现煤炭高质量稳定供应，供需总量基本平衡。2010 年全国煤炭产量 24.5 亿吨，其中大中型煤矿产量比重达到 75%左右。适时建设一批大型煤矿项目，淘汰落后生产能力。

——基本形成以大型煤炭企业集团为主体、中小煤矿协调发展的格局。加快建设 5～7 个亿吨级的大型煤炭企业集团，基本完成对小煤矿整合、改造和重组。

——提高煤矿生产技术水平和资源回采率。大、中型煤矿采煤机械化程度分别达到 95%、80%以上，小型煤矿机械化和半机械化程度达到 30%以上，全国煤矿平均矿井资源回采率达到 40%以上。

——煤矿安全生产水平明显提高。煤矿安全基础条件有较大改善，瓦斯得到有效治理，抽采量达到 50 亿 m^3 以上，重特大事故得到有效遏制，2010 年百万吨死亡率比 2005 年下降 25%以上。

——矿区生态环境恶化趋势得到控制。煤矸石和煤泥利用率达到 75%以上，煤矿瓦斯抽放利用率达到 50%以上，矿井水利用率达到 60%以上，采煤区沉陷治理取得明显成效。

二、推进结构调整的主要措施

（一）完善煤炭工业发展规划，有序推进煤矿建设。

各省（区、市）发展改革部门要加强经济社会发展对煤炭需求的预测，进一步修订和完善煤炭工业发展规划，增强规划的科学性和指导性。国土资源部门要做好矿业权设置方案编制工作，合理确定矿业权数量和规模。要按照稳定东部生产规模、加大中部开发强度、适度加快西部后备区资源开发的原则，搞好开发布局，建设大型煤炭基地。大型煤炭基地建设必须坚持以市场需求为导向，统筹规划，有序推进。规划煤矿建设项目，必须同时规划建设与其相配套的运输通道和煤炭加工利用项目。

（二）严格办矿审批程序，禁止违规建设。

各地煤炭行业管理部门、国土资源管理部门要严格按照《煤炭法》、《矿产资源法》等规定，密切配合，依法履行划定矿区范围、开办煤矿和采矿许可等审批工作，确定开采范围、矿井规模和开采方案。要做到“三个严禁”：严禁擅自开办煤矿、私挖乱采；严禁“批小建大”，擅自提高开发规模；严禁把整装煤田化整为零，“大矿小开”。

各地对现有在建项目，要集中开展一次全面清理。对于违规建设的，要立即停建并给予处罚。凡不符合产业政策和发展规划的，要坚决下马；凡未全部取得划定矿区范围、开办煤矿、采矿许可、安全设施设计以及环境影响评价审批等相关手续的，要重新报批；凡勘查程度不够的，要待补充勘查后重新报批；凡“批小建大”的，要严格按批准的设计施工。严禁新建矿井边建设边生产，新投产矿井原则上三年内不得扩建。对拒不停止建设和实施整改的，要采取经济、法律和必要的行政手段予以制止。

（三）按照可持续发展要求，提高新建煤矿准入门槛。

按照全面提高煤炭行业整体素质的要求，提高开办煤矿和进入生产领域的准入条件。在井型标准上，根据煤炭资源开发条件，山西、内蒙古和陕西等省区不低于 30 万吨/年；东北及华北、西北其他地区、河南省不低于 15 万吨/年；其他省区原则上不低于 9 万吨/年。在资源回收上，薄煤层、中厚煤层、厚煤层的设计采区回采率，依次不低于 85%、80%和 75%。在环境保护上，要有煤矸石、煤泥处置及综合利用、矿区生态恢复的规划和计划，具备环境影响评价文件的批复和环境保护措施“三同时”验收合格文件。在安全生产上必须有安全设施“三同时”审查、验收合格文件。在从业人员上，必须配备总工程师和采矿、机电、通风、地测、安全等专业技术人员，瓦斯检查工等特殊工种经培训考核取得资格证书，井下作业人员必须具备初中以上文化程度，经技能培训合格才能上岗。

各地煤炭行业管理部门必须依法履行审批监管职责，凡徇私舞弊、失职渎职，使不符合法定条件的煤矿进入煤炭生产领域的，对直接责任人和主要负责人要依法给予严肃处理。

（四）培育大型煤炭企业集团，淘汰落后生产能力。

新上煤矿建设项目要与淘汰落后生产能力相结合。各地新建煤矿、增加生产能力，必须相应关闭淘汰一部分落后能力的矿井，调整优化矿井规模结构。坚持政府推动和市场化运作相结合，加快培育和发展大型煤炭企业集团，提高集约化和规模化开发水平。各省（区、市）要统一规划，对现有达不到最小规模标准的小煤矿，采取由大型煤炭企业收购、兼并，重组改造一批；小煤矿之间实施资源整合、联合重组，壮大发展一批；不具备安全生产标准和整合、改造条件的，关闭淘汰一批。力争用三年左右时间完成对小煤矿的关闭、整合、改造和重组任务。在结构调整过程中，要严格执行有关规定，有效防止逃废银行债务。

（五）完善煤矿生产能力核定机制，严格按核定能力生产。

国家发展改革委要抓紧制定发布全国煤矿生产能力核定标准。各地要建立完善煤矿生产能力核定的正常机制，煤矿实施改扩建和技术改造，必须依法履行各种审批核准手续。生产能力发生变化的，必须及时报请煤炭行业管理部门重新核定，并在煤炭生产许可证等相关证件上进行变更登记。煤矿必须按核定能力组织生产，严禁超能力生产。煤炭企业的有关上级主管部门和单位不得下达超核定能力的生产计划及相关指标。煤炭行业管理部门要加强对按核定能力生产的监督管理，对超核定能力生产的，要责令停产整顿，没收超产部分所得销售收入；情节严重的，吊销其煤炭生产许可证和安全生产许可证。

（六）强化企业安全主体责任，提高安全生产水平。

各企业要进一步健全安全生产责任制，落实法定代表人作为安全生产第一责任人的责任，坚持煤矿领导干部下井带班作业制度，构建安全生产自我约束长效机制。要健全安全生产管理制度和事故隐患排查治理制度，严格按照国家规定提足、用好安全费用。强力推进瓦斯抽采，强化瓦斯综合治理工作。严格外包工程队伍资质管理和现场管理，严禁将生产矿井井下采掘工作面和井巷维修作业承包给外包工程队。加强职工安全培训，特种作业人员必须持证上岗，依法为职工办理工伤保险。加强政府对煤矿安全的监管监察，完善煤矿安全监管体制。继续加大对煤矿安全技术改造的投入。建立煤矿重特大事故应急救援指挥调度系统，提高对重特大事故应急处置能力。

（七）推进煤炭流通体制改革，完善产运需衔接机制。

进一步发挥市场对资源配置的基础性作用，鼓励供需双方自主衔接，签订中长期合同。改革电煤价格形成机制，加快电煤价格向市场并轨。尽快形成以全国交易中心为主体、以区域市场为补充的现代化煤炭交易体系，为实现煤炭稳定供应、高效流通提供体制和机制保障。

各地煤炭经营监管部门要依据经济和社会发展需要，按照保障供给、加强环境保护等要求，制定煤炭经营企业合理布局和总量调控规划。提高煤炭经营准入门槛，严格经营资格审查。加强与工商、质检、环保等部门的联合执法，依法打击掺杂使假、以次充好等非法经营行为，营造良好的煤炭市场环境。

（八）加强环境保护，实现煤炭开采与生态环境协调发展。

各地环保部门要依法履行职责，加强对煤矿建设和生产过程中的环境监督管理。新建煤矿必须依法开展环境影响评价，充分考虑煤炭开采对生态环境带来的影响，采取积极的保护措施。煤炭富集地区的开采强度，要与生态环境承受能力相适应。严格执行环保设施与主体工程同时设计、同时施工、同时投产并保证运行的制度。建立生态补偿机制，用于生态补偿和恢复。

各地对已经形成的老矿区生态环境污染和破坏，要按照“谁开发、谁保护，谁污染、谁治理，谁破坏、谁恢复，谁治理、谁受益”的原则，积极开展生态环境和水资源的保护，加强对废弃物和采煤沉陷区的治理。矸石等废物贮存设施停止使用后，应按照国家环保规定，进行封场和生态恢复，防止环境污染和生态破坏。对国有重点煤矿历史形成的采煤沉陷等环境治理，中央将继续给予必要的资金支持，地方政府和煤炭企业按规定安排配套资金。

关于加快铝工业结构调整指导意见的通知

（发改运行［2006］589号）

各省、自治区、直辖市和计划单列市、新疆生产建设兵团发展改革委、经委（经贸委、工业办）、财政厅（局）、国土资源厅（局）、商务主管部门、中国人民银行上海总部、各分行、营业管理部、各省会（首府）城市中心支行，海关总署广东分署、天津特派办、上海特派办、各直属海关，国家税务局、质监局、环保局：

为贯彻落实国务院《关于发布实施〈促进产业结构调整暂行规定〉的决定》（国发［2005］40号）和《关于加快推进产能过剩行业结构调整的通知》（国发［2006］11号）精神，现将加快铝工业结构调整指导意见通知如下：

一、促进铝工业结构调整的重要意义

铝是国民经济发展的重要基础原材料。我国的铝工业主要由氧化铝、电解铝、铝加工三部分组成，近年来氧化铝强化烧结、管道化溶出、选矿拜尔法等技术已广泛使用；大型预焙槽电解铝生产能力已占总能力的80%；铝加工材产量快速增长，技术水平有所提高。

按照国家宏观调控要求，电解铝行业贯彻落实国务院办公厅国办发［2003］103号文件精神成效显著，共清理违规电解铝项目23个，涉及投资额173亿元。停建和缓建的电解铝项目总能力

达247万吨。企业兼并重组工作取得重大进展。工艺落后、生产成本高的电解铝企业相继停产，停产能力约120万吨。污染严重的自焙槽基本被淘汰。2004年主要电解铝企业综合交流电耗水平比上年降低347千瓦时/吨铝，由于电耗下降约节电23.1亿千瓦时；2005年电耗水平比上年降低61千瓦时/吨铝，估计节电4.8亿千瓦时。电解铝出口税收政策调整，停止氧化铝加工贸易，促使2005年未锻轧铝出口同比下降21.7%。

尽管贯彻落实国家宏观调控政策取得成效，但引发投资热的一些结构性和体制性的深层次矛盾并未得到根本解决，铝工业总量和结构方面存在的问题仍然突出。主要表现为：

（一）铝土矿资源问题突出。资源保障程度有限，储量仅占世界总量的2.4%，但年开采量却占全世界开采总量的8%。全国铝土矿采矿证323个，矿山（点）却多达779个，开采秩序混乱。

（二）氧化铝无序建设问题严重。不顾资源保障程度和外部条件盲目建设的氧化铝项目屡禁不止，目前氧化铝在建项目11个，计划建设能力1215万吨，投资总额约550亿元；正在建设的一期工程总能力610万吨，投资约300亿元。另有拟建项目5个，总能力320万吨。这些项目多属越权核准或未经核准，有的铝土矿资源不落实，或土地使用手续不齐备，大部分项目环境影响评价报告书未按要求报批，有的甚至不进行环境影响评价论证。

（三）电解铝产能大大超过需求，盲目建设有反弹压力。电解铝供过于求已使大量产能闲置，利用率仅为75%～78%。但目前仍有在建项目11个，建设总能力112万吨，投资总额约73亿元。这些项目虽多为续建项目，但除个别外，均未按照规划布局建设，也未经有效核准。此外，尚有10个拟建项目，总能力140万吨。

（四）铝冶炼结构失衡，电解铝企业经营困难。电解铝冶炼能力、氧化铝供应能力、铝土矿采选能力不匹配，氧化铝生产成本高，产量仅能满足需求的一半左右。2005年电解铝企业平均产量仅7.4万吨，且用电矛盾突出，出口量偏大，氧化铝占生产成本比例过高，企业亏损严重。2005年亏损的80个铝冶炼企业几乎全部是电解铝企业，亏损额13.1亿元，同比增长1.1倍。

（五）铝加工产业集中度低，产品结构不合理。2005年铝加工企业平均产量仅0.42万吨。行业整体装备水平低，技术经济指标落后，高附加值加工材品种不足；电解铝液直接铸轧的比例低，资源浪费严重。

二、铝工业结构调整的指导原则和主要目标

（一）指导原则。以转变铝工业增长方式为中心，以结构调整为重点，按照结构优化、技术创新、科学规划、总量调控、降低消耗、保护环境的原则进行宏观引导，做到氧化铝行业实现有序发展、电解铝行业制止违规投资反弹、铝加工行业重点开发高附加值品种，推动企业技术装备水平的提高和产品结构的升级，促进铝工业走新型工业化道路，实现可持续发展。

（二）主要目标。2010年国内氧化铝总产能达到1400万吨，企业的海外氧化铝能力达到400万吨。选矿拜尔法普遍推广，拜尔法、混联法、强化烧结法等工艺不断完善，装备水平改善，综合能耗降低到900千克标准煤/吨以下，回收率提高到93%以上。砂状氧化铝比例达到90%。

保持电解铝供需基本平衡。扶优汰劣，使骨干企业的产量达总产量的3/4以上。淘汰落后能力，力争全部采用160KA以上大型预焙槽冶炼工艺，电流效率达到94%以上，主要企业综合交流电耗在14300千瓦时/吨以下、氧化铝单耗在1.9吨以下，污染物达标排放。再生铝的消费量达到铝总消费量的30%以上。

增加高附加值加工材比重。使板带材与型材比例达到6∶4，工业型材与建筑型材比例达到7∶3，双零铝箔与单零铝箔比例达到4∶6。电解液直接铸轧的比例达到70%、铝加工材综合成品率达到76%。增强先进铝加工装备设计制造能力，淘汰技术水平低、产品质量差的落后装备。

三、加快铝工业结构调整的主要政策措施

（一）加强产业政策和行业规划布局指导

贯彻落实国务院批准的《铝工业产业发展政策》，抓紧制定实施细则，推进产业结构调整。按照《铝工业发展专项规划》的要求，合理布局，有序发展。各地及中央企业要统筹考虑资（能）源、交通、环境等外部条件，规划铝工业发展及调整优化结构。加强市场信息发布，引导企业投资行为，严格控制总量的扩张，加强技术改造，优化产品结构。

（二）提高产业集中度，鼓励综合利用和节约资源

为企业兼并重组创造有利条件，加快企业通过经济手段联合重组的步伐。支持氧化铝、电解铝、铝加工企业联合重组，组建具有国际竞争力的企业集团，实现优势互补，提高产业集中度。鼓励民营资本和外资参与国有企业的改革、改组和改造。鼓励骨干企业继续提高技术和管理水平，加快中小铝加工企业技术改造，提高资源利用率。支持再生铝企业提高环保水平，形成经济规模。支持电解铝骨干企业加强行业自律，缓解供过于求的局面。

（三）加强信贷政策和产业政策的协调配合，建立政策支持下的退出机制

严格执行电解铝建设项目35％及以上资本金比例的规定。根据国家宏观调控、产业政策和信贷原则要求，由金融机构合理配置信贷资金。对于符合国家产业政策、市场准入条件和信贷原则的氧化铝、电解铝企业，继续给予授信支持；对于不符合国家产业政策和市场准入条件，工艺落后、属于禁止类目录或明令淘汰的企业，不得提供任何形式的授信支持，对已经提供的授信，要采取妥善措施收回，有效防范金融风险。

按照产业结构与产品结构调整的总体规划，对电解铝和铝加工行业，坚持上大与关小、升级改造与淘汰落后相结合，建立政策支持下的市场退出机制。各地政府和有关部门应严格规范铝工业企业的改制工作，采取有效措施防范企业借重组改制之机逃废银行债务。

（四）加强环保执法，淘汰落后能力

严格执行环保标准，淘汰落后的电解铝生产能力。由国家环保总局定期公布环保不达标电解铝企业名单，限期进行治理。贯彻《清洁生产促进法》、《节约能源法》，促使企业节能降耗，并依照《清洁生产审核暂行办法》进行清洁生产审核。利用国债资金等多种融资手段，支持企业的环保、节能改造。按照产业政策规定，彻底淘汰二人转轧机等铝加工工艺装备。

（五）整顿铝土矿开采秩序，合理开发国内资源

依法关闭破坏资源、污染环境和不符合安全生产条件的矿点，制止乱采滥挖、无证开采行为。严格执行新建铝土矿矿山、勘查许可证和采矿许可证审批制度。新建铝土矿山要认真履行环境影响评价文件审批和环保设施“三同时”验收程序。新建氧化铝企业，必须按规定首先申请铝土矿采矿权；矿产资源开采登记管理部门严格依法审批和颁发采矿许可证；采矿权人要按照批准的方案，依法开采铝土矿资源。氧化铝生产企业不得收购无证开采的铝土矿。

完善资源补偿机制及资源税费政策。加大勘探力度，增加后备资源。开发低品位铝土矿利用技术，提高资源利用率。

（六）鼓励开发海外资源，拓宽利用国外氧化铝资源渠道

鼓励使用国外铝土矿资源，统筹规划国外重大氧化铝资源的开发利用，力争10年内使我国企业开发的国外氧化铝资源量达到国内需求量的50％。

继续按照有关政策界限和市场准入条件进行清理认定，拓宽氧化铝一般贸易进口渠道。加强氧化铝进口协调和监管，发挥行业组织作用，降低采购成本，规避市场风险。

（七）从严控制电解铝出口，完善电价形成和电力供应机制

继续对电解铝产品出口执行取消退税政策，严格禁止氧化铝加工贸易。完善电解铝行业的电价形成机制，按照电压等级、负荷率等用电特性，制定新的差别电价政策。支持骨干电解铝企业按照《电力用户向发电企业直接购电试点暂行办法》，申请直购试点，或参股电厂，实现多种方式的铝电联营。鼓励电厂向电解铝企业直供电力，降低电力消耗和经营成本，提高能源利用效率，促进行业协调发展。允许已经纳入电力建设的整体规划和布局的电解铝企业建设自备电厂。

（八）有序发展铝冶炼，开发高附加值铝加工材

清理违规氧化铝项目。各地要严格按照有关规定对所在地区的氧化铝在建项目进行清理，清理的重点地区是河南、山西两省。对不符合产业政策、准入条件和规划布局，未依法办理土地使用手续，未按《建设项目环境影响评价文件分级审批规定》（国家环保总局令第 15 号）要求报批环境影响报告书的氧化铝项目，一律暂停建设。清理结果报国家发展改革委研究后再做出合理安排。对已经建成投产或基本建成的氧化铝项目，地方政府主管部门要作出说明和检查，依法、依规处理；企业要落实铝土矿资源，并依法按规定补齐或完善立项、土地、环保等相关手续。对该类违规企业，有关部门可以实行差别电价。

抓好已批（核）准氧化铝项目的组织实施。加快规划内项目建设和海外资源开发步伐，国家已批（核）准建设的氧化铝企业要确保在建项目如期达产，缓解供需矛盾。加快已经落实铝土矿资源、建设资金和具备技术能力的氧化铝项目的评估，及时按投资管理程序核准并组织实施。

防止电解铝盲目建设反弹。坚决遏制拟建电解铝项目，逐一核对拟建的电解铝项目，不符合规划布局的一律不允许开工。地方政府和国土资源部门、环保总局等有关部门不予办理土地使用手续，不接受环境影响评价，各金融机构不得提供任何形式的授信支持。严格清理在建的电解铝项目，凡不符合有关政策规定和国办发［2003］103 号文件要求，未依法办理土地使用手续，未按环保总局《关于进一步加强电解铝行业环境管理的通知》（环发［2004］94 号）要求报批环境影响评价报告书，资本金比例达不到规定要求的建设项目，一律停止建设。

开发高附加值铝加工材产品。根据国家《产业结构调整指导目录（2005 年本）》，以调整产品结构为主，重点开发高精铝板、带、箔及高速薄带和轨道交通用大型铝合金型材等高附加值产品的生产技术和设备；推广高效率、低成本、低能耗、短流程、环保型铝加工新技术、新工艺；提高生产过程的稳定性、可靠性，降低成本。研究制定铝加工行业准入条件。对于新建的生产普通建筑型材等初级铝加工产品的企业，如产品质量达不到相关标准，或者有生产伪劣产品行为者，质检部门一律不予颁发生产许可证。

各级政府及有关部门要充分利用当前经济结构调整的有利时机，大力推进铝工业结构调整，依据国家法律法规和相关政策，坚决淘汰技术落后、质量低劣、污染环境、浪费资源，以及不符合安全生产条件的生产能力。

国家发展改革委
财　政　部
国土资源部
商　务　部
人民银行
海关总署
税务总局
质检总局
环保总局

二〇〇六年四月十一日

印发关于加快水泥工业结构调整的若干意见的通知

（发改运行［2006］609号）

各省、自治区、直辖市及计划单列市、新疆生产建设兵团发展改革委、经贸委（经委）、财政厅（局）、国土资源厅（局）、建设厅（委）、商务主管部门、中国人民银行上海总部、各分行（营业管理部）、省会（首府）城市中心支行、质监局、环保局：

水泥是国民经济建设的重要基础原材料。近年来，我国水泥工业发展很快，但存在总量过剩、结构不合理的矛盾。推进结构调整是“十一五”期间水泥工业重大而艰巨的任务。根据国务院常务会议及国务院颁布的《促进产业结构调整暂行规定》（国发［2005］40号）和《国务院关于加快推进产能过剩行业结构调整的通知》（国发［2006］11号）精神，结合当前水泥工业发展的具体情况，特制定《关于加快水泥工业结构调整的若干意见》（详见附件）。现印发给你们，请按照执行。

附件：《关于加快水泥工业结构调整的若干意见》

国家发展改革委
财政部
国土资源部
建设部
商务部
中国人民银行
国家质量监督检验总局
国家环保总局

二〇〇六年四月十三日

附件：

关于加快水泥工业结构调整的若干意见

水泥是国民经济建设的重要基础原材料。“十五”期间，我国水泥工业取得了长足发展。2005年水泥产量10.6亿吨，五年平均增速为12%。新型干法水泥技术取得突破性进展，新型干法水泥生产能力占全部水泥比重已由2000年不足12%提高到40%。大型企业集团迅速成长，产业集中度日益提高。水泥技术和装备成套出口快速增长，在国际市场上的份额已达20%以上。据测算，“十五”期间，由于发展新型干法水泥减少粉尘排放500多万吨，水泥工业年消纳工业废渣已超过2亿吨，占工业废渣总利用量一半以上。

我国水泥工业虽然发展很快，但仍然存在总量过剩、结构不合理的矛盾；行业整体经营粗放，资源、能源消耗高，综合利用水平低；企业数量多、规模小，产业集中度低；落后生产能力比重大，产品质量档次低；在行业准入和建筑市场使用方面技术法规不够完善等。为加快推进水泥工业结构调整，引导水泥工业持续健康发展，根据国务院颁布的《促进产业结构调整暂行规定》（国发〔2005〕40号）和《国务院关于加快推进产能过剩行业结构调整的通知》（国发〔2006〕11号）精神，现就水泥工业结构调整提出以下意见：

一、水泥工业结构调整的指导思想和目标

（一）指导思想：全面贯彻落实科学发展观，切实转变经济增长方式。坚持总量控制，依靠发展促调整，通过调整促提高。加强资源节约与综合利用，发展循环经济。推动企业重组，提高产业集中度。积极参与国际竞争，实现水泥工业由大变强和可持续发展。

（二）调整目标：2010年水泥预期产量12.5亿吨，其中：新型干法水泥比重提高到70%，水泥散装率达到60%；累计淘汰落后生产能力2.5

亿吨。企业平均生产规模由2005年的20万吨提高到40万吨左右，企业户数减少到3500家左右。水泥产量前10位企业的生产规模达到3000万吨以上，生产集中度提高到30%；前50位企业生产集中度提高到50%以上。新型干法水泥吨熟料热耗由130kg下降到110kg标准煤，采用余热发电生产线达40%，水泥单位产品综合能耗下降25%。粉尘排放量大幅度减少，工业废渣（含粉煤灰、高炉矿渣等）年利用量2.5亿吨以上。石灰石资源利用率由60%提高到80%。

二、加强总量控制，实施分类指导

各地要按照国家产业政策和水泥工业发展专项规划，结合"十一五"规划编制好本地区水泥发展专项规划。新上项目（包括熟料基地、水泥厂、粉磨站）必须根据市场需求、资源状况和交通运输条件，合理布局，防止盲目。各省（自治区、直辖市）水泥发展规划报国家发展改革委备案，并作为水泥项目的核准依据。

继续支持大型新型干法水泥项目。对水泥产能增长过快、新型干法水泥比例已经较高的地区，发展速度要予以适度控制；对落后产能比重较大的地区，鼓励上大压小，扶优汰劣。

严禁立窑等落后生产工艺新建、扩建和单纯以扩大产能为目的的技术改造项目。凡违背政策规定继续审批此类项目的，要追究直接责任人和有关部门领导的责任。对违反规定擅自建设的项目，要坚决依法拆除。

三、制定和完善政策，严格市场准入

（一）严格水泥生产许可证管理，开展无证生产专项整治活动，坚决取缔无证生产水泥企业。按照国家产业政策和环保新标准重新修订水泥生产许可证发放细则，对不符合实施细则要求的企业一律不予发证，严格把好市场准入关。

（二）制定水泥熟料国家标准，提高水泥熟料强度允许的最低等级，提升水泥质量。在满足社会需要的前提下，努力做到水泥实物用量不增或少增，以减少对能源、资源的消耗。

（三）完善混凝土结构设计标准和规范，提高建设、建筑工程应用水泥的准入标准，依据不同工程的需求选择水泥类型和品种。禁止立窑水泥进入高速公路、机场、港口、桥梁、涵洞等重点建设工程和建筑物结构工程。推广高性能混凝土的应用，提高建筑物使用年限。大力发展预拌砂浆和商品混凝土，大中型城市要禁止现场搅拌混凝土，条件成熟的地区应限制现场搅拌砂浆，禁止商品混凝土搅拌站使用立窑水泥。

（四）抓紧做好现有生产线2006年7月1日执行新的《水泥工业大气污染物排放标准》的准备工作，加快实施对现有水泥生产线烟气连续监测装置的安装和管理。依法实行排污许可证制度。

（五）完善现行资源综合利用政策中有关水泥利废税收优惠规定。享受该项优惠政策的企业除利用工业废渣的比例达标外，还必须达到环保新标准。进一步建立科学严格的资格认定方法、程序和管理机制，使资源综合利用政策落到实处。

（六）落实发展散装水泥的政策措施，从使用环节入手，进一步加大散装水泥推广力度。

四、建立落后产能退出机制，加大结构调整力度

抓住当前水泥市场总量供大于求的有利时机，采取上大关小、补贴及赎买等多种方式，淘汰一批落后生产能力，改善环境质量，缓解能源、资源压力。有条件的地方应适当安排专项资金，用于重点地区拆除水泥立窑的补贴。

五、支持大企业集团发展，加快提高产业集中度

遵循市场经济规律，鼓励有实力的大型水泥企业采取兼并、重组、联合等方式，提高生产集中度，优化资源配置。选择10家国家重点支持和30家地方重点支持的大型企业集团，增强其在区域市场的调控能力（具体名单由国家发展改革委会同有关部门另行发布）。对重点支持发展的大型企业集团，在项目核准、土地审批、贷款投放上，优先给予支持。进一步完善和调整水泥税收政策，停止对落后工艺和严重污染环境的水泥生产实行

税收优惠政策。严格税收征管，禁止对小水泥企业包税和随意减免税。

六、鼓励水泥企业“走出去”，参与国际市场竞争

鼓励日产2000吨以上大型水泥设备出口，对符合信贷条件的项目，银行积极提供必要的出口信贷支持；支持有实力的大型企业（集团）走出国门开展水泥建设工程总承包和直接投资办厂，使我国水泥工业由产品输出向资本、装备、技术、管理、服务等配套输出的国际化经营方向发展。

为确保出口水泥质量，维护水泥出口市场秩序，国家将建立出口水泥生产企业资质认定制度。

七、加强水泥矿山资源管理，大力发展循环经济

加强石灰石矿产资源管理和建设项目审批。统筹考虑资源配置的均衡，鼓励采用先进开采技术，合理开发利用石灰石资源，制定和完善在石灰石矿山开发中的环境保护、尾矿资源利用、开采后的土地复垦和生态恢复方面的政策规定。

抓紧研究制定鼓励水泥工业资源综合利用和处理工业、城市垃圾方面的配套政策措施。加强大型高效粉磨系统、低热值燃料应用、低温余热发电、城市垃圾处理、工业废渣及可燃废弃物的应用、新型绿色水泥基材料等研究，将“可燃废弃物在水泥生产过程中的无害化、资源化处置技术及设备”等研究项目列为国家专项重点研究攻关课题，加大科研及开发投入力度，建设示范线，力争在技术开发和应用方面有所突破。在充分试验研究的基础上完善标准体系，引导水泥工业科学、合理利用和处理废弃物。

八、发挥行业协会作用，加强行业自律

各地在制定水泥工业发展规划和新上项目审批时，要充分听取当地水泥行业协会的意见。协会要主动做好市场信息服务，加强水泥行业经济运行监测分析，密切关注行业发展动态，及时发布市场供求信息，引导企业投资决策。要积极推广先进企业的技术和管理经验，指导和帮助企业改进管理，挖潜降耗，提高企业经济效益。要利用行业协会的优势，加强行业自律工作，维护公平、公正的市场竞争，促进水泥工业持续健康发展。

关于加快电石行业结构调整有关意见的通知

（发改产业［2006］699号）

各省、自治区、直辖市及计划单列市、副省级省会城市、新疆生产建设兵团发展改革委、经贸委（经委、工业局）、国土资源厅（局）、质检局、环保局、安全生产监督管理局，各银监局、电监会派出机构：

根据《国务院关于加快推进产能过剩行业结构调整的通知》（国发［2006］11号）和《国务院关于发布〈实施促进产业结构调整暂行规定〉的决定》（国发［2005］40号）的要求，为促进电石行业结构调整，现将加快推进电石行业结构调整的有关意见通知如下：

一、基本情况

2005年，全国共有电石生产企业440多家，产量894万吨（国家统计局对413家电石企业统计数），国内消费量885万吨，出口9.7万吨，设备开工率仅为52.6%。《国务院办公厅转发发展改革委等有关部门关于对电石和铁合金行业进行清理整顿若干意见的通知》（国办发明电［2004］22号）、《国家发展改革委关于进一步巩固电石、铁合金、焦炭行业清理整顿成果规范其健康发展的有关意见的通知》（发改产业［2004］2930号）下发后，各地按要求对电石行业进行了清理整顿，电石行业重复建设和盲目扩张的势头得到初步遏制。但是，电石行业产能过剩、技术装备水平低、结构不合理、污染严重等问题仍然没有得到根本解决。

（一）生产能力过剩，超过实际需求 1 倍。2005 年底，国内电石生产能力已达 1700 万吨，是当年实际产量的 2 倍，生产能力已远大于市场需求。据统计，目前各地在建和拟建的项目陆续投产，每年仍将净增 100～150 万吨的生产能力。按这一增长量测算，2010 年电石生产能力将超过 2200 万吨。届时，电石产能大大高于市场需求，不仅造成社会资源的浪费，企业间的恶性竞争将导致巨大的经营风险。

（二）企业规模小，技术装备落后。从生产规模看，据 2004 年清理整顿工作中的统计，我国电石企业平均每家每年生产电石约 2 万吨；产量超过 10 万吨的企业仅 6 家，占电石生产企业总数的 1.4%；5 万吨以下的小型企业占了总数 90%以上。从技术装备看，具有工艺技术较为先进、能够有效控制排放、资源综合利用比较充分的大型全密闭式矿热炉的生产能力只占总能力的 5%左右；1 万～5 万吨的内燃式矿热炉的生产能力约占 65%；小于 1 万吨和敞开式电石炉的生产能力占 30%左右。2005 年，国内电石行业产业结构基本没有得到明显改善。由于企业规模小，技术装备落后，难以统筹安排资源综合利用设施，废气中大量一氧化碳和高温余热都不能有效回收，多数废渣也没有合理利用，造成资源的浪费。

（三）环境污染依然严重。电石是高耗能、高排放行业，每吨电石平均综合电耗约 3450 千瓦时。生产过程中排放大量含尘烟气，目前每生产 1 吨电石，密闭炉要排放烟气 400～500 标准立方米，内燃式电石炉排放 8000～9000 标准立方米，敞开式电石炉烟气排放量更大，烟气中粉尘含量高达 100～150 克/标准立方米，远远高于国家标准 150 毫克/标准立方米（环境二类地区）的要求。国内电石行业中，占总生产能力 95%的电石生产装置为内燃式和敞开式炉型，装备简陋，排放失控，即使有的配套了除尘设施，也难以杜绝粉尘的放散，成为重点污染源头。据测算，2004 年我国电石行业生产排放的含尘烟气超过 600 亿立方米，对生态环境造成严重危害。

（四）行业发展缺乏统筹规划。当前电石行业的投资和建设带有很大盲目性。许多地区不考虑资源、交通、环境承载能力，对来自各方面的投资不分规模大小和水平高低，大都采取鼓励、支持的态度。企业建成后又疏于管理，致使出现小企业数量过多、工艺技术水平落后、安全生产条件差、资源利用效率不高、环境污染严重的低水平扩张状况。

二、电石行业结构调整的目标

近年来，国际油价持续上涨，乙烯氧氯化法生产 PVC 成本大幅上升，电石法生产 PVC 显示出相对的成本优势。预计在今后一段时期里，电石法仍是我国 PVC 的主要生产工艺，电石法生产 PVC 对电石的需求比重还有可能继续上升。因此，“十一五”期间，要综合运用经济、法律和必要的行政手段，加快电石行业结构调整，提升行业总体水平。

电石行业结构调整的目标：一是彻底关闭和淘汰 5000 千伏安以下（1 万吨/年以下）电石炉及开放式电石炉、排放不达标的电石炉。二是严格控制新上电石项目，通过三年努力，使生产能力与市场需求相适应。三是加强排放控制和污染治理，电石生产企业各项污染物排放要达到环保要求；四是强化准入管理，发展大型、现代化的电石生产装置，优化行业结构，提高行业整体技术水平和产业集中度。

三、主要政策措施

（一）加强行业统筹规划。东部沿海地区和能源、资源比较匮乏的地区原则上禁止新建电石生产项目。新建和改扩建电石项目必须符合《电石行业准入条件》，环境保护管理部门要严格进行环评审批。特别是内蒙古、山西、宁夏、四川、陕西、甘肃等主要电石产区要全面贯彻落实科学发展观，根据本地区资源、电力、交通、环境的承载能力，统筹制定包括发展总量、地区布局、企业规模、装备水平、综合利用、污染治理等内容的电石行业发展规划，合理调整布局，扶持一批优势企业，淘汰落后生产能力，优化产业结构。

（二）严格行业准入管理。对新建和改扩建的电石项目，地方有关部门在进行投资管理、环境评价、土地供应、信贷融资、电力供给等审核时，要以《电石行业准入条件》为依据，严格把关，对不符合准入条件的新建、改扩建项目，国土资源管理部门不予办理土地使用手续，环保部门不得办理环保审批手续，金融机构不得提供信贷支持，电力供应部门不得提供电力供应。对现有电石生产企业，各级政府部门要引导和促进当地电石企业的联合重组，集中建设和经营，统筹建设排放处理和资源综合利用设施，延长产业链，发展循环经济。支持大型PVC生产企业通过兼并改造的方式，在有资源优势的中西部地区建立大型电石生产基地，进行规模化、集约化生产，提高企业的生产管理水平。2006年，按照《电石行业准入条件》对现有电石生产企业的工艺装备、能源消耗和资源综合利用、环境保护等各项指标进行全面考核，并以国家发展改革委公告方式向社会公布符合《电石行业准入条件》的企业名单。

（三）坚决淘汰落后能力。各地政府部门要认真贯彻《国务院关于加快推进产能过剩行业结构调整的通知》（国发［2006］11号）和《国务院关于发布实施〈促进产业结构调整暂行规定〉的决定》（国发［2005］40号）精神，严格执行国务院和国家有关部门关于电石行业清理整顿的各项要求，立即关闭和淘汰5000千伏安以下（1万吨/年以下）电石炉及开放式电石炉、排放不达标的电石炉。对必须淘汰的生产设备进行废毁处理，防止死灰复燃。

（四）强化价格和税收等经济手段和经济杠杆。一是对电石行业执行国家差别电价政策，进一步研究制定针对不同规模、不同工艺装备的企业实行差别电价的具体措施。坚决取消各地自行出台的优惠电价政策，对5000千伏安以下（1万吨/年以下）电石炉及开放式电石炉用电加收0.05元/kwh。二是国家发展改革委、环保总局将会同有关部门研究调整排染费征收政策，加大排污处罚力度。三是加强许可证管理。对淘汰类和不符合《电石行业准入条件》的电石生产企业，质量监督部门不得发放《工业产品生产许可证》，安全监管部门不得发放危险化学品生产企业安全生产许可证，环境保护管理部门不得发放排污许可证。

（五）建立长效监管机制。各省（区、市）人民政府、有关部门要建立长效监督管理机制，加强日常监管。环保、质量监督、工商、安全监管等部门要依据各自职责将《电石行业准入条件》规定的相关条件，纳入监督检查的范畴。对恢复建设和新建项目中采用国家产业政策明令淘汰的设备，要立即取缔。对生产设备不能规范运行、工艺消耗和污染物排放等相关指标不能达到规定标准的企业，要限期整改。巩固清理整顿成果，防止反弹。

（六）加强信息引导和行业自律。有关行业协会要充分发挥对行业的指导、协调和自律作用，宣传国家产业政策，贯彻行业准入条件，汇集和发布行业生产、技术和市场信息，引导企业合理经营，推广新技术，指导企业进行整改，约束企业行为，促进行业健康、稳定和可持续发展。

国家发展改革委
国 土 资 源 部
质　检　总　局
环　保　总　局
安全监管总局
银　　监　　会
电　　监　　会

二〇〇六年四月二十一日

关于加快纺织行业结构调整促进产业升级若干意见的通知

（发改运行［2006］762号）

各省、自治区、直辖市、新疆生产建设兵团发展改革委、经贸委（经委）、财政、科技、劳动和社会保障、农业、商务、中国人民银行上海总部、各分行、营业管理部、省会（省府）城市中心支行、国税、地税、质检、环保厅（局）：

近年来，我国纺织行业快速发展，国际竞争力明显增强。但资源、环境和贸易摩擦等制约因素加剧，行业结构性矛盾日渐突出。为保持我国纺织行业持续健康发展，现就加快纺织行业结构调整，促进产业升级的有关意见通知如下。

一、纺织行业加快结构调整和产业升级意义重大

“十五”时期是我国纺织行业快速发展的五年。2005 年，我国纺织纤维加工量 2690 万吨，比“九五”末增长近 1 倍，占全球纤维加工量的 36%以上。纺织品服装出口 1175 亿美元，比“九五”末增长 1.3 倍，占全球纺织品服装贸易额的 24%左右。同时，纺织产业结构有所改善，国际竞争力明显增强，运行质量和效益逐年提升，市场优胜劣汰机制已经形成。纺织行业在增加就业、工业反哺农业、改善人民生活和促进经济发展等方面做出了积极贡献。

随着产业规模的扩大和市场需求的变化，国际竞争更加激烈，资源、环境约束进一步加剧，行业长期积累的深层次问题日渐突出。一是自主创新能力不足。全行业研发投入不足销售收入的 1%，高新技术和高端纺织设备大部分依赖进口；品牌设计和自主营销能力薄弱，产品出口主要是贴牌加工，自主品牌进入国际市场刚刚起步。二是结构性矛盾突出。化纤常规产品产能增长较快，而功能性、差别化纤维供应不足，配套原料发展滞后；在衣着、家用和产业用三大纺织产品中，劳动密集的服装加工竞争激烈，技术含量较高的产业用纺织品比重较低；企业小而散，市场竞争力不强，大型企业普遍缺少核心技术和跨国配置资源能力；中西部差距依然较大。三是资源、环境约束对产业发展形成较大制约。棉花、化纤原料缺口不断加大；纺织用水量已居制造业前列，而水的重复利用率却落后于制造业平均水平；污染物超标排放现象依然存在。四是市场竞争不规范。由于劳动保障、环保等法律法规执行不平衡，造成了不同地区、不同企业间的不公平竞争，既加剧了部分地区低水平产能的扩张和原料供求矛盾，也影响了优势企业竞争力的发挥。

面对国内外新挑战和行业结构性矛盾，当前大力推进纺织结构调整、转变增长方式、促进产业升级，意义十分重大。不仅是进一步巩固和发挥我国纺织行业竞争优势，保持纺织行业持续健康发展的需要，也是落实科学发展观，促进我国产业结构优化升级，实现经济社会和谐发展的重要内容。

二、纺织结构调整的指导原则和主要目标

“十一五”是全面建设小康社会承前启后的关键时期，纺织行业在我国社会经济发展中将继续发挥不可替代的作用。国内外经济的稳步增长为我国纺织行业发展提供了新机遇，资源环境约束和贸易摩擦等因素增加了行业调整升级的内在动力，科学发展观的全面落实，为纺织行业加快结构调整和产业升级创造了良好的宏观环境。

纺织行业要紧紧抓住当前的战略机遇期，坚持以科学发展观为统领，按照国家关于“十一五”期间加快结构调整、促进产业升级的总体要求和原则，全面推进技术进步，加快自主创新，充分发挥市场配置资源的基础性作用和产业政策的导向作用，规范市场竞争环境，转变经济增长方式，努力实现由纺织大国向纺织强国的转变。

（一）结构调整的主要原则

1. 充分发挥市场机制作用。纺织行业市场化程度高、竞争充分，要充分发挥市场配置资源的基础性作用，鼓励竞争，促进优胜劣汰。

2. 着力提高自主创新能力。要巩固、发挥和提升纺织行业现有的竞争优势，加快发展先进工艺、技术和产品。通过创新发展、淘汰落后能力，实现结构优化和产业升级。

3. 综合运用经济、法律和必要的行政手段。加强产业政策引导、信贷政策调节和财税政策支持，全面执行劳动保障、环保、资源节约、税务等法律法规和相关技术标准，规范市场竞争环境，

引导产业健康发展。

（二）结构调整的主要目标

到“十一五”末，纺织纤维加工总量达到3600万吨，比“十五”末增长35%左右；人均劳动生产率提高60%以上；万元增加值的能源消耗下降20%；吨纤维耗水下降20%。行业科技创新能力明显增强，拥有一批具有自主知识产权的关键技术和国际影响力的知名品牌；产业集中度进一步提高，形成若干具有较强国际竞争优势和影响力的大型企业和企业集团。

（三）结构调整的重点

1. 加快技术结构调整，提高产品附加价值。一是加强对高技术、功能性、差别化纤维和纺织先进加工技术、清洁生产技术以及行业关键设备的研究开发，使重点纺织加工技术和装备制造达到国际先进水平；二是加快企业ERP、电子商务平台和在线控制等技术的研究推广，提高企业信息化水平和市场快速反应能力；三是加强上下游产业链整合和产学研结合，创新经营模式，提高我国企业在国际纺织品服装供应链中的地位，提高产品附加值。

2. 加大原料结构调整，实现原料的多元化。一是加快PX、MEG、CPL等化纤原料建设，提高化纤原料自给率；二是加大对麻、毛、竹等非棉天然纤维及新溶剂粘胶、聚乳酸等再生资源纤维的研发和产业化推广；三是开展废旧聚酯及再生纤维的回收开发利用，提高天然及再生资源类纤维使用比重。

3. 加快重点行业调整，推进结构优化。一是继续拓宽纺织产品应用领域，大力发展医用、汽车用、建筑和过滤材料等产业用纺织品，培育纺织新的增长点；二是加大化纤行业结构调整，大力开发化纤的功能性、差别化纤维，到2010年化纤差别化率由目前的30%提高到40%；三是重点发展棉纺高支纱、精梳纱和特种纱线，扩大非棉纤维使用范围，使无接头纱、无梭布比重由“十五”末的50%左右提高到70%，高档服装面料自给率进一步提高。

4. 提高纺织资源利用效率，减少环境污染。推进纺织清洁生产和节能降耗，提高资源利用效率，到2010年，单位产值纤维使用量下降20%，吨纤维耗水下降20%。加大染整、化纤等行业废水、废气污染治理力度，减少污染物排放量，做到稳定达标排放，实现环境与社会的协调发展。

5. 大力推进自主品牌建设，创建具有国际影响力的自主知名品牌。重点支持、大力培育一批在品牌设计、技术研发、市场营销渠道建设方面的优势企业；鼓励创建具有公共属性的行业品牌、区域品牌，力争到2010年形成若干个具有国际影响力的自主知名品牌，使纺织服装自主品牌产品出口比重有明显提高。

6. 推进企业组织结构调整，提高产业集中度。一是以市场为导向，扶优扶强，加快产业整合，推动企业兼并重组，提高产业集中度；二是大力推进国际化经营，鼓励有条件的纺织企业“走出去”，充分利用两种资源、两个市场，形成一批具有全球资源配置能力的跨国企业集团；三是引导中小企业的产业集聚，促进产业集群综合竞争力的提升。

7. 促进东中西部协调发展，优化行业区域布局。沿海地区和中心城市适度控制棉纺、化纤常规产品产能的扩张，重点在时尚品牌、研发设计、市场控制力等方面有所突破；中西部地区充分利用劳动力、原材料和土地等方面的资源优势，发展与东部配套的劳动密集型加工制造业，承接来自中心城市、沿海地区以及国外的产业转移，形成各具特色、比较优势明显的梯度产业格局。

三、促进纺织结构调整和产业升级的有关政策措施

（一）大力推进纺织技术进步。落实激励企业技术创新的财税政策，引导企业和社会资金增加科技研发投入，支持企业建立技术研发中心，增强纺织企业自主创新能力。重点支持纺织新材料、清洁生产技术、高附加值生产技术和关键设备的研发和产业化，支持产业集群区公共服务平台建设，支持纺织行业自主品牌建设。调整纺织机械进口关键零部件的税收政策，提高国内纺织机械

整机的竞争力。支持纺织企业加强产品设计、提高产品质量、开拓市场，研究适当提高企业广告费税前扣除比例的政策。

（二）认真执行国家产业政策。严格执行国务院关于促进产业结构调整的暂行规定，各级政府及职能部门对列入《产业结构调整指导目录》鼓励类纺织项目，要继续给予支持；对限制和淘汰类纺织项目，要严格控制，禁止投资；对淘汰类纺织工艺设备，要加快淘汰，禁止转移。严格执行对新建聚酯项目的核准和纺织项目的登记备案制度，防止低水平产能的扩张。各金融机构要根据产业政策和信贷原则，合理配置信贷资金，积极支持纺织结构调整，有效防范信贷风险。

（三）支持发展纺织原料。在保证国家石油安全的前提下，加快纺织原料建设项目的核准，提高纺织原料的生产配套能力。将提高资源利用效率、节能降耗和废旧聚酯及再生纤维的回收开发纳入纺织行业发展循环经济的重点。加大对棉花科研、生产的政策支持力度，适当扩大优质棉区种植面积，努力提高棉花质量和单产水平。

（四）加强信息引导与预警体系建设。建立纺织重点行业和企业的动态跟踪制度，整合现有的数据资源，建立共享信息平台以及政府、银行和企业间的信息快速通道，适时发布投资动态、市场供求及行业运行等方面的信息，加强产业引导和预警。

（五）规范市场竞争环境。劳动保障、环保、税务等部门要加强对纺织企业遵守劳动法、环保法和税法情况的监督检查，营造公平竞争的市场环境。抓紧制修订纺织能耗、水耗和相关技术标准，提高市场准入的门槛。鼓励纺织行业推广企业社会责任管理体系（CSC9000T），推进落实企业社会责任。

（六）充分发挥行业协会作用。支持行业协会等中介组织开展行业自律、落实企业社会责任、国际合作交流、组织境外投资和企业培训等活动，充分发挥其在产业发展中的引导和服务功能。

纺织行业结构调整是一项长期而艰巨的任务，各地区要高度重视，加强领导，结合实际，制定本地区纺织行业结构调整的实施方案和配套措施。有关部门要各司其职，密切配合，认真落实推进纺织结构调整的各项政策措施，加强对地方和行业的指导。

国家发展改革委
财　　政　　部
科　　技　　部
劳 动 保 障 部
农　　业　　部
商　　务　　部
中国人民银行
国家税务总局
国家环保总局
国家质检总局

二〇〇六年四月二十九日

关于印发《ISO14000国家示范区管理办法》的通知

（环发〔2006〕68号）

各省、自治区、直辖市环境保护局（厅），解放军环境保护局，新疆生产建设兵团环境保护局：

为贯彻落实《国务院关于落实科学发展观加强环境保护的决定》和第六次全国环境保护大会精神，推进资源节约型、环境友好型社会建设，提高我国区域环境管理水平，我局组织制定了《ISO14000 国家示范区管理办法》及其配套文件，现印发给你们，自 2006 年 9 月 1 日起施行。

附件：ISO14000 国家示范区管理办法

二〇〇六年五月十七日

附件：

ISO14000国家示范区管理办法

总　则

一、为提高区域环境管理水平和环境管理的有效性，建立环境保护长效机制和自我约束机制，规范ISO14000国家示范区申报、创建、验收、审批、命名和后续管理，特制定本办法。

二、本办法所指区域：

（一）地、县级及以下行政区域（以下简称“城区”）；

（二）省级以上（含省级）经济技术开发区、高新技术产业开发区、出口加工区、保税区、工业园区等（以下简称“园区”）；

（三）省级以上（含省级）风景名胜区等（以下简称“景区”）。

上述地区在达到《ISO14000国家示范区创建标准及评价方法》（附一）后可申请创建ISO14000国家示范区。

三、本办法适用于ISO14000国家示范区的申报、创建、验收、审批、命名和后续管理等。

四、ISO14000国家示范区创建原则：

（一）自愿性原则；

（二）示范性原则；

（三）辐射性原则；

（四）创新性原则。

申　报

五、ISO14000国家示范区由区域管理机构申报，经所在省级环境保护行政主管部门审查后，上报国家环境保护总局。高新技术产业开发区、风景名胜区也可经科技部、建设部推荐。

六、ISO14000国家示范区的申报条件

（一）有负责环境管理体系建立和实施的环境管理机构，各级组织环境管理职责明确；

（二）已经按照ISO14001标准的要求建立环境管理体系，通过认证并持续有效运行6个月以上；

（三）区域内15%以上工业污染企业建立了ISO14001环境管理体系；

（四）按全过程管理原则制定环境管理、污染预防、清洁生产、循环经济、节能降耗、废物利用、绿色采购等方面的措施和激励政策；

（五）建立突发性生产安全、自然灾害、环境污染事故应急措施、演练人员培训制度，区域内相关组织和人员的环境意识普遍提高，自觉参与环境管理体系的实施。

七、ISO14000国家示范区申请材料包括：

（一）ISO14000国家示范区申请函；

（二）省级环境保护行政主管部门的推荐意见；

（三）ISO14000国家示范区创建工作报告和技术报告（编写纲要见附二）。

八、申报程序

（一）申报单位将申报材料送省级环境保护行政主管部门提出推荐意见；

（二）省级环境保护行政主管部门将申报材料和推荐意见报送国家环境保护总局。

九、ISO14000省级示范区如符合条件，也可按上述程序申报国家级示范区。

创　建

十、申请ISO14000国家示范区的区域，应按ISO14001标准和ISO14000国家示范区创建标准的要求，制定环境管理方针和目标，建立环境管理体系，明确环境管理职责，编制环境管理体系文件，建立运行监控机制，确保环境管理体系有效运行。

区域内相关组织积极建立ISO14001环境管理体系并申请认证。

十一、做好区域环境影响评价工作，编制区域环境规划并得到有效实施。

十二、做好环境保护基础设施建设工作，区

域内产生的废水、废气、固废（含危废）应有相应的处理设施或管理措施；形成一定的生态工业体系；区域各相关组织建立绿色消费、绿色采购制度；降低物耗，节能、节水、节电、废物利用措施齐全。

十三、做好区域内企业的监督管理工作，严格落实建设项目环境影响评价、“三同时”、污染物排放总量控制等环境管理制度。针对企业生产过程中可能产生的安全、环境污染突发性事故的不同特性，采取相应的预防处理处置措施，并建立响应机制。

十四、建立健全环境监测网络体系，加强区域环境质量和污染物排放监测，建立定期发布区域内排污企业污染物排放及区域环境质量状况监测信息制度，环境质量保持良好并持续改善。

十五、做好环境宣传教育及培训工作，提高公众环保意识。定期征求公众对区域内环境管理、环境质量的意见和建议，鼓励公众参与环保活动和监督工作，努力构建和谐区域。

十六、建立环境管理体系实施过程档案管理制度。

验　收

十七、验收

（一）国家环境保护总局对申请材料进行形式审查，材料合格的区域组织现场检查，材料不合格的按要求补报相应材料。

（二）经现场检查认为基本符合创建条件的，组织专家验收组，进行现场验收。

（三）验收组由以下人员组成：

1. 国家环境保护总局及申请单位所在地区省、市环境保护部门的有关人员；

2. 相关部委的有关人员；

3. 环境管理体系认证方面的专家。

十八、验收内容和方式

按《ISO14000 国家示范区创建标准及评价方法》的规定进行。

十九、验收程序

现场验收按以下程序进行：

（一）听取区域创建 ISO14000 示范区工作情况汇报；

（二）材料审核与现场检查：对照创建标准对有关材料（含工作报告、技术报告、建立环境管理体系及实施过程的档案记录材料）进行审核；并随机抽取重点污染企业和市政设施、环境污染治理设施、监测系统等进行实地检查；就检查中发现的问题和现场验收初步意见与创建单位负责人交换意见；

（三）向创建单位宣布现场验收意见。

二十、通过验收的区域，报国家环境保护总局审批；验收未通过的区域，一年后方可再次提出验收申请。

审批与命名

二十一、国家环境保护总局科技司对验收材料进行初审，并将拟批准的 ISO14000 国家示范区及基本情况在国家环境保护总局网站和当地主要媒体上公示十五天，向社会征求意见。

二十二、经公示无异议的，报主管副局长批准，对其命名并授牌。有异议的，委托所在省级环境保护部门监督整改，并将整改完成情况报送国家环境保护总局。整改后符合创建条件的，再次公示，不符合整改要求的不予命名。

二十三、ISO14000 国家示范区的命名方式为“ISO14000 国家示范区”。

二十四、获得 ISO14000 国家示范区称号的区域，每年底应在本单位网站上公布其环境管理、环境建设、环境绩效方面的信息。获得 ISO14000 国家示范区的区域可在招商、宣传等活动中使用 ISO14000 国家示范区称号。

后续管理

二十五、ISO14000 国家示范区每年须进行工作总结，并由所在省级环境保护部门进行现场检查，省级环境保护部门将检查结果和示范区年度工作总结（总结内容参照附二）报送国家环境保护总局。

二十六、国家环境保护总局每三年对示范区进行一次考核复查（考核复查内容及程序参照附三）。

二十七、对出现以下情况之一的示范区，国家环境保护总局责成其限期整改，限期整改后仍不符合验收标准要求的，由国家环境保护总局取消命名：

（一）体系运行失效或到期没有接受监督或复评，被认证机构取消认证证书的；

（二）区域环境管理不善，未通过国家环境保护总局复查或所在省级环境保护部门现场检查的；

（三）区域内企业违反国家法律法规要求，造成严重环境影响的；

（四）环境管理不善导致区域环境质量恶化，影响经济和社会协调发展的；

（五）区域内发生严重环境污染事故的；

（六）区域的经济、社会发展水平低于国家和本地区发展水平的。

二十八、对环境管理体系运行好的示范区，经省级环境保护部门建议，报国家环境保护总局批准，可以免于年度检查；对取得突出成效的示范区给予通报表彰和奖励。

二十九、国家环境保护总局每年组织召开ISO14000国家示范区经验交流会，对年度工作取得的成效和经验进行横向交流；组织相关单位对受到表彰和奖励的示范区进行现场观摩学习；每年组织一次新闻发布会，将ISO14000国家示范区建设的成效和经验向社会公布，并组织多种媒体对示范区建设经验和成效进行宣传和推广；不定期组织ISO14000国家示范区的国际交流和研讨会。

其　他

三十、本办法自2006年9月1日起施行，原《创建ISO14000国家示范区实施办法》同时废止。

三十一、各省级环境保护部门可依据本办法制定省级ISO14000示范区管理办法，并开展省级ISO14000示范区创建工作。

关于废止、修改部分规章和规范性文件的决定

（国家环境保护总局2006年第5次局务会议审议通过　2006年6月5日发布）

根据《中华人民共和国行政许可法》第十七条和第二十条的规定，我局决定对《环境工程设计证书管理办法》等9件规章和规范性文件予以废止或者修改：

一、废止的规章和规范性文件

1.《环境工程设计证书管理办法》（1995年2月6日国家环境保护局令第15号，1999年7月12日国家环境保护总局令第6号修订）

2.《有机食品认证管理办法》（2001年6月19日，国家环境保护总局令第10号）

3.《关于同意成立全国饮品企业环境质量管理审核委员会的批复》（1996年8月30日，国家环境保护局环人〔1996〕714号）

4.《关于发布〈中国环境管理体系咨询机构备案暂行管理规定〉的通知》（1998年4月8日，国家环境保护总局环发〔1998〕12号）

5.《关于印发〈环境保护产品检验机构资质认可管理规定〉的通知》（1999年4月6日，国家环境保护总局环发〔1999〕89号）

6.《关于贯彻〈机动车排放污染防治技术政策〉有关事项的通知》（1999年7月23日，国家环境保护总局环发〔1999〕166号）

7.《关于开展清洁生产审计机构试点工作的通知》（2001年9月21日，国家环境保护总局环发〔2001〕154号）

8.《关于开展服务性室内环境检测机构资质试点工作通知》（2001年10月19日，国家环境保

护总局办公厅环办〔2001〕120号）

二、决定予以修改的规范性文件

《关于开展排放口规范化整治工作的通知》（1999年1月23日，国家环境保护总局环发〔1999〕24号）

修改内容：删除第七条。

关于钢铁工业控制总量淘汰落后加快结构调整的通知

（发改工业［2006］1084号）

各省、自治区、直辖市、计划单列市、新疆生产建设兵团发展改革委（计委）、经贸委（经委）、商务厅、国土资源厅（局）、环保局，海关总署广东分署、天津、上海特派办，各直属海关，质监局、人民银行各分行（营业管理部）、各省会（首府）城市中心支行，银监会各监管局，国家政策性银行，国有独资商业银行、股份制商业银行：

根据国务院《关于加快推进产能过剩行业结构调整的通知》（国发〔2006〕11号）的有关部署，现将钢铁工业控制总量、淘汰落后、加快结构调整的实施要求通知如下：

一、充分认识钢铁工业产能过剩的严峻形势

钢铁工业是国民经济的重要原材料产业。改革开放以来，我国钢铁工业取得了长足发展，已成为世界上最大的钢铁生产和消费国，为国民经济持续、稳定、健康发展作出了重要贡献。值得注意的是，钢铁工业在快速增长的同时，由于受体制和机制不完善的影响，粗放型特征非常明显，近两年来，盲目投资问题尤其突出。为加强对钢铁等行业的宏观调控，国务院印发了《国务院办公厅转发发展改革委等部门关于制止钢铁电解铝水泥行业盲目投资若干意见的通知》（国办发［2003］103号），及时召开了电视电话会议，进行研究部署，发改委、国土、金融、环保、质检等各部门密切协作，完善调控措施，控制土地、金融两个闸门效果开始显现；经国务院审议批准，国家发展改革委发布了《钢铁产业发展政策》，具体明确了钢铁工业结构调整任务和方向。总体上看，这一轮宏观调控对抑制钢铁工业盲目发展发挥了重要作用，并取得了积极成效。一是投资增长幅度明显回落。钢铁工业投资由2003年增长92.6%回落到2005年27.5%，与全国固定资产投资增长27.2%的幅度基本持平；二是钢材需求过快增长的势头明显减弱。钢材表观消费量增幅由2003年的28%回落到2005年的22%；三是产品结构不断改善。2005年钢材板带比已达38.56%，比2003年提高4.56个百分点；四是企业兼并重组加快。鞍钢与本钢，武钢与鄂钢，唐钢与宣钢、承钢等企业联合标志着我国钢铁工业重组迈出了重要的一步；五是淘汰落后产能初见端倪。受去年下半年大部分钢材价格跌破成本的市场压力，一些技术、设备落后的钢铁企业已开始停产、半停产；部分地方，如河南省政府已根据环保等法律法规关闭了部分污染严重的落后产能。尽管钢铁工业宏观调控取得了一些成效，但盲目扩张累积的问题已十分突出，一些地方和企业还在继续上新项目，产能过剩的矛盾在进一步加剧，其后果正在显现。具体表现在：

一是产能过剩的矛盾十分突出。2005年底已形成炼钢能力4.7亿吨，还有在建能力0.7亿吨、拟建能力0.8亿吨，如果任其全部建成，届时，我国炼钢产能将突破6亿吨。而2005年钢表观消费量在3.5亿吨左右，即使考虑到未来钢材需求的增长，供求也是严重失衡的。严重短缺的一些钢材品种，如不锈钢，也出现了产能过剩的问题。在市场已经过剩的情况下，不少企业仍在违规盲目上新项目，2003年以后新增的炼钢产能中，经国家发展改革委、环保总局、国土资源部核准的项目产能不足全部新增产能的20%，绝大部分产能未经核准、环评和科学论证。

二是资源供给和环境容量难以支撑。目前，我国钢铁工业所用的铁矿石已有50%以上来自进口，全球新增铁矿石量的90%以上用于我国的消费，受此影响，2005年进口铁矿石价格上涨71.5%，今年还有进一步上涨的压力；2004年钢铁工业耗能近3亿吨标准煤，占全国能耗总量的15%，耗新水近40亿吨，占工业耗新水总量的14%，运输量10亿吨，占全社会货运量的6%。而钢铁工业增加值仅占GDP的3.14%；钢铁工业粉尘年排放量约120万吨，占工业排放量的14%，钢铁企业已成为许多地方的主要污染源，引起了人民群众的强烈不满，也是政协和人大代表比较集中关注的问题之一。因此，无论是资源供给还是环境容量，均不允许钢铁工业粗放型发展下去了。

三是低水平产能占相当比重。在2004年末形成的4.2亿吨钢产能中，落后的300立方米及以下的小高炉能力约1亿吨，20吨及以下的小转炉和小电炉能力5500万吨，分别占总能力的27%和13.1%。这部分落后产能，规模小、效率低、污染重、无综合利用设施，单位能耗通常要比大型设备高出10%～15%，物耗高出7%～10%，二氧化硫排放量高3倍以上，粉尘、煤气超标排放，对周边生态环境构成严重威胁。

四是行业恶性竞争已经出现。2005年9月下旬以来，在钢材价格出现全面下跌，原材料价格居高不下，95%的钢材产品价格跌破成本，企业产成品资金占用增长50%，钢铁工业整体走向微利甚至亏损的形势下，相当多的企业仍在继续增产，加剧了市场供大于求的矛盾。

五是产业集中度进一步下降。由于我国钢铁企业数量增长过快，钢铁工业总体规模迅速扩张，产业集中度不升反降。2005年我国69家重点统计企业钢产量占全国的79.81%，比上年下降了3.71个百分点。

上述问题，如不及时加以解决，资源、能源、运输和环境矛盾将进一步加剧，并引发市场恶性竞争，国际贸易摩擦，企业亏损面扩大，一些企业将被迫停产，失业人数增加，银行呆坏账扩大等，我国钢铁工业有可能再次丧失由大到强转变的重要战略机遇。

二、抓住机遇，审时度势，明确目标，稳妥调控

当前，随着科学发展观的深入人心，各地区和钢铁企业已感受和认识到过度投资的危害和后果，提高了转变增长方式和加快结构调整紧迫性的认识。钢材供需形势的变化，为钢铁工业结构调整带来了市场压力，国务院通过的钢铁产业发展政策，对钢铁行业结构调整提出了具体要求。目前，钢铁工业正处于结构调整有压力、发展有动力、宏观调控有政策的有利时机，要抓住和利用好这一机遇，把控制总量、淘汰落后和调整结构作为当前和今后一个时期钢铁工业发展的重要任务，作为转变增长方式、实现单位国内生产总值能耗下降20%的重要举措加以推进。要清醒地认识到，早调整、主动调整比晚调整、被动调整对钢铁工业造成的损失少，对社会震动小，更有助于钢铁工业增长方式的转变。

（一）结构调整目标

严格控制钢铁工业新增产能，加快淘汰落后生产能力，“十一五”期间，淘汰约1亿吨落后炼铁能力，2007年前淘汰5500万吨落后炼钢能力等，2006年淘汰落后产能工作要取得实质性进展；钢铁工业布局不合理的局面得到改善，结合城市钢厂搬迁和淘汰落后产能，建成曹妃甸等沿海钢铁基地；产品结构调整取得进展，主要产品满足国民经济发展需要，2010年板带比达到50%；加快兼并重组，产业集中度有所提高，形成2～3个3000万吨级、若干个千万吨级的具有国际竞争力的大型钢铁企业集团，国内排名前10位的钢铁企业集团钢产量占全国的比例达到50%以上。

（二）结构调整需要把握的原则

1. 坚持市场机制为主，严格执行法律法规。钢铁工业具有市场竞争性强、全球资源配置的特征，在充分发挥市场机制对钢铁工业结构调整的推动和基础性作用的同时，要采取有效的经济手段，严格执行土地、信贷、环保等法律法规。宏观调控是完善和发挥市场机制、顺利实现优胜劣

汰的必要措施。

2. 坚持区别对待，分类指导原则。要根据不同地区、不同企业的实际情况，按照钢铁产业政策和规划的要求，有保有压，坚持总量调控和结构调整相结合，扶优与汰劣相结合，兼并重组与关停相结合，现有企业改造与搬迁相结合。

3. 注重平稳发展，防止大起大落。为确保钢铁工业控制总量、淘汰落后、结构调整的顺利进行，需要一个相对稳定的环境，既要抓住当前有利时机，坚决推进，又要把握力度和节奏，以最小的代价，换取明显的成效，特别要避免出现因钢铁工业大的滑坡等不稳定因素，而影响和动摇结构调整正常进行的被动局面。因此，在目前比较脆弱的市场形势下，要审时度势，把握宏观调控的力度，当前首先要不放松现有政策的执行力度。

4. 注意标本兼治，建立长效机制。在着力对钢铁工业控制总量、淘汰落后能力的同时，要研究解决和消除钢铁工业粗放型发展的体制性因素，推动相应的体制改革，建立有助于钢铁工业健康发展的长效机制，避免再度出现反弹。

三、采取有力措施，务求控制总量、淘汰落后和结构调整取得实效

钢铁工业控制总量和淘汰落后，是“十一五”期间结构调整的一项重要任务，为顺利完成上述任务，要继续加强和改善宏观调控，采取以下具体措施：

（一）严格执行法律法规和钢铁产业发展政策

国家制定颁发的一系列保护环境、安全生产法律和国务院常务会议通过的《钢铁产业发展政策》等，对控制总量、淘汰落后能力、加快结构调整都提出了具体要求。贯彻落实法律法规和钢铁产业发展政策，是发改委、金融、土地、环保、质检、商务等行政主管部门的重要职责。对于违反法律法规和钢铁产业政策的企业或项目，金融机构不提供任何形式的信贷支持；国土资源管理部门不予办理用地手续；环保管理部门不受理其环境影响评价文件；商务部门不予批准其合同和章程，不发放外商投资企业证书；质检部门不发放生产许可证或依法收回生产许可证；证监会不允许其在境内外证券市场上募集资金；项目审批部门不予出具项目确认书；海关不予减免进口设备的关税和进口环节增值税；工商、税务部门不予登记；设计部门不提供设计；物价部门及水、电供应单位，要研究制定差别水价、电价政策，对能耗高、污染重、装备水平低的落后钢铁企业，提高其用水、用电价格，并报国家有关部门备案。各部门要根据产业政策，结合部门职能，制定具体配套办法。

（二）严格控制钢铁工业生产能力

一是依法把违规项目停下来。各地发改委（计委）、经贸委（经委）对未经科学论证、用地手续不合法和缺少环保审批手续，违规建设的钢铁项目，应立即停建，并进行清理整顿和依法予以处理。对符合产业政策的项目要按程序核准；对不符合产业政策的在建能力，尤其是产业政策明令禁止建设和限期淘汰的工艺装备，要采取强有力的果断措施，令其停建。二是对国办发［2003］103号文件下发后仍继续违规审批和建设的项目，各部门要按照有关规定，从严查处。各地区要认真开展对钢铁企业土地使用情况、金融、环保和项目审批进行一次自查，由各省市发改委（计委）、经贸委（经委）牵头，将自查结果和处理意见于2006年7月31日前上报国家各有关部门。三是严把项目准入关。投资主管部门严格按照钢铁产业政策规定的技术、资金、资源消耗、能耗、水耗、土地和环保等方面的准入标准，严格市场准入。原则上不批准新建钢铁企业，个别结合搬迁、淘汰落后的项目也要从严掌握。

（三）淘汰落后生产能力

按照《大气污染防治法》、《水污染防治法（96修正）》、《固体废物污染环境防治法（2004年修订）》、《清洁生产促进法》和《安全生产法》以及《钢铁产业发展政策》、《产业结构调整指导目录》（2005年本）等现行的有关法律法规，关闭一批浪费资源、污染环境和不具备生产条件的落后生产能力。2007年前重点淘汰200立方米及以

下高炉、20 吨及以下转炉和电炉的落后能力；2010 年前淘汰 300 立方米及以下高炉等其他落后装备的能力。对列入淘汰目录的装备，不得进行转让、变卖，金融机构要慎贷，环保部门要加强排污监控，质检部门要加强质量检查；在能源、水、电供应、流动资金贷款、铁矿等资源配置方面也要采取相应措施，不支持污染严重、能耗高、属于应淘汰的落后生产企业；地方可根据实际情况，采取差别电价、水价等经济手段，促其尽快淘汰；国家发展改革委核准钢铁项目将与该地区淘汰落后产能进度挂钩。各地、各部门本着谁审批谁负责的原则，妥善处理淘汰落后能力过程中出现的问题。国家发展改革委将会同土地、金融、环保等部门对重点地区进行检查。

（四）支持企业技术改造和技术创新

要按照钢铁产业发展政策的要求，支持增强自主创新能力，着力提升产业技术水平，改善品种，提高质量，降低消耗，加强综合利用、环境保护和安全生产的项目。继续支持符合钢铁产业政策，对调整结构、改善环境、调整布局方面有重大影响和带动作用的项目。鼓励企业加大技术开发力度，促进清洁生产，开发高质量、节约型、有特色的高附加值产品。对于淘汰企业转产其他符合国家产业政策的项目，土地、金融等方面应给予支持。

（五）推进钢铁企业的联合重组

要按照市场优胜劣汰原则，鼓励有实力的大型企业集团，以资产和资源为纽带，实施跨地区、跨所有制的兼并、联合重组，促进钢铁产业集中度的提高。金融、社保、财税部门要制定鼓励兼并重组的政策，提供必要的方便。联合重组要注重实效，实现企业生产要素的优化组合，提高竞争力。既要防止不顾市场规律的“拉郎配”，也要排除体制障碍，顺应市场要求，推动重组。要巩固鞍本联合的成果，推动鞍本资产、人事和管理的实质性重组；要结合首钢搬迁改造，促进与河北省钢铁企业的联合重组；要总结宝钢与上海冶金企业重组的经验，推动其它大型钢铁企业进行区域内及跨地区的联合重组。

（六）加强行业自律

钢铁工业协会要关心行业发展方向和行业的整体利益，及时发布关系行业健康发展的需求预测、产能变化、落后生产能力等信息，及时与政府、企业进行沟通，形成协调互动的机制，确保各项政策措施落到实处。同时，协会和企业要加强行业自律，统一思想认识，规范行业秩序，避免无序竞争和盲目发展。

（七）加强领导，落实责任

钢铁行业控制总量、淘汰落后和结构调整具有涉及面广、市场性强、政策配套和依法行政的特点，要充分认识到这一工作的重要性、紧迫性、艰巨性和复杂性。各地区，特别是淘汰落后产能任务比较重的地区要统一思想认识，加强领导，责任到人，根据不同情况和地区特点，制定出本地区五年规划和实施方案，摸清落后产能情况，明确重点和进度，于 2006 年三季度前报国家发展改革委，每半年将进展情况上报国务院有关部门。各级政府要高度重视淘汰落后工作，形成地方政府主导，部门配合联动的工作体系。地方经济综合主管部门应当依法向当地政府提出淘汰设备、关停企业的意见，在政府统一组织下，依法实施关闭。与此同时，各地要正确处理改革、发展与稳定的关系，认真解决淘汰落后、结构调整过程中出现的困难和问题，做好人员安置，维护社会稳定。国务院有关部门要密切配合，积极主动，各司其职，及时总结淘汰落后和结构调整的经验，加强对地方的指导。

国家发展改革委
商　　务　　部
国 土 资 源 部
环　保　总　局
海　关　总　署
质　检　总　局
银　　监　　会
证　　监　　会

二〇〇六年六月十四日

环 境 信 访 办 法

（国家环保总局2006年6月24日发布）

第一章 总 则

第一条 为了规范环境信访工作，维护环境信访秩序，保护信访人的合法环境权益，根据《信访条例》和环境保护有关法律、法规，制定本办法。

第二条 本办法所称环境信访是指公民、法人或者其他组织采用书信、电子邮件、传真、电话、走访等形式，向各级环境保护行政主管部门反映环境保护情况，提出建议、意见或者投诉请求，依法由环境保护行政主管部门处理的活动。

采用前款规定形式，反映环境保护情况，提出建议、意见或者投诉请求的公民、法人或者其他组织，称信访人。

第三条 各级环境保护行政主管部门应当畅通信访渠道，认真倾听人民群众的建议、意见和要求，为信访人采用本办法规定的形式反映情况，提出建议、意见或者投诉请求提供便利条件。

各级环境保护行政主管部门及其工作人员不得打击报复信访人。

第四条 环境信访工作应当遵循下列原则：

（一）属地管理、分级负责，谁主管、谁负责，依法、及时、就地解决问题与疏导教育相结合；

（二）科学、民主决策，依法履行职责，从源头预防环境信访案件的发生；

（三）建立统一领导、部门协调，统筹兼顾、标本兼治，各负其责、齐抓共管的环境信访工作机制；

（四）维护公众对环境保护工作的知情权、参与权和监督权，实行政务公开；

（五）深入调查研究，实事求是，妥善处理，解决问题。

第五条 环境信访工作实行行政首长负责制。各级环境保护行政主管部门负责人应当阅批重要来信、接待重要来访，定期听取环境信访工作汇报，研究解决环境信访工作中的问题，检查指导环境信访工作。

第六条 各级环境保护行政主管部门应当建立健全环境信访工作责任制，将环境信访工作绩效纳入工作人员年度考核体系。对环境信访工作中的失职、渎职行为，按照有关法律、法规和本办法，实行责任追究制度。

第七条 信访人检举、揭发污染环境、破坏生态的违法行为或者提出的建议、意见，对环境保护工作有重要推动作用的，环境保护行政主管部门应当给予表扬或者奖励。

对在环境信访工作中做出优异成绩的单位或个人，由同级或上级环境保护行政主管部门给予表彰或者奖励。

第二章 环境信访工作机构、工作人员及职责

第八条 按照有利工作、方便信访人的原则，县级环境保护行政主管部门应当设立或指定环境信访工作机构，配备环境信访工作专职或兼职人员；各省、自治区和设区的城市环境保护行政主管部门应当设立独立的环境信访工作机构。

各级环境保护行政主管部门应当加强环境信访工作机构的能力建设，配备与环境信访工作相适应的工作人员，保证工作经费和必要的工作设备及设施。

各级环境保护行政主管部门的环境信访工作机构代表本机关负责组织、协调、处理和督促检查环境信访工作及信访事项的办理，保障环境信访渠道的畅通。

第九条 各级环境保护行政主管部门应当选派责任心强，熟悉环境保护业务，了解相关的法律、法规和政策，有群众工作经验的人员从事环境信访工作；重视环境信访干部的培养和使用。

第十条 环境信访工作机构履行下列职责：

（一）受理信访人提出的环境信访事项；

（二）向本级环境保护行政主管部门有关内设机构或单位、下级环境保护行政主管部门转送、交办环境信访事项；

（三）承办上级环境保护行政主管部门和本级人民政府交办处理的环境信访事项；

（四）协调、处理环境信访事项；

（五）督促检查环境信访事项的处理和落实情况，督促承办机构上报处理结果；

（六）研究、分析环境信访情况，开展调查研究，及时向环境保护行政主管部门提出改进工作的建议；

（七）总结交流环境信访工作经验，检查、指导下级环境保护行政主管部门的环境信访工作，组织环境信访工作人员培训；

（八）向本级和上一级环境保护行政主管部门提交年度工作报告，报告应当包括环境信访承办、转办、督办工作情况和受理环境信访事项的数据统计及分析等内容。

第三章　环境信访渠道

第十一条 各级环境保护行政主管部门应当向社会公布环境信访工作机构的通信地址、邮政编码、电子信箱、投诉电话，信访接待时间、地点、查询方式等。

各级环境保护行政主管部门应当在其信访接待场所或本机关网站公布与环境信访工作有关的法律、法规、规章，环境信访事项的处理程序，以及其他为信访人提供便利的相关事项。

第十二条 地方各级环境保护行政主管部门应当建立负责人信访接待日制度，由部门负责人协调处理信访事项，信访人可以在公布的接待日和接待地点，当面反映环境保护情况，提出意见、建议或者投诉。

各级环境保护行政主管部门负责人或者其指定的人员，必要时可以就信访人反映的突出问题到信访人居住地与信访人面谈或进行相关调查。

第十三条 国务院环境保护行政主管部门充分利用现有政务信息网络资源，推进全国环境信访信息系统建设。

地方各级环境保护行政主管部门应当建立本行政区域的环境信访信息系统，与环境举报热线、环境统计和本级人民政府信访信息系统互相联通，实现信息共享。

第十四条 环境信访工作机构应当及时、准确地将下列信息输入环境信访信息系统：

（一）信访人的姓名、地址和联系电话，环境信访事项的基本要求、事实和理由摘要；

（二）已受理环境信访事项的转办、交办、办理和督办情况；

（三）重大紧急环境信访事项的发生、处置情况。

信访人可以到受理其信访事项的环境信访工作机构指定的场所，查询其提出的环境信访事项的处理情况及结果。

第十五条 各级环境保护行政主管部门可以协调相关社会团体、法律援助机构、相关专业人员、社会志愿者等共同参与，综合运用咨询、教育、协商、调解、听证等方法，依法、及时、合理处理信访人反映的环境问题。

第四章　环境信访事项的提出

第十六条 信访人可以提出以下环境信访事项：

（一）检举、揭发违反环境保护法律、法规和侵害公民、法人或者其他组织合法环境权益的行为；

（二）对环境保护工作提出意见、建议和要求；

（三）对环境保护行政主管部门及其所属单位工作人员提出批评、建议和要求。

对依法应当通过诉讼、仲裁、行政复议等法定途径解决的投诉请求，信访人应当依照有关法律、行政法规规定的程序向有关机关提出。

第十七条 信访人的环境信访事项，应当依法向有权处理该事项的本级或者上一级环境保护行政主管部门提出。

第十八条 信访人一般应当采用书信、电子邮件、传真等书面形式提出环境信访事项；采用口头形式提出的，环境信访机构工作人员应当记录信访人的基本情况、请求、主要事实、理由、时间和联系方式。

第十九条 信访人采用走访形式提出环境信访事项的，应当到环境保护行政主管部门设立或者指定的接待场所提出。多人提出同一环境信访事项的，应当推选代表，代表人数不得超过5人。

第二十条 信访人在信访过程中应当遵守法律、法规，自觉履行下列义务：

（一）尊重社会公德，爱护接待场所的公共财物；

（二）申请处理环境信访事项，应当如实反映基本事实、具体要求和理由，提供本人真实姓名、证件及联系方式；

（三）对环境信访事项材料内容的真实性负责；

（四）服从环境保护行政主管部门做出的符合环境保护法律、法规的处理决定。

第二十一条 信访人在信访过程中不得损害国家、社会、集体的利益和其他公民的合法权利，自觉维护社会公共秩序和信访秩序，不得有下列行为：

（一）围堵、冲击环境保护行政机关，拦截公务车辆，堵塞机关公共通道；

（二）捏造、歪曲事实，诬告、陷害他人；

（三）侮辱、殴打、威胁环境信访接待人员；

（四）采取自残、发传单、打标语、喊口号、穿状衣等过激行为或者其他扰乱公共秩序、违反公共道德的行为；

（五）煽动、串联、胁迫、以财物诱使、幕后操纵他人信访或者以信访为名借机敛财；

（六）在环境信访接待场所滞留、滋事，或者将生活不能自理的人弃留在接待场所；

（七）携带危险物品、管制器具，妨害国家和公共安全的其他行为。

第五章 环境信访事项的受理

第二十二条 各级环境信访工作机构收到信访事项，应当予以登记，并区分情况，分别按下列方式处理：

（一）信访人提出属于本办法第十六条规定的环境信访事项的，应予以受理，并及时转送、交办本部门有关内设机构、单位或下一级环境保护行政主管部门处理，要求其在指定办理期限内反馈结果，提交办结报告，并回复信访人。对情况重大、紧急的，应当及时提出建议，报请本级环境保护行政主管部门负责人决定。

（二）对不属于环境保护行政主管部门处理的信访事项不予受理，但应当告知信访人依法向有关机关提出。

（三）对依法应当通过诉讼、仲裁、行政复议等法定途径解决的，应当告知信访人依照有关法律、行政法规规定程序向有关机关和单位提出。

（四）对信访人提出的环境信访事项已经受理并正在办理中的，信访人在规定的办理期限内再次提出同一环境信访事项的，不予受理。

对信访人提出的环境信访事项，环境信访机构能够当场决定受理的，应当场答复；不能当场答复是否受理的，应当自收到环境信访事项之日起15日内书面告知信访人。但是信访人的姓名（名称）、住址或联系方式不清而联系不上的除外。

各级环境保护行政主管部门工作人员收到的环境信访事项，交由环境信访工作机构按规定处理。

第二十三条 同级人民政府信访机构转送、交办的环境信访事项，接办的环境保护行政主管部门应当自收到转送、交办信访事项之日起15日内，决定是否受理并书面告知信访人。

第二十四条 环境信访事项涉及两个或两个以上环境保护行政主管部门时，最先收到环境信访事项的环境保护行政主管部门可进行调查，由环境信访事项涉及的环境保护行政主管部门协商受理，受理有争议的，由上级环境保护行政主管部门协调、决定受理部门。

对依法应当由其他环境保护行政主管部门处理的环境信访事项，环境信访工作人员应当告知信访人依照属地管理规定向有权处理的环境保护行政主管部门提出环境信访事项，并将环境信访事项转送有权处理的环境保护行政主管部门；上级环境保护行政主管部门认为有必要直接受理的环境信访事项，可以直接受理。

第二十五条 信访人提出可能造成社会影响的重大、紧急环境信访事项时，环境信访工作人员应当及时向本级环境保护行政主管部门负责人报告。本级环境保护行政主管部门应当在职权范围内依法采取措施，果断处理，防止不良影响的发生或扩大，并立即报告本级人民政府和上一级环境保护行政主管部门。

突发重大环境信访事项时，紧急情况下可直接报告国家环境保护总局或国家信访局。

环境保护行政主管部门对重大、紧急环境信访事项不得隐瞒、谎报、缓报，或者授意他人隐瞒、谎报、缓报。

第二十六条 各级环境保护行政主管部门及其工作人员不得将信访人的检举、揭发材料及有关情况透露或者转给被检举、揭发的人员或者单位。

第六章 环境信访事项办理和督办

第二十七条 各级环境保护行政主管部门及其工作人员办理环境信访事项，应当恪尽职守，秉公办理，查清事实，分清责任，正确疏导，及时、恰当、妥善处理，不得推诿、敷衍、拖延。

第二十八条 有权做出处理决定的环境保护行政主管部门工作人员与环境信访事项或者信访人有直接利害关系的，应当回避。

第二十九条 各级环境保护行政主管部门或单位对办理的环境信访事项应当进行登记，并根据职责权限和信访事项的性质，按照下列程序办理：

（一）经调查核实，依据有关规定，分别做出以下决定：

1. 属于环境信访受理范围、事实清楚、法律依据充分，做出予以支持的决定，并答复信访人；

2. 信访人的请求合理但缺乏法律依据的，应当对信访人说服教育，同时向有关部门提出完善制度的建议；

3. 信访人的请求不属于环境信访受理范围，不符合法律、法规及其他有关规定的，不予支持，并答复信访人。

（二）对重大、复杂、疑难的环境信访事项可以举行听证。听证应当公开举行，通过质询、辩论、评议、合议等方式，查明事实，分清责任。听证范围、主持人、参加人、程序等可以按照有关规定执行。

第三十条 环境信访事项应当自受理之日起60日内办结，情况复杂的，经本级环境保护行政主管部门负责人批准，可以适当延长办理期限，但延长期限不得超过30日，并应告知信访人延长理由；法律、行政法规另有规定的，从其规定。

对上级环境保护行政主管部门或者同级人民政府信访机构交办的环境信访事项，接办的环境保护行政主管部门必须按照交办的时限要求办结，并将办理结果报告交办部门和答复信访人；情况复杂的，经本级环境保护行政主管部门负责人批准，并向交办部门说明情况，可以适当延长办理期限，并告知信访人延期理由。

上级环境保护行政主管部门或者同级人民政府信访机构认为交办的环境信访事项处理不当的，可以要求原办理的环境保护行政主管部门重新办理。

第三十一条 信访人对环境保护行政主管部门做出的环境信访事项处理决定不服的，可以自收到书面答复之日起30日内请求原办理部门的同级人民政府或上一级环境保护行政主管部门复查。收到复查请求的环境保护行政主管部门自收到复查请求之日起30日内提出复查意见，并予以书面答复。

第三十二条 信访人对复查意见不服的，可以自收到书面答复之日起30日内请求复查部门的本级人民政府或上一级环境保护行政主管部门复核，收到复核请求的环境保护行政主管部门自收到复核请求之日起30日内提出复核意见。

第三十三条 上级环境保护行政主管部门对环境信访事项进行复查、复核时，应当听取作出决定的环境保护行政主管部门的意见，必要时可以要求信访人和原处理部门共同到场说明情况，需要向其他有关部门调查核实的，也可以向其他有关部门和人员进行核实。

上级环境保护行政主管部门对环境信访事项进行复查、复核时，发现下级环境保护行政主管部门对环境信访事项处理不当的，在复查、复核的同时，有权直接处理或者要求下级环境保护行政主管部门重新处理。

各级环境保护行政主管部门在复查、复核环境信访事项中，本级人民政府或上一级人民政府对信访事项的复查、复核有明确规定的，按其规定执行。

第三十四条 信访人对复核决定不服的，仍以同一事实和理由提出环境信访事项的，各级环境保护行政主管部门不再受理。

第三十五条 各级环境保护行政主管部门，发现有权做出处理决定的下级环境保护行政主管部门办理环境信访事项有下列情形之一的，应当及时督办，并提出改进建议：

（一）无正当理由未按规定的办理期限办结的；

（二）未按规定程序反馈办理结果的；

（三）办结后信访处理决定未得到落实的；

（四）未按规定程序办理的；

（五）办理时弄虚作假的；

（六）其他需要督办的事项。

第三十六条 各级环境信访工作机构对信访人反映集中、突出的政策性问题，应当及时向本级环境保护行政主管部门负责人报告，会同有关部门进行调查研究，提出完善政策、解决问题的建议。

对在环境信访工作中推诿、敷衍、拖延、弄虚作假，造成严重后果的工作人员，可以向有权做出处理决定的部门提出行政处分建议。

第七章 法律责任

第三十七条 因下列情形之一导致环境信访事项发生、造成严重后果的，对直接负责的主管人员和其他直接责任人员依照有关法律、行政法规的规定给予行政处分；构成犯罪的，依法追究刑事责任：

（一）超越或者滥用职权，侵害信访人合法权益的；

（二）应当作为而不作为，侵害信访人合法权益的；

（三）适用法律、法规错误或者违反法定程序，侵害信访人合法权益的；

（四）拒不执行有权处理的行政机关做出的支持信访请求意见的。

第三十八条 各级环境信访工作机构对收到的环境信访事项应当登记、受理、转送、交办和告知信访人事项的而未按规定登记、受理、转送、交办和告知信访人事项的，或者应当履行督办职责而未履行的，由其所属的环境保护行政主管部门责令改正；造成严重后果的，对直接负责的主管人员和其他直接责任人员依法给予行政处分。

第三十九条 环境保护行政主管部门在办理环境信访事项过程中，有下列行为之一的，由其上级环境保护行政主管部门责令改正；造成严重后果的，对直接负责的主管人员和其他直接责任人员由有权处理的行政部门依法给予行政处分：

（一）推诿、敷衍、拖延环境信访事项办理或者未在法定期限内办结环境信访事项的；

（二）对事实清楚、符合法律、法规、规章或者其他有关规定的投诉请求未给予支持的。

第四十条 各级环境保护行政主管部门及其工作人员在处理环境信访事项过程中，作风粗暴、激化矛盾并造成严重后果的，依法给予行政处分。

违反本办法第二十六条规定，造成严重后果的，对直接负责的主管人员和其他直接责任人员依法给予行政处分；构成犯罪的，移交司法机关追究刑事责任。

违反本办法第三条第二款规定，打击报复信访人，尚不构成犯罪的，依法给予行政处分或纪律处分；构成犯罪的，移交司法机关追究刑事责任。

第四十一条 信访人捏造歪曲事实、诬告陷害他人的，依法承担相应的法律责任。

信访人违反本办法第二十一条规定的，有关机关及所属单位工作人员应当对信访人进行劝阻、批评或者教育。经劝阻、批评和教育无效的，交由公安机关依法进行处置。构成犯罪的，依法追究刑事责任。

第八章 附 则

第四十二条 本办法没有规定的事项，按《信访条例》的有关规定执行。

第四十三条 外国人、无国籍人、外国组织反映国内环境信访事项的处理，参照本办法执行。

第四十四条 环境信访文书的格式和内容见附件

第四十五条 本办法自 2006 年 7 月 1 日起施行，1997 年 4 月 29 日国家环保局发布的《环境信访办法》同时废止。

附表（略）

环境监测质量管理规定

（2006 年 8 月 14 日）

第一章 总 则

第一条 为提高环境监测质量管理水平，规范环境监测质量管理工作，确保监测数据和信息的准确可靠，为环境管理和政府决策提供科学、准确依据，根据《中华人民共和国环境保护法》及有关法律法规，制定本规定。

第二条 本规定适用于环境保护系统各级环境监测中心（站）和辐射环境监测机构（以下统称环境监测机构）。

第三条 环境监测质量管理工作，是指在环境监测的全过程中为保证监测数据和信息的代表性、准确性、精密性、可比性和完整性所实施的全部活动和措施，包括质量策划、质量保证、质量控制、质量改进和质量监督等内容。

第四条 环境监测质量管理是环境监测工作的重要组成部分，应贯穿于监测工作的全过程。

第二章 机构与职责

第五条 国务院环境保护行政主管部门对环境监测质量管理工作实施统一管理。地方环境保护行政主管部门对辖区内的环境监测质量管理工作具有领导和管理职责。各级环境监测机构在同级环境保护行政主管部门的领导下，对下级环境监测机构的环境监测质量管理工作进行业务指导。

第六条 各级环境监测机构应对本机构出具的监测数据负责。应主动接受上级环境监测机构对环境监测质量管理工作的业务指导，并积极参加环境监测质量管理技术研究、监测资质认证、持证上岗考核、质量管理评比评审、信息交流和人员培训等工作，持续改进、不断提高环境监测质量。

第七条 各级环境监测机构应有质量管理机构或质量管理人员，明确其职责，并具备必要的专用实验条件。

质量管理机构（或人员）的主要职责是：

（一）负责监督管理本环境监测机构各类监测活动以及质量管理体系的建立、有效运行和持续改进，切实保证环境监测工作质量；

（二）组织和开展质控考核、能力验证、比对、方法验证、质量监督、量值溯源及量值传递等质量管理工作，并对其结果进行评价；

（三）负责本环境监测机构环境监测人员持证上岗考核的申报与日常管理，国家级和省级环境监测机构组织和实施对下级环境监测机构人员的持证上岗考核工作；

（四）建立环境监测标准、技术规范和规定、质量管理工作的动态信息库；

（五）组织和实施环境监测技术及质量管理的技术培训和交流；

（六）组织开展对下级环境监测机构监测质量、质量管理的监督与检查；

（七）负责本环境监测机构质量管理的信息汇总和工作总结；

（八）参与环境污染事件、环境污染仲裁、用户投诉、环境纠纷案件、司法机构的委托监测等涉及争议的监测活动。

第三章　工作内容

第八条　各级环境监测机构应根据国家环境保护总局《环境监测站建设标准（试行）》及《辐射环境监督站建设标准（试行）》的要求进行能力建设，完善人员、仪器设备、装备和实验室环境等环境监测质量管理的基础。

第九条　各级环境监测机构应依法取得提供数据应具备的资质，并在允许范围内开展环境监测工作，保证监测数据的合法有效。

第十条　从事监测、数据评价、质量管理以及与监测活动相关的人员必须经国家、省级环境保护行政主管部门或其授权部门考核认证，取得上岗合格证。所使用的环境监测仪器应由国家计量部门或其授权单位按有关要求进行检定或按规定程序进行校准。所使用的标准物质应是有证标准物质或能够溯源到国家基准的物质。

第十一条　各级环境监测机构应建立健全质量管理体系，使质量管理工作程序化、文件化、制度化和规范化，并保证其有效运行。

第十二条　环境监测布点、采样、现场测试、样品制备、分析测试、数据评价和综合报告、数据传输等全过程均应实施质量管理。

（一）监测点位的设置应根据监测对象、污染物性质和具体条件，按国家标准、行业标准及国家有关部门颁布的相关技术规范和规定进行，保证监测信息的代表性和完整性。

（二）采样频次、时间和方法应根据监测对象和分析方法的要求，按国家标准、行业标准及国家有关部门颁布的相关技术规范和规定执行，保证监测信息能准确反映监测对象的实际状况、波动范围及变化规律。

（三）样品在采集、运输、保存、交接、制备和分析测试过程中，应严格遵守操作规程，确保样品质量。

（四）现场测试和样品的分析测试，应优先采用国家标准和行业标准方法；需要采用国际标准或其他国家的标准时，应进行等效性或适用性检验，检验结果应在本环境监测机构存档保存。

（五）监测数据和信息的评价及综合报告，应依照监测对象的不同，采用相应的国家或地方标准或评价方法进行评价和分析。

（六）数据传输应保证所有信息的一致性和复现性。

第十三条　各级环境监测机构应积极开展和参加质量控制考核、能力验证、比对和方法验证等质量管理活动，并采取密码样、明码样、空白样、加标回收和平行样等方式进行内部质量控制。

第十四条　质量管理实行报告制度。下级环境监测机构应于每年年底向同级环境保护行政主管部门和上一级环境监测机构提交本机构及本辖区内各环境监测机构当年的质量管理总结，向上一级环境监测机构提交下一年度的质量管理工作计划。

第十五条　对用户关于环境监测数据异议的核查、环境监测质量投诉事件的仲裁和环境监测质量事故的处理等工作，应由环境保护行政主管部门组织处理，并在其领导下进行调查和取证。

第四章　经费保障

第十六条　环境监测质量管理经费（包括公务费、业务费和设备购置费等）应给予保证，并确保专项使用。

第五章　处　罚

第十七条　违反本规定，有下列行为之一者，所在地或上级环境保护行政主管部门应责令限期改正，并对相关单位和责任人予以处罚。

（一）向外报出的监测数据是由未取得上岗合格证人员完成的；

（二）造成重大质量事故的；

（三）编造或更改监测数据，以及授意编造或更改监测数据的。

第六章　附　则

第十八条　各省、自治区、直辖市环境保护行政主管部门可根据本规定制定实施细则。

第十九条　本规定由国家环境保护总局负责解释。

第二十条　本规定自发布之日起施行。原《环境监测质量保证管理规定（暂行）》同时废止。

关于防范尾矿库垮塌引发突发环境事件的通知

（环发〔2006〕132号）

各省、自治区、直辖市及新疆生产建设兵团环保局（厅），安全生产监督管理局：

2006年4月以来，陕西、贵州、河北等省先后多次发生因尾矿库或电厂灰渣库垮塌事故引发的突发环境事件，对群众生命财产安全及环境安全构成严重威胁。国务院领导高度重视，曾培炎副总理作出重要批示，要求举一反三，彻底消除水源地被污染的各种隐患。

从事故调查和处理的情况看，导致当前尾矿库垮塌事故频发的原因主要是：尾矿库选址不当、未按尾矿库安全监督管理规定设计和建设；未执行“环境影响评价”与“三同时”制度；超量存放或超期服役、闭库时未按规范采取闭库措施，以及环境管理制度不健全、措施不到位等。

为严格防范尾矿库垮塌引发突发环境事件，最大限度地减少污染损害，确保环境和群众生命财产安全，各地环保、安监主管部门要采取有力措施，切实做好以下几项工作：

一、加强矿山尾矿设施环境安全检查。各级环保、安全监管部门要按照国家环保总局《关于切实做好全面整顿和规范矿产资源开发秩序工作的通知》（环发〔2006〕44号）、国家安全监管总局《尾矿库安全监督管理规定》（安全监管总局令第6号）和《尾矿库安全技术规程》（AQ2006—2005）的要求，针对矿山尾矿设施的环境、安全问题，于2006年底前联合对本地区所有矿山企业开展一次全面排查。全面掌握尾矿库的基本情况，并实行动态信息跟踪管理，为做好尾矿库的环境安全监管工作打好基础。对违规设计、超量储存、超期服役、有垮坝险情和影响饮用水源安全的尾矿设施，应列入今年国务院7部门联合开展的环保专项行动整治范围，实行限期停产整改、挂牌督办，彻底消除环境安全隐患。

二、要求产生尾矿的企业必须按规定向当地环保主管部门进行排污申报登记，尾矿贮存设施必须采取并完善防扬散、防水、防渗漏、防流失和防止污染环境的其他措施；对新建、改建、扩建、闭库以及在用尾矿库回采再利用和闭库后再利用等建设工程，严格按照《非煤矿矿山建设项目安全设施设计审查与竣工验收办法》（原国家安全监管局令第18号）、《尾矿库安全监督管理规定》、“环境影响评价”和“三同时”制度的规定，加强环境监管。严把尾矿库环保竣工验收关，对未按环保要求设计、建设，没有经过安全评估的尾矿库，不得通过验收，更不得投产。

三、对关闭停用的尾矿库，要明确环境安全管理责任。尾矿库闭库工作及闭库后的环境安全管理由原生产经营单位负责；解散或关闭破产企业尾矿库的管理工作，由生产经营单位出资人或者其上级主管部门负责，无上级主管部门或者出资人不明确的，由县级以上地方人民政府指定管理单位。

四、制订尾矿库环境安全应急预案。各地环保与安全监管部门要督促、指导企业制订饮用水安全、汛期安全和生产安全的尾矿库环境安全应急预案，并与地方政府环境应急预案相衔接，开展危害程度分析和环境影响预测，做好环境安全应急响应机构的人员配备、资金和物资准备及应急演练工作，发现重要情况及时处理并上报。

五、环保、安全监管部门要建立联动机制，一旦尾矿库垮塌引发突发环境事件，应立即采取应急措施，争取在最短时间内，把对环境的影响降至最低程度。

请于2006年12月30日前将尾矿库隐患排查和整改结果分别报送国家环保总局和国家安全监管总局。

二〇〇六年八月二十二日

关于规范铅锌行业投资行为加快结构调整指导意见的通知

（发改运行［2006］1898号）

各省、自治区、直辖市和计划单列市、新疆生产建设兵团发展改革委、经贸委（经委、工业办）、财政厅（局）、国土资源厅（局）、商务主管部门、中国人民银行上海总部、各分行、营业管理部、各省会（首府）城市中心支行，海关总署广东分署、天津特派办、上海特派办、各直属海关，国家税务局、环保局、安全监管局：

为贯彻落实国务院《关于发布实施〈促进产业结构调整暂行规定〉的决定》（国发［2005］40号）精神，规范铅锌行业投资行为，加快铅锌工业的结构调整，现提出如下指导意见：

一、规范铅锌行业投资行为促进结构调整的重要性

铅锌是与工业发展和人民生活密切相关的基础原材料。我国的铅锌工业主要由铅锌矿采选、冶炼两部分组成。2005年底，全国规模以上矿山采选企业411家，铅锌冶炼企业466家，2005年底的生产能力约为粗铅220万吨、电铅280万吨，锌340万吨。

近年来氧气底吹熔炼—鼓风炉还原炼铅工艺应用成功，引进了先进的艾萨炉、卡尔多炉；采用沸腾焙烧锌冶炼工艺，硫利用率高，尾气达标。铅锌冶炼企业资源综合利用取得明显成效，可回收金、银等13种稀贵有价金属。技术进步推动了我国铅锌冶炼工艺水平的升级，淘汰落后工艺的时机已成熟。

在快速发展的同时，铅锌工业总量和结构方面存在的问题以及引发投资热的一些结构性和体制性的深层次矛盾也变得十分突出。主要表现为：

（一）资源紧缺，严重影响铅锌工业的可持续发展。多年来冶炼企业主要以外延模式扩张规模，矿山投资受企业实力和资源勘探程度限制，仍是以建设小矿山为主，致使国内铅锌资源紧缺，大中型冶炼企业的原料自给率不足50%，价格持续高涨。精矿供应紧张使矿山乱采滥挖抬头，进口量增多，冶炼企业争抢资源的问题日益突出，资源紧缺制约着我国铅锌工业持续发展，严重影响产业结构调整。

（二）结构性矛盾突出，行业利润向矿山采选业过度转移。目前我国铅锌冶炼产能大于市场需求和矿产能力，这一结构性矛盾不但使冶炼能力开工不足，也使行业利润向矿山采选业大幅度转移。矿山和冶炼企业利益难以共享使原料占冶炼成本的比例不断上升。2005年矿山采选的铅锌金属总量仅为铅锌冶炼产品产量的48%，但利润水平却是冶炼行业的1.43倍。今年1～5月份，矿山采选的铅锌金属总量为铅锌冶炼产品产量的45%，利润水平是冶炼行业的1.5倍，如果没有有价金属的回收，冶炼业的盈利水平将难以维持。

（三）行业集中度下降，企业竞争力不强。2001年我国前10位铅、锌企业产量占全国产量比例分别为52%和64%，2005年降低为41%和49%。铅锌工业十多年的高速增长，只是相互独立的矿山、冶炼企业数量和产量的简单放大，并没有真正提高国际竞争力。

（四）铅冶炼工艺及技术装备水平差，落后的锌冶炼能力尚占一定比例。铅冶炼是有色金属工业中技术装备较落后、生产条件最差、硫回收率最低、污染最严重的金属冶炼业，有些企业仍沿用产业政策明令淘汰的烧结锅、烧结盘工艺及设备，甚至采用土烧结盘、简易土高炉方式炼铅，目前约30%的铅冶炼能力是落后工艺。锌冶炼也有一定量用土法或土制马弗炉、马槽炉、横罐、小竖罐等进行焙烧再由简易冷凝设施收尘等方式炼锌或氧化锌的落后产能。

（五）环境影响大，一些企业资源浪费严重。落后铅冶炼工艺烧结工序产生的二氧化硫烟气和铅尘不加回收利用，生产环境恶劣，二氧化硫和粉尘排空，严重污染环境。采用沸腾焙烧炉炼锌，也存在含汞、镉、砷等可溶有害重金属离子的热酸浸出锌渣不按规定处理，随意堆放污染地下水的现象。许多小型铅锌冶炼厂废水往往不经处理直接排放，造成重金属离子或苯和酚等有害物质污染水源。此外中小型铅锌冶炼企业数目过多，某些小企业的年产量不足2000吨，根本不回收其他有价金属，严重浪费资源，属于产业政策明令淘汰企业。

（六）铅锌冶炼盲目投资问题严重。国外企业削减转移冶炼产能使2004年后铅锌市场价格持续上涨。同时国内下游行业产能的快速增长刺激了市场需求阶段性急剧增加，使我国长期以来1/3左右的铅锌冶炼产品需要出口消化的局面改变，造成近几年我国铅锌行业尤其是冶炼投资快速增长。由于没有系统的铅锌冶炼企业的准入条件，加之难以有效监督铅、锌冶炼的建设行为，致使违反产业政策的新建项目屡禁不止，且普遍规模较小。新上的小冶炼企业基本采用落后工艺装备，通过牺牲环保降低投资成本，换取企业经济效益。

调查显示，2004年规模以上铅锌冶炼企业累计完成投资比上年增长1.4倍，矿山采选完成投资增长1.4倍。2005年，铅锌冶炼累计完成投资同比增长70%；矿山采选增长61.9%。目前在建铅锌冶炼投资项目169个，计划总投资125亿元，其中增加产能的项目132个，计划总投资112亿元，仅2006年新开工项目就有74个，计划总投资20亿元，其中增加产能的项目60个，计划投资近17亿元，但平均施工规模同比下降8.8%。对已明确建设规模的62个项目统计，合计建设年产能在315万吨以上。其中在建铅冶炼项目30项，产能约150万吨；在建锌冶炼项目32项，产能约165万吨。并有大量的拟建项目（铅约40万吨、锌约120万吨）。如果这些项目全部投产，将新增年产能铅190万吨、锌290万吨。矿山投资虽然建设项目达191个，但仍是以小矿山为主，未来能提供的铅锌精矿量并不大。

一些投资主体在价格上涨刺激和乐观的市场预期下，不顾资源、环境等外部条件，集中建设冶炼项目导致的铅锌冶炼投资连续快速增长，使冶炼能力短期内急剧膨胀。如果这些冶炼能力全部建成投产，冶炼能力将严重供过于求，矿产资源不足又制约冶炼能力的发挥，同时小型冶炼厂造成的环境问题会更加突出。必须及时加快产业结构调整，规范铅锌行业投资行为。

二、铅锌工业结构调整的指导原则和主要目标

（一）指导原则。以规范铅锌行业投资行为、转变铅锌工业增长方式为中心，以结构调整为重点，按照结构优化、技术进步、科学规划、节能降耗、保护环境、安全生产的原则进行宏观引导，做到规范投资、有序发展，提高企业技术装备水平，加强环保，调整产业结构，改善产品结构，促进铅锌工业可持续发展。

（二）主要目标。保持铅锌供需基本平衡，按照规划有序发展，限制铅锌冶炼能力盲目增长。2010年淘汰落后生产能力后，将精铅年产能控制在400万吨以内，锌年产能控制在500万吨以内。

加强国内资源的开发利用，加快实施“走出去”战略，提高原料保障程度；同时要大力发展铅锌再生利用产业，使再生资源消费量达到总消费量的30％。

企业组织结构方面，在控制冶炼能力盲目增长的前提下，扶优汰劣，调整结构，推动优势骨干冶炼企业、矿山企业的联合重组，使骨干冶炼企业的产量达到总产量的70％以上。

技术结构方面，铅冶炼全部采用富氧强化熔炼、艾萨炉熔炼、卡尔多炉熔炼等资源回收率高、能耗低、环保达标的先进粗铅冶炼工艺；铅冶炼综合能耗600千克标准煤/吨，冶炼总回收率达到97％；粗铅冶炼焦耗350千克/吨，电铅直流电耗降低到110千瓦时/吨，总硫利用率大于95％，循环水利用率达到95％。锌冶炼精馏锌综合能耗1900千克标准煤/吨，电锌综合能耗1700千克标准煤/吨，冶炼总回收率达到98％；蒸馏锌煤耗1250千克/吨，电锌直流电耗降低到2900千瓦时/吨，总硫利用率大于96％，循环水利用率达到95％。二氧化硫、粉尘排放达标。有价金属回收率达到95％。

三、主要政策措施

（一）加强产业政策和行业规划布局指导

按照可持续发展要求，制定铅锌工业产业发展政策，统筹考虑资源、环境、能源等因素搞好规划布局。规划新增产能要与淘汰落后、调整结构的目标密切结合。加快制定铅锌冶炼市场准入条件，从布局和外部生产条件、工艺装备、能源消耗、资源消耗、环境保护、安全生产等方面严把准入关，促进结构优化。

（二）加强产业政策与土地、信贷、环保、安全等政策的协调配合，严格控制新开工项目

强化土地、信贷审核，坚持最严格的土地管理制度，严格控制铅锌冶炼行业的信贷投放。对于符合国家产业政策、市场准入条件和信贷原则的铅锌冶炼建设项目给予支持；对于盲目投资、不符合产业政策和市场准入条件，采用国家明令淘汰的落后生产工艺，以及未按规定程序备案的铅锌冶炼项目和企业，一律不予提供土地，不得提供任何形式的新增授信支持，不办理环保和安全生产、工业卫生等相关手续。调整外商投资目录，禁止技术水平低、消耗高、污染严重的外资项目进入。按照国务院批准的《产业结构调整指导目录（2005年本）》（国家发展改革委令第40号）等规定，禁止新建落后生产能力和不具备经济规模的冶炼项目。新建铅冶炼项目，单系统规模必须达到5万吨/年（不含5万吨）以上，必须采用富氧强化熔炼、艾萨炉熔炼、卡尔多炉熔炼等先进的工艺和双转双吸制酸系统，循环水利用率达到95％以上；新建锌冶炼项目，单系统规模必须达到10万吨/年及以上，必须采用109平方米以上的沸腾焙烧炉等先进冶炼工艺和双转双吸等制酸系统，循环水利用率达到95％以上。

（三）加大产业结构调整和淘汰落后的力度

按照《产业结构调整指导目录（2005年本）》等产业政策规定，立即淘汰土烧结盘、简易高炉、烧结锅、烧结盘等落后方式炼铅工艺及设备，以及用坩埚炉熔炼再生铅工艺，用土制马弗炉、马槽炉、横罐、小竖罐等进行焙烧再又简易冷凝设施收尘等落后方式炼锌或氧化锌工艺。在2008年底前淘汰经改造环保仍不能达标或者未配套制酸及尾气吸收系统的烧结机炼铅工艺。

对落后生产能力及违反产业政策的新投产锌冶炼项目实行差别电价政策，充分利用经济手段淘汰落后。

发展循环经济，支持铅锌再生资源的回收利用，鼓励再生行业走规模化、环保型的发展之路。提高铅再生回收企业的技术和环保水平，新建再生铅项目，规模必须在1万吨/年以上，禁止利用直接燃煤的反射炉建设再生铅项目；利用再生锌产业处于起步阶段的有利时机规范其发展行为。

支持优势企业继续实施改革、改组和改造，提高国际竞争力。支持冶炼企业与矿山企业联合，优势互补；制止不具备条件的矿山企业建设冶炼项目。加大对优势骨干企业的支持力度，提高产业集中度；规范市场秩序，避免无序竞争。坚持技术改造与淘汰落后相结合，上大与关小相结合，

建立政策支持下的退出机制。各地政府和有关部门应严格规范铅锌企业的改制工作，采取有效措施防范企业借重组改制之机逃废银行债务。

（四）综合利用和节约资源，加大对铅锌矿产资源勘探和海外资源开发的支持力度

所有铅锌冶炼投资项目必须具备有价金属综合利用建设内容，否则一律不予备案。支持铅锌伴生有价金属回收利用关键技术的研究开发。鼓励企业通过技术改造提高现有资源的利用效率和综合回收有价金属水平。坚持资源开发与节约并重，把节约放在首位。支持优势冶炼企业同地勘企业合作，加强地质找矿，增加后备资源。要按照《国务院关于全面整顿和规范矿产资源开发秩序的通知》（国发［2005］28号）精神，规范铅锌矿山项目的建设行为，严厉打击无证勘查和开采铅锌矿等违法行为，关闭破坏环境、污染严重的矿山企业，积极推进铅锌资源整合，合理布局，实现资源开发规模化、集约化。依照《安全生产许可证条例》（国务院令第397号）等有关规定，铅锌矿山企业要依法取得安全生产许可证，未取得安全生产许可证的，不得从事生产活动。制定海外资源开发战略和规划，充分利用国内国外两种资源，除取得铅锌精矿外，也鼓励在国外建设冶炼厂，改变单纯大量进口精矿的模式。

（五）加强环境保护和协调发展

加大环保执法力度，严格按照《工业炉窑大气污染物排放标准》（GB9078－1996）、《大气污染物综合排放标准》（GB16297－1996）、《污水综合排放标准》（GB8978－1996）、危险废物处理处置的有关要求进行督查，待《有色金属工业污染物排放标准一铅锌工业》发布后按其执行，防止铅冶炼二氧化硫污染以及锌冶炼热酸浸出锌渣中汞、镉、砷等有害重金属离子随意堆放造成的污染。严禁铅锌冶炼厂废水中重金属离子、苯和酚等有害物质不达标排放。

（六）加强进出口管理

统筹研究并逐步完善铅锌产品进出口税收的有关政策。充分发挥骨干企业和行业协会、商会的作用，加强铅锌精矿进口协调和日常监管；发挥中介组织作用，搞好行业自律，规范进出口秩序。

国家发展改革委
财　　政　　部
国 土 资 源 部
商　　务　　部
人　民　银　行
海　关　总　署
税　务　总　局
环　保　总　局
安全监管总局

二○○六年九月十三日

财政部　环保总局关于环境标志产品政府采购实施的意见

（财库［2006］90号）

党中央有关部委，国务院各部委、各直属机构，全国人大常委会办公厅，全国政协办公厅，高法院，高检院，有关人民团体，各省、自治区、直辖市、计划单列市财政厅（局）、环保局（厅），新疆生产建设兵团财务局：

为贯彻落实《国务院关于加快发展循环经济的若干意见》（国发［2005］22号），积极推进环境友好型社会建设，发挥政府采购的环境保护政策功能，根据《中华人民共和国政府采购法》和《中华人民共和国环境保护法》，现就推行环境标志产品政府采购提出如下意见。

一、采购环境标志产品对于树立政府环保形象，提高全社会的环保意识，推动企业环保技术进步，保护环境和人体健康，节约能源，促进资源循环利用，实现经济社会可持续发展，具有十分重要的意义。各地区、各部门要高度重视，加

强组织管理和监督，确保环境标志产品政府采购工作落到实处。

二、各级国家机关、事业单位和团体组织（以下统称采购人）用财政性资金进行采购的，要优先采购环境标志产品，不得采购危害环境及人体健康的产品。

三、财政部、国家环境保护总局综合考虑政府采购改革进展和环境标志产品技术及市场成熟等情况，从国家认可的环境标志产品认证机构认证的环境标志产品中，以“环境标志产品政府采购清单”（以下简称清单）的形式，按类别确定优先采购的范围。

财政部、国家环境保护总局将适时调整清单，并以文件形式公布。

四、中国政府采购网（http：//www.ccgp.gov.cn/）、国家环境保护总局网（http：//www.sepa.gov.cn/）、中国绿色采购网（http：//www.cgpn.cn/）为清单的公告媒体。为确保上述信息的准确性，未经财政部、国家环境保护总局允许，不得转载。

五、清单中的产品有效时间以中国环境标志产品认证证书有效截止日期为准，超过认证证书有效截止日期的自动失效。

六、采购人采购的产品属于清单中品目的，在性能、技术、服务等指标同等条件下，应当优先采购清单中的产品。

七、在政府采购活动中，采购人或其委托的采购代理机构应当在政府采购招标文件（含谈判文件、询价文件）中载明对产品（含建材）的环保要求、合格供应商和产品的条件，以及优先采购的评审标准。

八、采购人或其委托的采购代理机构未按上述要求采购的，有关部门要按照相关法律、法规和规章予以处理，财政部门视情况可以拒付采购资金。

九、本意见采取积极稳妥、分步实施的办法，逐步扩大到全国范围。2007 年 1 月 1 日起在中央和省级（含计划单列市）预算单位实行，2008 年 1 月 1 日起全面实行。

附：环境标志产品政府采购清单

中华人民共和国财政部
国家环境保护总局
2006 年 10 月 24 日

附：

环境标志产品政府采购清单（略）

国家级自然保护区监督检查办法

（国家环境保护总局 2006 年 10 月 26 日发布）

第一条 为加强对国家级自然保护区的监督管理，提高国家级自然保护区的建设和管理水平，根据《中华人民共和国环境保护法》、《中华人民共和国自然保护区条例》以及其他有关规定，制定本办法。

第二条 本办法适用于国务院环境保护行政主管部门组织的对全国各类国家级自然保护区的监督检查。

第三条 国务院环境保护行政主管部门在依照法律法规和本办法的规定履行监督检查职责时，有权采取下列措施：

（一）进入国家级自然保护区进行实地检查；

（二）要求国家级自然保护区管理机构汇报建设和管理情况；

（三）查阅或者复制有关资料、凭证；

（四）向有关单位和人员调查了解相关情况；

（五）法律、法规规定有权采取的其他措施。

监督检查人员在履行监督检查职责时，应当严格遵守国家有关法律法规规定的程序，出示证件，并为被检查单位保守技术和业务秘密。

第四条 有关单位或者人员对依法进行的监

督检查应当给予支持与配合，如实反映情况，提供有关资料，不得拒绝或者妨碍监督检查工作。

第五条 任何单位和个人都有权对污染或者破坏国家级自然保护区的单位、个人以及不履行或者不依法履行国家级自然保护区监督管理职责的机构进行检举或者控告。

第六条 国务院环境保护行政主管部门应当向社会公开国家级自然保护区监督检查的有关情况，接受社会监督。

第七条 国务院环境保护行政主管部门组织对国家级自然保护区的建设和管理状况进行定期评估。

国务院环境保护行政主管部门组织成立国家级自然保护区评估委员会，对国家级自然保护区的建设和管理状况进行定期评估，并根据评估结果提出整改建议。

对每个国家级自然保护区的建设和管理状况的定期评估，每五年不少于一次。

第八条 国家级自然保护区定期评估的内容应当包括：

（一）管理机构的设置和人员编制情况；

（二）管护设施状况；

（三）面积和功能分区适宜性、范围、界线和土地权属；

（四）管理规章、规划的制定及其实施情况；

（五）资源本底、保护及利用情况；

（六）科研、监测、档案和标本情况；

（七）自然保护区内建设项目管理情况；

（八）旅游和其他人类活动情况；

（九）与周边社区的关系状况；

（十）宣传教育、培训、交流与合作情况；

（十一）管理经费情况；

（十二）其他应当评估的内容。

国家级自然保护区定期评估标准由国务院环境保护行政主管部门另行制定。

第九条 国务院环境保护行政主管部门组织国家级自然保护区定期评估时，应当在评估开始20个工作日前通知拟被评估的国家级自然保护区管理机构及其行政主管部门。

第十条 国家级自然保护区评估结果分为优、良、中和差四个等级。

国务院环境保护行政主管部门应当及时将评估结果和整改建议向被评估的国家级自然保护区管理机构反馈，并抄送该自然保护区行政主管部门及所在地省级人民政府。

被评估的国家级自然保护区管理机构对评估结果有异议的，可以向国务院环境保护行政主管部门申请复核；国务院环境保护行政主管部门应当及时进行审查核实。

第十一条 国家级自然保护区定期评估结果由国务院环境保护行政主管部门统一发布。

第十二条 国务院环境保护行政主管部门对国家级自然保护区进行执法检查。

执法检查分为定期检查、专项检查、抽查和专案调查等。

第十三条 国家级自然保护区执法检查的内容应当包括：

（一）国家级自然保护区的设立、范围和功能区的调整以及名称的更改是否符合有关规定；

（二）国家级自然保护区内是否存在违法砍伐、放牧、狩猎、捕捞、采药、开垦、烧荒、开矿、采石、挖沙、影视拍摄以及其他法律法规禁止的活动；

（三）国家级自然保护区内是否存在违法的建设项目，排污单位的污染物排放是否符合环境保护法律、法规及自然保护区管理的有关规定，超标排污单位限期治理的情况；

（四）涉及国家级自然保护区且其环境影响评价文件依法由地方环境保护行政主管部门审批的建设项目，其环境影响评价文件在审批前是否征得国务院环境保护行政主管部门的同意；

（五）国家级自然保护区内是否存在破坏、侵占、非法转让自然保护区的土地或者其他自然资源的行为；

（六）国家级自然保护区的旅游活动方案是否经过国务院有关自然保护区行政主管部门批准，旅游活动是否符合法律法规规定和自然保护区建设规划（总体规划）的要求；

（七）国家级自然保护区建设是否符合建设规划（总体规划）要求，相关基础设施、设备是否符合国家有关标准和技术规范；

（八）国家级自然保护区管理机构是否依法履行职责；

（九）国家级自然保护区的建设和管理经费的使用是否符合国家有关规定；

（十）法律法规规定的应当实施监督检查的其他内容。

第十四条 对在定期评估或者执法检查中发现的违反国家级自然保护区建设和管理规定的国家级自然保护区管理机构，除依照本办法第十九条的规定处理外，国务院环境保护行政主管部门应当责令限期整改，并可酌情予以通报。

对于整改不合格且保护对象受到严重破坏，不再符合国家级自然保护区条件的国家级自然保护区，国务院环境保护行政主管部门应当向国家级自然保护区评审委员会提出对该国家级自然保护区予以降级的建议，经评审通过并报国务院批准后，给予降级处理。

第十五条 因有关行政机关或者国家级自然保护区管理机构滥用职权、玩忽职守、徇私舞弊，导致该国家级自然保护区被降级的，对其直接负责的主管人员和其他直接责任人员，国务院环境保护行政主管部门可以向其上级机关或者有关监察机关提出行政处分建议。

第十六条 被降级的国家级自然保护区，五年之内不得再次申报设立国家级自然保护区。

第十七条 国务院环境保护行政主管部门应当及时向社会公布对国家级自然保护区执法检查的结果、被责令整改的国家级自然保护区名单及其整改情况和被降级的国家级自然保护区名单。

第十八条 县级以上地方人民政府及其有关行政主管部门，违反有关规定，有下列行为之一的，对直接负责的主管人员和其他直接责任人员，国务院环境保护行政主管部门可以向其上级机关或者有关监察机关提出行政处分建议：

（一）未经批准，擅自撤销国家级自然保护区或者擅自调整、改变国家级自然保护区的范围、界限、功能区划的；

（二）违法批准在国家级自然保护区内建设污染或者破坏生态环境的项目的；

（三）违法批准在国家级自然保护区内开展旅游或者开采矿产资源的；

（四）对本辖区内发生的违反环境保护法律法规中有关国家级自然保护区管理规定的行为，不予制止或者不予查处的；

（五）制定或者采取与环境保护法律法规中有关国家级自然保护区管理规定相抵触的规定或者措施，经指出仍不改正的；

（六）干预或者限制环境保护行政主管部门依法对国家级自然保护区实施监督检查的；

（七）其他违反国家级自然保护区管理规定的行为。

第十九条 国家级自然保护区管理机构违反有关规定，有下列行为之一的，国务院环境保护行政主管部门应当责令限期改正；对直接负责的主管人员和其他直接责任人员，可以向设立该管理机构的自然保护区行政主管部门或者有关监察机关提出行政处分建议：

（一）擅自调整、改变自然保护区的范围、界限和功能区划的；

（二）未经批准，在自然保护区开展参观、旅游活动的；

（三）开设与自然保护区保护方向不一致的参观、旅游项目的；

（四）不按照批准的方案开展参观、旅游活动的；

（五）对国家级自然保护区内发生的违反环境保护法律法规中有关国家级自然保护区管理规定的行为，不予制止或者不予查处的；

（六）阻挠或者妨碍监督检查人员依法履行职责的；

（七）挪用、滥用国家级自然保护区建设和管理经费的；

（八）对监督检查人员、检举和控告人员进行打击报复的；

（九）其他不依法履行自然保护区建设和管理

职责的行为。

第二十条 国家级自然保护区管理机构拒绝国务院环境保护行政主管部门对国家级自然保护区的监督检查，或者在监督检查中弄虚作假的，由国务院环境保护行政主管部门依照《自然保护区条例》的有关规定给予处罚。

第二十一条 省级人民政府环境保护行政主管部门对本行政区域内地方级自然保护区的监督检查，可以参照本办法执行。

县级以上地方人民政府环境保护行政主管部门对本行政区域内的国家级自然保护区的执法检查内容，可以参照本办法执行；在执法检查中发现国家级自然保护区管理机构有违反国家级自然保护区建设和管理规定行为的，可以将有关情况逐级上报国务院环境保护行政主管部门，由国务院环境保护行政主管部门经核实后依照本办法的有关规定处理。

第二十二条 本办法自 2006 年 12 月 1 日起施行。

环境统计管理办法

（国家环境保护总局 2006 年第六次局务会议通过）

第一章 总 则

第一条 为加强环境统计管理，保障环境统计资料的准确性和及时性，根据《中华人民共和国环境保护法》、《中华人民共和国统计法》（以下简称《统计法》）及其实施细则的有关规定，制定本办法。

第二条 环境统计的任务是对环境状况和环境保护工作情况进行统计调查、统计分析，提供统计信息和咨询，实行统计监督。

环境统计的内容包括环境质量、环境污染及其防治、生态保护、核与辐射安全、环境管理及其他有关环境保护事项。

环境统计的类型有：普查和专项调查；定期调查和不定期调查。定期调查包括统计年报、半年报、季报和月报等。

第三条 环境统计工作实行统一管理、分级负责。

国务院环境保护行政主管部门在国务院统计行政主管部门的业务指导下，对全国环境统计工作实行统一管理，制定环境统计的规章制度、标准规范、工作计划，组织开展环境统计科学研究，部署指导全国环境统计工作，汇总、管理和发布全国环境统计资料。

县级以上地方环境保护行政主管部门在上级环境保护行政主管部门和同级统计行政主管部门的指导下，负责本辖区的环境统计工作。

第四条 各级环境保护行政主管部门应当加强环境统计能力建设，将环境统计信息建设列入发展计划，建立健全环境统计信息系统，有计划地用现代信息技术装备本部门及其管辖系统的统计机构，提高环境统计信息处理能力，满足辖区内环境统计信息需求。

第五条 各级环境保护行政主管部门应当根据国家环境统计任务和本地区、本部门的环境管理需要，在下列方面加强对环境统计工作的领导和监督：

（一）将环境统计事业发展纳入环境保护工作计划，并组织实施；

（二）建立、健全环境统计机构；

（三）安排并保障环境统计业务经费；

（四）按时完成上级环境保护行政主管部门依照法规、规章规定布置的统计任务，采取措施保障统计数据的准确性和及时性，不得随意删改统计数据；

（五）开展环境统计科学研究，改进和完善环境统计制度和方法；

（六）建立环境统计工作奖惩制度。

第六条 环境统计范围内的机关、团体、企业事业单位和个体工商户，必须依照有关法律、法规和本办法的规定，如实提供环境统计资料，不得虚报、瞒报、拒报、迟报，不得伪造、篡改。

第二章　环境统计机构和人员

第七条　国务院环境保护行政主管部门设置专门的统计机构，归口管理环境统计工作。国务院环境保护行政主管部门有关司（办、局），负责本司（办、局）业务范围内的专业统计工作。

县级以上地方环境保护行政主管部门应当确定承担环境统计职能的机构，设定岗位，配备人员，负责归口管理环境统计工作。

第八条　各级环境保护行政主管部门的统计机构（以下简称环境统计机构）的职责是：

（一）制定环境统计工作规章制度和工作计划，并组织实施；

（二）建立健全环境统计指标体系，归口管理环境统计调查项目；

（三）开展环境统计分析和预测；

（四）实行环境统计质量控制和监督，采取措施保障统计资料的准确性和及时性；

（五）收集、汇总和核实环境统计资料，建立和管理环境统计数据库，提供对外公布的环境统计信息；

（六）按照规定向同级统计行政主管部门和上级环境保护行政主管部门报送环境统计资料；

（七）指导下级环境保护行政主管部门和调查对象的环境统计工作；组织环境统计人员的业务培训；

（八）开展环境统计科研和国内外环境统计业务的交流与合作；

（九）负责环境统计的保密工作。

第九条　各级环境保护行政主管部门的相关职能机构负责其业务范围内的统计工作，其职责是：

（一）编制业务范围内的环境统计调查方案，提交同级环境统计机构审核，并按规定经批准后组织实施；

（二）收集、汇总、审核其业务范围内的环境统计数据，并按照调查方案的要求，上报上级环境保护行政主管部门对口的相关职能机构，同时抄报给同级环境统计机构；

（三）开展环境统计分析，对本部门业务工作提出建议。

第十条　环境统计范围内的机关、团体、企业事业单位应当指定专人负责环境统计工作。

环境统计范围内的机关、团体、企业事业单位和个体工商户的环境统计职责是：

（一）完善环境计量、监测制度，建立健全生产活动及其环境保护设施运行的原始记录、统计台账和核算制度；

（二）按照规定，报送和提供环境统计资料，管理本单位的环境统计调查表和基本环境统计资料。

第十一条　环境统计机构和统计人员在环境统计工作中依法独立行使以下职权，任何单位和个人不得干扰或者阻挠：

（一）统计调查权：调查、搜集有关资料，召开有关调查会议，要求有关单位和人员提供环境统计资料，检查与环境统计资料有关的各种原始记录，要求更正不实的环境统计数据；

（二）统计报告权：调查人员必须将环境统计调查所得资料和情况进行整理、分析，及时、如实地向上级机关和统计部门提供环境统计资料；

（三）统计监督权：根据环境统计调查和统计分析，对环境统计工作进行监督，指出存在的问题，提出改进的建议。

第十二条　各级环境保护行政主管部门和企业事业单位的环境统计人员应当保持相对稳定。

变动环境统计人员的，应当及时向上级环境保护行政主管部门和同级统计行政主管部门报告，并做好环境统计资料的交接工作。

第三章　环境统计调查制度

第十三条　各级环境保护行政主管部门设定环境统计调查项目，必须事先制定环境统计调查方案。

环境统计调查方案应当包括项目名称、调查

机关、调查目的、调查范围、调查对象、调查方式、调查时间、调查的主要内容，供调查对象填报用的统计调查表及说明、供整理上报用的综合表及说明和统计调查所需人员及经费来源。

环境统计调查方案的内容可以定期调整。

第十四条 环境统计调查方案应当按照规定程序经审查批准后实施。

统计调查对象属于本部门管辖系统内的，应当经本级环境统计机构审核后，由本级环境保护行政主管部门负责人审批，报同级统计行政主管部门备案。

统计调查对象超出本部门管辖系统的，应当由本级环境统计机构审核后，经本级环境保护行政主管部门负责人同意，报同级统计行政主管部门审批，其中重要的，报国务院或者本级地方人民政府审批。

第十五条 编制环境统计调查方案应当遵循以下原则：

（一）凡可从已有资料或利用现有资料整理加工得到所需资料的，不得重复调查；

（二）抽样调查、重点调查或者行政记录可以满足需要的，不得制发全面统计调查表；一次性统计调查可以满足需要的，不得进行经常性统计调查；年度统计调查可以满足需要的，不得按季度统计调查；季度统计调查可以满足需要的，不得按月统计调查；月以下的进度统计调查必须从严控制；

（三）编制新的环境统计调查方案，必须事先试点或者充分征求有关地方环境保护行政主管部门、其他有关部门和基层单位的意见，进行可行性论证；

（四）统计调查需要的人员和经费应当有保证；

（五）地方环境统计调查方案，其指标解释、计算方法、完成期限及其他有关内容，不得与国家环境统计调查方案相抵触。

第十六条 按照规定程序批准的环境统计调查表，必须在右上角标明统一编号、制表机关、批准或者备案机关、批准或者备案文号及有效期限。

未标明前款所列内容或者超过有效期限的环境统计调查表属无效报表，被调查单位和个人有权拒绝填报。

第十七条 环境统计调查表中的指标必须有确定的涵义、数据采集来源和计算方法。

国务院环境保护行政主管部门制定全国性环境统计调查表，并对其指标的涵义、数据采集来源、计算方法和汇总程序等作出统一规定。

县级以上地方环境保护行政主管部门可以根据地方环境管理需要，补充制定地方性环境统计调查表，并对其指标的涵义、数据采集来源和计算方法等作出规定。

第十八条 各级环境保护行政主管部门必须按照批准的环境统计调查方案开展环境统计调查。

环境统计调查中所采取的统计标准和计量单位、统计编码及标准必须符合国家有关标准。未经批准机关同意，任何单位及个人不得擅自修改、变动。

第十九条 在环境统计调查中，污染物排放量数据应当按照自动监控、监督性监测、物料衡算、排污系数以及其他方法综合比对获取。

第二十条 各级环境保护行政主管部门应当建立健全环境统计数据质量控制制度，加强对重要环境统计数据的逐级审核和评估。

县级以上地方环境保护行政主管部门应当采取现场核查、资料核查以及其他有效方式，对企业环境统计数据进行审查和核实。

第二十一条 国家建立环境统计的周期普查和定期抽样调查制度。

国务院环境保护行政主管部门定期组织开展全国污染源普查，并在普查基础上适时校正污染物排放统计数据；周期普查外的其他年份，组织开展环境统计定期抽样调查，并根据环境管理需要，适时开展专项调查。

第四章 环境统计资料的管理和公布

第二十二条 各部门、各单位提供环境统计资料，必须经本部门、本单位负责人审核、签署或者盖章。

第二十三条 环境统计资料是制定环境保护政策、规划、计划，考核环境保护工作的基本依据。

各级环境保护行政主管部门制定环境保护政策、年度计划和中长期规划，开展各类环境保护考核，需要使用环境统计资料的，应当以环境统计机构或者统计负责人签署或者盖章的统计资料为准。

各级环境保护行政主管部门的相关职能机构使用环境统计资料进行各项环境管理考核评比，其结果需经同级环境统计机构会签。

第二十四条 各级环境保护行政主管部门的相关职能机构应当在规定的日期内，将其组织实施的其业务范围内的统计调查所获得的调查结果（含调查汇总资料及数据），报送环境统计机构。

前款所述的环境统计调查结果应当纳入环境统计年报或者其他形式的环境统计资料，统一发布。

第二十五条 各级环境保护行政主管部门应当建立健全环境统计资料定期公布制度，依法定期公布本辖区的环境统计资料，并向同级人民政府统计行政主管部门提供环境统计资料。

第二十六条 环境统计机构应当做好统计信息咨询服务工作。

提供《统计法》和环境统计报表制度规定外的环境统计信息咨询、查询，可以实行有偿服务。

第二十七条 各级环境保护行政主管部门必须执行国家有关统计资料保密管理的规定，加强对环境统计资料的保密管理。

第二十八条 各级环境保护行政主管部门和各企业事业单位必须建立环境统计资料档案。环境统计资料档案的保管、调用和移交，应当遵守国家有关档案管理的规定。

第五章 奖励与惩罚

第二十九条 各级环境保护行政主管部门对有下列表现之一的环境统计机构或者个人，应当给予表彰或者奖励：

（一）在改革和完善环境统计制度、统计调查方法等方面，有重要贡献的；

（二）在完成规定的环境统计调查任务，保障环境统计资料准确性、及时性方面，做出显著成绩的；

（三）在进行环境统计分析、预测和监督方面取得突出成绩的；

（四）在环境统计方面，运用和推广现代信息技术有显著效果的；

（五）在环境统计科学研究方面有所创新、做出重要贡献的；

（六）忠于职守，执行统计法律、法规和本办法表现突出的。

第三十条 国务院环境保护行政主管部门每年对全国环境统计工作进行评比和表扬，每5年对全国环境统计工作进行专项表彰。

第三十一条 违反本办法的规定，有下列行为之一的，由有关部门责令改正，并依照有关法律、法规的规定给予处分或者行政处罚：

（一）未经批准，擅自制发环境统计调查表的；

（二）虚报、瞒报、拒报、屡次迟报或者伪造、篡改环境统计资料的；

（三）妨碍环境统计人员执行环境统计公务的；

（四）环境统计人员滥用职权、玩忽职守的；

（五）未按规定保守国家或者被调查者的秘密的；

（六）有其他违反法律、法规关于统计规定的行为的。

有前款所列行为之一，情节严重构成犯罪的，依法追究刑事责任。

第六章 附 则

第三十二条 本办法自2006年12月1日起施行。1995年6月15日国家环境保护总局发布的《环境统计管理暂行办法》同时废止。

印发关于促进平板玻璃工业结构调整的若干意见的通知

（发改运行［2006］2691号）

各省、自治区、直辖市及计划单列市、新疆生产建设兵团发展改革委、经贸委（经委）、国土资源厅（国土资源局）、建设厅（建委）、人行分行、质监局、环保局：

当前我国平板玻璃工业发展总体是健康的，但也存在产能潜在过剩、结构不合理等亟待解决的矛盾和问题。根据国务院颁布的《促进产业结构调整暂行规定》（国发［2005］40号）和《国务院关于加快推进产能过剩行业结构调整的通知》（国发［2006］11号）精神，我们研究制定了《关于促进平板玻璃工业结构调整的若干意见》（以下简称《意见》），现印发你们。

平板玻璃工业结构调整是一项政策性和技术性强、牵涉面广、难度较大的工作，各地区、各有关部门要认真贯彻《意见》精神，并结合本地区的实际情况和本部门工作职责，采取有效措施，协调配合，扎实工作，抓出成效。

附件：关于促进平板玻璃工业结构调整的若干意见

国家发展改革委
国土资源部
建设部
中国人民银行
国家质检总局
国家环保总局

二〇〇六年十一月三十日

附件：

关于促进平板玻璃工业结构调整的若干意见

平板玻璃属重要的基础原材料，广泛应用于建筑、交通运输、装饰装修、电子信息及其他新兴工业。为促进我国平板玻璃工业在“十一五”期间加快结构调整，现提出如下意见：

一、充分认识玻璃工业加快结构调整的必要性和紧迫性

“十五”期间，随着工业化、城镇化进程加快，房地产、汽车等相关行业快速发展，极大地拉动了平板玻璃的需求，促进了玻璃工业的发展。2005年平板玻璃产量达到3.87亿重量箱，已连续17年居世界第一。其中浮法玻璃占平板玻璃比例85%，平均单线规模由2001年日熔化量390吨提高到目前460吨，品种从普通厚度扩展到超薄、超厚以及在线镀膜、自洁、超白等新品种。平板玻璃结构逐步优化，地区布局更趋合理，产业集中度有所提高。随着一系列建筑安全玻璃和建筑节能法规、政策、标准的出台和严格执行，安全玻璃和中空玻璃等深加工玻璃快速发展，中空玻璃增长了7倍，Low－E玻璃增长了近4倍，加工玻璃率从2001年的15%提高到2005年的25%。

当前平板玻璃工业在发展过程中也存在着一些亟待解决的问题：一是产能增长不平衡，近期增长过快，周期性波动大。2004～2005年新建成投产浮法生产线共47条，新增能力1.4亿重量箱。2006年新建成投产和在建生产线仍有20余条，能力近7000万重量箱，为近期市场带来新的压力。随着新增产能的释放和竞争的加剧，以及重油、纯碱、电力、运输等价格居高不下等因素的增强，企业盈利空间受到挤压，平板玻璃行业经济效益大幅下滑，自去年下半年以来，进入新一周期的下降期，今年前9个月全行业一直处于净亏损状态。二是整体技术、装备及管理水平存

在较大差距，浮法玻璃单线平均规模比国外低200吨，能耗比国外先进水平高32%，落后生产工艺产能仍有5000余万重量箱。三是产品结构不合理，深加工率低。目前，普通浮法玻璃供大于求，但一些高档用途和特殊品种的玻璃还需进口。玻璃深加工率仅为25%，低于世界平均55%、发达国家65%～85%的水平；玻璃加工增值率仅为2.5倍，发达国家为5倍。四是企业数量多，产业集中度低。我国玻璃企业相当分散，浮法玻璃企业就有52家，平均规模只有683万重量箱。而国外前四位大的玻璃跨国公司就集中了世界41%的平板玻璃和超过50%的深加工玻璃产量。与发达国家相比，我国玻璃企业在规模和综合竞争力上存在较大差距。五是节能玻璃的使用率过低。中空玻璃、Low－E（低辐射）中空玻璃等节能玻璃在建筑中的使用率不足10%，远远低于欧洲、美国超过50%的使用率。六是平板玻璃质量标准执法不严，市场竞争秩序混乱。少数企业采取不正当竞争手段，偷工减料，生产“非标产品”替代标准产品，扰乱了正常的竞争秩序。加上“小玻璃”和“低档浮法”的价格冲击，一些玻璃生产企业人为地压低产品价格，以致低于“行业平均成本”销售，导致玻璃市场价格混乱，竞争无序。

要解决当前玻璃行业存在的问题，必须因势利导，加快推进玻璃工业结构调整，转变经济增长方式，贯彻落实国家宏观调控政策，促进玻璃行业实现科学发展、可持续发展。

二、进一步明确玻璃工业结构调整的指导思想和目标

“十一五”期间玻璃工业结构调整的指导思想是：以科学发展观为指导，加快结构调整，切实转变经济增长方式，努力开发新品种，大力发展节能型功能型玻璃产品，全面提升玻璃工业技术与装备水平。

按照上述指导思想，力争实现“十一五”玻璃工业结构调整目标：平板玻璃总产能控制在5.5亿重量箱，其中浮法玻璃比重达到90%以上；优质浮法与特殊品种比例达到40%；玻璃深加工率达40%以上；品种质量基本满足高档建筑和交通运输业及信息产业的需求；综合能耗下降20%；玻璃熔窑排放的烟气达到国家《工业窑炉大气污染物排放标准》中二级标准的要求，待《平板玻璃工业污染物排放标准》实施后，做到平板玻璃工业各项污染物按新标准达标排放；前10位玻璃企业集中度提高到70%（单个企业规模达3000万重量箱/年以上）；自主创新能力与研发能力有较大提高；进一步提高资源利用率，减少污染，保护环境。

三、认真落实玻璃工业结构调整的相关政策

（一）实行分类指导，严格新上项目。

国家对玻璃工业发展坚持总量控制、制定和发布《平板玻璃工业市场准入条件》。支持技术水平高、市场前景好、有效益、对产业升级有重大作用的大型企业通过技改项目、重组等方式做大做强；对新建项目要严格控制，新上浮法线项目要经省级投资管理部门核准并由国家发展改革委组织中国建筑玻璃与工业玻璃协会等有关方面认定为符合产业政策和市场准入条件之后才能实施。对不符合条件的新建工艺生产线，各地方投资管理部门不得予以核准或备案，各金融机构不得提供任何形式的新增授信支持，土地管理、城市规划和建设、环境保护、质检等部门不得办理有关手续。凡违反规定进行建设的，要追究有关单位和人员的责任。对违反规定擅自建成投产的项目，要勒令停产或依法拆除。

充分利用和消化一些已经形成的生产能力，进一步优化产业结构；促进合理布局和东中西部协调发展。对产能集中的东部沿海地区，应严格控制新增产能，“十一五”期间原则上不建新线，重点在质量、品种、技术开发、企业重组等方面要有所突破；中西部地区充分利用资源和劳动力的优势合理发展，形成各具特色、比较优势明显的产业格局。

当前，各省级投资主管部门须对2006年新开工建设和拟建项目进行一次清理，并将清理结果

按项目分别将有关资料报送国家发展改革委。

（二）完善技术法规和标准，加大实施和监督检查力度。

抓紧制定相关配套政策和技术标准，使加工玻璃系列化、标准化，并纳入建筑标准体系和技术标准之中。进一步完善有关平板玻璃质量、安全、环保、检测等方面的技术规范并严格实施，以浮法技术为基础编制统一的《平板玻璃标准》，废止《浮法玻璃》标准和《普通平板玻璃》标准，提高玻璃产品的质量和性能水平。严格执行平板玻璃工厂的工程建设标准，尽快制定实施《平板玻璃工厂设计规范》以及节能设计、环保设计等方面的技术规范，从根本上促进产业技术进步。加快完善平板玻璃应用技术标准，满足建筑节能要求，促进中空玻璃（包括Low—E玻璃）的广泛应用。提高玻璃门窗能效指标；建立“中空玻璃、Low—E玻璃”等节能产品认证制度；完善市场准入的技术、质量、环保、安全、能耗等标准；制订《平板玻璃工业污染物排放标准》。对已出台《建筑安全玻璃管理规定》、《建筑玻璃应用技术规程》、《工业窑炉大气污染物排放标准》以及环境保护、建筑节能等相关技术政策法规和标准要加大实施和监督检查力度，落实相关奖惩措施。

（三）增强自主创新能力，进一步完善提高“洛阳浮法技术”。

“洛阳浮法技术”是我国自行研制开发，并具有独立自主知识产权的世界三大浮法技术之一。在“十一五”期间围绕提高浮法玻璃质量、节能、环保、增加新品种等开展工艺技术与成套设备研究开发，不断开发新技术、新工艺，发展节能型、功能型新产品。力争在“浮法玻璃在线表面改性”、“富氧燃烧技术”、“低温余热发电技术”等方面取得成效，浮法生产主要技术经济指标达到或接近国际先进水平。

（四）转变增长方式，发展深加工，服务“节能建筑”。

企业发展的重点应放在品种和质量上，改变片面追求规模、数量的粗放型增长模式，以质量效益增长带动行业发展。重点发展优质浮法和特殊品种，多生产个性化、难度大、附加值高的品种。根据国际成功经验，我国浮法玻璃企业发展应从单一浮法的“专业化”战略，转向“价值链向下游延伸的纵向一体化战略”，不断提高自用深加工玻璃的比例，促进节能型玻璃产品——中空玻璃、Low—E玻璃，太阳能产业用玻璃等的推广应用，满足“节能建筑”的要求。按照国家“‘十一五’十大重点节能工程实施意见”，北方严寒和寒冷地区及四大直辖市，应实现节能65%的要求。为此，这些地区应努力推广使用节能效果好的Low—E中空玻璃。

（五）促进大集团发展，积极参与国际竞争。

优势企业应抓住当前国内平板玻璃产能过剩压力增大、市场竞争加剧的机遇，通过并购重组加速低成本扩张，有关部门将制定具体政策，促进大集团形成和发展，不断提高行业集中度，优化资源配置。力争在“十一五”期间全行业形成10余家大型企业集团，增强其在区域市场的调控能力。

要充分利用国内外两个资源，采取市场多元化和以质取胜的策略“走出去”，参与国际竞争，进一步扩大国际市场份额。鼓励出口附加值高的深加工产品，支持到国外开展工程总承包和直接投资办厂，由产品输出向资本、装备、技术、管理、服务等配套输出的国际化经营方向发展。

（六）严格质量和环保执法，加大淘汰落后工作力度。

加强质量、环保执法监管，对质量及环保要加强抽查，建立长效监管机制，加强日常监督管理。

目前，全国少数地区仍然存在规模小、能耗高、质量差、对环境污染严重的、落后的“平拉工艺”，要按照有关法律、法规和产业政策的要求，坚决予以淘汰。对不按期淘汰的企业，有关部门应依法责令其停产或予以关闭，并采取措施妥善处理好关闭企业的遗留问题。

（七）发挥协会组织作用，引导行业健康发展。

行业协会要主动做好行业自律相关工作，严格执行有关法律、法规，杜绝、抵制、打击假冒伪劣产品和低价倾销行为，维护正常市场竞争秩序。要加强玻璃行业经济运行监测分析，密切关注行业发展动态，及时发布市场供求信息，引导企业投资决策。当好政府参谋助手，协助政府作好行业规划、标准的制修订、项目可行性的前期论证及跟踪，以及政策法规的监督实施等项工作，促进玻璃工业加快结构调整、实现持续稳定健康发展。

国家发展改革委办公厅、国家环保总局办公厅关于开展废旧轮胎土法炼油整治工作的紧急通知

（发改办运行［2006］2784号）

各省、自治区、直辖市发展改革委（经委、经贸委）、环保局（厅）：

随着汽车工业快速发展，橡胶轮胎用量快速增加，废旧轮胎回收利用问题日趋紧迫。近两年随着能源特别是石油价格的不断升高并持续处于高位，出现了利用废旧轮胎土法炼油现象，并有蔓延之势。废旧轮胎土法炼油二次污染严重，对周边环境构成较大威胁。对此国务院领导高度重视。为贯彻国务院领导批示精神和要求，经过认真研究，决定开展废旧轮胎土法炼油整治工作。现将有关事项通知如下：

一、提高开展废旧轮胎土法炼油整治工作的认识。要从落实科学发展观、构建和谐社会的高度，充分认识做好这项工作对发展循环经济、保护环境、促进资源综合利用的重要性，切实加强组织领导，明确责任，落实措施，坚决制止利用废旧轮胎土法炼油污染环境的行为。

二、严格废旧轮胎综合利用企业的市场准入。各省发展改革部门要加强对废旧轮胎综合利用行业的规划布局和政策引导，遵循国家有关项目审批管理的程序和规定，按照有关产业政策及环保、安全等条件，严把准入门槛，从源头上进行防范。

三、依法严厉打击利用废旧轮胎土法炼油污染环境的不法行为。各省发展改革部门要迅即对本区域内利用废旧轮胎土法炼油的情况进行摸底调查，掌握相关情况，包括布点、规模、立项手续、相关证照、运作状况及危害程度等。并商环保、工商、质检、公安等有关部门依法采取措施，严厉打击各种非法企业和违法行为，坚决取缔、捣毁非法生产窝点。

四、做好舆论宣传和社会监督工作。设立举报电话等便民措施鼓励社会监督，对废旧轮胎土法炼油的不法行为保持震慑态势。

五、近期国家发展改革委和国家环保总局将组成联合工作组，分赴部分省进行调研、督办和检查，请做好相关工作准备。

六、请将此项工作负责人、联系人、联系电话（包括移动电话）、通信地址等相关信息，于12月15日前报送国家发展改革委经济运行局和国家环保总局污染控制司；工作基本情况及措施、建议等于12月底前报送。

国家发展改革委办公厅
国家环保总局办公厅
二〇〇六年十二月五日

关于发布《国家环境咨询委员会章程》和《国家环境保护总局科学技术委员会章程》的通知

（环发〔2006〕191号）

国家环境咨询委员会委员、国家环境保护总局科学技术委员会委员：

《国家环境咨询委员会章程》和《国家环境保护总局科学技术委员会章程》（以下简称《章程》）

业经国家环境咨询委员会（以下简称咨询委）和国家环境保护总局科学技术委员会（以下简称科技委）全体会议审议通过，现予发布。

附件：1. 国家环境咨询委员会章程

2. 国家环境保护总局科学技术委员会章程

二〇〇六年十二月五日

附件：

国家环境咨询委员会章程

第一章　总　则

第一条　为贯彻落实科学发展观，实施可持续发展战略，发挥专家智囊作用，特成立国家环境咨询委员会（以下简称咨询委）。

第二条　咨询委是国家环境保护总局（以下简称环保总局）设立的国家环境保护宏观与综合决策的高层专家咨询机构，是加强与广大专家联系的重要纽带，是促进决策科学化、民主化的重要保障。

第二章　组　织

第三条　咨询委设主任 1 人，副主任 2～3 人，委员若干名。

第四条　主任由环保总局局长兼任，副主任由著名专家和环保总局主管科技工作的副局长担任，委员由环境与发展领域的中国科学院院士、中国工程院院士和知名专家、领导组成。

第五条　咨询委主任、副主任和委员由环保总局聘任，任期三年。

第六条　咨询委秘书处设在环保总局科技标准司，负责咨询委日常工作。咨询委秘书长由科技标准司负责人兼任。

第三章　任　务

第七条　根据《国务院关于落实科学发展观加强环境保护的决定》，针对我国环境与发展中的战略性、全局性问题开展调查研究，提供咨询意见和建议。

第八条　针对环境保护中长期发展规划、重大环境保护法律法规、重大环境保护经济和技术政策措施等开展调研，提供咨询意见和建议。

第九条　咨询委秘书处工作职责：负责组织咨询委的调研和咨询活动；反映咨询委工作情况和专家提出的意见和建议，以及各类活动信息；为委员提供服务。

第四章　工作形式

第十条　根据需要不定期召开工作会议，原则上每年召开一次以上全体委员会议。

第十一条　根据环境保护工作的发展和环保总局的需要，开展多种形式的咨询活动，主要包括：

（一）回答环保总局就有关问题向咨询委提出的咨询。

（二）咨询委按照年度工作计划，采取座谈会、方案论证会、书面建议等多种形式提供咨询意见和建议。

第十二条　咨询委提出的意见、建议由咨询委秘书处负责报送环保总局领导，重要建议报送国务院。

第十三条　咨询委的工作经费纳入环保总局年度预算，专项解决。

第十四条　环保总局每年向咨询委委员发放适当的津贴费，作为委员个人补贴。

第五章　附　则

第十五条　本章程由环保总局负责解释。

第十六条　本章程自公布之日起实施。

附件：

国家环境保护总局科学技术委员会章程

第一章 总 则

第一条 为贯彻落实科学发展观，加强科学技术对环境保护事业的促进和支撑作用，提高环境管理决策科学化水平，特成立科学技术委员会（以下简称科技委）。

第二条 科技委是国家环境保护总局（以下简称环保总局）常设的科学技术审议咨询机构，为国家环境保护事业重大决策提供科学依据。

第二章 组 织

第三条 科技委由主任、副主任和委员组成。

第四条 科技委设主任1人，由环保总局主管科技工作的副局长兼任；副主任1～2人，由著名专家担任。委员由环境科技领域知名学者、管理专家以及有关领导组成。科技委主任、副主任和委员由环保总局聘任。

第五条 科技委秘书处设在环保总局科技标准司，负责科技委日常工作。科技委秘书长由科技标准司负责人兼任，副秘书长由总局离退休司级领导担任。

第三章 任 务

第六条 对环境与发展战略、规划、计划，环境保护法律法规、方针政策以及环境保护重大建设项目中涉及科技的重大问题等进行审议咨询。

第七条 对环境保护科学技术发展规划和计划、重大环境保护科研项目立项建议、重要环境质量标准和污染物排放标准、推荐国家科技进步奖的环境保护科学技术项目，以及技术性较强的相关决策等进行审议咨询，提出审议咨询意见和建议。

第八条 受环保总局委托，组织开展国内外专题考察和研究，承办环保总局领导交办的其他工作。

第四章 议事规则

第九条 科技委原则上每年召开一次全体委员会议，总结上一年工作，部署下一年工作。

第十条 科技委根据工作需要以及受环保总局领导委托，不定期审议咨询提交科技委进行审议咨询的事项。

第十一条 科技委审议咨询事项和参与本次审议的委员名单，由秘书处提出后，报科技委主任、副主任审定。必要时可根据情况邀请相关专家参会。

第五章 经 费

第十二条 科技委的工作经费由环保总局纳入年度预算，专项解决。

第十三条 环保总局每年向科技委委员发放适当的津贴费，作为委员个人补贴。

第六章 附 则

第十四条 本章程由环保总局负责解释。

第十五条 本章程自公布之日起实施。

环境行政复议与行政应诉办法

（2006年12月19日国家环境保护总局第七次局务会议通过）

第一条 为防止和纠正违法或者不当的具体行政行为，保护公民、法人和其他组织的合法权益，规范环境保护行政主管部门的行政复议与行政应诉工作，依据《中华人民共和国行政复议法》、《中华人民共和国行政诉讼法》等法律法规制定本办法。

第二条 公民、法人或者其他组织认为环境保护行政主管部门的具体行政行为侵犯其合法权益，向环境保护行政主管部门申请行政复议或者向人民法院提起行政诉讼，环境保护行政主管部门办理行政复议案件或者行政应诉案件，适用本办法。

第三条 对重大、复杂的环境行政复议案件和行政应诉案件实行集体审议制度。集体审议由环境保护行政主管部门负责人主持，有关业务机构负责人参加。

第四条 依法履行行政复议职责的环境保护行政主管部门为行政复议机关。

行政复议机关负责法制工作的机构，具体办理行政复议事项，履行下列职责：

（一）受理行政复议申请；

（二）向有关组织和人员调查取证，查阅文件和资料；

（三）组织审查行政复议案件，提出审查建议，拟订行政复议决定；

（四）处理或转送本办法第十六条规定的审查申请；

（五）送达行政复议法律文书；

（六）对被申请人违反《行政复议法》及本办法的行为提出处理建议；

（七）办理因不服行政复议决定提起行政诉讼的应诉事项；

（八）对下级环境保护行政主管部门的行政复议工作进行指导、监督和检查；

（九）法律、法规和规章规定的其他职责。

第五条 有下列情形之一的，公民、法人或者其他组织可以依照本办法申请行政复议：

（一）对环境保护行政主管部门作出的警告、罚款、没收违法所得、责令停止生产或者使用，暂扣、吊销许可证等行政处罚决定不服的；

（二）认为符合法定条件，申请环境保护行政主管部门颁发许可证、资质证、资格证等证书，或者申请审批、登记等有关事项，环境保护行政主管部门没有依法办理的；

（三）对环境保护行政主管部门有关许可证、资质证、资格证等证书的变更、中止、撤销、注销决定不服的；

（四）认为环境保护行政主管部门违法征收排污费或者违法要求履行其他义务的；

（五）申请环境保护行政主管部门履行法定职责，环境保护行政主管部门没有依法履行的；

（六）认为环境保护行政主管部门的其他具体行政行为侵犯其合法权益的。

第六条 有下列情形之一的，行政复议机关不予受理并说明理由：

（一）申请行政复议的时间超过了法定申请期限又无法定正当理由的；

（二）不服环境保护行政主管部门对环境污染损害赔偿责任和赔偿金额纠纷作出的调解或者其他处理决定的；

（三）申请人在申请行政复议前已经向其他行政复议机关申请行政复议或者已向人民法院提起行政诉讼，其他行政复议机关或者人民法院已经依法受理的；

（四）法律、法规规定的其他不予受理的情形。

第七条 公民、法人或者其他组织在信访中提出不服具体行政行为并有行政复议的意思表示且属于行政复议受理范围的，信访工作机构应当告知其依法可以申请行政复议和有权受理该申请的行政复议机关。

环境保护行政主管部门对信访事项作出的处理，不属于行政复议范围；当事人不服的，依照《信访条例》和《环境信访办法》规定的复查、复核程序办理。

第八条 申请行政复议可以书面申请，也可以口头申请。申请人书面申请的，应当提交《行政复议申请书》。申请人口头申请的，负责法制工作机构的工作人员应当当场制作行政复议申请笔录，并由申请人核对或者确认。

《行政复议申请书》和行政复议申请笔录应当

包括申请人的基本情况、行政复议请求、申请行政复议的主要事实、理由和时间。

申请行政复议应当一并提交其身份证明、与被申请复议的具体行政行为有关的材料和证明。

第九条 申请人未提供有关材料或提供材料不符合要求的，负责法制工作的机构应当发出《复议材料补正通知书》，一次性告知其应当补正的申请材料。

行政复议机关审查行政复议申请的期限自收到补正的申请材料之日起计算。

第十条 申请人依法提出行政复议申请，环境保护行政主管部门无正当理由不予受理的，上级环境保护行政主管部门应当责令下级环境保护行政主管部门受理；必要时，上级环境保护行政主管部门可以直接受理。

上级环境保护行政主管部门责令下级环境保护行政主管部门受理行政复议申请的，应当制作《责令受理通知书》，送达被责令受理行政复议申请的环境保护行政主管部门，并抄送申请人。

被责令受理行政复议申请的环境保护行政主管部门依法受理并作出行政复议决定后，应当将《行政复议决定书》及时报送责令其受理行政复议申请的环境保护行政主管部门备案。

第十一条 行政复议机关收到行政复议申请后，应当在5个工作日内进行审查，并分别作出如下处理：

（一）对符合《行政复议法》规定、属于行政复议受理范围且提交材料齐全的行政复议申请，应当予以受理；

（二）对不符合《行政复议法》规定的行政复议申请，决定不予受理，制作《不予受理决定书》，送达申请人；

（三）对符合《行政复议法》规定，但是不属于本机关受理的行政复议申请，应当制作《行政复议告知书》，告知申请人向有关行政复议机关提出。

第十二条 申请人、第三人、被申请人委托代理人代为参加行政复议的，应当提交由委托人签名或者盖章的委托书，委托书应载明委托事项和具体权限。

申请人、第三人、被申请人解除或者变更委托的，应当书面通知行政复议机关。

第十三条 行政复议期间具体行政行为不停止执行；但有《行政复议法》第二十一条规定情形之一的，可以停止执行。

决定停止执行的，行政复议机关应当制作《停止执行通知书》，送达被申请人，并抄送申请人、第三人。

第十四条 负责法制工作的机构应当自受理行政复议申请之日起7个工作日内，制作《提出答复通知书》。《提出答复通知书》、行政复议申请书副本或者行政复议申请笔录复印件应一并送达被申请人。

被申请人应当自收到《提出答复通知书》之日起10日内，提出书面答复，并提交当初作出该具体行政行为的证据、依据和其他有关材料。

第十五条 行政复议决定作出前，申请人要求撤回行政复议申请的，需说明理由，经行政复议机关同意后可以撤回。撤回行政复议申请的，行政复议终止。

因申请人撤回行政复议申请或者负责法制工作的机构受理行政复议申请后发现该申请不符合《行政复议法》的规定等原因终止行政复议的，应当制作《行政复议终止通知书》，送达申请人，并抄送被申请人和第三人。

第十六条 申请人在申请行政复议时，要求行政复议机关一并对具体行政行为所依据的有关规定提出审查申请的，或者行政复议机关在对被申请人作出的具体行政行为进行审查时，认为其依据不合法，行政复议机关有权处理的，应当在30日内提出修订、废止等处理建议；无权处理的，应当在7个工作日内制作《规范性文件转送函》，按照法定程序转送有权处理的行政机关依法处理。

处理期间，中止对具体行政行为的审查，制作《行政复议中止通知书》，送达申请人，并抄送被申请人和第三人。

第十七条 负责法制工作的机构应自收到行

政复议答复意见之日起 3 个工作日内，将行政复议申请书副本或者行政复议申请笔录复印件、行政复议答复意见和相关材料送至相关业务机构。

相关业务机构应当对负责法制工作的机构转送的材料进行业务审查，并自收到转送材料之日起 7 个工作日内提出书面处理建议，送至负责法制工作的机构。

第十八条 行政复议一般采取书面审查方式。

申请人提出要求或者负责法制工作的机构认为必要时，负责法制工作的机构可以向有关组织和人员调查情况，听取意见。

负责法制工作的机构认为必要时，经请示主管局长同意，可以与相关业务机构组成联合调查组进行现场调查，相关业务机构应当派员参加。

第十九条 负责法制工作的机构应当对被申请人作出的具体行政行为进行审查，综合考虑相关业务机构提出的书面处理建议，拟订《行政复议决定书》，报请复议机关负责人审批。

重大、复杂的行政复议案件，应当报请行政复议机关负责人召开会议审议。

以国家环境保护总局名义作出的具体行政行为而引发行政复议的，由承办该项工作的业务机构在会议上作出说明，其他行政复议案件由负责法制工作的机构在会议上作出说明。

第二十条 行政复议机关应当自受理行政复议申请之日起 60 日内作出行政复议决定。情况复杂，不能在规定期限内作出行政复议决定的，经行政复议机关负责人批准，可以适当延长，并告知申请人；但是延长期限最多不超过 30 日。

行政复议机关作出行政复议决定，应当制作《行政复议决定书》，加盖印章，送达申请人、被申请人和第三人。

第二十一条 被申请人应当履行行政复议决定。被申请人不履行或者无正当理由拖延履行行政复议决定的，行政复议机关应当责令其限期履行。责令限期履行的，应当制作《责令履行通知书》，送达被申请人，并抄送申请人和第三人。

第二十二条 被申请人自收到《责令履行通知书》后必须履行行政复议决定，并将履行结果报告行政复议机关。

被申请人对行政复议决定有异议的，可以向行政复议机关提出意见，但是不停止行政复议决定的履行。

第二十三条 行政复议机关在行政复议过程中，发现被申请人有其他不当行政行为的，应当提出改进和完善建议，制作《行政复议建议书》，与《行政复议决定书》一并送达被申请人。

被申请人收到《行政复议建议书》后，应当认真研究处理，并将处理结果函告行政复议机关。

第二十四条 行政复议机关应当建立重大行政复议决定的备案制度。

行政复议机关对重大行政复议决定、被责令受理案件的行政复议决定、被提起行政诉讼的行政复议决定，应当在结案后 20 日内报上级环境保护行政主管部门备案。

第二十五条 环境保护行政主管部门通过接受当事人的申诉、检举或者备案审查等途径，发现下级环境保护行政主管部门作出的行政复议决定违法或者明显不当的，可以责令其改正。

第二十六条 公民、法人或者其他组织认为环境保护行政主管部门的具体行政行为侵害其合法权益、依照《行政诉讼法》向人民法院提起行政诉讼的，由被诉环境保护行政主管部门的法制工作机构负责组织办理应诉事项，组织提出答辩状，相关业务机构应当协助配合。

以环境保护行政主管部门名义作出具体行政行为而引发行政诉讼的，由承办该项工作的业务机构负责提供当初作出具体行政行为涉及的事实、理由、法律依据和其他相关证据材料。

负责法制工作的机构依据相关业务机构提供的材料，形成答辩状，经环境保护行政主管部门负责人批准后提交人民法院。

第二十七条 被诉环境保护行政主管部门法定代表人决定委托代理人代为参加诉讼的，由负责法制工作的机构商有关业务机构推荐诉讼代理人，办理诉讼代理人授权委托书。

第二十八条 对重大、复杂的行政应诉案件的答辩意见，应当报请环境保护行政主管部门负责人召开会议审议。

以环境保护行政主管部门名义作出具体行政行为而引发行政诉讼的，由承办该项工作的业务机构在会议上作出说明。

第二十九条 办结的行政复议案件和行政应诉案件应当一案一档，由承办人员将案件的有关材料立卷归档。

第三十条 环境保护行政主管部门应当建立行政复议案件和行政应诉案件统计制度，并按照国家环境保护总局有关环境统计的规定向上级环境保护行政主管部门报送本行政区的行政复议和行政应诉情况。

第三十一条 行政复议和行政应诉所需经费，应当列入环境保护行政主管部门的行政经费，由本级财政予以保障。

第三十二条 本办法未作规定的其他事项，适用《中华人民共和国行政复议法》、《中华人民共和国行政诉讼法》和其他有关法律、法规的规定。

第三十三条 本办法自2007年2月1日起施行。

附件：(略)

关于印发《国家环境保护总局工作规则》的通知

(环办〔2006〕153号)

总局机关各部门，各直属单位、派出机构：

《国家环境保护总局工作规则》业经总局2006年第七次局务会议审议通过，现印发给你们，请各部门、各单位遵照执行。

附件：国家环境保护总局工作规则

二〇〇六年十二月二十二日

附件：

国家环境保护总局工作规则

第一章 总 则

第一条 为使国家环境保护总局（以下简称总局）工作科学化、规范化、制度化，提高行政效能，根据《国务院工作规则》，结合总局工作实际，制定本规则。

第二条 总局工作坚持以邓小平理论和“三个代表”重要思想为指导，全面落实科学发展观，认真履行职能，坚决贯彻党中央、国务院的决策和工作部署，实行科学民主决策，推进依法行政，加强行政监督，不断提高行政能力和管理水平，努力建设行为规范、运转协调、公正透明、廉洁高效的行政机关。

第三条 总局工作人员应认真履行宪法和法律赋予的职责，热爱环保事业，努力发扬“忠于职守、造福人民，科学严谨、求实创新，不畏艰难、无私奉献，团结协作、众志成城”的中国环保精神，加快推进环境保护历史性转变，积极为建设资源节约型和环境友好型社会贡献力量；坚持解放思想，实事求是；坚持依法行政，廉洁从政；坚持对自己高标准，工作高效率，服务高质量；坚持遵章守纪，顾全大局，全心全意为人民服务。

第四条 总局机关各部门、各直属单位、各派出机构（以下简称各部门、各单位）必须依法行使职权，认真履行职能，各司其职，各负其责，密切配合，不断改进管理方式和工作作风，切实贯彻总局各项工作部署，确保政令畅通。

第二章 领导职责

第五条 总局实行局长负责制，局长领导总局全面工作，副局长、局党组成员协助局长工作。

第六条 副局长、局党组成员按照分工负责分管工作。副局长受局长委托，负责其他方面的工作或者专项任务，可以代表总局进行内事或外事活动。对工作中的重要情况和重大事件，应当及时向局长报告，对带有方针政策性的问题应当认真调查研究，及时向局长提出建议。副局长、局党组成员的分工可以根据工作需要进行调整。

第七条 局长出国、出差、脱产学习等期间，由排序最前的或局长指定的副局长主持工作。副局长、局党组成员出国、出差、脱产学习等期间，其分管工作由值班局长或局长指定的副局长、局党组成员代为负责。

第八条 各部门、各单位主要负责同志在总局统一领导下，负责本部门、本单位全面工作，领导班子其他成员协助主要负责同志开展工作。工作中的重要问题由领导班子集体讨论决定，重大问题按有关规定、程序及时向局领导请示、报告。

第三章 科学民主决策

第九条 总局及各部门、各单位建立和完善公众参与、专家咨询和政府决策相结合的决策机制，健全和完善重大决策的规则和程序，实行依法决策、科学决策和民主决策。

第十条 总局在作出重大决策前，根据需要通过召开座谈会、社会公示、听证会等形式，听取相关部门、地方环保部门、专家和群众等方面的意见和建议，必要的应经过国家环境咨询委员会或总局科学技术委员会论证，做到未经调查研究的不决策、未经专家论证的不决策、未经集体讨论的不决策。

第十一条 总局环境保护法律法规草案、部门规章、重要规范性文件等关系全局的重大决策和重要事项，必须经总局党组会议或局务会议、局常务会议讨论决定。

第十二条 各部门、各单位提请总局讨论决定的重大事项，必须符合法律法规规定和国家方针政策，在深入调研的基础上提出；依据应当充分，事先经专家评审论证；涉及总局其他部门和单位的，必须事先主动沟通协调；涉及相关部委的，应当事先充分协商；涉及地方的，应当事先征求地方意见；涉及公众利益的，应当通过社会公示、听证会、座谈会、公开征集意见等形式听取群众的意见和建议。

第四章 依法行政

第十三条 总局及机关各部门按照依法行政、合理行政、程序正当、高效便民、诚实守信、权责一致的要求行使行政权力，强化责任意识，不断提高依法行政的能力和水平。

第十四条 总局根据经济社会发展和环境保护需要，适时提出法律法规草案建议，制定部门规章、规范性文件和技术标准并及时修改或废止，建立健全与环境友好型社会相适应的环保法律法规、部门规章和技术标准体系。

第十五条 总局制定的规章和其他规范性文件，必须符合宪法、法律和国务院的行政法规、决定、命令，以及国家的方针政策。

总局起草法律、法规、规章草案，依照法律法规和总局规定的职责和程序进行，由总局政策法规主管部门归口管理和审查。环境保护法律、法规、规章执行中的解释工作以及行政复议工作，由总局政策法规主管部门组织办理，环境保护标准执行中的解释工作和地方政府报总局备案的地方环境标准审查工作由总局科技标准主管部门承办。

第十六条 依法建立健全各种突发环境事件应急机制，提高应对突发环境事件的能力。认真履行环境监管职能，妥善处理各类环境问题，维护社会稳定，促进社会公正。

第十七条 强化环境执法，严格实行行政执法责任制和过错追究制，切实做到严格执法、公正执法、文明执法。

第五章 行政监督

第十八条 总局工作自觉接受全国人大及其

常委会的监督，根据要求向其报告工作、接受质询；接受全国政协的民主监督，虚心听取意见和建议；认真办理全国人大代表建议和全国政协委员提案。

第十九条 总局及各部门、各单位按照行政诉讼法及有关法律规定，接受司法监督；同时自觉接受监察、审计等部门的专项监督。对司法监督和专项监督中发现的问题，认真查处和整改。

第二十条 加强环保系统内部监督，严格执行各项监督、稽查、备案制度和行政复议法，及时发现并纠正违反法律、法规、规章和其他规范性文件的行政行为，主动征询、认真听取地方政府及有关部门对总局工作的意见和建议，不断改进自身工作。

第二十一条 总局及各部门、各单位应当充分重视人民群众来信来访工作，坚持领导责任制，完善信访制度，确保信访渠道畅通。总局领导和各部门、各单位负责人应亲自阅批重要的群众来信；对于来局上访的群众，办公厅视情通知有关部门和单位协助接待处理，承办部门和单位不得推诿扯皮；各部门、各单位应当重视新闻媒体和其他渠道反映的问题，对重大问题必须主动查处、整改。

第二十二条 各部门、各单位应当及时报送政务信息，完成政务信息约稿，为领导决策提供信息支持；推行政务公开，充分利用政府网站，及时发布政务信息和依法应当公开的行政审批事项、法律依据、办事指南等，便于公众知情、参与和监督；鼓励公众参与环境保护活动，引导民间环保组织健康发展。

第六章　工作安排及检查

第二十三条 总局制定年度工作要点，确定年度法规、标准、规划、会议、外事、培训、宣传、执法检查等计划，下发执行。

第二十四条 各部门、各单位应当做好年度工作计划安排，认真落实总局年度工作要点和各项工作计划，并在年中和年末形成执行情况报告，报送分管局领导和办公厅。

第二十五条 各部门、各单位必须坚决贯彻落实总局重大决策，及时跟踪和向总局领导及办公厅反馈执行情况。办公厅对总局工作计划及重要决策、部署落实情况进行督查，适时通报督查情况，确保计划落实和政令畅通。

第七章　会议制度

第二十六条 总局实行局党组会议、局务会议、局常务会议、局长专题会议等会议制度。

第二十七条 总局党组会议由党组成员组成，由党组书记或党组书记委托党组副书记召集和主持。党组会议的议题由党组书记确定，实行民主集中制。会议通知、会议记录、会议纪要起草等会务工作由党组秘书负责。会议纪要由党组书记签发。局党组会议的主要任务是：

（一）传达学习党中央、国务院重要会议精神、决定、指示和文件，研究提出贯彻落实的意见；

（二）讨论上报党中央、国务院的重要请示、报告；

（三）研究环境保护方针、政策和重大事项；

（四）审议总局机关内设机构及直属单位、派出机构的设置和变更；

（五）讨论决定总局党组管理的干部职务任免、调动和奖惩，对总局拟提拔和现任副部级领导干部的任免提出建议；

（六）研究总局党的建设、精神文明建设和廉政建设方面的重大问题；

（七）通报和讨论其他重要事项。

党组会议根据需要可以安排有关同志列席，必要时可召开党组扩大会议。

第二十八条 总局局务会议由局长、副局长、局党组成员、总局各部门主要负责同志组成，由局长或委托副局长召集并主持。局务会议的主要任务是：

（一）研究贯彻党中央、国务院有关会议、文件精神及党和国家领导同志的指示；

（二）通报国内外形势，分析环境形势及相关的经济形势，讨论和部署总局重要工作；

（三）审议总局起草的有关法律和法规草案；

（四）审议总局发布的部门规章，重要的环境管理规范性文件、环境质量标准及污染物排放标准；

（五）审议环境保护规划、总量控制计划、环境管理政策措施；

（六）审议总局年度工作要点、法规、规划、外事、培训、会议、宣传等计划；

（七）审议总局部门预算、重大投资安排及其执行情况；

（八）听取总局重要工作进展、落实情况汇报；

（九）其他需局务会议讨论的事项。

局务会议不定期召开，根据需要可以安排总局有关部门的人员列席，必要时可以扩大到直属单位主要负责同志参加。

第二十九条 总局常务会议由局长、副局长、局党组成员、办公厅主任和有关部门、单位主要负责同志组成，由局长或委托副局长召集并主持。

总局常务会议的主要任务是：

（一）讨论决定总局工作中的重要事项，协调各部门的工作；

（二）审议重要的、全国性工作会议文件，全国性执法检查等重大行动方案；

（三）审议总局下发的重要普发性文件、公告和重大活动的方案；

（四）审议上报党中央、国务院的重要请示、报告；

（五）审议重要建设项目（绝密项目除外）环评审批，国家级自然保护区评审等需总局审批或评审的重大事项；

（六）审议以总局名义开展的评比、命名、达标、创建等活动方案和结果；

（七）讨论决定各省、自治区、直辖市及重点城市环保局（厅）请示总局的重大事项；

（八）通报和讨论总局的其他事项。

总局常务会议原则上每月召开一次，如有需要可临时召开。

第三十条 总局局长、副局长、局党组成员按照分工召开局长专题会议，研究、协调和处理日常分管工作中的重要事项。

第三十一条 提请总局局务会议、局常务会议讨论的议题，由各部门或单位在充分征求各方面意见的基础上形成文件、提出建议，由分管局领导协调、审核，报局长审定。由议题承办部门（单位）的负责同志汇报。会议文件由局长批印，于会前送达与会成员。会议组织、会议记录、会议纪要起草由办公厅负责，会议纪要由局长签发。

第三十二条 提请局长专题会议讨论的议题，由有关部门或单位在事先与相关部门或单位充分协调的基础上提出，由分管局领导审定。会议组织、会议记录和会议纪要组织起草工作由主持会议的局领导秘书负责，相关部门和单位协助，会议纪要由主持会议的局领导签发。

第三十三条 会议讨论决定的事项宜于公开的，应当及时公开。需要对外报道的新闻稿必须经总局宣教部门主要负责同志审定，必要时报主持会议的总局领导审定。

第三十四条 参加会议的同志应当准时到会，因故不能出席的，向会议主持人请假，并告知会议组织部门。与会人员会前应认真研究拟审议的问题，会上发言应当简明扼要，观点明确。

第三十五条 会议的要求和决定的事项，有关部门和单位必须及时传达，认真贯彻落实，办公厅负责督查并及时向总局领导和有关部门反馈情况。

第三十六条 总局可根据工作需要召开全国环保厅局长会议或座谈会，研究部署全国环保工作。全国环保厅局长会议或厅局长座谈会的会议计划于每年 12 月底前报国务院审批。

第三十七条 总局实行会议审批制度。总局机关各部门每年 11 月上旬将下一年度的会议计划报办公厅，经办公厅综合平衡后提交局务会议审议，作为审批会议召开和实施的依据；全国性会议计划报国务院办公厅备案。会议方案、有关领导讲话由主办部门拟定，按程序报批。未经批准，不得邀请总局各部门、各单位或各省、自治区、直辖市环保局（厅）主要负责同志出席会议。以各部门、各单位名义召开的会议，原则上不邀请总局领导出席，不邀请各省、自治区、直辖市环保局（厅）的负责同志出席。

第三十八条 总局及各部门、各单位召开的各类会议，必须从严控制，减少数量、控制规模、压缩时间、厉行节约。应当充分利用视频系统召开会议，节约资源、提高效率。办公厅应当加强对会议的管理。

第三十九条 总局领导在以总局名义召开的全国性环境保护工作会议上发表的讲话，可以《环保内部情况通报》（以下简称《通报》）形式印发，在部门会议上的讲话及部门领导在各种会议上的讲话一般不以《通报》或文件形式印发。

第八章 公文审批制度

第四十条 总局按照《国家行政机关公文处理办法》的规定，办理国务院各有关部门、各地方政府及其环保部门、总局各部门、各单位（以下简称各部门、各地方、各单位）报送总局的公文。除总局领导直接交办和必须直接报送的紧急或绝密事项外，不得直接向总局领导个人报送公文。

第四十一条 各部门、各地方、各单位报送总局的公文，由办公厅按照总局领导分工及机关各部门的工作职能分批，重要公文报送局长阅批。

第四十二条 总局发布的命令、决定及部门规章，报送党中央、国务院及有关党和国家领导人的重要请示、报告，各部门、各单位副司（局）级以上领导干部的任免通知，由局长签发或由局长委托其他副局长签发。

其他总局发文，由局长、副局长按照工作分工签发。其中属总局局务会议或局常务会议审议的重要文件，因时间紧无法安排会议讨论的，可通过总局领导传批方式签发。

以总局办公厅名义发文，由办公厅主任或授权的其他办公厅负责人签发；根据需要，可报总局领导签发。

第四十三条 总局机关各部门在办理公文过程中必须认真履行各自的职责，起草文件时必须认真负责，司、处审核时必须严格把关，努力提高公文质量。办理公文必须讲求时效，有时限要求的，必须在规定的时间内办结；没有时限要求的，应尽快办理。总局实行公文质量通报制度。

第四十四条 公文办理中涉及其他部门的，主办部门应当事先主动与相关部门协商，听取相关部门的意见，相关部门应当积极配合；经部门主要负责人协商不能取得一致意见的，主办部门应列出各方意见和依据并提出本部门的意见上报分管局领导协调或裁定，或由总局领导批示由办公厅协调。

第九章 其他基本工作制度

第四十五条 总局实行局长月值班制度。

值班局长由副局长按排序轮流担任，在值班月份原则上不离京外出。办公厅年初提出本年度局长值班安排方案，报局领导审定；因工作需要调换时，由办公厅请示其他副局长同意后进行调换。

值班局长值班期间的主要职责是：

（一）负责处理其他局领导出国、出差期间或不在机关时分管工作中的急要事务；

（二）出席需要有总局领导参加的有关会议、活动；

（三）负责接待来访的中央国家机关部门负责同志和地方党政负责同志；

（四）处理其他需要局领导办理的专项事务。

第四十六条 总局实行请假报告制度（含休假）。

（一）局领导出国访问报国务院批准。局长离京外出，按规定向国务院报告；其他局领导离京外出，由本人事前向局长报告。

（二）各部门、各单位正职离京（埠）外出，事前需书面请示分管局领导同意后报局长批准；出国访问，需经总局外事部门并分管局领导、分管外事局领导审核，报局长批准。

（三）各部门副职离京（埠）外出，事前需书面请示本部门正职同意后报分管局领导批准；出国访问，需经本部门正职、总局外事部门审核，报分管局领导同意后，呈分管外事局领导批准。

（四）各派出机构主要负责同志离京（埠）外出，需事前报归口联系业务司局领导同意后书面报分管局领导批准；出国访问，需经总局外事部门审核，报分管局领导同意后，呈分管外事局领导批准。

（五）各部门、各单位、各派出机构负责人不得同时离京（埠）外出，至少保证1名负责人在京（埠）处理日常事务。各部门、各单位、负责人外出经批准后，需向办公厅值班室备案。

第四十七条　内外事活动安排。

（一）邀请总局领导参加国内各类活动的通知、请柬、来函等，均由办公厅统一安排，提出意见报批，涉外活动由外事部门提出意见报办公厅统一安排。总局领导参加有关港澳台侨活动，按照规定的程序报批。

（二）总局领导与外宾或重要内宾会见、会谈时，陪同参加的有关部门负责人需做好会谈记录，必要时有关部门可印发会谈纪要；对会谈中议定的事项，有关部门必须认真落实。

（三）国内新闻媒体的采访申请，由总局宣教部门统一受理安排。各部门、各单位应根据宣教部门安排，接受新闻媒体采访，及时向媒体通报有关业务情况。向新闻媒体发布总局信息，需按规定办理，不得擅自发布。

（四）由外交部批准驻华或短期赴华的境外媒体要求采访总局，申请受理程序同上；未经外交部门核准的境外媒体提出采访申请，由总局外事部门协调外交部门办理采访许可后，由宣教部门受理。

（五）总局机关各部门工作人员以职务身份或工作时间参加各类涉外活动应事先报外事部门核定。

第四十八条　总局实行方便、务实、热情、高效的接待制度，尽可能为地方环保部门和相关部门、单位来总局办事创造方便条件。

（一）中央国家机关、各地方省部级领导来总局商谈工作，由总局领导出面接待。接待活动除总局领导直接安排的以外，均由办公厅统一安排。

（二）中央国家机关司局级领导及地方地市级领导来总局商谈工作，一般由有关部门负责接待。如有要事需要与总局领导商谈的，由办公厅报有关领导同意后安排。

（三）各省、自治区、直辖市、解放军和新疆生产建设兵团及计划单列市环保局（厅）负责人拟拜访总局领导的，有事先联系的，由办公厅提前作出安排，没有事先联系的，办公厅尽可能予以安排；到总局有关部门商谈工作的，由相关部门负责人接待，需办理的事项，应当按规定认真迅速办理。

（四）各省、自治区、直辖市、新疆生产建设兵团及计划单列市环保局（厅）主要负责人来京，总局根据需求，在接送站、交通、住宿等方面提供服务和便利。

（五）其他人员来总局洽谈工作，通过办公厅联系的，由办公厅转有关部门接待；直接与有关部门联系的，由有关部门接待；涉及到几个部门工作的，由办公厅指定牵头部门负责组织接待。

第十章　作风纪律

第四十九条　对党中央、国务院重要会议、重大决策及有关环保工作重要指示的贯彻落实情况和涉及环保工作全局的重大方针、政策问题、重大事项，总局必须及时向党中央、国务院请示报告。

第五十条　总局领导在国内考察工作，轻车简从，深入基层。总局领导国内外出差、出访不组织迎送；总局领导出差、出访由办公厅和外事部门办理有关事宜。

第五十一条　总局领导不为地方和部门的会议和活动题词、发贺信（电）。特殊情况需要题词、发贺信（电）的，一般不公开发表。

第五十二条　不以总局或总局机关各部门名

义赞助、主办或协办由社会团体、企事业单位等举办的各类展览会、招商引资洽谈、地方节庆、论坛等活动，不进行同贺活动。确需总局或总局机关有关部门主办或参与举办的，需报总局主要领导批准。

第五十三条 总局对外经济活动实行归口管理。未按规定程序批准的，不得以总局或总局机关各部门名义对外签订经济合同（协议）、开展招投标活动，不得要求地方环保部门提供经费支持或配套资金，不得要求地方环保部门采购某种产品或服务。

第五十四条 直属单位举办的各类会议和活动或经总局批准同意由直属单位主办的各类会议和活动，主办单位不得以总局名义对外联系和办理有关事务。由总局主办、直属单位承办的会议和活动，承办单位需以总局名义对外联系和办理有关事宜的，必须按照程序报总局批准。以总局名义举办的会议和活动，不得委托个人或中介机构承办。承办单位必须按照总局批准的事项进行活动，不得擅自变更范围，不得随意拉赞助、搞创收。

第五十五条 各部门、各单位对党中央、全国人大、国务院、全国政协批办的事项和总局领导交办的事项必须迅速、认真办理并及时报告办理情况，不得推诿、敷衍。

第五十六条 总局各直属单位、派出机构重大事项必须向总局请示，重大事项包括：

（一）组织开展有党和国家领导人参加的会议、活动；

（二）以总局名义组织的活动；

（三）除本单位内部会议以外，参加人员超过200人以上的会议、活动；

（四）普发性通知要求地方环保部门或政府办理的事项；

（五）召开重要新闻发布会及组织媒体采访活动；

（六）单位内部涉及总局的重大安排；

（七）重大的突发性事件及其他重要事项。

请示采取书面形式，涉及到总局各部门业务事项的，应征求相关部门的意见。总局相关部门原则上在10个工作日内提出请示的书面答复意见。

第五十七条 各部门、各单位应当按要求参加总局定期举办的各类政治或业务学习讲座、报告会以及电子政务等培训活动。

第五十八条 总局工作人员必须按国家保密规定，严守国家秘密。严格遵守党中央、国务院及总局有关廉政建设的规定，不得利用职权拉关系、谋私利；不得用公款相互送礼和宴请，不得接受地方的送礼和宴请。对越权办事、以权谋私等违规、违纪、违法行为，依法依规严肃查处。

第五十九条 总局工作人员必须认真执行总局的决定，如有不同意见可以在总局内部提出，不得对外发表或采取与总局决定相违背的言论或行动。

代表总局或部门发表讲话、文章，提供重要信息，必须经总局领导或部门负责人的授权或认可。个人以公职身份发表涉及总局工作未定重大问题和事项的讲话或文章，对外提供重要信息，必须事先经主管的司级以上领导同意。

第六十条 总局及各部门、各单位应当规范行政行为，增强服务观念和协调意识。各部门、各单位之间应当相互配合，主动协调。对职权范围内的事项必须按程序和时限积极主动办理，对不符合规定的事项必须坚持原则，不予办理并说明情况；对因推诿、拖延等官僚作风造成影响和损失的，追究其责任。

第六十一条 总局工作人员应当文明礼貌，热情大方，知晓程序，团结协作，遵规懂矩，实行首问责任制。按时上下班，严格执行总局机关“六不准”的要求：不准在工作中相互推诿、扯皮；不准铺张浪费；不准仪态不端、衣着不整、使用不文明语言；不准擅离工作岗位；不准在工作时间做与工作无关的事情；不准在工作日午餐饮酒。

第十一章　附　则

第六十二条　本规则适用于总局及机关各部门、各直属单位、各派出机构。

第六十三条　本规则由总局办公厅负责解释。

第六十四条　本规则自2007年1月1日起施行，总局2005年6月14日发布的《国家环境保护总局工作规则（修订）》（环办〔2005〕68号）同时废止。

关于印发《国家环保科普基地申报与评审暂行办法》的通知

（环发〔2006〕210号）

各省、自治区、直辖市环境保护局（厅）、科技厅（科委、科技局），新疆生产建设兵团环保局、科委，各有关单位：

为全面落实科学发展观，向公众普及环境保护科学知识，提高公众的环境保护意识和科技文化素质，依据《中华人民共和国环境保护法》、《中华人民共和国科学技术普及法》和国家环境保护总局、科学技术部《关于加强全国环境保护科普工作的若干意见》（环发〔2002〕175号），国家环境保护总局和科学技术部将在全国范围内推进国家环保科普基地的建设。为做好国家环保科普基地的申报与评审，现将《国家环保科普基地申报与评审暂行办法》印发给你们，请遵照执行。

附件：1. 国家环保科普基地申报与评审暂行办法

2. 国家环保科普基地申报表

二〇〇六年十二月二十八日

附件：

国家环保科普基地申报与评审暂行办法

为了全面落实科学发展观，深入贯彻实施《环境保护法》、《科普法》，向全社会普及环境保护科学知识，提高公众的环境保护意识和素质。根据国家环境保护总局、科学技术部《关于加强全国环境保护科普工作的若干意见》（环发〔2002〕175号）精神，国家环境保护总局、科学技术部决定在全国范围内开展国家环保科普基地评审工作。

国家环保科普基地是向公众普及环保科技知识，提高全民环保意识和素质的单位或场所，在开展知识性、科学性、趣味性的科普活动中具有公益性和示范性。国家环保科普基地应在落实科学发展观，促进人与自然的和谐发展，建设和谐社会的过程中发挥积极作用，履行相应的义务。

一、评审对象

1. 体现人与自然和谐相处，具有环境保护科普功能的场、馆、园等社会公共活动场所。

2. 实现清洁生产、循环经济的企业或单位。

3. 国家级“自然保护区”、“生态工业园区”、“生态示范区”等单位。

4. 从事核设施及放射性废物处理处置设施、危险废物处理装置、城镇污水处理、垃圾无害化处理设施、城镇自来水生产企业或单位。

5. 从事环境科学研究的科研院所、环境监测站点、监控中心、高等院校、重点实验室和工程技术中心等。

6. 其他具有环保科普功能的单位和场所。

二、申报资格

1. 申报单位必须是具有独立法人资格，管理规范、运行良好、环保业绩突出，并愿意向公众开放的单位。

2. 注重环境保护工作，污染物排放达到国家和地方环境保护法律和标准的要求。具有良好的环保工作业绩，近两年内没有受到各级环保行政部门的处罚。

3. 环保科普工作列入本单位的发展规划和日常工作任务，每年有具体的环保科普工作计划，具有科普创作能力和组织策划能力。

4. 具有环境保护科普知识展示场所和公众活动场地，有一定的对公众特别是面向未成年人的开放时间，有专门的展教设备或设施，可向公众演示或展示环境保护的科普知识。

5. 有固定用于环境保护科普活动的经费。

6. 有专（兼）职从事环保科普工作的人员，解说词要体现环保科普内容。

7. 可向公众提供环境保护科普资料，具有与公众交流的渠道，能对公众提出的问题和意见及时解答，具有宣传、展示环保科普内容的网页（站）。

8. 能为公众提供安全保障。

三、申报材料与程序

1. 申报单位填写申报书（格式附后），并按照要求提供附件材料，报送所在省、自治区、直辖市环境保护行政主管部门。国家环境保护总局直属单位、双重领导单位以及国家环境保护总局重点实验室和工程技术中心经本单位初审后，可直接向国家环境保护总局申报。

2. 附件材料包括：

（1）申报单位的独立法人资格证明复印件。

（2）对公众提供的科普场所、设备设施实验室等，以及科普资料及制品。

（3）单位环境保护科普工作制度、规划或计划书面材料。

（4）本单位近两年的科普工作计划、实施方案、实施效果，特别是开展重大环保科普活动的有关资料。

3. 各省、自治区、直辖市环境保护行政主管部门会同同级科技行政主管部门负责本行政区域内国家环境保护科普基地的推荐和初审工作。初审要求如下：

（1）申报单位是否符合本要求中的有关规定。

（2）《国家环保科普基地申报表》的填写是否符合填写说明的要求，需要的附件是否齐全。

（3）《国家环保科普基地申报表》填写的内容是否属实。

4. 初审合格的有关材料装订成册，报送国家环境保护总局。

四、评审程序

1. 国家环境保护总局会同科技部组织国家环保科普基地评审工作。总局科技司将聘请有关人员组成国家环保科普基地评审委员会（具体方案另定），对申报材料进行评审。日常管理工作由中国环境科学学会负责。评审工作将每两年进行一次。

2. 评审标准包括科普工作计划、科普知识展示场所、科普经费、对公众开放时间、环保科普工作业绩、宣传员、科普资料等若干方面。

3. 评审专家委员会将根据申报材料和评审标准提出评审结果。

4. 评审工作实行公示制度。评审结果向社会公告，自公告之日起 30 天内为公示期。有异议者，应在公示受理期内向国家环境保护总局或科技部提出署名书面异议材料，并提供必要的证明材料。

5. 国家环境保护总局、科技部对评审专家委员会评审通过的，并且没有异议或经处理消除异议的单位正式授予“国家环保科普基地”称号。

五、管理程序

1. 获得“国家环保科普基地”称号的单位，每年年底向国家环境保护总局和科技部提交工作总结。

2. 国家环境保护总局会同科技部对获得“国家环保科普基地”称号的单位进行不定期抽查，同时每四年进行一次复核。抽查和复核合格将继续保留该单位“国家环保科普基地”称号。

3. 如在抽查和复核中被发现达不到本要求规定标准或不能按时提交工作总结，限期进行整改。若整改后仍达不到标准的，国家环境保护总局和科技部将撤销该单位“国家环保科普基地”称号，并正式对外公布。被撤销“国家环保科普基地”称号的单位在四年内不得重新申报“国家环保科普基地”。

4. 本办法由国家环境保护总局会同科技部负责解释。

附件二：国家环保科普基地申报表（略）

关于印发《国家环境保护总局公文处理办法》的通知

（环办〔2006〕158号）

总局机关各部门，各直属单位、派出机构：

《国家环境保护总局公文处理办法》于2006年经国家环保总局第七次局务会议审议通过，现印发给你们，请各部门、各单位遵照执行。

附件：国家环境保护总局公文处理办法

二〇〇六年十二月三十日

附件：

国家环境保护总局公文处理办法

第一章　总　则

第一条　为加强总局公文管理，提高公文处理效率和质量，根据《国家行政机关公文处理办法》和《国家环境保护总局工作规则》，制定本办法。

第二条　本办法所称公文（包括电报，下同）是指总局机关在行政管理过程中使用和形成的具有法定效力和规范体式的公务文书，是依法行政和进行公务活动的重要工具。

第三条　公文处理指公文的办理、管理、整理、归档等一系列相互关联的工作。

公文处理坚持实事求是，精简、高效的原则，做到及时、准确、安全。

第四条　办公厅归口管理总局机关公文处理工作，负责指导直属单位、派出机构的公文处理工作。

第五条　公文处理必须严格执行国家保密法律、法规和有关保密规定，确保国家秘密安全。

第二章　公文的种类及使用范围

第六条　总局公文种类

（一）命令（令）

依照有关法律、行政法规规定发布部门规章，宣布施行重大强制性行政措施，奖惩有关单位及人员。

（二）决定

适用于对重要事项或者重大行动做出安排，奖惩有关单位及人员，变更或者撤销下级机关不适当的决定事项。

（三）公告

发布环境保护国家标准及行业标准，发布环境保护其他规范性文件，其他需要让公众周知的重大事件。

（四）通告

公布社会各有关方面应当遵守或周知的环境保护的事项。

（五）通知

批转下级机关的公文，转发上级机关和不相隶属机关的公文，传达要求下级机关办理和需要有关单位周知或执行的事项，任免国家环境保护总局内部机构及直属单位、派出机构司（局）级领导干部。

（六）通报

表彰先进，批评错误，传达重要精神和情况。

（七）报告

向党中央、国务院报告工作，反映情况。

（八）请示

向党中央、国务院请求指示、批准。

（九）批复

答复下级机关和单位的请示事项，批复环境影响评价报告书（表）等。

（十）意见

对重要问题提出见解和处理办法。

（十一）函

与国务院各部委、直属机构和各省、自治区、直辖市人民政府或办公厅（室）及其他同级机构联系商洽工作，解释环境保护部门规章、标准，询问和答复问题，请求批准和答复审批事项。

（十二）会议纪要

记载和传达总局一、二类会议情况和议定事项。

第七条 总局公文使用范围

（一）国家环境保护总局文件使用范围

1. 与国务院各部委、直属机构和各有关省、自治区、直辖市人民政府联合印发文件、商洽工作；

2. 按照职责权限或经国务院授权，向各省、自治区、直辖市人民政府行文；

3. 对全国人大、国务院颁布的法律、行政法规在环境保护行政管理工作中的具体应用和环境保护部门规章、标准作出解释；

4. 传达国务院及相关部门领导、总局领导的讲话精神或情况，宣传各地、各部门在工作实践中的成功经验；

5. 以总局名义处理对外的行政复议和处罚事项；

6. 任免国家环境保护总局内部机构及直属单位、派出机构司（局）级领导干部；

7. 其他需要以国家环境保护总局名义行文的行政事务。

（二）国家环境保护总局办公厅文件使用范围

1. 向各省、自治区、直辖市环境保护局（厅）、总局直属单位和派出机构及国务院有关部委、直属机构的相应机构行文；

2. 印发一、二类会议、总局组织的培训活动的通知及一、二类会议纪要；

3. 发布国家环境保护总局机关内部管理制度及其他事务；

4. 印发工作计划、工作安排，组织检查、评审、工作总结；

5. 以国家环境保护总局办公厅名义向各省、自治区、直辖市环境保护局（厅）、总局直属单位和派出机构部署、检查、总结专项工作；

6. 下发国家环境保护总局办公厅职责范围内的业务性文件；

7. 其他需要以国家环境保护总局办公厅名义行文的行政事务。

（三）国家核安全局文件使用范围

1. 核安全行政许可证件、操纵员执照的批准发放；

2. 核安全标准、导则、规定的制订、发布；

3. 核安全监管项目的重要修改申请、控制点释放和特许申请的批准；

4. “核安全重大事件和事故的调查处理”；

5. 核安全例行和专项监督检查；

6. 核安全运行事件的分析评价与经验反馈；

7. 项目官员的任免通知；

8. 印发以“国家核安全局”名义召开的重要会议纪要。

（四）国家核安全局办公室函使用范围

1. 核安全行政许可的申请受理；

2. 一般性核安全审评和监督活动通知、会议纪要。

（五）国家环境保护总局人事司人事任免通知使用范围

任免国家环境保护总局机关处级及处级以下干部。

（六）国家环境保护总局司函使用范围

总局机关各部门在职责范围内，与环保系统各有关单位进行非指令性、非普发性的业务工作联系，与不相隶属的机关及企事业单位商洽或回复一般性业务工作。

第八条 总局机关各部门需要使用其他发文形式，应提出该发文形式的使用范围、管理权限、发送对象、审核及签发程序、公文格式及编号规则，报办公厅批准并备案。

第三章　签　报

第九条　总局机关司（局）处（室）在内部公务活动中，需书面请示、报告和商洽工作，可以使用签报。凡是可以采取口头形式请示、报告和商洽的事项，不使用签报。

第十条　签报必须使用《国家环境保护总局签报》稿纸，一事一报，不得几事一报，也不得一事多报。不得与发文同时使用。

第十一条　拟稿人按国家环境保护总局签报规范格式将签报打印出纸制件，其所在处（室）负责人核稿无误后写上姓名。若签报中涉及相关的依据性文件、资料时，应将所涉文件、资料按签报提及顺序作为附件附后。

第十二条　凡由司（局）领导签发的签报，须经拟稿处（室）负责人签署意见后报出。签报主送处（室）分管司（局）级领导签发。

第十三条　当签报事项涉及总局机关其他部门职责时，签报拟稿部门应事先与涉及的部门进行协商，并将签报送相关部门进行会签。签报事项涉及部门应明确表示同意或不同意，对有异议的事项提出具体意见。

第十四条　凡呈送总局领导的签报（除人事任免、考核、案件查处和重大特急事项外），须经司（局）主要领导签署意见后，将纸制件转办公厅，由办公厅登记后统一呈送总局领导阅批，不得多头分送。不符合规定要求的签报，办公厅可退回拟稿部门重新办理。

第十五条　总局机关各部门呈送总局领导的签报，应主送总局分管领导。除交办和批示的事项外，不得越级批报。

第十六条　签报应根据缓急程度，由拟稿人分别标明“普通”、“急”、“特急”，并经司领导确认；如总局领导对“急”、“特急”签报中的事项作出批示涉及多个部门的，由办公厅复印后分送承办部门办理，原件转主办司（局）。对涉及需要严格保密内容的签报，复印前应征得拟稿部门同意。

签报作为机关内部文件，原则上不对机关外复印或转送。领导批示内容涉及总局直属单位、派出机构的，由签报起草单位负责传达。

第十七条　起草、审核、办理签报，应当使用总局电子政务平台签报管理系统。签报电子件应跟随签报纸制件的送阅顺序进行运转。签报事项的具体办理人员在办理完毕本人职责范围内的事项并签署意见后，应及时将电子件点送需继续处理签报事项的人员。

第四章　公文格式

第十八条　公文一般由秘密等级和保密期限、紧急程度、发文机关标识、发文字号、签发人、标题、主送机关、抄送机关、正文、附件说明、成文日期、印章、附注、附件、主题词、印发机关和印发日期等部分组成。

（一）涉及国家秘密的公文，应当依照《环境保护工作中国家秘密范围的规定》及有关规定，标明密级和保密期限。其中，“绝密”、“机密”级公文应当标明份数序号。密级的确定，由公文起草部门提出意见商办公厅同意。

（二）紧急公文应当根据紧急程度分别标明“特急”、“急件”。电报应当分别标明“特提”、“特急”、“加急”、“平急”。

（三）发文机关标识应当使用全称或规范化简称；联合行文，主办机关排列在前。

（四）发文字号应当包括机关司（局）代字、年份、序号。联合行文，只标明主办机关发文字号。

（五）上行文应当注明签发人、会签人姓名。其中，“请示”应当在附注处注明联系人姓名和电话。拟请国务院批转的文件，应同时报送代为拟写的批复稿，并按《国家行政机关公文处理办法》中关于附件标注的规定附“代拟稿”。

（六）公文标题应当准确简要地概括公文的主要内容并标明公文种类。标题中除法规、规章名称加书名号外，一般不用标点符号。

（七）主送机关指公文的主要受理机关，抄送机关指除主送机关外，需要执行或知晓公文的其他机关，均应当使用全称或者规范化简称、统称。

（八）公文如有附件，应当注明附件顺序和名称。附件应按顺序与主件一并装订。征求意见的文本作为附件的，可另行印制。

（九）公文除以电报形式发出的以外，应当加盖印章。联合上报的公文，由拟稿部门加盖印章；联合下发的公文，发文机关都应当加盖印章。

（十）成文日期以负责人签发的日期为准，联合行文以最后签发人的签发日期为准。电报以发出日期为准。

（十一）公文应当标注主题词。上行文按照国务院的要求标注主题词。

（十二）总局发文、办公厅发文等的印发机关为国家环境保护总局办公厅。

（十三）印发日期以公文校对后送印的日期为准。

第十九条 公文文字从左至右横写、横排。

第二十条 公文用纸采用国际标准 A4 型（297mm×210mm），左侧装订。

第五章 公文拟稿

第二十一条 公文应符合国家法律、法规及有关方针、政策、决定。提出新的政策、规定等，应当切实可行，并附说明。

公文内容必须事实确实，观点明确，表述准确，结构严谨，条理清楚，字词规范，标点正确。篇幅力求简短。

第二十二条 公文中的人名、地名、数字、引文应当准确。引用公文应先引标题，后引发文字号。日期应写具体的年、月、日。必须使用国家法定计量单位。

第二十三条 公文结构层次序数，第一层为“一、”、第二层为“（一）”、第三层为“1.”、第四层为“（1）”。

第二十四条 公文中使用非规范化简称，应当先用全称并注明简称。使用国际组织外文名称或其缩写形式，应当在第一次出现时注明准确的中文译名。

第二十五条 公文中的数字，除成文时间、部分结构层次序数和词、词组、惯用语、缩略语、具有修辞色彩语句中作为词素的数字必须使用汉字外，应使用阿拉伯数码。

第二十六条 办文依据或背景材料应作为参阅件。如对正文进行解释或说明时，应附起草说明或补充说明。

第二十七条 按规定标注主题词。主题词除分类词外，数量一般不超过 5 个词。

第二十八条 严格执行有关保密规定，秘密文件按规定标注密级，非秘密文件应在“密级”栏内标注“普通”字样。

第二十九条 按办文时限要求合理标注缓急程度。需要在印发的正式文件中标明缓急程度的，标注在缓急程度栏内。

已经超过了规定的回复期限，需要按“急件”或“特急件”办理的，应说明理由。

第六章 公文审核

第三十条 总局公文审核实行分级负责制度。

公文拟稿人应为总局机关正式工作人员或经人事司批准的正式挂职干部。公文草拟后应分别经处长（副处长）、业务秘书、主管副司（局）长、司（局）长、办公厅文秘部门、办公厅负责发文工作的领导对文件进行审核。处长、司（局）长不在时，可委托副处长、副司（局）长负责审核。总局重要文件由司（局）长审核。

公文审核的基本要求：公文体例、格式、文种正确；发文稿纸所列各项内容填写齐全、准确；办文依据符合规定，附件及参阅件完整；公文按规定时限办结；对涉及总局机关其他部门职责的事项，充分征求意见；对涉及国务院有关部门的事项，进行协商或会签。

司函内容由拟稿处（室）的处长（副处长）负责审核；发文形式、文种、格式由业务秘书负责审核。

审核人应本着高度负责的态度，对公文进行认真审核，并在审核后写上姓名和审核时间。

第三十一条 按要求报送的材料和回复性公文，各司（局）必须在截止期限前至少提前两天将拟制的公文送到办公厅审核。拟稿人提出文件缓急程度，并经司长确定。

第三十二条 修改和签批公文时，书写字迹及所用纸张必须符合存档要求，不得使用纯蓝墨水、红墨水、圆珠笔、铅笔，不得在文稿装订线外书写。

第三十三条 经过总局领导、办公厅修改、审核后需清稿的公文，由拟稿人认真进行清稿并将修改稿附后，一并由总局领导审批签发。

第七章 公文签发

第三十四条 国家环境保护总局文件、函按业务分工由局长或局长授权的分管副局长签发。局长或局长授权的分管副局长不在时，“急件”和“特急件”由值班局长签发。

国家环境保护总局令经分管副局长审核后由局长签发。

国家环境保护总局局长函由局长或局长授权的分管副局长签发。

第三十五条 国家环境保护总局办公厅文件、办公厅函、办公厅会议通知等由办公厅主任或由办公厅主任授权办公厅副主任签发。

核安全司关于审批进口放射源的文件、环境影响评价司关于建设项目验收委托函、环境监察局关于环境监察通知的文件等办公厅专项工作文件，经办公厅授权可由相应业务司（局）的司（局）长签发。

国家环境保护总局人事司人事任免文件由人事司司长或司长授权副司长签发。

第三十六条 国家环境保护总局司函由司（局）长或司（局）长授权副司（局）长签发。

第三十七条 签发公文时，签发人应当注明签署意见、姓名和审批时间。其他审批人圈阅，应当视为同意。

第八章 行文规则

第三十八条 行文关系应当根据隶属关系和职权范围确定。

第三十九条 总局一般不向省级人民政府正式行文。如需行文，应报请国务院批转或由国务院办公厅转发。因特殊情况需向省级人民政府正式行文的，应报经国务院批准，并在文中注明经国务院同意。

第四十条 总局或总局办公厅可与国务院各部委、直属机构，各省、自治区、直辖市人民政府和相应的军队机关或其办公厅（室）联合行文，与同级人民团体和具有行政职能的事业单位或其办公厅（室）也可以联合行文。

第四十一条 “请示”应当一文一事，一般只写一个主送机关。如需同时送其他机关的，应当用抄送形式，但不得抄送下级机关。

“报告”不得夹带请示事项。

第四十二条 除答复人大议案、建议和政协提案以及上级机关负责人直接交办的事项外，一般不对个人行文。

第四十三条 总局普发性文件原则上应主送各省、自治区、直辖市环境保护局（厅）、新疆生产建设兵团环保局、解放军环保局，并抄送总局机关各部门、直属单位、派出机构。根据需要也可发国务院各部委、直属机构，计划单列市或副省级城市环境保护局，总局双重领导单位。

第四十四条 办公厅统一管理在网站、报纸、刊物上发布总局行政性文件或编辑出版文件汇编等事宜。

已经印发的公文需在报刊上公开发布时，需由原办文单位书面请示原签发人批准，并送办公厅备案。

第四十五条 总局公文（除司函外）原则上由拟稿部门业务秘书交办公厅核稿后呈送签发人签发。

公文签发后，经拟稿人对签发件与电子文档校对无误后，由办公厅编发文号。

拟稿人应跟踪文件办理状态。对于“特急

件”，办公厅可以同时予以电话通知。“特急件”必须于 2 小时内、“急件”于 4 小时内进行校对、编发文号。对可以明确起始单位和起始时间的，应予以注明。

司函由业务秘书送司（局）领导签发，签发后由业务秘书编发文号。

第四十六条 公文文稿经领导签发后即行生效，任何人不得随意更改。如遇特殊情况需修改一般文字时，应征得办公厅同意，重要修改应请示签发人批准。

第九章 会签与联合行文

第四十七条 公文内容涉及其他单位或总局机关其他部门工作职责的，拟稿部门应履行会签程序或商请联合行文。如部门间有分歧意见，由拟稿部门负责与相关部门协调。应会签而未经会签的公文，办公厅不予受理。

会签不应以签报或其他形式代替。

第四十八条 总局机关内部会签文件时，拟稿部门可针对不同事项提出不同的时限要求，一般不应少于 3 个工作日。协办部门应在规定时限内会签文件或提出书面答复意见。协办部门逾期不反馈意见，视为同意主办部门意见。

第四十九条 国务院各部委、直属机构，各省、自治区、直辖市人民政府，相应的军队机关，同级人民团体和具有行政职能的事业单位或办公厅（室）拟与总局或总局办公厅联合发布、会签的公文，由办公厅登记并转有关业务司（局）提出意见后，报总局领导签发。

各司（局）不得与其他单位机构联合行文。

第十章 印制与发送

第五十条 总局发出的公文均需按规范格式印制，禁止手写公文加盖公章下发。

第五十一条 总局公文由机关服务局负责印制、校对、送交盖章和发送，也可由拟稿部门自行发送。

第五十二条 公文印制人员应当认真负责，按时保质完成公文印制工作，确保公文版面整洁、字迹清晰、格式规范。对印制质量不符合要求的公文，应主动、及时地予以重新印制。

第五十三条 文件签发后应及时印制和发出。自领导签发之时起，“特急件”必须于 2 小时内发出，“急件”在一个工作日内发出，普通件在 2 个工作日内发出。

第五十四条 公文签发后，因故需推迟或取消发文时，需由拟稿部门及时写出文字说明，经司（局）长签署意见后，报文件签发人或上一级领导批准，并送办公厅文秘部门销号和备案。

国家环境保护总局人事任免通知和国家环境保护总局人事司任免通知印发前，应征得人事司确认同意。

第五十五条 印数在 10 份以下的公文，采用盖章方式。印数在 10 份以上的文件，应采用套印方式。

第五十六条 主送或抄送国务院及国务院各部委、直属机构，各省、自治区、直辖市环境保护局（厅），总局直属单位、派出机构以外的公文，拟稿部门应向机关服务局文印部门提供收文单位的地址及邮政编码。

第五十七条 公文原稿及正式文件 6 份，在规定时间内由文印部门直接送交档案管理部门存档。

第十一章 收文办理

第五十八条 收文办理包括传递、签收、登记、分发、拟办、批办、承办、催办、查办、归档、销毁等程序。

第五十九条 根据公文的文种和内容，收文分为阅件和办件两种。

阅件为不需要回复或办理的阅知性文件。

办件包括上级交办事项，国务院各部委、直属机构，各级环保部门和总局直属单位、派出机构来文中需要回复或办理的事项。

需要办理的事项，由办公厅提出拟办意见送

总局领导批示，或直接批转总局机关各部门办理。

第六十条 主送总局、总局办公厅文件，由办公厅负责接收和批办。其他部门和人员代收的主送总局、总局办公厅的文件，应及时转交办公厅处理。

主送各司（局）的公文，由各司（局）业务秘书负责接收，司（局）长或由司（局）长委托副司（局）长批办。

第六十一条 办公厅接收的公文，由办公厅负责签署批办（阅）意见，在总局电子政务综合平台公文管理系统中编号登记。转报总局领导的，由总局领导秘书签收，并呈送总局领导批示。批转各司（局）的，由各司（局）业务秘书签收并送司（局）长批示。

第六十二条 总局机关各司（局）长接文后，需指定承办处或承办人。承办单位及承办人必须抓紧办理，不得延误、推诿。“特急件”、“急件”随时办理，有时限要求的必须在限期内办结，没有明确时限要求的，一般自收文之日起10个工作日内批复或答复。因故不能在限期内办结的，承办人应及时向有关领导说明原因。

公文在办理过程中，承办人因公出差或请假，应当向有关人员或领导移交清楚。

第六十三条 对涉及总局其他部门职责范围的公文，承办部门必须主动与相关部门协商，取得一致意见后，方可作出决定或报送总局领导。协办部门应积极配合，在规定时间内及时、明确表达本部门意见。

承办部门应针对所办事项的缓急程度提出不同的时限要求，一般不应少于3个工作日。

第六十四条 有办理时限要求的公文，办公厅及各司（局）业务秘书负责催办，做到紧急公文跟踪催办，重要公文重点催办，一般公文定期催办。催办结果由各司（局）业务秘书落实。

第十二章 公文归档

第六十五条 公文办完后，应当根据《中华人民共和国档案法》、《环境保护档案管理办法》、《国家环保总局档案自动化管理系统文件材料整理归档暂行规定》和其他有关规定，及时整理、归档。

个人不得保存应当归档的公文。

第六十六条 凡属归档范围内的公文，由承办部门根据其相互联系、特征和保存价值进行整理。保证归档公文齐全、完整，能正确反映总局机关的主要工作情况，便于保管和利用。

第六十七条 联合办理的公文，总局为拟稿部门的，由拟稿部门将会签后的原件交总局办公厅归档，其他单位保存复制件或其他形式的公文副本。

第六十八条 归档范围内的公文应当确定保管期限，按照有关规定定期向办公厅档案部门移交。办公厅每半年通报一次公文及相关文件的归档情况。

第十三章 公文管理

第六十九条 上级机关的涉密公文，除绝密级和注明不准复印的以外，经总局领导或办公厅主任批准，可以复印。复印时，应当注明复印的机关、日期、份数和印发范围，并按正式文件要求妥善处置复印件。

第七十条 公开发布其他行政机关的公文，必须经发文机关批准。经批准公开发布的公文，同发文机关正式印发的公文具有同等效力。

第七十一条 公文复印件作为正式公文使用时，应加盖复印机关的证明章。

第七十二条 公文被撤销，视作自始不产生效力。公文被废止，视作自废止之日起不产生效力。

第七十三条 不具备归档和存查价值的公文，经过鉴别并经办公厅负责人批准，可以销毁。

第七十四条 总局内设机构合并时，全部公文应当随之合并管理。总局内设机构撤销时，需要归档的公文，整理后按有关规定移交档案部门。

工作人员调离工作时，应当将本人暂存、借用的公文按照有关规定移交、清退。

第七十五条 密码电报的使用和管理，按照有关规定执行。

第十四章　电子公文

第七十六条　电子公文是指在计算机网络系统中形成的具有规范格式的公文的电子数据。总局制发的电子公文在环保系统内部具有行政效力，可以作为环保系统、总局机关内部处理公务的依据。

第七十七条　起草、审核、签发和办理公文，应当使用总局电子政务综合平台公文管理系统。

办公厅负责公文管理系统的管理，协调并指导总局信息中心开展技术支持与维护工作。

第七十八条　总局机关内部发送的各类布置性、告知性、事务性公文，应采用电子公文。既有电子公文，又有纸质文件的，以纸质文件为准。需要对环保系统以外的其他单位发送的公文，应当制成纸质文件。

第七十九条　利用总局电子政务综合平台处理秘密、机密级公文，必须按照国家的有关规定执行，确保涉密公文的安全。

绝密级公文不得利用计算机网络系统进行处理。

第八十条　总局电子政务综合平台公文处理系统中形成的电子公文办理完毕后，应按有关规定及时办结、归档，公文数据应当备份。

第十五章　公文管理责任

第八十一条　对于不符合要求的公文，办公厅文秘部门应与拟稿人沟通，由拟稿人说明情况并进行修改。质量问题比较突出的，退回拟稿部门重新办理，并经本部门司（局）长重新签发后，送办公厅审核。

第八十二条　总局机关各部门主要负责人对本部门拟制的公文质量负责。经办公厅审核后，呈报总局领导签发的文件出现质量问题，由办公厅主任负责。

第八十三条　对文件质量出现的问题，追究有关领导和工作人员的责任。责任追究方式包括：对责任人提出口头批评、通报批评。出现严重质量问题的，在本部门范围内进行检查。

第八十四条　公文质量列为总局机关工作人员考核的重要内容。一年内所拟公文被国务院办公厅退回一次以上、被总局领导退回二次以上、被办公厅退回四次以上的，拟稿人及拟稿处（室）负责人年度考核不能评为“优秀”。出现严重公文质量问题，并造成严重后果的，拟稿部门负责人年度考核不能评为“优秀”，拟稿人及拟稿处（室）负责人年度考核不能评为“称职”。

第八十五条　实行公文质量通报制度。办公厅每月印发《公文处理情况通报》（见附件），对上月份总局机关各部门质量差的公文情况进行通报。凡属下列情况之一者为质量差的公文：与国家政策、法规、规章及总局有关文件规定不符；无实质性内容；重复发文；未按固定程序行文；观点模糊，逻辑关系、层次混乱；未按规定时间报送材料和回复的；文件缺页、错页；文件结构、文字修改量大；其他不符合总局公文管理规定的问题。

第十六章　附　则

第八十六条　行政规章类公文，依照有关规定处理。外事方面的公文，按照外交部的有关规定处理。

第八十七条　本办法自发布之日起施行。1998年9月4日印发的《国家环境保护总局公文处理办法》同时废止。

关于进一步加强生态保护工作的意见

（环发〔2007〕37号）

各省、自治区、直辖市环境保护局（厅），新疆生产建设兵团环境保护局，各直属单位，各派出机构：

为贯彻落实《国务院关于落实科学发展观加强环境保护的决定》（国发〔2005〕39号）和第六次全国环境保护大会精神，加快解决影响可持续发展的生态问题，全面推进环境保护历史性转变，现就进一步加强生态保护工作提出如下意见：

一、充分认识生态保护面临的严峻形势

（一）生态保护工作取得积极进展。党中央、国务院高度重视生态保护，采取了一系列重大措施，不断加强生态保护工作，各级环保部门积极参与综合决策，加强监管，努力遏制生态恶化趋势。自然保护区和生态功能保护区建设与管理取得积极进展，生物多样性保护与生物安全管理工作进一步深化，资源开发生态保护监管水平不断提高，生态示范创建工作蓬勃开展，农村污染防治得到重视，全社会生态保护意识和公众参与度明显提高。

（二）生态环境形势十分严峻。虽然我国生态保护工作取得积极进展，但生态环境形势依然十分严峻，生态环境恶化的趋势还没有得到有效遏制。生态系统功能下降，生物多样性减少，外来有害物种入侵，削弱了可持续发展的基础；水污染和水生态失衡制约了经济社会发展；土地退化导致土地生产力下降，土壤污染影响农产品安全；矿产资源的不合理开发导致一些地区生态破坏严重，地质灾害频发。人口增加和经济社会快速发展对生态环境的压力越来越大。

（三）生态保护工作基础薄弱。生态保护政策、法规、标准体系不完善，环保部门实施统一监管的手段不足，能力建设严重滞后，队伍、技术力量薄弱，投入机制不健全。生态保护工作与新形势、新任务不相适应。

（四）必须把生态保护工作摆在重要位置。生态环境保护关系经济社会的可持续发展，关系人民生活和子孙后代的发展，关系环境保护事业的发展。必须坚定不移地坚持保护生态环境的方针，坚持污染防治与生态保护相结合，以生态修复扩大环境容量，以生态措施强化污染防治，确保实现“十一五”环保目标，努力促进人与自然的和谐。

二、明确生态保护工作的指导思想和目标

（五）指导思想。以科学发展观为指导，以加快实现环境保护历史性转变为契机，加大执法力度，重点抓好自然生态系统保护与农村污染防治，严格控制资源开发建设活动造成的生态破坏，提高监督管理水平，维护自然生态系统功能，促进人与自然和谐，为全面建设小康社会提供坚实的生态安全保障。

（六）生态保护目标。到2010年，生态环境恶化趋势得到基本遏制，部分地区生态环境质量有所改善。重点生态功能保护区的生态功能基本稳定，自然保护区、生态脆弱区的管理能力得到提高，生物多样性锐减趋势和物种遗传资源的流失得到有效遏制，外来有害物种的入侵得到控制；基本摸清全国土壤环境污染状况，农村污染防治力度不断加大；生态保护法规体系进一步完善，执法能力进一步加强。到2020年，全国生态环境状况明显改善。

（七）基本原则。预防为主，保护优先。运用法律、经济和必要的行政手段，强化监管措施，规范开发建设活动，防止造成新的人为生态破坏。生态保护和建设的重点从事后治理向事前保护转变，从人工建设为主向自然恢复为主转变，从源头上扭转生态恶化趋势。

分类指导，分区推进。按照国土空间优化开发、重点开发、限制开发和禁止开发四类主体功能区的定位，以及自然生态环境条件和社会经济发展水平，因地制宜，采取相应的生态保护对策和措施。

统筹规划，重点突破。正确处理资源开发与生态保护的关系，近期与远期兼顾、局部与全局协调。优先抓好生态保护的重点区域和重点项目，力争在短期内有所突破。

三、着力解决影响可持续发展的生态问题

（八）以实施农村小康环保行动计划为龙头，大力推进农村环境保护。各地在社会主义新农村

建设中，要尽快编制并实施农村小康环保行动计划；加强农村饮用水源地的保护和监管，保障农民群众饮水安全；重点治理农村生活污水和垃圾，推进村庄环境综合整治；开展农业污染源调查，实施畜禽养殖污染治理，依法划定禁养区，加大秸秆禁烧的执法检查力度；加强农村环境基础设施和环保监管能力建设，严格执行环境影响评价和“三同时”制度，防止城市和工业污染向农村转移。

（九）以土壤污染状况调查与监测为基础，全面加强土壤环境保护工作。开展全国土壤污染状况调查，逐步完善土壤环境质量标准体系，建立土壤环境质量监测和评价制度，开展污染土壤修复与综合治理试点；加强对污灌区域、工业用地及工业园区周边地区土壤污染的监管，严格控制主要粮食产地和蔬菜基地的污水灌溉，确保农产品质量安全；积极发展生态农业、有机农业，严格对无公害、绿色、有机农产品生产基地的环境监管。

（十）以自然保护区、生态功能保护区、生态脆弱区的建设和保育为主体，保护和恢复自然生态系统的整体功能。认真做好生态功能区划工作，确定不同地区的主导生态功能和发展方向；开展自然保护区基础调查，优化空间布局，强化管护能力建设，推进规范化管理，完善监管机制，提高保护质量；编制生态功能保护区规划，抢救性地建立一批国家重点生态功能保护区；编制生态脆弱区保护规划，使脆弱的生态系统休养生息。

（十一）以遏制人为生态破坏为重点，强化资源开发的生态保护监管。依据《环境影响评价法》和《建设项目环境保护管理条例》，加大规划环评的力度；加强对矿产资源、水资源、旅游资源和交通基础设施等开发建设项目和活动的环境监管，努力遏制新的人为破坏生态活动；加强红树林、珊瑚礁、海草等典型海岸、海洋生态系统的保护和恢复，改善近岸海域、海岸带和海洋生态环境，提高其服务功能。

（十二）以履行《生物多样性公约》和《生物安全议定书》为主线，加强物种资源保护和生物安全管理。加强履约工作的组织协调，制订生物多样性保护行动计划，开展区域生物多样性评价工作；完善生物物种资源保护部际联席会议制度，编制生物物种资源保护与利用规划，做好生物物种资源调查工作，完善生物物种资源数据库和信息系统；做好转基因生物安全、外来有害入侵物种和病原微生物的环境安全管理。

（十三）以生态示范系列创建为载体，积极推进区域经济社会与环境协调发展。扎实推进和深化生态省（市、县）、生态示范区、环境优美乡镇、生态村创建工作，创新工作机制，实施分类指导，分级管理；求真务实，严格标准，完善考核办法；制定鼓励性政策措施，以奖代补推动创建工作。

四、强化生态保护工作措施

（十四）加强组织领导和队伍建设。地方各级环保部门要把生态保护工作纳入重要议事日程，省级、市级环保部门要加强生态保护工作机构建设，县级环保部门要有专人负责生态保护工作，推动乡镇设立兼职的生态环境监管人员。切实加强生态保护能力建设，继续开展生态保护工作人员的业务培训，提高工作人员的业务水平。

（十五）加强生态保护立法工作。积极配合全国人大做好自然保护区法的立法工作，总局要依据职责抓紧研究拟订土壤污染防治法、转基因生物安全法、生态保护法、畜禽养殖污染防治条例、农村环境保护条例、生物遗传资源管理条例等法律、法规草案建议稿；加快制订矿山生态恢复治理、生态脆弱区评估、自然保护区和生态功能区生态功能评估等方面的标准。各地要结合实际，抓紧拟订一批地方性生态保护法规、规章和标准。

（十六）研究探索生态补偿政策，拓宽生态保护资金渠道。总局将继续与有关部门合作，研究流域上下游之间、资源开发与生态保护之间、自然保护区内外的生态补偿途径，研究建立遗传资源获取与惠益共享机制。各地要落实矿山生态环境恢复治理保证金制度。积极协调发展改革和财政部门，编制和实施自然生态保护专项规划，以规划带动项目，以项目争取资金，将生态保护工作落到实处。

（十七）创新工作机制，强化生态保护统一监管。加强与有关部门的协调与合作，建立、完善部际联席会议制度、信息通报制度、联合检查制度、案件移交移送制度。加强环保系统内部的综合管理，切实改进工作作风和工作方法，形成生态保护工作合力。进一步完善自然保护区评审机制，对各类生态示范创建工作实行动态管理，建立激励和奖惩机制，表彰先进，督促后进。

（十八）开展生态环境监察，加大执法力度。依法加强对自然保护区、生态功能保护区、农村等区域及矿产资源开发、旅游开发、水利水电、交通等建设项目的生态保护执法力度，严查各种生态破坏案件和违法行为。深化生态环境监察试点工作，扩大试点范围，充实试点内容，力争在生态保护执法机制、建章立制和能力建设等方面有所突破，切实解决当地突出的生态环境问题。

（十九）抓好试点，以点带面推动全局工作。积极开展畜禽养殖污染治理、农村生活污水和垃圾治理、土壤污染治理、有机食品基地建设等示范工程，重点解决农村突出的环境问题。开展流域生态补偿试点工作，推动解决重点流域生态环境问题。开展矿区生态环境恢复治理试点，推进矿区环境保护工作。开展自然保护区建设管理示范工作，建立一批与国际接轨的自然保护区，提高管理水平。

（二十）深入开展生态环境状况评价工作。建立和完善生态环境监测体系，制订城市和农村、自然保护区和生态功能保护区等不同类型的生态环境状况评价标准和方法，开展不同类型的生态环境状况评价工作，定期公布全国和区域生态环境状况。

（二十一）加强生态保护科学技术研究。加强生态保护战略和科学技术研究，重点开展典型地区生态系统演替规律、生态环境状况评价、生态系统服务功能、土壤修复、矿区生态环境恢复治理技术、城市景观生态等研究，为生态环境管理提供科学依据。加强应用技术的推广，提高生态保护科技含量和水平。

（二十二）广泛开展国际交流与合作。认真履行《生物多样性公约》和《生物安全议定书》等国际公约，维护国家环境与发展权益，履行相应的国际义务。积极引进和借鉴国外先进的管理经验，利用国外资金和技术，促进我国生态保护工作。

（二十三）加强生态保护宣传教育，提高公众的生态保护意识。充分利用广播、电视、报刊、网络等媒体，开展生态警示教育，广泛宣传和普及生态保护知识。发挥舆论监督作用，表彰生态保护的先进典型，揭露和批评破坏生态的违法行为，公开环境信息，鼓励和引导公众参与生态环境保护。

二〇〇七年三月十五日

环境监测管理办法

（2007年7月25日国家环保总局发布）

第一条 为加强环境监测管理，根据《环境保护法》等有关法律法规，制定本办法。

第二条 本办法适用于县级以上环境保护部门下列环境监测活动的管理：

（一）环境质量监测；

（二）污染源监督性监测；

（三）突发环境污染事件应急监测；

（四）为环境状况调查和评价等环境管理活动提供监测数据的其他环境监测活动。

第三条 环境监测工作是县级以上环境保护部门的法定职责。

县级以上环境保护部门应当按照数据准确、代表性强、方法科学、传输及时的要求，建设先进的环境监测体系，为全面反映环境质量状况和变化趋势，及时跟踪污染源变化情况，准确预警各类环境突发事件等环境管理工作提供决策依据。

第四条 县级以上环境保护部门对本行政区域环境监测工作实施统一监督管理，履行下列主要职责：

（一）制定并组织实施环境监测发展规划和年度工作计划；

（二）组建直属环境监测机构，并按照国家环境监测机构建设标准组织实施环境监测能力建设；

（三）建立环境监测工作质量审核和检查制度；

（四）组织编制环境监测报告，发布环境监测信息；

（五）依法组建环境监测网络，建立网络管理制度，组织网络运行管理；

（六）组织开展环境监测科学技术研究、国际合作与技术交流。

国家环境保护总局适时组建直属跨界环境监测机构。

第五条 县级以上环境保护部门所属环境监测机构具体承担下列主要环境监测技术支持工作：

（一）开展环境质量监测、污染源监督性监测和突发环境污染事件应急监测；

（二）承担环境监测网建设和运行，收集、管理环境监测数据，开展环境状况调查和评价，编制环境监测报告；

（三）负责环境监测人员的技术培训；

（四）开展环境监测领域科学研究，承担环境监测技术规范、方法研究以及国际合作和交流；

（五）承担环境保护部门委托的其他环境监测技术支持工作。

第六条 国家环境保护总局负责依法制定统一的国家环境监测技术规范。

省级环境保护部门对国家环境监测技术规范未作规定的项目，可以制定地方环境监测技术规范，并报国家环境保护总局备案。

第七条 县级以上环境保护部门负责统一发布本行政区域的环境污染事故、环境质量状况等环境监测信息。

有关部门间环境监测结果不一致的，由县级以上环境保护部门报经同级人民政府协调后统一发布。

环境监测信息未经依法发布，任何单位和个人不得对外公布或者透露。

属于保密范围的环境监测数据、资料、成果，应当按照国家有关保密的规定进行管理。

第八条 县级以上环境保护部门所属环境监测机构依据本办法取得的环境监测数据，应当作为环境统计、排污申报核定、排污费征收、环境执法、目标责任考核等环境管理的依据。

第九条 县级以上环境保护部门按照环境监测的代表性分别负责组织建设国家级、省级、市级、县级环境监测网，并分别委托所属环境监测机构负责运行。

第十条 环境监测网由各环境监测要素的点位（断面）组成。

环境监测点位（断面）的设置、变更、运行，应当按照国家环境保护总局有关规定执行。

各大水系或者区域的点位（断面），属于国家级环境监测网。

第十一条 环境保护部门所属环境监测机构按照其所属的环境保护部门级别，分为国家级、省级、市级、县级四级。

上级环境监测机构应当加强对下级环境监测机构的业务指导和技术培训。

第十二条 环境保护部门所属环境监测机构应当具备与所从事的环境监测业务相适应的能力和条件，并按照经批准的环境保护规划规定的要求和时限，逐步达到国家环境监测能力建设标准。

环境保护部门所属环境监测机构从事环境监测的专业技术人员，应当进行专业技术培训，并经国家环境保护总局统一组织的环境监测岗位考试考核合格，方可上岗。

第十三条 县级以上环境保护部门应当对本行政区域内的环境监测质量进行审核和检查。

各级环境监测机构应当按照国家环境监测技术规范进行环境监测，并建立环境监测质量管理体系，对环境监测实施全过程质量管理，并对监测信息的准确性和真实性负责。

第十四条 县级以上环境保护部门应当建立

环境监测数据库，对环境监测数据实行信息化管理，加强环境监测数据收集、整理、分析、储存，并按照国家环境保护总局的要求定期将监测数据逐级报上一级环境保护部门。

各级环境保护部门应当逐步建立环境监测数据信息共享制度。

第十五条 环境监测工作，应当使用统一标志。

环境监测人员佩戴环境监测标志，环境监测站点设立环境监测标志，环境监测车辆印制环境监测标志，环境监测报告附具环境监测标志。

环境监测统一标志由国家环境保护总局制定。

第十六条 任何单位和个人不得损毁、盗窃环境监测设施。

第十七条 县级以上环境保护部门应当协调有关部门，将环境监测网建设投资、运行经费等环境监测工作所需经费全额纳入同级财政年度经费预算。

第十八条 县级以上环境保护部门及其工作人员、环境监测机构及环境监测人员有下列行为之一的，由任免机关或者监察机关按照管理权限依法给予行政处分；涉嫌犯罪的，移送司法机关依法处理：

（一）未按照国家环境监测技术规范从事环境监测活动的；

（二）拒报或者两次以上不按照规定的时限报送环境监测数据的；

（三）伪造、篡改环境监测数据的；

（四）擅自对外公布环境监测信息的。

第十九条 排污者拒绝、阻挠环境监测工作人员进行环境监测活动或者弄虚作假的，由县级以上环境保护部门依法给予行政处罚；构成违反治安管理行为的，由公安机关依法给予治安处罚；构成犯罪的，依法追究刑事责任。

第二十条 损毁、盗窃环境监测设施的，县级以上环境保护部门移送公安机关，由公安机关依照《治安管理处罚法》的规定处10日以上15日以下拘留；构成犯罪的，依法追究刑事责任。

第二十一条 排污者必须按照县级以上环境保护部门的要求和国家环境监测技术规范，开展排污状况自我监测。

排污者按照国家环境监测技术规范，并经县级以上环境保护部门所属环境监测机构检查符合国家规定的能力要求和技术条件的，其监测数据作为核定污染物排放种类、数量的依据。

不具备环境监测能力的排污者，应当委托环境保护部门所属环境监测机构或者经省级环境保护部门认定的环境监测机构进行监测；接受委托的环境监测机构所从事的监测活动，所需经费由委托方承担，收费标准按照国家有关规定执行。

经省级环境保护部门认定的环境监测机构，是指非环境保护部门所属的、从事环境监测业务的机构，可以自愿向所在地省级环境保护部门申请证明其具备相适应的环境监测业务能力认定，经认定合格者，即为经省级环境保护部门认定的环境监测机构。

经省级环境保护部门认定的环境监测机构应当接受所在地环境保护部门所属环境监测机构的监督检查。

第二十二条 辐射环境监测的管理，参照本办法执行。

第二十三条 本办法自2007年9月1日起施行。

排污费征收工作稽查办法

（2007年9月7日国家环境保护总局第三次局务会议通过）

第一条 为保障依法、全面、足额征收排污费，纠正排污费征收过程中的违法违规行为，根据《排污费征收使用管理条例》，制定本办法。

第二条 排污费征收稽查，是指上级环境保护行政主管部门对下级环境保护行政主管部门排污费征收行为进行监督、检查和处理的活动。

实施排污费征收稽查，上级环境保护行政主

管部门可以对下级环境保护行政主管部门以及相关排污者进行立案调查。

第三条 设区的市级以上环境保护行政主管部门负责排污费征收稽查工作。

设区的市级以上环境保护行政主管部门所属的环境监察机构承担排污费征收稽查具体工作。

省级以上环境保护行政主管部门可以委托设区的市级以上的下级环境保护行政主管部门实施排污费征收稽查。

第四条 各级环境监察机构不得同时对同一排污费征收稽查案件进行稽查。

上级环境监察机构正在稽查的案件，下级环境监察机构不得另行组织稽查。

下级环境监察机构正在稽查的案件，上级环境监察机构不得直接介入或者接管该稽查案件，但可能影响稽查结果的除外。

第五条 下级环境监察机构应当于每年的2月底前将本辖区内上一年度排污费征收稽查情况报上一级环境监察机构。上级环境监察机构发现稽查结果显失公正的，经调查核实后，应当予以纠正。

第六条 排污费征收稽查工作经费列入本部门预算，由同级财政予以保障。

第七条 对排污费征收和稽查工作有显著成绩的单位和个人，应当予以奖励和表彰。

第八条 有稽查权限的环境监察机构应当制定年度排污费征收稽查计划并组织实施。

有稽查权限的环境监察机构可以根据公众举报、有关部门转办等确定稽查对象，并实施专项稽查。

第九条 下级环境保护行政主管部门有下列情形之一的，应当予以立案稽查：

（一）应当征收而未征收排污费的；

（二）核定的排污量与实际的排污量明显不符的；

（三）提高或降低排污费征收标准征收排污费的；

（四）违反国家有关规定减征、免征或者缓征排污费的；

（五）未按国家有关规定的程序征收排污费的；

（六）对排污者拒缴、欠缴排污费等违法行为，未依法催缴、未依法实施行政处罚或者未依法申请人民法院强制执行的；

（七）不执行收支两条线规定，未将排污费缴入国库的；

（八）排污费征收过程中的其他违法、违规行为。

对于不按国家规定，由环境保护行政主管部门以外的机构征收排污费，或者干预排污费征收工作的，也应当予以稽查。

实施排污费征收稽查，追缴排污费，不受追溯时限限制。

第十条 实施排污费征收稽查的环境监察机构，应当向被稽查对象发出《排污费征收稽查通知书》，告知稽查时间、稽查内容以及需要提供的相关材料。但事先告知可能有碍稽查的除外。

第十一条 环境监察机构在实施排污费征收稽查时，稽查人员应当两人以上，并向被稽查对象以及相关排污者出示环境监察执法证件。

稽查人员与被稽查对象以及相关排污者有直接利害关系的，应当回避。

第十二条 稽查人员在实施稽查时，有权行使以下职权：

（一）约见和询问被稽查对象以及相关排污者有关人员；

（二）现场检查相关排污者生产经营及污染物排放情况；

（三）查询被稽查对象排污费征收情况，查询相关排污者有关能耗、物耗、产品销售台账等，收集相关资料。

被稽查对象及相关排污者应当积极配合，认真接受稽查人员的约见和询问，如实提供与稽查相关资料，不得以任何理由和借口拒绝、阻挠或者妨碍稽查工作。

第十三条 稽查人员应当为稽查涉及的相关排污者保守商业和技术秘密。

第十四条 排污费征收稽查采取询问、调取查阅资料、现场核查等方式进行。

稽查人员调查取证时，应当制作笔录。

调取有关资料应当填写《调取资料清单》，一式两份。一份交被稽查对象，一份留存，所调取的资料原件应当自调取之日起60日内完整退还。

第十五条 负责稽查的环境监察机构应当于稽查结束后30日内制作《排污费征收稽查报告》，报本级环境保护行政主管部门。

第十六条 环境保护行政主管部门应当对《排污费征收稽查报告》进行审查并做出处理决定，制作《排污费征收稽查处理决定书》，送达被稽查对象，同时予以公告。

第十七条 对下级环境保护行政主管部门应当征收而未征收排污费，或者排污量核定与实际排污量明显不符以及未按照排污费征收标准计算排污费数额，导致少征收排污费的，上级环境保护行政主管部门应当责令限期改正。逾期不改正的，由上级环境保护行政主管部门直接责令排污者补缴排污费至其指定的商业银行或信用社（国库经收处），商业银行或信用社（国库经收处）应当于当日将收到的排污费按照国家规定的中央、地方预算比例解缴本级以上各级国库。

第十八条 经稽查，发现下级环境保护行政主管部门连续12个月，对辖区内20家以上排污者应当征收而未征收排污费或者少征收排污费的，上级环境保护行政主管部门应当责令限期改正；逾期不改正的，可由上一级环境保护行政主管部门直接核定并征收该辖区内所有的排污费，期限不超过一年。

第十九条 对排污者拒缴、欠缴排污费行为，未依法催缴、未依法实施行政处罚或者未依法申请人民法院强制执行的，上级环境保护行政主管部门应当责令负责征收排污费的环境保护行政主管部门在7日内催缴，依法实施行政处罚或者依法申请人民法院强制执行；也可以直接责令排污者补缴排污费至其指定的商业银行或者信用社（国库经收处），商业银行或者信用社（国库经收处）应当于当日将收到的排污费按国家规定的中央、地方预算比例解缴本级以上各级国库。

第二十条 对其他违反法定程序征收排污费的，上级环境保护行政主管部门应当责令限期改正。

第二十一条 对违反国家规定，由环境保护行政主管部门以外的机构征收排污费的，上级环境保护行政主管部门应当会同同级有关部门依法责令限期改正；逾期不改正的，由上一级环境保护行政主管部门直接核定并征收排污费，期限不超过一年。

第二十二条 经稽查，发现多征收排污费的，应当按照相关规定办理退库，或者在下月（季）征收排污费时扣除。

第二十三条 经稽查，发现排污者少缴排污费且属于排污者责任的，做出排污费征收稽查处理决定的环境保护行政主管部门应当按照排污费征收稽查处理决定追缴排污费，并从滞纳之日起按日加收2‰的滞纳金，滞纳金收入随追缴的排污费一并缴入国库。排污者少缴排污费属于征收机构责任的，不另加收滞纳金。

应当补缴排污费的排污者，逾期仍不缴纳排污费和滞纳金的，由做出排污费征收稽查处理决定的环境保护行政主管部门，依照《排污费征收使用管理条例》等有关规定予以处罚。排污者逾期不履行处罚决定的，由做出排污费征收稽查处理决定的环境保护行政主管部门直接申请本部门所在地基层人民法院强制执行。

第二十四条 县级以上人民政府环境保护行政主管部门工作人员有下列行为之一的，依法给予行政处分；构成犯罪的，依法追究刑事责任：

（一）违反国家规定批准减缴、免缴或者缓缴排污费的；

（二）不执行收支两条线规定，未将排污费依法缴入国库的；

（三）不履行排污费征收管理职责，情节严重的。

第二十五条 对经稽查发现的应当由其他部门管辖的排污收费中的违法违纪案件，移送有管辖权的部门处理；构成犯罪的，移送司法机关，依法追究刑事责任。

第二十六条 排污费征收稽查工作结束后，应当将稽查中形成的有关材料立卷归档。

第二十七条 排污费征收稽查的常用法律文书格式，由国务院环境保护行政主管部门统一规定。

第二十八条 本办法自 2007 年 12 月 1 日起施行。

国家环保总局重要公告及通报

关于发布《环境标志产品技术要求节能灯》等 10 项国家环境保护行业标准的公告

（国家环境保护总局公告 2006 年第 1 号）

为贯彻执行《中华人民共和国环境保护法》，保护环境，保障人体健康，促进科技进步，现批准《环境标志产品技术要求节能灯》等 10 项标准为国家环境保护行业标准，并予发布。

标准名称、编号如下：

一、环境标志产品技术要求节能灯（HJ/T 230—2006）

二、环境标志产品技术要求再生塑料制品（HJ/T 231—2006）

三、环境标志产品技术要求管型荧光灯镇流器（HJ/T 232—2006）

四、环境标志产品技术要求泡沫塑料（HJ/T 233—2006）

五、环境标志产品技术要求金属焊割气（HJ/T 234—2006）

六、环境标志产品技术要求工商用制冷设备（HJ/T 235—2006）

七、环境标志产品技术要求家用制冷器具（HJ/T 236—2006）

八、环境标志产品技术要求塑料门窗（HJ/T 237—2006）

九、环境标志产品技术要求充电电池（HJ/T 238—2006）

十、环境标志产品技术要求干电池（HJ/T 239—2006）

以上标准为指导性标准，自 2006 年 3 月 1 日起实施，由中国环境科学出版社出版，标准内容可在国家环保总局网站（www.sepa.gov.cn）查询。

自以上标准实施之日起，下列标准废止：

一、环境标志产品技术要求节能荧光灯（HJBZ 15.1—1997）

二、环境标志产品技术要求节能低汞型双端荧光灯（HJBZ 15.2—1997）

三、环境标志产品技术要求可再生塑料制品（HJBZ 44—2000）

四、环境标志产品技术要求节能电子镇流器（HJBZ 15.3—1997）

五、环境标志产品技术要求无 CFCs 泡沫塑料（HJBZ 42—2000）

六、环境标志产品认证技术要求金属焊割气（HBC 13—2002）

七、环境标志产品技术要求无氟氯化碳工商用制冷设备（HJBZ 22—1998）

八、环境标志产品技术要求家用制冷器具（HJBZ 1—2000）

九、环境标志产品认证技术要求塑料门窗（HBC 14—2002）

十、环境标志产品技术要求无汞镉铅充电电池（HJBZ 7—1994）

十一、环境标志产品技术要求无汞干电池（HJBZ 9—1995）

特此公告。

二〇〇六年一月六日

关于发布符合环境保护规定的电解铝生产企业名单（第一批）的公告

（国家环境保护总局公告2006年第3号）

根据我局《关于开展电解铝生产企业环境保护核查的通知》（环发〔2005〕92号）要求，经企业申报，各地环保部门初审，我局组织有关行业协会复核，鹿泉市曲寨铝业有限公司等21家电解铝企业符合建设项目环境管理要求，污染物排放达到标准并符合总量控制要求。现发布符合环境保护规定的电解铝生产企业名单（第一批）。

特此公告。

附件：符合环境保护规定的电解铝生产企业名单（第一批）

二〇〇六年一月十八日

附件：

符合环境保护规定的电解铝生产企业名单（第一批）

序号	省份	企业名称
1	河北	鹿泉市曲寨铝业有限公司
2	内蒙古	霍林河煤业集团有限责任公司12万t/a电解铝厂
3	辽宁	抚顺铝厂
4	浙江	浙江华东铝业有限公司
5	福建	福建省南平铝业有限公司
6	山东	兖矿科澳铝业有限公司
7		茌平华信铝业公司
8	河南	河南中迈永安铝业有限公司
9	湖南	湖南创元铝业有限公司
10	广西	中国铝业股份有限公司广西分公司
11		广西百色银海铝业有限责任公司
12	贵州	遵义铝业股份有限公司
13	云南	云南铝业股份有限公司
14		云南省东源铝业有限责任公司
15		云南省盈江星云有限公司
16		东川铝业有限责任公司
17	陕西	铜川鑫光铝业有限公司
18	甘肃	兰州连城铝业有限责任公司
19		兰州铝业有限责任公司
20		白银红鹭铝业有限责任公司
21	宁夏	青铜峡铝业集团有限公司

关于发布《医疗废物化学消毒集中处理工程技术规范(试行)》等两项国家环境保护行业标准的公告

（国家环境保护总局公告 2006 年第 7 号）

为贯彻《中华人民共和国环境保护法》和《中华人民共和国固体废物污染环境防治法》，保护环境，保障人体健康，规范医疗废物集中处理技术的应用，现批准《医疗废物化学消毒集中处理工程技术规范（试行）》等两项标准为国家环境保护行业标准，并予发布。

标准名称、编号如下：

一、医疗废物化学消毒集中处理工程技术规范（试行）（HJ/T 228—2006）

二、医疗废物微波消毒集中处理工程技术规范（试行）（HJ/T 229—2006）

以上标准为指导性标准，自 2006 年 3 月 15 日起实施，由中国环境科学出版社出版，标准内容可在国家环境保护总局网站（www. sepa. gov. cn）查询。

特此公告。

二〇〇六年二月八日

关于发布2006年进口废五金电器、废电线电缆和废电机定点加工利用单位名单的公告

（国家环境保护总局公告 2006 年第 8 号）

根据《固体废物污染环境防治法》、《废物进口环境保护管理暂行规定》、《关于限制进口类废料环境管理有关问题的通知》（环发〔2003〕69 号）和《关于核定 2006 年进口废五金电器、废电线电缆和废电机定点加工利用单位的通知》（环办〔2005〕107 号），经我局审核、检查和公示，确定了 2006 年进口废五金电器、废电线电缆和废电机定点加工利用单位名单，现予公布。

附件：2006 年进口废五金电器、废电线电缆和废电机定点加工利用单位名单

二〇〇六年二月十四日

附件：

2006 年进口废五金电器、废电线电缆和废电机定点加工利用单位名单

一、北京

序　号	定点单位名称
1	北京华威金属有限公司
2	北京市惠丰华工贸有限责任公司
3	北京市肇麟环境技术开发公司资源再生加工厂
4	北京恒升生活用品有限公司
5	北京市杂质泵厂

二、天津

序号	定点单位名称
1	天津大通铜业有限公司
2	天津海润实业集团有限公司
3	天津景盛金属实业有限公司
4	天津市双星特种线缆有限公司
5	杰诺康（天津）金属工业有限公司
6	天津巴塞罗资源再生利用有限公司
7	天津天厦金属制品有限公司
8	天津富胜金属制品有限公司
9	天津瑞辰金属制品有限公司
10	天津威达金属制品有限公司
11	天津开泰金属制品有限公司
12	天津联合金属制品有限公司
13	天津市嘉凌华金属制品有限公司
14	天津威盛金属制品有限公司
15	天津莱斯特金属制品有限公司
16	天津吉环物产开发有限公司
17	天津市通鑫再生资源回收利用有限公司
18	天津宽汇金属制品有限公司
19	天津海资金属制品有限公司
20	天津津美金属制品有限公司
21	天津埃莫森铜业有限公司
22	天津天泽金属制品有限公司
23	天津加威物产开发有限公司
24	天津绿源金属制品有限公司
25	天津仁立金属制品有限公司
26	天津美福金属制品有限公司
27	天津瑞昱金属制品有限公司
28	天津泓瀚金属制品有限公司
29	卡尔加利（天津）金属制品有限公司
30	天津荣和金属制品有限公司
31	桥鸿金属资源再生（天津）有限公司
32	天津华丰泰投资有限公司
33	天津永俊金属制品有限公司
34	天津俊安致远金属有限公司
35	天津捷森金属循环有限公司
36	天津弘泰吉金属制品有限公司
37	天津凯撒金属有限公司
38	天津奥尼斯特物产开发有限公司
39	麦克斯（天津）金属加工有限公司

续表

序号	定点单位名称
40	天津晶隆科技发展有限公司
41	天津昊宸工贸有限公司
42	天津澳通金属制品有限公司
43	天津风军金属制品有限公司
44	天津博瑞特金属制品有限公司
45	天津市静海县宏达有色金属加工厂
46	天津市橡树金属制品有限公司
47	天津市天环金属材料有限公司
48	天津美日金金属制品有限公司

三、河北

序号	定点单位名称
1	河北省安新县泰兴废旧有色金属有限公司
2	河北省安新县燕粤有色金属加工厂
3	河北省保定市杰诺康有色金属有限公司
4	保定德辉机械制造有限公司
5	涞水县晟鸣物资再生利用中心
6	保定市凯克工贸有限公司
7	保定新陆通有色金属有限公司
8	保定豪孚顿有色金属有限公司
9	石家庄辛亚再生资源有限公司
10	藁城市长盛工贸有限公司
11	河北五新工贸有限公司
12	唐山深港物资再生有限公司
13	河北省泊头市光明铸造量具厂
14	沧州市懋顺再生资源有限公司
15	河北绿源金属制品有限公司
16	河北亚美金属有限公司
17	大城县马六郎荣学有色金属加工厂
18	大城县恒达废旧金属购销有限公司
19	大城县利民再生资源有限公司
20	廊坊宝华物产有限公司
21	大城县宏运有色金属工贸有限公司
22	大城县供销社渤海物资回收有限公司
23	大城县延祥有色金属五金塑料有限公司
24	承德万鑫物资再生有限公司
25	河北继德金属再生有限责任公司

四、黑龙江

序号	定点单位名称
1	黑龙江省物资再生利用总公司
2	哈尔滨市物资再生利用总公司
3	东宁县宏达经济贸易公司

五、吉林

序号	定点单位名称
1	长春市物资回收总公司
2	吉林省蓝天固废处理中心有限公司

六、辽宁

序号	定点单位名称
1	辽阳鑫弘升铜制品有限公司
2	佳能大连办公设备有限公司
3	辽宁华强环保工程有限公司
4	辽宁本特利工业设备有限公司
5	辽宁牧昌工业固废处置有限公司
6	沈阳市联立有色金属冶炼厂
7	大连保税区建和实业再生资源加工有限公司
8	丹东市镀锌线材厂
9	大连市物资回收总公司回收利用公司
10	东港市东大再生物资有限公司
11	大连明宇金属有限公司
12	大连利环工业废物处理交换中心
13	庄河市九洲机械厂
14	辽宁润达集团公司瓦房店轿车修配厂
15	锦州市美华有色金属再生加工有限公司
16	锦州市蓝天环保设备厂
17	大连铜鑫有色进出口有限公司
18	沈阳绿源环保工程有限公司
19	营口瑞林科技开发有限公司
20	本溪宏远再生资源（集团）有限公司
21	丹东宏盛金属铸造机械厂

续表

序号	定点单位名称
22	沈阳华瑞钒业有限公司
23	大连市九岛再生物资有限公司
24	东港大和机电有限公司
25	沈阳友信塑化有限公司
26	鞍山兴台有色金属再生有限公司
27	辽宁兴业再生资源有限公司
28	沈阳市北方弹簧钢板厂
29	大连东大经贸发展公司
30	丹东金属材料有限公司
31	北宁市沟帮子经济开发区鸿运再生资源有限公司

七、内蒙古

序号	定点单位名称
1	内蒙古电缆厂
2	呼和浩特市汇利资源再生有限公司

八、山西

序号	定点单位名称
1	太原铜业公司
2	山西四润铜铝材有限公司
3	山西省太原华通兴铜业有限公司
4	太原市方特金属加工厂

九、山东

序号	定点单位名称
1	青岛源发废旧物资回收有限公司
2	青岛河套进口再生资源加工区有限公司
3	济南通达瑞金属制品有限公司
4	山东良子动力有限公司
5	烟台金威金属制品有限公司
6	烟台旋风企业有限公司
7	烟台竹曦金属有限公司

续表

序号	定点单位名称
8	烟台芝昌电材加工有限公司
9	烟台长延金属有限公司
10	山东龙口研磨体集团公司
11	山东泰山建能机械有限公司
12	山东鲁强电缆（集团）股份有限公司
13	威海市环境保护产业中心
14	荣成霞升金属有限公司
15	荣成成达电子有限公司
16	山东升达再生资源有限公司
17	山东国强五金制品集团有限公司
18	烟台万得富实业有限公司
19	山东省文登市水产供销公司
20	荣成恒丰再生资源有限公司
21	山东新黄海钢铁有限公司
22	青岛元得隆实业发展有限公司
23	青岛市金丰源金属有限公司
24	青岛嘉亨环保产业有限公司
25	青岛恒运金属制品有限公司
26	烟台环球金属加工有限公司
27	龙口市万利金属有限公司
28	烟台鑫杰不锈钢有限公司
29	滕州市再生资源总公司
30	山东新安凯动力科技有限公司
31	邹平县梁邹工业设备有限公司
32	日照长茂工贸有限公司
33	烟台信诺环保资源再生发展有限公司

十、安徽

序号	定点单位名称
1	广德太极化工有限公司
2	铜陵大刚金属有限公司
3	繁昌县新诚物资回收有限公司
4	铜陵有色金属（集团）公司
5	铜陵豪翊金属有限公司
6	安徽广源科技发展有限公司
7	安徽省再生资源有限公司
8	安徽省华美五矿金属材料有限公司

十一、河南

序号	定点单位名称
1	河南省豫北铜业有限责任公司

十二、湖北

序号	定点单位名称
1	湖北金洋冶金股份有限公司

十三、湖南

序号	定点单位名称
1	湖南省金属回收有限责任公司
2	长沙弘奥铜业有限公司
3	湖南绿意东泰产业废弃物处理有限公司
4	汨罗市铜材总厂

十四、江西

序号	定点单位名称
1	江西铜业集团（贵溪）新产业开发公司
2	九江市三元聚宝五金有限公司
3	江西华冶进口物资回收熔炼有限公司
4	江西轻工机械股份有限公司
5	江西环保股份有限公司

十五、重庆

序号	定点单位名称
1	重庆市灵宁金属制品有限公司
2	重庆火马物资有限公司
3	重庆市万美铝业有限公司

十六、四川

序　号	定点单位名称
1	四川鑫达商贸有限公司新都机械分厂
2	成都市乾昌金属有限责任公司

十七、云南

序　号	定点单位名称
1	云南铜业股份有限公司
2	昆明鼎立有色金属实业有限公司
3	云南新源再生产业有限公司

十八、陕西

序　号	定点单位名称
1	陕西光兆实业有限公司
2	西安市再生资源利用有限责任公司

十九、江苏

续表

序　号	定点单位名称
1	南京金泽金属材料有限公司
2	南京泽荣金属材料实业有限公司
3	无锡通联有色金属有限公司
4	常州友华金属制品有限公司
5	常州正茂金属压铸有限公司
6	溧阳市汇元铜材制品有限公司
7	苏州东泉有色金属制品有限公司
8	张家港市华星物资再生利用有限公司
9	苏州顺惠有色金属制品有限公司
10	太仓金恒金属材料有限公司
11	连云港连富环保产业有限公司
12	连云港市益云金属工业有限公司
13	连云港万兴达金属工业有限公司
14	连云港得宝金属实业有限公司
15	滨海县南亚再生资源利用有限责任公司
16	连云港东嘉金属塑胶有限公司
17	南通市沃思特工贸有限公司
18	镇江市盛裕再生资源有限公司
19	江苏环胜铜业有限公司
20	宿迁市兴烨再生资源贸易有限公司
21	瀚笙金属材料（太仓）有限公司
22	大昌（太仓）资源再生有限公司
23	樱城金属（太仓）有限公司
24	太仓吉村有色金属制品有限公司
25	南京东南铜业有限公司
26	南京依科电子有限公司
27	镇江亚太金属有限公司
28	苏州太平洋铜制品有限公司
29	苏州岳发有色金属制品有限公司
30	骏业金属制品（太仓）有限公司
31	领利金属材料（太仓）有限公司
32	常州市武进物资再生有限公司
33	常州市武进胜庆物资再生有限公司
34	常州鼎进金属加工有限公司
35	五星机械（镇江）有限公司
36	连云港溢隆金属工业有限公司
37	太仓欣旺资源再生有限公司
38	南京高田五金机械有限公司
39	智屏机械（南京）有限公司
40	江苏永恒钢铁实业有限公司
41	连云港东冶金属有限公司
42	扬州凯旭资源回收利用有限公司
43	精诚资源再生（苏州）有限公司
44	靖江市长凌金属材料有限公司

二十、上海

序　号	定点单位名称
1	上海环翔铜材制品有限公司
2	上海泾文金属制品有限公司
3	上海和木金属制品有限公司
4	上海罗依莱金属制品有限公司
5	上海宝山真兴金属加工厂
6	上海鹤教金属有限公司
7	上海汉江金属材料有限公司
8	上海现代金属有限公司

续表

序　号	定点单位名称
9	上海真达有色金属制品有限公司
10	上海大盈金属有限公司
11	上海瑞奇橡胶物资利用有限公司
12	上海新华钢铁有限公司
13	上海华东物资再生有限公司
14	上海第一铜棒厂
15	上海升译鑫金属制品有限公司
16	上海大华金属有限公司

二十一、浙江

序　号	定点单位名称
1	宁波环洋进出口有限公司
2	宁波宁辉金属材料有限公司
3	宁波香豪莱宝金属有限公司
4	宁波三达再生资源有限公司
5	宁波物资循环有限公司
6	宁波经济技术开发区谊达金属材料有限公司
7	宁波保税区金塑工贸有限公司
8	宁波容成金属工业有限公司
9	宁波今山进出口有限公司
10	台州齐合天地金属有限公司
11	台州长青金属有限公司
12	开来丰泽实业（浙江）有限公司
13	台州伟隆金属有限公司
14	浙江玉峰实业集团废旧物资有限公司
15	台州傲德金属有限公司
16	台州市路桥中兴工贸有限公司
17	台州市路桥顺吉物资有限公司
18	台州市恒盛贸易有限公司
19	台州市友兴金属回收有限公司
20	台州市路桥富国物资有限公司
21	台州市路桥区合众废旧物资回收利用有限公司
22	台州市路桥区泰康经济发展公司
23	台州市通天电器有限公司
24	台州利时龙金属有限公司
25	台州市大创金属有限公司

续表

序　号	定点单位名称
26	浙江省台州兴达废旧物资总公司
27	台州市中瀛金属有限公司
28	台州市东鑫再生资源加工有限公司
29	台州市民生物资有限公司
30	台州市威达实业有限公司螺洋拆解分公司
31	台州大峰野金属有限公司
32	台州市椒江供销物资有限公司
33	台州市跃远废旧金属有限公司
34	台州市洲际金属有限公司
35	台州市鼎申金属有限公司
36	台州瑞通金属有限公司
37	台州新安金属有限公司
38	台州惠鑫达金属有限公司
39	台州泰威金属有限公司
40	台州鑫鼎盛金属资源有限公司
41	台州福林物资贸易有限公司
42	台州鸿运再生资源加工有限公司
43	温岭亚泰再生资源加工有限公司
44	宁波海天进出口有限公司
45	温岭市鑫星废旧物资有限公司
46	温岭市繁盛废旧物资调剂有限公司
47	温岭市三环商贸有限公司
48	岱山县开开再生资源回收有限公司
49	浙江海外金属工业有限公司
50	台州太昌贸易有限公司
51	浙江恒明进出口贸易有限公司
52	台州市金谷资源利用有限公司
53	杭州科韵金属制品有限公司
54	浙江物产元通机电（集团）有限公司
55	嘉兴市恒发铝业有限公司
56	温州市环境技术开发公司
57	浙江省诸暨市东区物资开发有限公司
58	宁波万吉金属材料有限公司
59	宁波樱华金属有限公司
60	宁波日华金属材料有限公司
61	宁波泰和再生资源有限公司

续表

序 号	定点单位名称
62	宁波顶佳金属再生有限公司
63	宁波明阳再生资源有限公司
64	宁波深海金属材料有限公司
65	宁波久盛再生资源有限公司
66	宁波市镇海中基再生资源有限公司
67	宁波宇钒金属材料有限公司
68	宁波大业金属再生资源有限公司
69	宁波宝隆再生资源有限公司
70	宁波恒远再生资源有限公司
71	宁波海裕再生资源有限公司
72	宁波宏晔再生资源有限公司
73	宁波启丰金属工业有限公司
74	宁波新州再生资源有限公司
75	宁波市镇海福福金属再生有限公司
76	宁波正源再生资源有限公司
77	宁波恩喜友再生资源有限公司
78	宁波欧华再生资源有限公司
79	宁波浩源再生资源有限公司
80	宁波高宝再生资源有限公司
81	宁波恭华再生资源有限公司
82	宁波兰通金属再生有限公司
83	宁波和昌再生资源有限公司
84	宁波吉长金属再生有限公司
85	宁波台刚金属再生有限公司
86	宁波法金再生资源有限公司
87	宁波格林森再生资源有限公司
88	宁波大原再生资源有限公司
89	宁波弘升再生资源有限公司
90	宁波环顺再生资源有限公司
91	宁波鑫泰再生资源有限公司
92	宁波锌宝再生资源有限公司
93	宁波华鹏金属工业有限公司
94	宁波虹宇金属工业有限公司
95	宁波市镇海中信再生金属有限公司
96	宁波东城再生资源有限公司
97	宁波佳亿金属工业有限公司
98	宁波黄龙再生资源有限公司
99	宁波长丰金属工业有限公司
100	宁波市镇海荣昌金属工业有限公司

续表

序 号	定点单位名称
101	宁波春天金属材料有限公司
102	宁波市镇海广和再生金属有限公司
103	宁波市镇海新鹏再生金属有限公司
104	宁波市镇海聚隆金属再生有限公司
105	宁波全通再生金属有限公司
106	宁波华京再生金属有限公司
107	宁波沥北金属工业有限公司
108	宁波远东再生资源有限公司
109	宁波美通金属工业有限公司
110	宁波伟隆金属再生有限公司
111	宁波澳海再生资源有限公司
112	宁波明辉再生资源有限公司
113	宁波正大再生资源有限公司
114	宁波海富再生资源有限公司
115	宁波广隆博再生金属有限公司
116	宁波市镇海明鼎金属材料有限公司
117	宁波市镇海莱斯特金属有限公司
118	宁波曙良金属材料有限公司
119	宁波市镇海安远再生金属有限公司
120	宁波青和再生金属有限公司
121	宁波东益再生金属有限公司

二十二、福建

序 号	定点单位名称
1	福州钜全汽车配件有限公司
2	福州建吉金属有限公司
3	福州宝兴五金有限公司
4	福州新同达五金有限公司
5	长乐卓隆五金有限公司
6	福建省物资（集团）有限责任公司
7	福建省固体废物处置有限公司
8	厦门怡鸿进出口有限公司
9	厦门怡顺物资再生有限公司
10	厦门宏昌机械工业有限公司
11	厦门惠合电机企业有限公司
12	福建全通资源再生工业园有限公司
13	福建宁德市葆谊金属制品有限公司
14	福建闽东捷成金属制品有限公司

二十三、广东

序　号	定点单位名称
1	佛山市南海汇美鸿发金属有限公司
2	佛山市北方光电金属有限公司
3	广东多正化工科技有限公司
4	佛山市国昌铜铝业有限公司
5	佛山市南海日镃金属有限公司
6	佛山市南海区美瑞金属塑料有限公司
7	佛山市南海区大沥江林金属加工有限公司
8	佛山市南海区金石江金属制品有限公司
9	佛山市南海区环垒冶炼五金塑料有限公司
10	佛山市南海长城金属有限公司
11	佛山市南海区安鑫金属实业有限公司
12	佛山市大平金属塑料制品有限公司
13	陆丰市绿境五金塑料有限公司
14	四会市桥邦金属有限公司
15	广州翔骏金属有限公司
16	佛山市南海区德保金属加工厂
17	广东省物资回收公司山村加工厂
18	佛山市南海区松岗协联五金有限公司
19	佛山市南海澳科金属有限公司
20	佛山市南海区昌鑫金属有限公司
21	佛山市南海区成群物资回收有限公司
22	从化市雨新金属制品有限公司
23	佛山市南海区丹灶经贸创业有限公司
24	清远市丰裕金属企业有限公司
25	四会市佳宇铝业有限公司
26	佛山市南海万达金属有限公司
27	佛山市南海区中新澳金属制品有限公司
28	佛山市南海区汉立五金有限公司
29	佛山市南海正拓金属资源有限公司
30	佛山市南海盐步恒泰源五金塑料加工厂
31	清远市银田再生物资工贸有限公司
32	清远市亿宝物资回收有限公司
33	增城市圣邦五金制品有限公司
34	广州市花都区赤坭镇联达五金加工厂

续表

序　号	定点单位名称
35	高要市日盛废旧五金加工利用有限公司
36	清远市白云宏兴五金有限公司
37	江门市永祥盛五金塑料制品有限公司
38	广州市增城和兴五金铸造有限公司
39	佛山市南海中阳金属塑料制品有限公司
40	佛山市南海仁昌金属有限公司
41	清远市进田企业有限公司
42	清远鸿泰五金有限公司
43	湛江天恒有色金属有限公司
44	佛山市资宝金属有限公司
45	清远市满利宝五金塑料有限公司
46	吴川市恒通金属加工厂
47	广州市上杨五金有限公司
48	清远市金运再生资源有限公司
49	四会市下茆顺利隆物资回收公司
50	肇庆市佳华金属回收有限公司
51	四会市中南物资再生利用有限公司
52	肇庆市金顺金属塑料有限公司
53	肇庆市鼎湖区金保利资源再生制品厂
54	增城市联达五金厂
55	佛山市南海区万兴隆金属制品有限公司
56	佛山市三水友恒再生资源有限公司
57	中山市金属回收有限公司
58	肇庆市鼎湖环美再生制品有限公司
59	四会市佳华废旧物资回收有限公司
60	深圳同庆五金机电有限公司
61	清远市益宇再生物资有限公司
62	广州市佛力有色金属回收有限公司
63	清新县利丰塑料五金有限公司
64	增城市南岗五金化工有限公司
65	肇庆市粤发海五金塑料有限公司
66	肇庆市金海螺资源再生制品有限公司
67	河源市永光五金塑材厂
68	佛山市顺德区鑫粤金属回收有限公司
69	佛山市南海中变金属有限公司
70	东莞市奥宇五金塑胶有限公司
71	增城市金属回收公司加工厂

续表

序　号	定点单位名称
72	广州从化骏龙企业有限公司
73	湛江市金环资源再生有限公司
74	广东省罗定市废物加工利用有限公司
75	博罗县园洲水围五金塑料有限公司
76	惠州市震南五金加工有限公司
77	河源市德业物资再生利用有限公司
78	广州市花都区赤城五金加工厂
79	博罗县园洲昌发五金加工厂
80	博罗县石湾海诚五金有限公司
81	佛山市南海华弼金属有限公司
82	广州润鑫金属制品有限公司
83	宝安中旅五金厂
84	揭阳市金属回收公司
85	广州南沙经济技术开发区大元环保科技有限公司
86	广东省物资回收公司石井加工厂
87	茂名石化矿业有限公司
88	博罗县园洲金利五金有限公司
89	广州亚钢钢铁有限公司
90	博罗县石湾三发五金有限公司
91	广东有色金属增城五金塑料厂
92	广州市增城冠伦五金厂
93	博罗县园洲升昌五金有限公司
94	博罗县园洲镇五金冶炼厂
95	惠州市惠阳英华实业有限公司
96	佛山市南海金广源物资回收有限公司
97	揭西县再生资源有限公司
98	博罗县惠湖五金制品厂
99	增城市民典五金加工厂
100	博罗县园洲德盛五金有限公司
101	增城市新凌五金厂
102	惠州永鑫有色金属有限公司
103	博罗县园洲镇鑫骏塑料金属有限公司
104	广州保税区卓兴金属废品回收有限公司
105	博罗县园洲镇成丰五金厂
106	博罗县石湾镇宏业五金厂
107	广州市增城水财五金加工厂
108	中国物资再生利用中南广州开发区公司

二十四、广西

序　号	定点单位名称
1	梧州励安资源再生有限公司
2	梧州桂海铝业有限公司
3	梧州市赛力工贸有限公司
4	柳州环兴资源利用有限公司
5	广西梧州黄正物质再生有限公司
6	钟山县金源五金塑料再生制品有限公司
7	北海神州资源再生有限公司
8	钦州市铧鑫塑料金属制品有限公司
9	防城港市中港资源再生科技有限公司
10	北海市德华废物再生有限公司
11	北海市东福环保再生资源有限公司

二十五、海南

序　号	定点单位名称
1	洋浦华星国际再生资源开发有限公司
2	海南中润五金矿产加工有限公司
3	海口鑫裕达金属再生有限公司
4	海南西部再生资源工业开发有限公司

二十六、青海

序　号	定点单位名称
1	青海云兴工贸有限公司
2	青海金溢新型铝型材有限公司

二十七、新疆

序　号	定点单位名称
1	新疆西北金属熔炼有限责任公司
2	新疆亚鑫铝业有限责任公司

二十八、甘肃

序　号	定点单位名称
1	兰州兴城工贸有限责任公司

关于发布《建设项目竣工环境保护验收技术规范　电解铝》等三项国家环境保护行业标准的公告

（国家环境保护总局公告 2006 年第 13 号）

为贯彻《建设项目环境保护管理条例》和《建设项目竣工环境保护管理规定》，规范建设项目竣工环境保护验收工作，现批准《建设项目竣工环境保护验收技术规范电解铝》等三项标准为国家环境保护行业标准，并予发布。

标准名称、编号如下：

一、建设项目竣工环境保护验收技术规范电解铝（HJ/T254—2006）

二、建设项目竣工环境保护验收技术规范火力发电厂（HJ/T255—2006）

三、建设项目竣工环境保护验收技术规范水泥制造（HJ/T256—2006）

以上标准为指导性标准，自 2006 年 5 月 1 日起实施，由中国环境科学出版社出版。标准内容可在国家环境保护总局网站（www. sepa. gov. cn）和中国环境标准网站（www. es. org. cn）查询。

特此公告。

二〇〇六年三月九日

关于发布《环境保护产品技术要求　电解法二氧化氯协同消毒剂发生器》等 8 项国家环境保护行业标准的公告

（国家环境保护总局公告 2006 年第 18 号）

为贯彻《中华人民共和国环境保护法》和《中华人民共和国水污染防治法》，保障水污染治理设施质量，保护环境，保障人体健康，促进科技进步，现批准《环境保护产品技术要求电解法二氧化氯协同消毒剂发生器》等 8 项标准为国家环境保护行业标准，并予发布。

标准名称、编号如下：

一、环境保护产品技术要求电解法二氧化氯协同消毒剂发生器（HJ/T 257—2006）

二、环境保护产品技术要求电解法次氯酸钠发生器（HJ/T 258—2006）

三、环境保护产品技术要求转刷曝气装置（HJ/T 259—2006）

四、环境保护产品技术要求鼓风式潜水曝气机（HJ/T 260—2006）

五、环境保护产品技术要求压力溶气气浮装置（HJ/T261—2006）

六、环境保护产品技术要求格栅除污机（HJ/T 262—2006）

七、环境保护产品技术要求射流曝气器（HJ/T 263—2006）

八、环境保护产品技术要求臭氧发生器（HJ/T 264—2006）

以上标准为指导性标准，自 2006 年 6 月 15 日起实施，由中国环境科学出版社出版，标准内容可在国家环保总局网站（www. sepa. gov. cn）查询。

自以上标准实施之日起，下列标准废止：

一、电解法二氧化氯复合消毒剂发生器（HCRJ 024—1998）

二、电解法次氯酸钠发生器（HCRJ 027—1998）

三、转刷曝气装置（HCRJ 034—1998）

四、鼓风式潜水曝气机（HCRJ 035—1998）

五、压力溶气气浮装置（HCRJ 008—1999）

六、格栅除污机（HCRJ 009—1999）

七、射流曝气器（HCRJ 049—1999）

八、臭氧发生器（HCRJ 058—1999）

特此公告。

二〇〇六年四月十三日

关于发布《环境保护产品技术要求　污泥脱水用带式压榨过滤机》等12项国家环境保护行业标准的公告

（国家环境保护总局公告2006年第19号）

为贯彻《中华人民共和国环境保护法》和《中华人民共和国水污染防治法》，保障水污染治理设施质量，保护环境，保障人体健康，促进科技进步，现批准《环境保护产品技术要求污泥脱水用带式压榨过滤机》等12项标准为国家环境保护行业标准，并予发布。

标准名称、编号如下：

一、环境保护产品技术要求污泥脱水用带式压榨过滤机（HJ/T 242—2006）

二、环境保护产品技术要求油水分离装置（HJ/T 243—2006）

三、环境保护产品技术要求 斜管（板）隔油装置（HJ/T 244—2006）

四、环境保护产品技术要求 悬挂式填料（HJ/T 245—2006）

五、环境保护产品技术要求 悬浮填料（HJ/T 246—2006）

六、环境保护产品技术要求 竖轴式机械表面曝气装置（HJ/T 247—2006）

七、环境保护产品技术要求 多层滤料过滤器（HJ/T 248—2006）

八、环境保护产品技术要求 水力旋流分离器（HJ/T 249—2006）

九、环境保护产品技术要求 旋转式细格栅（HJ/T 250—2006）

十、环境保护产品技术要求 罗茨鼓风机（HJ/T 251—2006）

十一、环境保护产品技术要求 中、微孔曝气器（HJ/T 252—2006）

十二、环境保护产品技术要求 微孔过滤装置（HJ/T 253—2006）

以上标准为指导性标准，自2006年6月1日起实施，由中国环境科学出版社出版，标准内容可在国家环保总局网站（www. sepa. gov. cn）查询。

自以上标准实施之日起，下列标准废止：

一、带式压榨过滤机（HCRJ 003—1996）

二、油污水分离装置（HCRJ 004—1996）

三、斜管（板）隔油装置（HCRJ 021—1998）

四、悬挂式填料（HCRJ 022—1998）

五、悬浮式填料（HCRJ 053—1999）

六、机械表面曝气机（HCRJ 023—1998）

七、多层滤料过滤器（HCRJ 025—1998）

八、水力旋流分离器（HCRJ 026—1998）

九、旋转式细格栅（HCRJ 028—1998）

十、罗茨鼓风机（HCRJ 029—1998）

十一、中、微孔曝气器（HCRJ 031—1998）

十二、微孔过滤装置（HCRJ 032—1998）

特此公告。

二〇〇六年四月十三日

关于发布《城镇污水处理厂污染物排放标准》(GB18918－2002）修改单的公告

（国家环境保护总局公告 2006 年第 21 号）

为贯彻《中华人民共和国水污染防治法》，加强对城镇污水处理厂建设和运行的管理，改善城镇水环境质量，现发布《城镇污水处理厂污染物排放标准》（GB18918－2002）修改单，本修改单自发布之日起实施。

特此公告。

附件：《城镇污水处理厂污染物排放标准》（GB18918－2002）修改单

二〇〇六年五月八日

附件：

《城镇污水处理厂污染物排放标准》（GB18918－2002）修改单

4.1.2.2 修改为：城镇污水处理厂出水排入国家和省确定的重点流域及湖泊、水库等封闭、半封闭水域时，执行一级标准的 A 标准，排入 GB3838 地表水Ⅲ类功能水域（划定的饮用水源保护区和游泳区除外）、GB3097 海水二类功能水域时，执行一级标准的 B 标准。

关于发布射线装置分类办法的公告

（国家环境保护总局公告 2006 年第 26 号）

根据《放射性同位素与射线装置安全和防护条例》（国务院令第 449 号）关于射线装置实行分类管理的规定，国家环境保护总局和卫生部组织制定了《射线装置分类办法》，现予发布。

（此公告业经卫生部陈啸宏会签）

附件：射线装置分类办法

二〇〇六年五月三十日

附件：

射线装置分类办法

根据《放射性同位素与射线装置安全和防护条例》（国务院令第 449 号）规定，制定本射线装置分类办法。

一、射线装置分类原则

根据射线装置对人体健康和环境可能造成危害的程度，从高到低将射线装置分为Ⅰ类、Ⅱ类、Ⅲ类。按照使用用途分医用射线装置和非医用射线装置。

（一）Ⅰ类为高危险射线装置，事故时可以使短时间受照射人员产生严重放射损伤，甚至死亡，或对环境造成严重影响；

（二）Ⅱ类为中危险射线装置，事故时可以使受照人员产生较严重放射损伤，大剂量照射甚至导致死亡；

（三）Ⅲ类为低危险射线装置，事故时一般不会造成受照人员的放射损伤。

二、射线装置分类表

常用的射线装置按下列表进行分类。

射线装置分类表（略）

关于发布《行业类生态工业园区标准（试行)》等3项国家环境保护行业标准的公告

（国家环境保护总局公告2006年第25号）

为贯彻《中华人民共和国环境保护法》，保护环境，保障人体健康，促进循环经济发展，现批准《行业类生态工业园区标准（试行)》等3项标准为国家环境保护行业标准，并予发布。

标准名称、编号如下：

一、行业类生态工业园区标准（试行）（HJ/T 273—2006）

二、综合类生态工业园区标准（试行）（HJ/T 274—2006）

三、静脉产业类生态工业园区标准（试行）（HJ/T 275—2006）

以上标准为指导性标准，自2006年9月1日起实施，由中国环境科学出版社出版，标准内容可在国家环保总局网站（www. sepa. gov. cn）查询。

特此公告。

二〇〇六年六月二日

附件（略）

关于发布《清洁生产标准　啤酒制造业》等八项国家环境保护行业标准的公告

（国家环境保护总局公告2006年第31号）

为贯彻实施《中华人民共和国环境保护法》和《中华人民共和国清洁生产促进法》，保护环境，提高企业清洁生产水平，现批准《清洁生产标准啤酒制造业》等八项标准为国家环境保护行业标准，并予发布。

标准名称及编号如下：

1. 清洁生产标准啤酒制造业 HJ/T 183—2006
2. 清洁生产标准 食用植物油工业（豆油和豆粕）HJ/T 184—2006
3. 清洁生产标准 纺织业（棉印染）HJ/T 185—2006
4. 清洁生产标准 甘蔗制糖业 HJ/T 186—2006
5. 清洁生产标准 电解铝业 HJ/T 187—2006
6. 清洁生产标准 氮肥制造业 HJ/T 188—2006
7. 清洁生产标准 钢铁行业 HJ/T 189—2006
8. 清洁生产标准 基本化学原料制造业（环氧乙烷/乙二醇）HJ/T 190—2006

以上标准为指导性标准，自2006年10月1日起实施，由中国环境科学出版社出版，标准内容可在国家环保总局网站（www. sepa. gov. cn）上查询。

特此公告。

二〇〇六年七月三日

关于实行甲级建设项目环境影响评价机构评价范围分级管理的公告

（国家环境保护总局公告 2006 年第 36 号）

为进一步增强建设项目环境影响评价资质管理的科学性，保证环境影响评价工作质量，落实资质管理公平公正承诺，根据《建设项目环境影响评价资质管理办法》（国家环境保护总局令第 26 号，以下简称《管理办法》）的有关规定，自 2006 年 8 月 1 日起，我局对甲级建设项目环境影响评价机构（以下简称甲级评价机构）实行评价范围分级管理，现将具体事项公告如下：

一、甲级评价机构评价范围中的环境影响报告书类别分设甲、乙两个资质等级。取得环境影响报告书类别甲级资质的，可承担该类别各级环境保护行政主管部门负责审批的环境影响报告书的编制工作；取得环境影响报告书类别乙级资质的，只可承担该类别省级以下环境保护行政主管部门负责审批的环境影响报告书的编制工作。

甲级评价机构评价范围中的环境影响报告表类别只设甲级资质等级。甲级评价机构可承担各级环境保护行政主管部门负责审批的环境影响报告表的编制工作。

二、甲级评价机构对符合《管理办法》第九条规定条件的环境影响报告书类别，可申请该类别甲级资质；对符合《管理办法》第十条规定条件的环境影响报告书类别，可申请该类别乙级资质。我局根据甲级评价机构专业特长和工作能力，确定其评价范围，同时按照其能够达到的实际评价范围资质等级，相应确定环境影响报告书类别甲级或乙级资质。

甲级评价机构评价范围中应至少有一个环境影响报告书类别取得甲级资质。

三、甲级评价机构及其环境影响评价工程师应按照本机构取得的评价范围资质等级从事环境影响评价技术服务。对超越本机构评价范围资质等级提供环境影响评价技术服务的机构和人员，我局将按照《管理办法》第三十六条第三款和《环境影响评价工程师职业资格登记管理暂行办法》（环发〔2005〕24 号）第二十条第七款规定进行处罚。

特此公告。

二〇〇六年七月二十六日

关于发布《环境保护产品技术要求　刮泥机》等 20 项国家环境保护行业标准的公告

（国家环境保护总局公告 2006 年第 38 号）

为贯彻执行《中华人民共和国环境保护法》，保护环境，保障人体健康，促进科技进步，现批准《环境保护产品技术要求刮泥机》等 20 项标准为国家环境保护行业标准，并予发布。

标准名称、编号如下：

一、环境保护产品技术要求刮泥机（HJ/T 265—2006）

二、环境保护产品技术要求 吸泥机（HJ/T 266—2006）

三、环境保护产品技术要求 电凝聚处理设备（HJ/T 267—2006）

四、环境保护产品技术要求 中和装置（HJ/T 268—2006）

五、环境保护产品技术要求 自动清洗网式过滤器（HJ/T 269—2006）

六、环境保护产品技术要求 反渗透水处理装置（HJ/T 270—2006）

七、环境保护产品技术要求 超滤装置（HJ/T 271—2006）

八、环境保护产品技术要求 化学法二氧化氯消毒剂发生器（HJ/T 272—2006）

九、环境保护产品技术要求 旋转式滗水器（HJ/T 277—2006）

十、环境保护产品技术要求 单级高速曝气离心鼓风机（HJ/T 278—2006）

十一、环境保护产品技术要求 推流式潜水搅拌机（HJ/T 279—2006）

十二、环境保护产品技术要求 转盘曝气装置（HJ/T 280—2006）

十三、环境保护产品技术要求 散流式曝气器（HJ/T 281—2006）

十四、环境保护产品技术要求 浅池气浮装置（HJ/T 282—2006）

十五、环境保护产品技术要求 厢式压滤机和板框压滤机（HJ/T 283—2006）

十六、环境保护产品技术要求 袋式除尘器用电磁脉冲阀（HJ/T 284—2006）

十七、环境保护产品技术要求 工业粉尘湿式除尘装置（HJ/T 285—2006）

十八、环境保护产品技术要求 工业锅炉多管旋风除尘器（HJ/T 286—2006）

十九、环境保护产品技术要求 中小型燃油、燃气锅炉（HJ/T 287—2006）

二十、环境保护产品技术要求 湿式烟气脱硫除尘装置（HJ/T 288—2006）

以上标准为指导性标准，自 2006 年 9 月 15 日起实施，由中国环境科学出版社出版，标准内容可在国家环保总局网站（www. sepa. gov. cn）查询。

自以上标准实施之日起，下列标准废止：

一、刮泥机（HCRJ 056—1999）

二、吸泥机（HCRJ 055—1999）

三、纺织印染废水电解处理设备（HCRJ 059—1999）

四、中和装置（HCRJ 060—1999）

五、自动清洗网式过滤器（HCRJ 061—1999）

六、反渗透装置（HCRJ 065—1999）

七、超滤装置（HCRJ 066—1999）

八、化学法二氧化氯消毒剂发生器（HCRJ 067—1999）

九、旋转式滗水器（HBC 26—2004）

十、单级高速曝气离心鼓风机（HBC 28—2004）

十一、推流式潜水搅拌机（HBC 29—2004）

十二、转盘曝气机（HCRJ 050—1999）

十三、散流式曝气器（HCRJ 051—1999）

十四、浅池气浮装置（HCRJ 052—1999）

十五、厢式压滤机和板框压滤机（HCRJ 054—1999）

十六、袋式除尘器用电磁脉冲阀（HCRJ 043—1999）

十七、工业粉尘湿式除尘装置（HCRJ 039—1999）

十八、工业锅炉多管旋风除尘器（HCRJ 001—1996）

十九、中小型燃油、燃气锅炉（HBC 31—2004）

二十、湿式烟气脱硫除尘装置（HCRJ 012—1998）

特此公告。

二○○六年七月二十八日

关于发布火电项目环境影响报告书受理条件的公告

（国家环保总局公告 2006 年第 39 号）

根据《国务院关于发布实施〈促进产业结构调整暂行规定〉的决定》（国发〔2005〕40 号）、《国务院关于加快推进产能过剩行业结构调整的通知》（国发〔2006〕11 号）和国家发改委、环保总局等八个部门《关于加快电力工业结构调整促进健康有序发展有关工作的通知》（发改能源〔2006〕661 号）等要求，现就常规火电厂、煤矸石综合利用电厂、热电联产新扩改建项目环境影响报告书受理条件公告如下：

一、必须为列入国家《产业结构调整指导目录》中鼓励类或允许类，未列入限制类或淘汰类的建设项目。

二、必须为列入相应规划或国家近期开工备选方案的建设项目：

（一）常规火电厂应为列入国家近年开工备选方案且列入所在省电力发展规划的建设项目；

（二）煤矸石综合利用电厂应为列入经批准的所在省煤矸石资源综合利用规划的建设项目；

（三）热电联产项目应为列入经批准的城市供热总体规划的建设项目；

（四）国家另有规划或安排的火电厂、煤矸石综合利用电厂、热电联产项目。

自本公告发布之日起，建设单位在报送常规火电厂、煤矸石综合利用电厂、热电联产项目环境影响报告书时应提交上述相关材料。

三、项目二氧化硫排放总量必须符合下述要求：

（一）新建、扩建、改造火电项目必须按照“增产不增污”或“增产减污”的要求，通过对现役机组脱硫、关停小机组或排污交易等措施或“区域削减”措施落实项目污染物排放总量指标途径，并明确具体的减排措施。

（二）总局与六家中央管理电力企业集团（以下简称六大集团）或省级人民政府签订二氧化硫削减责任书的脱硫老机组的扩建、改造火电项目，所涉及的老机组脱硫工程的开工、投产进度必须符合责任书有关要求。

（三）热电站、煤矸石电厂、垃圾焚烧发电厂项目的总量指标必须明确总量指标来源。除热电站、煤矸石电厂、垃圾焚烧发电厂外，其他新建、扩建、改建常规火电项目的二氧化硫排放总量指标必须从电力行业取得。

1. 属于六大电力集团的新建、扩建、改造项目，二氧化硫排放总量指标必须从六大集团的总量控制指标中获得，并由所在电力集团公司和所在地省级环保部门出具确认意见。

2. 不属于六大电力集团的新建、扩建、改造项目，二氧化硫排放总量必须从各省非六大电力集团电力行业总量控制指标中获得，并由省级环保部门出具确认意见。

自本公告发布之日起，建设单位在提交项目的环境影响报告书时，应同时提供省级环保部门对项目污染物排放总量指标来源的确认文件，六大电力集团的新建、扩建和改造项目还应有所属电力集团公司的确认意见。

（四）总量控制政策有调整时，我局将及时下发有关要求。

特此公告。

二〇〇六年八月一日

关于发布《清洁生产标准汽车制造业（涂装）》等两项国家环境保护行业标准的公告

（国家环境保护总局公告 2006 年第 40 号）

为贯彻实施《中华人民共和国环境保护法》和《中华人民共和国清洁生产促进法》，保护环境，提高企业清洁生产水平，现批准《清洁生产标准汽车制造业（涂装）》等两项标准为国家环境保护行业标准，并予发布。

标准名称及编号如下：

清洁生产标准汽车制造业（涂装）（HJ/T293—2006）

清洁生产标准铁矿采选业（HJ/T294—2006）

以上标准为指导性标准，自 2006 年 12 月 1 日起实施，由中国环境科学出版社出版，标准内容可在国家环保总局网站（www.sepa.gov.cn）上查询。

特此公告。

二〇〇六年八月十五日

关于发布《国家环境保护标准制修订工作管理办法》的公告

（国家环境保护总局公告 2006 年第 41 号）

为贯彻《中华人民共和国环境保护法》，规范各类国家环境保护标准制修订工作，我局制定了《国家环境保护标准制修订工作管理办法》，现予发布，自发布之日起施行。原国家环境保护局 1996 年 3 月 27 日发布的《国家环境保护局国家环境标准制（修）订管理办法》同时废止。

特此公告。

附件：《国家环保标准制修订工作管理办法》

二〇〇六年八月二十三日

附件：

国家环境保护标准制修订工作管理办法

第一章　总　则

第一条　为加强对国家环境保护标准制修订工作的管理，根据《中华人民共和国环境保护法》等有关法律和《环境标准管理办法》的规定，制定本办法。

第二条　本办法所称的国家环境保护标准是指国家环境质量标准、国家污染物排放（控制）标准和其他国家环境保护标准。

第三条　本办法适用于各类国家环境保护标准（以下简称：标准）制修订工作全过程的管理，包括标准制修订项目立项、下达计划、开题论证、征求意见、技术审查、行政审查、批准、发布、出版等工作。

第四条　本办法规定了标准制修订工作的程序、内容、时限和其他要求。标准制修订工作应按本办法的规定进行。

国家放射性污染防治与电磁辐射防护相关标准、地方环境保护标准制修订工作参照本办法执行。

国家环境标准样品研复制工作按《环境标准样品研复制技术规范》的规定执行。

第五条　本办法规定了国家环境保护总局标准制修订工作主管部门、技术支持单位、标准主编单位和标准出版单位在标准制修订工作中的职责。

第二章　标准制修订工作的基本原则、程序和各方职责

第六条　标准制修订工作遵循下列基本原则：

（一）以科学发展观为指导，以实现经济、社会的可持续发展为目标，以国家环境保护相关法律、法规、规章、政策和规划为根据，通过制定和实施标准，促进环境效益、经济效益和社会效益的统一；

（二）有利于保护生活环境、生态环境和人体健康；

（三）有利于形成完整、协调的环境保护标准体系；

（四）有利于相关法律、法规和规范性文件的实施；

（五）与经济、技术发展水平和相关方的承受能力相适应，具有科学性和可实施性，促进环境质量改善；

（六）以科学研究成果和实践经验为依据，内容科学、合理、可行；

（七）根据本国实际情况，可参照采用国外相关标准、技术法规；

（八）制订过程和技术内容应公开、公平、公正。

第七条　任何具备相应能力和资格的单位均

可自愿申报承担标准制修订工作或就标准的制修订工作提出建议和意见，标准管理部门根据申报单位的能力、业绩和标准制修订工作的要求，择优确定承担单位，按程序批准。地方省级环保部门可结合地方环境保护标准制订工作，推荐承担标准制修订项目的单位。

承担标准制修订工作的单位，应根据第六条确定的标准制修订工作基本原则，结合标准制修订项目的具体情况，在标准制修订工作中，开展相关的调查、研究、咨询、论证、试验等工作。在充分掌握与标准有关的基本情况后，编制标准。

在标准制修订工作中，不得弄虚作假，不得篡改或捏造数据。

第八条 标准制修订工作按下列基本程序进行：

（一）根据国家环境保护工作的需要，编制年度标准制修订项目计划草案，并对项目计划草案征求意见、修改，必要时进行专题论证，形成项目计划；

（二）向各项目承担单位下达年度标准制修订项目计划；

（三）成立标准编制组，调研、咨询并编制标准制修订开题论证报告；

（四）标准制修订项目开题论证，确定技术路线和工作方案；

（五）根据确定标准技术内容的需要，进行必要的验证实验。编制标准征求意见稿及编制说明；

（六）公布标准的征求意见稿，向社会公众或有关单位征求意见；

（七）汇总处理意见，编制标准送审稿及编制说明；

（八）对标准草案进行技术审查和格式审查；

（九）编制标准报批稿及编制说明，并将标准报批材料上报标准主管部门；

（十）对标准进行行政审查；

（十一）批准（注册编号）、发布标准；

（十二）出版标准正式文本。

第九条 科技标准司是国家环境保护总局标准制修订工作的主管部门，在标准制修订工作中的职责为：

（一）编制、报批、下达标准制修订项目年度计划；

（二）主持标准开题论证活动；

（三）审查、批准标准制修订计划项目承担单位填报的计划任务书和其他报表，办理项目经费拨付事宜；

（四）检查、督促标准制修订项目承担单位的工作进展情况；

（五）审查标准的征求意见稿、送审稿、报批稿及编制说明和相关材料；

（六）办理标准征求意见事宜；

（七）主持标准的技术审查工作；

（八）委托标准技术支持单位对标准进行预审和格式、形式审查；

（九）办理标准的行政审查、批准（注册编号）、发布、交付出版事宜；

（十）受理标准制修订计划项目调整申请，审查项目调整方案；

（十一）标准的重大协调工作；

（十二）对标准制修订工作承担单位进行培训。

核安全管理司（辐射安全管理司）协助科技标准司管理放射性污染防治与电磁辐射防护相关标准的制修订工作。

第十条 科技标准司根据实施标准制修订管理工作的需要，确定各类标准的技术支持单位，其职责为：

（一）根据标准工作规划、标准体系和工作需要，向科技标准司提出对各类标准制修订计划草案的意见和建议；

（二）对征求意见稿、送审稿、报批稿等标准草案进行预审、形式审查和程序审查；

（三）协助科技标准司进行标准制修订项目管理，定期或不定期向各标准制修订项目承担单位了解项目进展情况，并向科技标准司报告；

（四）标准的技术咨询工作；

（五）协助科技标准司组织对标准进行函审。

第十一条 标准制修订计划项目承担单位

（以下称：项目承担单位）的责任：

（一）编制开题论证报告；

（二）根据制修订标准工作的需要，按计划任务书要求，按时开展相关的调研、咨询、研讨、实验、验证等工作，为标准制订工作创造有利条件，保证按期完成标准制修订任务；

（三）按计划要求编制标准的征求意见稿、送审稿、报批稿及编制说明和调查、研究报告等相关材料；

（四）汇总、处理各有关方面对标准草案提出的意见；

（五）负责标准开题论证会、标准审议会的筹备和会务组织工作；

（六）负责协助标准出版单位，解决标准出版过程中的技术问题；

（七）按标准档案管理要求，负责标准制修订过程中有关文档资料的整理和归档工作；

（八）对本单位编制标准的技术咨询工作；

（九）负责管理标准制修订工作经费，保证其有效使用。

第十二条　科技标准司择优确定标准的出版单位，其主要职责是：

（一）按标准格式、形式和时限要求，出版国家环境保护总局发布的各类标准；

（二）标准发布稿的排版、校对、印刷、发行及标准网络版的编辑、制作工作；

（三）在标准编制单位的协助下，解决标准出版过程中的技术问题。

第三章　计划项目管理

第十三条　标准制修订年度计划是标准制修订工作的依据，标准制修订工作应严格按照计划规范、有序地进行。

第十四条　下列项目可列入标准制修订计划：

（一）为贯彻落实国家有关法律、法规、政策、规划等，需要的标准制修订项目；

（二）为建立和完善标准体系，适应社会、经济、科学技术发展需要的标准制修订项目；

（三）环境保护执法和管理工作需要的标准制修订项目，并且已经具备完善的执法和管理手段；

（四）具备制修订标准的可靠的科学研究基础条件，可以在规定的标准工作周期内完成制修订工作；

（五）有合适的项目承担单位。

标准制修订计划应与法律、法规和标准体系相协调。

需要制订标准的事项，但基础条件较为薄弱的，应先进行科学研究、调查等工作，待具备相应的条件后，再制订标准。

第十五条　标准制修订项目必须在具备必备条件的前提下方可列入制修订计划，标准的制修订计划项目工作周期一般为二年，个别重大标准项目可适当延长，但原则上不得超过三年。各项目承担单位应按时间要求安排工作计划。

第十六条　承担标准制修订工作的单位，应具有与制修订标准项目相关的科研、管理工作背景和技术能力，熟悉国家环境保护政策、法律、法规和标准体系，具备独立法人资格、独立的银行账户和健全的财务制度。承担过标准制修订工作的单位及拟担任标准主编的人员，已按计划要求圆满完成了工作任务，没有出现在未办理项目变更、调整事宜的情况下，擅自拖延或中止项目，无故不按时完成工作任务的情况。标准主编（项目负责人）应为项目承担单位具有高级技术职称的现职工作人员。

标准制修订项目计划直接下达给项目承担单位，不通过中介单位下达；项目承担单位不得将本单位承担的标准制修订项目再转包给其他单位承担。

污染物排放（控制）标准的制修订项目原则上应由与污染源行业没有利害关系的机构作为承担单位，其他相关方面的单位可参与标准制修订工作。

第十七条　标准制修订项目经费额度，根据标准制修订工作经费有关管理规定、项目的难度和预算控制规模等因素确定。标准制修订项目经费应按照国家财政经费使用的有关规定，专用于标准制修订工作，不得挪作他用，项目承担单位应加强对标准制修订经费使用的管理和监督。

第十八条 科技标准司拟订标准制修订年度计划，经征求有关方面意见并修改后，向总局报批。计划经批准后，科技标准司将下达计划的通知（计划格式见附件一）与《国家环境保护标准计划任务书》（格式见附件二）、《环境保护经费申请表》（格式见附件三）等有关报表发各项目承担单位。

第十九条 项目承担单位根据标准年度计划的内容，填写《国家环境保护标准计划任务书》和《环境保护经费申请表》一式三份，在15个工作日内报科技标准司。

科技标准司对项目承担单位报送的《国家环境保护标准计划任务书》和《环境保护经费申请表》进行审查。经核准后，将一份报表返回项目承担单位。项目承担单位在工作中应遵守已核准的《国家环境保护标准计划任务书》和《环境保护经费申请表》。

第二十条 标准制修订工作应严格按年度项目计划进行，标准制修订计划执行过程中，一般不对计划项目进行调整。在下列情况下，经批准可对计划项目进行调整：

（一）经济、技术以及其他有关因素发生重大改变，原计划项目不能适应这些变化的，可对计划项目和内容进行调整；

（二）在标准制订过程中，出现不宜制定和实施标准的情况，经批准后，可将计划项目撤销。

第二十一条 对由于项目承担单位方面的原因造成项目无法按计划进行而需要调整标准制修订计划项目的，由项目承担单位提出申请，报科技标准司，经专家论证、科技标准司批准后，项目承担单位按项目调整方案继续进行标准制修订工作或停止工作。

调整计划项目的申请未获批准的，项目承担单位应仍按原计划进行工作。

在计划执行过程中，科技标准司发现与标准制订和实施的相关因素发生重大变化，经论证不宜按原计划制订标准时，可对原计划项目进行调整或撤销，并通知项目承担单位。

第二十二条 项目承担单位对标准的编制工作全面负责，有其他单位参加的项目，由项目承担单位负责组织、协调。

第四章 成立标准编制组和开题论证

第二十三条 项目承担单位在接到标准制修订项目计划后，应在二个月内成立（或召集各参加单位成立）标准编制组，由标准主编担任编制组组长。标准编制组根据标准制修订项目计划的要求，对相关情况进行调查研究，讨论并编写开题论证报告。

开题论证报告应包括：

（一）标准主要内容、法律地位与作用、国内外有关情况及发展趋势。修订标准项目，应包括对现行标准实施情况和存在问题的分析；

（二）制定标准拟采用的原则、方法和技术路线；

（三）拟开展的主要工作；

（四）拟提交的工作成果；

（五）本单位与标准制修订相关的工作基础条件；

（六）合作单位与任务分工；

（七）经费使用方案及人员投入情况；

（八）时间进度。

污染物排放（控制）标准的开题报告还应包括：

（一）标准的控制对象与范围，包括行业或污染源类别、污染物控制项目等；

（二）行业背景情况、产业发展政策、国家有关环境保护政策、法律、法规、规划，本标准技术内容与国家有关污染防治技术政策的关系；

（三）国外相关行业或污染源控制立法与执行情况；

（四）需要讨论确定的重大问题。

第二十四条 科技标准司主持召开标准开题论证会，组织有关方面的专家和代表审查开题论证报告，并形成论证意见。

第五章 编制征求意见稿和征求意见

第二十五条 编制组按计划任务书的要求和制订标准的需要，应进一步开展调查研究工作，收集并分析国内外有关文献、技术资料和研究报告等。在标准开题论证会后六至十二个月内，应完成标准征求意见稿和编制说明的编写工作。

第二十六条 在环境质量标准制修订工作中，应对国内环境质量状况进行充分的调查研究，收集有关监测数据，进行必要的毒理学实验或采用现有的毒理学实验数据，对比分析其他国家的环境质量标准。在此基础上提出环境质量标准草案，并对其可行性进行论证和说明。

环境质量标准中应规定采用的污染物监测方法。

第二十七条 在污染物排放（控制）标准制修订工作中，要按照以环境保护优化经济增长的要求，妥善处理经济发展与环境保护之间的关系。应对相关行业的情况进行调查和了解，掌握国家的环保和产业发展相关政策，确定标准的适用范围和控制项目，根据行业主要生产工艺、污染治理技术和排放污染物的特点，提出标准草案，并对标准中排放限值进行成本效益分析（包括实施排放限值对产品成本的影响等），预测行业的达标率。

污染物排放（控制）标准中应规定采用的污染物监测方法。

第二十八条 各类标准的技术内容应具有普遍适用性和通用性。标准涉及的产品应已商品化，并有一家以上的供应商。标准涉及的技术原则上应是通用技术。

不得利用标准为企业做宣传或推销。标准中不得规定采用特定企业的技术、产品和服务，不得出现特定企业的商标名称，不得采用尚在保护期内的专利技术和配方不公开的试剂。

第二十九条 编制组对标准中提出的限制性规定、技术性能要求、试验方法、抽样方案及其他需要进行试验的内容等，应进行必要的监测、检测、试验或验证，并编写试验、验证报告。

环境监测方法标准应按照《环境监测分析方法标准制订技术导则》的规定开展制订工作。环境监测方法标准草案应按要求经过具有资质的实验室采用国家环境标准样品或专门制备的实际环境样品进行验证，并提供验证报告。验证所需样品和经费，由项目承担单位负责提供。

第三十条 项目承担单位应对所编制的标准的质量和技术内容全面负责，应按规定的格式和内容要求，编写标准征求意见稿、编制说明和研究报告。制订的标准将取代现行标准的，应在标准中明确地表述标准之间的替代关系。

编制说明应包括下列内容：

（一）制定本标准的必要性、法律依据、编制原则、技术依据、调查结果等；

（二）本标准制修订项目列入计划的年度及下达计划文件号；

（三）确定标准主要技术内容（技术指标、参数、公式、性能要求、试验方法、检验规则等）的论据（包括试验、统计数据）及说明；

（四）修订现行标准的，应有与该标准技术或控制水平、主要参数的对比分析的内容；

（五）与国外同类标准或技术法规的水平对比和分析；

（六）采用国际或国外标准的，应说明采用的程度，并附标准的原文和翻译稿；

（七）与执行现行法律、法规、规章、政策的关系，与其他现行标准的关系；

（八）有关的调研报告；

（九）监测、检测、试验、验证报告及结论报告；

（十）实施本标准的管理措施、技术措施、实施方案建议；

（十一）标准制订工作过程报告。

污染物排放（控制）标准还应包括：

（一）实施本标准的环境、社会、经济效益和实施成本分析；

（二）实施本标准的经济、技术、管理措施的可行性分析。

第三十一条 标准征求意见稿及编制说明经项目承担单位审核后，连同征求意见稿和编制说明的电子文件报送科技标准司办理征求意见事宜。

第三十二条 标准征求意见稿和编制说明由科技标准司审查或委托标准技术支持单位进行审查，提出审查意见。审查的主要内容是：

（一）标准征求意见稿及编制说明的完整性；

（二）主编单位在工作中执行计划的情况；

（三）制定标准的重大原则问题；

（四）其他问题。

在标准征求意见稿未正式公布前，标准技术支持单位不得向其他单位透露标准的内容。

第三十三条 对符合要求的标准，科技标准司办理征求意见事宜。标准征求意见一般采取文件形式。科技标准司根据标准涉及的领域、行业、部门、组织和机构等，确定标准征求意见的范围，起草并印发标准征求意见的文件（格式见附件四）与标准征求意见稿和编制说明一起发往有关单位，同时征求局内有关职能机构的意见。

对涉及社会公众利益、影响重大的标准，通过国家环境保护总局政府网站、报刊等公共传播媒介公布征求意见稿，向公众征求意见。

征求意见时间为一至二个月。

在标准征求意见期间，科技标准司可视情况需要，采用召开标准征求意见会议和实地调查的方式，听取各有关方面对标准征求意见稿的意见。

内容涉及对进口产品、货物或服务实行管制的标准，应按世界贸易组织贸易技术壁垒协议（WTO/TBT）和国家出版《中国对外经济贸易文告》有关规定，办理向 WTO 成员国通报和相关事宜。项目承担标准单位填写 WTO 技术性贸易措施通报表（格式见附件五），送科技标准司办理。

第三十四条 征求意见工作结束后，编制组应对征集的意见进行归纳整理，研究确定各种意见的处理方案，编写意见汇总处理表（格式见附件六）。对有重大争议的问题，应及时报告科技标准司。科技标准司可视情况召开专题讨论会，进行协调，确定修改方案。对需要实验验证的内容，由编制组安排进行验证实验。

被征求意见单位在征求意见截止日期前未回函的，按无意见处理。

第六章 编制送审稿和技术审查

第三十五条 编制组根据征求意见的情况，研究确定标准修改方案，编制标准送审稿和送审稿编制说明。标准送审稿编制说明应在标准征求意见稿编制说明基础上修改形成，其内容除包括征求意见稿编制说明的内容外，还应增加如下内容：

（一）标准征求意见工作情况及对征集意见的处理情况；

（二）意见汇总处理表；

（三）征求意见会或专题讨论会纪要。

第三十六条 标准送审稿和编制说明经项目承担单位审核后，连同送审稿和编制说明的电子文件报送科技标准司。科技标准司对标准送审材料进行审查或委托标准技术支持单位进行审查，提出审查意见。审查的主要内容是：

（一）贯彻国家有关法律、法规、规章、政策的情况；

（二）重大分歧意见的处理情况和依据；

（三）与现行标准（包括其他部门制定的相关标准）的协调、衔接、替代情况；

（四）标准主要技术内容的科学性、合理性和技术经济可行性；

（五）标准的格式和体例。

科技标准司根据对标准的审查情况，决定是否对标准进行技术审查。对符合条件的标准，通知项目承担单位准备进行技术审查；对存在问题不适合进行技术审查的标准，科技标准司提出修改意见并通知项目承担单位对标准进行修改和完善。

第三十七条 标准技术审查一般采取会议审查形式，在特殊情况下或技术内容比较简单的标准也可采用信函审查的方式。

确定审查方式后，由科技标准司印发标准审

查通知。

第三十八条 标准技术审查由科技标准司主持，根据标准的涉及范围和技术难度，确定参加技术审查的专家和部门代表名单，一般人数为十到二十人。标准技术审查应有有关科研、管理、生产、使用等方面的人员参加。

第三十九条 采用审议会审查标准时，项目承担单位应在会议召开前至少七个工作日，将标准送审稿和编制说明发送给参加标准审查的人员和机构。

第四十条 标准审议会由科技标准司主持召开，参加审查的专家和部门代表组成标准审议委员会，负责对标准进行技术审查。

科技标准司指定审议委员会的正、副主任委员，负责组织对标准的技术审查。

审议会标准审查程序：

（一）编制组对标准的主要技术内容、编制工作过程、征求意见及对征集意见的处理情况等做说明；

（二）审议委员会委员对标准技术内容及编制依据进行质询；

（三）审议委员会对标准送审稿的内容进行讨论、提出修改意见和建议；

（四）审议委员会编写标准审议会纪要（格式见附件七）。

第四十一条 审议委员会应对标准的技术内容和审查结论意见进行充分的讨论和协商，原则上应达成一致意见。审议会纪要要如实反映审查情况，并应包括对标准技术内容的科学性、合理性、技术和经济可行性等方面的审查结论意见和修改建议。审议会纪要由审议委员会正、副主任委员签字确认。

对不予通过的标准，审议委员会应在审议会纪要中提出具体的理由和修改、完善的工作建议。

第四十二条 对标准进行函审的，项目承担单位应在表决截止日期前一个月，将标准送审稿、编制说明和函审表决单（格式见附件八）发给参加审查的人员。

返回的表决单由科技标准司指定标准技术支持单位收集、汇总和处理。表决结束后，标准技术支持单位根据表决情况，填写函审结论表（格式见附件九）。

对函审的标准，以四分之三回函同意为通过。函审回函率不足三分之二时，表决无效，应重新组织审查。

函审结束后，标准技术支持单位将函审结论报告科技标准司，同时通知项目承担单位。

第七章　编制报批稿和报批

第四十三条 标准经审查通过后，在一个月内，编制组应对标准的审查结论和审查过程中提出的意见进行认真的讨论，根据审议会或函审确定的对标准的修改意见和建议，编制标准的报批稿、编制说明和报批说明。报批稿编制说明除包括标准送审稿编制说明的内容外，还应增加标准审查工作的情况报告和审议会纪要或函审结论表。标准报批说明应简要叙述标准制修订工作过程、确定标准主要技术内容的依据和程序、标准的实施成本和效益分析、达标可行性分析等。

第四十四条 项目承担单位对编制组完成标准报批材料进行审核后，连同报批材料的电子文件报科技标准司。

第四十五条 科技标准司对标准报批材料进行审查或委托标准技术支持单位进行审查，提出审查意见。审查的主要内容是：

（一）标准技术审查时提出的修改意见和建议的采纳情况；

（二）标准实施方案的合理性、可行性；

（三）标准的实施条件和预期效益。

第四十六条 科技标准司对符合要求的标准，办理行政审查事宜。科技标准司可根据制定标准的目的和实施标准的需要，要求项目承担单位对标准进行修改和完善。

第八章　标准的行政审查和批准、发布

第四十七条 按标准类别和效力差异，标准采用两种程序进行行政审查，即技术法规审查程

序和标准审查程序。

对于依法强制执行或影响重大的标准的行政审查，适用技术法规审查程序；对于其他标准的行政审查，适用标准审查程序。

第四十八条 对下列标准的行政审查适用技术法规审查程序：

（一）国家大气、水、土壤、声、振动、核辐射和电磁辐射等环境质量标准；

（二）国家大气、水、污染物和噪声排放标准；

（三）国家固体废物污染控制标准；

（四）国家放射性污染防治标准、电磁辐射防护标准；

（五）其他具有技术法规性质，涉及环境保护执法和管理制度的强制执行的技术标准或规范；

（六）行业污染防治技术政策；

（七）城市环境质量综合考核要求；

（八）国家环境保护总局领导批示要求按技术法规程序审查的标准。

第四十九条 技术法规审查程序为：

（一）国家环境保护总局局长专题会议审查标准；

（二）根据专题会议审查情况对标准进行修改；

（三）国家环境保护总局局务会议审查标准；

（四）根据局务会议审查结论修改标准；

（五）批准、发布标准。对于技术性和专业性较强、影响面较小、没有分歧意见的标准，根据局长专题会议的决定，可在通过审查后，办理批准、发布事宜，不再提交局务会议审查。

局长专题会议和局务会议审查标准时，由科技标准司作标准编制工作报告。放射性污染防治标准和电磁辐射防护标准，由科技标准司作总体说明，由核安全司负责作详细报告。标准技术支持单位有关人员和标准编制组负责人可列席会议。

第五十条 对适用标准审查程序的标准，由科技标准司根据标准的复杂程度和影响范围，确定标准的行政审查方式。

对污染物总量控制技术规范和环境质量评价方法标准，采用会议审查程序，由科技标准司将标准提交局长专题会议审查。

对内容涉及有关业务司（厅、局）业务的标准，由科技标准司提出审查意见，会签有关业务司（厅、局）后，办理标准批准、发布事宜。

对于内容不涉及有关业务司（厅、局）业务的标准，由科技标准司提出审查意见，报经总局同意后，办理标准批准、发布事宜。

第五十一条 标准通过行政审查后，科技标准司办理标准的批准、发布事宜；对未通过审查的标准，由科技标准司通知项目承担单位修改后，重新报批。放射性污染防治标准和电磁辐射防护标准由核安全司组织修改。

第五十二条 发布国家环境质量标准、国家污染物排放（控制）标准等标准的公告由国家环境保护总局批准后，按国务院规定送有关部门会签、并对标准编号后公布。

行业污染防治技术政策由总局批准后，送有关部门会签，联合发布。

发布其他国家环境保护标准的公告由国家环境保护总局批准后公布。

标准发布公告及标准文本在国家环境保护总局政府网站上公布。

第五十三条 标准正式文本的出版、发行工作，由标准出版单位负责。标准发布后，应在六十天内完成标准出版工作。

标准出版过程中的技术问题，由项目承担单位负责处理。需要对标准的技术内容进行改动的，应由项目承担单位报科技标准司批准。

第九章　附　则

第五十四条 标准发布后，项目承担单位应按标准档案管理的有关规定，对标准制订过程的各种文件、资料进行整理、归档，在一个月内将标准归档材料送科技标准司。

归档的内容包括：

（一）标准开题论证报告和开题论证会审查意见；

（二）计划任务书（复印件）；

（三）标准征求意见稿和编制说明；

（四）标准送审稿和编制说明；

（五）标准报批稿和编制说明；

（六）标准编制过程中的各种批文（复印件）；

（七）参照采用的国外技术法规、标准、国际标准原文文本和中文译本；

（八）标准研究报告；

（九）需要归档的其他材料；

（十）归档材料清单。

第五十五条 各类标准中，均不署起草人员的姓名。

标准正式发布后，可由科技标准司向参与标准编制工作的人员发放《国家环境保护标准制修订工作证书》（格式见附件十）。

第五十六条 在标准编制过程中，出现不能按计划进度要求进行工作的，项目承担单位应及时向科技标准司书面说明情况。科技标准司可委托标准技术支持单位，了解标准制修订项目进展情况。

对于不能按计划进度要求进行工作又未及时向科技标准司书面说明情况的，科技标准司视情况发文通知项目承担单位予以督促。经督促仍未能完成标准制修订任务的，终止其标准制修订任务，收回标准工作经费，取消今后参与标准制修订工作的资格，并予以通报批评。

第五十七条 国家环境质量标准、国家污染物排放（控制）标准和其他国家环境保护标准的封面、前言、内容格式见附件十一、附件十二，正文部分应符合相应的国家环境保护标准编写格式要求。

第五十八条 本办法由国家环境保护总局解释。

第五十九条 本办法自发布之日起实施，原国家环境保护局1996年3月27日发布的《国家环境保护局国家环境标准制（修）订管理办法》同时废止。

附件（略）

关于发布《环境标志产品技术要求 卫生陶瓷》等两项国家环境保护行业标准的公告

（国家环境保护总局公告2006年第42号）

为贯彻执行《中华人民共和国环境保护法》，保护环境，保障人体健康，促进科技进步，现批准《环境标志产品技术要求卫生陶瓷》等两项标准为国家环境保护行业标准，并予发布。

标准名称、编号如下：

一、环境标志产品技术要求卫生陶瓷（HJ/T 296—2006）

二、环境标志产品技术要求 陶瓷砖（HJ/T 297—2006）

以上标准为指导性标准，自2006年9月1日起实施，由中国环境科学出版社出版，标准内容可在国家环保总局网站（www.sepa.gov.cn）查询。

自上述标准实施之日起，《环境标志产品认证技术要求卫生陶瓷》（HBC 16—2003）废止。

特此公告。

二〇〇六年八月二十三日

关于发布《煤炭工业污染物排放标准》的公告

（国家环境保护总局公告2006年第46号）

为贯彻《中华人民共和国环境保护法》，防治环境污染，保护和改善生活环境和生态环境，保障人体健康，现批准《煤炭工业污染物排放标准》

为国家污染物排放标准，并由我局与国家质量监督检验检疫总局联合发布。

标准名称、编号如下：

煤炭工业污染物排放标准（GB 20426—2006）

按有关法律规定，该标准具有强制执行的效力。该标准自2006年10月1日起实施，由中国环境科学出版社出版，标准内容可在国家环境保护总局网站（www.sepa.gov.cn）查询。

特此公告。

（此公告业经国家质量检验检疫总局孙晓康会签）

二〇〇六年九月一日

关于停止收取环境影响报告书（表）技术评估费用的通知

（国家环境保护总局公告2006年第48号）

根据《财政部关于下达环境影响报告书技术评估经费预算的通知》（财建〔2006〕409号）精神，我局环境影响报告书（表）技术评估经费已列入国家财政预算。

自本预算下达之日起，我局委托评估机构评估的环境影响报告书（表），停止收取环境影响报告书（表）技术评估费用。

特此公告。

二〇〇六年九月八日

关于发布国家环境保护行业标准《环境保护档案管理规范环境监察》的公告

（国家环境保护总局公告2006年第50号）

为贯彻执行《中华人民共和国环境保护法》，加强环境监察档案的科学管理，现批准《环境保护档案管理规范环境监察》为国家环境保护行业标准，并予发布。

标准名称、编号如下：

环境保护档案管理规范环境监察（HJ/T 295—2006）

以上标准为指导性标准，自2006年12月1日起实施，由中国环境科学出版社出版，标准内容可在国家环保总局网站（www.sepa.gov.cn）查询。

特此公告。

二〇〇六年九月八日

关于发布《环境标志产品技术要求　房间空气调节器》等10项国家环境保护行业标准的公告

（国家环境保护总局公告2006年第67号）

为贯彻《中华人民共和国环境保护法》，保护环境，保障人体健康，促进科技进步，现批准《环境标志产品技术要求房间空气调节器》等10项标准为国家环境保护行业标准，并予发布。

标准名称、编号如下：

一、环境标志产品技术要求房间空气调节器（HJ/T 304—2006）

二、环境标志产品技术要求鞋类（HJ/T 305—2006）

三、环境标志产品技术要求彩色电视广播接收机（HJ/T 306—2006）

四、环境标志产品技术要求生态纺织品（HJ/T 307—2006）

五、环境标志产品技术要求家用电动洗衣机（HJ/T 308—2006）

六、环境标志产品技术要求毛纺织品（HJ/T 309—2006）

七、环境标志产品技术要求盘式蚊香（HJ/T 310—2006）

八、环境标志产品技术要求燃气灶具（HJ/T 311—2006）

九、环境标志产品技术要求陶瓷、微晶玻璃和玻璃餐具（HJ/T 312—2006）

十、环境标志产品技术要求微型计算机、显示器（HJ/T 313—2006）

以上标准为指导性标准，自2007年1月1日起实施，由中国环境科学出版社出版，标准内容可在国家环保总局网站（www.sepa.gov.cn）查询。

自以上标准实施之日起，下列标准废止：

一、环境标志产品技术要求节能、低噪声房间空气调节器（HJBZ 18—2000）

二、环境标志产品认证技术要求 鞋类（HBC 25—2004）

三、环境标志产品技术要求 低辐射彩色电视机（HJBZ 33—1999）

四、环境标志产品技术要求 生态纺织品（HJBZ 30—2000）

五、环境标志产品技术要求 低噪声洗衣机（HJBZ 17—1997）

六、环境标志产品技术要求 防虫蛀毛纺织品（HJBZ 11—1996）

七、环境标志产品认证技术要求 无烟盘式蚊香（HBC 11—2002）

八、环境标志产品技术要求 节能、低排放燃气灶具（HJBZ 19—1997）

九、环境标志产品认证技术要求 与食物接触的陶瓷、微晶玻璃和玻璃餐具制品（HBC 24—2004）

十、环境标志产品认证技术要求 微型计算机、显示器（HBC 15—2002）

特此公告。

二〇〇六年十一月十五日

关于发布《食用农产品产地环境质量评价标准》等两项国家环境保护行业标准的公告

（国家环境保护总局公告2006年第68号）

为贯彻《中华人民共和国环境保护法》，保护环境，保障人体健康，现批准《食用农产品产地环境质量评价标准》等两项标准为国家环境保护行业标准，并予发布。

标准名称、编号如下：

一、食用农产品产地环境质量评价标准（HJ/T 332—2006）

二、温室蔬菜产地环境质量评价标准（HJ/T 333—2006）

以上标准为指导性标准，自2007年2月1日起实施，由中国环境科学出版社出版，标准内容可在国家环保总局网站（www.sepa.gov.cn）查询。

特此公告。

二〇〇六年十一月十七日

关于修订中国严格限制进出口有毒化学品目录的公告

（国家环境保护总局公告 2006 年　第 80 号　国家环境保护总局海关总署　联合发文）

根据世界海关组织 2007 年版《商品名称及编码协调制度》和我国调整后的商品编码，现修订发布《中国严格限制进出口的有毒化学品目录（2007 版）》，本目录自 2007 年 1 月 1 日起施行。

凡进口或出口《中国严格限制进出口的有毒化学品目录（2007 版）》中化学品的，应按照新的商品编码到国家环境保护总局办理有毒化学品进/出口环境管理登记证和有毒化学品进/出口环境管理放行通知单。2006 年签发的上述单证在有效期内可以继续使用。

国家环境保护总局和海关总署公告 2005 年第 65 号与本公告不一致的，以本公告为准。

特此公告。

附件：《中国严格限制进出口的有毒化学品目录（2007 版）》

二〇〇六年十二月三十日

附件（略）

关于湖北省汉川市环保局排污费收缴工作违规问题的通报

（环发〔2006〕188 号）

各省、自治区、直辖市环境保护局（厅）：

湖北省汉川市环保局违反国务院《排污费征收使用管理条例》相关规定，连续三年将收缴的排污费缴入预算外资金管理局，给排污费征收管理工作造成不良社会影响。现通报如下：

2006 年 6 月，部分群众举报湖北省汉川市环保局存在对汉川电厂协商收费、排污费未缴入国库并未纳入预算管理等问题。我局立即发出环境监察通知书，责成湖北省环保局进行调查。湖北省环保局立即会同湖北省财政厅、湖北省监察厅组成联合调查组，深入汉川市进行查处。经查，汉川市环保局 2003、2004、2005 年连续三年未将收缴的排污费缴入国库，而是缴入预算外资金账户；征收排污费时未使用湖北省财政厅统一印制的《排污费缴款书（收据）》；2004 年、2005 年应征收汉川电厂排污费（二氧化硫排污费除外）1185.9 万元，实际征收 480 万元，少征 705.9 万元。汉川市环保局违反了排污费征收使用及行政事业性收费收支两条线管理的有关规定，造成应上缴中央财政及湖北省财政的资金没有到位。

根据调查情况，湖北省环保局等部门责令汉川电厂补缴排污费 705.9 万元，目前已全部解缴国库，同时对违规缴入汉川市预算外资金管理局的排污费按规定比例上缴国库并纳入预算管理；汉川市纪检监察机关按照《排污费资金收缴使用管理办法》（财政部、国家环境保护总局令第 17 号）、《违反行政事业性收费和罚没收入收支两条线管理规定行政处分暂行规定》（国务院令第 281 号）、《环境保护违法违纪行为处分暂行规定》（监察部、国家环境保护总局令第 10 号）的有关规定，对汉川市环保局局长张先平、财政局局长杨大银予以戒勉谈话。

2005 年，湖北省就出现过被央视“焦点访谈”以“万能的排污费”为题曝光的南漳县环保局以招待费、房租费、医疗费等冲抵、挪用、乱支排污费问题，原南漳县环保局局长因此被免职，但汉川市环保局并未从中汲取教训。

各级环保部门要引以为戒，举一反三，认真查找和处理排污费征收使用管理工作中存在的违纪违规问题，并认真落实好如下几个方面要求：

一、严格核定污染物排放量和排污费征收额。各级环保部门要按国家规定的排污量核定方法，在排污者如实申报基础上，按照污染源自动监控数据、常规监督性监测数据、物料衡算数据的先后顺序，严格核定排污者污染物排放量，并按照国家规定的排污费征收标准确定排污者应缴纳的排污费数额，及时送达排污费缴纳通知单，对拖欠、拒缴排污费的，要按规定的时限进行催缴并收取滞纳金。

二、规范排污费减免行为。各级环保部门要按照国家规定的排污费减免范围、审批权限和办理程序对申请排污费减免的排污者进行审批。任何地方不得以任何名义擅自扩大对公用事业单位在内的排污者应缴纳排污费的减免范围，不得超越审批权限或违反审批程序批准减免排污费，更不得将减免缓缴排污费作为招商引资等活动的优惠条件。

三、实行排污费征收公告制度。各级环保部门每半年要对本级负责征收排污费的重点排污单位的污染物排放种类、数量和排污费应缴数额和实缴数额、减免缓缴排污费的数额和时限、拖欠和拒缴排污费数额及限期缴纳时限等，在媒体上进行公告，接受社会监督。

四、切实加强排污费征收稽查工作。各级环保部门要规范排污费征收行为，坚决杜绝人情收费、协商收费等乱收费行为。上级环保部门要对下级环保部门的排污费征收使用情况进行稽查，对违法违纪单位和责任人要按照《排污费征收使用管理条例》和《环境保护违法违纪处分暂行办法》等规定给予严肃处理。

二〇〇六年十一月二十二日

2007

LAW ENFORCEMENT YEARBOOK
OF CHINA ENVIROMENT PROTECTION

中国环保执法年鉴

2008北京奥运
环保工作篇

轨的具体要求。

北京生态环境改善明显，正向“绿色奥运”迈进

北京奥组委环境活动部部长余小萱2006年6月14日在“2006北京节能环保高层论坛”上表示，经过几年的努力，北京在改善城市环保基础设施建设和生态环境方面已经取得了有目共睹的进步，正在向“绿色奥运”迈进。

余小萱表示，经过一系列大气污染控制举措的实施，北京的空气质量在最近的几年中得到了持续的改善。二级以上空气天数所占比例已从2000年的48.4%，上升到去年的64.1%。

污水处理方面，随着小红门污水处理厂的运行，北京市污水处理能力已达到每天268万吨，按照现在的速度，北京完全有能力达到当初指定的目标。固定废弃物管理方面，按照《北京生活垃圾处理白皮书》，北京正在推进垃圾无害化处理和分类收集工作。2005年北京市区垃圾无害化处理率已达到94%。与此同时，北京市继续加大城市拆迁绿化和环境整治力度，2005年北京林木覆盖率已经达到50.5%，部分规划指标已经提前实现。

余小萱说：“举办奥运会对环境可能存在正负两个方面的影响，所以一方面我们要积极发挥奥运会对城市生态环境的改善和公众环境意识提高的促进作用，另一方面，我们也要将它对城市环境和生态系统的负面影响降到最低。”

据余小萱介绍，工程与环保技术方面，现已组织有关科研单位、大专院校对奥运场馆和工程建设中关系到环境保护的主要领域进行研究，在我国现行标准的基础上，参考先进国家的环保标准，先后编制了《奥运工程环保指南》、《奥运工程绿色施工指南》、《奥运改扩建工程环保指南》和《奥运临建工程环保指南》，提出了一些既符合我国国情又能与国际标准接

北京节水成效显著 申奥承诺逐步实现

北京市水务局副局长毕小刚2006年6月底表示，“十五”期间，北京市在节约用水、安全供水、水环境治理等方面取得显著成效，正在实现北京申办2008年奥运会时作出的承诺。

毕小刚说，北京在申奥时承诺的建设水源保护区，提高污水处理能力，扩大再生水利用，供水水质达到国家和世界卫生组织的要求等有关工作目标已经实现或正在实现。“十五”期间，北京市年总用水量从2000年的40.6亿立方米下降到2005年的34.5亿立方米，平均每年下降1亿立方米，万元GDP耗水量为50.63立方米，在全国领先。其中，工业用水从10.5亿立方米下降到6.8亿立方米，工业节水项目150项，工业万元增加值用水量从2001年的83.4立方米减少到2005年的41立方米。连续10年实现了产值增加，耗水下降。工业用水重复率从2001年89.3%提高到2005年的91%，特别是化工冶金达到96.8%和97.1%。农业用水则从16.5亿立方米下降到13.2亿立方米，2005年使用再生水达到1.2亿立方米。本市公共场所已经基本普及节水器具，居民家庭节水器具普及率也已达到80%，远郊区县达到73%，全市平均77%。年节水量达到510万立方米，相当于两个半昆明湖的蓄水量。此外，社会单位、特殊行业等领域的用水量也大大下降。

毕小刚说，北京在再生水资源利用方面也在加快步伐。2005年，北京已经使用再生水2.6亿立方米，公共绿地使用再生水灌溉达到150万平方米。2006年使用再生水将达到3.6亿立方米，大兴区将建成26万亩再生水灌区。2010年全市使用再生水达到6亿立方米。毕小刚说，到2008年，北京市将建成11座再生水厂，日生产再生水

能力达到88万立方米，建设再生水干线500公里，城市使用再生水达到50%。完全实现申办奥运的承诺。

在安全供水方面，目前，北京市全市共有87座水厂，供水能力780万立方米/日，市区供水能力达278万立方米，改扩建后，北京市区供水能力将达300万～310万立方米，完全能够满足奥运会需求。此外，北京市还建成了供水水质的监测网络，严格执行《国家生活饮用水卫生标准》，供水水质完全符合申奥承诺的达到世界卫生组织的要求。

北京市致力于建设生态景观城市，重视水污染的防治。目前，已建成了9个污水处理厂，污水处理率达到70%，减少了5.6亿立方米污水入河，五里坨等6座污水处理厂正在加紧建设，到2008年全部完成，污水处理率可达到90%以上。届时，这一项也将兑现北京的申奥承诺。

北京制定奥运空气质量保障方案

2006年7月27日下午，北京市主管环境整治工作的副市长吉林在向该市人大代表作报告时表示，目前北京大气污染防治处于攻坚阶段，不久北京将出台《奥运空气质量保障方案》，确保奥运期间空气质量达世界卫生组织指导值的标准。

吉林在报告中表示，北京市针对燃煤、机动车、工业污染物排放总量较大的特点及大规模建设带来的扬尘污染，先后发布并实施了12个阶段的控制措施，大气污染防治工作不断取得进展，空气质量连续7年得到改善。

2005年北京市市区空气质量二级和好于二级（优和良）天数达到234天，占全年总天数的64.1%，比1998年提高了36.7百分点。四级以上（中度和重度污染）天数不断减少，大气中主要污染物浓度也全面下降。

但吉林同时坦承，目前北京市大气环境质量与国家标准、"绿色奥运"和"宜居城市"要求相比仍有很大差距，全市可吸入颗粒物和夏秋季节的臭氧污染仍较突出。

根据申奥承诺，2008年大气环境质量目标为：奥运会举办期间，大气中主要污染物浓度达到国家标准和世界卫生组织指导值的要求。对此，吉林副市长表示，已会同国家环保总局，正在协调周边省市，共同研究制定《奥运空气质量保障方案》，拟在奥运会期间采取更加严格的污染控制临时性措施。

吉林表示，为确保奥运空气质量达到要求，北京将采取淘汰1995年前使用的高排放车等措施，以遏制大气污染日趋严峻的势头。

北京奥运绿化成绩喜人

2007年2月，北京市政府正式对外公布了《2007年北京市国民经济和社会发展计划》，该《计划》指出，2006年是首都绿化美化建设"十一五"规划的开局之年，北京市紧紧围绕"办绿色奥运、建生态城市"的目标，积极落实奥运带动战略，城乡绿化建设成绩骄人。

一是奥运绿化工程进展顺利。680公顷的奥林匹克森林公园北园绿化基本完成，南园绿化已经完成可实施面积的80%，奥林匹克中心区树阵景观效果初步显现。朝阳体育中心等5处示范性场馆、姚家园路等场馆道路联络线已经展现出优美的绿化景观。

二是城市绿化美化成效显著。完成了天安门广场绿地改造，更换大规格油松188株。结合"城中村"改造拆迁、拆违还绿70多万平方米。建成北二环等19处大型景观绿地和紫檀宫绿地等80处中小型绿地。完成阜外大街等110条景观大道绿化、新老小区绿化整治173处、屋顶绿化10万平方米，建成首都绿化美化花园式单位380个。中非论坛和节日期间，近千万盆鲜花扮靓京城。

三是绿色生态屏障建设稳步推进。绿化隔离地区完成绿化面积 1587 公顷。平原地区结合三北防护林、农田林网、道路河渠和村庄绿化，造林 1086 公顷。山区结合京津风沙源治理、太行山绿化、水源保护林、爆破造林、彩叶造林等重点工程，绿化造林 9333 公顷。

京津冀辽鲁首次联防美国白蛾确保“绿色奥运”

为有效防治美国白蛾，确保北京生态安全和 2008 年“绿色奥运”成功举办，从 2007 年春季开始，北京、天津、河北、辽宁、山东 5 省市首次联手防治美国白蛾。

2006 年，美国白蛾疫情在中国东北、华北地区呈现大暴发态势。京津冀辽鲁 5 省市共发生美国白蛾 351 万亩。由于去年冬季气温异常偏高，有利于美国白蛾越冬，今年美国白蛾在中国的发生面积可能达到 405 万亩。

面对严峻的美国白蛾疫情，国家林业局启动了联防方案。按照国家林业局统一部署，京津冀辽鲁交界处的省、县、村都要开展联防协作，将交界地带作为督察重点。其中，核心区北京要做到第一时间发现，第一时间现场根除，确保不出现灾情，确保北京生态安全和 2008 年奥运会的成功举办。

2008位环保少年植树2008棵，献礼 2008 年绿色奥运

北京奥运会官方网站 2007 年 4 月 23 日报道，北京第六十五中学“一张纸小队”将《2008 位环保少年种植 2008 棵少年先锋林献给 2008 年北京奥运会》的纪念册送到了北京奥组委工程和环境部，并进行了“绿色奥运”座谈会。奥组委工程和环境部的工作人员向在座环保少年详细解答了“绿色奥运”的含义。会后，还向学生们赠予“绿色奥运”的环保宣传海报，希望他们把“绿色奥运”的理念带入校园，并带动周围同学在生活点滴中实践之。

2004 年 3 月 16 日至 2006 年 12 月 22 日期间，在全国生态环保少年的倡导下，2008 人在北京市延庆县井庄镇三司村的少年先锋林里种下了 2008 棵少年先锋树，并将整个过程编制成纪念册，送给北京奥组委。

环保厕所“中标”北京奥运

能把粪便变成气体，小便经处理可以洗手……2007 年 6 月 14 日，生产这种“神奇”厕所的南京协力环保科技公司接到北京方面正式通知，他们开发的泡沫封堵生态厕所，在北京奥运场馆移动公厕的竞标中中标了，将在 2008 年的奥运会上“服役”。

这种环保型厕所通过一种泡沫混合液产生泡沫，体积扩大上千倍，来代替厕所冲水，节水效果非常明显，而且隔绝了异味；液体进入集尿处理系统，经微生物处理后水质能达到中水标准，可以用来洗手。由于这种厕所对尿粪的处理都是在专门的集便器中进行，不需要下水管道，每天能供 600 人次使用，一天只需吸粪车吸一次，很适合在人流量大的体育比赛场馆、公园、车站等地使用。

践行“绿色奥运”，青岛从垃圾分类做起

自2007年6月下旬起，青岛市启动“迎绿色奥运，创清洁小区”活动以来，大部分市民都可以做到自觉分类投放垃圾，小区内的环境卫生也有了较大的改善。而这项活动在社会上也引起了强烈反响，更多的市民积极参与绿色奥运，为迎接2008年奥帆赛打好基础。

作为奥运协办城市，青岛在城市环境和基础设施建设方面做了大量的工作，城区垃圾分类收集率和垃圾资源利用率也在不断提高。在青岛市区各主要干道及公共场所，老式的垃圾箱早已被更换成崭新的双桶分类垃圾箱，桶上分别清楚地标明“可回收垃圾”和“不可回收垃圾”，以有效引导市民将垃圾分类投放。这是青岛市为绿色奥运和城市环保做出的努力，而市民也正用自己的实际行动响应政府的号召。

此外，有些学校也开展了各种包括垃圾分类在内的环保教育，让学生在课堂上了解到“参与垃圾分类就是参与环保”，让他们知道哪些是可回收垃圾，哪些是不可回收垃圾，从小养成环保的好习惯，自觉将学习和生活中的垃圾分类投放。

“迎绿色奥运，创清洁小区”垃圾分类活动对进一步加大绿色奥运宣传力度，推动城市管理水平，控制垃圾污染都大有裨益。据活动主办方介绍，虽然现在垃圾分类工作还需要付出更多的努力，但是可以看到越来越多的市民积极投入到垃圾分类等绿色奥运的实践活动中来，社会上也已经营造了一个良好的氛围。

北京奥组委荣获《蒙特利尔议定书》公共意识奖

2007年9月17日，《蒙特利尔议定书》（以下简称《议定书》）第十九次缔约方大会暨《议定书》签署二十周年纪念活动在加拿大蒙特利尔市举行，中国国家环境保护总局、海关总署分别荣获《蒙特利尔议定书》执行奖，北京奥组委荣获公共意识奖。由环保总局副局长张力军任团长，外交部、农业部、中国检科院检装所、中国农科院、北京大学等相关部门和科研机构组成的中国代表团出席了会议和纪念活动，来自中国相关行业协会、科研机构及企业的代表也参加了会议。

张力军在领取奖项后表示，中国能够在保护臭氧层、执行《议定书》方面取得一定成绩，既离不开多边基金执委会、《议定书》各执行机构以及国际双边机构的大力支持，也得益于中国政府的高度重视，各相关部委、协会、研究机构、企业和公众的广泛参与及密切合作。执行奖是对中国政府履行《议定书》取得成绩的肯定，也是对中国政府今后继续大力开展保护臭氧层工作的激励。尽管真正实现《议定书》规定的全部目标还面临着许多的困难和挑战，但中国政府愿意一如既往地承担起自身的责任和义务，与各方协调合作，继续保护臭氧层的事业。

为保护臭氧层，1987年9月16日，24个国家签订了《关于消耗臭氧层物质的蒙特利尔议定书》，目前，全球已有191个国家签署加入了该《议定书》。20年来，通过各缔约国的共同努力，已成功地削减了95%的消耗臭氧层物质，极大促进了臭氧层的保护与恢复，被广泛认为是迄今为止履行最好的国际环境公约之一。中国作为全球最大的消耗臭氧层物质生产国和消费国，自1991年签署加入《议定书》以来，成立了由环保总局任组长单位，18个部委构成的中国国家保护臭氧

层领导小组，并通过不断加强国际合作、机构建设、部门协调、项目实施、政策法规制定、宣传培训以及监督执法，淘汰了共11万多（ODP）吨消耗臭氧层物质的生产和10万多（ODP）吨消耗臭氧层物质的消费，约占整个发展中国家淘汰量的50%。2007年7月1日，中国比《议定书》规定的时间提前两年半淘汰了最主要的两种消耗臭氧层物质——全氯氟烃和哈龙，标志着中国履行《议定书》取得了实质性的重大进展。

2007年，联合国环境规划署设立了包括奠基奖、杰出贡献奖、执行奖等七项大奖，以表彰在履行《议定书》、保护臭氧层方面作出突出贡献的机构与个人。在9月17日的缔约方大会高级别会议上，各奖项评选结果揭晓，中国国家环保总局、海关总署分别获得《蒙特利尔议定书》执行奖，该奖项旨在表彰在履行议定书方面做出优异成绩和突出贡献的部门。同时，为表彰北京奥组委在29届奥运会组织工作中对保护臭氧层工作的宣传，联合国环境规划署授予北京奥组委公共意识奖。

人工湿地将为奥林匹克森林公园提供净水资源

北京市“2008”工程建设指挥部办公室2007年10月发布《奥运工程科技创新百问手册》，该《手册》指出，奥林匹克森林公园将采用世界上领先的水质模拟维护系统和生态温室系统来为公园内部水系提供净水资源。

水质模拟维护系统的基本方法就是利用人工湿地来净化水质，以体现森林公园自然生态系统的环保功能。当中水通过种植各种水生植物的温室后进行第一次净化，植物的根部会吸收中水里的富营养化物质；湿地中设计的高低不平的河床让水流叠落，途中曝气增氧；经过两次净化后的中水流入外表平静、地下翻腾的潜流湿地，再通过生态沟渠流入生态氧化潭，数次净化后的水通过生物功能区流入湖体，这时的中水能够达到地表水四类标准。

奥林匹克公园还将建立动态水质模拟预测预警系统，实时监测公园水质变化。

联合国环境署称北京奥运会符合绿色奥运标准

联合国环境规划署2007年10月25日发表的一份报告称，2008年北京奥运会贯彻“绿色奥运”理念成果喜人。与此同时，联合国副秘书长兼联合国环境规划署执行主任阿奇姆·施泰纳说：“根据北京奥运会和残奥会的初步环境评分卡显示，此次奥运会符合绿色奥运会的标准。”这份题为《2008年北京奥运会环境评估报告》的报告说，北京在筹备奥运会的过程中，积极改善全城环境，在保护环境、维护人民健康和发展经济之间寻找到了一个平衡点。

报告列举了北京在致力于举办环境友好型奥运会方面所作的颇有成效的工作。报告说，北京市政府在垃圾处理、污水处理和交通运输等部门积极推广环保技术；在京郊建起一个占地面积580公顷的绿化带——奥林匹克森林公园；在奥运场馆的建设过程中，一方面逐步放弃那些将导致臭氧层遭破坏的化学制品的使用，另一方面广泛应用太阳能等清洁、高效的能源。报告强调，北京比赛场馆设计师全面展示了清洁能源的应用及能源节约问题的解决办法，这对于今后的奥运会主办方来说是一个很好的启发。

在肯定2008北京奥运会正在稳步向环境友好型奥运会稳步迈进的同时，该报告客观地指出，北京奥运会的筹备工作还有一些方面有待改善，如提高空气质量、减少温室气体排放、提高公众环保意识、提倡使用公共交通等等。解决好这些方面所存在的问题不仅对2008年奥运会具有重要意义，而且对北京今后的可持续发展具有重要意义。

报告指出，北京正在努力减少污染，走可持续化发展道路。

报告说，在提高空气质量的问题上，北京市政府对主要的重污染企业进行了迁址和改造，淘汰老旧车辆，取缔高排放机动车，把市区内燃煤锅炉换成天然气锅炉等等。正是由于采取了这些措施，2000年到2006年期间北京市的二氧化硫、一氧化碳等主要空气污染物的指数都有所下降。但报告指出，目前在北京公路上行驶的车辆以每天1000辆的速度在增长，这将是提高空气质量工作的主要挑战之一。

在减少温室气体排放方面，报告指出，北京作为世界上发展速度最快的发展中国家的首都，在应对减排问题方面已经取得了突出的成就。

在公共交通方面，报告指出，北京现有的16公里的快速公交线路每日运送旅客达10万人次，另外两条快速公交线路正在建设当中。此外，北京还在目前所拥有的四条城铁和地铁的基础上新建另外四条城铁和地铁，报告指出，所有地铁和城铁竣工后，日载客量将达到400万人次。

在谈到提高公众环保意识这个问题时，报告说，北京奥组委通过各种活动向公众传播“绿色奥运”的理念，这些活动走进学校、走进社区，通过这些活动，联合国环境署相信，环保意识和“绿色奥运”的理念将深入人心。

17万市民参与“创优质空气迎奥运来宾”活动

由中关村清新空气产业联盟、北京市环保局、亚都科技等单位联合开展的“创优质空气迎奥运来宾”市民献计征文活动评选结果2007年10月在北京揭晓，“不在公共场所吸烟”、“不去露天烧烤档吃烧烤”、“驾车遇红灯时要熄火”、“不搞室内豪华装修”、“在社区文明养宠物”、“不使用煤炭烧锅炉取暖”、“不乱倒生活垃圾”、“不随地吐痰”、“清扫马路时先洒水”、“使用环保家电”10条建议入选北京市民“创优质空气迎奥运来宾”十大环保公约。

位列十大环保公约之首的“不在公共场所吸烟”投票数达43110多票，占投票总数的23.1%。在发布会现场，10项环保公约作为北京市民日常生活中不污染空气环境的环保行为公约，由征文作者联名递交给第29届奥林匹克运动组织委员会代表，并向全体北京市民发出了遵守“创优质空气迎奥运来宾”十大环保公约的倡议。

据负责创优评选的博客网调查统计，截至10月20日，参加本次创优征文和投票的市民达17万人次之多，提交各类“创优”建议7630多条。而网民刊发的《公共场所别找“抽”》、《遇红灯时汽车要“熄火”》、《“烧烤”别“串”了味》、《豪华装修出的“活棺材”》、《“宠”物别“宠”毛病》、《烧煤取暖危害多》、《生活垃圾别随处“倒”》、《“痰”吐要得其所》、《给“轻舞灰扬”加点水》、《不环保家电隐埋“杀机”》10篇创优征文，指出了“影响北京空气质量的十大生活陋习”，引发了广大市民对日常生活中污染空气的不良行为进行深刻反思和讨论。

第29届奥林匹克运动会组织委员会市场部副主任王禹说，大量市民踊跃参加本次创优活动，说明北京市民对良好空气十分渴望。而环保公约的提出，恰恰给市民日常生活树立了一个环保和卫生标尺。相信经过1300万市民的共同努力，一定会创造优质的空气质量，迎接参加北京2008年奥运会的各国运动员和来宾。

“绿色奥运绿色中国——北京2008绿色行动”启动

“绿色奥运、绿色中国——北京2008绿色行动”首个项目：“奥运纪念林公园”2007年11月

7 日在北京八达岭长城正式开园。

“奥运纪念林公园”位于八达岭长城西北侧，建立在500亩荒滩沙地上，是北京地区重要的治沙防风林带，计划种植油松、白皮松、银杏等生态观赏树5万株。

由中国绿化基金会主办，第29届奥运会组委会、国家林业局、国家体育总局支持发起的本项大型公益活动，旨在通过“绿色奥运”理念的宣传推广，重点推进“奥运纪念林公园”和环北京圈奥运四大治沙基地建设，改善北京及周边地区生态环境。

其后，环北京圈四大沙地植树项目陆续在河北省丰宁县小坝子沙地、内蒙古赤峰市科尔沁沙地、内蒙古锡林郭勒盟浑善达克沙地、内蒙古鄂尔多斯毛乌素沙地展开。中国绿化基金会还将适时启动以56辆龙车为载体，以56个民族迎奥运为主题的“中华迎奥运龙车绿色万里行”大型宣传活动，通过民间一系列组合活动，将“绿色奥运、人文奥运”的理念向全国传播。

我国全力推进奥运空气质量保障工作

近年来，中国政府加大了对污染物排放的控制，截止到2007年9月，我国已建成的脱硫装置超过了2.2亿千瓦装机容量，占全部火电装机的40%左右，二氧化硫控制工作取得显著效果，一举扭转了多年来排放总量持续上升的局面。

国家环保总局党组成员祝光耀在2007年11月召开的第三届区域空气质量管理国际研讨会上指出，除了对二氧化硫的控制力度加大，环保总局对造成酸雨污染的另一大来源——氮氧化物污染的控制工作也已开始，制定了氮氧化物排放标准，在环境影响评价审批中，对于新建火电锅炉要求全面采用低氮燃烧技术，并对现役火电锅炉逐步开展低氮燃烧技术改造，已有50个烟气脱硝示范工程在建或已建成。

为履行申办奥运时提出的“2008年奥运会期间，北京将会有良好的空气质量”的承诺，北京、天津、河北、陕西、内蒙古、山东等省、自治区、直辖市政府和国家环保总局在科学研究的基础上，针对北京空气质量存在的主要问题以及大气污染区域传输的特征，借鉴奥运会举办城市在奥运会期间保障空气质量的通行做法，共同组织制定了北京第29届奥运会空气质量保障措施，已获国家批复。

保障措施明确了奥运会及残奥会前，六省、区、市采取综合治理措施，其中北京要完成奥运场馆周边裸露地面治理，6家企业自备电厂完成脱硫、除尘等措施。奥运会及残奥会期间，北京市、天津市部分地区、河北省部分地区将采取临时减排措施，山西省、内蒙古自治区和山东省将根据北京市空气质量情况采取控制燃煤污染排放等措施。通过六省、区、市区域联动，实施各项污染控制措施，确保奥运会期间空气质量良好。

“绿色奥运”筹备成绩显著，北京获大气污染治理特别奖

2007年11月，在法国巴黎召开的第三届空气质量大会（呼吸大会）上，由于在治理城市污染、加强环境保护和提高空气质量方面取得了重大成果，北京市获得了大会“氧气系列奖”中的“大气污染治理特别奖”和“清洁汽车奖”三等奖。

空气质量大会由法国环保及健康领域的非政府组织发起、巴黎大区政府资助和支持举办，世界银行、欧盟及众多非政府组织代表参加了本次会议。大会主要关注空气污染与人体健康，通过举办研讨会和颁发“氧气奖”进一步引起公众和决策者对空气质量问题的重视。

北京市代表团在大会上作了题为“北京的环境保护工作——从计划到行动”的发言，介绍了

近年来开展的大气污染治理工作、“好运北京”体育赛事期间进行的交通环境测试措施以及“绿色奥运”筹办情况，得到与会代表的高度关注和积极反响。大会评委会一致认为北京市近年来在治理大气污染及“绿色奥运”筹备方面做出了积极的努力、取得了显著的成绩，环境质量得到明显改善。为此，大会授予北京市“空气质量改善特别奖”及“清洁汽车奖”三等奖。

“氧气系列奖”是法国环保专家迪鲁索和一些呼吸科专家于2005年联合创立的，此后每年在巴黎大区昂吉安市举行一届“呼吸大会”，并同时颁发“氧气系列奖”。

北京2008年将投入2766辆环保公交车配合绿色奥运

北京公交集团有关负责人2007年12月30日透露，2008年，北京市将再投入2766辆新型环保公交车上线运营。届时，北京市公交运营车辆规模将首次突破2万，达到20879辆，新型环保公交车辆占总数的92.5%。2008年奥运会之前，北京市将成为世界上拥有新型环保公交车数量最多的城市。

2008年投入运营的环保公交车采用达到欧Ⅳ排放标准柴油机和天然气发动机，还有50辆拥有自主知识产权的低地板锂离子纯电动公交车，可实现尾气“零排放”。2008年奥运会期间，这些纯电动公交车将在奥运村、媒体村、奥林匹克中心区北部的内部环线上投入运营。此外，450辆新型双层空调公交车将投入使用，其中70辆为首次购置的双层观光车。

截至2007年底，北京公交集团拥有的天然气车、欧Ⅳ柴油车、欧Ⅲ柴油车等环保车辆占总数的78%。2008年，北京公交将继续报废淘汰8米、9米长的小型柴、汽油车，以及黄标车共3400多辆。届时，北京市环保公交车的比例将上升至92.5%。

青少年环保教育篇

青少年环保教育主要活动

江西开展四大活动，加强青少年环保教育

2006年江西省开展四大活动，进一步提高青少年环保意识。

这四项活动是：从春季开始，以法定节假日为主要活动时间，开展“秀美山川环保之旅”活动，组织青少年走进大自然，参与生态实践；在全省开展“环保赣江行”青少年文艺作品征集活动，深入挖掘生态文化；择优命名一批“全省青少年生态环境教育基地”，拓展青少年生态环境教育领域；深化“请跟我来，天天环保”活动，教育青少年从小事做起，从自己做起，做生态环境保护的生力军。

近年来，江西省有100多万青少年积极参与了全省各级团组织开展的生态环保宣传教育活动。

上海建青学校举行“飞利浦青少年环保节能教育活动”

2006年4月11日，上海建青实验学校隆重举行“飞利浦青少年环保节能教育活动”启动仪式，飞利浦大中华地区副总裁、首席市场执行官、中国红十字基金会名誉主席陈继钧等有关领导参加了启动仪式。之前，由飞利浦公司和“根与芽青少年活动中心”共同主办绿色总动员—2007飞利浦环保节能流动课堂，先后在上海的6所中小学巡回举办，流动课堂从回收纸的制作、墨盒回收、垃圾分类、叶之韵、自制有机肥、节约粮食和节能展示等7个方面，以少年儿童喜闻乐见的游戏、问答等形式，向小朋友们传递有关环境保护的知识，培养他们从小保护环境、节约能源的意识。飞利浦与建青实验学校还于2006年5月合作开展“儿童节，为贫困山区孩子捐本书”的活动，通过号召学生捐献书籍来表达对希望小学学生的关爱。

建青实验学校与飞利浦公司合作，旨在向青少年学生传授环保节能方面的知识和技巧，从小培养青少年学生爱护环境、节约能源、热爱科学、勇于实践、善于创新的能力和意识，增强青少年的社会责任感以及引导他们养成良好的生活习惯和良好的行为习惯。作为承担着从3岁幼儿到18岁青少年培养任务的实验学校，建青实验学校一直把环保宣传与思想品德教育作为重点，尤其对于节约粮食的工作，坚持从娃娃抓起，除了宣传教育以外，学校还制定了日检查、周公布、月评比制度。这次全校性的环保宣传教育活动，又给全体师生创设了一次很好的节约粮食，从我做起，环保工作，人人有责的教育机会。

长沙市蓉园社区党员服务中心开展青少年环保教育活动

2006年7月13日，长沙市蓉园社区党员服务中心组织社区青少年朋友在宿舍片区开展了“爱我家园——清除白色垃圾”环保教育活动。大家手里拽着垃圾袋，早早来到绿化地区内，认真、迅速地动手清除园内的脏物及白色垃圾。社区小主人们身体力行，使社区的环境变得更加舒适、整洁。社区居民、环卫的叔叔阿姨直夸孩子们是文明环保小卫士。

暑期来临，为了让青少年朋友度过丰富而有意义的假期，同时激发孩子们热爱家园的积极性，增强孩子们的主人翁意识，社区党员服务中心将会开展一系列假期社会生活体验活动。如看望、慰问辖区的孤寡老人、生活困难户、残疾人、单亲家庭；举办青少年“知荣辱、树新风、促和谐”演讲征文比赛；组织“迎奥运，强体魄”大型集体绳健身运动等等，使青少年朋友在快乐而充实的生活中健康成长。

植树助学公益活动之绿色助学行动正式启动

2006年9月2日，由中国绿化基金会主办，北京市房山区周口店镇政府、北京华环基环保技术服务中心承办，亚太环境保护协会协办的“义购爱心果，托起新希望”植树助学公益活动之绿色助学行动在周口店娄子水村助学林基地正式启动。

在启动仪式上，中国绿化基金会领导宣布，本次行动中的“义购果实”命名为“爱心果”，它们将采自社会各界参与的“1+1植树助学”公益活动中捐种的助学经济林木。所得款项在扣除活动组织成本后，其中的一半将用于资助贫困大学生求学，一半用于帮助农民脱贫致富和扩大再绿化。首批资助对象将选择在京就读的来自贫困地区的贫困大学生。

项目负责人亚太环境保护协会秘书长黄河介绍说，2003年以来，本项目已经在全国各个贫困地区建立了10多个生态助学经济林基地，面积达8000亩。3年来，在受捐农户的辛勤培育下，第一期1000余亩经济林今年结果了，本项目的助学效益将初见成效。看到社会关爱资源得到了有效利用，生态助学项目开花、结果、达到了预期的使贫困农民和贫困大学生双受益的效果，是整个社会所期望、所欣慰的事。

周口店镇负责农林的穆甫元副镇长对首期“义购爱心果，托起新希望”绿色助学行动在周口店娄子水村助学林基地隆重揭幕表示感谢。他说，中国人是从周口店走出来的，周口店具有巨大的文化历史乃至图腾的意义。爱心活动在这里开始有着深刻的社会效益和人文意义。爱心果托起的不仅仅是希望，而且是一种精神与文化的升华。

会上，相关企业和个人代表对捐种经济林表达了由衷的支持，认为此举有利于贫困农民，有利于贫困大学生，有利于环境，能亲自看到自己的林子的成长，有一种很充实欣慰的感觉。会后，来宾们进行了义购，兴致勃勃地进行了采摘。

北京学生在天安门广场拾垃圾，为“绿色奥运”添绿

2006年11月26日，北京第二实验小学二年级5班的全体同学，聚集到北京天安门广场，拾捡垃圾，向游人散发关于“节约资源、保护环境，为队旗争光、为国旗添彩，争做李四光中队”的倡议书。一位外国游客对此感叹：“十年前，我来过中国，觉得那时候，中国人的环保意识很差，这次感觉变化很大，孩子们在这么冷的天气都出来宣传环

保，相信北京奥运会一定能是一届绿色奥运!”

孩子们参观了国旗班事迹展览和国旗班叔叔的队列训练，在人民英雄纪念碑前缅怀先辈们的爱国主义传统，并且开展了在天安门广场拾捡垃圾、废物活动，同时进行了“节约资源、保护环境，为队旗争光、为国旗添彩，争做李四光中队”签名活动，以实际行动响应了国土资源部、国家环保总局、共青团中央正在全国少年儿童中开展的以“节约资源、保护环境，做保护地球小主人”为主题的李四光中队活动的号召。该号召提出：要进一步养成节约资源、保护环境的良好习惯，从自身做起，从每一件小事做起，节约每一片纸、节约每一度电、节约每一滴水，保护我们的地球家园不受到垃圾和其他废物的污染，做保护地球小主人！同时也以实际行动为2008年北京奥运会办成一届“绿色奥运”做出实实在在的贡献。

“青少年生态环保志愿服务队进百村活动”启动

由共青团中央主办的“青春装点新农村·百支青年环保志愿者服务队进百村结百对”活动2006年4月在北京启动。这项活动将利用节假日深入农村开展“七个一”活动，即作一次宣讲、建一片纪念林、捐一件体育器材、设一条支农热线、建一个图书室、献一条发展计策、交一批朋友的实践活动。

浙江省桐乡市组织开展青少年绿色环保主题活动

为进一步促进青少年养成节约资源、爱护环境的环保意识和良好的行为习惯，着力推进桐乡国家卫生城市、园林城市、生态市创建活动，从2006年8月开始，桐乡市教育局、团市委、市环保局和市少工委联合开展了“倡导环保，美化家园”青少年绿色环保主题活动。活动主要有以下内容：一是开展“绿色环保用语”征集活动。环保用语要求紧紧围绕生态环境建设，以“珍爱生灵、节约资源、抵制污染、植绿护绿”为基本内容，每句字数不超过30个字，语言要富有人情味，具有较强亲和力，强调正面引导性，注重给人启发，又不失警示性，可采用人格化的语言，形象生动活泼，语言洋溢童言童趣。二是举办“变废为宝”巧手制作大赛。要求各参赛选手利用各种废弃物，制作各种生活用品和工艺品；参赛作品内容要求健康、积极、向上；形式新颖，富有创意。三是开展“绿色环保”宣传画创作比赛。作品要求围绕“绿色环保”主题，突出青少年特色，捕捉对环境的忧虑、畅想对绿色生活的渴望和憧憬。作品可以是儿童画、漫画、国画、油画、水彩画、水粉画等。

北京举行“庆祝五四青年节、迎绿色奥运、建生态使者团誓师大会”

2006年4月28日，“庆祝五四青年节、迎绿色奥运、建生态使者团誓师大会”在北京市密云县青少年活动中心举行。团中央青农部部长陶宏、团北京市委副书记姜泽廷等相关负责同志出席了大会。

仪式上，包括30名中国农业大学博士生在内的1000名生态使者庄严宣誓“迎绿色奥运、做生态使者、建生态密云、保首都水源”，并在承诺墙上签名。有关领导向生态使者代表授旗并为他们佩戴了“生态使者”标牌，共同启动北京生态使者团的服务活动。

活动当天，由50名自行车和100名步行生态使者组成两支流动宣传队，分别在密云鼓楼大街、奥林匹克公园、密虹公园、果园小区等地区进行宣传，开展“巧办法治理大环境”市民建议征集，发放“迎奥运创建国家生态县倡议书”、“生态使者文明行为规范”、文明礼仪宣传册等相关材料。在鼓楼大街两侧的“青年文明号”及“青年文明号”争创单位设立宣传角，发放宣传材料。

长期以来，团北京市委按照保护母亲河行动的安排和部署，结合北京市委、市政府“办绿色奥运、建生态城市”的要求，积极倡导生态理念和生态道德，积极开展绿化美化和生态实践活动，广泛发展绿色项目，动员引导全市青少年和社会各界积极参与首都生态环境建设和“绿色奥运”筹办。生态使者团作为北京奥运会志愿服务的一支重要力量，是实现“绿色奥运”的有效载体，在保护首都生命水源、参与首都生态环境建设中发挥积极的作用。通过生态使者的志愿服务和自身文明行为将会带动更多的市民参与到“绿色奥运”创建、保护母亲河的实践中来。

黑龙江启动“百万青少年营建万亩共青林”活动

2006年4月21日，由团黑龙江省委组织开展的营建“百万青少年营建万亩共青林”活动在哈尔滨市香坊区成高子镇东北民俗公园举行。省人大副主任沈根荣出席活动并为“共青林”标识碑揭幕。团省委机关干部、社会各界环保人士和绿色志愿者共植树1000余株。此次活动标志着2007年黑龙江省“百万青少年营建万亩共青林”活动正式启动。

与此同时，全省各地团组织也开展了形式多样的青少年义务植树造林活动。“百万青少年营建万亩共青林”活动旨在通过组织动员广大青少年积极参与全民义务植树造林活动，切实增强广大青少年绿色文明意识、生态环保意识和可持续发展意识，促进青少年热爱家乡、热心公益、关心生态的良好风尚形成，进而在全社会形成良好的示范导向，为黑龙江省生态省建设作出积极贡献。黑龙江省各级团组织将以“汇聚青年力量，建设生态龙江”为主题，通过组织开展“集中植树造林”、“青春植绿新农村”、“营建青少年绿色家园”、“青少年认植纪念树”和“共青林管护”等活动，引导广大青少年投身到植树造林、绿化龙江的实践中来，力争使青少年参与的人数达到百万以上，营建“共青林”超过万亩。

辽宁沈阳、葫芦岛等地青少年积极开展植绿护绿活动

2006年4月22日，团辽宁省委、团沈阳市委在沈阳沈北新区吴三家子桥共同举办辽宁省暨沈阳市青少年“保护母亲河——绿色和谐你我同行”统一行动启动仪式。200多名青年志愿者在现场开展了环境整治、生态环保知识宣传、便民服务等志愿服务活动。同时，在道义、虎石台、清水台、兴隆台等地青少年志愿者也通过制作生态环保宣传展板、解答生态环保难题、悬挂环保宣传标签、发放环保宣传资料、开展生态环保宣传签名和捡拾白色垃圾等方式开展生态环保宣传实践活动。

4月21日，团葫芦岛市委举行“青春共建，绿色和谐”青年志愿者义务植树活动启动仪式。来自各条战线的青年志愿者、团员青年代表共600余人，在北港工业园区龙程路沿线开展植树活动。“青春共建，绿色和谐”青年志愿者义务植树活动是团葫芦岛市委紧紧围绕省绿化工作会议精神和葫芦岛市城乡绿化工作任务，以绿化村屯、美化家园为重点，开展大规模植绿护绿活动。目前，全市共创建“星星火炬纪念林”、“入团纪念林”、“五四青年林”、“成人仪式林”、“新婚纪念林”30余处，营建青少年绿色家园6处以及“环境优美一条街（路）”20余条，植树5000余亩。

湖南青少年积极开展生态环保活动

2006年，团湖南省委以“保护母亲河日”和“植树节”等环保纪念日为契机，组织广大青少年积极开展保护母亲河行动春季活动，以实际行动美化环境，绿化三湘。

团株洲市委与芦淞区委、区政府联合举办“绿色株洲献青春，园林城市添光彩”植绿护绿活动，来自株洲市直机关和高校的数百名团员青年参加了活动。

团湘西州委、湘西州公路局在吉首市团结广场联合开展“为湘西增魅力、为州庆添光彩”植绿护路活动。州公路局、吉首市消防大队等30多个单位团员青年近1000人分别在1828国道、吉首城区人民路开展植树、清扫垃圾等活动。

湖南各高校组织青年学生积极开展生态环保宣传和实践活动。南华大学计算机学院青年志愿者开展了以“饮水思源，绿色和谐，湘江情”为主题的大型保护母亲河生态环保行动，在湘江沿岸，树立起醒目的保护母亲河提示宣传牌；湖南中医药大学与长沙血液中心携手开展了“献爱心血，植爱心林”活动；中南大学材料学院青年志愿者协会的志愿者走进长沙市云麓社区，向过往的市民分发生态环保知识手册，宣传各种生态环保活动。

同时，各县级团委也开展了丰富多彩的生态环保活动。团凤凰县委以“人人参与绿化、共建生态凤凰”为主题，组织公路局干部、武警、消防支队官兵等200多名团员青年在沱江两岸参加义务植树活动。团永顺县委组织县直机关、学校的10000余名青年志愿者在灵溪镇摆里村种植“青年志愿林”。团张家界慈利县委组织县一中、四中、县电力局、县消防大队等单位的600余名团员青年在零阳镇枫垭村政协苗圃植树基地开展以“参与义务植树，建设绿色慈利”为主题的植树护绿活动。

建设生态文明，校园广播先行——永康市少先队结合十七大精神，开展青少年环保教育

2007年10月17日，浙江省永康市城区各小学的少先队大队辅导员及校宣传干部与市广播电视局少儿栏目的制作人员一道，齐聚高镇小学会议室，围绕建设生态文明，开展青少年环境教育年活动，制作“环境教育校园广播节目”等议题展开讨论。大家一致认为，党的十七大把“生态文明”写进党代会政治报告，提出建设生态文明，已引起了全社会的共鸣，也为我们开展环保教育进一步指明了方向。运用校园广播平台，开展青少年环保教育，建设生态文明，是少先队组织学习十七大精神，响应市委建设“生态城乡”战略的具体举措。各校结合本校实际，将“环保教育校园广播节目”办出特色，形成亮点，达到实效，在青少年中牢固树立生态文明观念和环保意识。

“环保教育校园广播节目展播”是由永康市少工委组织牵头，联合城区各小学共同开展的一种青少年环保教育新形式。以依托广电局的技术力量和传播平台进行节目制作，并在永康广播电台少儿栏目中播放。同时，将节目内容刻录成光盘，供校园广播定期使用播出。

青少年环保教育基地建设

北京市青少年生态环保教育基地在怀柔喇叭沟门满族乡揭牌成立

2006年5月24日，“北京市青少年生态环保教育基地”在怀柔喇叭沟门满族乡正式揭牌成立。

“北京市青少年环保教育基地”是由共青团北京市委员会、北京市青少年发展基金会立项并命名的，是目前北京市最大、展示教育内容最全、最具教育实践性的一处青少年生态环保教育基地。基地现由五个部分组成，有为青少年提供动植物理论知识的教室、标本厅，有提供身临其境学习的野外课堂；有锻炼青少年意志的素质拓展基地，有培养青年仁爱精神的爬山远足基地，同时还有为专家、学者与青少年进行研究的报告厅、实验室。基地的核心区域为生态实验室、展厅及其他辅助设施，总建筑面积1840平方米，能够容纳450人同时参观就餐，还可同时接待三个课题小组进行科学研究、可容纳80余人进行学术报告交流。

基地将加强自身建设，丰富活动内容，更大范围内吸引青少年。生态科普建设将与生态景区建设结合起来，建设具有集生态教育和生态科普、生态旅游、生态保护、生态恢复示范等功能于一体的青少年生态景区旅游线路。线路共分四条：第一条是“基地”标本厅参观——实验室——龙泉沟识植物；第二条是“基地”——龙泉沟识植物——野外生存拓展；第三条是“基地”——野外生存拓展——五龙潭彩叶林识植物；第四条是“基地”——野外生存拓展——白桦林爬山远足，这四条线路将由青少年绿色生态实践团体的需求自行选择，并为北京市青少年生态教育活动提供便利的服务和实践的舞台。

内蒙古最大青少年生态环保教育基地成立

2006年10月28日，内蒙古赤峰市黑里河国家3A景区举行了“青少年生态环保教育基地”揭牌仪式。这是内蒙古自治区最大的青少年生态环保教育基地。

黑里河国家3A景区位于燕山山脉最北端，森林和植被覆盖率高，是赤峰地区森林生态系统类型比较完整、现有原生态森林保存较好面积最大的区域，也是赤峰地区生物多样性最为丰富的地区之一。为了促进人与自然和谐，促进可持续发展、普及环保知识、培养青少年环保理念，国家3A景区黑里河森林管理局和赤峰市宁城县规划建设了赤峰市首家青少年生态环保教育基地。

这个基地是目前赤峰市展示教育内容最全、最具教育实践性的一处青少年生态环保教育基地。基地将成为青少年全面了解动植物知识、学习环保的课堂，也是锻炼青少年意志的拓展基地和培养青年毅力的爬山远足之地。教育基地的核心区域位于北毛自然保护区管理处内，总建筑面积840平方米，总投资3万多元，建有生态实验室、报告厅、展厅、微机房、餐厅等，陈列49种植物标本、81种动物标本、68种植物照片、32幅教学展板，50件实验仪器，能够容纳150人同时参观、40多人进行学术报告交流，同时可接待三个课题小组进行科学研究。据了解，这个基地也成为北京农学院教学实践基地。

石家庄首家青少年环保教育基地开放

2006年4月29日，由河北省石家庄市文明办、市教育局、市科技局、团市委、市妇联、市科协共同命名的“石家庄市峡石沟垃圾卫生填埋场”作为未成年人思想道德教育实践基地，正式对外开放。

石家庄市峡石沟垃圾卫生填埋场运营10年来，处理生活垃圾120多万吨，为建设生态宜居城市、促进省会经济可持续发展做出了突出的贡献。

“石家庄市峡石沟垃圾卫生填埋场”作为省会首家青少年环保教育基地，以提高青少年环境保护意识为目的，把省会青少年环保教育进一步引向了深入。

湖北兴山县建立青少年生态环保教育基地

“新城是我家，美化绿化靠大家。全县广大共青团员、青年、少年儿童，要自觉增强生态意识和环保意识，积极参与植物认养活动，为建设我们的绿色文明家园贡献自己的力量。”湖北宜昌市兴山县团县委书记李东在2006年6月5日举行的生态环保教育基地接碑仪式上，向全县共青团员、青年、少年儿童发出倡议。

为提高城市品位，改善人居环境，早日建成山水园林城、旅游文化城、生态环境城，该县在古洞口水库脚下、香溪大道尽头的滨河公园中特开辟了一个4万多平方米的地方，作为植物认养园，让所有市民在自认为有纪念意义的特殊日子里，来园中栽种或认养一棵树，以示纪念。县园林所将在每棵纪念树下立一石碑，石碑上刻上领养人姓名、树名、价格及领养时间和理由。今年2月，该县举行了隆重的开园仪式，百名县直干部来该园栽种或认养了一棵纪念树。兴山县团县委积极配合这一行动，请示县委同意，决定将植物认养园作为团员、青年、少年儿童生态环保教育基地，并在6月5日世界环境保护日这一天举行接碑仪式。在接碑仪式上，县委副书记舒化彦、组织部长伍新平为当天栽种或认养纪念树的30多名共青团员颁发了纪念树认养证书。仪式结束后，所有与会者，都到自己的纪念树下培土、浇水、施肥，有的团员或团支部在自己的纪念树旁合影留念。

团县委书记李东表示，团县委将以团员、青年、少年儿童生态环保教育基地为载体，大力倡导共青团员、广大青年、少年儿童认建、认养、认管绿地，每年对认建、认养、认管绿地、栽种纪念树的情况进行表彰，宣传团员、青年、少年儿童中的绿化典型，力争3～5年的时间营造一片纪念林，创建一片生态示范园。

许昌市青少年环保教育基地揭牌

2006年10月30日上午，由许昌市委宣传部、团市委、市教育局等单位共同命名的许昌市青少年环保教育基地在市污水净化公司落户。

随着创“三城”活动和碧水蓝天工程的逐步推进，“环保教育从孩子抓起”已成为社会各界的共识。许昌市委宣传部、团市委、市教育局经过认真调查研究，决定成立市污水净化公司青少年环保教育基地，旨在对青少年从小进行环保教育，让他们正确认识和认真对待环境问题，使他们在实际生活中养成保护环境的习惯。

该基地的建立，从空间上打破了学校围墙的限制，让孩子们从单调的课堂走向丰富多彩的大自然，从呆板的书本走向生动的课外实践。广大青少年通过回归自然、了解自然，可以体验到学校体验不到的东西，从而为其素质的全面提高，树立人与自然和谐的可持续发展环境创造条件。

亲近自然、欣赏自然、保护自然——广州瀛洲生态公园建设环保教育基地

在苍凉的墓碑和十字架后，以倾倒的多米诺骨牌形式和图片，排列着近300年来世界各地已经灭绝和濒临灭绝的部分动物的名单。在这里凭吊的鲜花，不是献给人们逝去的亲人，而是自然界中永远消失了的动物物种。——这就是海珠区瀛洲生态公园内即将对外开放的“濒临灭绝动物公墓”……

建设中的瀛洲生态公园环境教育基地以生动的形象向人类发出的警示：“万物相形以生，众生互惠而成”，当一个物种的局部灭绝而改变和影响其他物种的种群大小时，就会连锁性、累加性、潜在性地导致其他物种接二连三地灭绝，当人为造成的动物灭绝事件像多米诺骨牌一样纷纷倒下的时候，作为自然物种之一的人类也将在劫难逃。

瀛洲生态公园拥有丰厚的自然资源，它位于广州市万亩果园保护区的核心，与珠江后航道连接，总面积142公顷，拥有90%绿化面积和6公里的江岸线，公园有5万多株果树，盛产石硖龙眼、红肉杨桃、鸡心黄皮、荔枝、石榴、青枣、人参果……公园以自然和简约的造园手法，完整保留原有的果林、河涌、阡陌，使公园以浓郁的田园气息、郊野景观散发独特的个性。潘鹤、曹崇恩等著名雕塑家的作品在果林的浓荫中焕发着动人心魄的魅力，高雅的艺术和纯真的自然融为一体，诠释着“人和自然”的奥秘。

利用瀛洲生态公园充裕的自然资源，海珠区正积极进行环保教育基地创建工作，为了加强环境教育实践活动的参与性、娱乐性，在调查研究的基地上，对可用资源进行充分的挖掘和整合，确立建设模式，精心设计项目。据“生态宣传教育实施方案”设计，环保教育基地中包括环境教育、科普考察、实践体验以及农业科研等项目。通过环境教育基地的建立，让广大市民和青少年在亲近自然、欣赏自然和研究自然中陶冶情操，汲取智慧，塑造环境认知、环境责任和环境友善行为的生态文明。

荆州青少年生态环境保护教育基地成立

2006年，“荆州市青少年生态环境保护教育基地”在石首天鹅洲麋鹿国家级自然保护区成立。

石首天鹅洲麋鹿国家级自然保护区面积1567公顷。自然环境优美、土地肥沃、水质良好、牧草丰富，是麋鹿恢复自然种群的理想场所。10多年来，自然保护区内的麋鹿种群数已由引进时的64头增加到近800头。目前，自然保护区已经初具规模，成了集生物多样性保护、科普教育、科学研究、生态旅游于一体的生态示范区。

辽河源国家森林公园成为辽宁省青少年生态环境教育基地

2006年，辽河源国家森林公园被省青少年生态环境教育领导小组评为河北省“保护母亲河”青少年生态环境教育基地。

辽河源国家森林公园位于平泉县城西北40公里的大窝铺林区腹地，地处冀、蒙、辽三省区交界处，上接蒙辽，下引京津，是河北的绿色窗口，京津的后花园。其前身大窝铺林场始建于1954年，当时来自祖国各地的林业前辈在中国七大河流之一——辽河的发源地克服各种困难，利用天然林抚育间伐出来的有限资金，进行了大规模、高标准的造林。经过50多年的大力造林、护林，大窝铺林场的有林面积增加到了33万亩，森林覆盖率达到了82%，成了名副其实的“绿色银行”。近年来，随着辽河源国家森林公园的建立，大窝铺林场在开发旅游的同时，十分重视生态环境的保护，并通过上生态教育课和观光人造林基地等形式广泛开展生态环境教育。

青少年环保教育经验交流

爱护环境，保护我们的家园

中山市三乡镇雍陌小学林绮嫦

当萧瑟的秋风还留恋这个世界，即将踏上旅途的脚步还在小河边徘徊时，岸上大树的最后两片叶子落了，成了为秋风送行的使者。他们在将要落在肮脏河面的那一刻，忽然改变了方向——它们可不愿意飘落在那条臭气熏天的小河上。

而那条小河就是我们身边的小河。

曾经，它清澈见底，河底小鱼游来游去。它是我们快乐的园地，我们把欢笑撒满岸边。这里，曾经有许多小鸟，有许多大树，有大片的草地。那时，轻风拂过，百花齐绽，幽香缕缕，树叶婆娑。小河成为了我们的配角，欢快地流啊，流啊，流动出的节奏引得我们心旷神怡，引得小绵羊那娇嫩的声音在树林间回荡……

真想重温那段快乐的时光，可是如今，我们到哪里去寻觅呢？我们的小河完全变了样。那曾经宛如明镜的亮点转瞬间已经变成死水一潭。

看看它曾经缥缈的裙衣吧！上面挂满了发黄的泡沫、青水藻、废旧塑料饭盒、破衣服、烂皮鞋——如今这里居然成了一个连杂货市场都不及的“烂市”。

看看岸边相随的生物吧！树木喝了河水，变得病泱泱的；草儿喝了河水，早就烂根死了；鸟儿不见了，听不见它们昔日的啼鸣，只剩下一阵阵的伤心和失落！

看，一个树墩上蹲着一只孤独的麻雀，它不像往日那般自信，眼里充满了悲伤和绝望。它望着浑浊发臭的河水，其实心里与我们想的一样：爱护环境，保护我们的家园，让天空蓝湛湛，让河水清莹莹。请停止无休止的砍伐吧！

人类渴望绿色，渴望生命，更渴望生机盎然的春天，渴望春天带给我们的满眼的绿色、明丽的阳光、温暖的春风。爱护地球，保护环境，维持生态平衡已是全人类共同的期盼。政治、军事、文化、医学、教育，乃至于社会上的千家万户，都在关注着环保这一时代话题。

我们雍陌小学五（2）班为了使同学们认识到环保的重要性，并使同学们共同参与到环境保护的活动中去，结合绿色学校验收进行了校园绿化的设计活动。同学们组成环保小队，利用课余时间进行设计。大家在一起集思广益，畅所欲言，积极踊跃地发表独特的见解和观点，交流自己的设计方案，也展示了我们大家在生活中那多姿多彩的一面。

我们班的这次设计活动，是本着“团结协作，齐心合力”的原则进行的，并递交了一份满意的答卷。你看，第一小组同学设计的大门造型新颖，中西结合，既有欧式建筑的流畅幽雅，又有中国古老文化的韵味。这边第二小组同学设计的护绿带，则与同学们的生活密切相关。这里既有体态轻盈，婀娜多姿的垂柳，又有味甜香浓、品质上乘的桃子；既有树干挺直、净化空气的泡桐，又有四季常绿、郁郁葱葱的松柏。可谓是“春有花开，夏有树荫，秋有花果，冬有绿意”。这边第三小组同学设计的喷水池真可谓是美国自由女神的再现。既有气势恢弘的造型，又有别出心裁的面庞。校园里有了它，一定会时时刻刻都洋溢着喜悦诙谐的气氛。校园东北角花坛的设计者第四小组也真下了不少功夫，这里将要种植鲜艳富丽、清香宜人的牡丹，色彩鲜艳、香味浓烈的月季，幽香袭人、令人陶醉的兰花……各式各样、美伦美奂的花朵簇拥在一起，围成“2008 北京”的字样，代表了中国人民举办好 2008 年北京奥运会的决心和勇气。蓝天、白云、绿水、青山，使人赏心悦目。而满山的春色，满眼的绿色，更使人心旷神怡。自然环境是人类生存、繁衍的物质基础。保护和改善自然环境，是人类维护自身生存和发展的重要前提。生活在新时代的我们，已经认识到了环境保护的重要性。

愿我们的这次设计活动能给同学们的业余生活增添一丝绿意。同时，我也希望大家能够在今后的学习生活中，抓紧生活的一分一秒、一点一滴，从现在做起，从我做起，珍惜我们唯一的家园——地球。

那就让我们携起手来吧，共同创造美好的明天。

保护环境　刻不容缓

三乡镇雍陌小学林良友

地球是全人类的家园，它孕育着无数的生命与智慧。它也一度蔚蓝翠绿，山清水秀。然而在今天，工业烟囱吐出的浓烟污染了空气，工厂的污水破坏了水质，生态渐失平衡，地球母亲在深沉地呻吟着……

让我们看看这一组资料：从 1950 年到 1980 年的 30 年间，全世界森林减少了一半；全世界每年用去燃料 70 亿吨，排放到大气中的二氧化碳约为 20 亿吨：大片的浓烟已在世界各地出现，酸雨也已扩散到地球的每个角落，连喜马拉雅山的积雪中也发现了污染物质，南极企鹅的肝脏中含有苯；全世界每天有 3 万人因饮用污染的水而患病死亡……这一切无不向我们敲响了巨大的警钟——人类的家园，人类的生存环境正在遭受巨大的破坏！保护环境，刻不容缓！

我们不应当忘记惨痛的历史教训。为什么繁荣的巴比伦古国会变成一片荒漠？是因为不合理地毁林垦荒，无节制地破坏植被而造成水土流失和土壤沙化。

在近代，自称为日不落帝国的英国，首都伦敦因工业废气和粉尘弥漫天空，加之水汽大，经常出现浓雾，空气中烟尘最多时竟达每立方米

4.46毫克；二氧化硫含量竟至1.34%，行人中多数要用手、口罩、围巾捂住鼻子出入。仅1952年底到1953年初不到3个月内，就有1.2万人死于浓雾中，何等可悲可叹！

而我们世代繁衍的华夏大地也同样不容乐观。改革开放以来，随着工业的发展，环境污染问题越来越突出。由于沿淮河工厂的大肆排污，淮河流域已找不出一条干净的河流。蚌埠人就年年饱尝这一环境污染之苦。1996年以来，淮河流域降水稀少。加之上游千家造纸厂在限令关闭之前加班加点地生产，开足马力排污，使淮河水质更加恶化。饮水经自来水厂深度处理后，有害物质仍超标10～20倍。蚌埠人只好买矿泉水度日，一时间，矿泉水成为最畅销的货物。这的确是淮河水污染的一个缩影。

看看身边的环境，我们又会有何感触呢？听我妈妈说，在我们刚来珠海的时候，在海边到处可见四处奔走的小螃蟹，海水是蔚蓝蔚蓝的，可美丽了！可现在，当我们踏上这片海滩的时候，却再也不见横行的小螃蟹了。经过仔细寻找，才从礁石经中发现了一只半只。那家伙愤怒地吐着泡，那神情无疑是在哀叹它们家族的命运，由于近海海域的污染，及过度捕捞，小螃蟹日渐减少了。同样，近海鱼群也因此而不得不向深海迁衍，当地的渔民只好进行远洋捕捞，在海边常是收获甚少的。

海鲜价格较高，还不如吃“野味”，在我们当地有这么个说法！11月的某一天，珠海特区报报道了一些人张网、用录音捕鸟的新闻，你不要小看这玩意，那是一晚能捕几百只鸟的“工作”呀，真是要吃野味了！有了这么多的野味怎么吃呢？又派生了“烤鸡腿，炸牛排”等等。当我们从拱北的烧烤行走过时，常被一阵阵浓烟呛得直咳嗽。可别小看了它，十个、百个、成千上万个小摊一齐冒烟，就有可能形成新的污染源，烧烤煎炸摊档冒出的白烟是什么呢？我查阅了《新十万个为什么》后，知道白烟有两种成份：一是煤炭燃烧的烟气，危害不算太重；而二是用火烤肉或小油锅炸肉串产生的烟气，其中最主要的就是一种叫苯（a）并芘的东西。人吸了含大量苯（a）并芘的空气后，就会在肝、肺、胃肠上长出肿瘤，真是可怕！想起在我们生活的中心区的烤肉摊子，我不禁心颤，它们正无形地损害着我们的身体啊！

地球妈妈正在呼唤我们树立环保意识，进行环境保护。6月5日，世界环境日是良知的呼唤，是我们心灵的共鸣。也是一个行动的召唤。以上的事例只是九牛一毛，希望我们全人类都为此而行动起来，从自己身边开始，从现在开始；不管你是工厂的领导还是工人、不管你是学校的行政还是教师、不管你是大人还是小孩，都应该清晰的意识到，如果我们现在还不着手去保护我们自己的生活环境，那么在不久的将来，我们将承受我们营造起来的恶劣：水是乌黑的、山林是光秃秃的、空气是烟砂夹着灰尘的。再也没有鲜味的鱼吃，再也没有舒适的环境，你将如何过日子？

同胞们，马上行动：让我们同心协力，保护地球妈妈，为我们明天的美好生活创造绿色新天地！

创建绿色校园　让绿美化心灵

惠州市博罗县罗阳第五小学　李群棠

惠州市博罗县罗阳第五小学创办于1994年9月。“立足素质教育，促进全面发展”是五小的办学宗旨，“环境一流、设备一流、师资一流、管理一流、质量一流”是五小的办学目标，艺术教育（美育）是五小的办学特色。10多年来，我校被市、县授予“花园式单位”、“美丽校园”、“安全文明校园”、“文明学校”、“师德建设先进单位”等荣誉称号10多项。2001年初和年底，我校先后被评为市一级学校和被命名为市“绿色学校”；2005年5月，被命名为“省绿色学校”。下面就创建绿色学校、开展环境教育方面谈几点体会。

一、加强德育工作，净化学生心灵

从2000年起，我校开始部署创建绿色学校活动，成立了“创绿”领导小组，制订了“创绿计划”和“实施计划”。“创绿”领导小组由校长亲自任组长，成员包括学校各部门负责人、对环境教育热心的教师代表、学生代表和家长代表、社区代表、环保单位有关人员，共计9人。计划内容详尽，对计划制定的必要性、目标与要求、实施时间与相关人员的组成和分工、经费预算及分配、检查或考核的方法等分别提出了要求。学校把“创绿”活动列入工作日程，在师生会议上经常强调环境教育问题，不断提高师生的环境意识，帮助师生加深对环境保护与可持续发展关系的认识，进一步懂得环境意识、生态文明是现代文明的组成部分，使师生们明白只有具备了一定的环境素养，才符合现代社会对每个人基本素质的普遍要求，从而自觉地把环境教育当作现代素质教育的基本内容之一。

我校的德育工作“168”模式中，“环境育人”是其中的一条。几年来，我校利用品德课、周会课、队日课、升旗讲话等对学生进行热爱大自然、讲卫生、讲文明、爱护学校一草一木等环保教育，努力让学生从小规范自己的行为，爱校如家，不乱丢乱扔，不随地吐痰，不践踏草地，不攀枝折花等，养成良好的环保意识和良好的行为习惯。

二、潜移默化，塑造学生品格

在开展环境教育过程中，我们把周会课、少先队活动课作为主渠道，把学科课堂教学作为主阵地。学校要求各科教师要深入挖掘教材内涵，根据教材特点和教学内容，有机地渗透环境教育。在渗透环境教育的同时，我们还把语文、思想品德、美术作为龙头学科，引入科研机制，通过开展教学观摩、课堂教学评优、教学比赛等形式，探讨成功的环境教育路子。如美术老师林淑勤在教学《小鸟的家》时，根据小学生爱美、好动的特点，引导学生边歌边舞《春天在哪里》，激发学生的学习兴趣和对春天的爱，然后用现代信息手段，用生动形象的多媒体课件展示地球环境日遭破坏，生态环境日趋严峻，小鸟无家可归的情景，启发学生要爱护环境，保卫家园。开展“植树造林”（画树），同学们兴趣盎然，根据自己的爱好画出了一棵又一棵、一片又一片的树木来，还小鸟一个安静幸福的家。教学过程中，林老师还设计了护鸟、护林的游戏，把教育寓于娱乐之中，达到了教学目的，取得了预期的效果。平时，美术教师、语文教师还经常把学生带出教室，走向校园和社会，观察事物，欣赏美景，在大自然中索取创作素材。据记录统计，我校师生有关环保题材的文章、美术作品共有40幅获省、市奖励，其中余慧頔的《果实与飞鸟》、林斌的《绿冰棍》、王宏捷的《蜻蜓来作客》等六位学生的美术作品在中南六省（区）美术教育交流会上分别获一、二、三等奖，叶筱君、叶雪航等学生的作品获省奖，由我校美术教师林进宽、黄燕老师合编、岭南美术出版社出版发行的《儿童美术辅导探索》一书收集的100多幅学生美术作品中半数以上也是以环境保护为题材的。学校还要求，各年级学科组每学期要向学校上交1～2份环境教育课堂渗透课教案。我校于2001年获得省吴汉良教育科学管理二等奖的科研课题《创艺术教育特色，推进素质教育》的成果材料中，大量收集了师生有关环境教育活动中的美术作品和文章。几年来，我校在环保方面组织学生开展了很多形式多样、丰富多彩的活动，如开展“同饮一江水，共建香港林，保护母亲河”与香港同胞共同植树活动、“拒食野生动物”签名活动、参观恐龙化石和蝴蝶展活动、“携手共建美好明天”百人绘画活动、环保绘画比赛和征文比赛、参观环境教育图片展活动、环境知识竞赛活动、“我爱校门一条街”主题环保活动、环保方案设计比赛等活动。这些活动，让学生们走出课堂，迈向社会，体验生活，开阔了学生的视野，增长了学生见识，塑造了他们热爱环境的良好品格。

三、重视校园文化建设，陶冶学生的情操

罗阳五小校园建设规划好，布局合理，教学区、运动区、生活区分开，互不干扰。两栋教学楼座北朝南，前后相距15米，中间由大走廊连接，俯视呈“工”字造型，优美别致。综合大楼

坐落在校园东侧，绿色玻璃镶嵌，熠熠生辉。教学场所和辅助用室装有足够的灯光和空调或风扇，光线充足，冬暖夏凉，门窗面积达墙体面积的一半以上，空气畅通，隔音效果良好。学校对教学大楼的各层走廊进行了精心设计，纳入校园文化建设范畴。一楼主要是以国情教育为主的阵地，悬挂祖国版图，纪念性节日和党、团、队、军标志牌；二楼主要陈列名人名言及其主要事迹；三楼则以橱窗形式定期展出学生美术、摄影、学科优秀作业、师生获奖证书等教育教学成果。别具匠心的校园文化建设，充分地发挥了环境育人的功能，有效地熏陶了学生情操和个性，养成了学生欣赏美、心灵美、创造美的功能。

学校环境卫生工作实行制度管理，配备专管领导和教师，卫生地域分班分点包干，层层落实，力求做到自己负责的地段无垃圾，卫生间无污物、无臭味。工作效果与教师年终评比、学生行为评价和每月文明班评比挂钩。各班设立了可回收垃圾箱，实行垃圾分类回收。各班选定专门的节能小能手，在各用水点和公共场所设有“水是人类生命的源泉”和“节约用水”宣传牌数十个，结合世界水日开展节约用水活动。随手关灯、随手关水已成为学生的自觉行动。学校开展创绿活动以来，每月节水、节电费用近千元，累计年节约超万元。

学校铺设了3000多平方米水泥地活动场，校园排水系统完善。对8786.08平方米可绿地斥资40多万元分三期进行了绿化，绿化覆盖率达到了100%。我校校园绿化、美化起点高，布局合理，井然有序；地面、空中结合，乔、灌、花、草相配，层次分明，四季常绿，繁花似锦，色彩协调；亭、池、塑、架、坛坐落有致，寓意深刻，师生闲暇时漫步其间，心旷神怡，流连忘返。现在学校又投入近4万元，对我校已老化和受损的植物、植被进行更新换代，吐故纳新，使校园绿化日臻完美，更显生机；创建了一个生物园，增加了一批植物物种，使校园环境建设能更好地为教学服务，陶冶了学生的性情，培养了学生自觉保护环境、爱科学、爱劳动的良好习惯。

我校虽然被授予省、市“绿色学校”称号，但我们没有因此而止步，而是把这一荣誉当作动力，把它当成激励我们冲刺高一等级“绿色学校”的起跑线。我们将一如既往，做到专家所说：“让绿色走进学生心田，达到绿映校园，绿播课堂，绿洒社会。”

创建绿色学校　促可持续发展

——龙湖小学创建绿色学校个案分析

龙湖小学陈得光

一、前言

环境保护是全人类面临的共同课题，是我国的一项基本国策。在中小学开展环境保护宣传教育是素质教育不可或缺的重要组成部分，也是学校教育现代化水平的重要体现。通过扎实有效的创建绿色学校活动，普及环境科学知识、环保法律法规知识和环境道德伦理知识，对培养学生热爱环境、热爱祖国、热爱家园，树立环保责任感，增强环保意识和环境法制观念，全面提高学生的科学文化素质和精神文明素质都有着十分重要的现实意义；对提高全民族的环保意识，实施可持续发展战略有着极其重要的作用。本文企望通过对创建绿色学校的经验做法进行总结、梳理，探索出实施环境教育的有效途径和方法，为其他学校创建绿色学校、走可持续发展之路提供参考或借鉴。

[关键词] 绿色学校　环境教育　环保意识　创建　可持续发展

二、创建绿色学校背景

（一）大环境

我们居住的地球，森林在减少，草原在退化，土地荒漠化等，正侵蚀人类美好的家园。气候恶化、空气污染、水污染、越来越引起人们的关注。为此我国制定了一系列的保护生态环境的法律法规。然而破坏环境的行为并未停止，我们赖以生存的环境仍在继续恶化。只有提高全民族的整体素质才能从根本上解决问题！这是大家的共识。

（二）小环境

龙湖小学服务范围主要是龙湖村，龙湖村是城中村，大部分房屋在出租，外来人口多，生源比较复杂，卫生习惯、行为习惯都不容乐观，环保意识相对比较差。学生在这样的环境下成长难免会养成一些不良行为。如学生在学校践踏草地、采摘花朵、毁坏树木、大声喧哗、破坏照明开关等等时有发生。而中小学阶段，是提高受教育者环境意识的关键阶段。抓好了青少年的环境教育，就在很大程度上保证了未来的全民环境教育，而且，少年儿童在其成长过程中，他们环境意识的形成和不断发展，本身就是保护生态环境的巨大推动力量。

因此，改变学生的不良行为，促进学生养成良好习惯，提高学生的环境意识，走可持续发展道路显得极其重要。于是学校于2002年开始着手创建绿色学校。

三、创建绿色学校过程

在创建过程中我们以养成教育为突破，环境教育为载体；用绿色学校的理念和标准管理和建设学校，健全学校环境教育网络；始终坚持全面渗透、多渠道、生动活泼地向学生进行环境教育。使全体师生具有较强的环境意识；打造了学校绿色品牌形象。

（一）师生联动 创建绿色学校

1. 组织学习 达成共识

绿色学校是一个新的办学理念，许多人对它并不了解。对此我们利用校会向全校师生宣传，组织教师培训，在植物园竖立《绿色学校的内涵及意义》、《生物进化图》等宣传栏，并把有关资料发给每一位教师，向全校教职员工讲解环境知识和环境法律、法规，不断提高教师的环境素养。在全校师生中开展绿色学校问卷调查活动，了解师生对绿色学校的认识。动员全体教职员工和全校学生为创建绿色学校而尽力。通过学习，师生认识到创建“绿色学校”活动是推动环境教育的重要手段和措施，也是我们落实教改精神，深化素质教育的需要。创建绿色学校的活动能促进人的良性发展、推动学校环境建设和教育教学的发展。

2. 完善机构 强化管理

为搞好创建绿色学校的工作，我们成立了由学校领导、教务处、年级组长、学科教师代表及学生代表参加的“绿色学校”领导小组，负责策划、组织、总结绿色学校的工作，定期召开创建绿色学校领导小组会议。绿色学校领导小组制订了《龙湖小学用电、用水管理规程》，提出杜绝浪费、倡导节约；减少垃圾、回收资源，维护好学校的环境整洁、优美；用环保的理念管理学校。少先队在进行“文明班级”评比中把绿色指标作为评比条件之一。每年进行一次环保小卫士、劳动积极分子的评比。

（二）构建多元的绿色校园文化，让绿色理念潜移默化地渗入学生心田

绿色校园文化作为一种潜在的隐性课程，对培养环境意识方面，具有情境性、渗透性、持久性、暗示性和愉悦性等特点。因此我校构建了多元的绿色校园文化，以充实的内容、多样的形式满足了学生多方位的心理需求，通过耳濡目染，对学生潜移默化的熏陶十分深刻。

1. 构建校园环境文化

自然环境是人类赖以生存的物质基础，学校环境对学生的健康成长和良好习惯的养成有着极为重要的作用。2002～2005年学校共投入经费近80万元，补充盆栽花卉500余盆，修建二楼绿化花棚、拓展后门乒乓球场、兴建跳水训练室、后门路道、后门门面和植物园改造及周围绿化。为学生营造了奋力向上的学习氛围和温馨、美丽的校园环境。

2. 构建环境教育、宣传文化

为了让学生参与校园的环境宣传，我们发出创建“绿色学校”的倡议，全校师生积极响应，用实际行动美化环境，净化心灵。结合活动的开展，我们开设绿色宣传栏、发给学生环保宣传资

料、开环保知识讲座等；结合重大纪念日，积极组织开展专题活动。6月5日世界环境日，组织学生观看录像，了解身边环境状况……在其他环保节日，如世界气象日（3月23日）、世界地球日（4月22日）等，学校利用黑板报、墙报进行宣传展览。各班利用红领巾广播、板报等大力宣传，在介绍环境科学知识的基础上，让孩子们懂得产生环境污染的原因以及环境污染的危害，以激发他们强烈的责任感。学校还根据现有的环境，设置环保教育梯，利用楼梯墙壁挂环境保护的宣传资料。在办公室、走廊、卫生间里悬挂醒目的节约能源宣传标语，提醒师生时刻注意节约水电。还辟出后门道一侧围墙作为环保宣传长栏，发动师生创作优秀环保作品，增强师生爱校如家的思想。

（三）倡导绿色文明，多渠道开展环保教育实践，促养成环境道德

1. 狠抓常规教育，促养成环保习惯

养成教育是教育中最“实”的基础部分，也是教育的“质”的指标。我们以贯彻落实中小学生《守则》、《行为规范》为切入点，利用班会课进行教育指导，以文明班评比为手段，要求学生从点滴小事做起。以创建国家卫生城市为契机，将学校绿化地及公共场地分到各年级、各班，定期爱绿护绿，保持环境卫生美化、绿化，培养学生责任感。教育学生养成在校园内轻声慢步地行走、在公共场所不大声喧哗；见到垃圾随手捡起来，不随地吐痰，不在公共场所乱涂乱画；不带食品、饮料进校园；在校园不采摘花朵，不践踏草坪，不毁坏树木等好习惯。这些看似平平常常的小事，其实“千里之行，始于足下”，良好的道德素质是建立在种种良好的道德习惯之上的。

2. 在师生中提倡节约的生活方式，促养成节约习惯

我们通过多种教育途径，增强学生判断性思考的能力，提高学生的自我教育意识。要求学生爱护校园的一草一木，节约每一滴水，节约每一度电，提倡节制消费和绿色消费。如2006年5月，我们在全校学生中开展了以“节约”为题的主题队会，此次活动要求同学们就自己和环境有关的小事发表自己的看法和观点，列举节约、浪费的事例，赞美高尚的环保行为，批评不环保的丑陋现象。能与破坏环境的不良现象作斗争，不浪费水电、粮食、纸张等资源，倡导建立节约型校园。这项活动得到同学们的积极响应，在日常生活中能注意保护环境，节约能源，大大提高了学生鉴别是非的能力，增强了师生的环保知识和环保道德。

3. 每年开展“学雷锋”、“讲文明”、树立新风活动

全校师生洗刷隔离栏、到龙湖村老人活动中心打扫卫生，给学校的花草树木施肥、除杂草，将学雷锋活动与创建“绿色校园”活动结合起来，要求师生从身边小事做好绿色环保，推动学校的精神文明建设。

（四）学科渗透　普及环保知识

课堂教学是学生接受知识的主要形式，也是实施环境教育的主渠道，在课堂教学中渗透环境教育，可以使学生尽可能多地从书本、课堂教学的主渠道中获得环境保护知识。因此学校成立环保综合教研组，各学科根据各自的特点，积极开展各种形式的教育活动。如组织教师钻研教材，挖掘各科教材中环境教育的渗透点，梳理、形成学科环境教育渗透的内容。鼓励和支持班主任、辅导员开展以环境保护为主题的班队会，充分发挥课堂主渠道的作用，丰富学生环保知识，提高环境意识。尤其是思品、语文、自然、综合实践、图音体等教研组，将环境教育列入教研组计划，并坚持开展环境教育的教研活动、集体备课和课堂展示，例如语文课本中的“海豚救人”、“珍珠鸟”、“庄稼与蛇”，美术课“小动物和妈妈”等课中写到了各种动物的生长、特点及与人类之间的关系，我们在上课时有意识地渗透有关野生动物保护的知识，让学生懂得人是自然界中的一个成员，人与自然界的各种动物都应和谐相处的道理。“葡萄沟”、“我爱故乡的杨梅”等课文都写到了植物，上课时老师对课文进行拓展和延伸，让学生认识到植物与人类息息相关，是人类赖以生存的

基础。美术课《瓶子的想象》将废旧瓶子进行想象，根据瓶子的外形进行选材、装饰、塑造，变废为宝。这些对丰富学生的环境知识，提高学生的环保意识起到了很重要的作用。

（五）组织参与形式多样的竞赛，提高环境意识

为进一步深化我校环境教育，我们定期举办了科技创新大赛，环保绘画比赛，学生充分发挥想象，绘出心中美丽的家园，利用废旧物品进行塑造、装饰成不同工艺品或学具。学校评选出优秀作品给予奖励并选送参加各级比赛。学校还组织开展以班为单位的环保知识竞赛。形式多样的比赛，促使各班用不同的形式开展了环境教育活动，通过学生影响家长。通过活动，教师、学生、家长进一步认识了爱护环境、保护地球是每一个公民义不容辞的责任和义务。

（六）走出校园，拓展空间，开展环境专题教育实践，强化环保意识

各班开展“热爱大自然、欣赏大自然、保护大自然”的主题活动，让学生树立从小爱护大自然，保护大自然的决心。如举行郊游活动，参观千树园、绿岛山庄等，使学生在感受美的过程中，产生向往大自然、热爱大自然的情感。3 月 12 日植树节，组织学生到市农业科技园植树护绿。组织学生到汕头市污水处理厂参观调查，了解污水处理的技术流程。使学生了解水资源污染的严重性和危害性。通过参加具体的实践活动，强化学生环保意识，增强了学生保护和改善生态环境的责任感和使命感。

四、创建成果

（一）办学环境优化　规模扩大

龙湖小学创办于 1998 年秋，2002 年评为龙湖区一级学校，2004 年晋升为汕头市一级小学。实现了三年一跨越的目标。学校占地面积 7000 平方米。在创建绿色学校的过程中，学校绿化面积达 4650 平方米，校园绿化覆盖率达 66.4%；2002 年有 20 个教学班，学生 1260 名，教职工 45 人；增加到现在的 24 个教学班，学生 1500 人，教职员工 61 人，教师学历达标 100%。学校新增设有计算机室、语音室、多媒体教室、形体训练室、乒乓球场、电子琴室、跳水陆上训练馆等现代化设备设施。如今校园环境优美，一年四季鸟语花香，设备、设施得到优化。

（二）师生环境意识增强

学校环境教育无论从广度还是深度都上了一个新的台阶。师生对创建绿色学校有正确的认识，环境意识也有所提高，广大教师在教育教学工作中积极渗透环境教育，学生积极参加环境保护活动。师生长期积极参与环境保护和宣传活动，环保意识增强。在美化、绿化的环境里，学生的心灵受到了净化。

（三）喜结硕果

学生积极参与环保宣传，主动参加各级环境、科技比赛，成绩突出。有 40 多件作品获区级以上奖励。5 件手工艺品获汕头市“奇佳杯”手工艺品大赛优秀奖，6 件美术作品获市“小哥白尼”杯手抄报比赛三等奖以上。学生 40 多件手工艺品申请国家专利。学校先后评为广东省无烟学校、广东省绿色学校、汕头市园林式单位、汕头市贯彻落实体育、卫生两个条例优秀学校、龙湖区文明单位。

五、结论与建议

（一）结论

1. 创建绿色学校能使师生获得保护及改进环境所需要的知识、价值、态度，有利于提高学生的环境意识、法制意识，有利于培养一代符合可持续发展价值观的未来人才。

2. 多元的绿色校园文化能开启学生环保意识的大门，多渠道的环保教育实践活动能为学生提供学习和参与环境保护实践的平台，有利于学生环保道德的确立和形成。

3. 创建绿色学校能降低物耗能耗，提高效率，有利于改善学校办学环境条件，促进学校生态环境可持续发展。

4. 创建绿色学校有利于提高学校的环境管理水平和综合竞争能力，促进学校办学可持续发展。

（二）建议

1. 政府、教育主管部门加大中小学实施素质教育的力度，使素质教育得到真正意义上实施，环境教育才能真正落到实处。

2. 环保、教育部门能多组织环境教育师资培训、考察，提高教师环境教育教学能力，环境教育才能有新突破。

本文参考文献

1. 邵维秀：《创建绿色学校寓环境教育于德育教育之中》，《城市环境与城市生态》2001年6月第14卷第3期

2. 王存志：《在中小学进行环保教育与可持续发展教育》，《课程·教材·教法》1999年第9期

3. 张旺：《关于中小学生环境教育的思考》，《教育实践与研究》2001年第1期

创建绿色学校，为学生营造一个良好的学习环境

丹东市振安区汤山城镇中心小学

汤山城镇中心小学地处丹东市振安区东北部，现有教学班16个，有学生580人，其中小学440人，中心幼儿园140人，教职工总数41人。2000年以来，学校先后投资近150万元，用于绿化和改善办学条件。2001年春在区教育局、区环保局和丹东市环保宣教中心的大力支持下，开始创建绿色学校。经过几年的努力，我校无论在绿色学校创建方面还是在学校管理方面，都取得了较大的成绩。连续五年被振安区教育局评为全面工作考核先进单位，2001年10月被丹东市评为贯彻两个《条例》优秀单位，2001年6月被区政府评为拥军拥属先进单位，2001年8月被评为辽宁省二级档案管理先进单位，2001年6月被评为丹东市绿色学校，2002年3月被评为辽宁省绿色学校，2004年被丹东市振安区政府授予学校常规管理先进单位，2004年12月被丹东市评为学校体育、卫生、艺术教育优秀单位，2004年春天参加了第三批国家级绿色学校评选。2005年3月被教育部、国家环保总局评为第三批国家级绿色学校。2006年3月被辽宁省评为基础教育改革先进单位。学校及学生在区、市、省、国家组织的活动中多次获奖，并多次被评为省、国家科技制作、书画大赛优秀组织奖。

上述成绩的取得得益于绿色学校的创建，得益于师生环保意识的改变，下面就几个方面谈谈我们的一些初浅做法：

一、转变观念，提高对创建绿色学校重要性的认识

绿色学校对于我们来说是一个较新的概念，2001年春区教育局长和区环保局长来校，认为我校在绿化方面的工作做得较好，要求我校创建绿色学校。但是，我们当时对绿色学校的理解是浅层次的，认为绿色学校无非就是搞搞绿化，属于学校正常工作，不创建绿色学校，也得做这些工作。后来在创建绿色学校的过程中，由于学习了有关知识和参加省、国家级的多次培训，使我们的认识逐步提高，对创建绿色学校的意义有了更深刻的认识，思想观念有了根本的转变，我们在转变观念提高认识方面做了以下几点工作：

1. 成立组织，制定计划。为使绿色学校创建工作能摆在学校工作议事日程，我校成立了绿色学校领导小组，责成一名主任专门负责该项工作，每学期我们对绿色学校工作都做出详细具体的安排，制订切实可行的工作计划，把绿色学校工作同学校日常工作紧密地结合在一起。

2. 开展多种形式的教育活动，广泛宣传创建绿色学校的重要意义。首先，召开全体老师会，学习有关文件和材料，解决广大教师的思想认识，明确了绿色学校的意义和重要性。其次，召开全体学生大会，宣传创建绿色学校的意义，公布学校实施意见。第三，发挥少先大队的积极作用，利用板报、宣传橱窗，广播等形式宣传有关绿色学校的知识，使绿色学校工作深入人心。第四，利用班队会宣传有关绿色学校的内容和知识。引导学生不仅要树立良好的道德品行，还要具有较

高的环境意识。

3. 积极参加各种形式的培训，丰富知识，转变观念。几年来，我们先后请了有关人员到校做环境教育方面的专题讲座，2001 年、2002 年、2003 年校长亲自参加了省环保局和国家环保总局组织的关于绿色学校方面的培训，负责绿色学校工作的主任也两次参加了全国绿色学校的培训。通过培训使我们明确了什么是绿色学校及绿色学校创建的重大意义，用国家环保总局宣教中心曾红鹰教授的话讲：绿色学校的创建与国家基础教育的改革方向完全一致，绿色学校是学校进行素质教育的重要体裁，不仅能使教师和学校的环境素养得以提高，学校环境品质得到改善，而且还通过学习带动家庭，通过家庭带动了社区，通过社会又带动了公民更广泛地参加与保护环境的活动。由于我们采取了多种形式的宣传教育活动，使广大师生的思想观念有了根本性的转变，对创建绿色学校的积极性空前高涨。一个以创建绿色学校为主，全面实施素质教育的热潮正在我校兴起。

二、积极投入，真正让学生生活在绿色之中

绿色学校就其内涵是指学校在实现基本教育功能的基础上，以可持续发展思想为指导，在学校全面的日常管理工作中，纳入有益于环境的管理措施，充分利用学校内外的一切资源全面提高学生环境保护素养的学校。要提高学生的环境素养就必须为学生创造良好的环境。几年来，我们经过不断努力，在创设环境方面投入了近百万元，基本上形成了楼内楼外布置合理，常年鲜花盛开，四季常青的校园环境。

到过汤山城中心校的同志可能都会感到，学校规模不大但占地很大，近 25000 平方米，这么大的校园如果没有点花草树木，学生们一定会感到很荒凉。1998 年秋新的教学楼落成后，我们就根据校园特点进行了一些绿化，但真正的绿化确切讲应该是从创建绿色学校开始。2001 年春我们先后投资 20 万元在楼前铺了近 1000 平方米水泥方砖，建了 300 多平方米自行车棚，修了 500 多延长米通道，建了两个月亮门，修了六个乒乓球台，对校园格局进行了重新安排，先后植树 1000 余棵，植榆树墙 400 多延长米，修花坛六个，校园内基本上形成了春有花，冬有绿，树木成林，环境优美。楼内我们也进行了合理布置和安排，各楼层都建了宣传橱窗，各层走廊都挂上了装饰画，各楼层窗台全部摆上了花盆，大厅全部摆上了花，还建了微机室、图书室、实验室、档案室、语音室、音乐教室、大队室、舞蹈室、美术室、德育展室、多媒体教室等，学校购买了钢琴，成立了军乐队，购置了 40 余件高标准管乐，投资近 20 多万元，各班建立了班级园地，教师、学生桌椅全部更新，老师办公室全部进行了装修。

由于我们的大力投入，学校整体教学环境有了根本性的改变，成为我区教学条件最好的学校。正像学生们在作文中写道：我们的学校就像一个美丽的大花园。

三、开展多种形式的教育活动，增强学生的环保意识

创建绿色学校不仅是搞好学校环境，更重要的是培养学生的环保意识，作为社会的一个必要组成部分，学校是传播人类精神财富和培养青少年环境意识与能力的重要场所，因此我们在创建绿色学校过程中始终把对学生进行环保意识教育放在首位，通过多种形式规范学生的行为，使学生们的环保意识普遍增强。

1. 把环境教育寓于各科教学之中。在环境教育方面我们对教师提出了明确要求，凡是教材中有进行环境教育的内容，教师在教学中必须有机渗透，让学生在学知识的同时受到环境教育。

2. 建立各种规章制度，规范学生的环保行为。一年多来我们在环境教育方面制定了一系列的制度，如：爱护花草树木、卫生制度、校园环境保护制度等。用法的形式来约束学生，学校还专门成立了环保督察小组，负责检查学生乱扔、乱倒垃圾现象，由于采取了强有力的措施，使学生的环保意识普遍增强。

3. 开展丰富多彩的环境教育活动。

①定期组织学生动手参与绿化、美化、净化校园的劳动，每天学生到校的第一项事情就是清扫室内外卫生，保证了校园的整洁、优美。

②学校成立了绿色学校宣传组，定期更换一楼的环境教育宣传专栏和校报板报，各班级也建立了环境宣传园地，每月更换一次宣传内容，各班还办起了环保班报，学生们利用班报发表了很多关于环保方面的知识，使学生们在办报中学到了知识受到了教育。

③学校成立了各种环境教育方面的小队，像每个班成立一个环保小组，负责回收班级的废品，学校成立了环保文艺小组，红领巾环保服务小队等。这些小组定期到校园和社区搞宣传服务活动，几年来共活动100多次，收到了较好的社会效果。

④定期开展学生社会调查活动，2001年9月以来少先大队组织了近1000人次学生进行了多次社会调查，查找汤山城镇镇内污染严重的地方，并写出调查报告，学生们经过调查，找出了汤山城染化厂、树脂厂、制冷厂这些污染严重的大户，并将污染的情况通过书面的形式送到了各位厂长的手里，这件事在社会上引起很大的轰动。

⑤充分利用环保纪念日对学生进行环境教育。几年来，每个环境日我校都开展了有针对性的环境教育，收到了较好的教育效果。

⑥制作绿色学校专题片，向学生们宣传绿色学校方面的知识和学校取得的成绩。

由于我们开展了多种形式的教育活动，使学生们的环保意识普遍增强，一个爱护环境，美化校园之风在我校已经形成。

四、建立各种绿色学校档案

绿色学校建设有很多软件要做，近年来，我校健全了各种绿色学校档案，建立档案是记录学校创建过程的历史依据和见证物，也是学校内部和外部主管部门对学校创建活动的评估依据，根据辽宁省绿色学校评估细则的要求，我们把能建的档案全部健全了起来，2001年以来市、区环保领导多次来校检查，都给予了较高的评价。

以上是我们在创建绿色学校过程中的一些较为初浅的做法，有很多地方还不够成熟，有待于进一步巩固和提高，我们愿借这次经验交流活动的东风，认真学习兄弟学校的先进经验，为创建绿色学校活动做出贡献。

这里，时时处处充满“绿”

浙江省义乌市香山小学程琴妹

我们浙江省义乌市香山小学多年来在环境教育方面做得比较成功，因此，2002年，我校光荣地被评为“全国绿色学校”。走进我们的校园，你会感觉到：这里的一草一木、全校师生的一言一行都体现了环境保护的意识，真可以说是时时处处都充满了“绿色”。

一、“绿”在校园环境中

环境教育应注意创设良好的校园环境，将学校里的花草树木、假山、喷泉、雕塑、亭台榭阁、长廊绿架等自然环境作为环境教育的活生生的教材，将学校挂放的名人画像和书画作品、板报画廊的设计、公共标语的书写等文化环境也一并纳入环境教育的范畴。

我校无论在自然环境方面还是在文化环境方面都布置得很有特色，融美观、实用和知识性、趣味性为一体，为学生创建了一个美丽而干净的校园环境。此外，为激发学生参与环境保护的热情，进一步提高学生的环保意识，学校还要求每个班级都要用自己班的特色来体现绿色环保意识。因此，走进我校的任何一个教室里，你都会发现在整洁美观的环境中总会设有一个“生物角”：时而在美丽的水草中游过几条活泼可爱的小金鱼，时而在绿叶的衬托下盛开几盆鲜艳的花儿，或是让你观赏到一些具有象征意义的绿色植物（如：盆栽的青松象征着全体同学积极向上、不向困难低头的精神）。每一个教室里的垃圾桶都进行了分类：“可回收垃圾桶”和“不可回收垃圾桶”（校园里同时还设立了一个“废旧电池回收箱”），要求大家分类存放垃圾。这样，不仅使教室里、校园里更整洁有序了，而且我们还有了一些经济收入，一举两得。我们具体是这样进行操作的：大家分类存放垃圾，等到“可回收垃圾桶”里的“垃圾”满了，同学们就把这些废品搬到“再生资源公司”去卖掉，班委干部把一次次卖得的钱聚集起来，上交学校大队部，大队部又把各个班上交的钱一起捐出去绿化我们义乌的市民广场。如此这般，我们学校已经坚持了好几年了。

二、“绿”在“一·二·四”工程中

实行计划生育以来，孩子少了，现在人们常常见到的现象是“四个老人，两个大人，围着一个孩子转”，我们暂且管它叫“四·二·一”工程吧。与此相反的是，我校在环境教育方面则恰恰动用了“一·二·四”工程，加强了环境教育的辐射性。

比如，在学校里我们给学生讲了一个环保故事，对学生进行了环境教育，然后让学生回家去把这个环保故事讲给家里人听，这样，家里的“两个大人”就受到了环境教育，围着他们转的“四个老人”同样也受到了教育。

再如，考虑到目前人们买菜总是使用塑料袋装菜从而制造出许多“白色垃圾”的情况，我校为减少“白色污染”就与义乌市环保局取得了联系，请环保局赠给我校学生每人一只菜篮子，学生回家后，与家长分析了“白色污染”的危害和环境保护的重要性，并把菜篮子送给家长，请家长买菜时用菜篮子装菜，尽量少用或不用塑料袋。这样，由学生到家长，大家都行动起来，为保护环境贡献自己的一份力量。这又是一次“一·二·四”工程所产生的效应。

三、“绿”在环保活动中

心理学家指出：心理只有通过动作才能起到变革客观世界的作用。要强化和深化环境教育的功能，必须重视开展环境教育活动，创造条件让学生参与形式多样、内容丰富的环保活动进行环境教育。

“六·一”国际儿童节那天，我们学校全体学生组成了一个环保宣传队，组织了形式非常新颖的活动。全校每个学生人人动手，在旧的年画背面创作环保作品。同学们有的编环保手抄报，有的写环保警句，有的画环保图画，各种各样的作品都有。作品完成以后，大队部再组织同学们带着这些环保作品，打着环保宣传标语，来到了市民广场。同学们一边向市民赠送自己的环保作品，一边热情地向市民宣传环保知识，使学生度过了一个难忘的儿童节。

再如，放暑假了，学校组织了参加环保夏令营的同学去山清水秀的巧溪水库体验生活。在这青山绿水的怀抱中，老师们组织开展了“环保诗歌朗诵比赛”、“环保知识演讲比赛”和“环保器具健身比赛”等活动，并现场颁奖，使学生在美好的环境中，接受环境教育，体会到环境保护的必要性。

四、“绿”在社会实践中

任何一种教育活动如果离开实践是无法巩固其成果的，环境教育也不例外。在环境教育中，应当重视“在环境中进行教育”，也就是使学习者直接接触环境，感受美好的环境对人类生产、生活的重要性以及受污染环境对生产发展、人体健康的不良影响，从而通过亲身体会增强保护环境、提高环境质量的积极性与责任感。

大家一定注意到过，我们生活区周围的墙壁上、电线杆上经常会被贴上各种各样的广告纸，成为一处处“牛皮癣”。大家也一定会发现，有一些素质比较低的人会随手乱丢塑料袋、瓜皮果壳等垃圾，造成“白色污染”。因此，我校曾多次组织学生去生活区周围清除这些“牛皮癣”和“白色污染”。在使劲地擦墙壁上的广告纸、仔细地捡地面上的塑料袋的过程中，学生们亲眼目睹了由环境污染引起的生活质量恶化的真情实景，亲身感受到了环境污染的现实危害性，从而在内心深处感受到了环保的重要性。

我校环保兴趣小组还组织同学们去义乌市污水处理厂进行实地考察，了解污水处理的整个过程，让学生明白净水来之不易，教育学生保护水源、节约用水。这样做有效地巩固了学生的环保意识，提高了他们保护环境、同破坏环境的人作斗争的自觉性，更进一步增强了他们保护环境的紧迫感、责任感和使命感。

以上几个方面大致总结了我校在争创“全国绿色学校”中环境保护教育方面的各种做法，我们将继续努力，把环境保护教育工作做得更好。

德育与环境教育

广东省韶关市曲江职业技术学校杨良会

曲江职业技术学校（以下简称曲江职校）于1996年评为韶关市绿色学校，2003年评为广东省绿色学校，2004年评为国家重点中等职业学校。多年来，曲江职校积极做好德育工作和环境教育工作，并把这两项工作有机地结合起来，在教会学生做人和做事的同时，又提高了学生的环境意识，提高了环境教育效果。

一、渗透环境教育　提高和谐意识

《中小学环境教育实施指南》指出高中环境教育的总体内容为：认识自然规律，摆正人与自然的关系，追求人与自然的和谐。早在2001年，曲江职校就根据社会、企业用工用人的需求定位学校的办学方向，提出了“求真知　做真人”的办学理念和“教会学生做人和做事”的目标。社会、企业需要讲诚信、讲文明、守纪律、有能力、不怕苦、善合作的员工，曲江职校就努力培养这样的员工。职业教育就是就业教育。曲江职校以就业为导向，为培养社会、企业合格的员工而大力营造学校的育人环境，大力构建和谐学校。构建“和谐”成为学校德育工作和环境教育工作的交汇点。

环境即教育。曲江职校非常重视校园环境建设，构建和谐的校园文化，寓教育于校园景物之中。走进校园，矗立在实训中心楼顶的校徽图案与“求真知　做真人”的牌匾映入你的眼帘；来到图书馆大楼前，绿化带中“爱、信、严、勤、实、朴”这六个具有生命力的大字也引人驻足、发人深思……在上级有关部门的大力支持下，近几年来，曲江职校每年用于校园环境建设的资金超过200万元，改造、装修学生宿舍和饭堂；成片绿化、美化、硬化校园……现在，曲江职校绿化面积达2.1万多平方米；校园处处绿草茵茵，处处洁净文明。

在课堂上，各科任教师教书育人，而教会学生“遵纪守法、爱护环境”就是教学生做人和做事的内容之一。语文教师在讲到《脆弱的群山》一课时，着重指出：人为破坏植被，是造成长江上游的小江流域泥石流频发的主要原因；说明国家实施退耕还林、退牧还草政策对保护长江流域生态的好处；用海南省吴海雄、潘正民乱砍乱伐山林和剥树皮毁林而被判刑数年的事实，说明没有环保法律意识，就容易违法犯罪……

另外，学校充分利用广播、厨窗、墙报和《曲江职校周报》等舆论阵地对学生进行做人教育和环境教育，提高师生和谐意识，努力构建和谐校园……

二、培养文明习惯　营造和谐氛围

既然高中环境教育的总体内容为：认识自然规律，摆正人与自然的关系，追求人与自然的和谐，那么，就应该把提高人的环境意识和养成文明习惯放在首位。没有环境意识和文明习惯，就没有人与自然的和谐。

曲江职校非常重视师生文明习惯的培养。首先，重视向师生宣传人本思想，宣传孔子的“仁爱”精神，用孔子的“己欲立而立人，己欲达而达人”和“己所不欲，勿施于人”的处世观教育师生，引导师生换位思考和为人处世。“善待他人，善待环境，就是善待自己”，这是我们常用来教育学生的一句话。在教育学生爱护公共卫生时常说，乱丢乱扔，不注意公共卫生，受害的有自己一份；如果养成乱丢乱扔的坏习惯，走进大都市受罚、受鄙视的也肯定有自己一份；要合群、要发展，必定要有良好的行为习惯……

其次，重视细节育人。2004年，学校购进140多本名为《细节决定成败》的书，分发给每位教职工，在全校大力推行细节育人、细节管理。要求师生爱护校园环境从我做起、从小节做起。乱扔果皮、纸屑，乱踏草地等，这些现象及危害都会被放大，被当作教育的典型。只有小题大作，培养学生重视细节的好习惯，才能使学生顺利就业和发展……

再次，重视全员德育和服务育人。文明习惯的培养需要一个良好的育人环境。动员学校、社会和家庭的力量构建育人网络，使学生的言行时时处处都得到及时的监督和正确的引导；全体教职工都肩负起育人重任，都以学生为教育中心和主体，在思想、学习和生活等方面向学生提供热情、优质的服务。“学校无小事，事事皆育人”。学校采用准军事化手段管理学生宿舍；学生宿舍管理员也成为教育工作者。在值周教师、班主任和学生宿舍管理员的共同教育下，广大内宿生乱扔果皮、纸屑，乱踏草地等不良现象都得到约束和规范。当然，制度约束和惩罚可以在一定程度上规范学生的言行，但不是由衷的言行是不持久的。因此，曲江职校更多采用人性化的教育和管理，让学生明白培养文明习惯对自身就业和发展的重要性，让学生把学校的环境教育内化为一种自觉的行为，使人与人之间、人与校园之间、人与自然之间和平共处、和谐发展……

三、强化环境教育　促进持续发展

学校要持续发展，社会要持续发展，关键要培养有可持续发展意识和行为的人才。学校是培养可持续发展人才的主要场所；职校更要担当起培养可持续发展人才的重担。

培养可持续发展人才，重要的要持之以恒地开展环境教育，强化环境教育。开展环境教育，不能搞形式主义，不能走过场，要从实际出发，讲求实效。曲江职校把德育和环境教育融为一体，把爱护校园、爱护生态当作教学生做人的一个重要内容，着重培养学生的环境意识和可持续发展意识。多年来，学校成功开展了德育和环境教育活动，收到了显著的效果……

首先，曲江职校广大学生文明有礼，精神面貌好，给上级领导和来宾留下深刻的印象。曲江职校广大学生不论见到本校教师还是上级领导和来宾，都笑脸相迎，热情、深切地问好。

其次，校园时时处处美丽、洁净，无人为损毁迹象。上级领导和来宾一进到曲江职校，看到美丽、洁净的校园，都赞不绝口。美丽、洁净的校园反映出师生美好的心灵和良好的行为习惯。

再次，学生们的不断进步、综合素质的不断提高，受到家长、社会和用工用人企业（单位）的充分肯定。曲江职校仿佛是改造人、塑造人的大钢炉，进的是“铁”出的是“钢”；众多所谓的“差生”来到职校后均能脱胎换骨，顺利就业和发展。因此，曲江职校得到广大学生、家长和社会的认可，在本地区和邻迎省、市都享有较高声望。近三年来，本地区和邻迎省、市众多学生纷纷报读曲江职校，使学校每年招生都超过1000人。

由于学生们具有较高的综合素质，讲诚信、守纪律、不怕苦、勤进取、善合作，所以，每年毕业生纷纷被国内众多优秀企业所录用，且就业层次比较高。生源进口畅、出口畅，学校的发展就形成了良性循环。

2001年以来，曲江职校均被评为区（市）教育先进单位和德育先进学校；被评为区（市）文明窗口和市级行为规范示范校……要知道，在德育荣誉的背后，也有环境教育的一份贡献；要构建和谐学校，当然离不开人与校园的和谐，离不开环境教育；要可持续发展，当然离不开师生环保意识和守法意识的加强。曲江职校成功开展了德育和环境教育，促使学校和谐发展、可持续发展！

附：

1. 联系地址：韶关市曲江区狮岩路6号 邮编：512100

2. 联系电子邮箱：hui6668@21cn.com

3. 曲江职校网址：www.sgqjzx.com

环保执法在学校教育中的推广与普及

深圳市宝安高级中学张庆红

环保执法应有狭义与广义之分。狭义的环保执法就是指行政执法部门的执法，这个执法必须有法律法规作为依据，且相应地做出对当事人进行处分或处罚。而广义的环保执法应该包括所有监督环保情况和制止环保违法的行为。（这不是严格的学术上的定义，只是作为一名普通百姓对环保执法的一种理解。）

根据广义的环保执法的定义，那么，在学校的教育教学中推广和普及环保执法教育就非常有必要。环保的话题和定义对于目前的中学生来说应该都是耳熟能详的了，但是对于环保执法，学生们仍然知之不多。为此，有必要大面积推广环保执法的广度和深度。

推广和普及环保执法可以依据以下途径进行：

一、在教育教学中推广和普及

学校教育是一种正规的政府行为。学生从幼儿园开始到高中毕业，至少有12～15年的时间是在学校里度过。这10多年的时间里，白天上课，晚上回家，除去睡觉吃饭的时间，在学校的时间占了一半以上。而绝大多数的学生又都能对老师的话言听计从。由此看来，在学校推广环保执法是非常有必要也是非常有效果的。事实也证明，在学校推广环保知识教育非常有成效。

那么，在教育教学中如何推广和普及呢？

首先，在课堂教学中推广。如今很多老师和家长都发现，在学校的课程教学中很多东西学了是没用的。其实这不能把问题推给教材。教材的不完善是众所周知也是一时难以改变的，那么，如果教师在教学过程中能够更多地传授一些学生学来有用的东西，那么，我们的学生就能在学习文化知识和技能技巧上获得更多实用的能力。环保知识就是其中一项。比如在地理课上、生物课上，甚至物理化学等自然学科上完全可以贯彻这些内容和思想。即使不能每堂课都涉及，但是至少在一些联系到相关知识的课堂上完全可以贯穿。同时，在人文科学的历史课、政治课，甚至语文数学课都可以把这些环保知识贯穿在课堂中。而这些知识在这些课堂上的穿插往往能够起到活跃课堂气氛的效果，反过来促进相应学科知识的讲授与吸收。

其次，在研究性学习活动中推广和普及。在新课程改革标准中特别强调学生要学会研究性的学习。而相应地，很多学校也开设了相应的研究性学习小组。这些小组由不同兴趣爱好的学生组成。对于环保相应的课题，很多学生都是很感兴趣的。所以，诸如“环保卫士”“环境保护调查小组”等就应运而生。面对这些求知欲强，动手能力强的学生就应该因势利导，传授给他们相应的环保知识，让他们成为环保执法的中坚力量。同时，在环保知识的推广与应用方面他们也能做出一些成绩来。

最后，在德育工作中推广与普及。德育工作是任何一所学校的重中之重。德育工作的好坏直接关系到整个学校的正常教育教学工作的开展。所以，班主任是每一所学校里直接进行德育工作的执行者。在他们的辛勤努力下，学生的身心得到了健康的发展，为进一步的文化知识和技术技能的学习奠定了思想基础。因此，让班主任在德育工作中推广与普及环保执法教育是完全有必要也是切实可行的。

二、在校园文化中推广和普及

在《教育学》关于学校的论述中曾经提到：校园文化是学校的重要组成部分。那么校园文化由哪些内容组成呢？校园文化包括校纪校规、老师和学生文化等内容。校纪校规的制定和执行具有强制性，而师生文化更多的应该是一种自然的形成。因此，校容校貌及师生的形象直接影响了整个学校的声望，以及由此带来的社会影响。那么，如果在校园文化中推广和普及环保执法就显得非常的重要和必要。

环保执法是整个社会发展的需要，学校是社会发展的一个重要组成部分，只有在学校对学生进行环保法纪法规的教育，同时督促学生养成环保执法的观念，社会的文明和精神文明才能得到进一步的提高，国民素质也才能跟着提高。

三、在社区教育中推广和普及

学校教育历来都不是单一和绝对独立的。在时间和空间相对独立的同时，学校的教育从来就没有脱离过社会的参与。家庭教育就是其中一项。家庭教育和学校教育联手打造了不少的成功案例——历年来的高考状元很多都是学校教育和家庭教育的成功范例。因此，学校教育肯定离不开家庭教育和社区教育。一个良好社区的形成需要多方面的努力。而各个家庭的积极参与能够促进社区文明的进一步发展。学校的介入将能更好地发挥社区教育的优势，使社区教育得到更多的监督和帮助，从而能够步入正轨。因此，在这种形势下，学校指导和帮助社区教育来推广和普及环保执法就显得尤为重要。

总之，环保执法的推广与普及是一件人人必须履行的责任和义务。作为学校担负的责任就更加重大。为此，我们作为一线教师，有义务也有权利在我们的工作和生活中大力推广和普及环保执法知识，让我们的和谐社会建设得到全面的发展。

立足课堂多点渗透

——谈中学生环保意识的培养

江苏省白蒲高级中学袁爱红

随着经济的快速发展，人们的生活及环境正在急剧地发生变化：当代经济的发展是以资源的过度采用和使用以及环境的污染和破坏为代价的。一方面我们在努力创造一个舒适的物质生活世界，而同时我们也在加速破坏我们赖以生存的环境。每个人都想生活在高度物质文明和精神文明的环境里，享受高科技带来的美好生活，然而我们在不经意间也为此付出了沉重的代价——厄尔尼诺现象、臭氧层空洞、日益严重的大气污染和水体污染等环境问题，这不但现实地影响着人们的各种生产和生活活动，而且还造成了人们精神上、思想中的不良环境心理影响。日益恶化的生态环境使人们感到保护环境的重要性和迫切性。但是，长期以来，学校正规教育中有关上述方面的内容极为稀少，所涉及到的环境教育基本上仅满足于环境知识的传递，而缺少对人类与自然环境本质关系的揭示，缺乏将环境问题与其他社会问题联系的分析，从而使得环境教育向技术方面倾斜。教师在教学活动中对学生进行环境保护观念的渗透，环保意识的培养是非常必要的。虽然学生都有一些环境保护的知识，但没有意识到自己真正能为环境保护做一些什么，而现在的课程中也没有环保方面的全面介绍，只是在生物学中有一些有关的环境保护知识，只要把这一部分知识利用好，也能培养起同学们一定的环境保护意识。因而利用生物课向学生渗透环境保护知识，进行环境保护意识的培养是有很直接、很现实的效果。

一、学生环境保护意识的养成应主要在课堂教学中形成

学校是进行环境保护教育的大舞台。同学们在学校期间也是培养一个人是否形成一定的环境保护意识的关键时期。因而老师就应该充分利用课堂，利用好教材，利用课堂教育这个主渠道，适时、适量、适度让学生自觉养成环境保护意识。

1. 上好第一节绪论课

同学们对新学科第一节课都有很高的兴趣，若能因势利导教育效果是非常好的。新教材的第一课就是介绍生物学的一些常识，其中也有环境污染的内容。当时我就让同学们自己说一说他们知道的环境污染的知识，同学们很积极，都说出了很多。我就问了一句，我们身边有没有环境污染呢，我们应该怎样保护呢？同学们都积极发言、讨论。最后，我提示大家，要让我们身边的环境

优美，就必须从小事做起，保护我们的教室、学校，让它们清洁、卫生，进而爱护其他的环境。

2. 上好典型课，了解一些环境保护的有关知识

这类课涉及的环境内容比较多。新教材开始就是有关人与环境的知识，这是培养同学们环境保护意识的重要一点，也是进行环境教育的极好素材，教师在这一部分的教学中要注意：

第一，不断改进教学方法。环境教育重在培养学生的环境意识，养成良好的环保观念和行为习惯，而不是专业技术教育。所以教学方法应由传统的灌输式讲授知识，转为启发的探究式教学。可充分利用现代教学手段，进行多媒体展示，让学生有一定的感性认识，明确人也是环境中的一员。同时也让学生课前收集资料，课堂上组织学生讨论，这样可以充分发挥学生的主动性。尽量使用互动式教学方法，组织学生进行角色扮演。例如：在讲“生态系统”时，选几位同学上台，他们代表草、动物（包括兔、虫、蛙、鸟、羊、狼、鹰），要求每位同学用绳将与自己有食物关系的生物连接起来，呈现一个食物网，体现生态平衡的状态。然后一位同学代表“人”上台，抓走了鹰、狼，问问学生有什么变化？再把草拉走，结果又会如何？角色的扮演，使学生自然地理解了生物之间的联系，初步了解了生态学的一些知识。明白每个人的生活，都是与其他生物息息相关的。必须爱护他们，让他们在一个好的环境中生长，自己才能得到更好的发展。因而就有了爱护之心，环保观念也就具备了。

第二，理论联系实际，体现地方特色。如果只从理论上讲，学生容易产生繁琐枯燥的感觉。教师应从大家身边的事例出发，如适当补充介绍居住城市当前的环境状况。这样以学生身边感受到的问题对他们进行教育。使他们明白不进行环保是不行的。

第三，重视数字的教育作用。在讲“人口与环境”时，列举：当今世界每日增加 21.6 万人，目前已接近 80 亿人。我国在 1949 年时有 5.4 亿人，建国 40 多年增加到 13 亿多，占世界人口的22%。在学习“我国的野生动植物资源”时，列举全世界每年灭绝的野生生物达 4 万余种；现存的我们熟悉的大熊猫不过 1000 头左右，云南的亚洲象不足 50 头，野生华南虎不足 30 只，等等。让学生通过这些数字对目前环境所面临的严峻考验有直观的了解，从而激起他们强烈的环境保护意识，并适时培养他们为环保作出相应的努力。

3. 注重在平时的课堂中渗透

此类课涉及环境内容不突出，或是间接的反映。这就要求教师首先要深入研究教材，找出课程内容与环境教育内容的结合点，及时挖掘。例如：结合有关植物学部分的教学，介绍植物在环境保护中的作用，植物的光合作用对环境的改善起着至关重要的作用，教育学生要绿化环境，自觉爱护一草一木；动物学的有关知识的教学，介绍青蛙、鸟类的益处，提倡爱护动物，不要乱捕滥杀；人的健康知识教学，介绍环境污染对人体健康造成的危害，使学生认识到关心保护环境，就是保护每一个人自身的健康。

在渗透课进行环境知识教育时，要注意以下几个问题：

第一，充分利用好教材上的有关环境污染的知识，补充时应找准与教材的结合点，避免牵强附会。第二，掌握好渗透的方向和程度，让学生体会深刻又不枯燥。第三，对要进行培养的要点进行重点突破，备课上要有要求，教案上有体现。最后，在课堂上要让学生说出一些体会。

二、进行综合实践活动，强化环境意识

“环境教育”不等于是说教！以孩子们喜闻乐见的方式将环保知识介绍给他们，采用适合学生特点，让学生积极参与，会取得更好的教育效果。对学生进行多层次的环境教育，可促进学生树立牢固的环境意识，培养良好的环保行为习惯。

1. 趣味活动教学

环境保护是有其科学依据的，我们的环境教育活动也必须体现出这种科学性。“言之有理，行之有据”才行，否则，就是在“唬小孩子”了，而这种“唬”又是最最要不得的。所以，科学性

是环境教育的前提。但是，如何使科学性较强的知识变得易于孩子们接受呢？这就说到了趣味性的问题。

众所周知，爱玩是中小学生的天性。因此，以趣味性较强的方式在每年一度的校园艺术节（如游戏、小品、戏剧等）吸引学生的注意就变得十分重要了。

用日常生活中常见的现象作例证，将科学知识融到游戏当中去，这就是所谓的"趣味科学"了。既有了科学性，又不失趣味性，学生们才会喜欢。

2. 激发学生的热情

通常，孩子们是很喜欢同比他们大的"同辈人"交往的。尤其是初中生和小学生，他们对大学生的向往和喜爱往往超出了我们的想象。因此，请用我们的激情加入到孩子们当中去吧！和他们一起游戏，一起学习。当我们和他们一起游戏的时候，他们会很开心，而他们开心的时候也正是潜能最容易发挥的时候，这个时候往往会给我们意想不到的惊喜。同时，孩子们高涨的热情也会带给我们更多的激情。还可以组织学生参观植物园、动物园。在学校和家里亲自栽培一些花、草等。在这些体验中，同学们自然而然感受了美，同时产生了向往大自然的情感，进而就会升华为热爱大自然，应该要增强自己保护和改善生态环境的责任感和使命感。同时组织学生调查附近的工厂、小河、垃圾处理场、生活小区等，当他们看到污浊的河水、遍地的垃圾、工厂排出的废气、公路上的尘埃。通过同学们自己的亲自体验，更容易使他们明白保护环境并不只是环保部门的事，而是每一个人都应该要做的，这样同学们在日常的生活和学习中就具有了一定的环保行为习惯。

3. 连贯的主题活动

在每次环境教育活动开始之前，我们通常会设定一个活动主题。如举办环保知识讲座，组织学生进行演讲比赛、征文比赛，利用黑板报、墙报进行宣传展览，进行环保知识问卷调查等。让同学们参与其中。这样学生对环境保护有了更深的认识。让同学们明白环境保护就在我们身边，每个人都要有一定的环保知识，并参与其中，乐在其中。在这样的氛围中，同学们自然而然环保意识就得到了升华，各种环保的行为习惯就慢慢地形成了。

但是，在我们做活动的过程中，常常会发现实际的情况往往偏离了我们的预想。因为孩子们的思维一旦活跃起来，是非常发散的。在这个时候，我们所要做的不是制止他们的"狂想"，而是要善于发现孩子们的"狂想"与我们的主题之间的关联，并启发他们自己发现问题，这样，我们又会有意想不到的收获！

通过一系列的教育活动，立足于课堂渗透，既注意到知识传授的整体性和连贯性，又能较好的培养学生持之以恒的关注生活环境，关注整个社会环境，养成良好的环境意识和行为能力。

只有从学生抓起，由学生带动身边的人，整个环境才能有更好的发展前景。

论环境执法的社会基础

中山大学法学院经济法专业
环境与资源法方向硕士研究生路玉中

［摘要］运用法律机制解决环境行为的外部不经济性问题是国家保护环境的重要途径。法律实施效果的顺利实现和解决政府权力运行存在的内在不足都需要一定的社会条件，该社会条件是支持政府环境执法和监督环境执法的社会基础。本文认为，长期以来我国环境执法的绩效不佳的重要原因之一就在于环境执法缺乏坚实的社会基础。

［关键词］环境保护　环境执法　社会基础

在当代社会，规范的环境行为包括规范的政府环境行为和规范的社会环境行为，其中规范的政府行为是环境保护的主导因素，尤其是政府的环境执法行为，而规范的社会环境行为则是环境保护的基础。合理、科学的制度设置是造就规范环境行为的前提，但规范化的环境行为也有赖于具有较强的环保意识和法律观念的社会力量，这就是环境执法的社会基础。近年来我国环境执法效果不佳，其原因固然存在制度问题和环保执法机关自身因素的影响，缺乏坚实、稳固的环境执法社会基础也是重要根源。本文立足于对环境执法社会基础的分析，认为坚固的人文社会基础对环境执法至关重要，它既可以有效弥补环境执法机关行政权力的缺位和执法的力量不足，减少环境执法盲区，又具有监督和纠正环境执法行为的功能。

一、环境执法社会基础的含义

我国《环境保护法》第六条规定，一切单位和个人都有保护环境的义务，并有权对污染和破坏环境的单位和个人进行检举和控告，该规定为各种社会力量参与环境保护构筑了法律基础。据此，包括各国家机关、企事业单位、社会公益组织、大众媒体和公民个人等在内的一切社会组织和个人，都有权监督、检举和控告一切环境违法行为。环境执法的社会基础是指在环境执法过程中发挥基础作用的非政府的社会力量，上述主体中除国家机关和国有的企事业单位以外，其他非国有主体都属于环境执法的社会基础部分。依据不同的标准可以将社会基础区分为不同类型：如按照各社会主体的自身性质可以划分为企业单位、社会团体、公民个体等类型；按照各社会主体参与环境执法的行为的性质可以划分为环境行为者、环境行为监督者、环境纠纷解决者等。

人类生存环境的整体性决定人类社会在面对环境危机时必须团结起来，以整体的力量来保护人类赖以生存的环境空间，保护自身的和公共的环境权益就成为公众参与环境保护的权利基础，同时也是政府环境执法改革和保证环境执法实效的基本要求。因此，全体社会公众均有权依我国环境保护的相关法律法规参与环境执法，对各种环境行为行使监督权，他们都属于环境行为的监督者。

当前，人类面临的环境危害主要来至于工业污染、生活垃圾和农业污染等方面，造成这些危害存在的责任人主要涉及相关的团体组织和个体，而非政府主体主要包括企业和个体公民，其中企业单位是工业污染的主要制造者，生活垃圾和农业环境问题主要是由社会个体造成的。因此，在社会基础中，企业和个体公民就成为造成环境污染的主要责任者。

环境纠纷的解决途径是多元的，当前，颇具特色的调解制度成为我国解决环境纠纷主要的非官方途径，各种性质的调解机构在解决环境纠纷中发挥着重要作用。另外，大众媒体和社会公益组织等社会组织在发现环境问题、传播环境信息和促进环境污染问题的解决中扮演着重要的角色，他们所发挥的作用也不容忽视。

当然，上述类型只是对社会主体一般意义上的区分，事实上，他们在环境执法的过程中所处的地位和发挥的作用并不是单一和固定的，这种分类并不排除某些情况下，某些社会主体可以作为该三种类型的任何一类或几类的情况。但是他们相同之处在于，如果作为环保意识较强的社会基础的组成部分，将会成为促进环境执法的重要力量。

二、社会基础在环境执法中的作用

环境问题的“外部不经济性”和国家权力的特殊优势使政府在环境保护过程中负有主要职责，但这并不当然表明，政府的环保行为是卓有成效的。权力自身难以克服的不足和实践中由于种种原因受能力所限而产生“权力真空”是难以避免的，在这种情况下，任何社会组织和个人都有权利，也有义务维护自身赖以生存的环境空间免受破坏或远离受侵害的危险。社会公众是环境行为的监督者，既监督社会，也监督政府，也是环境监督的被监督者。因此，培养社会力量，为政府环境执法提供坚实的社会基础，无疑会使政府的环境执法收益甚丰。

1. 补充权力不足，启动执法程序。抛开主观原因，执法机关由于客观原因产生的执法“真空”也不可避免。我国《环境保护法》赋予公众对环境行为检举和控告的权利，该权利无疑对环保部门因监管力量不足而导致的“脱法”环境行为最有效的补充，它能够在政府部门之外发现环境问题，并通过举报、控告等权利行为引发相关环保机关的环境执法程序，补充因环保部门的监督权力缺位而引起的执法空间不足。

2. 解决环境纠纷，减少执法程序。替代性纠纷解决方式（ADR）因成本低、效率高等优点正日益聚集社会的目光，我国独特的法律思想传统也为环境纠纷的诉外解决途径提供了良好的思想基础。行政性的ADR比较侧重于行政权力和专家在纠纷解决中的作用，在本质上该种行为属于环境行政执法。[①] 民间性的ADR则更趋向于维护当事人的意思自治，具有简便迅速、成本低廉、有利于维护人际关系等优点，其主要是利用调解的方式解决环境纠纷。我国"和为贵"的儒家传统和民众的厌诉情结无疑为民间性ADR的推广和发展提供了便利。目前，建立环境仲裁制度也受到关注。民间性的纠纷解决既尊重了公众的自主意识，又减少了国家权力的参与，成为降低执法成本、节约权力资源独具特色的途径。

3. 监督执法行为，矫正执法瑕疵。环境执法行为具有明显的单方性特点，相对方除依照法定的途径和程序寻求特定的救济以外，不得以任何借口阻碍或拒绝环境执法行为。但是该种单方行政权力是否得到正当行使，能否收到良好的效果，客观上也有赖于环境执法社会基础的牢固程度。强大的社会力量支持和配合政府的环保执法行为，一方面能够减少政府环境执法过程中可能遇见的阻力，使环境执法行为畅通无阻或阻力很小；另一方面也对政府的环境执法行为形成无形的社会监督网，预防和减少政府执法部门违法、违规行为的发生。因此，坚实的社会基础是赋予政府环境执法行为以"公信力"，是环境执法能够取得社会支持和良好执法效果的保障。

4. 自我约束，保证执法效率和绩效。社会公众是环境执法的监督者，同时也是环境执法的相对人。相对方主动的适法环境行为可以从根本上避免政府的环境执法程序；相对方自觉依法履行环保义务、自主承担环境法责任是政府顺利执法的重要保证。

三、我国环境执法现状和思考

（一）我国环境执法的现状

政府的环境执法能力是政府能力体系的重要组成部分。有学者认为，政府能力大小的程度＝政府能力（A）/政府职能（F），如果A/F趋向100%，也就是说政府能力使政府固有的职能得到了充分发挥，这一政府必然是强有力的；反之，如果A/F小于50%，也就是说政府能力只能使政府应有的职能的1/2得到发挥，这样的政府就是软弱的、无力的。[②] 我国环境执法机关无论在环保职能，还是环保能力方面都存在严重问题，实践中的经济绩效考核制度、缺乏强制权力和环境保护资源投入不足等原因使政府环保部门能够发挥和实际发挥作用的程度产生不同程度的减损。

与保护环境作为国家基本国策的地位相比，我国专门环保机关明显缺少必要的强制性权力，很多环境保护的努力在环保部门与其他部门和地方政府的牵扯中付诸东流，环境执法效果不佳，尤其基层更为严重。与环保部门难以履行职能相对应，其他部门却经常为污染者"开绿灯"，出现问题时相互推托责任，在环境执法中难以实现真正的部门统一和协调；地方政府也往往为了追求经济政绩而拉环保的后腿，以至于有学者建议环保部门参照工商、税务等部门实行垂直或部分垂直领导[③]，认为"环境管理工作最理想的模式，就是实行从中央到地方的垂直管理"。[④] 我国环境执法队伍还存在很多的不规范现象：人员编制不足，执法人员不专业，执法经费不充足、执法设备落

---

① 我国法律没有明确规定环保机关行政处理的法律效力，学界和实践中存在较大争议，有观点不承认其法律效力，将行政处理排除在执法范围之外，这种做法使实践中环保部门的行政处理变得可有可无，不利于调动环保机关的执法积极性和维护环境执法机关的权威。

② 辛向阳著：《新政府论》，北京：中国工人出版社，1994—4，197～198页。

③ 张梓太：《中国环境行政诉讼之困境与对策分析》，载《法学评论》2003（5）。

④ 王树义著：《俄罗斯生态法》，武汉：武汉大学出版社，2001—5，293页。

后等问题严重影响了环境执法的效果，尤其在基层这种影响更为明显，很多基层环保部门的仪器设备甚至只能勉强维持日常监测，经费不足严重影响了环保机关加强环境监管和应对环境应急事件时的能力。上述因素的综合作用导致环境执法部门在环境执法过程中难以独立、有效的履行职能，严重影响了环境执法的效果。

传统“官本位”的思想惯性长期制约我国行政机制的正常运行，政府“保姆式”管理相当普遍，政府在环境保护中身兼数职，规则制定者、执行者、监督者等多重身份使其长期忽视公众参与的作用。社会公众浓厚的“父母官”意识也是引导公众参与政府环境执法的重大障碍。近年来公众参与环保的程度有所提高，但很多法律规定因为本身存在不确定因素、缺乏制度保障或脱离实际等原因而难以实现。如我国《环境保护法》赋予了社会公众对破坏环境行为的检举权和控告权，为社会成为在政府之外保护环境的生力军提供了可能。单就“控告”而言，其包含有诉权之意，然而，这种不确定的表达和相关的诉讼法制度中“直接利害关系”要件的规定堵塞了公众的环境公益诉权，因此，引发了学者们的争议，在审判实务中也多次造成类似案件、相反判决的怪异现象的产生，导致公众对法律预期性判断的混乱，严重损害了司法的权威。

当前我国政府行使环境职能的社会基础还非常薄弱。公民环境权是社会公众积极参与环境保护的内在动力，也是公民参与和监督政府环境执法的重要权利基础，但是我国法律却没有将公民的环境权明确列入其保护范围，使社会公众参与环境保护和环境监督的法律理由不充分，客观上减少了对政府行使环境行政权的有效的监督。我国社会团体发展总体缓慢，种类不够丰富。与国外社会团体作为环保力量相比，我国社会团体无论在数量、质量还是功能上都存在明显的差距，这种差距与我国的相关立法和法律实践有着密切的关系。我国《社会团体登记管理条例》设定的成立社会团体必备的严格批准程序和行为监督责任使社会团体发展缺乏必要的法律激励和制度支撑，阻却了环保团体的成立和发展。已经成立的社会团体本身也面临着法律地位不明确、功能上难以获得独立保障等问题，使得实践中社会团体难以发挥应有的作用。

（二）对策思考

我国环境执法效果不佳的根源主要存在于执法部门自身和环境执法社会基础不牢固两个方面。加大环保投入、加强部门相互沟通无疑将有利于保证职能部门严格履行职责，但其只能解决环境执法中政府一方存在的客观性的问题，该方式仍延续着我国环境保护的传统，将环境保护的全部“鸡蛋”放在政府机关清正廉洁、严格执法这唯一的“篮子”里，无法从根本上解决当前环境执法效果不佳的问题。因此，在弥补政府部门不足与缺陷的同时，鼓励社会力量参与环境执法、充分发挥社会力量的作用更显得重要。国内外环保的法律实践也证明，没有社会公众的积极参与和对环境行为的社会化监督，环境保护上采取单纯的政府“承包”模式无法从根本上解决一个国家在经济快速发展过程中所产生的环境问题。因此，要提高环境执法效果，除进行政府内部的制度调整外，转变政府环境执法模式、发展环境执法的社会基础势在必行。

1. 转变环境执法理念，增加执法方式的多样性。

国家保护环境起源于“公共信托”理论，该理论认为环境资源属于公共物品，需要由全民委托于政府加以管理和支配。国家对环境的管制在历史上经历了“政府全面介入，强制手段绝对主导”；“引入市场机制，注重管制成本和效率”；“倡导广泛参与、合作和手段多样化”三个阶段。[1]历史证明，在国家和市场关系中，“家长”式政府和“守夜”式政府无法取得良好的效果，有时甚至起负面作用。

现代社会的公共利益和个体利益的冲突是不可避免的，在公私利益冲突的情况下需要政府权

① 李挚萍：《20世纪政府环境管制的三个演进时代》，载《学术研究》2005（6）。

力加以协调和平衡，政府对环境危害行为应该“智慧的巧妙地游刃于社会各个主体、各种利益之间，而不是动即挥舞大棒的社会霸主”。[①] 因此，环境执法部门拥有充分的权力，又能够刚柔并进，才是未来世界环境执法的趋向。我国环境保护法生效近20年未经修改了，该法对环保部门行政职权的规定很多都还处于当年半计划半市场的“原始行政”阶段，少有的柔性规定也还不够完善，同时又缺乏环保部门强制职权的规定，这种规范上的“冲突”也早已饱受学界批评。将市场机制引入环境执法程序之中已经成为当前各国环境执法实践中的共识，我国现阶段也正逐步开展和扩大市场机制的适用范围，如污染者治理、资源税等，但现行法律还存在制度不完善和市场机制适用的不充分等问题，如广受关注的排污权交易制度也还处于政策试行阶段，排污收费制度与环境税的关系还未理顺等。

现代公共管理理论认为，政府及其所属部门与公共事务的关系综合包括服务、监督和管理等方面，因此，政府部门在环境执法中不仅是环境行为的监督者，还应该是环境行为的服务者。环境行政权不仅应该体现在审批、检查等监督权上，而且还应该体现为严格依照法定程序公开环保信息和提供环境相关的服务。只有通过转变环境执法理念，采取灵活多样的替代执法方式，才能将行使环保职权和环境监督、环境服务结合起来，拉近政府与社会的距离，从根本上解决环境执法效果不佳的问题。

2. 社会环保力量的培养

法理学视角中的环境行政权和公民环境权分别代表着公共利益和社会个体利益，二者之间存在对立统一关系。但是目前我国的公民环境权和环境行政权由于法律效力上相差悬殊，以及环境立法上对公民环境权的环境行政权的规定存在畸轻畸重的误区，历史上权力至上和价值观上轻利重义等原因存在着错位。[②] 因此，改变这种权力——权利的错位就成为强化环境执法社会基础的重要途径之一。

（1）社会团体

社会团体，尤其民间环保组织（NGO）是对政府履行环保职责进行合法性监督和弥补政府环境执法不足的重要力量，这一点在国外环境保护实践中已经得到证实。培养自己的环保社会团体必须围绕社会团体从设立到运作的整个程序来完善相关法律制度和政策。首先，放宽社会团体的设立条件和程序，改对社会团体的“点对点”监管为专业监管，增强社会团体的独立性；其次，要明确社会团体在相关社会事务中的法律地位，赋予其相应的权利和救济方式，以保证其进行社会监督和补充政府环境执法的能力；最后，还要创造良好的社会团体运作的氛围，政府以身示范，并倡导公众鼓励和支持社会团体的活动。值得提及的是，我国目前对国外社会团体的政策还不是很明确，许多国外的环保组织还无法在我国设立正式的活动场所，因此，有必要采取适当的开放策略，有限制的引入部分国外社会团体以弥补我国社会监督力量的缺失，这也是当前国际上对待非政府国际组织的通行做法。

（2）社会公众

公民环境权既不是绝对的公权，也非单纯的私权，它同时兼具公权和私权性质，因此，保护公众环境权的方式有二，一是部分环境权私权化，由公民自己加以保护；二是部分环境权公权化、社会化。公众将部分公共性较强的公民环境权委托给政府行使后，形成一系列政府公权，如审批权、许可权等，而公民为监督和确保政府按照公众的利益行使权利，派生出一系列的参与权、监督权、知情权等。[③] 因此，当前我国要引导和鼓励公众参与环境执法监督，强化环境执法社会基础，前提条件是要在法律中明确规定公民的环境权，并以此为基础构建由环境权派生的各项权利。在

---

① 崔卓兰、朱虹：《从美国的环境法看非强制行政》，载《行政法研究》2004（2）。

② 黄锡生、黄猛：《我国环境行政权与公民环境权的合理定位》，载《现代法学》2003年第25卷（5）。

③ 李挚萍著：《环境法的新发展——管制与民主的互动》，北京：人民法院出版社，2006—8，257～26页。

权利构建的基础上开展环境权利意识的培养和环境法治理念的宣传、普及，并在环境执法过程中结合具体的执法行为进行适度的环境法治实践与理论的榜样示范。

结语：运用法律机制保护环境是人类谋求环境安全的关键但不是唯一，协调、配套的法律法规、执法设施和社会公众对法律，乃至执法行为的认同也是环境法治不可或缺的因素。只有将完善的立法、完备的法治设施和普遍的社会认同有机结合起来，才是环境法治的最佳选择。

浅谈初中生物课堂教学中的环保教育

宁夏银川市第二十四中学刘万华

环境污染作为一个重大社会问题，已经困扰了人类相当长的一段时间，随着环境破坏造成的危害越来越严重，人们关于类似南极上空臭氧层的空洞、全球气候变暖等敏感的话题也越来越多，自然而然地，人类越来越意识到保护环境的重要性。

新课程标准明确提出了“提高学生生物科学素养”的新课程理念，提出了“具有关心、保护环境的意识和行为是九年义务教育重要的培养目标”。因此在初中生物学教学中应该有意识地渗透环境保护教育，让学生在掌握知识、发展能力、拓展思维的同时培养环境保护的意识和责任感，形成关爱环境的态度，在重大环境问题上能够形成自己的观点，能够对一些问题做出正确的判断。

对此，作为一名初中生物教师，在教学中不失时机地利用多种形式进行环保教育的渗透，让每一个学生都了解环境破坏的现状，主动关心环境保护方面的大事，使学生对“保护生物生存的唯一家园”这一观念达成共识，并且能够落实到行动上，是生物课堂教学中不可或缺的环节。因此，在课堂教学中，我结合不同的教学内容采用不同的形式对学生进行环保教育。

一、以课堂教学为主渠道，让学生形成“生物圈是生物生存的唯一家园”的基本观点

在世界各国倡导“保护环境”“保护生物多样性”的今天，仍然有许多人认为“人类是地球的主宰”、认为人类可以肆意从环境中索取一切需要的物质。正是由于这种错误思想的存在，使人类在历史上出现了数不胜数的破坏环境的行为。无论是新课标人教版中“生物圈是人类和其他生物的共同家园”，还是苏科版“生物圈是生物生存的唯一家园”的观点，都是所有人应认识到并为之努力倡导的思想观念，因此在生物课堂教学中让学生具备这种基本观点是具体开展环保活动的重要前提。

在苏科版七年级上册生物教材中“生物生存的家园——生物圈”一课的教学中，我利用生物圈Ⅱ号失败的实例，与学生一起交流、讨论与分析，使学生认识到只有地球这个生物圈才是我们人类和其他生物共同生活的家园，也是唯一的家园。接着提出问题：“就是这样一个美好的、充满着生机的生物圈，却遭受到人为的各种各样的破坏，使得她伤痕累累、面目全非，你们知道都是哪些方面的破坏作用呢?”在学生的踊跃表达中，诸如大气污染、水污染、荒漠化、激素污染、光污染、土壤污染、噪声污染等全都被学生们列举出来，并分析得极透彻。对此，我趁热打铁地让学生想出保护生物圈还她以美丽的面孔的办法。在学生热烈的讨论与分析后，我与学生一起交流：“我们的生物圈是不能替代的，是人类和其他生物的唯一家园，我们作为生活在生物圈中最高等的生物更应该珍惜我们的生存空间，更应该有意识地保护我们的生物圈。”这样既能够使学生形成对“生物与环境”的整体认识，又能够让学生形成“生物圈是人类和其他生物的共同家园”的基本观点，认识到生物圈的不可替代性。

二、抓住课前“共享时间”，让学生具备关心环境动态的意识

当今社会各种媒体非常先进，差不多每天都

会有关于环境保护方面的报道，如世界各国保护环境的新举措、当今社会人类活动对环境造成的影响、人类所面临的各种重大问题等方面的消息。因此，每节课后，我适时提醒学生主动通过报刊或网络关注环保动态，定期了解这方面的信息。再在下一节课前的“共享时间”环节中，让学生将查找到的有关环保动态说给大家听，与大家一起分享。这对于学生来讲是很有必要的，既可以使他们了解发生在身边的有关环境保护的大事，又鼓励了学生对某些问题形成自己的观点，发表自己的看法，提出自己的建议。

三、结合教材的内容进行适当拓展，让学生具备从身边的小事做起、保护环境的意识

对学生进行环境保护的教育，不能仅停留在让学生明确保护环境的重要性上，还要通过教育让学生能够真正视环境保护为己任，在平时的生活过程中能够自觉自愿地留意身边的小事，留意自己的言行，尽量减少对环境有不良影响的行为，并且能够向身边的亲友宣传环保的重要性。

在教材中有些内容虽然与环保有关，但并没有具体的例子，而且篇幅也不够大，因而在教学中可以做适当的拓展，培养学生的环保意识。如在讲授“生物圈是生物生存的家园”这部分内容时，当学生谈到了水污染及浪费水的事例时，我除了讲清楚水域环境保护的重要性之外，还列举了我国人均水资源占有量仅相当于世界人均水资源占有量的1/4；在全国600多个城市中，有400多个城市供水不足。我区拥有水资源10.5亿立方米，人均占有量不到200立方米，仅次于天津市，位列全国倒数第二，银川市已被列入全国100个严重缺水城市之一。目前，银川已探明水资源只能满足120万城市居民工业和生活用水，如果城市人口发展到150万～300万人，水资源紧缺将成为制约城市发展的“瓶颈”。给学生以直观印象，同时告诉学生如何节约用水，如洗澡时尽量洗淋浴，洗手时在打肥皂时应该将水龙头关掉，用淘米水浇花，用洗过衣服的水冲厕所等等。这样既使学生了解了目前我国和我市水资源缺乏的现状，又使学生知道了应该如何从身边的小事做起节约水资源。

在日常生活中像节约用水、不乱扔废旧电池、垃圾分类放置等这些行为不过是举手之劳，只要稍加注意，就是在进行保护环境的工作。只有让学生具备这种日常生活中的环保意识，能够自觉地在行动上得以体现，我们的环保教育才是卓有成效的，才真正落到了实处，对于学生个人将来一生的发展，对于人类社会的文明进步，对于保护我们唯一的生存空间，都有着重要的作用。

四、布置不同形式的作业，以强化学生的环保意识，具备保护环境的责任心和使命感

在日常教学中可以通过让学生做一些探究、调查、资料收集、制作环保手抄报等方面的作业。提高他们的环保意识。在讲到“人类活动对生物圈的影响”时，我让学生回家收集有关人类活动破坏生物圈的例子；在讲到动物部分的内容时，我让学生课下调查由于人类活动而灭绝或数量急剧减少的稀有动物。这样的作业既能够培养学生收集资料、获取有用信息的能力，又能够让学生在做作业的同时强化环保意识。

在查找资料的同时，学生也通过各种方式了解了在人类文明的发展史上人类对环境的破坏情况和我国目前面临的环境问题，让学生具备保护环境的责任心和使命感。如人类在发展过程中有许多因为对自然界认识不足，过度放牧，过度砍伐森林，掠夺性开采自然资源，随意捕杀野生动物，不适当引进物种以及大量排放污水、废气、固体废弃物等使生态环境或生物圈遭到破坏的事例：日本的水俣病事件，伦敦烟雾事件，我国科尔沁草原因为过度开荒变成沙漠，我国长江、黄河中上游因为乱砍滥伐造成严重的水土流失，许多野生动物因为人类的捕杀而灭绝，我国引入的水葫芦造成过量生长，太空中垃圾数量不断增多等等。

在教学过程中结合不同的教学内容，采用不

同的教学形式，将这些人类自己做的傻事、酿造的苦果甚至是自己一手制造的悲剧，或告诉学生，或由学生合作学习得知，可以让他们深切体会到自然界中的资源并不是取之不尽、用之不竭的，让他们认识到人类如果过分注重自身利益，不加节制地从自然界中索取各种资源必将破坏生态平衡，人类也最终会受到自然界的报复。地球只有一个，破坏自然进程、破坏生态环境的后果必然是毁灭人类自身。

综上所述，在生物课堂教学中适时地进行环保教育，使新一代的中学生能够真正具备保护环境的意识、责任心和使命感，是我们每一位生物教师的职责所在。因此，在今后的实际教学过程中，努力使学生把书本知识和生活实际结合起来，让学生与社会沟通，与世界沟通，让学生学会关心环境的变化、树立自然、社会和谐统一的可持续发展观点，才能真正使学生为保护环境，保护我们生存的家园和美化家园做出贡献。

浅谈在素质教育中如何进行环保教育

中山市三乡镇雍陌小学肖燕颜

为全面贯彻党的教育方针，贯彻可持续发展战略和科教兴国战略，落实《全国环境宣传教育行动纲要》，进一步推进青少年素质教育和学校精神文明建设，加大学校育人环境建设力度，积极开展环境教育，使素质教育和环保教育很好的结合起来。

我们都知道：地球是人类的摇篮，是我们生息繁衍和发展的地方。人类在发展过程中，原本可以把大自然改造得更加美好，由于种种原因，人们在环境和资源问题上出现盲目的、缺乏自觉性的行为，使资源遭到破坏，环境受到污染，对人体健康产生了不利影响，给地球的生态平衡带来了破坏。环境问题引起了全世界的关注。青少年是未来的主人，是人类的希望，保护环境的重任将落在他们身上。因此，对小学生进行环境保护教育是势在必行的，也是具有深远意义的。

一、开展实践活动，养成环保行为

课堂教学是主渠道，课外教育是延伸，要让教育取得实效，必须以多种实践活动作为载体，最终落实到行为习惯的养成上。下面我来谈谈我们学校的做法。

我们学校积极开展环保活动，推进学校素质教育工作。学校环境教育的目的是：（1）普及环境知识；（2）提高环境意识；（3）参与环保实践；（4）学会环保动手技能；（5）形成科学的工作态度。

（一）学校环境教育工作原则

1. 教育的群众性工作。我校始终把环境教育的重点放在“群众与普及”之上，面向全体学生，教育他们从小学习和遵守国家颁布的《环境保护法》。当然，学习环保科学与学习数学、语文等其他学科一样有其共性，也有其个别差异，即部分学生可能对这门学科产生特别的兴趣，并表现出某些个性特长。我们同样可以像其他学科一样对这部分学生实施“因材施教”的个别化教学计划，培养和发展他们的特长。在这些环境教育积极分子中，一些学生不仅在各项竞赛中取得了优异的成绩，而且还有不少学生把将来从事环境保护工作作为自己毕生的事业。

2. 师资激励性原则。要使环境教育不断引向深入，必须依靠教师，发挥教师的主导作用。学校积极引进和培养教师，加强对环保工作的指导。

（二）学校环境教育活动形式

1. 走向社会开展实地考察。根据环境教育的特点，组织学生参加环保实践是搞好环境教育的关键，也是涌现一批英才学生的必由之路。由于学生平时课程多，所以除了利用休假日以外，学校还在寒暑假集中组织学习考察。

2. 面向广大学生进行宣传活动。环境教育的根本目的是要使广大学生接受环境教育，从而达到“意识、知识、态度、技能、参与”的培养目标。所以我校始终把广大学生作为宣传教育的主要对象。此外，学校每年在“植树节”、“爱鸟周”、“地球日”、“环境日”、校“科技节”等活动时期，组织一定规模的宣传活动。班级以环境为主题，用小品、相声等文艺表演形式，表达同学们对生存环境的关注和保护环境的愿望。

4. 组织参与各类环境知识竞赛活动，环境知识竞赛的成绩反映了学生环境知识的基础和实际操作的能力，也激发了学生热爱环境科学的兴趣。

二、思想品德课是对学生进行环保教育的主阵地

保护环境这一教育内容在整个小学思想品德课中都有。低年级有爱护花草树木，保护环境卫生。如第2册中有《爱护花草树木》、《保持环境卫生》。作为二年级思想品德课的任课老师，我在教学本课内容时，先让学生谈一谈自己周围的环境，让学生有一个初步认识，明确现在的环境状况，初步明白保护环境的重要性；再利用书本导语导入，进一步明白保护环境是十分重要的。明确自己的生活与周围的环境有密切的联系，保护环境就是保护自己的家园。在课文最后，讨论了“作为祖国未来的主人，小学生应该怎样爱护我们周围的环境”这一问题，让学生知道从小应该增强环保意识，自觉保护环境卫生，爱护山林绿地和珍贵的动物，培养学生积极参加保护环境的公益活动的意识。

在思想品德课的教学中安排有关环境保护的教学内容，有利于学生从小培养环保意识，有利于学生增强参加环境保护公益活动的意识，有利于提高学生保护环境的自觉性和责任感。

三、班主任工作是对学生进行环境保护教育的主要途径

小学班主任要为儿童的品德、学习、生活、心理、交往等各方面进行全面的指导，这样才能做到循循善诱、诲人不倦。除此之外，对学生进行环保教育也是非常有必要的。

1. 对学生加强爱卫生、爱清洁的教育。

保护环境卫生是环境保护教育的一个方面。对学生进行卫生教育是有利于增强学生的环保意识的。我要求学生能做到：保持学校、教室及周边地区的环境卫生；看见废纸、果壳、垃圾能主动拾起，放入垃圾箱；看见有乱丢、乱扔现象及时制止等。经过长期教育，学生逐渐养成良好的卫生习惯。

2. 对学生进行爱护花草树木的教育。

爱护花草树木是环境保护的一个基础。如果连这些都不能做到，又怎么能去保护环境呢？作为一个低年级的班主任，要要求学生养成一种良好的习惯：不折一根枝，不摘一朵花；看见有破坏绿化的现象主动制止。习惯是逐渐养成的，几年来，学生们的良好习惯受到了同行的称赞和社会的好评。

3. 发动学生打扫社会卫生。

我校处于一条交通要道的旁边，在学校的旁边有许多小店。因此，垃圾产生的较多，乱贴现象比较严重。为此，学校专门组织学生在班主任的带领下，上街打扫卫生，经过同学们的努力，校门口的垃圾减少了，乱贴现象不见了，还发动学生上街宣传，提高公众的卫生意识，美化村子环境。

对学生进行环保教育是一项长期艰巨的工作，需要每一位教育工作者常抓不懈。

让绿色种子在幼小的心灵发芽长叶

广东省江门市紫茶小学李超英

我校在2001年被评为广东省绿色学校后，继续实施“环境教育要孕育人文精神”的办学理念，以校园为主阵地，结合当地人文地理环境，从课内到课外，从校内到校外，进一步抓好环境育人工作。一方面以教材为辐射，拓展环保教育资源，让绿色之风吹遍校园每一个角落；另一方面积极

创新活动载体，放手让学生开展自主体验教育活动，用人文精神陶冶学生，促使他们在实践中自我完善，自我发展。通过一系列的有效活动，增强了学生的环保意识，让绿色种子在幼小的心灵发芽长叶。

一、发掘教材资源，情系环保建设

在小学教材中，特别是语文教材，蕴藏着许多对学生进行环保教育的因素。我们非常珍惜这样的教材，充分拓展这些教材的绿色空间，把学科教育与环保教育有机地结合起来。比如，在自然课上，教师把学生带到学校的生物园里，认识各种植物的生长特点，了解各种小动物的生活习性，拉近城市孩子与植物、动物之间的距离，培养他们爱护植物、珍爱动物的情感，从而“尊重生命，热爱生命”。教学《草原》、《桂林山水》、《鸟的天堂》等赞美祖国自然风光的课文时，则引导学生一边欣赏课文中所描绘的充满生机、和谐美好的大自然景象：湛蓝澄亮的天空、翠绿环拱的山林、清澈见底的江水、百鸟和鸣的榕树……一边让学生观察眼前备受污染的自然景观：灰霾密布的天空、暗淡褪色的山林、浑浊发臭的江水……让学生在鲜明的比照中产生环境忧患意识。在综合实践活动课里，教师带领学生走出繁华喧嚣、高楼林立的城市，来到范围日渐缩小的郊外，让学生切身感受到资源、环境容量是有限的，经济发展和人类生存环境的保护之间的确存在矛盾，从而进一步认识到环境保护和生态建设的重要性和迫切性。去年，高年级的学生举行了一次题为“追忆绿色家园”的社会调查活动。孩子们把目光聚焦在市容建设上，纷纷走上街头，拍下了一张张社区、公园、道路的照片，然后从长辈那里取来几十年前当地原貌的旧照，进行今昔对比，统计绿色土壤被占用的数据。他们还把这些资料陈列在橱窗上，那一张张扣人心弦、对比强烈的照片，那一组组触目惊心的数字，在幼小的心灵荡起涟漪，化成一个拂之不去的问号：以牺牲环境资源为代价的高速度建设，是社会文明的表现吗?

教育是多样性的，教育资源是可以有目的地开发的。只要在课堂上留一席空间作为环保教育的拓展，就能促发学生关注环境的情愫，从小立志环保建设，培养良好的环保意识。

二、“绿化”校园墙壁，加强环保宣传

学生每天与校园墙壁擦肩而过，与校园墙壁深情对视。让校园墙壁形成绿色墙垒，使之成为教育学生、培养学生环保意识的阵地，是我们抓好环境教育工作的有效举措。首先，我们在教室前方的围墙上种植花草，实行门前“三包”：包种活、包浇水、包剪修。把养植花草的任务落实到每个班级，让每一位学生都承担起管理、呵护花草的责任，从中体验崇高的生命情感。每隔一段时间评选“环保使者”，大力表彰用实际行动爱护绿色的班级和个人。再次，我们在主楼的墙壁上定期张挂醒目的环保标语，如“只有一个地球，请让我们珍惜我们赖以生存的环境”“我们呼唤蓝色的天空，我们呼唤绿色的江河”“自然界中的一切事物，只有水最珍贵”。其它墙壁，我们都把它规划为班级墙报，环保橱窗。在墙报上张贴环报宣传画、环保征文、有关环保的倡议书、方案、规划、书信等，在橱窗上展示废物变生活、学习用具的手工制作和师生共同发明的节能物品。

走进校园，绿树成荫，繁花点缀。面面墙壁，都是温馨的话语，都是警醒的启示。潜移默化中，学生提升了环保意识，增强了社会责任感，激发起主人翁精神，更加奋发努力学习，综合素质得到提高。绿色文明的倡导，把我校的素质教育推向高潮。

三、开展“三察”活动，提升环保意识

为了增强学生的环保意识，我们在中、高年段成立“红领巾环保监督哨”。负责察看水质，观察气温，观察植物，并把观察结果在环保宣传专栏公布。

察看水质：该小组成员在环保局有关人员的指导下，每周星期六到江河采集水样，分析水质情况，并密切观察周围环境与水质的直接关系。

观察气温：该小组成员负责每天测量气温，作好详细记录，并且与去年当天的气温作对照，

观察之间的差异情况。

观察植物：该小组成员利用节假日，到公园、绿化带、游览区观察植物的生长情况，并从数量、颜色、生长状态等方面做好记录。

每次观察结果公布之后，总会在学生当中引起热烈反响。发现水质标准指数底下，学生会三五成群地沿着江河两岸查巡，看看哪儿又非法增加了排放污水的管口，并把有关情况及时向环保局汇报，以便及时整治，确保水源清洁。发现气温出现反常现状，大家共同分析原因，并商讨对策。去年冬季，平均气温比往年偏高。同学们发现这种情况后，经过分析论证，一致认为是温室效应造成的。于是，纷纷联名写信给市长，要求市长向市民反映他们的心愿：空调机升高一度，每天少用两小时；少用私家车，多坐公交车和多步行；严格控制工厂排放废气。有个班的学生发现他们常去活动的某个公园的绿化失去了往日生机，被蒙上了厚厚的灰尘。查实后，发现元凶是附近那间新建工厂排出的废气。乌黑的浓烟一拨一拨地往公园方向跑，那里的绿化当然被“染色”了。同学们立即打电话找厂长反映情况，第二天向该厂递上了建议书。工厂的负责人和技术人员被同学们的执著精神打动了，马上投入到优化排气系统的工程建设里去。不久，那个公园又恢复了生机。

“红领巾环保监督哨”开展的“三察”活动，有力地推动了我校环境教育工作的进展。同学们对环保的深刻认识，已化作了自觉的环保责任感和环保行为，同时也影响着社会的环境改善，树立了学校的良好形象。

四、实行“两拉”结对，同当环保卫士

学校的绿色氛围，培养了学生保护环境的自觉意识。在少先队专题活动月中，学生自发组织起“小手拉小手”和“小手拉大手”活动。6月5日世界环境日那天，少先队员携手结队走进幼儿园，开展“小手拉小手”活动。他们牵着小朋友们的小手给他们讲述一个个真实、扣人心弦的环保小故事，手把手教会小朋友们实行垃圾分类，把自己用生活垃圾制作的精美物品作为礼物送给小朋友们，还通过表演节目、做游戏、有奖问答、合作绘画等方式让小朋友们记住世界水日、世界环境日、我国植树节等特殊日子，对小朋友们进行水资源和环境保护教育，让小朋友们早日加入到他们保护环境、节约资源的行列中去。

在家里，他们与家人有声有色地进行“小手拉大手”活动。不少学生赢得家长的支持，一起学习《环保手册》、《环境》、《珠江环境报》等杂志刊物，制定“家庭环保倡议书”，限定每月水、电、煤气的用量，制止家庭成员吸烟。拥有机动车辆的家庭，孩子与家长约法三章：少动车，多走路；勤检修，确保尾气排放标准；多付钱，购买清洁汽油；逾期车辆，及时报废。近几年，“大气灰霾”现象不断出现，而且持续时间越来越长，孩子们对人类生存环境的担忧又加深了一层。他们与家长一起查找资料，研究当地灰霾的来源，灰霾颗粒的组成物质，灰霾对人们的危害情况，攻克“大气灰霾”的对策。有些学生把研究过程和结果编成册子，送到当地环保局，引起了有关部门对当地环境的高度关注。

最近，有个班的学生与家人一起又开展了“四不用”活动：不用一次性筷子；不用一次性饭盒；不用一次性水杯；不用塑料袋。他们要以实际行动影响身边的人，大家共同节约资源，保护资源，杜绝污染。

百年大计，教育为本。教育精神，以人文本。学校贯彻绿色教育，充分体现以人为本的原则。如果在自然资源日益贫乏、生态环境日趋恶劣、人与自然严重失调的生存背景下无视环境因素，与学生大谈人类进步与文明，那是极不明智和不切实际的。环境的发展应与教育同步。保护环境，应该成为孩子成长过程中不可或缺的基本素质之一。构建和谐校园，就应创设有利于培养学生环保意识的绿色环境和绿色学习氛围。

万紫千红总是春

——中学生环保教育探讨

银川市第二十四中学郑云风

环境是人类生存的基本条件，是人类赖以生存的摇篮。当今人类以其高速发展的科学技术改造世界，推动了社会的进步，同时也给自身带来了环境污染的恶果，生态环境日益恶化，刺耳的警钟声在我们的耳边长鸣，为了人类的世代生存、种族繁衍，保护环境已经成为我们迫在眉睫的任务了。在环保教育方面，中学生物课程基于学科原因，应当责无旁贷地承担起对中学生的环保教育任务，在多年的教学实践中，我通过以下几个方面的教学活动，来完成此重要任务。

一、不同形式的课堂渗透

1. 数据震惊式：数据最能说明问题，如：1公顷林地可以比裸地多储水3000立方米，1万亩森林的蓄水能力相当于一个100万立方米的水库，1998年的长江中下游特大洪水，就是由于长江上游的森林覆盖率已由建国初期的30％～40％下降为10％左右，从而使水土严重流失造成的；目前全世界的森林正以每年1800万公顷的速度从地球上消失。这些数据极大地震撼了学生，也让学生深刻地理解了大量毁坏绿色植物就是毁灭我们赖以生存的自然环境，也由此认识到，我们要热爱大自然，保护森林，增强保护环境的社会责任意识。

2. 眼见为实式：单一的说教和劝告会使学生怀疑、厌烦，自己动手，眼见为实会触动他们的心灵。资料显示，我国是电池生产和消费大国，全国约3.66亿个家庭，约需电池44亿只，电池中含有大量的重金属——锌、铅、镉、汞、锰等，据测试，一只纽扣电池能污染60万升水，一节一号电池在土壤里能使1平方米的土地失去利用价值。如果学生对电池危害的认识停留在资料上，就不一定会积极参加废旧电池的回收活动了，但是通过用稀释的废电池浸出液浇花，就会亲眼看到废电池的危害了。另外在“酸雨对生物的影响”实验中，学生通过模拟酸雨对植物幼苗的伤害，充分领略了被称为“空中死神”的酸雨的危害性，更进一步加强了参与环保的决心。

3. 探究学习式：学生利用教师提供的资料和自己多方搜集的资料，在课堂上设计探究活动的方案，课下实施探究计划，并进行记录，再次上课时可在全班范围内分组讨论、交流，最后总结，得出正确的结论。又如《通过调查城市居民的环保知识，探究如何提高人们的环境保护意识》，学生经过分组讨论，提出了问题，作出了假设，设计了调查表，制定了计划，并在课下实施了计划，得出了结论，还在全班范围进行了交流。这种学习方式给予了学生很大的学习空间，发挥了学生的学习自主性，也使学生主动地走入了社会，带着兴趣到生活中去探究，有利于学生发现问题、思考问题等能力的培养。

二、多角度的课外活动

1. 制作生物角：在教室的一角空间中开辟生物角，种植各种花草，包括自配无土栽培培养液，进行植物的无土栽培，并将生物角设计成立体绿化的形式，分组对角内的花卉进行养护。学生通过这一活动，学到了培植花木的知识，锻炼了动手及分工合作的能力，增强了关心最新生物科技动态的意识，陶冶了性情，加强了责任感和自信心，同时也改善了教室内的空气质量，一举数得，很受师生欢迎。

2. 定期出版手抄报、板报、墙报：一些生物学方面的热点问题、环境污染最新报道、治理环境污染的科技动态、新环境保护区域的设立等知识可作为此三报的主要内容，这样不但开拓了学生的视野，增大了知识面，提高了学习兴趣，同时也有利于环境保护知识的普及。

3. 举行主题班队会：以环保的知识为主题，由学生自己主持班队会，课前做好准备，课上用演讲、新闻发布、小品、相声、朗诵、播放自拍

DV等丰富多彩的形式，宣传环保知识，进行自我环保教育。如表现森林被砍伐，小鸟无家可归的小品《我家在哪里?》，被同学们选为最佳作品，受到大家的好评。

4. 其他方面：①鼓励学生积极参加有关部门举行的知识竞赛、征文等活动；②利用网络、百科全书进行自学；③制作鸟巢、饲养台并悬挂在树上，经常观察及添加饲料；④参与校园绿化，分班管埋校园绿化带；⑤学习相关的法律法规知识，如：《森林法》、《草原法》、《野生动物保护法》、《环境保护法》、《海洋环境保护法》等，通过学习，增强了法制观念，提高了抵制破坏生态环境行为的意识，学生成了一个个小小的法律宣传员，义务向周围的亲友、邻居宣传环保法律知识，让更多的人认识到“我们生存的家园——地球只有一个，让我们共同来保护它吧”。

三、联系生活实际，进行环保教育

1. 垃圾的简单分类与处理——我的责任：人们在日常生活中会产生各种垃圾，目前，处理这些垃圾的方法主要有填埋、焚烧和回收利用三种。填埋垃圾会使垃圾中有害的化学物质渗入土壤和地下水，垃圾填埋场会成为持久的污染源，填埋垃圾等于是在填埋定时炸弹；焚烧垃圾时产生的热量可以用来发电、供暖等，但也会对大气产生污染；对垃圾进行废物回收利用，是一种很好的环保型的垃圾处理方式。专家认为，垃圾是现在地球上唯一在增长的资源，也是放错了地方的资源。如果能够把垃圾分类，则任何东西都有可能被利用。如废金属、玻璃等可以熔化后再利用，这样能够节省能源，减少冶炼矿石带来的污染；回收利用纸，对环境保护的意义更大，因为用废纸每制造1立方米的再生纸，就等于保住了17棵树；塑料回收后，也可以制造成再生塑料产品使用，废塑料还可以变成原油，再从中提炼出柴油、汽油供人类使用。学生了解了这些知识后，通过讨论和交流，认识到我们每一个人都是垃圾的制造者，我们应该负起责任，做我们能做到的事。如将垃圾分类，现在大多数居民区都设有分类垃圾桶，倾倒垃圾时要分开丢弃；还有就是可将厨房垃圾切成细小的碎块，掺入5～7倍的土壤再放入几十条蚯蚓，并保持湿润，过一段时间就会成为优质的肥料土，可作为盆栽或绿化园地覆土。此外，掺有土壤的厨房垃圾还可用于堆肥，也能成为优质肥料土。

2. 控制纸张和一次性筷子的消费——我的习惯。作为学生，每天要使用许多纸张，如果养成节约用纸的好习惯，充分利用每一张纸，遇到节日不使用贺卡，同时废纸要集中到一起回收，不要随意丢弃，习惯成自然，将会间接地保住树木，保住森林。对于一次性筷子的消费也是如此，要提倡外出用餐时尽量不使用一次性筷子，同时呼吁有关部门控制一次性筷子的生产，作好一次性筷子的回收处理。

3. 节约用水——从我做起：水是生命的源泉，我们每个人每天都离不开水，但摆在我们面前的严峻事实是：我国水资源总量居世界第6位，而人均水量却居世界第172位，只相当于世界人均占有量的1/4，美国的1/5，加拿大的1/48，我国城市供水不足问题日益严重，缺水城市近300座，城市地下水超采严重。为此，我们组织学生进行专题讨论，找对策，想办法，做我们力所能及的事情，如：用两个大一些的储水桶将洗菜、淘米的水储存起来用于冲洗马桶、浇花，将洗脸、洗手的水集中起来用于洗衣服、拖地板等，事情虽小，贵在坚持，更重要的是使学生潜移默化地产生忧患意识，进一步明确可持续发展的概念。

今天的学生中就有明天的企业家、政治家，企业的环境意识强弱对我国的环境保护起着决定性的作用，如有些企业对环保部门的执法检查持阳奉阴违的态度，迟迟不肯对企业排放的废水、废气进行处理，为了企业的小利益而不顾国家乃至全人类的大利益；而政治家的环境意识又会直接影响其制定各种政策时的环保态度，如可能只注重短期利益而忽视取得利益时带来的破坏环境问题和资源浪费问题等。所以，今天我们对中学生进行环保教育，等于进行教育投资，十年、二十年后我们会得到极大的收益。

加强环保意识，构建和谐校园

——郑州市第十一中学环境保护工作情况介绍

一、学校简介

郑州市第十一中学，始建于1953年，原名“河南省郑州第三高级中学”。1958年全市中学统一排序，更名为“郑州市第十一中学”，1961年被确定为市属重点高中，2002年被评为郑州市首批示范性高中，2005年被评为省级首批示范性高中。学校现有74个教学班，学生4000余人，在职职工320人。学校文化氛围浓郁，育人环境优雅，校园内四季常青，鲜花锦簇，绿树成荫，清洁优美。校园占地总面积298亩（其中新校区252亩），建筑面积108046m²（其中新校区82999m²）。

学校本着“对学生负责，让家长放心，使社会满意”的办学思想，坚持“和谐发展，育人为本”的办学理念，“教学高质量，人才高素质，学生有特长，办学有特色”的办学目标，始终贯彻“求有知健体，达喻事明理”的校训，坚持“三严”治校的原则，取得了令人瞩目的成绩，多次受到上级领导部门的表彰和奖励。学校先后被授予全国首批绿色学校、全国教育工会先进集体、国家级贯彻《学校体育工作条例》优秀学校、全国推行《国家体育锻炼标准实施办法》先进单位、河南省先进基层党组织、河南省首批文明学校、河南省德育工作先进集体、河南省“为人师表、育人楷模”先进单位、郑州市首批示范性高中、郑州市首批文明学校、郑州市首批文明标兵学校、郑州市首批职业道德建设“十佳”单位、郑州市教育科研先进单位等多种荣誉称号。由于学校高考、会考、学科竞赛成绩突出，连年来受到上级主管部门的表彰，是郑州市唯一一所连续14年荣获“高中教育教学先进单位”的学校。

为满足越来越多的学生上优质高中的需要，2002年，郑州市第十一中学被市政府确定为首批扩大办学规模的优质高中。2005年秋，教学楼、图书馆典雅庄重，艺术馆、体育馆大气磅礴，设施先进、功能齐全、环境优美的新校区投入使用。郑州市第十一中学将永远面向现代化、面向世界、面向未来。我们争创中华名校的目标一定会实现。

二、实施计划

计划一、节约用水

（一）原因分析

我们提出的实施计划是节约用水。

①水带给人类生命和生活，而地球上可供人类使用的水资源却非常有限，人类应该珍惜珍贵的水资源。

②师生的节水意识不够强，管理疏漏，方式欠缺，造成校园里水资源的浪费。

③新校区教学楼三栋、宿舍楼三栋、实验楼三栋，建楼时，厕所安装的是自动水冲式水箱，共计150个。每个水箱大约10分钟就要冲水一次，水资源的浪费非常严重。

为了解用水状况、采取节水措施，同时帮助师生树立节约用水的意识，总务处、政教处对我校用水状况和同学们的用水意识、用水习惯开展了统计和调查。

（二）调查结果

1. 每月用水情况

日　期（2006年）	3月	4月	5月	6月	9月	10月
用水量（吨）	5277	6293	5639	8137	7494	6190

2. 发放问卷1456份，收回1450份，统计如下：

学生反馈信息	百分比
能够认识到水资源的重要性，有一定的节水意识	80%
认为水资源取之不竭、用之不尽	5%
认为同学们用水习惯还需加强	20%

通过调查结果可以看到，同学们的节水意识

还有待于进一步加强。

（三）节水措施

1. 成立组织

为使节水计划落到实处，我们成立了以校长为组长、行政校长为副组长，政教、总务及有关人员组成的领导小组，并将节水工作分成不同的责任区，每个责任区具体到人，形成既有组织领导、又有明确分工的节水工作机制。具体分工如下.

节约用水工作分工表

序号	责任区	负责人
1	全面工作	刘金荣
2	师生宣传、教育工作	马彦昌
3	设备改造	窦全军
4	各项数据统计工作	杨海艳
5	设备维修工作	曹光明

2. 宣传动员

为增强全体师生的节水意识，加强节水观念，学校开展了4个活动。

①发出一封倡议书。校工会、团委、学生会联合向全体师生发出建设“节约型校园”倡议书；

②开好一个主题班会。各班以“珍惜资源，节约用水”为主题召开班会，组织同学们认真讨论；

③在校园内张贴和悬挂宣传标语。如“保护环境，爱我校园”、“水是生命之源，请节约每一滴水”，为培养学生养成良好的节水习惯创造好的氛围；

④通过学校“校园之声”广播站向全体师生发出号召，鼓励大家为节约用水出谋划策。凡被采纳的建议，学校都给予一定的奖励。实行全员参与，掀起人人受益的高潮。

3. 实施办法

①自动冲水式水箱虽然方便卫生，但每10分钟就冲刷一次，浪费水电。经总务处多方市场考察、研究、设计，对原有水箱进行了改造，改造成了手动式水箱，由保洁人员定时开关（每天约9次），达到了节水目的。

②水箱、水龙头的管理、维护责任到人，进行定期检查，发现阀门滴漏、水龙头损坏等情况及时进行维修和更换。

经过以上节水方案的实施，每月总用水量下降500吨。

4. 节水实施计划

措施	目标	指标	活动	负责人	时间安排	优先级
改造厕所水箱	加强组织领导增强管理者的管理意识	每月节水500吨	召开动员会阐明节水重大意义	刘金荣	2006年11月20日～30日	优先
	节约资金，培养师生环保意识		改造水箱（包括设计方案、申报、购买、安装、验收等程序）	窦全军	2006年12月1日～10日	
宣传动员	减少用水量和污水排放		通过各项活动，掀起节约用水高潮	马彦昌	2006年12月1日～30日	优先
	完善管理		维修工作责任到人	曹光明	2006年12月～2007年5月	
备注						

5. 措施计算

经济分析：节水				
标准	公式	数据	所需信息	何时
每年的NPO	每月浪费的水×月数	500×12＝6000吨	总务处	当年
每年实际成本	单价×NPO总量	3.05×6000＝18300元		
通过实施措施达到的每年总节约额	单价×NPO总量	3.05×6000＝18300元		
通过实施措施导致每年增加的成本	全年改造水箱个数×单价	150×60元＝9000元		
每年净节余	总节约数额－增加成本	18300－9000＝9300元		
投资	实施措施需要的投资	150×60元＝9000元		
回收期（用月表示）	投资÷净节余额×12	9000÷9300×12＝11.6		

计划二、节约打印纸

我校规模比较大，有两个校区，设立的部门比较多，学校一直坚持“三严”治校，各类档案齐全、管理规范。每年迎接上级的检查非常多，如教育教学检查、创建检查、安全检查等。学校开展的每项活动都要制订实施方案，各类赛事的评比过程、评比结果都要打印并装订存档。每个年级的月考，每个学科的单元测验，每个教师的课堂练习，都需要大量的纸张，这些都是造成用纸量大的原因。

2006年10月底，领导班子研究制定了关于打印纸使用审批制度和打印员工作制度，对打印纸的使用进行严格控制，减少用纸量。本制度从11月1日起开始实行。

（一）郑州市第十一中学打印、复印纸使用有关规定：

根据学校“校园环境管理项目”的要求，为建设“节约型校园”，特制定学校用纸管理规定。

1. 学校各处室打印、复印材料，须经各处室主任审批后，持审批条到文印室印刷；

2. 各年级老师需要打印、复印讲义、卷子，须经年级长审批后，持审批条到文印室进行印刷；

3. 每科教师每周只允许印一套卷子或讲义，每年级每月只允许考试一次；

4. 单元测试卷、期中试卷、期末试卷等用纸尽量用双面打印；

5. 教师个人材料自行打印，不得使用文印室设备。

（二）郑州市第十一中学打印员工作制度

为加强学校管理制度，根据“校园环境管理项目”的精神要求，建设节约型校园，特制定打印员工作制度。

1. 遵守学校各项规章制度，工作态度要严肃认真；

2. 加强业务学习，掌握一定的打印、复印机维护知识，能够胜任打印员工作；

3. 对打印、复印的材料，必须经过审批方可打印，不得超印；

4. 爱护学校的打印机、复印机等设备，对机器的操作要符合技术要求，避免不必要的损失。

（三）节约纸张实施计划

措施	目标	指标	活动	负责人	时间	优先级
节约纸张	1. 增强领导班子管理意识	每月节约5令纸	1. 通过教职工大会讲明节约用纸的重要性	刘金荣	2006年11月1日～5日	优先
	2. 培养教职工的节约意识和环保意识		2. 制定可行的制度	张玉清	2006年11月1日～10日	优先
	3. 节约资金		3. 制定打印员工作制度	张玉清	2006年11月1日～10日	优先
	4. 完善管理		4. 每月统计	沈红	2006年11月～2007年5月30日	一般

（四）措施计算

经济分析：节约纸张				
标准	公式	数据	所需信息	何时
每年的NPO	每月全校可节纸令×月数	5×12＝60令	文印室	当年
每年实际成本	单价×NPO总量	185×60＝11100元		
通过实施措施达到的每年总节约额	单价×NPO总量	185×60＝11100元		
通过实施措施导致每年增加的成本	无	0		
每年净节余	总节约数额－增加成本	11100－0＝11100元		
投资	实施措施需要的投资	无		
回收期（用月表示）	投资÷净节余额×12	立即		

6. 环境效益分析

措施	目标	环境指标	投入物料的效益(数量/毒性)	产品和非产品产出的效益(数量/毒性)	经销和供货方面的效益	遵守法律法规、满足用户需求和公众意见方面的效益	学校外部的效益	优先级
改造厕所水箱	减少用水量	减少用水量500吨	改造水箱150个	减少用水量500吨/月产品无毒	改造一个水箱需60元，共计9000元	符合法规群众满意	节约水资源减少了污水排量	优先
节约用纸	减少用纸量	减少用纸60令		节约资金		符合法规群众满意	节约资源减少浪费	优先

7. 组织管理效益分析

措施	目标	组织管理改善的目标	日常工作方面的改善	确定工作责任方面的改善	积极性和沟通方面的改善	文件化工作的改善	优先级
改造厕所水箱	培养师生的节水意识，节约水资源	管理意识加强	每天检查，责任到人，及时反馈	提高工作人员的责任心	提高教职工的积极性，加强部门、师生之间的沟通	完善了管理制度积累了数据资料	优先
减少纸张浪费	节约纸张	管理意识加强	每周检查责任到人	提高工作人员的责任心	加强各部门之间的沟通	完善管理制度	优先

绿色化学与微型化学实验

浙江桐乡高级中学张锦松

[关键词] 绿色化学　微型化学实验　环保意识　环境污染

绿色化学又称环境无害化学，是新世纪化学发展的方向和议题。世界各国都在进行绿色化学的研究，并注重绿色化学的发展与教育。绿色化学是设计研究没有或尽可能小的环境副作用的、并在技术上、经济上可行的化学品和化学过程。绿色化学是以绿色意识为指导，以最终杜绝化学污染源，实现绿色化学为最终目标。绿色化学的最大特点在于它是在始端就采用实现污染预防的科学手段，因而过程和终端均为零排放和零污染。因此绿色化学是人类和自然和谐的化学，是面向新世纪提出的化学新概念，同时它也为化学教育教学提出了新的课题。在我国，化学工作者虽然做了大量与绿色化学要求相一致的工作，但绿色化学研究刚刚起步，绿色化学具有何种现代内涵，对人类社会发展有何种意义，仍不完全为广大化学工作者所了解。很显然，作为化学教育工作者，特别是中学化学教育工作者，如何面对绿色化学新概念、新思想、新要求，在实际教学中，结合当前素质教育，把绿色化学教育贯穿于中学化学教学的全过程之中，是一个新的研究课题。

微型化学实验是20世纪80年代初在美国几所高等院校基础有机化学实验室里试验成功的。此后，这种方法和技术得到迅速推广。微型化学实验一般是指采用小型或微型的实验装置（或者用替代品）、极少量的化学试剂（通常是常规实验试剂用量的几十分之一到几千分之一）进行化学实验的一种新技术。通过对常规化学实验装置的小型化设计，化学试剂常规用量少量化的改造，达到减少资源消耗和化学污染的目的。因此，微型化学实验符合绿色化学中不用危险品（Reject）、减少用量（Reduce）、循环使用（Recycle）、回收利用（Reuse）、再生（Regeneration）的“5R原则”。

中学化学教育是培养高素质人才的一个重要组成部分，它的目标主要是普及化学知识和能力的培养。中学化学教育是普及化学知识的开始阶段，如何把绿色化学知识融合在化学教育过程中，使绿色化学成为21世纪化学教育的重要有机组成部分，对于化学工作者来说是一个新的挑战。下面就如何把绿色化学与微型化学实验有机结合起来谈一些粗浅的认识。

一、利用微型化学实验，提高学生的绿色化学意识

微型化学实验中试剂的用量只相当于常规实验的几十分之一到几千分之一。在改用微型化学实验后，因为实验仪器的微型化以及试剂用量的微型化，实验所排放的废水、废气、废渣等污染物数量大大减少，从而对环境的污染大为减少。以往的气体实验不可避免有些气体逸散到空气中，那些有毒、恶臭的气体危害着教师和学生的健康，造成无法控制的空气污染；而用了微型化学实验后，这种状况能达到很大程度上的改变。例如在讲授铜与稀硝酸反应的时候，产生的NO会立即与氧气反应生成NO_2，不易观察现象，且产生有毒气体。教师可以鼓励学生针对这些问题进行改进，将书中的实验改进为注射器实验：事先将螺旋好的细铜丝放入注射器中，吸取稀硝酸，让反应在注射器中进行，产生的气体可以将注射器的活塞顶起，由于注射器内无空气，可以观察到无色的气体，抽动活塞，让空气进入，则可以明显的观察到气体的颜色变化。此实验经改进后，不仅实验现象明显，而且极大地减少了有毒气体的排放。实验微型化、药品微量化使化学实验的排污量大大减少，尾气吸收、尾料和废弃物回收处理也比较容易，因此能减少对环境的污染。更重要的是微型化学本身是一种绿色化学，是对学生环保意识最生动、最现实的教育，能使学生从自身树立起关心自然、关心社会的意识。有利于向学生传播绿色化学的观点，帮助学生学会减量、减废、回收等防治污染的重要方法，使他们树立绿色化学观念、保证人类生存质量的责任感。正确引导并妥善处理化学实验的废弃物（回收、无害化处理），既提高了实验的科学性、实验操作的规范化，又培养了学生良好的实验习惯。

二、以绿色化学思想为指导，培养学生的环保意识

绿色化学的指导思想是：研究和寻找能充分利用的无毒害原材料，最大限度地节约能源，在各环节都实现净化和无污染的反应途径。在此指导思想下，应该解决以下几个问题：（1）从源头制止污染，而不是末端治理污染（2）合成方法应具备“原子经济性”（3）尽量不使用对人类健康和环境有害的物质（4）设计具有高使用效益，低环境毒性的化学产品（5）尽量不使用溶剂等辅助物质，必须使用时，它们必须是无害的（6）生产过程应在温和的温度和压力下进行，而且能耗最低（7）尽量采用可再生原料（8）尽量减少副产品（9）采用高选择性催化剂（10）产品能降解成无害物质且进入自然循环（11）发展适时分析技术监控有害物质形成（12）尽量减少发生意外事故的风险。在此理念下，要大力推广绿色化学，特别是中学化学教育教学，面对的是接受启蒙化学教育的中学生，贯彻绿色化学内涵，推广绿色化学成果显得尤为重要。对现行的中学化学教材实施绿色化学观，是我国广大化学教育工作者义不容辞的职责，绿色化学或许还是一个新概念，但我们所从事的是教育工作，微型化学实验研究和用品开发工作，能与绿色化学要求的保持一致，而在现在推出的化学新教材中也充分体现了绿色化学观。在具体教学中，要建立与绿色化学相一致的概念和意识，从而在课堂上要从不同角度讲解与绿色化学内涵相一致的基本内容。

在素质教育中体现绿色化学思想，既是传播

绿色化学观点的需要，也是培养学生对社会、对将来的责任感的需要，更是培养创新精神的需要。在实施环境教育过程中，一方面要向学生阐明绿色化学的观点、要求，使他们树立起防治污染、保证人类生存质量的责任感；另一方面，结合绿色化学要求，教给学生防治污染的重要方法——减量、减废、回收、再生和拒用等。在实验教学中贯彻绿色化学观点，因为实验教学与绿色化学联系最为紧密、最为直接，使得在实验教学中贯彻绿色化学思想最为重要。因此，为了适应绿色化学的新要求，中学化学实验必须进行一些有益的尝试和改革。在绿色化学的指导思想下大力推行微型实验，即要对常见实验仪器进行微缩，对常用试剂要给出限量，实验中除了可使用已研制成功的井穴板等微型仪器外，还可以把容量瓶、烧瓶、启普发生器等微型化。在微型化带来实验现象不明显时，可借助现代化辅助教学手段把实验结果放大。例如高一《氯、溴、碘的性质、氯离子的检验》、《同周期、同主族元素性质的递变》和《浓硫酸的性质、硫酸根离子的检验》等学生实验。我们用6穴点滴板代替常规试管进行实验：在6个小孔中分别滴几滴氯化钠溶液、溴化钾钠溶液和碘化钠溶液，其中3个小孔做对照组，在另3个小孔中滴入2滴氯水，观察溶液的颜色变化并与对照组比较。再用溴水和碘水代替氯水进行上述实验（如下图）。再如从环境保护角度介绍环境污染、三废、大气污染物、酸雨、温室效应等概念，在介绍概念的同时还要分析有关污染的成因和污染物的主要来源、危害及治理。从减量、减废的角度介绍循环操作、交换剂再生、催化剂中毒等概念。通过微型化学实验的创新和推广，让学生养成一种良好的环保意识是我们化学工作者应尽的义务。

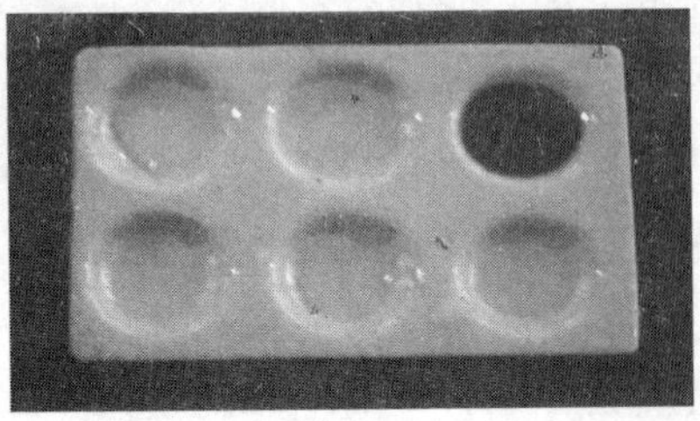

教师作为教育实体，不仅担负着普及、宣传化学知识的使命，而且还应该进行教学科研，对传统的教学内容、方法提出思考，进行改革，使化学教育能够得到发展。为了使化学教育更好地为社会服务，教师应该更新教育观念，跟上时代的步伐，具备绿色化学的意识才会产生积极的行为效果。我国化学教育中存在着思维僵化的问题，许多教师从毕业开始教学，虽然科学不断的发展变化，但教师仍然以老的观念，老的模式教学生，这又如何能够做到绿色化学教育呢？所以教师在备课时，应注意收集有关保护和改善环境的信息，以及与日常生活密切相关的化学污染问题，例如：东京地铁“沙林”事件、严重污染的二恶英事件，广东省的酸雨等。尽量设计好有关实验的内容、方法，对涉及环境问题的实验要注意对学生环保意识的培养，鼓励学生进行绿色化学实验探索，增强学生的绿色意识，体现绿色化学观点，大力推行微型化学实验。

为了我们赖以生存的地球，为了我们美好的家园，为了使明天更美好，为了可持续发展，在广大中学开展绿色化学教育和微型化学实验有着十分重要的意义。

创“绿色学校”，让环境育人

广州市京溪小学

广州市京溪小学，位于广州市白云区，是广东省一级学校，占地12347.5平方米。现有在校学生1932人，在职教职工117人。多年来，在抓好学生科学知识教育的同时，我们还很注重环境教育，从小培养学生热爱野生动物，热爱大自然的高尚情操。环境教育已成为我校的特色教育之一，起步早、发展快、收效大。从环境教育开始之初，我校就特别注重环境建设和环境道德水平的提高，坚持可持续发展的原则，培养学生对环境保护实践活动的主动性，使学生环保小组的活动开展得有声有色，环境道德教育进行得有序有效。

近年来，我校在教学科研和环保教育工作中取得了丰硕成果，我校《“主体·活动·发展”教学体系研究总结报告》在广州市教育科学“十五”规划课题、白云区区域性课题“主体性教育的实验研究”的成果评比，荣获一等奖；先后被评为“广州市爱国卫生模范单位”、“广州市绿色学校”、“红领巾示范学校”、“无烟单位”；“广东省绿色学校”。多次被评为区文明单位、先进集体、绿化先进单位。我校书画组同学参加“全国青少年环保书画大赛”获集体二等奖；环保手抄报获一等奖。2000年我校与广州市动物园签订了“认养省鸟——白鹇”的协议。《羊城晚报》以“为保护野生动物吹响了号角”为题报道了我校开展的这一活动；《环境画报》刊载了我校“认养白鹇协议”签字仪式的照片。2000年9月，白云区教育局在我校召开了“创建绿色学校”的现场会。2001年我校被评为“广东省绿色学校”。2001年我校开展的“蔬菜有机磷农药和餐具大肠菌群的测试”活动，参加全国青少年生物和环境科学实践活动评比获广州市二等奖。我校程凤鸣、邓有彩、赖桂珍等老师在省、市环境保护的有关刊物上发表文章。汪淼、陈郁娥、刘彩凤等一批同学在参加环境教育有关的比赛、评选活动中获得好的成绩。2003年，甘露纯同学的《我和爸妈签个环保协议》在羊城晚报发表，并接受了记者采访，她的《我与环境》征文获市二等奖；还被评为“羊城小卫士”；受聘为“羊城市容环卫小记者”。2003年11月，我校的“认养白鹇”、“爱鸟廊”、“绿色长廊”、“保护野生动物”中队主题活动、“生态园”、“利用废品开展小制作丰富校园文化”等环保活动，先后接受了《中央电视台》、《广州电视台》、《南方日报》等多家媒体的采访报道。2005年10月，获“2005年白云区青少年科技创新成果展览评比活动”获集体三等奖，邹雯雯的《我的小发明——多用橡皮擦》、刘维俏的《我要发明去污胶》等11位同学的环保科技小论文、科幻画分别获二等奖、三等奖；晏雅琼同学，参加2005年省“香江动物世界杯”中小学生保护濒危野生动植物征文比赛，获小学组三等奖，宫雯浚、张梦轩、叶尹娜、周敏慧同学的作品均获优秀奖；高诗捷茜同学参加第二届中国优秀小记者评选大赛分别荣获“优秀小记者”和“明星小记者”的光荣称号。2006年3月我校环境教育工作事迹在《环境教育》杂志上刊登，2006年9月被推荐为“《绿野寻踪》节目小小三员学校”。我校环境教育工作取得这些令人瞩目的成绩，主要有以下的体会。

一、领导重视，机构健全，措施得力，保证实效

我校本着“环境保护、教育为本”的指导思想，成立了由校长、教导主任、学科组长、年级组长、学科老师及学生代表组成的校内环境教育领导小组，并进行了职责分工。对环境教育工作我们有一整套的管理方案，如：把校园卫生包干区和绿化带分成若干块，责任到人，做到日二查，周小结，月评比，期末总评表彰。每周根据评比结果，颁发“精神文明班”红旗，每月颁发“先进班”红旗，与我校少先队“争当环保小卫士”的环保争章活动结合。每学期班级的总评成绩与老师奖教实绩直接挂钩。

京溪小学作为省一级学校，为师生营造一个清洁、舒适、安静、优美的工作、学习空间是环境保护的重要内容。近年来，学校领导对校园建设进行了全面规划、精心设计、全面布置，使校园逐步实现美化、绿化、净化。体现了校园建设应有的教育性、知识性和科学性。

为了保证环境教育工作落到实处，抓到实效，我校为满足环境教育的发展需要，依据《全国环境宣传行动纲要》、《环境保护法》、《广州市环境保护法》等法律法规及环境教育的精神制定了《京溪小学环境教育三年规划》，明确了我校实施环境教育的远期目标和近期目标，确定了每学年环境教育的工作重点，并将其纳入学校总体工作

计划中，特别规定了每年的11月为我校“环境教育月”。在环境教育月中，我们营造了浓郁的宣传气氛，开展了丰富多彩的活动，使学校环境教育工作形成一年一度的高潮。

二、强化师资培训，提高指导水平，抓好学科渗透，掌握基础知识

学校领导意识到，领导、老师环境教育的素质和能力的培养提高是实施环境教育的关键所在。因此学校积极开展多种形式的培训。如：1.校内专题培训：学校定期请有关专家到校为教师讲授环境保护的科学知识和进行环保法规的宣传、培训、咨询，旨在提高教师环境教育的理论素质。2.校外参观学习：学校积极参加上级有关部门组织的学习活动，如省、市、区组织的环保培训班。1999年参观了广州市废水处理厂、市环保局空气监测中心等；2000年6月，主管环境教育工作的程凤鸣副校长参加了市教委、市环保局联合组织的“绿色学校赴华东五市参观考察团”。2001～2003年，主管环境教育工作的邓有彩主任多次参加了省、市环保局宣教中心等组织的穗、港、澳交流培训等一系列的活动。并带回不少的经验和信息。2005年张金枝老师到海南参加了国家级绿色学校高级培训班。此外，我们还组织了领导、老师到环境教育工作取得显著成绩的长湴小学、邓世昌纪念小学参观学习等，这些学习活动，开阔了我们的视野，对我校开展环境教育工作起到很好的借鉴作用。3.开展“环保杯”教学观摩活动。学校每学期都举行一次大型的校内研讨课观摩活动，这些研讨课都有一个共同点，就是围绕“环境教育”这一主题进行设计。老师们通过对研讨课进行观摩交流，更好地掌握了如何将环保知识渗透到课堂教学活动中的方法和技巧。

学校教育的主渠道是课堂教学，因此，在环境教育中，我们要求教师深入挖掘教材，找准渗透切入点，在课堂教学中积极进行环境教育的有关渗透。通过学科教学日积月累的渗透，有效地增强了学生的环保意识，学习了相应的环保知识。从而提高了师生的环保道德认识和环保技能，培养了良好的环保情感，进而产生相应的环保行为。在《语文》教材中的《美丽的大兴安岭》、《鸟的天堂》、《蛇与庄稼》、《可爱的草塘》；思品教材中《保护好我们的环境》、《从小处做起》、《守法经营的哥俩》；美术教材中《鲜花的世界》、《小鸟》等课文中，老师们在教学中有机地渗透生态平衡、食物链、绿化、美化环境等环保知识。此外，我们还通过班会、队会、国旗下讲话、学校特色活动——“谈天说地”等向学生们进行水土保持，植树造林，节约用水，水的净化，水域污染，空气污染，能源、矿产资源的合理利用等知识的传授和教育。其中，中队主题队会《森林与沙漠》获得参加全省优秀辅导员现场观摩会的领导、行家的好评。2003年，六（2）中队《保护野生动物》主题队会被广州电视台作为新闻报道。各学科对环境教育的有机渗透，不仅让学生切实掌握了各科教材中蕴含的环境教育的内容，还激发了同学们保护环境从小做起，从身边小事做起的环保热情。

三、改善条件，营造氛围，科研引路，增强效应

学校根据校园环境特点，刻意营造一个富有环境教育特色的校园环境。通过师生的共同参与，利用教学大楼的天台构建了一个近1300平方米的生态园和近3000平方米的园林绿化。园内按植物生长特点分为几个区域，计有100多个品种，其中珍稀植物十几种，每种植物设标示牌，分别用拉丁文和中文标示出该植物的学名。园内还设有每班的环保实验基地，学生通过在园内活动，不仅能认识园内各种植物的名称，而且还能了解他们的基本性状和生长特点。区内有同学们自己喂养的鸡、兔等小动物，小水池里养了金鱼和泥鳅，还有同学们亲手播种的瓜果、蔬菜。同学们经常在园里进行各种实践活动，既锻炼了能力，又培养了兴趣，还弄懂了不少环保知识。

在校园显眼地方，我们张贴了环保教育标

志，做到让每个角落都会“说话”。对校舍及校园内的绿化都进行整体规划，整个校园以绿色为主调，并以科技、环境教育为主题进行校园文化氛围的布置。2004 年 2 月 23 日广东省一级学校评估组对我校进行复评，领导和专家们对我们评价很高，他们感叹“京溪小学变美了、变气派了、变得让人惊喜了”。为减少尘土污染，我们自筹经费将所有田径运动场及球场都铺设了塑胶。在校园有限的占地面积中，腾出 1980 平方米的土地建成花园，花园内建有滴水亭（忆师亭）、涌泉山、涌泉瀑、花之攀、百年龙眼、绿棚、植花种草，成为孩子们娱乐、休息、学习的好去处。

为了减少烟尘污染，我们投资 36 万元，把原来的柴油灶改为石油液化气灶，现在改用管道煤气。此外校园内设有专门环保室、环保宣传橱窗。所有教学区的过道、下水道管、走廊等地方都利用旧纸皮、塑料罐等进行美化，并挂上有关警语、环保口号、宣传画（学生画的）等。

在垃圾收集处设立“废纸收集箱”，箱上“珍惜资源，节约用纸”的标语向学生传达环境保护的信息和提醒同学们将垃圾分类。在传达室设置开放式遗物招领箱，一句“请节约物资，认回丢失东西”，提醒学生养成爱惜各种资源的良好习惯。为了加大环境教育的科研力度，让学生从科学的角度去深化环境保护的意识，我们建立了环保实验室，得到白云区环保局和白云区环境监测站的大力支持，并请第一军医大学卫生处和区环境监测站等有关同志指导学生，做大肠菌群和蔬菜有机磷农药监测、实验，学生每周都亲自动手进行测试，有效指导了饭堂改进卫生工作。学校自然课教师亲自带领学生进行酸雨测试，让学生通过测试，观察，懂得酸雨对生态平衡带来的严重危害。这样，通过美丽的校园环境，愉悦、益智的文化活动氛围，使校园形成和谐的环境教育的渗透机制，有效地提高了学生的多方面的素质。

四、养成习惯，培养意识，规范行为，形成品格

“养成教育”是我校实施素质教育的一项主要科研课题，1997 年曾获广东省教育创新成果三等奖。养成教育针对学生不同年级和心理特征从各方面对学生提出不同程度的要求，在这

些要求中，环保教育占有很大的分量。如一年级侧重于良好的卫生习惯养成，具体为用眼卫生、饮食卫生、保洁等习惯的养成；中年级侧重于文明行为习惯的养成，要求学生注意文明礼貌，不乱丢、乱吐、乱写、乱画，不高声喧闹等；高年级侧重于审美情趣的养成，要求学生具有健康的爱美情趣和审美意识，初步感受大自然与人类的和谐美。

我校对学生进行养成教育已有多年，效果良好。同学们在养成良好的习惯后进而形成良好的品格。虽然，学生生源比较复杂，但却能形成良好的班风、校风和学风。这分别从1998年“市农村小学素质教育现场会”，1999年的区“快乐体育现场会”，2000年“区绿色学校现场会”中领导、行家对学校工作成绩的赞扬中，一一得到印证。同时，良好的习惯，强烈的环保意识，不仅影响着学生的成长，而且也影响着每一个家庭，起着“教好一个孩子，带动一个家庭，影响整个社会”的效果。从学生交上来的“家庭环保计划”及环保征文中我们欣喜地看到，在学生的带动下，家长们也越来越关注环境教育，并涌现出一批环保好家长。环保意识正深入学生、家长，影响着学校、家庭、社会。六（3）中队的红花小队利用双休日开展市场调查活动，在调查过程中，他们看见京溪街的京溪村居住环境差，污染严重，便马上写出建议书及治理方案，交到京溪街综合治理办公室，引起了社区的广泛重视。现在大家都说：“京溪变美了，变漂亮了，像城市了。”

五、开展活动，寓教于乐，增长见识，培养能力

结合各种环保日开展环境教育活动，是我校环境教育的宝贵经验。少先队大队部及时收集整理与环境教育紧密相连的有关节、日，如植树节、世界环境日、世界气象日、地球日、国际保护臭氧日、世界生物多样性日、爱鸟周、保护野生动物日等，结合开展相应的专题教育活动。如在每年春季，少先队大队部都号召学生自己栽培花卉盆景。植树节后，大队部就开始展评学生种植的盆景，并对获奖的同学进行表彰，颁发纪念品，活动结束后以自愿为原则赠送给学校。这些活动不仅让学生尝到劳动的乐趣，收获的喜悦，而且寓教于乐，在不知不觉中自然地渗透环境教育，还培养了学生热爱集体的美好情感。

3月12日是植树节，今年学校组织了几百名学生和家长一起参加3月10日的“小树与我同成长”的万人植树活动。

4月7日是“世界卫生日”，少先队以各“雏鹰假日小队”为主要形式，让学生在活动中争当“环保小卫士”。他们以居住地为单位，打破年级、班级界限，自动就近组成小队，定期开展活动。有的与家长共订环保计划，制止白色污染；有的打扫公共楼梯；有的到居民小区开展“清除白色污染”活动；有的开展“护绿”活动等。我校同学开展护绿活动的照片还被选登在《广州环保画册》中。

4月22日是“世界地球日”，我们通过主题班（队）会，让学生自己动手收集、调查有关环境与地球、与人类关系的各种资料，开展形式多样的活动。旨在强化学生的环境意识。每次的活动均由学校行政、辅导员、专科老师进行综合评价，这样使活动充分做到有学、有导、有练、有检查。学生通过活动受益匪浅。

3月20～26日是“爱鸟周”，由少先队牵头发动各年级开展春游活动，参观动物园或游览白云山，在活动中要求每人要认识三种以上珍稀动物和植物，开展“义养一批鸟”和“义管一片绿”

活动。2003 年我校以少先队牵头，得到广州市动物园、广州市环保局“野生动物保护办”等单位的支持，办了一个“爱鸟廊”，中央电视台《到学校去》剧组还专门作了报道。

每年 3 月，我校组织学生参加了广州市动物园举办的爱鸟周活动。还有一些接受咨询的专家，如鸟类专家、野生动物保护站的领导等。同学们大胆地向专家们提了不少问题，解答了心中的疑问。还纷纷表示，回校后一定把经过写成新闻稿，通过红领巾电台向同学们宣传此次活动的意义，号召大家一起来保护鸟类、保护我们的大自然。同学们热情大方、活泼自信的风范，吸引了不少前来采访的电台记者。他们还把记者带到我们认养的省鸟—白鹇居住的地方，并和我们的“好朋友”白鹇一同拍照留念。当晚，广东电视台和南方电视台分别播放了我校认养省鸟—白鹇的情况和同学们被采访的报道。

6 月 5 日是“世界环境日”，学校开展环保大行动，首先挂上每年世界环境日的主题标语、张贴标语和有关宣传资料，然后通过校会进行总动员，接着，先由大队部带领学校小交警到校门前的地摊、小店作动员，教育他们不要随地摆卖，乱扔垃圾，然后通过中队活动教育学生不要买无牌摊贩的东西。美术组教师组织全校小画家、通过课堂教学与课外兴趣活动相结合，启发他们以“保护人类共同的家园——地球”为内容，展开丰富的想象，用绘画的形式表现保护环境的重要性，表现学生热爱生活，向往美好生活环境的童真。中年级在校园里开展认养一棵树，栽一盆花、洁净一块土地或操场的活动。高年级同学开展“保护野生动物”的活动，同学们举着“拒吃野生动物，保护生态平衡”的大幅标语，走上社会开展环保大行动。有的拾起身边的垃圾；有的清洁卫生死角；

有的为行人派送环保宣传资料，有的劝导违反卫生管理规定乱摆乱卖小摊贩，劝他们收起所卖物品，纠正违规行为，使校道两旁宽敞整洁，受到家长、师生好评。同学们在这些活动中既锻炼了胆识，又受到了深刻的教育。

每年的11月份，是我校“环境教育活动月”，活动月中学校邀请环保局的专家为同学们作“保护地球的重要性”的讲座，增加学生环境保护的信息量。2000年的活动月，我校与广州市动物园签订了认养省鸟——白鹇的协议。同学们定期将垃圾进行分类收集，然后卖给废品收购站，所得的款项用于认养白鹇。2006年10月22日，我校100多名师生参加了由共青团广州市委员会、少先队广州市工作委员会、广州市青年志愿者协会和白云山管理局共同组织，以“践行文明公约，构建和谐白云山”为主题的宣传活动。并给我校参加活动的100名少先队员授予了“白云山文明小天使”荣誉证书；活动中，“叔叔，您好！我们是白云山文明小天使，派给您一张宣传单，请您不要随地乱扔垃圾，文明游山”……稚嫩的童声在白云山顶一遍遍响起；杨可晴等“文明小天使”还接受了广州市电视台、南方TVS1《今日一线》、珠江电视台、广州日报、南方日报、信息时报等多家媒体的采访报道。这种环保行为在社会上引起了强烈的反响。

多年来，我校坚持不懈地开展环境教育工作，开展创建绿色文明校园的活动，取得一定的成效。但我们并不陶醉在荣誉里，而是紧紧把握住每一次机遇、乘势而上，把环境教育工作一次次推上崭新的高度。

2007

LAW ENFORCEMENT YEARBOOK OF CHINA ENVIROMENT PROTECTION

中 国 环 保 执 法 年 鉴

环境保护大事记

2006 年 1 月

6 日，国家环保总局发布公告，批准《环境标志产品技术要求节能灯》等 10 项标准为国家环境保护行业标准，自 2006 年 3 月 1 日起实施（2006 年第 1 号公告）。

6～7 日，国家环保总局松花江流域水污染防治“十一五”规划征求意见会在哈尔滨召开。国家环保总局局长周生贤出席会议并讲话，国家环保总局副局长张力军主持会议。国家发展与改革委、科技部、建设部、水利部、农业部、内蒙古、吉林省、黑龙江省政府有关部门负责人及专家参加会议。

11 日，国家环保总局局长周生贤在北京会见了加拿大国际发展署副署长谢孝旎，双方就中国环境与发展国际合作委员会合作及其他环保领域合作的问题交换了意见。

12～13 日，第二届中德环境论坛在青岛召开，国家环保总局副局长祝光耀出席论坛并讲话。德国联邦环境、自然保护与核安全部副部长马赫尼希率领由德国联邦政府部门、学术机构和企业界代表组成的代表团出席会议。期间，祝光耀和马赫尼希出席了青岛国际环保产业园德国园项目签约奠基仪式。

16 日，环保总局副局长祝光耀在北京会见了联合国环境署卡卡海尔一行，双方就如何进一步加强环境署与环保总局的合作交换了意见。

同日，国家环保总局印发《2006 年全国环保工作要点》（环发［2006］8 号）。

17 日，三峡库区及其上游水污染防治部际联席会议第一次会议在北京召开，会议研究并通过了《〈三峡库区及其上游水污染防治规划〉修订报告》。国家环保总局副局长祝光耀、张力军及国家发展与改革委等 14 个部际联席会议成员单位的相关负责人出席会议。

同日，国家环保总局发出通知，要求各地加强重点工业污染源环境监管，严防污染事故的发生（环发〔2006〕9 号）。

18 日，国家环保总局颁布《放射性同位素与射线装置安全许可管理办法》，自 2006 年 3 月 1 日起施行（国家环保总局令第 31 号）。

同日，国家环保总局授予天津市、廊坊市、上海市浦东新区、马鞍山市“国家环境保护模范城市（区）”称号（环发［2006］10、11、12、13 号）。

23 日，国家环保总局公布 2005 年度环境保护科学技术奖获奖项目名单，《珠江三角洲环境保护规划研究》获一等奖，《西气东输工程沿线区域环境与生态安全保障、恢复及构建》等 3 个项目获二等奖，《履行〈生物多样性公约〉的关键基础技术研究》等 23 个项目获三等奖（2006 年第 4 号公告）。

24 日，国务院新闻办召开新闻发布会，国家环保总局局长周生贤通报了松花江水污染防控最新进展情况，介绍了松花江水污染生态环境影响评估阶段性成果，并回答了中外记者的提问。

25 日，国家环保总局授予北京市怀柔区北房镇等 94 个镇“全国环境优美镇”称号，授予山西省侯马市新田乡等 5 个乡“全国环境优美乡”称号（环发［2006］16 号）。

26 日，2006 年达沃斯世界经济论坛中国环保专场会议在瑞士达沃斯举行。国家环保总局祝光耀副局长出席会议并发言。美国地球政策研究所所长、国际著名学者莱斯特·布朗及其他中外专家、学者出席会议。

2006 年 2 月

2 月 5～11 日，UNEP 理事会第九次特别会议和全球环境部长论坛在阿联酋的迪拜召开，会议围绕能源与环境、化学品管理以及旅游与环境三个政策议题展开讨论，国家环保总局副局长祝光耀率团出席会议并讲话。

2 月 6 日，国家环保总局印发《“十一五”国家环境保护标准规划》。

2月7日，国家环保总局副局长潘岳向新闻媒体通报，国家环保总局将对127个分布在全国江河湖海沿岸、人口稠密区、自然保护区等环境敏感区附近的重点化工石化类项目进行环境风险排查；对11家布设在江河水边的问题严重企业实施挂牌督办；对10个违反“三同时”的建设项目进行查处。

同日，国家环保总局批准宁波保税区（出口加工区）为ISO14000国家示范区。

2月8日，国家环保总局发布2006年第7号公告，批准《医疗废物化学消毒集中处理工程技术规范（试行）》等两项标准为国家环境保护行业标准，自2006年3月15日起实施。

同日，国家环保总局、商务部、海关总署联合发布了《中国进出口受控消耗臭氧层物质名录（第四批）》自2006年3月1日起实施。

2月10日，国家环保总局授予北京市环境保护宣传教育中心等58个单位“‘十五’全国环境宣传教育先进集体”称号；授予赵承义等47位同志“‘十五’全国环境宣传教育先进工作者”称号。

同日，国家环保总局发布《2006年全国环境宣传教育工作要点》，要求各地环保部门围绕环境保护中心工作，结合本地实际情况执行。

2月13日，国家环保总局决定成立国家环境保护总局固体废物管理中心。

2月14日，国家环保总局2006年第8号公告，公布2006年进口废五金电器、废电线电缆和废电机定点加工利用单位名单。

同日，国家环保总局印发《环境影响评价公众参与暂行办法》。

2月20日，监察部与国家环保总局联合发布第10号令，公布《环境保护违法违纪行为处分暂行规定》，该规定自3月1日起实施。

同日，监察部与国家环保总局联合召开的颁发《环境保护违法违纪行为处分暂行规定》新闻发布会在京举行，监察部副部长李玉赋、屈万祥、国家环保总局副局长祝光耀出席了会议。

同日，中华环保基金会理事会换届会议在京举行，曲格平当选为中华环保基金会第三届理事会理事长，国家环保总局副局长王玉庆到会并致辞。

2月21日，由中华环境奖组委会主办，中华环境保护基金会、上海东方电视台承办的第三届中华环境奖颁奖典礼在北京人民大会堂举行，中央政治局委员、国务院副总理曾培炎向大会发来贺信。全国人大常委会副委员长顾秀莲、全国政协副主席李蒙、全国政协人资环委主任陈邦柱、国家环保总局局长周生贤以及环保总局副局长王玉庆、中华环保基金会理事长曲格平、全国人大环资委副主任委员朱育理、中宣部副部长欧阳坚、教育部副部长赵沁平、民政部副部长罗平飞、全国总工会书记处书记张鸣起、全国妇联副主席、书记处书记洪天慧等中华环境奖组委会成员出席。中国神华神东煤炭分公司、广西壮族自治区桂林市、内蒙古自治区包头市、江苏省环境保护厅厅长史振华、铁道部副部长、青藏铁路建设领导小组副组长孙永福等获得中华环境奖；辽宁省沈阳市等19名省市、个人和企业获得“中华环境奖—2005绿色东方奖”。

同日，国家环保总局局长周生贤在京会见了俄罗斯联邦自然资源部部长尤里·特鲁特涅夫，双方签署了关于在中俄总理定期会晤机制下成立环保分委会的《议定书》以及《关于中俄两国跨界水体水质联合监测的谅解备忘录》。

同日，为提高制革、毛皮工业的清洁生产水平，减少污染物排放，国家发展改革委员会、科技部、国家环境保护总局联合发布了《制革、毛皮工业污染防治技术政策》。

2月22日，为贯彻落实国务院《关于落实科学发展观加强环境保护的决定》，中央政治局委员、国务院副总理曾培炎在人民日报发表了题为《全面贯彻落实科学发展观开创环境保护工作新局面》的署名文章。

同日，国家环保总局副局长、国家核安全局局长王玉庆在京会见了乌克兰驻华大使谢尔盖·卡梅舍夫，双方就中乌两国在核安全领域的合作进行了交流。

2月22～23日，为筹备第六次全国环保大会，贯彻落实《国务院关于落实科学发展观加强环境保护的决定》，听取地方环保局的意见，国家环保总局局长周生贤在山东济南主持召开东部地区环保工作座谈会；27～28日，国家环保总局局长周生贤在四川成都主持召开中西部地区环保工作座谈会。

同日，国家环保总局发布2006年第10号公告，公布2006年第一批环境污染治理设施运营资质企业名单。

2月27日，为配合《环境保护违法违纪行为处分暂行规定》的发布实施，国家环保总局与监察部联合召开新闻发布会，通报2005年第一批挂牌督办的9起环境案件和第二批挂牌督办的城镇污水处理厂的有关情况及查处结果，公布了2006年两部门联合督办的4起案件。

2006年3月

3月2日，国家环保总局批准南通经济技术开发区为ISO14000国家示范区。

3月3日，为进一步提高环境污染事件的预警和防控能力，保障饮用水安全，国家环保总局发布紧急通知，要求进一步做好涉及饮用水源环境事件防控工作。

3月8日，国家环保总局发布第32号令，颁布《病原微生物实验室生物安全环境管理办法》。

3月9日，国家环境保护总局、国家发展和改革委员会、商务部、海关总署、国家质量监督检验检疫总局联合发布公告，公布《固体废物鉴别导则》(试行)，自2006年4月1日起施行。

同日，国家环保总局发布2006年第12号、第13号公告，公布《生态环境状况评价技术规范(试行)》，《建设项目竣工环境保护验收技术规范》电解铝、火力发电厂、水泥制造三项国家环境保护行业标准。

3月10日，国家环保总局命名北京市朝阳区等67个地区和单位为国家级生态示范区。

3月11日，十届人大四次会议在人民大会堂举行记者招待会，国家环保总局局长周生贤就我国的环境保护问题回答了中外记者的提问。

3月14日，十届人大四次会议批准了《关于国民经济和社会发展第十一个五年规划纲要》，规划纲要要求在“十一五”时期，加快建设资源节约型、环境友好型社会，单位国内生产总值能源消耗降低20%左右，主要污染物排放总量减少10%。

3月16日，国家环保总局副局长潘岳在京会见了美国报业编辑协会访华代表团。

3月17日，中国常驻联合国环境署代表郭崇立大使代表中国政府和清华大学向联合国副秘书长兼联合国内罗毕办事处总干事、环境署执行主任特普费尔博士颁发清华大学名誉教授聘书，中国国家环保总局局长周生贤对特普费尔获得这一荣誉表示祝贺。

同日，国家环保总局同意将宁夏回族自治区列为全国实施农村小康环保行动计划试点。

同日，国家环保总局印发2006年全国环境监测工作要点。

3月21日，中央军委主席胡锦涛签署命令，颁布实施《中国人民解放军环境影响评价条例》，此条例自2006年10月1日起正式实施。

3月22日，国家环保总局印发《“十一五”城市环境综合整治定量考核指标实施细则》和《全国城市环境综合整治定量考核管理工作规定》。

3月26～29日，《生物多样性公约》第八次缔约方大会部长级会议在巴西库里蒂巴召开，国家环保总局副局长吴晓青率中国政府代表团出席了会议。

3月27日，国家环保总局印发《“十一五”国家环境保护模范城市考核指标及其实施细则》和《国家环境保护模范城市创建与管理工作规定》。

3月29日，国务院召开第130次常务会，国务院总理温家宝主持会议，审议并原则通过《松花江流域水污染防治规划(2006—2010年)》，国家环保总局局长周生贤参加了会议。

3月31日，国家环保总局发布《环境保护行政主管部门突发环境事件信息报告办法（试行）》，此办法自发布之日起实施，《报告环境污染与破坏事故的暂行办法》（环办字〔1987〕317号）同时废止。

2006年4月

1日，中共中央总书记、国家主席、中央军委主席胡锦涛等党和国家领导人来到北京奥林匹克森林公园，与首都各界群众代表一起参加义务植树活动，胡锦涛在植树时强调，各级党委、政府要从全面落实科学发展观的高度，持之以恒地抓好生态环境保护和建设工作，着力解决生态环境保护和建设方面存在的突出问题，切实为人民群众创造良好的生产生活环境。要通过全社会长期不懈的努力，使我们的祖国天更蓝、地更绿、水更清、空气更洁净，人与自然的关系更和谐。

5日，国家环保总局决定，授予重庆市北碚区“国家环境保护模范城区”称号。

6日，人事部、国家环保总局决定，授予北京市环境保护局大气环境管理处等116个单位“全国环境保护系统先进集体”荣誉称号；授予陈添等38名同志“全国环境保护系统先进工作者”荣誉称号。

10日，国家环保总局局长周生贤在北京与美国环保局局长约翰逊举行会谈。双方高度评价了当前的中美环保合作，并就亚太清洁发展与气候伙伴关系、医疗汞管理、环境应急反应等合作事项交换了看法。

同日，国家环保总局副局长潘岳在北京会见了德国绿党政治家代表团，双方就发达国家对发展中国家应承担的环境责任、环保NGO与政府的关系、生态社会主义及可持续发展等问题交换了看法。

11～12日，国务委员兼国务院秘书长华建敏赴吉林、黑龙江两省考察松花江污染防控工作并召开会议，专题研究制定了有关措施。国家环保总局局长周生贤、副局长张力军、安全监管总局局长李毅中等国务院有关部门负责同志参加了会议和考察。

13日，国家环保总局副局长祝光耀在北京会见了亚洲开发银行副行长格林伍德一行。双方就如何加强在环境领域的合作交换了看法。

同日，国家环保总局颁布《环境保护产品技术要求电解法二氧化氯协同消毒剂发生器》等20项国家环境保护行业标准。

16日，国家环保总局、国家发展改革委、监察部、国家电力监管委员会在北京联合召开晋陕蒙宁四省（区）电石、铁合金、焦化行业清理整顿工作会议，国家环保总局副局长张力军、国家发展改革委副主任欧新黔、监察部副部长陈昌智、国家电力监管委员会副主席王禹民出席会议并发言，四省（区）政府及其有关部门、地市（盟）、县（旗）的负责同志参加会议。

17～18日，为贯彻落实《国务院关于落实科学发展观加强环境保护的决定》，总结“十五”全国环保工作，研究部署“十一五”全国环保工作，国务院在北京召开第六次全国环境保护大会。中共中央政治局常委、国务院总理温家宝出席会议并发表重要讲话，中共中央政治局委员、国务院副总理曾培炎主持开幕式。会上，人事部部长张柏林宣读了《人事部、国家环境保护总局关于表彰全国环境保护系统先进集体和先进工作者的决定》，为先进集体和先进工作者代表授牌。18日，国务院副秘书长张平主持大会，环保总局局长周生贤、发展改革委副主任姜伟新、财政部副部长李勇、山东省副省长李玉妹、河南省副省长刘新民、四川省副省长刘晓峰作大会发言，曾培炎副总理作会议总结。各省、自治区、直辖市人民政府和新疆生产建设兵团的负责同志及环保部门主要负责同志和发展改革委、财政部门的负责同志、计划单列市人民政府负责同志及环保部门主要负责同志以及党中央、国务院有关部门和全国人大环资委、全国政协人资环委的负责同志及部分中央管理的国有企业集团公司的负责同志、全国环境保护先进集体和先进工作者代表在北京主会场参加会议。17日上午的开幕会以电视电话会形式召开，下接到有条件的市、县，各省、自治区、直辖市人民政府和新疆生产建设兵团、计划单列市人民政府及各市（地）、县（市）人民政府的主要负责同志及有关部门的负责同志在分会场参加会议。

18日，2006年全国环保厅局长会在北京召开，会议传达学习了第六次全国环境保护大会精神，总结了2005年全国环保工作，部署了2006年全国环保工作。国家环保总局局长周生贤出席会议并讲话。国家环保总局副局长祝光耀、王玉庆、潘岳、张力军和各省、自治区、直辖市、解放军、新疆生产建设兵团、计划单列市环保局（厅）及总局机关各部门、各直属单位、派出机构的主要负责同志参加会议，参加2006年全国环境监督执法工作会议及2006年全国环保系统党风廉政建设工作会议的代表列席会议。

18～20日，2006年全国环保系统党风廉政建设工作会议在北京召开，同时召开了环保系统精神文明建设指导委员会全会。国家环保总局副局长祝光耀作会议主报告，王玉庆副局长作环保系统精神文明建设指导委员会报告。会议由潘岳副局长主持。国家环保总局副局长王玉庆、吴晓青及总局机关各部门主要负责人参加了会议的开幕会。各省、自治区、直辖市、新疆生产建设兵团、计划单列市环保局（厅）局长、纪检组长、监察室主任及总局机关各部门、各直属单位负责纪检工作的同志参加会议。

18～20日，2006年全国环境监督执法工作会议在北京召开，国家环保总局副局长张力军出席会议并讲话。各省、自治区、直辖市、新疆生产建设兵团、副省级城市环境保护局（厅）负责环境监察工作的同志及有关人员参加会议。

21日，2006年度“地球奖”颁奖仪式在北京举行。国家环保总局副局长潘岳出席颁奖仪式。赵鸿等10位个人、沈阳市环境保护宣教中心等3个团体荣获“地球奖”，田桂荣等10人获提名奖。

29日，国家环保总局决定开展规划环境影响评价试点工作，将内蒙古自治区、广西壮族自治区、新疆维吾尔自治区、大连市、武汉市作为第一批试点的行政区；将铁路“十一五”规划和石油化工行业“十一五”发展规划作为第一批试点的重点行业规划；将宁夏回族自治区宁东煤炭重化工基地规划、重庆市三峡库区重点产业发展规划、上海市城市轨道交通近期规划及广州市南沙区发展规划作为第一批试点的重要专项规划。

2006年5月

5月8日，国家环保总局局长周生贤在京会见了应邀来访的比利时环境大臣布鲁诺·多巴克一行。双方表示将加强电子废物管理、环境友好技术、提高能源效率等方面的合作。

5月11日，“2005年中华环保世纪行总结表彰大会暨2006年中华环保世纪行宣传活动启动仪式”在京举行。全国人大常委会副委员长司马义·艾买提为即将出发的记者团授旗。全国人大环资委主任委员、中华环保世纪行组委会主任毛如柏宣布2006年中华环保世纪行宣传活动启动。国家环保总局副局长祝光耀主持了会议。

同日，国家环保总局局长周生贤在京会见了丹麦环境大臣康妮·赫泽高一行。双方表示今后要加强可持续领域、水污染控制、大气污染防治、固体废弃物管理等方面的合作。

5月14日，国家环保总局决定在全国范围内开展《全国饮用水水源地环境保护规划》编制工作，以明确未来15年我国饮用水水源地污染防治工作的目标、对策和措施。

5月15日，松花江水污染防控先进事迹报告会在京举行。国家环保总局局长周生贤出席会议并讲话。国家环保总局副局长张力军出席会议。会上，黑龙江省环境监测中心站等7个单位和个人分别汇报了先进事迹。国家环保总局副局长祝光耀主持了会议。

同日，国家环保总局、国家发展改革委、监察部和国家电力监管委员会联合印发《晋陕蒙宁交界地区进一步开展电石铁合金焦炭行业清理整顿的要求》。

5月17日，国家环保总局印发通知，颁布《ISO14000国家示范区管理办法》。

5月18日，国家环保总局批准昆山、宁波经济技术开发区为ISO14000国家示范区，同意山西安泰集团创建国家生态工业示范园区。

同日，国家环保总局决定授予上海船舶运输科学研究所等10个单位“优秀甲级环境影响评价机构”荣誉称号。

5月19日，国家环保总局局长周生贤在京会见了欧盟驻华大使赛日·安德列·安博。双方希望今后在水资源、清洁煤炭等方面开展更广泛的合作。

5月22日，国家环保总局、欧盟和联合国开发计划署在京联合举行国际生物多样性日纪念活动，中国—欧盟生物多样性项目和中国生物多样性伙伴关系框架B档准备金项目同时启动。国家环保总局副局长吴晓青出席会议并讲话。

5月24～25日，非洲国家环境部长会议在刚果共和国首都布拉柴维尔召开。经国务院批准，中国国家环保总局副局长祝光耀作为特邀嘉宾应邀出席了会议开幕式。29日，祝光耀副局长应邀对联合国环境署进行了友好访问。期间，祝光耀副局长会见了联合国环境署代执行主任卡卡海尔，双方共同签署了中国国家环保总局与联合国环境署协议书。

5月26～27日，全国环境影响评价管理工作会议在广州召开。国家环保总局局长周生贤出席会议并发表讲话。会上，周生贤代表国家环保总局就环境影响评价管理工作向全国人民作出七项庄严承诺。会议还表彰了全国优秀甲级环评机构称号的代表。国家环保总局副局长潘岳主持了会议。来自全国各省、自治区、直辖市、计划单列市、新疆生产建设兵团环保局（厅）分管环评的负责人，环境影响技术评估机构负责人，各甲级建设项目环评机构代表等参加了会议。

5月29日，“十一五”燃煤电厂脱硫工程启动仪式在天津举行。中共中央政治局委员、国务院副总理曾培炎出席仪式并发表重要讲话。中共中央政治局委员、天津市委书记张立昌出席了启动仪式。仪式上，受国务院委托，国家环保总局局长周生贤分别与山东等七省人民政府和华能等六大电力企业负责人签订了《二氧化硫减排目标责任书》。国务院副秘书长张平主持了仪式。天津市市长戴相龙，国家环保总局副局长张力军和国务院有关部门负责同志出席了仪式。

同日，国家环保总局在天津举行国家环保模范城市授牌仪式，周生贤局长代表国家环保总局授予天津市“国家环境保护模范城市”称号。天津市市长戴相龙、副市长陈质枫出席了仪式。国家环保总局副局长张力军主持了仪式。

同日，国家环保总局决定授予山东省荣成市虎山镇等44个镇“全国环境优美镇”称号，授予浙江省安吉县上墅乡等3个乡“全国环境优美乡”称号。

5月30日，全国大气污染防治工作会议在天津举行。国家环保总局局长周生贤出席会议并发表重要讲话。天津市副市长崔津渡出席了会议。国家环保总局副局长张力军主持了会议。各省、自治区、直辖市、计划单列市、新疆生产建设兵团环保局（厅）有关负责同志参加了会议。

5月31日，国家环保总局、国家发展改革委、监察部、国家工商总局、司法部、国家安全监管总局、国家电监委联合召开电视电话会议，部署2006年整治违法排污企业保障群众健康环保专项行动。国家环保总局局长周生贤、发展改革委纪检组长彭森、监察部副部长陈昌智、工商总局副局长刘玉亭、司法部副部长张苏军、安全监管总局副局长孙华山、电监会副主席王禹民出席会议并讲话。国家环保总局副局长张力军主持了会议。

同日，国家环保总局决定授予中国石油西气东输管道工程等10个工程为“国家环境友好工程”荣誉称号，授予中国水电顾问集团成都勘测设计研究院“环境影响评价优秀奖”荣誉称号，授予广州市地下铁道设计研究院“环境保护设计奖”荣誉称号，授予美国环球咨询服务公司“环境监理优秀奖”荣誉称号。

2006年6月

5月31日～6月1日，中国和阿拉伯国家联盟合作论坛第二届部长会议在北京召开，国家环保总局局长周生贤代表中华人民共和国政府与阿拉伯国家联盟秘书长穆萨共同签署了《中华人民共和国政府和阿拉伯国家联盟关于环境保护合作联合公报》。

6月2日，国家环保总局决定，命名江苏省张家港市、常熟市、昆山市、江阴市为国家生态市，上海市闵行区为国家生态区，浙江省安吉县为国家生态县。

6月4日，2006年世界环境日主题宣传活动在北京举办，国家环保总局副局长祝光耀参加活动并发表讲话，教育部、民政部、中央文明办、全国妇联、北京市政府等有关领导参加了主题活动并致辞。

同日，由中国环境文化促进会主办的"绿色中国·环保主题服饰展"在北京国宾酒店举行，国家环保总局副局长潘岳参观了服饰展并发表讲话。

6月5日，中国生态安全高层论坛在北京人民大会堂举行，中共中央政治局委员、国务院副总理曾培炎出席并发表重要讲话，国家环保总局局长周生贤主持了论坛开幕式，国家环保总局副局长吴晓青宣读了环保总局关于授予生态市、优美乡镇称号的决定并发表演讲，全国人大环资委副主任委员叶如棠、国务院副秘书长张平、全国政协人资环委副主任江泽慧、国土资源部副部长贠小苏、水利部副部长周英、国家海洋局副局长陈连增、国务院研究室党组成员宁吉喆等有关领导出席了开幕式，并在开幕式上为首批全国生态市、区、县和部分环境优美乡镇授牌。原全国人大环资委主任委员曲格平、国家林业局副局长祝列克等在论坛上发表演讲。

同日，国务院新闻办召开新闻发布会，发布《中国的环境保护（1996—2005）》白皮书，国家环保总局副局长祝光耀出席并回答记者的提问。

6月6日，国家环保总局对外发布《2005年中国环境状况公报》。

同日，泛珠江三角区域环境保护合作联席会议第三次年度会议在云南昆明召开，国家环保总局副局长吴晓青出席了会议。

6月8日，2006年中国国际环境保护博览会在大连举行，国家环保总局副局长王玉庆、大连市市长夏德任出席了会议并讲话，大连市有关领导和来自美国、日本、泰国、韩国、欧洲国家等环保企业代表及有关专家出席了会议。

6月9日，"国家环境友好工程"颁奖大会在北京人民大会堂举行，国家环保总局局长周生贤、副局长潘岳出席会议并讲话，全国人大常委会副委员长傅铁山接见了获奖代表并合影留念，全国政协副主席阿不来提·阿不都热西提、发展改革委副主任张晓强、科技部副部长刘燕华、国土资源部副部长贠小苏、铁道部副部长孙永福、交通部副部长冯正霖、水利部副部长鄂竟平、辽宁省副省长闫丰、湖南省副省长徐宪平、建设部总规划师陈晓丽等领导出席并为获奖代表颁奖。中国石油西气东输管道工程、雅砻江二滩水电站工程、苏州河环境综合整治一期工程等10个建设工程项目荣获首批"国家环境友好工程"称号。中国水电顾问集团成都勘测设计研究院获得环境影响评价优秀奖、广州市地下铁道设计研究院获得环境保护设计优秀奖、美国环球咨询服务公司获得环境监理优秀奖。

6月14日，国家环保总局发布公告，批准《医疗废物高温蒸汽集中处理工程技术规范（试行）》为国家环境保护行业标准。（2006年第27号公告）

6月18日，第二届环境与发展中国（国际）论坛"建设环境友好型社会"主题峰会在北京召开，全国人大常委会副委员长顾秀莲、全国政协副主席周铁农、国家环保总局副局长王玉庆出席论坛并讲话。

同日，河南省环保大会在河南郑州举行，河南省省长李成玉、国家环保总局副局长吴晓青出席并讲话。

6 月 24 日，国家环保总局颁布《环境信访办法》，于 2006 年 7 月 1 日起执行，原《环境信访办法》同时废止。

6 月 25 日，中国环境科学学会第六次全国会员代表大会在北京召开，全国政协副主席阿不来提·阿不都热西提、国家环保总局局长周生贤出席会议并发表讲话；中国科协党组书记邓楠、国家环保总局副局长祝光耀、王玉庆、吴晓青等有关领导出席了会议。原全国人大副委员长姜春云在会前接见与会代表。

6 月 26 日，为贯彻落实《国务院关于落实科学发展观加强环境保护的决定》精神，全面遏制我国地下水污染趋势，国家环境保护总局与国土资源部决定开展《全国地下水污染防治规划》编制工作，发布《关于开展全国地下水污染防治规划编制工作的通知》。

6 月 30 日，国家环保总局发布公告，公布被撤销的车型目录，自 2006 年 7 月 1 日起，企业不得继续制造、销售被撤销车型的产品，对被撤销车型的新机动车，不再予以注册登记。

2006 年 7 月

7 月 2 日，中日环境合作回顾与展望研讨会暨中日友好环境保护中心成立十周年庆典活动在京举行。国家环保总局局长周生贤出席会议并讲话。日本外务省副大臣金田胜年、日本环境省副大臣竹下亘出席会议并致辞。国家环保总局副局长祝光耀主持了会议。会前，周生贤局长会见了日本外务省副大臣金田胜年和日本环境省副大臣竹下亘，双方进行了亲切友好的交谈。

7 月 3 日，中意环境周在京拉开帷幕。国家环保总局局长周生贤和意大利环境与领土部部长阿尔丰索·佩科拉罗·斯卡尼奥出席开幕式并发表讲话。国家环保总局副局长祝光耀主持了开幕式。科技部副部长尚勇、中国社科院常务副院长冷溶、意大利对外贸易委员会主席翁贝托·瓦塔尼、北京市副市长吉林、意大利驻华大使孟凯蒂出席了开幕式。同日，中意环境周系列展开幕式在京举行，国家环保总局副局长祝光耀出席了开幕式。7 月 5 日，环境保护国际公约履约中心大楼奠基仪式在京举行。国家环保总局局长周生贤和意大利环境与领土部部长阿尔丰索·佩科拉罗·斯卡尼奥出席了仪式。7 月 6 日，中意环境周闭幕式在北京清华大学举行。国家环保总局副局长祝光耀和意大利环境与领土部部长阿尔丰索·佩科拉罗·斯卡尼奥出席闭幕式。

7 月 3 日，国家环保总局印发《国家环境保护“十一五”科技发展规划》。

同日，国家环保总局发布《清洁生产标准啤酒制造业》等八项国家环境保护行业标准。

7 月 4 日，国务院副总理曾培炎在中南海紫光阁会见了意大利环境与领土部部长阿尔丰索·佩科拉罗·斯卡尼奥一行。曾培炎指出，中国希望包括意大利在内的发达国家以各种形式参与中国的可持续发展事业，进一步深化在环境保护、新能源等领域的交流与合作。国家环保总局局长周生贤陪同会见。

同日，国家环保总局局长周生贤在京与意大利环境与领土部部长阿尔丰索·佩科拉罗·斯卡尼奥进行会谈。双方表示将在履行国际环境公约等五个方面进行更广泛、深入的合作。

7 月 5 日，内蒙古自治区国民经济和社会发展“十一五”规划纲要战略环境影响评价成果汇报会在呼和浩特召开。内蒙古自治区主席杨晶和国家环保总局副局长潘岳出席会议并讲话。会议由内蒙古自治区常务副主席岳福洪主持。

7 月 6 日，国家环保总局副局长祝光耀在京会见了世界银行东亚环境与发展局局长特瑞萨·萨拉女士一行，双方就共同关心的环境政策领域的合作等三个方面进行了深入探讨。

7 月 7～9 日，“建设资源节约型、环境友好型社会国际研讨会暨中国环境科学学会 2006 年学术年会”在江苏省苏州市召开。全国人大常委会原副委员长姜春云为大会发来贺信。国家环保总局副局长王玉庆参加了研讨会并发表了题为“新时期我国环境保护形势与对策”的主旨演讲。

7月10日，海南省生态省建设暨全省环境保护大会在海口召开，国家环保总局副局长吴晓青代表总局出席会议并讲话。海南省省长卫留成出席会议并讲话。

7月11日，中德化学品管理会议在京召开，国家环保总局副局长祝光耀出席会议并致辞。

7月12日，国家环保总局向全国环保系统通报全国环境安全大检查情况。

7月13日，国家环保总局印发《全国环境保护档案事业发展“十一五”规划》。

7月6～18日，经国务院批准，国家环保总局副局长王玉庆应邀对美国、巴西两国进行了友好访问。期间，王玉庆副局长分别就参加“多国设计审批计划”（MDAP）事宜和核安全领域开展合作与两国政府有关部门举行工作会谈，并商讨了下一阶段执行中美核安全合作协定书的主要内容，考察了巴西民用核设施的安全管理情况。

7月18日，全国土壤污染状况调查及污染防治专项工作视频会议在京举行。国家环保总局局长周生贤、副局长吴晓青出席会议并讲话。

7月20日，国家环保总局局长周生贤在环保总局会见了瑞典国王卡尔十六世·古斯塔夫，双方在亲切友好的气氛中进行了会谈。

同日，四川生态省建设规划纲要论证会在成都召开。国家环保总局副局长吴晓青主持会议并讲话。

7月21日，全国水污染防治工作电视电话会议在京举行。中共中央政治局委员、国务院副总理曾培炎出席会议并发表重要讲话。会上，受国务院委托，国家环保总局局长周生贤分别与河北等9省（区）人民政府签订了“十一五”水污染物总量削减目标责任书。国家环保总局副局长祝光耀、张力军和国务院有关部门负责同志参加了会议。

同日，全国环保厅局长会议在京举行。国家环保总局局长周生贤出席会议并讲话。国家环保总局副局长祝光耀、张力军出席会议。各省、自治区、直辖市环保局（厅）长、总局机关各部门和在京直属单位主要负责同志参加了会议。

7月22日，“第三届中国跨越式发展国际环境论坛暨第五届中国贝迩年会”在沈阳召开。国家环保总局副局长张力军出席会议并讲话。

7月23日，由中国乒协、中国环境文化促进会等单位联合主办的“乒超传真情绿色迎奥运——2006鲁能杯中国乒乓球俱乐部超级联赛‘小手拉大手’环保公益活动”在全国正式启动。国家环保总局副局长潘岳、国家体育总局局长助理蔡振华出席活动并讲话。

7月25日，全国饮用水源地保护专项执法检查现场会在南京召开。国家环保总局副局长张力军出席会议并讲话。

7月27日，国家环保总局局长周生贤在京会见了日本驻华大使宫本雄二，双方就环保领域特别是在政策法规、能力建设、宣传教育、科研示范工程等方面开展合作交换了意见。

7月28日，国家环保总局颁布《环境监测质量管理规定》和《环境监测人员持证上岗考核制度》。

同日，国家环保总局发布《环境保护产品技术要求刮泥机》等20项国家环境保护行业标准。

2006年8月

8月1日，国家环保总局决定，在全国组织开展土壤污染状况调查。

8月2日，日元贷款环保项目成果研讨会在京召开，国家环保总局副局长王玉庆出席会议，并会见了日本国际协力银行理事盐口哲朗。

8月4日，渤海环境保护工作现场会在秦皇岛召开，中共中央政治局委员、国务院副总理曾培炎出席并讲话，国家环保总局副局长张力军出席会议。

同日，国家环保总局局长周生贤在京会见了挪威驻中国大使赫图安，双方就中国环保工作进展及中挪两国今后在环保领域的合作等问题进行了会谈。

同日，国家环保总局局长周生贤在京会见了乌兹别克斯坦国家自然保护委员会主席阿里汉诺夫一行，双方就中乌环境合作的领域进行了深入讨论。

8月11日，国家环保总局副局长祝光耀在京会见了美国助理国务卿克劳迪亚·麦克默里女士，双方认为中美环保合作不仅对两国本身的可持续发展具有重要意义，而且也是对全球环保事业的巨大贡献。

8月14日，落实主要污染物总量消减目标责任书视频会议在国家环保总局召开，会议贯彻落实国务院召开的通报全国经济形势电视电话会议精神，分析了上半年主要污染物排放的形势，布置分解落实主要污染物消减目标，国家环保总局局长周生贤出席会议并讲话，国家环保总局副局长张力军主持会议，副局长祝光耀、王玉庆出席了会议。

8月18日，为深化干部人事制度改革，进一步完善和优化领导班子结构，加快推进环保工作历史性转变，国家环保总局决定面向全国公开选拔15名副司局级领导干部，担任环境应急与事故调查中心、区域环境保护督查中心和核与辐射安全监督站负责人。招考笔试工作于18日正式开始，面试工作于8月30～31日进行。

8月18～19日，全国环保科技大会在京召开，中共中央政治局委员、国务院副总理曾培炎向大会发来贺信，全国人大常委会副委员长顾秀莲、全国政协副主席张榕明出席会议，国家环保总局局长周生贤作了工作报告。大会交流了“十五”环保科技工作成绩和经验；部署了“十一五”环保科技工作；贯彻落实总局《关于增强环境科技创新能力的若干意见》；成立了国家环境咨询委员会和总局科学技术委员会；颁发了2005年度环境保护科学技术奖；国家环保总局副局长祝光耀、王玉庆、潘岳、吴晓青及党中央、国务院各有关部门的负责同志出席了大会。

8月20日午夜，吉林省蛟河市吉林长白精细化工有限公司在异地处理生产废液的运输途中，将约10立方米废液违法倾倒于吉林省牤牛河内，致使河水污染；21日凌晨，吉林市环保局接到举报后，立即赶赴现场调查处理并实施监控；当日，肇事者已被刑事拘留，该厂已被责令停产；22日，国家环保总局接到报告后，立即派出工作组赶赴现场，协调指导污染防控工作；截至25日上午8时，两项特征污染物已无检出，26日过滤吸附坝已被安全拆除，至此，污染物已吸附降解在牤牛河内，没有对松花江造成污染，国家环保总局于24日向俄驻华使馆书面详细通报了污染情况和处置结果。25日新华社发出新闻通稿，并在当晚的中央电视台新闻联播中报道。

8月22日，鉴于因尾矿库或电厂灰渣库垮塌事故引发的突发环境事件增多，国家环保总局发布了关于防范尾矿库垮塌引发突发环境事件的通知。

8月23日，为贯彻《中华人民共和国环境保护法》，规范各类国家环境保护标准制修订工作，国家环保总局发布了《国家环境保护标准制修订工作管理办法》，原《国家环境保护局国家环境标准制（修）订管理办法》同时废止。（2006年第41号公告）

同日，为推动我国环境保护和污染治理技术的发展和应用，国家环保总局印发了《国家鼓励发展的环境保护技术目录》（第一批）和《国家先进污染治理技术示范名录》（第一批）。

8月24日，生态补偿机制国际研讨会在京召开，国家环保总局副局长祝光耀出席并致词。

8月25日，由中宣部、中央直属机关工委、中央国家机关工委、教育部、解放军总政治部、中共北京市委联合举办的形势报告会在京召开，国家环保总局局长周生贤就我国当前环境保护工作形势与任务作了报告。

同日，国家环保总局、国家统计局、国家发展改革委联合发布《2006年上半年全国主要污染物排放总量公报》。

8月29日，经国务院批准，吉林黑龙江两省松花江污染防控工作会议在京召开，国家环保总局局长周生贤出席会议，并传达了党中央国务院领导关于牤牛河水污染事件的批示精神，对下一阶段松花江流域污染防控工作做了部署，国家环保总局副局长祝光耀主持会议并做总结讲话，吉林省政府副秘书长刘勇、黑龙江省政府副秘书长师伟杰出席会议并讲话，监察部有关同志和两省环保局及部分地市环保部门负责同志出席了会议。

同日，国家环保总局副局长祝光耀在总局会见了美国白宫环境质量委员会主席康诺顿。

8月30日，国家环保总局局长周生贤在京会见了香港特别行政区环境运输及工务局局长廖秀冬女士，双方就加强内地和香港之间的环保合作问题交换了意见。

8月30～31日，苏州光大环保静脉产业园庆典活动在苏州举行，国家环保总局副局长潘岳出席。

2006年9月

9月1日，国家环保总局、监察部联合公布2006年挂牌督办的吉林省长白山精细化工有限公司污染牤牛河案等6起第二批环境违法案件。

同日，国家环保总局与国家质检总局联合发布《煤炭工业污染物排放标准》（GB 20426－2006）和《皂素工业水污染物排放标准》（GB 20425－2006），分别自2006年10月1日和2007年1月1日起实施。

9月4日，国家环保总局公布2005年全国城市环境综合整治定量考核结果，同时发布《2005年国家城市环境管理和综合整治年度报告》。考核结果显示，2005年全国城市环境整治总体上取得较好成绩，但空气污染、环境基础设施建设等方面的问题仍相当突出。

9月5日，国家环保总局局长周生贤在京会见联合国开发计划署驻华代表马和励先生，希望双方通过加强国际合作推动中国环保工作的历史性转变。

同日，2006年“绿色中国年度人物”评选在京启动，国家环保总局副局长潘岳出席。为体现“公众参与”和“公共精神”，活动组委会首次向全国征集10名公众评委。

9月7日，山东生态省建设高层论坛暨第二届绿色产业博览会在济南举行，国家环保总局副局长王玉庆、山东省副省长才利民等出席开幕式。

同日，国家环保总局和国家统计局在京联合发布《中国绿色国民经济核算研究报告2004》。环保总局副局长潘岳表示，这是中国第一份经环境污染调整的GDP核算研究报告，标志着中国的绿色国民经济核算研究取得了阶段性成果。

9月8日，国家环保总局局长周生贤在京分别会见亚洲开发银行可持续发展局局长罗哈尼、加拿大驻华大使罗岚和加拿大国际开发署副署长谢孝旌，各方就共同关心的环境问题交换了意见。

同日，国家环保总局针对一些地区出现突发环境事件信息迟报、漏报、渠道不畅和发布不及时等问题，紧急发布《关于加强突发环境事件应急管理工作的通知》，就信息报告、建立应急预案、信息发布等三个方面提出要求。

9月11～12日，中俄总理定期会晤委员会环保合作分委会第一次会议在莫斯科举行，环保分委会中方主席国家环保总局局长周生贤和俄方主席俄联邦自然资源环境部部长特鲁特涅夫出席会议。中俄双方就《中俄总理定期会晤委员会环境保护合作分委会条例》进行讨论并达成一致，同意报请在两国总理定期会晤时批准。会后，周生贤局长和特鲁特涅夫部长签署了会议纪要，并回答了中俄记者提问。

9月11日，国家环保总局副局长吴晓青在京会见新加坡环境与水源部部长雅国一行，双方就进一步开展环保合作达成共识。

同日，国家环保总局决定开展全国工业危险废物申报登记试点工作及重点行业工业危险废物产生源专项调查。

9月12日，国家环保总局决定进一步加强环境影响评价管理工作，对环境影响评价机构不负责任、环境影响报告书质量低劣、评价机构管理混乱等问题进行严肃处理。

9月13日，国家环保总局副局长潘岳在京会见香港民建联代表团一行，双方就大气污染防治、绿色GDP、海洋环境保护等问题进行了深入讨论。

9月14日，国家环保总局副局长祝光耀在京分别会见德国经济合作和发展部负责对外援助的负责人乌苏拉·舍费尔—普罗伊斯博士和意大利国家电力公司总裁纽迪，各方就共同关心的环境问题进行了交流。

同日，国家环保总局副局长潘岳向媒体通报：危害群众健康的甘肃省徽县水阳乡群众血铅超标和湖南省岳阳县饮用水源砷超标事件已得到有效控制，事件责任也基本查清，属于典型的当地政府及环保部门严重失职、渎职而造成严重后果的重大环境事件。

9月15日，应波兰环境部长扬·什史科邀请，中国国家环保总局局长周生贤对波兰开始正式友好访问。周生贤表示，希望中波两国环保部门保持友好往来，增进相互间了解，加强环保合作，共同为实现可持续发展做出努力。

同日，第十二个"9·16国际臭氧日"纪念大会在长春召开，吉林省省长王珉、副省长李斌、国家环保总局副局长祝光耀等出席。会上，国家环保总局会同联合国开发计划署、联合国环境规划署授予吉林省、海南省、深圳市、武汉市等7个省、市"保护臭氧层示范省（市）"荣誉称号。《蒙特利尔议定书》臭氧秘书处授予国家环保总局保护臭氧特别贡献奖。

9月16日，第十一届"绿色中国"论坛在京举办，国家环保总局副局长潘岳出席论坛并发表题为《社会主义与生态文明》的主题演讲，社会各界代表300余人参加论坛。

9月21日，国家环保总局副局长吴晓青在京会见了瑞典驻华大使雍博瑞和瑞典爱克林集团董事长乔纳森一行，双方就绿色包装等环保话题交换了意见。

9月24日，中国环境报2006年宣传工作会议在京召开，国家环保总局副局长潘岳出席并指出，要通过改革增强中国环境报的影响力，充分发挥舆论引导作用，推进环保工作的历史性转变。

9月25～26日，由国家环保总局、卫生部共同举办的"国家环境与健康论坛"在沈阳召开，环保总局副局长吴晓青、卫生部副部长陈啸宏及世界卫生组织代表等出席论坛。

9月25日，国家环保总局副局长王玉庆在京会见了美国核管制委员会副主席格雷戈里·杰斯克，双方就加强核安全合作交换了意见。

同日，国家环保总局要求进一步做好规划环境影响评价工作。

9月26日，国家环保总局、公安部、卫生部联合发布《关于建立放射性同位素与射线装置辐射事故分级处理和报告制度的通知》，将严格控制放射性同位素与射线装置在生产、销售、使用过程中发生辐射事故，减轻事故后果。

9月28日，国家环保总局局长周生贤在京会见了挪威环境大臣比约恩内于一行，希望双方进一步加强两国在环保领域的全方位合作。

9月30日，国家环保总局决定加强环境违法案件挂牌督办工作，要求各地环保部门进一步加大环境执法力度，查处重点环境违法案件，解决突出的环境污染问题。

同日，国家环保总局决定在石化企业集中区域开展环境风险后评价试点工作。

2006年10月

10月9日，国家环保总局副局长吴晓青在京会见了应邀来访的古巴科技与环境部代部长费尔南多·冈萨雷斯·贝穆德斯一行。双方表示今后将加强环保专家、技术人员交流和石油方面的环保合作。

10月10日，国家环保总局、发展改革委和建设部联合印发通知，发布《松花江流域水污染防治规划（2006—2010年）》。

同日，亚洲、大洋洲辐射防护大会在京举行。国家环保总局副局长、国家核安全局局长王玉庆出席会议。

10月11日，国家环保总局印发通知，发布《国家农村小康环保行动计划》。

同日，国家环保总局同意将长春市、河南省

和山东省东营市等6市（县）列为全国实施农村小康环保行动计划试点。

10月13日，国家环保总局印发《全国生态保护“十一五”规划》。

同日，第四届“绿色东方——中华环境奖评选、表彰系列宣传活动”启动仪式在江苏省昆山市举行。全国人大常委会副委员长蒋正华、中华环保基金会理事长曲格平、国家环保总局副局长王玉庆、全国人大环资委副主任委员朱育理、江苏省副省长张九汉出席了仪式。

10月16日，国家环保总局副局长祝光耀在京会见了刚果（布）共和国环境部长亨利·琼博一行。双方表示今后加强环境污染损失评估、可再生能源利用等方面的合作。

10月16～20日，联合国环境署“保护海洋环境免受陆源污染全球行动计划（GPA）第二次政府间审查会议”在京召开。会议审议了全球行动计划实施情况，制定全球行动计划实施行动方案，通过了《关于进一步推动执行保护海洋环境免受陆源污染全球行动计划的北京宣言》。中国国务委员兼国务院秘书长华建敏出席会议并致辞。国家环保总局局长周生贤被选为大会主席，副局长祝光耀、联合国副秘书长、环境规划署执行主任阿希姆·施泰纳也出席了会议。来自100多个国家的代表团约700人参加了会议。会议期间，举办了专题图片展览和中国保护海洋环境免受陆源污染行动国际论坛。

10月18日，国家环保总局副局长祝光耀在京会见了芬兰环境部副部长斯特凡·瓦林。双方就共同关心的环境问题交换了意见。

10月19日，国家环保总局局长周生贤在京会见了联合国副秘书长、环境规划署执行主任阿希姆·施泰纳一行。双方表示今后将进一步推进中国和联合国环境署的良好合作，共同推动世界的可持续发展。

同日，国家环保总局副局长祝光耀在京分别会见了委内瑞拉玻利瓦尔共和国环保部副部长米格尔·罗德里格斯和苏里南共和国劳工、科技和环境部部长乔伊斯·阿马雷洛·威廉母斯。祝光耀副局长分别与两位部长就环保领域的合作交换了意见。

同日，国家环保总局副局长潘岳在京会见了来访的美国自然资源保护委员会主席约翰·亚当斯一行。双方就加强公众参与等环境方面的问题交换了意见。

同日，国家环保总局同意将四川省列为全国生态省建设试点省。

10月20日，中国环境管理干部学院举行建校25周年庆典。国家环保总局副局长王玉庆出席会议并讲话。

10月23日，国家环保总局决定授予内蒙古达里诺尔自然保护区管理处等10个单位“全国环保系统自然保护区管理先进集体”称号；授予王双石等43名同志“全国环保系统自然保护区管理先进个人”称号。

10月23～24日，中国国家环保总局、美国国家环保局和意大利环境与领土部在京共同召开了“区域空气质量管理国际研讨会”。国家环保总局副局长张力军、美国国家环保局助理局长比尔·魏伦出席会议并讲话。来自国家发改委、财政部、科技部、电力监管委员会，中、美、意环保部门以及国内外科研部门、大学和企业代表130多人参加了会议。

10月24日，国家环保总局局长周生贤在京会见了匈牙利环境和水利部部长拜尔沙尼。双方就共同感兴趣的环境问题交换了意见，表示要将中匈两国环境领域的合作推向深入。

同日，国家环保总局副局长祝光耀在京会见了世界自然基金会新任总干事里皮先生一行。双方就共同关心的环境问题交换了意见。

同日，国家环保总局同意张家港保税区暨扬子江国际化学工业园和昆山经济技术开发区创建国家生态工业示范园区。

10月25日，国家环保总局同意福州经济技术开发区创建国家生态工业示范园区。

10月26日，第七届福特汽车环保奖颁奖典礼在京举行。国家环保总局副局长张力军出席典礼。

同日，中国—欧盟生物多样性战略研讨会在

京举行。国家环保总局副局长吴晓青、欧盟驻华大使赛日安博出席会议并讲话。会前，吴晓青副局长会见了欧盟驻华大使赛日安博。双方就生物多样性等问题进行了交流。

同日，国家环保总局决定对在国家生态市（区、县）建设工作中成绩突出的江苏省张家港市环境保护局等6个单位和18名个人进行表彰；对在第四批国家级生态示范区建设工作中成绩突出的北京市朝阳区环保局等67个单位和200名个人进行表彰。

同日，国家环保总局印发通知，发布《环境保护政务信息工作办法》。

10月27日，国家环保总局决定授予山东省平度市、即墨市、江苏省宜兴市、南通市、福建省泉州市、广东省肇庆市、浙江省湖州市“国家环境保护模范城市”称号。

10月27～28日，中国自然保护区发展五十周年纪念大会暨2006年全国自然生态保护工作会议在京举行。会议明确了未来5～15年自然保护区建设的主要目标和工作任务，表彰了全国自然保护区管理先进集体和个人，发布了中国自然保护区区徽。27日下午，中共中央政治局委员、国务院副总理曾培炎接见了会议代表并讲话。国家环保总局局长周生贤、副局长吴晓青出席会议并讲话。国家林业局副局长赵学敏、农业部副部长张宝文、国土资源部副部长贠小苏、水利部副部长周英、国家海洋局党组成员周茂平和中科院副院长陈竺出席了开幕式。来自环保、林业、农业、国土、海洋、水利部门的代表约400人参加了会议。10月23日，国家环保总局等7部门决定授予河北省泥河湾国家级自然保护区等20个单位“全国自然保护区管理先进集体”称号；授予王九中等80名同志“全国自然保护区管理先进个人”称号。

10月28日，2006年中华环保民间组织可持续发展年会在京举行。国家环保总局副局长祝光耀出席会议并讲话。

10月30日，国家环保总局决定授予北京市海淀区环保局等48个单位“全国环境政策法制工作先进集体”称号；授予周小凡等34名同志“全国环境政策法制工作先进个人”称号。

同日，国家环保总局决定授予陶氏化学（张家港）有限公司等6家单位“国家环境友好企业”称号。

2006年11月

11月1日，第十一届世界生命湖泊大会在江西南昌召开，国家环保总局副局长祝光耀出席了会议。

同日，全国环保系统精神文明建设座谈会在江西南昌召开，国家环保总局党组副书记、副局长、驻总局纪检组组长祝光耀出席会议并作重要讲话。

同日，国家环保总局印发了《关于转发〈国务院关于开展第一次全国污染源普查的通知〉的通知》，要求各地按照国家统一部署，做好相关工作。

11月2日，纪念人民治理黄河60周年大会在河南郑州召开，国务院副总理回良玉、国家环保总局副局长张力军和有关部委领导出席了会议。

11月4日，国家环保总局颁布总局令，公布《环境统计管理办法》，原《环境统计管理暂行办法》同时废止。

11月7日，国家环保总局副局长祝光耀在总局会见了美国环保局助理局长艾尔斯女士，双方就环保问题进行了会谈。

同日，全国固体废物环境管理工作会议在山东青岛召开，国家环保总局副局长张力军、山东省副省长才利民出席会议并讲话。

同日，中瑞环保科技高层论坛在天津召开，国家环保总局副局长吴晓青出席论坛并讲话，瑞典环境署副署长奥森、天津市副市长陈质枫出席了论坛并致辞。

11月9日，《OECD中国环境绩效评估报告》新闻发布会在京召开，报告指出，中国二氧化硫、二氧化氮和二氧化碳的排放正在与经济的增长脱钩，在环境保护方面取得了令人瞩目的成绩，但已有环境努力的有效性和效率还不够高，国家环保总局副局长潘岳出席了新闻发布会。

11月10～12日，第三届中国环境与发展国际合作委员会第五次会议在京召开。国务院总理温家宝10日在人民大会堂会见了前来参加国合会的外方代表，国务院副总理、第三届国合会主席曾培炎出席了会议开幕式并讲话，国家环保总局局长周生贤主持会议，全国人大常委会副委员长成思危、联合国副秘书长、联合国环境规划署执行主任阿基姆·施泰纳出席会议并作了主旨发言，国合会三届五次会议外方执行副主席、加拿大国际发展署署长格林希尔等中外方委员、专家参加了会议。会议以科学发展与小康目标为主题，听取和讨论了相关的政策研究报告，讨论并通过了国合会三届五次会议给中国政府的政策建议。9日，国家环保总局局长周生贤在京会见了前来参会的国合会执行副主席、加拿大国际发展署署长格林希尔，双方就在环境领域开展合作等问题进行了交流；国家环保总局副局长祝光耀在京会见了前来参会的联合国环境署前执行主任克劳斯·特普费尔，并对其获得2006年度中国政府“友谊奖”表示祝贺，双方就中非合作、中德合作和国合会的发展等问题交换了意见；国家环保总局副局长祝光耀在京会见了前来参会的欧盟环境总司司长摩根斯·卡尔，双方就共同感兴趣的环境问题交换了意见。12日，国家环保总局局长周生贤受国务院副总理曾培炎委托，向国合会中外委员、课题组组长颁发了纪念奖牌，以表彰他们在中国环境发展领域做出的杰出贡献；同日，国家环保总局副局长祝光耀在京会见了前来参会的加拿大国际发展署谢孝旌副署长。

11月11日，中国投资环境论坛在浙江杭州召开，国家环保总局副局长潘岳出席了论坛。

同日，第五届东盟—中日韩环境部长会议在菲律宾宿务市举行，国家环保总局副局长吴晓青率团出访并在开幕式上发表重要讲话，并顺访了亚洲开发银行，会见了亚行副行长格林伍德，双方就加强合作深入交换了意见，并探讨未来合作的优先领域。

11月13日，“中国环境执政与管理研讨会”在京召开，国家环保总局副局长祝光耀出席会议。

同日，国家环保总局确定山东省为规划环境影响评价试点省。

11月14日，中国循环经济发展论坛2006年年会在湖北省武汉市召开，全国人大常委会副委员长盛华仁，中共中央政治局委员、湖北省省委书记俞正声、国家环保总局副局长吴晓青出席了年会并发表讲话。

11月15日，国家环保总局发布公告，公布《环境标志产品技术要求房间空气调节器》等10项国家环境保护行业标准。

同日，为提高环境执法能力，国家环保总局发布《全国环境监察标准化建设标准》和《环境监察标准化建设达标验收暂行办法》。

11月17日，国家环保总局贯彻落实国务院《关于落实科学发展观加强环境保护的决定》和第六次全国环保大会精神专题调研总结视频会议在京召开，国家环保总局局长周生贤出席会议并讲话，国家环保总局副局长祝光耀主持会议，国家环保总局副局长潘岳、张力军、吴晓青出席了会议。

同日，中德可持续城市化与土地利用高层研讨会在京召开，国家环保总局副局长祝光耀出席会议。

同日，国家环保总局发布公告，批准《食用农产品产地环境质量评价标准》《温室蔬菜产地环境质量评价标准》两项标准为国家环境保护行业标准。

11月20日，国家环保总局同意将甘肃省平凉市、张掖市甘州区；湖北省远安县、宜都市、恩施市、武汉市东西湖区、神农架林区；西藏自治区波密县和安多县等市（县、区）列为国家农村小康环保行动计划试点。

11月21日，国家环保总局公布了2006年上半年及第三季度我国环境质量以及主要污染物排放情况，与去年同期相比，我国环境质量状况变化不大，局部污染严重，工业企业主要污染物排放量上升。

同日，国家环保总局、监察部联合召开新闻发布会，公布了2006年环保总局、监察部第三批挂牌督办案件。

同日，国家级生态功能保护区评审会议在京召开，国家环保总局副局长吴晓青主持会议并讲话。

11月22日，国家环保总局发布公告，公布《清洁生产标准电镀行业》等5项国家环境保护行业标准。

同日，国家环保总局发布公告，公布《环境标志产品技术要求打印机、传真机和多功能一体机》等15项国家环境保护行业标准。

同日，国家环保总局同意江苏省无锡新区为国家生态工业示范园区。

11月24日，国家环保总局同意将宁波市列为全国规划环评试点城市。

11月29～30日，2006年度环境保护科学技术奖评审会在京召开，国家环保总局副局长、环境保护科学技术奖评审委员会主任吴晓青参加会议并讲话。

2006年12月

12月1日，中国生态道德教育促进会在京举行成立大会，全国人大常委会副委员长乌云其木格出席会议并讲话。国家环保总局副局长吴晓青出席会议。

12月2日，第八次中日韩环境部长会议在京举行，中国国务院副总理曾培炎给会议发来贺信。国家环保总局局长周生贤、日本环境大臣若林正俊、韩国环境部部长李致范分别代表三国环境部门出席会议，就共同加强三国环境合作等问题深入交换意见，并联合签署《第八次中日韩环境部长会议联合公报》。

同日，国家环保总局局长周生贤在京分别会见韩国环境部长李致范和日本环境大臣若林正俊。

12月3日，国家环保总局局长周生贤出席了中日韩环境部长会议边会“区域生态与环境效应国际研讨会”，并发表讲话。

12月4日，国家环保总局同意浙江省绍兴袍江工业区进行国家生态工业示范园区建设。

12月5日，国家环保总局西南环境保护督查中心挂牌仪式在成都市举行，国家环保总局副局长张力军、四川省委副书记甘道明出席。

同日，国家环保总局印发了《国家级生态村创建标准（试行）》，在全国正式实施国家级生态村创建活动。

12月7日，国家环保总局局长周生贤在京会见德国环境、自然保护和核反应堆安全部部长加布里尔一行，就化学品环境管理、水污染防治等问题交换了意见。

12月8日，中核集团秦山核电站30万千万机组安全运行15周年座谈会在京召开，国家环保总局副局长王玉庆应邀出席会议。

同日，2006年首批环保挂牌督办案件——“湘、渝、黔交界地区电解锰行业污染问题”通过国家环保总局、监察部和三省市政府的联合验收。国家环保总局副局长张力军参加了现场验收。

12月9日，“2006绿色中国年度人物”颁奖典礼在京举行，许兆君等8位个人和1个团体荣获“绿色中国年度人物”称号。全国人大常委会副委员长许嘉璐为获奖者颁奖，国家环保总局副局长祝光耀、潘岳和有关部委负责人出席颁奖典礼。

12月12日，第一次全国环境政策法制工作会议在京召开，国家环保总局局长周生贤出席会议并讲话，副局长王玉庆、潘岳、吴晓青出席会议。各省、自治区、直辖市环保部门的有关负责人参加会议。

12月13日，生物物种资源保护部际联席会议第四次会议在京召开，国务院副秘书长张平出席会议并讲话，国家环保总局局长周生贤主持会议、副局长吴晓青向大会汇报了一年来生物物种资源保护工作进展情况。国家发改委、科技部、财政部、农业部等17个部际联席会议成员单位的成员和联络员参加会议。

同日，国家环保总局副局长祝光耀在京会见了联合国粮农组织驻中国代表塞齐托莱科女士，双方就加强农村环保合作交换了意见。

12月14～15日，首次中美战略经济对话在京召开，中国国务院副总理吴仪和美国财政部长保尔森共同主持对话。国家环保总局局长周生贤出席对话会议，并在关于能源、环境和可持续发展的会议上作主题发言。

12月15日，国家环保总局、美国联邦环保署和亚洲开发银行在京签署《中华人民共和国国家环保总局、美国联邦环保署和亚洲开发银行合作声明》，以促进三方在中国环保领域的合作。国家环保总局局长周生贤出席签字仪式。

同日，国家环保总局发布《环境保护产品技术要求电渗析装置》、《环境保护产品技术要求污泥浓缩带式脱水一体机》、《环境保护产品技术要求潜水排污泵》和《环境保护产品技术要求生物接触氧化成套装置》4项国家环保行业标准，自2007年4月1日起实施。

12月18日，由国家环保总局与海南省政府联合举办的“2006中国·海南生态省建设论坛”在海口开幕，全国政协副主席周铁农，海南省委书记、省长卫留成，国家环保总局副局长吴晓青以及13个生态省建设试点省分管领导出席论坛。

同日，“国家环境友好企业”命名大会在京举行，国家环保总局副局长祝光耀、张力军等为30家获奖企业授牌。

12月19日，国家环保总局发布《关于做好“十一五”时期环境宣传教育工作的意见》，要求各地环保、宣传、教育等部门积极配合，加强工作，不断提高全民环境意识。

12月20日，国家环保总局发布《关于开展主要污染物总量削减目标落实情况检查的通知》，将于2007年1月上旬组织调查组赴各地进行检查。

12月22日，国家环保总局东北环境保护督查中心在沈阳挂牌成立，辽宁省长张文岳、副省长李佳，国家环保总局副局长张力军等出席挂牌仪式。

12月26日，十届全国人大常委会第二次全体会议在京举行，吴邦国委员长出席会议。受国务院委托，国务院副总理曾培炎报告了我国矿产资源合理利用、保护和管理工作的情况。受国务院委托，国家环保总局局长周生贤报告了当前水环境形势和水污染防治工作情况。

12月27日，国家环保总局局长周生贤签发第38号局长令，发布《环境行政复议与行政应诉办法》，自2007年2月1日起施行。

同日，国家环保总局发出开展全国POPs状况调查的通知，要求各地制定工作计划，按时完成调查工作。

12月28日，国家环保总局局长周生贤在京会见了香港特区政府行政长官曾荫权，双方就内地和香港特区之间的环保合作交换了意见，副局长祝光耀参加了会见。

12月29日，国家环保总局同意山东省日照经济开发区进行国家生态工业示范园区建设。

12月30日，国务院决定，任命周建、李干杰为国家环保总局副局长。

同日，国家环保总局、海关总署联合修订发布《中国严格限制进出口的有毒化学品目录(2007版)》，自2007年1月1日起施行。

陕西铜川铝业有限公司

陕西铜川铝业有限公司（以下简称公司）是一家以铝冶炼为主、多品种、深加工、铝电联营的国家大型有色金属企业，现有在岗职工3689人。主导产品“玉华牌”重熔铝锭，多年被评为陕西省“名牌产品”，并获准在上海金属交易所注册交易，畅销全国20多个省（区、市）和海外部分国家或地区。1994年企业获得外贸进出口权，2000年通过ISO9002质量体系认证，2003年通过ISO9001——2000质量体系认证。银行等级AA。2004年被国家发改委列为电解铝14家重点扶持企业之一。2006年，公司生产电解铝13万吨，实现工业总产值（现行价）22.21亿元，实现销售收入21.78亿元，实现利税1.51亿元。

董事长　李有华

240KA电解车间

在近年的发展中，公司始终以科学发展观为指导，坚持可持续发展的总体思路，按照上级有关节能减排工作的精神和要求，以电解槽预焙化改造为主要手段，加大科技投入，加快设备更新改造，不断挖掘企业内部潜力，有效控制生产物料消耗及烟气排放，将节能减排工作向更深层次推进。目前，电解铝环境治理技术改造国债项目已竣工，建成当今国际先进、国际成熟的240kA大型预焙电解槽生产工艺一条，各主要生产经济指标有了较大程度的改善和优化，厂区绿化面积达35%以上，生产生活环境得到全面改善，经济效益和社会效益实现了双赢。

“十一五”期间，按照铝做大、电做强、产业链拉长的总体思路，公司将以铝冶炼为重点，以铝电联产为纽带，在认真做好节能减排工作的同时，着力拓展铝的关联产业及深加工领域。使铝业成为铜川最具活力，产业链最长，相关度最高，经济效益最好的产业群。“十二五”期间，力争销售收入突破100亿元，把铜川铝业打造成陕西的铝业制造基地。

地址：陕西省铜川市耀州区董家河铝工业园区　邮编：727100

电话：0919-6982511　　传真：0919-6982582

销售部电话：0919-6982523

邮箱：stlyzjb1011@163.com

华能平凉发电有限责任公司

行政楼

环境保护情况简介

华能平凉电厂系大型坑口火力发电厂，一期工程厂区占地面积64公顷，建设规模120万千瓦，安装四台国产引进型300MW燃煤发电机组，#1、#2机组1998年6月批准开工，2000年9月6日、2001年6月30日相继投产发电；#3、#4机组2001年5月开工，2003年6月5日、2003年11月30日建成投产。一期工程四台机组主要技术指标达到国内同类型机组先进水平。

华能平凉电厂二期扩建工程，是甘肃省"十一五"发展规划的重点建设项目之一，也是甘肃省建设"陇东煤电基地"的主要支撑项目。该项目前期工作得到了中国华能集团公司和甘肃省委、省政府的高度重视和大力支持。目前，项目可行性研究报告预收口已通过国家电规总院审查，前期工作所需要的省、市一级支持性文件已全部收集完成，国家级的支持性文件中，水土保持方案、环境影响评价报告已通过审查并得到批复，项目已具备上报国家发改委核准条件。二期2×600MW级扩建工程正在进行项目前期及施工准备工作，计划2009年实现双投。

平凉电厂自#1机组投产至今，在抓好工程建设和投产机组安全稳定运行的同时，不断完善环保管理制度，加大对环保设施的监管力度，积极对环保设施进行技术改造，在环境保护方面取得了较大的成绩。曾先后被国家环保总局、甘肃省环保局以及平凉市人民政府授予"国家环境保护百家工程"、"甘肃省环境保护十佳企业"和"平凉市环境保护先进集体"等荣誉称号。

为了积极响应国家的节能减排政策，践行华能集团公司的企业宗旨，把华能平凉发电有限责任公司建设成一个为中国特色社会主义服务的"红色"公司；一个注重科技、保护环境的"绿色"公司；一个坚持与时俱进、学习创新、面向世界的"蓝色"公司。我公司积极开展了一期机组脱硫改造的准备工作，目前该项目的可行性研究报告已通过审查，项目估算总投资约3.6亿元人民币，计划2007年9月开工建设，力争四台机组在2009年全部改造完毕。二期2×600MW级扩建工程同步配套实施脱硫。项目全部建成后，将是甘肃省最大容量全部实现脱硫的燃煤发电厂。通过脱硫改造将大大减少SO_2、烟尘的排放量，为区域性减排做出了巨大贡献。

大力发展循环经济 建设环境友好企业

一、公司基本情况：

华能平凉发电有限责任公司是甘肃省“九五”期间的重点项目，工程建设得到了市委、市政府的大力支持和有关部门的鼎立配合，建设过程中我们严格按照火电厂建设规范进行施工，严格遵守一系列环保法律法规。一期工程建设规模为120万千瓦，安装4台300MW引进型凝汽式燃煤发电机组。年设计发电量为72亿度。工程建设静态投资为45.6亿元；其中环保设施投资2.537亿元，占工程总投资的5.543%。四台机组相继于2000年9月、2001年6月、2003年6月和2003年11月投产发电。其中#1、#2机组获得2001年度甘肃省建设工程“飞天金奖”和建设部2002年度建设工程“鲁班奖”；#3、#4机组2003年实现“双投”，创下了在西北一年内高标准、高质量实现两台30万千瓦机组投产的先例。 在环境保护方面，2004年四台机组通过了国家环保总局组织的达标验收，并授予“国家环境保护百家工程”荣誉称号，2004年被甘肃省环境保护委员会授予“甘肃省十佳环保企业”荣誉称号。

二、“十五”环保工作情况

“十五”期间，我公司始终把环保工作放在主要位置，加强领导，落实责任，成立了以总经理助理为组长，由副总工程师主管的环保领导小组，负责全公司环保“三同时”制度的落实工作，把环保工作与强化企业管理、技术进步与节能降耗、资源综合利用紧密结合起来。分管环保工作的策划部，负责公司各个部门的污染控制、环保制度执行和节能降耗的定量考核工作，实行控制指标责任到人，列入月度考核计划，并与经济效益挂钩进行奖惩。不断健全了环保管理各项规章制度，进一步加强污染治理，严格控制“三废”排放。自建厂以来，未发生重大污染事故和污染纠纷。环保工作得到各级环保部门的肯定和表彰。同时，我公司二氧化硫、氮氧化物及烟尘排放水平分别为4.61克/千瓦时、1.65克/千瓦时和0.27克/千瓦时，低于国家火电厂污染物总体平均排放水平，在工业“三废”、噪声等污染物的排放控制方面取得了明显的效果。

1、“三废”及噪声排放控制措施

一是废气治理：为了把锅炉燃煤产生的废气对大气造成污染降到最低程度，公司在每台锅炉上配有除尘效率≥99.5%的两台双室三电场静电除尘器。并自筹300万元从美国进口了一套烟气自动连续监测系统，可以对烟气中的SO_2、NO_x、CO_2、烟气的流速、温度以及烟尘浓度进行有效监控。

二是废水处理：生活污水和含油污水分别经过二级生化处理及药剂悬浮法处理；工业废水经过工业废水处理站，分别经废水贮存槽→PH调整槽→反应槽→氧化槽→澄清池等，进行PH调整和氧化反应，凝聚澄清，最终中和排放出水水质完全可以达到国家污水综合排放二级标准的要求。

三是灰渣处理：除灰系统采用密相正压除灰工艺，设有四根输灰管道通到四座灰库，干灰掺水混合成含水率为20%～25%的湿灰，用汽车送往贮灰场进行碾压堆存。贮灰场总容积1012万立方米，可供4×300MW机组容量贮灰约19年。

四是噪声治理：在噪声源设备上加装消音器，隔音装置；并在设备、管道设计中，采取了防振、防冲击等各种噪声治理

干灰分选系统及综合利用干灰库

#4干灰库及粉煤灰综合利用干灰库

四个综合利用干灰库

#1、#2集控室

废水控制室

静电除尘器除灰罐

工业废水加药间

措施，可使公司各工作场所的噪声值达到设计噪声限制值的要求。

2、污染物排放总量控制措施

作为新建的大型燃煤发电企业，由于距离平凉市市区较近，其地理位置的特殊性，做好环保工作尤为重要。为此，我公司近年来投资7100万元，从以下几个方面进行了技术改造和污染治理。

一是实施技术改造，减少废水外排量：2000年、2001年和2003年公司投资4800万元，首先将制氢站的工业用水，进行了回收利用，使其进入#1机组冷却塔再次利用。对投产的#3、#4机组的除渣系统用水方式改成了闭式循环冷却系统，减少了直接补充水量；公司对锅炉排污水、锅炉定排冷却水及除灰风机冷却水经过系统改造进行了回收再利用；为了减少循环水系统在运行中的排污量，进一步提高循环水的浓缩倍率，在原系统上加装了循环水旁流处理装置。节约新鲜用水约160m^3/h、循环水补充水约317m^3/h。

二是积极投入资金，对危险废弃物进行彻底处置：为了积极响应国家对放射源的管理，结合全省清查放射源活动，我公司为了防微杜渐，彻底消除放射源对周围环境的潜在危害，于2005年度投资近130万元，对#1、#2机组相关的核料位计进行了技术改造，将108只放射源严格按照放射源有关管理规定、规范的要求，对其进行拆卸及处置，最后移交到甘肃省废放射源库贮存，并完成了对放射源永久的注销工作。

三是根除因锅炉点火使用燃油而造成的大气污染：为了推行清洁生产，彻底消除因锅炉点火燃油使用量，公司于2003年、2005年及2006年度投资1500万元，分别在#3、#4、#1机组成功的新增设了等离子点火装置，完全可以实现在锅炉点火时不用助燃油，从而根除了燃油对大气的污染。

华能平凉

四是新增加烟气自动在线监测系统：我公司原配置的一套一拖四系统，已不能满足每个探头在每小时的测定时间不得低于15分钟的具体规定。为此，我公司于2006年度投资124万元，按照国家《火电厂烟气排放连续监测技术规范》要求，对原有的系统进行了改造，新增一套一拖二的烟气连续自动监测系统，于11月底安装预调试完毕。

五是加大对综合利用设施的维护和应用，提高粉煤灰的附加值：为了提高粉煤灰综合利用的附加值，我公司自筹资金安装了一套10T/h～50T/h的粉煤灰分选系统，借鉴国内同类企业在粉煤灰综合利用方面的经验，对粉煤灰进行了分级处理，提高了粉煤灰的附加值。今年4月到11月底，连续出现了粉煤灰零排放的喜人局面。通过这项举措的落实进一步拓宽粉煤灰的使用领域，扩大粉煤灰的销售范围，从而减少了运输、维护费用。减少了灰渣场粉煤灰的贮存量，延长了灰渣场的使用年限，取得了较好的经济效益和社会环境效益。

三、“十一五”期间环保工作思路

1、进一步控制污染物的产生量

为了进一步强化管理手段，保证环保设施有效运行和污染物达标排放，把削减生产经营过程中排放的污染物总量作为我厂污染防治的主线，把由原来较单一的末端治理转向污染物排放全过程控制。

一是严格控制新污染。“十一五”期间的基本建设和技术改造项目，都必须严格执行国家有关的环保政策和环境保护法规，严格执行环境影响评价和“三同时”制度，采用清洁生产工艺和设备，合理利用自然资源，做到增产不增污或增产减污。

二是巩固和提高主要污染物达标排放的成果。以水污染防治为重点，在全厂内推行排污预申报制度，由公司环保主管部门进行全过程监督监测，做到污染物达标排放。“十一五”期间计划对生活、含油污水处理设施进一步进行技术改造，对燃运输煤系统冲洗水增加处理设施，实现闭路循环“零”排放。

三是大力发展循环经济、积极推行清洁生产。循环经济、清洁生产是一种科学、系统、规范的环保工作体系，是企业实现可持续发展战略的重要举措，也是实现经济效益、社会效益及环境效益同时增长的有效途径。“十一五”期间我们将在厂内大力推行清洁生产，杜绝设备跑、冒、滴、漏，提高循环水的利用率，减少各类污染物的排放。把清洁生产工作全面、系统、扎实地贯穿到企业生产经营的全过程，实现真正的减污、增效、将耗、节能的目的。

2、积极创建环境友好型企业

一是在日常生产经营活动中，设置与创建环境友好型企业相关的考核机制，提高各级领导干部和企业管理人员的环境资源意识及环境与发展的综合决策能力。将创建工作纳入企业的日常考核之中，推进公司创建环境友好型企业的建设。

二是积极倡导绿色消费。建立企业绿色采购制度，优先采购再生利用产品、环境标志产品和经过清洁生产审计、通过ISO14001认证企业的产品。通过企业的表率作用，引导企业广大职工积极参与绿色消费活动。

三是利用各种媒体和手段，大力开展创建环境友好型企业的宣传活动，加大公众参与力度，鼓励各部门厉行节约，减少过量消费，开展垃圾分类处理等工作。以更高更严的标准加强环保综合治理工作，实现经济效益、社会效益、环境效益的和谐发展，把我公司建设成为服务国家、注重科技、环境保护、与时俱进的优良企业。

发电有限责任公司

张正海

张正海，男，汉族，山东济宁人，1957年4月出生，大学文化，中共党员，高级经济师。1977年参加工作，先后任济宁抗生素厂九车间工段长、副主任，鲁抗销售公司副经理，鲁抗兽药分厂厂长，鲁抗舍里乐药业公司经理，鲁抗菏泽药业公司董事长，鲁抗动植物生物药品事业部党委书记、总经理，鲁抗医药进出口公司经理等职，2005年8月起任山东鲁抗医药股份有限公司党委书记、总经理，曾荣获全国“五一”劳动奖章、山东省“富民兴鲁”劳动奖章、济宁市“五一”劳动奖章、济宁市十大“经济风云人物”等荣誉称号。

山东鲁抗医药股份有限公司

shan dong lu kang

山东鲁抗医药股份有限公司是我国大型综合化学制药企业，国家重要的抗生素生产基地，国家大型一类企业。公司总资产25亿元，现有员工5000多人。鲁抗遵照《公司法》和公司《章程》规范运作，公司董事长刘从德，总经理张正海。

公司的宗旨是：鲁抗视医药为生命之神，以现代生物技术为手段，以保障病患者生命为己任，提供优质、安全、高效的药品，为人类保健事业服务。

鲁抗的前身济宁抗生素厂创建于1966年，1984年实行厂长负责制，1992年改制为山东省医药系统首家大型股份制企业，1997年，“鲁抗医药”8000万股A股股票在上海证券交易所挂牌上市，股票代码：600789。

近年来，公司不断深化内部改革，拓展市场，增强实力，各项事业蒸蒸日上，经济效益显著上升。公司是全国“医药工业50强”企业，荣获“全国质量效益型先进企业”、“全国医药优秀企业”称号，是山东省信誉评级委员会确定的特级(AAA)信誉企业，连续四年被评为“全国医药行业质量效益型先进企业”，被中国质量管理协会用户委员会评为“全国用户满意企业”，首批“全国医药行业药品质量诚信建设示范企业”。“鲁抗牌”是中国驰名商标，被商务部确定为“重点培育和发展的中国出口名牌”，被山东省列为“重点培植的国际知名品牌”。2001年，公司通过ISO14001(环保管理体系)认证，2003年通过OSHMS(职业健康安全管理体系)认证，2006年荣获省环保局颁发的清洁生产A级证书，并被授予“山东省环境友好企业”称号。

鲁抗主要生产经营抗生素原料药、半合成抗生素原料药及相关制剂产品、医药中间体等。公司积极调整产品布局，优化产品结构，现已形成以6—APA、7—ACA、7—ADCA为母核的三大系列产品链，实现了由传统抗生素生产向半合成抗生素生产的成功跨越。公司主要产品有：青霉素、乙酰螺旋霉素、盐酸大观霉素、麦迪霉素、氨苄青霉素、阿莫西林、头孢曲松、头孢唑啉、头孢拉定、仑氨西林、头孢他美酯、头孢匹罗、盐霉素、泰乐菌素、硫酸粘杆菌素等，以及多种型号的离子交换树脂、淀粉、葡萄糖等100多个品种。

以质量求生存，以信誉求发展。鲁抗建有现代化的药品检测大楼和动物药理实验楼，在各主要生产岗位设置了上千个质量监控点，实施公司—车间—工段(班组)三级质量监测制，生产过程严格按照GMP标

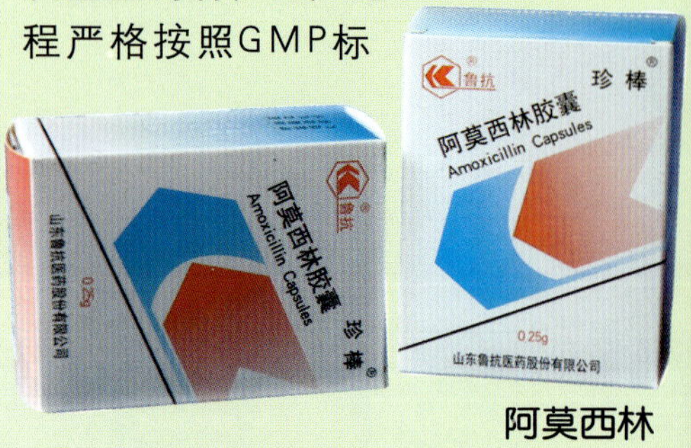

阿莫西林

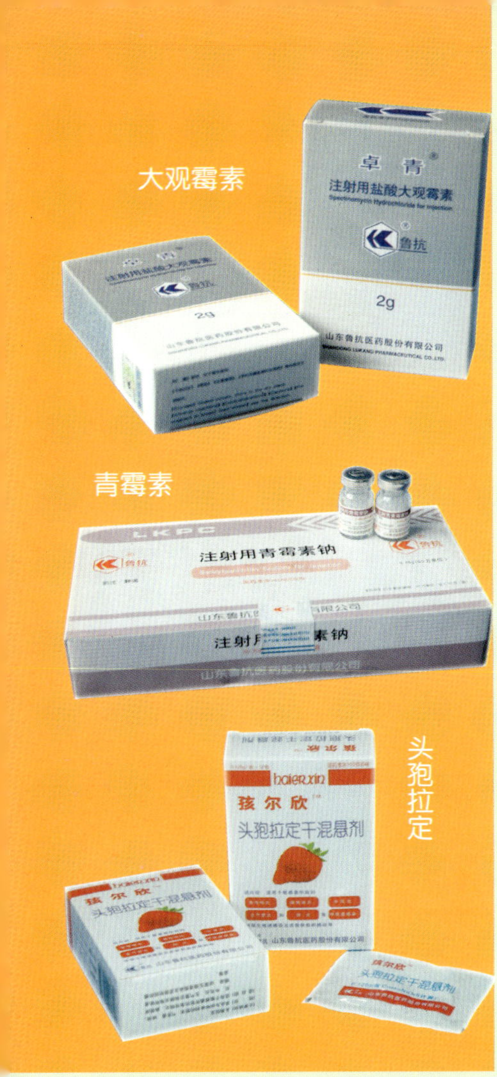

准组织运行，药品生产车间通过国家GMP（国家药品生产质量管理规范）认证。公司执行严格的质量否决制度，质量稳定提高率、市场产品国家监督性抽查合格率连续18年均保持100%，1995年在全国西药行业首家通过了ISO9001（质量管理体系）认证。“鲁抗牌”青霉素原料药及粉针获得国家质量金奖，并荣获“全国用户满意产品”称号；头孢地嗪钠及注射用粉针荣获“国家重点新产品”称号；注射用青霉素钠、注射用盐酸大观霉素（卓青）、乙酰螺旋霉素片、阿莫西林胶囊（珍棒）、注射用头孢曲松钠5种产品被评为“山东名牌”；兽用药盐酸大观霉素、硫酸大观霉素非无菌粉原料药获得农业部GMP认证，酒石酸泰乐菌素获得欧洲药物质量理事会颁发的COS证书（欧洲药典适用性证书）；盐霉素、泰乐菌素两大系列四个主要产品被评为“中国国际农业博览会名牌产品”；2.1%铜烷醇可湿性粉剂和苏云金杆菌（BT）制剂，被评为“山东省标志产品”。

以科技为先导，走科技兴业之路。鲁抗每年用于科技开发的资金达3000万元，建立了科技成果奖励制度。公司依托抗生素发酵技术优势，瞄准国际先进水平，把引进、消化、吸收先进科研成果与自主开发研制结合起来，促进产品的更新换代，培育出引领市场需求的主导优势产品，形成了产品创新、化学合成与发酵技术三大优势。公司是“山东省高新技术企业”，2007年入围“中国科技名牌500强”。拥有具备国内一流实验设施的科研大楼及中试车间，形成了从市场调研、开发设计到试制生产等环节的新产品一条龙开发体系。并与国内外大专院校、研究机构建立了稳定而有效的研发联合体。近年来，公司依靠科技，加大投入，瞄准高科技、高附加值、高效益的新产品，淘汰了一批市场滞销的老品种，实现了产品结构的优化调整和更新换代。鲁抗建有“双加”头孢菌素C系列产品技术改造项目和半合成抗生素系列产品项目两大工程，在目前国内唯一同时拥有抗生素三大母核7—ACA、6—APA、7—ADCA生产技术，致力开发市场前景广阔的酶制剂、氨基酸和免疫类原料药和制剂产品，增强企业核心竞争力。

鲁抗推行“安全营销”，建立了覆盖全国的销售网络，与国内大型医药经销单位签订了长期供货合同，并在北京、上海、西安、武汉、南京、广州、沈阳、成都、郑州等地设立了销售办事处，逐渐缩小市场空白点。“鲁抗牌”产品已远销全世界40多个国家和地区，公司被青岛海关批准为享受海关便捷通关措施的企业，被评为“山东省出口先进企业”，是山东省和全国医药行业的创汇大户。

鲁抗所在地鲁西南重镇济宁市，北依“五岳独尊岱独秀”的泰山风景区，南靠“千里秋荷花、风香浩无涯”的微山湖，东毗圣贤荟萃的孔孟故里，西邻千帆竞发、百舸争流的京杭大运河，景色秀丽，向有“江北小苏州”之美誉。市内交通发达、资源丰富、气候适宜，是抗生素生产经营的理想之地。

面对未来，鲁抗以生产经营抗生素药品为主，重点发展壮大高附加值抗生素、半合成抗生素、心血管类药物、动植物保健用药四大支柱产品，以药为主，多种经营，集科、工、贸、金融为一体的，实行跨地区、跨行业经营，具有国际先进管理水平的特大型医药企业。

地　址：山东省济宁市太白楼西路173号　电　话：(0537) 2213961　2983961
邮　编：272021　网　址：www.lkpc.com

山东鲁抗医药股份有限公司

环境保护工作简介

山东鲁抗医药股份有限公司始终秉承绿色医药的理念，高度重视环保工作。多年来公司坚持“高投入，新技术，全方位”做好治污减排工作，始终保持高度的社会责任心，环境保护工作走在国内同行业的最前列，树立了良好的现代化医药企业形象。

自80年代以来，公司的污染治理投入超过2.4亿元。目前每年的治污运行费用在2500万元以上。不仅投入大，公司更注重投资的质量，多年来，公司环保治理技术都处于同行业先进水平。

废水处理方面

八十年代初上马了国内医药企业的第一套污水处理装置——三相生物流化床；之后又先后上了深井曝气、氧化沟、厌氧-好氧设施等污水处理设施。继97年底淮河流域水治理“零点行动”达标排放后，1998年公司投资5000万元，借鉴引进国外先进的治污工艺和设备，建成了CASS污水处理系统，在1999年6月份该设施通过了山东省环境保护局组织的废水全面达标排放验收。随后，又根据企业的发展，在股份公司北厂区于1999年、2003年投资9000余万元，分别上马CASS污水处理系统，使全部废水都能进入污水处理系统，保证达标排放。公司全部废水稳定达标排放，彻底打破了制约公司发展的环保“瓶颈问题”。同时也为医药企业中低浓度污水治理走出了一条成功的新路子。目前该工艺在国内多家制药和化工企业得到推广应用。

废气治理方面

2000年3月公司投资300万元进行的锅炉除尘改造通过了山东省环境保护局组织的废气达标验收。2005年公司投资230多万元率先完成了锅炉脱硫除尘改造，并获“济宁市脱硫改造先进单位”称号。2007年初公司废水和锅炉废气均安装了自动监控仪器，实现了污染物排放的在线监控。公司对敏感的工艺废气采取集中收集、集中处理技术，减少对周围环境的影响。

固体废弃物

本着发展循环经济，走可持续发展的道路，公司早在90年代初，就研究开发了抗生素菌渣的综合利用技术。率先建起了国内第一条菌渣加工蛋白饲料的生产线，使抗生素菌渣变废为宝。2002年后，公司将全部菌渣加工有机肥料，生产规模不断扩大，目前已经发展成为占地120多亩的加工基地，真正实现了循环经济。每年2.5万吨的锅炉炉渣全部作为建材原料，实现综合利用。

多年来，鲁抗的领导层在资金投入的同时，高度重视环保技术人员的培养。目前公司设立环保处作为专业管理部门。同时设立两个污水处理车间，建立了环境监测中心。专职环保人员有80余人。技术上的优势使得鲁抗的环保一直走在同行业前列，虽然地处淮河流域及南水北调东线工程最前沿，但公司始终掌握了治污的主动权。

鲁抗始终坚持“生态医药”的发展理念。严格清洁生产管理。从源头控制入手，坚持水、气、声、渣的全过程管理，建立健全了相应的管理制度和治理措施。在保证排污达标的基础上，公司注重全员环境保护意识的提高。为

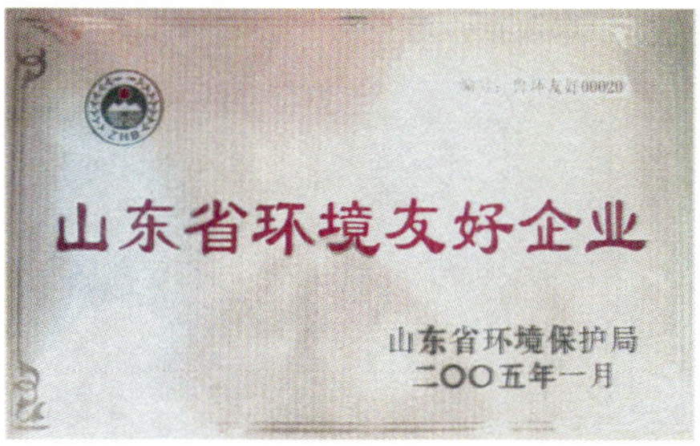

山东省环境友好企业

不断提升管理水平，公司建立了环境管理体系，并于2001年10月通过了ISO14001环境管理体系认证，使公司的环保管理模式与世界接轨，打破通向国际市场的“绿色贸易壁垒”；2003年10月通过了OSHMS职业安全健康管理体系认证，为公司进一步开拓国际市场增加了一个绿色通道；2006年1月通过山东省环保局组织的清洁生产评估验收，取得A级的好成绩。

鲁抗的治污工作，得到了上级政府和环保部门的肯定与认可：1999年6月通过了省环保局组织的废水全面达标验收；2000年3月通过了省市环保局组织的锅炉废气排放达标验收，荣获山东省“污染源全面达标排放”企业称号；2003年被山东省经贸委和山东省环保局授予1998－2003年度环保优秀企业；2004年荣获山东省“资源节约先进单位”称号；2005年1月被山东省环境保护局授予“山东省环境友好企业”称号；2005年被山东省评为“省级节水示范单位”；2007年被中国环境报理事会授予“绿色企业管理奖”。

“鲁抗医药，生命之神”。鲁抗医药股份有限公司不仅提供优质药品为人民医疗保健事业服务，更以自己的实际行动，护一方碧水，佑一片蓝天！

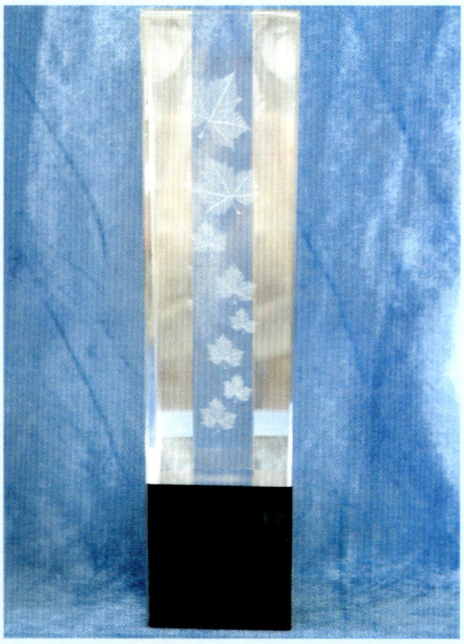

环保理事会奖

质量认证书

职业健康证书

环境认证书

企业环保大事记

1983年月：在全国医药行业第一家建成并投入使用生物流化床污水处理系统。

1990年月：公司第二套污水处理设施深井曝气系统投入使用。

1998年：年初公司顺利通过山东省环境保护局组织的废水限产达标验收，完成了淮河流域污染治理“零点行动”的治污任务。之后，公司又投资5000万元建成大型污水处理设施，1999年6月份公司通过了省环保局组织的废水全面达标排放验收。

2000年3月：公司通过了山东省环境保护局组织的锅炉烟尘达标验收。实现了“一控双达标”任务，并获山东省环保局颁发的“达标排放工业企业”奖牌。

2001年10月：公司通过了ISO14001环境管理体系认证。

2003月年公司通过了职业安全健康认证。

2005月年公司进行清洁生产审核，获山东省环保局组织的验收A级证书。

2005年月公司获山东省首批“省环境友好企业”称号。

2005年月公司投资230万元进行脱硫除尘改造，顺利通过了环保部门的锅炉脱硫改造验收。

2006年12月：公司废水和锅炉废气安装自动监控仪器，实现了废水、废气排放和省、市环保部门的联网监控。

2007年：国家加大了南水北调沿线的排污监控。在国家和省市的多次环保检查中，公司均代表治污先进企业迎接检查，受到各级检查部门的高度评价。

历年来，公司以先进的治污理念和高度的社会责任心，赢得了多次“治污先进企业”、“环境管理先进企业”的称号。鲁抗医药的污染治理走在国内同行业的前列。

西藏天圆矿业资

2007年6月30日 国土资源部汪明副部长和公司首席执行官会谈

天圆公司总经理邓起先生在矿山现场向各位专家和环保总局领导汇报情况

2007年2月7日　日喀则行署专员许雪光到矿山视察工作

天圆公司基本情况

西藏天圆矿业资源开发有限公司是加拿大大陆矿业公司（Continental Mincrals Corporation）下属的高原矿业公司（Highland Mining Ltd）在西藏直接投资组建的矿业公司。大陆矿业公司是加拿大HDI矿业集团（Hunter Dickinson Incorporation）的八大矿业公司之一，在加拿大多伦多证券交易所上市（股市代码为KMK）。

西藏天圆矿业资源开发有限公司于2004年8月20日获得国家商务部的批准（商资批[2004]1225号），并于2004年8月26日在西藏自治区工商行政管理局注册（企独藏总字第00000140号），企业性质为外商独资，投资总额为4500万美元，注册资本为1500万美元。经营范围：矿产品开采、加工、销售，西藏自治区日喀则地区非油气矿产资源的风险探勘投资。进出口贸易；经营年限为30年。

公司所属的西藏日喀则地区谢通门县雄村铜矿勘探项目于2004年10月10日获得国家国土资源部颁发的勘查许可证（证号0100000420086），登记的勘查面积为12.89平方公里。迄今为止，西藏天圆矿业资源开发有限公司在雄村铜矿项目上进行了两年多的勘

源开发有限公司

天圆公司总经理邓起先生在矿山现场向各位专家和环保总局领导汇报情况

2006年1月10日　洛松次仁副专员到矿山视察工作

查工作。现已初步探明，雄村铜矿的铜储量为87.9万吨。

2007年3月初，加拿大大陆矿业公司（天圆公司的母公司）和中国甘肃金川集团有限公司（属国有特大型铜冶炼企业）达成共同开发西藏日喀则地区谢通门县雄村铜矿的框架性协议。按照协议规定，金川集团将购入约10%的加拿大大陆矿业公司股权，在雄村铜矿矿山建设初期投入约为项目总投资额30%的资金，并包销雄村铜矿投产后12年中所生产的全部铜精矿。

截至今日，公司在谢通门县雄村铜矿项目的总投资达到了2亿元人民币，上缴工程总税款462万元人民币。

目前项目的《可研报告》、《环境影响评价报告》等已经完成。西藏天圆矿业资源开发有限公司将在2007年底前向国土资源部申请雄村铜矿采矿许可证。

2006年7月19日　宫蒲光地委书记到矿山指导工作

“中国矿业国际合作奖”

1.该项目的中英文名称：西藏谢通门县雄村铜矿项目Xiongcun Copper Mine Project of Xietongmen County，Tibet

2.该项目的地理位置：西藏自治区日喀则地区谢通门县荣玛乡

3.该项目的资源名称：西藏自治区谢通门县雄村铜矿

4.该项目合作方的中英文名称：

5.阐述内容：

（1）环境保护措施：

西藏天圆公司在项目的施工建设和生产运行阶段，全面执行中国及世行双重的环保标准，针对项目所处的环境特点，对矿山废石、废水、尾矿、噪音、粉尘等污染源，尽一切可能采取超标准的环境保护和治理措施，主要包括广泛透明的公众参与、切实有效的生态保护、严格规范的环保措施及安全稳固的风险防范，最大限度的减少对当地环境的影响。

（2）社区发展项目

和当地社区建立和谐密切的友好关系是公司的基本策略之一。公司坚持“以尊重取得沟通；以行动赢得信赖；以情感取得支持”的指导思想，致力于加强社区管理，理顺社区关系，完善社区功能。公司先后投入了约160万元的资金和各类工程机械，为周围村庄兴建、维修了各类水利设施及乡村道路，并对学校和贫困户进行了捐助。经过一年多的努力，实现了矿区群众对拟建项目的态度由冷漠、抵触到接受和欢迎的转变。在客观环境和群众的内心理念上逐步形成了对社区的一种自然归属感、认同感，在环保教育、环保的共同参与方面取得了可喜的成绩，普通村民正逐步从狭隘的家园意识中脱离出来，向更为广大的社区环境意识转变，为矿山环保工作的全面开展和推广打下了坚实的群众基础。

（3）创新科技

无

（4）项目成功运作的实例

◆ 超前的环保理念

①环保的“绿色”勘探

西藏天圆公司严格按照国内规范、国际标准进行勘探，真正做到了环保优先、安全优先、质量优先。从修路、平机场到施工建设的全过程重视环境保护，配备环保员，做到施工过程不漏一滴机油和柴油。同时，在施工区进行植草、种树和环境整治，是西藏地区矿产勘查的示范项目。

②严谨的调查论证

● 环保基础工作扎实、调查程度深入

由各专业队伍进行了一系列的环境背景的调查与实测，包括地表水、地下水、土壤、植被、动物、气象观测以及黑颈鹤的生态调查等。

● 环保措施科学严谨

设计单位和环评单位曾4次开会研究项目应采取的环境保护措施，并将其反映到设计文件中。

◆ 社区建设与环保工作紧密结合

①确立社区共管会制度。确定每月一次在矿山营地召开社区共同会管理会议，并邀请县乡政府、村委会和公司代表参加社区共管会，共同解决社区、环境的相关事项，建立起了一个上情下达，下情上传的信息通道，使社区环保工作逐步走上了良性的、有序的轨道。

②开展环保宣传工作。经常深入到乡村开展环境保护宣传工作，同时进行广泛的诸如草场草甸、地质灾害等社区环境调查，听取群众意见与建议，为环保工作的决策提供参考。

③改善社区生产生活条件。为社区兴建、维修各类水利设施及乡村道路，既解决了社区的农田灌溉和交通难题，同时也在相当程度上扼制了山洪肆虐，减轻了水土流失。

④引导社区村民开展多种经营。先后为各村引进优良藏鸡种，辅导种植温室蔬菜等，使当地农民不再单纯地依赖农牧业，从而减轻了草原草甸压力。

申报开发奖的相关资料

一、广泛透明的公众参与

按照国家环保总局环发〔2006〕28号文《环境影响评价公众参与暂行办法》的要求，让公众充分参与到环境保护行动当中。具体实施如下：

1.信息公告

2006年4月11日在《西藏日报》以汉文及藏文对雄村铜矿项目的环评信息进行了公告，

2.报告书简本公示

最佳环保奖

2006年6月3日西藏自治区书记张庆黎在雄村展望未来

2006年6月3日西藏自治区书记在雄村亲切交谈

2006年6月3日西藏自治区书记在雄村听取汇报

2007年6月12日将环境影响报告书的简本在西藏新闻网上进行了公示。

3.多次进行现场调查，征求公众意见。

4.公司专门成立了社区关系部

社区关系部积极深入到乡村全面、主动地协调宣传社区环保工作，并确立了社区共管会制度。

5.开展项目咨询和研讨

为使各方充分了解项目的环评工作及项目的环境影响，2007年6月18日，天圆公司聘请西藏自治区环保局、自治区发改委、地勘局、国土厅、林业局、水利局、安监局、日喀则地区环保局、自治区环科院、成都科技大学等单位的专家及主管人员对拟建项目的环境可行性进行了深入的讨论，并对项目环评报告编制过程中应注意的问题提出了中肯的意见和建议。

二、切实有效的生态保护

1.运营期的生态环境保护：①围栏封育草场。②工业场地、道路生态园林绿化。③建设雅江防护林体系。④加强水土流失防治。⑤营造矿区周围动物资源保护区，包括黑颈鹤栖息地的保护。⑥加强对职工进行濒危动植物保护的教育。⑦野生动物救护措施。

2.矿区的生态环境保护：①人工种草。②加强当地植物种苗基地建设和引进苗木绿化矿区。③建立雅江防护林体系。④加强水土流失防治。⑤营造矿区周围动物资源保护区，包括黑颈鹤栖息地保护。⑥加强对公司职工及矿区农牧民群众的环保教育。⑦培养矿区农牧民环保员。⑧开展多种农牧林可持续发展项目，提高矿区群众的生活水平。⑨采取多种措施保护矿区生物多样性。

三、严格规范的环保措施

1.选尾矿库舍近（2A沟)求远(2B沟)，减少汇水面积。

2.废污水实现零排放

（1）清污分流

拟建项目采取清污分流，在采矿场、选矿厂、废石场、尾矿库周边设截洪沟，使清净雨水直接汇入雅鲁藏布江。

（2）选矿废水全部回用

拟建项目选矿工艺补水量非常大，选矿厂用水量113078m^3/d，但选矿工艺对水质要求不高，矿坑涌水、废石场淋溶水和采选工业场地收集并处理后的雨污水、选矿浓缩机溢流水、精扫选尾矿库回水、粗选尾矿库回水等均可用于选矿工艺补水，回用量99498m^3/d。

（3）生活污水处理

生活污水经地埋式二级污水处理装置处理后用于洒水降尘，不外排。

3.尾矿库增加水平防渗措施

精扫选尾矿浸出毒性试验表明其为工业I类废弃物，但考虑到含硫量较高，西藏天圆公司拟额外投资2300万元，对精扫选尾矿库进行水平防渗处理，确保尾矿水不外泄、不渗漏。

废污水零排放和尾矿库水平防渗措施都是国内铜矿中唯一的超标准措施。

4.其他防尘、防噪等环保措施。

四、安全稳固的风险防范

针对尾矿库垮坝的主要原因，设计单位在设计时进行了充分的考虑，主要采取以下措施：①坝体采取堆石坝。②尾矿坝加高与预留沉降坝高。③设计洪水重现期取100年，校核洪水重现期取1000年。④严格按《选矿厂尾矿设施设计规范》(ZBJ1－90)进行尾矿库各种建、构筑物的设计，并按《建筑抗震设计规范》(GBJ11－89)进行抗震验算。

青松集团公司总部办公楼

青松集团打造兵团绿色建材航母

新疆青松建材化工（集团）股份有限公司是新疆生产建设兵团控股的国有上市公司，2000年底改制为股份公司，2003年7月24日在上海证券交易所上市，目前注册资本2.46亿元。股票代码：600425；公司简称：青松集团。

青松集团是以水泥为主业，建材、化工为主体，发电、运输、机械加工等相配套的综合型工业企业。主业水泥生产能力410万吨，在全国国土面积十分之一的南疆占有主导地位（新疆国土面积占全国1/6，南疆占新疆3/5），是新疆第二大水泥生产企业，是兵团建材行业龙头企业，2007年1月，被国家发改委、国土资源部、中国人民银行联合发文，公布为60户国家重点支持水泥工业结构调整大型企业（集团）之一，是中石油塔里木分公司及中石化西北分公司长期战略合作伙伴。

公司“青松”牌商标为新疆著名商标，主营产品青松牌水泥为新疆名牌产品。公司能生产各种规格的通用水泥和H级、G级、C级超细油井水泥及大坝水泥，道路水泥等特种水泥。其中H级油井水泥在全国包括青松建化在内仅5家水泥生产企业能够生产，新疆仅青松建化一家，G级油井水泥于2004年2月通过美国石油协会API认证，

青松建化目前拥有11个分公司、7个控股子公司、6个参股子公司，总资产22亿元，净资产13.1亿元，员工总数3000余人。公司2004年公司在全国22家水泥上市公司排名第4位，2005年排名第5位，2006年排名第3位。公司成立以来，曾先后被授予全国五一劳动奖章、全国先进基层党组织、全国思想政治工作优秀企业、全国精神文明创建工作先进单位、全国文明单位、全国和谐劳动关系模范企业、全国质量振兴先进企业、全国建材行业先进集体等荣誉称号，2007年，公司荣登中国上市公司成长百强榜第43位。

多年来，青松集团认真贯彻实施《环境保护法》和《环境影响评价法》，严格执行新建项目环评和“三同时”制度,对新(改、扩)建项目进行环境影响评价,并向主管部门报批,对于建成投产的项目也进行了环保验收工作。同时，全面推行ISO14000环境管理体系认证工作，实施国际先进环境管理体系标准，目前，青松集团所属各分公司、子公司及控股子公司全部通过了ISO14001环境管理体系认证。

青松集团始终把环境保护工作放在企业发展的战略高度,与企业生产经营同步谋划、同步实施、

新疆建设兵团刘新齐副司令员参加青松集团青松水泥有限责任公司投产典礼

新疆建设兵团聂卫国政委视察青松集团本部

青松集团乌鲁木齐卡子湾新型干法水泥生产线

美丽的建筑分公司办公楼

同步检查、同步考核，着力发展循环经济，推行清洁、文明生产，完善集团公司内部单位污染源治理设施运行管理体系，制订实施了“集团公司污染源治理设施运行管理及考核办法”，按季度组织部门对相关单位环境保护工作进行检查、考核。同时，组织公司职能部门对集团公司污染源重点单位加大监管力度，随时掌控单位各主机设备污染源治理设施运行情况，对粉尘排放不达标或收尘设施不能有效运行的主机设备坚决实行强制停产，擅自进行排放的单位追究领导责任，确保所属基层单位严格执行集团公司环境保护管理的各项管理办法及规定。

近几年，青松集团始终坚持科学发展观，以建设资源节约型、环境友好型企业为目标，坚持“合理规划、依托技术、确保投入、强化管理”的环境保护管理宗旨，在企业发展的同时，大力开展环境治理工作。

一方面公司加大对现有污染排放点的治理，继续对现有环保设施、工艺的改造，最大限度地减

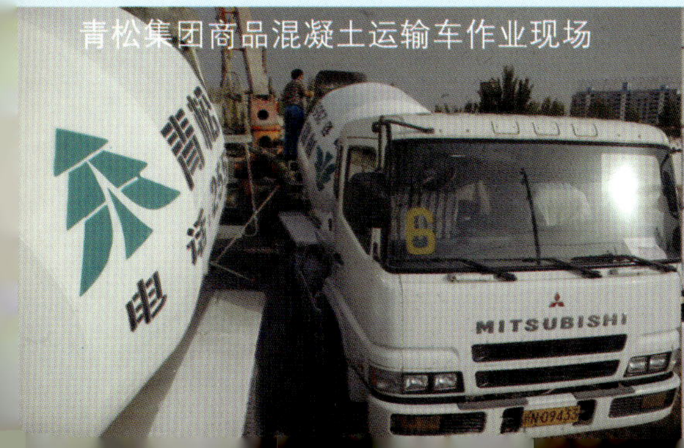

青松集团商品混凝土运输车作业现场

绿色建材–青松集团生产的加气砼产品

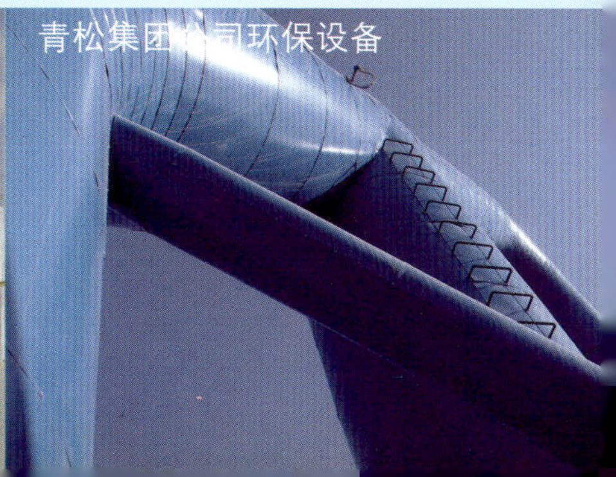

青松集团公司环保设备

少污染。在进行环保污染治理的同时，把污染治理同企业工艺技术改造、设备更新结合起来，促进企业实施清洁生产、节能增效，提高资源综合利用率，2000年至今，公司累计投入近7000万元用于环保设备投入及更新改造。目前粉尘、二氧化碳排放指标均符合国家标准，工业废气处理率达99.8%，工业废水排放达标率达90%以上，固体废弃物实行零排放。

青松集团公司新型干法水泥生产线先进的中央控制室

另一方面，公司作为全国60家水泥工业结构调整重点支持企业，以带动新疆和全国水泥工业结构调整为己任，加快发展环保一流新型干法水泥，加速主业调整产业结构，推进资源综合利用和节能减排，大力发展循环经济，上市后，已投资新建和在建5条新型干法水泥生产线，同时配套建设纯低温余热发电项目，基本实现在占全国国土面积1/10的南疆沿铁路高速公司大城市都有新型干法水泥的结构调整和布局，到2009年底，青松集团水泥总产能将达到710万吨，新型干法水泥产能将达到90%以上。

青松集团乌鲁木齐卡子湾新型干法水泥生产线

另外，公司还以营造舒适工作生活环境为目标，做好绿化、美化工作，目前厂区绿化面积达40%，厂区主、辅干道路面全部实现了硬化和亮化，青松集团建设资源节约型、环境友好型企业的目标正在逐步变为现实。

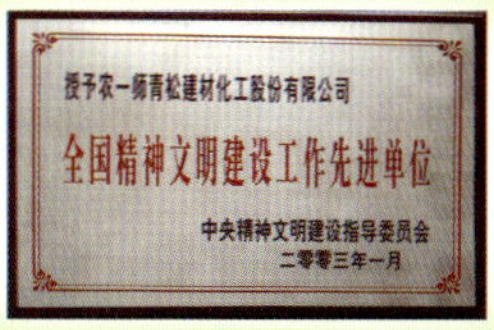

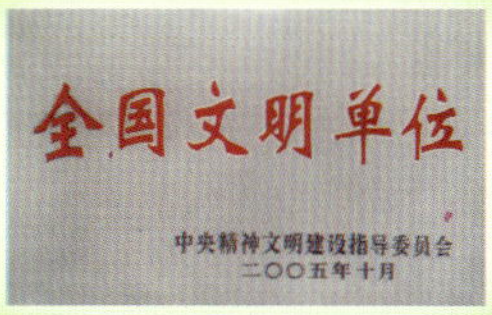

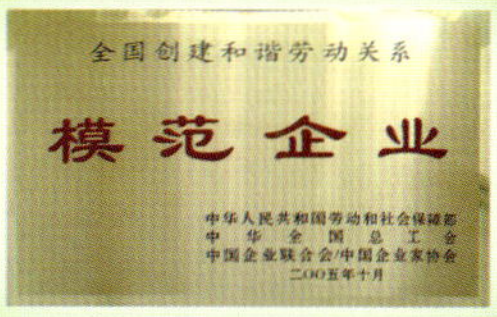

利乐

Tetra Pak

保护好品质

成立于1951年的瑞典利乐公司早在1972年就进入中国市场。从中国改革开放到加入世界贸易组织，利乐一直信奉“与中国客户共同成长”的经营理念，致力于贯彻“确保安全的食品在任何地方皆举手可得”的使命，不断将先进的技术设备和完善的配套服务引进中国，积极推进生产服务的本地化进程。同时，利乐公司也对环保不遗余力，积极履行一贯倡导的环保理念和承诺，并取得了显著的成果。

利乐公司于1951年成立于瑞典，创新地推出了一种耗材少、卫生水平高的牛奶包装——利乐四面体纸包装，成为当时最先为液态牛奶提供包装的公司之一。通过在竞争中不断地进步和创新，来自瑞典的利乐公司已经发展成为向牛奶、果汁、饮料和许多其它产品提供整套包装系统的大型供应商。1991年，利乐的生产延伸至液态食品加工设备、厂房工程及干酪生产设备。今天，利乐能够向遍布全球各地的客户提供综合加工设备、包装和分销生产线、以及为液态食品生产厂提供整体解决方案。

利乐在全球共有 48家销售公司，获许可经营的45家包装材料厂以及11家包装机器装配厂。公司拥有 20，250名员工，2006年度的净销售收入约为 85.33亿欧元。利乐的产品在超过 165 个市场上销售。2006年，公司共生产了1,297亿件包装，为全球消费者提供了673.85亿公升的液态食品产品。

世界各地的人们每天要消费140亿升的水、牛奶、果汁和其他液态食品。多年来，利乐始终贯彻致力于确保安全的食品在任何地方皆举手可得的使命，开发了能保存产品原味和营养价值的包装，使大量液态食品能完好地分销到消费者手中。利乐的产品种类繁多，为巴氏消毒和无菌包装产品提供的包装系统不少于12种，基本分为纸包装和塑料包装两类。在常温纸盒包装业务领域，利乐公司处于世界领先地位。所提供产品包括利乐砖、利乐冠、利乐枕、利乐威和利乐钻等。而其中的无菌利乐枕包装系统更是针对新兴市场设计的经济型解决方案。同时，利乐的无菌加工设备和分销设备也广受欢迎。今天，可以包装在利乐包装内的产品不胜枚举，如冰淇淋、干酪、无水食品、水果、蔬菜和宠物食品等。

在环保方面，利乐公司成立之初，“节约”的观念就渗透在利乐的血脉中，逐步发展为现今成熟、完整的环保和可持续发展的思想与技术体系，并付诸实施。利乐认为，只有“可再生的”，才是“可持续的”。因此从原材料采购、生产，到分销，再到回收，利乐坚持以完善的生命周期管理法，有节制地使用和保护可再生资源。最典型的例子就是利乐在纸浆采购中对森林资源的保护。其次，利乐在生产中也努力追求原材料减量化和能源的节约，减少温室气体排放。在废弃包装回收领域，利乐也同样积极参与，2005年，废弃利乐包装在全球的总回收量比2002年提高了40%，使大量的资源得到了回收再利用。

生命周期的环保理念
贯穿始终

环保新技术、新产品、新设备等

利乐公司对环保的参与不仅仅包括支持和参加各种环保活动，在这些行为之外，利乐包装本身就具备相当的环保性，大大促进了能源节约。

在无菌灌装技术诞生之前，大量的液态食品曾因为包装技术的制约而白白浪费，无法送到消费者手中；同样，因为包装技术的局限，冷藏、运输、贮存等环节需要消耗大量的能源。

无菌灌装技术的诞生是一场划时代的变革，采用无菌包装的产品由于无需冷藏，保质期又长，解决了长途运输对产品保质期的挑战，避免了食品的浪费；同时，由于生产、运输、零售、存储、消费的整个过程中不需要冷藏车、冷藏销售柜、冰箱等冷链设备，从而大大节约了能源。另外值得一提的是，利乐无菌包装的砖型设计还节约了贮存空间，提高了运输效率。

除此之外，利乐无菌包装还是可以100%回收的绿色包装。经过专业的加工处理，废弃利乐包装可以生产公园护栏、垃圾桶、课桌椅、室外地板、工业托盘、纸张、衣架等丰富实用的环保产品，并且拥有较好的市场前景。

排放管理

利乐在中国的包材工厂全部推行先进的WCM（World Class Manufacturing世界级制造）管理体系。该体系启动了10个支柱用于提高企业的整体生产与管理水平，其中的“安全与环境”支柱为环保工作的开展提供了保障。

在WCM管理体系下，佛山包材厂分别设立了有关能源消耗量、化学品用量以及废物回收和处理等六项环保指标，并确定了公司的环境方针，重点是：

1、遵守相关的法律法规　　2、维护环境体系

3、有效利用能源与资源　　4、确保环境信息及时沟通。

对于佛山包材厂来说，环境监控的重点是能量、水、化学品扩散、噪音控制、废弃物回收、填埋等，并拥有一套完善的环保管理体系，例如在化学品管理上，就通过实施零库存管理；尽量使用环保产品代替有害化学品；溶剂瓶送还供应商，废液收集后送污水处理单位处理等方法减少对环境的影响。

经过努力，与2003年相比，佛山工厂的电力消耗节约了20.8%，液化石油气消耗节约了29%，水资源消耗节约了37.8%，挥发性有机化合物排放节约了53.9%。

昆山包材厂在节能方面主要有两个重点项目：

车间空调自动调节系统DCS：

昆山厂在整个车间的空调、通风系统安装了这一系列节电设施，使整个系统按照生产的实际需求来自动控制，达到节能的效果。

该项目在2005年9月安装完毕，项目完成后的一年内，已累计节约电费72万元。

改善电能项目：

昆山厂安装了电容滤波装置，电流谐波大大减少；功率因素明显提升，达到了提高电能质量的目的。

该项目在2006年1月完成，一年内已累计节约电费61万元。

经过严格的管理和实施，利乐昆山厂在环保方面也取得了一系列的成果：2005年和2006年，昆山厂使用工厂废料制成各种有用物品达到9200吨，相当于少砍伐约14000棵树木；EPI各项指标在2004年的基础上明显改进：用电消耗每百万标准包减少28%，用气消耗减少29%，用水消耗减少45%，有机溶剂的挥发量减少了28%，达到废弃物零填埋率，和100%回收再利用。

北京包材厂在环保上一方面关注工厂内能耗的节约与废料的回收利用，另一方面关注工厂外废料处理商的审核。在能耗节约方面，根据消耗量和费用的高低，北京厂将电力、天然气和水资源的消耗列为重点，并特别关注电力的节约。通过锁定主要耗电设备，安装需求控制系统、节能装置，以及开发节能措施等方式，北京厂在减少电力消耗，天然气和水消耗上都取得到了显著的成果。

包材厂取得的荣誉

利乐佛山厂在2001年启动WCM管理体系，2005年10月荣获日本JIPM协会TPM“优秀企业奖”（Excellence Award）。

环保方面的荣誉包括：

1997年获得了DnV颁发的ISO14001环境管理体系认证，是佛山第一家通过此认证的工厂

2003年参加佛山市环境知识比赛，获得二等奖

2007年被佛山市环保局命名为“佛山市环境保护模范企业”

昆山包材厂于1998年获得了DnV颁发的ISO14001环境管理体系认证；连续三年获得“绿色企业”称号，2007年还被评为昆山市循环经济示范单位。

北京厂于2006年获得了ISO14001体系的认证。

环保回收

回收再利用环节虽然处在包装生命周期的末端，但同样也得到了利乐的高度关注。长期以来，利乐在全球均积极支持废弃利乐包装的回收再利用，帮助建立回收网络，帮助开发回收再利用技术等。2005年，废弃利乐包装在全球的总回收量比2002年提高了40%，达到了16%。

利乐中国在包装的回收再利用方面同样不遗余力。1997年利乐中国环境部门成立，专门负责消费后利乐包装的循环再生利用。利乐中国通过学习国外先进经验，分析中国市场实际情况，确定了再生利用的发展思路。即帮助利乐包装回收再利用的技术研发，支持建立回收再利用工厂，目前，这些企业拥有成熟的水力再制浆、挤塑加工等技术，可以对废弃复合纸包装进行循环再利用，生产公园护栏、垃圾桶、课桌椅、室外地板、工业托盘、优质瓦楞纸等丰富实用的环保产品，而且已经拥有较好的市场。

经过数年的努力，利乐在北京、上海、杭州、深圳、山东等地帮助建立了近十家回收再利用企业，形成了一条覆盖华北、华东、华南的废弃利乐包装的回收再利用产业链。同时，利乐也积极帮助推进包装的回收工作，通过以点带面的方式，与再生利用企业一起重点支持有发展潜力的回收公司，为他们提供分捡打包场地、运输车辆、打包机器等方面的支持，同时积极帮助策划提高回收效率的方法、加强居民的参与程度。经过长期不懈的努力，目前废弃包装的收集已经摸索出了多种模式，并取得了一些成功经验。相信依靠环卫系统、相关政府部门、社区、非政府组织、企业的合作，利乐包装的回收前景必将愈发光明。

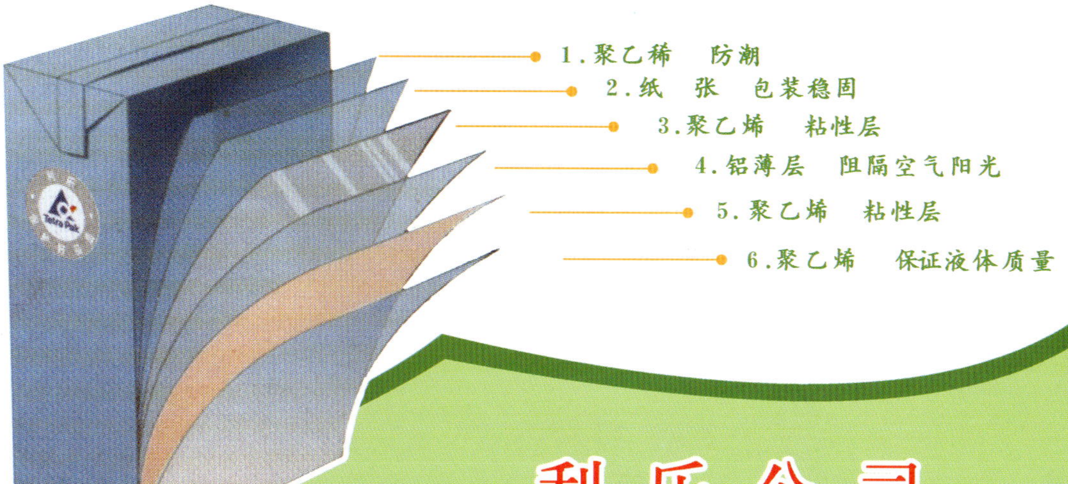

利乐公司

京东方科技集团股份有限公司
BOE TECHNOLOGY GROUP CO., LTD.

京东方科技集团股份有限公司是一家显示产品与解决方案的供应商，创立于1993年4月，是一家在中国深圳证券交易所上市的高科技公司。

经过多年的研究开发和技术积累，京东方已完整掌握了TFT－LCD的核心技术，并拥有一条第五代TFT-LCD生产线。目前，京东方已发展成为中国大陆显示领域综合实力较强的高科技企业。2006年，公司主营业务收入达87.8亿元。截至2007年9月30日，公司注册资本为28.7亿元，总资产152.5亿元。

京东方北京亦庄工厂

一、IT与小尺寸电视用TFT－LCD业务：产品主要应用于显示器、笔记本电脑、液晶电视等领域。

二、移动与应用产品用TFT－LCD业务：产品主要包括10”以下的显示模块，主要应用于各类移动电子产品。

三、显示光源产品业务：产品主要包括CCFL背光源和LED背光源产品。

四、显示系统和解决方案业务：产品主要包括超高亮液晶显示终端、车载液晶显示终端、加固液晶显示终端、通用液晶显示终端，并针对用户提供定制服务。

五、其它显示器件及配套产品业务：包括CRT（彩色显像管）、VFD（真空荧光显示屏），以及与显示相关的精密电子零件与材料。

六、恒通国际商务园。

通过实施国际化、培育核心竞争力等策略，京东方正向显示领域的全球领先企业迈进。目前公司拥有6个制造基地，营销和服务体系覆盖全球主要地区，截至2006年末员工超过9800人。

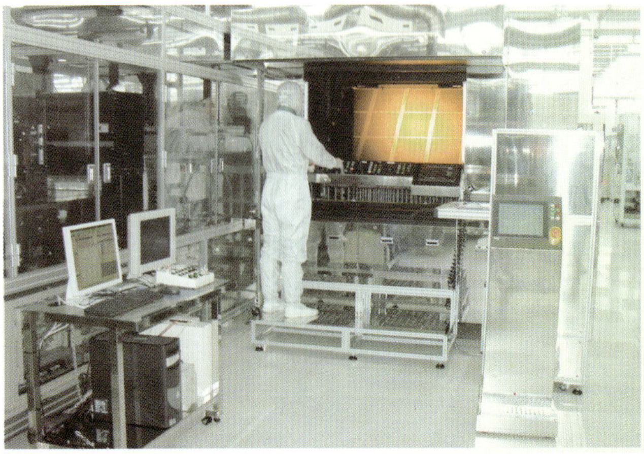

第五代TFT-LCD生产线

在环保工程方面，京东方建立并保持环境管理体系(ISO14000)，严格执行17字环保方针：“持续改进，遵守法规，保证透明度，全员参与。”管理体系使用“策划(Plan)—实施(Do)—检查(Check)—改进(Action)”的PDCA运行模式，该模式适用于公司TFT－LCD的生产和相关管理活动。

排放管理

采用适合液晶显示器生产工艺的废水，废气排放处理的先进设备，并进行有效的废液（属于危险固体废物）回收。

废气处理系统包括：有机废气，酸碱废气，特殊废气处理系统；

废水处理系统包括：酸性废水，有机废水，含磷废水，含氟废水处理系统。

纯水制造过程中的废水利用：由于TFT－LCD技术需要大量的超纯清洗水（电导率在18M以上），所以工艺配有纯水制造系统。在纯水制造工艺中最大限度的利用生产过程中产生的废水是工作目标之一。主要采取的措施包括将纯水工艺中的反渗透浓水再利用，作为空调循环冷却水的水源，特殊气体废气处理的冲洗水，厂房冲厕和绿化用水等。

封闭式冷却塔减少水耗：采用封闭式冷却塔，冷却水的水源采用水处理的反渗透浓水，同时封闭式冷却塔比开放式冷却塔最大限度的减少了水的蒸发量，节约用水。

有机废气处理的先进性：采用先进的沸石转轮技术处理有机废气。液晶显示器工艺的有机废气来自于玻璃基板清洗的化学药品，具有废气风量大，浓度低的特点，不易直接燃烧或吸附处理。沸石转轮浓缩技术先将有机废气通过转轮吸附，95%的有机废气吸附在了浓缩转轮上，同时在转轮旋转到的一定区域进行吹扫（用空气将转轮上的有机物吹走，携带在空气中），将转轮上富集的有机物吹扫下来，通过天然气燃烧成为CO_2和水。具有节省能源，有机废气处理效率好的特点。转轮可再生，设备不必停止运行来满足定期脱附（与吸附相对，即让吸附剂恢复吸附能力）。沸石转轮技术是应用于大风量，低VOC[注1]浓度，去除复杂VOC气体的新型技术。

特殊废气处理的先进性：特殊废气采用来自于化学气相沉积（CVD）和干法刻蚀（DE）等工序，主要成份有硅烷、磷烷等特种气体尾气，含量甚微。生产线工艺设备本身自带这类气体的净化装置POU[注2]，燃烧后产生的尾气再通过碱液喷淋吸收塔作进一步处理。

环境管理体系认证证书
北京京东方光电科技有限公司
GB/T24001-2004 / ISO 14001: 2004
ENVIRONMENTAL MANAGEMENT SYSTEM CERTIFICATE
Beijing BOE Optoelectronics Technology Co., Ltd.
The Manufacture and Relative Management of TFT-LCD
China Certification Center, Inc.
环境管理体系认证证书
附件 1:
北京京东方光电科技有限公司
ENVIRONMENTAL MANAGEMENT SYSTEM CERTIFICATE
Appendix 1:
Beijing BOE Optoelectronics Technology Co., Ltd.
No.10 Jiuxianqiaolu, Chaoyang District, Beijing
China Certification Center, Inc.

首先在化学气相沉积（CVD）和干法刻蚀（DE）工序把有害废气用真空泵抽出到燃烧除害装置，用天然气作燃烧氧化剂，有害废气被氧化、在后一级的湿式洗涤塔中被吸收，达标后从排气筒排放。经处理后的排放废气中，有害气体基本不存在。

POU处理设备和废气喷淋洗涤塔的碱溶液循环使用并定期排放，全部纳入废水处理站含氟废水处理系统处理后再排放。

清洁生产

京东方是自愿参加清洁生产的企业，2007年通过了北京市发展与改革委员会清洁生产审核，清洁生产的中高费方案[注3]包括减少磷排放和减少有机废气排放。减少磷排放采用了延长化学药品使用时间，增加设备的吹扫气刀，降低化学药品浓度等方式，消减了废水中的磷酸根约88.67吨/年，减少了药品消耗253.42万元/月。减少有机废气方面，使用高纯水替换异丙醇清洗剂，增加设备吹扫气刀，增加主要有机溶剂的使用周期，减少向大气中排放的有机物258kg/月，节省药品费用112.8万/月。在进行工艺设计时，公司充分考虑了环境因素，采用钼金属作为溅射镀膜[注4]的靶材，不使用铬金属靶材，不会造成水系统的重金属污染。

注1：指挥发性有机物。

注2：Point Of Use，采用燃烧法进行燃烧处理。

注3：指需要进行一定的投资，投资回收期较长的环境改善工程项目。

注4：起到有缘层信号传输作用。

西藏玉龙铜业

西藏玉龙铜业股份有限公司于2005年5月28日成立，是由西部矿业股份有限公司联合紫金矿业集团股份有限公司等单位为共同开发西藏玉龙铜矿而发起设立的，注册资金为6.25亿元人民币。

西藏玉龙铜矿位于西藏昌都地区江达县青泥洞乡境内，是已经探明的国内大型铜矿床之一。矿区海拔4569～5118m，自然条件比较恶劣。按照玉龙铜矿总体开发方案，玉龙铜矿将分二期建设，一期建设规模为年产3万t电铜，二期建设规模为年产10万t电铜。目前正在进行矿山基本建设的前期工作。

在路边复植的草皮

玉龙铜矿项目于2006年9月通过国家环境保护总局评审。公司严格执行国家环境影响评价和环保“三同时”制度，建立了安全环保管理网络，制定了《环境保护管理办法》及其实施细则，编制了突发事故应急处理预案并组织了演练，对矿山环保关键点进行了定期监测，建立废水、废渣排放审批及外排应急处理机制，积极推行清洁生产工艺。

生长茂盛的复植草

玉龙铜矿在水土保持上一个成功经验，是对建设过程中剥离的草皮在春季进行移植恢复。2006年春季在矿区公路沿线复植草皮面积10050.23m²，全部成活；2006年夏季在综合办公楼前后留出的空地复植草皮面积近1000m²，全部成活。通过以上工作，不但实现了矿区的绿化，而且更重要的是恢复了草皮的生态功能。

玉龙铜业公司把水土保持和环境保护当作一项重要工作来抓，2005年在矿区试种了北京杨、野山桃和耐寒小矮松，现在成活率90%以上。2007年秋季，为试验移植草皮的过冬成活率，在新修矿山公路沿线又复植草皮2246.28m²。2008年计划在堆浸场地进行大面积绿化。

2007年8月18日，国家环保总局潘岳副局长视察了玉龙铜矿，对玉龙铜业公司在矿山环境保护和水土保持方面的工作给予了充分肯定。

西藏玉龙铜业股份有限公司将本着“总体规划、分步实施、科学开发”的基本原则，坚持生态效益、经济效益和社会效益并重，努力将玉龙铜矿建设成“质量效益型，环境友好型，资源节约型，安全稳定型，社会和谐型”的一流工程、示范工程！

股份有限公司

国家环保总局潘岳副局长视察玉龙铜矿，并对矿山环保工作给予充分肯定

湖南华润鲤鱼江发电B厂

烟气脱硫系统采用日本IHI石灰石——石膏湿法技术对烟气进行脱硫除尘，二氧化硫去除效率为93%。

【企业简介】

湖南华润鲤鱼江发电B厂2×600MW机组，是国家“十一五”发展规划和国家“西电东送”的重点项目。该项目由华润电力控股公司独资建设，厂址位于湖南省郴州市苏仙区桥口镇下渡村。

鲤鱼江发电B厂2×600MW工程严格遵照国家相关环保法律法规，依照“三同时”原则，同步建设了脱硫、除尘、废水集中处理等环保设施，并预留了脱硝设施的场地。环保总投资达5.36亿元，约占工程投资11.3%。现将主要环保项目的情况介绍一下。

电厂十分重视水资源的保护，全厂冷却水均采用二次循环供水，并做到无温排水排放。

主要环保项目情况介绍

电厂与周边多家水泥厂、炉渣砖厂签定了粉煤灰、渣和脱硫石膏综合利用协议。真正做到固体废物全部综合利用；图为粉煤灰运输车正将粉煤灰送往水泥厂。

采用福建龙净环保股份有限公司生产的五电场静电除尘器对烟气除尘，总除尘效率为99.82%。

采用混凝、澄清、过滤、曝气生物处理的成熟技术对电厂的含油废水、含煤废水、化学废水、硫废水、生活污水经处理后全部回用。

“十一五”发展规划

“西电东送”的重点项目

延长油田股份有限

加强环境保护　创建和谐油田

延长油田股份有限公司定边采油厂始建于1993年，主要从事石油资源勘探开发和井下作业、原油运输等业务。下设19个科室、5个采油队、1个井下作业大队和1个机修厂。共有职工3396人、油井1992口、总资产41.1亿元，已建成90万吨原油产能基地，年可实现工业产值27亿元、税费利11亿元。自成立以来累计上缴税费27亿元，成为地方财政和经济命脉企业。

定边采油厂始终坚持科学发展观，充分利用资源，科学勘探，合理开发，各项工作取得较为理想的成绩。先后被评为省级优秀企业、技术改造先进企业、绿色企业、清洁生产和14000标准示范单位、安全生产单位、文明单位等。2007年是跨越发展的重要一年，在产能直线攀升的同时，加强环境保护，创建和谐油田，建立的环境管理体系通过国家中环联合认证中心认证符合GB/T24001、28001职业健康安全环境体系标准。

（一）油田建设方面加强环保。安全环保、文明规范、原油集输是定边采油厂坚持的油田建设基本思路。一是积极建设标准化井场。在搞好井场平整、硬化和“三清四无五不漏”的前提下，进行井场围墙改造，实现砖围墙白色化。2007年共改建标准化井场692个，其中砖围墙516个，铁艺围墙176个。同时，在井场周围进行绿化，油区呈现出绿色盎然的景色。目前标准化井场占到总井场的80%。二是全面推行原油集输。2007年投资6500万元对油田进行集输改造。新建王圈、五星庄2座集输站和闫大庄、高伙场、康圪劳、齐家湾4座输转站。建成后具有33万吨原油集输脱水能力，集输油井221口。油建工程高标准高起点，污水处理达标后回注原地层，伴生气作为原油加温脱水的燃料，既符合环保要求，又提高了经济效益。全厂现有联合站、集输站和输转站30座，70%的油井实现了集输管理。三是改善油田交通运输条件。为了从根本上提高油田建设水平，2007年新铺设了砖井至西仁沟10公里的黑色路面，西仁沟至韩渠12公里、姬塬至武崾岘13.6公里的两条砂砾石路面；另外学庄至新安边54公里、樊学至石城子至白狼岔13.8公里的两条黑色道路路基工程已完成。近年来采油厂共硬化道路200多公里，铺设黑色路面100多公里，有效地遏制了粉尘污染，保护了油区环境。

（二）推行应用环保新工艺、新技术。一是加大污水回注系统改造力度，确保污水零排放。2007年，定边采油厂对各点式注水站的污水处理系统进行了改造处理，在几个集输站建立了延长组、延安组污水回收点，

公司定边采油厂

减少了单井污水排放的污染，为2008年污水零排放打下基础。二是可洗井式分隔器在注水井中的应用。注水开发逐步走向规范，在注水井中下入可洗井式封隔器，尽可能地保护套管、防止腐蚀，达到正常洗井，同时节约作业成本。三是深度调驱工艺技术应用。注水井注水一段时期后，近井地带会出现高渗通道，形成单向突进现象，导致部分油井含水上升，部分井还有水淹的可能。采油厂引进“深度调驱技术”，对部分注水井注水后显现出明显的单层突进的迹象、对应油井出现含水上升较快现象的注水井进行深度调驱，改善层间、层内矛盾，提高水驱波及面积、水驱效果。四是区域水驱前缘测试技术应用。2007年为了了解区域注入水的波及范围、优势注水方向，区块的注水波及区和未波及区，近井区裂缝产状等，选取30多口注水井做区域水驱前缘测试，达到了预期目的。

先进的污水处理系统

油田绿化

（三）加大节能环保力度。定边采油厂始终坚持开展节能降耗，不断强化全员节约意识，完善节能标准，以“低投入、低消耗、低排放、高效率”为指导，以节煤、节电为重点，以技术进步为依托，全面推广随机就地补偿、电动机调速节能、减速器技术，充分井口利用伴生气，提高冷凝水回收率，更换高耗能节电设备。从体系入手，制定了《节能减排管理方法》，将能源环保管理纳入了体系运行，使节能减排工作步入了科学化、规范化管理轨道。在全面审核的基础上，加大考核力度，建立了奖励与约束机制，促进了节能减排工作长效机制的形成。从基础入手，着力提高现场管理水平。加强宣传教育，编发了《节能环保手册》，深入开展了以“节能减排”为载体的系列活动，着力营造“清洁发展、节约发展”浓厚氛围。以“节能降耗、减污增效”为目标，从标准化管理、标准化现场和标准化操作入手，全力打造节能减排、文明生产企业。通过努力，2007年实现节约标煤2460吨，完成上级部门下达的节约标煤2150吨任务的14.4%。

2008年，定边采油厂继续加大环保力度，进一步加强组织领导和监测、督查力度，把环保工作放至开发、管理和安全工作的同等重要位置，不断提高，不断创新，不断完善，努力营造一个更加清洁，更加节能，更加安全的环保型、节约型企业，努力构建和谐社会，实现人与自然和谐发展。

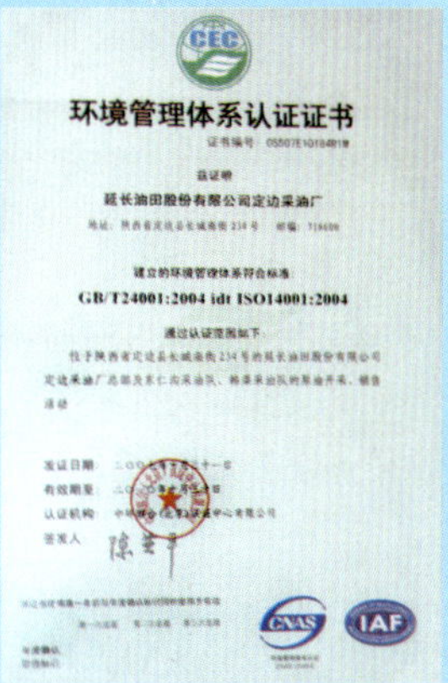

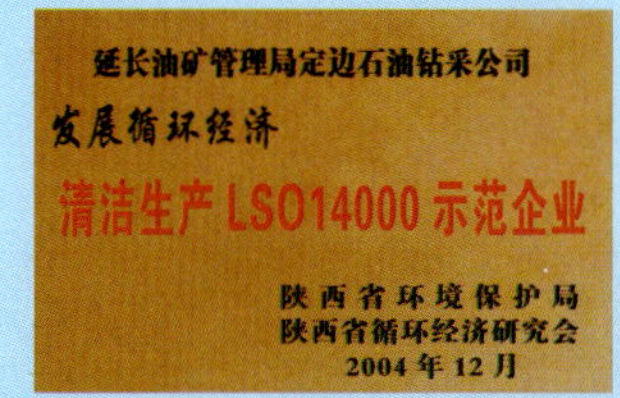

重庆永荣矿业有限公司

重庆永荣矿业有限公司发电厂是全国首家利用煤矸石、煤泥发电的资源综合利用坑口电厂。始建于1954年，全厂共有6台循环流化床锅炉，发电总装机容量2.7万千瓦，固定资产7365万元，年发电2.1亿千瓦时，创利税1800万元。通过几十年的努力，已发展成为集发、输、供于一体的电力企业。

重庆永荣矿业有限公司发电厂依靠科技创新，在煤矸石燃烧技术方面创造了“利用低热值燃料沸腾炉发电技术、沸腾锅炉流态化快速点火技术、具有容错功能的多微处理机热工监控、煤泥沸腾炉发电技术、煤泥和煤矸石混烧沸腾炉发电技术”等五个全国第一。重庆永荣矿业有限公司发电厂以在我国低热值燃料发电做出的贡献，被誉为全国煤矸石电厂的排头兵。从上个世纪80年代以来，先后接待全国20多个省市自治区有关人员来厂参观、考察、咨询、实习达2万人次，为同行代培电力技术骨干达5000多人次，为全国30多个单位设计、安装、调试了各种型号的沸腾炉，为全国各地发电企业输送管理人才130余人。同时，企业三个文明建设得到同步发展，先后获得“全国综合利用先进单位”、“中国煤炭企业现场管理先进单位”、“重庆市环境保护先进单位”、“省级文明单位”、“重庆市最佳文明单位”、获2004、2005年度中国煤炭工业综合利用与多种经营先进企业等。

浙江钱清发电有限责任公司

总经理 应加龙

浙江钱清发电有限责任公司地处中国长江三角洲经济带的浙江省绍兴县，1999年5月由中电信绍兴钱清发电有限责任公司改组成立，是浙江省能源集团有限公司控股发电企业。

成立之时，公司积极响应国家有关SO_2控制目标的号召，在浙江省内第一家应用火力发电机组脱硫技术。在＃1机组建设的同时，配套建设了半干法脱硫装置，由芬兰FORTUM公司提供LIFAC系统设备，设计脱硫效率为65%，于2000年3月投入运行。＃2机组引进了美国B&W公司的核心技术，采用石灰石—石膏湿法脱硫工艺，设计脱硫效率为90%，是国内首家国产化设备利用率较高的脱硫火电机组，于2003年7月动态移交电厂进行烟气脱硫。

自设备投产以来，脱硫所产生的环境效益十分明显，对降低烟气中的二氧化硫含量、减少大气污染、有效防止酸雨和保护当地的环境起到了一定的作用。2002年、2003年，国家环保总局汪纪戎副局长、美国能源部副部长罗卜特·卡德先生先后到我公司参观、考察。2006年，公司＃2机组烟气脱硫工程被国家环保产业协会授予"国家重点环境保护实用技术示范工程"，并荣获了2005年浙江省电力科学技术一等奖、中国电力科学技术三等奖。

创建环境友好型企业是电力企业义不容辞的责任和义务。在实践中，公司始终把建设"无公害的清洁企业"，为社会提供优质安全的绿色能源作为责任与义务。在坚持抓好经济效益的同时，注重社会效益，努力走可持续发展道路。目前我公司正和美国Mobotec公司合作，将在＃1炉上进行烟气脱硝，进一步降低烟气排放的有害物质，为中国的环保事业作贡献。

1、公司的地理位置：

公司位于浙江省绍兴县西部的钱清镇，东离绍兴市22公里，西距杭州市35公里，厂区西临萧绍运河、104国道和萧甬铁路。

2.半干法脱硫系统的基本原理及工艺特点：

半干法（LIFAC）脱硫系统主要分为两大部分：炉内喷钙和炉后增湿活化。

炉前喷射系统是将石灰石粉喷射进入锅炉，石灰石（$CaCO_3$）在高温下迅速分解，产生脱硫吸收剂CaO，在锅炉水平烟道及尾部烟道中与烟气中的SO_3和少量SO_2反应。

炉后增湿活化是使未反应的吸收剂CaO和烟气通过活化器顶部的雾化水区域，雾化水与CaO反应生成$Ca(OH)_2$，增加了吸收剂对SO_2气体的吸附性。

该工艺的主要特点是：

1）适用于含硫量为0.6%-2.0%的煤种，在Ca/S=1.5-2.5时，脱硫效率可达65%-75%。

2）该法已有了一定的运行经验，与湿法FGD系统的经济分析比较，LIFAC的设备投资费用低，运行费用省。但石灰石消耗量较大，脱硫效率低。

3）采用LIFAC脱硫方法的锅炉容量可以为50-300MW。

4）LIFAC系统占地面积较小，安装活化反应器时对锅炉运行的影响较少，因此它适合于场地有限的老电厂改造。

5）由于活化反应器是在高于露点的温度条件下运行，因此其固态反应产物是干粉，没有泥浆或污水排放。反应产物可以用作建筑和筑路材料。

3、湿法脱硫系统的基本原理和工艺特点

该工艺采用石灰石（$CaCO_3$）浆液在吸收塔中吸收SO_2，主要由石灰石浆液制备及供应系统、二氧化硫吸收系统、烟气系统、石膏处理系统、废水排放系统、工艺水系统、事故浆池及浆液疏排系统等组成；采用分散控制系统（DCS）进行监控，具有较高的自动化水平。DCS系统的功能包括：数据采集和处理、模拟量控制和顺序控制及联锁保护，通过通讯和少量硬接线与外部系统进行信号交换，设计脱硫效率90%。

该工艺的特点为脱硫效率高，技术成熟，运行可靠性好，对煤种变化的适应性强。吸收剂资源丰富，价格便宜，脱硫副产物便于综合利用。

4、社会效益分析

浙江钱清发电有限责任公司＃1机组LIFAC脱硫系统投运以来，始终保持较高的投运率（96.55%），平均脱硫效率68.07%，＃2机组湿法脱硫工程投入运行以来，平均脱硫效率91.36%，投运率97.88%。到2007年3月底，全厂已削减SO_2排放量45182多吨，取得了较好的社会效益。

5、渣水处理系统

渣溢水处理系统采用了两相流固液分离装置（高效净水器），进行絮凝剂、助凝剂加药处理，使处理后清水达到排放或回用要求，污泥返回脱水仓。核心装置高效净水器是专门针对火电厂冲灰渣水的水质特点而设计制造的，该设备将物理、化学的处理方法融为一体，把混凝反应、离心分离、重力分离、动态过滤、污泥浓缩等处理技术有机的组合集成在一起，使污水的多级净化功能在同一个反应器内（25－28分钟）快速完成，出水水质SS都达到了＜20mg/l。目前，我们都回收用于＃2机组脱硫的工艺水。

伊川电力集团总公司

【企业简介】

伊川电力集团总公司组建于1995年，是一个煤电铝一体化的大型现代企业集团、全国500强工业企业、河南重点“双百亿”企业。现有500MW火力发电、年产200万吨原煤、20万吨电解铝及合金铝、20万吨碳素等核心生产能力，对外合作氧化铝60万吨、铝深加工20万吨，形成完整的“煤—电—铝”、“氧化铝—电解铝—铝深加工”产业链条，具有明显的产业链条优势和产业集群效应。现有资产总额87亿元，固定资产53亿元，员工7000余人。2006年完成销售收入64亿元、利润5.6亿元、税金3.52亿元，综合实力位居全国工业企业368位、河南省工业企业第9位。

董事长戴松灵

集团总经理吴君枝

公司认真贯彻科学发展观，集团及其下属企业先后通过IS09001国际质量管理体系认证、IS014001国际环境管理体系认证、OHSAS18001职业健康安全管理体系认证和ISO/IEC17025国际标准实验室认证，取得了六项科技成果和三项技术专利，获得全国五一劳动奖状、全国创建文明行业工作先进单位、中国一流发电企业、中国一流供电企业、全国质量诚信示范企业、全国外商投资双优企业、国家二级档案管理先进单位、国家电力双文明单位、河南工业突出贡献企业、河南省出口状元企业等荣誉称号。公司生产的“豫港龙泉”牌重熔用铝锭获得国家免检产品、河南省名牌产品等荣誉称号。畅销东南亚、欧美等地区，享有较高信誉。

伊川电力集团在戴董事长的带领下，以科学发展观为指导，认真落实国务院《关于落实科学发展观加强环境保护的决定》，健立健全环保工作责任制，加大环境综合整治力度，实现了企业的可持续发展；集团及其下属主要企业先后通过ISO9001国际质量管理体系认证、ISO14001国际环境管理体系认证OHSAS18001职业健康安全管理体系认证和ISO/IEC17025国际标准实验室认证，取得了六项科技成果和三项技术专利，获得全国五一劳动奖状、全国创建文明行业工作先进单位、全国质量诚信示范企业、全国外商投资双优企业、国家二级档案管理先进单位、国家电力双文明单位、河南工业突出贡献企业等荣誉称号。

一、响应政策上脱硫，减少二氧化硫排放量

二氧化硫排放是造成我国大气污染及酸雨不断加剧的主要原因，集团领导非常重视，响应政策上脱硫工程，减少二氧化硫排放量；集团下属企业洛阳龙泉电力开发有限公司#3、#4机组脱硫工程2006年4月23日破土开工，投资6000万元，经过参建单位的共同努力，2006年12月25日已建成投入运行。集团下属企业洛阳豫港电力开发有限公司#1、#2机组脱硫工程投资6000万元于2007年4月13日开工建设，年底可投入运行。

河南豫港龙泉铝业有限公司

二、投巨资上净化系统，治理粉尘效果好

集团下属企业河南豫港龙泉铝业有限公司先后投资5000万元建成了四套烟气净化系统，单套烟气净化系统处理电解烟气能力为712000m^3/h，虽然每年电力运行费用增加了1100万元，但是粉尘治理效果达到了99.97%。

三、加强污水治理，逐步实现废水零排放

为满足环保要求，集团详细制定了污水零排放治理方案，并逐步实施。目前洛阳豫港电力开发有限公司、河南豫港龙泉铝业有限公司的工业水已经实行闭式循环，全厂补水率降低20%。改造后的废水用于绿化区的灌溉、煤厂的喷洒和除灰。

四、植树造林，美化工业园区

为降低粉尘污染，美化环境，伊川电力集团从2000年就开始规划建设伊电工业园区，截至2006年底植树面积已达3500亩，累计投入资金2000多万元。

洛阳豫港电力开发有限公司

洛阳天松碳素有限公司

河北国华沧东发电有限责任公司

李铁映视察沧电

成思危视察沧电

交通部副部长徐祖远
神华集团张喜武总经理视察沧电

沧州市市长刘学库视察沧电

Company Introduction

公司简介

河北国华沧东发电有限责任公司（以下简称公司）是由中国神华能源股份公司、河北省建设投资公司和沧州市建设能源投资公司三家按照51%、40%、9%的比例共同投资组建，公司位于河北省沧州市黄骅港开发区，于2001年11月28日正式注册成立。

公司的主要任务是建设和经营管理黄骅发电厂，黄骅发电厂按三期规划建设，一期工程为2×600MW亚临界燃煤发电机组，1号机组已于2006年6月28日投产，2号机组于2006年12月16日投入商业运营。二期工程建设2×600MW等级超临界燃煤发电机组，被列为河北省重点电力项目，现已被国家发改委核准开工建设。三期工程规划建设4×1000MW超超临界燃煤发电机组。

一期工程配置两套双室四电场静电除尘器，并配套建设2套全烟气湿式石灰石－石膏法脱硫装置，采用低氮燃烧技术，锅炉燃煤产生的烟气经静电除尘器除尘及脱硫塔处理后，通过210米高烟囱排放，并分别安装了烟气连续监测系统。配套建设废水集中处理站，生产、生活废水经单独处理后全部回用。工程采用直流冷却方式。工程产生的灰渣和脱硫石膏全部外售综合利用。工程对各主要噪声源采取了隔声、降噪措施。设置了煤场喷淋装置。生产用水全部来自工程配套的2×10000吨/日海水淡化装置。根据国家环境监测总站监测结果，各项环保设施满足或优于设计标准，污染物排放全部达到国家排放标准和总量控制要求。工程实际投资小于49亿元人民币，其中环保投资6.2亿元，占工程总投资的12.8%。公司环境管理机构健全，规章制度较完善。

河北国华沧东发电有限责任公司是一个全新的现代发电企业，依托神华集团煤、路、港、电一体化资源优势，在国内率先采用港电一体、围海造陆、海水淡化、600MW汽轮机抽汽等新技术，秉承“安全为天、质量为本”的管理思想，推行“小业主，大咨询”的基建管理模式，坚持“目标分解、体系运作、精细管理、监督考核、持续改进”的建设管理方针，倡导“以人为本，岗位责任，团队精神，健康环境”的文化理念，以科学严谨、开拓创新的精神，努力把黄骅发电厂建设成为具有价值创造力和可持续发展力的一流海滨电厂。

国土资源部孙部长视察沧电

全国政协副主席李蒙视察沧电

华电滕州新源热电有限公司

华电滕州新源热电有限公司成立于2002年1月，隶属于华电国际电力股份有限公司，是中国华电集团的控股大型火力热电企业。其前身为始建于1958年的滕州发电厂。公司位于墨子故里——山东省滕州市：东邻京沪铁路、京福高速公路，西濒微山湖，南接苏淮平原，北毗孔孟故里，素有“九省通衢”之称。公司现有职工563人，总资产32.23亿元，在各级政府的关怀与支持下，公司坚持科学发展，和谐发展，持续发展。目前总装机容量103.3MW，分别为1997年建成的1×33MW高温高压热电联产机组；2003年建成的2×150MW热电联产机组；2006年建成的2×350MW热电联产机组。是山东省大型热电联产企业之一。

作为山东省重要的电源企业和滕州市主要的热源企业，公司自成立之初，就将环保工作作为公司各项工作的前提。严格落实各项环保措施，从1997年开始同步建设供热管网，并同步实施集中供热，逐步取缔当地大中型工业和民用锅炉近300余座，实现城区居民集中供暖。极大的改善了当地环境和空气质量。

公司于2005年开始结合二期2×350MW热电联产机组扩建，同时对一期2×150MW进行脱硫系统改造，二期工程配套建设脱硫系统。一二期脱硫系统建设总投资3.15亿元。均采用石灰石–石膏湿法脱硫工艺，其中一期部分采用两炉一塔，全厂脱硫公用系统由二期合并设计。于2006年12月底之前全部投入运行，其中一期脱硫系统总工期10个月，二期脱硫实现与主机同步进入168试运，开创了国内基建机组脱硫系统建设速度的先河，得到了国家环保总局的高度评价。全厂脱硫系统运行脱硫效率不低于95%，脱硫投入率100%，年减少二氧化硫排放近2万吨，对有效改善当地人民的生活质量，保证当地经济的可持续发展，发挥了较大的环境效益和社会效益。

公司投资近500万元建设了厂界噪声治理工程和煤场防风抑尘设施。厂内除尘、废水处理、灰渣综合利用设施运行正常。

为响应国家节能减排号召，公司按照华电集团公司的总体部署，于2007年6月29日对33MW机组实施关停。并于2007年9月5日对其进行爆破。

公司环保工作隶属生产系统，设立环保专职工程师，负责全厂环保监督工作的线条和管理。成立由公司生产副总经理任组长的环保监督网。建立健全了各项环保工作制度。成立专门环保监测站，负责日常环保监测和全厂三废处理系统的运行监督。各种日志、台账记录齐全。

公司三期工程规划建设2×600MW机组，概算总投资44.5亿元，各项前期工作准备就绪，正充分利用“上大压小”政策，等待国家发改委评优，力争纳入国家“十一五”后三年发展规划。三期工程投产后，公司将年创利税3.5亿元，必将为山东省经济的发展做出新的更大的贡献。

在全体员工的共同努力下，公司先后荣获中国华电集团优秀发电企业、中国华电集团公司文明单位、省级文明单位、山东省思想政治工作优秀企业等18项省级以上荣誉称号。

沐浴着党的十七大春风，公司将秉承“攀登者”文化精神，继续以科学发展观为指引，在中国华电集团公司、华电国际电力股份有限公司的正确领导下，在省委、省政府和地方党委政府的关心、支持和帮助下，按照既定发展战略，坚定信心，乘势而上，高奏企业和谐发展的新篇章，以优良的业绩回报股东、回报社会。

云南煤化工

云南煤化工集团有限公司（以下简称云南煤化集团）是云南省委、省政府在实施大企业、大集团战略中，由原云南石油化工集团有限公司与云南东源煤业有限公司整合重组而成的大型企业集团。云南煤化集团于2005年8月30日挂牌成立，主要依靠煤炭资源和煤化工技术优势，以洁净煤为主业，发展煤炭采选、煤焦化、煤气化液化、煤电铝、煤制烯烃等五个业务板块，构筑上下游一体化的新型煤化工产业体系，形成主业突出、相关多元的格局。经过三至五年时间，把云南煤化集团打造成为对云南经济起支柱作用，在全国同行业有较大影响的大型煤化工企业集团，成为区域性的煤化工行业龙头企业。

董事长、党委书记：赵孟云

云南煤化集团的总体战略是“12345”：构建一条完整的煤化工产业链；发展两大化工，即煤化工和乙炔化工；依托三大企业，即云维公司、东源公司、解化公司；建设四个基地，即曲靖煤化电冶基地、红河煤化工基地、昆明煤炭及煤液化基地、昭通煤化工基地；做好五个业务板块，即煤炭采选、煤焦化、煤气化液化、煤电铝、煤制烯烃。

云南煤化集团所属有云南云维集团有限公司、云南东源煤电股份有限公司、云南解化集团有限公司等14个企事业单位，分布在曲靖、红河、昆明、昭通等地。已形成的煤炭、氮肥、电力、炼铝、煤化工的主要产品年生产能力为：煤炭开采能力450万吨、洗选能力420万吨；合成氨65万吨，化肥折纯量66万吨（其中：氮肥62万吨，钾肥4万吨），化肥实物量：尿素51万吨、硝铵48万吨、硝酸钾9万吨；纯碱20万吨，聚乙烯醇3万吨，焦化105万吨，甲醇11万吨，资源综合利用电厂总装机容量118.5MW，电解铝6.5万吨。

“十一五”期间，公司将加快发展步伐，加大投资力度，尽快形成规模经济。项目建设情况为：（一）2006年将建成的项目有：镇雄、恩洪、后所、羊场、圭山等矿区及选煤厂改扩建项目，新增采矿能力100万吨，新增选矿能力90万吨；铝厂二段5万吨；醋酸乙烯2.5万吨；合成氨原料路线改造及动力结构调整等。（二）在建和新开工的项目有：50万吨合成氨、200万吨焦化、60万吨电石、20万吨醋酸、15万吨二甲醚、镇雄塘房矿井等。（三）做前期工作的项目有：老书桌、煤炭坡、清水沟矿井和恩洪矿区180万吨选厂的项目相关评价工作；昭通靖安矿区、罗平老厂等矿区的地质勘探工作；先锋褐煤液化；20万吨醋酸乙烯；30万吨联碱；5万吨1，4丁二醇项目等项目等。

通过“十一五”的发展，2010年主要产品年生产能力将达到：煤炭开采能力1565万吨（未含昭通褐煤）、煤炭洗选能力1065万吨、氮肥实物量140万吨（其中尿素51万吨、硝铵64万吨）、焦炭315万吨、煤焦油加工30万吨、甲醇50万吨、二甲醚15万吨、纯碱25万吨、硝酸钾12万吨、聚乙烯醇6万吨、醋酸20万吨、电石30万吨、醋酸乙烯20万吨、发电装机容613MW、电解铝30万吨、铝制品10万吨。

云南云维集团有限公司

云维集团担负着云南煤化工（曲靖）基地的建设重任。在生产建设中，坚持全面、协调和可持续的科学发展观，按照循环经济的原则，发展新型煤化工。一是以本地煤为原料，引进世界先进的SHELL煤粉加压气化技术，建设年产50五万吨合成氨项目；二是在等量淘汰和替换的前提下，采用先进的具有自主知识产权的5.5米大型侧装捣固焦炉及首套焦炉煤气制甲醇技术，建设国内大型煤焦行业循环经济示范工程。三是采用联醇工艺对老合成氨装置进行改造，大幅度降低合成氨的吨氨综合能耗。在发展煤气化、煤焦化过程中进一步加大环保投入，致力于区域环境的治理，投资11278万元建设区域污水处理系统、锅炉烟气脱硫装置、尿素残夜深度水解装置，通过不同途径的污染治理和环境管理确保“十一五”期间的节能减排目标得以实现。

到“十一五”末期，企业通过节能减排和可持续发展，将实现销售收入150亿元。煤的增值由现在的4倍增加到10倍，能耗指标比2005年下降25%；SO_2、COD分别比2005年减排20%和30%；水循环利用率达到80%。

集团有限公司

云南东源煤电股份有限公司

煤矸石利用电厂发电车间

成品炉渣砖

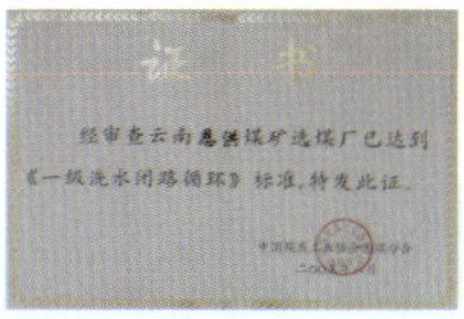

洗煤厂一级洗水闭路循环证书

水污染的防治工作：矿井水：各矿井建立水处理系统，通过净化处理后达标排放；矿区医院的污水经处理后达标排放；洗煤厂废水及电厂冲灰渣水闭路循环使用，不外排，其中公司所属各矿选煤厂洗水闭路循环均达国家一、二级标准。

固体废物的防治工作：煤矸石：建有专门的煤矸石堆贮场，矸石场下建有挡矸坝，周围建有防洪水沟，并进行绿化，对有一定热值的煤矸石用于矿区坑口电厂发电，进行综合利用；煤矸石电厂的灰渣：用于制砖及水泥原料、建筑材料，其余堆贮在专门的矸石库；医院固体废物及生活垃圾：经焚烧处理后运至指定地点填埋；露天煤矿剥离物：可保煤矿陶粒厂是能源综合利用厂家，建于1987年，利用露天煤矿剥离物生产超轻陶粒，当时的建成和投产曾填补了云南轻型建材的一项空白。

矿区大气污染防治工作：矿区电厂的烟气原来均采用文丘里水膜除尘器进行处理后排放，近年来，各矿区电厂根据当地环保部门的要求，对除尘系统进行了技术改造，采用国内先进的静电除尘、布袋除尘进行处理。目前，除一平浪煤矿电厂、田坝煤矿电厂在对除尘系统进行改造外，其余电厂均达到国家允许排放标准；云南省东源铝业有限责任公司电解铝厂环保设施选用铝行业通用的逆向二段干法吸附净化技术，2003年经曲靖市环境监测站实测，布袋除尘效率达99.97%；氟化物净化效率达到95.8%；气尘氟排放浓度2.68mg/m^3，排放率1.26kg/h；烟尘排放浓度2.24mg/m^3，排放率1.11kg/h；2005年9月安装了环境在线监测传输仪，2006年被国家环保总局第3号公告为第一批环境达标的电解铝企业。

噪声防治及绿化工作：各矿区噪声无（场）厂界超标的地方，对个别噪声源超标的设备及车间采取建筑物消声及隔离等措施防治；各矿区、公司、项目部广泛开展绿化美化工作，由于成绩显著，多数矿区被当地政府部门评为绿化先进单位，后所煤矿1996年3月，圭山煤矿2000年被全国绿化委员会授予全国部门造林绿化400佳单位；圭山煤矿2004年6月被中国煤炭工业协会、中国煤炭加工利用协会授予“全国煤炭环境保护优秀单位”。

云南解化集团有限公司

20世纪90年代解化先后投入近10亿元进行总体技术改造，其中用于治理污染的费用就达到1亿多元，污染治理项目占到总体技术改造项目的一半以上。将焦系统的砷碱液脱硫改为无毒栲胶脱硫，消除了砷对泸江河的污染；完成二期含酚废水的治理工程；引进德国鲁奇公司和法国液空公司低温甲醇洗和液氮洗，完成硝酸尾气治理工程，使尾气中的氧化氮由原来的3800PPM下降到1000PPM以下，每年削减氧化氮排放量2000多吨，使尾气中排放的氧化氮达标排放；完成烟尘治理工程，每年削减烟尘排放量30000多吨，实现了烟尘达标排放等等。

21世纪初，又投资700万元对生化装置进行改造后，使酚、苯、焦油等污染物指标均达到国家规定的排放标准；投资300多万元，对一期焦系统冲渣水治理进行改造，每年削减向泸江河排放的悬浮物648.4吨；2003年5月，投资3000万元，建成投产了一台75t/h循环流化床锅炉后，将企业每年产生煤渣和焦渣十多万吨全部回收利用作为循环流化床锅炉的燃料，在SO_2总量控制上，每年可削减1000吨，变废为宝，仅此一项，每年可节省褐煤13.0176万吨，节约原料资金1500多万元，同时还可减少炉渣的堆存量11万吨/年。每年从废气、废水、废渣中回收硫磺3500吨、亚硝酸钙2500吨、煤焦油8500吨、粗酚3000吨等，综合利用产值在三千多万元，实现了环境、经济和社会三个效益有机统一。

特别是去年以来，解化公司经营班子始终把创建绿色环保企业作为公司的重要工作之一，制定了公司“十一五”节能减排的战略规划，并付诸了实施。

——公司引进英国Advantica公司开发的BGL碎煤熔渣气化技术。通过对该技术的吸收转化，开发具有自主知识产权的碎煤熔渣加压气化技术。此项目建成后，产气量可由原来的9000Nm^3/h提高到23738Nm^3/h，蒸汽消耗量只有原来的20%，大大提高了合成氨产量和降低消耗，节能降耗效果明显，具有显著的经济效益。特别在环保方面，将大大减少废渣和污水的产生量，对减轻煤焦油、酚废水对泸江河的污染，以及改善开远地区的环境质量具有的积极的作用。

——实施了硝酸尾气N_2O减排项目（简称CDM项目），与英国益可环境国际金融集团公司合作并签订了CDM项目的《购买协议》和《投资协议》，采用二级炉内减排技术，对公司全加压、双加压、常压硝酸三套机组的尾气实施N_2O减排。该项目总投资649.67万元，目前处于设备安装阶段，工程计划于今年12月完成。项目建成后，每年N_2O排放量从1790吨可削减到268.8吨，实现温室气体减排，达到清洁生产的目的。

广州旺隆热电

新塘环保工业园

原全国人大常委会副委员长邹家华(中)与工业园领导合影

时任市长朱泽君（中）与工业园领导参加增城环境保护与经济发展论坛

广东省广州市增城新塘环保工业园是根据广东省、广州市人民政府的要求，为解决新塘镇洗水漂染企业的工业废水，废气所造成的环境问题而建设的工业园区。

该工业园区规划用地面积约2100亩，总投资概算55亿元。从2002年6月开始，计划用5年时间，由广州市旺隆热电有限公司投资建设800ＭＷ热电联产机组的热电厂（每小时供热600吨）、30万m^3/d的污水处理厂和36万m^3/d的工业净水厂三个主体配套项目，把工业园建设成为以洗水漂染业为主，实行集中供热、集中供水、集中处理工业废水，招引新塘二级水源保护区内的70多家漂染企业进园办厂，解决新塘环境污染问题。至2005年10月，项目第一期工程已建成投产。投产后的环保工业园，体现了节能减排、循环经济、清洁生产的综合效益。目前项目二期工程正在紧张有序地推进。

CYMG 云南冶金集团总公司

云南冶金集团总公司是以铝、铅锌、钛、硅、锰五大产业为主，集采选冶、加工、勘探、科研、设计、工程施工、内外贸以及冶金高等教育为一体的大型企业集团，是云南省政府重点支持的10户大型工业企业之一。集团有成员单位47个（其中云铝公司、驰宏公司是A股上市公司），职工2万多人；现已形成有色金属采矿108万吨、选矿107万吨、冶炼71万吨、深加工20万吨，锗产品20吨，锰矿石38万吨、铁合金20万吨，硫酸37万吨的年生产能力；以2006年统计数据排名中国企业500强第267位、中国制造业企业500强第140位、中国企业效益200佳第120位、中国企业纳税200佳第181位、中国大企业集团竞争力500强第136位、中国有色金属工业销售收入第11位、云南企业百强第9位。

具有自主知识产权的ISA-CYMG炼铅新技术装备

具有自主知识产权的300KA电解铝技术

2007年，集团生产经营再创新高，生产有色金属70.39万吨，实现营业收入166.37亿元、工业增加值50.54亿元、进出口总额5.73亿美元，实现利税37.38亿元，其中利润26亿元，继续保持又好又快的发展势头。

具有自主知识产权的高铁硫化锌精矿加压酸浸技术

集团拥有1个国家级技术中心、1个博士后科研工作站、1个国家甲级大型综合设计研究院、1个国家级国际科技合作基地，拥有“高铁硫化锌精矿加压酸浸技术”、“IY铅熔炼技术”、“深度净化长周期锌电积”、“大极板机械自动剥锌”、“云铝CHYG—30型预焙铝电解系列技术”、“铸轧坯料生产0.0045mm铝箔技术”等一批具有自主知识产权的核心技术，并在生产实际中得到了成功应用。2000年以来，共获省部级以上科技成果奖53项，其中获国家科技进步二等奖2项；获授权专利74项，有1项发明专利获国家专利优秀奖。

集团所有主体生产经营企业都已通过ISO9000质量体系认证，骨干企业还通过了ISO14001环境管理体系和OHSAS18001职业安全卫生管理体系认证并实现“三标合一”。集团的“金沙”牌铅锭、“YL”牌铝锭、“银鑫”牌锌锭是伦敦金属交易所注册产品；“云海”牌重熔用铝锭、铝合金、铝型材、铝铸轧卷，“金沙”牌铅锭，“银鑫”牌电锌、“银晶”牌锗系列产品都是云南省名牌产品。集团荣获全国五一劳动奖状，被命名为全国模范劳动关系和谐企业和云南省首批劳动关系和谐企业，被中国有色金属工业协会评为2007年度AAA级信用等级企业；云铝公司被认定为“国家环境友好企业”，荣获“中华宝钢环境优秀奖”；驰宏公司被列为国家第一批循环经济试点企业。

在今后，云南冶金集团总公司将深入贯彻落实科学发展观，加快新型工业化建设步伐，以深化改革和科技进步为动力，进一步建设发展铝、铅锌、硅、钛、锰五大产业，力争把集团建设成为主业优势突出、具有较强核心竞争力的知名矿业大公司。

集团控股云南铝业股份有限公司

佛山市华昊化工有限公司

佛山市华昊化工有限公司电化厂（原佛山市电化总厂）始建于1966年，是一间以氯碱生产为基础的中型化工企业。经过近40年的开拓发展，现已成为广东省、佛山市的基本化工原料生产基地，对本地区国民经济的发展起着重要作用。主要产品有：烧碱、盐酸、次氯酸钠、一氯乙酸、ABC干粉灭火剂、塑料加工助剂系列：MBS、ACR、PVC复合热稳定剂、无尘复合铅，食品添加剂山梨酸钾，和毛油等等。产品广泛应用于纺织、轻工、电子、化工、食品、塑料加工、消防器材等行业，行销泛珠三角地区及出口欧美、东南亚等国家。

本企业于2004年9月被国家环境保护总局和联合国环境规划署授予“保护臭氧层国际公约替代品生产企业”。其替代品ABC干粉灭火剂主要生产设备是从美国引进的，所产产品ABC干粉灭火剂畅销国内外。

本企业贯彻执行ISO9000族标准，2004年8月获得国家和国际质量体系认证中心颁发的ISO9001：2000质量体系认证证书。2006年4月6日获得广东省安全生产监督管理局颁发的安全生产许可证书。本企业具有二级质监检验资质，三级计量保证体系。坚持高标准、依靠新技术、质优价相宜的方针，向顾客提供满意的产品和服务。

WE LEAD,
WE LEARN.
领先
进取
UPM
芬欧汇川常熟纸厂
——国家环境友好企业
芬欧汇川集团不仅带给中国先进的造纸技术和卓越的产品，而且更带来了领先的环保理念和一流的环保技术。投资近3亿元人民币与生产设施同步建成的环保体系，使得芬欧汇川常熟纸厂各项排放指标远远低于国家设定的A级标准，平均吨纸耗水、耗气、耗电量均堪与欧美领先企业媲美。
芬欧汇川集团深知环境保护的重要意义，并要通过自身的不懈努力使得青山常在，绿水长流。
更多环保信息，敬请访问：
www.upm-kymmono.com.cn

英科实业有限公司

董事长 刘方毅

形成与规模 为实现贸易带动实业，实业促进贸易的发展战略，2000年英科国际控股有限公司在上海奉贤投资兴建上海英科实业有限公司，这是一家注册于上海市奉贤区，注册资金500万美元的美商独资的跨国企业。

上海英科实业有限公司占地35亩，包括17000平方米的生产车间、仓库和3000平方米的办公楼。现有塑框生产线35条，成品框组装线12条。平均可月产框类产品150个标准40尺集装箱。

二期工厂淄博英科框业有限公司位于山东省淄博市临淄区齐鲁化学工业园清田路，共占地198亩，规划建设50000平方米的厂房，7000平方米的办公和展示厅，2500平方米的食堂和7500平方米的员工宿舍，建成达100条框条生产线和40条成品生产线，月出货量达到300个40尺标准集装箱。待生产设备完善后，年产值可达5亿人民币以上。

主要产品 英科实业专业生产高分子材料仿木线材及其相关的框类产品，如各种尺寸和花色的像框、画框、镜框等，产品销往全球。塑料框材的主要特色是利用国内外PS泡沫包装材料代替木材作为原材料，运用公司的特殊技术加工成各种精美的墙面装饰产品。多种规格和样式的半成品框条是制造成品框的基础材料，主要应用于成品框生产加工，家居装饰制造等行业；成品像框、画框、镜框有多种尺寸、样式和风格，可以满足家居装饰行业和家居用品终端消费者的不同品位和需求。

环保益处 随着国际社会对环保行业的日趋重视，废旧塑料的处理成为环保行业关注的焦点。英科实业致力于开发可再生资源产品市场，运用自己的创新技术，将塑料产品加工成各类精美生活用品，同时节省了大量的木材，避免了森林资源的砍伐。2006年，英科实业上海工厂生产了30万箱的塑料线材，避免了50万颗树木被砍伐，为保护生态环境做出了不小的贡献。

运营与荣誉 英科实业经过多年的培训和累积，拥有一支敬业钻研的专业制造队伍，不断地开发出新产品以满足客户的需要，同时还拥有一支年轻高学历，务实求新的销售团队，不断地与客户保持良好地、积极地沟通。正是由于公司始终秉持精益求精的品质要求、务实创新的企业文化，才使得英科公司近几年在激烈的国际市场竞争中脱颖而出，成为目前国内规模大，质量佳，产品种类全的高分子材料框类产品专业制造商。

在不断发展壮大的过程当中，公司已获得多项荣誉肯定，2002年工厂顺利通过了ISO9000—2000版的质量体系认证；2003年被授予“2003年度外商投资双优企业”称号；2005年获得外商投资双优单位；2006年获得上海市专利试点企业荣誉。

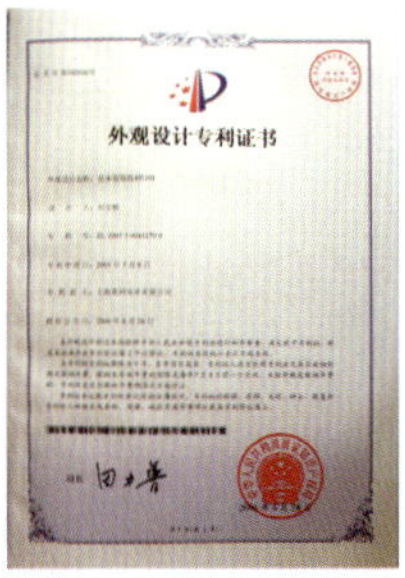

近期目标与远景规划 英科实业近期的发展目标是不断壮大自己在环保加工行业的实力，继续发展可再生资源作为原材料，将塑料泡沫加工成各类精美生活用品，如家居墙体装饰，建筑装修用贴脚线，户外广告用框等，进一步拓宽废塑料回收加工利用的渠道，深化发展可再生资源领域的循环经济。

2006年公司的出口销售额达2亿元人民币，框条销售所占比例30%，成品框销售所占比例为70%。从2007年开始由于国家在木材产品出口上有政策性调整，限制木材产品出口，进一步促进了国际市场对塑料框材的需求，英科实业2007年销售目标是3.2亿元人民币，未来的发展前景会更加广阔。

构建和谐社会 铸就青碱发展

青海碱业有限公司

巍昆仑横空出世，滚滚三江泽被神州。在世界屋脊青藏高原的柴达木，在柴达木金色的世界德令哈。随着当代经济发展潮流的引领，海西工业经济迎来了发展的春天。青海碱业秉承浙江民企“求真务实，造福社会”的经营理念，积极贯彻党中央、国务院实施西部开发战略和实施“十一五”规划目标，以科学发展观为统领，把握发展与和谐的时代主题。

青海碱业有限公司自2003年7月注册成立，2005年9月28日项目一期年产90万吨纯碱生产线建成投产，2006年度完成产量61.7万吨，位居全国同行业第六，完成工业总产值59633万元，位居青海省第16位，实现销售收入8亿元，上缴各类有限公司税费5800万元，2007年元月青海省人民政府授予青海碱业2006年度经济运行“先进单位”荣誉称号。

青海碱业有限公司是由浙江玻璃股份有限公司为投资主体兴建的大型民营化工企业。浙江玻璃股份有限公司地处国家综合开发试验区—绍兴县杨汛桥工业开发区，是一家上市的中外合资股份有限公司，专业从事浮法玻璃制造、加工和销售，是全国玻璃行业的重点骨干企业。

浙江玻璃股份有限公司创建于1994年，并于2001年12月10日在香港联交所主板成功上市，成为境内首家在香港H股上市的民营企业，是中国建筑玻璃与工业玻璃协会副会长单位、浙江省建材工业协会副会长单位。经过十余年的发展，公司已具有相当规模。注册资金5.78亿元人民币，总资产达30亿元，净资产16亿元。目前，公司拥有6条国际水平的优质浮法玻璃生产线，日熔化量达2500吨，年底前还将有3条高档浮法玻璃生产线点火投产，日熔量将达到3700吨，能生产0.6毫米不同品种、不同规格、不同颜色的优质浮法玻璃，质量超过国家GB－11614－1999标准水平。同时拥有从芬兰、奥地利、德国进口的中空、夹层、银镜、钢化等六条深加工玻璃生产线和一条年产200万平方米的LOW-E玻璃生产线，2006年11月18日，浙江玻璃年产117万平方米超薄电子玻璃生产线成功点火，生产规模位居全省第一、全国第三位，2006年12月21日，“光宇牌”浮法玻璃荣获“国家免检产品”称号。

纯碱作为生产平板玻璃的主要原料，用量占平板玻璃生产成本的33%，浙江玻璃股份有限公司投资西部，实施跨区域发展战略，强强联合走可持续发展道路，实现产业链延伸，既确保了原料的正常供应，又增加了浙玻综合实力，浙江玻璃股份有限公司依托柴达木丰富的资源，在青海省海西州德令哈市投资建设年产270万吨纯碱项目。

青海碱业有限公司地处青海省海西州德令哈市工业园区，公司注册资本54806万元，占地面积1500亩，距格尔木市约387公里，离西宁市约514公里，紧临青藏铁路，与315国道相连，交通便利。青海碱业一期工程总投资16.3亿元人民币，通过近四年的努力，产量已达到设计产能，截至07年1至4月累计完成产量30.6万吨，重质优级品率为98.3%，轻质优级品率为96.8%，公司主要生产销售重质纯碱及其副产品，产品质量按国际优等品检验，产品广泛应用于玻璃、日用化学、化工、陶瓷、造纸、医药、纺织、印染、制革等行业，青海碱业以独特的区域优势、资源优势、成本优势、技术优势、产品质量优势和灵活的机制及管理优势引起了国内外的广泛关注。

青海碱业按照矿产资源“综合开发、有效配置、循环利用”的科学发展观，紧紧围绕“节能降耗、科学环保、减量化、再使用和再循环”的循环经济原则。采用清洁生产工艺，注重技术创新，产业链集约发展。青海碱业一期年产90万吨纯碱生产装置是目前国内外采用索尔维法（氨碱法）制碱单套能力最大的纯碱生产线，主要由盐水、石灰、重碱、煅烧、水气、热电和成品包装等生产作业车间组成，几乎集中了近年来国内外同行业最先进、成熟的单元操作技术，采用DCS计算机系统控制，广泛采用钛材、不锈钢及非金属材料，使得装置的技术含量达到国际领先水平。

青海碱业注重资源的综合利用和工业“三废”治理，对化工生产的废弃物、碎石、废砂、炉渣、炉灰变废为宝减排而作为水泥生产等的建筑材料，年回收粉煤灰1万吨，炉渣1200吨，碎石5万吨；按公司长远规划，计划在德令哈市建设一条年产50万吨水泥的新型干法水泥生产线，同时在二期、三期项目中通过工艺线路调整，设置专门用碎石为原料的石灰窑，分级利用碎石，彻底回收利用石灰石资源。对年排放量约1000万立方米的工艺蒸馏生产的废液进行资源配置回收利用，计划投资2亿元建设30万吨/年氯化钙项目，既解决了环保问题又创造了循环经济效益；盐水工序及盐水精制采用PH值调节技术；大能耗设备和运行过程采用DCS控制系统；上料、配料、包装采用PLC技术，通过生产实践，氨耗由23公斤/吨碱降至目前13公斤/吨碱，水耗由30吨/吨碱降至目前的15.6吨/吨碱，煤耗由1080公斤/吨碱降至900公斤/吨碱，清洁生产的实施，循环经济的发展，取得了很大的进步，也为公司技术革新和增强经济效益创建了平台。

青海碱业有限公司坚持“以人为本，科学发展”的用人理念，注重人才战略，强化职工培训，创新用人机制，提高管理水平，始终以构建和谐青海碱业组织团队为目标，营造全体员工“勤奋敬业，团结向上”的企业文化氛围，全力打造一支特别能吃苦、特别能战斗、特别能忍耐、特别能奉献的精英团队为青海碱业的发展奠定坚实的基础。公司目前共有员工1553人，其中：中共党员59人，中高级管理人员29人，初级管理人员38人，中高级技术职称97人，初级技术职称156人，大专以上人员789人，高中以上人员668人，生产作业和管理人员的比例为8：2。近四年来的发展，职工的整体素质大幅提升，“勤奋敬业，团结向上”的团队精神得到了弘扬，公司直接聘用的职工及由此带来的采矿、包装、运输、餐饮、娱乐等行业为本地解决了近万人的就业问题，对促进海西蒙古族藏族自治州的地方工业经济发展和社会和谐产生了积极影响。

青海碱业一期年产90万吨纯碱生产线建成，经过一年多试生产现已达到设计产能，2007年5月份产量突破8万吨，运营稳定。按项目发展总体规划和运营发展实际要求，一期项目我公司通过填平补齐、内部挖潜、狠抓管理，使一期的产能年90万吨有望提高到年120万吨，在确保一期项目运行平稳实现达产达标的基础上，加大运作力度加快二期项目建设。现二期项目的审批全部完成，计划二期工程总投资14亿元人民币，建设年产纯碱90万吨生产线，计划2008年9月份进行投料生产，投产后完成青海碱业股份制改造，计划2009年青海碱业在境内外上市，融资20亿元人民币作为资本金，投资建设三期年产90万吨纯碱项目，年产60万吨烧碱和60万吨PVC联合项目。届时，青海碱业总投资将超过90亿元人民币，总产能将达到年产270万吨的纯碱，年产60万吨烧碱及年产60万吨的PVC，青海碱业销售收入将达到100亿元，柴达木盆地将成为全国最大的碱业基地、烧碱基地、PVC基地。青海碱业以发展循环经济为主线，构建和谐社会为中心，力争在较短的时间内把德令哈工业园建成科技含量高、经济效益好、资源消耗低、环境污染少的工业园，充分展示现代化企业风采和柴达木循环经济发展的典范。

青海碱业的快速发展得益于各级党和政府的正确领导和亲切关怀，得益于社会各界的广泛支持和热情帮助。青海碱业以“构建和谐青海，铸就青碱发展”为经营理念，积极响应青海省委强卫书记“发展是第一要务，生态是重要责任，民生是当务之急”的号召，致力于把青海碱业建设成为国内一流，国际有影响力的大型碱业基地，成为柴达木盆地一颗璀璨的明珠。

三龙催化剂有限公司

San long

三龙催化剂有限公司的前身是德清化工技术开发有限公司，成立于1992年。该公司在沈炳龙教授率领下，推出了新型载体二氧化钛。用这种新型载体制成的钴钼加氢催化剂和甲烷化催化剂，1994年在工业装置上使用属国际首创。这在催化领域曾引起很大反响！这些新型催化剂在化肥、炼油等领域得到广泛应用，取得了较好的业绩和可观的经济效益！有七种产品取得了发明专利、有五个产品被国家科委、国家技术监督局等五个部委级单位评为《国家级重点新产品》。

二氧化钛是一种半导体材料，在特定条件下，由于电子转移而产生的能级变化，大大提高了它的催化活性和选择性。像FCC汽油脱硫降烯烃催化剂、乙烯原料油脱砷剂都选用二氧化钛载体；又由于二氧化钛能耐腐蚀，有抗硫酸盐化作用。因此，在硫磺回收、火电厂烟气SCR脱硝都采用二氧化钛作载体；在光催化治理污水方面，二氧化钛更有特色……这几年，许多大专院校、科研单位，为了开发新的催化剂，在载体上都得到三龙公司的大力支持。

目前三龙公司是一个集科研、生产、贸易为一体的专业催化剂公司。公司经历了十多年的探索，形成了一支具有中、高级职称的研发团队和相匹配的仪器、设备、有流化床和固定床两种催化剂评价装置及中等规模的生产线。

多年的经营，有一块属于她的忠实用户和群体：制氢装置有较高的占有率、石蜡加氢催化剂、乙烯原料脱砷剂也有较多用户。煤化工中焦油苯脱噻吩硫正推向工业应用。有较多品种的催化剂——三聚氰胺催化剂、克劳斯硫磺回收催化剂、光降解催化剂、火电厂烟气SCR脱硝催化剂及富铈复合氧化锆等产品正在形成一个潜在的巨大市场。更可喜的是这些新产品都有她独立的知识产权。这为三龙公司的做大做强奠定了坚实的基础。

三龙公司坐落在长江金三角的腹地——浙江省德清县内。德清是一座具有悠久历史的古城。远古时代的《良渚文化》就在她附近蓬勃发展！全国四大避暑胜地之一的“莫干山风景区”就在县城的西南面。闻名遐尔的“防风古国”、“江南最大湿地——下渚湖”就在公司附近。杭宁高速公路、杭—芜—宁铁路、大运河都从县内经过，交通四通八达。

“诚信”是公司的宗旨；“以市场为导向”是公司的经营理念；“客户至上，服务于客户”以求双赢是公司的奋斗目标；坚持“以人为本”提倡团结合作、求实创新、奉献回报是公司的企业文化！“发挥钛载体优势，争创催化剂一流产品，持续追求卓越创新，不断增强顾客满意”是公司的质量方针。深信有社会各界的支持和帮助、有全体员工的共同努力，三龙公司将以一个朝阳企业服务于社会！

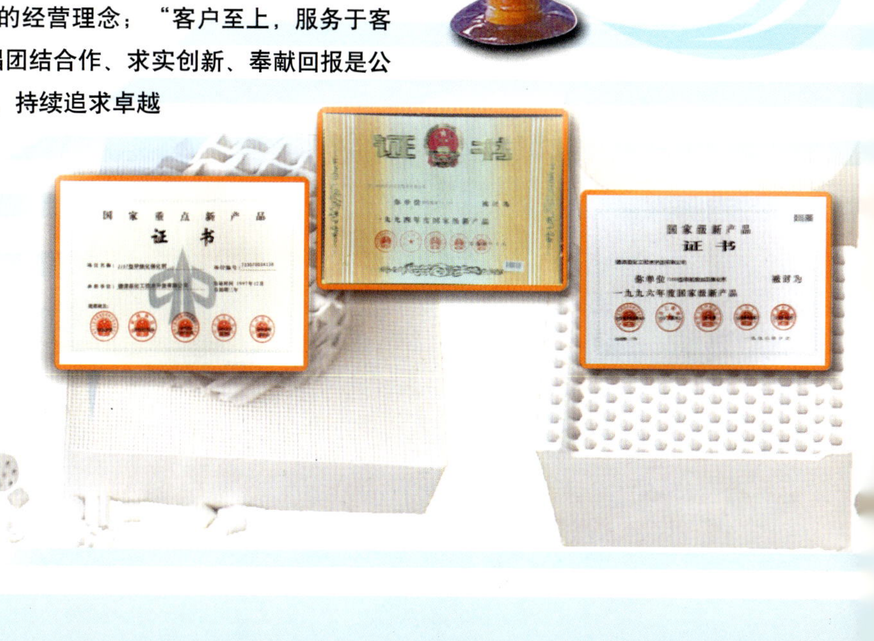

电话：0572-8484105／8484106／8484107

传真：0572-8483383

地址：浙江省德清县三合乡二都

邮编：313225

营销：沈雁军13905828533／0572-8484107

技术：沈炳龙13735118688／0572-8484108

尿素家族中的新星—多肽尿素

山东禹城中农润田化工有限公司坐落在山东省禹城市区，距火车站1公里，308国道10公里，京福高速公路4公里，青银高速公路5公里，具有优越的地理环境和交通、能源等便利条件。

公司年生产能力为合成氨18万吨，尿素30万吨，占地面积46万平方米，员工2000余人（其中高、中级职称102人），全国化肥行业100强，中国化工企业500强，公司先后获化工部“清洁文明工厂”“中国农资质量万里行百佳名优农资企业”，山东省“先进企业”“文明单位”“环境保护先进企业”“无泄漏工厂”等数十项荣誉称号。

多肽尿素是由公司研制经特殊工艺生产的一种新产品，它不但能促进农作物对尿素的全面吸收，提高氮肥利用率，而且还能促进土壤中氮、磷、钾及微量元素的分解吸收，提高农作物品质和产量。长期使用能对农作物进行生理调控，对土壤的酸碱度进行调节，为土壤微生物提供良好的生存环境，是一种高智能化尿素。2006年9月10日经全国权威专家鉴定，属“国内首创、具有国际领先水平”的新型绿色环保高效肥料。被中国新农村建设工程组委会授予“2006优质农产品金奖”，被中国经济改革评委会授予“第六届中国改革十大案例创新奖”，被国家质监总局授予“2006—2009产品质量国家免检”。

多肽尿素可广泛应用于小麦、玉米、棉花、大豆、蔬菜、果木等作物，与普通尿素相比，其氮素的利用率平均提高20个百分点；在等量施肥条件下，可以增产15%—20%；在等产情况下，可以节肥20%；在等价情况下，仍可增产3%—8%，具有绿色、环保、节约资源、无毒副作用、减少污染的特性，是农业增产、农民增收和改善农作物品质的好肥料。

部分获奖荣誉

国家原化工部副部长谭竹洲同志在全国节能工作会议上讲：“听说山东禹城中农润田化工有限公司生产的多肽尿素可以提高肥效20%，作物增产15%—20%，这样全国农民可以少施用600万吨尿素，而化肥企业少生产600万吨尿素，能节约标准煤500万吨，节能和环保效果明显。”并为多肽尿素题词：“多肽尿素是个宝，化肥能增效，农业能增产，农民能增收”。

全国政协委员、原化工部副部长李士忠同志亲临禹城，他针对多肽尿素的低污染特性高兴地说：“化肥污染已经成为我国主要污染方式之一，环境在我国经济发展中的重视程度日益提高，国家在‘十一五’规划中明确提出环境目标，这给尿素工艺创新提供了难得的契机。多肽尿素的低污染将成为行业内一大亮点，希望加大多肽尿素的宣传推广力度。”并题词：“使用多肽尿素好，提效增产利环保。”目前，多肽尿素已受到越来越多的农民朋友青睐，其特点也越来越多地凸显出来。

地　址：山东省禹城市骇河街1447号
电　话：0534—7281299　7281255　7321467
传　真：0534—7321269（总机）　7363298（销售公司）
网　站：www.znrt.com　邮　编：251200

澳洋集团有限公司

一、企业概况

澳洋集团是一个跨地区、多元化大型民营企业集团，为全国毛纺行业五强、全国千家最大规模工业企业，全国民营企业500强和张家港市十大企业集团之一。现有总资产42.1亿元，员工7000余人，拥有一家上市公司和一家拟上市公司。2006年完成销售收入55.08亿元，实现利税5.04亿元，出口创汇1.86亿美元。2007年预计完成销售收入70亿–75亿元，实现利税6亿–7亿元，出口创汇超2亿元。集团2008年的目标是销售收入突破100亿元，到“十一五”期末实现销售收入150亿–200亿元。

集团拥有毛纺纱锭15万锭，具有年产精纺呢绒1000余万米、纱线15000余吨、毛条20000吨、西服80万套、平绒500万米的生产能力；另外，具有14万吨粘胶短纤、8万吨浆粕、60万吨金属加工的生产能力。澳洋集团荣获中国企业集团竞争力500强、全国出口创汇先进企业、全国乡镇企业创名牌重点企业、中国成长百强企业、省百家重点培育发展企业、省质量信得过企业、省特级信用企业、省重合同守信用企业等殊荣，产品及商标荣获“中国名牌”“国家免检产品”和“江苏省著名商标”等一系列称号。

近年来，澳洋集团在进行经济增值的同时，更加注重发展质量。通过不断加大经费、技术和高新设备的投入，实现经济效益和环境保护的双赢。在领导和员工的共同努力下环保工作取得了一定的成绩：通过ISO14000认证，获得“苏州市清洁生产企业”、“苏州市循环经济试点企业”、“江苏省节水型企业”等称号。各级领导在视察、参观和访问期间，对澳洋集团的绿色环保工作给予了高度评价。

二、工作重点

集团认真落实在“十一五”期末工业总产值能耗下降25%、主要单位产品综合单耗下降20%左右的任务，主要从以下三个方面展开：

（一）优化经济结构，提升产业能级

积极推动企业向经济规模化、资源节约化、人才高尖化、布局合理化迈进，加速优化经济结构，提升产业能级，促进经济总量、规模、效益、技术、人才再上新水平，实现经济效益和社会效益的统一。

（二）加大技改力度、科技创新

首先，不断淘汰落后设备，引进先进技术和设备，实现生产和生活的节能节水，提高资源的回收利用率。其次，着力开发核心技术，提升产品附加值；加强与高校产学研合作关系，推动自主创新的发展。

（三）注重管理、规范考核

建立和完善能源控制与管理中心，加强能源制度建设，对水、电、汽、气等能源实行集中统一管理。完善考核方法，实行节奖超罚。

三、项目建设情况

集团历来重视清洁生产，提高废弃物的综合利用，积极促进子公司产业整合，优化资源配置，发展绿色消费市场和资源循环利用产业。

（一）水回用工程

1、冷凝水回收工程。定型机等设备存在着大量冷凝水，且疏水为软水。将冷凝水收集后直接用于染色、单煮、洗呢等工艺，节约了资源，取得了较好的经济效益，预计全年可产生凝结水逾20000吨。

2、把原液车间的连脱冷却溢流水用于车间冲地，节约了新鲜工业水；冷却夹套调温水、烘干回汽水用于纺炼车间精炼工段，节约了软水；冷却水全部回用。全公司节水96万吨，节约资金57万元。

通过半年多的运用，基本达到了能源审计的效果，节约了较多的水资源，取得了较好的经济效益。两家分公司还在加强水资源回用的基础上，申报并获得了江苏省节水型企业的称号。

（二）废气回收工程

为有效地减少废气污染，集团全面推行废气回收工程。特别是重点针对纺织厂和化纤厂，先后投资500万元和200万元引进自动酸浴脱气燃烧装置和光氢离子、臭氧技术处理装置，投入使用后高效回收了高浓度的CS_2、H_2S，并转化为酸纳用于染色；还引进了废气脱气燃烧装置，运行后每天约生产$27m^3$亚钠，代替了原外购亚钠全部用于纺炼脱硫，实现了废弃物的循环利用，降低了企业的原料成本。

虽然废气回收工程是从2005年开始实行的，但是为了适应不断提高的环保要求，集团逐年加大投入，降低废气的泄漏机率并进一步加强回收力度，对其进行深加工，使回收的废气更有价值。

（三）节电工程

主要是对绿色照明和机电变频方面进行了改造。目前天元毛业全部安装了绿色照明，精纺厂也进入安装阶段，效果良好；天元毛业的细纱机全部加装了变频器，精纺厂的变频设备正在进行供应商的试用对比，根据对比结果决定供应商后精纺厂的变频改造也将开始。

节电设备使用后效果明显。绿色照明节电40%–45%，变频在10%左右，但变频技术能更好地完善生产工艺要求和降低设备的损耗。

（四）滤机改造

化纤厂淘汰三道板框滤机，引进KK滤机后降低了浆粕单耗和过滤材料费用，减轻了污水处理量，保障了COD的达标。改造部分滤机后效果较明显，预计明年将对剩下的滤机全部改造。

（五）连脱改造工程

原液车间的连脱由于部分小汽泡脱不清，造成可纺性差、成品疵点等质量问题，采用吊篮式连脱后质量有了显著提高。公司投入了70万元进行连脱改造，预计年收益140万元左右，1年内收回成本。

（六）35t/h链条炉改为45t/h循环流化床锅炉

45t/h循环流化床锅炉技术经过近几年的不断成熟和完善，得到了大面积推广应用。集团在淘汰四台20t/h、两台35t/h链条锅炉基础上，再上两台35t/h链条锅炉并把其改造为45t/h循环流化床锅炉，年可节原煤13000t，节煤率10%。目前公司正在对项目的可行性进行论证，之后将及时组织改造，力争及时的节约能源增加效益。

（七）“三废”综合利用情况

集团对产生的“三废”统一实行减少消耗和综合回收利用，主要从企业内消化和企业外消化两个方面考虑。

1、水污染。通过增加先进的处理设施，最大程度的在企业内循环使用；对消纳不完的废水用作生活杂用水、绿地浇水等企业外消化。

2、固废污染。改进生产工艺或增加生产环节，做到清洁生产；增加或改进处理设施，提纯符合生产要求的物质用于再生产；根据自身情况及周边企业原料的需求状况，开展多种形式的综合利用途径。

四、取得的成效

在开展节能减排、清洁生产、循环经济的大背景下，集团投入了巨大的人力、物力和财力，并取得了一定的成绩。节能改造项目全部完成后将节约标煤13836.4tce，节约费用上千万元。在经济效益方面，集团实现了销售和利润的翻几番，今年有望突破70亿元，还推动了产业结构调整，提升了产业能级，实现了集团内部的循环发展；在社会效益方面，推动了集团资源节约型、环境友好型的循环经济企业建设；实现了经济效益和社会效益的统一。

下阶段，集团将一如既往坚持“节能减排、清洁生产、发展循环经济”的指导方针，通过不断的技术改造，降低单位能耗，提升企业的核心竞争力；通过企业自身不断的努力，为创造和谐社会做出贡献。

龙永图秘书长视察澳洋集团

高德正视察澳洋集团

苏州市委领导视察澳洋集团

张家港市委领导视察澳洋集团

江苏常隆化工有限公司

江苏常隆化工有限公司是由原常州农药厂（含常州有机化工厂）改制组建的有限责任公司，国家大二型企业和农药及聚氨酯材料生产基地，位居中国农药行业前列。公司于1997年被认定为江苏省高新技术企业，1999年被认定为国家火炬计划重点高新技术企业；2000年至今被科技部认定为国家高技术研究发展计划成果产业化基地；2005年被评为江苏省百强高新技术企业，常州市优秀企业；2007年4月公司被常州市人民政府授予“企业社会责任奖”。公司是银行特级信用AAA级单位；江苏省重合同守信用企业；已通过ISO14001:2004环境管理体系，GB/T28001—2001职业健康安全管理体系和ISO9001:2000国际质量体系认证；拥有自营进出口权；公司拥有多个国家级重点新产品，火炬计划项目；拥有两项发明专利，五项外观设计专利。吡虫啉杀虫剂、乙草胺除草剂被评为中国名牌产品；“天宁”牌农药1999年起被评为江苏省名牌产品；“天宁”牌商标2003年起被认定为江苏省著名商标。

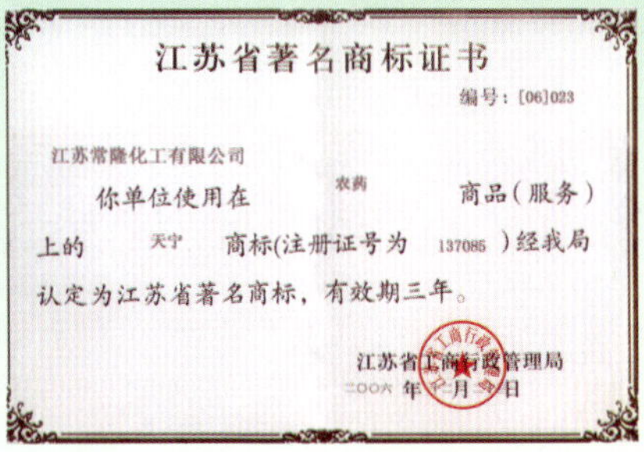
江苏省著名商标证书

编号：[06]023

江苏常隆化工有限公司

你单位使用在 农药 商品（服务）上的 天宁 商标（注册证号为 137085 ）经我局认定为江苏省著名商标，有效期三年。

江苏省工商行政管理局

二OO六年 月 日

公司是以光气为主要原料生产农药原药、制剂、农药中间体、化工中间体和精细化工产品以及聚氨酯材料的化工生产企业。主要生产的农药品种有：拟除虫菊酯类、烟碱类、氨基甲酸酯类以及其它具有特异性杀虫效果的杀虫剂系列；磺酰脲类、脲类、酰胺类等除草剂系列；杀菌剂系列、植物生长调节剂系列等产品。农药原药年生产能力5万吨以上，原药品种40余种、制剂60余种，具有农药“三证”的产品达120多个。聚氨酯类产品有：3万吨/年聚氨酯树脂，600万米/年聚氨酯合成革。铸造行业有5000吨/年铸造化学品。

公司具有40多年化工生产和管理经验。科研开发、生产管理力量雄厚。建有农药原药研究所、农药剂型研究所、聚氨酯研究所等产品开发网络。质量、安全、环保、职业卫生采用跨国公司的QHSE标准；生产装备采用DCS控制；公用工程配套齐全。大专以上专业技术人员占职工总数的32%以上。

公司位于国家级常州高新技术产业开发区内，紧临沪宁高速公路，交通十分便捷。公司占地面积26万平方米，建筑面积16万平方米。

公司坚持以诚信服务为宗旨，努力搞好品牌营销，着力构建国内外产品销售服务体系。通过与“先正达”、“拜耳”、“巴斯夫”等多家国际著名跨国公司进行多方面的长期技术和贸易合作，公司所生产的“天宁”牌农药畅销国内外市场。

中国名牌产品证书

中国名牌产品

中国名牌产品证书

中国名牌产品

中经认证

职业健康安全管理体系认证证书

江苏常隆化工有限公司

江苏常隆化工有限公司将继续围绕机制创新和管理创新，坚持科技效益型的发展战略，不断提高规模化、国际化经营水平，以高科技的力量跃上经济国际化竞争新平台。

公司管理方针：

遵章守法　关爱生命　杜绝重大安全和环境事故

节能减排　清洁生产　和谐发展　杜绝职业病发生

地址：江苏省常州市新北区龙虎塘西路12号　邮编：213031

电话：85481156　网址：www.jschanglong.com

江苏宝灵化工股份有限公司

一、公司概况

我公司是集生产、科研和贸易为一体的综合性化工集团企业，是国家农药定点生产企业之一，近年来被评为国家、省、市级高新技术企业，公司拥有产品进出口经营权，有一流的产品测试手段，有较完备的废水治理装置，并于2001年通过了ISO9001质量管理体系的认证。其主要产品为甲霜灵系列、辛硫磷原油及乳剂、丙溴磷原油及乳剂、霜霉威原药及水剂、毒死蜱原油及乳剂等。

二、环保情况

公司近几年来，积极做好环保工作。投资近600万元建立了一套2500吨/日废水处理站。继废水实现达标之后，每年对废水、废气及固废都投入一定数额的资金进行环保治理，使“三废”达标排放。

公司注重清洁生产工作。自1998年以来，相继对各个产品开展了清洁生产审计，取得了明显的环境、经济、技术效益。2003年6月20日被评为“江苏省清洁生产审核合格企业”，并于2003年6月30日在新华日报上予以公告。

由于公司地处姚港化工区内，随着城区建设的快速发展，周围居民住宅的增多，南通市政府要求我公司逐步搬迁，公司已与政府签订了搬迁合同，目前国家环保总局对我公司的搬迁环评已正式批复。

公司将以“科学发展观”的观念为指导思想，在新区设计中贯彻好节能、环保有关政策，努力将企业建设成环境友好、节能型企业。宝灵人将在新区内实施ISO9001质量体系、ISO14000环境体系、OHSAS18000职业安全卫生体系等管理体系，通过规范化管理，使公司立足于国际化的市场竞争中，宝灵人将会绘出辉煌灿烂的明天。

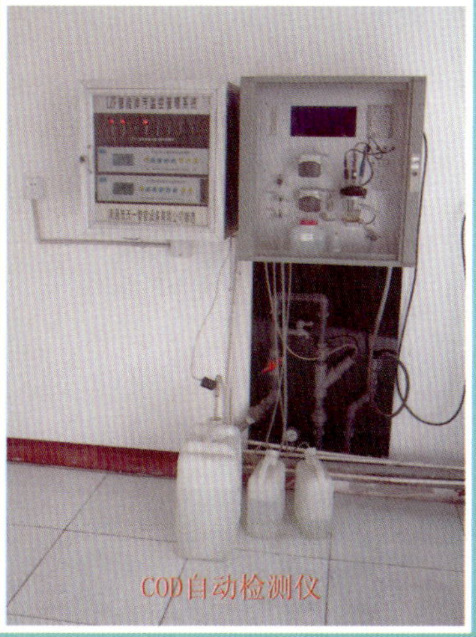

COD自动检测仪

江苏澳洋科技股份有限公司

公司简介

江苏澳洋科技股份有限公司成立于2001年9月，是一家民营股份制公司，由江苏澳洋实业（集团）有限公司控股设立，地处苏南张家港市，注册资本为1.3亿元。

江苏澳洋科技股份有限公司下设两个非独立法人生产厂——化纤厂和热电厂。新疆玛纳斯澳洋科技有限责任公司和阜宁澳洋科技有限责任公司两个子公司。

公司主营业务为粘胶短纤、棉浆粕的生产销售，以及蒸汽电力的供应，目前澳洋科技整体生产能力已达11万吨粘胶短纤、8万吨浆粕。在全国粘胶行业中占有一席之地。是我国具有较强竞争力的粘胶短纤生产企业之一。现有员工近3000人，拥有管理、电器、机械、工艺技术、市场营销等各类专业技术人员500余人。公司先后被授予江苏省高新技术企业、国家火炬计划重点高新技术企业等荣誉，公司拥有苏州市级专业技术中心，先后成功开发2只国家级重点新产品、6只江苏省级高新技术产品、承担国家火炬计划3项并全部圆满通过验收，获得多项省、市级科技创新奖。

公司高度重视完善企业管理，ERP、OA、eHR等管理软件已在公司全面应用。公司于2003年通过了ISO9001质量管理体系认证和ISO14001环境管理体系认证，2004年通过了清洁生产认证，2005年通过了OHSMS18001职业健康安全体系认证和计量保证确认体系认证，公司的各项管理将更加科学、规范。

企业始终坚持“以人为本，走科技兴业之路”的指导思想，以科技研发中心为龙头，大力开展科技创新，为企业的后续发展奠定基础。

（一）环保投入

截至2006年12月31日，公司已累计投资1.2亿元新建、扩建了多项环保工程。

其中，控股子公司玛纳斯澳洋在环保上已投入1亿余元。

	投资项目名称	已投资金额（万元）	完工情况
母公司	废气处理二期工程	175.95	在建中
	脱硫除尘装置	180.00	已于2006年完工
	废气处理一期工程	459.52	已于2005年完工
	废水处理三期工程	396.37	已于2005年完工
	废水处理二期工程	571.80	已于2003年完工
	脱硫除尘装置	55.60	已于2003年完工
	废水处理一期工程	251.56	澳洋集团于2001年投入
小计	–	2,090.80	–
子公司	管道配套、沙漠绿化工程	190.96	在建中
	污水坝一期、二期工程	330.00	已分别于2005、2006年完工
	废气燃烧装置一期、二期	493.95	已分别于2005、2006年完工
	废水排污管道	5,921.60	已于2005年完工
	污水处理设施扩建	2,477.30	已于2005年完工
	原污水处理设施	898.53	2003年向玛纳斯浆粕厂购买
小计	–	10,312.34	–
总计	–	12,403.14	–

（二）日常支出

2005年环保费用和成本支出较2004年增加382.83万元，主要系：张家港生产基地扩建废水处理三期工程完工，新疆生产基地废水处理扩建工程完工，新疆生产基地5万吨棉浆粕生产线投产。

2006年环保费用和成本支出较2005年增加416.02万元，主要系：新疆生产基地3万吨粘胶短纤生产线的完工投产，5万吨棉浆粕生产线达产。

（单位：万元）	2006年	2005年	2004年
环保费用支出	1,703.02	1,287.00	904.17

（三）废气治理情况

2005－2006年，为进一步减少大气污染物排放量，玛纳斯澳洋先后投资500余万元建设一、二期废气脱气燃烧装置，将硫化氢和二硫化碳气体制成亚硫酸钠回收再利用。

废气脱气燃烧装置

脱气喷淋装置

玛纳斯澳洋原随粘胶短纤生产线建有废气冷凝回收装置用于回收CS_2，处理达标后，通过120米高排气塔排入大气。

废气冷凝回收装置

纺丝工艺废气收集

（四）废水治理情况

玛纳斯澳洋废水中的污染物主要为COD、PH值、硫化物、悬浮物、氨氮等。

2004年，玛纳斯澳洋在原有基础上投资3000余万元扩建了废水处理厂。首先对在生产过程中所产生的棉浆粕蒸煮废水、棉浆粕中段水、部分化纤废水循环使用，然后对其余废水采取物化处理措施。

废水处理厂鸟瞰图一

废水处理厂鸟瞰图二

沉淀池入口

废水处理达到国家三级标准后，再通过60公里的玻璃钢排放管道，排入玛纳斯县北部古尔通古特沙漠废水库。该管道总投资近6000万元。

沙漠废水库

60公里管道布线图

沙漠废水库总投资330万元。为充分利用达标废水，玛纳斯澳洋还在沙漠废水库配套建设了浇灌设施，用于治沙还林、还草工程。

芨芨草及树木试验田

芨芨草种植效果良好

06年秋，棉花试验田丰收

昆明大远节能炉灶有限公司

生产以褐煤为燃料替代柴油、液化气的褐煤

公司简介

昆明大远节能炉灶有限公司属于股份制节能环保高科技企业，专业从事高效、节能、环保新型实用产品“褐煤气化炉”的研发、生产、销售服务为一体的企业.公司资产逾千万，生产设备先进，技术领先，年生产褐煤气化炉及配套热水器3000余套，研发、生产能力国内处于领先地位。

产品介绍

由昆明大远节能炉灶有限公司生产的“常压褐煤节能气化炉”产品自投放市场以来，赢得了良好的社会效应和经济效益。2004年初公司为响应国家节能、环保的号召，开发研制出本产品，在长期的努力下，使其功能得到完善，并荣获4项国家专利，目前在国内同类产品中处于领先地位。

产品特点

高效：	火力强，火焰高度可达 600mm，持续火温达1100℃－1200℃ 。
节能：	褐煤气化率达85%，煤气充分燃烧，热效率超过80%，与传统锅炉及柴油、液化气、管道燃气灶具相比，节约燃料成本50% 以上。
环保：	采用全封闭气化技术，减少95%烟尘排放，达到国家一类区标准，林格曼黑度0－1级。
安全：	常压产品，非压力容器；煤气即产即用，不存储，无泄漏。
稳定：	一次加煤可保证连续供气使用6小时以上，可全天运行。
简单：	使用、维护方便，经简单培训就可独立操作及维护。

适用领域

公司产品广泛运用于部队、工厂、学校、餐馆、宾馆、酒店等用于蒸饭、炒菜、烧水、洗浴场所、洗衣房、温室大棚保温，其他使用煤、油、气燃烧取暖、保温、加热的场所均可使用，并可根据客户要求设计制作。

实践证明：自我公司产品投放市场以来，凡改用我公司产品褐煤气化炉1台(套)每年可节约柴油60吨或液化气800m^2。为使用单位或个人节约燃料成本60%以上。

平顶山平临高速公路有限责任公司

平顶山平临高速公路有限责任公司是一家股份制企业，公司成立于2003年5月12日。根据国家发改委发改交运[2003]2121号文件批复精神，经平顶山市政府特许授权，负责平顶山至临汝高速公路的经营、建设和管理。公司由河南省盛润创业投资管理有限公司、中原信托投资有限公司、平顶山市高速公路建设有限责任公司、河南省平顶山中亚路桥建设工程有限公司共四家股东出资组建。李喜朋担任董事长，李景山担任总经理。公司设有综合办公室、运营管理部、工程养护部、人力资源部、法律合约部、计划财务部和路政支队。全线共设服务区2处，监控中心1处，收费站6个。

平临高速公路全长106.45公里，总投资36亿元，是国家重点公路南（京）洛（阳）高速公路的重要组成部分，也是河南省干线公路网规划确定的“五纵、四横、四通道”其中的一横。东接漯河至平顶山段高速公路，西连洛阳至大安高速公路。项目按平原微丘双向六车道高速公路标准设计，路基宽28米，计算行车速度120公里/小时。该项目于2003年10月开工建设，计划2006年11月份建成通车。在建设过程中，平临高速公司精心组织，科学安排，加强施工组织管理，狠抓工程质量，强力推进工程进度。2005年3月23日，河南省原副省长，现省委常委、政法委书记李新民莅临平临高速现场调研时，对平临项目整体建设给予了充分肯定和高度评价，并要求平临4—15标提前一年建成通车。在省交通厅的大力支持下，经过平临人的艰苦奋战，项目于2005年12月26日实现4—15标段（86公里）提前11个月建成通车，全线也于2006年5月31日提前半年通车。平临高速因工程进度快、质量好，受到河南省政府大项目办的三次通报表扬；2004年获得省交通厅授予的全省7个优秀项目法人之一。

全线运营通车后，公司又适时提出了“科学管理、高效运作、团结奋进、争创一流”的企业理念，高标准、严要求，狠抓运营管理和服务质量，努力提高服务标准，创建“文明示范路”，创“星级服务”的一流业绩，早日实现“国内一流”的奋斗目标，为河南高速增光添彩。

海口美兰国际机场股份有限公司

海口美兰国际机场是根据国函（1993）176号文，确定在海南省海口市美兰区附近兴建的国内干线机场。1996年国家环保总局以环监（1996）798号文对《海口美兰国际机场环境影响报告书》进行批复。按照国家环保总局的要求，海口美兰国际机场在资金紧张的情况下，严格执行“三同时”的要求和相关规定，在建设时期就十分注重环保基础设施建设，使环保建设与机场建设同步进行。

机场各项环保治理设备设施——污水处理系统（污水处理设备两套，处理能力为60T/H.套，污水管网近10公里，等配套设施）、国际航空垃圾焚烧站（高温焚烧炉两套，处理能力为3.5T/天，垃圾分捡、消毒、存放配套设施），飞行区和功能办公区种植绿化290万平方米等与主体工程同时建成并投入使用。环保投资占总投资的1.8%。

海口美兰国际机场1999年5月25日通航后，美兰国际机场在省市环保部门的指导下，建立了污水水质化验室，配置了专职化验员，先后安装了污水流量计和COD在线监测设施，并与海口市环境保护监察部门进行了联网。

为了响应国家节能减排的要求，经海南省国土环境资源厅批复，2004年12月至今海口美兰机场国际航空垃圾委托海南宝来有限公司进行处置。2006年5月经海口市国土环境资源局批复，按照海口市国土环境资源局的要求，海口美兰国际机场先后投资50多万元对污水处理设备和污水管网等进行了改造，经过近一年的试运行，经处理后的生活污水完全达到了绿化灌溉的要求，并通过了海口市国土环境资源局的验收。

环境保护工作系国民经济和社会发展的全局，这项工作做的好坏，直接影响到我国国民经济能否持续、快捷和健康地发展，作为企业更是如此。海口美兰国际机场始终把环境保护工作作为一项重要工作提到议事日程上，定期检查环保工作落实情况，对环保问题及时解决。建立健全环境保护的各项规章制度和工作流程。通航八年多来，海口美兰国际机场未发生过任何环境污染事故。

中芯国际集成电路制造有限公司

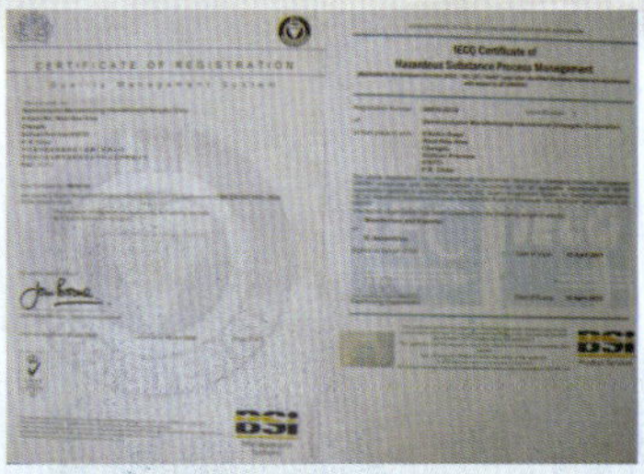

品质管理体系认证和有害物质过程管理认证证书

环境管理体系和职业卫生安全体系认证证书

中芯国际集成电路制造有限公司总部位于中国上海，是世界领先的集成电路芯片代工企业之一，也是中国内地规模最大、技术最先进的集成电路芯片制造企业。中芯国际向全球客户提供0.35微米到65纳米及更先进的芯片代工服务。中芯国际在上海拥有三座8吋芯片厂、一座12吋芯片厂，北京拥有两座12吋芯片厂,在天津拥有一座8吋芯片厂。中芯国际还在美国、意大利、日本提供客户服务和设立营销办事处，同时在香港设立了代表处。此外，中芯在成都建有封装测试厂以及一座代为经营管理的8吋芯片厂，在武汉有一座代为经营管理的先进的12吋芯片厂。

中芯国际集成电路制造（成都）有限公司成立于2004年12月28号，具有集成电路封装测试4.32亿只、凸点工艺30万片的年生产能力。成都厂现主要提供记忆体产品、内存条及功率产品和分离器件的封装测试技术，填补西部同类产品的空白。在环境保护方面，通过雨水回收系统和高效率循环水再利用系统以实现能源节约，并于2006年通过ISO14001体系认证。

化粪池和隔油池处理

废水处理站

废气处理系统 Central Scrubber

通信地址：四川省成都市出口加工区(西区)科新路8号附8号　　邮政编码：611731
联系电话：028-87958795　　传　　真：028-87958179　　中文网址：www.smics.com

華潤

华润水泥（平南）有限公司

◎董事长 周俊卿女士

●企业简介　我公司前身为“广西平南华润鱼峰水泥有限公司”，成立于2003年8月，当初是由香港华润（集团）有限公司与广西鱼峰集团有限公司合资创办的中外合资经营企业，厂址位于广西贵港市平南县丹竹镇三河工业区。公司一期生产线是由国家经贸委、发改委审批的“2002年国家重点技术改造项目（第九批国债专项资金项目）”（详见国经贸投资[2002]687号文），总投资6.5亿元，于2003年9月开工建设，2004年10月建成投入试生产。2005年8月，华润水泥控股有限公司与广西鱼峰集团有限公司签订了股权转让协议，公司相应地成为华润控股有限公司的全资子公司，同时更名为“华润水泥（平南）有限公司”。2006年2月通过ISO14000：2004环境管理体系认证，开创了环保管理工作新局面。

●排放管理　我公司以“达标排放、节能降耗、 污染预防、全员宣贯”为环境方针；以“推行清洁生产，促进循环经济”为环境目标；坚持“环境保护与经济发展并重”的原则，严格污染物排放控制及管理，确保污染物达标排放。在日常的环境运行控制中主要采取如下措施：一是通过制定废气、废水排放、固体废弃物控制程序等系列规章制度来确保污染物排放有章可循；二是在启动主机设备前，先把与其配套的除尘设备开启，同时每月对除尘设备与主机设备的同步运转率进行考核，确保除尘设备与主机设备能够同步运转，从而减少污染物的排放；三是对现有的除尘设备加强巡检、维护和保养，确保除尘设备能够正常运转；四是新建一个污水处理站处理辅助生产用水及生活用水，设备冷却水基本上能循环利用。另外，厂区内设置雨水排水沟和污水排水管，实行雨污分离；五是开展环境监测，通过定期或不定期监测，确保各种污染物的排放浓度、排放量符合国家规定的排放标准要求；六是拟计划在窑头、窑尾及废水总排口处安装在线自动监测设备，确保污染物排放处于动态监控状态。

●环保回收

1、固废回收利用　为充分合理利用资源，公司从2006年下半年开始，根据生料中Al_2O_3的含量，在石灰石破碎前参杂已经剥离并堆存好的石灰石覆盖土及夹缝土，把覆盖土及夹缝土作为铝质校正原料，代替部分煤渣，这样，不仅降低了生产成本，而且减少固体废弃物的排放，变废为宝。2006年回收利用覆盖土及夹缝土69405吨，2007年1-4月共回收利用55532吨。

2、余热回收利用　为充分利用水泥回转窑窑头、窑尾排出去的废热源，在一期生产线投资5550万建设低温余热发电项目。发电系统装机容量为7.5MW，年发电量5400×104kWh，相当于每年节约优质燃煤2万吨，减少排放烟尘60万吨、二氧化碳4万吨、二氧化硫320吨、氮氧化物80吨。目前，该项目已建成并拟投入试生产。

低温余热发电项目是符合国家产业政策的一个典型的循环经济项目。该项目不产生空气污染物，而且有利于窑头、窑尾电除尘器烟粉尘的沉降、滞留和烟粉尘比电阻的降低，从而有利于降低除尘器的处理负荷和提高电除尘器的除尘效率，使除尘设备更容易管理、粉尘排放更容易达标。该项目在回收水泥生产过程中产生的大量余热的同时，又减少了水泥厂对环境的热污染以及粉尘污染，具有良好的经济效益、社会效益和环境效益，为创建资源节约型社会发挥应有的作用。

污水处理站一角

窑头电收尘器

华润水泥（平南）有限公司　China Resources Cement (Pingnan) Limited
广西平南县丹竹镇三河工业区　Sanhe Industrial Zone, Danzhu Town, Pingnan, Guangxi
电话Tel (86) 775 7768800　传真Fax (86) 7757768811

广西鱼峰水泥股份有限公司

广西鱼峰水泥股份有限公司始建于1958年，位于广西壮族自治区柳州市郊太阳村镇，东临柳江河，南靠黔桂铁路，水陆交通便利。

公司专业从事水泥及商品熟料的生产和销售，工艺生产设备先进，现有日产熟料3500吨、2500吨和2000吨三条新型干法旋窑生产线，年水泥生产能力达350万吨。生产的“鱼峰”牌系列水泥产品有硅酸盐水泥，普通硅酸盐水泥，复合硅酸盐水泥等通用水泥；中热硅酸盐水泥，低热矿渣硅酸盐水泥，道路硅酸盐水泥，矿渣硅酸盐水泥，抗硫酸盐水泥等特种水泥。

鱼峰人本着“一流品质，顾客满意”的质量宗旨精心打造鱼峰品牌。自生产到现在，水泥出厂合格率和富于强度一直保持100%，是广西名牌产品、中国名牌产品，获国家首批产品质量免检证书，澳门政府工程准入产品认证书。公司质量管理体系通过ISO9001认证，环境管理体系通过ISO14001认证。

公司生产线安装100多套高效除尘设备，污染物排放浓度符合GB 4915–2004《水泥工业大气污染物排放标准》中的各项排放指标要求。多年来，公司积极开发资源综合利用项目，自2005年以来，每年大约消耗工业废渣30万吨。

广西鱼峰水泥股份有限公司本着“争创一流，开拓八方”的企业宗旨,以发展高精尖产品为本，铸塑中国水泥行业具有国际竞争力的先锋。

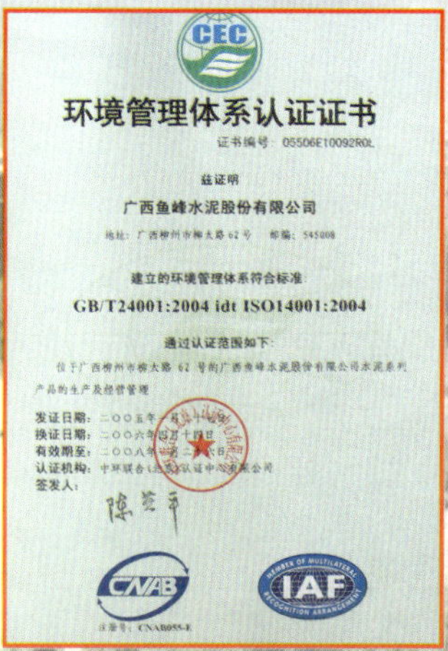

环境管理体系认证证书

证书编号：05506E10092R0L

兹证明

广西鱼峰水泥股份有限公司

地址：广西柳州市柳太路62号　邮编：545008

建立的环境管理体系符合标准：

GB/T24001:2004 idt ISO14001:2004

通过认证范围如下：

位于广西柳州市柳太路62号的广西鱼峰水泥股份有限公司水泥系列产品的生产及经营管理

发证日期：

换证日期：

有效期至：

认证机构：

签发人：

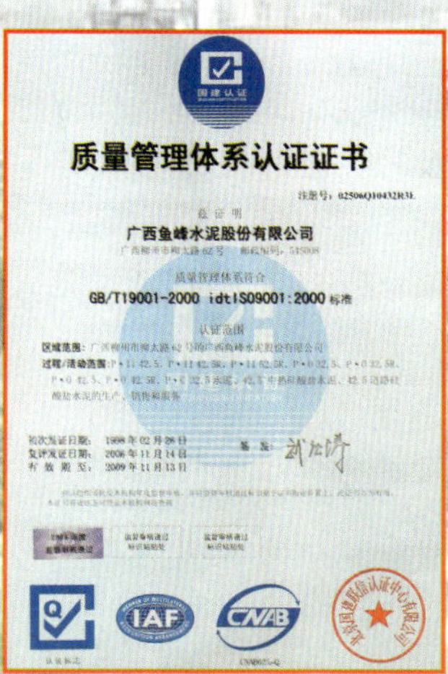

质量管理体系认证证书

注册号：02506Q10432R3L

兹证明

广西鱼峰水泥股份有限公司

质量管理体系符合

GB/T19001-2000 idt ISO9001:2000 标准

认证范围

区域范围：

过程/活动范围：

初次发证日期：1998年02月28日

复评发证日期：2006年11月14日

有效期至：2009年11月13日

Guangxi Yu Feng Cement stock company ltd. (the original Liuzhou cement plant) was built in 1958. It is located in Taiyangcun town Liuzhou Guangxi, east near the Liujiang river, south depends on the Guizhou--Guangxi railway, the amphibious transportation is convenient.

The company is specialized manufacturer of clinker and cement, It possesses three advanced new styles drying rotary kiln, which one kiln clinker output is 3500mt clinker per day, the others are 2500 and 2000 each. Then the total output is more than 3.5 million tons annualy. "Yu Feng" brand series cement product include: Portland cement; compound Portland cement; moderate-heat Portland cement; Low heat portland slag cement, Portland cement for road, Portland blastfurnace-slag cement, sulphate resistante portland cement. Most type of our cement is confirmed with British and American standard like BS12-1996 and EN197 certified by the third party notarization examination organization.

"Yu Feng" brand is supported by the first class quality as the famous one in Guangxi and China. For its' stable quality and 100% rich strength, "Yu Feng" brand cement is as the first batch to obtain the country product quality exempting from inspection certificate; and certified to confirmed with government requirement by LECM of Macau; The company is conformed to the quality system standard ISO9002 and the environmenta protection system of ISO14001.

We have perfect marketing and service net extended to many cities and provinces, and we also have many silos built all around, like Shenzhen, Guangzhou, Zhanjiang, Maoming, Nandan, Guigang and Fangcheng port. There are many train tankers transportion bulk cement for all of our silos. The silos at Fangcheng port with 4 silos(6000MT for each silo) beside the berth, and can be used to load the bulk cement and the jumbo bag packed. Fangcheng port silos really becomes a convenience and effective base of our cement export.

Our product is extended to be used in a large quantities domestic and foreign famous projects like airport, railway and tunnel, highway, bridge. Its footmark extend to South China, South central China and Southwest China area which cover Guangxi, Guangdong, Hainan, Yunnan, Hunan, Guizhou province and so on, and export to Hong-Kong, Macau, Taiwan area, Brunei, Singapore, Thailand, Malaysian, Vietnam, Philippine Indonesia, Burma, Japan, Brunei as well as Chile.

Yufeng people hold the insistent purpose "deploitation all direction, creating first-class",

to develop high and perfect produce, make great effort to let us become a pioneer with international competitiveness in Chinese cement industry.

山东德州中联大坝水泥有限公司

山东德州中联大坝水泥有限公司始创于1949年6月，企业规模大型（一），中国建材百强企业之一，全国最大的粉煤灰综合利用企业，山东省资源节约先进企业。主导产品“大坝”牌水泥以优质低碱和绿色环保为主要特色畅销市场，通过ISO9001质量管理体系认证和ISO14001环境管理体系认证，是国家质量免检产品，连续9年荣获山东省名牌产品、山东省著名商标荣誉称号。多年以来，公司立足自身优势，坚持科学发展观，致力于利用工业废物发展循环经济，以建设资源节约型环境友好型社会为己任，利用华能德州电厂工业废物粉煤灰，生产水泥，变废为宝，多次被评为山东省综合利用先进企业，先后荣获全国资源综合利用先进企业、山东省资源节约先进企业和山东省环保十佳企业等荣誉称号，并获得联合国环境保护署表彰。

一、 企业资源综合利用及环保突出成果

大坝公司在充分利用电厂废物粉煤灰，生产水泥方面拥有得天独厚的技术优势，其以粉煤灰替代黏土“双掺”“高掺”生产水泥成果不但填补了国内和亚太地区的项目空白，打破了传统产业耗材的缺陷，而且发挥了巨大的经济、社会和环境效益。该成果被国际硅酸盐组织推广为A类成果，并在1991年荣获“国家星火科技三等奖”，1998年获“全国科技金奖”，被认定为“国家资源综合利用新技术”。20多年来，大坝“双掺”粉煤灰水泥技术共吃掉德州热电厂和德州华能电厂粉煤灰196万吨，节约粉煤灰处理费2289万元，节约排灰占地980亩，节省征地费用1900万元。大坝有限公司成为国内利用电厂粉煤灰水泥并获良好经济效益的示范企业，连续11年被评为全国资源综合利用先进单位。

二、以新工艺改造现有技术水平，提高环境保护能力

2003年和2005年，在德州分别建成两条日产2500吨旋窑水泥生产线，成功把粉煤灰综合利用技术扩展到新型干法水泥生产过程，在粉煤灰综合利用领域取得又一重大突破。两条新型干法旋窑水泥生产线，年产优质低碱水泥300万吨，每年可吃掉华能德州电厂粉煤灰100余万吨，每年节约排灰占地500亩，年节省粉煤灰处理费用1150万元。从而有效形成一条绿色环保产业链，既大规模提升了发展速度，又有效改善了城市环境。

与此同时，结合节能降耗开展技术攻关，以粉煤灰、碎石屑代替矿渣，以煤矸石代替无烟煤等节能项目，以及减少原材料混杂提纯，一举突破建材企业耗能耗材的瓶颈，有效节约了资源，降低了消耗，创造了可观的经济效益和社会效益。

三、着眼循环经济，顺利通过ISO14001环境管理体系认证

既充分发扬在粉煤灰综合利用上的传统优势，又着眼于可持续发展，公司对环境保护问题和产品污染源的控制特别重视。为降低产品污染指数，提高环境整体管理水平，于2004年12月顺利通过ISO14001环境管理体系认证。在产品设计、生产、工艺、材料选用、设备运行、废物处理以及运输经营等各个阶段都实现了可控运行。大坝有限公司旋窑生产线实现了“污染物排放达标率100%、能源消耗定额完成率100%”和“发展绿色建材，建设美好家园”的良好祈愿。

四、加大发展散装力度，减少运输过程的粉尘污染

公司一向重视畅通散装水泥的销售通道，把发散当作实现可持续发展的大事来抓，以2004年为例，公司水泥销售量达到150万吨，发散量一举攀升至43.78万吨，同比增长130.54%。发散量的不断提高，大大减少了因运输过程带来的粉尘污染，有效促进了环境保护。2004年，我国散装率为33.47%，公司实际发散率达到33.75%。2005年4月，公司被山东省经委散装水泥办公室授予“2004年度山东省发展散装水泥先进单位”称号。这是继喜获2003年度发散先进单位以来，公司连续两年获得此项殊荣。

五、加快了粉煤灰综合利用一揽子计划的进程

德州拥有电厂五座，其中“八五”国家重点项目华能德州电厂等四座热电厂年排灰量达到282万吨。大坝公司现年利用粉煤灰能力为100万吨，每年尚有182万吨粉煤灰排至位于德州市北郊、总面积为6000亩的储灰场，且储灰场每年以500亩的速度扩大，2010年粉煤灰储灰场面积将达到9000亩左右，截止到2003年底，该灰场存放粉煤灰达2890万吨。

大坝公司以“节水、节能、节地” 和彻底解决粉煤灰污染问题为目标的“粉煤灰综合利用项目”一揽子规划——100万吨超细粉煤灰，100万立方米粉煤灰烧结陶粒，60万立方米粉煤灰加汽混凝土，200万立方米粉煤灰公路灰土等项目全部建成后，年综合利用粉煤灰可达510万吨，直接节约耕地达1275亩，节约水资源1200万立方米。

新乡市振新水泥厂

一、企业概况

新乡市振新水泥厂位于新乡市北15公里。创建于1975年，属村办集体企业。从建厂之初的几千吨生产能力，经多次技术改造，已发展成为年产水泥50万吨的地方骨干企业，现拥有固定资产5000万元，职工400余人，有各类专业技术人员82人，拥有5条机立窑水泥生产线，生料、水泥磨6台，万吨水泥联合储库10座，水泥储量可达8万吨。

我厂配料计量全部采用微机控制，水泥出厂合格率、富裕标号合格率、袋重合格率连续5年保持100%，主要产品“振新”牌普通42.5、32.5、复合32.5级水泥各项技术指标均符合国家标准要求。依靠完善的质量管理体系和控制手段，生产的水泥产品畅销郑州、开封、商丘、鹤壁、新乡等地及北京、武汉、山西等外省市。我厂产品连续多年荣获省、市质量信得过产品、用户满意产品、中国公认名牌产品。我厂2003年在全国第九次水泥品质指标检验大对比中荣获“全合格单位”称号；2002年被河南省水泥检验站评为“水泥质量控制先进单位”，2003年被河南省质量技术监督局授予“河南省计量工作先进单位”，2003年被河南省乡镇企业管理局认定为“河南省诚信守法乡镇企业”，并于1999年通过GB/T—19001国际质量体系认证、产品认证，2006年通过GB/T—24001国际环境体系认证和清洁生产认证等荣誉称号。

二、环保设备

(1)生料制备系统粉尘治理

生料磨节能高产的有效途径之一，就是加强磨机通风。它有利于磨内潮湿体的排出，减少糊磨现象，提高粉磨效率。根据生料磨规格，为加强磨内通风，我厂投资74.3万元，在三台生料磨上配备了高压静电收尘器和配套的离心通风机。磨机通风效果增强后，不但产、质量得到提高，收尘效果也非常理想。经新乡市环保部门检测，生料系统对外粉尘排放浓度为：26.6mg/m^3～40.7mg/m^3，达到国家新环保标准的要求。

(2)立窑烧成系统节能环保改造

我厂投资21.8万元为包装车间配备了两台KGD型脉冲布袋收尘器。投产后，不仅环保效益明显，而且当年就可以回收全部设备投资。2004年我厂又投资487.9万元，将原来配备的尘降室、水收尘、静电收尘等收尘设备全部淘汰，分别购建了LLCZ14×536型和LLCZ12×536型两台大型玻纤大布袋收尘器，其中三台窑共用一台LLCZ14×536除尘器、两台窑共用一台LLCZ12×536除尘器，由于多台立窑共用一台收尘器，可以综合烟气进风温度，解决了因温度过高或过低造成烧袋或糊袋的问题，延长了大布袋使用寿命、减少了除尘器的运行费用，在立窑产量、质量不降低的情况下，成功地实现了立窑煅烧的无烟排放，收获了环保治理与经济效益的双赢。同时在熟料卸料口、破碎口等重点扬尘点配备了高压静电收尘器，使立窑系统各扬尘点全部达标排放，并于2005年12月顺利通过了新乡市环保局的监测验收。

(3)水泥制成系统粉尘治理

水泥制成系统粉尘治理是经济效益最明显的地方，无论是水泥磨房，还是水泥包装车间，收下的粉尘都是水泥的精品。尤其是更换高细高产磨后，磨机通风的要求比以前更加严格，消除过粉磨现象、降低磨内温度，对水泥磨的优质、高产、节能，都十分重要。因此我厂投资58.2万元为水泥车间配备了PGMC型脉冲布袋收尘器，并为收尘风机添置了变频调速器，可以自动调节风机转速，避免了单机运行时，收尘风机电耗过高的问题，也节省了水泥磨除尘器的投资费用。

我厂投资21.8万元为包装车间配备了两台KGD型脉冲布袋收尘器。投产后，不仅环保效益明显，而且当年就可以回收全部设备投资。

三、环保管理

(1)开展管理体系认证，加快与国际接轨

我厂率先在同行业中开展管理体系认证，1999年通过了ISO9000质量管理体系认证，今年7月份又通过了ISO14001环境管理体系认证，通过推行国际标准化体系，不仅提升了企业外部形象，也大大提高了企业的综合管理水平，我厂按照环境管理体系标准，识别环境因素，收集适用的环境法律法规，编制体系文件，使环境管理体系和清洁生产审核工作有机的结合起来，有力的促进了清洁生产工作的开展，通过推行国际化管理体系，强化了全厂员工的标准化管理意识，使清洁生产工作做到有序、高效的开展，更多的为企业创造经济效益。

(2)建立严格的员工奖惩管理制度

对生产车间的生产成本进行严格考核，对节能、环保工作做的好的单位进行奖励，鼓励车间积极开展节能降耗工作，强化员工环保管理的自觉性，以促进企业环保水平、节能增产和经济效益的提高。

四、中、长期规划

目前，新型干法水泥生产技术已成为世界水泥工业发展先进生产力的代表。我们经过本次技术改造后，为企业带来了可观的经济效益和良好的社会效益，增强了市场竞争能力，实现了企业的二次创业。为实现更高层次的规模经济，尽快与新型干法水泥生产技术接轨，随着经济形势的发展，特别是水泥工业产业结构调整政策的出台，本企业的产品结构已不能满足新的市场要求，为企业自身发展及区域经济寻求动力，根据周密的市场调查和资源论证，我厂立足长远，正积极筹措资金、加快人才引进，准备结合地方矿产资源优势，高标准、高起点就地建设一条4000t/d熟料的水泥生产线，实现与新型干法水泥生产的全面接轨。

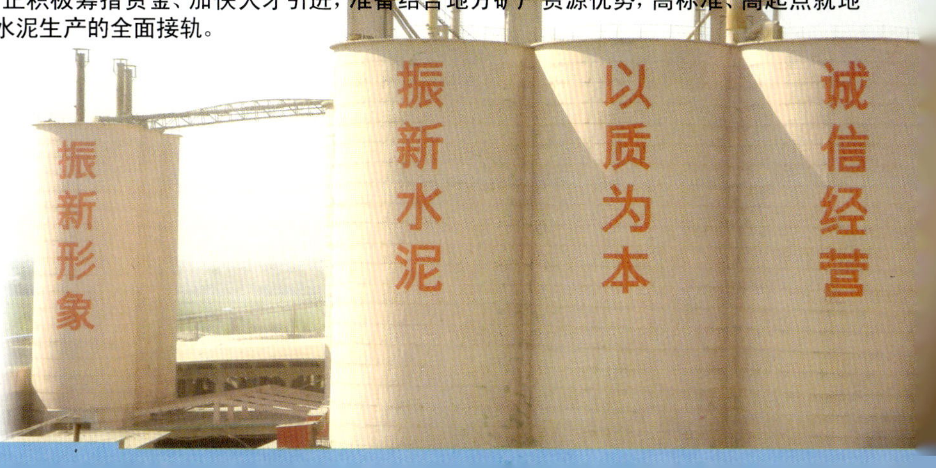

佛山华丰纸业有限公司

依靠先进技术 支撑清洁生产

一、概况

佛山华丰纸业有限公司为佛山华新包装股份有限公司（粤华包B）属下的主营企业，引进国外先进设备和技术，年生产规模为高级涂布白纸板45万吨；公司通过ISO9001国际质量体系和OHSAS18001职业健康安全管理体系认证。华丰公司一直努力建设节约型企业，先后投入大量财力、物力和人力进行节能及环保建设，取得显著成绩。

华丰珠海高级涂布白纸板生产线

污水处理装置

热电厂

二、环保与节能

1、多年来，华丰公司坚持走高科技规模化经济发展之路，通过应用新技术对造纸传统产业进行革新和改造，促使生产效能达到最优配置。节能减排使生产消耗合理降低，经济效益大幅提升。生产线吨纸耗水、耗电、耗汽、耗煤等指标均达到或超过国内同行业先进水平。

2、公司生产坚持“依靠先进技术支撑清洁生产”。大力进行节能及环保建设，实现各类型资源的优化投入。公司先后与大专院校、科研单位进行“清洁生产技术”合作攻关，“生产水封闭循环及污水处理改造实践项目”荣获广东省造纸学会2005年星达科技奖成果一等奖。2006年11月通过省环保清洁生产审核验收。

3、公司采用热电联产，合理控制，达到汽电平衡，并积极应用节能新产品、新技术改造，使吨纸能耗降幅达32.27%，大大减少了废气和烟尘的排放，环境效益与经济效益都十分明显。

4、企业一向把环保整治作为关系企业生存和可持续发展的关键问题来抓。环保设施投入共超过1亿元，三废处理均完全达到国家相关排放标准，并通过环保检测验收，对公司实现可持续发展有着极其深远的意义。

华丰公司全景

广西容县万力造纸有限公司

公司简介

广西容县万力造纸有限公司是一家私营独资制浆造纸企业，总资产为2.5亿元，占地面积320亩，建筑面积为4万平方米。拥有员工500多人，是广西重点造纸企业之一。公司年制浆造纸能力3万吨。拥有5条纸机生产线及相配套的制浆和碱回收生产系统。公司主要产品有中高档本色及半漂全木浆纸袋纸、精制牛皮纸、牛皮卡纸、蚕种纸、马赛克衬纸和回湿粘胶原纸。从定量$40g/m^2$—$400g/m^2$。纸张品种规格齐全，质量优良，市场信誉良好，产品畅销华南、华东诸省市。随着市场经济体制的建立和完善，公司建立了一整套科学的、适应市场经济要求的企业管理制度。公司的生产经营连年取得良好的经济效益，是当地财政税收的重要支柱企业。先后荣获广西私营企业纳税大户、玉林市十强私营企业、玉林市税收大户企业、玉林市先进私营企业、玉林市非公有制经济先进单位和中国质量、服务、信誉AAA级企业称号。公司从组建开始十分注重环境保护和清洁生产工作，先后投入1900多万元建设完善碱回收系统、纸机白水回用系统、终端废水处理系统、煤烟除尘脱硫系统、废气热回收系统、和废渣废液回收利用系统，有效地控制了生产对环境造成的污染。“三废”治理达到国家排放标准，2000年通过了国家环保部门达标排放验收。

总经理　曹庆泽

2004年12月，经中国环境促进委员会评审，荣获“国家环境标准·绿色示范单位”。

造纸车间一角

生产区一角

办公区一角

终端废水处理站一角

杭州横滨轮胎有限公司

杭州横滨轮胎有限公司成立于2001年12月29日，是日本横滨橡胶株式会社在中国设立的第一家子公司，公司采用小规模工法、高效的直线连接生产线配置以及低温低偏差的高精度部材加工体系，生产管理以小批次生产、次批次看板为模式管理方式，对产品品质（UF特性项目的故障率）得以实现以PPM管理为基础，为中国市场提供大量高品质高性能轮胎。在短短几年内，就先后取得ISO9001，TS16949和ISO14001等认证。

公司在设立之初，就以发展环境负荷极小化的工厂为己任，不仅在生产工艺采用对环境影响较小的低温炼胶技术，而且在投资上大量采用节能环保设备，在2007年8月杭州市节能协会组织的电能平衡测试中，电能有效利用率高达90%，采用高性能除尘设备，使炭黑等粉尘排放浓度仅为国家标准的千分之一左右。生产工艺配方中大量采用环保原料，有效的防止和减少含硫废气的产生；生产过程中几乎不产生工业废水，对工厂生活废水采用生物处理，在2007年3月份建立标准化污水排放口，排放水质均高于国家标准，通过市政污水管网排入七格污水处理厂。

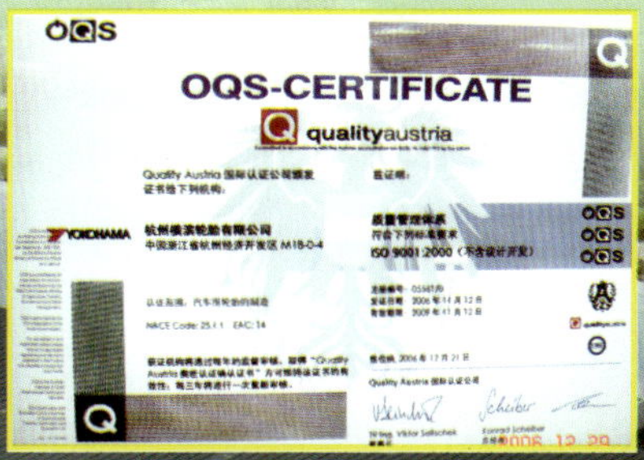

在日常管理中，公司也严格遵循对环境影响极小化的思维模式，早已在公司内部采用日本的垃圾分类标准对生产生活垃圾进行处理，预计2008年1月可实现“零排放”的目标，并准备在08年末挑战“完全零排放”。公司组织高层管理人员到工厂外捡拾垃圾已经成为每月的惯例，为实现环境友好型企业，公司正积极开展自己的“千年之林”计划，预期在自己工厂周围将种植上万株各类树木，使自己工厂完全被树木包围，如同隐藏在森林之中，实现人与自然的和谐相处，并为削减二氧化碳的排放做出企业应有的贡献。

广东格兰仕集团有限公司

格兰仕集团是一家定位于“百年企业 世界品牌”的世界级企业，在广东顺德、中山拥有国际领先的微波炉、空调及小家电研究和制造中心，在中国总部拥有13家子公司，在全国各地共设立了60多家销售分公司和营销中心，在香港、韩国、日本、北美等地都设有分支机构。

通过与世界200多个国家和地区的广泛经贸交流，2006年格兰仕集团的总产值约为180亿元，进出口额约为10亿美元。目前，3万多名格兰仕人正在致力于推动微波炉、空调、小家电及相关配套产业的全球化发展。

1992年格兰仕大举闯入家电业。在过去10多年里，格兰仕微波炉从零开始，迅猛从中国第一发展到世界第一。至2006年，格兰仕已经连续12年蝉联了中国微波炉市场销量及占有率第一的双项桂冠，连续9年蝉联微波炉出口销量和创汇双冠。

2001年以来，格兰仕在带着微波炉产业稳步升级的同时，开始进军空调产业。2005年，“全球最大专业化空调研制基地”落户格兰仕，这个占地3000亩的超大规模空调研制基地集中开发生产光波空调，同时具备全球领先的空调核心配套能力。格兰仕计划将空调年产销规模扩张到1500万台，创建微波炉之后的又一个“世界冠军”。

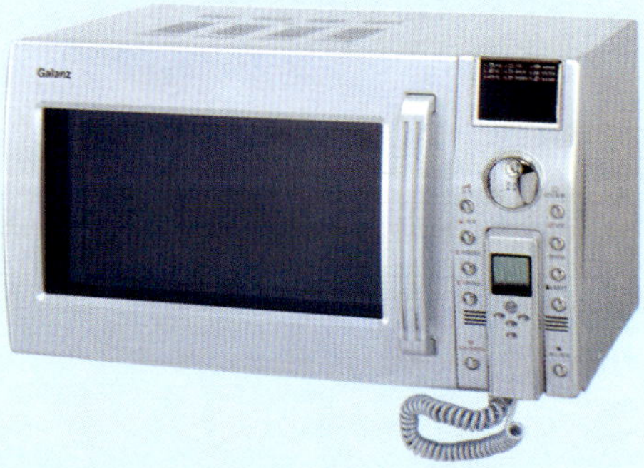

小家电是格兰仕继微波炉、空调之后的第三个支柱产业。2005年以来，养精蓄锐多年的格兰仕小家电组建了从研发、技术、生产到营销的专业人才队伍，集中研制和销售高档电饭煲、电磁炉、电烤箱、电热水壶等生活小家电。近两年，格兰仕小家电均以100%以上的增长率向全球市场扩张，其中电烤箱、电饭煲、电磁炉等产销均已达到世界领先水平。

适应企业新时期的发展需要，格兰仕目前正向“百年企业 世界品牌”方向跃升：从制造优势走向制造与创造优势并举；从市场全球化走向市场与品牌国际化并举。格兰仕不仅制造性价比最优越的产品，更成为所涉足家电制造领域的潮流引导者。专业化、人性化、高品质是格兰仕全球扩张的坚强底气。作为全球家电研发制造领军企业，格兰仕不断打破常规、超越自我，研制新技术、新功能产品，让高科技人性化，促进行业实现升级换代。

格兰仕电器在全球家电市场上取得的辉煌业绩为企业赢来了无数殊荣，近年来赢得国家相关部门和机构认可的荣誉包括“中国驰名商标”“中国名牌”、“国家免检产品”、“重合同守信用单位”、“家电出口明星企业”、“全国质量效益型企业”、“中国最具生命力百强企业”、“国家轻工局争创国际名牌优势企业”、“中国最大500家大企业集团”、“中国企业信息化500强”、“中国电器十大质量品牌”、“中国驰名商标10大标王”等。格兰仕建企近30年来保持持续快速发展的现象也被国内外经济专家、学者及媒体称为“格兰仕现象”、“格兰仕奇迹”。

坚持“伟大，在于创造”的企业理念和“努力，让顾客感动”的经营宗旨，格兰仕正在加速向世界级品牌、国际一流企业进军。

地址：广东省佛山市顺德区容桂街道容桂大道南25号
电话：0757-28886389 23613440
传真：0757-23612743
网址：www.galanz.com.cn
邮编：528305

三维集团
山西省环境信息管理委员会
会员单位
二00五年六月
环境管理体系认证证书